Joaquín Medina Warmburg
Projizierte Moderne

ARS IBERICA ET AMERICANA

Band 10

Kunsthistorische Studien der Carl Justi-Vereinigung

Herausgegeben
in deren Auftrag von

Barbara Borngässer, Henrik Karge, Bruno Klein,
Helga von Kügelgen, Gisela Noehles-Doerk, Martin Warnke

Joaquín Medina Warmburg

Projizierte Moderne

Deutschsprachige Architekten
und Städtebauer in Spanien (1918-1936)
Dialog - Abhängigkeit - Polemik

VERVUERT VERLAG · FRANKFURT AM MAIN 2005

Bibliographische Information der Deutschen Bibliothek
Die Deutsche Bibliothek verzeichnet diese Publikation in der
Deutschen Nationalbibliografie; detaillierte bibliografische Daten
sind im Internet über http://dnb.ddb.de abrufbar.

*Gedruckt mit Unterstützung des Förderungs-
und Beihilfefonds Wissenschaft der VG WORT*

Alle Rechte vorbehalten
© Vervuert Verlag, Frankfurt am Main 2005
Wielandstr. 40, D-60318 Frankfurt am Main
Tel. +49 69 597 46 17
Fax +49 69 597 87 43
info@iberoamericanalibros.com
www.ibero-americana.net

ISBN 3-86527-208-8

Umschlaggestaltung: Michael Ackermann
Umschlagfoto: Joaquín Medina Warmburg:
*Georg Kolbes Skulptur „Morgen" (1925)
im Hof des 1986 rekonstruierten Repräsentationspavillon
des Deutschen Reiches auf der Internationalen Ausstellung
Barcelona (1929) von Mies van der Rohe*
Gedruckt auf säure- und chlorfreiem, alterungsbeständigem Papier
Printed in Germany

DANKSAGUNG

Unter all jenen, durch deren Beitrag dieses Buch möglich geworden ist, bin ich besonders zu Dank verpflichtet:

Manfred Speidel am Lehr- und Forschungsgebiet Architekturtheorie der RWTH Aachen für unzählige Ideen und das langjährige Vertrauen als Doktorvater,

Carlos Sambricio an der ETSA Madrid für seine von Beginn an tatkräftige Unterstützung,

Regina Becher dafür, mir auch an der BU Wuppertal den für das Forschen notwendigen Raum gewährt zu haben,

dem DAAD und der VG Wort für die Förderung von Forschungsreisen sowie der Drucklegung des vorliegenden Bandes,

der Carl Justi-Vereinigung für die Aufnahme dieser Studie in die Reihe *Ars Iberica et Americana*

und schließlich bei Georg Schlief für das engagierte und sorgfältige Lektorat.

Für Juan, für Gerda und für Eva.
Aachen, Dezember 2004
J. M. W.

INHALTSVERZEICHNIS

Einleitung 9

I. NATIONALES UND INTERNATIONALES 27
1. *Wille zur Monumentalität. Gropius und Spanien (1907-1911)* 47
2. *Oberfläche und Tiefe. Ortegas Läuterungsprogramm (1906-1914)* 63
3. *Wahlverwandtschaften. Mutmaßungen über das Spanische in der Architektur (1914-1922)* 74
4. *‚Wohnung und Werkraum'. Mies van der Rohe und die Repräsentation des Nationalen (1923-1929)* 107
5. *‚Aufgaben unserer Zeit'. Spanische Rezeption als deutsche Chance (1928-1933)* 133

II. GROẞSTADTMODELLE 161
6. *Spanische Städte für die deutsche Stadtbaukunst. Von Stübben bis Jürgens (1894-1926)* 163
7. *‚Deutsches Können'. Jansen, Zuazo und die Madrider Stadterweiterung (1926-1930)* 213
8. *‚Architektur der Massen'. Entwürfe für eine neue Gesellschaft (1930-1934)* 245

III. INSELN 313
9. *Mittelmeerbilder. Zwischen Dampfern und Bauernhäusern (1928-1933)* 329
10. *‚Vergessene Inseln'. Moderne und Archaik auf den Balearen (1933-1936)* 358
11. *Im Weltverkehr. Kanarischer Internationalismus (1932-1936)* 410

AUSBLICK (1936-1945) 453

DOKUMENTATION
Lebensläufe, Bibliographie, Dokumente 491

Rezeption in Fachzeitschriften (1917-36) 635
Abbildungsverzeichnis 646

EINLEITUNG

> In der Tat denke ich, dass jede Kultur in regelmäßigen Abständen die Begegnung mit einer anderen braucht. Dieses Aufeinandertreffen bedeutet Bekanntschaft, vorausgehende Intimität und letzten Endes Einfluss. Ich denke sogar, dass es sich hierbei um eine der zwei radikalen Tatsachen der Menschheitsgeschichte handelt: zum einen das Aufkommen autochthoner Kulturen, zum anderen aber die gegenseitige Befruchtung. Ich halte es für skandalös, dass ein Umstand derartiger Bedeutung und historischer Konstanz bisher nicht auf seine wesentliche Struktur hin erforscht worden ist.
>
> José Ortega y Gasset, *Vorwort für Deutsche* (1934) zu »Die Aufgabe unserer Zeit« (1923)[*]

Seit Ende der achtziger Jahre genießt die zeitgenössische spanische Architektur ein nie dagewesenes Ansehen. Der demokratische Aufbruch, der wirtschaftliche Aufschwung, die Umstrukturierung der Städte und die Großereignisse des Jahres 1992 (Weltausstellung in Sevilla, Olympische Spiele in Barcelona und Madrid als Kulturhauptstadt Europas) gaben den Architekten die Möglichkeit, ihre Werke in den Mittelpunkt des Interesses der internationalen Fachwelt zu rücken. Sie haben die Gelegenheiten zu nutzen gewusst. Auch in deutschen Architekturzeitschriften stößt man seitdem regelmäßig auf Projekte so unterschiedlicher Autoren wie Rafael Moneo, der Gruppe Martorell-Bohigas-Mackay, Enric Miralles, Santiago Calatrava, Josep Lluís Mateo, Carme Pinós, Juan Navarro Baldeweg, Cruz & Ortiz, Alejandro Zaera Polo, Abalos & Herreros, etc. Einigen von ihnen ist es sogar gelungen, in Deutschland zu bauen, wo sie gelegentlich auch unterrichten, Vorträge halten, ihre Arbeiten ausstellen und dabei nicht zuletzt vom Erfolg spanischer Architekturzeitschriften wie *El Croquis*, *2G* oder *Quaderns* profitieren.

Die frohen Botschaften dieser vielfältigen spanischen Moderne des ausgehenden 20. Jahrhunderts haben den Blick auch auf ihre historischen Wurzeln gelenkt: Längst sind in Deutschland die Arbeiten der Protagonisten seit

---

[*] Übersetzung J. M. W.

den fünfziger Jahren entdeckt worden, wie etwa die von Alejandro de la Sota, Miguel Fisac oder José Antonio Coderch. Die spanische Architektur der ersten Jahrhunderthälfte blieb aber – bis auf punktuelle Ausnahmen wie Antoni Gaudí oder Josep Lluís Sert – weitestgehend unbekannt. Erst als sich Spanien anlässlich der Hannoveraner Expo 2000 im Frankfurter Architekturmuseum mit einer ausführlichen Leistungsschau präsentierte, konnte der Werdegang der spanischen Architektur erstmals ins kritische Bewusstsein der deutschsprachigen Fachkreise vordringen.

Anders verhält es sich mit dem spanischen Interesse an der Geschichte der deutschen Architektur in der ersten Hälfte des 20. Jahrhunderts. Sie gehört dort seit langem zum Allgemeinwissen der Architekten und ist Gegenstand ihrer Forschungen. So sind in den letzten Jahren in Spanien bemerkenswert spezifische Veröffentlichungen erschienen, wie etwa die Schriften Bruno Tauts und Heinrich Tessenows, ein ausschließlich dem Werk von Peter Behrens gewidmeter Architekturführer, verschiedene Studien zum Siedlungsbau der Weimarer Republik oder die ausgezeichnete Untersuchung von Carlos García Vázquez zur Geschichte des Potsdamer Platzes.[1] Carlos Sambricio in Madrid ist es zu verdanken, mit seinen Studien schon früh das Wissen über die deutsche Architektur dieser Jahre maßgeblich erweitert zu haben.[2] Mit seinen Forschungen zur deutschen Einflussnahme in der spanischen Haupt-

---

1 Siehe: Taut, Bruno: *Escritos expresionistas*. Madrid 1997; Tessenow, Heinrich: *Trabajo artesanal y pequeña ciudad*. Murcia 1998; Roberto Osuna, María Teresa Valcarce: *Peter Behrens. Guía de arquitectura*. Madrid 1997; *Las Cuatro Colonias Berlinesas en la República de Weimar*. Madrid 1993; *Las Siedlungen Alemanas de los años 20: Frankfurt, Berlin, Hamburgo*. Valladolid 1994; García Vázquez, Carlos: *Berlin-Potsdamer Platz. Metrópoli y arquitectura en transición*. Barcelona 2000. Besondere Erwähnung verdienen die in jüngster Zeit erschienenen Arbeiten von José Manuel García Roig zu den wilhelminischen Reformbewegungen und zu einzelnen Protagonisten des Neuen Bauen: *Tres arquitectos alemanes: Bruno Taut, Hugo Häring, Matin Wagner: neues Bauen – metrópoli – arquitectura*. Madrid 2003. *El movimiento „Heimatschutz" en Alemania y las tareas de la cultura („Kulturarbeiten", 1897-1917)*. Madrid 2000. *El movimiento de la ciudad jardín en Alemania y el caso particular de Hellerau (1907-1914)*. Madrid 2000. *Heinrich Tessenow: pensamiento utópico, germanidad, arquitectura*. Valladolid 2002. *La corriente industrialista de la „Werkbund" en Alemania y el compromiso guillermino („der Wilhelminische Kompromiss", 1888-1918)*. Madrid 2001.

2 Siehe hierzu vor allem Sambricios Vorwort zu: Winkler, Klaus-Jürgen: *Bauhaus*. Madrid 1975. Außerdem: Sambricio, Carlos: *El desarrollo de las colonias alemanas en la República de Weimar*. In: *Las cuatro colonias berlinesas en la República de Weimar*. Madrid 1993. S.13-41; Sambricio, Carlos: *Hermann Jansen y el concurso de Madrid de 1929*. In: Arquitectura 303, 1995, S. 8-15.

Einleitung

stadt legte er zugleich den Grundstein für die vorliegende Arbeit: Die von ihm mehrfach beschriebene Beeinflussung ging mit einer konkreten Anwesenheit deutscher Architekten einher. Doch nicht jede Präsenz bedeutete Einflussnahme. Die beiden Begriffe sollten daher nicht vorschnell gleichgesetzt werden. Die Feststellung dieses Unterschieds gab den ersten Anstoß zu dieser Studie.

ZUR PROBLEMATIK

Die beträchtliche Zahl deutscher Architekten und Städtebauer, die in den zwanziger und dreißiger Jahren des 20. Jahrhunderts in Spanien arbeiteten, und der erhebliche Einfluss, den Zeitschriften wie *Moderne Bauformen* oder *Wasmuths Monatshefte für Baukunst* ausübten, werfen Fragen auf: Welche Bedeutung ist dem Werk deutscher Architekten für die Entwicklung der spanischen Architektur beizumessen? Worin bestand die Besonderheit ihrer Beiträge? Und vor allem: Welche Umstände führten dazu, dass sie ohne jede rechtliche Grundlage als zum Teil noch ruhmlose Architekten überhaupt im Ausland wirken konnten?

Das Verständnis der tragenden Rolle, die deutschen Architekten bei der Einführung und Etablierung der Moderne in Spanien zukam, setzt die Kenntnis über die spezifischen Bedingungen voraus, die diese überhaupt ermöglichten. Die Gründe müssen auf beiden Seiten gesucht werden. Es liegt auf der Hand, dass das einseitige Sendungsbewusstsein der deutschen Moderne allein nicht gereicht hätte, um in Spanien Fuß zu fassen. Die Bereitschaft spanischer Architekten, einen deutschen Einfluss anzunehmen, diesen gar herbeigesehnt zu haben, musste hinzukommen. Doch was hat sie dazu veranlasst?

Als der Architekt Gustavo Fernández Balbuena 1925 einen Vergleich der spanischen Projekte für die geplante Weltausstellung in Barcelona mit den Ergebnissen des Berliner Wettbewerbs für das Hochhaus an der Friedrichstraße unternahm, führte ihn dieser zur Feststellung einer seines Erachtens beneidenswerten Einheitlichkeit der deutschen Arbeiten. Voller Sehnsucht lobte er deren „organische" Geschlossenheit, die er in den Entwürfen seiner spanischen Kollegen vermisste. Angesichts der Widersprüchlichkeit ihrer Vorschläge fällte er ein erbarmungsloses Urteil: „Unsere Kunst ist heute eine Kunst des Abglanzes: der historischen Zeit oder der ausländischen Mode, aber stets eine Kunst der Wiedergabe."[3]

---

3   Fernández Balbuena, Gustavo: *El Concurso para el Palacio Central de la Exposición de Barcelona*. In: Arquitectura 7 (1925), H. 75, S. 151. Übersetzung J. M. W.

Im Bewusstsein über den misslichen Zustand der eigenen Architektur war bereits der erste Schritt zur seiner Überwindung angelegt. Selbstzweifel und Selbstkritik sollten sich ab Mitte der 20er Jahre als Auslöser eines fruchtbaren Erneuerungsprozesses erweisen. Auch Luis Lacasa, einer der für diesen Vorgang verantwortlichen Madrider Architekten, teilte die kulturpessimistische Einschätzung, wonach man die Gesamtheit der damaligen spanischen Aktivitäten auf externe Einflüsse hätte zurückführen können. Letztere schätzte er jedoch als durchaus nützlich ein – zumindest solange man zu eigenen Schöpfungen nicht im Stande sei. Die spanische Architektur befand sich – so Lacasa 1930 – in einer Periode der „autocolonización" (Selbst-Kolonisierung).[4]

Welche Informationsquellen standen hierbei zur Verfügung? Lacasa selbst beschrieb in seinen Memoiren, wie erst der von ausländischen Firmen ausgeübte Druck Fortschritte im technischen Bereich eingeleitet habe: Englische, deutsche und amerikanische Bauprodukte eroberten den spanischen Markt, und sogar spanische Rohstoffe wurden von ausländischen Firmen vor Ort industriell verarbeitet und anschließend als Baustoffe oder Halbzeuge vermarktet. Hinzu kamen die ausländischen Fachzeitschriften, die mit den Geschäftsreisenden nach Spanien gelangten: Selbst die spanische Kunst wurde – so Lacasa – in englischen Monographien, deutschen Fotobänden oder durch die kalifornische Kolonialarchitektur reimportiert. Sein Fazit: „Unentschiedenheit, Eklektizismus, Mediatisierung durch das Ausland, das waren die Merkmale unserer Architektur."[5]

Tatsächlich bereicherten damals unterschiedlichste Einflüsse die spanische Architektur.[6] Die seit dem 19. Jahrhundert bestehende enge Beziehung zu Frankreich, die von der *École des Beaux-Arts* bis hin zu den kühnen Ingenieurbauten reichte, trug von der zweiten Hälfte der zwanziger Jahre an

---

4 Lacasa, Luis: *Arquitectura impopular.* In: Arquitectura 12(1930), H.1, S. 11.

5 Lacasa, Luis: *Notas autobiográficas.* In: Lacasa, Luis: *Escritos 1922-1931.* (Hrsg. Carlos Sambricio). Madrid 1976. S.88. Übersetzung J. M. W.

6 Zur Präsenz ausländischer Architekten in Spanien siehe: Fernández Galiano, Luis: *Halbinsel ohne Grenzen. Die Arbeiten ausländischer Architekten in Spanien und spanischer Architekten im Ausland.* In: Antón Capitel, Wilfried Wang (Hrsg.): *Spanien. Architektur im 20. Jahrhundert.* München 2000. S. 336-342. Siehe auch: Urrutia, Ángel: *Arquitectura Española, Siglo XX.* Madrid 1997 (Kapitel *Arquitectos extranjeros en España.* S. 708-710). Muñoz, Alfonso: *Extranjeros en España. Historia de las arquitecturas importadas.* In: Monografías de Arquitectura y Vivienda 16, 1988. Zum Sonderfall der deutschen Präsenz in Spanien siehe: Medina Warmburg, Joaquín: *Reflejos y autocolonizaciones. Arquitectos alemanes en Madrid.* In: Carlos Sambricio (Hrsg.): *Manuel Sánchez Arcas, Arquitecto.* Madrid 2003. S. 50-63.

Einleitung *13*

zunehmend einen Eigennamen: Le Corbusier, dessen *Esprit Nouveau* auch in Spanien eifrige Sympathisanten fand und selbst den *Art déco* in den Schatten stellte. Aus England stammten die Leitbilder einer reformierten bürgerlichen Wohnkultur zwischen *Cottage* und Gartenstadt, nachdem zuvor Ruskins und Morris' Schriften Spanien erreicht hatten.[7] Die USA traten dagegen als das Land der rationalisierten Produktion, der zukunftsweisenden Hochhausbauten und der klassizistischen Campus-Architektur hervor, die im Madrider Zentrum und in der Universitätsstadt ihre Spuren hinterließen. Ebenso wie der moderne Klassizismus eines Italiens, das man in Spanien weniger als das rasant vorwärtsschreitende Land der Futuristen sah; eher stellte es eine verwandte Erfahrung der Rückbesinnung auf die traditionellen Bindungen eines mediterranen Erbes dar, das auch moderne Formen annehmen konnte. Der Traditionsgedanke gehörte ebenso zu den Schwerpunkten der spanischen Holland-Rezeption: Berlages, Dudoks oder Ouds Verbindung von handwerklicher Qualität und moderner Formgebung wurde begeistert aufgenommen und führte zu einer Wiederbelebung der eigenen Ziegelsteintraditionen. Zudem erkannte man im sozialen Gewissen der Niederländer ein mustergültiges Verständnis der modernen Berufsausübung. Die moderne Kulturkritik des deutschsprachigen Raumes war durch österreichische Namen wie Otto Wagner und Adolf Loos in Spanien präsent; aber auch die stilisierte Ausstattungskunst der Wiener Werkstätten fand ihre Bewunderer. Im Ergebnis muss also von einer internationalen Verflechtung gesprochen werden, die sich in der spanischen Rezeption abbildete. Welche aber war die spezifische Rolle, die innerhalb dieses pluralen Bildes Deutschland zukam?

Deutschland bot vorbildliche Großstadtmodelle, Verkehrs- und Industriebauten, Hochhäuser, Monumentalbauten, Siedlungen, Villen, Interieurs und Möbel. Kurzum: Die Rezeption der deutschen Architektur war themenübergreifend und doch geschlossen. In allen Bereichen bot sie zugleich praktische wie theoretische Vorgaben. Darin beruht die Besonderheit der deutschen Einflussnahme auf die spanische Architektur zwischen 1918 und 1936.

Der Architekt Fernando García Mercadal, einer der publizistisch exponiertesten Boten der deutschen Moderne in Spanien, schrieb 1928:

> Der Prozess ist allen bekannt und es besteht kein Zweifel: Auf dem Gebiet der Architektur befindet sich in Deutschland der Brennpunkt, von dem die neuen Formen ausgehen. Und in Preußen ist die Entwicklung am intensivsten. Von den Ländern, die Deutschland umgeben, zeigen sich einige angetan, andere widerwillig, was die Aneignung der neuen Formen und der Ideen, die ihnen zugrunde liegen angeht. Österreich, Holland, die Tschechoslowakei und ein wenig auch die

---

7 Der englische Einfluss ist bereits ausführlich untersucht worden in: Alonso Pereira, José Ramón: *Ingleses y Españoles. La Arquitectura de la edad de plata*. Coruña 2000.

0.1

0.2

0.3

0.1 Keimsche Mineralfarben [*Wasmuths Monatshefte für Baukunst*, 1931]
0.2 Inyecciones Automáticas Agromán [*Obras*, 1932]
0.3 Bauwelt-Musterschau [*Bauwelt*, 1930]

skandinavischen Länder unterliegen am stärksten dem deutschen Einfluss und weisen eine höhere Zahl an Anhängern der neuen Architektur auf, wie uns ständig die Fachzeitschriften über ihre Fortschritte berichten. Das Fehlen einer verwurzelten Tradition vereinfacht in einigen Ländern die Verbreitung des neuen architektonischen Ideenprogramms; in eminent traditionalistisch ausgerichteten Ländern dagegen, wie England, Frankreich, Italien und Spanien, steht der Architekt dieses Credos vor wesentlich größeren Schwierigkeiten.[8]

Halten wir fest: García Mercadal interpretierte die Moderne als eine aus Deutschland stammende Architektur, die es trotz der vorgeblichen Widerstände der Tradition in Spanien einzuführen galt. Er zeichnete ein eindeutiges und einfältiges Sender-Empfänger-Schema: Die Einführung der neuen Architektur war für ihn, der sie anführen würde, eine Einbahnstraße, die ihren Anfang in Berlin hatte und ohne Umwege bis an die spanische Grenze führte. Nicht ein Dialog unter Gleichen, sondern die Abhängigkeit eines Nachzüglers gegenüber dem Vorreiter war demnach die Schablone, die das deutschspanische Verhältnis prägte.

Die Spanienrezeption in den deutschen Fachzeitschriften dieser Jahre scheint dieses Missverhältnis zu bestätigen. Suchte man in Deutschland nach modernen Vorbildern, so wurden sie vornehmlich in den USA, Russland, den Niederlanden und Frankreich ausgemacht. Gelegentlich sogar in der Architektur Englands, der Schweiz, Skandinaviens, Japans oder der Tschechoslowakei. Nur nicht in Spanien. Wenn überhaupt, dann waren spanische Bauten Grund für Gespött. Es finden sich leicht Beispiele: Etwa als die Redaktion der *Bauwelt* 1928 angesichts einer Kapelle des Architekten Francisco García Nava im Madrider Zentralfriedhof ihre Häme nicht unterdrücken konnte. In der Bildunterschrift hieß es:

> Eine neue Kirche in Madrid: Also noch heute wirkt die Kunst Indiens auf die Gestaltung. Völlig neu ist dagegen der sitzende Engel als Bekrönung der Kuppel.[9]

In dieselbe Kerbe schlug – allerdings frei von Ironie – die *Deutsche Bauhütte* als sie unter dem Motto „Europa baut im Orient, der Orient in Europa" zu Antonio Palacios' *Círculo de Bellas Artes* schrieb:

> Madrid. Das Haus der schönen Künste 1928: Spanien ist Gegenpol der Antike: Triebfülle gegen geistige Zucht, Formüberladung gegen Beschränkung und einfache Größe. Ihre „Renaissance" wurde bald phantastische Wildheit (Churrisgue-

---

8 García Mercadal, Fernando: *La nueva arquitectura en el País Vasco. Aizpurúa-Labayen-Vallejo*. In: Arquitectura 10 (1928), S. 358. Übersetzung J. M. W.
9 *Eine neue Kirche in Madrid*. In: Bauwelt 19 (1928), H. 49, S. 1156. Überhaupt scheinen spanische Friedhöfe seitens deutscher Besucher vor allem Befremden ausgelöst zu haben. Siehe: Maasz, Harry: *Seltsames aus spanischen Friedhöfen*. In: Die Form 9 (1934), H. 2/3, S. 62-66.

resk). Antike Form, sinnwidrig gestückt, im Aufbau und in Einzelheiten vergröbert.[10]

Diese Einschätzung fand die *Deutsche Bauhütte* wenig später in den Bauten der Internationalen Ausstellung in Barcelona bestätigt. Man nutzte die Gelegenheit, um in nur zwei Sätzen Gaudís *Sagrada Familia* vernichtend zu charakterisieren:

> Das bedeutendste Bauwerk der Stadt Barcelona kennzeichnet den ausschweifend nach grotesken Häufungen strebenden spanischen Bauwillen. Gotische Gedanken, vermengt mit Höhlenbauweise, in schwülstiger Üppigkeit.[11]

Bei einer völkisch gesinnten Zeitschrift, wie die *Deutsche Bauhütte*, mag ein solches Urteil wenig überraschen. Allerdings standen auch ernstzunehmende deutsche Kritiker dem Werk des katalanischen Baumeisters – gewiss eine der merkwürdigsten Erscheinungen im Europa dieser Jahre – meist ablehnend gegenüber. Vorschnell sprach man im Zusammenhang mit dessen bekanntesten Bauten von „phantastischer Zuchtlosigkeit" (Werner Hegemann 1927), „Willkürlichkeit und Fiktion" (Adolf Behne 1928) oder einfach „moderner Stilverwirrung" (Herman Sörgel 1929).[12] Nicht zuletzt die Überwindung des so genannten Expressionismus, dessen Protagonisten sich um 1920 der Bauten Gaudís als Projektionsfläche der eigenen bizarren Architekturvorstellungen bedient hatten, stand einer seriöseren oder zumindest vorurteilsfreieren Auseinandersetzung im Wege, wie man sie lediglich in den Artikeln des Schweizers André Louis Lambert für die *Deutsche Bauzeitung* vorfand.[13]

Den meisten deutschen Kommentatoren der zeitgenössischen Architektur auf der Iberischen Halbinsel kam diese sprichwörtlich ‚spanisch' vor. Und gerade weil diese verwunderte Kritik aus dem vorbildlichen Deutschland stammte, wurde sie in Spanien oftmals mit Bitterkeit zur Kenntnis genommen. Beispielsweise schrieb die Madrider Zeitschrift *Arquitectura* 1930 anlässlich eines Artikels in der bewunderten *Das Neue Frankfurt*:

---

10 *Neue Architektur-Zeitbilder. Europa baut im Orient, der Orient in Europa. Formwanderung und Formverwüstung.* In: Deutsche Bauhütte 33 (1929), S. 69.

11 *Neue Architektur-Zeitbilder. Zur Eröffnung der Weltausstellung in Barcelona am 19. Mai 1929.* In: Deutsche Bauhütte 33 (1929), S. 69.

12 Vgl.: Hegemann, Werner: *Segen und Fluch der Überlieferung im Kirchenbau.* In: Wasmuths Monatshefte für Baukunst und Städtebau 11 (1927), S. 160-162; Behne, Adolf: *Eine Stunde Architektur.* Stuttgart 1928. S. 58-59; Sörgel, Herman: *Verirrungen und Merkwürdigkeiten im Bauen und Wohnen.* Leipzig 1929. S. 18, 27, 39 und 48.

13 Lambert, André Louis: *Die Kirche „Sagrada Familia" in Barcelona. Ein Werk von Antonio Gaudi, Architekt in Barcelona.* In: Deutsche Bauzeitung 60 (1926), H. 39, S. 321-327. *Der Güellpark in Barcelona.* In: Deutsche Bauzeitung 62 (1928), H. 27, S. 233-239.

Eine neue Kirche in Madrid

Also noch heute wirkt die Kunst Indiens auf die Gestaltung. Völlig neu ist dagegen der sitzende Engel als Bekrönung der Kuppel

Madrid. Das Haus der schönen Künste 1928.
Spanien ist Gegenpol der Antike: Triebfülle gegen geistige Zucht, Formüberladung gegen Beschränkung und einfache Größe. Ihre „Renaissance" wurde bald phantastische Wildheit (Churrigueresk). Antike Form, sinnwidrig gestückt, im Aufbau und in Einzelheiten vergröbert.

Aber in Spanien . . . .

Das neue Stadion in Madrid, vollendet 1930 · The new Madrid Stadion, finished 1930 · Le nouveau stade à Madrid, parachevé en 1930

0.4 „Eine neue Kirche in Madrid" [*Bauwelt*, 1928]
0.5 „Madrid. Das Haus der schönen Künste" [*Deutsche Bauhütte*, 1929]
0.6 „Aber in Spanien ... Das neue Stadion in Madrid" [*Das Neue Frankfurt*, 1930]

> Es gibt in diesem Heft eine abschließende Bemerkung, die uns bestürzt, weil sie eher der vor einigen Jahren in Frankreich gängigen Art der Beurteilung entspricht als der Deutschlands. Wir meinen das Foto einer Stierkampfarena – die übrigens als Stadion bezeichnet wird –, das unmittelbar nach Neutras Artikel „Um die neue Gestaltung – Neues Bauen in Japan" folgt. Als Witz und ohne Kenntnis der Tatsachen wird die folgende Erläuterung hinzugefügt: „Aber in Spanien ..."[14]

Nicht etwa die berechtigte Kritik am Rückstand und am Unvermögen wurde von *Arquitectura* beanstandet, sondern die polemische und pauschale Verurteilung aller zeitgenössischen Architektur Spaniens. Die Verärgerung war durchaus berechtigt.

Der Wert stereotypen Denkens sollte aber nicht unterschätzt werden. Als Paul Bonatz im Herbst 1925 erstmals Spanien besuchte, wählte er zur Anreise den Seeweg. Von Barcelona aus umfuhr er in einem Frachtschiff die spanische Mittelmeerküste bis zu seinem Zielhafen: Cádiz, dem „Silbertässchen" (*Tacita de Plata*). In seinen Erinnerungen hat Bonatz Auskunft über sein damaliges Interesse an der andalusischen Stadt gegeben:

> Ich freute mich auf Cádiz, von dem ich gelesen hatte, daß es fast eine Insel sei, nur mit schmalem Damm mit dem Kontinent verbunden, daß die Straßen überall ins Meer zielten, ins Blaue, daß es viele helle leckre Farben habe, also aquarellistisch im höchsten Grad. Ich aquarellierte auch einmal von einem Turm herunter die helle Stadt mit viel Weiß unter dem erhöhten Meereshorizont. Dies Aquarell hieß später nur „Lohengrin, hellblau mit Silber", aber die amüsanteste der farbigen Skizzen war – in der Langweile auf dem Schiff hatte ich den Farbkasten ausprobiert – Cádiz, *bevor* ich es gesehen hatte.[15]

Betrachtet man heute die Skizze, mit der Bonatz seine Voreingenommenheit einfing, ist man verblüfft über den Wahrheitsgehalt. Sie zeigt ein imaginäres Cádiz, mit nichtexistenten Türmen, von einem unmöglichen Standpunkt aus betrachtet. Sein Aquarell gibt jedoch ein wesentliches Merkmal des realen Cádiz wieder: ein Licht, das alle Oberflächen ausbleicht und die Stadt in den Augen des Fremden unwirklich erscheinen lässt. Es liegt auf der Hand, dass Klischees aus konkret erfahrbaren Unterschieden geboren werden. Selten sind sie aus der Luft gegriffen. Und vor allem können sie, sofern sie nicht nur der Aufstellung von Feindbildern dienen, einen Dialog reziproker Er-

---

14 *Revistas. Das neue Frankfurt*. In: Arquitectura 12 (1930), S. 164. Übersetzung J. M. W. Vgl. *Aber in Spanien ...* In: Das Neue Frankfurt 5 (1930), H. 4/5, S. 135. Gezeigt wurde die Plaza de Toros von Las Ventas in Madrid (1919-1930), der Architekten José Espelius und Manuel Muñoz Monasterio.

15 Bonatz, Paul: *Leben und Bauen*. Stuttgart 1950. S.119-120. Hervorhebung im Original. Das hier angesprochene Aquarell befindet sich im Bonatz-Nachlass von Peter Dübbers, Stuttgart.

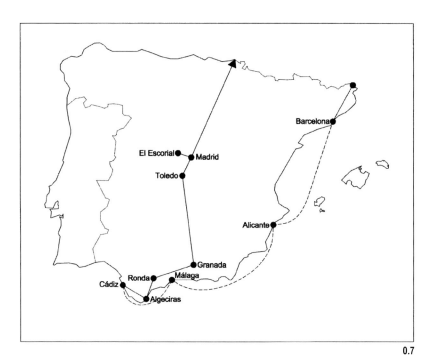

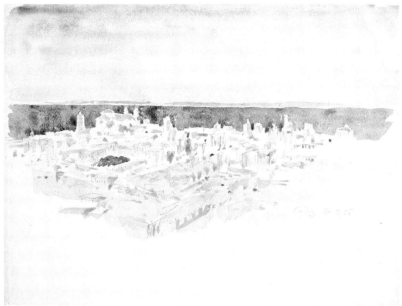

0.7 Stationen der Spanienreise von Paul Bonatz im Herbst 1925
0.8 Paul Bonatz: *Cádiz* (1925)

wartungen anregen und über diesen von einer allgemeinen zu einer spezifischen Differenz führen – und letztlich zur Ausbildung eines kritischen Selbstverständnisses in der Begegnung. So verläuft der in der vorliegenden Arbeit gespannte Bogen der sich zwischen Spanien und Deutschland entfaltenden Beziehungsformen: Dialog, Abhängigkeit und Polemik.

Neben empirischen Daten und objektiven Umständen kommt in den hier untersuchten deutsch-spanischen Beziehungen auch den Sehnsüchten und Erwartungen eine zentrale Bedeutung zu. Sie verwischen die Eindeutigkeit des Rollenspiels von Sendern und Empfängern und stellen deren gegenseitige Abhängigkeit heraus. Beide Lager müssen gleichermaßen beleuchtet werden. Denn wie wir sehen werden, sind oftmals erst durch die Erwartungen der Empfänger die Sender überhaupt zu solchen geworden. Entsprechend diktierten vielfach eben diese Erwartungen auch den Inhalt der Botschaften.

Damit erweisen sich viele der vorgeblichen Abhängigkeitsverhältnisse auf den zweiten Blick als Interdependenzen auf der Grundlage von vorgefassten Meinungen und Mutmaßungen über das Eigene und das Fremde. Aus diesen wechselseitigen Projektionen geht ein eigenes, spezifisches Bild der Moderne hervor. Dieses für den Fall der deutsch-spanischen Beziehungen zu erfassen, ist das primäre Ziel dieser Arbeit. Sie ist somit als Fallstudie zur Internationalität der Moderne zwischen den Jahren 1918 und 1936 zu verstehen.

ZUM INHALT

Die Episoden deutscher Präsenz und deutschen Einflusses in Spanien sind derart verkettet, dass sie sich zu vier chronologisch und inhaltlich aufeinander aufbauenden Themenkreisen gruppieren:

I. Nationales und Internationales

Von der im Deutschland der zwanziger Jahre kontrovers diskutierten Internationalität des Neuen Bauens ausgehend werden unsere Betrachtungen zunächst bis in die Ursprünge der klassischen Moderne zurückführen: Walter Gropius erklärte in seinem Buch „Internationale Architektur" (1925) die Einheitlichkeit im Erscheinungsbild der neuen Architektur aus der geistigen Affinität eines ‚gemeinsamen Gestaltungswillens'. Er war 1907 für ein Jahr nach Spanien gereist und hatte danach den Versuch unternommen, die Spezifik des spanischen ‚Kunstwollens' auszumachen. Dabei entwarf Gropius eine eigenwillige Spanientheorie, die bereits einige der spekulativen und formalen Ansprüche der Moderne im Keim enthielt und dazu beitrug, dass ihm der entscheidende Zutritt in die Kreise des frühen Deutschen Werkbundes gewährt wurde.

Einleitung 21

Zeitgleich zu Gropius' Spanienreise hielt sich der Philosoph José Ortega y Gasset in Deutschland auf und kam dort u.a. mit den Schriften von Alois Riegl und Wilhelm Worringer in Berührung, die Gropius als Grundlage seiner spanischen Architekturbetrachtungen gedient hatten. Dem jungen Ortega boten seine Deutschlandreisen die Gelegenheit, sich eines intellektuellen Apparates – von der Kunsttheorie bis zur Nationalökonomie – zu bemächtigen, mit dem er einen entscheidenden Beitrag zur Läuterung der seines Erachtens niederliegenden spanischen Kultur zu leisten beabsichtigte. Tatsächlich sollte sich Ortega in den zwanziger und dreißiger Jahren von Madrid aus zu einer zentralen Figur des kulturellen Lebens Spaniens entwickeln. Zu seinen größten Verdiensten gehört es, das Fundament für eine Rezeption der zeitgenössischen deutschen Kultur auf den unterschiedlichsten Gebieten gelegt zu haben. Auch auf denen der Architektur und des Städtebaus.

Die kunsttheoretischen Parallelen zwischen Gropius und Ortega weisen auf Gemeinsamkeiten des kulturellen Diskurses zwischen Deutschland und Spanien. Sie verdeutlichen zudem, wie die Beziehungen zwischen beiden Ländern von Individuen getragen wurden und wie sehr sie von wechselseitigen Mutmaßungen über die Konstitution und Affinität des Nationalen geprägt waren. So unternahmen auch die Architekten Franz Rank und Alfred Breslauer in ihren Madrider Bauten unterschiedliche Versuche, das spanische Wesen zu erfassen und mit den Mitteln des Historismus und des Regionalismus bildhaft ins Werk zu setzen. Aber auch die Moderne beteiligte sich an diesen Spekulationen. Gropius, der 1925 noch das Nationale als eine Voraussetzung für die Internationalität betrachten sollte, empfahl 1920 den Bauhäuslern Ernst Neufert und Paul Linder ebenfalls für ein Jahr nach Spanien zu reisen. Während ihres Aufenthalts realisierten sie im Auftrag des *Institut d'Estudis Catalans* Bauaufnahmen zur spanischen Architektur und waren damit konkret am Projekt der Konstruktion einer eigenständigen kulturellen Identität Kataloniens beteiligt. Dabei grenzten sie nicht nur das spanische Erbe vom katalanischen ab, sondern spekulierten darüber hinaus über die Wahlverwandtschaft der verschiedenen Interpretationen der Gotik in Europa.

In der Moderne verflechten sich Nationales und Internationales. So erbrachte Mies van der Rohe 1929 mit dem Repräsentationspavillon des Deutschen Reiches auf der Internationalen Ausstellung in Barcelona einen Nachweis über die moderne Darstellbarkeit des Nationalen. Bei diesem gebauten Sinnbild eines modernen Deutschlands erfolgte die Repräsentation nicht länger nur durch das Abbilden vergangener Formen, sondern durch eine vorwärtsgerichtete Projektion. Unangetastet blieb dagegen die von früheren Weltausstellungen geläufige Selbstdarstellung Deutschlands als Industrienation mittels Bildern des Wohnens und des Arbeitens. Das entsprach der damaligen Programmatik des Deutschen Werkbundes, die ‚Wohnung und

Werkraum' als zentrale Orte moderner Formkultur betrachtete. Bekanntlich zeichnete Mies – damals zweiter Vorsitzender des Werkbundes – in Barcelona auch für den Pavillon der Deutschen Elektrizitätswirtschaft verantwortlich. Weniger bekannt ist dagegen, dass einige Jahre zuvor zwei deutsche Architekten bereits die Pole dieser Programmatik in Barcelona ausgelotet hatten: Carl Fieger hatte 1926 einen Vorschlag für den dortigen Deutschen Verein erarbeitet, indem er einen Villenentwurf von Gropius neu interpretierte; Peter Behrens hatte 1924 eine Werkhalle im Hafen der katalanischen Hauptstadt entworfen, die an seine eigene Industriearchitektur für die AEG anknüpfte.

Angesichts der späteren Bedeutung, die Mies van der Rohes ‚Barcelona-Pavillon' zukommen sollte, überrascht die Zurückhaltung, mit der er zunächst vom spanischen Fachpublikum aufgenommen wurde. Es stellt sich daher die Frage, welche Modelle grundsätzlich in der Lage sind, einen Einfluss auszuüben, und von welchen Faktoren ihre Verbreitung abhängt. Es sind vor allem die Interessen und Erwartungen der Rezeptoren, die darüber entscheiden. In Madrid war es zum Beispiel eine von den bereits erwähnten Fernando García Mercadal und Luis Lacasa angeführte neue Architektengeneration, die – unter der intellektuellen Ägide Ortegas – ab Mitte der zwanziger Jahre für eine breite Rezeption der zeitgenössischen deutschen Baukultur sorgte. Von Deutschland erwarteten sie die zeitgenössischen Formen und Inhalte für eine moderne Architektur und öffneten damit die Türen für eine konkrete deutsche Präsenz. Zu dieser kam es mittels deutscher wie auch spanischer Zeitschriften und durch Vorträge prominenter Vertreter des Neuen Bauen wie Mendelsohn oder Gropius. Diese erkannten sogar eine Gelegenheit, in Spanien tätig zu werden, und bemühten sich 1929-30 darum, mit dem Bau des ‚deutschen Pavillons' in der Madrider *Ciudad Universitaria* beauftragt zu werden.

II. Großstadtmodelle

Die deutsch-spanischen Kontakte auf dem Gebiet des Städtebaus verdienen eine gesonderte Betrachtung. Zunächst fällt die Geringschätzung auf, mit der die Leistungen spanischer Vorreiter einer modernen Urbanistik – wie Ildefonso Cerdà in Barcelona oder Arturo Soria in Madrid – von den Gründervätern der deutschen Stadtbaukunst abgetan wurden. Am Fall von Joseph Stübben, der schon Ende des 19. Jahrhunderts Spanien bereist hatte, wird deutlich, dass die jeweiligen Vorstellungen über die Ziele und Instrumente der neuen Disziplin weit auseinander klafften.

Doch auch in Madrid und Barcelona selbst erfuhren die Theorien der spanischen Pioniere nicht die ihnen gebührende Beachtung: weder Cerdàs erste wissenschaftliche Stadtbaulehre noch Sorias als erste Städtebauzeitschrift geltende *La Ciudad Lineal*. An Stelle ihrer städtebaulichen Ideale wurde die für die deutsche Stadtbaukunst charakteristische Verbindung von technischem Pragmatismus und künstlerischem Anspruch vorgezogen. So nahmen in Barcelona schon früh eine Reihe von in Deutschland ausgebildeten ‚Städtebaufunktionären' bedeutende Positionen in der Verwaltung ein, als dort über ein alternatives Modell zu Cerdàs Raster diskutiert wurde.

Zu den folgenreichsten Begegnungen kam es jedoch in Madrid. Für die spanische Hauptstadt hatte Oskar Jürgens – ein Schüler Stübbens und Autor der ersten Stadtbaukunde Spaniens: „Spanische Städte" (1926) – bereits 1907 einen Vorschlag für einen monumentalen Verfassungsplatz gemacht, den er allerdings nicht realisieren konnte und erst 1920 veröffentlichte. Bei der Gelegenheit machte er seinen deutschen Kollegen Spanien als Absatzgebiet für deutsches städtebauliches Können schmackhaft. Gleichzeitig versuchte er die Spanier vom Sinn internationaler Wettbewerbe zu überzeugen. Zu solchen sollte es kommen, nachdem 1924 ein Gesetz verabschiedet worden war, das die Kommunen zur Erstellung von Stadterweiterungsplänen innerhalb von nur zwei Jahren verpflichtete. In der Folge gewann Stübben 1926 den Stadterweiterungswettbewerb Bilbaos, und drei Jahre später war es der renommierte Berliner Städtebauer Hermann Jansen, der in Zusammenarbeit mit Secundino Zuazo in Madrid als Sieger hervorging. Jansen hatte über García Mercadal – ehemals sein Schüler am Städtebauseminar der TH Berlin-Charlottenburg – mit Zuazo Kontakt aufgenommen. Obwohl dieser mit Jansen ein pragmatisches, gar theoriefeindliches Verständnis des Städtebaus teilte, wies ihre gemeinsame Hauptstadtplanung eine unerwartete Monumentalität auf. Gleichzeitig trug der Entwurf die idealtypischen Züge einer „organisch gegliederten Stadt", die auf die Ideale des von Jansen verehrten Camillo Sitte verwies.

Jüngere Generationen von Architekten sollten in der Folgezeit die städtebaulichen Debatten bestimmen. In Madrid etwa propagierte Lacasa, der in Deutschland studiert hatte, den ‚sozialen Gedanken' der dortigen Siedlungen als den neuen Maßstab für eine moderne Planung. In Barcelona versuchte die Gruppe um Josep Lluís Sert die alten Städtebaufunktionäre abzulösen. Sie machte sich das von Ortega beschriebene gesellschaftliche Phänomen vom „Aufstand der Massen" zu eigen. Im Zuge der 1931 – nach der Ausrufung der Zweiten Spanischen Republik – eingeläuteten Modernisierung des Landes bot sie den neuen Machthabern Vorschläge zur Versorgung der Massen. Insbesondere widmete man sich den Bereichen der Erholung und Erziehung. In diesem Zusammenhang stehen die bisher wenig beachteten Entwürfe von Walter Gropius für ein vorgefertigtes Wochenendhaus für Barcelona (1932) und von Konrad Wachsmann für die ehrgeizigen Schulbauprogramme der Republik in Granada und Umgebung (1932-33).

III. Inseln

Der moderne Anspruch, sich jenseits der Überlieferung ‚aus Eigenem heraus' zu begründen, führte in Spanien zu scheinbar widersprüchlichen Auslegungen. Sie waren wohl aus dem Versuch geboren, die soziale, technische und ökonomische Abhängigkeit der Architektur in einem Land zu überwinden, das in seiner industriellen Entwicklung gegenüber den Zentren der neuen Architektur weit zurückstand. Dieselben Kreise, die den Anschluss an die internationale Moderne suchten, bemühten sich um eine Abgrenzung und um die Behauptung einer kulturellen Eigenständigkeit, etwa indem man eine Brücke von der neuen Architektur als Kunstform zur eigenen literarischen Avantgarde zu schlagen versuchte. Man thematisierte zum einen die umstrittene Dampfermetaphorik der neuen Architektur und berief sich gleichzeitig auf die Vorbildlichkeit der eigenen autochthonen Volksarchitektur.

Die Auseinandersetzungen um die Inhalte der Moderne wurden vornehmlich in Zeitschriften ausgetragen, wie die zwei wichtigsten programmatischen Publikationen dieser Jahre in Spanien illustrieren: *Documentos de Actividad Contemporánea* (*A.C.*) in Barcelona (1931-1936) und *gaceta de arte* (*g.a.*) auf Teneriffa (1932-1936). Beide nahmen sich der Aufgabe an, einen Beitrag zur Modernisierung des Landes zu leisten. Dabei unterstützten sie sich zwar wohlwollend, vertraten aber zum Teil gegensätzliche Positionen.

A.C., das Organ des GATEPAC (Grupo de Arquitectos y Técnicos Españoles para el Progreso de la Arquitectura Contemporánea), stand von Beginn an unter dem Einfluss Le Corbusiers, und so fand dessen polemische Abgrenzung gegenüber den nordischen und slawischen Vertretern der Moderne in der Zeitschrift Gehör: Sie schlug eine Brücke zu der eigenen ideologischen Tradition des katalanischen Noucentisme. Ganz im Sinne Le Corbusiers wurden die deutschen Siedlungen für das Existenzminimum als „knauserige Architektur" abgetan. Gleichzeitig erklärte man den mediterranen Ursprung der klassischen Formen der Moderne: Ordnung, Klarheit und Reinheit wurden allesamt zu modernen Eigenschaften erhoben, die sich in der vorbildhaften Volksarchitektur des Mittelmeeres nachweisen ließen. *A.C.* fand auch bald ein mediterranes Utopia, das keiner architektonischen Erneuerung bedurfte: die „vergessene Insel" Ibiza. Interessanterweise stammten die gehaltvollsten Artikel zur ibizenkischen Volksarchitektur nicht von Angehörigen des GATCPAC (die katalanische Untergruppe des GATEPAC), sondern wider Erwarten von deutschen Exilanten wie Erwin Heilbronner und Raoul Hausmann. Auch Walter Segal und Walter Benjamin widmeten sich den archaischen Lebensformen Ibizas: als einer Gegenwelt, die zur Kritik an der Moderne anregte – einer Moderne, wie sie zeitgleich auf Mallorca anzutreffen war. Dort waren verschiedene deutsche Architekten an der touristi-

Einleitung 25

schen Erschließung der Insel beteiligt. So legten z.B. der Berliner Baulöwe Heinrich Mendelssohn und der Jansen-Schüler Max Säume 1933 gemeinsam den städtebaulichen Entwurf einer Gartenstadt in Santa Ponça für 10 000 Touristen vor: Die Insel stellte hier weniger eine archaische Gegenwelt zur Großstadt dar, als vielmehr eine alternative Szenerie für die ‚moderne' Freizeit- und Dienstleistungskultur.

Gaceta de arte (*g.a.*) vertrat dagegen einen programmatischen Internationalismus, der im Zusammenhang mit der Rolle der Kanarischen Inseln als Stützhäfen auf den transatlantischen Handelsrouten zu verstehen ist. Regionalistische Bestrebungen wurden in der Zeitschrift vehement bekämpft, etwa in einer Reihe von bemerkenswerten „manifiestos racionalistas" (rationalistische Manifeste) zur neuen Architektur. Als Vorbilder galten die deutschen Siedlungen. Doch klaffte hier ein tiefer Spalt zwischen politischem Anspruch und sozialer Wirklichkeit: Die deutschen Architekten, die in diesen Jahren auf den Kanaren Fuß fassten, entwickelten vornehmlich Land- und Gartenstadthäuser für ein kulturell ambitioniertes Handelsbürgertum. Die Diskrepanz wird umso deutlicher, als einer dieser Architekten, der Bremer Richard Ernst Oppel, zuvor in Hamburg bei Fritz Schumachers Kleinstwohnungsreform mitgewirkt hatte.

Ausblick

Infolge des Spanischen Bürgerkrieges kam es zum zeitweiligen Abbruch der ehemals intensiven deutsch-spanischen Beziehungen. Der Blick auf die Zeit nach 1939 zeigt aber, dass der kulturpolitische Einklang der faschistischen Regime eine Wiederbelebung und Transformation früherer Kontakte ermöglichte. Deutsche Architekten, die vor 1936 in Spanien als Vertreter der Moderne aufgetreten waren, kehrten nun unter völlig veränderten politischen und architektonischen Vorzeichen als Boten der „Neuen Deutschen Baukunst" zurück. Paul Bonatz zum Beispiel, der 1930 Mitglied der Jury im Madrider Stadterweiterungswettbewerb gewesen war, gastierte jetzt als Propagandist der klassizistischen Baukunst des ‚Neuen Reiches' und nahm Einfluss auf die Planung des Madrider Luftfahrtsministeriums. Aber nicht nur monumentale Staatsarchitektur gelangte damals von Deutschland nach Spanien. So fiel 1942 die Eröffnung einer großen Speer-Ausstellung in Madrid mit der Veröffentlichung von Ernst Neuferts „Bauentwurfslehre" zusammen. Auch die neuen Reichstypen für den Wohnungsbau wurden von spanischen Zeitschriften bekannt gegeben.

Die wenigen konkreten Entwürfe jener Jahre stammen von Architekten, die – wie Egon Eiermann oder Otto Bartning – zu denen gehören, die an den Postulaten der Moderne festhielten und sie in der Nachkriegszeit wieder zum Gegenstand des deutschen Architekturdiskurses machen sollten. Zu dieser

Zeit trat die deutsche Beeinflussung der spanischen Architektur allmählich zurück. Ihre neuen Bezugspunkte lagen in Italien, Skandinavien und den USA. Die deutsch-spanischen Beziehungen überwanden die einseitige Abhängigkeit früherer Zeiten und entfalteten sich zunehmend als Dialog unter Gleichen.

I. NATIONALES UND INTERNATIONALES

> Der Nationalismus ist immer ein Impuls, der den Nationen bildenden Kräften entgegengerichtet ist. Er schließt aus; sie schließen ein.
> José Ortega y Gasset, *Der Aufstand der Massen* (1930)

> Als in Kopenhagen jemand die neuen sehr fein durchgearbeiteten Wohnhausbauten lobte, tat er es mit den Worten zu dem ihn begleitenden Schriftsteller Hansen: „Das ist dänische nationale Architektur!" Hansen antwortete: „Jede gute Architektur ist national" – und nach einer Pause des Stillschweigens setzte er hinzu: „Jede nationale Architektur ist schlecht."
> Bruno Taut, *Architekturlehre* (1938)[1]

Als 1932 die Kunsthistoriker Henry-Russell Hitchcock und Philip Johnson die begleitende Publikation zur ersten Architekturausstellung des New Yorker *Museum of Modern Art* mit „The International Style: Architecture since 1922" betitelten, gelang ihnen einer der nachhaltigsten Erfolge der Baugeschichtsschreibung des 20. Jahrhunderts. Sie machten für die nach der Jahrhundertwende in Europa entstandene Architektur erstmals international gültige und einleuchtende normative Prinzipien aus. Die Eigenschaft der ‚Internationalität' ist seitdem unlösbar mit dem Bild der klassischen Moderne verwachsen. Wer sich aber vom vielversprechenden Titel angeregt, mit der Hoffnung auf eine Klärung des Begriffes zur Lektüre des Buches verleiten lässt, wird enttäuscht. Während sich die Autoren ausgiebig mit der Begründung der Kategorie ‚Stil' für die Architektur der Moderne befassten, hielten sie offenbar zu diesem Zeitpunkt die ‚Internationalität' als kaum noch einer

---

1 Die von Taut in seiner „Architekturlehre" zitierte Anekdote stammt ursprünglich von Julius Posener, der sie 1935 im III. Internationalen Architektenkongress als Beitrag zum Thema „aktuelle Entwicklung der nationalen Architekturen" vorgetragen hatte. Vgl.: L'architecture d'aujourd'hui 6 (1935), H. 11. Siehe hierzu: Calduch Cervera, Juan: *La arquitectura moderna nacional*. Alicante 2003.

Erklärung bedürftig. Dass aber auf diese hätte eingegangen werden müssen, beweist selbst eine kritische Bemerkung des Museumsdirektors Alfred Barr, der im Vorwort an einen Vorschlag zur Kennzeichnung des neuen Stils als „Post-Funktionalismus" erinnerte und diese als eine präzisere, seine Genealogie treffendere Charakterisierung erachtete.[2]

Die MoMA-Ausstellung sollte paradoxerweise durch die Erzeugung eines einheitlichen und normativen Bildes der Moderne für deren nationale Verfügbarkeit in den USA sorgen.[3] Tom Wolfe hat diesen Transfer sarkastisch mit dem Bild eines im Urwald notgelandeten Flugzeuges umschrieben, dessen mit weißen Safari-Hemden und braunen Reiterhosen bestückte Insassen von den Wilden für die nach langer Wartezeit endlich vom Himmel herabgestiegenen weißen Götter gehalten wurden.[4] Der „Kolonialkomplex" rührte demnach nicht zuletzt daher, dass sich die Erwartungen einiger „Eingeborenen" – wie auch Hitchcock und Johnson – mit dem Erscheinungsbild und dem Verhalten der Fremden trafen. Ähnlich verhält es sich mit der ‚Internationalität' ihres Buchtitels. Auch dieser Begriff wurde aus seinem ursprünglichen Kontext gerissen und in vereinfachter Form von den architekturtheoretischen Debatten des alten Kontinents nach Amerika transponiert. Die aus Europa emigrierten Architekten fungierten als Boten ‚der' Internationalität.

Die Internationalität hatte aber viele Gesichter. In den frühen zwanziger Jahren hatte man als Reaktion auf den Chauvinismus der Kriegsjahre versucht, die aus dem Tatbestand des weltumspannenden Handels – der maßgeblich zu den blutigen Auseinandersetzungen beigetragen hatte – entsprungene Internationalität nun als einen Weg der Versöhnung zu verstehen. Auf politischer Ebene spiegelte sich dieser Prozess in der Gründung des Völkerbundes im Jahre 1919 unter maßgeblicher Beteiligung der USA. Durch die neuen Möglichkeiten weltweiter Kommunikation nahm gleichzeitig der internationale Informationsaustausch auf den Gebieten der Kultur und der Wissenschaften zuvor nicht gekannte Ausmaße an und unterstützte die Verbreitung intellektueller Weltbürgerlichkeit. Die Internationalisierung war aber kein Privileg der Handels- und Kulturelite. Als proletarische Solidarität trat auch ein internationales Klassendenken zu Tage, das die Universalität der Bedürfnisse und der Rechte der Arbeiter erklärte.

---

2 Barr, Alfred H.: *Vorwort* zu: Henry-Russel Hitchcock, Philipp Johnson: *The international style*. New York 1932.

3 Die Ausstellung „Modern Architecture: International Exhibition" wurde vom 10. Februar bis zum 23. März 1932 im MoMA gezeigt und wanderte anschließend sieben Jahre werbewirksam durch die USA. Vgl. Riley, Terence: *The international Style. Exhibition 15 and The Museum of Modern Art*. New York 1992.

4 Wolfe, Tom: *Mit dem Bauhaus leben*. Berlin 2001. S. 41.

I. Nationales und Internationales

Die Architekturdebatten der Zeit spiegelten diese Haltungen.[5] Gleichzeitig machte sich jedoch auch ein Unbehagen mit dem Phänomen der Internationalität bemerkbar. Zum Beispiel griff die Angst vor Überfremdung der Heimat um sich. Im Verlauf der zwanziger Jahre kam es zu einer ideologischen Polarisierung zwischen internationaler Fortschrittlichkeit und lokalem Traditionalismus, wie sie in Deutschland etwa in der Flach- beziehungsweise Steildachpolemik ausgetragen wurde. Doch selbst unter den Anhängern der Moderne entbrannte eine Diskussion um die Frage, ob eine internationalistische Geisteshaltung in der Architektur unweigerlich zur Ubiquität eines engen und abgeschlossenen formalen Kanons führe. Ein höchst unwahrscheinliches Szenario: Spätestens mit den Streitgesprächen bei der Gründung der CIAM (*Congrès Internationaux d'Architecture Moderne* – Internationale Kongresse für Neues Bauen) im Jahre 1928 war das Bild einer monolithischen Moderne hinfällig.

Aus heutiger Sicht scheint die Gegensätzlichkeit der theoretischen Fronten nicht immer eindeutig. Es stellt sich daher die Frage, ob die Positionen tatsächlich durch tiefe ideologische Gräben getrennt waren. Denn in zahlreichen Argumentationslinien standen sich Bewahrer und Erneuerer nahe.

Nationale Moderne

Knapp ein Jahr vor der Eröffnung der MoMA-Ausstellung hatte der deutsche Architekturkritiker Adolf Behne in den Zeitschriften *Moderne Bauformen* und *Sozialistische Monatshefte* unter dem Titel „Nationales und Internationales im Neuen Bauen" festgestellt, dass sich mit der europäischen Verbreitung des Neuen Bauen die Erscheinungsbilder anglichen.[6] Sowohl in der Form als auch in der Konstruktion erkannte er gemeinsame Züge: Flachdächer, Fensterbänder, Pilzdecken, auskragende Betonplatten, glatte Wände, Fenster über Eck, etc. Sie alle bildeten ein beschränktes Repertoire an Formen, die er polemisierend mit dem „mondänsten Chic" von Pagenköpfen und kurzen Röcken gleichsetzte.[7]

Die Absicht, die Behne mit seinem Aufsatz verfolgte, war freilich nicht einfach die Anprangerung einer solchen Mode. Er versuchte die Parole des Internationalismus zu relativieren. So fragte er sich zu Recht, ob die neue

---

5 Vgl. Pehnt, Wolfgang: *Esperanto oder Dialekt. Internationalität im modernen Bauen*. In: Pehnt, Wolfgang: *Die Erfindung der Geschichte*. München 1989. S. 144.

6 Behne, Adolf: *Nationales und Internationales im neuen bauen*. In: Moderne Bauformen 30 (1931), S. 209-212. Ebenfalls erschienen in: Sozialistische Monatshefte 37 (1931), S. 32-37.

7 Ebd., S. 209.

Baukunst etwa internationaler sei als andere übernationale europäische Bewegungen früherer Epochen, wie die Gotik oder die Renaissance, und kam zu einem gegenteiligen Schluss: Selbst in der Malerei der jüngsten Vergangenheit sah er Anzeichen, wonach diese als die „nationalere" betrachtet werden müsse. Der Grund hierfür sei die gleichermaßen im italienischen Futurismus, dem französischen Kubismus, dem deutschen Expressionismus und dem russischen Konstruktivismus enthaltene Besinnung auf die Elemente des malerischen Schaffens gewesen: Eine Besinnung auf das Elementare, die sie der Erde und dem Volk näher gebracht habe, wie Behne meinte.

Der neuen Architektur sprach Behne eine analoge „Erschließung der Quellen" seit dem Bruch mit dem historisierenden Eklektizismus zu. Den austauschbaren Produkten des „uniformen Formalismus" seien die Werke Berlages, Nyrops, Perrets oder Wagners als verbindliche Umsetzungen des Geistes einer Stadt oder einer Nation gefolgt. Die hierfür unumgängliche Voraussetzung sei die Abkehr vom Formalismus gewesen, wie Behne auch im Scheitern der Heimatschutzbewegung bestätigt sah – obwohl diese doch als vielversprechende Auflehnung gegen die Architekturmaskerade des 19. Jahrhunderts ins Leben gerufen worden war:

> Es gibt keinen Weg, um mit größerer Sicherheit das schöne Bild der Heimat zu verschandeln, als den Zwang irgendein historisch ausgeprägtes Kostüm des heimatlichen Bauens vorzuschreiben. Das Moment des Heimatlichen darf nur dynamisch aufgefasst werden, niemals aber formal.[8]

Der richtige Weg sei vielmehr das abstrahierende Prinzip, im „Geist der Heimat" zu arbeiten und zu bauen, der keineswegs eine vereinheitlichende Unterordnung festlege, wie die großen Dome seines Erachtens bewiesen. Bei der Aufstellung seines sachlichen Inventars elementarer Lebenswerte hatte nach Meinung Behnes der „internationale Architekt" vor allem den zeitgebundenen Geist der Heimat zu berücksichtigen.

> Gewiß, er täte dieses alles nicht aus programmatischer Heimatliebe, aus programmatischer Nationalität. Der Antrieb wäre rein sachlich und eben deshalb gesund. Entscheidend ist, daß seine Auffassung der Aufgabe ihn wieder in so intim nahe Bindung an die gegebene Erde bringt.[9]

Eine unerwartete Wendung nahm Behnes Nachweis der Nationalität der Moderne durch den Vergleich des berechnenden Geistes des französischen Konstrukteurs Freyssinet mit der kulturellen Tradition des kartesianischen Rationalismus als zusammenhängende, national-charakteristische Bau- und Denkstile:

---

8   Ebd., S. 210.
9   Ebd., S. 212.

I. Nationales und Internationales

Dieses national Charakteristische steckt aber in der Konstruktion sehr viel mehr als in den Formen. Mit der Terminologie des Psychoanalytikers dürfen wir sagen: Die Form ergibt die Aussagen der Bewußtseinsschicht, die Konstruktion ergibt die Aussagen der Tiefenschicht.[10]

Der Hinweis ist insofern von Bedeutung, als er den beschworenen „sachlichen Antrieb" des modernen Architekten in Frage stellte. Der konstruktive Sinn wurde nun als kulturell gelenkter, unbewusster Impuls dargestellt.

Diese Brücke zur Figur des *Nationalcharakters* hatte schon Sigfried Giedion – der Schriftführer der Internationalen Kongresse für Neues Bauen – drei Jahre zuvor anhand derselben Beispiele in seinem Buch „Bauen in Frankreich, Bauen in Eisen, Bauen in Eisenbeton" geschlagen. Unter der Überschrift „Nationalitätskonstante" und einer Abbildung von Freyssinets Hangar von Orly hatte er die Existenz eines „konstruktiven Temperaments Frankreichs" dargelegt, welches sich bis in die Gotik zurückverfolgen ließe. In diesem Sinne verstand er das Ablegen „überlieferter Formspielereien" in der französischen Avantgarde als Zeichen einer Rückmeldung der „eingeborenen Urlaute". Ohne auf das Ziel einer universellen Sprache zu verzichten, machte er für alle Länder vorbestimmte Rollen innerhalb der modernen Bewegung aus. Die gemäß ihrer Eigenart unterschiedlichen nationalen Beiträge – etwa die Organisation Amerikas oder die Handwerklichkeit Hollands – bildeten demnach die unentbehrliche Grundlage für ein gemeinsames Voranschreiten des neuen Bauens. Das Bedürfnis nach nationaler Abgrenzung erschien ihm dagegen obsolet:

> Die Kampffront des national-international besteht in Wirklichkeit nicht mehr, so wie heute im Grunde die äußere Kampffront nicht zwischen den Staaten verläuft, sondern in einem durchgehenden Kampf um die soziologische Struktur.[11]

Behne ergänzte diese These von der Ablösung der nationalen Front durch die neue des Sozialen in einem Artikel, den er unter dem Titel „Form und Klassenkampf" im selben Jahrgang der *Sozialistischen Monatshefte* veröffentlichte, in dem er schon das Verhältnis von Nationalität und Internationalität im Neuen Bauen erörtert hatte.[12] Nun widmete er sich der Funktion der „modernen", weil „sachlichen" Form als Diagonale im Kräfteparallelogramm der Repräsentation und des Zwecks an der gesellschaftlichen Front. Zusammenfassend könnte man Behnes Position auf die Formel bringen, dass sich in der

---

10 Ebd., S. 211.
11 Giedion, Sigfried: *Bauen in Frankreich. Bauen in Eisen. Bauen in Eisenbeton*. Berlin/Leipzig 1928, S. 68.
12 Behne, Adolf: *Form und Klassenkampf*. In: Sozialistische Monatshefte 37 (1931), S. 362-365.

Kodierung der modernen Form die elementaren Faktoren des Kultur- und Sozialspezifischen überlagerten. Diese berücksichtigten sehr wohl auch nationale Traditionen und gingen so weit über die elementare Ortsbindung hinaus, die von äußeren Faktoren wie Klima oder Material vorgegeben wurde. Durch diese Relativierung erweiterte Behne entscheidend den zu Beginn der zwanziger Jahre gebräuchlichen Begriff des Elementaren.

Universeller Elementarismus

Künstlerischer Elementarismus in seiner ursprünglichen Prägung bezeichnete eine von ästhetischen Spekulationen und Zweckdienlichkeiten befreite Kunst, die sich selbstbezüglich aus den ihr eigenen Elementen aufbaute und daher nicht länger der Willkür des individuellen Künstlers entsprang. Als elementarer Gestalter wurde dieser zum Sprachrohr: ein „Exponent der Kräfte, welche die Elemente der Welt zur Gestalt bringen" – wie es in dem an die Künstler der Welt gerichteten „Aufruf zur elementaren Kunst" (1921) hieß.[13] Alles Traditionelle sollte abgestreift werden. Das Ziel war die reine Form von universaler Geltung. Für die Architektur ist dieser Ansatz in der Berliner Zeitschrift *G – Material zur Elementaren Gestaltung* (1923-26) auf den Punkt gebracht worden.[14] Dort forderten unter anderem die Architekten Mies van der Rohe und Ludwig Hilberseimer in lakonisch-sachlichen Manifesten das Bauen als reine, ausschließlich durch die elementaren Faktoren der Ökonomie, der Materialgerechtigkeit und der Zweckerfüllung bedingte Konstruktion. Außerarchitektonisches sollte – so proklamierten es zumindest die Manifeste – ausgestoßen werden. Ihre Vorstellung eines wesentlichen Bauens siedelte die spezifisch architektonische Gestaltung in der Hierarchisierung der konstruktiven Elemente an. Das tektonische Grundprinzip der Trennung von Tragwerk und Umhüllung führte in ihren Entwürfen zur sachlichen Monumentalität der reinen Konstruktion und wurde damit Träger eines auf Eigengesetzlichkeit beruhenden architektonischen Kunstversprechens, wie es Fritz Neumeyer charakterisiert hat.[15]

Der konstruktiv verstandene Ansatz des Elementarismus artikulierte also die Sehnsucht nach einer reinen und universellen Sprache, die sich allein aus den der Architektur angemessenen ‚Elementen' zusammensetzte. Seine Anhänger standen damit in der Tradition Gottfried Sempers und dessen Pro-

---

13 Raoul Hausmann, Hans Arp, Iwan Puni, László Moholy-Nagy: *Aufruf zur elementaren Kunst*. In: De Stijl 4 (1921), H. 10, S. 156.

14 Erschienen zwischen 1923 und 1926. Ab Heft 2 unter dem Titel: *G – Zeitschrift für Elementare Gestaltung*. Herausgeber der Zeitschrift war Hans Richter.

15 Vgl. Neumeyer, Fritz: *Mies van der Rohe. Das kunstlose Wort. Gedanken zur Baukunst*. Berlin 1986.

I. Nationales und Internationales

gramms einer „kosmopolitischen Zukunftsarchitektur" auf der Grundlage einer wissenschaftlich-deduktiven Erforschung der Urtechniken des Bauens: ein elementarer Akt, durch den sich die Menschen dank einfachster Mittel vor der Natur zu schützen vermochten.

Als anthropologische Konstante betrachtet, stellte das elementare Bauen eine universelle Handlung dar. Diesem Verständnis lag eine kausal-mechanistische Denkweise zu Grunde. Sie führte zur Überzeugung, in Analogie zu den Naturwissenschaften seien auch im Bereich der ‚technischen Künste' Gesetzmäßigkeiten rational abzuleiten. Die wissenschaftlich determinierbaren konstruktiv-technischen Grundformen seien allerdings nicht nur an die Logik der empirischen Gegebenheiten gebunden, sondern auch an gesetzte Zweckbedürfnisse, wie etwa den Gebrauch. Auf derartige Setzungen beschränkte sich die aktive Rolle des bauenden Menschen, der sich ansonsten den Bestimmungen einer durch Klima, Material und Technik bedingten Gesetzlichkeit fügte.[16]

Den theoretischen Rekurs auf einen derartigen empirischen Elementarismus finden wir in den 20er Jahren in Mies van der Rohes Vortrag „Gelöste Aufgaben" (1923) in aller Deutlichkeit formuliert. Dort wurde anhand der Architektur von Naturvölkern die konstruktive Unmittelbarkeit eines ursprünglichen Bauens veranschaulicht und entlarvend der verkommenen Baukultur Europas gegenübergestellt. Die Zelte, Blatt- und Schneehütten einsamer Naturmenschen demonstrierten, wie sich durch elementares Bauen unumgängliche materielle Notwendigkeiten mit universalen Grundbedürfnissen verbinden ließen. Äußere (positive) und innere (geistige) Notwendigkeiten fielen zusammen. Die Sachlichkeit bot ein allgemeingültiges Funda-

---

16 Diesem Modell der Ableitung des Sonderfalls aus dem Universalen ist eine mangelnde Beachtung der persönlichen, zeitlichen und nationalen Modifizierungen vorgehalten worden. (Vgl. Quitzsch, Heinz: *Gottfried Semper - praktische Ästhetik und politischer Kampf*. Braunschweig 1981, S. 71) In „Die Vier Elemente der Baukunst" unterschied jedoch Semper mehrere Stufen der Bedingtheit: Neben den empirischen Faktoren wie Klima und „Länderbeschaffenheit" berücksichtigte er auch eine nicht näher bestimmte „Anlage der Rasse". Allerdings als nur *eines* der mannigfaltigen und im Grundsatz gleichwertigen Umstände einer nicht austauschbaren Kombination, welche ein einmaliges Kunstwerk hervorbringt: "Je nachdem die menschlichen Vereine unter den verschiedensten Einflüssen der Climate, der Länderbeschaffenheiten, der Verhältnisse zu einander, und nach den Unterschieden in den Anlagen der Racen sich verschiedenartig ausgebildeten, mussten die Combinationen, in welchen diese vier Elemente der Baukunst zusammengriffen, sich anders gestalten, und einzelne sich mehr entwickeln, andere in den Hintergrund treten." (Semper, Gottfried: *Die Vier Elemente der Baukunst. Ein Beitrag zur vergleichenden Baukunde*. Braunschweig 1851)

ment für die bereits im ersten *G*-Heft herbeigesehnte emotionale Vorurteilslosigkeit in der Gestaltung:

> Unsere „Gefühle" hindern uns daran, das für uns wahrhaft Wesentliche zu sehen. Vorurteilslosigkeit, auch den heiligsten Traditionen gegenüber ist notwendig.[17]

Im dritten Heft übertrug man die an den universellen Bedürfnissen der Individuen demonstrierte sachliche Grundlage des Bauens auf den Konsens einer objektiven und rationalen gesellschaftlichen Ordnung.[18] Doch bereits in Heft 2 hatte Behne die Inthronisierung der Vernunft beanstandet:

> Selbstverständlich ratio in allen Dingen! Gegen ratio und gegen Vitalität können wir uns nicht in unserer Umgebung denken. Aber deshalb ist das Rationale und Utile nicht schon Gestaltung. Denn man mag den Begriff der ratio noch so weit fassen, so enthält er nicht das Element des Willens, das von der Gestaltung unzertrennlich ist.[19]

‚Vernunft und Wille': Die rationale Regelallgemeinheit musste durch eine gestalterische Triebkraft ergänzt werden. Und zwar durch einen *Gestaltungswillen*. Mit dieser Forderung brachte Behne – wie im weiteren Verlauf näher zu erläutern sein wird – einen Schlüsselbegriff des kulturellen Relativismus in die Debatte ein. Denn beim Gestaltungswillen handelte es sich nicht um ein Instrument zur Rechtfertigung der subjektiven Willkür des Künstlers. Vielmehr wurde damit ein Bogen zum überindividuellen Charakter einer Kultur geschlagen, den Behne, wie wir wissen, auch später im konstruktiven Gestaltungsdrang der Franzosen ausmachen sollte. Aber schon 1923, als er seine Studie „Der moderne Zweckbau" (1926) verfasste, hatte Behne die These einer Abbildung gesellschaftlicher Strukturen in den Bauformen infolge eines als charakteristische Denkweise wirksamen psychischen Drangs vertreten – nicht im streng nach Ländern geordneten Abbildungsteil, sondern bei seinem Versuch, die Moderne formtheoretisch zu klassifizieren. Er verfolgte die spezifischen Ansätze der unterschiedlichen Haltungen, die der Gestaltungswille gegenüber dem Sozialen einnahm. Beispielsweise akzeptierte er die zur Idee eines „ästhetischen Ganzen" gesellschaftlich orientierte Basis der Rationalisten, die er von den „asozialen" Intentionen der Funktionalisten

---

17 G - Zeitschrift für Elementare Gestaltung 1 (1923), H. 1, S. 1.

18 „Schaffung sozial zweckmäßiger Formen, die nicht auf der willkürlich-zufälligen Laune, dem individuellen Einfall oder dem subjektiven Geschmack des einzelnen Künstlers basieren, sondern die entstanden sind auf Grund von strengen, rein objektiven Methoden, durch die gewisse allgemeine gesellschaftliche Bedürfnisse befriedigt werden." Altmann, Nathan: *Elementare Gesichtspunkte*. In: G – Zeitschrift für Elementare Gestaltung 2 (1924), H. 3, S. 35-36.

19 Behne, Adolf: *Über Städtebau*. In: G – Zeitschrift für Elementare Gestaltung 1 (1923), H. 2, S. 2.

I. Nationales und Internationales

abgrenzte. Behne bevorzugte den formalen Spieltrieb des Rationalismus gegenüber dem radikalen Funktionalismus, dem er eine gesellschaftsfeindliche Beschränkung auf die Sphäre des Individuellen unterstellte:

> Vereinzelung, unbedingter Individualismus ist die letzte Triebkraft im konsequenten Funktionalismus. Auch seine Berufung auf das Organische ist nicht primär, sondern erst Folge individualistischer Einstellung. Das Entscheidende ist also das Verhältnis zur Gesellschaft! Die Erwägungen des Funktionalisten sind richtig, solange es um das einzelne geht – und werden falsch, sobald es sich um ein Zusammen handelt.[20]

Stilwille

Während der funktionalistische Einzelfall nach Behnes Modell die Abschaltung des Willens anstrebe, lasse sich der Rationalist vom Willen zur objektiven Form leiten. Er unterstrich die Notwendigkeit des Ästhetischen aus sozialen Gründen. Dabei richtete er sich explizit gegen Mies van der Rohe, der in *G* bei der Erläuterung seiner sachlich-konstruktiven Entwürfe das Ästhetische (die „Form als Ziel" und der „Wille zum Stil") zurückgewiesen hatte. Dagegen erfüllte bei Behne das „ästhetische Ganze" – auch er vermied es, von einem *Stil* zu sprechen – den Sinn der gesellschaftlichen Artikulation. Es schuf ein kulturelles Regelwerk, innerhalb dessen sich der gestalterische Trieb und das gesellschaftliche Spiel von Zugehörigkeit und Abgrenzung als zusammenhängend erwiesen. Als bewusster Spielraum eines kulturell bedingten Gestaltungswillens erfuhr die Form so eine Aufwertung zum unverzichtbaren, absoluten Element:

> Wäre die Menschheit nur eine Und-Summe von Individuen, so wäre es wohl möglich das Haus als reines Werkzeug, rein funktional aufzufassen. Für den, der in der Menschheit eine Gestalt sieht, ein in Raum und Zeit gegliedertes Gebilde, treten an das Haus formale Forderungen heran – wobei ja „formal" nicht zu verwechseln ist mit „dekorativ". Ist jeder Bau Teil eines gebauten Ganzen, so erkennt er bestimmte, allgemein gültige Regeln an - Regeln, die nicht aus seinem individuellen Zweckcharakter folgen, sondern aus den Ansprüchen dieses Ganzen – aus ästhetischen, formalen Ansprüchen. Denn hier, in der sozialen Sphäre, dürften überhaupt die Urelemente des Ästhetischen liegen. Einseitige Zweckerfüllung führt zur Anarchie. Dort, wo der Bau als Teil eines Ganzen empfunden wird, tritt zu dem Werkzeugcharakter der Spielzeugcharakter, zum relativen Element das Absolute.[21]

Auch die nationale Eigenart hat Behne aus dieser Perspektive zu erfassen versucht. In mehreren Aufsätzen hat er die nationalspezifischen Formen der

---

20 Behne, Adolf: *Der moderne Zweckbau*. München 1926. S. 50 des Nachdrucks (Berlin 1964).
21 Ebd., S. 59.

neuen Architektur aus den gesellschaftlichen und politischen Verhältnissen der Länder heraus erklärt. 1925 beschrieb er beispielsweise die Polarisierung der neuen europäischen Baukunst entlang der Achse Paris-Moskau. Ihr ordnete er das formale Gegensatzpaar Statik-Dynamik zu, und koppelte sie gleichzeitig an die politische Polarität Demokratie-Diktatur. Während der statische Pol eine „geschlossene gesellschaftliche Kultur" aufwies (Frankreich, Holland), sah Behne die Dynamik durch den Machtanspruch einzelner „Willensmenschen" gekennzeichnet. Zur Verdeutlichung zog er das Beispiel des jungen faschistischen Italiens heran.[22]

Akzeptiert man in letzter Konsequenz Behnes ästhetischen Zusammenhang zwischen Staatsform, gesellschaftlicher Struktur und architektonischer Gestalt, so wird die politische Brisanz im Anspruch auf Allgemeingültigkeit und Ubiquität der neuen Architektur offenkundig. Die Uniformität eines hegemonialen „Internationalen Stils" konnte demnach den Verdacht aufkommen lassen, Ausdruck einer sich hinter dem Ruf nach elementarer Universalität verbergenden kulturellen Bevormundung zu sein?

Unmittelbar nach dem Blutbad, das die europäischen Kolonialmächte im Ersten Weltkrieg anrichteten, hatte Behne die „brüderliche Zusammenkunft der Künstler aller Länder" eingefordert und in „Die Wiederkehr der Kunst" (1919) für den ersehnten, wahrhaft elementaren Neubeginn die Überwindung des Europäertums vorausgesetzt.[23] Zehn Jahre später nahm Bruno Taut diese Kritik am Eurozentrismus wieder auf und präzisierte die wünschenswerten Grenzen der Internationalität:

---

22 Siehe: Behne, Adolf: *Blick über die Grenze. Baukunst des Auslandes*. In: Bausteine, H. 2-3. Berlin 1925. Abgedruckt in: Behne, Adolf: *Architekturkritik in der Zeit und über die Zeit hinaus. Texte 1913-1946.* (Hrsg. Haila Ochs). Berlin 1994. S. 147-151.

23 Vgl. Behne, Adolf: *Die Wiederkehr der Kunst*. Leipzig 1919: „Wir müssen den Europäer überwinden. Diese Forderung ist das A und O. Als Europäer kommen wir nicht weiter. Erst dort, wo das Europäertum aufhört, beginnt die Welt schön zu sein. Aber wie überwinden wir den Europäer?" (S. 64) „Das als eine elementare Tätigkeit vermag den Menschen zu verwandeln. Und nun ein Bauen mit Glas! Das würde das sicherste Mittel sein, aus dem Europäer einen Menschen zu machen." (S. 65) Siehe ebenso: Behne, Adolf: *Vorschlag einer brüderlichen Zusammenkunft der Künstler aller Länder*. In: Sozialistische Monatshefte 4-5/1919, S. 155-157. Auszugsweise abgedruckt in: Hartmann, Kristiana: *Trotzdem modern*. Braunschweig/Wiesbaden 1994. S. 299-300. In der Nachkriegszeit erkannte jedoch Behne voller Hoffnung in Holland bereits die Möglichkeit einer Europäischen Architektur, eines Stils, einer Synthese. Vgl. Behne, Adolf: *Europa und die Architektur*. In: Sozialistische Monatshefte vom 27. Januar 1921, S. 28-33.

I. Nationales und Internationales

> Wir hoffen und glauben, daß unsere Auffassungen als vernünftig und einleuchtend sich einmal die Welt erobern werden; wir wünschen aber nicht, daß das nun eine ebensolche Europäisierung werden möchte. Den Begriff der Internationalität wollen wir ganz anders füllen. Es handelt sich bei uns darum, die Quellen der Architektur nach ihrer Verschüttung wiederzufinden, das heißt mit einfachen Worten: die Voraussetzungen zum Bauenkönnen. Es sollen keineswegs die formalen Äußerlichkeiten sich wie ein verdünnter Aufguß über die ganze Welt ergießen. (...) Die ursprünglichen, elementaren Kräfte der uns so verschieden gearteten Rassen und Länder würden hier und da durchbrechen und solche Pläne grausam zunichte machen. Der neuen Baukunst wohnt aber ein anderer Geist inne. Ihre Zweckbestimmung wir das nord-russische Haus nicht etwa einem javanischen ähnlicher machen, sondern im Gegenteil; was gleich ist und sie beide verbindet, soll in dem gesunden und natürlichen Vorgang des Bauens selbst enthalten sein. Die Einschnürungen durch den europäischen Stilzwang fallen fort: was bleibt, ist der bauende Javaner, Inder, Chinese, Japaner usw. Also Autonomie der Architektur![24]

Europas Aufruf zur Befreiung von formalistischen Ketten durch die Rückbesinnung auf das Elementare verstand Taut nicht als erneuten Kolonialismus, sondern gerade als Abtragung dieser akkumulierten Schuld, und er räumte ein, die Architektur sei hierbei nur Zeichen und Ausdruck für Wichtigeres. Das allgemein Verbindliche siedelte er auf der Ebene der objektiven äußeren Notwendigkeiten an. Diese aber ordnete er, wie auch die Form, einer höheren, ideellen Stufe gesetzter Anliegen unter: der „Realität des Wollens".[25]

Trotz ihrer unterschiedlichen Auslegungen der Bedeutung der Form standen sich Taut und Behne im Anspruch auf ein Ineinandergreifen ‚relativer' und ‚absoluter' Elemente nahe. Er entfernte sie beide von allzu vereinfachenden Positionen: Vom Universalismus auf der ausschließlichen und ausschließenden Grundlage empirischer Notwendigkeiten (z. B. Hannes Meyers wissenschaftliches Bauen) ebenso wie vom starren Formalismus einer erneuten „internationalen Akademie" (etwa des *International Style* von Hitchcock und Johnson), die sie mit dem Geist des Neuen Bauen für unvereinbar hielten.

> But look back. Consider the Weissenhofsiedlung which is still recognized as a major event in the history of the twenties. Didn't Mies impose a „style" on the participants? All white stucco, all flat roofs, large, horizontal windows. The word

---

24 Taut, Bruno: *Die neue Baukunst in Europa und Amerika*. Stuttgart 1929. S. 67. (Ebenfalls erschienen unter: *Modern Architecture in Europe and America*. London 1929)

25 Ebd., S. 67. Bezüglich des Begriffs des „Wollens" bei Bruno Taut siehe: Taut, Bruno: *Wollen und Wirken*. Vortrag, gehalten im Haag am 22. und in Utrecht am 27. September 1923. Abgedruckt in: Nippa, Annegret: *Bruno Taut in Magdeburg*. Magdeburg 1995. Ebenso: Speidel, Kegler: *Ein Kosmos der Form*. In: Manfred Speidel (Hrsg.), *Bruno Taut. Natur und Fantasie (1880-1938)*. Berlin 1995.

„style" was not used, but interestingly enough, the restrictions were imposed not by an academic but by Mies, a practicing architect.[26]

Dieser Einwand Philip Johnsons ist angesichts der Stuttgarter Übereinkunft von 16 Architekten aus fünf mitteleuropäischen Ländern durchaus berechtigt, denn bei aller konstruktiver und typologischer Experimentierfreudigkeit sind die Gemeinsamkeiten im Erscheinungsbild unverkennbar. Es überrascht daher nicht, dass auch der Begriff des Stils im Umfeld der Werkbundsiedlung fiel. Ein Beispiel: Der ab 1925 als Berater an der Ausstellung „Die Wohnung" beteiligte Architekt und Publizist Walter Curt Behrendt veröffentlichte 1927 in Stuttgart seine Interpretation der neuen Architektur unter dem Titel „Der Sieg des Neuen Baustils". Er stellte den Erfolg im Streben nach einer tiefgründigen Einheit im Formenausdruck fest: Eben einem Stil, wie Behrendt durch das Merkmal der Internationalität bestätigt sah:

> Um eine geistige Bewegung, nicht um eine flüchtige Kunstmode oder irgendeinen neuen Ismus aber handelt es sich bei den Versuchen zu einer Erneuerung der Architektur, mit denen wir uns hier auseinanderzusetzen haben. Für die Ursprünglichkeit dieser Bewegung und für die Tatsache, daß sie aufs innigste mit dem Geistesleben der Zeit verbunden ist, spricht allein schon der Umstand, daß sie internationalen Charakter trägt, daß sie gleichzeitig und mit gleichgerichteten Zielen in verschiedenen Ländern hervorgebrochen ist. Es finden sich Äußerungen dieser Bewegung – mit gewissen, durch nationale Eigentümlichkeiten bedingten Nuancen – in Amerika wie in allen europäischen Ländern, in Deutschland und Holland, in Österreich und der Tschechoslowakei, in Italien, Frankreich und Rußland.

Die Internationalität deutete er somit als konstitutiven Bestandteil und Vorbedingung eines jeden Stils. Wie aber steht es um Behrendts Stilsehnsucht selbst? Ist diese sie nicht auf eine spezifisch nationale Debatte zurückzuführen?

Sieben Jahre vor seiner Siegesgewissheit hatte Behrendt in einer bereits vor dem Krieg in Angriff genommenen Studie noch vom „Kampf um den Stil in Architektur und Kunstgewerbe" gesprochen.[27] Die dort artikulierten Gedanken gaben den im Umfeld des Deutschen Werkbundes der Vorkriegszeit geführten Diskurs über das Streben nach einer geschlossenen und verbindlichen Kultur wieder. Sie sollte im kommenden *Deutschen Stil* Gestalt gewinnen. Der Stil versprach eine Zugehörigkeit, die auch in Behnes Figur des „ästhetischen Ganzen" nachklang.[28] Der Stil würde das Bauen sowohl von

---

26 Johnson, Philipp: Vorwort zu: Henry-Russel Hitchcock, Philipp Johnson: *The international style*. New York 1995. S. 16.

27 Behrendt, Walter Curt: *Der Kampf um den Stil in Architektur und Kunstgewerbe*. Stuttgart 1920.

28 1921 hatte auch Behne noch vom einen Stil als erstrebenswerte große Einheit geschrieben, die er in Europa nur in Holland, Dänemark und Finnland erreicht sah.

1.1

1.2

1.3

1.1 „Elementarisme" in einer Anzeige der Zeitschrift *De Stijl* (1928)

1.2 Walter Curt Behrendt: „Der Kampf um den neuen Stil in Architektur und Kunstgewerbe" (1920). Titelblatt

1.3 Walter Curt Behrendt: „Der Sieg des Neuen Baustils" (1927). Umschlag

der willkürlichen historischen Verfügbarkeit wie von der modischen Austauschbarkeit sinnentleerten „Stilarchitektur" befreien. Und schließlich sollte der Stil als Mittel gegen den vorgeblichen kulturellen Verfall des 19. Jahrhunderts und gegen die gesellschaftliche Fragmentierung infolge der sich durchsetzenden kapitalistischen Produktionsverhältnisse zur Wirkung kommen. In Deutschland sollte es zur „Rückeroberung einer harmonischen Kultur" kommen.[29] Diese Losung zielte auf eine Verschmelzung künstlerischer und volkswirtschaftlicher Absichten unter dem Ideal der international konkurrenzfähigen deutschen Qualitätsarbeit. Behrendt verstand sie als Gegenstand eines Kampfes: Er befürchtete den Verrat an der künstlerischen Kultur durch einen hinter dem Ruf nach dem Typ verborgenen „weltmännisch-gefälligen" Opportunismus.

Diese Kritik war gegen Hermann Muthesius gerichtet, einer der Initiatoren des Bündnisses, der 1914 in Köln mit seinen Forderungen nach einer Typisierung der deutschen Ware als Garant für ihre Exportfähigkeit den sogenannten ‚Werkbundstreit' entfacht hatte. Die Grundlagen für den einheitlichen Stilausdruck deutscher Erzeugnisse hielt er zu diesem frühen Zeitpunkt für bereits geschaffen. Nun ging es darum, so Muthesius, die errungene Einheitlichkeit des Ausdrucks zu bewahren und das ‚Parvenuehafte' zu vermeiden, um aus dem internationalen Wettlauf um die Prägung des kommenden *internationalen Stils* siegreich hervorzugehen:

> Das Volk nun, das diese Ausdrucksformen zuerst findet, wird tonangebend für die ganze fernere Entwicklung werden, es wird die Führung in der Stilbildung übernehmen, den Sieg über die Welt davontragen. Denn mit der Internationalität unseres Lebens wird sich auch eine gewisse Gleichmäßigkeit der architektonischen Formen über den ganzen Erdball einfinden. Ist doch diese Gleichmäßigkeit schon in unserem Anzug, dem nächsten tektonischen Gebilde, das uns umgibt, klar ausgesprochen. Dasselbe Jackett und dieselbe Bluse wird heute vom Nordpol zum Südpol getragen. Die Vereine zur Rettung der Volkstrachten werden hieran ebensowenig ändern können, wie die Heimatschutzbestrebungen der einzelnen Länder an der Internationalisierung der Formen.[30]

Siehe: Behne, Adolf: *Europa und die Architektur*. In: Sozialistische Monatshefte 56 (1921), vom 27. Januar, S. 28-33. Abgedruckt in: Behne, Adolf: *Architekturkritik in der Zeit und über die Zeit hinaus. Texte 1913-1946*. (Hrsg. Haila Ochs). Berlin 1994. S. 67-73.

29 Zur Stil-Debatte im Werkbund, siehe: Schwartz, Frederic J.: *Der Werkbund. Ware und Zeichen 1900-1914*. Amsterdam/Dresden 1999.

30 Muthesius, Hermann: *Die Werkbundarbeit der Zukunft*. Vortrag auf der Werkbund-Tagung in Köln 1914. Abgedruckt u. a. in: Wend Fischer (Hrsg.), *Zwischen Kunst und Industrie. Der Deutsche Werkbund*. München 1975/Stuttgart 1987.

I. Nationales und Internationales

Das aufgeführte „tektonische" Exempel der Bekleidung scheint geradezu ironisch auf Semper Bezug zu nehmen.[31] Dieser hatte schon nach der Londoner Weltausstellung von 1851 den Weg vom Typ zum Stil vorgezeichnet und darin die Aufgabe der deutschen Kunstindustrie ausgemacht. Muthesius aber ergänzte dessen Gedanken, indem er über die elementaren äußeren Zwänge der Konstruktion (Klima, Zweck, Material) hinausging: Denn längst war die der Architektur innewohnende universale Rationalität um die Bedingungen der Weltwirtschaft erweitert worden. Nicht ausschließlich die zeitlose, naturgegebene Universalität des elementaren Ur-Typs (Sempers Urhütte) bedingte den Schaffenden, sondern eine bewusst gelenkte Internationalität als primär ökonomischer Tatbestand.

Dass Muthesius mit Forderungen wie der nach einer deutschen Weltform am Vorabend des Ersten Weltkrieges für politischen Zündstoff sorgte, liegt auf der Hand. Der Kriegsausbruch führte sogar zu einer weiteren Zuspitzung seiner Argumente, indem er nun – in Einklang mit Friedrich Naumann – die Internationalität unverhohlen zu einem von nationalen Interessen gesteuerten und durch diese legitimierten Imperialismus erweiterte:

> Es ist also von sehr großer Bedeutung, ob die nationale Leistung eines Volkers so überwiegend ist, daß sie zum internationalen Gesetze werden kann. Dieses Volk drängt der übrigen Welt dann gewissermaßen seinen Willen auf, es formt die Welt nach seinem Machtanspruch.[32]

Als Mittel zur Ausübung einer legitimen Macht kam ausschließlich die Form in Frage. Und auch darüber, welches Volk durch seine Wesensart den Weltstil zu prägen hatte, bestand kein Zweifel:

> Es gilt mehr als die Welt zu beherrschen, mehr als sie zu finanzieren, sie zu unterrichten, sie mit Waren und Gütern zu überschwemmen. Es gilt, ihr das Gesicht zu geben. Erst das Volk, das diese Tat vollbringt, steht wahrhaft an der Spitze der Welt; und Deutschland muß dieses Volk werden.[33]

Mit seinen zwei Schriften über „das Ringen um den neuen Stil" reihte sich Behrendt verspätet in die Opposition ein, die sich bereits unmittelbar vor dem Krieg gegen die kaufmännische Gesinnung von Muthesius formiert hatte. So versuchte er – über politische, wirtschaftliche und ästhetische Brüche hinweg – nicht nur die Einheitssehnsüchte des Vorkriegs-Werkbundes, sondern auch das Bewusstsein eines künstlerischen Widerstandes als geistige Grund-

---

31 Zu Sempers Einfluss auf Muthesius siehe: Hubrich, Hans-Joachim: *Hermann Muthesius. Die Schriften zu Architektur, Kunstgewerbe, Industrie in der „Neuen Bewegung"*. Berlin 1980. S. 20 ff.

32 Muthesius, Hermann: *Die Zukunft der deutschen Form*. Stuttgart/Berlin 1915. (Hrsg. Ernst Jäckh) Heft 50 der Reihe „Der Deutsche Krieg. Politische Flugschriften". S. 25.

33 Ebd., S. 36.

lage der Organisation in die Weimarer Republik zu retten. Gesellschaftlicher Konsens und künstlerische Freiheit ließen sich verbinden: Selbst Henry van de Velde hatte 1914 in seiner Kölner Lobpreisung des Künstlers als glühendem Individualisten das individuelle Wollen der gemeinsamen Idee des neuen Stiles untergeordnet.[34]

Einen entscheidenden Erneuerungsschub erfuhr der Stil-Diskurs des Werkbundes im republikanischen Deutschland durch Theo van Doesburg, den Mitbegründer der niederländischen Künstlergruppe *De Stijl* (Der Stil). Er hielt 1921 in Jena, Weimar und Berlin den Vortrag „Der Wille zum Stil. Neugestaltung von Leben, Kunst und Technik": ein Programm, mit dem er das Weimarer Bauhaus vom romantischen Expressionismus der Nachkriegszeit zu befreien versuchte.[35] Sein zentrales Argument bestand in der metaphysisch begründeten Auffassung aller Gestaltung als Ausgleich elementarer Dualitäten: Natur-Geist, Verstand-Gefühl, Statik-Dynamik, Horizontale-Vertikale etc. Die Kunst sei somit die harmonische Synthese polarer Lebenselemente. Der aus diesen geborene elementare Stil überwinde die Vorstellung des Kunstwerts als Folge eines auszeichnenden „Sonderausdrucks": Als Ausdruck universeller Notwendigkeit sprach er dem Prinzip des elementaren Ausgleichs die Bedeutung eines „übernationalen Gestaltungswillens" zu, wie bereits 1918 dem ersten *De Stijl*-Manifest zu entnehmen gewesen war. Doch van Doesburgs Wünsche nach Internationalität leugneten keineswegs die Existenz national spezifischer Kunstäußerungen. Er postulierte vielmehr einen Elementarismus des psychisch Konstituierten und daher kulturell Determinierten. Und hier kam das nationale Element zu tragen:

---

34 Bei aller Trägheit der Begriffe: Die Beiträge von Theodor Heuss, Walter Riezler, Richard Riemerschmid und Hans Poelzig für das erste Heft von *Die Form* (1922), die sich allesamt mit diesem Aspekt der Programmatik des Werkbundes befassten, sprechen für die ungebrochene Aktualität der Stilfrage nach dem Krieg. Behrens wies in seinem Artikel darauf hin, dass es müßig sei, von außen den Stil der eigenen Zeit definieren zu wollen, da die Kunst ungeachtet hiervon allemal ihren Weg ginge. Riemerschmid machte ergänzend gerade in einem solchen Festlegungswunsch ein Zeichen kultureller Entfremdung aus. Dennoch blieb in ihren Urteilen die Vorstellung der erstrebenswerten Gebundenheit in der Totalität des Ausdrucks einer bestimmten Zeit und einer bestimmten Volksgemeinschaft bestehen. Vgl. Riezler, Walter: *Zum Geleit*. Behrens, Peter: *Stil?* Heuss, Theodor: *Stil und Gegenwart*. Riemerschmid, Richard: *Zur Frage des Zeitstils*. Poelzig, Hans: *Vom Bauen unserer Zeit*. Alle in: Die Form 1 (1922), H. 1. Abgedruckt in: *Zwischen Kunst und Industrie, der Deutsche Werkbund*. Stuttgart 1987. S. 179-192.

35 Vgl. van Doesburg, Theo: *Der Wille zum Stil (Neugestaltung von Leben, Kunst und Technik)*. In: De Stijl 5 (1922), H. 2, S. 23-32; H. 3, S. 33-41.

I. Nationales und Internationales   43

> Jedes Kulturvolk hat sich mit diesen grundlegenden Wahrheiten, die weit über das Persönliche hinausgehen, auseinander gesetzt. Die Physiognomie jeder Kunstperiode zeigt am deutlichsten, inwieweit es den Menschen gelungen ist, einen Ausdruck zu schaffen, einen Stil, ein Gleichgewicht zwischen obergenannten Gegensätzen. Bei einem Volk überwiegt das natürliche Element, die Spontaneität, bei einem anderen überwiegt das geistige Element, die Kontemplation, nur selten ist durch Beherrschung dieser Zweiheit das Gleichgewicht da.[36]

Die hier angesprochene Polarität (Natur – Geist) sollte van Doesburg wenige Jahre später – ab 1924 – im Rahmen einer ausführlichen Artikelserie für *Het Bouwbedrijf* über die in Europa auftretenden nationalen Ausprägungen der internationalen Architekturtendenzen wiederaufnehmen.[37] Er sprach dort von einem Streit der Kulturen Europas und berief sich auf Arthur de Gobineaus Rassentheorie der geistigen Überlegenheit des Nordens über den Süden. Die Bestätigung hierfür fand der Niederländer in der Umkehrung voriger Abhängigkeitsverhältnisse: Die kulturelle Erneuerung ging von Mitteleuropa aus, während die lateinischen Traditionsvölker Spanien, Italien und Frankreich seines Erachtens sichtlich in Rückstand gerieten.[38] Die jungen Nationen des germanisch-slawischen Kulturkreises übernahmen – durch keine Überlieferung belastetet – unaufhaltsam die Führung der neuen Bewegung:

> Es steht unumstößlich fest, daß der Norden sich immer mehr von den südlichen Einflüssen befreit und sich ein selbständiges, richtungsweisendes Lebensprinzip schafft, welches alle seine Errungenschaften, besonders seine Architektur und Kunst, kennzeichnen wird.[39]

Dieser innereuropäische Kulturstreit artikulierte sich für van Doesburg in der Architektur als Polarität zweier essentiell unterschiedlicher Gestaltungsprinzipien:

---

36 Ebd., S. 25.

37 van Doesburg, Theo: *„Das Deutsche Wesen". Fabrik und Heim*. In: van Doesburg, Theo: *Über europäische Architektur: Gesammelte Aufsätze aus Het Bouwbedrijf 1924-1931*. Basel, Berlin Boston 1990. S. 57-63.

38 Der französische Schriftsteller Joseph Arthur Comte de Gobineau (1816-1882) hatte in seinem „Essai sur l'inegalité des races humaines" (Versuch über die Ungleichheit der Menschenrassen, 1853-55) neben der physischen auch die Vorstellung einer geistigen Verschiedenheit der Rassen vertreten. Aus dieser Ungleichheit leitete er eine Rassenhierarchie ab, mit der er die Überlegenheit der Arier erklärte.

39 van Doesburg, Theo: *Eine ehrgeizige junge Nation. Das Vorbild Jan Kotêra*. In: van Doeburg, Theo: *Über europäische Architektur: Gesammelte Aufsätze aus Het Bouwbedrijf 1924-1931*. Basel, Berlin Boston 1990. S. 105.

> Vom äußeren Eindruck bestimmtes Formgefühl und spielerische Dekoration machen einer funktionalen, elementaren Konstruktion Platz. Zwei im Wesen verschiedene Weltanschauungen, deren Produkt die internationale Architekturerneuerung ist![40]

Dieser dualen Theorie folgend, versprach er sich aus der Gegenüberstellung des deutschen Volkscharakters mit dem Frankreichs – zwecks einer Charakterisierung des deutschen Wesens – eine genauere Bestimmung der kulturspezifischen gestalterischen Intention.[41] Für Deutschland machte er diese im Drang zum spekulativ-abstrakten Denken aus. In Bauten wie der AEG-Turbinenfabrik von Peter Behrens und dem Fagus-Werk von Walter Gropius und Adolf Meyer sah er eine untrennbare Verbindung logischer Konstruktion mit „sur-materiellen", geistigen Bedürfnissen erfüllt – ganz im Sinne der eigenen Vorstellung einer elementaren Architektur. Doch selbst bei diesen Beispielen sprach van Doesburg davon, dass die Sachlichkeit hier lediglich von der neuen industriellen Realität erzwungen worden sei. Auf der Ebene der gestalterischen Intentionen aber sei der deutsche „Hang zur Metaphysik und romantischer Formschönheit" lebendig geblieben. Dieser habe demnach die Absichten der Architekten bestimmt.

Blicken wir nun, eingedenk dieser Doesburgschen Auslegung des ‚vergeistigenden deutschen Wesens' von 1925, erneut auf das Umfeld der Werkbundsiedlung am Weißenhof und auf Behrendts Siegeserklärung des „Neuen Baustils": Der in Stuttgart mit einem Bau an der Mustersiedlung beteiligte Architekt Ludwig Hilberseimer wurde vom Deutschen Werkbund anlässlich der Ausstellung von 1927 mit der Zusammenstellung einer Anthologie zeitgenössischer Bauwerke beauftragt, die im selben Jahr unter dem Titel „Internationale Neue Baukunst" veröffentlicht wurde. Gleich in der Einleitung bestritt Hilberseimer mit Vehemenz den Stilverdacht. Unter einem Bild der Stuttgarter Siedlung hieß es:

---

40 Ebd.

41 „Bei einer vergleichenden Studie tritt noch mehr hervor, daß die Architektur der umfassende Ausdruck des Charakters eines Volkes, der klimatischen Gegebenheiten, der geographischen Einflüsse und der sozialen Verhältnisse ist. Das gesamte Bausystem und der Gebrauch des Materials hängt davon ab. Eine Verallgemeinerung der Architektur kann also nur in bezug auf ihre Ausdrucksmittel erwartet werden. Der Unterschied zwischen deutscher und französischer Architektur betrifft vor allem den Unterschied im Volkscharakter, die Volksindividualität." (Van Doesburg, Theo: „*Das Deutsche Wesen*". *Fabrik und Heim*. In: van Doeburg, Theo: *Über europäische Architektur: Gesammelte Aufsätze aus Het Bouwbedrijf 1924-1931*. Basel, Berlin, Boston 1990. S. 57)

> Ihr liegt kein Stilschema zugrunde, sondern sie ist der jeweilige Ausdruck der gegenseitigen Durchdringung aller Elemente unter der Herrschaft eines gestaltenden Willens. Der neuen Baukunst liegen daher keine Stilprobleme, sondern Bauprobleme zugrunde. So wird auch die überraschende Übereinstimmung der äußeren Erscheinungsform dieser internationalen neuen Baukunst verständlich. Sie ist keine modische Formenangelegenheit, wie vielfach angenommen wird, sondern elementarer Ausdruck einer Baugesinnung. Zwar vielfach differenziert durch örtliche und nationale Sonderheiten und durch die Person des Gestalters, im ganzen aber das Produkt gleicher Voraussetzungen. Daher die Einheitlichkeit ihrer Erscheinungsform. Ihre geistige Verbundenheit über alle Grenzen hinweg.[42]

Obwohl er einen ‚Stil' ausdrücklich verneinte, blieben doch die von Behrendt beschriebenen Merkmale und Zielsetzungen weitgehend erhalten: Sowohl das Feindbild der Mode als auch das letzte Ziel der gestalteten Einheit finden wir bei Hilberseimer wieder. Es wurde lediglich der Begriff des Stiles durch den des einheitlichen Gestaltungswillens ersetzt. Der einzelne Architekt blieb dabei Künstler: Sein subjektiver Wille hatte die Elemente des Zwecks, des Materials, der Konstruktion, der Wirtschaft und der Soziologie zu einer gestalterischen Einheit zu fügen.[43]

Wenn die Gemeinsamkeit des Erscheinungsbildes tatsächlich, wie von Hilberseimer postuliert, die direkte Folge einer grundlegenden geistigen Verbundenheit gewesen ist, so kann man angesichts der verschiedenen Bildersammlungen des Neuen Bauen feststellen, dass Spanien Mitte der zwanziger Jahre offenbar den Anschluss an die sich in Mitteleuropa abspielenden kulturellen Prozesse verpasst haben muss. Denn weder bei Gropius (1925) noch bei Behne (1926), Behrendt oder Hilberseimer (beide 1927) finden sich spanische Beispiele einer solchen geistigen Affinität auf dem Gebiet der Architektur. Auch die Stuttgarter Weißenhofsiedlung und die begleitende Werkbundausstellung „Die Wohnung" kamen 1927 ohne spanische Architekten aus.

Spanien war weder in den Büchern noch bei den Ausstellungen präsent, die von Deutschland aus das Bild einer internationalen Moderne prägten. Wie wir aber noch sehen werden, gab es zu diesem Zeitpunkt in Spanien sehr wohl eine Generation von Architekten, die sich um einen Anschluss bemühten und gegen Ende der zwanziger Jahre eine eigene Moderne herausbildeten. Und wider Erwarten gab es mindestens eine entscheidende Entwicklungslinie

---

42 Hilberseimer, Ludwig (Hrsg.): *Internationale Neue Baukunst*. Stuttgart 1927. S. 5.

43 Als Mitarbeiter von *G* hatte Hilberseimer den *industriellen Kollektivwillen* – als Zeichen der Zeit – vom handwerklichen Individualismus unterschieden und die „endlich zu verwirklichende Synthese" der Lebens - und Produktionsbedingungen gefordert. Vgl. Hilberseimer, Ludwig: *Bauhandwerk und Bauindustrie*. In: G – Zeitschrift für Elementare Gestaltung 1 (1923), H. 2, S. 2.

der deutschen Moderne, die ihren Ausgang in Spanien genommen hatte. Gemeint ist die wenig beachtete und doch folgenreiche Beziehung, die Walter Gropius mit Spanien verband.

I. Nationales und Internationales 47

1. WILLE ZUR MONUMENTALITÄT. GROPIUS UND SPANIEN (1907-1911)

Die Terminologie und die Konzepte, die Hilberseimer 1927 bei seiner Behandlung der Internationalitätsfrage heranzog, waren keineswegs neu. Sie gingen unmittelbar auf die zwei Jahre zuvor von Walter Gropius in der Reihe der Bauhausbücher veröffentlichte Auswahl „Internationale Architektur" zurück. Dort hatte dieser die „wesenhafte Baugesinnung" der neuen Architektur festgestellt, „welche alle Gebiete menschlicher Gestaltung zu einheitlichem Ziel umschließe", und ebenso einen „bei aller individueller und nationaler Eigentümlichkeit gemeinsamen Gestaltungswillen" diagnostiziert. Ein Wille, der sich damit über die Beschränkungen des Individuellen und selbst über die ‚natürliche' Begrenztheit des Nationalen hinwegsetze:

> (...) der Wille zur Entwicklung eines einheitlichen Weltbildes, der unsere Zeit kennzeichnet, setzt die Sehnsucht voraus, die *geistigen Werte* aus ihrer individuellen Beschränkung zu befreien und sie zu *objektiver Geltung* emporzuheben.

Entscheidend war der *Drang zur Objektivität des Geistigen*. Denn aus diesem entsprang der Wunsch nach einheitlicher Gestaltung der Welt. Dieser Gestaltungswille verlieh also einer internationalen Identität Ausdruck, die Gropius als Teil einer übergeordneten, einschließenden *geistigen* Einheit verstand. Er sprach den Ebenen des Individuellen und des Nationalen nicht etwa ihren Anteil an diesem Willen ab, sondern setzte sie voraus, indem er sie in einer unmittelbar übergeordneten Stufe mit einschloss:

> Architektur ist immer national, immer auch individuell, aber von den drei konzentrischen Kreisen – Individuum – Volk – Menschheit – umspannt der letzte größte auch die beiden anderen. Daher der Titel: INTERNATIONALE ARCHITEKTUR![44]

---

44 Gropius, Walter: *Internationale Architektur.* München 1925. S. 7. Nachdruck: (Hrsg. Hans W. Wingler), Mainz 1981. Gropius hatte 1923 am Bauhaus eine „Internationale Architekturausstellung" organisiert, die als Vorläufer der „International Style"-Schau des Museum of Modern Art von 1932 betrachten kann. Auch Gropius entwarf eine internationale Moderne, wobei er jedoch nicht von Stil, sondern vom gemeinsamen Willen sprach. Hierzu meinte Gropius 1948 im Rahmen eines Symposions des MoMA: „Der internationale Stil ist weder international noch ein Stil. Der tatsächliche internationale Stil besteht aus jenen geborgten griechischen Gebäuden wie den Museen und Banken und Ministerien in der ganzen Welt von Leningrad bis Washington, jedoch die Idee des sogenannten internationalen Stiles war regional im Charakter, wie er aus den umgebenden Bedingungen erwuchs." Gropius, Walter: *Zur Verteidigung der modernen Architek-*

Wie ist aber der Vorgang der Objektivierung geistiger Werte zu verstehen? Hierzu ist ein Hinweis darin enthalten, dass er dem Zweck, dem Material und der Konstruktion eine lediglich dienende Rolle zusprach. Sie standen im Schatten der geistigen Einheit des Willens. Seine Erläuterung der „Wesensforschung eines Bauwerkes" am Beispiel der Proportion kann so als offene Entgegnung rein empirischer Architekturtheorien gelesen werden: Stoff und Konstruktion betrachtete er lediglich als Träger, mit deren Hilfe sich der „Geist des Meisters" manifestiere. Die Proportion erteile Auskunft über das „Wesen des Bauwerks" und schenke ihm über den bloßen Nützlichkeitswert hinaus eigenes geistiges Leben.

In Gropius' Schriften lässt sich die Entwicklung dieser Denkfigur als eine gegen Sempers Stillehre gerichtete Argumentation leicht zurückverfolgen. Es zeichnet sich in ihnen ein bisher mit dem Begriff des Willens lediglich angedeutetes transzendentales Agens ab, das die objektive Ebene des Geistigen konstituiert. Um es näher bestimmen zu können und dadurch die Tragweite dieser Vorstellung zu verstehen, müssen wir erneut den Sprung in die Vorkriegszeit wagen: Schon 1914, im Jahr des Kölner Streitgespräches, hatte Gropius im Jahrbuch des Deutschen Werkbundes unter dem Titel „Der stilbildende Wert industrieller Bauformen" seine Stilsehnsucht mit dem *Formwollen* verknüpft und dieses einer verschmähten allzu materialistischen Position entgegengesetzt:

> Das Grundproblem der Form war ein unbekannter Begriff geworden. Dem krassen Materialismus entsprach so ganz die Überschätzung von Zweck und Material im Kunstwerk. Über der Schale vergaß man den Kern. Aber mag nun auch gegenwärtig noch eine materielle Lebensauffassung überwiegen, Anfänge eines starken und einheitlichen Willens zur Kultur sind heute unverkennbar. In dem Maß wie die Ideen der Zeit über das Materielle hinauswachsen, beginnt auch die Kunst die Sehnsucht nach einheitlicher Form, nach einem Stil neu zu erwachen; die Menschen erkennen wieder, daß der Wille zur Form doch immer das eigentlich Wertbestimmende im Kunstwerk ist. Solange eben die geistigen Begriffe der Zeit noch unsicher schwanken, ohne ein einiges festes Ziel, solange fehlt auch der Kunst die Möglichkeit, Stil zu entwickeln, das heißt den Gestaltungswillen der vielen in einem Gedanken zu sammeln.[45]

Die innere Gesetzlichkeit und Notwendigkeit des Kunstwerkes lag hier im Formwollen und wurde durch diesen nicht nur dem individuellen Schöpfer-

---

tur. Abgedruckt in: Hartmut Probst, Christian Schädlich: *Walter Gropius*. Band 3, Schriften. Berlin 1987. S. 174. Zum Kontext dieser Aussage siehe: Frampton, Kenneth: *Der Schatten der Aufklärung*. In: Arch+ 112, 1992, S. 12-17.

45 Gropius, Walter: *Der stilbildende Wert industrieller Bauformen*. In: *Jahrbuch des Deutschen Werkbundes 1914*. Jena 1914. S. 29. Abgedruckt in: Hartmut Probst, Christian Schädlich: *Walter Gropius*. Band 3, Schriften. Berlin 1987.

willen unterstellt, sondern folgte den Bestimmungen einer höheren Instanz geistiger Identität, die in der künstlerischen Einheit des Stiles ihren Ausdruck fand. Solch einheitliche Darstellung zeugte – so Gropius – von der Ablösung individualistischer Anschauungen durch einen „sozialen Willen".

Orient und Okzident: die Burg Coca

Zwei weitere, noch frühere Aufsätze werfen Licht auf die Herkunft seines kunsttheoretischen Ansatzes und stellen schließlich doch ein Land in den Mittelpunkt, dem in der deutschen Internationalitätsdebatte der zwanziger Jahre kaum Beachtung geschenkt wurde: Spanien. Es handelt sich um zwei Versuche von Gropius, die im Verlauf seiner einjährigen Spanienreise beim Besuch der Burg Coca bei Segovia gesammelten Eindrücke mit einem theoretischen Überbau zu versehen. Aufschlussreich sind dabei die zwischen beiden Fassungen auftretenden Diskrepanzen, die eine Wandlung seiner Ansichten erkennen lassen. Weihnachten 1908 mündeten die Betrachtungen des gerade 25-Jährigen noch in eine auf Nietzsche verweisende heroische Willensstärke des individuellen Künstlers – in diesem Fall des Erbauers der Burg Coca, ein Höhepunkt der spanischen Mudéjar-Gotik und eine der „schönsten Ruinen seiner Art", wie der Baedeker von 1906 attestierte.[46] Gropius betrachte sie 1908 als...

> (...) die Tat eines Genialen, dessen Form gewordener Wille fortdauert, sich Anerkennung herrisch erzwingt. *Der* ward nicht auf den Knien geboren. (...) Der unbekannte maurische Meister sah rings im Lande die gotischen Kirchen abendländischer Künstler entstehen. Sein Genie fand Mittel, die antipodischen Begriffe des Orients und Occidents in einem Werk zu verschmelzen.[47]

Diesem Gegensatzpaar ordnete Gropius die konträren Prinzipien des *Konkaven* (Morgenland) und des *Konvexen* (Abendland) zu. Sie bedeuteten nicht nur eine gestalterische Abgrenzung der *raumschließenden* von den *körperbildenden* Kulturen. Er machte mit ihnen eine wahrnehmungspsychologische Unterscheidung, mit Hilfe derer der Baumeister der Burg sein Werk wissend hervorgebracht haben sollte:

> All dessen war sich der Erbauer von Coca bewußt und blieb den entgegengesetzten Anschauungen der Abendländer gegenüber unbeirrt. Aber er übernahm die gotische Idee des sehnsüchtigen Emporstrebens, des Aufbegehrens gegen das Ge-

---

46 Baedeker, Karl: *Spanien und Portugal*. 3. Auflage, Leipzig 1906. S. 45
47 Gropius, Walter: *Betrachtungen über die Architektur des spanischen Castells Coca, bei Segovia*. Unveröffentlichtes Manuskript, Weihnachten 1908. Archiv Alfredo Linder, Lima. Vgl. Dokument im Anhang.

setz der Schwere. Mit strenger Consequenz, die keinen Zweifel an seiner Absicht duldet, führte er diesen Gedanken aus.[48]

In der späteren Überarbeitung des Coca-Aufsatzes vollzog er eine entscheidende Wandlung seiner kunsttheoretischen Position. Das subjektive *Genie* wurde von der *Rasse* abgelöst. Weiterhin anhand der Burg Coca bei Segovia, versuchte Gropius nun, das Wesen der Kunst in einer nach Ausgleich strebenden Dualität auszumachen, und beschrieb, wie die spanische „Mischkultur" aus einem elementaren „Kampf der Rassen" hervorgegangen sei.[49] Sie stelle damit ein ausgezeichnetes, weil einzigartiges Beispiel der Aufhebung der Gegensätzlichkeit des morgen- und abendländischen *Kunstwollens* dar. Diesen entscheidenden Begriff erläuternd, berief er sich auf seinen Urheber, den Wiener Kunsthistoriker Alois Riegl, und zitierte die wohl bekannteste Passage aus dessen 1901 erschienen Buch „Spätrömische Kunstindustrie":

> Im Gegensatz zu dieser [Semperschen] mechanistischen Auffassung vom Wesen des Kunstwerkes habe ich – soviel ich sehe, als Erster – in den „Stilfragen" eine teleologische vertreten, indem ich im Kunstwerk das Resultat eines bestimmten zweckbewußten Kunstwollens erblickte, das sich im Kampf mit Gebrauchszweck, Rohstoff und Technik durchsetzt. Diesen drei letzteren Faktoren kommt somit nicht mehr jene positiv-schöpferische Rolle zu, die ihnen die sogenannte Sempersche Theorie zugedacht hatte, sondern vielmehr eine hemmende, negative: sie bilden gleichsam die Reibungskoeffizienten innerhalb des Gesamtproduktes.[50]

Riegl setzte sich mit dem Instrument des *zweckbewussten Kunstwollens* von der Semperschen Theorie ab. Er teilte zwar die Suche nach dem Spezifikum der Kunstgattungen, aber da wo bei Semper eine empirische Ableitung stattfand, operierte Riegl mit dem Aufstieg zur Einheit einer idealistischen Glaubensgewissheit. Wo Semper analytisch kausale Zusammenhänge in der Natur aufspürte, da versuchte Riegl kulturelle Realitäten in eine geistige Synthese zu fassen. Den Semperschen Individuen in der Natur stand Riegls *Kunstvolk* polar gegenüber. In anderen Worten: Riegl konfrontierte die eigene idealistische Weltanschauung mit einem plumpen Materialismus, für den Semper Pate zu stehen hatte.[51]

---

48 Ebd.
49 Gropius, Walter: *Behauptungen über die Architektur des spanischen Castells Coca, bei Segovia.* Unveröffentlichtes Manuskript aus dem Nachlass Gropius des Bauhaus-Archivs (BHA), Berlin (Aufsatz- und Vortragsmanuskripte I). Vgl. Dokument im Anhang.
50 Riegl, Alois: *Spätromische Kunstindustrie.* Wien 1901.
51 Welch eine Verkürzung die Sempersche Position durch diese Zuordnung erlitt, verdeutlicht dessen Erläuterung des Prinzips der Bekleidung in der Baukunst, wo es zum Verhältnis von Stoff, Technik, und Kunstwerk heißt: „Jedes Kunstschaf-

I. Nationales und Internationales 51

Vom Rieglschen Kunstvolk ist es nicht mehr weit zum *Volksgeist*. Entlang unserer bisherigen Argumentationslinie ist zudem – aus der Sicht einer formalen Kritik – festzustellen, dass zwischen dem Zugehörigkeit beschwörenden „gemeinsamen Gestaltungswillen" der zwanziger Jahre und dem idealistischen kulturellen Relativismus der Jahrhundertwende eine Verbindung besteht. Sie teilten die Rückführung auf einen kulturellen und geistigen Ursprung des Bauens im ,Wesen'. Das Kunstwollen bot dabei einen Ersatz für den spätestens seit dem Historismus problematischen Begriff des Stiles.[52] Es verwies auf die Verbindlichkeit der Stilintention und rehabilitierte die Form, indem sie zur sinnfälligen Manifestation einer höheren ideellen Instanz erkoren wurde. Das Kunstwollen lieferte eine Erklärung für die bei vergleichbaren klimatischen, ökonomischen und technischen Verhältnissen auftretenden formalen Abweichungen. Und nicht zuletzt diente es dazu, die Rolle des Architekten von der des Ingenieurs abzuheben.

Welche Faktoren bestimmten aber die Konstitution des Kunstwollens? Gropius sprach im Coca-Aufsatz von einem *Rasseninstinkt*, der sich als psychologisches Profil einer Kultur in ihrer Kunst abbilde. Für Spanien entwarf er in diesem Sinne eine Polarität, in der sich „altorientalische" und „indogermanische Kultur" gegenüberstanden: Während das „altorientalische Kunstprinzip" von einer *abstrakten* Flächenhaftigkeit charakterisiert war, gingen die indogermanischen Völker von einer *einfühlenden* Körperlichkeit aus. Hieraus leitete er die Feststellung einer *sinnlich-oberflächlichen* und, komplementär zu dieser, einer *intellektuell-räumlichen* Ausrichtung des Kunstwollens ab. In der Übertragung auf die Architektur gelangte er – in einer dritten Stufe – schließlich zur Bestimmung einer „raumschließenden-konkaven Ästhetik" des Abendlandes gegenüber einer aufgelösten, körperbildend-konvexen des „Antik-orientalischen", die lediglich eine „teilweise Begrenzung des ideellen, unmessbaren Raumes" vornahm. Diese Unterscheidung im

---

fen einerseits, jeder Kunstgenuss andrerseits, setzt eine gewisse Faschingslaune voraus, um mich modern auszudrücken, – der Karnevalskerzendunst ist die wahre Atmosphäre der Kunst. Vernichtung der Realität, des Stofflichen, ist notwendig, wo die Form als bedeutungsvolles Symbol als selbständige Schöpfung des Menschen hervortreten soll. (...) Nur vollkommen technische Vollendung, wohl verstandene richtige Behandlung des Stoffs nach seinen Eigenschaften, vor allem aber Berücksichtigung dieser letzteren bei der Formgebung selbst, können den Stoff vergessen machen, können das Kunstgebilde von ihm ganz befreien, können sogar ein einfaches Naturgemälde zum hohen Kunstwerk erheben." (Semper, Gottfried: *Die Textile Kunst, für sich betrachtet und in Beziehung zur Baukunst.* Frankfurt a. M. 1860. S. 231-232.) Siehe hierzu: Iversen, Margaret: *Riegl gegen Semper.* In: Daidalos 29, 9.1988, S. 46-49.

52 Vgl. Schwartz, Frederic J.: *Der Werkbund. Ware und Zeichen 1900-1914.* Amsterdam/Dresden 1999. S.42.

„instinktiven Raumsehen" sei – wie er unterstrich – keineswegs mit Unvermögen zu verwechseln:

> Das Fehlen des isolierten Raumes ist also nicht auf eine primitive technische Unkenntnis zurückzuführen, sondern war die notwendige Folge eben jenes bewußten auf sinnliche Aufnahme gerichteten Kunstwollens.

Die Kategorie ‚Kunstwollen' trug den Gedanken einer übergeordneten geistigen Synthese in sich, die Gropius im Fall der Sprache, der Physiognomie und der Lebensweise der Spanier sinnfällig zum Ausdruck gebracht sah. Aber das Wesen Spaniens sei nicht allein aus der Vorstellung eines einzigen Kunstwollens heraus zu erfassen, sondern liege im Geist der Synthese, des Ausgleichs selbst begründet.

Hier wird der Einfluss des Kunsthistorikers Wilhelm Worringer offenkundig, der in seiner Dissertation „Abstraktion und Einfühlung. Ein Beitrag zur Stilpsychologie" (1906) die Idee einer solchen Dialektik des Kunstwollens entfaltet hatte. Worringer versuchte die Beschränktheit des ästhetischen Subjektivismus in Theodor Lipps' Einfühlungslehre zu überwinden und bediente sich des Rieglschen *Aprioris* eines objektiven Kunstwollens. Dieses verstand er als einen zwischen den Polen des Einfühlungs- und Abstraktionsdranges schwankenden zweckbewussten Trieb, dessen letztes Ziel die *Selbstentäußerung durch ästhetisches Erleben* sei. Mit seinem psychischen Elementarismus universaler Gefühle ging Worringer von der Idee eines für jedes Kunstvolk kulturell bedingten und daher unaustauschbaren „Weltgefühls" aus:

> Jedes einzelne Volk ist natürlich infolge seiner Anlage mehr nach dieser oder jener Seite hin veranlagt, und die Feststellung, ob in seiner Kunst der Abstraktions- oder der Einfühlungsdrang vorherrscht, gibt zugleich schon eine wichtige psychologische Charakteristik, deren Korrespondenz mit der Religion und der Weltanschauung des betreffenden Volkes nachzuspüren, eine ungemein interessante Aufgabe ist.[53]

Diese Aufgabe machte sich Gropius in seiner Spanienreise zu eigen – insbesondere in seiner Übernahme *a posteriori* von Worringers dualem Interpretationsmodell. Gropius entwarf den Ursprung des spanischen Nationalcharakters und beschrieb dessen Entwicklung als einen historischen Prozess des Aufstiegs und Verfalls. Wie aber sollte die von Riegl und Worringer intendierte Überwindung einer Geschichte des *Könnens* zugunsten einer des *Wollens* mit der Idee des Verfalls vereinbar sein? Das Interpretationsmodell des Wollens beschrieb ja eine stete Fortbildung, die eine lineare Verbindung

---

[53] Worringer, Wilhelm: *Abstraktion und Einfühlung. Ein Beitrag zur Stilpsychologie*. München 1908. S. 50.

I. Nationales und Internationales 53

zwischen Ursprung und Gegenwart herstellte.[54] Gropius aber nahm mit seiner Abgrenzung von gebildeten morgenländischen „Eindringlingen" und minder kultivierten abendländischen „Gastgebern" eine Wertung vor, die ihre Veranlassung außerhalb dieses engen kunsttheoretischen Bezugsrahmens (Riegl, Worringer) findet.

Monumentale Kunst und Industriebau

Als Gropius den Coca-Aufsatz niederschrieb, befand er sich wieder in Deutschland und war bereits im Architekturbüro von Peter Behrens in Neu-Babelsberg angestellt, wo er mit aller Wahrscheinlichkeit erst mit den Schriften Riegls in Berührung kam. 1909 veröffentlichte das Leipziger *Kunstgewerbeblatt* unter dem Titel „Was ist monumentale Kunst?" Auszüge aus einem Vortrag von Behrens, aus denen seine Aneignung des Rieglschen Standpunktes deutlich hervorging.[55] Allerdings gehörte zu jenem Zeitpunkt der Gebrauch dieser Terminologie zu den Gemeinplätzen im Umfeld des Deutschen Werkbundes. In ihr artikulierte sich die ersehnte transzendentale Kultur, von der die verpönte materialistische Zivilisation abgelöst werden sollte. Das Kunstwollen versprach den Ausweg aus der Krise – zurück zur ganzheitlichen, harmonischen und vergeistigenden Kultur.[56] Das Kunstwollen vermochte Künstlerisches, Technisches und Kaufmännisches wieder zu vereinigen.

---

54 Riegls „Spätrömische Kunstindustrie" richtete sich ausdrücklich gegen die „Katastrophentheorie" der „Barbarisierung" von Franz Wickhoff: „Es soll also in diesem Buche nachgewiesen werden, dass auch die Wiener Genesis gegenüber der flavischen-trajanischen Kunst vom Standpunkte universalhistorischer Betrachtung der Gesamtentwicklung einen Fortschritt und nichts als Fortschritt bedeutet und dass sie, nur mit dem beschränkten Maßstabe der modernen Kritik beurteilt, sich als Verfall darstellt, den es tatsächlich in der Geschichte nicht gibt, ja, dass die neuere Kunst mit ihren Vorzügen überhaupt niemals möglich gewesen wäre, wenn ihr nicht die spätrömische Kunst mit ihrer unklassischen Tendenz die Bahn gebrochen hätte." (Riegl, Alois: *Spätrömische Kunstindustrie*. Wien 1901. S. 11.)

55 Darin wurde insbesondere der Idee der Überindividualität des Kunstwollens Rechnung getragen: „Es ist das gesamte einmütige Empfinden eines ganzen Volkes für eine Idee nötig, um Denkmäler monumentaler Kunst entstehen zu lassen. (...) Es ist ähnlich wie bei plötzlich ertönender Tanzweise: Eine einzelne Person wird nicht zu tanzen beginnen, aber in einer Menge, die gemeinsam ein frohes überschwängliches Gefühlstalent verbirgt, kann sehr bald Tanz durch Musik auslöst werden." Behrens, Peter: *Was ist monumentale Kunst?* In: Kunstgewerbeblatt 20 (1909), H. 3, S. 46-48.

56 Die Problematik der Rezeption der Schriften Riegls im Umfeld des Werkbundes ist in der bereits zitierten Arbeit von Frederic J. Schwartz (1999) (siehe Fußnote 52) untersucht worden. S. 42 ff.

Vor diesem Hintergrund lesen sich die „Behauptungen über die Architektur des spanischen Castells Coca" in ihrer überarbeiteten Fassung als rückwirkende Projektionen auf die in Spanien gesammelten Erfahrungen. Es handelt sich dabei um einen Versuch der eigenen Standortbestimmung. Das geht besonders aus dem Verhältnis zum Hagener Mäzen Karl Ernst Osthaus hervor, den Gropius noch während des Aufenthalts in Spanien kennen gelernt haben soll. Dieser hatte ihm zur Anstellung bei Peter Behrens im Juni 1908 verholfen.[57] Osthaus war auf die Iberische Halbinsel gereist mit dem Ziel, die spanische Fliesenkeramik zu studieren und um bei dieser Gelegenheit eine entsprechende Sammlung für sein Folkwangmuseum in Hagen zusammenzutragen. Diese ursprünglich als Volks- und Naturkundemuseum konzipierte Institution hatte der sendungsbewusste Osthaus bereits 1898 mit dem Ziel der Volkserziehung beziehungsweise der ‚Volkserweckung' ins Leben gerufen. Das Andere diente nicht etwa zur Aneignung, sondern vielmehr zur Bestimmung des Eigenen. Bereits 24-jährig hatte Osthaus erste Bildungs- und Sammelreisen unternommen, aus denen er Erkenntnisse gewann, die durch eine nationalistische Kulturkritik vorprogrammiert waren: Ob in Italien, Frankreich, dem Orient oder Nordafrika, allerorts begegnete er der Dekadenz des Südens, von der es sich, im Sinne einer Selbstfindung, abzugrenzen galt. So urteilte er 1898 in seinem „Beitrag zur Kenntnis Nordafrikas":

> Nun lockt mich nicht mehr der alte Goldmantel, der die Fäulnis des Südens gleißnerisch überdeckt; ich will der Erde und ihren Völkern frei ins Auge schauen, nicht über dem Glanze der Vorzeit das zerfallende Leben vergessen. Möchte ich Keime der freieren Zukunft entdecken; das wäre mir die schönste Frucht der weiten Fahrt ...[58]

Die völkische Gesinnung hinter der selbstgestellten Aufgabe einer erlösenden Bekehrung der Deutschen zur Schönheit blieb ungebrochen – auch nachdem er durch den Einfluss des van de Veldes die hierfür geeigneten Mittel im

---

57 Behrens war zu diesem Zeitpunkt mit verschiedenen Bauten in Hagen beauftragt. Gropius war hauptsächlich in der Durchführung des Hauses Cuno (1909-10) involviert. Bautechnische Probleme führten zu Spannungen im Verhältnis zu Behrens und schließlich zum Abbruch des Arbeitsverhältnisses. Siehe: Sturm, Hermann: *Karl Ernst Osthaus und die Architekten Behrens, Gropius, Taut*. In: *Die Folkwang-Idee des Karl Ernst Osthaus*. Hagen 1984.

58 Osthaus, Karl Ernst: *Tagebuch meiner in Gesellschaft des Herrn Prof. Dr. J. H. H. Schmidt unternommenen Reise durch Algerien und Tunis. Als Beitrag zur Kenntnis Nordafrikas veröffentlicht*. Hagen i. W. 1898. S. 3. Zitiert nach: Müller, Johann Heinrich: *Karl Ernst Osthaus und seine Hagener Folkwang-Idee*. In: *Die Folkwang-Idee des Karl Ernst Osthaus*. Hagen 1984. S. 14.

I. Nationales und Internationales

modernen Kunstschaffen gefunden zu haben glaubte.[59] Ebenfalls blieben die volkskundlichen Dokumente als Vorbilder und Orientierung für die moderne industrielle Produktion im schließlich 1902 eröffneten Museum erhalten. Es mutierte zu einem Musterkatalog für Kunst, Kunsthandwerk und Industrie.[60] Osthaus zählte bekanntlich dann auch ein Jahr vor seiner Spanienreise zu den Mitbegründern des Deutschen Werkbundes. Dass die spanischen Fliesen nicht ohne Grund in diesen Kreisen Beachtung erfuhren, verdeutlicht eine Einschätzung des Kunsthistorikers Julius Meier-Graefe, der ebenfalls 1908 das maurische Burgschloss in Sevilla (*Alcázar*) besuchte und dieses als „eine Fundgrube für moderne Flächendekorateure" bezeichnete: „Van de Velde würde erröten."[61]

Als Osthaus 1911 einen Aufsatz über die drei Jahre zuvor unter Mitwirkung des Kunsthistorikers Hans Wendland in Spanien gesammelten Objekte veröffentlichte, ließ er bei aller Wissenschaftlichkeit die wertende Übertragung von Konzepten des deutschen Kulturdiskurses nicht aus.[62] Beispielsweise indem er rekapitulierend feststellte:

> Der Stich ins Ordinäre, der dem Spanien des 15. Jahrhunderts in allen Dingen anhaftet, ist auch der Keramik nicht erspart geblieben. Das plumpe Attentat auf die maurischen Wohltäter des Landes rächte sich schwer. Wie schon die Cuenca-Technik als Surrogatverfahren den Parvenügeschmack der Zeit erweist, so trägt auch die Ornamentik das Gepräge größter Verkommenheit. (...) Daß das impotente, in fanatischem Haß gegen maurische Kultur verrannte Volk stärkeren fremden Einflüssen erliegen musste, liegt auf der Hand.[63]

Damit erhielten Schlagwörter der moralisierenden Kulturkritik der Jahrhundertwende Einzug in die historische Interpretation: Es wird der Emporkömmling (*Parvenü*) angeprangert, der mittels Ersatzzeichen (*Surrogate*) den illegitimen Anspruch auf einen kulturellen und sozialen Status erhebt. Dieser steht aber ausschließlich der Geistesaristokratie zu. Die Rückbesinnung auf Materialgerechtigkeit, d.h. auf die sachliche Kenntnis der Produk-

---

59 Ebd., S. 21.
60 Ebd., S. 26.
61 Meier Graefe, Julius: *Spanische Reise*. Berlin 1910. (S. 113, 12. Mai 1908). Meier Graefe war es, über den Osthaus van de Velde für sich entdeckt hat.
62 Zur Entstehungsgeschichte der Hagener Fliesensammlung siehe: Hagedorn, Annette: *Walter Gropius, Karl Ernst Osthaus und Hans Wendland – Die Ankäufe maurischer Keramik für das Deutsche Museum in Hagen im Jahr 1908*. In: Heimatbuch Hagen + Mark 43 (2002), S. 103-115.
63 Osthaus, Karl Ernst: *Spanische Fliesenkeramik*. In: Orientalisches Archiv 1 (1911), H. 2, S. 78. Abgedruckt in: Osthaus, Karl Ernst: *Reden und Schriften. Folkwang, Werkbund, Arbeitsrat*. (Hrsg. Rainer Stamm) Köln 2002. S. 191-196.

tionsmethoden und des Zwecks war gegen das Surrogat gerichtet. Die darin enthaltene Kritik bestimmte Osthaus' Darstellung der historischen Erscheinungsformen der spanischen Fliesenkeramik. Gropius jedoch hatte den größten Teil der Hagener Sammlung zusammengetragen und während seines Spanienaufenthaltes die bedeutendsten Kenner der Materie – unter ihnen den Architekten Puig i Cadafalch in Barcelona, den Kunsthistoriker Gestoso y Pérez in Sevilla und Finanzminister de Osma in Madrid – aufgesucht und vor Ort in den bedeutendsten Werkstätten andalusischer Kunstindustrie verschiedene Herstellungsverfahren selbst erprobt. Daher äußerte er in Briefen an Osthaus Bedenken über dessen Herangehensweise.[64] Seine Kritik war nicht nur technischer, sondern vor allem kunsttheoretischer Art. Insbesondere gegenüber der Nähe zu Sempers Stoffwechseltheorie, die in Osthaus' Vermutungen zum hölzernen Ursprung des Bandwerk-Fliesenmusters der Alhambra (*lacería*) aus dem 14. Jahrhunderts offenkundig wurde.[65] Dieser ging auf die Kritik des jungen Architekten ein, indem er versuchte, dessen Idee von der Unvereinbarkeit zwischen technischen Mitteln und gestalterischen Absichten aufzubrechen:

> Auf ihre Einwände gegen meine stilkritischen Folgerungen hätte ich Manches zu erwidern. Ich kann mich jedenfalls nicht entschließen, die *Laceria* anders als in der Holztechnik entstanden zu denken. Sie war dort notwendig und konstruktiv bedingt. Daß es andererseits ein selbstherrlicher künstlerischer Akt war, sie zum ornamentalen Motiv zu erheben, gebe ich zu. Aber das widerspricht nicht meinen Ausführungen. Ich möchte überhaupt aus Riegl & Semper keine prinzipiellen Fragen machen. Natürlich gestaltet der Künstler. Aber wie oft und glücklich wird er doch durch das Spielen mit dem Material dazu angeregt. So ungefähr paßt auch auf diese Frage das Goethe'sche Wort: „Wie sich Verdienst und Glück verketten, das fällt dem Toren niemals ein."[66]

---

64 Über den Verlauf der Spanienreise, siehe: Isaacs, Reginald R.: *Walter Gropius. Der Mensch und sein Werk*. Bd 1. Berlin 1983. S. 78-90.

65 Zu Osthaus' Haltung gegenüber Sempers Primat der Materialgerechtigkeit als Weg zu einem modernen Stil siehe: Osthaus, Karl Ernst: *Material und Stil. Vortrag auf der dritten Jahresversammlung des Deutschen Werkbundes vom 10. bis 12. Juni 1910 zu Berlin*. In: *Die Durchgeistigung der deutschen Arbeit. Ein Bericht vom Deutschen Werkbund*. Jena 1911. S. 23-29.

66 *Brief von Osthaus an Gropius*, Hagen 10. Februar 1911. Karl-Ernst Osthaus Archiv Hagen, KÜ 318/4-4,5. In seiner Antwort (undatiert) erläutert Gropius ausführlichst die Glasurtechniken, die er durch praktische Tätigkeit in Fabriken kennen gelernt hatte. [*Brief von Gropius an Osthaus*, undatiert. Karl-Ernst Osthaus Archiv Hagen, KÜ 318/21, 22] Das Gestoso-Buch, das von Gropius mit zahlreichen Anmerkungen und Unterstreichungen versehen wurde, ist im BHA Berlin erhalten. Dort lagern ebenfalls eine Sammlung von Fotografien spanischer

I. Nationales und Internationales

Im selben Brief sprach Osthaus die Einladung an Gropius aus, einen Vortrag über den zeitgenössischen Industriebau im Folkwangmuseum zu halten. Gropius, der zu diesem Zeitpunkt mit seinem Partner Adolf Meyer bereits das Fagus-Werk in Alfeld an der Leine plante, erklärte sich in seiner Antwort durch das Goethe-Zitat versöhnt und sagte zu. Zwei Monate später – im April 1911 – sprach er in Hagen zum Thema „Monumentale Kunst und Industriebau".

Drei Jahre nach seiner Spanienreise wählte Gropius zwei Abbildungen der Burg Coca als Ausgangspunkt seiner Ausführungen. Die historische Wehranlage, ein Backsteinbau aus der zweiten Hälfte des 15. Jahrhunderts, setzte er als reinen Nutzbau auf eine Stufe mit dem modernen Industriebau: Die von ihr ausgehende „gewaltige Wirkung" führte er auf die aus kriegstechnischen Erfordernissen gezogene *künstlerische* Konsequenz der Beschränkung auf „ganz bescheidene Mittel rhythmischer Natur" zurück. Als Gegensatz zeigte Gropius die Abbildung einer eisernen Balkenbrücke bei Griethausen (Rhein). Durch partielles Verdecken des filigranen Gitterwerks war hier eine einfache körperliche Wirkung und so ein monumentalerer Ausdruck zu erzielen. Es bedurfte lediglich der Verkleidung des Gitterträgers. Der Blick des externen Betrachters werde dann – so Gropius – nicht länger widerstandslos durch das Gitterwerk gleiten, sondern werde von der geschlossenen Oberfläche aufgefangen. Auch der Passant erfahre somit räumlichen Halt. Und durch eine gezielte Anordnung der Fenster bekäme er zudem vorteilhafte Bildausschnitte der Umgebung dargeboten.

Es folgte eine Reihe beispielhafter Industriebauten, in denen Gropius die künstlerische Forderung nach Monumentalität innerhalb der „zeitlosen" formalen Parameter der Monumentalbaukunst erfüllt sah: *Raumabgeschlossenheit* und *Körperlichkeit*. Neben Architekturen von vor allem Poelzig, Behrens und Taut zeigte Gropius erste Entwürfe für das Fagus-Werk sowie die berühmte Reihe amerikanischer Silobauten.[67] Sie alle dokumentierten, wie „kraft des Genies" selbst der „enthüllenden Wesenlosigkeit" von Eisen und Glas die Illusion der Körperwirkung abgetrotzt werden konnte und musste.

Fliesen und die zahlreichen Briefe und Postkarten, die Gropius an seine Eltern, vor allem an seine Mutter, schickte.

67 Ziel der Argumentation war letzten Endes die Behauptung der „zweckbewussten" Autonomie der Kunst gegenüber der industriellen Produktion und der des gestaltenden Künstlers gegenüber der des berechnenden Ingenieurs. Interessanterweise hat Wilhelm Worringer später in „Ägyptische Kunst. Probleme ihrer Wertung" (München 1927) Gropius' Bildvergleich neuinterpretiert und einem Getreidesilo den Torbau des Totentempels des Königs Sahu-Re gegenübergestellt. Vgl. Pehnt, Wolfgang: *Die Architektur des Expressionismus*. Stuttgart 1998. Pehnt, Wolfgang: *Altes Ägypten und neues Bauen*. In: Pehnt, Wolfgang: *Die Erfindung der Geschichte*. München 1989. S.68-86.

1.4

1.5

1.4.-5 Balkenbrücke bei Griethausen und Burg Coca bei Segovia [Walter Gropius: „Monumentale Kunst und Industriebau", (1911)]

I. Nationales und Internationales 59

Als Irrtum bezeichnete er die Gleichsetzung von Material- und Konstruktionsgesetzlichkeit mit Kunstgesetzlichkeit; des technischen Könnens mit dem künstlerischen Wollen. Die in der Kunst angestrebte Darstellung einer transzendentalen Realität solle aus einer Dialektik heraus erzielt werden, wobei „alle von Vernunft und Aufklärung geschaffenen Werte, die Fortschritte der Technik, Ökonomie, Hygiene" als Hemmungen materieller Art zu betrachten seien, die sich dem künstlerischen Willen entgegensetzten und von ihm überwunden werden müssten.

Gropius verstand diesen künstlerischen Widerstand als ein primär formales Anliegen. Seine kunsttheoretischen Spekulationen waren Versuche einer eigenen Standortbestimmung, wie aus seinem Manuskript „Über das Wesen des verschiedenen Kunstwollens im Orient und Occident" hervorgeht.[68] Auf seine Bedeutung ist bereits von Annemarie Jaeggi hingewiesen worden.[69] Es verbindet die Coca-Gedanken mit den in Hagen dargestellten neuen Aufgaben von Technik und Industrie und zieht Schlüsse hinsichtlich ihrer gestalterischen Lösung. Eine im Aufsatz enthaltene Skizze fasst den uns bereits bekannten konstitutiven Dualismus des Kunstwollens in eine historisch abgeleitete formale Polarität: zwischen der geschlossenen Wirkung des durch Abtragung gegliederten antik-orientalischen Massenbaus und der durch Hinzufügen von Baugliedern (Pilaster) Durchdringungen suggerierenden Architektur der Renaissance. Der durch sinnliche Wahrnehmung der Oberfläche erzeugten Körperlichkeit setzte er die subjektiven Illusion des virtuellen Raumkörpers entgegen, wie sie durch die „Fassade" zustande kam, die Riegl als eine Wand definierte, „die uns zugleich verrät, dass hinter ihr ein Raum ist, der sich in die Tiefe dehnt".[70] Dieses polare Umhüllungsprinzip bezeichnete Gropius als das „Gesetz der Enveloppe".

Folgt man diesen theoretischen Ausführungen, so könnte man schließen, dass sich Gropius und Meyer bei ihrer „antiken" Lösung der Hülle des Fagus-

---

68 Gropius, Walter: *Über das Wesen des verschiedenen Kunstwollens im Orient und Occident*. Manuskript Frühsommer 1910. BHA Berlin, Manuskripte bis 1919. (6 Bl.)

69 Vgl. Jaeggi, Annemarie: *Fagus. Industriekultur zwischen Werkbund und Bauhaus*. Berlin 1998.

70 Diese Definition der Fassade war der Schlüssel für die durch Gropius erklärte Gesetzmäßigkeit der Umhüllung. Nach Riegl hat die Antike keine Fassaden gekannt. Ihre Monumentalaußenwände verrieten nicht die Existenz eines Raumes. Erst in der römischen Kaiserzeit bildete sich allmählich diese Vorstellung aus. Als elementare Repräsentanten der Tiefe, stellten die Pilaster der Renaissance oder des Barock eine entscheidende Stufe in der Entwicklung hin zur Fassade dar. Gropius' Skizze zum „Gesetz der Enveloppe" muss als Illustration dieser Gedanken gelesen werden. Vgl. Riegl, Alois: *Die Entstehung der Barockkunst in Rom*. Wien 1908. (München 1987, S. 59 ff.)

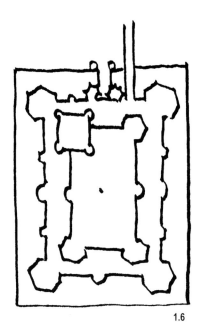
1.6

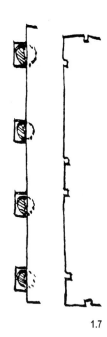
1.7

1.8

1.9

1.6 Walter Gropius: „Burg Coca" (1908). Skizze des Grundrisses
1.7 Walter Gropius: „Gesetz der Enveloppe" (1910). Skizze
1.8-9 Walter Gropius und Adolf Meyer, *Fagus-Werk in Alfeld a.d. Leine* (1911-14). Eckansicht des Hauptgebäudes und Grundriss des Bürotraktes

I. Nationales und Internationales 61

Werks für das vorgebliche instinktive Sehen des Orientalen – beispielsweise des Ägypters – entschieden hätten, welches aus einer Abneigung gegen das subjektive Denkvermögen heraus stets die tastbar undurchdringlichen Flächen des Einzelkörpers – des abgeschlossenen Objekts außerhalb des Ichs – erkennt.[71] Das Gebäude würde demnach dem Prinzip einer durch Einkerbungen gegliederten Oberfläche folgen, deren Geschlossenheit durch diese nicht gefährdet wird. Angesichts der kontinuierlichen Oberfläche der Glasfelder und der gemauerten Attika leuchtet diese Auslegung ein. Die geböschten Pfeiler wirken in der Tat eingekerbt. Oder haben wir es im Gegenteil mit einer „barocken" Lösung virtueller Durchdringungen beziehungsweise Verzahnungen eines unerwartet geschlossen wirkenden Glaskörpers mit einem durch die Böschung in seiner Massivität verstärkten Blocks zu tun? Es scheint, als hätten Gropius und Meyer bewusst durch die formale Umkehrung von Behrens' AEG-Turbinenhalle unter Beibehaltung der „Einkörperlichkeit" diese gestalterische Ambivalenz erforschen wollen. Gropius allerdings interpretierte die Zeichen der Zeit im Sinne einer Aktualität des antiken Standpunktes, das heißt einer Architektur, welche dezidiert die Zweidimensionalität anstrebe, wie er am Beispiel der Wahrnehmung der Umrisslinien erörterte:

> Gerade im modernen Städtebau ist die Silhouettenfrage als primäre Forderung der Architektur bedeutungsvoll. Er ist wohl kaum eine Utopie zu behaupten, daß sich hieraus ein moderner Architekturgedanke entwickeln wird, denn infolge der wachsenden Schnelligkeit der Verkehrsmittel und der ganzen Lebens muß sich heute das Auge mit der überflüssigen Betrachtung begnügen und wird so ganz von selbst wieder auf die einfachsten sinnlichen Eindrücke (Retardieren der Dimensionen) gedrängt. Wir bewegen uns also allen Anschein nach von dem barocken Kunstpol fort dem antiken entgegen.[72]

Die Interpretationsmodelle von Riegl und Worringer dienten Gropius, um über den Weg eines Bewusstwerdens über die eigene Kultur zu konkreten gestalterischen Problemstellungen und zu operativen Kriterien zu gelangen, die eine Bewältigung der Aufgaben einer neuen industriellen Realität ermöglichten. Auch und gerade im Zeitalter der industriellen Arbeitsteilung: Gropius stellte in seinem Hagener Vortrag die soziale Aufgabe der Kunst in den Vordergrund und erklärte diese zum unabdingbaren Instrument bei der Verhinderung der im strukturellen Wandel hin zu den industriellen Produktionsformen drohenden sozialen Katastrophe:

---

71 Jaeggi, Annemarie: Fagus. *Industriekultur zwischen Werkbund und Bauhaus.* Berlin 1998. S.47-48.

72 Gropius, Walter: *Über das Wesen des verschiedenen Kunstwollens im Orient und Occident.* Manuskript Frühsommer 1910. BHA Berlin, Manuskripte bis 1919. (Bl. 5, R-6)

Der Arbeit müssen Paläste errichtet werden, die dem Fabrikarbeiter, den Sklaven der modernen Industriearbeit nicht nur Licht, Luft und Reinlichkeit geben, sondern ihn noch etwas spüren lassen, von der Würde der gemeinsamen großen Idee, die das Ganze treibt.[73]

Volk und Kunstwollen waren sich offenbar längst fremd geworden. Als Träger des neuen Kunstwollens trat der moderne Fabrikherr den Versuch der Vermittlung an. Er war nicht nur Ingenieur und Kaufmann, sondern nahm zudem eine volkserzieherische Aufgabe auf sich, für die er jedoch auf die Mitwirkung des Genies des Architekten angewiesen war: Denn nur dieser vermochte es, als Sprachrohr eines *anonymen Kunstwollens*, den ästhetisch empfindenden Ingenieur mit dem technisch begabten Architekten in sich zu vereinen und so die kulturellen Ideale einer neuen ästhetischen Gemeinschaft darzustellen.[74]

---

73 Gropius, Walter: *Monumentale Kunst und Industriebau*. Vortrag in Hagen/Westfalen im Folkwang-Museum am 29.1.1911 (sic). BHA, Kasten Manuskripte bis 1919 (39 Bl.). Abgedruckt in: Probst, Schädlich: *Walter Gropius, Band III, Schriften*. Berlin 1987. S. 31.

74 Vgl. Wilhelm, Karin: *Walter Gropius, Industriearchitekt*. Braunschweig/Wiesbaden 1983. S.35 ff. Ebenso: Claussen, Horst: *Walter Gropius. Grundzüge seines Denkens*. Hildesheim 1986. S. 29.

I. Nationales und Internationales 63

2. OBERFLÄCHE UND TIEFE. ORTEGAS LÄUTERUNGSPROGRAMM (1906-1914)

Walter Gropius, eine der später bestimmenden Persönlichkeiten im kulturellen Umfeld der Weimarer Republik und einer der Heroen der Geschichtsschreibung des „Modern Movement" (Nikolaus Pevsner), wurde von seinen Erfahrungen als Spanienreisender zu kunsttheoretischen Reflexionen angeregt, die sich innerhalb der Grenzen der in der deutschsprachigen Kunstwissenschaft gängigen Kategorien entfalteten. Sie führten bei Gropius unter anderem zur nachträglichen Formulierung einer eigenwilligen Spanientheorie, in der die Iberische Halbinsel zu Recht als Schnittstelle von Abend- und Morgenland dargestellt wurde.

Zeitgleich zu Gropius' Spanienreise reiste der gleichaltrige spanische Philosoph José Ortega y Gasset – eine der zentralen Figuren des kulturellen Lebens Madrids in der ersten Hälfte des 20. Jahrhunderts – mit dem Ziel nach Deutschland, sich dort eines intellektuellen Apparates zu bemächtigen, auf das seines Erachtens Spanien zur politischen und sozialen Erneuerung angewiesen war. Er sprach von der Notwendigkeit einer erlösenden Europäisierung des Landes. Im Rückblick erläuterte Ortega seinen damaligen Entschluss zur Deutschlandreise voller Pathos am Bild einer spanischen Burgruine:

> In meiner damaligen stürmischen Jugend war ich in der Tat ein wenig wie der junge Sperber, der die Ruine der spanischen Burg bewohnte. Nicht ein in den Käfig gesperrter Vogel, sondern wildes Wappenvieh: Wie der Sperber war ich gefräßig, stolz, kriegerisch – und wie er machte ich von der Feder Gebrauch. Die Sache war also einfach. Ich ging nach Deutschland, um die deutsche Kultur an den Winkel der Ruine zu holen und sie anschließend dort zu verschlingen. Spanien brauchte Deutschland.[75]

Die nach dem für das spanische Selbstverständnis traumatischen Verlust der Kolonien im Jahre 1898 hervorgetretene Generation von spanischen Künstlern und Intellektuellen (die sogenannte *Generación del 98*) gab mit ihrem Diskurs über die Dekadenz und die Unsterblichkeit des Landes noch immer die kulturpessimistischen Prämissen für Ortegas Erwartungen an Deutschland vor: Der entscheidende Impuls zur nationalen Regeneration hatte seines Erachtens von der Kulturkritik auszugehen, was zu einer Auseinandersetzung des jungen Philosophen mit einigen der im Umfeld des Werkbundes grundlegenden Texte zur Nationalökonomie, Soziologie und Kunsttheorie führte. Letztere sollen uns hier beschäftigen.

---

[75] José Ortega y Gasset, *Prólogo para Alemanes*. Madrid 1958. Das Manuskript stammt von 1934 und wurde als Vorwort zur dritten deutschen Ausgabe von „Die Aufgabe unserer Zeit" konzipiert. Übersetzung J. M. W.

1.10

1.11

1.10 Walter Gropius 1907 als Kunstsammler unterwegs in Spanien
1.11 Ortega y Gasset 1907 vor der Neuen Galerie in Kassel

I. Nationales und Internationales 65

Schon 1906 berichtete Ortega für die Madrider Tageszeitung *El Imparcial* von einem Besuch in Nürnberg, wo das Bild der aus dem Keim des Alten emporwachsenden Schornsteine der neuen Industriestadt bei ihm Gedanken über das Verhältnis von Beständigkeit und Erneuerung ausgelöst hatte.[76] Er erklärte, dass nicht Anpassungsvermögen zum Erfolg im Kampf um das Überleben führe. Es gelte vielmehr, trotz widriger Umstände so zu bestehen, wie man sei. Durch die Nürnberger Altstadt spazierend scheint er sich hiervon überzeugt zu haben: In den malerischen Gassen stellte er eine den Spaniern fremde Liebe zur verflossenen Zeit fest. Als Erklärung für Erhaltung und für die florierende Gegenwart der Stadt reiche diese jedoch nicht aus. Sie sei eben auf die von den Bürgern aufgebrachte künstlerische Energie zurückzuführen; auf den Imperativ der schönen Arbeit ihrer organisierten Kunsthandwerker sowie der humanistischen Gesinnung ihrer Kaufleute. Die pittoresken Brunnen interpretierte Ortega so als Ausdruck einer Kultur der „kleinen Leute" – als Träger des Unbewussten, der Rasse. Vor allem aber deutete er die Brunnen als Sinnbilder einer in die Zukunft weisenden historischen Kontinuität, die er auch für sich beziehungsweise Spanien beanspruchte: Fließe aus den Tiefen der ältesten Brunnen erst wieder Wasser, würden bald die rauchenden Schornsteine endlich auch das Umland von Córdoba und Toledo bevölkern.

Der Deutsche und der Spanier

In Ortegas Vorstellung war also die Erneuerung in einer Rückbesinnung auf die Tradition angelegt. Und Deutschland gab dabei den Weg in die Zukunft vor. Der Pfad führte über die neu zu erschließenden, noch versiegten Quellen der Tradition und der *Rasse*. Mit diesem heute missverständlichen Begriff meinte Ortega die dem Wandel unterworfene, unbewusste kulturelle „Wahrhaftigkeit" des Volkes, dessen historischen Werdegang. Nur unter dieser Prämisse sind seine kulturkritischen Ansätze verständlich, die zu bestimmende spanische Rasse als gewachsenes psychologisches und erkenntnistheoretisches Profil zu fassen. Seine Rezension von Wilhelm Worringers 1911 veröffentlichtem Buch „Formprobleme der Gotik" bringt eine in diesem Zusammenhang relevante, uns von Gropius bereits bekannte Begrifflichkeit wieder ins Spiel.[77] Worringer hatte in der besagten Studie seinen früheren Ansatz

---

76 *Las fuentecillas de Nuremberga*. In: El Imparcial 11. Juni 1906. Abgedruckt in: Ortega y Gasset, José: *Notas de andar y ver. Viajes, gentes y paises*. In: *Obras de José Ortega y Gasset*, Bd. 32. Hrsg. Paulino Garagorri, Madrid 1988. S. 21-27.

77 Ortega y Gasset, José: *Arte de este mundo y del otro*. In: El Imparcial 24. Juli, 31. Juli, 13. August und 14. August 1911. Abgedruckt in: Ortega y Gasset, José: *La deshumanización del arte*. In: *Obras de José Ortega y Gasset*, Bd. 10. Hrsg. Paulino Garagorri, Madrid 1993. S. 91-115.

aus „Abstraktion und Einfühlung" vertieft und die Ermittlung einer Stilpsychologie der Gotik versucht, welche die innere Notwendigkeit des gotischen Formwillens aufdecken sollte. Unbescheiden erhob er sogar den Anspruch, einen Beitrag zur Geschichte der menschlichen Psyche aus dem formalen Ausdruck der Auseinandersetzung des Menschen mit der Erscheinungswelt heraus leisten zu wollen.

Das analoge von Ortegas verfolgte Ziel war die Abgrenzung der zwei Pole des Europäertums: transzendentales Pathos des Nordens und materialistisches Pathos des Südens. Mit Worringer billigte er der Baukunst die Fähigkeit zu, diese Unterschiede der psychologischen Beschaffenheit darzustellen. Aufgrund der Beschränktheit ihrer Ausdrucksmittel sah er die Architektur – die er als „ethnische Kunst jenseits der Launen" bezeichnete – in der Lage, nur allgemeine und einfache Zustände des Geistes zu erfassen: nicht solche, individuellen Charakters, wohl aber die der *Zeit* oder des *Volkes*. Die Architektur überfordere die individuellen Möglichkeiten und sei somit notgedrungen kollektives Werk und soziales Anliegen.

In seiner Besprechung erläuterte Ortega Worringers „Grundtypen der Menschheit": der primitive, der klassische und der orientalische Mensch. Sie stellten Stufen einer historischen Entwicklung dar, die nicht als Entfremdungsprozess verstanden wurde. Während der Primitive noch aus einem Furchtverhältnis zur Erscheinungswelt heraus sich durch geometrische Abstraktion der Willkür des Lebendigen entzog, gelang es dem klassischen Menschen, ein Vertraulichkeitsverhältnis aufzubauen, in dem ein Gleichgewicht zwischen Instinkt und Verstand herrschte, der sich als Naturalismus einer sich selbsterkennenden Vernunft ausdrückte. Der Orientale schließlich erlangte die Instinkterkenntnis und sublimierte die Furcht zu Verehrung. Seine Abstraktion wurde zum Mittel einer transzendentalen Kunst.

Vor diesem Hintergrund versuchte Worringer das Kunstwollen des „gotischen Menschen" zu erfassen. Ortega entwarf dessen Pendant, den „mediterranen Menschen", welcher im Spanier seinen reinsten Vertreter fand. Sie ergänzten sich: Da wo der Spanier – mit seinem Sinn für das Konkrete und Stoffliche – aufhöre, beginne der gotische Mensch in seiner Sphäre des Imaginären. Die Illusion der aufstrebenden Dynamik der gotischen Kathedrale verweise auf ein Jenseits. Der Spanier dagegen, sei ein diesseitiger Mensch. Sein Naturalismus führe weiter als der des klassischen Menschen. Er sei ein radikaler Materialist und daher das eigentliche Gegenstück zum abstrahierenden, geometriesierenden, vergeistigenden Künstler.

Ortega ging so weit, den Drang des spanischen Kunstwollens – trotz oberflächlicher aber unablässiger Einflüsse phantasievollerer oder intelligenterer Rassen – zu einer entschiedenen, imaginationslosen Trivialität zu erklären. Diese zunächst wenig schmeichelhafte Feststellung relativierte er durch die

I. Nationales und Internationales 67

Wahl der Exempel: Selbst Murillo, Velázquez oder Cervantes hätten primär das inhaltlich Vordergründige, das Alltägliche, gar das Unbedeutende zum Ausdruck gebracht. Es galt nun, für diese Neigung die Entsprechung einer formal oberflächlichen spanischen Denkungsart zu formulieren.

Mit seinem Erstlingswerk, „Meditaciones del Quijote" (Meditationen über Don Quijote), schloss der junge Ortega 1914 seine Ausbildung mit einer programmatischen Schrift ab, die bereits eine Vielzahl der zentralen Fragen seines späteren philosophischen Gedankengebäudes enthielt. Unter den bis dahin gesammelten Einflüssen, die in diesem Werk zu einer eigenständigen Fragestellung gereift waren, befinden sich auch die kunsttheoretischen Ausführungen im Dunstkreis des Rieglschen Kunstwollens, wie die in den ersten Kapiteln abgewickelte kulturelle Differenzierung entlang des wahrnehmungspsychologischen Vorzugs von Tiefe oder Oberfläche.[78]

Auslöser seines Gedankenganges war diesmal die epistemologische Verwunderung über die deutsche Redewendung, wonach man gelegentlich „den Wald vor lauter Bäumen nicht sehe". Ortega erklärte die grundsätzliche Unsichtbarkeit des Waldes. Es seien stets die Bäume, die sich dem Betrachter offenbarten. Der Wald bleibe dagegen stets geheimnisvoll latent, als Möglichkeit in der Tiefe verborgen. Die Oberfläche aber weise auf die Existenz dieser virtuellen Dimension, die eine tiefere Realitätsschicht des Willens, des deutenden Sehens sei. Das Äußere führe daher ein Doppelleben:

> Die Dimension der Tiefe, mag sie zeitlicher oder räumlicher, visueller oder akustischer Art sein, tut sich immer an einer Oberfläche dar. So kommt denn der Oberfläche zweierlei Bedeutung zu, je nachdem wir sie unter dem Gesichtspunkt ihrer Stofflichkeit oder ihres anderen, virtuellen Daseins betrachten. Im zweiten Falle erweitert sich die Oberfläche, ohne darum aufzuhören, eine solche zu sein, nach der Tiefe hin. Wir nennen das Perspektive. Die Perspektive ist das Organon der visuellen Tiefenwirkung. Wir haben es da mit einem Grenzfall zu tun, bei dem sich das bloße Sehen mit einem rein intellektuellen Akt verbindet.[79]

---

[78] In seiner Studie zu den deutschen Quellen Ortegas stellt Nelson Orringer den Einfluss Worringers und Riegls in Frage. Er ist den Spuren von 16 Büchern deutscher Autoren im Werk Ortegas nachgegangen. So hat er „Arte de este mundo y del otro" auf den Einfluss von Erich Jaenschs „Über die Wahrnehmung des Raumes" [Zeitschrift für Psychologie und Physiologie der Sinnesorgane 6 (1911)] hin untersucht – ungeachtet dessen, dass es sich um die Besprechung eines Werkes von Worringer gehandelt hat. Vgl. Orringer, Nelson R.: *Ortega y sus fuentes germánicas*. Madrid 1979. S.319 und 333.

[79] Ortega y Gasset, José: *Meditaciones del Quijote*. Madrid 1914. Hier zitiert nach der Übertragung von Ulrich Weber: *Meditationen über „Don Quijote"*. Stuttgart 1959. S. 77-78.

Auf dieser Grundlage konzipierte Ortega das Bild einer europäischen Perspektive, mit der er die zu seiner Zeit gängige Konfrontation der germanischen Nebel und der lateinischen Klarheit abzulösen beabsichtigte. Er hielt diese Abgrenzung für heuchlerisch, allzu interessiert und letzten Endes schädlich. Stattdessen sprach er von Kulturen der Tiefe und der Oberfläche: germanischer Intellekt und mediterrane Sinnlichkeit. Kennzeichnend für das Mediterrane sei zwar nicht die Klarheit des Denkens, dafür aber die des Sehens. Es handle sich um eine *Kultur der sinnlichen Hülle*:

> Die Mittelmeerkultur ist eine unablässige, leidenschaftliche Rechtfertigung des Offenbaren, der Oberfläche, der flüchtigen Eindrücke, welche die Dinge in unseren Nervensystem hinterlassen. Den Abstand, der den mediterranen Denker vom germanischen trennt, finden wir wieder, wenn wir die Sehweise der beiden Menschenrassen vergleichen. Diesmal freilich fällt der Vergleich zu unseren Gunsten aus.[80]

In Anlehnung an Riegls Darstellung des ägyptischen Blicks beschrieb Ortega die „impressionistische" spanische Perspektive als ein entlang der Oberflächen in die Tiefe tastendes Sehen:[81]

> Die Freude am Sehen, am Betasten der Haut der Dinge mit dem blickenden Auge ist das Hauptmerkmal unserer Kunst.[82]

Dieser *spanische Blick* müsse sich gleichwohl des komplementären Konzeptes bemächtigen, das – so Ortega – der spanischen Rasse im Grunde nicht fremd sei. Voraussetzung sei hierfür lediglich die Integration der sich polemisch ausschließenden Pole des spanischen Erbes:

---

80 Ebd., S. 94.

81 Im Aufsatz „De Madrid a Asturias o los dos paisajes" hat Ortega ein Jahr später unter Angabe der Quelle vom „tastenden Blick" in der ägyptischen Kunst geschrieben: „Es kann geschehen, dass das Sehen noch Eigentümlichkeiten des Tastens bewahrt. So haben Riegl und Worringer gezeigt, dass die Gedrängtheit der Säulenstellung an den ältesten ägyptischen Tempeln aus einer Art *horror vacui* de ägyptischen Auges zu verstehen sei: seine Pupille wollte wie die Hand des Blinden möglichst zwischenraumlos von einem Schaft zum andern hinübergleiten. Ein solches Sehen ist fast noch ein Tasten, und wir haben es hier mit einer Architektur zu tun, die aus dieser Art des Sehens entstanden ist." Aus: Ortega y Gasset, José: *Von Madrid nach Asturien*. In: Ortega y Gasset, José: *Der Betrachter*. Hier zitiert nach der Übersetzung von Helene Weyl aus: Ortega y Gasset, José: *Gesammelte Werke*, Bd. 1. Stuttgart 1996. S. 160. [deutsche Erstausgabe: Stuttgart 1934. Das spanische Original erschien 1915-16 in Ortegas Zeitschrift *España*. Abgedruckt in: Ortega y Gasset, José: *Notas de andar y ver. Viajes, gentes y paises*. In: *Obras de José Ortega y Gasset*, Bd. 32. Hrsg. Paulino Garagorri, Madrid 1988. S. 88.]

82 Ortega y Gasset, José: *Meditationen über „Don Quijote"*. Stuttgart 1959. S. 97.

I. Nationales und Internationales 69

> Nötigt mich nicht dazu, ausschließlich ein Spanier zu sein, wenn das für euch nicht mehr bedeutet, als ein Mensch schimmernder Oberfläche zu sein. Entfacht keinen Bürgerkrieg in meinem Innern. Ihr sollt den Iberer in mir, den rauhbeinig-leidenschaftlichen Gesellen, nicht gegen den Germanen hetzen, der in der Dämmerzone meiner Seele haust. Ich bin nämlich darauf bedacht, dass zwischen meinen inneren Menschen Frieden herrsche, und ich halte sie zum Zusammenwirken an.[83]

Nur die Bündelung sämtlicher Möglichkeiten der Rasse gewähre, dass aus der Rückbesinnung auf das Elementare und Eigene auch ein Fortschritt erzielt werden könne:

> Gelingt es dem Volk, die ihm eigentümlichen Energien voll zu entfalten, so erfährt der Erdkreis eine unschätzbare Bereicherung. Die neue Empfindungsweise ruft neue Bräuche ins Leben, neue Architektur und neue Dichtung, neue Wissenschaften, neue Bestrebungen, neue Gefühle, neue Religion. Gerät ein Volk aber auf Irrwege, so bleibt diese ganze mögliche Neuerung und Bereicherung für immer ungeschehen. Denn die Empfindungsweise, die dazu führt, ist unübertragbar. Ein Volk ist ein Lebensstil, und als solcher besteht es in einer einfachen und spezifischen Form des Einwirkens auf die umgebende Materie.[84]

Als Lebensweise berge jedes Volk das Potential zur kulturellen Ganzheit in sich. Die Bedingung die der wahrhaftige Stil demnach bindend zu erfüllen habe, sei die Unaustauschbarkeit. Ein unanfechtbarer Neubeginn müsse auf das unableitbar, also ursprünglich Eigene zurückgreifen:

> Nein, der Tradition können wir nicht folgen. Spanien bedeutet für mich eine sehr hohe Verheißung, die sich nur in ganz seltenen Fällen erfüllt hat. Nein, der Tradition können wir nicht folgen. Im Gegenteil, wir müssen uns im entgegengesetzten Sinne, müssen uns jenseits von ihr bewegen. Aus dem Schutt der Tradition gilt es die Ursubstanz des Volkes zu bergen, das spanische Urbild, jenes elementare spanische Erbeben angesichts des Chaos.[85]

Schon Ortegas Nürnberger Reisebericht warf aber einen zentralen Zweifel auf: Wie war die elementare Konstitution eines Volkes oder einer Rasse auszumachen? Anhaltspunkte boten die „wesentlichen Erfahrungen" eines „Spaniens, das hätte sein können", wie es in „vollgültig spanischen Kunstwerken" zum Ausdruck kam. So in Cervantes' tragischer Figur des zwischen Wille und Wirklichkeit nach Wahrhaftigkeit suchenden Grenzgängers Don Quijote. Ortegas Essay widmete sich der Befragung dieses literarischen Meisterwerks. Sein Programm: Die Lüftung des Geheimnisses der Gesetzmäßigkeit einer vorbildhaften spanischen Totalität.

---

83 Ebd., S. 111.
84 Ebd., S. 119-120.
85 Ebd., S. 121.

> Wenn eines Tages jemand käme und die Umrisslinie des cervantinischen Stils entdeckte, so hätten wir, um zu neuem Leben zu erwachen, nichts weiter zu tun, als die Linie zu den übrigen Problemen unseres Gemeinschaftslebens hin zu verlängern. Dann ließe sich, sofern bei uns Mut und Geist vorhanden, der Versuch eines neuen Spanien klar und rein in die Tat umsetzen.[86]

Halten wir fest: Es war die Lösung des spanischen Problems, die Ortega zur Aufstellung eines Programms zur Genesung Europas veranlasste. Und diese würde erst bei gleichzeitiger Überwindung des Pathos des Nordens und des Südens eintreten: Durch den Ausgleich von virtueller Tiefe und sinnlicher Oberfläche: Der Wald *und* der Baum.

Der Wald, in den sich Ortega begeben hatte, um zu seinen Meditationen angeregt zu werden, war kein imaginärer. Scheinbar beiläufig hatte er die *Herrería*, die Umgebung des Escorial, zum Schauplatz seiner Gedanken über Cervantes gemacht. Die Wahl des Ortes war aber keineswegs willkürlich: Ortegas Charakterisierung des Klosters als „unseren großen lyrischen Steinblock" ließ erahnen, welche Bedeutung er diesem Bauwerk als Ort der Erinnerung und folglich – in seiner Terminologie – als einer weiteren wesentlichen Erfahrung der spanischen Rasse beimaß. In der Tat: Ein Jahr nach der Veröffentlichung seiner „Meditaciones del Quijote" hielt Ortega auf Einladung des Madrider *Ateneo* den Vortrag „Temas del Escorial" als Beitrag zu einer Reihe mit dem Titel „Guía espiritual de España" (Geistiger Führer Spaniens), in der die „wesentlichen Landschaften" Spaniens in Form von Reiseberichten beschrieben werden sollten.[87]

Ortegas Betrachtung der Landschaft war seinem uns bereits bekannten Verständnis der Rasse als historischer Kategorie nicht fremd. Er richtete sich gegen die von Montesquieu postulierte geographische Interpretation der Geschichte, das heißt gegen ihre Ableitung aus dem kausalen Zusammenhang von Klima und Lebensform. Dieser allzu schematischen Symmetrie von Ursache und Wirkung billigte Ortega keinen wissenschaftlichen Wert zu: Innerhalb eines selben Klimas stoße man auf die unterschiedlichsten Kulturen und umgekehrt bleibe nicht selten ein Stil über klimatische Grenzen hinweg unverändert.[88] Das äußere Medium fungiere lediglich als Im-

---

86 Ebd., S. 122.
87 Ortega y Gasset, José: *Temas del Escorial*. Vortrag, gehalten 1915 im Madrider *Ateneo*. Abgedruckt in: *Notas de andar y ver. Viajes, gentes y paises. Obras de José Ortega y Gasset*, Bd. 32. Hrsg. Paulino Garagorri, Madrid 1988. S. 43 ff. Eine spätere, verkürzte Fassung unter dem Titel „Meditation im Escorial" ist enthalten in: Ortega y Gasset, José: *Der Betrachter*. In: *Gesammelte Werke*, Bd. 1. Stuttgart 1996. S. 368-375. [Deutsche Erstausgabe Stuttgart 1934]
88 Vgl. Ortega y Gasset, José: *Temas de viaje*. In: *Notas de andar y ver. Viajes, gentes y paises. Obras de José Ortega y Gasset*, Bd. 32. Hrsg. Paulino Garagorri, Madrid 1988. S. 100.

pulsgeber. Demzufolge reiche das Geographische nicht aus, um den Charakter eines Volkes zu erklären. Es sei vielmehr ein Symptom und Symbol desselben. Dagegen trage jede Rasse eine *ideale Landschaft* in sich, die sie innerhalb des ihr gegebenen geographischen Rahmens zu verwirklichen trachte. Die von einem Volk *geduldete* Landschaft sei die plastische Projektion seiner Seele. Ortega sprach es nur nicht aus: Landschaftswollen.[89]

Die Landschaft ist das, was jeder mitbringt: Auf diese Formel, die Francisco Giner de los Ríos ihn bei einem Ausflug mit auf den Weg gegeben haben soll, brachte Ortega die Ausführungen seines Escorial-Vortrages im Madrider *Ateneo*.[90] Diese Institution und der Hinweis auf Giner de los Ríos lenken den Blick auf die germanophile Tradition Spaniens: Ortega referierte in einer der zentralen Institutionen des *Krausismo*, deren langjähriges Haupt eben Giner gewesen war. Es handelte sich hierbei um eine im 19. Jahrhundert initiierte reformpädagogische Bewegung, die auf der Grundlage der Philosophie des deutschen Idealisten Karl Christian Friedrich Krause (1781-1832) das politische und kulturelle Leben Spaniens nachhaltig prägte. Ursprünglich 1868 aus Protest gegen die Aufhebung der akademischen Freiheit geboren, entwickelte sich der *Krausismo* mit der Gründung der *Institución Libre de Enseñanza* (Freie Bildungsanstalt) zum Instrument der Modernisierung des Landes mittels der Förderung von Demokratie und Wissenschaft aus der Perspektive einer bürgerlich-liberalen nationalen Identität.[91] Die von den *Krausistas* betriebene Lobpreisung der einheitsstiftenden deutschen Wissenschaft sollte dem Ziel einer säkularisierten Erziehung dienen und bestimmte die Ausprägung der Germanophilie – sowie ihres Korrelats der Gallophobie – in den intellektuellen Kreisen Spaniens bis weit ins 20. Jahrhundert.[92] Ein Umstand, der lange Zeit von deutscher Seite nicht zur Kenntnis genommen wurde.

Obwohl sich der *Krausismo* zuweilen von Krauses rationalistischer Harmonielehre emanzipierte, griffen einige der in den reformerischen Institutionen gepflegten Traditionen sehr wohl die zentralen Themen seiner Doktrin auf. So zum Beispiel in den Wanderungen zu den historischen Schauplätzen der nationalen Kultur, mit denen die wissenschaftliche und ästhetische Aufnahme des Volkstums sowie der Landschaft gefördert und ihre Zusammen-

---

89 Ebd., S. 105.

90 Ortega y Gasset, José: *Temas del Escorial*. Vortrag, gehalten 1915 im Madrider *Ateneo*. Abgedruckt in: *Notas de andar y ver. Viajes, gentes y paises. Obras de José Ortega y Gasset*, Bd. 32. Hrsg. Paulino Garagorri, Madrid 1988.

91 Siehe: Kodalle, Klaus-M. (Hrsg.): *Karl Christian Krause (1781-1832). Studien zu seiner Philosophie und zum Krausismo*. Hamburg 1985.

92 Vgl.: López-Morillas, Juan.: *El Krausismo español*. México 1980 (1956). Insbesondere die Kapitel „germanofilia" (S.85-105) und „galofobia" (S. 107-120).

hänge den neuen Generationen zugänglich gemacht werden sollten.[93] Auch hier wurde die Kunst des Volkes als Spiegelung seiner „inneren Geschichte" verstanden. Wir finden Anklänge an Krauses „Wissenschaft von der Landverschönerkunst", in der dieser die Schönheit eines Landes als eine Gottähnlichkeit postulierte, welche nur dann aufkomme, wenn durch die gestaltende Mitwirkung des Menschen das beschränkte Darstellungsvermögen der Natur zu einer organischen Ganzheit vervollständigt werde. Als Teil dieser Gesamtheit, berücksichtigte er die Baukunst vornehmlich bezüglich der verschiedenen, durch sie artikulierten Stufen und Formen des sozialen Lebens, des „Vereinbandes". Dabei spielte der Volkscharakter – dem Klima ebenbürtig – die Rolle eines der modifizierenden Faktoren, durch deren Einwirkung die unerschöpflichen Reichtümer der Gestaltung eingelöst werden konnten, die in den grundlegenden „Idealen des Zusammenlebens" (Ehe und Freundschaft), also in der emotionalen Bindung, potentiell enthalten waren.[94]

Ortega bewegte sich mit seiner Rede durchaus im Umfeld der Tradition des *Krausismo* – auch wenn er stets von Krauses Idealismus Abstand nahm. Das Kloster El Escorial präsentierte er als einen in die ideale Landschaft eingebetteten Erinnerungsort, dessen tiefere Bedeutung es aufzudecken galt:

> Wenn jedes Monument die Bemühung ist, einem Ideal zu einem sinnfälligen Ausdruck zu verhelfen, welches Ideal soll dann durch dies verschwenderische Opfer an Mühe dargestellt und verewigt werden?[95]

Während Giner in der Herrschaft der Habsburger den Zeitpunkt des Einsetzens der Entfremdung des spanischen Volkes ausgemacht hatte, war Ortega der Ansicht, Philipp II. habe mit dem „lyrischen Stein Spaniens" eine Metapher des eigentlichen spanischen Willens errichten lassen. Nicht die Ausgewogenheit der Renaissance, die von Erstrebtem und Erreichtem, werde zum Ausdruck gebracht, sondern eine Maßlosigkeit des Begehrens:

> Diese Architektur spricht nur von dem Drang und Begehren eines ungestümen Herzens. Besser als irgendwo erkennen wir hier die Essenz Spaniens, die unterirdische Quelle, aus der die Geschichte dieser regelwidrigsten Nation Europas geflossen ist. (...) Wir sind in der Geschichte Europas ein Ausbruch des blinden, gestaltlosen, rasenden Willens. Der düstere Koloss des Klosters von Escorial offenbart unsere Armut an Ideen und zugleich unsern Überfluss an Willenskraft.[96]

---

93 Bezüglich des Zusammenhangs zwischen *Krausismo* und der Erfindung einer spanischen Identität zu Beginn des 20. Jahrhundert, siehe: Fox, Inman: *La invención de España. Nacionalismo liberal e identidad nacional*. Madrid 1997. S. 27 ff.

94 Vgl. Krause, Karl Christian Friedrich: *Die Wissenschaft von der Landverschönerkunst*. P. Hohlfeld, A. Wünsche (Hrsg.) Leipzig 1883. S. 56, 60.

95 Ortega y Gasset, José: *Meditation im Escorial*. S. 370.

96 Ebd., S. 372-373.

I. Nationales und Internationales 73

Das Pendant zu dieser Landschaft bildete Marburg, das „gotische Dorf an der Lahn", wo er 1907 beim Neukantianer Hermann Cohen studiert hatte. In den Diskussionen, die er mit diesem über die Definition der Gattung des Romans führte, hatte Ortega Reflexionen zum Quijote eingebracht, die Cohen in seine „Ethik des reinen Willens" einfließen ließ. Er war auf die Vorbildung von Fichtes Begriff der Tathandlung als Primat des Wollens in der Figur Sancho Panzas aufmerksam geworden. In Ortegas Vortrag wurde jedoch Cervantes nicht bloß als Wegbereiter der Konzeptbildung dargestellt, sondern auch als Kritiker, der festgestellt hatte, dass die reine Anstrengung der Tathandlung nirgendwohin führe; dass sie in Melancholie ende. In der Erkenntnis dieser Zwecklosigkeit beruhe – so Ortegas Interpretation – die Tragik des Tatsüchtigen Don Quijote.[97]

Eine abschließende Projektion ergänzte die von Ortega umrissenen spanischen Themen zu einem spanischen Problem. Diesmal diente El Greco als Vehikel. Noch im selben Jahr deutete er dessen Aktualität im Artikel „Voluntad del barroco" (Wille des Barock) als Anzeichen eines sich anbahnenden Wandels des europäischen Bewusstseins vom Statischen hin zum Dynamischen. In El Grecos Werken sah er eine tiefere Persönlichkeitsschicht des zwecklosen Wollens, fernab von der utilitaristischen Moral des sozialen Willens. Die erste Pflicht des Einzelnen sei es, etwas seiner selbst willen zu wollen; eine ideale Gesellschaft sei die, in der jedes Individuum dieser seiner national bedingten Bestimmung folge. Für das zeitgenössischen Spanien diagnostizierte Ortega hingegen das völlige Fehlen innerer Spannung im kollektiven und individuellen Leben: Die spanische Rasse sei sich fremd geworden und kranke seitdem an einem chronischen Mangel an Wille zur dynamischen Existenz.[98]

Die Spur des Willens führte auch bei Ortega nicht zum Heldenpathos eines individuellen Machtanspruchs. Die Eigengesetzlichkeit des Genies, der wir auch hier begegnen, bedeutet keine Untergrabung des zur Konstruktion des Nationalen intendierten kulturellen Essentialismus. Erst das Genie als objektives Sprachrohr einer metaphysischen Instanz verhalf dem nationalen Wesen zu seiner Manifestation.

---

97 Ebd., S. 374-375.
98 Ortega y Gasset, José: *Temas del Escorial* (vgl. Fußnote 90). S. 71-74.

3. WAHLVERWANDTSCHAFTEN.
MUTMAßUNGEN ÜBER DAS SPANISCHE IN DER ARCHITEKTUR
(1914-1922)

Als Julius Meier-Graefe 1910 den Bericht der Spanienreise veröffentlichte, die ihn zwei Jahre zuvor durch die Iberische Halbinsel geführt hatte, inszenierte er ihn als Abkehr vom Velázquezkult und zugleich als Entdeckung des „modernen Impressionisten" El Greco.[99] Die vermeintliche Entdeckungsreise war vielmehr eine Pilgerfahrt, die Meier Graefe im modernen Glauben festigte. Wenn er etwas entdeckte, dann war es die literarische Form des Reiseberichts als künstlerisches Manifest.

In der fiktiven Schilderung seiner künstlerischen Bekehrung nahm Meier-Graefe seine Begegnungen mit dem jungen Ortega y Gasset auf. Schenkt man dem dramatisierten Reisetagebuch Glauben, dann sind es gespannte, von Misstrauen geprägte Gespräche gewesen. Über ihr erstes Treffen am 14. Juli 1908 notierte Meier-Graefe:

> Gasset, ein junger Madrider Philosoph, war bei uns. Er hat deutsche Universitäten besucht und die Augen aufgehabt. Große Anerkennung unserer Organisation, unserer Lehrmittel, unserer Laboratorien. Und die Professoren? frage ich. Er antwortet ausweichend und fängt nochmal an. Unsere Einrichtungen überträfen alles, was er je gesehen habe; höchstens in Amerika, wo er nicht gewesen sei, könne es dergleichen geben. Dieser Reichtum an Material, an alle Bedürfnisse sei gedacht. Mich ärgert dieses Lob Deutschlands als Bedürfnisanstalt höheren Ranges. Er wird sehr verlegen, schwört, daß er nicht das geringste dabei gedacht habe.[100]

Ortega führte Meier-Graefe in seine frühe Vorstellung einer Kultur des Gegensatzes zwischen dem spanischen Realismus und den geistigen Werten, des „ideologischen Überflusses Deutschlands" ein. Meier-Graefe erschien eine solche Volkserziehung mittels künstlich von außen herbeigeführter Widersprüche ein „primitiver Utilitarismus", und angesichts der Trockenheit des Landes erkannte er sogar die Gefahr, der mögliche Vorteil könne in einer

---

99 Meier-Graefe bereiste von April bis September 1908 die Iberische Halbinsel. 1909 erschienen in der *Neuen Rundschau* Auszüge des im Jahr darauf veröffentlichten ausführlichen Reiseberichtes „Spanische Reise" (Frankfurt a. M. 1910). Siehe: Warnke, Martin: *Julius Meier-Graefes „Spanische Reise" – ein kunstkritischer Paradigmenwechsel.* In: Noehles-Doerk, Gisela (Hrsg.): *Kunst in Spanien im Blick des Fremden. Reiseerfahrungen vom Mittelalter bis in die Gegenwart.* Frankfurt a. M. 1996. Zu den Auslegungen El Grecos als Vorreiter der Moderne siehe: Àlvarez Lopera, José: *La construcción de un pintor. Un siglo de búsquedas e interpretaciones sobre El Greco.* In: *El Greco. Identidad y transformación.* Madrid 1999. S. 25-55.

100 Meier-Graefe, Julius: *Spanische Reise.* Frankfurt a. M. 1910. S. 275.

I. Nationales und Internationales 75

Überschwemmung untergehen. Durch seinen nüchternen Zweifel an der realistischen Tradition Spaniens, brachte er Ortegas Gedankengerüst ins Wanken:

> Gasset weiß über unsere sogenannten ideologischen Heroen Bescheid, und so gut wie er wohl auch die paar anderen. Man braucht aus keinem Märchenlande zu kommen, um das Schwemmvermögen dieses Deutschtums zu erkennen. Unsere sogenannten ideologischen Momente sind so wenig gedanklicher Art wie Sorollas Reize auf der Retina, und die Vorstellung, es gebe eine mit den Sinnen und eine andere mit ideologischen Momenten gemachte Kunst, ist ebenso naiv wie die neudeutsche Anschauung meiner industriereichen Heimat, es gebe eine mit Soldaten und Geld gemachte Kultur und eine andere Goethes.[101]

Ortega hat noch 1908 in einem Zeitungsartikel seine Sympathie zu Meier-Graefe bekundet und dessen kritische Haltung gewürdigt, indem er ihn als einen wahrhaft bedrohlichen Zeitgenossen vorstellte.[102] Bedrohlich für all jene, die in Deutschland dem Laster nationalistischer Unduldsamkeit verfielen und aus reinem Chauvinismus den modernen Impressionismus ablehnten, den sie der Untergrabung der Grundmauern des Deutschen Reiches bezichtigten. Diese Einschätzung traf nach Ortegas Meinung zu. Aber nur deshalb, weil das gesamte wilhelminische Bildungssystem einer nationalistischen Verfälschungsindustrie glich. Den Tatbestand des Nationalen setzte Ortega als kulturelle Vorbedingung für die Entfaltung des Individuums voraus. Dem ideologischen Patriotismus hingegen warf er vor, die Ziele ganzer Generationen zu verfälschen. Er war sich daher der von Meier-Graefe erkannten Überflutungsgefahr durch eine vom Chauvinismus geleitete „deutsche" Wissenschaft sehr wohl bewusst.

Ein bekanntes Beispiel ist Julius Langbehns anonym erschienener, deutschtümelnder *Bestseller* „Rembrandt als Erzieher. Von einem Deutschen" (1890), der gezielt als nationalistischer Bruch mit der etablierten Fachwissenschaft konzipiert wurde. Mit diesem Buch begründete Langbehn den Mythos Rembrandts als eines künstlerischen Genius, der es vermocht habe, die Seele des gesamten deutschen Volkes in der Synthese eines deutschen Stiles zu fassen: Genie sei „verdichtetes, erhöhtes Volkstum".[103] Da

---

101 Ebd., S. 276.
102 Ortega y Gasset, José: *Meier-Graefe*. In: El Imparcial 19. Juli 1908. Abgedruckt in: *La deshumanización del arte. Obras de José Ortega y Gasset*, Bd. 10. Hrsg. Paulino Garagorri, Madrid 1981. S.57-60. Idem: *„Viaje de España"*. In: El Imparcial 22. Juni 1910. Abgedruckt in: *Notas de andar y ver. Viajes, gentes y paises. Obras de José Ortega y Gasset*, Bd. 32. Hrsg. Paulino Garagorri, Madrid 1988. S. 28-33.
103 Langbehn, Julius: *Der Geist des Ganzen*. Freiburg 1930. S. 42.

sich seine Kulturkritik gegen die Entwurzelungserscheinungen der modernen Zivilisation richtete, wurde Rembrandt zur Leitfigur eines Bekehrers und sein Werk zu einer klaren Absage an jedweden Universalismus:

> Er ist Rembrandt, er ist Holländer, er ist Deutscher. In dem Begriff des Volksthümlichen und Volksmäßigen aber gipfelt diese künstlerische Skala; darum kann und wird es niemals eine allgemein verbindliche oder allgemein gültige, sondern immer und überall nur eine besonders gestaltete oder relativ gültige Kunstweise geben; eine Menschheitskunst, von der man wohl gesprochen hat, ist unmöglich.[104]

Langbehns Buch nahm einen Großteil des Widerstands-Diskurses im frühen Werkbund voraus und begeisterte Generationen von „Rembrandtdeutschen", die ihre Identitätsbestimmung auf so fragwürdigen Fundamenten wie denen der Rasse oder des angeborenen Charakters aufbauten.[105]

Spanische Architekturstudien: Albrecht Haupt

In dieser Welle der Begeisterung für die „Deutsche Sache" veröffentlichte 1911 der Bauhistoriker Albrecht Haupt eine ebenfalls anonyme Stellungnahme zu Langbehns völkischen Thesen unter dem Titel „Kranke deutsche Kunst. Nachträgliches zu Rembrandt als Erzieher. Auch von einem Deutschen". Die darin diagnostizierte Erkrankung bestand in der Verleugnung der Tradition durch die Willkür eines schrankenlosen Individualismus im Namen aufgeklärter Freiheit und Gleichheit. Dagegen forderte Haupt die Wiedereroberung der normativen Verbindlichkeit von Kultur und Stil. Die modische „neudeutsche Kunst" – wie sie in seinen Augen der Jugendstil eines van de Velde oder die Malerei der Impressionisten verkörperten – verstand er abschätzig als Ausdruck eines „mächtigen Geschäfts-Willens", der allerdings zum Verlust des deutschen Anteils am Weltmarkt der Kunst und des Kunstgewerbes geführt habe. Der eigentliche Auslöser dieser Dekadenz sei aber die gleichmacherische Massenherrschaft einer „Demokratie im üblen Sinne" gewesen. Mit ihr sei jeder Sinn für das Edle der Kunst, das heißt für die „Veredelung des Gewöhnlichen zum Schönen", abhanden gekommen, wie es in modernen Schlagwörtern zur „Befreiung der Architektur von der Kunst mittels der Sachlichkeit" symptomatisch zum Ausdruck komme. Daraus zog Haupt die Konsequenz, die Neubildung einer geistigen, künstlerischen und staatsbürgerlichen Aristokratie als die eigentliche Priorität der Gegenwart einzufordern.

---

104 Langbehn, Julius: *Rembrandt als Erzieher*. Leipzig 1890. S. 27.

105 Zum Einfluss von Langbehns Werk im Umfeld des Werkbundes, siehe: Oechslin, Werner: *Politisches, allzu Politisches: „Nietzschelinge", der „Wille zur Kunst" und der Deutsche Werkbund vor 1914*. In: Oechslin, Werner: *Moderne Entwerfen. Architektur und Kulturgeschichte*. Köln 1999.

I. Nationales und Internationales

Im Lichte des diagnostizierten Krankheitsbildes und der vorgeschlagenen Therapie ist der Auftakt zu den „Spanischen Architekturstudien", die Haupt ab 1917 in der *Deutschen Bauzeitung* veröffentlichte, von besonderem Interesse. Dort entfaltete er die Idee einer deutsch-spanischen Verwandtschaft, die sich aus den Parallelen der Zusammenhänge zwischen kulturellen Werten und gesellschaftlichen Normen erklären ließ. Haupt brachte hierfür die Vorstellung einer durch den Weltkrieg herbeigeführten Opposition demokratischer und aristokratischer Völker ein: Während die einen sich der Herrschaft der „niedrigen Massen und des Geldes" hingegeben hätten, versuchten neben Deutschland auch die neutralen Schweizer und Spanier den Vorrang der „Errungenschaften des Geistes und seiner Arbeit" aufrecht zu erhalten. Nichts Geringeres als die Rettung der letzten Menschheitsideale stand auf dem Spiel! Dass die Spanier hierbei in Deutschland den „letzten Hort des aristokratischen und wahrhaft konstitutionellen Wesens" erspäht hatten, ließ sich mit ihrem tief verwurzelten Sinn für das Adelige erklären – mit dem spanischen Ideal der *Ritterlichkeit*, das vornehmlich besonders in den Provinzen zu Tage trat, die selbst in ihrer Architektur „unverwischte Spuren germanischer Blutmischung" aufwiesen. Er schrieb:

> Wir Architekten spüren das Walten dieses germanischen Geistes nicht nur in den noch nicht ganz seltenen Bauwerken aus westgotischer Zeit, über die ich an anderen Stellen ausführlich berichtet habe, wir fühlen es auch in der Folge der Entwicklung bis zu den Tagen, da das Land allzusehr italienisch-französischem Einfluß unterlag, bis ins 17. Jahrhundert hinein. Ich glaube nicht, daß andere Völker sich durch die spanische Baukunst in gleichem Maß angezogen fühlen können, wie gerade die germanischen, insbesondere das deutsche. Trotz des Hineinflutens des ja geheimnisvollen und märchenhaften orientalisch-maurischen Kunststromes ist immer noch ein bestimmter Teil der Baukunst nordisch-malerischem Wesen nah geblieben und übt auf uns eine eigene Anziehung aus, die ohne jeden Zweifel auf der inneren Verwandtschaft der Völkerseelen beruht.[106]

Haupts überzogener Legitimationsversuch mittels essentieller Verwandtschaften ist erst im Zusammenhang mit den politischen Zielen der völkischen Rechten und ihrer absurd übersteigerten Vaterlandsliebe während des Ersten Weltkrieges in seiner Tragweite zu verstehen. Zwar hatte der Deutsche Werkbund in der Kölner Tagung von 1914 die „Kulturgemeinschaft der germanischen Länder" (Österreich-Ungarn, Schweiz, Holland, Dänemark, Schweden und Norwegen) beschworen, die Figur der deutsch-spanischen Blutverwandtschaft aber kam erst nach Ausbruch des Krieges zum Einsatz. Allerdings lässt sich dieser erweiterte Familienkreis bereits in den Anfängen von Haupts wissenschaftlicher Laufbahn nachweisen. So in seinem Haupt-

---

[106] Haupt, Albrecht: *Spanische Architekturstudien I*. In: Deutsche Bauzeitung 51 (1917), H. 36, S. 178-180. Vgl. Dokument im Anhang.

werk „Die älteste Kunst insbesondere die Baukunst der Germanen von der Völkerwanderung bis zu Karl dem Großen" (Leipzig 1909), wo er den Einfluss der germanischen Völker auf die Architektur der Gebiete erforschte, in denen sie sich – wie auf der Iberischen Halbinsel – im Zuge der Völkerwanderung niedergelassen hatten. Ob als Bauforscher, Denkmalpfleger, Architekt oder als Vorsitzender des Bundes Deutscher Architekten (BDA), Haupts nationalistisches Ziel blieb stets die „Erfassung dessen, was deutsch ist, was deutscher Geist ersonnen und was sich als deutsches Wesen aus der Flut der künstlerischen Ströme, die sich aus den älteren Kulturländern über die germanischen Länder ergoss, herausgehoben und zu eigener Form gewandelt hat".[107] Der entscheidende verbindende Faktor war die Rasse, die er im Sinne Gobineaus Verschiedenheits- und Überlegenheitstheorien verstand:

> Es ist wohl auch ohne Gobineau nicht wohl zu bestreiten, daß die heute indogermanisch oder arisch genannte Rasse die höchst organisierte und stärkste aller ist und bleiben könnte, daß ihr aber ein eigentümlicher Zug zu eigen ist, der fürchten läßt, daß in der Folge eine Verflachung und ein Zerfließen ihres Wesens eintreten mag.[108]

Mitte der zwanziger Jahre – also zeitgleich mit van Doesburg und vor Schultze-Naumburgs „Kunst und Rasse" (1928) – sollte sich Haupt erneut im Artikel „Baukunst und Rasse" offen und gezielt zu Gobineaus Rassismus bekennen. Er leistete dadurch Pionierarbeit für die Rhetorik des „Blut und Boden" in der Weimarer Republik.[109] Nun sprach er von einem Warnruf, der fahrlässig überhört werde:

---

[107] Kanold, Paul: *Zur Ausstellung von Prof. Albrecht Haupts Arbeiten*. In: Deutsche Bauhütte 37 (1933), H. 6, S. 77.

[108] Haupt, Albrecht: *Die älteste Kunst insbesondere die Baukunst der Germanen von der Völkerwanderung bis zu Karl dem Großen*. Leipzig 1909. S. 18. Ortega y Gasset war diese Studie bekannt, wie einer Bemerkung seiner Rezension von Worringers „Formprobleme der Gotik" zu entnehmen ist. Auch spätere Arbeiten Haupts wurden in Spanien rezipiert. Siehe z. B.: Camón, José: *Revista de Libros: Geschichte der Renaissance in Spanien und Portugal*. In: Arquitectura 10 (1928), H. 8, S. 270-71. Allerdings kann diese Rezeption keinesfalls mit der in Portugal verglichen werden, wo Haupt durch seinen Schüler Raul Lino Einfluss auf die Idealbilder einer wahrhaft portugiesischen Architektur nahm. Einen solchen Vermittler der Hauptschen Theorien gab es unter den spanischen Architekten nicht.

[109] Haupt, Albrecht: *Rasse und Baukunst*. In: Deutsche Bauhütte 30 (1926), H. 9, S. 112 (I); H. 10, S. 134-135 (II). Zu den aufmerksamen Lesern von dessen Schriften zählte Mitte der Zwanziger auch der junge Albert Speer, der – wie in seinen Memoiren dargelegt – als Student über Haupt referierte und dabei allerdings zu einem eher kritisch gemeinten Schluss gelangte: „Ein wenig Rassenmischung ist immer gut. Und wenn wir heute auf den absteigenden Ast sind,

I. Nationales und Internationales

Die Menschen streben vielmehr noch immer dem allgemeinen Sumpf des Internationalismus zu, angefangen vom Völkerbund und ähnlichen, worin sie das Heil für die Zukunft erhoffen. Aber wir Architekten sehen jene Verschiedenheit unter den Rassen auf das Deutlichste ausgeprägt in den Unterschieden ihrer Baukunst. Es gibt ja auch darin andere Ansichten; auch Gleichmacher, wie in der Politik, so in der Kunst, die am liebsten einen einzigen Bautypus (natürlich den eigenen), über die ganze Welt verbreiten möchten, die mit Kastenhäusern und flachen Dächern die Eskimos beglücken und ihre Wolkenkratzer in die Sahara setzen möchten.[110]

Haupt hielt an einer einfachen Überzeugung fest, die er bereits in den Spanischen Architekturstudien (1917-20) zum Ausdruck gebracht hatte: Baukunst sei immer national und habe der Rasse – das heißt dem Charakter des Volkes zu entsprechen. Parallel zu Haupts Architekturstudien besprach Albert Hofmann – der Redakteur der *Deutschen Bauzeitung* – drei Werke der neuesten Spanienliteratur und gab so die zentralen Themen der deutschen Spanienrezeption der Kriegsjahre wieder.[111] Die Denkmäler, Städte und Wohnhausarchitektur als Ausdruck der psychologischen Beschaffenheit des Volkes auslegend, zeichnete er das Bild eines Landes, das nach dem 1898 erfolgten Verlust der Großmachtstellung politisch und kulturell von regionalem Partikularismus bestimmt war.

Behauptungen des Spanischen: Franz Rank und Alfred Breslauer

Hofmanns und Haupts Artikel waren keineswegs nur harmlose bauhistorische Berichte. Der Beginn der Reihe fiel nicht zufällig mit den Gründungen des *Deutschen Gelehrtenausschusses für Spanien*, der *Ibero-amerikanischen Institute* und der *Deutsch-spanischen Vereinigungen* in Aachen, Berlin,

---

dann nicht, weil wir eine Mischrasse sind. Denn die waren wir schon im Mittelalter, als wir noch einen kräftigen Keim in uns hatten und uns ausbreiteten, als wir die Slawen aus Preußen verdrängten oder später die europäische Kultur nach Amerika verpflanzten. Wir steigen ab, weil unsere Kräfte aufgebraucht sind; gerade so wie es einst den Ägyptern, Griechen oder Römern ging. Daran ist nichts zu ändern." Aus: Speer, Albert: *Erinnerungen*. Berlin 1969. S.28. Vgl. Miller Lane, Barbara: *Architektur und Politik in Deutschland (1918-1945)*. Braunschweig 1986. S. 134.

110 Ebd., S.112.
111 Hofmann, Albert: *Spanien*. In: Deutsche Bauzeitung 51 (1917), H. 263, S. 126-130; H. 30, S. 146-148; H. 31, S. 153-156; H. 35, S. 176; H. 36, S. 180; H. 38, S. 186-192 . Die drei von Hofmann rezensierten Bücher waren: Mayrhofer, Johannes: *Spanien. Reisebilder*. Freiburg 1915. Lothar, Rudolf: *Die Seele Spaniens*. München 1917. Kuypers, Franz: *Spanien unter Kreuz und Halbmond. Eine Wanderfahrt durch Geistes- und Wirtschaftsleben, Land und Literatur von Einst bis heute*. Leipzig 1917.

Dresden, Essen, Frankfurt am Main, Göppingen, Hamburg, Karlsruhe, Köln, München und Pforzheim zusammen und muss daher als ein weiterer Beitrag zum Kampf an der kulturpolitischen Heimatfront des Kriegsjahres 1917 verstanden werden. Allesamt waren sie Reaktionen auf den Prestigeverlust Deutschlands im neutralen Spanien. Diesen erklärte man sich unter anderem aus der allgemeinen Unkenntnis über die in Spanien herrschenden Verhältnisse, wo sich die kulturelle Germanophilie liberaler Intellektueller nicht mit der politischen Parteinahme der konservativen Kräfte für Deutschland deckte. Man versprach sich Abhilfe durch eine gezielte Informationsoffensive und durch die verstärkte wissenschaftliche Auseinandersetzung mit dem so fremd anmutenden Land.[112]

Unter den Leitern der mit diesen Aufgaben befassten zentralen Organisation, der *Arbeitsgemeinschaft Deutschland-Spanien*, befand sich 1917 der Münchener Bauunternehmer Ludwig Rank, der schon sechs Jahre zuvor in Sevilla eine Niederlassung der Firma *Gebrüder Rank* (Rank Hermanos) gegründet hatte. Aufgrund des Kriegsausbruches hatte er sich 1914 zur Stillegung derselben gezwungen gesehen und versuchte nun, sich durch diese kulturpolitische Einflussgruppe für eine Wahrung der wirtschaftlichen Interessen Deutschlands in Spanien einzusetzen.[113]

Die Baugesellschaft Rank war 1899 von den Brüdern Josef, Franz und Ludwig Rank nach ihrer Ausbildung an der Baugewerkschule beziehungsweise der Hochschule in München gegründet worden, und hatte sich in kürzester Zeit, durch die frühe Erlangung einer Konzession von François Hennebique zur Errichtung von Stahlbetonbauten, zu einem der führenden deutschen Unternehmen auf dem Gebiet des Industriebaus – insbesondere des Silobaus – entwickeln können. Es herrschte von Beginn an eine strenge Arbeitsteilung: Ludwig nahm sich der kaufmännischen Belange an, Josef war mit der technischen Entwicklung befasst und Franz Rank übernahm die eigentliche architektonische Ausgestaltung der Projekte. Seine Arbeiten zeugen durch die historistische Monumentalität ihrer traditionellen Bauformen von einem gespaltenen Verhältnis zur Industrialisierung. Das trat auch in einem Artikel zu Tage, den er 1924 in der *Deutschen Bauzeitung* veröffentlichte. Franz Rank präsentierte dort den „Heimatschutz" und den klassischen „deutsch-modernen Stil" als gleichberechtigte zeitgenössische Tendenzen, wie sie zwei der von *Rank Hermanos* in Spanien ausgeführten Bauten nicht hätten besser illustrieren können: die Gasfabrik Sevilla und der „altspanische"

---

112 Vgl. Pöppinghaus, Ernst-Wolfgang: *Moralische Eroberungen. Kultur und Politik in den deutsch-spanischen Beziehungen der Jahre 1919 bis 1933*. Frankfurt am Main 1999. S. 83-101.

113 Siehe: *Mitteilungen der Arbeitsgemeinschaft „Deutschland-Spanien"*. In: Mitteilungen aus Spanien 1 (1917), S. 44-46.

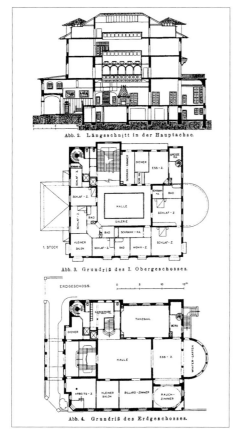

1.12-13 Franz Rank, *Haus Bermejillo in Madrid* (1913-14). Ansicht, Grundrisse, Schnitt [*Deutsche Bauzeitung*, 1924]

1.14 Franz Rank, Reiseskizze des Palacio de Caicedo in Granada (11. Mai 1913)

Palast Bermejillo in Madrid, dem der Artikel gewidmet war.[114] Während sich die beim Fabrikbau eingesetzten Gestaltungsmittel auf die Gliederung der einfachen Volumina durch das Spiel der horizontalen Anordnung der Öffnungen mit den vertikalen Rhythmen des unverkleideten Stahlbetonskeletts und der Felder lediglich ausfachenden Mauerwerks beschränkten, handelte es sich bei der Madrider Stadtvilla um eine geschlossene Hülle mit aufgesetzten historisierenden Elementen wie Eckaufbauten, Bogengalerien, Vordächern, Eisenerkern, Wappen ... Im Inneren ordnete sich das Haus um einen *Patio*, der über die großzügige zweiläufige Treppenanlage einer Vorhalle zu erreichen war und der als Wohn- und Ausstellungsraum genutzt werden sollte. Überhaupt wurde das Haus auf ausdrücklichen Wunsch der Bauherrin als spanisches „Heimatkunstmuseum" konzipiert, das ein Exempel „echt spanischen Charakters" statuieren sollte.[115] Die angesichts dieser Aufgabenstellung zunächst befremdlich erscheinende Wahl eines deutschen Architekten führte Franz Rank auf den Wunsch der Gräfin Bermejillo del Rey, einer begeisterten und gut informierten Kunstsammlerin, zurück, sich der in Madrid herrschenden Mode des „Pariser Geschmacks" zu entziehen, sowie auf ihr Gespür für die essentielle deutsch-spanische Affinität.

Einem den gestellten Anforderungen gerecht werdenden Lösungsansatz sollte Rank in Granada im Verlauf einer Studienreise begegnen, die er zu diesem Zweck im Jahre 1913 antrat: Die Front des Palastes Bermejillo wurde einem Vorbild der Renaissancearchitektur Granadas, dem Palacio de Caicedo

---

114 Rank, Franz: *Haus Bermejillo in Madrid*. In: Deutsche Bauzeitung 58 (1924), H. 58, S. 353-357.

115 In seiner Monographie zur spanischen Architektur des 19. Jahrhundert schreibt Pedro Navascués den Bau den Architekten José Reynals und Benito Guitart zu und stellt ihn als Muster der „patriotischen Verkleidung von Gebäuden" im Spanischen Stil vor. (Navascués Palacio, Pedro: *Arquitectura Española (1808-1914)*. Summa Artis XXXV. Madrid 1993. S.672) Angel Urrutia stimmt dem in seiner „Arquitectura Española Siglo XX" (Madrid 1997. S.147) zu. Der erhaltene Bauantrag vom 14. Februar 1913 (Archivo de la Villa, Expediente 20-438-62), der nicht ganz dem realisierten Gebäude entspricht, wurde in der Tat von Reynals unterschrieben. Dennoch wird von einigen Autoren die Urheberschaft Eladio Laredo zugesprochen. So von Ramón Guerra de la Vega in „Palacios de Madrid" (Bd. I, Madrid 1999), der den Palast Bermejillo ausführlich behandelt (S. 54-67). Ebenso durch José Ramón Alonso Pereira in „Madrid 1898-1931. De corte a metrópoli" (Madrid 1985. S.106-107) und in „Luis Maria Cabello Lapiedra, Arquitecto" (in: Q, Nr. 49, Oktober 1981, S. 30-42). Vgl.: Medina Warmburg, Joaquín: *La fábrica, la casa y el palacio: Franz Rank y Alfredo Baeschlin, dos „Heimatschützer" en España*. In: *Arquitectura, ciudad e ideología antiurbana*. Pamplona 2002. S. 133-138.

1.15 Werbeprospekt der Baufirma *Rank – Construcciones Industriales, Bilbao-Sevilla.*
1.16 Gebrüder Rank, *Gasfabrik Sevilla* (1912-14). Seitenansicht

(17. Jahrhundert) nachempfunden.[116] Die allzu italienischen Palladio-Motive seines Musters ließ Rank geflissentlich aus. Sie widersprachen der Behauptung, wonach seine Spanienreise ihn in der Überzeugung über die tiefe künstlerische deutsch-spanische Verwandtschaft bestärkt hatte. In seiner Entwurfserläuterung für die *Deutsche Bauzeitung* legte Rank dar:

> Wenn Prof. Haupt es unternahm, wissenschaftlich nachzuweisen, daß der gotische Stil, vom Norden kommend, sich in Spanien in der Zeit der Blüte desselben eingebürgert und mit maurischen Elementen innig vermengt hatte, so konnte auf dieser Fahrt festgestellt werden, daß das Empfinden der in den früheren spanischen Kunstepochen schaffenden Meister bei Ausbildung von Fläche und Ornament mit der deutschen Auffassung große innere Verwandtschaft hatte: Es war das natürliche Kunstempfinden eines noch nicht durch die Hast der Maschine verdorbenen, auf höchster Kulturstufe stehenden Kunstschaffens eines Volkes.[117]

Aus dieser Aussage ist aber auch Ranks Verständnis der Maschine als Gefahr der Entfremdung für die Kultur des Heimatlichen zu entnehmen. Aus diesem nostalgischen Blickwinkel schien Spanien in seiner Rückständigkeit solange noch zu retten zu sein, wie es gelänge, die tiefe kulturelle Bestimmung aufrecht zu erhalten, von der die Verwandtschaft mit Deutschland zeugte. Von solchen vorgeblichen Invarianten unberührt, sprach Rank aber auch die Kontingenz einer erhofften neuerlichen Präsenz „deutscher strebsamer Techniker" in Spanien nach dem Einschnitt des Ersten Weltkrieges an.[118] Nicht zuletzt erhob Franz Rank mit der Veröffentlichung des inzwischen als Paradebeispiel einer wahrhaft nationalen Baukunst vielbeachteten Palastes Bermejilo in der *Deutschen Bauzeitung* den Anspruch auf eine Urheberschaft, die – infolge des Erliegens sämtlicher Bauarbeiten der Firma *Rank Hermanos* nach Kriegsausbruch – in den spanischen Publikationen verschwiegen wurde.[119]

---

116 Die von Franz Rank angefertigte Skizze des Vorbildes aus Granada ist in seinen Erinnerungen enthalten, die anlässlich des 125-jährigen Bestehens der Firma veröffentlicht wurden. (Baugesellschaft Gebr. Rank & Co (Hrsg.): *125 Jahre Rank*. München 1987. S. 62.) Sie zeigt die Front des *Palacio de Caicedo* (C/ San Jerónimo, 46).

117 Rank, Franz: *Haus Bermejillo in Madrid*. In: Deutsche Bauzeitung 58 (1924), H. 58, S. 355.

118 „Hoffentlich werden sich die politischen Verhältnisse zwischen Deutschland und Spanien weiterhin derart günstig entwickeln, daß in der Zukunft in diesem Lande noch ein Betätigungsfeld für den deutschen strebsamen Techniker gegeben ist, daß namentlich der amerikanische, französische und englische Einfluß nach neueren Berichten zur Zeit in Spanien stark zu verspüren ist." Ebd., S. 358.

119 Vgl.: La Construcción Moderna 15 (1917), H. 1, S. 1 und 3.

I. Nationales und Internationales

Ein Beispiel der erneuten Präsenz „deutscher strebsamer Techniker" in Spanien bietet das vom Berliner Architekten Alfred Breslauer 1920 in Madrid – unweit vom Palast Bermejillo – errichtete Haus Kocherthaler, dessen gegliederte und doch blockhaft wirkende Renaissance-Fassaden auf ausdrücklichen Wunsch des Bauherren der „einfachen, schmucklosen Formgebung Herrerascher Bauten" nachempfunden wurde.[120] Genau genommen kann man aber hier kaum von einer spanischen Eigenart sprechen. Wenn überhaupt, ließe sich Herrera als Vermittler eines italienischen Einflusses ausmachen: Schon Werner Hegemann stellte 1927 in *Wasmuth Monatshefte für Baukunst* das Haus Kocherthaler der römischen Villa Farnesina (1505-1508) von Baldessare Peruzzi gegenüber und legte so das offenkundige italienische Vorbild frei.[121]

Der angebliche Wunsch nach formaler spanischer Eigenart, ging diesmal von einem in Madrid ansässigem deutschen Unternehmer aus, der als Mitbegründer der Firma *Levi & Kocherthaler* bereits 1889 die Konzession für die elektrische Zentralstation Madrids erworben hatte und daraufhin gemeinsam mit der *Allgemeinen Elektrizitäts-Gesellschaft* (AEG) die *Compañía General Madrileña de Electricidad* ins Leben gerufen hatte.[122] Durch diese Gemeinschaft erhielt die AEG noch vor der Jahrhundertwende in rascher Folge Aufträge zur Errichtung von Kraftwerken in zwölf spanischen Städten: Santander, Aranjuez, Sevilla, Barcelona, Jerez, Badajoz, Cabra, Lérida, Puente Genil, Sevilla, Úbeda und Zaragoza. Eine derartige deutsche Präsenz im spanischen Wirtschaftsleben schien unmittelbar nach dem Krieg in weite Ferne gerückt zu sein. Erst nach Klärung der handelspolitischen Rahmenbedingungen konnten die stillgelegten spanischen Niederlassungen mühsam wieder aufgebaut werden.[123] 1920 kam es beispielsweise zur Gründung der Firma *Luis Rank*, mit Hauptsitz in Sevilla und Niederlassungen in Barcelona, Bilbao und Madrid.

Breslauers Madrider Bau lässt sich schwerlich im Sinne einer spanischen Eigenart deuten. Ein angemessenerer Kontext scheint vielmehr in den Ausläufern einer klassizistischen Tradition gegeben, mit der man noch vor dem Krieg die wirtschaftliche Expansion des wilhelminischen Deutschland monumentalisiert hatte.

---

120 Alfred Breslauer, *Ausgeführte Bauten 1897-1927*. Berlin 1927. S. 38.
121 Vgl. Hegemann, Werner: *Bücherschau*. In: Wasmuth Monatshefte für Baukunst 11 (1927), S. 464.
122 Siehe: Pohl, Manfred: *Emil Rathenau und die AEG*. Berlin 1988. S. 102-108, 147-152.
123 Vgl. Sepasgosarian, Ramin Alexander: *Eine ungetrübte Freundschaft? Deutschland und Spanien 1918-1933*. Saarbrücken 1993. S. 33 ff. („Der Neubeginn der wirtschaftlichen Beziehungen")

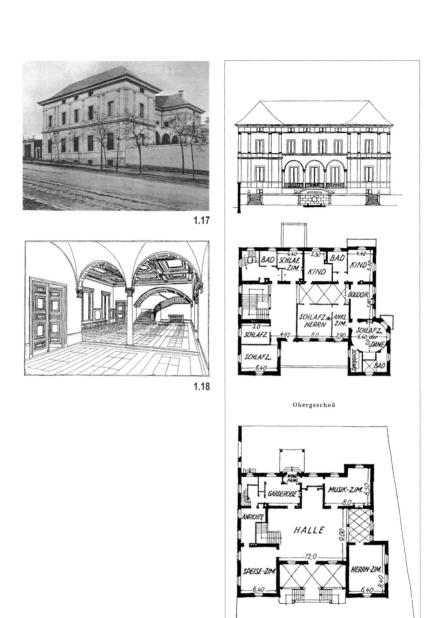

1.17-19 Alfred Breslauer, *Haus Kocherthaler in Madrid* (1920). Straßenansicht, Gartenfront, Grundrisse und Perspektive der Halle.

Teodoro Anasagasti: Vorbilder für eine nationale Industriekultur

Für den von Franz Rank erhofften neuerlichen Einfluss Deutschlands im Bereich der Architektur waren indessen von spanischer Seite die Weichen gestellt worden. Noch vor dem Kriege hatte der Architekt Teodoro Anasagasti sein Stipendium für die *Academia Española de Bellas Artes de Roma* (Spanische Romakademie der Schönen Künste) zu einer Reise genutzt, die ihn quer durch Europa führte und in Deutschland eine der wichtigsten Stationen hatte. Er befasste sich hier intensiv mit den neuen Aufgaben des Industriebaus und den aufkommenden konstruktiven Techniken des Stahlbetons. So ist es nicht verwunderlich, dass er in einem seiner 1914 in Spanien veröffentlichten Berichte aus Dresden unter dem Titel „El arte en las construcciones industriales" (Die Kunst im Industriebau) neben Peter Behrens oder Richard Riemerschmid auch die Gebrüder Rank als Schöpfer zukunftsweisender Bauten erwähnte.[124]

Die Maschine empfand Anasagasti nicht als Bedrohung der Kultur. Im Gegenteil: Er gewann aus dem modernen Zweckbau das Bewusstsein über den kulturellen Rückstand des eigenen Landes infolge der verspätet einsetzenden Industrialisierung. Diese verbreitete sich in Spanien erst mit dem wirtschaftlichen Aufschwung durch den Ersten Weltkrieg. Hier konnte und sollte Deutschland als Vorbild dienen, wie Anasagasti 1916 in einem Interview für *La Construcción Moderna* erklärte. Er charakterisierte die mustergültigen Eigenschaften dieser nationalen Architektur:

> Eine unverwechselbare moderne deutsche Architektur bricht an, die den Geist, die Kraft, den Glanz der Nation verkörpert. Es dominieren in ihr nüchterne Massen, vertikale Linien, Einfachheit der Komposition, Selbstbeherrschung und Selbstbewusstsein. Sie ist arm an ornamentalen Elementen, wohlproportioniert, von klarer Struktur mit neuartigen Rhythmen der Öffnungen und Flächen, die sich dem Kanon entziehen und nur dem Gefühl gehorchen. Sie ist frei, rational und utilitär; verwendet in logischer Weise und mit Klarheit neue Materialien für typische industrielle Formen ohne Anhängsel, die ihre Physiognomie stören würden.[125]

---

124 Anasagasti, Teodoro: *El arte en las construcciones industriales*. In: Arquitectura y Construcción 18 (1914), Nr. 264, S. 150-155.

125 Anasagasti, Teodoro: *La arquitectura en Alemania*. In: La Construcción Moderna 14 (1916), H. 6, S.87. Übersetzung J. M. W. (Abgedruckt in: *Teodoro Anasagasti. Obra Completa*. Madrid 2004) Die Deutsche Vorbildlichkeit erstreckte sich auch auf das Gebiet der Architektenausbildung, in der Anasagasti im Vergleich zu München oder Wien ein grundsätzliches spanisches Defizit ausmachte. Vgl.: Anasagasti, Teodoro: *Así se enseña en Munich y Viena*. In: Arquitectura y Construcción 18 (1914), Nr. 267, S. 222-234. Anasagasti, Teodoro: *La Enseñanza de la Arquitectura. Cultura moderna técnico artística*. Madrid 1923. (Nachdruck: Madrid 1995)

Mit diesen Aussagen versuchte er der zu diesem Zeitpunkt auch in Spanien noch verbreiteten Meinung zu widersprechen, die Industrie sei der Erbfeind der Kunst. Dieser Haltung setzte er die Position des Deutschen Werkbundes entgegen, wie er sie den Jahrbüchern der Organisation entnahm: Der Anspruch auf eine allgegenwärtige Kunst, die sich im Haus ebenso wie in der Fabrik, im Denkmal ebenso wie im Flugzeug manifestiere. Eine Gestaltung, die eine Folge des industriellen Fortschritts der Nation sei, in sämtliche Bereiche des Alltags dränge und daher als eine „Demokratisierung der Kunst" gewertet werden müsse.

Offenbar ließ sich Anasagasti nicht von der Kriegsrhetorik der Germanophilen mitreißen. Zu seinem begrifflichen Apparat gehörten weder das „Gemeinsam-Aristokratische" noch irgendeine anders geartete deutsch-spanische Bluts- oder Wesensverwandtschaft. Auf die Frage, ob aus seinen Argumenten abzuleiten sei, dass sich Spanien in der Architektur zu „germanisieren" habe, gab er unmissverständlich zur Antwort:

> Keineswegs: Wir haben Neutralität zu wahren. Wie die ihre, hat unsere Architektur unserer Eigenart zu entsprechen; sie hat Ausdruck der nationalen Seele zu sein. Wir würden lügen, verliehen wir den Denkmälern und Bauten unseres Landes den Ausdruck deutscher Masse und Kraft. Es wäre nicht der Ausdruck des Eigenen, unserer Rasse. Seine Körper blieben dem spanischen Himmel und Ambiente fremd. Uns reicht es, mit dem *deutschen Geist* Fühlung genommen zu haben und von alledem, was wir in anderen Ländern in einem modernen, gesunden kraftvollen Sinne gelernt haben, die Konsequenzen zur Anwendung auf unseren Fall gezogen zu haben.[126]

Dieser „deutsche Geist" offenbarte sich in der ideellen Konzeption einer sozialen Kunst, die im Denkmal kulminierte, das Anasagasti als die genuinste Manifestation deutscher Baukunst kennzeichnete. Der symbolische Wert dieser „reinen Kunst" hatte jedoch von Beginn seiner Laufbahn an im Mittelpunkt seines Interesses gestanden, wie verschiedene seiner maßgeblich in den Bauten Otto Wagners, den Architekturvisionen Hermann Billings und den Gemälden Arnold Böcklins inspirierten frühen Entwürfe dokumentieren. Anasagasti war zudem für die verschiedensten Auslegungen des Monumentalen im Deutschen Kaiserreich empfänglich: Vom Leipziger Völkerschlachtdenkmal, über die imposanten Bismarcktürme bis hin zum Münchener Waldfriedhof oder Wagners Grab in Bayreuth: allesamt identitätsstiftende Behauptungen der Macht und des Genies über die Grenzen des individuellen Lebens hinaus, die durch ihre Einschränkung der naturalistischen Gestaltungsmittel eine Befreiung des Denkmals aus den festgefahrenen Formen erzielt hätten.[127]

---

126 Ebd., S. 89. Hervorhebung J. M. W.
127 Anasagasti, Teodoro: *Waldfriedhof. Notas de viaje*. In: Arquitectura y Construcción 18 (1914), Nr., S. 30-34. Idem: *Las tumbas de Wagner y Beethoven*.

Denkmale zwischen *hidalguía* und *casticismo*

Anasagasti erkannte im neuen deutschen Streben nach einer reinen weil monumentalen Baukunst vor allem eine kollektive Bewegung, die Tradition und Moderne zu einer nationalen Architektur ineinander greifen ließ.[128] Dieses kam nicht nur einem Widerspruch zu Ranks These des Nebeneinanders dieser Positionen gleich, sondern auch einer Zusage an die in Spanien unter dem Schlagwort des *casticismo* geforderte Rückbesinnung auf eine wesenhafte Architektur. Diese vom Begriff der Kaste abgeleitete Kategorie, mit der man im Adeligen ein Wesenszug und das Ideal des Urspanischen ausmachte, war durch den Bauhistoriker Vicente Lampérez Romea vom kulturpessimistischen Diskurs der 98er Generation um den Philosophen und Literaten Miguel de Unamuno auf eine nationalistisch argumentierende Architekturtheorie übertragen worden.[129] Er befürwortete eine Regeneration, die nicht durch die Europäisierung eines afrikanischen Spaniens, sondern durch die Wiederentdeckung der ewigen *españolidad* vollzogen werden sollte. Dabei bildeten jedoch die historischen Stile, wie sie von vorbildhaft spanischen Bauten vorgegeben worden waren, vorrangig den formalen Rekurs des Nationalen. Insbesondere der *plateresco* (Plateresk) des von Unamuno so sehr geschätzten Palacio Monterrey in Salamanca.

Zu den bedeutendsten Streitschriften gegen den schädlichen Einfluss „exotischer" Moden auf die spanische Architektur zählt das 1920 erschienene Buch von Luis María Cabello Lapiedra „La casa española. Consideraciones acerca de una arquitectura nacional" (Das spanische Haus. Gedanken zu einer nationalen Architektur). Lapiedras Ziel war die Wiedereroberung einer verloren geglaubten wahrhaft spanischen Kunst durch die Rückbesinnung auf die legendäre *hidalguía* (Ritterlichkeit) entsagungsvoller und edelmütiger Lebensführung. Er versuchte dieser durch das im Studium des einfachen Wohnhauses nachzuspüren, welches die „Wesensart eines Volkes, sein reales Leben spiegele und den Zusammenhang von Zivilisationen und Rassen" ausdrücke.[130] Eine zukunftweisende Lösung dieser Aufgabe durfte seiner Ansicht nach weder im „absoluten und systematischen Traditionalismus" verharren, noch dem „routinemäßigen und unterwürfig antinationalen *Exotis-*

Una lección de Arquitectura. In: La Construcción Moderna 15 (1917), S. 101-102.

128 Anasagasti, Teodoro: *La arquitectura en Alemania.* In: La Construcción Moderna 14 (1916), H. 6, S. 87.

129 Lampérez Romea, Vicente: *Historia de la arquitectura civil española.* Madrid 1911-12.

130 Cabello Lapiedra, Luis María: *La casa española. Consideraciones acerca de una arquitectura nacional.* Madrid 1920. S. 165.

mus" das Wort reden.[131] Als Beispiel der ihm vorschwebenden Architektur vollendet spanischer künstlerischer Intensität konnte er nur ein einziges bereits gebautes Werk ausmachen: Den Palast Bermejillo del Rey. Die Urheberschaft schrieb er vollends der blaublütigen Bauherrin zu.[132] Obwohl die von Lapiedra angeführten Beispiele dem Schema der eklektischen Verkleidung beipflichteten, deckten sich seine Behauptung, dass Fortschritt und Tradition keinen notwendigen Widerspruch darstellten, und seine Forderung nach einer auf der festen Grundlage der Tradition wurzelnden und zugleich zeitbedingten Architektur mit den Bestrebungen einer aufstrebenden Architektengeneration, die sich die Aufgabe der Bestimmung des „wahren *casticismo*" zu eigen machte. Neben Anasagasti gehörte in Madrid der Architekt, Bauhistoriker und Kritiker Leopoldo Torres Balbás als Schlüsselfigur diesem Kreis an. Ab 1918 wirkte er als Schriftleiter der neu gegründeten Madrider Zeitschrift *Arquitectura*, dem Organ der Sociedad Central de Arquitectos, und gab aus dieser Position – und später in seiner Rolle als Professor für Baugeschichte – entscheidende Impulse zur Erneuerung der architekturtheoretischen Debatten Spaniens.[133]

Balbás' Perspektive blieb die des „Spanischen Problems". Als ein ehemaliger Zögling der *Institución Libre de Enseñanza*, war er mit Krauses Gedanke der „inneren Geschichte" vertraut, der Vorstellung einer der „äußeren Geschichte" des Sozialen und des Politischen selbständig gegenüberstehenden Geschichte der Ideen und der Kunst. In der Rezeption durch Francisco Giner wurde eben diese zur alleinigen Möglichkeit, in die Tiefenschichten der Psychologie eines Volkes einzudringen. Und von dieser Erkenntnis des *nationalen Genies* durch die Erforschung der Genese des Volksgeistes – der Tradition – versprach man sich Mittel zur Transformation der Gemeinschaft. Aus ihrer Kultur heraus – wie sie aus den Werken der Volksarchitektur sprach – nicht aus der Reform eines rationalen gesellschaftlichen Vertrags. Die ursprünglich von Krause postulierte *universelle Harmonie* war die einer Einheit in der Mannigfaltigkeit, die niemals einer *universellen Uniformität* weichen durfte.[134]

Die Einreihung von Balbás unter die Anhänger dieser im deutschen Idealismus wurzelnden spanischen Tradition des Geschichtsverständnisses, das die kulturelle Beschaffenheit der „Rasse" jenseits der bildhaften Nostalgie zu

---

131 Ebd., S. 131.
132 Ebd., S.106-110.
133 Zur Geschichte der Zeitschrift *Arquitectura* bis 1936, siehe: San Antonio Gómez, Carlos: *20 años de Arquitectura en Madrid*. Madrid 1996. Ebenso: *Revista Arquitectura (1918-1936)*. Madrid 2001.
134 López-Morillas, Juan: *El Krausismo Español*. México 1956. S. 114-116.

I. Nationales und Internationales

beleuchten versuchte, wird durch die Veröffentlichung der bereits erwähnten Aufsätze Ortegas „Wille des Barock" (1920) und „Meditation im Escorial" (1923) in der Madrider Architekturzeitschrift bestätigt. Doch schon im Jahre 1918, in den ersten *Arquitectura*-Heften, hatte Balbás seine Vorstellung des „wahren *casticismo*" erörtert, der den Ausweg aus den Fängen des *pastiche* durch die historische Wesensforschung des Nationalen beschrieb und eine Kritik an der oftmals einfältigen Oberflächlichkeit des so genannten „Spanischen Stils" mit seiner leichtfertigen Absetzung vom „Exotischen" bedeutete.

> Die Ignoranz hinderte einige der *casticistas* daran zu erkennen, dass annähernd alle Bewegungen der Geschichte der spanischen Architektur auf äußere Einflüsse zurückzuführen sind, wie sie für jede Erneuerung unerlässlich sind, die erst im nachhinein durch die starke Prägung unserer Rasse assimiliert wurden. Die Furcht der *casticistas* gegenüber dem Exotischen bedeutete geistige Engstirnigkeit und bezeugte mangelnden Glauben an die Kraft der spanischen Individualität zur Einbindung jeder auch nur so fremden Tendenz.[135]

Balbás versuchte einen *casticismo* zu propagieren, der externen Einflüssen aufgeschlossen gegenüberstehe und zugleich eine Verankerung in der historischen Architektur Spaniens suche: Sowohl in den Denkmälern als auch im traditionellen Wohnhaus; in den Städten ebenso wie auf dem Land. Nicht die äußerlichen Formen für den dekorativen Missbrauch galt es zu erforschen, sondern die Proportionen und die plastischen Kompositionen, die über das *Wesen* Auskunft erteilten. Erst ein mit diesen Informationen gerüsteter Architekt – ein wahrer Künstler – sei imstande, den *Geist* der spanischen Architektur selbst in modernsten Bauformen zu verwirklichen.

> Seien wir zeitgenössisch! Enthalten wir unserem Geist keine Äußerung der Kunst vor, so exotisch sie uns zunächst nur erscheinen mag. Denn möglicherweise trägt gerade diese - trotz ihrer Fremdheit - den Keim in sich, der die Tradition erneut aufleben lässt. Begrüßen wir also fernab jeglicher Affektiertheit (das Letzte in der Kunst) die neuen Formen. Versuchen wir dem Leben vollkommenen Ausdruck zu verleihen. Ein Leben in ständiger Verwandlung, dessen Form aus den Sedimenten der Vergangenheit und den Beiträgen der Gegenwart erwächst. „Leben wir leidenschaftlich und frei unsere Zeit."[136]

Den kommenden „neuen Stil" wollte Balbás als Abbild eines kollektiven Ideals verstanden wissen, wie er wenig später ebenfalls in *Arquitectura* erklärte, als er versuchte, die angesprochenen „neuen Formen" näher zu bestimmen.[137] Angesichts der allgemeinen Indifferenz der Bevölkerung gegen-

---

135 Torres Balbás, Leopoldo: *Mientras labran los sillares*. In: Arquitectura 1 (1918), S. 31 ff. Übersetzung J. M. W.
136 Ebd.
137 Torres Balbás, Leopoldo: *Las nuevas formas en Arquitectura*. In: Arquitectura 2 (1919), Juni, S. 146-148.

über der modernen Architektur, diagnostizierte er deren Dekadenz. Das individuelle, komfortable Einfamilienhaus sei die eigentliche moderne Errungenschaft. Lediglich den USA und Deutschland sei es gelungen, die Leidenschaft für eine kollektive Kunst zu wecken: Jenen mit den Wolkenkratzern, diesem mit den wilhelminischen Denkmälern des „Deutsche über alles".[138] Doch Balbás sah weder im aggressiven und ausschließenden Nationalismus noch im religiösen Ideal brauchbare Beweggründe für eine neue, erlösende Architektur. Die zeitgenössischen Ideale erkannte er vielmehr im technischen Fortschrittsglauben und in der „Erlösung der Enterbten". Während der moralische Anspruch seines Erachtens noch auf seine angemessene formale Repräsentation warte, fand er in der „dynamischen Architektur" der Dampfer, Lokomotiven, Flugzeuge und Autos die wahrhaft zeitgenössische technische Schönheit bereits erfüllt. Und diese wies auf eine neue Baukunst, die der reinen konstruktiven Logik folge und damit – wie schon der griechische Tempel und die gotische Kathedrale – kollektive und anonyme Werke hervorbringe.

Gotische Ideale: zwei Bauhäusler in Katalonien

Wie bereits Anasagasti während des Krieges, bewies auch Balbás mit seinen Thesen, die Jahrbücher des Deutschen Werkbundes genau studiert zu haben. Was jedoch die in Deutschland errichteten Stahlbetonbauten anging, kritisierte er ihre Neigung, sich – wie in Darmstadt, München und Weimar – als „Bürgerschreck" zu gebärden. Den „neuen Stil" durch das Ablegen jedes Bezugs zu den Werken der Vergangenheit heraufzubeschwören, lehnte er ab. Gänzlich anders dagegen die eigene Suche des Modernen, in der sich die Fremdbestimmung durch den technischen Fortschritt mit der Tradition als geistige Kontinuität der Rasse verbinden lassen sollte.[139] Für diese bewusste Historizität bildete eine gründliche Kenntnis der Archäologie – als einer Propädeutik des Nationalen und gleichzeitig Modernen – die unumgängliche Voraussetzung. In diesem Zusammenhang sind die Thesen zu verstehen, die Balbás im Aufsatz „La restauración de los monumentos antiguos" (Die Restaurierung der alten Denkmäler) 1918 vertrat.[140] Er wandte sich gegen eine

---

138 Wie auch Anasagasti hielt Balbás die kolossalen Zyklopenstil-Denkmäler für die wesentliche Errungenschaft der neueren deutschen Architektur. Vgl. Torres Balbás, Leopoldo: *Los monumentos conmemorativos*. In: Arquitectura 3 (1920), Nr. 26, S. 166-172.

139 Torres Balbás, Leopoldo: *Tradicionalismo en la arquitectura española*. In: Arquitectura 1 (1918), S. 176-178. Der Traditionalismus selbst wurde hier zum Charakteristikum des Spanischen erklärt.

140 Torres Balbás, Leopoldo: *La restauración de los monumentos antiguos*. In: Arquitectura 1 (1918), Dezember, S. 229 ff. Abgedruckt in: Torres Balbás, Leopol-

Gefährdung des Denkmalwerts durch zerstörende Rekonstruktionen, die eine Verfälschung der Quellen des Eigenen bedeuteten. Balbás ließ zur Unterstützung seiner Kritik zwei gleichgesinnte Kollegen zu Wort kommen: Zunächst griff Anasagasti die in Spanien von Lampérez vertretene Haltung Viollet-le-Ducs an. Er sah in ihr ein Beispiel dafür, wie Denkmäler aus ästhetischen Vorurteilen heraus zerstört wurden. In die gleiche Kerbe hauend, plädierte der katalanische Archäologe, Architekt und Politiker Josep Puig i Cadafalch gegen die pseudo-denkmalpflegerische Erfindung, die den wissenschaftlichen Wert des archäologischen Dokuments vernichte. Diese Positionen bezeichnete Balbás als modern und pries den in diesem Sinne „patriotischen" Einsatz der vorbildlichen Abteilung *Conservació i Catalogació de Monuments* (Erhaltung und Katalogisierung von Denkmälern) des *Institut d'Estudis Catalans* (Institut für Katalonische Studien) unter der Leitung des Architekten Jeroni Martorell Terrats, eines Kenners des deutschen Denkmalschutzes und Städtebaus. Dieser hatte im Madrider *Ateneo* im Vortrag „El patrimonio artístico nacional" (Das nationale Kunsterbe) über die eigenen denkmalpflegerischen Prinzipien berichtet und die Nützlichkeit des Nationalitätsgefühls im Kampfe gegen die mannigfaltigen Gefährdungen der historischen Bausubstanz am Beispiel Kataloniens erläutert:

> Katalonien hat ein heroisches Mittel gegen diese Leiden gefunden: Den Patriotismus. Nicht als hohle Phrasen, Gerede und Abstraktionen, sondern als tief verwurzelte lebendige Realität. Das Erwachen des Nationalitätsgefühls, der *Catalanismo*, entfesselte die Liebe zum Land und lenkte die Aufmerksamkeit auf seine Denkmäler. Dank der Wandervereine wurden diese aufgesucht. Und ihre Kenntnis bewirkte, dass sie geschätzt wurden und dass angesichts ihrer Verwahrlosung in der kollektiven Seele der Wunsch erwuchs, sich für sie einzusetzen.[141]

Die Politik habe dann diesen Wunsch erhört und die entsprechenden Ämter und Institutionen ins Leben gerufen – so auch das *Institut d'Estudis Catalans* (IEC). Als Abschluss seiner Rede forderte Martorell Spanien auf, dem Beispiel Kataloniens zu folgen und den „nationalen Geist" wachzurufen, um nach seinem Bilde den Staat zu errichten. Nur so sei die Rettung der Denkmäler Spaniens zu bewerkstelligen.

Martorell umging in seinem Madrider Vortrag das gespannte Verhältnis der katalanischen Institutionen zur zentralen Regierung des Staates und stellte

---

do: *Sobre monumentos y otros escritos*. Colegio Oficial de Arquitectos de Madrid (Hrsg.), Madrid 1996. S. 27-31.

141 Martorell Terrats, Jeroni: *El patrimonio artístico nacional*. In: Arquitectura 2 (1919), Juni, S. 149 ff. Abgedrckt in: Col.legi d'Arquitectes de Catalunya (Hrsg.): *Jeroni Martorell Terrats. Una Mirada d'Arquitecte*. Girona 2000. S. 41-53. Übersetzung J. M. W. Zu den hier behandelten Fragen siehe auch: Martorell Terrats, Jeroni: *La unidad de estilo*. In: Arquitectura 2(1919), S. 41 ff.

das IEC einseitig als *Folge* einer nationalen Identität dar. Er verschwieg den aktiven und federführenden Anteil an der *Konstruktion* des Nationalen. Schon Mitte des 19. Jahrhunderts war in Katalonien der Ruf nach einer sich vom restlichen Spanien, insbesondere aber von Kastilien abgrenzenden nationalen Architektur wach geworden. Dabei hatte zunächst der unter dem Einfluss der Ästhetik der deutschen Romantik stehende Architekt und Leiter der Architekturfakultät Barcelonas Elies Rogent i Amat die Vorstellung eines nationalen Stils entwickelt, die bei der Verfassung des bekannten Aufsatzes „En busca d'una arquitectura nacional" (Auf der Suche nach einer nationalen Architektur) maßgeblich auf Lluís Domènech i Montaner einwirkte.[142] Als Schüler Rogents und Domènechs stand Cadafalch in dieser Traditionslinie. Den Weg zur nationalen Architektur Kataloniens sah er allerdings in der archäologischen Erforschung des kulturellen Erbes der künstlerischen Glanzzeit des Landes: das romanische und gotische Mittelalter, auf das man sich romantisierend rückbesann und in dem die zeitgenössische katalanische Architektur verankert werden sollte.[143] Das erklärte Ziel war dabei das der Konstruktion einer eigenständigen nationalen Identität, die auch durch Bauwerke zu vermitteln war. Die Beweggründe für Cadafalchs bauhistorische Untersuchungen zur mittelalterlichen Architektur Kataloniens müssen daher vor dem Hintergrund eines bürgerlich nationalen Separatismus verstanden werden. So ist bemerkenswert, dass 1918, zum Zeitpunkt des Erscheinens des letzten Bandes von Cadafalchs „L'arquitectura romànica a Catalunya" (Die romanische Architektur in Katalonien), dieser als Präsident der *Mancomunitat de Catalunya* – der finanziellen und administrativen Vereinigung der vier katalonischen Provinzen – auch den Zenit seiner politischen Karriere erreichte.[144] Zeitgleich wirkte er als Leiter des IEC, das sich der Pflege und

---

142 Domènech i Montaner, Lluís: *En busca d'una arquitectura nacional*. In: La Renaixença, 31.10.1875, S.149-160. Abgedruckt in: *Lluís Domènech i Montaner. Arquitecto Modernista*. (Hrsg. Fundación Caja de Barcelona) Barcelona 1990. S. 277-288. Er sprach nicht nur von der Unmöglichkeit einer architektonischen Einheitlichkeit Spaniens, sondern grundsätzlich von der Unmöglichkeit einer vollends eigenständigen nationalen und zugleich zeitgenössischen Architektur. Seine Position war die, eines der Zeit und der Aufgabe angemessenen, „modernen" Eklektizismus, welcher die Faktoren des nationalen Geistes und des Volkscharakters einbinde, die das Allgemein-Moderne zum Eigentümlichen modifizierten.

143 Jünemann, Eva-Maria: *Der freie Umgang mit der Geschichte: Gotikrezeption im Werk Puig i Cadafalchs*. In: *Barcelona. Tradition und Moderne. Studien zur künstlerischen Inszenierung einer Metropole*. Marburg 1992. S. 52-56.

144 Zur politischen Laufbahn Cadafalchs, siehe: Termes, Josep: *Josep Puig i Cadafalch (1867-1956), entre la arquitectura y la política*. In: *Josep Puig i Cadafalch, la arquitectura entre la casa y la ciudad*. Barcelona 1989. S. 91-103.

I. Nationales und Internationales 95

Förderung der nationalen Geschichte, Literaturwissenschaften, Archäologie sowie der Kunst- und Rechtsgeschichte widmete. Wie auch im Falle der Untersuchungen Cadafalchs handelte es sich um die Suche nach Belegen der Eigenständigkeit des Landes, die letztlich rassenideologisch begründet wurden: Die Grenze zwischen Katalonien und Kastilien fiel mit der einer germanisch-lateinischen geprägten Kultur und der einer arabisch-semitischen Einflusssphäre zusammen.[145] Zu bedenken ist zudem, dass schon Cadafalchs Vorgänger und Begründer des IEC, Enric Prat de la Riba, die festgestellten Unterschiede zugunsten Kataloniens als Überlegenheit gewertet und daraus die Legitimität eines imperialen Herrschaftsanspruchs gegenüber Spanien abgeleitet hatte.[146]

Im Umfeld dieser Positionen kam es im November 1920 zu einer sonderbaren deutsch-spanischen Begegnung, als die drei Bauhäusler Kurt Löwengard, Ernst Neufert und Paul Linder – von Gropius angeregt – eine einjährige Spanienreise antraten. Unmittelbar nach ihrer Ankunft in Barcelona nahmen Neufert und Linder mit dem IEC Kontakt auf, wo sie von Martorell mit der Erstellung von Bauaufnahmen der bedeutendsten Bauten der katalanischen Gotik beauftragt wurden.[147] Ihre Arbeiten sollten den Zwecken der Abteilung *Conservació i Catalogació de Monuments* dienen und in der in Vorbereitung befindlichen *Exposición de Barcelona* ausgestellt werden. Nach Erfüllung des Auftrages für Katalonien, wurden ihre Untersuchungen im März 1921 auf andere Regionen der Iberischen Halbinsel ausgeweitet.[148] Es ist anzunehmen, dass sie von den kulturpolitischen Zielsetzungen ihrer Auftraggeber zunächst nicht gewusst haben. Und doch haben sie in weitgehend analoger Weise vorbelastet die Aufgabe angegangen. Denn im frühen Bau-

---

145 Vgl. Bergmann, Armin: *Puig i Cadafalch*. In: *Barcelona. Tradition und Moderne. Studien zur künstlerischen Inszenierung einer Metropole*. Marburg 1992. S. 76.

146 Vgl. Ucelay-Da Cal, Enric: *El Imperialismo Catalán. Prat de la Riva, Cambó, d'Ors y la conquista moral de España*. Barcelona 2003. Zum kulturpolitischen Kontext Kataloniens in diesen Jahren siehe auch: Lahuerta, Juan José: *Antoni Gaudí, 1852-1926. Arquitectura, ideología y política*. Madrid 1999.

147 Vgl. die Einführung von Ulrich Gertz zu: Neufert, Ernst: *Das Jahr in Spanien*. Darmstadt 1969. Zu Kurt Löwengard siehe: Bruhns, Maike: *Kurt Löwengard (1895-1940). Ein vergessener Hamburger Maler*. Hamburg 1989. S. 11-12.

148 Jeroni Martorell i Terrats, Leiter der Abteilung für Denkmalschutz des *IEC*, bescheinigte am 12. März 1921 den erfolgreichen Abschluss der Arbeiten in Katalonien und den Auftrag zur Durchführung weiterer Bauaufnahmen in Spanien. (Archiv Alfredo Linder, Lima) Ob sie für diese Tätigkeit einen Lohn erhalten haben, ist diesem Dokument nicht zu entnehmen. Zur Geschichte des IEC siehe: Albert Balcells, Enric Pujol: *Història de l'Institut d'Estudis Catalans, 1907-1942*. Valencia 2002.

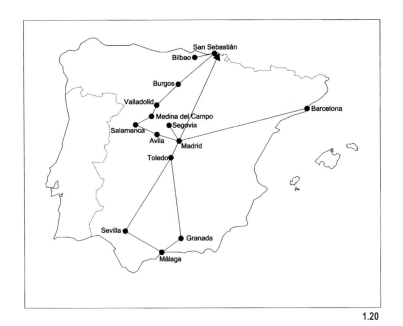

1.20-21 Stationen der Spanienreisen Gropius-Grisenbach (1907-1908) und Neufert-Linder-Löwengarth (1920-1921)

I. Nationales und Internationales

haus ist die Gotik – insbesondere die gotische Kathedrale – als eine sich im Gesamtkunstwerk manifestierende Gemeinsamkeit des Volkes im Geistigen ausgelegt worden: die Kathedrale als Vorbild für den „Bau der Zukunft" und die mittelalterliche Bauhütte als Sinnbild sozialer Gesamtheit unter dem Primat handwerklicher Arbeit, wie Gropius im Manifest des Bauhauses 1919 proklamiert hatte:

> Wollen, erdenken, erschaffen wir gemeinsam den neuen Bau der Zukunft, der alles in einer Gestalt sein wird: Architektur und Plastik und Malerei, der aus Millionen Händen der Handwerker einst gen Himmel steigen wird als kristallenes Sinnbild eines neuen kommenden Glaubens.[149]

Die Volksgemeinschaft wurde mit dem Zerfall der wilhelminischen Gesellschaft erneut zum Träger des Kunstwollens erkoren, doch nun in Form einer retrospektiven sozialen Utopie. In der Gotikrezeption an der Weimarer Kunstschule flossen die Revolutionswirren der Nachkriegszeit mit den kunsttheoretischen Reflexionen in Wilhelm Worringers „Formprobleme der Gotik" (1911) und Karl Schefflers „Geist der Gotik" (1917) zusammen. In beiden Werken stand letztlich der Bruch mit den Gesetzen des Klassizismus im Mittelpunkt. Die Suche nach einer alternativen Gesetzmäßigkeit führte unter anderem 1922 zur Durchführung von Untersuchungen am Naumburger Dom durch Studenten des Bauhauses, aber auch zur Anwendung gotischer Entwurfsprinzipien, wie die der Triangulatur oder der Quadratur samt der in ihnen enthaltenen mittelalterlichen Zahlensymbolik.[150] Die eigentliche Architektenausbildung fand jedoch nicht am Bauhaus statt, sondern an der Staatlichen Baugewerkenschule in Weimar, wo einige Bauhäusler – unter ihnen Paul Linder – ab 1919 in Sonderkursen oder als Hospitanten die bauhistorischen Vorlesungen des Direktors Paul Klopfer, Übungen im Schnellentwerfen sowie den Unterricht in den technischen Fächern Baukunde, Baukonstruktion und Statik besuchten.[151] Im Gegenzug wurden Studenten, welche die Ausbildung an der Baugewerkschule erfolgreich abgeschlossen hatten, zur künstlerischen Weiterbildung am Bauhaus aufgenommen, wie im

---

149 Gropius, Walter: *Manifest und Programm des Staatlichen Bauhauses in Weimar.* Weimar 1919.

150 Vgl. Jaeggi, Annemarie: *Adolf Meyer. Der zweite Mann. Ein Architekt im Schatten von Walter Gropius.* Berlin 1994. S. 109 ff.

151 Vgl. Bescheinigung der von Linder erfolgreich bestandenen Kurse durch Paul Klopfer vom 15. März 1920. Im Sommer absolvierte dann Linder die Reifeprüfung an der Baugewerkenschule, wie Gropius im Bauhaus-Zeugnis vom 29. September bestätigte. Beide Dokumente sind im Archiv von Alfredo Linder in Lima erhalten.

1.22

1.23

1.22 Lyonel Feininger, *Kathedrale* (1919)
1.23 Paul Linder, *Kathedrale von Tarragona* (1921)

I. Nationales und Internationales 99

Falle Ernst Neuferts.[152] Im Rückblick beschrieb dieser, wie unbefriedigend die Weimarer Zeit doch gewesen sei: Die architekturinteressierten Studenten seien auf sich selbst gestellt gewesen und nur selten von Gropius und Meyer mit inhaltlichen Weisungen versorgt worden. Und diese standen gelegentlich im Widerspruch zur modernen Lehre der Baugewerkenschule, wie von Neufert geschildert worden ist:

> Schließlich kam eines Tages Gropius auf mein wiederholtes Drängen in unseren Raum, und hielt uns einen Vortrag über Architektur, der darin gipfelte: „Stellen Sie sich eine Brücke vor aus dünnen Gitterwerk, das statisch allen Ansprüchen genügt, aber einen unbefriedigenden architektonischen Eindruck macht. Hängen Sie daran irgendwelches Flächenmaterial, sagen wir Pappe, wodurch die statischen Eigenschaften kaum verändert werden. Sofort ist der architektonische Eindruck ein vollkommen anderer; darin liegen die Möglichkeiten des Architekten." Mir ist das Beispiel so lebendig in Erinnerung geblieben, weil sich dazumals mein technisches Gewissen sofort meldete, und meinen Widerspruch herausforderte, denn meine bisherige Erziehung bei Prof. Klopfer, in dessen Haus am Horn in Weimar ich in dieser Zeit wohnte und wie ein Sohn gehalten wurde, stand unter dem Motto von Laotse [sic]: „Schönheit ist der Glanz des Wahren."[153]

Es handelte sich eben um die Balkenbrücke, die Gropius schon 1911 der Burg Coca gegenübergestellt hatte. Er hielt also auch zu Beginn der zwanziger Jahre an den architekturpsychologischen Grundsätzen seines frühen „Gesetzes der Enveloppe" fest. Die spanische Burg, an der er damals seine Gedanken verankert hatte, blieb allerdings ebenso unerwähnt wie der Begriff des Kunstwollens. Und doch finden wir noch einige Verweise auf die Spanientheorie des jungen Gropius, wie etwa seine Vorstellung vom gotischen Gesamtkunstwerk als anonyme, kollektive Schöpfung.

Angesichts dieser verschiedenartigen Voraussetzungen ist es nicht verwunderlich, dass sich Neufert und Linder ohne weitere Bedenken auch zur Durchführung des Auftrages des IEC bereit und in der Lage erklärten. Aus ihrer Tätigkeit gingen die von den katalanischen Auftraggebern erwarteten Bauaufnahmen hervor, aber auch eine Reihe von Aufzeichnungen, welche eine Interessenlage widerspiegelten, die nicht nur am Weimarer Bauhaus herrschte: Es entstanden expressionistisch verzerrte Architekturdarstellungen und Stadtansichten, die ebenso Bruno Tauts Konzept von der „Stadtkrone"

---

152 Winkler, Klaus-Jürgen: *Die Architektur am Bauhaus in Weimar.* Berlin/München 1993. S. 23 ff.
153 Neufert, Ernst: *Lebensbeschreibung* bis etwa 1921. BHA Inv. Nr. 11424/3-7. Im selben Text bemerkte Neufert weiter: „Aber das Beispiel mit der Brücke scheint das Lieblingsbeispiel von Gropius zu allen Zeiten geblieben zu sein, denn 36 Jahre später bei der Einweihung der Hochschule für Gestaltung in Ulm im Jahre 1956 trug er genau das gleiche Beispiel im gleichen Sinne vor."

(1919) hätten illustrieren können: Taut selbst hatte unter seinen Beispielen auch eine Ansicht Salamancas abgebildet.[154] Die historischen Einordnungsversuche von eigenhändig aufgemessenen Bauwerken, die Linder nach seiner Rückkehr in Deutschland verfasste, berücksichtigten aber eher die nationalistisch argumentierenden Kategorien des IEC.[155] In seinem Abschlussbericht „Katalanische Gotik" beschrieb 1923 Linder – ein langjähriges Mitglied der Vereinigung Wandervogel – einleitend die Beschaffenheit der katalanischen Eigenart wie folgt:

> Katalonien ist ein Land eigenartiger Stärke und Schönheit. Ein Vergleich mit den kastilischen oder andalusischen Provinzen lässt es trotz seines strahlenden Himmels herb erscheinen. Der wortkarge, arbeitsame Bauer und der geschäftige, stolze Städter stehen auch heute noch nach der staatlichen Vereinigung dem eigentlichen Spanier wesensfremd gegenüber. Die Landschaft, in die die Wiege dieses Volkes gestellt wurde, hat seinen Charakter wesentlich bestimmt. Unschwer findet man die geheimen Bande, die den katalanischen Menschen mit seinen rauhen Gebirgstälern, seinen gewaltigen Montserratfelsen und der blauen Stetigkeit seines Mittelmeeres verbinden.[156]

Aus dieser Feststellung heraus versuchte er die Transformation der aus Frankreich stammenden Gotik infolge modifizierender Einwirkungen von Landschaft und Volksseele zu erklären. Denn nach den „ausgesprochen unnationalen" Anfängen der gotischen Architektur in Spanien hätten sich im 14. Jahrhundert zwei komplementäre Erscheinungsformen derselben entwickelt, die sich in entsprechend gegensätzlichen Landstrichen als „national und regional schaffende Bauideen" seiner bemächtigten: Der „flackernden Bewegung und spielerischen Lebendigkeit Kastiliens und Andalusiens" setzte er die „strenge Nüchternheit und Mäßigung der katalanisch-gotischen Äußerungen" gegenüber, wobei er dieser aufgrund ihrer „Konzentration auf Wesenswichtigkeit" entschieden den Vorzug gab:

> Sie verzichtet auf jede spielerische Fertigkeit. So fehlt ihr zwar die sieghafte Leichtigkeit ihrer französischen Schwester, die jede Schwere und Erdhaftigkeit überwindet, dafür aber spricht aus ihren Massen eine neue Stimme von Willensstärke und Festigkeit; keine schwärmerische, sondern eine stille inbrünstige Gläubigkeit.[157]

---

154 Vgl. Taut, Bruno: *Die Stadtkrone*. Jena 1919 (Nachdruck Berlin 2002), S. 30. Das Salamanca-Foto stammte aus der Sammlung des Berliner Kunstgewerbemuseums.

155 Gemeint sind zwei Typoskripte Paul Linders mit dem Titel „Katalanische Gotik", von denen das zweite und ausführlichste (elf Seiten) in München 1923 datiert ist. Beide befinden sich im Archiv von Alfredo Linder in Lima.

156 Linder, Paul: *Katalanische Gotik*. München 1923. Typoskript. Archiv Alfredo Linder, Lima. S. 1. Vgl. Dokument im Anhang.

157 Ebd. S. 2.

I. Nationales und Internationales

Den Grund für diesen Wesenszug erkannte Linder in der Verschmelzung des „bodenfremden Erzeugnisses" mit der unverbrauchten und tief verankerten katalanischen Romanik. Ja, diese habe den neuen Stil später sogar vor dem Verfall bewahrt. Die eigenständigen Merkmale, die er für die katalanische ausmachte, reichten von der ausgeprägten Horizontalität, über den Vorzug massiver Widerlager statt Strebebögen (zur Aufnahme des Schubs aus den weitgespannten und doch sehr flachen Gewölben) bis hin zur Bestimmung des klaren Fassadenaufbaus aus der klimatisch bedingten Dachgestaltung heraus. Vor allem erkannte er dem „katalanisch-gotischen Stil" eine strenge Gesetzmäßigkeit zu, die sich in der „Einheit und Totalität aller Architekturelemente" abbilde und die den geometrisch gebundenen Grundformen und Kompositionsprinzipien der Triangulatur zugrunde lag.[158]

Während Gropius 1908 in ausdrücklicher Übereinstimmung mit Théophile Gautier die südliche Grenze Europas in den Pyrenäen angesiedelt hatte, verweigerte sich Linder diesem romantischen Bild eines afrikanischen Spaniens.[159] Er stellte vielmehr die Aufdeckung der frühen Verbindungskanäle zu Europa in den Mittelpunkt seiner Untersuchungen und wertete folgerichtig die katalanische Gotik als eine „eminent europäische Äußerung". Doch bei aller Anerkennung des künstlerischen Einflusses Frankreichs, Italiens oder selbst der maurischen Kultur, hatten Linders Studien die Abgrenzung eines katalanisch-gotischen Charakteristikums zum Ziel. Und dieses diente auch Linder zur Behauptung einer ungeahnten internationalen Verwandtschaft:

> Die Übernahme konstruktiver Einzelheiten und die Benutzung fremder Anregungen bestimmen kaum die künstlerische Charakterentwicklung. Trotz starker von außen einwirkender Momente hat die Gotik in Katalonien im Verlaufe ihrer Entwicklungsperiode ihr Verhältnis zur landschaftlichen und völkischen Eigenart stets enger und intensiver gestaltet. Sie hat in ihren Schöpfungen diese Eigenart auf eine typische Ausdrucksform gebracht, wir dürfen deshalb von katalanischer Gotik sprechen wie wir es etwa von deutscher tun. Die katalanische Gotik hebt sich aus der Kunstgeschichte der spanischen Halbinsel heraus. Sie besitzt ein stereotomes Gefühl für Einheit und Geschlossenheit, das sonst im romanischen Süden selten ist, das leichter eine Brücke zu germanischer Gesinnung schlägt.[160]

---

158 Ebd. S. 4-5.
159 Der französische Schriftsteller Théophile Gautier (1811-1872) bereiste 1840 die Iberische Halbinsel. Sein Reisebericht „Tra los montes" (Hinter den Bergen) erschien drei Jahre später in Paris. Er gab das romantische Bild eines geheimnisvoll ursprünglichen Landes wieder, das in den Antipoden der modernen Zivilisation verharrte. Während Gropius 1908 Gautiers Grenzziehung als sehr treffend bezeichnet hatte, stellte Linder die Berechtigung derselben in Frage.
160 Linder, Paul: *Katalanische Gotik*. München 1923. Unveröffentlichtes Typoskript. Archiv Alfredo Linder, Lima. S.10.

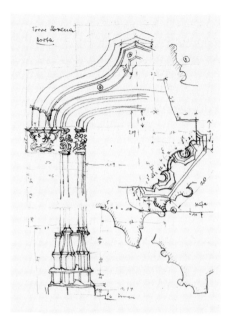

1.24

1.25

1.24 Paul Linder, Ernst Neufert: *Details des Portals der Torre Llovena in Horta*. Bauaufnahme (1920)

1.25 Paul Linder: Gaudís *Casa Milà* genannt „La Pedrera" (1906-1912), Skizze (1921)

I. Nationales und Internationales

Ein Grund für die charakteristische Differenz der katalanischen Gotik lag demnach in ihrer geistig-formalen Verwandtschaft zum Germanischen. Mit dieser Idee widersprach Linder der Ansicht des wohl prominentesten katalanischen Baumeisters, Antoni Gaudí, der ihm 1922 eine unmissverständliche Meinung mit auf dem Weg gegeben haben soll, die eine solche Affinität verneinte. Im Rückblick wurde er von Linder mit den Worten zitiert:

> Die meisten Deutschen sind anständige Menschen. Aber sie sollten sich nicht mit der Kunst befassen. Sie verstehen viel von Technik und Mathematik, aber Kunst ist nicht ihre starke Seite. Und Architektur schon gar nicht.[161]

Und als der überraschte Linder ihm die Verflochtenheit der europäischen Kunst vorhielt, aus der kein nationaler Beitrag herauszudenken sei, soll der alte Architekt hinzugefügt haben:

> Wir verstehen unter dem Wort Kunst verschiedene Dinge. „Europäische" Kunst wäre zum Beispiel ein unsachlicher Begriff. Man müsse von „Mittelmeer"-Kunst reden, wenn man einen festen Ausgangspunkt schaffen wolle. Wirkliche Kunst habe sich nie mehr als 300 Km vom Rande des Mittelmeeres ins Landinnere bewegt. Deutschland liege zu weit weg, um zu empfinden, was rechte Kunst sei. Kunst habe die Eigenart, sich nur ungern und langsam auf Landstraßen fortzubewegen. Das ihr gemäße Fortbewegungs-Mittel sei das Wasser, das Meer.[162]

Als angehender Gotik-Forscher rief aber bei Linder vor allem Gaudis angebliche Geringschätzung der Gotik Erstaunen hervor. Dieser machte seine ablehnende Haltung insbesondere an englischen und deutschen Beispielen fest, welche ausschließlich über die statische Berechnung zur Form gelangten. Ihre Fixierung auf die Statik des Querschnitts führe zu einer „Bandwurmarchitektur", wie sie auch die englischen Kathedralen aufweisen würden: Man könnte über Nacht 20 Meter abschneiden, ohne dass es am nächsten Tag jemandem auffiele! Im Gegensatz zu dieser nordischen Gotik sei die des Mittelmeers von einem Sinn für die künstlerische Einheit geprägt:

> Die lateinisch-gotischen Kirchen sind als unkomplizierte, große Räume empfunden worden, nicht als spekulative Gerüste. Sehen Sie sich unsere Kathedrale an, oder Sta. María del Pino. Versuchen Sie in Gedanken, auch nur ein Gewölbejoch

---

161 Linder, Paul: *Encuentros con Antonio Gaudí*. In: Mar del Sur, März-April 1950. Hier zitiert nach dem deutschen Originaltyposkript „Begegnungen mit Antoni Gaudí" aus dem Archiv Alfredo Linder in Lima. (Abgedruckt in: Rainer Stamm, Daniel Schreiber (Hrsg.), *Antoni Gaudí. Lyrik des Raums*. Köln 2004. S. 148-159.) Linder hat diesen Aufsatz 1949 im Auftrag von Josep Lluís Sert verfasst, der ihn in seiner Gaudí-Monographie aufnehmen wollte. Warum es letztlich nicht dazu kam, ist aus der Korrespondenz zwischen Linder und Sert nicht zu ersehen.

162 Ebd.

wegzunehmen... Alles wäre zerstört! Sie sind Kunstwerke, obgleich sie gotisch sind. Rechnerisch ist es dafür dann nicht weit mit ihnen her.[163]

Spätestens bei diesem Argument Gaudis dürfte Skepsis aufkommen, ob Linders Erinnerungen nicht eher als rückwirkende Projektionen zu betrachten sind. Dass sich Gaudí und Linder in der Feststellung eines Gefühls für Einheit und Geschlossenheit als Merkmal der katalanischen Gotik – bei aller Meinungsverschiedenheit bezüglich der Herkunft – einig gewesen sind, ist nicht weiter verwunderlich. Ihre Beobachtung trifft zu. Wenn aber Linder unterstreicht, dass Gaudis statische Studien Drucklinien, aber keinesfalls körperliche Volumen festlegten, und er dem Katalanen die Meinung zuschreibt, wonach *trotz* gotischer Berechnung im Mittelmeer ein künstlerischer Ausdruck von Geschlossenheit erzielt worden sei, so scheinen diese Aussagen all zu sehr mit dem Begriff des Kunstwollens übereinzustimmen, den Gropius seinen Schülern mit dem Brückenbeispiel vermittelt hat. In anderen Worten: Linder entwarf in den Erinnerungen an seine Streitgespräche mit Gaudí eine kunsttheoretische Affinität, die dem Werk des Katalanen insofern gerecht wurde, als sie sich nicht in der Rationalität der Konstruktionsformen erschöpfte. Ob gotisch oder nicht – Gaudís Bauten schienen das Ideal vom Gesamtkunstwerk zu verwirklichen.

Dass sich Linder als früher Bauhäusler für Gaudis Werk interessiert hat, überrascht wenig. Wie der spanische Architekt Enrique Colás über seinen Besuch des Weimarer Bauhauses im Jahr 1922 berichtet hat, ist Gaudí dort geradezu verehrt worden. Doch Colás sah in Gaudí nicht nur den Expressionisten, sondern verstand ihn auch als Vorreiter eines Funktionalismus, das er in Weimar vermisst hatte. So schilderte er seine Enttäuschung darüber, dass am Bauhaus weder technisch gezeichnet noch gerechnet wurde; dass es sich nicht um eine Architekturfakultät, sondern um eine bessere Handwerksschule mit vielversprechenden Künstlern gehandelt habe. Nach eigener Aussage soll Colás den Bauhäuslern die funktionale Logik von Gaudís Formen erst eröffnet haben:

> Sie besaßen Fotos von Gaudís Werken, die sie voller Bewunderung bedachten. Dort über Gaudí zu sprechen, kam der Rede über die Vorsehung gleich. Ich war es, der angesichts der Fotos der so genannten „Pedrera", das Haus am Paseo de Gracia, Funktionalismus dozieren musste. Vor der Jugend Weimars musste ich Gaudís Funktionalismus, in seiner gotischen Art, unter die Lupe nehmen.[164]

---

163 Ebd.
164 Colás, Enrique: *Intervención. Sesiones Críticas de Arquitectura. Luis Felipe de Vivanco: funcionalismo y ladrillismo*. In: Revista Nacional de Arquitectura 11 (1951), Nr. 119, S. 46. Übersetzung J. M. W.

I. Nationales und Internationales

Doch nicht der ‚Funktionalität' kennzeichnete die deutsche Rezeption von Gaudís Bauten. Vielmehr galt seine Person in den Kreisen der deutschen Expressionisten über die Grenzen des Nationalen hinweg als Identifikationsfigur. So war Linder auch keineswegs der Einzige, der den Gedankenaustausch mit ihm gesucht hat. Hermann Finsterlin soll nach eigener Aussage in den Jahren 1918-1919 mit Gaudí korrespondiert haben, als dieser in Deutschland noch völlig unbekannt war. Erst zu Beginn der 20er Jahre erfuhr dessen Architektur die ihr gebührende Beachtung.[165] Zum Beispiel 1922 im dritten *Frühlicht*-Heft, das Abbildungen der Häuser Vicens und Bellesguard sowie des Palacio Güell brachte.[166] Ein Jahr später bat Taut in einem Brief Gaudí um neues Material für seine Zeitschrift. Bedauerlicherweise ist dieses Dokument verschollen. Erhalten ist allerdings Tauts Korrespondenz mit dem Übermittler des Briefes, dem Madrilenen Ignacio de Noriega, vermutlich einem Bauingenieur, der kurz zuvor Magdeburg besucht hatte.[167] So wissen wir, dass Taut, der zu diesem Zeitpunkt aus wirtschaftlichen Gründen seine Übersiedlung nach Argentinien vorbereitete – von wo er eine Einladung zur Gründung der Architekturfakultät Córdobas erhielt –, seinen Brief an den

---

165 Siehe: Wetter, Evelin: *Zur Rezeption Gaudis in Deutschland anhand von Publikationen in den zwanziger Jahren und Finsterlins Selbstinterview*. In: *Barcelona. Tradition und Moderne. Studien zur künstlerischen Inszenierung einer Metropole*. Marburg 1992. S. 79-83. Pehnt, Wolfgang: *Die Architektur des Expressionismus*. Stuttgart 1998. Lahuerta, Juan José: *Universo Gaudí*. Barcelona 2002. Rainer Stamm, Daniel Schreiber (Hrsg.): *Gaudí in Deutschland. Lyrik des Raums*. Köln 2004.

166 *Neuere Baukunst in Spanien. Antoni Gaudi*. In: Frühlicht 3, 1922. S. 86

167 *Brief von Bruno Taut an Ignacio de Noriega*, Magdeburg 2. Mai 1923. Stadtarchiv Magdeburg Akte Rep. 35 HA 20. Ich danke Manfred Speidel für den Hinweis auf diesen Versuch Tauts, einen Kontakt zu Gaudí herzustellen. Leider ließen sich trotz eingehender Recherchen kaum Informationen zur Person Noriegas finden. Selbst die Familie konnte keine Auskunft über die berufliche Tätigkeit des früh Verstorbenen erteilen. Lediglich, dass er auf dem Gebiet des Ingenieurwesens ausgebildet worden sei. Dies scheint eine 1913 erschienene Broschüre über den Bau von Militärhäfen zu bestätigen, wobei er darin vor allem politische und wirtschaftliche Hintergründe erörterte. [siehe: de Noriega, Ignacio: *Notas sobre Bases Navales*. Madrid 1913] Nach Auskunft der spanischen Militärarchive lässt sich ausschließen, dass es sich um einen Militäringenieur gehandelt habe. Dieser Umstand hätte erklären können, warum er sich bei Taut für den Magdeburger Wohnungsbau erkundigt hatte, da der Bau von Wohnungen für Angehörige des Militärs nicht Zuständigkeit der Architekten war, sondern die der Militäringenieure. Noriegas Identität, der Grund für sein Interesse am deutschen Wohnungsbau und seine Beziehung zu Gaudí bleiben also vorerst ungeklärt.

Katalanen so gut es ging selbst auf Spanisch verfasste. Trotz der zu erwartenden sprachlichen Ungeschicktheit hoffte Taut, in den wesentlichen Gedankengängen von Gaudí verstanden zu werden. Nicht nur das. Er fragte ihn, ob die spanischen Künstler Interesse daran hätten, die neueren Arbeiten in Deutschland und den Nachbarländern kennen zu lernen. Bald, schrieb Taut, sei er in der Lage, Vorträge auch auf Spanisch zu lesen. Er dürfte mit diesem Angebot kaum Gaudis Interesse geweckt haben. Zumindest, wenn Linders Erinnerung zutreffend gewesen sein sollte, als er schrieb:

> Ich erinnere mich, wie ich mehr als einmal versuchte, seine Ansicht über die neueste Architektur und über Gropius und die modernen holländischen Architekten, die ich kennen gelernt hatte, zu erfahren. Aber er sprach ungern über die Arbeiten anderer, sie interessierten ihn scheinbar nicht allzusehr. Aber jedesmal, wenn die Rede auf das Lateinische und das Mittelmeer kam, überkam ihn eine große Begeisterung und er war dann von heftiger Angriffslust beseelt.[168]

---

168 Linder, Paul: *Begegnungen mit Gaudí*. In: Rainer Stamm, Daniel Schreiber (Hrsg.), *Antoni Gaudí. Lyrik des Raums*. Köln 2004. S. 148-159.

4. ‚WOHNUNG UND WERKRAUM'.
MIES VAN DER ROHE UND DIE REPRÄSENTATION DES
NATIONALEN (1923-1929)

Es ist bezeichnend, dass sich Paul Linders spanische Kontakte nach seiner Rückkehr verstärkt nach Madrid umorientierten. Hierfür war maßgeblich Luis Lacasa verantwortlich, ein Schüler Anasagastis, der 1921-23 Deutschland bereiste. Von dort aus verfasste er Berichte für *Arquitectura*, die ihn zu einem der Wortführer der so genannten *Generación del 25* avancieren ließen.[169] Im Sommer 1923 besuchte er Paul Linder in München, wo dieser nach seiner Rückkehr aus Spanien das Studium an der Technischen Hochschule aufgenommen hatte. Offenbar ließ er sich von Gaudis Meinung zu den deutschen Fähigkeiten nicht entmutigen. Linders expressionistisch eingerichtete Studentenbude begeisterte Lacasa dermaßen, dass er sie kurz darauf in *Arquitectura* voller Bewunderung der spanischen Architektenschaft vorführte. Er pries Linders Freiheit im Umgang mit Farben und Formen. Für Lacasa galt sie als Sinnbild des kulturellen Aufbruchs in der jungen Weimarer Republik, wie seine im selben Artikel beschriebene Begegnung mit dem Bauhäusler Peter Roehl in Weimar bestätigte. Dieser hatte als Student sein Atelier Theo van Doesburg zur Verfügung gestellt, als dieser versuchte, am Bauhaus Fuß zu fassen. Lacasas Fazit:

> Wie weit entfernt befinden wir uns von Stuckbändern, Gebälk ... Rahmungen ... Gemeinplätzen ... geistiger Faulheit! Jugend ... Vertrauen in die Zukunft![170]

Doch nicht nur die in die Zukunft blickende junge Generation weckte Lacasas Aufmerksamkeit. Er berichtete ebenso über den konservativen Dresdner Architekten Otto Schubert. Dieser verkörperte für Lacasa 1923 exemplarisch den Typus eines Architekten, dem es gelungen war, die kulturellen Vorbedingungen seiner Aktivität historisch zu reflektieren und zugleich am zeitgenössischen Geschehen teil zu haben, wie der im Berliner Ideenwettbewerb „Hochhaus Bahnhof Friedrichsstraße" erhaltene Preis und weitere in *Arquitectura* veröffentlichte Projekte eindrucksvoll bewiesen. Er verlieh der Gegenwart Gestalt, ohne dabei im Sinne der teleologischen Rhetorik der Moderne die Geschichtlichkeit der Architektur zu leugnen. Der in Spanien bis dahin ausschließlich als Bauhistoriker bekannte Schubert sei – so Lacasas

---

169 Zu Lacasas Deutschlandreise, siehe: Lacasa, Luis: *Notas Autobiográficas*. Abgedruckt in: *Luis Lacasa, Escritos 1922-1931*. (Hrsg. Carlos Sambricio). Madrid 1976. S. 78-79.

170 Lacasa, Luis: *Un interior expresionista*. In: Arquitectura 7 (1924), H. 5, S. 174-176. Übersetzung J. M. W. Vgl. Dokument im Anhang.

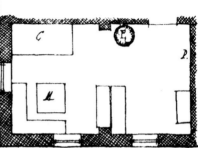

1.26 1.27

1.28

1.29

1.26-27 Paul Linder, *Münchner Studentenbude*. Innenraum und Grundriss [*Arquitectura* 1924]
1.28-29 Otto Schubert, *Sabatinis Nonnenkonvent Santa Ana in Valladolid* [Otto Schubert, „Geschichte des Barock in Spanien" (Esslingen 1908)] und *Entwurf für das neue Kurhaus in Karlsbad* [*Arquitectura* 1922]

I. Nationales und Internationales

Einschätzung – „innerhalb der zeitgenössischen Architektur Deutschlands eine bedeutende Figur, ein Mann intensiver Arbeit und scharf konturierter Persönlichkeit". Mit hagiographischem Duktus schrieb Lacasa:

> Beim Blättern der „Geschichte des Barock in Spanien", der genau unterrichteten Monographie Otto Schuberts, glaubt man aufgrund der Reife und Sicherheit der Gedanken, des geordneten Aufbaus der Argumentation und der Genauigkeit der Dokumente vor dem Ergebnis einer Anstrengung im Ausklang eines Lebens zu stehen, wo die Flammen der Leidenschaft erlöschen und nur noch die Intelligenz bleibt. Und doch war Schuberts Buch ein Werk der Jugend, ein Erstlingswerk, das auf eine ertragreiche Zukunft hoffen ließ. (...) Mögen diese Zeilen als Ausdruck der Dankbarkeit an den jungen Deutschen dienen, der für seine erste Unternehmung sich unseres vergessenen Spaniens erinnerte, zu uns kam, unsere Denkmäler aufnahm, unsere Atmosphäre atmete und sich schließlich dem Studium und der Verbreitung einer Sparte der spanischen Kunst widmete, die wir guten Gewissens als nationale Kunst bezeichnen können.[171]

Die Frage nach der nationalen Gebundenheit der Baukunst stand tatsächlich im Mittelpunkt des spekulativen Denkens von Otto Schuberts, dessen monumentale „Geschichte des Barock in Spanien" (1908) die Kunst der spanischen Blütezeit behandelt hatte. In Vorträgen versuchte er 1911 explizit „Das nationale Element in der spanischen Architektur" darzulegen.[172] Der genaue Wortlaut dieser Erwägungen ist nicht überliefert. Doch dank der späteren Veröffentlichung einiger seiner Vorträge unter dem Titel „Architektur und Weltanschauung" (Leipzig 1931) ist sein Verständnis des Nationalen in der Baukunst als kohärentes architekturtheoretisches System nachzuvollziehen.

Schubert begriff ausschließlich solche Bauten als Werke der Baukunst, die im Gegensatz zur Technik nicht nur ihre Entstehung einer Idee verdankten, sondern darüber hinaus eine Idee durch ihre formale Gestaltung vermittelten.[173] Wahre Architektur habe demnach die Ideenwelt eines Kulturkreises zu spiegeln und zu kommunizieren. Die Darstellbarkeit von Inhalten veranschaulichte er im Aufsatz „Sinn und Zweck der Baukunst" u.a. anhand eines Beispiels aus Spanien: Er stellte „den bestrickendsten Ausdruck heiteren Lebensgenusses und einer in letzter Durchfeinerung sich verlierenden Kultur"

---

171 Lacasa, Luis: *Arquitectura Extranjera Contemporánea: Otto Schubert*. In: Arquitectura 5 (1923), H. 3, S. 72-76. Übersetzung J. M. W. Vgl. Dokument im Anhang. Die von Lacasa geforderte Dankbarkeit für Schuberts Leistungen wurde schon 1924 anlässlich des Erscheinens der „Historia del Barroco en España" durch die Auszeichnung mit der Ehrenmitgliedschaft der *Sociedad Central de Arquitectos* (Zentrale Architektenvereinigung) offiziell zum Ausdruck gebracht.

172 Vgl. *Dr.-Ing. Schubert über das nationale Element in der spanischen Architektur*. In: Deutsche Bauzeitung 46 (1912), H. 26, S. 248.

173 Schubert, Otto: *Architektur und Weltanschauung*. Leipzig 1931. S. 35.

der Alhambra dem „herben Gewand" und der „entsagenden Strenge" der in El Escorial „zu Stein kristallisierten Weltanschauung der katholischen Monarchie" gegenüber.[174] Das Aufkommen des Nationalbewusstseins habe zu dieser gegenläufigen künstlerischen Ausrichtung gezwungen – als ausdrücklicher Absetzung. Als Vermittler historischer Prozesse erfülle das Denkmal die Aufgabe, Nationales zu repräsentieren. Die Macht der Architektur, so Schubert, beruhe aber nicht nur in der Fähigkeit, Nationales *darzustellen*, sondern auch darin, es selbst zu *konstituieren*: Anschauungen bilden und nicht nur abbilden!

> Die Architektur steht an der Straße, und ihrer Wirkung kann sich niemand, den der Weg vorbeiführt, ganz entziehen. Sie wirkt nicht wie das Wort im Augenblick, wendet sich nicht wie das Buch an einen kleinen Kreis gebildeter, sondern sie spricht durch die Jahrhunderte nicht zu einigen Auserlesenen, sie spricht zum ganzen Volk, nicht durch den mehr oder minder entwickelten Verstand, sondern durch das allen gemeinsame, weit elementarere Gefühl. Indem sie aber so das Gefühl der Generationen von Kindheit an in ihren Bann zieht, gewinnt sie bestimmenden Einfluß auf das Denken und Streben der ganzen Nation. Sie erhebt sich damit weit über die Erfüllung einer besonderen Aufgabe in die höhere, ideelle Welt der Ethik. Daher haben sich alle Gewaltigen der Erde, alle großen Geistesströmungen und Kulturbewegungen ihrer als Sprachrohr bedient, um über den Verstand hinaus zum Herzen der Menschheit zu dringen und somit das Denken, Fühlen und Handeln zu bestimmen, das heißt Charakter zu bilden.[175]

Durch den „bestimmenden Einfluss auf das Denken und Streben der ganzen Nation" sei also Architektur in der Lage, eine Kultur zu begründen. Und *Kultur* setzte – nach Schuberts Modell – zunächst die Geschlossenheit der Volksgemeinschaft voraus, die den Unterschied zur minderwertigen *Zivilisation* ausmache. Er räumte jedoch ein, dass die Volksgemeinschaft aufgrund des „Wechsels im Zeitmaßstabe" nicht länger „in den durch die geographischen, klimatischen und völkischen Lebensvorbedingungen gezogenen Kreisen ohne Störungen lebe". Es sei mit der Überwindung aller „Raum- und Zeithemmungen" durch den technischen Fortschritt eine „Relativierung bisher absoluter Werte" erfolgt:

> Gewiß ergibt sich daraus eine ganz neuartige Verschmelzung der Völker, da Völker ihre Entstehung im allgemeinen nicht gleichem Blute, sondern gleichartigen Lebensbedingungen, die zu gleicher Sprache, das heißt gleicher seelischer Einstellung, geführt haben, verdanken.[176]

---

174 Ebd., S. 39-40.
175 Ebd., S. 47.
176 Ebd., S. 72.

I. Nationales und Internationales

Das sich damit über weit größere Kreise erstreckende Zusammengehörigkeitsgefühl führe im besten Fall zu umfassenderen Volksgemeinschaften, bei denen die Kriterien des Völkischen nicht länger greifen würden. Von dieser neuartigen Gemeinschaftsbildung machte es Schubert abhängig, ob es gelänge, den drohenden Abstieg in eine *internationale Zivilisation* abzuwenden:

> Denn jede Zivilisation, wie anspruchsvoll sie sich auch als Kultur gebärde, wird erst dann zur Kultur, wenn sie in das Unterbewußtsein einer Gemeinschaft gedrungen, aus diesem Unterbewußtsein heraus die der betreffenden Gemeinschaft eigene Modellierung empfangen, so daß sie über das Verstandesprodukt hinaus zum Verkünder tieferer, seelischer Geheimnisse wird.[177]

Den „Wechsel des Zeitmaßstabes" setzte er keineswegs der Hinnahme einer schicksalhaften kulturellen Dekadenz gleich, wie er sie in der Internationalität ausmachte. Als entscheidend betrachtete er an dieser Stelle die Fähigkeit zur Gründung eines dem Zeitgenössischen gerecht werdenden Mythos, der die Unterwanderung der Kultur durch den relativistischen Zweifel vereitle:

> Denn der Mythos bindet und erhebt über die Verschiedenheit des Bluts hinaus die Völker zur Nation oder wie zum Beispiel zur Zeit der Kreuzzüge zur *übernationalen Kulturgemeinde*, indem er ihr Denken und Sehnen dem gleichen Ziel zuwendet. (...) Auch die Zukunft unserer Kultur ruht in der Kraft und dem Willen der Zeit, aus dem Wandel ihres Maßstabes einen alle umfassenden, siegenden Mythos zu gebären.[178]

Der „internationale Stil" war ein solcher Mythos. Auch dieser einheitliche künstlerische Ausdruck der Zeitgenossenschaft war in der Lage, Zugehörigkeit zu stiften. Der Zeitwille trat an die Stelle des Kunstwollens, der Zeitgeist an die des Volksgeistes.

Nationale Selbstdarstellung: die Tradition der Weltausstellungen

Bevorzugte Bühnen zur nationalen Repräsentation und zur Inszenierung des Mythos ‚unserer Zeit' waren seit Mitte des 19. Jahrhunderts die Weltausstellungen. Die nationale Selbstdarstellung der expandierenden Kolonialmächte mit ihren Industriewaren wurde in den verschiedenen Austragungsorten Europas und der USA stets als Bestandsaufnahme eines globalen Fortschritts hingestellt. Das Deutsche Reich hatte sich erstmals 1893 in Chicago mit einem ‚Deutschen Haus' der Welt vorgestellt, das durch das Zitieren historischer Vorbilder eine malerische deutsche Eigenart beschwor.[179] Sein Autor,

---

177 Ebd., S. 73.
178 Ebd., S. 75-76.
179 Sigel, Paul: *Exponiert. Deutsche Pavillons auf Weltausstellungen.* Berlin 2000. S. 34 ff.

der Düsseldorfer Architekt Johannes Radke, wiederholte diese erfolgreiche Formel in seinem Vorschlag für das Deutsche Haus der Pariser Weltausstellung von 1900. Hier griff er die Architektur der deutschen Renaissance-Rathäuser auf, die der Repräsentation nationaler Eigenarten und Anschauungen angemessen erschien. Als Zusammenstellung dekorativer Fragmente aus dem historischen Formenfundus der Renaissance, wies die Architektur deutliche Parallelen zu dem unmittelbar benachbarten, im neoplateresken Stil gehaltenen spanischen Pavillon: José Uriostes preisgekrönter spanischer Pavillon, eine Interpretation des Palastes Monterrey in Salamanca, die in Spanien die Debatten zur nationalen und regionalen Architektur entfachte. Meier-Graefe charakterisierte den Bau mit folgenden Worten:

> Neben dem Deutschen Haus erhebt sich der von Urioste y Velada gebaute Pavillon Spaniens, dem der Herzog von Sesto als Generalkommissar vorsteht. Er ist in der spanisch-maurischen Renaissance gehalten, die Karl V. in Spanien einführte, nähert sich aber in der Anlage der Fenster den nordeuropäischen Bauten. Details sind der Universität von Alcala, dem Alcazar von Toledo und der Universität von Salamanca entnommen. Man muss den Architekten zugestehen, dass er mit großem Takt diese Anregungen verwertet hat, ohne die Einheitlichkeit seines Baues zu gefährden, der im Gegensatz zu so vielen zusammengestückelten Bauten, den Eindruck eines geschlossenen vollkommenen Ganzen hervorruft.[180]

Die Einmütigkeit des Deutschen Hauses und des Spanischen Pavillons der Jahrhundertwende beruhte in der gemeinsamen ideologischen Grundlage ihres Verwertungsprinzips: Es waren zwei Repräsentationsarchitekturen, die ein viertel Jahrhundert später Adolf Behne bei seiner Kritik des anachronistischen „Apartheids-Prinzips" der *Ritterlichkeit* in „Neues Wohnen – Neues Bauen" (1927) als ausgezeichnete Beispiele hätten dienen können. Denn Behne sah im „Geist des Ritters" einen Feind jeder modernen Sachlichkeit. Die dekorativen Panzerungen waren für ihn Ausdruck einer aristokratischen Verteidigungshaltung: Folgen einer blanken Furcht, die nicht den herrschenden gesellschaftlichen Verhältnissen gerecht wurden und so dem sozialen Gedanken des neuen Bauens widersprachen:

> Kurz und gut: der Ritter erfaßt nicht die Sache. In demselben Maße, wie er die Sache der Gestaltung fernhält, umgibt er sie mit einem spanischen Reiterverhau von schönen Ornamenten.[181]

---

180 Meier-Graefe, Julius: *Die Architektur der Weltausstellung.* In: Meier-Graefe, Julius (Hrsg.): *Die Weltausstellung in Paris 1900.* Paris-Leipzig 1900. S. 34-35
181 Behne, Adolf: *Neues Wohnen - Neues Bauen.* Leipzig 1927. S. 66. Der Begriff „spanischer Reiter" meint einen mit Stacheldraht überzogenen Holzbock, der als tragbare Wegsperre eingesetzt wird.

1.30

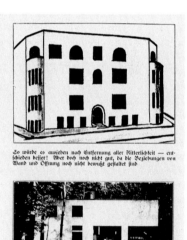

1.31

1.30 Johannes Radkes *Deutsches Haus* und José Uriostes *Spanischer Pavillon* auf der Weltausstellung in Paris (1900)

1.31 Adolf Behne: Die ‚Entritterlichung des Hauses': von Grunewald nach Dessau. [Adolf Behne, „Neues Wohnen – Neues Bauen". Leipzig 1927]

Von der Aktualität von Behnes Kritik an der aristokratischen Rhetorik des Edelmuts und der Ritterlichkeit (erneut die legendäre *hidalguía*) zeugt das Verständnis der Darstellbarkeit des Nationalen, das 1929 – im Jahr, das in der Krise die globale Verflechtung der Wirtschaft so drastisch vor Augen führte – durch die Bauten der *Exposición Ibero-Americana* in Sevilla und der *Exposición Internacional de las Industrias Eléctricas* in Barcelona an den Tag gelegt wurde. In der andalusischen Hauptstadt entstand eine Gruppe von Bauten, die ganz nach dem Prinzip der historisierenden Verkleidung die kulturelle Eigenart der ehemaligen kolonialen Besitztümer Spaniens zum Ausdruck brachten. Spaniens Selbstdarstellung oblag der Leitung des Architekten Anibal González, der treibenden Kraft des Regionalismus in Südspanien. Seine monumentalen Beiträge interpretierten verschiedene dekorative Aspekte der andalusischen Spielformen der Renaissance, des Barock, des Mudéjar oder Plateresk. Bereits 1915 hatte González auf dem VI. Nationalen Architektenkongress in San Sebastián versucht, die gemeinsam mit dem aus Santander stammenden Regionalisten Leonardo Rucabado verfassten „Orientaciones para el resurgimiento de una arquitectura nacional" (Anleitungen zur Wiederbelebung einer nationalen Architektur) von der Architektenversammlung zu offiziellen Richtlinien erklären zu lassen. Schon damals protestierten einige Kongressteilnehmer gegen ein Vorhaben, das sie als unzumutbare Einschränkung der künstlerischen Freiheit empfanden. Ein zentrales Problem lag zudem in der Reproduzierbarkeit translozierter Architekturmuster – wie sie im Falle des Palacio Bermejillo durch die Verrückung einer historischen Palastarchitektur Granadas in ein Villenviertel Madrids offenkundig wurde. Die Option einer regionalen, das heißt einer vorgeblich ortsgebundenen Architektur, die im Streit zwischen Zentralismus und Partikularismus in der Diktatur Primo de Riveras keineswegs frei von politischen Konnotationen war, blieb eklektische, oftmals entleerte figurative Hülle: *Pastiche.*

Dass selbst Ende der zwanziger Jahre auch in Deutschland vergleichbare regionalistisch-historisierende Ansätze in Betracht gezogen wurden, bezeugt ein 1929 in der *Deutschen Bauzeitung* veröffentlichter Bericht des Architekten Alfredo Baeschlin über die *Exposición Internacional de Barcelona*. Als in Barcelona angesiedelter Schweizer, der zu den Mitbegründern der Schweizerischen Vereinigung für Heimatschutz gehört hatte, lenkte dieser beim Versuch, im Lichte der Ausstellungsbauten den Stand der spanischen Architektur einzuschätzen, die Aufmerksamkeit der Leser nicht etwa auf das noch von Puig i Cadafalch stammende ursprüngliche Gesamtkonzept oder auf die in der Tat fragwürdigen Leistungen der Schöpfer der thematischen Paläste, sondern vielmehr auf das malerische *Pueblo Español* (Spanisches Dorf), ein Werk des Malers Xavier Nogués, des Dekorateurs Miquel Utrillo und der Architekten Ramón Raventós und Francesc Folguera:

I. Nationales und Internationales

> Die Parole ist Heimatschutz, und man baut hier zur Zeit sehr vernünftig und stützt sich dabei auf die Überlieferung. Der Niederschlag dieser Strömung ist das spanische Städtchen, das unbedingt das Beste ist, was in dieser Ausstellung an Baukunst gezeigt wird. Ich glaube nicht zu weit zu gehen, wenn ich behaupte, daß dieser Teil der Schau die Sünden wieder gut macht, die im andern begangen wurden. Die Reichhaltigkeit der bürgerlichen Baukunst Spaniens in vergangenen Jahrhunderten kommt im spanischen Städtchen vortrefflich zum Ausdruck. Dieses ist keine Attraktion im strengen Sinne des Wortes, wie etwa das Village Suisse der Genfer Ausstellung oder die Avenue des Regions in der Exposition des Arts décoratifs in Paris (1925). Es ist viel mehr. Es ist eine Geschichte der bürgerlichen Baukunst, die ihresgleichen suchen dürfte, und wer ohne Reisebeschwerlichkeiten und in kurzer Zeit die verschiedenen regionalen Baustile der Halbinsel studieren will, darf sich füglich in diese Architekturgeschichte vertiefen.[182]

Baeschlin scheinen die unter der Szenerie des Heimatlichen verborgenen Traggerüste aus Stahlbeton nicht gestört zu haben. Und doch enthielt er – bei aller Begeisterung – dem deutschen Fachpublikum den im Dörfchen spürbar werdenden Rückstand der spanischen Architektur in ihrer Suche nach künstlerischer Verbindlichkeit nicht vor. Denn trotz des punktuellen Einflusses vereinzelter Protagonisten der Moderne wie Le Corbusier – so Baeschlin – huldigte die Mehrzahl der zeitgenössischen spanischen Architekten der Heimatkunst: 1929 ließe sich so in Spanien derselbe Prozess verfolgen, den die Schweiz und Deutschland um die Jahrhundertwende durchgemacht hätten.

Tatsächlich aber hatte Deutschland schon 1910 mit seiner Repräsentation auf der Brüsseler Weltausstellung einer entscheidenden Wende Ausdruck verliehen: Dort hatte das „Deutsche Haus" des süddeutschen Villenarchitekten Emanuel von Seidl im Mittelpunkt einer umfangreichen deutschen Abteilung gestanden, an der auch prominente Vertreter des drei Jahre zuvor in München gegründeten Deutschen Werkbundes beteiligt waren wie Bruno Paul (Kultushalle) oder Peter Behrens (Ingenieurshalle, Kraftmaschinenhalle, Eisenbahnhalle). Durch ihre Beiträge standen sich die Darstellung der veredelten deutschen Arbeit des Werkbundes und die Wohnkultur eines deutschen herrschaftlichen Landhauses gegenüber. Der lebensreformerische Heimatschutz – mit seiner Landhausideologie – und die durchgeistigte Industriearbeit – mit ihren künstlerisch ausgestalteten Produktionsstätten – vermittelten gemeinsam den Anspruch auf wirtschaftliche, kulturelle und politische Vormacht des wilhelminischen Kaiserreiches.[183]

---

182 Baeschlin, Alfredo: *Barcelona und seine Weltausstellung* (I). In: Deutsche Bauzeitung 63 (1929), H. 57, S. 497-504. Vgl. Dokument im Anhang.
183 Siehe hierzu: Sigel, Paul: *Exponiert. Deutsche Pavillons auf Weltausstellungen*. Berlin 2000. S. 97 ff.

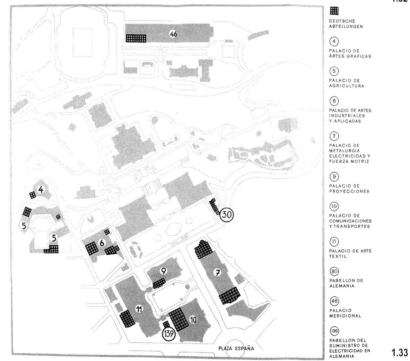

1.32 Gelände der *Exposición Internacional de Barcelona* 1929. Vogelperspektive
1.33 Lageplan des Ausstellungsgeländes mit Kennzeichnung der Deutschen Abteilungen.

I. Nationales und Internationales

1929 dagegen, hatte die deutsche Abteilung in Barcelona das neue Deutschland, die Weimarer Republik darzustellen. Ein Deutschland, das sich nach dem Weltkrieg von Militarismus und Imperialismus distanziert hatte und nun als moderner demokratischer Staat in der Hoffnung auf wirtschaftliche Erfolge – insbesondere in den Absatzmärkten Spaniens und Südamerikas – um internationale Anerkennung rang.[184] Das zweigeteilte Repräsentationsprogramm, das sich aus der Auffächerung der Darstellung nationaler Leistungen in die Bereiche Kultur und Industrie ergab, blieb im Grunde unverändert. Es entstanden - neben der Ausgestaltung der Stände für deutsche Produkte in den thematischen Ausstellungshallen - zwei Neubauten, die jeweils ein modernes deutsches Haus und eine moderne deutsche Werkhalle in Szene setzten: der Repräsentationspavillon des Deutschen Reiches und der Pavillon der Deutschen Elektrizitätswirtschaft. „Heim und Fabrik": Nach Theo van Doesburg (1925) waren es die modernen Bühnen des „deutschen Wesens". 1929 stellten sie noch die zwei Pole der Werkbundprogrammatik dar, wie sie anlässlich der Ausstellung in Breslau formuliert wurden: „Wohnung und Werkraum".

Ein modernes „deutsches Haus"

Für die Internationale Ausstellung in Barcelona von 1929 wurde der zweite Vorsitzende des Deutschen Werkbundes, der Architekt Ludwig Mies van der Rohe, mit der künstlerischen Oberleitung des gesamten deutschen Beitrags beauftragt.[185] Kurz vor seiner Berufung durch den Generalkommissar des Reiches, Georg von Schnitzler, hatte Mies im Werkbund-Organ *Die Form* seine programmatischen Gedanken zu einer zeitgenössischen Ausstellungskonzeption geäußert:

> Ausstellungen sind Instrumente wirtschaftlicher und kultureller Arbeit. Sie müssen bewußt gehandhabt werden.[186]

Die Behauptung der Stellung der deutschen und europäischen Wirtschaft hatte nach seiner Auffassung von der Quantität zur Qualität zu führen. Hierin bestehe ihre spezifische Aufgabe, bei der geistige und kulturelle Werte

---

184 Vgl.: *Unas palabras del Dr. Mathies, Comisario del Reich para la Exposición.* In: Diario Oficial de la Exposición Internacional de Barcelona 10, 25. Mai 1929.

185 Zu den Einzelheiten der Beauftragung Mies van der Rohes siehe: Tegethoff, Wolf: *Mies van der Rohe. Die Villen und Landhausprojekte.* Essen 1981. Ebenso: Sigel, Paul: *Exponiert. Deutsche Pavillons auf Weltausstellungen.* Berlin 2000.

186 Mies van der Rohe, Ludwig: *Zum Thema: Ausstellungen.* In: Die Form 3 (1928), S. 121. Abgedruckt in: Neumeyer, Fritz: *Mies van der Rohe. Das kunstlose Wort. Gedanken zur Baukunst.* Berlin 1986. S. 367.

eine entscheidende Rolle spielten. Das übergeordnete Ziel der Ausstellungen kulminiere – so Mies – in der Darstellung des zentralen Problems der Zeit, nämlich die „Intensivierung des Lebens". Sie wirke sich gravierend auf das Wohnen aus.

Mies konnte durch seine künstlerische Oberleitung bei der Stuttgarter Werkbundausstellung „Die Wohnung" wertvolle Erfahrungen bei der Ausrichtung von vergleichbaren Veranstaltungen vorweisen. Parallel zur bereits angesprochenen Zusammenkunft mitteleuropäischer Architekten der Moderne in Stuttgarts experimenteller Weißenhofsiedlung, entwickelte Mies in Zusammenarbeit mit Lilly Reich einen Glasraum zur Vorstellung der Produkte der deutschen Glasindustrie, der bereits einige der Themen enthielt, die im Repräsentationspavillon des Deutschen Reiches in Barcelona zur Entfaltung kommen sollten: Die Besucher wurden durch an der Möblierung eindeutig als Musterwohnung mit definierten Speise-, Arbeits- und Wohnbereichen erkennbare Räumen mit Wänden aus hellen, matten und farbigen Spiegelglasscheiben gelenkt.[187] Durch eine Kordel-Absperrung wurden sie davon abgehalten, von der an der zentralen Glaswand angeordneten Sitzgruppe Gebrauch zu machen. Zwei gesonderte Räume, die hinter Glaswänden jeweils Pflanzen und einen Mädchentorso des Bildhauers Wilhelm Lehmbruck enthielten, waren zwar einsehbar, aber nicht betretbar, wodurch sie als Außenbereiche wirkten. Der Besucher blieb zwischen diesem Außen und dem ausgestellten Wohnen stets ausgeschlossen. Als externer Betrachter dieses Kunstwerks sollte er Zugang zum „geistigen Problem" der neuen Wohnung finden. Aber nicht nur die Darstellungsform – die in den Stuttgarter Musterwohnungen beschworene moderne Lebensform selbst sollte eine künstlerische sein. Sie stand damit den traditionalistischen Vorstellungen der Stuttgarter Schule und des zunehmend reaktionären Heimatschutzes gegenüber, die sich seit 1926 verstärkt rassistisch auf das „deutsche Haus" beriefen. Mit Behne gesprochen: Der Geist der Heimat wurde vom *Block* nicht länger dynamisch verstanden.

Auch der Repräsentations-Pavillon auf der Internationalen Ausstellung in Barcelona beabsichtigte die Darstellung eines „deutschen Hauses" – aber eines modernen: Ein deutsches Haus ‚unserer Zeit' – und zwar nicht in Form eines Musterhauses, sondern als Allegorie moderner deutscher Kultur.[188] Angesichts der aus dieser symbolischen Funktion resultierenden scheinbaren ‚Nutzlosigkeit' des Pavillons sprach Alfredo Baeschlin, der in den Kreisen

---

187 Vgl. Kirsch, Karin: *Die Weissenhofsiedlung: Werkbund-Ausstellung „Die Wohnung"*. Stuttgart 1987. S. 36-38.
188 Vgl. Quetglas, José: *Pérdida de la síntesis: el Pabellón de Mies*. In: Carrer de la Ciutat 11, 1980, S. 17-27. *Der gläserne Schrecken. Imágenes del Pabellón de Alemania*. Montreal 1991. (Basel 2001)

1.34-35 Ludwig Mies van der Rohe, *Repräsentationspavillon des Deutschen Reiches* (1929), Außenansicht (im Hintergrund die Festungsmauern des „Spanischen Dorfes") [*Die Form*, 1929]und Grundriss [*Zentralblatt der Bauverwaltung*, 1929]

der deutsprachigen Kolonie verkehrte und für Barcelona die Schweizer Schule entworfen hatte, von einem temporären deutschen Empfangsraum:

> Der Pavillon enthält keinerlei Ausstellungsgut und soll nur als eine Art Zusammenkunftshaus der deutschen Kolonie in Barcelona und der deutschen Ausstellungsbesucher gelten. Mit neuartigem, originellem Material sind interessante Wirkungen erzielt worden, obschon leider eine Idee nicht zum Ausdruck gelangt. Der Besucher steht vor diesem Pavillon perplex und ist im Zweifel, ob er einem erst im Werden begriffenen Bau gegenübersteht.[189]

Baeschlins Ausfüllung der funktionalen Leere mag mit der tatsächlichen Nutzung des Pavillons übereingestimmt haben, nachdem dieser seine Rolle als Empfangsraum für das spanische Königspaar am Tag der Eröffnung der deutschen Abteilung erfüllt hatte. Entgegen der Kritik des Schweizers vermittelte das Haus sehr wohl eine Idee, die mit dieser Nutzung verknüpft war: die Vorstellung eines modernen Deutschtums. Zugegebenermaßen erfolgte diese Vermittlung über Umwege: Wie aus verschiedenen Berichten über den Bau zu entnehmen ist, wurde seine Andersartigkeit – die nach Baeschlin unter den Besuchern Fassungslosigkeit auslöste – mehrheitlich seiner *Novität* zugeschrieben und als *Modernität* ausgelegt. Doch der repräsentative Zweck des Pavillons – sein ‚sozialer' Gebrauch – hob jede Möglichkeit einer sachlichen Selbstbezüglichkeit auf: Er verwies also über das Faktische hinaus auf eine übergeordnete Idee und erfüllte so die Funktion eines Monuments.

Die modernen Attribute des symbolischen ‚deutschen Hauses' verwiesen über die sachliche Präsenz hinaus auf die Existenz einer neuen Identität. So wurde das Nationale von der Architektur nicht nur als einfache Wiedergabe *repräsentiert*, sondern als Neuheit *gesetzt*. In diesem Sinne wertete Lilly von Schnitzler in ihrer Besprechung der Ausstellung für den Berliner *Querschnitt* den Pavillon als Ausdruck des Wunsches nach einem zeitgemäßen Kulturbild:

> Der deutsche Architekt Mies van der Rohe und seine Mitarbeiterin Lilly Reich haben diese [den deutschen Pavillon und die deutschen Abteilungen] zu einem Meisterwerk deutscher Kunst und deutschen Wesens gestaltet. Einfach und sachlich in Farbe und Form stellen sie *deutsches Wollen* der Welt dar. (...) Der deutsche Generalkommissar Dr. von Schnitzler sagt: „Wir haben hier das zeigen wollen*, was wir können, was wir sind, wie wir heute fühlen, sehen*. Wir wollen nichts anderes als Klarheit, Schlichtheit, Aufrichtigkeit."[190]

---

189 Baeschlin, Alfredo: *Barcelona und seine Weltausstellung* (II). In: Deutsche Bauzeitung 63 (1929), H. 77, S. 657-662. Vgl. Dokument im Anhang.

190 L.S.M. (Lilly von Schnitzler), *Die Weltausstellung Barcelona 1929*. In: Der Querschnitt 9 (1929), H. 8, S. 583. Hervorhebungen J. M. W.

I. Nationales und Internationales

Einfach, sachlich, klar, schlicht, aufrichtig ... eine moderne deutsche Wesenheit trat mit dem Bau in Erscheinung. In *Die Form* sprach der Kunsthistoriker Justus Bier von „Repräsentation ohne falsche Pathetik", von Adel ohne dekorative Zutaten und vor allem von der Möglichkeit, mit den strengen Mitteln der neuen Architektur, einen großen Reichtum an räumlichen Erlebnissen hervorzurufen.[191] Im Pavillon wurden neue nationale Werte mit neuen architektonischen Mitteln verkündet.

Die Bäume und der Wald

In Umwandlung eines späteren Ausspruches von Bruno Taut könnte man zum Schluss kommen, dass gute Architektur zwar national sein kann, die Qualität gezielt nationalistischer Architekturen dagegen angezweifelt werden sollte. In der Tat scheint Nationales in der Architektur als nach vorne ausgerichteter Entwurf glaubwürdiger als bei den rückwärtsgewandten Nationalismen etwa eines Palacio Bermejillo. Allerdings ist dieser Unterschied keineswegs so eindeutig. Zum Beispiel bemerkte Bier in seiner Besprechung von Mies van der Rohes Pavillon, dass der Bau nicht nur ein Anfang, sondern – bei „unbefangener" Betrachtung – auch die Aufnahme einer „zugehörigen Tradition" darstelle.[192] Diese Aussage führte er damals nicht weiter aus. Zwei Jahre später ging er weiter und stellte – ebenfalls in *Die Form* – seinem berühmten Kommentar zur Bewohnbarkeit des Hauses Tugendhat in Brünn eine nicht weniger unerwartete Bemerkung über den Repräsentationspavillon voran:

> Durch *Mittel der Raumbildung*, der Abfolge und Verbindung offener und gedeckter Räume zwischen Marmor- und Glaswänden, durch Wasserbecken und edle Materialien wirkte dieser Bau auf die Empfindung ähnlich, wie die aus gleichem *Geist*, wenn auch in einer verklungenen fremden Sprache errichteten Wasserhöfe der Alhambra, an die sich mancher spanische Besucher erinnert fühlen mochte.[193]

Nach Bier konnte also die räumliche Andersartigkeit des „Pabellón Alemán" beziehungsweise des „Barcelona-Pavillon" auf seine spanischen, gar orientalischen Charakterzüge zurückgeführt werden, die über die bloße Einwirkung klimatischer Verhältnisse hinausgingen. Ein verwegener aber durchaus suggestiver Versuch, die vom Bau ausgelöste Befremdlichkeit zu deuten. Biers Hypothese könnte man – um den Faden weiter zu spinnen – mit Hilfe

---

191 Bier, Justus: *Mies van der Rohes Reichspavillon in Barcelona*. In: Die Form 4 (1929), H. 16, S. 423

192 Ebd., S. 424: „Ein reiner Ton inmitten der hilflosen, von romantischen Reminiszenzen gespeisten Ausstellungsarchitekturen, ein Anfang, der für den unbefangenen Blick zugleich eine zugehörige Tradition aufnimmt."

193 Vgl. Bier, Justus: *Kann man im Haus Tugendhat wohnen?* In: Die Form 6 (1931), H. 10, S. 392.

des Rieglschen beziehungsweise Worringerschen Konzept-Apparates zur elementaren Polarität der Raumideen nachgehen. Und zwar in der stereotypen Auslegung, die Gropius und Ortega von diesen gemacht hatten. Es waren Vorstellungen, mit denen sicherlich auch Mies während seiner Zeit im Neubabelsberger Atelier von Peter Behrens (1908-12) in Berührung gekommen war. Unabhängig vom Umstand, ob sie denn tatsächlich einen Einfluss auf Mies ausgeübt haben, bietet sich dieses Instrumentarium als Anleitung zur Betrachtung und damit zur kritischen Überprüfung einiger der dem Pavillon als maßgeblich zugeschriebenen Wirkungen an, wie etwa Offenheit, Transparenz oder Raumfluss.[194] Zu bedenken wäre dabei, dass Walter Benjamin 1929 Riegls „Die spätrömische Kunst-Industrie nach den Funden in Österreich-Ungarn" (Wien 1901) in einer späten Rezension zu den lebendig gebliebenen Büchern zählte. Es habe, so Benjamin, ein neues Raumgefühl, ein neues Kunstwollen erkannt und den zwanzig Jahre späteren Expressionismus antizipiert. Wohlgemerkt: Benjamin schrieb Riegl die Vorwegnahme des expressionistischen Kunstwollens zu und nicht die der modernen Sachlichkeit, für die er Alfred Gotthold Meyers „Eisenbauten" (Esslingen 1907) als historisch-materialistisches Pionierwerk ausmachte.[195]

Erinnern wir uns: Riegl hatte in „Spätromische Kunstindustrie" eine lineare historische Entwicklung des Raumgedankens beschrieben. Von der naiven, den Raum negierenden Vorstellung „undurchdringlich stofflicher Individuen" zu der eines mit Materie, nämlich mit Luft ausgefüllten, abgeschlossenen Behältnisses. Der Weg führte von der unmittelbaren, sich haptisch vergewissernden sinnlichen Wahrnehmung „taktischer Flächen" zum subjektiven Denkprozess der Konstruktion der Tiefenausdehnung, die eine optische Auffassung der Dinge voraussetzte: Von dem mit einem Blick erfassbaren Objekt zu dem aus der Erfahrung subjektiv zusammengesetzten räumlichen Zusammenhang – *von einer Kultur der Oberfläche zu einer der Tiefe*. Diese nach Riegl letzte Entwicklungsphase der antiken Kunst bedeutete den Verlust der Geschlossenheit der stofflichen Individualität, das Verschwimmen der Dinge in ihrer Umgebung. Gropius verwandelte diese Entwicklungsstufen zu der bereits besprochenen, in der spanischen Architektur zum Ausgleich ge-

---

194 Es wäre innerhalb der bisherigen Verlaufs der Argumentation vermessen, etwa den nachhaltigen Einfluss der Wiener Theorien zur spätrömischen Raumvorstellung auf Mies nachweisen zu wollen. Es müssten zu solch einer Ableitung der Mies'schen Raumästhetik eine Reihe weiterer Autoren hinzugezogen werden. Vgl.: Neumeyer, Fritz: *Mies van der Rohe. Das kunstlose Wort. Gedanken zur Baukunst*. Berlin 1986. S. 232 ff.

195 Benjamin, Walter: *Bücher, die lebendig geblieben sind*. (1929). In: Benjamin, Walter: *Gesammelte Schriften. Band III*. (Hrsg. Tiedemann-Bartels, Hella) Frankfurt a. M. 1972. S. 169-170.

1.36 Ludwig Mies van der Rohe, *Repräsentationspavillon des Deutschen Reiches* (Barcelona 1929). Innenraum [*Die Form*, 1929]

1.37 Ludwig Mies van der Rohe, Wilhelm Niemann, Fritz Schüler: *Pavillon der Deutschen Elektrizitätswirtschaft* (Barcelona 1929). Innenraum [*Zentralblatt der Bauverwaltung* 1929]

langenden Polarität von konvexer und konkaver Kunstauffassung – von stofflicher Körperlichkeit und intellektuellem Raum: Ein gegenläufiges, psychisch bedingtes und kulturell spezifisches Streben nach Reduktion oder Erhöhung der Dimensionalität.

Der Repräsentationspavillon wies eine klare Raumbildung auf. Die an beiden Köpfen angelegten Hofmauern klammerten die frontseitig offene Gesamtanlage ein. Die Ränder der substanzlos weißen Deckenplatte des Hauptgebäudes bestimmten die Kanten eines zwischen dieser und dem Podest gefangenen, geometrisch eindeutig gefassten Innenraumes, dessen Grenzflächen am deutlichsten wurden, wo der obere Umriss eine Entsprechung in der Grundfläche fand: im kleinen Hof und an der Frontseite. Die Position der Decke scheint, wie Robin Ewans gemutmaßt hat, durch eine horizontale Symmetrieebene auf Augenhöhe definiert. Der zunächst homogene Zwischenraum war – ebenso wenig wie das Tragsystem – aus keinem Standpunkt zu überschauen und wurde durch beweglich erscheinende, gelegentlich seine Grenzen überschreitende vertikale Elemente gegliedert. Die Stützen traten dabei nicht mit der von ihnen zu tragenden Decke in Beziehung, sondern bildeten mit den raumteilenden Scheiben *isolierte*, aber keineswegs ‚schwimmende' skulpturale Gruppen: Wandscheiben und Stützen definierten Bereiche mit unverrückbaren Positionen einer topologischen Konstellation, die auch Georg Kolbes weibliche Figur *Der Morgen* (1925) einbezog. Am deutlichsten jedoch wird dieses topologische Gefüge in der aus schwarzem Teppich, rotem Vorhang und goldener Onyx-Wand zusammengesetzten allegorischen Mitte des Repräsentationspavillons. An dieser Stelle wurde die Sitzgruppe fest auf der Plattform verankert. Die zwei eigens für den Bau entworfenen Sessel waren für den Empfang des spanischen Königspaars bestimmt.

Der Raum war von den subtilen Grenzen durchzogen, die diese genauen Platzierungen und eine mitnichten freie Wegeführung umschrieben. Die Analogie zum Stuttgarter Glasraum von 1927 ist offensichtlich: Es wurde ein modernes, kontemplatives Wohnen inszeniert. Wie verschiedene Berichte festhielten, war aufgrund der Verspiegelung der Glasflächen der entstehende Innenraum selbst an der Frontseite von außen nicht einsehbar. Dem entgegengesetzt gerichteten Blick aus dem höhergelegenen Innen zeigte sich die Umgebung – so Baeschlin – „von einem zarten Schleier verhüllt". Durch die weiße, dunkelgraue und flaschengrüne Tönung der Spiegelglasflächen wurde wider der anzunehmenden Transparenz eine bewusste Trennung, ein Ausschluss erzielt – wie von Josep Quetglas hervorgehoben worden ist. Das Fehlen von Türen suggerierte hingegen uneingeschränkte Zugänglichkeit vom vorderen Hof aus. Auch dieser war durch die Umfassungswände und die erhöhte Lage eindeutig von der Umgebung abgesetzt.

Der Pavillon kann in der Tat als Entfaltung der Dialektik zwischen körperbildenden und raumbegrenzenden gestalterischen Intention gelesen wer-

I. Nationales und Internationales

den: Er bildet ein komplexes, geschlossen wirkendes Gefüge, das nur im subjektiven Bewusstsein als Ganzes nachvollziehbar ist. Gleichzeitig handelt es sich nicht um eine Architektur haptischer Flächen und stofflich isolierter, konvexer Individualitäten in einem nicht allseitig eingeschlossenen Raum. Doch je nach Standpunkt und in Abhängigkeit von den herrschenden Lichtverhältnissen wurden die umhüllenden Spiegelflächen im Innenraum Grenzflächen zu parallelen optischen Räumen, in denen die stoffliche Undurchdringlichkeit aufhoben erscheint. Justus Bier sprach von einer „eigentümlichen ungreifbaren Materialität". Die Chrom-, Spiegelglas- und Natursteinflächen (römischer Travertin, polierter Onyx doré, Tinos und Vert antique) verschmolzen, wie auch die dunklen Wasserflächen der Höfe, mit ihrer Umgebung. Der Widerspruch wurde in der durch die Reflexionen im Pavillon zutage tretende Gleichzeitigkeit der Illusionen äußerster Zweidimensionalität und Räumlichkeit am präzisesten formuliert: Durch die sinnlich erfahrbare Virtualität der Spiegelungen stoßen wir an die Grenzen der Rieglschen Dualität, die zu einer künstlerischen Synthese gebracht wurde, wie sie Ortega herbeigesehnt hatte: die Bäume *und* der Wald.

Bleiben wir bei Riegls Begrifflichkeit und betrachten wir nun Mies van der Rohes Pavillon der Deutschen Elektrizitätswirtschaft in Barcelona. Dieser bildete nicht nur inhaltlich, sondern auch formal das Pendant zum Repräsentationspavillon: Eine klare ‚körperliche Hauptform', ein aus einfachsten ‚taktischen Flächen' zusammengesetztes undurchdringliches stoffliches Individuum, dessen ebenfalls mit einem Blick vollständig erfassbares Inneres den allseitig eingeschlossenen Raum negierte. Durch die von Wilhelm Niemann an den Raumgrenzen übereck angebrachten fotografischen Wandbilder wurden die Raumkanten aufgelöst.[196] Der Blick fand keinen Halt. Trotz der Fragmentierung durch die Höhenversprünge der Horizontlinien der einzelnen Bilder (Illustrationen der Themen Wasser, Braunkohle und Steinkohle) wurde die Illusion eines unendlichen Tiefenraumes erzeugt. Fand diese ‚*boite à miracles*' im Äußeren ihre Entsprechung als selbstbezogener Monolith? Handelt es sich um eine Architektur der sinnlichen Hülle? Nur auf den ersten

---

196 Wilhelm Niemann (1890-1980) war ab 1925 Mitglied des DWB. Von Haus aus Journalist und Bildberichterstatter, entwickelte er sich mit der Zeit zum Ausstellungsfachmann. Sein Film „Die Großstadt der Zukunft" entstand 1924 im Auftrag der *Reichs-Elektro-Werke*. Diese waren es, die ihn 1928 die Innenraumgestaltung des Pavillons in Barcelona anvertrauten, bei der, wie das *Zentralblatt der Bauverwaltung* meldete, auch der Architekt Fritz Schüler beteiligt war. Zu den enthaltenen Exponaten siehe: *Internationale Ausstellung Barcelona 1929. Deutsche Abteilung.* Berlin 1929. S. 45-46. *La actividad de la industria eléctrica alemana, puesta de relieve en la Exposición de Barcelona.* In: Diario Oficial de la Exposición Internacional de Barcelona 12, 2. Juni 1929. S. 11.

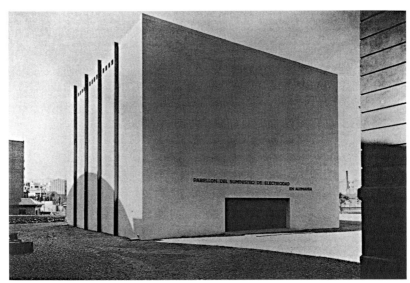
1.38

1.39

1.38 Ludwig Mies van der Rohe, Pavillon der Deutschen Elektrizitätswirtschaft in Barcelona (1929). Außenansicht
1.39 Peter Behrens, Werftschuppen der Vulcano im Hafen Barcelonas (1924). Perspektiven

Blick. Bei genauerer Betrachtung gaben die kümmerliche Attika, hinter der sich ein Satteldach verbarg, und die Eingangsöffnung eine Wandstärke an. Es entstand dadurch eine wertende Unterscheidung der Oberflächen, die zu Fassaden erhoben wurden: Eine abschließende, lediglich über den dunklen Zugang von einem Schriftzug („Pabellón del Suministro de Electricidad – en Alemania") besetzte Giebelseite, gegenüber einer durch vier vorgesetzte, Konstruktionsebenen signalisierende Doppel-T-Pilaster sowie einer Reihe quadratischer Lüftungsöffnungen rhythmisch gegliederte Seitenfassade; „... eine Wand, die uns zugleich verrät, dass hinter ihr ein Raum ist, der sich in die Tiefe dehnt" (wie es bei Riegls „Barockkunst" zum Begriff der Fassade heißt) und zugleich eine Stilisierung des Fassadenthemas der AEG-Turbinenhalle, an deren Planung Mies 1908 beteiligt gewesen war.[197]

Vorläufer in Barcelona: Peter Behrens und Carl Fieger

Der Pavillon der Deutschen Elektrizitätswirtschaft sollte ein für deutsche Industrie repräsentativer Hallenbau sein. Doch dieser war längst kein Tempel der Arbeit mehr. Ebenso wenig wie der 1924 von Behrens für Barcelona entworfene Vulkano-Werftschuppen, bei dem die gesamte Stirnseite in ein hochfahrbares Tor umgewandelt wurde.[198] Wir finden die Doppel-T-Träger innen und außen als Führungsschienen für die Laufkräne wieder. Ihre Verbindung mit der innenliegenden Rahmenkonstruktion ist in den Entwurfszeichnungen nicht nur durch das offene Tor einzusehen, sondern auch von außen ist zu

---

197 Die vergleichende Betrachtung dieser Bauten und die These ihrer formalen Verwandtschaft sind bereits bei Josep Quetglas zu finden, in: Quetglas, Josep: *Pérdida de la síntesis: el Pabellón de Mies*. In: Carrer de la Ciutat 11, 1980, S. 19. Siehe ebenfalls: Heuser, Mechthild: *Die Fenster zum Hof. Die Turbinenhalle, Behrens und Mies van der Rohe*. In: Peter Behrens. „Wer aber will sagen, was Schönheit sei?" (Hrsg. Hans-Georg Pfeifer). Düsseldorf 1990. S. 108-121. Miller, Wallis: *Mies van der Rohe und die Ausstellungen*. In: Terence Riley, Barry Bergdoll (Hrsg.): *Mies in Berlin*. München, London, New York 2001. S. 344-345.

198 Cremers, Paul Joseph: *Peter Behrens. Sein Werk von 1909 bis zur Gegenwart*. Essen 1928. S. 72. Die der Firma Krupp angehörende Werft *Vulkano* in Barcelona war im Mai 1924 einem Brand zu Opfer gefallen. Daraufhin wurde die Schiffs-Reparaturwerkstatt Nuevo Vulcano ins Leben gerufen. Vgl. *Betätigung der Firma Krupp in Spanien*. In: Kruppsche Mitteilungen 16 (1925), H. 9, S. 45-46. Siehe auch: *Las grandes industrias alemanas: Fried. Krupp Germaniawerft A.F. Kiel*. In: Diario Oficial de la Exposición Internacional de Barcelona Nr. 33, 19. Oktober 1929.) Eine nähere Beziehung von Behrens zu Spanien scheint es nicht gegeben zu haben. Erst September/Oktober 1930 unternahm er eine längere Spanienreise in der er den Süden der Iberischen Halbinsel kennenlernte.

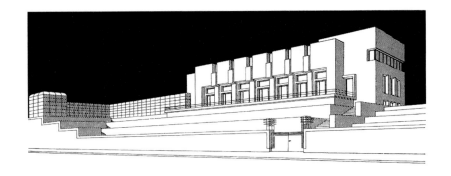

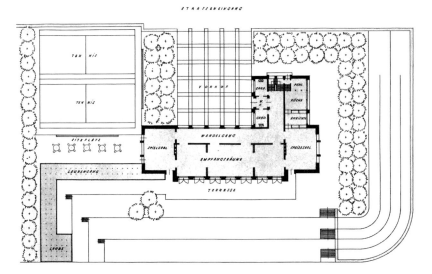

1.40 Carl Fieger, *Clubhaus des Deutschen Vereins Barcelona* (1926). Perspektive und Grundriss [*Die Baugilde*, 1927]

I. Nationales und Internationales 129

erkennen, wie sich das Tragwerk von den seitlichen Abschlusswänden löst und jenseits des Hallentores fortgesetzt wird. In den Ecklösungen der Turbinenfabrik der AEG oder des Fagus-Werks wurde der Anspruch auf eine Architektur als monumentale Kunst sichtbar. In beiden Fällen haben wir es – sei es durch die Abrundung des zurückgesetzten und geböschten Mauerwerks oder durch die dem transparenten Stoff abgewonnene, ambivalente Körperlichkeit – mit Versuchen einer Verbindung zwischen Front und Seitenfassade zu tun. Nicht so beim Werftschuppen der Vulkano und auch nicht im Pavillon der Deutschen Elektrizitätswirtschaft, bei dem Mies die Fassaden des Hohlkörpers lediglich in Licht und Schatten trennte. Die Oberflächen wirkten allerdings aufgrund ihrer Leere weiterhin monumental.

Der von Behrens entworfene ‚Werkraum' im Hafen Barcelonas wurde 1928 in einer Monographie veröffentlicht und es ist daher anzunehmen, dass Mies den Vorschlag seines früheren Lehrers gekannt hat. Und auch für den Repräsentationspavillon als ‚modernes deutsches Haus' in der katalanischen Hauptstadt gab es einen Vorgänger. Bereits 1927 hatte der Bauhäusler Carl Fieger seinen im Vorjahr entwickelten Entwurf für das Clubhaus des Deutschen Vereins in Barcelona in der BDA-Zeitschrift *Die Baugilde* veröffentlicht (dieselbe, die 1927 Mies' Entwurf für ein Landhaus in Backstein und die Mietshäuser an der Afrikanischen Straße in Berlin abdruckte). Fiegers lakonische Baubeschreibung lautete:

> Über dem horizontal terrassierten Gelände erhebt sich der vertikal gegliederte Repräsentativbau für deutsches Club- und Sportwesen. In blendendem Weiß ragt er gegen das tiefe Blau des südlichen Himmels, über die Terrassen hinweg schweift der Blick über das weite Meer. Die Empfangsräume des Erdgeschosses lassen sich ineinander zu einem großen Festsaal vereinigen. Anschließend daran befindet sich der Speisesaal mit Anrichte und Küche, auf der anderen Seite der Spielsaal. Bei Festlichkeiten öffnen sich die Gesellschaftsräume beiderseits durch große Glastüren nach der See, bzw. nach dem mit Fliesen ausgelegten Vorhof hin. An letzteren grenzen die Tennisplätze mit Zuschauerterrasse. Ein glasüberdeckter Laubengang trennt die Sportplatzanlage gegen die See hin ab. Das Obergeschoß enthält die Gästeschlafzimmer mit dem Konversations- und Musikzimmer. Im Souterrain ist der Verwalter und die Kegelbahn untergebracht.[199]

---

199 *Tennisclub des Deutschen Vereins in Barcelona.* In: Die Baugilde 9 (1927), H. 4, S. 180. Es ließ sich leider nicht bestimmen um welchen Verein es sich hier gehandelt hat. Über die Vielfalt und Heterogenität des deutschen Vereinswesens in Barcelona sprechen die Zahlen: 1922 wurden 15 deutsche Zusammenschlüsse in der katalanischen Hauptstadt gezählt, von denen der am ehesten in Frage kommende Verein Germania den Charakter eines Honoratiorenklubs nach britischem Vorbild besaß. Mitglieder waren gut situierte, konservative, zum Teil politisch

Eine wesentlichere Information verschwieg Fieger: Für diesen deutschen Repräsentationsbau hielt er offenbar das Programm einer luxuriösen Vorortvilla für geeignet, denn er griff einen Vorschlag wieder auf, den er während seiner Zeit bei Gropius und Meyer in Weimar bearbeitet hatte. Das Clubhaus von 1926 war eine Variation des Berliner Hauses Rauth aus dem Jahre 1922. In beiden Fällen wurde die Hanglage zu einer vierstufigen Terrassierung genutzt. Beim Haus Rauth wurde auf der als Podest ausgebildeten obersten Ebene ein Komplex angeordnet, der sich aus Haus, Laubengang und Pavillon zusammensetzte. Das Hauptgebäude selbst bestand wiederum aus drei, um einen rückwärtig offenen Hof gruppierten Bauten. Diesem gegenüber verschränkt, entgegengesetzt ausgerichtet, entstand mittels eines offenen Umgangs ein zweites, die großzügige Terrasse umschreibendes U. Es ergab sich dadurch eine quer zum Hang ausgerichtete zweipolige Anlage. Dagegen entwickelte sich Fiegers Gebäude linear, hakenförmig als ein einziges Gebilde parallel zu den Geländestufen. Die innere Disposition erfuhr nur geringfügige Veränderungen: Der deutsche Club blieb eine Vorort-Villa. Abweichungen zeigten sich vor allem in der plastischen Gliederung der Baukörper. Der klar hierarchisierten Anlage des Hauses Rauth setzte Fieger ein einheitliches Konglomerat sich durchdringender Körper entgegen. Die an J. J. P. Ouds klassische Formensprache angelehnte horizontale Dreiteilung der Fassadenflächen wurde durch eine Vielzahl vertikaler Rhythmen vor- und zurückspringender Ebenen ersetzt.[200] Während beim Berliner Landhaus die klare Großform durch Podest und ausgreifenden Dachplatten eindeutige Abschlüsse und einen klaren Umriss erhielten, leiteten beim Club um die Ecke geführte, mehrfach orthogonal umgelenkte, Haken schlagende Linien von der Terrassierung über zu den Schnittkanten sich durchdringender Kör-

---

reaktionäre, antirepublikanische Kräfte der deutschen Kolonie, die noch in der Vorstellung der Kulturpropaganda als Form der Deutschtumspflege verharrten. Umso erstaunlicher wäre es, dass sie für Aufgaben der deutschen Repräsentation im Ausland moderne Architektur in Betracht gezogen hätten. Es sei allerdings bemerkt, dass es die deutsche Handelsvertretung und das deutsche Konsulat in Barcelona waren, die zu einer deutschen Beteiligung an der Weltausstellung 1929 drängten, und dass eine Vielzahl der Veranstaltungen der Deutschen Woche im Verein Germania abgehalten wurde. (Vgl. Pöppinghaus, Wolfgang: „Moralische Eroberungen"? *Kultur und Politik in den deutsch-spanischen Beziehungen der Jahre 1919 bis 1933.* Frankfurt a. M. 1999. S. 178 ff.) 1925 war in Madrid das Landhaus des Vereins Germania eingeweiht worden. Einen interessanten Vergleich bieten die aus dem Jahre 1923 stammenden Vorschläge von Hugo Häring für den *Verein Germania* in Rio de Janeiro (1923), die zwischen einer neoklassizistischen und einer modernen Lösung schwanken.

200 Vgl. Jaeggi, Annemarie: *Adolf Meyer. Der zweite Mann. Ein Architekt im Schatten von Walter Gropius.* Berlin 1994. S.154-156 und 325-326.

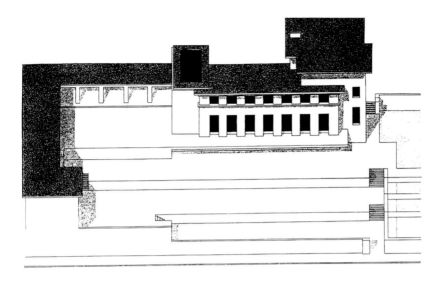

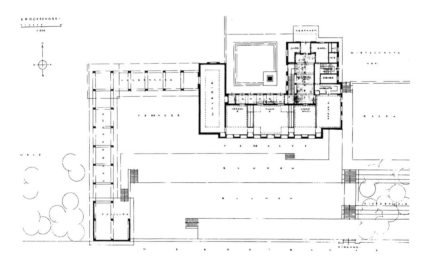

1.41 Walter Gropius und Adolf Meyer, *Haus Rauth in Berlin* (1922). Axonometrie und Grundriss

per und von diesen zu der gebrochenen Silhouette. Sie ließen die gesamte Anlage zu einer ornamentalen Figur dreidimensional fortlaufender Bänder werden.

Mit den Begriffen von Gropius' früher Umhüllungstheorie – dem ‚Gesetz der Enveloppe' (1910) – könnte man behaupten: In Fiegers Formalisierung wich die rhythmische Gliederung einer tastbar undurchdringlichen Ebene durch das Fortnehmen von Teilen ohne Beeinträchtigung ihrer geschlossenen Wirkung zugunsten der Suggestion dreidimensionaler Durchdringungen. Aber nicht durch die Ausbildung der Außenwände als Fassaden eines Hohlkörpers, sondern lediglich durch die Aufgabe der ‚Einkörperlichkeit'. Die ‚flächenhaft-sinnliche Kunstauffassung' der Villa Rauth blieb erhalten. Fiegers ‚vielkörperliche' Komposition strebte aber keineswegs eine Reduktion der Dimensionen an. Sie führte bis an die Grenze des ‚plastisch-intellektuellen psychischen Drangs' nach virtueller Tiefe.

5. ‚AUFGABEN UNSERER ZEIT'. SPANISCHE REZEPTION ALS DEUTSCHE CHANCE (1928-1933)

Die deutschen Bauten auf der Weltausstellung in Barcelona erweisen sich bei Verwendung der Rieglschen Begrifflichkeit und im Sinne Ortegas als komplementäre *gebaute Blicke*. Der Repräsentationspavillon schuf für die Architektur den geforderten modernen Ausgleich zwischen den Kulturen der Oberfläche und der Tiefe. Er könnte sogar als die von Ortega prognostizierte und zum Programm erklärte europäische Genesung vom Pathos des Südens beziehungsweise des Nordens durch ein *integrierendes Kunstwerk* ausgelegt werden; als ein in Form- und Raumbildung ‚internationaler' Pavillon. Doch die zentrale Idee, der mit dem Bau Ausdruck verliehen werden sollte, war zweifelsohne eine andere: Die Vorstellung von einer Lebensform, die „unserer Zeit" gerecht wurde, wie Mies gegenüber einem Journalisten des *Diario Oficial de la Exposición* – der Tageszeitung der Ausstellung – geäußert haben soll:

> Das Leben hat sich gegenüber den letzen Jahren gewandelt. Heute wird anders gewohnt und was uns früher beglückte, lässt uns heute unberührt. Wir haben andere Bedürfnisse und es ist nur verständlich, daß die Architektur sich angesichts dieser Wandlung der Lebensform ebenfalls verändert. Das Leben verlangt heute nach Einfachheit und Knappheit. Die Kompliziertheit der Vergangenheit findet heute keine Berechtigung mehr. Es versteht sich daher von selbst, dass unsere Gebäude, unsere Möbel, das Innere unserer Wohnung dieser neuen und täglich bestimmteren Form des Lebens entsprechen.[201]

In einem Kommentar für *Cahiers d'art* sprach der katalanische Architekt Nicolau María Rubió i Tudurí dem Pavillon durchaus Wiedererkennbarkeit als „deutsches Haus" zu, worin er allerdings ein „konservatives Prinzip" ausmachte. Mehr noch: Aufgrund dieser Symbolik sprach Tudurí von der unerwarteten Sentimentalität einer zunächst technisch und modern anmutenden Architektur. Zur Entlastung fügte er jedoch abschließend hinzu, dass sich die Architektur nur schwer den sozialen Einflüssen entziehen könne, denen sie entspringt.[202]

Der zentrale Aspekt der Repräsentation, wie sie aus der ‚sozialen Bestimmung' des Pavillons entspringt, ist von neueren Interpreten negiert worden. Etwa von Ignasi de Solá Morales, als er in Mies einen Vorreiter des Mini-

---

[201] *El Arquitecto Van der Roch, creador del Pabellón de Alemania*. In: Diario Oficial de la Exposición H. 12, 2. Juni 1929, S. 25. Übersetzung J. M. W. Vgl. Dokument im Anhang.

[202] Rubió i Tudurí, Nicolau Maria: *Le Pavillon de l'Allemagne à l'Exposition de Barcelone*. In: Cahiers d'art 4 (1929), S. 408-409.

malismus ausmachte, oder als Peter Eisenman seine Vorstellung von einer Textstruktur ohne symbolische Bedeutung den Werken des Deutschen überstülpte.[203] Es handelt sich hierbei um zwei programmatische Lesarten, die sich gezielt einer historischen Betrachtung verweigern. Möchte man aber den ursprünglichen Intentionen näher kommen – unabhängig von den gebauten Realitäten und ihrer Wirkung – so empfiehlt es sich, direkt den Kontext der sich wandelnden Architekturkonzeptionen Mies van der Rohes zu befragen.

Eine Wandlung vollzog zum Beispiel Mies van der Rohes Verständnis der Zeit. 1924 hatte er noch in *Der Querschnitt* von der Baukunst als „raumgefasster Zeitwille" geschrieben, als die anonyme Manifestation einer metaphysischen Instanz.[204] Ein objektives *Wesen der Zeit* sei es, das – unabhängig von der „zufälligen Persönlichkeit ihrer Erbauer" – in Zweck, Mittel und Material eines Gebäudes sinnfällig zum Ausdruck komme. Um 1926 aber war sein Verständnis der Baukunst von einer überpersönlichen technischen Gegebenheit zu einer bewussten geistigen Entscheidung mutiert, wie von Fritz Neumeyer dargelegt worden ist.[205] Aus einem anonymen Träger des Zeitwillens wurde ein mit geistigen Mitteln operierender Künstler. Die Wohnung beispielsweise, blieb nicht länger nur eine primär technische Aufgabe, sondern wurde nun als geistiges und baukünstlerisches Problem aufgefasst.

Eine weitgehend analoge Wandlung vollzog Ortega y Gasset. Hiervon zeugt seine kritische Distanz zu den „Zeichen der Zeit", als er die bewusste Erfassung der Probleme und Aufgaben „unserer Zeit" zum vorrangigen Thema seiner Untersuchungen machte. Einigen Erscheinungen der Zeit musste durchaus eine Absage erteilt werden, wie Ortega 1930 in *Der Querschnitt* als Antwort auf die Frage „Muss man mit der Zeit gehen?" erklärte:

> Nein, wir sollen unsere Zeit nicht ohne weiteres hinnehmen. Ganz im Gegenteil! Jede Zeit hat ihre Norm und ihr Übermaß, ihre wahren zehn Gebote und deren Verfälschung. Das macht ständige Untersuchungen über ihr wirkliches Wesen nötig, sie muß aus der unaufhörlichen Entstellung herausgeschält, an sich selbst ge-

---

203 Solà Morales Rubió, Ignasi: *Hacia el grado cero. Mies, un aniversario minimalista.* In: Arquitectura Viva 39, November 1994, S. 69-73. Solà Morales Rubió, Ignasi: *Mies van der Rohe and Minimalism.* In: Mertins, Detlef (Hrsg.): *The Presence of Mies.* New York 1994. S. 149-155. Eisenman, Peter: *miMISes READING: does not mean A THING.* In: *Re:Working Eisenman.* London 1993. S. 11-17.

204 Mies van der Rohe, Ludwig: *Baukunst und Zeitwille!* In: Der Querschnitt 4 (1924), H. 1, S. 31-32. Abgedruckt in: Neumeyer, Fritz: *Mies van der Rohe. Das kunstlose Wort. Gedanken zur Baukunst.* Berlin 1986. S.303-304.

205 Vgl. Neumeyer, Fritz: *Mies van der Rohe. Das kunstlose Wort. Gedanken zur Baukunst.* Berlin 1986. S. 201 ff.

I. Nationales und Internationales

messen werden. Je ernsthafter wir uns zu unserer Zeit bekennen, je strikter werden wir ihren Betrug ablehnen.[206]

Ortega hatte sich von den idealistischen Spekulationen verabschiedet, die wir zu Beginn des Kapitels in seinen frühen Schriften festgestellt haben. Nicht die objektive Ebene des Geistigen stand nun im Vordergrund seines Interesses, sondern die „radikale Realität des Lebens". Diese war es, die nicht verfälscht werden durfte. Ortegas Skepsis gegenüber idealistischen Weltsetzungen führte unter anderem dazu, dass Riegls Begriff vom Kunstwollen im weiteren Verlauf kaum noch eine Rolle spielte. In Ortegas neuem Gedankengebäude vom „Ratiovitalismus" stellte die Tradition kein absolutes Ideal dar, sondern war als eine Reihe nüchterner Erfahrungswerte zu verstehen. Lediglich der sowohl im Kunstwollen als auch im prosaischen „Gestaltungswillen" enthaltene kulturelle Relativismus blieb unangetastet und sollte erst voll zum Tragen kommen im Rahmen des internationalen Austauschen, den Ortega als wichtigster Vermittler zeitgenössischer deutscher Kultur in Spanien anregte.

In Ortegas *Bestseller* „Der Aufstand der Massen" von 1930, der im selben Jahr in deutscher Übersetzung erschien, sprach er von einer auf sich selbst gestellten *europäischen Generation*, die ausschließlich aus der eigenen, gegenwärtigen Zeit heraus – mit ihren qualitativ und quantitativ erweiterten Möglichkeiten – die Gestaltung des Lebens angehen müsse:

> Dies entscheidende Auseinandertreten von Vergangenheit und Gegenwart ist eine allgemeine Tatsache unserer Epoche, und das mehr oder minder verworrene Gefühl davon erzeugt die merkwürdige Bestürzung des Lebens in diesen gegenwärtigen Jahren. Wir fühlen, wir Heutigen auf einmal, daß wir allein auf der Welt sind, daß die Toten nicht im Scherz starben, sondern unwiderruflich, daß sie uns nicht mehr beistehen können. Der Geist der Tradition ist bis auf den letzten Rest entflohen. Vorbilder, Normen, feste Formen nützen uns nichts. Wir haben unsere Probleme – seien sie künstlerische, wissenschaftlich oder politische – ohne die tätige Mitarbeit der Vergangenheit in voller Gegenwart zu lösen. Der Europäer steht allein, ohne lebende Tote neben sich; wie Peter Schlehmil hat er seinen Schatten verloren. So geschieht es, wenn der hohe Mittag kommt.[207]

Das zentrale Phänomen der Zeit, das Ortega in diesem Buch beschrieb, war die gesellschaftliche Machtübernahme durch die Masse, beziehungsweise durch den aus der erfolgreichen Verbindung von liberaler Demokratie und technischer Entwicklung hervorgehenden *hombre-masa*, den Massenmen-

---

206 Ortega y Gasset, José: *Muß man mit der Zeit gehen?* In: Der Querschnitt 10 (1930), H. 12, S. 785-789.

207 Ortega y Gasset, José: *Der Aufstand der Massen*. Stuttgart 1930. S. 36. Diese von Ortega zitierte Passage war aus seinem früheren Werk *La deshumanización del arte* (*Die Vertreibung des Menschen aus der Kunst*) entnommen, das bereits 1928 ins Deutsche übertragen wurde.

schen, der seine gewöhnlichen Bedürfnisse in sämtlichen Bereichen des öffentlichen Lebens zum neuen Maßstab erklärte. Vor allem stellte der Massenmensch den Anspruch in den Mittelpunkt seiner ‚gemeinen' Lebensführung, ohne moralische Bindung zu leben. Im Gegensatz hierzu beschrieb Ortega das edle Leben einer Minderheit, die vorrangig Ansprüche an sich selbst stellte und so moralische Maßstäbe setzte. Anders als beim Blutsadel waren die Privilegien dieser Kaste kein ruhender Besitz, sondern asketische Eroberungen. Diese dynamische Elite trug gegenüber der Masse die Verantwortung, ihr genaue kulturelle Normen vorzugeben. Als *Geistesaristokrat* erkannte Ortega daher im Phänomen der „Herrschaft der Mediokren" eine ernst zu nehmende kulturelle Bedrohung. Auch auf dem Gebiet der zeitgenössischen Baukunst?

Wie Ortega 1928 in der Madrider *Gaceta Literaria* bemerkte, bezog die alles andere als moralfreie neue Architektur gegenüber den zentralen Phänomenen der Zeit auf scheinbar paradoxe Weise Stellung:

> Alles scheint bereit für ein architektonisches Aufkeimen des Planeten, während die anderen, minderheitlichen und innerlichen Künste allmählich erlöschen. Es triumphiert der Durchschnittsmensch. Aber in diesem durchschnittlichen Menschen ist auf einmal, völlig unerwartet, eine feine Sensibilität für die reine Form und die reine Farbe wach geworden, die ja das Gegenteil der den Dingen anhaftenden, stets unreinen Form und Farbe darstellen. Zudem lebt er an der freien Luft. Die Architektur als Kunst, setzt immer voraus, dass der Mensch seine Wohnung verlässt und sich beim Anblick ihres Äußeren peinlich berührt fühlt. Die Architektur, die das Innere baut, ist paradoxerweise, die äußerliche Kunst schlechthin. Unsere Epoche ist eben das - die Flucht in die Äußerlichkeit.[208]

Diese Erklärung leitete ein monographisches Architektur-Heft ein, das unter anderem Auszüge aus Schriften von Taut, Behne und Mies enthielt.[209] Als 1929 in *Die Form* das Konzept für die Internationale Werkbund-Ausstellung „Die Neue Zeit" vorgestellt wurde, die drei Jahre später in Köln stattfinden sollte, wurde die deutsche Ausgabe von Ortegas „Die Aufgabe unserer Zeit" (Zürich 1928) zu den wegweisenden Beiträgen gezählt, die im Vorgang der „Bewusstseinsentwicklung der neuen Zeit" auf dem Gebiet der Künste Vorarbeit für die „Totalität und Einheit der Neuen Zeit" geleistet hätten.[210]

---

208 Ortega y Gasset, José: *Rebrote Arquitectónico*. In: *Nuevo arte en el mundo – Arquitectura, 1928*. La Gaceta Literaria 2 (1928), H. 32, S. 1. Übersetzung J. M. W.

209 La Gaceta Literaria 2 (1928), H. 32: *Dice Bruno Taut – Arquitecto alemán de vanguardia* (S. 1); *Dice Mier Van de Rohe* [sic] (S. 5); Behne, Adolf: *El Bauhaus de Dessau* (S. 5).

210 Vgl. Jäckh, Ernst: *Idee und Realisierung der Internationalen Werkbund-Ausstellung „Die Neue Zeit" Köln 1932*. In: Die Form 4 (1929), H. 15. Abgedruckt

I. Nationales und Internationales

‚Unsere Zeit' war die Losung, mit der Ortega das gemeinsame Schicksal einer neuen *europäischen Generation der Heutigen* beschwor. Er ging so weit, selbst die Möglichkeit eines Europas als selbstbewusste Nationalidee zu suggerieren: zwar als ein Zukunftsprogramm, aber auf der Grundlage einer längst gegenwärtigen Realität:

> In uns überwiegt der Europäer bei weitem den Deutschen, Spanier, Franzosen ... Wenn wir uns versuchsweise vorstellen, wir sollten lediglich mit dem leben, was wir als „Nationale" sind, wenn wir etwa den durchschnittlichen Deutschen aller Sitten, Gedanken, Gefühle zu entkleiden probieren, die er von anderen Ländern des Erdteils übernommen hat, werden wir bestürzt sein, wie unmöglich eine solche Existenz schon ist; vier Fünftel unserer inneren Habe sind europäisches Gemeingut.[211]

Dieses pragmatische Ineinandergreifen von Nationalität und Internationalität ließ in Ortegas Augen die ideologische Ausschließlichkeit von Nationalismus oder Internationalismus obsolet erscheinen.[212] Die von ihm beschriebene europäische Gemeinsamkeit hob keinesfalls die Idee von der Komplementarität der nationalen Identitäten von Deutschen und Spaniern auf, an die er auch in den zwanziger Jahren festhielt.[213] Und als er 1934 über die dritte deutsche Auflage von „Die Aufgabe unserer Zeit" verhandelt wurde, fühlte er sich genötigt, dieser ein „Vorwort für Deutsche" voranzustellen, da er grundsätzlich daran zweifelte, ob seine Thesen aus der deutschen Perspektive verständlich seien. Seine Werke waren nach eigener Aussage auf eine spanische Leserschaft zugeschnitten, deren Realität den Kontext seiner Ausführungen bildete und den Horizont seiner Bestrebungen bestimmte: Das allgegenwärtige „Spanische Problem", das ihn, wie wir bereits gesehen haben, schon früh zur Förderung der deutschen Präsenz in Spanien bewogen

---

in: *Die Stimme des Deutschen Werkbundes 1925-1934.* (Hrsg. Felix Schwarz und Frank Gloor). Gütersloh 1969. S. 45-47. Die Züricher Ausgabe von Ortegas „Die Aufgabe unserer Zeit" enthielt auch den Aufsatz „Die Enthumanisierung der Kunst".

211 Ortega y Gasset, José: *Der Aufstand der Massen.* Stuttgart 1930. S. 198.

212 „Was das Haus gegenüber der Gesellschaft, ist in größerem Maßstab die Nation gegenüber der Gesamtheit der Völker. Eine der deutlichsten und schwerwiegendsten Äußerungen des herrschenden ‚Jungherrentums' ist, wie wir sehen werden, der Entschluss einiger Nationen, in der internationalen Lebensgemeinschaft ‚zu tun, was ihnen einfällt'. Sie nennen das treuherzig ‚Nationalismus'. Und ich, der ich die Bigotterie des Internationalismus verabscheue, finde anderseits diese vorübergehenden Junkerallüren der am wenigsten dazu berufenen Völker grotesk." Ortega y Gasset, José: *Der Aufstand der Massen.* Stuttgart 1930. S.110.

213 Vgl. Ortega y Gasset, José: *Der Deutsche und der Spanier.* In: Der Querschnitt 6 (1926), H. 11, S. 844-849.

hatte. Im „Vorwort für Deutsche" erhob er unbescheiden den Anspruch, die deutsche Penetration in Spanien durch die eigene publizistische Aktivität überhaupt erst ermöglicht zu haben. Tatsächlich kann die Bedeutung von Ortegas ab 1923 erscheinende *Revista de Occidente* für das kulturelle Leben Madrids nicht hoch genug angerechnet werden. Sie hat einer Generation von Spaniern die deutsche zeitgenössische Kulturdebatte – von der Ästhetik bis zur Soziologie – zugänglich gemacht. Die Geringschätzung aber, die Ortega den Verdiensten des *Krausismo* und dessen Institutionen entgegenbrachte („aus Deutschland kannten sie nur Krause") war nur bedingt gerechtfertigt.[214] Auch Ortega war nur Teil eines mehrschichtigen Vorganges deutscher Einflussnahme, der mit dem kulturellen Aufbruch Spaniens einherging. Und doch unterschied sich Ortega von den institutionell organisierten Germanophilen darin, dass es ihm gelungen war, die gemeinsame Diskussionsgrundlage für einen internationalen Dialog unter Gleichen zu schaffen. Während beispielsweise 1926 in *Der Querschnitt* der *Krausismo* der deutschen Öffentlichkeit einmal mehr als eine der zahllosen spanischen Merkwürdigkeiten präsentiert wurde, erfreuten sich Ortegas Artikel und Bücher auch in Deutschland außerordentlicher Popularität.[215] Ein Grund für diesen Erfolg lag darin, dass es ihm gelungen war, sich von der Anziehungskraft der „vergeistigenden Kultur" zu lösen, ohne aber auf die deutschen Einflüsse seiner frühen Programmatik zu verzichten. Er hat sie mit der „radikalen Realität des Lebens" versöhnt. Ortegas deutsche Leser haben sich in den Texten wieder-

---

214 José Ortega y Gasset, *Prólogo para Alemanes*. Madrid 1958.
215 Vgl.: *Krausismus*. In: Der Querschnitt 6(1926) Heft 4, S.330. Der Artikel wurde im Rahmen eines monographischen Spanien-Heftes abgedruckt, das Beiträge einiger der Protagonisten des intellektuellen Lebens Spaniens enthielt. Auch von Ortega. Es ist bemerkenswert, dass in der von Werner Blaser zusammengestellten Liste der für Mies van der Rohe bedeutendsten Lektüren Ortega mit neun Werken der am häufigsten vertretene Autor ist. Allerdings nennt Blaser ausnahmslos amerikanische Ausgaben: *Invertebrate Spain* (New York 1937), *The Deshumanization of Art* (New York 1956), *Man & People* (New York 1957), *What is Philosophy?* (New York 1960), *History as a System* (New York 1961), *The Modern Theme* (New York 1961), *Man and Crisis* (New York 1962), *On Love* (Cleveland 1963), *The Origin of Philosophy* (New York 1967). Vgl.: Blaser, Werner: *Mies van der Rohe. Lehre und Schule*. Basel/Stuttgart 1977. S. 285] Vor seiner Emigration scheint sich Mies nicht mit Ortega auseinandergesetzt zu haben. Darauf lässt der Umstand schließen, dass der Spanier in den Untersuchungen von Fritz Neumeyer und Hans Joachim Dahms zu Mies van der Rohes philosophische Beschäftigung während der Berliner Jahre keine Erwähnung findet. Allerdings wäre anzumerken, dass schon 1923 in *G* (Heft 2) Ortegas Wochenzeitschrift *España* unter den empfohlenen Publikationen aufgeführt wurde.

I. Nationales und Internationales 139

finden können. Und zwar nicht selten aufgrund von in Deutschland längst überholten Anschauungen. Um Ortegas Erfolg zu verstehen, muss neben seiner ‚Oberflächlichkeit' auch seine nicht weniger programmatische Un-Zeitgemäßheit berücksichtigt werden, mit der er bereits verklungene Konzepte wieder aufgriff.

Mittler einer frühen Moderne: Lacasa und Mercadal

Wenngleich es vorstellbar ist, dass die Verzögerungen in der Rezeption zu Rückkoppelungen geführt haben könnten, die einen deutsch-spanischen Dialog erschwert hätten, so lässt sich dennoch feststellen, dass es Ortega gelungen ist, gemäß seiner frühen Programmatik entscheidende Brücken zu schlagen, die auch in die Gebiete der Architektur und des Städtebaues reichen. Sein Vorwort zur Architektur-Monographie der *Gaceta Literaria* verdeutlicht, wie sehr er als intellektueller Übervater der jungen Generation von spanischen Architekten fungierte, die ab Mitte der 20er Jahre wieder den verlorenen Anschluss zu Ihresgleichen in Europa suchten und sich dabei vornehmlich an Deutschland orientierten.

Die Architektur nahm ihren Stellenwert als Sonderfall innerhalb eines allgemeineren Prozesses der Rezeption deutscher Kultur in Spanien ein, der sich nicht allein auf Ortegas Wirken beschränkte. Vor allem in Madrid folgte eine junge Architektengeneration dem von Balbás und Anasagasti Jahre zuvor eingeschlagenen Weg. Nach Aussagen von Luis Lacasa hat sich diese Generation anhand der deutschen Bücher und Zeitschriften in der Bibliothek der Madrider Architekturfakultät autodidaktisch das nötige Wissen angeeignet, um an der in Mitteleuropa stattfindenden Erneuerung der Architektur teilhaben zu können.[216] Es ist in diesem Sinne bezeichnend, dass zu den Prüfungen, die von den Architekturstudenten im Studienjahr 1921/22 abgelegt werden musste, eine einzige Fremdsprache zählte: Deutsch.[217] Und auch die Deutschlandreise wurde zum festen, wenngleich nicht obligatori-

---

216 Bezüglich der in Madrid zu Beginn der 20er Jahre üblichen Ausbildung mittels deutschsprachiger Bücher und Zeitschriften aus der Schenkung des in Kalifornien angesiedelten spanischen Architekten und Ingenieurs Juan C. Cebrián, die noch heute in der Bibliothek der Madrider Architekturfakultät (ETSAM) einsehbar sind, siehe Lacasas autobiografische Notizen in: Lacasa, Luis: *Escritos 1922-1931*. Carlos Sambricio (Hrsg.), Madrid 1976. Zum Einfluss deutscher Zeitschriften: Lacasa, Luis: *Wasmuth*. In: Arquitectura 7(1925), S.78. Ebenso: García Mercadal, Fernando: *De la importancia del Libro en Arquitectura*. In: La Gaceta Literaria 2 (1928), H. 33, S. 7.

217 Vgl.: *Cuadro de exámenes de la Escuela de Arquitectura de Madrid, Año 1921 a 1922*. In: Anasagasti, Teodoro: *La Enseñanza de la Arquitectura. Cultura moderna técnico artística*. Madrid 1923. (Nachdruck: Madrid 1995) S. 47-48.

schen, Bestandteil der Ausbildung. So nutzte der Architekt Fernando García Mercadal – nach Anasagastis Vorbild – 1923 die Auszeichnung mit dem Stipendium der Spanischen Romakademie, um Österreich, Frankreich und Deutschland zu bereisen. Für Mercadal, der später als einer der spanischen Vertreter bei der Gründung der Internationalen Kongresse für Neues Bauen (CIAM) in La Sarraz den Brückenkopf zur europäischen Avantgarde bilden sollte, war der Berliner Aufenthalt 1925-26 die folgenreichste Station seiner Reise. 1928, ein Jahr nach seiner Rückkehr, stellte Mercadal das bereits angesprochene monographische Heft von *La Gaceta Literaria* „Nuevo arte en el mundo – Arquitectura 1928" (Neue Kunst in der Welt – Architektur 1928) zusammen. Wir werden im dritten Kapitel darauf zurückkommen. Es sei lediglich vorweggenommen, dass sich Luis Lacasa in diesem Heft als Bewunderer des „bescheidenen Architekten" Heinrich Tessenow bekannte. Damit setzte er sich von Mercadal ab, der damit kokettierte, sich als Schüler Poelzigs auszugeben, bei dem er tatsächlich an der Technischen Hochschule Berlin-Charlottenburg studiert hatte. In anderen Worten: Die beiden Köpfe der sogenannten *Generación del 25* reproduzierten die Charlottenburger Rivalität zwischen den Anhängern der genialen Künstlerpersönlichkeit Poelzigs und den Verfechtern der stillen Handwerklichkeit Tessenows: nostalgische Bescheidenheit gegenüber avantgardistischem Formwillen.[218] Diese Anekdote zeugt davon, wie sich die Madrider Rezeption der deutschen Architekturdebatten jenseits der vereinheitlichenden Bilderbücher des Internationalen abwickelte und in der Lage war, die Pluralität der theoretischen Positionen wiederzugeben. In diesem Sinne warnte Mercadal 1928 in *La Gaceta Literaria* anlässlich der Ausstellung deutscher Kunstbücher, die im Rahmen der Madrider Buchmesse stattfand, vor dem leichtfertigen Gebrauch von Bildbänden und führte die Gefahren anhand des in Spanien weit verbreiteten „El Hoffmann" vor. Gemeint war das Skizzenbuch des Berliner Stadtbaurats Julius Hoffmann (1852-1932), welches – wie Mercadal unterstrich – in Spa-

---

218 Schon 1914 hatte Anasagasti über die Lehrmethoden des „Henrich Tesseron" [sic] berichtet, als dieser noch in Wien lehrte. (Vgl.: Anasagasti, Teodoro: *Así se enseña en Múnich y Viena*. In: Arquitectura y Construcción 18 (1914), Nr. 267, S. 222-234) 1926 versprach Mercadal die Unterrichtsmethoden Poelzigs an der Berliner TH für *Arquitectura* zu erläutern. Ein Versprechen, das er jedoch nicht einhielt. (Siehe: García Mercadal, Fernando: *La última obra de Poelzig: Capitol*. In: Arquitectura 8 (1926), H. 9, S. 358) Lacasas Charakterisierung Tessenows in der Gaceta Literaria ist kurios, denn im selben Artikel beschimpfte er Le Corbusier als Scharlatan. Ausgerechnet dieser hatte aber zuvor in *L'Esprit Nouveau* Tessenow als „bescheidenen Architekten" gepriesen. Einig waren sich Lacasa und Mercadal bezeichnenderweise in der Hochschätzung der Arbeiten Bruno Tauts.

I. Nationales und Internationales

nien nur von Secundino Zuazo wirklich verstanden, dafür aber scharenweise kopiert worden sei: Das Verharren auf Gemeinplätzen wie die Hoffmannschen Baluster, habe eine zehnjährige Stagnation der spanischen Architektur zur Folge gehabt.[219] Indessen hatten sich aber in Berlin die führenden Vertreter der Moderne (Walter Gropius, Martin Wagner, Bruno Taut, Hans Poelzig, Peter Behrens, Ludwig Mies van der Rohe, Erich Mendelsohn, Hugo Häring, Otto Bartning...) ausgerechnet aus Protest gegen Hoffmanns großstädtischen „Allerweltsklassizismus" zum Zehnerring, der späteren Allgemeinen Architektenvereinigung „Der Ring", zusammengeschlossen.[220] Dieser Generation der Heutigen fühlte sich Mercadal zugehörig und nicht den Epigonen einer – wie er sie umschrieb – „zeitgenössischen alten Baukunst".

Eine differenzierte Resonanz setzte vor allem eines voraus: die ausführliche und kritische Berichterstattung über die Entwicklung in Deutschland. Eine Aufgabe, der sich die Zeitschrift *Arquitectura* annahm. Noch unter der Schriftleitung Balbás' begannen Lacasa, Blanco Soler oder Mercadal regelmäßig Artikel zu veröffentlichen, in denen sie über persönliche Erfahrungen und Erkenntnisse in Europa reflektierten. Hinzu kamen Buchbesprechungen und Übersetzungen so unterschiedlicher deutscher Autoren wie Hermann Muthesius, Paul Wolf, Fritz Schumacher, Bruno Taut, Adolf Behne oder Ludwig Hilberseimer. Die Heterogenität der Zeitschrift spiegelte die Vielfalt der Interessen. Der gemeinsame Nenner der Beiträge lässt sich aber leicht ausmachen: Es war noch immer das selbstkritische Bewusstsein über die schmerzlich empfundene Rückständigkeit Spaniens. So stellte Mercadal nach dem Besuch der Weißenhofsiedlung herausfordernd die rhetorische Frage: „Ist denn Spanien aus Nachlässigkeit in der Stuttgarter Ausstellung nicht vertreten? Gibt es in Spanien etwa keine moderne Architektur?"[221]

Nur der Blick über die Grenze und die damit verbundene Befreiung Spaniens aus der Isolation würde die Architektur des Landes aus ihrer langjährigen Lethargie reißen. So die Hoffnung der neuen Generation. Im Zuge dieses Aufbruchs wurde Paul Linder, der ab 1924 als Deutschlandkorrespondent fungierte, zu einem maßgeblichen Träger der internationalen Kontakte. Seine Artikel behandelten Themen wie den Hochhausbau oder die soziale

---

219 García Mercadal, Fernando: *De la importancia del Libro en Arquitectura*. In: La Gaceta Literaria 2 (1928), H. 33, S. 7. *El balaustre y elementos barrocos y vacíos de la vieja arquitectura actual*. In: La Gaceta Literaria 2 (1928), H. 34, S. 4.

220 Vgl. Behrendt, Walter Curt: *Ein Architektenprotest*. In: Der Neubau 6 (1924), H. 9, S. 104.

221 García Mercadal, Fernando: *La Exposición de Stuttgart*. In: Arquitectura 9 (1927), H. 8, S. 295. Tatsächlich war Spanien weder in der Versuchssiedlung am Weißenhof noch in der begleitenden Internationalen Plan- und Modell-Ausstellung Neuer Baukunst vertreten.

1.42

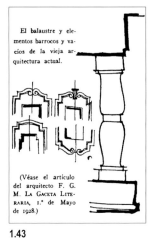

1.43

1.44

1.42 Fernando García Mercadal und Luis Lacasa auf Deutschlandreise
1.43 Fernando García Mercadal: Der „Hoffmann-Baluster" [*La Gaceta Literaria*, 1928]
1.44 Die Weißenhofsiedlung auf dem Titelblatt der Zeitschrift *Tiempos Nuevos* (1935)

I. Nationales und Internationales 143

Verantwortung des modernen Architekten, berichteten über aktuelle Ausstellungen wie die in Stuttgart 1927 und Berlin 1931, oder stellten das Werk von Architekten, etwa die Karl Schneiders oder Wilhelm Riphahns, vor. Mit seinen Aufsätzen versuchte Linder letzten Endes die Grundgedanken der neuen deutschen Architektur der spanischen Leserschaft näher zu bringen. Seine Schriften trugen so entscheidend dazu bei, die richtungsweisende Rolle Deutschlands zu konsolidieren.

Die schon damals auffällig starke Präsenz des neuen deutschen Bauens in den Seiten von *Arquitectura* sollte aber noch zunehmen, als der Maler, Dichter und Kunstkritiker José Moreno Villa 1926 die Schriftleitung übernahm.[222] Er zählte im Spanien der 20er zu den bedeutendsten Vermittlern deutscher Kultur. 1924 erschien beispielsweise seine Übertragung von Heinrich Wölfflins „Conceptos fundamentales en la Historia del Arte" (Kunstgeschichtliche Grundbegriffe) in der von Ortega koordinierten Reihe „Biblioteca de Ideas del siglo XX" (Bibliothek der Ideen des 20. Jahrhunderts). Ein Buch, in dem, wie bei Riegl, der verfolgte Ansatz der Analyse formaler Strukturen und psychischer Vorgänge grundsätzlich genug war, um auch Architekten verwertbare Konzepte zu bieten, wie etwa Wölfflins Vorstellung von der Architektur als eine Kunst körperlicher Massen.[223] Auch in *Arquitectura* konnte Moreno seiner Tätigkeit als Übersetzer nachgehen und dabei auf aktuellere deutsche Theorien eingehen. Zum Beispiel, als er 1928 Auszüge aus Walter Curt Behrendts „Der Sieg des neuen Baustils" veröffentlichte.[224]

---

222 Diese Einschätzung ist den Aussagen des Zeitzeugen Luis Moya zu entnehmen, der unter Moreno Villa für *Arquitectura* schrieb. Moreno Villa hatte fünf Jahre (1904-1909) in Freiburg Chemie studiert und dort seine wahren Leidenschaften entdeckt: Literatur, Kunst und Philosophie. Vgl. Moya, Luis: *Don José Moreno Villa, director de la revista „Arquitectura" durante la época de la „Generación del 27"*. In: *José Moreno Villa (1887-1955)*. Hrsg. Juan Pérez de Ayala. Madrid 1987. S. 31-32.

223 Auch Wölfflin legte seiner Methode der vergleichenden Kunstbetrachtung ein antithetisches Denkschema zugrunde, in der sich die Kategorien linear-malerisch, Fläche-Tiefe, geschlossen-offen, Vielheit-Einheit, Klarheit-Unklarheit in Werken der Malerei, Plastik und Architektur gegenüberstanden. Vgl. Wölfflin, Heinrich: *Kunstgeschichtliche Grundbegriffe. Das Problem der Stilentwicklung in der neueren Kunst*. München 1915. Was den psychologischen Ansatz Wölfflins angeht, ist die Problematik der Übertragung ins Spanische nicht zu übersehen. Beispielsweise musste Ortega zur Übersetzung des deutschen Begriffes „Erlebnis" den spanischen Ausdruck „vivencia" erfinden.

224 Behrendt, Walter Curt: *Victoria del Nuevo Estilo*. In: Arquitectura 10 (1928), H. 6, S. 187-190; H. 8, S. 270; H. 9, S. 295-296.

Mit Moreno Villa oblag bis 1933 die Leitung von *Arquitectura* einem prominenten Mitglied der *Institución Libre de Enseñanza*. In der Madrider *Residencia de Estudiantes*, wo er wohnte, wirkte er als Vermittler zwischen den Generationen und pflegte in seiner Funktion als Tutor auch engen Kontakt zu den heute bekanntesten Studenten dieser Jahre – unter anderen Buñuel, Lorca und Dalí. Auch sie wurden mit der neuen Architektur bekannt gemacht. Moreno selbst hielt 1930 dort den Vortrag „Función contra forma, confort contra lujo" (Funktion gegen Form, Komfort gegen Luxus). Die Vortragsreihen der *Sociedad de Cursos y Conferencias,* führten die privilegiertesten Köpfe der europäischen Wissenschaften und Künste an die *Residencia.* Zu den deutschen Besuchern zählten Albert Einstein oder Graf Keyserling. Wilhelm Worringer, dessen „Formprobleme der Gotik" mittlerweile von Ortegas *Biblioteca de la Revista de Occidente* als „La esencia del estilo gótico" 1925 mit deutlicher Verspätung ins Spanische übertragen worden war, referierte über den „Kulminationspunkt deutscher Skulptur".[225] Ab 1928 wurden dank der Initiative von García Mercadal auch einige der exponiertesten Vertreter der modernen Architektur eingeladen: Als Erster kam Le Corbusier, der Anfang Mai 1928 zwei Vorträge hielt. Es folgte Erich Mendelsohn am 15. November 1929. Sein Vortrag „Rusia-Europa-América. Sección Arquitectónica" (Rußland-Europa-Amerika. Ein architektonischer Querschnitt) war eine Erläuterung der Thesen des gleichnamigen, im selben Jahr erschienenen Buches Mendelsohns über die Europa zukommende Aufgabe der Schaffung eines Ausgleichs zwischen den zwei aufstrebenden ‚Willensmächten': das geistig-instinktive Sowjetrussland und die materielltechnisierten USA.

Mendelsohns Entwurf einer ausgleichenden europäischen Identität stand Ortegas Konzepten nahe. In „Der Aufstand der Massen" verneinte dieser, dass der sittliche Verfall, der mit dem Aufkommen des Massenmenschen einherging, die Folge eines Niedergangs der europäischen Vorherrschaft, geschweige denn eines „Untergangs des Abendlandes" sei. Auf die Frage „wer regiert die Welt?" gab er vielmehr zur Antwort:

---

225 Worringer, Guillermo: *La Esencia del Estilo Gótico*. Madrid 1925. Zwei Jahre später veröffentlichte Ortegas *Revista de Occidente* Auszüge aus dem ersten Kapitel von Worringers „Ägyptische Kunst. Probleme ihrer Wertung" (München 1927) in denen der Amerikanismus von Ägyptens Kultur beschrieben wurde: Worringer, Guillermo: *El americanismo de la cultura egipcia*. In: Revista de Occidente 1 (1927), S. 29-55. Kurz darauf erschien im Verlag *Revista de Occidente* die vollständige Übersetzung, die auch Worringers Analogien zwischen amerikanischen Silobauten und ägyptischen Tempeln enthielt.

I. Nationales und Internationales 145

Europas Rücktritt wäre bedeutungslos, wenn ein Fähiger da wäre, es zu ersetzen. Aber es gibt keinen. New York und Moskau sind nichts Neues gegenüber Europa. Sie sind Randgebiete der europäischen Herrschaft, die durch ihre Ablösung vom Rumpf ihren Sinn verloren haben.[226]

Zwischen sowjet-russischer Moral und US-amerikanischer Technik würde sich Europa weiterhin behaupten:

Ist es so sicher, daß sich Europa im Abstieg befindet und die Herrschaft niederlegt, abdankt? Sollte nicht dieser scheinbare Niedergang die heilsame Krisis sein, die Europa gestattet, wahrhaft Europa zu werden? War nicht der offenbare Verfall der europäischen Nationen eine unvermeidliche Notwendigkeit, wenn eines Tages die Vereinigten Staaten von Europa entstehen und Europas Vielfalt durch seine echte Einheit ersetzt werden sollte?[227]

Als drei Jahre später Mendelsohn mit Ozenfant und Wijdeveld die *Académie-Européene-Méditerranée* zu gründen gedachten, forderten sie – wenngleich ohne Erfolg – den spanischen Philosophen zur Ehrenmitgliedschaft auf.[228]

Mendelsohns internationales Argumentationsmuster hatte in Spanien ein gleichermaßen architektur- und kulturtheoretisches Vorspiel: Im Januar 1929 veröffentlichte Luis Lacasa in *Arquitectura* den Aufsatz „Europa y América: bajo y sobre el racionalismo de la arquitectura" (Europa und Amerika: unter und über Rationalismus in der Architektur).[229] Er übte darin Kritik an den dogmatischen Formalismen, die Le Corbusier bei seinem Madrider Vortrag zur Schau gestellt hatte, und sprach vom falschen Verständnis des Funktionalismus durch die modernen Architekten Europas: Die „gesunden Nordamerikaner" dagegen seien über die Technik zur Ästhetik gelangt. Ihre pragmatische Weltanschauung, frei von Dogmen und Vorurteilen, habe sie zur uneingeschränkten industriellen und kulturellen Vorherrschaft geführt. Die puritanischen Europäer dagegen hätten mit überzogenen ästhetischen Ambitionen lediglich bildhafte Elemente der amerikanischen Technik übernommen, wie sie Lacasa den Architekten der ‚internationalen' Weißenhofsied-

---

226 Ortega y Gasset, José: *Der Aufstand der Massen*. Stuttgart 1930. S. 148-149.
227 Ebd., S. 152.
228 *Brief von Erich Mendelsohn an Ortega y Gasset vom 6. Februar 1933.* Fundación José Ortega y Gasset, Madrid. Archivo Microfilmado. C-114/37. Vgl. Dokument im Anhang. Der Kontakt kam durch Vermittlung der mit Ortega eng befreundeten Kunstkritikerin Maria Luisa Caturla Kocherthaler zustande.
229 Lacasa, Luis: *Europa y América: bajo y sobre el racionalismo de la arquitectura*. In: Arquitectura 11 (1929), H. 117, S. 31-36. Siehe hierzu auch: Lacasa, Luis: *Le Corbusier, o Americo Vespucio*. In: El Sol, 26. Juli 1926. Abgedruckt in: *Luis Lacasa, Escritos 1922-1931*. (Hrsg. Carlos Sambricio). Madrid 1976. S. 128-131.

SOCIEDAD DE CURSOS Y CONFERENCIAS

6.ª MATRÍCULA · CONFERENCIA N.º 1

RUSIA · EUROPA · AMÉRICA
SECCION ARQUITECTÓNICA

CONFERENCIA, EN FRANCÉS,
ACOMPAÑADA DE PROYECCIONES

DEL ARQUITECTO ALEMÁN

ERICH MENDELSOHN

VIERNES 15 DE NOVIEMBRE DE 1929
A LAS SEIS Y MEDIA DE LA TARDE

Erich Mendelsohn nació en Allenstein (Prusia Oriental), en 1887, haciendo sus estudios en Berlin y Munich, de 1907 a 1911. Desde esta época se estableció como arquitecto, primero en Munich, y posteriormente en Berlín-Charlotenburgo. Entre los edificios que ha construido, se cuentan: La Torre de Einstein, en el Instituto astrofísico de Postdam (1920); la fábrica de sombreros de Luckenwalde (1921); el edificio del diario "Berliner Tageblatt", en Berlín (1923); la peletería Herpich Sohne, de Berlin (1924); el Textiltrust, de Leningrado (1925); el cementerio de Konigsberg (1926), y el cinematógrafo "Universum", de Berlín (1927). Ha tomado parte en las exposiciones Paul Cassirer (Berlin, 1919); Neumann-Nierendorf (Berlin, 1928), y Contémpora (New York, 1929). Tiene publicados los libros: Amerika, Bilderbuch eines Architekten (Berlin, 1928); Russland-Europa-Amerika, ein architektonischer Querschnitt (Berlin, 1929), y otras publicaciones en el "Wendingen", de Amsterdam; en el "Wasmuth", de Berlín; en el Sinkentiku, de Tokio; etc.
Ha realizado viajes a Oriente (1923), América (1924) y Rusia (1925-26).

En la Residencia de Estudiantes, Pinar, 21. **1.45**

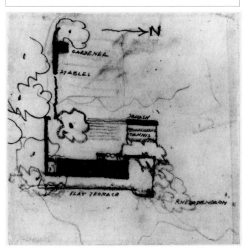

1.46

1.45 Ankündigung von Erich Mendelsohns Vortrag „Rußland-Europa-Amerika. Ein architektonischer Querschnitt" an der Madrider *Residencia de Estudiantes* am 15. November 1929

1.46 Erich Mendelsohn, *Villa für den Herzog von Alba in der Sierra de Guadarrama bei Madrid* (1930). Skizze

I. Nationales und Internationales 147

lung vorwarf. Er hätte ebenso mit dem monumentalen Industriebau von Behrens und Gropius argumentieren können. Jedenfalls stellte Lacasa nicht nur den Werkbund-Amerikanismus in Frage, sondern nahm bereits die Grundbegriffe von Mendelsohns Vortrag vorweg, indem er Kritik am Bild eines ausgleichenden Europa übte.

Ein ‚deutscher Pavillon' für Madrid

Mendelsohns Spanienreise 1929 hatte ein Nachspiel: Der mit Ortega befreundete Jacobo Fitz-James-Stuart, der Herzog von Alba, beauftragte den deutschen Architekten mit dem Entwurf einer Villa in der Sierra de Guadarrama bei Madrid. *Der Querschnitt* charakterisierte Alba wenig später wie folgt:

> Herzog Alba. Der Aristokrat. Ziemlich direkter Nachkomme des bei uns, mehr als in Spanien, wohlbekannten Blutherzogs Alba von Schiller und von Goethes Gnaden. Der Herzog Alba ist physisch und psychisch der Mustertyp eines modernen Adeligen: Kavalier und Sportsmann; Schöngeist, Mäzen und Jäger; reich, aber auch wohltätig und intelligent. Die noch dazu gehörenden Begleitumstände fehlen ebenfalls nicht: eine schöne Frau, ein großer Palast, der ein Museum ist. Zuletzt war er Außenminister; aber nur ganz äußerlich (um den König einen Gefallen zu tun). Auf seinem Arbeitstisch liegt zwar eine Mappe: „Auslandspresse", aber auch gleichzeitig das Manuskript eines Bühnenstücks ... Herzog Alba ist sich seines Standes wohl bewußt, zeigt sich aber niemals dünkelhaft, hochfahrend oder gar herablassend. Im Außenministerium herrschte noch niemals ein so kordialer Geist. (Er spricht übrigens auch deutsch)[230]

Der Querschnitt übersah jedoch eine zentrale Eigenschaft des Herzogs: Er war der Begründer und Vorsitzende des Madrider *Comité Hispano-Inglés*. Der deutsche Botschafter in Madrid, Graf Welczeck, schätzte ihn sogar als einen der militantesten Germanophoben ein.[231] Und so scheint die Frage berechtigt, was ihn zu diesem Zeitpunkt dazu bewogen haben mag, ausgerechnet einen deutschen Architekten mit dem Entwurf seines Landhauses zu beauftragen. Neben Mendelsohns Präsenz in Madrid darf Mies van der Rohes Pavillon in Barcelona als möglicher Beweggrund nicht ausgeschlossen werden.[232] Es besteht lediglich darüber Gewissheit, dass Albas Interesse

---

230 Foertsch, Eduard: *Spanische Köpfe*. In: Der Querschnitt 11 (1931), S. 188.
231 Vgl. Pöppinghaus, Wolfgang: *„Moralische Eroberungen"? Kultur und Politik in den deutsch-spanischen Beziehungen der Jahre 1919 bis 1933*. Frankfurt a. M. 1999. S. 164-165.
232 Nach Regina Stephan kam der Kontakt 1929 – erst nach Mendelsohns Madrider Vortrag – im schweizerischen St. Moritz zustande, wo er während eines Urlaubs die Herzogin traf. Vgl. Stephan, Regina: *Mendelsohn und seine Mitarbeiter der*

offenbar nur von kurzer Dauer war, denn obwohl Mendelsohn noch vor Jahresende erste Skizzen und eine genaue Massen- und Kostenaufstellung anfertigte, kam sein Vorschlag – der als verschollen gilt – nie zur Realisierung.[233] Spätere Bauvorhaben der Albas wurden wieder Edwin Lutyens anvertraut, nachdem dieser 1934 auf Einladung des *Comité Hispano-Inglés* zum Vortrag nach Madrid gereist war.[234] Warum Mendelsohns Bemühungen ohne Erfolg blieben, ist nicht bekannt. Der Grund mag aber mit den enttäuschten Erwartungen zusammenhängen, die man in Madrid an einen weiteren Entwurf Mendelsohns geknüpft hatte.

Kurz nach seinem Vortrag in der spanischen Hauptstadt war Mendelsohn mit einer Aufgabe von außerordentlicher kulturpolitischer Bedeutung betraut worden: die Errichtung des Deutschen Studentenhauses in der Madrider *Ciudad Universitaria*. Die Initiative für dieses „Deutsche Haus" ging zunächst von König Alfons XIII. aus, der durch den Botschafter in Madrid mit der Bitte um eine deutsche Beteiligung am Bau der Universitätsstadt herangetreten war. Die Spanier hofften auf eine ständige Einrichtung für den deutsch-spanischen wissenschaftlichen Austausch und trafen damit im Berliner Auswärtigen Amt auf Entgegenkommen.[235] Man nahm dort das Angebot an und erklärte die Absicht, für die Errichtung eines Neubaus für die permanente wissenschaftliche Vertretung Deutschlands in der *Ciudad Universitaria* zu sorgen. Das Gebäude sollte nach den Plänen des Auswärtigen Amtes nicht

---

    zwanziger und der frühen dreißiger Jahre. In: Stephan, Regina (Hrsg.): *Erich Mendelsohn. Architekt 1887-1953. Gebaute Welten*. Ostfildern-Ruit 1998. S. 185.

233 Es ist lediglich eine einzige, zudem sehr grobe Lageplanskizze Mendelsohns (Hdz EM 90, Kunstbibliothek Berlin) diesem Projekt zugeordnet worden, die mit der präzisen Massen- und Kostenaufstellung im Kontrast steht. Aus letzterer ist zu entnehmen, dass der Bau (5662,4 m³) aus einem zweigeschossigen Hauptflügel und einem eingeschossigen Wirtschaftsflügel – durch ein Verbindungsgang verknüpft - hätte bestehen sollen. Die vorgesehenen Außenanlagen (2748,8 m²) waren in obere und untere Terrassen, Eingangshof, Küchenhof und Innenhof aufgeteilt. Der Kostenvoranschlag sah eine Gesamtsumme von 718.861 Peseten vor. Vgl. *Landhaus Herzog Alba, Kostenaufstellung (Charlottenburg, 20. Dezember 1929)*. Mendelsohn-Nachlass, Projekte D/4, Kunstbibliothek Berlin.

234 Zu Lutyens' Entwürfe und Realisierungen für das Haus Alba in Spanien siehe: Stamp, Gavin und Richardson, Margaret: *Lutyens in Spain*. In: Quaderns 155, Dezember 1982, S. 59-73. Zum Kontext der englischen Präsenz in Spanien: Alonso Pereira, José Ramón: *Ingleses y Españoles. La Arquitectura de la edad de plata*. Coruña 2000.

235 Vgl. Pöppinghaus, Wolfgang: *„Moralische Eroberungen"? Kultur und Politik in den deutsch-spanischen Beziehungen der Jahre 1919 bis 1933*. Frankfurt a. M. 1999. S. 364-368.

I. Nationales und Internationales 149

nur als Studentenheim dienen, sondern auch die 1925 in Madrid eröffnete *Wissenschaftliche Arbeitsstelle – Centro de Intercambio Intelectual Germanoespañol* beheimaten.[236] Dieses Institut war dem Ziel der „allgemeinen Verbreitung der Kenntnis deutscher Geisteskultur" verschrieben, und tatsächlich war es den Mitgliedern in nur wenigen Jahren gelungen, durch Publikationen wie der Zeitschrift *Investigación y Progreso* und verschiedenen Vortragsreihen im kulturellen Leben Spaniens allgemeines Aufsehen zu erregen. Dieser Erfolg ließ den Wunsch nach einem repräsentativen Sitz für die Institution aufkommen. So war es keinesfalls zufällig, dass man 1929 den Werkbündner Wolfgang Pfleiderer aus Stuttgart einlud, in einem Vortrag die Grundsätze der neuen deutschen Architektur zu erläutern, auf die man in *Investigación y Progreso* erwartungsgemäß durch Mies van der Rohes Repräsentationspavillon des Deutschen Reiches aufmerksam geworden war.[237] Die wichtigsten Thesen aus Pfleiderers Vortrag „Wesen und Entwicklung der neuen Architektur" („Esencia y desarrollo de la nueva arquitectura") wurden im *Boletín de la Sociedad Central de Arquitectos* wiedergegeben: Etwa, dass die neue bürgerliche Wohnarchitektur die überlieferten Repräsentationsformen der Paläste überwunden habe. Ein neues, offenes Verständnis der Gesellschaft habe dazu beigetragen, dass man es heute vorziehe, einfache Gebäude zu bewohnen, die lediglich durch die Klarheit der Proportionen und durch die Anpassung an die alltäglichen Bedürfnisse den Ausdruck des Edlen trügen. Die neuen Formen folgten nicht länger der Spekulation, sondern dem Geist der Sachlichkeit.[238]

Nachdem die kostenlose Übergabe des Grundstücks und über Beziehungen zum bayrischen Königshaus auch die Finanzierung - durch die Schenkung von 200 000 RM eines in Spanien ansässigen bayrischen Industriellen – gesichert schienen, brauchte von deutscher Seite nur noch der Architekt gestellt zu werden. Eine Entscheidung, die nicht dem Zufall überlassen werden durfte. Dafür sorgte man in der Kulturabteilung des Auswärtigen Amtes, wo man für die deutschen Repräsentationsbauten in Spanien weiterhin auf Modernität als differenzierendes Merkmal setzte:

---

236 Ebd. S. 271 ff. Die Wissenschaftliche Arbeitsstelle war ursprünglich in der Deutschen Schule untergebracht worden. Der Erfolg des Instituts hatte aber dazu geführt, dass schon 1927 ein Standquartier in repräsentativer Lage in der Madrider Innenstadt gemietet wurde. 1929 schien auch dieser nicht dem Bedürfnis nach Repräsentation nachkommen zu können.

237 Vgl. Richert, Gertrude: *El Pabellón Alemán de la Exposición Internacional de Barcelona.* In: Investigación y Progreso 3 (1929), H. 11, S. 103-104.

238 *La nueva Arquitectura.* In: Boletín de la Sociedad Central de Arquitectos 13 (1929), H. 293-294. S. 7. Vgl.: Pfleiderer, Wolfgang: *Die Form ohne Ornament.* Werkbundausstellung 1924. Stuttgart 1924.

Nach hiesiger Auffassung ist die Errichtung eines deutschen Studentenheims in Madrid eine Frage von außerordentlicher kultureller Bedeutung, der auch durch die innere und äußere Gestaltung des Baues Rechnung getragen werden muß. Es muß überhaupt darauf gedrungen werden, daß nur ein wirklich neuzeitlicher deutscher Architekt Plan und Entwurf herstellt, die einen Bau gewährleisten, der mit den schematischen Theaterkulissen der anderen Länder nichts gemein hat.[239]

Das beabsichtigte „Deutsche Haus" ließ bei einigen auf einen zweiten „Repräsentations-Pavillon des Deutschen Reiches" in Spanien hoffen. Die Firma Thonet bat schon im Oktober 1930 beim Auswärtigen Amt um Empfehlung ihrer Stahlrohrmöbel für den „deutschen Pavillon" in Madrid, der – wie sie in Erfahrung gebracht hätten – „in ganz modernen Stile gehalten" werden solle.[240]

Durch Mendelsohns Beauftragung hatte man einen exponierten Vertreter des Neuen Bauen für die Madrider Aufgabe gewinnen können. Das von ihm zu planende Gebäude sollte 30 Zimmer von jeweils 12 m² und Gesellschaftsräume (Klub, Bibliothek) über insgesamt 250 m² enthalten.[241] Das hierzu vorgesehene Grundstück lag unmittelbar gegenüber von der *Fundación del Amo* des Architekten Luis Blanco Soler, der sechs Jahre zuvor den Lesern von *Arquitectura* die Architektur Mendelsohns erstmals vorgestellt hatte.[242] Mendelsohn versprach, den Bau für ein Honorar von 20 000 RM fertig zu stellen und erklärte am 17. Oktober 1930, die Pläne stünden auf Abruf zur Verfügung. Ob er tatsächlich die Pläne angefertigt hat, lässt sich nicht feststellen. Unklarheiten in der Übernahme der Bau- und Betriebskosten bereiteten unerwartete Schwierigkeiten. Und ein weiterer, ungewöhnlicher Faktor kam verzögernd hinzu: Zwei Wochen nach Mendelsohns Erklärung, am 5.

---

239 *Brief von Sievers an Dr. Freudenberg, Legationssekretär der Kulturabteilung des Auswärtiges Amtes, Berlin 18. August 1930*. PAAA Bonn, Bestand Kulturabteilung Wissenschaft. R 64121, Bd. 3, 1930-32 Deutsches Studentenhaus Madrid. Sievers war Leiter der Kulturabteilung des Auswärtigen Amtes.

240 *Brief der Gebrüder Thonet A.G. an das Reichsministerium des Äussern, Berlin 7. Oktober 1930*. PAAA Bonn, Bestand Kulturabteilung Wissenschaft. R 64121, Bd. 3, 1930-32 Deutsches Studentenhaus Madrid.

241 *Brief vom 17. Oktober 1930 von Erich Mendelsohn an Dr. Freudenberg, Legationssekretär der Kulturabteilung des Auswärtiges Amtes Berlin*. PAAA Bonn, Bestand Kulturabteilung Wissenschaft. R 64121, Bd. 3, 1930-32 Deutsches Studentenhaus Madrid.

242 Soler, Blanco: Erich Mendelsohn. In: Arquitectura 7(1924),H.6, S. 318 ff. Blanco Solers *Fundación del Amo* wurde später in der *Bauwelt* veröffentlicht: *Gebäude der im Bau befindlichen Universitätsstadt Madrid*. In: Bauwelt 22 (1931), H. 11, S. 364. Eine ausführlichere Besprechung der Bauten der Madrider Universitätsstadt brachte Hegemann erst 1932 in *Wasmuths Monatsheften*: Siehe: Rüdt, E.: *Die neue Universitätsstadt von Madrid*. In: Wasmuths Monatshefte für Baukunst und Städtebau 16 (1932), S. 406-408.

I. Nationales und Internationales 151

November, gastierte Walter Gropius in der *Residencia de Estudiantes* mit dem Vortrag „Arquitectura Funcional" (im Original „Funktionelle Baukunst"). Der Umstand, dass er seinen Vortrag in korrektem Spanisch hielt und damit begann, die im Verlauf seines Spanienjahrs 1907-1908 gewachsene Liebe und Bewunderung für Land und Leute zu bekunden, ließen Gropius auf große Sympathie stoßen, wie in der Tageszeitung *La Época* berichtet wurde.[243] Noch während seines Aufenthalts in Madrid erfuhr Gropius von den Verhandlungen um das Deutsche Studentenhaus und schaltete sich in diese ein. Er unterbreitete Welczeck das Angebot, die Pläne unentgeltlich bereitzustellen, wie es auch von Mendelsohn erwartet wurde,

> (...) denn das deutsche Haus wird bei dem regen Interesse, das seit einiger Zeit gerade für den modernen deutschen Baustil in Spanien erwacht ist – unter den Hauptinteressenten möchte ich nennen den Herzog von Alba, den Herzog de las Torres, den Grafen Cimera und Herrn Juan Manuel de Urquijo – für Deutschland ebenso wie für den deutschen Architekten eine starke propagandistische Wirkung ausüben und letzterem aller Wahrscheinlichkeit nach hier Aufträge zuführen.[244]

Ein weiterer Beleg des wachsenden spanischen Interesses: Zwischen 1930 und 1932 stieg die Anzahl der Abonnements der Zeitschrift *Moderne Bauformen* in Spanien von 170 auf 431, was bei etwa 1200 zugelassenen Architekten eine beträchtliche Zahl darstellt.[245] Spanien schien unversehens, mitten in der Weltwirtschaftskrise, ein neues Betätigungsfeld bieten zu können. Doch weniger für deutsche Architekten als für deutschsprachige Kritiker, wie der Fall Marcel Breuers illustriert: Er löste Ende 1931 sein Berliner Atelier auf und reiste nach Spanien, wo er sich ein halbes Jahr lang vergeblich darum bemühte, in Madrid beruflich Fuß zu fassen.[246] Dagegen gelang es Sigfried Giedions auf Anhieb im selben Jahr (1932) einen Artikel zum Werk Breuers als Möbeldesigner und Architekt in *Arquitectura* zu veröffentlichen.[247] Auch

---

243 *Vida Cultural: El arquitecto Walter Gropius en la Residencia de Estudiantes.* In: La Época 82 (1930), Nr. 28348, Donnerstag 6. November 1930, S. 4.

244 *Bericht von Graf Welczeck über den Bau des deutschen Studentenhauses in der Madrider Universitätsstadt*, Madrid 27. Oktober 1930. PAAA Bonn, Bestand Kulturabteilung Wissenschaft. R 64121, Bd. 3, 1930-32 Deutsches Studentenhaus Madrid.

245 Dieser bemerkenswerte Umstand ist bereits von Carlos Sambricio festgestellt worden. Siehe: Sambricio, Carlos: *Hermann Jansen y el concurso de Madrid de 1929.* In: Arquitectura 303, 1995, S.8-15.

246 Zu Breuers Reisen durch Spanien und Nordafrika siehe: Hyman, Isabelle: *Marcel Breuer, Architect.* New York 2001. Breuer knüpfte in Madrid Kontakt zu García Mercadal und nahm im März 1932 gemeinsam mit Gropius als Vertreter Deutschlands am vorbereitenden CIAM Treffen in Barcelona teil.

247 Giedion, Sigfried: *El arquitecto Marcel Breuer.* In: Arquitectura 14 (1932), S. 82-87. Zwei Jahre später veröffentlichte die Zeitschrift *AC* einen ausführli-

Theorien und Interpretationen aus Deutschland wurden zu begehrten Waren, die allerdings im Gegensatz zu gebauten Produkten den Vorteil hatten, dass der Transfer in geringerem Maße der wirtschaftlichen, technologischen oder gar politischen Kontingenz oblag. Beispielsweise erklärte die Redaktion der Madrider Zeitschrift *Obras* – die von der Baugesellschaft Agromán herausgebracht wurde – zum Auftakt ihres zweiten Jahrgangs (ebenfalls 1932) die Absicht, der bis dahin eminent spanischen Publikation von nun an europäischen Rang zu verleihen. Mit Stolz präsentierte man einen neuen Mitarbeiter, durch den dieser Wunsch in Erfüllung gehen werde: Adolf Behne, „dessen Name eine Garantie sei" – wie es hieß. Gleich in seinem ersten Beitrag bot Behne den Lesern eine ausführliche Übersicht der Entwicklung deutscher Architektur vom Jugendstil um 1900, über den Werkbund, das Bauhaus und den Siedlungsbau der goldenen Zwanziger bis hin zum Erliegen der deutschen Bauwirtschaft im Zuge der Weltwirtschaftskrise.[248] Behne blieb aber nicht der einzige prominente deutsche Kritiker, der von *Obras* engagiert wurde. Im selben Jahr nahm der Herausgeber der in Spanien weit verbreiteten *Wasmuths Monatshefte für Baukunst,* Werner Hegemann, die Mitarbeit auf.[249] Für diese Madrider Zeitschrift schrieb ab 1934 auch der Bauwelt-Redakteur Alfons Leitl.[250]

---

chen Artikel zu Breuers Haus Harnischmacher in Wiesbaden: *Una casa del arquitecto húngaro Marcel Breuer.* In: AC 4 (1934), H. 14, S. 25-29, 39.

248 Behne, Adolf: *La arquitectura contemporánea en Alemania.* In: Obras 2(1932), H. 4, S. 3-10. Die zwei weiteren von ihm in *Obras* veröffentlichten Artikel waren: *Walter Gropius.* In: Obras 3 (1933), H. 20, S. 205-214. *Arquitectura alemana: La obra de Hans Scharoun.* In: Obras 5 (1935), H. 42, S.225-234.

249 Hegemann, Werner: *Romanticismo y realismo en la arquitectura moderna.* In: Obras 2 (1932), H. 9, S. 143-148. *Arquitecturas de hoy. Suiza.* In: Obras 4 (1934), H. 27, S. 43 ff. Hegemann, der auf seiner Südamerikareise 1931 Spanien besuchte, knüpfte erst über den Direktor des Ruhrsiedlungs-Verbandes, Robert Schmidt, der von der Zeitschrift um die Übersendung von Fotografien gebeten wurde, Kontakt zu *Obras*. In einem Brief an die Botschaft in Madrid schätzte Hegemann „erfahrungsgemäß" die Mitarbeit an derartigen Zeitschriften aufgrund der zu erwartenden Vergütung als „Opfer" ein. Siehe: *Brief von Werner Hegemann an die Deutsche Gesandtschaft Madrid,* vom 16. Februar 1932. PAAA Bonn, Bestand Deutsche Botschaft Madrid Nr. 420, 10-5 Baukunst (Architektenwesen). Dort findet sich auch eine Adressenliste von potentiellen Abonnenten der *Wasmuths Monathefte für Baukunst,* die am 22. April 1932 vom deutschen Botschafter in Madrid, Graf Welczeck, an das Auswärtige Amt in Berlin zugesandt wurde.

250 Leitl, Alfons: *Arquitecturas de hoy. Austria.* In: Obras 4 (1934), H. 26, S. 1-10. *Arquitecturas de hoy. Alemania.* In: Obras 4(1934), H.34, S.321 ff.

I. Nationales und Internationales

Ein weiteres Fallbeispiel veranschaulicht und präzisiert die Hoffnungen, die von spanischer Seite an die Rezeption zeitgenössischer Architektur aus Deutschland geknüpft wurden: Im März 1934 erhielt der Kölner Architekt Dominikus Böhm einen Brief vom Madrider Architektur-Verlag Ediciones Edarba. Darin wurde er um Fotos, Pläne, Skizzen und Beschreibungen seiner Bauten gebeten, die in der Zeitschrift *Nuevas Formas* veröffentlicht werden sollten. Die Begründung für diese Initiative des Verlags ist aufschlussreich:

> Wir beabsichtigen, in den nächsten Nummern unserer Architekturmonatsschrift eine große Auswahl Dokumente deutscher Bautätigkeit zu veröffentlichen. Durch diese Maßnahme wollen wir einem fühlbaren Bedürfnis unserer hiesigen Architektenschaft entsprechen, die sich seit einigen Jahren in immer stärkeren Masse für deutsches Bauen interessiert. Moderne Sachlichkeit war in Spanien bis vor kurzer Zeit nur die Geschmacksrichtung einiger Auserwählten. Es macht sich nun heute schon eine fühlbare Änderung bemerkbar, und es ist als Tatsache zu begrüßen, dass in dieser Bewegung die in unserem Lande nur ungenügend bekannte deutsche Baukunst als Vorbild dient. Wir haben nun beschlossen, durch die oben beschriebene Maßnahme das beginnende Interesse zu bestärken, um so zu der gewünschten Entwicklung unserer Architektur beitragen zu können.[251]

In einem späteren Brief folgten nähere Ausführungen über die Lage in Spanien und über den dortigen Kenntnisstand so wie über die keineswegs einhelligen spanischen Erwartungen:

> In Spanischer Sprache ist über eeutsche Architektur nichts erschienen. Das Verlagswesen unseres Landes ist auf diesem Gebiete kaum in den Anfängen. Über neuzeitliche Spanische Architektur ist einiges ohne Bedeutung in unserem Verlage erschienen. Was wir von fremder Architektur wissen kommt durch fremde Bücher und Zeitschriften in das Land. Eine bestimmte Richtung hat dies Spanische Architektur nicht. Meistens gilt der vergangene Französische Barock als Vorbild. Erst vor einigen Jahren haben junge Architekten etwas wie eine Revolution im Spanischen Baustil angeregt. Diese jungen Leute beschränken sich meistens darauf, deutschen Baustil nachzuahmen. Der großen Masse ist Neuzeitliches Bauen vollkommen unverständlich. Der Spanische Geist liebt die deutsche Einfachheit nicht wenn er sie auch bewundert. Speziell im Kirchenbau ist man bereit Deutschland zu bewundern aber Kirchen in diesem Stil im Lande möchte man nicht. Es treffen hier die großen Gegensätze zwischen Nord und Süd.[252]

---

251 *Brief des Verlags Ediciones Edarba an Dominikus Böhm vom 6. März 1934.* Historisches Archiv der Stadt Köln, Nachlass Dominkus Böhm, Akte 143. Ich danke Wolfgang Voigt für den freundlichen Hinweis auf die Existenz dieser Dokumente. J. M. W.

252 *Brief der Zeitschrift Nuevas Formas an Dominikus Böhm vom 2. Juli 1934.* Historisches Archiv der Stadt Köln, Nachlass Dominikus Böhm, Akte 143.

Nicht zuletzt durch Initiativen wie die von *Nuevas Formas* – die sich offenkundig an *Wasmuths* orientierte – war die deutsche Moderne in den spanischen Medien präsent und galt zumindest in Fachkreisen als vorbildlich. Am Scheitern der Bemühungen um den Bau eines ‚deutschen Pavillons' in Madrid konnte dieser letztlich prekäre Umstand nichts ändern. Bei den wegen der gespannten Wirtschaftslage und dem politischen Wandel in Spanien letztlich fruchtlosen Verhandlungen über den Bau des Deutschen Hauses in der *Ciudad Universitaria* in Madrid wurde nie daran gezweifelt, dass sowohl Mendelsohn als auch Gropius dieser Aufgabe der modernen nationalen Repräsentation gewachsen gewesen seien. Diese Chance wurde leichtfertig verspielt. Als man 1933 die Verhandlungen wiederaufnahm, wurde keiner von beiden berücksichtigt. Die Abteilung für Akademische Auslandsarbeit des Außenpolitischen Amtes der NSDAP – die 25 000 RM bereitstellte – beauftragte den in Madrid als Student eingeschriebenen Architekten Heinz Schwiertz mit der Erstellung der Pläne und damit, die Verhandlungen mit den spanischen Behörden zu führen.[253] Diese standen aber im mittlerweile republikanischen Spanien unter sozialdemokratischen Einfluss. Man hielt nun eine propagandistische Vereinnahmung der geplanten akademischen Einrichtung durch die Nazis für unerwünscht.

Gropius und die „funktionelle Baukunst"

Schon kurz nach der nationalsozialistischen Machtergreifung erfuhr das Repertoire der in Spanien wirksamen deutschen Kritiker eine Erweiterung um verschiedenste Rechtfertigungsargumente der Moderne. Als Behne im Juni 1933 einen Aufsatz über Gropius anlässlich dessen 50. Geburtstages in *Obras* veröffentlichte, schien er ihn vor Unterstellungen in Schutz nehmen zu wollen: Die von Gropius für Deutschland und die deutsche Kunst errungene Sympathie und Beachtung müssten hoch angerechnet werden. Denn Gropius – so Behne – sei eng an sein Vaterland und seine Kultur gebunden. Er ging sogar so weit, die Arbeiten von Walter Gropius als Fortführung des Werks und der baukünstlerischen Tradition Schinkels zu bezeichnen. Im Grunde sprach Behne die eigene, 1931 geäußerte Vorstellung der gegenseitigen Bedingtheit von Nationalität und Internationalität im Neuen Bauen an – gemäß Gropius' konzentrischen Kreisen des ‚Inter-Nationalen', die dieser ein Jahr zuvor in Madrid zur Erläuterung seiner „funktionellen Baukunst" wieder aufgenommen hatte: Individuum-Volk-Menschheit.

---

253 Vgl. Schwiertz, Heinz: *Baubeschreibung zum Entwurf des Deutschen Studentenhauses in der Ciudad Universitaria de Madrid, Madrid 1. Juni 1933.* PAAA Bonn, Bestand Deutsche Botschaft Madrid Nr. 424, 10-21 Universitätsstadt Madrid, Deutsches Studentenhaus.

ARQUITECTURA FUNCIONAL

CONFERENCIA, EN ESPAÑOL,
ACOMPAÑADA DE PROYECCIONES

DEL ARQUITECTO ALEMÁN

WALTER GROPIUS

MIÉRCOLES, 5 DE NOVIEMBRE DE 1930

A LAS SEIS Y MEDIA DE LA TARDE

En la Residencia de Estudiantes, Pinar, 21.

1.47

1.48

1.47 Ankündigung von Walter Gropius' Vortrag „Arquitectura Funcional" an der Madrider *Residencia de Estudiantes*

1.48 Walter Gropius, *Bauhausgebäude Dessau* (1925/26). Werkstätten

> analog der kleidung werden auch unsere verkehrsmittel, häuser, städte einander ähnlicher, ohne dass dadurch die welt langweiliger zu werden braucht, denn das klima und temperamentunterschiede sorgen für den rhythmischen wechsel. bedenken sie, dass selbst die gotik in dem verkehrsarmen mittelalter bereits eine intereuropäische angelegenheit war! wieviel mehr muss die heutige zeit des ausgebildeten verkehrs geistige ausgleiche herbeiführen![254]

Gleichzeitig sprach Gropius den Traditionen Gültigkeit zu: als Überlieferung von Standards über mehrere Generationen. Sie demonstrierte die evolutionäre Überwindung des Individuellen und erfüllte damit eine der zentralen und zeitlosen Bestrebungen der „Baukunst", nämlich objektiver Ausdruck einer Wesenheit oder Funktion zu sein. Denn,

> der standard ist keine erfindung unseres rationellen zeitalters, sondern er bezeichnete immer den höchststand einer kultur, die auslese des besten, die abscheidung des wesenhaften und überpersönlichen vom persönlichen. [255]

Zu den formalen Anliegen des modernen Geistes, die Gropius 1930 in Madrid erörterte, zählte die Abkehr von der Vorstellung der flächigen und symmetrischen Fassade der Renaissance und des Barock. Sie wurden jetzt als zweidimensionale Stilarchitekturen präsentiert. Diesen setzte er anhand eines Luftbildes des Dessauer Bauhauses eine moderne, lediglich übereck nachvollziehbare Körperlichkeit entgegen.[256] Handelte es sich etwa um ein Stilmerkmal?

Das erste normative Prinzip des Internationalen Stils, wie es von Hitchcock und Johnson 1932 ausgerufen wurde, lautete „Architecture as Volume" – Architektur als flächenumschlossener *Raum*: Die moderne Gebäudehülle verrate, dass sich hinter ihr ein Raum befinde, der sich in die Tiefe dehne. Die Erklärung hierfür erfolgte durch den baukonstruktiven Imperativ in Gestalt des Rahmen- und Skelettbaus. Haut- und Knochenbauten, wie sie Mies van der Rohe 1923 noch postuliert hatte. Das Konzept einer tragenden Außenwand sei obsolet geworden und mit ihr auch die frühere Vorstellung blockhafter Abgeschlossenheit von Gebäuden – die *Architektur als Körper*. Neu und fortschrittlich gesinnt war dagegen – und das spätestens seit August

---

254 Gropius, Walter: *Funktionelle Baukunst*. Vortragsmanuskript Madrid-Bilbao-San Sebastián, November 1930. Gropius-Nachlass, BHA Berlin. S.2. Es wurde vollständig ins Spanische übersetzt und in *Arquitectura* abgedruckt: Gropius, Walter: *Arquitectura Funcional*. In: Arquitectura 13 (1931), H. 2, S. 51 ff. Denselben Vortrag hielt Gropius erneut am 2. April 1932 in Barcelona im Rahmen des CIRPAC-Treffens. Vgl.: *Conferencia del arquitecto vienés Walter Gropius*. In: La Construcción Moderna 30 (1932), H. 7, S. 75-77.
255 Ebd., S.10.
256 Ebd., S. 15-16. Vgl. Gropius, Walter: *Bauhausbauten Dessau*. Dessau 1930.

I. Nationales und Internationales

Schmarsows Bestimmung des Raumgefühls als Wesen der Baukunst – das ästhetische Prinzip einer raumbegrenzenden Architektur. Hitchcock und Johnson stellten fest:

> Das vorherrschende architektonische Element ist nicht mehr der feste Stein, sondern der offene Behälter. In der Tat besteht die große Mehrheit der Gebäude sowohl in der Realität als auch in ihrer Wirkung nur noch aus einfachen Flächen, die einen Raum schließen. Mit der lediglich durch eine Schutzhaut umhüllten Skelettkonstruktion kann es der Architekt kaum vermeiden, diese Wirkung des durch ebene Oberflächen umschlossenen Volumens zu erzielen, es sei denn, er verlässt seinen Weg, um aus Respekt vor der traditionellen Formgebung den Regeln der Massivität einen gegensätzlichen Effekt zu erzielen.[257]

Man kann nicht behaupten, dass Gropius in seinen Bauten eine Steigerung des ‚ehrlichen' Eindrucks raumbegrenzender Umschließung angestrebt habe. Selbst der Werkstättentrakt des Dessauer Bauhauses zeugte von gestalterischer Ambivalenz: Seine Umhüllung verwies nicht bloß auf den Raum hinter dem gläsernen Vorhang, wie die Kritik Hitchcocks und Johnsons am ‚unglücklichen' Überstand des Dachrandes kolportiert. Diese Attika war mehr als nur die massive Einfassung eines übereck geführten Glasfeldes, das die Auskragungen des dahinter befindlichen Skeletts verriet. Der massive, leicht hervorspringende obere Abschluss lässt sich bis nach Alfeld zurückverfolgen: Als ein Element, das damals *trotz* der Durchsichtigkeit des Materials den Eindruck von ‚Einkörperlichkeit' unterstützen sollte. Im Sinne seines frühen „Gesetzes der Enveloppe" handelte es sich um eine Gratwanderung zwischen den offenkundig flächenumschlossenen Raum und der Suggestion stofflich abgeschlossener und dabei rhythmisch gegliederter Körperlichkeit.

Die in den Werken von Gropius diesbezügliche formale Ambivalenz ist in der historischen Rezeption lange Zeit systematisch übersehen worden: Bei Nikolaus Pevsner wurden seine Arbeiten zu Vorbildern an tugendvoller Materialgerechtigkeit stilisiert, Rowe und Slutzky haben die Transparenz des Bauhausgebäudes als buchstäbliche Materialeigenschaft abgetan und sie gegenüber der „phänomenologischen Transparenz" des Kubismus und Le Corbusiers ausgespielt, während dagegen Giedion in Dessau ein Paradebeispiel für die kubistische Auflösung im Raum-Zeit-Kontinuum erkannte. Gropius hat selbst opportunistisch zu derlei einseitigen Deutungen beigetragen. Man braucht sich nur den eklatanten Widerspruch zwischen seinen Vortrag „Monumentale Kunst und Industriebau" von 1911 und seiner Aussage zu Beginn der sechziger Jahre vor Augen zu führen, wonach er bei dem Fagus Werk versucht habe, mit neuen konstruktiven Mitteln eine der Erdschwere alter

---

257 Henry-Russel Hitchcock, Philipp Johnson: *Der Internationale Stil*. Braunschweig 1985. S. 42

Bauweisen entgegengesetzte Illusion schwebender Leichtigkeit zu erzielen. Demnach hätte es sich schon damals um einen funktionellen Bruch mit den Traditionen der Baukunst gehandelt.

Im Madrider Vortrag von 1930 mit dem ambivalenten Titel „Funktionelle Baukunst" stellte Gropius eine lineare Verbindung zwischen dem Fagus Werk, der Kölner Musterfabrik und dem Dessauer Bauhaus her und erklärte lakonisch, er habe sich schon frühzeitig mit dem Problem der Auflösung der Wand im Zuge des Verlustes ihrer tragenden Rolle befasst.[258] Die Burg Coca fand schon damals bei seiner Erläuterung des modernen Umhüllungsthemas keine Erwähnung. Die Monumentalität zählte längst nicht mehr zu den vorrangig erstrebenswerten Eigenschaften der modernen Architektur: Einige Jahre zuvor hatte Adolf Behne das italienische Castel del Monte der Weißenhofsiedlung gegenübergestellt, um so das ‚asoziale' Prinzip der monumentalen geometrischen Form herauszustellen. Die sachliche und daher soziale Zweckerfüllung der Moderne hatte seines Erachtens endgültig die tyrannische Monumentalität längst vergangener Epochen überwunden.[259] Auch der Begriff des Kunstwollens gehörte der Vergangenheit an. An seine Stelle war der ‚internationale Gestaltungswille' getreten. Wenngleich durchaus Kontinuitäten bestanden: 1931 versuchte Gropius weiterhin die subtile Grenze im gestalterischen Spielraum zwischen bloß konstruktiver Kausalitätslogik und einer womöglich gegen sie gerichteten formale Intention auszuloten. Noch immer befand er sich auf der Suche nach einem Ausgleich der Polarität zwischen positiver (materieller) Notwendigkeit und geistigem Bedürfnis. In Madrid brachte er dieses Bestreben auf eine einfache Formel:

> der geist erstickt am mechanistischen (und an seinem zeichen der zahl), wenn er nicht beständig aus der quelle des unbewussten getränkt wird.[260]

Gropius war kein Einzelgänger. Wie wir eingangs des Kapitels gesehen haben, wurden zur gleichen Zeit die elementaren Bindungen des modernen

---

258 Gropius, Walter: *Funktionelle Baukunst*. Vortragsmanuskript Madrid-Bilbao-San Sebastián, November 1930. Gropius-Nachlass, BHA Berlin. S. 15.
259 Vgl. Behne, Adolf: *Eine Stunde Architektur*. Stuttgart 1928. S. 60-61. Das Foto des Castels stammte von Kurt Hielscher, dessen Buch „Das unbekannte Spanien" 1925 beim Wasmuths erschienen war. Es enthielt wahrhaft monumentale Bilder der Burg Coca.
260 Ebd., S. 6. Auf den Begriff der „funktionellen baukunst" bezogen erklärte er: „(...) architektur erschöpft sich nicht in zweckerfüllung, es sei denn, dass wir unsere physischen bedürfnisse nach harmonischem raum, nach wohlklang und mass der glieder, die den raum erst lebendig wahrnehmbar machen, als zwecke höherer ordnung betrachten. alles dies umfasst das wort „funktionell", von dem ich hier gesprochen habe." (S. 21)

Architekten durch die Tiefenschichten der Tradition und des Gefühls von Behne zu Merkmalen der jungen Bewegung erklärt. In „Nationales und Internationales im Neuen Bauen" hielt er fest:

> Die Bejahung der Tradition in früherer Zeit war nur scheinbar stärker. Sie schien nur stärker, weil die formale Beziehung, die Mimikry der Front, sichtbarer ist. Die Bindung der neuen Baukunst ist zwar weniger sichtbar, weil sie nicht mehr auf einer Formangleichung beruht, aber sie ist für unser Gefühl stärker, weil sie die Beziehungen in einer mehr elementaren Schicht herstellt, die dem ursprünglich Tektonischen näher ist.[261]

Der Kreis schließt sich. Moderne und Tradition stellten sich weder bei Behne noch bei Gropius als Gegensatzpaar dar. Der „internationale Gestaltungswille" erwies sich nicht als einfache Summe weltwirtschaftlicher Tatbestände. Der neue Konsens setzte eine Problematisierung nationaler Selbstverständnisse voraus.

Rückblick

Blicken wir auf den bisher zurückgelegten Weg zurück: Im *Elementaren* und im *Wesenhaften* berührten sich die theoretischen Begründungen des Modernen und des Nationalen. Sie stützten ihre Argumente auf gemeinsame Prämissen, indem sie die sehnsuchtsvollen und programmatischen Ursprungsbestimmungen für den wahrhaften und verbindlichen Neubeginn nach einer Zeit der Verfälschungen teilten. Die *wahren* Feinde waren der falsche Traditionalismus und der falsche Modernismus. Permanenz und Wandel gebärdeten sich nur scheinbar antithetisch, denn selbst die radikalsten Befreiungsschläge gegen die überlieferten Vorstellungen des Decorum entsprangen dem Wunsch nach einer essentiellen Verbindlichkeit. Für beide galt die Devise: Schaffen aus Eigenem heraus!

Es taten sich verschiedene Quellen des Ureigensten, des Authentischen auf: von den sachlichen *Elementen* einer konstruktiven und rationalen Empirie bis hin zum spekulativen *Wesen* der kulturell gelenkten Begehren und Emotionen. In beiden Fällen finden wir formal kongruente Theorien und Vorgänge der Beschwörung bzw. Konstruktion von kollektiven Identitäten vor. Und diese unterliegen stets der sozialen Mechanik von Zugehörigkeit und Abgrenzung. So in den bisher betrachteten deutsch-spanischen Verstrickungen, in denen die Argumentationsmuster der *Verwandtschaft* und *Komplementarität* gleichermaßen von Erneuerern wie von Bewahrern bemüht wurden. Die gelegentlich auftretenden Verschiebungen und Missverständ-

---

[261] Behne, Adolf: *Nationales und Internationales im neuen bauen.* In: Moderne Bauformen 30 (1931), S. 211.

nisse deuten nicht nur auf die Existenz eines objektiven Gefälles in wirtschaftlicher, technologischer oder konzeptioneller Hinsicht zwischen Zentrum (Deutschland) und Peripherie (Spanien): Es wird in den nun folgenden konkreten Fällen des internationalen Austausches zwischen diesen Ländern mehrfach zu beobachten sein, wie es die spanischen Erwartungen an den mutmaßlichen Boten der deutschen Moderne waren, die sie erst zu opportunistischen Vertretern des Neuen machten. Die Krise der spanischen Identität und die Sehnsucht nach Erlösung vom ‚spanischen Problem' lenkte den Blick über die Grenzen des Eigenen hinaus auf Europa – auch in den Feldern der Architektur und des Städtebaus. In den Fällen, wo sich aus den Sehnsüchten nach einer wahrhaftigen Baukunst Abweichungen vom vorherrschenden internationalen Diskurs hin zum Nationalen ergaben, kamen die Architekten der Moderne in Spanien zu einer elementaren Kritik an den von Behne geächteten „internationalen Architekturphrasen". Gewiss: Auch in Spanien entwickelte sich die moderne Architektur rapide zu einer äußerlichen und ephemeren Mode. Es fielen aber nicht nur die ‚weißen Götter' des *International Style* vom Himmel. Gerade die weniger bekannten Namen aus der zweiten oder gar dritten Reihe haben es in diesem Kapitel ermöglicht, ein Netz deutsch-spanischer Beziehungen zu spinnen, das die Internationalität als ein Geflecht von Interdependenzen beschreibt.

II. GROßSTADTMODELLE

Das Forum ist für die ganze Stadt dasselbe, was für ein einzelnes Familienhaus das Atrium ist, der wohleingerichtete, gleichsam reich möblierte Hauptsaal.

Camillo Sitte, *Der Städtebau nach seinen künstlerischen Grundsätzen* (1889)

Der pflanzenhaften Ausgesähtheit über das Land folgt die bürgerliche Zusammenfassung in der Stadt. Die Stadt ist das Über-Haus, die Überwindung des Hauses oder untermenschlichen Nestes, ein abstraktes und höheres Gebilde als der Oikos der Familie.

José Ortega y Gasset, *Der Aufstand der Massen* (1930)

Im Rahmen der Deutschen Woche der Internationalen Ausstellung der Elektrischen Industrien in Barcelona (19.-26. Oktober 1929) fanden drei Fachvorträge statt. Dass die deutsche Delegation – aufgrund ihres auf potentielle Absatzmärkte gerichteten Blicks – hierfür Vertreter der chemischen und elektrischen Industrie hinzuzog, dürfte kaum verwundern. Ihre Ausführungen trugen die vorhersehbaren Titel „Deutsche Elektrizitätswirtschaft" und „Der Stickstoff als Düngemittel und seine Bedeutung für die spanische Landwirtschaft". Anders verhält es sich mit dem dritten Vortrag am 22. Oktober, für den überraschenderweise der Architekt und Frankfurter Stadtbaudirektor Prof. Martin Elsaesser in die katalanische Hauptstadt eingeladen wurde. Sein Thema: Der moderne Städtebau.[1] Welche deutsche Industrie konnte dadurch

---

1 Im Programm der Deutschen Woche wurde Elsaessers Vortrag mit dem Titel „Städtebau" angekündigt [Vgl. *Programm für die „Deutsche Woche" der Internationalen Ausstellung Barcelona vom 19.-26. Oktober 1929*. PAAA Bonn, Bestand Deutsche Botschaft Madrid. Ausstellungen, Internationale Ausstellung Barcelona. Nr. 433, Akt. Zeichn. 11-2, 11-4. Ebenso: *Programa de la Semana Alemana*. In: Diario Oficial de la Exposición Internacional de Barcelona 33, 19. Oktober 1929]. Elsaessers Manuskript, das im Archiv des Architekturmuseums der TU München erhalten ist, trägt die Überschrift „Moderne Architektur-Probleme".

ihre Interessen gewahrt sehen? Für welche Exportartikel galt es, Spanien als Absatzgebiet zu gewinnen?

Als zugleich künstlerische und wissenschaftliche Disziplin stellte Ende der zwanziger Jahre der Städtebau offenbar eine exportfähige Technik dar, die in Deutschland nicht nur von Ingenieuren, sondern vorrangig von der Architektenschaft getragen wurde. Die Übertragung städtebaulicher Modelle und Ideale bedeutete aber mehr als einen bloßen Warenaustausch zwischen Spanien und Deutschland. Sie sanktionierte den Anspruch auf eine im weitesten Sinn kulturelle Hegemonie Deutschlands. War der im ‚Barcelona-Pavillon' inszenierte private Lebensstil Ausdruck eines erneuerten nationalen Selbstverständnisses gewesen, so fungierte der moderne deutsche Städtebau als Spiegelbild der fortschrittlichen kollektiven Lebensformen der Weimarer Demokratie, deren Siedlungsbaupolitik ohne Zweifel als eine ihrer wertvollsten kulturellen Leistungen erachtet werden muss.

Der Städtebau transzendierte die Grenzen der beruflichen Disziplin nicht nur durch die Verknüpfung des Ästhetischen mit dem Weltanschaulichen, wie wir es im Falle der architekturtheoretischen Spekulationen bereits haben beobachten können, sondern viel unmittelbarer im räumlichen Ineinandergreifen der Sphären von Individuum und Gesellschaft – das heißt: an den Übergängen zu Politik und Ökonomie. Im Spannungsfeld dieser Machtstrukturen nahmen einzelne Protagonisten beider Länder ihre spezifischen Haltungen zwischen Utopie und Pragmatismus ein. Diese Positionen in ihrem Widerstreit und ihren vielschichtigen Verflechtungen darzustellen, ist das Ziel der folgenden Ausführungen.

6. SPANISCHE STÄDTE FÜR DIE DEUTSCHE STADTBAUKUNST. VON STÜBBEN BIS JÜRGENS (1894-1926)

Elsaessers Aufenthalt in Barcelona reihte sich in eine junge Tradition der Beeinflussung Kataloniens durch deutsches städtebauliches Gedankengut ein. Die Spur führt zurück ins Jahr 1893, als der Nestor des deutschen Städtebaus, Joseph Stübben, erstmals Spanien besuchte. Zu diesem Zeitpunkt 48-jährig, befand er sich auf dem Höhepunkt seiner Karriere: 12 Jahre nach dem vielbeachteten Gewinn des Kölner Stadterweiterungswettbewerbs (1880), erfreute er sich nun des Erfolgs in Wien, wo er sich mit Otto Wagner den ersten Platz im Wettbewerb für den General-Regulierungsplan teilte. Vor allem aber avancierte sein enzyklopädisches Werk „Der Städtebau" (1890) unaufhaltsam zum international anerkannten Handbuch des Faches. Ein Nachschlagewerk, mit dem Stübben einen pragmatischen Mittelweg zwischen wissenschaftlichem Schematismus und urbaner Raumkunst eröffnet hatte und so den Städtebau als eigenständige technische Disziplin konsolidierte.

Im deutschsprachigen Raum waren vor Stübbens Handbuch zwei bedeutende, gegensätzliche Schriften zur Anlage von Städten erschienen: Reinhard Baumeisters „Stadterweiterungen in technischer, wirtschaftlicher und baupolizeilicher Beziehung" (1876) und Camillo Sittes „Der Städtebau nach seinen künstlerischen Grundsätzen" (1889). Als Bauingenieur leistete Baumeister von Karlsruhe aus, wo er ordentlicher Professor für Wasser- und Straßenbau war, einen Beitrag zur Zusammenfassung des Wissens der Fachrichtung, wie sie bis dahin seitens des Ingenieurwesens (Vermessungsingenieure, Tiefbauingenieure) verstanden und ausgeübt worden war – nämlich stets unter ausschließlicher Berücksichtigung der technischen und ökonomischen Effizienz der Maßnahmen. Dreizehn Jahre später rückte dagegen der Wiener Kunstgewerbelehrer und Architekt Camillo Sitte mit seinem Werk den ästhetischen Anspruch in den Mittelpunkt einer neuen gestalterischen Gattung, für die sich nun Architekten berufen fühlten: den Städtebau. Sitte versuchte die formalen Prinzipien der Bildung konkaver städtischer Räume – vor allem des Mittelalters – offen zu legen und erhob diese Vorgehensweise zu einer künstlerischen Tätigkeit. Es galt, die künstlerische Gesetzmäßigkeit des *saalartigen* zentralen Platzes zu erfassen, den Sitte zum Hauptthema des Städtebaus machte, um den ästhetischen Wert der Städte vor einer im Zuge der Industrialisierung drohenden Zerstörung zu bewahren. Er hatte den öffentlichen Hohlraum als Bühne des urbanen Lebens wiederentdeckt. Als dann um die Jahrhundertwende der Städtebau in die deutschen Architekturfakultäten Einzug hielt, tat er es als bildende Kunst. Zunächst in Berlin durch Theodor Goecke, in Dresden durch Cornelius Gurlitt, in Stutt-

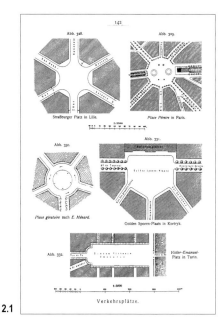

2.1

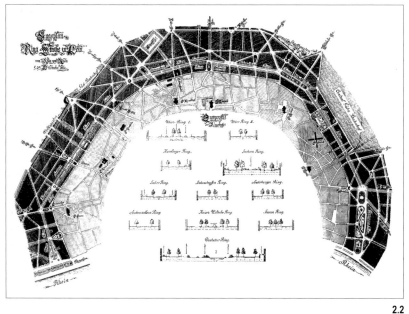

2.2

2.1 Verkehrsplätze [Joseph Stübben, „Der Städtebau". Leipzig 1923]
2.2 Joseph Stübben, *Die Kölner Ringstraße*. Lageplan und Querschnittsprofile

II. Großstadtmodelle 165

gart durch Theodor Fischer und in Aachen durch Karl Henrici, den strengen Befolger von Sittes ästhetischer Kritik an der Industriestadt.² Gemeinsam mit Henrici trat Stübben – der ab 1876 als Stadtbaumeister in Aachen agierte – beim bereits erwähnten Kölner Wettbewerb an. Ihr Erfolg führte 1881 zu Stübbens Wechsel an den Rhein.

Als Grundlage für Stübbens wahrhaft monumentales Werk „Der Städtebau" dienten die praktischen Erfahrungen, die er bei seiner neunjährigen Tätigkeit für die Kölner Bauverwaltung gesammelt hatte, wo ihm die Planungen zum Ausbau der Neustadt, wie auch die Realisierung einiger repräsentativer Bauten unterlagen. Vorsatz des Buches war es, eine analytische Darstellung der komplexen Gesamtheit der auf die urbane Struktur einwirkenden Kräfte unter operativen Gesichtspunkten zu erbringen: Technische Infrastruktur, Verkehr, Ökonomie, Bau- und Planungsrecht, Wohnungsfürsorge, et cetera. Dabei gab Stübben die Vorstellung des Städtebaus als *autonome künstlerische Synthese* dieser vielfältigen Faktoren nicht auf, wie er mit seinem Schlusswort unterstrich:

> Der Städtebau ist nicht bloß die Gesamtheit derjenigen Bauanlagen, welche der städtischen Bevölkerung den Wohnungsbau und den Verkehr, sowie dem Gemeinwesen die Errichtung der öffentlichen Gebäude ermöglichen; der Städtebau schafft nicht nur den Boden und den Rahmen für die fürsorgende Tätigkeit für das körperliche und geistige Wohlbefinden der Bürgerschaft; er ist die grundlegende praktische öffentliche Gesundheitspflege; er ist die Wiege, das Kleid, der Schmuck der Stadt, die Zusammenfassung der gesamten privaten und öffentlichen Tätigkeit zu einer höheren Einheit. Der Städtebau ist eine wichtige, selbständige Kunst.³

Vergleichende Stadtbetrachtung: Stübben in Spanien

Stübbens Schilderungen seiner ersten Spanienreise im Jahr 1893 spiegeln ein solches Verständnis der Stadtbaukunst als Schmelztiegel. Die spanischen Städte beschrieb er als zugleich ästhetisches Ereignis und historisches Zeugnis. Allerdings im Sinne der eingeschränkten Bedeutung, welche – nach Piccinato – im deutschen Städtebau der Geschichte beigemessen wurde: nicht so sehr mit dem Ziel einer legitimierenden historischen Analyse der Stadtstruktur, sondern als Aufstellung einer zeitlosen Beispielsammlung städtischer Morphologie, auf die bei Bedarf zurückgegriffen werden kann:⁴ Ein

---

2 Guther, Max: *Zur Geschichte der Städtebaulehre an deutschen Hochschulen.* In: *Heinz Wetzel und die Geschichte der Städtebaulehre an deutschen Hochschulen.* Stuttgart 1982. S. 34-117.
3 Stübben, Joseph: *Der Städtebau.* Leipzig 1924 (3. Auflage), S. 675.
4 Piccinato, Giorgio: *Städtebau in Deutschland 1871-1914: Genese einer wissenschaftlichen Disziplin.* Braunschweig 1983. S. 55.

jederzeit zur Verwertung verfügbares geometrisches Repertoire idealtypischer Lösungen, bei dem *alt* und *neu* gleichwertige Kategorien darstellten; bei dem aber auch *alt* und *neu* aneinander gemessen wurden.[5]

Das Primat der praktischen Anwendbarkeit wird in Stübbens spanischen Reiseberichten durch das stets vergleichende Argumentationsmuster deutlich. Das Prinzip der Verwertbarkeit von Wissen verleitete ihn zu einem typologisch taxierenden Blick. Die *vergleichbaren* Städte der Iberischen Halbinsel dienten so als Maßstab und Referenzpunkt zur Beurteilung der deutschen Verhältnisse – sowohl die Morphologie betreffend, als auch bezüglich der Mechanismen von Planung und Verwaltung.

In Stübbens 1894 gehaltenem Vortrag „Altes und Neues aus Spanien" und in der im selben Jahr in der *Kölnischen Zeitung* erschienen Artikelreihe, die seine spanischen Reiseerlebnisse zusammenfasste, ist sein allzu voreingenommener Blick offenkundig. Er berichtete über spanische *Stadtbaukunst alter und neuer Zeit* und stellte doch das Eigene in den Vordergrund:[6] Angesichts von Valencias Ronda sah er sich zum Vergleich mit den eigenen Kölner Ringen veranlasst; er lernte die Puerta de Serranos kennen und fand sie „den Kölner Thoren nicht unähnlich"; er erfuhr vom „Tribunal de los Acequieros", ein zur allgemeinen Zufriedenheit agierendes Bauerngericht, das über die Bewässerung der *Huerta* entschied, und ...

> (...) ich dachte an Köln, an den armen Duffesbach und an die zahllosen Processe, welche dieser seit Menschengedenken erzeugt, ohne daß die Gelehrten ein oder aus wissen; ich suchte im Stillen zu berechnen wie viel hundert strebsame Assessoren hier beim valencianischen Wassergericht nutzbringend beschäftigt werden könnten, wenn endlich einmal die spanische Regierung sich ermannte, ein formgerechtes Civilprozessverfahren an die Stelle dieser laienhaften Bauernwirtschaft zu setzen.[7]

---

5 Vgl.: Karnau, Oliver: *Hermann Josef Stübben. Städtebau 1876-1930.* Braunschweig 1996. S. 250.

6 *Altes und Neues aus Spanien.* In: Deutsche Bauzeitung 28 (1894), H. 20, S. 127. Stübben, Joseph: *Reiseberichte aus Spanien (Klein-Köln am Mittelmeer; Valencia del Cid; Von der Alhambra; Córdoba; Seeräuber an der Straße von Gibraltar; Ein Tag in Salamanca; Burgos und seine Bauten; Das Spanische Dortmund).* Erschienen 1894 in der Kölnischen Zeitung. Vgl.: HAStK Bestand 1114, Nachlass Stübben; Nr. 4, Reiseberichte aus Spanien. (30 Blätter) Diesen Berichten sind folgende Reisestationen zu entnehmen: Barcelona, Tarragona, Valencia, Málaga, Córdoba, Granada, Algeciras, Gibraltar, Tanger, Cádiz, Sevilla, Madrid, Medina del Campo, Salamanca, Burgos, Miranda de Ebro, Bilbao und San Sebastián. Die Reise unternahm er im November 1893.

7 Stübben, Joseph: *Valencia del Cid.* HAStK Bestand 1114, Nachlass Stübben; Nr. 4. Blatt 6.

2.3

2.4

2.3-4 Valencia und Córdoba [Oskar Jürgens, „Spanische Städte" (Hamburg 1926)]

Mit dem modernen Valencia erging es Stübben nicht anders: Eine Fahrt vom Hafenort Grao zurück nach Valencia reichte aus, um – diesmal frei von Ironie – festzustellen, dass man hier in diesem Punkte weiter sei als im heimatlichen Köln. Der Vergleich konnte also durchaus zugunsten des Fremden ausfallen und dazu anregen, das Eigene kritisch zu überdenken. Ein solcher Fall blieb jedoch die Ausnahme. Die meisten von Stübben aufgesuchten Ortschaften Spaniens konnten den städtebaulichen Vergleich mit Köln gar nicht erst aufnehmen. Allen voran, Córdoba. Zwar würdigte Stübben einzelne historische Bauwerke, über die gegenwärtige Stadt aber urteilte er schroff:

> Das heutige Cordoba ist ein trostloser, langweiliger Ort von etwa 42 000 Einwohnern mit einem bergauf, bergab, kraus und quer durcheinander gewürfelten Gassengewirr, wie es sonst nur in orientalischen Städten zu finden sein dürfte. Die Gassen sind jammervoll gepflastert, eng und meist gar nicht oder nur in einer Richtung befahrbar, welche an zahllosen Ecken durch die Bezeichnung „*Salida de carruajes*" kenntlich gemacht ist. Die verkehrreichen Gassen besitzen in der Mitte eine Plattenreihe, so daß die Stiefelsohlen nicht ganz ruiniert werden. Nur geborene Cordobaner vermögen in abgelegeneren Teilen sich auf den Beinen zu halten und Fremden den Weg zu zeigen. Mein Kölner Reisegenosse, der doch von seiner Heimatstadt aus gewohnt war, sich in engen winkeligen Gassen zurechtzufinden, geriet bedauerlich in die Tinte, als er auf einer Irrfahrt durch Cordoba den Führer spielen wollte. Nur die vom Flußufer in die Stadt hineingerichtete Calle San Fernando verdient neben den noch zu erwähnenden Paseos den Namen Straße, und nur die als Marktplatz dienende *Plaza de la Constitución* hat den Charakter eines öffentlichen Platzes. Die Stadtpläne in den Reisehandbüchern sind in dem Gassengewirr unbrauchbar, und einen wirklichen Stadtplan gibt es in Cordoba überhaupt nicht.[8]

In anderen Worten: Córdobas scheinbar planloses Straßengewirr entsprach nicht der Vorstellung von der Stadt als Organismus – zumindest nicht, wie ihn die wissenschaftliche deutsche Städtebautheorie verstand. Es mangelte zudem an präzisen Plänen, wie sie für eine positivistische Klassifizierung unabdingbar gewesen wären, und ein geometrisch nicht fassbarer Städtebau konnte dem Stübbenschen Instrumentarium auch keinerlei verwertbaren Vorlagen bieten. Córdobas Stadträume konnten nicht den Bedürfnissen einer dem industriellen Fortschritt verschriebenen Gesellschaft dienen. Córdoba war eine für Stübben *unbrauchbare* Stadt. Die herbste Enttäuschung bereitete ihm aber die andalusische Frau:

> Leider vermag ich die vielgerühmte Schönheit dieser andalusischen Damen nicht aus eigener Erfahrung zu bestätigen. Von Türmers Töchterlein abgesehen, das, kaum gesehen, uns für immer entschwand, können Cordobas Mädchen und Frauen

---

[8] Stübben, Joseph: *Cordoba*. HAStK Bestand 1114, Nachlass Stübben; Nr. 4. Blätter 13-14.

II. Großstadtmodelle 169

sich mit unsern Kölnerinnen nicht messen. Zwar kleidet sie die rote, gelbe oder weiße Blume, die sie stets im Flechtenkrönchen tragen, nebst Spitzentuch und buntem Röcklein recht freundlich, und auch das Zierliche und Gewandte ihres Wesens soll nicht geleugnet werden; aber von der feurigen andalusischen Schönheit hatten wir doch höhere Erwartungen gehegt.[9]

Es ist nicht müßig, hier diese Anekdote anzubringen. Sie ist aufschlussreich: In Stübbens Berichten finden wir kaum Zugeständnisse an den romantisch verklärten Blick auf ein exotisches Andalusien: Die Straßen stellte er nüchtern als Schauplätze eines verwahrlosten Lebens dar: Blinde, Bettler und ein ungewohnt gedrängtes Tierleben (Ziegen, Maultiere, Kühe ...) prägten das Bild. Damit standen sie im Kontrast zu den großzügig angelegten, zum *modernen* Flanieren bestimmten *Paseos*, über deren zweifelhaften sozialen Nutzen für Córdoba Stübben höhnisch mutmaßte:

> Spazierengehen und Lustigsein auf dem Paseo oder der Alameda ist bekanntlich für das spanische Volk, das aus lauter Millionären besteht und deshalb mit 2- bis 3-stündiger Arbeit täglich auskommt, die beliebteste Beschäftigung.[10]

Erst die Schilderung des eintägigen Aufenthalts in Salamanca – wo ihm im Morgengrauen ein „historisch-künstlerischer Zauber" empfing – lässt eine Versöhnung mit dem spanischen Städtebau erkennen. Hierzu trug die dortige *Plaza Mayor* entscheidend bei, ein Gebilde, dessen in die historische Substanz eingeschnittener, deutlich gefasster Hohlraum ganz den formalen Vorlieben des modernen deutschen Städtebaukünstlers und den positiven Kriterien des liberalen Reformers entgegenkam:

> Durch ein Säulenportal gelangten wir nach kurzem Gang auf die Plaza Mayor. Wir kannten sie aus dem Bilde, aber doch überwältigte uns der ruhevoll prächtige Eindruck. Es ist der wunderschön von einheitlicher, dreigeschossiger Architektur umschlossene, quadratische Hauptplatz der Stadt; die Straßenmündungen führen durch stattliche dreiteilige Thore, über welchen reich monumentale Giebelbauten diese Teile der Platzumrahmung als öffentliche Gebäude kennzeichnen. (...) Wie der ungeschickte Anschluß an die Straßenlinie zeigt, ist die ganze Anlage erst später künstlich in die Stadt eingeführt worden; im übrigen springt die Ähnlichkeit mit mehreren Plazas Mayores spanischer Städte, z. B. Madrid, Burgos und Bilbao

---

9 Ebd., Blatt 14. Mit „Türmers Töchterlein" meinte Stübben eine junge Frau, die er beim Besteigen des Turmes der Kathedrale begegnet hatte. („Zuerst hinauf auf den Turm! Thür und Treppe standen offen; erst auf drei Vierteln der Höhe, dort, von wo ehemals die Muezzins die Gläubigen zum Gebete riefen, hemmte eine verschlossene Thür unsern Weg. Hier wohnt der Türmer; und des Türmers liebreizendes Töchterlein, eine wahre andalusische graciosa und salada mit glatt gescheiteltem schwarzem Haare, öffnete auf unser Klopfen, verschwand aber mit Blitzschnelle vor unsern überraschten Blicken." Blatt 10)

10 Ebd.

2.5-6 Salamanca und Bilbao [Oskar Jürgens, „Spanische Städte" (Hamburg 1926)]

II. Großstadtmodelle 171

in die Augen. Die mittlere Fläche ist mit Gartenanlagen geschmückt und hat im Centrum einen Musikpavillon.[11]

Hatte Stübben in dieser „weltabgeschiedenen alterthümlichen Universitätsstadt Salamanca" den Höhepunkt des Alten in seiner Reise ausgemacht, so stellte für ihn Bilbao die Spitze der städtebaulichen Errungenschaften des modernen Spaniens dar. Auch hier bemühte er sich um einen griffigen Vergleich und bezeichnete Bilbao als „das spanische Dortmund".

> Jeder Vergleich hinkt. Könnte man Dortmund und Bremen vereinigen und dann durch drei dividieren, so würde die Stadt entstehen, die mit Bilbao, der spanischen Hafen- und Industriestadt am biscayischen Meerbusen, die engste Verwandtschaft hätte. Aber die Industrie hat in Bilbao vor dem Handel den Vorrang.[12]

In vieler Hinsicht war jedoch die baskische Stadt 1893 ihren deutschen Pendants voraus und konnte somit auch als Vorbild dienen, womit sie sich Stübbens bisherigen Reiseerfahrungen entgegenstellte:

> Für denjenigen, der andere Städte der iberischen Halbinsel kennt, besonders diejenigen in Aragonien, Leon und Andalusien, macht Bilbao nicht den Eindruck einer spanischen Stadt. Nachdem dieser Ort in den letzten dreißig Jahren seine Einwohnerzahl verdreifacht hat und heute mit den Vororten etwa 80 000 Einwohner zählt, ist er der modernste Spaniens, selbst moderner als Madrid und San Sebastián. (...) Treten wir aus unserm Gasthofe auf die Straße oder den runden Verkehrsplatz, an welchem er liegt, so könnten wir ebenso wohl glauben, in einem neuen Stadtteile von Bordeaux, Köln oder Pest zu sein. Die neuen graden Straßen und die fünf- bis sechsstöckigen Häuser haben keine Eigenart, als die ausgeprägte Vorliebe für Balcone und „Miradores", jene erkerartige verglasten oder vergitterten Balcone, von wo die spanischen Schönen Ausschau halten auf die Straßen, um sich beim Herannahen des Don José oder Don Rodrigo erröthend zurückzuziehen. Baumreihen, Pferdebahnen, Maste für elektrische Bogenlichter, Zeitungsausrufer, Obstverkäuferinnen u.s.w. beleben die Straßen wie bei uns.[13]

Stübben lobte die reiche Ausstattung des öffentlichen Raums und die „unspanische" Fortschrittlichkeit der großstädtischen Infrastruktur (vom Theaterneubau oder den Markthallen bis hin zu den Telegraphen- und Fernsprech-

---

11 Stübben, Joseph: *Ein Tag in Salamanca*. HAStK Bestand 1114, Nachlass Stübben; Nr. 4. Blätter 21-22. Zu dem als *Plazas Mayores* bezeichneten, durch hofartige Abgeschlossenheit und umlaufende Laubengänge gekennzeichneten spanischen Hauptplatz-Typus, siehe: Torres Balbás, Leopoldo: *Stadt des Mittelalters und der Frühzeit*. In: Mehlhorn, Dieter J. (Hrsg.) *Spaniens Städte*. Dortmund 1996. S. 136 ff.

12 Stübben, Joseph: *Das spanische Dortmund*. HAStK Bestand 1114, Nachlass Stübben; Nr. 4. Blatt 27.

13 Ebd., Blätter 27-28.

172 *Projizierte Moderne*

leitungen), äußerte sich aber verwundert über die „ganz nach Pariser Muster hergestellten Zeitungshäuser, Laternenständer und Bedürfnisanstalten". Seine weitere Beschreibung enthält die Erklärung, Bilbao sei eine „aus eigener Kraft emporgeblühte Stadt". Eine Stadt der privaten Aneignung und Produktion, zumindest in der Neustadt, die nach Plänen von Achúcaro, Alzola und Hoffmeyer (1873) entstanden war.[14] Eine Stadt, auf deren *Paseos* der Typ des sich zur Schau stellenden bürgerlichen *boulevardiens* längst Einzug gehalten habe. Und im Gegensatz zu Córdoba empfand er dieses Spektakel hier nicht fehl am Platze:

> Nirgendwo in Spanien haben wir so gern den Spaziergängern und Reitern und den in leichten Wagen dahingleitenden Damen und Herren zugeschaut, wie hier in Bilbao. Wer arbeitet, soll sich erholen. Der Nichtsthuer aber verdient nicht einmal den Cigarillo, den er zwischen den Zähnen kaut.[15]

Mit dieser Moral, die er der Entstehung eines modernen Stadtbildes zu Grunde legte, schloss Stübben seine Artikelreihe. Sie führt den tiefen politischen Zwiespalt vor Augen, mit dem der Städtebau als eigenständige wissenschaftlich-technische Disziplin seit seinen Anfängen haderte: positivistische Wisssenssicherung im Dienste der marktwirtschaftlichen Mechanismen liberaler Stadtproduktion zu sein, ohne gleichzeitig den ethischen Anspruch auf die Schaffung sozial wünschenswerter Lebensbedingungen für eine möglichst breite Bevölkerungsschicht aufzugeben.

Zwei spanische Pioniere: Ildefonso Cerdà und Arturo Soria

Rekapitulieren wir: In den amüsanten, an eine allgemeine Leserschaft gerichteten Reiseschilderungen Stübbens für die *Kölnische Zeitung* wurden die saalartigen *Plazas Mayores* als eine wertvolle städtebaukünstlerische Eigentümlichkeit Spaniens bewundert, während gleichzeitig der Stellenwert Bilbaos als moderne Stadt gerade auf der Vergleichbarkeit mit den fortschrittlichsten Städten Mitteleuropas beruhte. Beide, sowohl das *alte* als auch das *neue* Spanien, wurden von Stübben an den historischen und zeitgenössischen Errungenschaften des eigenen geometrischen Städtebaus gemessen. Und dennoch überrascht es, dass er kein Wort über die in Spanien entwickelten neuen Theorien und Planungen verlor. Dabei hätte er in Madrid oder Barcelona weiterführende Einsichten gewinnen können.[16]

---

14 Siehe: Azpiri Albístegui, Ana: *Urbanismo en Bilbao (1900-1930)*. Vitoria 2001.
15 Ebd., Blatt 30.
16 Offenbar hatte er nicht die Gelegenheit, sie zur Kenntnis zu nehmen. Die Kontakte, die Stübben im Verlauf seiner Reise zu spanischen Kollegen knüpfte, lagen außerhalb des Arbeitsfeldes des Städtebaus. Die einzigen nennenswerten Begeg-

II. Großstadtmodelle 173

Vor allem Barcelona hatte zu diesem Zeitpunkt einiges zu bieten. Nachdem 1855 nach langwierigen Verhandlungen die Schleifung der Stadtmauern und Fortifikationen von der Madrider Regierung genehmigt worden war, hatte die Stadt rasch einen Wettbewerb für die Stadterweiterung ausgeschrieben. Obwohl der in Katalonien favorisierte Architekt Antonio Rovira i Trías 1859 mit einem radial-konzentrischen Modell als Sieger hervorging, setzte die Madrider Zentralregierung den Vorschlag des katalanischen Zivilingenieurs Ildefonso Cerdà durch. Dieser hatte Jahre zuvor auf eigene Initiative eine genaue Vermessung der Ebene um Barcelona durchgeführt, auf der die *Eixample* (Erweiterung) Platz finden sollte. Zudem veranlasste er eine außerordentlich penible demographische und statistische Erhebung der Lebensbedingungen in der gewachsenen Stadt. Aus der Kenntnis um diese Gegebenheiten – zum Beispiel die erschreckend niedrige durchschnittliche Lebenserwartung von 25,7 Jahren – entwarf Cerdà eine rationale Gegenwelt zur verkommenen Altstadt: eher eine Alternative als eine Erweiterung.

Als überzeugter linksliberaler Techniker strebte er die Strategie eines gezielten politischen und wirtschaftlichen *laissez faire* an.[17] Er setzte im Bebauungsplan ein verblüffend einfaches, allgemeingültiges und strenges Regelwerk fest, das die Gleichberechtigung der Bürger gewährleisten zu können schien. Die Finanzierung der Stadterweiterung, die Kosten für den Straßenbau, für die technische Infrastruktur, für die gleichmäßig verteilten sozialen und kulturellen Einrichtungen sollten vom spekulierenden Besitzbürgertum getragen werden. Die Planung würde für den erforderlichen sozialen Ausgleich sorgen. Es galt, die sozialräumliche Hierarchisierung der Stadt zu vermeiden.

In der Umsetzung nahm dieses Konzept die Gestalt eines orthogonalen Verkehrsnetzes an, das von zwei sich in einem zentralen Platz treffenden Diagonalen durchkreuzt wurde. In Längs- und Querrichtung des Schachbretts wurden zwei sich ebenfalls zentral überschneidende Achsen als breite Boulevards (*Gran Via*) ausgebildet. Die durch das homogene Straßenraster definierten 1200 quadratischen Felder von jeweils 133 m Seitenlänge erhielten unter Berücksichtigung der Wenderadien des modernsten Verkehrsmittels, der Straßenbahn, deren Verkehrsfluss nicht beeinträchtigt werden sollte, abgeschrägte Ecken. Es ergaben sich achteckige Kreuzungen und *Mansanas*

---

nungen, von denen er berichtete, waren die mit den Architekten Contreras – dem Konservator der Alhambra – und Alberto Palacios in Bilbao. Vgl. Stübben, Joseph: *Von der Alhambra*. HAStK Bestand 1114, Nachlass Stübben; Nr. 4. Blatt 16. Stübben, Joseph: *Das spanische Dortmund*. HAStK Bestand 1114, Nachlass Stübben; Nr. 4. Blatt 30.

17 Zur Biographie Cerdàs siehe: Estapé, Fabián: *Vida y obra de Ildefonso Cerdá*. Barcelona 2001.

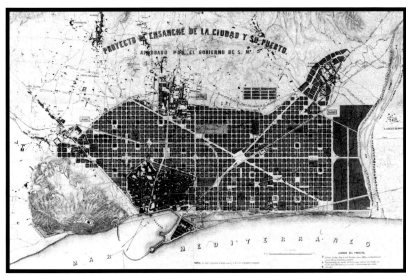

2.7

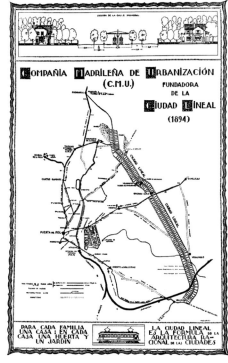

2.8

2.7 Ildefonso Cerdá, *Stadterweiterungsplan für Barcelona* (1859). Gesamtplan
2.8 Arturo Soria – CMU, *Ciudad Lineal*, Madrid (1894). Gesamtplan

II. Großstadtmodelle 175

(Blöcke). Die lediglich zweigeschossige Bebauung durfte nur zwei, möglichst gegenüberliegende Ränder einnehmen und musste das Blockinnere für hygienisches Grün weitgehend frei belassen. Im Norden, an den Fluss Besós angrenzend, sollte ein Stadtpark entstehen, der das programmatische Ineinandergreifen der Prinzipien der Urbanisierung und Ruralisierung demonstrierte: Einer der zentralen Aussprüche Cerdàs lautete: „Verländlicht das Städtische, verstädtert das Ländliche!"[18]

Die Grundlage für diesen Entwurf lieferte Cerdàs theoretisches Modell der „Urbanización", das Ende der 50er Jahre weitestgehend abgeschlossen war, wenngleich die Veröffentlichung erst 1867 erfolgte – unter dem Titel „Teoría General de la Urbanización y aplicación de sus principios y doctrinas a la reforma y ensanche de Barcelona" (Allgemeine Theorie der Stadtanlage und die Anwendung ihrer Prinzipien und Doktrinen auf den Umbau und die Erweiterung Barcelonas"). Es war der erste Versuch, den Städtebau der modernen Industriestadt – Cerdà sprach von einer Zivilisation der Mobilität und Kommunikation – als eigenständige wissenschaftliche Disziplin zu behandeln. Wohlgemerkt: eine visionäre Theorie, nicht eine Utopie. Das Chaos der Stadt hatte ihn nicht etwa zu einer contrafaktischen Behauptung veranlasst, sondern zu einer analytischen Interpretation. Obwohl 23 Jahre Cerdàs Hauptwerk von Stübbens „Der Städtebau" trennten, hätte dieser 1893 die Aktualität der theoretischen Systematik des Katalanen feststellen können. Dem war nicht so.

Der zweite, wohl bekannteste spanische Beitrag zum Städtebau des ausgehenden 19. Jahrhunderts, mit dem Stübben zum Zeitpunkt seiner ersten Spanienreise hätte in Berührung kommen können, war die *Ciudad Lineal* (Bandstadt). Ein Modell, das vom Madrider Straßenbahndirektor, Unternehmer, Feldmesser, Geometer, Erfinder, Lebensreformer, Antimonarchisten und Städtebauer Arturo Soria y Mata stammte. Er verstand sich selbst – und wurde darin von der Schar seiner Bewunderer bekräftigt – als Universalgenie und Erlöser.[19] So verfasste Soria beispielsweise eine neuplatonische Theorie zum polyedrischen Ursprung der Arten („Contribución al Origen Poliédrico de las Especies"). Darin unternahm er den Versuch der geometrischen Entschlüsselung der Evolution.[20] Er versah seine Theorie mit

---

18 Cerdà, Ildefonso: *Teoría General de la Urbanización y aplicación de sus principios y doctrinas a la reforma y ensanche de Barcelona.* Barcelona 1867. Übersetzung J. M. W.

19 Vgl. *Don Arturo Soria y Mata.* In: La Ciudad Lineal 25 (1921), H. 712, S. 597-599. (Nachruf) Ebenso: Soria y Puig, Arturo: *Semblanza de Arturo Soria y Mata.* In: George R. Collins, Carlos Flores: *Arturo Soria y la Ciudad Lineal.* Madrid 1968. S. 79-149.

20 1897 widmete Soria dem deutschen Biologen Ernst Haeckel ein Exemplar der französischen Übersetzung seines Werkes: „Al ilustre profesor de la Universidad

einem moral-darwinistischen Überbau, ohne den die Bedeutung, die er der linearen Struktur der Bandstädte beimaß, die sich eines Tages von Cádiz bis St. Petersburg und von Brüssel bis Peking erstrecken sollten, nicht verstanden werden kann. Soria hob die Würde der geraden Linie hervor: die Würde des Rationellen. Die *Ciudad Lineal* war die „Formel der rationellen Architektur der Städte". Rationell, weil Soria in der Mobilität das Formprinzip der Stadt erkannt hatte und aus dem Aufkommen neuer Verkehrssysteme und der modernen Fernmeldetechnik die logische Konsequenz zog. Seine morphologische Schlussfolgerung war eine Stadt des unbegrenzten linearen Wachstums.

Die ab 1882 in der Tageszeitung *El Progreso* (der Fortschritt) vorgestellte Idee der Bandstadt blieb nicht nur ein abstraktes und utopisches Modell, das alle bis dahin bekannten Maßstäbe sprengte. Die Vision sollte mit der Errichtung der Madrider *Ciudad Lineal* in die Realität umgesetzt werden. Allerdings mussten zehn Jahre vergehen, bevor mit der Ausführung begonnen werden konnte. Nachdem die von Soria hierfür beantragte Unterstützung seitens der Stadt abgelehnt worden war, übernahm die 1892 gegründete Aktiengesellschaft *Compañía Madrileña de Urbanización* (CMU) den Bau und die Vermarktung der Bandstadt. Sie wurde damit zur ersten privatwirtschaftlich entwickelten Stadt, eine liberale Privatstadt, die sich die Verwirklichung einer lebensreformerischen Siedlungsform zum Ziel gesetzt hatte.[21] Einige der Rubriken des 1897 gegründeten Blatts *La Ciudad Lineal – Revista científica de higiene, agricultura, ingeniería y urbanización* (Die Bandstadt. Wissenschaftliche Zeitschrift für Hygiene, Landwirtschaft, Ingenieurwesen und Stadtbau) – der ersten Fachzeitschrift für Städtebau überhaupt – verraten die angestrebte Lebensführung: „Die Kinder der Ciudad Lineal", „Hygiene", „Sport", „Haus und Wohnung", „Geflügelzucht", „Gartenbau" ...[22] Es wurde

---

de Jena, Ernesto Haeckel, gloria de la ciencia moderna y de su patria, su admirador Arturo Soria." (Dem illustren Professor der Universität Jena, Ernst Haeckel, Ehre der modernen Wissenschaft und seines Vaterlandes, von seinem Bewunderer Arturo Soria). Widmung in: Soria et Mata, Arthur: *Contribution L'Origine Polyédrique des Espèces*. Madrid 1897. [Unaufgeschnittenes (!) Exemplar der Bibliothek des Ernst-Haeckel-Hauses der Friedrich-Schiller-Universität Jena.] Bereits 1896 hatte Soria Haeckel mit der Bitte um einen Kommentar zu den vier von ihm neu erfundenen Polyedern angeschrieben.

21 Vgl. Sambricio, Carlos: *Ciudad Lineal, un ejemplo de urbanismo liberal*. In: *Arturo Soria y el Urbanismo Europeo de su Tiempo 1894-1994*. Madrid 1996. S. 39-49.

22 Zwar handelte es sich tatsächlich um die erste Städtebauzeitschrift – darin sind sich Piccinato und Albers einig –, aber sie enthielt nicht uninteressierte, objektive und allgemeine Informationen, sondern war eher ein Werbeblatt der CMU. Vgl. Piccinato, Giorgio: *Städtebau in Deutschland 1871-1914: Genese einer wissen-*

nicht so sehr eine utopische Gemeinschaft beschworen, als vielmehr die Erfüllung des individualistischen Traums der Selbstversorgung auf dem Lande fernab vom kapitalistischen Sozial-Darwinismus. Wie schon für Cerdà, lautete auch Sorias Motto des Stadt-Land-Ausgleichs „rurizad la ciudad: urbanizad el campo". Und weiter: „Für jede Familie ein Heim; zu jedem Haus ein Gemüsebeet und ein Garten."

Die von der Zeitschrift propagierten antiurbanen Sehnsüchte fielen dank der Madrider Missstände auf fruchtbaren Boden. Die Wurzel allen Übels lag nach Meinung Sorias in der Form der Städte. Madrid wies sämtliche Nachteile der konzentrischen Stadt auf. Weder die Altstadt noch der *Ensanche* (Stadterweiterung) des Ingenieurs Carlos María de Castro (1860) waren in der Lage gewesen, die in die Hauptstadt strömende Landbevölkerung aufzufangen. Der Wohnungsbau lag vollständig in privater Hand und diese zog es vor, von der Bodenspekulation zu profitieren. Die Folge war, dass in Madrid Wucherpreise, mangelnde Hygiene, soziale Spannungen und hohe Kriminalität herrschten. Zur Aufhebung dieser Zustände entstanden in den achtziger Jahren zahllose Verbesserungsvorschläge fortschrittlicher Politiker, Ärzte, Ingenieure, Architekten und Philanthropen, zu denen auch Soria gehörte.[23] Das Konzept seines Gegenmodells war denkbar einfach: Entlang einer Straßenbahnlinie sollte außerhalb der Stadtgrenze, im *extrarradio* (Außenbezirk), wo die Bodenpreise noch erschwinglich waren, eine neue, strukturell abhängige Einfamilienhaussiedlung entstehen. Zum Zeitpunkt von Stübbens Spanienreise war aber von alledem noch nichts zu sehen. Lediglich die Theorie lag vor.

Stübbens Unkenntnis über Sorias und Cerdàs Lehren ist symptomatisch. Offenbar waren es nicht in erster Linie alternative Theorien, wonach die Vertreter der deutschen *Wissenschaft der Stadtbaukunst* im Ausland suchten. Gelegentlich stießen sie auf verwertbare stadträumliche Muster. Vor allem fanden sie aber Projektionsflächen und Versuchsobjekte zur Bestätigung der eigenen Lehren zur Großstadt. So ließe es sich verstehen, dass Cerdàs homogenes Raster und Sorias lineare Stadt unerheblich erscheinen konnten. Die Diskrepanz ist offenkundig: Sie waren nicht mit dem Modell der radialen Stadt zu vereinbaren, der von der deutschen Stadtbaukunst eindeutig bevorzugt wurde. Dabei lagen diesen unterschiedlichen Ansätzen durchaus gemeinsame Prämissen zugrunde. Vor allem teilten sie die Ideologie eines politischen und wirtschaftlichen Liberalismus, der den Grundsatz der bürgerlichen

---

schaftlichen Disziplin. Braunschweig 1983. S. 84. Albers, Gerd: *Zur Entwicklung der Stadtplanung in Europa. Begegnungen, Einflüsse, Verflechtungen*. Braunschweig 1997. S. 106.

23 Vgl. Alonso Pereira, José Ramón: *La Ciudad Lineal de Madrid*. Barcelona 1998.

Baufreiheit implizierte. Die Fortschrittsgläubigkeit war in beiden Fällen noch ungebrochen. Sie führte dazu, dass die Frage nach der Begrenzung des als „natürlich" oder „organisch" betrachteten Wachstums gar nicht erst gestellt wurde. Die liberale Stadt war somit dazu verurteilt, bis ins Unendliche zu wachsen.[24] Unabhängig davon, ob die Stadt eine homogene, lineare, radiale oder gar eine konzentrische Struktur aufwies. Doch die morphologische Frage fasste entscheidende Unterschiede in sich, die alle auf eine zentrale Diskrepanz hinausliefen: die Zonung.

Cerdàs und Sorias Modelle wurden als sozialräumlich und funktional unhierarchische Strukturen konzipiert. Sie hingen zwar mit einem bereits vorhandenen Stadtzentrum zusammen, stellten aber im Grunde gegenüber diesem dezentrale und gleichförmige Alternativen dar. Sämtliche Einrichtungen wurden innerhalb des Rasters oder entlang des Bandes gleichmäßig verteilt. Dagegen war die radiale Großstadt monozentrisch, aber heterogen. Die Stadt wurde nach wirtschaftlichen, hygienischen, funktionalen und sozialen Gesichtspunkten in Zonen beziehungsweise Subzentren hierarchisch gegliedert. Zudem erforderte der seit Sitte der Stadt zugesprochene Kunstwert eine raumkünstlerische Ausgestaltung. Mit dieser ästhetischen Bewertung erübrigte sich auch die Frage nach dem Stadt-Land-Ausgleich: Von der Stadtbaukunst wurde die Stadt und nur die Stadt gedacht.

Die geordnete Stadt als politisches Kunstwerk: Barcelona und Berlin

Als der junge Architekt, Städtebauer und Publizist Werner Hegemann[25] nach einem längeren Aufenthalt in den USA mit der Ausrichtung der Berliner Städtebau-Ausstellung von 1910 beauftragt wurde, stellte er den Gegensatz Zentralität-Dezentralität in den Mittelpunkt seiner Konzeption. Dabei war er aufgrund seines Werdeganges in der Lage, verschiedene Traditionen zu einem Netzwerk des internationalen Informationsaustausches zu verbinden: die französische *Beaux-Arts*, die deutsche *Stadtbaukunst*, die englische *Garden-City-* oder die amerikanische *City-Beautiful-Bewegung* ... Doch selbst der hervorragend informierte Hegemann scheint die spanischen Theorien und Erfahrungen ignoriert zu haben. Zumindest hat er sie nicht im Ausstellungsprogramm aufgenommen. Als Referenzpunkte dienten dagegen Paris und London, die er miteinander verglich. An ihnen machte er die Antipoden der Zentralität und der Dezentralität in ihrer politischen Dimension fest. Paris illustrierte das Konzept der absolutistisch-zentralisierenden Hauptstadt, während die dezentrale Struktur Londons bürgerliche Selbständigkeit und frei-

---

24 Vgl. Piccinato, Giorgio: *Städtebau in Deutschland 1871-1914: Genese einer wissenschaftlichen Disziplin*. Braunschweig 1983. S. 62.
25 Siehe Lebenslauf im Anhang.

II. Großstadtmodelle 179

heitliche Selbstverwaltung abbildete. Es standen sich so die Kulturen des Aristokratischen und des Bürgerlichen mit ihren Vor- und Nachteilen gegenüber.[26] Ansätze wie die des *Civic Art* in den USA boten mit ihrer Sehnsucht nach aristokratischem Glanz eine Lösung des Konflikts. Das unkünstlerische Schachbrettsystem ließ sich im Dienste einer legitimen bürgerlichen Repräsentation ausgleichen. Es entstanden die künstlerischen Visionen der großstädtischen *Civic Center*, die in Hegemanns Auswahl für die Berliner Schau eine prominente Stellung einnahmen.

Diese Entwicklung weist Parallelen zur Kritik auf, die zeitgleich in Barcelona an dem von Madrid aus aufoktroyierten Plan Cerdàs geübt wurde. Sie stammte vornehmlich aus dem bürgerlichen und großindustriellen Lager und stand damit im Zusammenhang, Barcelona als Wirtschaftsregion zu behaupten. In der Umsetzung der Stadterweiterung erfuhr der ursprüngliche Bebauungsplan schwerwiegende Veränderungen, die eine deutlich höhere Dichte als ursprünglich vorgesehen zur Folge hatten. Es entstanden mehrheitlich geschlossene Blöcke mit zum Teil bebauten Innenhöfen. Der Plan entpuppte sich als ein fabelhaftes Immobiliengeschäft. Die *febre d'or*, das legendäre ‚Goldfieber‘, welches die Stadt der ersten Hälfte der achtziger Jahre ergriff, schuf die Grundlage für den katalanischen *Modernisme* mit seiner absondernden Avantgarde-Architektur – während der von Cerdà beabsichtigte soziale Ausgleich hingegen ausblieb. Innerhalb der isotropen Stadtstruktur kam es wiederholt zu Spannungen, die gelegentlich zu gewaltsamen Ausschreitungen eskalierten. Die anhaltende Konfliktsituation führte nicht nur zur Forderung nach sozialräumlicher Differenzierung, nach Segregation, sondern auch zur paternalistischen Einsicht, dass nur durch eine systematische Verbesserung der Lebensbedingungen der Arbeiter die von den regionalistischen und industriellen Parteien ersehnte wirtschaftliche Entwicklung Barcelonas überhaupt erst möglich sei. Einer der Köpfe der 1901 gegründeten antiliberal-bürgerlichen Klassenpartei *Lliga Regionalista de Catalunya*, der Architekt Josep Puig i Cadafalch, bezeichnete Cerdàs Plan in einer seiner Tiraden sogar als „*cursi*" (kitschig), womit er angesichts der kompromisslosen geometrischen Klarheit nur dessen gescheiterte soziale Vision gemeint haben kann. Im Sinne eines Ausbaus zur Hauptstadt wurden nun die zentralisierende Gliederung und Monumentalisierung sowie die Eingemeindung der umliegenden Vororte gefordert. Der Schlachtruf lautete „Cataluña Ciudad" (Stadt-Katalonien).

Diese Begehrlichkeiten führten im Jahre 1903 zur Auslobung eines städtebaulichen Wettbewerbes, aus dem der Franzose Léon Jaussely 1905 als Sie-

---

26 Vgl. Hegemann, Werner: *Der Städtebau nach den Ergebnissen der allgemeinen Städtebau-Ausstellung in Berlin. 2. Teil.* Berlin 1913.

2.9

2.10

2.9 Werner Hegemann, „Der Städtebau nach den Ergebnissen der Allgemeinen Städtebauausstellung in Berlin" (1911). Titelblatt

2.10 Léon Jaussely, *Verbindungsplan (Plan de Enlaces) für Barcelona* (1905). Gesamtplan

ger hervorging. Wiederum zwei Jahre später legte dieser die endgültige Fassung seines „Plan de Enlaces" (Verbindungsplan) vor, der die Richtlinien der Verbindungen mit den Vororten festlegte - aber nicht nur das: Es war vor allem ein Plan zur Monumentalisierung der Hauptstadt Kataloniens. Noch war Barcelona aufgrund des industriellen Stadtbildes als das „Manchester des Mittelmeeres" bekannt. Nach Meinung von Puig i Cadafalch, der 1905 als Mitglied der Jury fungiert hatte, würde die Stadt aber in Kürze einem „Paris del Mediodia" (Paris des Südens) gleichen. In der Tat: Nach Jausselys Plan wäre Barcelona bald von Haussmannschen Achsen und Gelenken durchzogen gewesen, in denen prachtvolle *Beaux-Arts*-Bauten den Abschluss der Perspektive gebildet hätten. Vor allem aber erhielt Barcelona in seinem Vorschlag eine monumentale Mitte als Entsprechung zu den realen Machtstrukturen der Stadt. Parallel hierzu übernahm Puig i Cadafalch persönlich die Planung der monumentalen Anlage für die 1914 geplante *Exposición Internacional de Industrias Eléctricas* (Internationale Ausstellung der Elektrischen Industrie), die - nach ihrer Aufschiebung - in der Internationalen Ausstellung von 1929 münden sollte. Zudem wurde 1908 endlich die Sanierung der Altstadt in Angriff genommen - durch Straßendurchbrüche auf der Grundlage der Pläne von Cerdà (1859) und Angel Josep Baixeras (1879). Es wurde aber jetzt auch erstmals über den Denkmalwert der historischen Stadt diskutiert.[27]

Am 26. April 1909, also noch vor den anarchistisch-antiklerikalen Arbeiteraufständen der *Semana Trágica* (tragische Woche, 26.-31. Juli 1909), bei denen die gesamte Stadt zum Erliegen kam, veröffentlichte die Tageszeitung *La Veu de Catalunya* (Die Stimme Kataloniens) - die publizistische Plattform der *Lliga Regionalista* - einen von Puig i Cadafalch in Berlin verfassten Artikel („El geni de l'ordre econòmic"), der einige Betrachtungen über die wirtschaftliche Entwicklung Kataloniens und vor allem Cadafalchs Formel für die zukünftige Hauptstadt Barcelona enthielt: *Eine geordnete und monumentale Stadt.*[28] Ein politisches Programm, das ein neues Stadtmodell

---

27 Siehe: A. Nicolau, D. Venteo: *La Monumentalització del centre històric: la invenció del Barri Gòtic.* In: *La construcció de la gran Barcelona: l'obertura de la Via Laietana.* Barcelona 2001. S. 100-127.

28 Puig i Cadafalch, Josep: *El geni de l'ordre econòmic.* In: La Veu de Catalunya, vom 26. April 1909. Vgl. Solà-Morales, Ignasi: „*Ciudad ordenada y monumental*" ... *La arquitectura de Josep Puig i Cadafalch en la época de la Mancomunidad.* In: *J. Puig i Cadafalch, la arquitectura entre la casa y la ciudad.* Barcelona 1989. S. 39. Nach Meinung von Solà-Morales war die Berührung mit den Schriften von Stübben, Eberstadt und Hegemann - also mit dem deutschen Modell der Großstadt- der Grund für Cadafalchs Reise nach Berlin. Die relevanten Schriften von Eberstadt und Hegemann erschienen aber erst nach Cadafalchs rei-

implizierte, für dessen Verwirklichung erst die erforderlichen Institutionen und Finanzierungsmechanismen geschaffen werden mussten.

In diesem Kontext entstand die Bewegung der katalanischen *ciència cívica*, zu deren größten Erfolgen die Gründung des *Museu Social de Barcelona* – ein Institut zur Erforschung der städtischen Produktions- und Lebensbedingungen – im Jahre 1909 zählt. Ihre Mitglieder setzten sich aus Vertretern der Verwaltung sowie einer Gruppe von Intellektuellen zusammen, die sich mit der Untersuchung und Behebung städtebaulicher Probleme befassten.[29] Zu diesen gehörte Cebrià de Montoliu, der Bibliothekar des *Museu Social*. Obwohl von Haus aus Jurist, hatte sich der anglophile Montoliu hauptsächlich der publizistischen Aktivität gewidmet – vorwiegend der Übersetzung von Werken aus dem Englischen, und zwar sehr sorgfältig ausgewählter Schriften von unter anderen John Ruskin, Ralph Waldo Emerson, Walt Whitman, William Morris oder Frederick Taylor. Diese bildeten den theoretischen Hintergrund für die von Montoliu geforderte *reforma integral* (ganzheitliche Reform) der liberalen Industriestadt, für die er lediglich zwei Zukunftsmodelle in Betracht zog:[30] Den ersten Gegenentwurf gaben der schottische Biologe und Soziologe Patrick Geddes mit der organischen Stadt sowie Ebenezer Howard mit seiner *Garden City* vor. Die Alternative hierzu bildete die *Großstadt*, wie sie 1910 von Hegemann in Berlin dargestellt worden war.

Montoliu hatte die Berliner Ausstellung besucht und fasste sie 1913 im Buch „Las Modernas Ciudades y sus Problemas a la Luz de la Exposición de Construcción Cívica de Berlin 1910" (Die Modernen Städte und ihre Probleme im Lichte der Städtebau-Ausstellung in Berlin 1910) zusammen. Damit leistete er einen entscheidenden Beitrag zur frühen Rezeption der zentralen Gedanken der deutschen Stadtbaukunst in Spanien.[31] Aus dem

---

sen. Genau genommen konnte er von diesen drei Autoren nur über Stübbens Gedanken zum Städtebau unterrichtet gewesen sein. Der Zeitpunkt der Formulierung des Programms durch Cadafalch (17. April 1909) ist auch deshalb von Bedeutung, weil die konservativen Katalanisten der *Lliga Regionalista* in den Wahlen vom 2. Mai 1909 gegenüber dem *Partido Republicano Radical* (Lerroux) und den verbündeten linksrepublikanischen Katalanisten (*Esquerra Catalana*) eine herbe Niederlage einstecken mussten. Erst 1914 würden sie die Macht zurückerobern.

29 Vgl. Riera, Roser: *La Metodología. Montoliu documentalista*. In: Roca, Francesc (Hrsg.): *Cebrià Montoliu (1873-1923)*. Barcelona 1993. S. 79 ff.

30 Roca, Francesc: *La Ciutat. De la ciutat contemporània a la ciutat futura*. In: Roca, Francesc (Hrsg.): *Cebrià Montoliu (1873-1923)*. Barcelona 1993. S. 117 ff.

31 Es ist diesbezüglich von Interesse, dass die Illustrationen in Montolius Bericht aus der 1904 von Sitte und Theodor Goecke gegründeten Zeitschrift *Der Städtebau* entnommen wurden.

II. Großstadtmodelle 183

Wortlaut des Titels geht hervor, dass er zur Übersetzung des deutschen Begriffs „Städtebau" die spanische Entsprechung „construcción cívica" vorzog. Sein Bericht begann mit einer Verteidigung der Großstadt. In der Gegenüberstellung der Haltungen von Rousseau und Voltaire zog er die des letzteren vor und setzte mit diesem das Wachstum der Städte ihrer kulturellen Entwicklung gleich. Ein hervorragendes Beispiel hierfür bot das wirtschaftlich, sozial und politisch aufstrebende Deutsche Reich. Der Schlüssel für seine kulturelle Expansion lag in der Verdreifachung der Stadtbevölkerung zwischen 1870 und 1910. In diesem Zeitraum von 40 Jahren hatte das Reich um 24 Millionen Bürger zugenommen, ein Zuwachs, der – wie Montoliu hervorhob – die Bevölkerungszahl Spaniens übertraf. Eine neue Nation in 40 Jahren! Diesem sprunghaften Wachstum wollte Montoliu allerdings Grenzen gesetzt wissen:

> Wenngleich die Zunahme der Großstädte als Gewinn für die Menschheit gewertet werden muss, so kann diese - betrachten wir sie als exaktes Abbild der Zivilisation eines Volkes – nur unter der Bedingung geschehen, dass ihr quantitatives Wachstum nicht auf Kosten der Effizienz als kulturelle Instrumente erfolgt.[32]

Kulturelle Anforderungen, die für Montoliu in direktem Zusammenhang mit der Form der Großstadt standen:

> Eine Großstadt ist kein chaotisches Konglomerat von Häusern, Fabriken, Lagerhäusern und Büros, sondern ein großer urbaner Organismus, der präzise dem Zweck der Verherrlichung und Verfeinerung der sozialen Beziehungen dient.[33]

Der in Barcelona von den konservativen Köpfen der *Lliga* so verzweifelt und ungestüm ausgesprochene Wunsch nach sozialer Segregation ist unschwer zu erkennen. Die organisch gegliederte Großstadt erfüllte nach Montoliu drei zentrale Aufgaben: Die Förderung der industriellen Entwicklung, die allgemeine Gewährleistung hygienischer Wohnverhältnisse und schließlich die monumentale Ausgestaltung – die „Stadt als Museum". Und zwar in dieser Reihenfolge. Aber auch die letzte Stufe, die des Denkmalwerts, war unabdingbar, denn ...

> Wenn die Sprache das eminente Symbol, der intimste Ausdruck des gemeinsamen Denkens, das heilige Behältnis der Traditionen des Volkes darstellt, so ist die Stadt als Monument das höchste formale Zeichen, die greifbare Offenbarung desselben kollektiven Geistes.[34]

---

32 Montoliu, Cebrià: *Las Modernas Ciudades y sus Problemas a la luz de la Exposición de Construcción Cívica de Berlin 1910*. Barcelona 1913. S. 12-13. Übersetzung J. M. W.
33 Ebd., S. 13. Übersetzung J. M. W.
34 Ebd., S. 15. Übersetzung J. M. W.

2.11 Cebrià de Montoliu, „Las Modernas Ciudades y sus Problemas a la luz de la Exposición de Construcción Cívica de Berlin 1910" (Barcelona 1913). Titelblatt

2.12-13 Hermann Jansen, *Vorschläge für Groß-Berlin*. Gesamtplan (1909) und Vogelschau vom Tempelhofer Feld (1910)

II. Großstadtmodelle 185

Montolius Bericht scheint somit zunächst kaum mehr als eine Bestätigung der Sehnsüchte jener gewesen zu sein, die sich Puig i Cadafalchs 1909 von Berlin aus formuliertem politischen Programm der „geordneten und monumentalen Stadt" anschlossen. Die Hauptstadt des Deutschen Reiches diente auch Montoliu als Musterfall der Ausführung einer Großstadt der Zukunft im genannten Sinne. So beschrieb er ausführlich die Entstehung des dezentralen Groß-Berlin und die Versuche von Verwaltung und Architekten (Architekten-Ausschuss Groß-Berlin), durch Eingemeindungen und über die Auslobung eines Wettbewerbs die Aufstellung eines verbindlichen und „organischen" städtebaulichen Generalplanes – fast schon ein Regionalplan – zu erreichen. Montoliu erläuterte das Wettbewerbsprogramm von 1908 und charakterisierte die zwei Jahre später preisgekrönten Entwürfe von Hermann Jansen, Josef Brix/Felix Genzmer, Rudolf Eberstadt/Bruno Möhring/Richard Petersen sowie von Bruno Schmitz/Otto Blum zusammen mit der Firma Havenstadt & Contag.[35]

Jansens Vorschlag bestach durch sein dezentrales Modell: Er konzipierte Groß-Berlin als ein Netz von abgeschlossenen Stadtteilen im Grünen, beziehungsweise von Grünflächen umgeben, die in den großzügigen, zu mindestens einer Seite offenen Innenhöfen der bis zu fünfgeschossigen Randbebauung weitergeführt wurden und so für gesunde Wohnverhältnisse sorgten. Montoliu sprach treffend von einem Kompromiss zwischen dem aus Kostengründen auf Berlin nicht übertragbaren englischen *Cottage*-System und der in Deutschland üblichen Blockrandbebauung.[36]

Die Wohnungsreform stand im Mittelpunkt des Entwurfes von Eberstadt, Möhring und Petersen, bei dem Montoliu das System der doppelten Randbebauung als Neuerung hervorhob: Zur großstädtischen Außenwelt schottete eine fünfgeschossige Blockrandbebauung den Hof ab, wo sich zweigeschossige Reihenhäuser um eine zentrale Gartenanlage dörflich gruppierten. Ein großmaßstäblicher Baublock (250 x 175 m), der sich im Zonungskonzept ihres radialen Wachstumsmodells mit keilförmigen „grünen Lungen" integrieren ließ.[37] Innerhalb eines doppelten Blocks sollten – dank des zu erwartenden Preisgefälles zwischen Innen und Außen – unterschiedliche soziale Gruppen aufgehoben sein. Montoliu wies aber auch auf die Qualitäten der

---

35 Zum Wettbewerb siehe: Sonne, Wolfgang: *Ideen für die Großstadt: Der Wettbewerb Groß-Berlin 1910.* In: T. Scheer, J. P. Kleihues, P. Kahlfeldt (Hrsg.): *Stadt der Architektur, Architektur der Stadt. Berlin 1900-2000.* Berlin 2000. S. 67-77. Posener, Julius: *Berlin auf dem Wege zu einer neuen Architektur. Das Zeitalter Wilhelm II.* München 1979. S. 245 ff.
36 Ebd., S. 27.
37 Ebd., S. 28 und 42.

Vorschläge für die monumentale Mitte der Reichshauptstadt („Forum des Reiches" am Reichstag und Platz der neuen Oper), die nur vom Vorschlag von Schmitz und Blum an wilhelminischem Pathos übertroffen wurde. Jausselys Entwurf für Berlin wurde dagegen von Montoliu mit keinem Wort erwähnt.

Die Bekanntgabe der 27 Wettbewerbsbeiträge war der Anlass für die Ausstellung gewesen. Darüber hinaus sollte sie einen möglichst umfassenden Überblick über den Stand der internationalen städtebaulichen Debatten geben. Spanien allerdings blieb auch von dieser Leistungsschau ausgeschlossen. Wie Montoliu sichtlich gekränkt feststellte, stammte der einzige von Hegemann berücksichtigte ‚spanische' Beitrag ausgerechnet aus Schweden:

> Es ist der aus dem kürzlich veranstalteten Wettbewerb stammende Anbindungs-Vorschlag für Barcelona des schwedischen Architekten D. Hallman, der uns mangels weiterer Exempel zufällig und armselig in dieser Schau vertritt.[38]

Die Auslassung Spaniens steht im Kontrast zu Montolius fundierter und kritischer Kenntnis der in Deutschland herrschenden Verhältnisse. Denn er gab in seinem Buch nicht nur den Inhalt der Ausstellung wieder, sondern widmete den zweiten Teil seiner Untersuchung den technischen und finanziellen Lösungsansätzen im Bereich des Wohnungsbaus und vor allem dem angesichts dieser Problematik sich als einzige wahre Alternative abzeichnenden Modell der Gartenstadt. Er analysierte und verglich also nicht nur die Entwicklung von den ersten Versuchen Bournville und Port-Sunlight bis zur *Garden City* Letchworth, sondern stellte auch die in Deutschland errichteten Gartenvorstädte (*Suburbios-Jardines*) und die an Fabriken angegliederten Gartenkolonien (*Colonias-Jardines*) vor, die in den Großstadtmodellen des Wettbewerbes von 1910 bereits eingeflossen waren. Montoliu aber wurde zum Verfechter des ursprünglichen Gartenstadtgedankens: Er erklärte im zweiten Teil seines Buches die organische, eigenständige und abgeschlossene Gartenstadt zum eigentlichen Zukunftsmodell für eine lebensfähige und lebenswerte Stadt. Damit stand er in völligem Widerspruch zum liberalen Gedanken der kapitalistischen Konzentration. Er war sich dieser Diskrepanz im Klaren und widmete ihr das abschließende Kapitel seines Buches, das auseinander zu fallen drohte. Montolius Schlussfolgerung: Die anorganische Konzeption einer megalomanen, additiven Großstadt sei unhaltbar. Es bestehe daher gar kein Zwiespalt. Das Entstehen suburbaner Satelliten des bürgerlichen Lebens sei eine natürliche Folge dieses Umstandes – lediglich ein erster Schritt hin zur *organischen Stadt*. Als beispielhafte Synthesen der ursprünglichen Entwicklungen in England (die Gartenstadt) und Deutschland (die Großstadt)

---

38 Ebd., S. 41.

II. Großstadtmodelle 187

sah Montoliu daher in den Berliner Wettbewerbsentwürfen glänzende Bestätigungen dieser Tendenz.[39]

Zu Montolius Schlussbetrachtungen gehörte auch die Frage nach der Eignung des vorgestellten Gedankenguts für die Anwendung in Spanien unter Berücksichtigung der dort herrschenden Verhältnisse, wie der geringen Bevölkerungsdichte oder des Rückstands der Industrialisierung. So schienen die auftretenden Probleme zwar weniger dringlich, es galt aber, von genau diesem Umstand zu profitieren, nämlich – wie Deutschland gegenüber England – auf die frühen Erfahrungen anderer zurückzugreifen. So forderte Montoliu, die in Spanien vorhandene Gesetzgebung zu Fragen der Stadterweiterung, des Stadtumbaus, der Besiedlung des Landes und des Kleinwohnungsbaus zu vereinheitlichen. Auf diesem Wege werde die Aufstellung ‚organischer' Pläne nach dem Beispiel der zuvor aufgeführten Entwürfe sichergestellt.

> Darüber hinaus aber keine unterwürfige Nachahmung der obengenannten Modelle, denn diese wäre die letzte Methode, die uns bekommt. Transfusion ihres Geistes ohne zu begehren, denn schon die Umstände unseres Ortes und unserer Zeit werden dafür sorgen, diesem die geeignetste Form zu geben.[40]

Unter den konkreten Folgen, die Montolius Reise nach sich zog, stellt die Gründung der Gartenstadtgesellschaft *Sociedad de Construcción Cívica La Ciudad Jardín* im Juli 1912 die sicherlich bedeutendste dar. Die Namen einiger der Vorstandsmitglieder sprechen für sich: Präsident war der aristokratische Industrielle und spätere Bürgermeister Juan Antonio Güell y López; Lluís Domènech i Montaner wirkte als sein Vizepräsident; die Rolle des Sekretärs nahm Montoliu selbst ein; als Schatzmeister fungierte Puig i Cadafalch; als beratende Architekten kamen Guillem Busquets und Jeroni Martorell zum Einsatz .

Als Organ der *Sociedad* erschien ab 1914 die Zeitschrift *Cívitas*. Das erste Heft enthielt einen Bericht von Jeroni Martorell über die Leipziger Internationale Baufach-Ausstellung von 1913, im Rahmen derer die mustergültige Gartenvorstadt Marienbrunn nach einem Bebauungsplan von Hans Strobel errichtet worden war. Martorell aber illustrierte seinen Aufsatz mit Bildern der Essener Margarethenhöhe.[41] Er war ein Kenner der deutschen Architektur und war durchaus darauf bedacht, derartige Vorbilder auf Barcelona zu übertragen, wo allerdings weiterhin der Cerdà-Plan die Bedingungen vorgab.

Ein gutes Beispiel bietet Martorells Bebauungsplan für die *Caixa de Pensions per a la Vellesa* (Rentenkasse) in Sant Martí de Provensals – im Osten

---

39 Ebd., S. 104.
40 Ebd., S. 106. Übersetzung J. M. W.
41 Martorell, Jerónimo: *La exposición de la Habitación y Construcción de Ciudades de Leipzig*. In: Cívitas 1 (1914), H. 1, S. 17-20.

Barcelonas – aus dem Jahre 1915.[42] Dieser sah eine punktsymmetrische Aufteilung des achteckigen *Eixample*-Blocks in fünf Felder vor. Sie ergaben sich aus der Durchwegung mittels zweier geschwungener Wohnstraßen. Die dabei entstehende Mitte wurde unbebaut belassen und bildete den zentralen Platz der Anlage. Die umliegende Bebauung bestand aus zweigeschossigen Baukörpern, meist Reihenhäuser, die zwar dem Straßenverlauf folgten, sich aber nicht zu einer Front schlossen. Zu den inneren Wohnstraßen hin entstanden – durch Vor- und Rücksprünge der Fassaden – Übergangsbereiche, die als Vorgärten genutzt werden konnten. Dagegen wies der Komplex nach außen – das heißt zu Cerdàs großstädtischen Verkehrsstraßen – harte Grenzen auf. Von den vier bebauten Feldern wurden die zwei größeren als Blöcke mit begrüntem Hof aufgefasst. Die restlichen zwei erhielten eine aufgelockerte, ländlich anmutende Bebauung. In Anlehnung an die *Cottage*-Architektur der englischen Gartenstädte wurde das Erscheinungsbild durch eine mediterrane Volkstümlichkeit geprägt, das sich aufgrund seines einfachen und dörflichen Charakters sowohl vom „verschwenderischen Formenreichtum" (Stübben) des *Modernisme* wie vom großstädtischen Neoklassizismus des *Noucentisme* unterschied. Es wurde so eine für die aufkommende Aufgabe des Massenwohnungsbaus spezifische Architektursprache gefunden, in der die gestalterische Einfachheit der Bescheidenheit der zur Verfügung stehenden Mittel entsprach. Die Architektur trug entscheidend dazu bei, das Bild gemeinschaftlicher Abgeschlossenheit zu vermitteln: Eine geschützte Insel kleinstädtischer Urbanität, deren geistige Verwandtschaft mit der doppelten Randbebauung von Möhring, Eberstadt und Petersen 1910 für Berlin unverkennbar ist.

Martorell war einer der ersten, die sich in Spanien ausdrücklich auf Prinzipien beriefen, die von Sitte inspiriert waren. Vermutlich geht die im ersten *Cívitas*-Heft angekündigte Übersetzung Sittes auf ihn zurück. Wie Montoliu setzte auch Martorell die Vorstellung der Stadt als Organismus gegen die leblose Geometrie des Rasters.[43] Es war weitaus mehr als nur eine Frage der Ästhetik. Auch in methodischer Hinsicht standen Martorells Vorschläge im Widerspruch zum *Eixample*. Dem freien Spiel der Kräfte des Marktes versuchte man neue Grenzen zu setzen. So führte zum Beispiel das aufkommende Zonungskonzept zu einer präziseren typologischen Spezifikation: Von der Ausbildung der Gebäudegrundrisse, die sich wiederum auf die Parzellierung

---

42 Vier Jahre später diente eine Vogelperspektive dieses Entwurfes als Illustration eines Aufsatzes von Montoliu zum Gartenstadt-Gedanken, das ansonsten Szenen aus englischen Gartenstädten enthielt. Siehe: Montoliu, Cebrià: *La Ciutat Jardí*. In: D'Ací d'Allà 2 (1919), S. 237.

43 Siehe: Martorell, Jeroni: *La urbe agradable*. In: Cívitas 3 (1916), H. 8, S. 24-25.

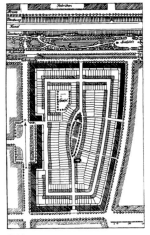 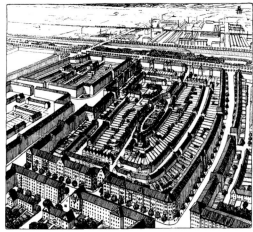

2.14   **2.15**

D'ACÍ D'ALLA

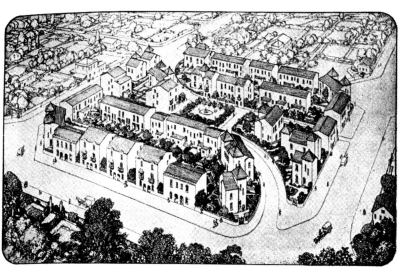

Sant Martí de Provensals (Barcelona)
Urbanització a manera de Ciutat Jardí d'una illa destinada a edificació de cases barates per la "Caixa de Pensions per a la vellesa". Projecte de J. Martorell

2.16

2.14-15   Möhring, Eberstadt, Petersen: *Doppelte Blockrandbebauung für Groß-Berlin* (1910). Lageplan und Vogelperspektive

2.16   Jeroni Martorell, *Bebauungsplan für die Rentenkasse in der Art einer Gartenstadt*, Sant Martí de Provensals (Barcelona) 1915. Vogelperspektive [*D'Ací i d'Allà*, 1915]

auswirkte, bis hin zu den bereits angesprochenen, der Aufgabe angemessenen Architektursprachen.
Auch die Finanzierungsmodelle erfuhren Veränderungen. Neben dem spekulierenden Besitzbürgertum traten die öffentliche Hand, Kooperativen, Kassen, Vereine oder Bankgesellschaften verstärkt in Erscheinung als Träger von Vorhaben, die sich auch der Aufgabe des sozialen Wohnungsbaus annahmen. Durch den Einsatz der *Sociedad* entstand beispielsweise 1915 das *Institut Municipal de l'Habitatge* (Städtisches Institut für Wohnungswesen), mit dem auch Martorell eng in Verbindung stand. Diese zunehmende politische Steuerung der Mechanismen der Stadtproduktion durch eine vom Staat weitgehend unabhängige lokale Verwaltung wurde auch von den Vertretern der Industrie gefördert, die in der Verbesserung der städtischen Lebensbedingungen einen Schlüssel für die Entwicklung einer metropolitanen Wirtschaft in ihrem Sinne erkannt hatten.

Ab 1914, nachdem die *Lliga* die Macht zurückerobert hatte, sprach man vom zukünftigen *Gross-Barcelona*. Doch Montolius Vorstellungen gerieten zunehmend in Konflikt mit dem Drang nach kapitalistischer Zentralisierung, wie das Scheitern vieler seiner Initiativen zur Transformation der Stadt bezeugt. Selbst die *Sociedad de Construcción Cívica La Ciudad Jardín* degenerierte nach kurzer Zeit zu einem Deckmantel für die Immobiliengeschäfte einiger Vorstandsmitglieder. Statt abgeschlossener Stadtorganismen im Sinne Geddes' oder Howards entstanden luxuriöse Villenvororte am vorläufigen Rand eines ausufernden Molochs. Schließlich sollte Montoliu verbittert aufgeben: 1920 wanderte er in die USA aus und unternahm in Alabama ein letztes Mal den Versuch der Verwirklichung einer organischen Stadt namens *Fairhope*. Er war nicht das einzige Opfer der politischen und wirtschaftlichen Interessen an *Gross-Barcelona*. Auch der Philosoph Eugeni D'Ors, der geistige Vater des katalanischen *Noucentisme* und damit des *Cataluña-Ciudad*-Gedankens, sollte sich 1923 zum Rückzug nach Madrid genötigt sehen. Cadafalch ließ ihn drei Jahre zuvor aufgrund der Herausgabe (1918) von William Morris' kommunistischen „News from nowhere" – mit einem Vorwort Montolius – aus seiner leitenden Position im *Institut d'Estudis Catalans* entfernen.[44] Schon früh hatte Montoliu vor den „manisch-archäologisierenden" Intellektuellen Kataloniens gewarnt.[45]

---

44 Die kulturelle Bewegung des *Noucentisme* entstand im ersten Jahrzehnt des 20. Jahrhunderts als Reaktion gegen den *Modernisme*. Auf ideologischer Ebene vertrat es die Position eines bürgerlichen *Catalanismo* und verband diesen mit einer klassizistischen und rationalistischen Ästhetik. Der *Noucentisme* fiel mit der Konsolidierung der regionalistischen Bestrebungen zusammen, wodurch seine

Deutschland als Beispiel und Bildungsstätte

Für die Umsetzung des Modells *Gross-Barcelona* schien nach Montolius Bericht von 1913 eine Erweiterung des technischen und gestalterischen Repertoires der Stadtverwaltung um ein pragmatisch orientiertes städtebauliches Wissen unumgänglich. Aus diesem Grunde wurden international renommierte Fachleute nach Barcelona geladen, so auch Joseph Stübben, der im März 1914 zwei Vorträge im Ratssaal der Stadt hielt. Die Themen lauteten „Der Städtebau in Frankreich und Deutschland" und „Kommunale Eingriffe zur Reform des Wohnungswesen".[46] Nach eigenen Aussagen wurde er damals aber vor allem zur Begutachtung der Vorschläge Jausselys nach Katalonien gerufen. Über seine Bewertung der Zukunftspläne des Franzosen und über die Realität des *Eixample* berichtete Stübben 1914 in der *Vossischen Zeitung* und 1915 in der *Zeitschrift für Bauwesen* ausführlich.[47] Aus diesen ist zu entnehmen, dass er Cerdàs Stadtmodell trotz einiger Vorbehalte durchaus Qualitäten hat abgewinnen können:

> An Einförmigkeit und Nüchternheit der Erscheinung ist selbstredend kein Mangel. Und doch sind einzelne Hauptstraßen und Plätze mit ihren Platanen- und Palmenreihen, Denkmälern und öffentlichen Bauten nicht ohne großzügigen Reiz. Für ausgedehntere Bauanlagen, zum Beispiel für die Universität, sind zwei oder mehrere Blöcke zusammengefasst, so dass auch einige monumentale Straßenblicke entstehen. Der Salón de San Juan ist am Gerichtsgebäude sogar mit einem Triumphbogen abgeschlossen, jedoch von einem saalartigen Eindruck noch weit entfernt.[48]

Protagonisten, wie eben Eugeni d'Ors, wichtige Posten in den kulturpolitischen Institutionen der *Mancomunitat* einnehmen.

45 Siehe: Masjuan Bracons, Eduard: *Urbanismo y Ecología en Cataluña*. Móstoles 1992. Masjoan Bracons, Eduard: *La ecología humana en el anarquismo ibérico*. Barcelona 2000.

46 *Conferencias de J. J. Stübben*. In: Cívitas 1 (1914), H. 2, S. 62. *Ultimas noticias. Una conferencia*. In: Las Noticias, 1. April 1914. Die Inhalte der Vorträge wurden in La Veu de Catalunya wiedergegeben. Siehe: *Les construccions urbanes modernes. Conferencies del Sr. Stübben*. In: La Veu de Catalunya 1.4.1914. Ebenso: *L'urbanització de les ciutats*. In: La Veu de Catalunya vom 4.4.1914. Die Typskripte seiner Vorträge sind im Stübben-Nachlaß des Historischen Archivs der Stadt Köln erhalten (HAStK 1114, Nachlass Stübben, Nr. 27).

47 Siehe: Stübben, Joseph: *Aus der Hauptstadt Cataloniens*. In: Vossische Zeitung, Beilage für Reise und Wanderung Nr. 379, vom 29.7.1914. Stübben, Joseph: *Städtebauliches aus Barcelona*. In: Zeitschrift für Bauwesen 65 (1915), H. 7-9, S. 379-404. Vgl. Dokument im Anhang.

48 Ebd., S. 390-391.

AYUNTAMIENTO CONSTI= TUCIONAL DE BARCELONA

EL Alcalde Presidente de esta Corporación Municipal, tiene el honor de invitar a usted a las Conferencias que el eminente ingeniero alemán, Geheimer Oberbaurat J.'J. STÜBBEN, dará en el Salón de Ciento de estas Casas Consistoriales, los días 30 y 31 del corriente, a las diez de la noche. ✣ Barcelona, marzo de 1914

Las conferencias serán en francés e ilustradas con proyecciones, desarrollándose los temas indicados en la página siguiente.

2.17 Einladung zu den Vorträgen des Geheimen Oberbaurats Joseph Stübben im Rathaus Barcelonas am 30. und 31. März 1914. (Mit handschriftlichen Notizen von Stübben)

Ein „saalartiger Eindruck" bildete – wie wir wissen – seit Sitte den Schlüsselbegriff der sich im deutschsprachigen Raum entfaltenden Stadtbaukunst. Stübben stülpte erneut die eigenen Begriffe und Konzepte auf eine ihm fremde Stadt. Das ist insofern relevant, als man daraus schließen muss, dass er die „Teoría de la Urbanización", die dem „Bebauungsplan von merkwürdiger Einfachheit" als Grundlage diente, entweder nicht gekannt oder bei seiner Bewertung bewusst ausgelassen hat. Er versuchte vielmehr, die Stadterweiterung Barcelonas anhand des ihm bekannten Instrumentariums zu verstehen. Dabei fiel Stübbens Kritik gelegentlich positiv aus, wie im Falle der von ihm begeistert aufgenommenen Vorschrift bezüglich der „rückwärtigen Baulinien": Barcelona sei in dieser Hinsicht Deutschland um mehrere Jahrzehnte voraus. Dennoch, sein Gesamturteil war unmissverständlich:

> All das kann nicht über das traurig-einförmige Schema hinwegtrösten, in welches die Stadterweiterung gepreßt ist.[49]

Ein derartiger Vorwurf kam bereits zu Lebzeiten Cerdàs auf und war von diesem stets kategorisch zurückgewiesen worden, da er die strukturelle Isotropie als unmittelbaren Ausdruck der Gleichberechtigung der Bürger in der von ihm postulierten liberalen Stadt verstand.[50] Die Aufhebung der schematischen Monotonie durch die Monumentalisierung der Stadt war aber der Grund für die Auslobung des Wettbewerbs gewesen. Einer Forderung nach gestalterischer Mannigfaltigkeit kam Jausselys Entwurf nach Meinung Stübbens durchaus nach – wenngleich nicht, ohne anderweitige Mängel vorzuweisen:

> Jausselys Entwurf ist von entschiedener Großzügigkeit. Die in ihm vorgesehenen neuen Stadtteile sind dem bisher ausgeführten Achteck-Schachbrett erheblich überlegen. Die eingefügten neuen Diagonalen, Plätze und Straßenblicke, öffentlichen Gebäude und Parkanlagen bedeuten einen wesentlichen Fortschritt. Aber an behaglichen Wohnvierteln und an Platzanlagen von ruhiger Stimmung fehlt es.[51]

---

49 Stübben, Joseph: *Städtebauliches aus Barcelona*. In: Zeitschrift für Bauwesen 65 (1915), H. 7-9, S. 392.

50 Erinnern wir uns: Cerdá erklärte die Uniformität sogar zur wesentlichsten und unabdingbarsten Voraussetzungen eines jeden Stadtplanes, soweit keine unüberwindbaren topographischen Gegebenheiten dieses verhinderten. Denn als Priorität der Planung betrachtete er ihre Gerechtigkeit. Und die Uniformität sei zugleich Folge und Ausdruck der Gleichberechtigung der Bürger. Daher bezeichnete er die Kritik an der Monotonie als kurzsichtig, die Rufe nach Variation als kindisch. Vgl. Cerdá, Ildefonso: *Teoría de la viabilidad urbana y reforma de la de Madrid*. Madrid 1861. Auszugsweise abgedruckt in: Cerdá, Ildefonso: *Las cinco bases de la teoría general de la urbanización*. Zusammengestellt und herausgegeben von Arturo Soria y Puig. Barcelona 1999. S. 130.

51 Stübben, Joseph: *Städtebauliches aus Barcelona*. In: Zeitschrift für Bauwesen 65 (1915), H. 7-9, S. 393.

Er erreichte also die ersehnte repräsentative Inszenierung der katalanischen Hauptstadt, nicht aber die Lösung der alltäglichen Urbanität in den Wohnvierteln. Stübben vermisste eine „Planung mit zweckmäßiger Bau- und Bodenpolitik im deutschen Sinne" und erklärte diesen Umstand als geradezu unvermeidbare Folge eines „pariserischen Denkens". Dabei hat Stübben die geometrische Strenge des Hausmannschen Städtebaus zu schätzen gewusst. In seinen eigenen Entwürfen lassen sich ohne Schwierigkeit vergleichbare Prachtboulevards und Sternplätze ausmachen.[52] Die Kritik wandte sich gegen die Ableitung eines seines Erachtens allzu vereinfachenden Städtebaus, der sich in der Anwendung eines äußerlichen Formenrepertoires erschöpfe. Daher seine eindeutige Botschaft:

> Paris ist auf diesem Gebiete auch für Spanien nicht mehr vorbildlich. Man erwartet mehr von Deutschland. So kam es, daß kurz vor dem Kriege ein deutscher Architekt in der Person des Verfassers dieser Zeilen zur Beratung in den städtebaulichen Fragen berufen wurde.[53]

Auf dem hier beschriebenen Wege gelangte Stübben 21 Jahre nach seinem ersten Besuch Spaniens erneut nach Barcelona. Er selber führte den Ruf nicht nur auf die eigene fachliche Kompetenz zurück, sondern betrachtete ihn als Teil eines allgemeineren kulturellen Prozesses deutscher Einflussnahme in Katalonien, eines Prozesses, der sich vom städtischen Verwaltungsapparat bis hin zur dort ansässigen deutschen Kolonie erstreckte. Auf dem Gebiet des Städtebaus verleiteten ihn Montolius Rezeption der Berliner Städtebauausstellung und *Cívitas* sogar zu dem gewagten Urteil, die Gartenstadtbewegung habe sich nicht im englischen, sondern „im deutschen Sinne" zu regen begonnen. Minder polemisch interessiert und deswegen von größerer Bedeutung ist eine weitere Bemerkung Stübbens, welche die einsetzende Einflussnahme von Stadtbau-Funktionären nach deutschem Muster betraf:

> Bemerkenswert ist, daß der jugendliche Vorstand des städtischen Finanzwesens, Dr. Vidal y Guardiola, an den Universitäten Berlin und Bonn studiert und bei der Verwaltung der Stadt Köln den Betrieb der Finanzbureaus in längerer Tätigkeit eingehend kennen gelernt hat. Die katalonische Jugend sucht gern einen Teil ihrer wissenschaftlichen und geschäftlichen Ausbildung im Auslande in letzter Zeit auch in Deutschland, zu erlangen. Überhaupt scheint der Einfluß deutscher Kultur beträchtlich zu sein. Wenigstens war das so vor dem Kriege. Der Architekt und Stadtverordnete Busquets y Vautravers verbrachte ein halbes Jahr in deutschen Städten und am Städtebauseminar in Charlottenburg zum Studium unseres Städtebaues.[54]

---

52 Vgl. zu Stübbens „Vorbild Paris": Karnau, Oliver: *Hermann Josef Stübben 1876-1930*. Braunschweig 1996. S. 217-221.
53 Ebd., S. 394.
54 Ebd., S. 403-404.

II. Großstadtmodelle

Der erstgenannte Volkswirtschaftler Miquel Vidal i Guardiola war seit seinen deutschen Studienjahren (1906-1908) ein entschiedener Fürsprecher der Vorzüge deutscher Wissenschaft, wobei er sich von ihrer einseitigen ideologischen Vereinnahmung durch den *Krausismo* in Acht nahm.[55] Immerhin hatte er aber 1910 infolge der Unterstützung der *Junta de Ampliación de Estudios* (JAE) erneut nach Deutschland reisen können, d.h. dank einer aus dem kulturpolitischen Reformprogramm der *Institución Libre de Enseñanza* geborenen Organisation, die ab 1907 durch die Vergabe von Auslandsstipendien den wissenschaftlichen Austausch mit Europa und den USA in verschiedenen Fachgebieten einleitete. Vom *Krausismo* übernahm die JAE die hohe Wertschätzung deutscher Wissenschaft und gab diese ihren Stipendiaten mit auf den Weg. Auch Montolius Berlin-Reise von 1910 war der Unterstützung der JAE zu verdanken.[56]

Trotz seiner Distanzierung vom *Krausismo* erwies sich Vidal i Guardiola nach seiner Rückkehr als Exponent eines germanophilen *Regeneracionismo*, als er erklärte, wie Deutschland durch die Wissenschaft den Weltmachtstatus errungen habe, den ja Spanien 1898 verloren hatte. Durch Wissenschaft, durch die Bevölkerungsexplosion und die preußische Willensstärke.[57] Ein

---

55 Vgl. Vidal i Guardiola, Miquel: *Alemania. Un Congreso, un viaje y un proyecto.* In: La Cataluña, vom 1. August 1908, S. 485-486. Hier schrieb er über die Aufgabe der Stipendiaten u. a.: „Sie reisen nicht, um Lobeshymnen auf einen bestimmten Professor einzustudieren. Auch nicht, um eine Schule oder eine wissenschaftliche Richtung unter Ausschluss anderer zu übertragen, wie es mit dem Krausismo geschah. Nein. Die Wissenschaft bildet eine Einheit und als solche muss sie übertragen werden: Mit ihren scheinbaren Widersprüchen, mit den Disputen, die sie hervorruft. Oder aber man verzichtet gänzlich auf sie." (Übersetzung J. M. W.) Vgl. Roca, Francesc: *Alguns detalls sobre l'origen del model teòric de ciutat noucentista.* In: Noucentisme i Ciutat. Barcelona 1994. S. 53-60.

56 Der Rechtsanwalt Miquel Vidal i Guardiola hatte 1906-1908 in Berlin und Bonn studiert. 1910 beantragte er ein Stipendium der JAE, um in England sein Wissen auf dem Gebiet der städtischen Verwaltung und Volkswirtschaft zu vertiefen. Die Umstände in Barcelona bewegten ihn jedoch zum Entschluss, diesen Antrag zurückzuziehen und stattdessen nach Köln zu fahren, um die Veranstaltungen der Kölner Vereinigung für Rechts- und Staatswissenschaftliche Fortbildung zu besuchen und um an der dortigen Verwaltung praktische Erfahrungen zu sammeln. Die JAE stimmte diesen Absichten zu und unterstützte Vidal i Guardiola, der im November 1910 nach Köln reiste. Während seines Aufenthalts in Deutschland wurde in Barcelona die Stelle des Leiters des städtischen Finanzwesens ausgeschrieben, für die er sich bewarb und die er gewann. Diese Angaben sind den folgenden Anträgen und Berichten der JAE zu entnehmen, die mir freundlicherweise von Salvador Guerrero zur Verfügung gestellt worden sind: JAE 149/224/ 1-6, *Archivo Junta para Ampliación de Estudios, Residencia de Estudiantes*, Madrid.

57 Vgl. Vidal i Guardiola, Miquel: *Alemania empuja (Anécdotas de energía) III.* „Weltmacht". In: La Cataluña, vom 21. Dezember 1907, S. 7.

Durchsetzungsvermögen des „starken Staates", das sich auf die preußische Verwaltungsstruktur ausgewirkt habe. Deutschland – insbesondere die Organisation des Deutschen Städtetages – konnte in diesem strukturellen Sinne für Spanien als Vorbild dienen. Guardiola erkannte angesichts der Dezentralisierungspolitik der konservativen Regierung von Antonio Maura (1907-1909) im bevorstehenden *Congreso de Gobierno Municipal* die Gelegenheit zur Einführung des deutschen Musters. Diese Vorstellung entsprang einer spezifisch katalanischen Perspektive, wie sie die von Vidal i Guardiola ab 1907 in der spanischsprachigen Wochenzeitschrift *La Cataluña* (1907-1914) – die der *Lliga Regionalista* nahe stand – veröffentlichten Artikel wiedergaben. Sein an die preußische Städteordnung von 1808 angelehntes Großstadtmodell sah eine Ausweitung der Kompetenzen der Gemeinden, das heißt eine Zurückdrängung des Zentralstaates vor.[58] In Preußen lag beispielsweise die Aufstellung von Bebauungsplänen in der Hand der Gemeinden, während der Staat durch die Bauordnung Eingriffsmöglichkeiten erhielt. Es liegt auf der Hand, dass es sich bei dieser Übertragung von Zuständigkeiten – die auch Montoliu 1913 im Schlusssatz seines Ausstellungs-Berichtes einforderte – keineswegs nur um eine rein formale verwaltungstechnische Reform gehandelt hat. Selbst der außenstehende Stübben hat das Streben nach Selbstverwaltung als einen mit dem katalanischen Wunsch nach politischer Autonomie zusammenhängenden Gedanken erkannt.

Der Fall des ebenso von Stübben genannten Stadtverordneten Guillem Busquets i Vautravers – dem wir bereits 1912 als beratenden Architekten der Gartenstadtgesellschaft begegnet sind – ist nicht weniger interessant, denn es war kein anderer als der Nestor des deutschen Städtebaus, der ihn 1913 zum Studium am Berliner *Städtebau-Seminar* riet, wo er selber im Rahmen der *Städtebaulichen Vorträge* gastierte. Busquets war nach dem Architekturstudium Mitarbeiter Jausselys bei der Überarbeitung des *Plan de Enlaces* gewesen und hatte sich, von dieser Erfahrung angeregt, in der Folgezeit dem gründlichen Studium der mittlerweile beträchtlichen europäischen Planungsliteratur gewidmet. Er wurde hierbei vom Oberbürgermeister Brüssels und Vertreter eines künstlerischen und denkmalgerechten Städtebaus, Charles Buls, in die Materie eingeführt. Buls stellte auch den Kontakt zu Stübben her. Busquets suchte diesen daraufhin in Posen auf.

Zurück in Barcelona trug Busquets ab 1914 das in Mitteleuropa erworbene Wissen über die Entwicklung des zeitgenössischen Städtebaus an Institutionen wie der *Asociación de Arquitectos de Catalunya* (Architektenvereinigung Kataloniens) und dem *Centro Excursionista de Catalunya* (Wanderverein

---

58 Vgl. Vidal i Guardiola, Miquel: *Prusia y Cataluña*. In: La Cataluña, vom 27. März 1909, S. 192-199.

Kataloniens) vor. Über seine Tätigkeit als beratender Architekt der *Sociedad de Construcción Cívica La Ciudad Jardín* berichtete *Cívitas* unmittelbar vor Stübbens Besuch in Barcelona, indem sie einen Beitrag Busquets zur Vortragsreihe ankündigte, der über die letzten Fortschritte des Städtebaus in Deutschland Kunde erteilen sollte.[59]

Busquets war nur der erste einer Vielzahl spanischer Architekten, die mit Unterstützung der JAE das Berliner *Städtebau-Seminar* an der TU Berlin-Charlottenburg besuchen sollten.[60] Er nahm so eine Wegbereiter-Rolle ein, die für seine Berufung zum Professor für Städtebau an der von Guardiola initiierten *Escuela de Funcionarios de Administración Local* (Schule für Beamte der Örtlichen Verwaltung) in Barcelona ausschlaggebend war. Dort lehrte er bis 1936. Busquets war also tatsächlich ein wichtiger Vertreter der deutschen Stadtbaukunst in Spanien. Wäre er nicht auch als Vermittler der spanischen städtebaulichen Theorien – zum Beispiel Cerdàs – in Deutschland prädestiniert gewesen? Gewiss. Jedoch scheint den uns bereits bekannten, in Barcelona herrschenden Interessen (die „geordnete und monumentale Stadt" der *Lliga*) eher das importierte Wissen entgegengekommen zu sein. Aus diesem Umstand heraus ließe sich auch die mangelnde Aufmerksamkeit erklären, die von Deutschland aus den spanischen Städten geschenkt wurde. So zum Beispiel im *Städtebau-Seminar* der TH Berlin-Charlottenburg. Diese 1907 gegründete akademische Institution, die zunächst unter der Leitung von Felix Genzmer und Joseph Brix stand, befasste sich erst spät und nur aufgrund eines zufälligen Erlebnisses eines der Direktoren mit Spanien.

Brix wurde 1914 während einer Reise nach Kamerun und Lome – im Auftrag des Reichskolonialamtes – auf Teneriffa vom Kriegsausbruch überrascht und sah sich zur vorzeitigen Rückkehr nach Deutschland gezwungen: Von Gran Canaria aus gelangte er mit dem Schiff auf das spanische Festland und konnte nach einem längeren Aufenthalt in Madrid über Genua schließlich Deutschland erreichen. Diese abenteuerliche Reise schilderte Brix 1916 in einem Vortrag („Nach Kriegsausbruch von den Kanarischen Inseln über Spanien in die Heimat") anlässlich seines Antritts als neugewähltes Mitglied des Architekten-Ausschusses Groß-Berlin. Er behandelte in seinem Vortrag die Natur der Kanaren, beschrieb Baudenkmäler verschiedener Städte Spaniens,

---

59 *Ciclo de conferencias de la Sociedad Cívica La Ciudad Jardín. VII conferencia: Guillermo Busquets sobre „Los progresos de las Construcción Cívica en Alemania"*. In: Cívitas 1 (1914), H. 1, S. 28.

60 Vgl. Archivo de la Residencia de Estudiantes, Madrid. Expedientes de la Junta para Ampliación de Estudios e Investigaciones Científicas, Akte Guillem Busquets i Vautravers Nr. 25-559.

und erläuterte schließlich auch die Entwicklung des alten und modernen Stadtplanes von Madrid, mit dem er sich ausgiebig hatte befassen können.[61] Und Stübben? Die allgemeine Literaturangabe zum Städtebau in seinem Handbuch verrät einiges über seinen Kenntnisstand: Selbst in der dritten Auflage von 1924 wurden weiterhin weder Cerdà noch Soria genannt. Als einzigen spanischen Autor führte er Montoliu auf – ausgerechnet mit dessen Bericht über die Berliner Städtebauausstellung. Offenbar fehlte es an weiterer spanischer Fachliteratur, die „im deutschen Sinne" von Bedeutung gewesen wäre. Die spanischen Leistungen waren ihm aber aus seinen Reisen durchaus geläufig.[62] So zumindest deutete er es 1920 in einer Zusammenfassung des deutschen städtebaulichen Einflusses auf Spanien an:

> In Spanien, früher auf glänzender Höhe, ruhte die städtebauliche Entwicklung, wenn man wenige Städte wie Barcelona und Madrid, San Sebastian und Bilbao ausnimmt, mehr als ein Jahrhundert lang. An den drei letztgenannten Orten sehen wir die deutlich französische Gestaltung neuer Stadtviertel, von Barcelona ist der aus Achteckblöcken zusammengesetzte Erweiterungsplan des Ildefonso Cerdà bekannt. Ein internationaler Wettbewerb des Jahres 1904 lieferte dort den heute noch zu Recht bestehenden, aber zur Änderung bestimmten Entwurf einer ausgedehnten Stadtvergrößerung des Pariser Architekten Jaussely. Englische und deutsche Einflüsse sind seit einigen Jahren am Werk, erstere im Sinne der „garden cities", letztere zugunsten der methodischen, künstlerisch-wissenschaftlichen Durchbildung der Stadtbaupläne. Montoliu wirkt schriftstellerisch, der Barcelonaer Architekt und Stadtverordnete Busquets durch Lösung praktischer Aufgaben, nachdem er Deutschland bereist und an einem Kursus des Charlottenburger Städtebau-Seminars teilgenommen hatte. Ein zur Begutachtung der schwebenden Fragen nach Barcelona berufener deutscher Architekt hielt im Frühjahr 1914 im Rathaus daselbst auf Wunsch Vorträge über den Städtebau, die Boden-, Bau- und Wohnungspolitik in Deutschland. Der Kriegsausbruch unterbrach dieser Beziehungen.[63]

---

61 Vgl. Deutsche Bauzeitung 50 (1916), H. 60, S. 316.

62 In den Ausgaben von 1890 und 1907 fand Spanien überhaupt keine Erwähnung. Weder in den Literaturangaben noch unter den beispielhaften Stadterweiterungen. Dieses änderte sich erst 1924 mit der dritten Auflage: Als Autoren theoretischer Abhandlungen fanden Montoliu, Schubert, Jürgens und Stübben selbst Erwähnung. Cort und Busquets wurden unter den Vertretern englischer und deutscher Modelle genannt. Stübben erläuterte die Pläne von Cerdá und Jaussely für Barcelona. Er berichtete über die Straßendurchbrüche in Madrid, Salamanca, Bilbao und Barcelona. Im Abriss der Geschichte des Städtebaus erwähnte er die spanischen *Plazas Mayores* (Madrid, Salamanca, Bilbao). Madrid war auch im Kapitel „Städtische Wohnungen" vertreten.

63 Stübben, Joseph: *Der Einfluss des deutschen Städtebaues im Ausland*. In: Deutsche Bauzeitung 54 (1920), H. 38, S. 222-223. Siehe ebenso: Stübben, Joseph: *Die Entwicklung der deutschen Städtebaukunst und ihr Einfluss auf das Ausland*. In: Zentralblatt der Bauverwaltung 40 (1920), H. 39, S. 253-256. Ebenfalls

Diese sollten alsbald wieder aufgenommen werden. Noch im selben Jahr berichteten die *Deutsche Übersee-Zeitung* und die *Deutsche Bauzeitung* über eine Initiative der Stadt Barcelona, die sich mit der Bitte um Planmaterial für die Bibliothek und das Archiv des städtischen technischen Betriebes an zahlreiche deutsche Städte gewandt habe. Man hoffte in Barcelona unter anderem auf mustergültige Stadtpläne, Bebauungspläne oder Baupläne städtischer Dienstgebäude aus Deutschland. Der mit der Abkürzung „St." gekennzeichnete Autor der Notiz unterstrich die Bedeutung der Chance, „einander näher zu kommen", die sich dem deutschen Städtebau hier unerwartet bot. Sie durfte – so „St." – auf keinem Fall durch unkoordiniertes Handeln leichtsinnig verspielt werden:

> Kurz gesagt, wir meinen, dass wir selbst Sorge tragen sollten, die Stadt Barcelona möglichst gut zu bedienen, möglichst selbst die Auswahl des Besten zu schicken, was deutsche Städte auf diesem Gebiet zeigen können, nicht aber die Auswahl Barcelona zu überlassen, das bei einem nicht zentralisierten Vorgehen unsererseits vielleicht überhaupt nur zweitklassiges Material erhält, das den einzelnen Stadtverwaltungen gerade bequem zur Hand lag. Ist es doch möglich, dass Stadtverwaltungen diese Anfrage, die uns ja ohne Weiteres keine wirtschaftlichen Vorteile bringt, nicht allzu ernst nehmen und auf dem Büroweg Arbeiten hinüber schicken, deren Pläne bei einer Zusammenstellung schließlich zeigen, dass die besten nicht unter ihnen sind! Tritt das ein, dann hat Barcelona umsonst gefragt und deutsche Städte haben sich umsonst bemüht.[64]

Der Zeitpunkt dieser Aussage ist relevant, denn man könnte sie als Anregung zu der erst zwei Jahre später erfolgten Gründung der *Akademie des Deutschen Städtebaus* auslegen, die sich als Einflussgruppe zur Förderung der internationalen Projektion des deutschen Städtebaus verstand. Ein wahrer Austausch, wie er von „St." herbeigesehnt wurde, hätte aber vor allem eine genauere Kenntnis der städtebaulichen Verhältnisse Spaniens vorausgesetzt.

‚Deutsches Wissen': Oskar Jürgens und die Umbaupläne für Madrid

Die deutsch-spanischen Beziehungen legten lange Zeit eine offenkundige Asymmetrie an den Tag. Sie sind größtenteils als von spanischer Seite selbstgewähltes Abhängigkeitsverhältnis zu bezeichnen, das sich mit einem deutschen Expansionsdrang traf. Ein Dialog unter Gleichen setzte jedoch die Schließung der beiderseitig klaffenden Wissenslücken voraus. Dieser Aufgabe nahm sich nicht ein Spanier, sondern doch erneut ein Deutscher erstmals

---

in leicht veränderter Fassung erschienen in: Stadtbaukunst alter und neuer Zeit 1 (1920), H. 8, S. 113-116; H. 9, S. 129-130; H. 10, S. 151-154.

64 St.: *Deutsche Städtebaukunst in Spanien,* In: Deutsche Bauzeitung 54 (1920), H. 65, S. 332.

an: Oskar Jürgens, ein ehemaliger Schüler und Mitarbeiter Genzmers und Stübbens. Er war bereits 1907 als Bauleiter zur Ausführung der vom Berliner Architekten Richard Schultze entworfenen Deutschen Evangelischen Kirche nach Madrid gereist und nutzte diesen zweijährigen Spanienaufenthalt zur Aufnahme seiner Forschungen zur spanischen Stadtbaukunde.[65] Er leistete Pionierarbeit: Jürgens war der erste Städtebaufunktionär, der ein fundiertes Wissen über die Entwicklung der wichtigsten Städte des spanischen Teils der Iberischen Halbinsel zur Verfügung stellte.

Jürgens trat erst nach dem Ersten Weltkrieg mit seinen Studien an die Öffentlichkeit. Zunächst in *Mitteilungen aus Spanien*, der Zeitschrift des *Ibero-Amerikanischen Instituts* in Hamburg, ab August 1920 dann auch in den einschlägigen Fachzeitschriften *Zentralblatt der Bauverwaltung*, *Der Städtebau* und *Stadtbaukunst alter und neuer Zeit*.[66] Diese Artikelreihe eröffnete Jürgens mit einem programmatisch anmutenden Aufsatz über die „beginnende Beeinflussung des Städtebaues Spaniens durch Deutschland". Er nahm dafür die Anfrage der Stadt Barcelona zum Anlass, in der er das Versprechen auf einen erneuten regen Austausch erkannte, der durch das Ende der katalanischen Orientierung an Frankreich in städtebaulichen Fragen eingeläutet wurde:

> Die Erkenntnis, daß die französische immer noch auf landesfürstlicher Prunkentfaltung fußende Stadtbaukunst für die ganz anderen Erfordernisse unserer Zeit als überlebt zu betrachten und auf die ganz anderen Verhältnisse eines anderen Volkes gar nicht ohne weiteres zu übertragen ist, scheint sich allmählich durchzusetzen.[67]

Aus dieser Einschätzung ist herauszulesen, dass Jürgens den Einfluss einer aus Deutschland stammenden *bürgerlichen* Kunst eher mit den spanischen Verhältnissen für vereinbar hielt. Worin konnte der Transfer bestehen? Der Beantwortung dieser Frage ging Jürgens am Beispiel der katalanischen

---

65 Vgl. Jürgens, Oskar: *Die Kapelle und das Pfarrhaus der deutschen evangelischen Gemeinde in Madrid und einiges über das Bauen in Spanien*. In: Zentralblatt der Bauverwaltung 32 (1912), H. 1, S. 2-6. Die Kirche steht noch heute am Madrider Paseo de la Castellana. Zur Geschichte der Kapelle siehe: Maurer, Eberhard (Hrsg.): *100 Jahre deutschsprachige evangelische Gemeinde Madrid*. Madrid 1964. Jürgen Krüger, Christiane Tichy: *Kirchenbau und Politik. Deutsche evangelische Kirchen auf der Iberischen Halbinsel 1900-1945*. Petersberg 2003.

66 Jürgens, Oskar: *Das arabische Haus in Spanien*. In: Zeitschrift des Ibero-Amerikanischen Instituts Hamburg 2 (1918), Mitteilungen aus Spanien, S. 136-148. Jürgens, Oskar: *G. B. Sacchettis Umgestaltungspläne für die Umgebung des königlichen Schlosses in Madrid*. In: Zeitschrift des Ibero-Amerikanischen Instituts Hamburg 2 (1918), Mitteilungen aus Spanien, H. 11/12, S. 321-337.

67 Jürgens, Oskar: *Beginnende Beeinflussung des Städtebaues Spaniens durch Deutschland*. In: Zentralblatt der Bauverwaltung 40 (1920), H. 63, S. 402.

II. Großstadtmodelle

Hauptstadt nach. Seine Absicht war es, den mit der Auswahl der Dokumente betrauten Kollegen eine Hilfestellung zu bieten. In einem kurzen Abriss der Entwicklung der Stadt stellte Jürgens die gravierendsten Mängel vor, die sich letztlich allesamt aus dem „einseitigen" Erweiterungsplan des „Madrider Militäringenieurs Ildefonso Cerdá" (sic!) ergeben hatten. Sämtliche seitdem in Angriff genommenen Maßnahmen liefen auf eine Überwindung dieser Planung hinaus. Auch die von Jürgens abschließend aufgestellte 5-Punkte-Agenda, bei der deutsche Städte als Vorbild dienten, sah Maßnahmen vor, die durchweg im Widerspruch zu Cerdàs Ansätzen standen:

> Nach dem hier Mitgeteilten wird es also bei einer Beschickung Barcelonas mit Plänen und Entwürfen in erster Linie darauf ankommen, gute Beispiele zu bieten für
> 1. Staffelung nach Hoch- und Flachbau,
> 2. Landhaus- und Kleinwohnungssiedlung,
> 3. Ausgestaltung von Freiflächen zu zusammenhängenden Grüngürteln und Volkstummelplätzen,
> 4. künstlerische gestaltete Straßendurchbrüche,
> 5. Erhaltung alter Gesamtanlagen (Bau- und Platzgruppen) bei zeitgemäßer Umgestaltung ihrer Nachbarschaft.
> Wir wollen hoffen, dass der durch den Krieg plötzlich abgebrochenem Gedankenaustausch mit Erfolg wieder aufgenommen werde und die Stadt Barcelona mit den städtebaulichen Aufgaben der nächsten Zukunft mehr Glück haben möge als bisher.[68]

Die wiederaufzunehmenden Kontakte waren maßgeblich von Jürgens veranlasst worden. Er war es gewesen, der 1912 die Entsendung von Guillem Busquets nach Deutschland angeregt und somit die stadtbaukünstlerischen Bedürfnisse der Stadt Barcelona nach deutschem Muster geweckt hatte.[69] Nun aber sollte ein Dialog ermöglicht werden. Im September 1920 begann Jürgens unter dem Titel „Zur Stadtbaukunde Spaniens" aktuelle Studien zum spanischen Städtebau im *Zentralblatt der Bauverwaltung* vorzustellen und damit diesen dem deutschen Fachpublikum zugänglich zu machen. Als erstes besprach er ausführlich den 1919 im Jahrbuch des katalanischen Architektenvereines erschienenen Aufsatz „Las ciudades españolas y su arquitectura municipal al finalizar la edad media" (Die spanischen Städte und ihre städtischen Bauten im ausgehenden Mittelalter) des Madrider Professors Vicente Lampérez y Romea.[70] Schon in der darauf folgenden Woche lieferte er die nächste Rezension, diesmal zu einem Buch von Ricardo del Arco über das

---

68 Ebd., S. 403.
69 Ebd., S. 402.
70 Jürgens, Oskar: *Zur Stadtbaukunde Spaniens I*. In: Zentralblatt der Bauverwaltung 40 (1920), H. 73, S. 462-463.

ober-aragonesiche Haus („La casa altoaragonesa"), das vom Madrider Architektenverein herausgegebenen worden war.[71]

In beiden Fällen handelte es sich um grundlegende historische Studien für eine noch bevorstehende allgemeine Stadtbaukunde Spaniens. Zu dieser gehörten auch die aktuellen Projekte und Theorien, mit denen sich Jürgens in seinen Artikeln befasste. Er lenkte mit ihnen die Aufmerksamkeit nicht nur auf Barcelona, wie zu erwarten gewesen wäre, sondern „im Gegenteil" verstärkt auf Madrid: Auf das aufstrebende Madrid der Kriegsgewinne mit seiner modernen U-Bahn und seinen amerikanischen Hochhäusern, der Gran Vía und dem Vorort Cuatro Caminos.[72] Jürgens entdeckte in Madrid sogar ein Beispiel, das den deutschen Fachleuten des Siedlungswesens „vielleicht ganz erwünschte Anregungen zu einigen neuen Gedanken geben" könnte:

> Es ist dies die bereits seit mehr als fünfundzwanzig Jahren im Ausbau begriffene sogenannte Ciudad Lineal, die Linien- oder Streckenstadt bei Madrid, die sowohl hinsichtlich ihrer ganzen Anlage als auch hinsichtlich der Art und Weise ihrer Durchführung eigene Wege gegangen ist.[73]

Knapp, aber präzise beschrieb er den Bebauungsplan der „Landhaussiedlung", ihre Haustypen und die ungewöhnlichen Geschäftsbedingungen des Bauträgers CMU. Sein Fazit:

> Wenn auch der hier besprochene erste Versuch noch manche Mängel aufweist, so erscheint doch der Grundgedanke durchaus entwicklungsfähig, zumal bei geschickter Verbindung der eigentlichen Siedlungsbahn mit in das Herz der Stadt führenden Schnellbahnen. Es liegt zweifellos etwas Verlockendes darin, sich vorzustellen, wie bei großzügiger Durchführung desselben die Umgebung der Großstädte allmählich von einem Netz solcher Landhaussiedlungen überzogen werden könnte, als eine Art Vorspiel zu künftigen Gartenstädten im Sinne Ebenezer Howards. Ganz besonders dürfte aber auch der hier eingeschlagene Weg eines verständigen Eigenbetriebes zur Schaffung selbständig lebensfähiger Kleinsiedlungsunternehmungen ernsthafter Beachtung wert sein.[74]

Das Experiment wurde beachtet. Überhaupt fielen Jürgens' Bemühungen auf fruchtbaren Boden. Schon nach kurzer Zeit kam es zu einer deutschen Rezeption der spanischen Entwicklung. Walter Lehwess, Schriftleiter des von

---

71 Jürgens, Oskar: *Zur Stadtbaukunde Spaniens II*. In: Zentralblatt der Bauverwaltung 40 (1920), H. 75, S. 475-476.

72 Jürgens, Oskar: *Die Madrider Untergrundbahn*. In: Zentralblatt der Bauverwaltung 40 (1920), H. 78, S. 493-495. Jürgens, Oskar: *Der Bau vielgeschossiger Häuser in Spanien*. In: Zentralblatt der Bauverwaltung 41 (1921), H. 31, S. 195-196.

73 Jürgens, Oskar: *Die Landhaussiedlung La Ciudad Lineal bei Madrid*. In: Zentralblatt der Bauverwaltung 41 (1921), H. 47, S. 289-290.

74 Ebd., S. 291.

II. Großstadtmodelle 203

Bruno Möhring und Cornelius Gurlitt herausgegebenen Organs der Freien Deutschen Akademie des Städtebaus, der Zeitschrift *Stadtbaukunst alter und neuer Zeit*, besprach verschiedene in *Arquitectura* erschienene Artikel: Er erläuterte missbilligend die Entwicklung des spanischen Wohnhochhausbaus und verfasste einen ausführlichen Kommentar zur Kritik von Leopoldo Torres Balbás an den Umgestaltungsplänen des Architekten José Luis de Oriol für die Altstadt Madrids.[75] Es gelang sogar, im Zuge dieser Polemik einen kurzen aber erregten deutsch-spanischen Dialog anzufachen.

Die Altstadt Madrids drohte im Verkehr zu ersticken, und Oriols Plan sah ihre wünschenswerte Entlastung vor. Zu diesem Zweck bediente er sich – nach eigener Aussage – der in Paris bewährten Mittel des Hausmannschen Stadtumbaus. Es sollte eine Reihe repräsentativer Rundplätze entstehen, die durch neun geradlinige boulevardartige Durchbruchstraßen (Gran Avenida Alfonso XIII, Avenida de la Villa, Avenida de Murillo, Avenida Real etc.) miteinander verbunden sein würden: Ein neues Netz mit zum Teil bereits vorhandenen Brennpunkten, wie der Glorieta de Bilbao, der Puerta del Sol oder der Plaza de Oriente. Die Plaza Mayor nannte er in Plaza de la Constitución um. Aber nicht nur das. Infolge seines Konzepts der Vernetzung schlug Oriol den Abbruch der Hälfte der Plaza Mayor vor, die er mit einem zentralen sternförmigen Platz verschmelzen ließ.

Wie wir bereits wiederholt haben feststellen können, waren Hausmann und die *Beaux-Arts* beliebte Zielscheiben der deutschen Kritik am prunkvollen Städtebau der französischen Nachbarn. Diese wurde nun auf Oriols Entwurf übertragen. Vor allem verstieß Oriol gegen eine der grundlegenden Regeln des deutschen Städtebaus: die Geschlossenheit der Plätze. Sie rief den saalartigen Eindruck hervor, der wiederum die Prämisse für die Aneignung der Stadt durch die bürgerliche Gemeinschaft darstellte. Daher wurde Oriols Umgang mit Madrids „Forum", der Plaza Mayor, schmerzlich empfunden.

Auch Balbás, der als einer der Ersten Sittes Theorien in seinen Studien reflektiert hatte, lehnte Oriols Pläne mit aller Deutlichkeit ab.[76] Er entlarvte

---

75 Lehwess, Walter: *Hochhäuser in Spanien*. In: Stadtbaukunst alter und neuer Zeit 3 (1922), H. 11, S. 170-172. Lehwess, Walter: *Platzentwurf für Madrid*. In: Stadtbaukunst alter und neuer Zeit 2 (1921), H. 14, S. 222-223. Torres Balbás, Leopoldo: *El proyecto de reforma interior en Madrid del Sr. Oriol*. In: Arquitectura 3 (1920), H. 10, S. 284 ff. Zu Balbás Aufsatz, siehe: Sambricio, Carlos: *El Urbanismo*. In: San Antonio Gómez, Carlos (Hrsg.): *Revista Arquitectura (1918-1936)*. S. 88.

76 Vgl. Torres Balbás, Leopoldo: *El aislamiento de nuestras catedrales*. In: Arquitectura (1919), H. 12, S. 358 ff. In diesem Aufsatz kritisierte Balbás die Unsitte der Freilegung der Kathedralen und argumentierte mit den von Sitte dokumentierten Platzanlagen für die Erhaltung der Einbindung in die umgebende Bebau-

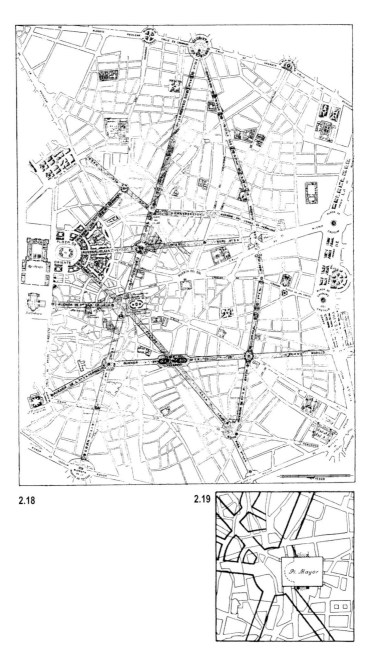

2.18 José Luis de Oriol, *Vorschlag für die Umgestaltung der Altstadt Madrids* (1921). Gesamtplan. [*Der Städtebau*, 1921]

2.19 José Luis de Oriol, *Vorschlag für die Umgestaltung der Plaza Mayor* (1921) – nach Jürgens. [*Stadtbaukunst Alter und Neuer Zeit*, 1922]

II. Großstadtmodelle 205

nicht nur dessen bodenspekulatives Interesse an den Umbaumaßnahmen – Oriol war selbst Eigentümer mehrerer von der Planung berührter Grundstücke –, sondern kritisierte die mangelnde Wertschätzung, die der Architekt gegenüber der historischen Stadt an den Tag legte:

> Es ist beklagenswert, dass diese großartigen Perspektiven der Renaissance über den interessantesten Teil von Madrid geführt werden sollen, während doch in der Umgebung unserer Stadt so viel geeigneter Raum für sie vorhanden ist. Und dass unser ausgezeichneter Kollege, Herr Oriol, indem er sie in Wirklichkeit umsetze, den edlen Titel eines Schöpfers erlangen soll, statt des eines Zerstörers, der für ihn besser passen würde.[77]

Lehwess, der diese Passage in seiner Besprechung zitierte, stimmte zu und ergänzte vernichtend:

> Nach der kleinen Probe, die wir von Herrn Oriols Kunst zu sehen bekommen, möchte man kaum annehmen, dass hier die Tat eines Genies vorliegt, das sich über Stimmungswerte und Achtung vor dem überlieferten hinwegsetzen dürfte.[78]

Schließlich richtete Jürgens in seiner ausführlichen Darstellung des Projekts in *Der Städtebau* diese Kritik polemisch an die Gesamtheit der spanischen Architekten:

> Man sollte es kaum für möglich halten, dass ein städtebaulich gebildeter Architekt heutigentags einen solchen, allen Bestrebungen für Heimatschutz und Denkmalpflege zuwiderlaufenden Vorschlag machen kann, und zwar lediglich der ungebrochen starren Geradlinigkeit seiner neuen Prachtstraßen zuliebe. Man erkennt daraus, welchen Wert die spanischen Fachgenossen auf eine äußerliche Großartigkeit legen, für die ihnen kein Preis zu hoch ist, und wie wenig sie bisher in die Geheimnisse wahrer Städtebaukunst eingedrungen sind.[79]

Aber nicht nur bezüglich der „Verstümmelung der Plaza Mayor" bildeten Balbás, Lehwess und Jürgens eine Front.[80] Sie stellten sich auch gemeinsam die Frage nach der Legitimation der formalen Mittel im Städtebau. Ein eklatantes Beispiel bot Oriols Gestaltung der Plaza de Oriente, wo sich gegenüber dem Königlichen Schloss die neuen Alleen strahlenförmig bündeln

---

ung. Hierfür zitierte er eine längere Passage aus dessen Buch, die er aus der französischen Ausgabe erstmals ins Spanische übersetzte. Balbás verwies ebenso auf den diesbezüglichen Vortrag von Cornelius Gurlitt anlässlich einer Tagung der Deutschen Gesellschaft für Denkmalspflege in Lübeck 1908.

77 Lehwess, Walter: *Platzentwurf für Madrid*. In: Stadtbaukunst alter und neuer Zeit 2 (1921), H. 14, S. 223.
78 Ebd.
79 Jürgens, Oskar: *Umgestaltungspläne für die Altstadt von Madrid*. In: Der Städtebau 18 (1921), H. 7/8, S. 84.
80 Jürgens, Oskar: *Die Stadt Madrid steht vor durchgreifenden Umgestaltungen*. In: Zentralblatt der Bauverwaltung 41 (1921), H. 70, S. 433.

sollten. Balbás sprach die Vermutung aus, der Architekt habe zwei Dinge miteinander verwechselt, deren Zusammenhang nicht ohne weiteres einzusehen sei, nämlich „seine Inbrunst für die Monarchie und die Notwendigkeit einer Umgestaltung des Stadtinnern von Madrid".[81] Oriol bediente sich – so Balbás – in bester *Parvenue*-Manier einer stadträumlichen Sprache, die ihm, an der Aufgabe gemessen, nicht zustand. In die selbe Kerbe hauend erinnerte Jürgens an einen eigenen Platzentwurf für Madrid, den er ein Jahr zuvor (1920) in *Stadtbaukunst alter und neuer Zeit* veröffentlicht hatte, und urteilte über diesen:

> Gerade solch eine Platzanlage, die die treibende Kräfte heutigen öffentlichen Lebens sinnbildlich verkörperte, würde für die Hauptstadt eines konstitutionellen Staates jedenfalls bezeichnender sein als ein Schloßplatz nach dem Vorbilde von Versailles, für den in unserer Zeit, welche die Glanzentfaltung eines absoluten Königtums nicht mehr kennt, wohl kaum innere Berechtigung besteht.[82]

Lange vor Oriols Vorschlag zur Umgestaltung der Plaza Mayor hatte Jürgens bereits für Madrid einen Verfassungsplatz (Plaza de la Constitución) entworfen, in dem sich der aus der Mitte des 19. Jahrhunderts stammende Deputiertenkongress und der Neubau für den Senat gegenüberstehen sollten. Die symmetrische Gesamtanlage, die er selber als „forumartigen Monumentalplatz" charakterisierte, wurde beidseitig durch Laubengänge umrahmt. Es entstand so der Eindruck eines abgeschlossenen „Festsaales unter freiem Himmel (...) in der Art der altspanischen Plaza Mayor".[83]

Auch dieser Vorschlag war Teil eines großen Umbauplanes für Madrid gewesen, den der Markgraf von Zafra bereits 1907 vorgelegt hatte. Nach dessen Vorstellung, sollte eine 40 Meter breite Verkehrsader in nordsüdlicher Richtung die Altstadt durchkreuzen. Jürgens wurde zwei Jahre später vom Markgrafen aufgefordert, einen Entwurf zur Lösung des Anschlusses des erhaltenen Bestandes mit der neuen Achse in der Nähe des Deputiertenkongresses anzufertigen. Der Auftrag erreichte Jürgens zum Zeitpunkt, als er sich im Rahmen seiner theoretischen Studien mit Giovanni Battista Sacchettis Planungen für das Königliche Schloss in Madrid befasste. Er hatte den verschollenen ursprünglichen Entwurf von 1738 im Hofarchiv entdeckt. Ein Fund, der später die Grundlage für die Dissertation („Das königliche Schloss in Madrid und die Ausbildung seiner Umgebung. Ein Beitrag zur Geschichte der Städtebaukunst") bilden würde, die er 1922 bei Genzmer in Berlin ein-

---

81 Lehwess, Walter: *Platzentwurf für Madrid*. In: Stadtbaukunst alter und neuer Zeit 2 (1921), H. 14, S. 222-223.

82 Jürgens, Oskar: *Umgestaltungspläne für die Altstadt von Madrid*. In: Der Städtebau 18 (1921), H. 7/8, S. 84.

83 Jürgens, Oskar: *Bearbeitung eines städtebaulichen Entwurfes für Madrid*. In: Stadtbaukunst alter und neuer Zeit 1 (1920), S. 348. Vgl. Dokument im Anhang.

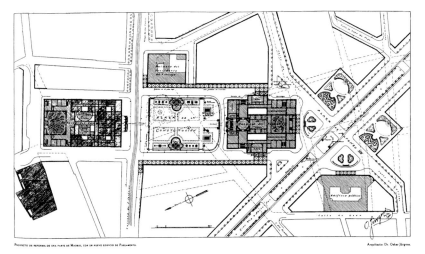

2.20

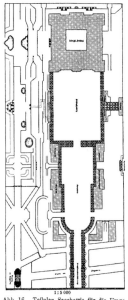

Abb. 16. Teilplan Sacchettis für die Umgestaltung der Umgebung des Madrider Schlosses vom 18. September 1757.

2.21

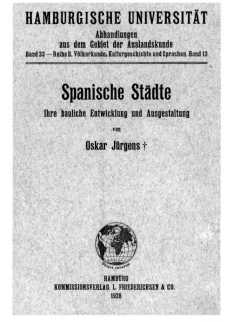

2.22

2.20 Oskar Jürgens, *Verfassungsplatz in der Innenstadt Madrids* (1910). Lageplan [*Arquitectura*, 1922]

2.21 Giovanni Battista Sacchetti, *Neubau des Königlichen Schlosses in Madrid* (1738). Lageplan [nach Jürgens, „Spanische Städte" (Hamburg 1926)]

2.22 Oskar Jürgens, „Spanische Städte" (Hamburg 1926). Titelblatt

reichte.[84] 1910 bildete er zunächst die Grundlage für die neue Plaza de la Constitución.

Die Parallelen der Entwürfe von Sacchetti und Jürgens sind unverkennbar. Sie reichen vom Verständnis der für eine Hauptstadt angemessenen hierarchischen Gliederung der stadträumlichen Struktur mittels monumentaler Architekturgruppen, bis hin zur direkten Übernahme von einzelnen Entwurfselementen durch den Deutschen, wie beispielsweise die abschließende Laubengangumrahmung der Vorplätze. Er bediente sich also ebenfalls einer barocken Formensprache, die der Repräsentation königlicher Alleinherrschaft hätte dienen können. Jürgens kehrte gegenüber Oriol die Assoziation um: Die ehemals absolutistische Monumentalität wurde jetzt symbolisch in den Dienst des konstitutionellen Staates und der Zivilgesellschaft gestellt.

Das Projekt illustriert nicht nur Jürgens' Verständnis des Städtebaus als zivile Kunst, sondern auch die diesbezügliche Haltung der Vertreter der Stadtbaukunst und des *Civic Art*: Sie steckten *bürgerliche Räume* ab. Die Zeiten der Herrschaftsstadtplanung schienen endgültig der Vergangenheit anzugehören. In diesem Sinne ist es bezeichnend, dass die 1918 erstmals veröffentlichten Studien zu Sacchetti Aufsehen erregten. Stübben, Lehwess und Schubert besprachen sie in verschiedenen Fachzeitschriften.[85] Hegemann nahm Sachettis Plan sogar in seinem „American Vitruvius" auf, während beispielsweise Barcelona unerwähnt blieb.[86]

Der Vorschlag von Jürgens für eine Plaza de la Constitución blieb – wie auch Oriols Pläne – ohne weitere Konsequenzen. Er hatte aus Geldmangel zurückgestellt werden müssen. Im wirtschaftlichen Aufschwung, den Spanien

---

84 Siehe: Jürgens, Oskar: *G. B. Sacchettis Umgestaltungspläne für die Umgebung des königlichen Schlosses in Madrid*. In: Zeitschrift des Ibero-Amerikanischen Instituts Hamburg 2 (1918), Mitteilungen aus Spanien, H. 11/12, S. 321-337. Jürgens, Oskar: *Das königliche Schloss in Madrid und die Ausbildung seiner Umgebung. Ein Beitrag zur Geschichte der Städtebaukunst*.(Dissertation) Berlin 1922.

85 Vgl.: Otto Schubert, *Sachettis Pläne für die Umgestaltung der Umgebung des Madrider Schlosses*. In: Deutsche Bauzeitung 53 (1919), H. 34, S. 177-179. Joseph Stübben, *Giovanni Battista Sacchettis Entwürfe zum Neubau des Königlichen Schlosses in Madrid*. In: Zentralblatt der Bauverwaltung 39 (1919), S. 148. Walter Lehwess, *Bücherbesprechungen: Oskar Jürgens, Das Königliche Schloss in Madrid und die Ausbildung seiner Umgebung*. In: Stadtbaukunst alter und neuer Zeit 4 (1923), H. 1, S. 15.

86 Siehe: Werner Hegemann, Elbert Peets, *The American Vitruvius, an architect's handbook of civic art*. New York 1922. S. 88. Im Zusammenhang mit dieser Stadtbaukünstlerischen Übereinkunft, ist die Monclús' Besprechung der spanischen Ausgaben der Bücher von Jürgens und Hegemann von Interesse: Monclús, Francisco Javier: *Arte urbano y estudios histórico-urbanísticos: tradiciones, ciclos y recuperaciones*. In: 3ZU Revista de Arquitectura 4, 1995, S. 98-101.

infolge der Neutralität im Ersten Weltkrieg erlebte, hoffte Jürgens auf eine Wiederaufnahme seiner Planung, und es gelang ihm, diese 1922 in *Arquitectura* bekannt zu geben.[87] Überhaupt war er von den guten Chancen für deutsche Städtebauer in Spanien überzeugt. So brachte er es in den einleitenden Worten seiner Entwurfserläuterung in *Stadtbaukunst alter und neuer Zeit* zum Ausdruck:

> Stets sind wir Deutsche mit Eifer bestrebt gewesen, vom Ausland zu lernen. Und gerade heute, da bei uns selbst auf absehbare Zeit hinaus nennenswerte bauliche Unternehmungen ausgeschlossen sein dürften, liegt es hier nahe noch aufmerksamer als bisher Arbeiten auf diesem Gebiete zu verfolgen. Vergessen wir aber dabei in aller Bescheidenheit nicht, daß, vor allem was den Städtebau anlangt, auch von Deutschland immer noch manches gelernt werden kann. Das wird, wenn erst das augenblicklich hochgespannte Selbstgefühl der Völker wieder unparteilicherem Urteil Platz gemacht haben wird, wohl auch von den Neutralen und den verständigeren Teile unserer jetzigen Feinde wieder eingesehen werden, und es wird vielleicht nicht allzulange mehr dauern, daß uns friedliche Zusammenarbeit auf diesem Betätigungsfeld wieder näherbringt. Sorgen wir durch geeignete Veröffentlichungen dafür, daß dieses vor dem Kriege in immer steigendem Maße sich erschließende Absatzgebiet für deutsches Wissen und Können möglichst bald wiedergewonnen werde.[88]

Spanien also als Absatzgebiet für „deutsches Wissen und Können"; und der Städtebau als technisch-kultureller Exportartikel. In *Arquitectura* wurde diese Passage ausgelassen.

Was das deutsche Wissen anbetraf, nahm Jürgens seine Arbeit an der spanischen Stadtbaukunde wieder auf. Erneut auf die Polemik gegen Oriol Bezug nehmend, hielt es Jürgens für angebracht, in *Stadtbaukunst Alter und Neuer Zeit* die Entwicklungsgeschichte der Plaza Mayor von Madrid ausführlich darzustellen.[89] Sie sei „nicht nur Hauptmarkt- und Versammlungsplatz, sondern zugleich ihr – der Stadt – für öffentliche Schaustellung aller Art bestimmter und dementsprechend baulich gestalteter monumentaler Mittelpunkt".[90] Als solcher besaß sie einen symbolischen Wert. Er kam zum Schluss, dass der Platz als „nationales Heiligtum" für alle Zeiten erhalten bleiben solle.[91] Das schönste Exemplar innerhalb des Typus der Plaza Mayor

---

87 Jürgens, Oskar: *Proyecto de un grupo monumental y nuevo edificio de Parlamento*. In: Arquitectura 6 (1922), H. 8, S. 327-330.
88 Jürgens, Oskar: *Bearbeitung eines städtebaulichen Entwurfes für Madrid*. In: Stadtbaukunst alter und neuer Zeit 1 (1920), S. 347. Vgl. Dokument im Anhang.
89 Jürgens, Oskar: *Die Plaza Mayor in Madrid*. In: Stadtbaukunst alter und neuer Zeit 3 (1922), H. 1, S. 1-6.
90 Ebd., S. 1-2.
91 Ebd., S. 6.

machte er allerdings nicht in Madrid, sondern – wie Stübben 29 Jahre zuvor – in Salamanca aus, über das er in *Der Städtebau* berichtete.[92] Ein Jahr später befasste sich Jürgens in der Berliner *Zeitschrift für Bauwesen* mit dem Thema der „Plätze mit architektonisch behandelter Fläche".[93] Diesmal analysierte er unterschiedlichste Platzsituationen und Platzbilder in Burgos, Toledo, Madrid, El Escorial, Segovia, Santiago de Compostela, Gerona, Tarragona und Bilbao.

All diese punktuellen typologischen und morphologischen Studien waren lediglich Vorarbeiten zum ehrgeizigen Projekt der erstmaligen Formulierung einer umfassenden Stadtbaukunde Spaniens, die Jürgens weitgehend abgeschlossen hatte, als er 1923 im Alter von nur 48 Jahren überraschend in San Lorenzo del Escorial einer Typhus-Erkrankung erlag. Sein in Fachkreisen sehnlichst erwartetes Buch („Spanische Städte. Ihre bauliche Entwicklung und Ausgestaltung") erschien 1926 postum dank des Einsatzes des Bibliothekars des Hamburger Ibero-amerikanischen Instituts, Wilhelm Giese, der es für die Hamburgische Universität herausgab.[94]

Die Gliederung des Buches folgte einem einfachen Schema: In einem ersten Teil beschrieb Jürgens eingehend die Entwicklungsgeschichte von insgesamt 27 Städten der Iberischen Halbinsel, ihre Pläne wurden zu einem Städte-Atlas zusammengetragen.[95] Der zweite Teil war ein Handbuch zum spanischen Städtebau, das Fragen wie die Stadterweiterung, die Ausgestaltung von Straßen und Plätzen, die Ausbildung von Wohnungsgrundrissen oder die Aufstellung von Brunnen und Bildwerken behandelte: sozusagen ein „Stübben für Spanien". Es ist nicht zufällig, dass der Altmeister 1924 in der dritten Auflage von „Der Städtebau" sein Bedauern über die Verzögerung im Erscheinen von Jürgens' Buch äußerte und dass er drei Jahre später der erste war, der es in einer Rezension würdigte:

> Oskar Jürgens hat durch sein inhaltreiches und wichtiges Werk sowohl den Spaniern als auch uns einen unschätzbaren Dienst geleistet, dem die besten Erfolge zu wünschen sind. Die Spanier haben in schwerer Zeit als unsere treuen Freunde sich

---

92 Jürgens, Oskar: *Die Plaza Mayor von Salamanca.* In: Der Städtebau 19 (1922), H. 9/10, S. 96-99.

93 Jürgens, Oskar: *Zur Städtebaukunde Spaniens. Plätze mit architektonisch behandelter Fläche.* In: Zeitschrift für Bauwesen 70 (1923) H. 4-6, S. 106-113.

94 Jürgens, Oskar: *Spanische Städte. Ihre bauliche Entwicklung und Ausgestaltung.* Hamburg 1926.

95 Die von Jürgens berücksichtigten Städte waren Madrid, Barcelona, Valencia, Córdoba, Granada, Sevilla, Málaga, Toledo, Valladolid, Palencia, Salamanca, Zaragoza, Cádiz, Algeciras, Bilbao, San Sebastián, La Coruña, Tarragona, Burgos, Avila, Segovia, León, Santiago de Compostela, Lugo, San Lorenzo de El Escorial, San Ildefonso (La Granja) und Aranjuez.

II. Großstadtmodelle 211

bewährt. Mehr und mehr zieht die iberische Halbinsel die dem Süden zugewandten deutschen Reisenden an. Und mit Recht. In diesem Sinne sei zum Schlusse eine scherzhafte Wendung – die in ihrem Kern aber ernst gemeint ist – gestattet. Kunst und Geschichte, Landschaft und Volk bieten uns in Italien tausend Anziehungspunkte, aber in Spanien tausend und drei.[96]

Tatsächlich sollte sich das Buch als Katalysator der deutsch-spanischen Beziehungen auswirken. Auf beiden Seiten. Denn Jürgens behielt auch die Bedürfnisse seiner spanischen Kollegen im Auge, denen er sein Werk zueignete:

> Den spanischen Berufsgenossen, Stadtvätern, Künstlern und Gelehrten, die amtlich oder persönlich mit den darin behandelten Fragen zu tun haben, gebe ich hiermit eine grundlegende Übersicht über den alten und neuen Städtebau ihres Landes in die Hände, die zwar von einem Fremden stammt, ihnen aber trotz aller ihr erklärlicherweise anhaftenden Mängel als kritische, mit dem Maßstab einer in manchen Punkten von der ihrigen wohl abweichenden Anschauungsweise gemessene Betrachtung doch vielleicht besonders wertvoll und von praktischem Nutzen sein kann.[97]

Zu dieser Aussage bezog der Kunstkritiker Máximo José Kahn in seiner begeisterten Rezension für *La Gaceta Literaria* – in der er verblüffenderweise das vermittelte „moderne Raumgefühl" hervorhob – unmittelbar Stellung, als er schrieb:

> Ich möchte dieses Werk nachdrücklich zur Übersetzung ins Spanische empfehlen. Es ist unabdingbar, dass der spanische Leser vergisst, dass es sich um das Werk eines Fremden handelt. Es muss vollkommen Eigentum des spanischen Volkes werden.[98]

Obwohl die Übertragung 66 Jahre auf sich hat warten lassen, blieb das Buch unter Jürgens' spanischen Kollegen nicht unbeachtet.[99] Selbst der sonst alles „Exotische" ablehnende Bauhistoriker Luis María Cabello Lapiedra hat die Arbeiten seines deutschen Kollegen geschätzt. In einem Nachruf für *Arquitectura* würdigte er ihn als einen in künstlerischen Fragen kompetenten

---

96 Stübben, Joseph: *Oskar Jürgens. Spanische Städte.* In: Zentralblatt der Bauverwaltung 47 (1927), S. 136. [Stübben paraphrasiert die Leporello-Arie aus dem „Don Giovanni" (erster Akt, 5. Szene) in der die Liebschaften des Don Juan aufgezählt werden]

97 Jürgens, Oskar: *Spanische Städte. Ihre bauliche Entwicklung und Ausgestaltung.* Hamburg 1926. S. VIII.

98 Kahn, Máximo José: *Oskar Jürgens: Spanische Städte.* In: La Gaceta Literaria 2 (1928), H. 26, S. 4. Übersetzung J. M. W.

99 Oskar Jürgens. *Ciudades españolas. Su desarrollo y configuración urbanística.* Madrid 1992.

Städtebauer.[100] Wäre sein geplantes Buch bereits erschienen – so Lapiedras Meinung 1923 – hätte es zur Vermeidung vieler vor allem in Madrid begangener Missgriffe beigetragen. Ein Grund für diese Wohlgesonnenheit mag darin liegen, dass Jürgens seinerseits die spanischen Leistungen zu würdigen gewusst hatte. Im abschließenden Kapitel seines Werkes hat er unter dem Titel „Stand der Wissenschaft und Kunst des Städtebaus, der Denkmalpflege und des Heimatschutzes" sogar die Grundzüge von Cerdàs „Teoría General de la Urbanización" wiedergegeben. Die Kritik an dessen Vernachlässigung „schönheitlicher Rücksichten" im Sinne der Stadtbaukunst ist uns bereits geläufig. Neu ist jedoch, dass er im Madrider Schriftsteller Ramón de Mesonero Romanos mit seiner „Kunst der Straße" den Anführer einer frühen ästhetischen Kritik um 1830 entdeckte. In Ganzen fiel jedoch Jürgens' Urteil zum gegenwärtigen Stand des spanischen Städtebaus negativ aus:

> Während der lebendigen geistigen Bewegung, die in anderen Ländern auf sämtlichen Gebieten des Städtebaus in der Folgezeit einsetzte, blieb Spanien, das zunächst allen vorausgegangen war, merkwürdigerweise ganz im Hintertreffen.[101]

---

100 Cabello Lapiedra, Luis María: *El arquitecto Oscar Jürgens*. In: Arquitectura 5 (1923), H. 10, S. 333-334. Nach Angabe von Lapiedra, hatte ihn Jürgens um ein Vorwort für sein Buch gebeten. Diese war in *Arquitectura* in den Einleitenden Sätzen zur Entwurfserläuterung der *Plaza de la Constitución* angekündigt worden. Für die Besprechung allerdings, ist lediglich eine zuvor in Deutschland erschienene Rezension von Hans Praesent aus dem Leipziger *Boletín del Centro de Intercambio Intelectual Germano-español* übernommen worden. Siehe: Praesent, Hans: *Oskar Jürgens: Spanische Städte*. In: Arquitectura 10 (1928), H. 113, S. 301-302.

101 Jürgens, Oskar: *Spanische Städte. Ihre bauliche Entwicklung und Ausgestaltung*. Hamburg 1926. S.313.

7. „DEUTSCHES KÖNNEN".
JANSEN, ZUAZO UND DIE MADRIDER STADTERWEITERUNG (1926-1930)

1920 hatte Jürgens Spanien zum potentiellen Absatzgebiet für deutsches stadtbaukünstlerisches Wissen und Können erklärt. Seine eigene wissenschaftliche Tätigkeit gipfelte 1926 posthum in der Veröffentlichung seiner lange geplanten Stadtbaukunde Spaniens. Doch jenseits der grauen Theorie hatte sich sein Beitrag auf dem Gebiet der Praxis nicht auf den letzten Endes realitätsfremden Vorschlag für die Plaza de la Constitución beschränkt. 1922 war Jürgens aus dem verarmten Deutschland mit dem Auftrag zur Aufstellung des städtebaulichen Plans einer Siedlung in El Romeral – bei San Lorenzo del Escorial – für die Baugesellschaft Abantos erneut nach Spanien gereist. Er entwickelte darüber hinaus Pläne für das Hotel Alfonso XIII (Hostería Real) in Las Damas. Mit Jürgens' plötzlichem Tod brach diese erste Episode einer konkret auf die Praxis bezogenen Präsenz deutscher Städtebauer vorzeitig ab. Er hatte als Vorreiter fungiert. Nur, wie sollten in der Folge die in Spanien hochgeschätzten deutschen Städtebauer dort Fuß fassen? Auch diesbezüglich hatte Jürgens 1920 in *Stadtbaukunst alter und neuer Zeit* und 1922 in *Arquitectura* einen Weg vorgezeichnet, indem er zur Lösung der in Spanien anstehenden städtebaulichen Aufgaben die Hinzuziehung von Fachleuten aus dem Ausland forderte.[102] 1903 war beim internationalen Wettbewerb von Barcelona noch keine einzige deutsche Arbeit eingereicht worden. Nach 1926 – nach Oskar Jürgens' „Spanische Städte" – sollten spanische Wettbewerbe tatsächlich von deutschen Architekten und Städtebauern unterschiedlicher Generationen als realistische Einstiegschance wahrgenommen werden.

Welche Umstände veranlassten von spanischer Seite die Auslobung internationaler Wettbewerbe? Der Grund lag im Inkrafttreten des *Estatuto Municipal* (Kommunalsatzung) von 1924. Im ersten Jahr der Militärdiktatur Primo de Riveras (1923-1930) wurde damit vom Staat den Kommunen nicht nur das Recht zur Aufstellung von Stadterweiterungs- und Umbauplänen übertragen, sie wurden sogar gezwungen dieses innerhalb einer Frist von vier Jahren zu tun. Allerdings waren nicht alle Städte, sondern nur die Kommunen, die zwischen 1910 und 1920 einen Zuwachs von mindestens 20 Prozent aufweisen, zur Planaufstellung verpflichtet – in anderen Worten: le-

---

102 Siehe: Jürgens, Oskar: *Proyecto de un grupo monumental y nuevo edificio de Parlamento*. In: Arquitectura 6 (1922), H. 8, S. 330. Jürgens, Oskar: *Bearbeitung eines städtebaulichen Entwurfes für Madrid*. In: Stadtbaukunst alter und neuer Zeit 1 (1920), S. 349-350. Vgl. Dokument im Anhang.

diglich die ohnehin wirtschaftlich dynamischeren Städte. Gerade historische Städte wie Salamanca oder Córdoba, insgesamt 221 Kommunen, blieben von den Maßgaben der Kommunalsatzung unberührt. 61 Städte aber gerieten unversehens unter Zugzwang.[103] Durch die Auslobung internationaler Ideenwettbewerbe hofften einige von ihnen innerhalb von kürzester Zeit über eine Vielzahl unterschiedlicher Lösungsansätze zu verfügen, auf die man dann später, bei der Aufstellung endgültiger Stadterweiterungspläne, zurückgreifen könne. So sollten die im fortgeschrittenen Ausland auf diesem Gebiet gesammelten praktischen Erfahrungen in die Planungsprozesse eingebunden werden.

Bilbao 1926

Eine der ersten Städte, die sich zur Ausrichtung eines internationalen Wettbewerbs zur Erlangung von Vorentwürfen für die Stadterweiterung entschloss, war Bilbao im Jahr 1926. Wie wir durch Stübbens Reisebericht von 1893 erfahren haben, war die baskische Stadt schon Ende des 19. Jahrhunderts eine florierende Hafen- und Industriestadt. Ihre Probleme waren dieselben, wie in den Städten mitteleuropäischer Industriegesellschaften. Nach 34 Jahren sah Stübben 1927 diesen Eindruck bestätigt, wie er nach einer erneuten Spanienreise in der *Deutschen Bauzeitung* darlegte.[104] Er konnte gegenüber dem Zustand von 1893 in verschieden Städten deutliche Fortschritte erkennen. Selbst mit Córdoba und der andalusischen Frau schien er nun versöhnt:

> In jüngster Zeit wurden und werden stattliche neue Straßen und Plätze in das maurische Straßengewirr hineingebaut, die beim Beginn des Abends Gelegenheit

---

103 Vgl. Terán, Fernando: *Planeamiento urbano en la España contemporánea (1900/1980)*. Madrid 1982. S. 51.
104 Stübben, Joseph: *Spanische Städte von heute I*. In: Deutsche Bauzeitung 61 (1927), H. 5, Beilage Stadt und Siedlung Nr. 1, S. 7-8. Stübben, Joseph: *Spanische Städte von heute II*. In: Deutsche Bauzeitung 61 (1927), H. 9, Beilage Stadt und Siedlung Nr. 2, S. 10-16. Er berichtete diesmal über Sagunto, Segovia, Mérida, Toledo, Avila, Santiago de Compostela, Zamora, Burgos, Salamanca, Saragossa, Córdoba, Granada, Vigo, Cádiz, Alicante, Elche, San Sebastián, Santander, Sevilla, Murcia, Valencia, Bilbao, Barcelona und Madrid. Die thematische Reihenfolge lässt vermuten, dass er sie nicht alle besucht hat, sondern vielmehr Bekanntes – aus eigener Anschauung oder aus „dem Jürgens" – mit neuen Beobachtungen verknüpft hat. Der genaue Verlauf seiner Reise lässt sich jedenfalls anhand seiner Schilderungen nicht ausmachen. Dass er aber nach Spanien gereist ist und dass es sein Ziel war, den Leser zur Spanienreise anzuregen, ist den Artikeln zu entnehmen.

II. Großstadtmodelle 215

zu schönen Korsofahrten geben, bei welchen elegante Mütter mit ihren reizenden Töchtern die Augen der Männerwelt entzücken.[105]
Solch rege Bemühungen blieben aber hinter den Errungenschaften Bilbaos weit zurück und konnten Stübben in seiner treffenden Einschätzung der andalusischen Stadt als eine „nicht moderne im europäischen Sinne" nicht umstimmen.

> Nun aber betreten wir mit Bilbao sozusagen europäischen Boden. Industrielle Werke wohin man schaut: in und bei der Stadt und im erzreichen baskischen Hinterland. Rege Schiffahrt von der Stadt zum nahen Hafenvorort Portugalete und von dort in alle Welt: ein überaus lebhafter Handel und Verkehr. Die alte Stadt liegt auf dem rechten Ufer des Nervión, mit ihren sechsgeschossigen Wohngebäuden und engen Straßen eingepreßt zwischen dem Fluß und seine hohen Berglehnen. Die Neustadt, Ensanche genannt, hat sich seit den 1860er Jahren nach einem durchaus französisch gedachten Plane auf dem linken Flußufer ausgebreitet; aber das stete Wachstum der Bevölkerung, die nunmehr dem 2. vollen Hunderttausend entgegenstrebt, verlangt Ausdehnung flußaufwärts dem Meere zu. Das städtische Bauwesen leitet in erfolgreicher Weise der Architekt Ricardo de Bastida, auf dessen Anregung für die örtlich sehr verwickelten Fragen ein deutscher Städtebauer zugezogen wurde.[106]

Der namentlich nicht erwähnte deutsche Städtebauer war kein anderer als Stübben selbst, der 1926 im Stadterweiterungswettbewerb den ersten Preis erhalten hatte. So kann seine Charakterisierung der Bedürfnisse der Stadt als knappste Erläuterung der Absichten des leider verschollenen Wettbewerbsbeitrages verstanden werden.[107] In einem späteren Aufsatz ergänzte Stübben

---

105 Stübben, Joseph: *Spanische Städte von heute I*. In: Deutsche Bauzeitung 61 (1927), H. 5, Beilage Stadt und Siedlung Nr. 1, S. 8.

106 Stübben, Joseph: *Spanische Städte von heute II*. In: Deutsche Bauzeitung 61 (1927), H. 9, Beilage Stadt und Siedlung Nr. 2, S. 14. Zu Ricardo Bastida und seine Rolle in der Stadtentwicklung Bilbaos siehe: Azpiri Albístegui, Ana: *Urbanismo en Bilbao (1900-1930)*. Vitoria 2001.

107 Der preisgekrönte Plan von Stübben für Bilbao ist im *Archivo Histórico de Bizkaia* (Bilbao) nicht auffindbar. Es bleibt zu hoffen, dass im Verlauf der Katalogisierung des Bestandes aus den zwanziger Jahren entsprechende Unterlagen zum Vorschein gelangen. Im Kölner Stübben-Nachlaß ist der Entwurf ebenfalls nicht vorhanden. Dort ist allerdings die Korrespondenz mit dem Architekten und Städtebauer Ricardo de Bastida einzusehen. Möglicherweise findet man in dessen Familienarchiv oder in der Architektenkammer Bilbaos weiterführende Dokumente, die über die genauen Inhalte des Vorschlages Auskunft geben. Die Zeitschrift *Propiedad y Construcción* kündigte 1926 die Veröffentlichung und Besprechung von Stübbens Vorschlag, zu denen es jedoch nicht kam. Vgl. Roda, Damián: *Concurso de anteproyectos para la extensión de Bilbao: un triunfo de Segurola y Agüero*. In: Propiedad y Construcción 4 (1926), H. 45, S. 3.

diese Beschreibung und bezeichnete den Entwurf für Bilbao als den erstmaligen Versuch, unter besonders günstigen topographischen Verhältnissen ein „organisch vollständiges Straßennetz" auszubilden, das heißt, eine lückenlose Vernetzung von Fernverkehrsstraßen, Ortsverkehr- und Wohnstraßen und selbständigen Fußwegen zu erreichen.[108]

Die Verkehrsfrage war in Bilbao unmittelbar an die Problematik der infolge der rasanten baulichen Entwicklung unumgänglich gewordenen Eingemeindung der Orte Begoña, Deusto und Erandio (1926) geknüpft und war bereits einige Jahre zuvor zentraler Bestandteil des *Plan de Enlaces* von Ricardo de Bastida (1923) gewesen. Aber gerade Stübbens verkehrstechnische Differenzierung rief in der Jury Bedenken hervor, sie befürchtete in der Enge einiger der vorgeschlagenen Straßenprofile allzu einschränkende Maßgaben.[109] Das Organ der Kammer für Städtisches Eigentum Bilbaos (*Cámara Oficial de la Propiedad Urbana de Bilbao*), die Zeitschrift *Propiedad y Construcción*, erhob ebenfalls Zweifel an der Eignung von Stübbens Vorschlag und versuchte den Entwurf der zweitplazierten Segurola y Agüero zur Weiterbearbeitung zu empfehlen.[110] Wie jedoch Ricardo de Bastida 1927 in *Arquitectura* erklärte, leistete jede der Arbeiten entweder zur Aufstellung des Leitgedankens des Generalplanes oder zur Lösung einzelner Problemstellen im Stadtgefüge einen wichtigen Beitrag.[111] Bastida erwähnte dabei die Pläne von Stübben, Segurola-Agüero, Cort, Amann, Ugalde und auch den gemeinsamen Entwurf von Otto Bünz und Fernando García Mercadal, der im Wettbewerb leer ausgegangen war. Im Gegensatz zu den anderen wurde aber ihre Arbeit in *Der Städtebau* veröffentlicht.[112]

In der Erläuterung, die Bünz dem veröffentlichten Plan beifügte, nannte er die zentralen Absichten ihrer Planung: Die Stadterweiterung erfolgte bekanntlich durch die Einbeziehung der eingemeindeten Orte am Fluss Ner-

---

108 Stübben, Joseph: *Kraftwagenverkehr und Stadtgestaltung*. In: Deutsche Bauzeitung 63 (1929), Beilage Stadt und Siedlung Nr. 8, S. 82-88.
109 Vgl. Zeitungsausschnitte über das Wettbewerbsergebnis in Tageszeitungen Bilbaos, in: HAStK Bestand 1114, Nachlass Stübben; Nr. 27, Blätter 120-121.
110 Vgl. Roda, Damián: *Concurso de Anteproyectos para la extensión de Bilbao. Un triunfo de Segurola y Agüero*. In: Propiedad y Construcción 4 (1926), H. 45, S. 3-4. *Temas actuales. Sobre el desarrollo y expansión de las ciudades*. In: Propiedad y Construcción 4 (1926), H. 46,S. 3-4. *La extensión de Bilbao. Comentarios a un dictamen*. In: Propiedad y Construcción 4 (1926), H. 46, S. 13-14
111 Bastida, Ricardo: *El proyecto de Extensión de Bilbao*. In: Arquitectura (1927), H. 98, S. 228-229.
112 Otto Bünz, *Bebauungsplan für Bilbao. Architekt Otto Bünz - Berlin, Mitarbeiter Architekt Mercadal - Madrid*. In: Der Städtebau 22 (1927), S. 112. Vgl. Dokument im Anhang.

2.24

2.23   2.25

2.23 Otto Bünz und Fernando García Mercadal, *Stadterweiterungsvorschlag für Bilbao* (1927). Lageplan [*Der Städtebau*, 1927]

2.24-25 Otto Bünz, „Städtebau und Landesplanung" (Berlin 1928)/„Urbanización y Plan regional" (Madrid 1930). Titelblätter

vión, wobei das enge Tal eine Ausdehnung in die Länge bedingte und so einen starken Durchgangsverkehr hervorrief. Aus diesem Grund sahen sie zur Entlastung der Innenstadt den Bau großer Umgehungsstraßen vor. Zudem sollte das Bahnnetz durch die Zusammenlegung der Bahnhöfe vereinfacht werden. Die Anordnung der neuen drei- bis viergeschossigen Bebauung war durch die Topographie bedingt. Die Unebenheiten des Geländes bestimmten nicht nur die Größe der neuen Gebiete, sondern auch ihre Form: Aus dem Versuch, sich den ersten Höhenlinien und dem Flusslauf anzupassen, entstanden leicht geschwungenen Straßenverläufe. So wurde dem Plan ein Ausdruck organischer Geschlossenheit verliehen, den die vorgesehenen Grünflächen durch ihre gliedernde Funktion unterstrichen. Die mit eigenen öffentlichen Gebäuden und Geschäftszentren ausgestatteten neuen Stadtteile erstreckten sich als geschlossene Bebauung vornehmlich auf den Ebenen entlang des Flusses in Richtung Meer. Am Fuße der Berge dagegen entschieden sich Bünz und Mercadal für eine offene Bebauung, deren Nutzung sie als „Siedlungen und Ackerbürger" spezifizierten. Sie setzten zudem eine neue Bauordnung auf, über die jedoch nichts Genaueres überliefert ist.

Mercadal und die Lehre am Berliner Städtebau-Seminar

Das Interessanteste am keineswegs außergewöhnlichen Wettbewerbsbeitrag von Bünz und Mercadal sind die Umstände seiner Entstehung. Der Architekt Otto Bünz war zum Zeitpunkt der Wettbewerbsauslobung Assistent bei Hermann Jansen, der 1923 als Nachfolger Genzmers die Leitung des Berliner Städtebau-Seminars übernommen hatte. Bünz hatte durch einige Wettbewerbserfolge und vor allem durch seine zeichnerischen Stadtbildanalysen Italiens in der Fachwelt auf sich aufmerksam machen können.[113] 1928 trat er zudem mit dem Buch „Städtebau und Landesplanung" als Planungstheoretiker hervor.[114] Es handelte sich bei dieser Studie, wie es im Untertitel hieß, um einen „Wegweiser für Anfänger, Fortgeschrittene und Praktiker". Der Aufbau war der einer Anleitung mit Übungsaufgaben – ebenfalls für Anfänger und Fortgeschrittene –, wie sie in Jansens Seminar üblich waren. Dieser hat auch in seinem Vorwort die von Bünz angestrebte Verkürzung des *Lernvorganges* durch die knappe und klare Darstellung der mannigfaltigen Voraussetzungen städtebaulichen Gestaltens gepriesen, die den Werdenden nicht auf formale Einzelheiten oder Moden festzulegen versuche. „Städtebau und Landesplanung" war das inoffizielle Lehrbuch zur so genannten „Schule

---

113 Bünz, Otto: *Städtebauliche Studien in Rom.* In: Städtebau 20 (1925), S. 9-21. *Städtebauliche Studien in Oberitalien.* In: Städtebau 21 (1926), S. 142-148.

114 Bünz, Otto: *Städtebau und Landesplanung. Wegweiser für Fortgeschrittene und Praktiker.* Berlin 1928.

II. Großstadtmodelle 219

Hermann Jansen" und damit eines der seltenen Dokumente der von Jansen unterrichteten Lehre, wie sie über mehrere Jahre an seine zahlreichen spanischen Schüler erteilt wurde.[115]

Fernando García Mercadal war der Erste. Gegen Ende seiner Europareise (1923-26) machte er im Studienjahr 1925-26 auch in Berlin Station. Wie wir aus dem vorigen Kapitel bereits wissen, war dort die Anwesenheit des genialen Poelzig einer der ausschlaggebenden Anreize: Mercadal wurde zum „Poelzig-Indianer".[116] Jansens renommiertes Seminar war nicht minder ein Grund, um an die Technische Hochschule Berlin-Charlottenburg zu gehen, und es gelang ihm, für das Sommersemester einen der begehrten Studienplätze zu ergattern. Bereits in Wien hatte sich der junge Spanier mit den Erfahrungen des Kleinstwohnungsbaus der Gemeinde befasst und darüber unter der Rubrik „La casa propia" (das Eigenheim) für die Tageszeitung *El Sol* berichtet.[117] Nun aber stellte er sich bei Jansen der übergeordneten Aufgabe des Städtebaus als Ganzes – bis in den regionalplanerischen Maßstab hinein. Über seine Erfahrungen durfte er noch 1926 an prominenter Stelle berichten: Vor der versammelten Architektenschaft im Ersten Nationalen Kongress für Städtebau (*Primer Congreso Nacional de Urbanismo*), der am 26. und 27. November in Madrid stattfand. Dort hielt Mercadal seinen noch in Rom verfassten Vortrag „La Enseñanza del Urbanismo" (Die Lehre des Städtebaus) im Rahmen der gleichnamigen Sektion, in der sich unter der Leitung hochangesehener Persönlichkeiten wie der Professoren César Cort, Teodoro Anasagasti und Amadeo Llopart Fachleute versammelten und ihre Konzepte zur Ausbildung einer – aufgrund des *Estatuto Municipal* händeringend gebrauchten – jungen Generation spanischer Städtebauer – wie Mercadal – darlegten.[118]

Der Madrider Professor César Cort, der den 1914 geschaffenen Lehrstuhl für *Urbanología* innehatte, unternahm eine präzise Begriffsbestimmung des zur Debatte stehenden *Urbanismo*, den er von Cerdàs prozessorientierter *ur-*

---

115 Zum Begriff der „Schule Hermann Jansen", siehe: M. Hane, *Hermann Jansen und seine Schule*. In: Der Städtebau 19 (1922), H. 1/2, S. 7-9, Tafeln 5-8. *Arbeiten aus der Schule Hermann Jansen*. In: Der Städtebau 20 (1925), S. 23 -24.

116 Als „Poelzig-Indianer" wurden die zahlreichen ausländischen Studenten in den Kursen Poelzigs von ihren vaterländisch gesonnenen Kommilitonen verächtlich bezeichnet. Vgl. Durth, Werner: *Deutsche Architekten. Biographische Verflechtungen 1900-1970*. München 1992. S. 76-77.

117 Vgl. García Mercadal, Fernando: *La Vivienda en Europa y otras cuestiones*. Zaragoza 1998.

118 Vgl. *Primer Congreso Nacional de Urbanismo. Conclusiones aprobadas, primer tema: la enseñanza del urbanismo*. In: Boletín de la Sociedad Central de Arquitectos, vom 30. November 1926.

banización abgrenzte. Er verstand die „Urbanologie" als eine wissenschaftliche Disziplin, die sich der analytischen Aufnahme sämtlicher Planungsvoraussetzungen zu widmen hatte aber auch ihre Synthese, die *arquitectura de ciudades* (Städtebau) mit den Zweigen Komposition und Konstruktion, enthielt. Die Wissenschaft der „Urbanologie" erfasste somit das gesamte Aufgabenfeld des städtebaulichen Technikers. Dessen nicht-technische Grundlage bezeichnete Cort als *urbanismo*. Diese stellte die Gesamtheit der übergeordneten intellektuellen und politischen Voraussetzungen und Ziele der Planung dar. Aufgabe der Architekturfakultäten sei es somit, Architekten zu „Urbanologen" auszubilden und sie dazu anzuregen, einen Beitrag zum *urbanismo* zu leisten, zu dem auch Ingenieure, Ärzte, Juristen, Archäologen, Philosophen, Schriftsteller, Finanzmänner, Industrielle, Händler et cetera befähigt seien.[119]

Von Mercadals Beitrag erhoffte man sich die Darstellung der Lehrmethoden einer der vorbildlichsten Institutionen Europas, dem Berliner Städtebau-Seminar.[120] Und eben diese Erwartungen wurden erfüllt. Zwar bedauerte Mercadal eingangs den dürftigen Informationsstand der meisten spanischen Fachleute, denen aufgrund mangelnder Sprachkenntnisse der Zugang zur wichtigsten Städtebauliteratur aus England und Deutschland versperrt sei, breitete aber dann vor seinen erfahrenen Kollegen die Verteidigung eines praxisbezogenen, pragmatischen Ansatzes aus, wie er von Jansen und Bünz gepflegt wurde. Der Weg zur Herausbildung eines nationalen Städtebaus

---

119 Cort, César: *La Enseñanza del Urbanismo*. Madrid 1926. Weniger klar ist die von Corts Barcelonaer Kollege, Amadeo Llopart, vertretene Position. Dieser war nach seinem Diplom 1912-13 dank der Unterstützung der *JAE* nach Berlin gereist. Obwohl er sich dort an der Technischen Hochschule vornehmlich auf dem Gebiet der Tragwerklehre fortgebildet hatte – er belegte unter anderem die Fächer Experimentelle Chemie und Materialprüfungswesen – entwickelte er sich nach seiner Rückkehr in die katalanische Hauptstadt zum Städtebauspezialisten an der dortigen Architekturfakultät und unterrichtete das Fach *Urbanología* als dieses ins Leben gerufen wurde. Mitte der Zwanziger, als die Debatte um die Eignung der Lehrmethoden zur Unterrichtung des neuen Faches entbrannte, bat ihn die Madrider Zeitschrift *Arquitectura* um eine Stellungnahme. Llopart antwortete mit einer Auswahl der Entwürfe, die im laufenden Studienjahr unter seiner Anleitung angefertigt worden waren. In einer kurzen Einleitung zu diesen Arbeiten wies er auf ihre Realitätsnähe und unterstrich die Relevanz der Kenntnis der allgemein anerkannten Theorien des Städtebaus. Vgl. Llopart, Amadeo: *El Urbanismo en la Escuela de Barcelona*. In: Arquitectura 7 (1925), H. 71, S. 45-46.

120 Vgl. García Mercadal, Fernando: *La enseñanza del urbanismo*. In: *XI Congreso Nacional de Arquitectura, primero de Urbanismo*. Madrid 1926. Vgl. Dokument im Anhang.

II. Großstadtmodelle 221

führte also nicht über die Wiederentdeckung der „akademischen" Theorien der spanischen Pioniere (z. B. Cerdà), sondern über den internationalen Austausch zwischen in der Praxis stehenden zeitgenössischen Fachleuten. Die Wahl der erforderlichen Qualifikation bedeutete somit gleichzeitig auch eine Entscheidung für das zukünftige Instrumentarium der Planung. Dabei unterstütze bei dieser letztlich politischen Entscheidung die Wissenschaftlichkeit der Methoden den Glauben an die objektive Ideologiefreiheit der Mittel und Ziele.

Als Voraussetzung für die Übertragbarkeit der in Berlin angewandten praxisbezogenen Lehrmethoden appellierte Mercadal an die Eigenverantwortlichkeit der Studenten, die er in Spanien offenbar vermisste. Trotz derartiger Bedenken blieb Mercadal dabei, für Spanien die Gründung einer akademischen Einrichtung nach dem Vorbild des Berliner Seminars vorzuschlagen:

> Angesichts der Schwierigkeit bei der Einführung der erforderlichen neuen Städtebau-Kurse schlagen wir eine einfache Transformation der heutigen Lehre vor, indem man sie durch eine praktische Veranstaltung ergänzt und in der eigenen Fakultät ein Seminar für städtebauliche Studien ansiedelt, wo die an diesen Fragen interessierten Studenten oder Architekten arbeiten können: Eine Institution, die gleichzeitig den Kommunen als Beratungsstelle bei der Bewältigung ihrer städtischen Fragen unterstützen könnte.[121]

Sie sollte im Gegenzug um weitere, von den Kommunen und vom Staat eingerichtete Forschungszentren ergänzt werden.

> Bei der Gründung solcher Zentren, würden wir weiterhin die Erschwernis des Fachkräftemangels vorfinden und es wäre erforderlich, zur Ausbildung zukünftiger spanischer Spezialisten, ausländische Mitarbeiter anzuwerben. Diese Maßnahme erachten wir zur Einführung unseres nationalen Städtebaus als befruchtend und unabdingbar.[122]

Spanien konnte nach Meinung Mercadals aus dem internationalen Austausch von Erfahrungen und Programmen nur profitieren. Die Foren, in denen der internationale städtebauliche Diskurs bestimmt wurde, sind uns mittlerweile geläufig: Es waren Wettbewerbe, Ausstellungen, Kongresse, Zeitschriften, Handbücher, Seminare, Vortragsreihen, Studienreisen. Zwei konkrete Beispiele: Schon zu Beginn der 20er Jahre begannen spanische Architekten an internationalen Städtebaukongressen teilzunehmen – mit der Folge, dass sie von den hochgeschätzten deutschen Fachgenossen zunehmend wahrgenommen wurden. Stübben beispielsweise, nannte in seinem Reisebericht von 1927 die Namen der Stadtbaufunktionäre und Architekten Carbonell

---

121 Ebd., S. 5. Übersetzung J. M. W.
122 Ebd.

(Valencia), Bastida (Bilbao), Cort (Murcia/Madrid), Busquets (Barcelona) und Cascales/Aranda/Lacasa (Madrid), die er allesamt als qualifizierte Kollegen vorstellte. Parallel hierzu sorgte Mercadal für die von ihm geforderte Mitwirkung ausländischer Fachkräfte als Vermittler selbst – zunächst über Zeitschriften wie *Arquitectura*, für die er noch in Berlin Artikel zum Werk von Otto Bünz und Hermann Jansen zusammenstellte.[123]

Jansens Stadt der ‚Gegenwerte'

Bünz wurde von Mercadal in seinen beiden Facetten vorgestellt: als Architekt und als Städtebauer – aber stets als Praktiker. Die abgebildeten Entwürfe stammten vornehmlich aus Wettbewerben. Die in ihrer Darstellungstechnik auf Einfachste reduzierten Strichzeichnungen veranlassten Mercadal zum Vergleich mit spanischen Wettbewerbsbeiträgen, in denen seines Erachtens der schöne Schein und nicht – wie bei Bünz und den meisten deutschen Architekten seiner Generation – die Ideen im Vordergrund standen.

Jansens Artikel in *Arquitectura* bestand dagegen aus einer Reihe von Auszügen aus seinem neun Jahre zuvor in Istanbul erschienenen Vortragsmanuskript „Die Großstadt der Neuzeit", einer seiner seltenen theoretischen Stellungnahmen. Es liegt nahe zu vermuten, dass die Auswahl von Wort und Bild, die Übersetzung und die vorgenommenen Kürzungen allesamt von Fernando García Mercadal stammten. Der Text war in Abschnitte mit den Titeln „Wirtschaftlichkeit", „Verkehr", „Gesundheit" und „Ästhetik" eingeteilt, vier in Jansens Großstadtprogramm gleichwertigen Forderungen. Sein Modell zeichnete sich primär durch eine klare Disposition in Haupt- und Nebenteile aus, die durch eine geringe Anzahl von Hauptstraßen untereinander verbunden waren: eine durchgrünte, im architektonischen Maßstab des Bebauungsplanes gedachte Stadt, wenngleich unter Beachtung einer modernen Gesamtverkehrsplanung: ein komplexes, hierarchischen Gebilde, das aus klar abgegrenzten und in sich geordneten „Inseln", zusammengefügt wurde.

Walter Curt Behrendt hat Hermann Jansen 1919 anlässlich dessen 50. Geburtstages als den „Meister des Bebauungsplanes" gefeiert.[124] Also, aufgrund des kompetenten Umgangs mit einem Planungsinstrument, das, von der Straßen- und Gebäudetypologie ausgehend, die künstlerische Qualität in den architektonischen Wirkungen suchte, welche letzten Endes auch die Preis-

---

123 Vgl. García Mercadal, Fernando: *La Arquitectura en Alemania: El arquitecto Otto Bünz*. In: Arquitectura 8 (1926), S. 318-326. Jansen, Hermann: *La metrópoli moderna*. In: Arquitectura 8 (1926), S. 427-442.

124 Behrendt, Walter Curt: *Der Meister des Bebauungsplanes. Hermann Jansen zum fünfzigsten Geburtstag am 28. Mai 1919*. In: Die Volkswohnung 1(1919), H. 10, S. 132-134.

II. Großstadtmodelle

bildung des Bodenwerte zu lenken hatte. Wie Werner Hegemann zehn Jahre später (1929) über Jansens Werk schreiben sollte, kamen dessen Bebauungspläne auf grundlegende Weise den Anforderungen der Wirtschaftlichkeit nach, in dem sie gegenüber dem *bedrohlichen Großstadtleben* eine beschützende Funktion erfüllten:

> Gegenüber den stärkeren großstädtischen Ansprüchen an die menschlichen Nerven forderte er den Schutz des Menschen gegen die Maschine: „Das wachsende Tempo unserer Zeit verlangt die Schaffung von Gegenwerten." In diesem Bestreben entwickelte er immer klarer ein neues Ideal des Wohnens. Gegen die großen Verkehrstraßen, die unbebaut liegen bleiben, schließt sich das Wohngebiet ab. Das Leben eines solchen in sich abgeschlossenen Wohngebiets konzentriert sich in seiner Mitte, wo die öffentlichen Gebäude nahe einer Freifläche angeordnet sind.[125]

Auf Georg Simmels Kategorien von 1903 übertragen, setzte Jansen der blasierten Intellektualität des Großstädters die Gemütswerte der Kleinstadt entgegen, die auch der ästhetischen Kritik Sittes innewohnten.[126] Mit diesen nostalgischen Argumenten wandte sich Jansen auch gegen Stübben, dem er eine restlose Ausschaltung des ästhetischen Moments unterstellte. Die „typische" Anlage von Straßen und Plätzen als geometrische Kombinatorik bezeichnete Jansen als eine Äußerlichkeit, die mit dem Wesen des Städtebaues nichts gemein habe. Er verwies also auf Kriterien, die ausgerechnet Stübben und Jürgens bei ihrer Beanstandung des formalen Katalogs des „pariserisch gedachten" Städtebaus bemüht hatten. Jansens harsche Kritik stammt aus seiner Rezension zur dritten Auflage von Stübbens „Der Städtebau", bei der er die breite internationale Beachtung, die das Werk ungebrochen genoss, diesem als zusätzlich erschwerenden Umstand anrechnete:

> Erwünscht wäre es gewesen, wenn das vorliegende Werk, das glücklicherweise einer geläuterten Auffassung längst hat weichen müssen, in gebührender Vergessenheit geblieben wäre und nicht abermals eine Neuauflage erlebt hätte, die leider ein ganz falsches Bild vom Stande der heutigen deutschen Städtebaukunst geben muss. Vor allem ist diese für die Einschätzung im Auslande verhängnisvoll. Warum den Plänen deutscher Autoren für ausländische Städte, zum Beispiel Rom, Antwerpen, Löwen usw. – fast durchweg schlecht gewählte Beispiele –, so unverhältnismäßig viel Raum gegeben wurde, ist auffallend, jedoch vom Standpunkt

---

125 Hegemann, Werner: *Hermann Jansen. Zu seinem sechzigsten Geburtstag.* In: Städtebau 24 (1929), H. 10, S. 270-271.
126 Vgl. Simmel, Georg: *Die Großstädte und das Geistesleben.* In: *Vorträge und Aufsätze zur Städtebauausstellung.* (Hrsg. Th. Petermann) Dresden 1903. S. 185-206. Anlässlich des hundertsten Geburtstages Sittes sollte Jansen 1943 eine ausführliche hagiographische Würdigung seines Lebenswerkes verfassen. Vgl.: Jansen, Hermann: *Camillo Sitte.* In: Zentralblatt der Bauverwaltung 63 (1943), H. 11/13, S. 129-131.

des Herausgebers erklärlich. Wir bedauern das Neuerscheinen sowohl im Interesse des Herausgebers wie im Interesse des Ansehens deutscher Geistesarbeit.[127]

Hegemann, der als Schriftleiter von Sittes und Goeckes *Der Städtebau* zwar Jansens Besprechung veröffentlichte, den Ton derselben jedoch ausdrücklich bedauerte, fügte einen ergänzenden anekdotischen Kommentar hinzu, mit dem er die scharfe Ablehnung relativierte:[128] Zum einen erinnerte er daran, dass Sitte beim Brünner Wettbewerb von 1901 den Vorschlag Stübbens für den eines seiner Schüler gehalten haben soll und diesen daraufhin mit dem ersten Preis honorieren lassen hat. Zum anderen, dass Goecke – ein erklärter Gegner Stübbens – als Preisrichter beim Groß-Düsseldorf Wettbewerb von 1912 den Entwurf Stübbens für eine Arbeit Jansens gehalten habe. Doch trotz dieser Verwechslungen, die die Rivalität zwischen Jansen und Stübben durch eine Gemeinsamkeit der Aufgabenfelder und der zur Verfügung stehenden Mittel zu erklären schien, räumte Hegemann die grundsätzliche Berechtigung der Kritik ein, indem er von Stübbens offensichtlicher Unfähigkeit zur Qualitätsunterscheidung sprach und dieses Argument mit den dekorativen „Peinlichkeiten" und „Scheußlichkeiten" von 1890 untermauerte, die noch nach 34 Jahren das Handbuch spickten und denen Jansen in seinem Verständnis des modernen Städtebaus längst kein Platz mehr einräumte. Trotz des bewussten Fehlens eines verbindlichen theoretischen Werkes, sollten dessen Ansätze durch seine internationale Schülerschaft ebenfalls eine weite Verbreitung erfahren. Diese war es, die Jansen die Türen zur Aufstellung von Plänen für zahlreiche Städte im Ausland öffnete. So auch in Spanien.

Madrid 1929: Wettbewerbsprämissen

In Madrid wurde Mercadal nach 1926 nicht müde, sich für die Bekanntgabe der Lehren von Jansens Städtebau-Seminar einzusetzen und beschränkte sich dabei nicht nur auf das Abdrucken von Artikeln seiner deutschen Lehrer in *Arquitectura*. 1930 ergriff er erneut die Initiative und übersetzte gemeinsam mit dem in Madrid angesiedelten deutschsprachigen Architekten Otto Czekelius das Bünsche Lehrbuch, das als „Urbanismo y Plan Regional" und mit graphisch ansprechenderem Titelblatt in Madrid erschien – im selben Jahr, als Mercadal unter der Leitung von Eugenio Fernández Quintanilla in der von der Stadt Madrid neugeschaffenen *Oficina Municipal de Información sobre la Ciudad* (Städtisches Büro für Information über die Stadt) sich

---

127 Jansen, Hermann: *Stübben, J., Der Städtebau*. In: Städtebau 20 (1925), S. 26.
128 Hegemann, Werner: *Bemerkungen zu: Jansen, Hermann: Stübben, J., Der Städtebau*. In: Städtebau 20 (1925), S. 26-27.

II. Großstadtmodelle 225

an der Erstellung einer Studie beteiligte („Informaciones sobre la Ciudad"), die 1929 als Grundlage zur Ausschreibung des großen internationalen Stadterweiterungswettbewerbs für die spanische Hauptstadt diente.

In zahlreichen deutschen Zeitschriften wurde über die Auslobung berichtet. In der *Bauwelt*, beispielsweise, schrieb der Charlottenburger Professor Joseph Brix, wie wir wissen einer der wenigen deutschen Kenner Madrids, ausführlich über den Wettbewerb. Er hatte davon im Rahmen der Kongresstagung des Internationalen Verbandes für Wohnungswesen und Städtebau in Rom erfahren, als dort die Madrider Denkschrift „Informaciones sobre la Ciudad" vorgestellt wurde.[129] Wie das *Zentralblatt der Bauverwaltung* meldete, warben zudem die Deutsche Botschaft in Spanien und die in Essen niedergelassene Auslandsvertretung des Deutschen Städtebaus für eine rege Beteiligung am Wettbewerb.[130]

Jansen, der im selben Jahr von *Arquitectura* anlässlich seines 60. Geburtstages im Namen seiner vielen Freunde und Bewunderer in der spanischen Architektenvereinigung als international bewanderter „genio ordenador" gewürdigt wurde, entschloss sich zur Teilnahme und setzte sich mit seinem ehemaligen Schüler Mercadal in Verbindung, den er als ortskundigen Partner zu gewinnen hoffte.[131] Der in die Vorarbeiten involvierte Mercadal, der in diesem Jahr den Wettbewerb zur Stadterweiterung von Burgos gewann, sah sich gezwungen, auf eine Beteiligung zu verzichten, schlug aber alternativ einen der zu diesem Zeitpunkt wichtigsten und erfahrensten Städtebauer Madrids für die Zusammenarbeit vor: Secundino Zuazo. Dieser stand zunächst aufgrund von Diskrepanzen mit der Stadt – er hielt die Anforderungen in der Ausschreibung für überzogen – einer Teilnahme abgeneigt gegenüber. Als er jedoch die Aufforderung des angesehenen Berliner Professors erhielt, sagte er zu.[132]

---

129 Vgl.: Brix, Joseph: *Der Madrider Städtebau-Wettbewerb*. In: Bauwelt 20 (1929), H. 42, S. 1008-1009. Siehe auch: Madrid. Städtebauwettbewerb. In: Bauwelt 20 (1929), H. 46, S. 1136.

130 *Stadterweiterung und städtebauliche Ausgestaltung der Umgebung von Madrid*. In: Zentralblatt der Bauverwaltung 49 (1929), H. 47, S. 771. Siehe auch: *Stadterweiterung von Madrid*. In: Zentralblatt der Bauverwaltung 49 (1929), H. 41, S. 674. *Städtebauliche Ausgestaltung der Umgebung von Madrid*. In: Zentralblatt der Bauverwaltung 49 (1929), H. 42, S. 692.

131 R., J.: *Hermann Jansen, constructor de ciudades*. In: Arquitectura 11 (1929), S. 180.

132 So ist die Abfolge der Ereignisse von Zuazo selbst dargelegt worden. Vgl. Flores, Carlos: *Entrevista: Secundino Zuazo (un hombre para la historia de Madrid)*. In: Hogar y Arquitectura 75 (1968). (Beilage) S. 126-127.

Die Bearbeitungszeit betrug genau ein Jahr: vom 16. Juli 1929 bis zum 16. Juli 1930. Am Ende dieser Zeit wurden von den Teilnehmern bis zum Kostenvoranschlag durchgearbeitete Vorentwürfe für die Bebauung und den Straßenlinienplan der Außenbezirke sowie für die Reform des Stadtinneren erwartet. Darüber hinaus hoffte man vor allem auf eine Grundkonzeption für die Stadterweiterung – auf das zukünftige Stadtmodell. Der langjährigen Suche nach einem städtebaulichen Leitbild für Madrid sollte somit ein Ende gesetzt werden.

Sorias *Ciudad Lineal* war keineswegs der einzige nennenswerte Vorschlag, die den intensiven Debatten um die städtebauliche Entwicklung der Hauptstadt entsprang, die lange vor dem Inkrafttreten des *Estatuto Municipal* geführt wurden. Zu den wichtigsten Entwürfen zählen der von José Grases y Riera aufgestellten Plan von 1901 für die Erweiterung Madrids entlang einer 16 Kilometer langen Nord-Süd Achse (*Gran Vía Norte-Sur*) und der 1909 verfasste und 1916 von der Regierung genehmigte Vorschlag des Ingenieurs Pedro Núñez Granés zur Erschließung der Außenbezirke in Form eines konzentrischen Wachstums durch Weiterführung des vorhandenen Straßennetzes. Im darauffolgenden Jahr (1917) ergänzte er diesen Plan um den Vorschlag zur Verlängerung der Castellana nach Norden. Das von Núñez Granés im Auftrag der Stadt vorgelegte Modell entsprach eher den spanischen Stadterweiterungen der Mitte des 19. Jahrhunderts als den international diskutierten Konzepten des zeitgenössischen Städtebaus und rief daher eine Vielzahl von Protesten und Gegenvorschlägen hervor. So entwickelten beispielsweise die Architekten Pablo Aranda, Juan García Cascales, José Lorite und José López Salaberry 1922 einen Gegenentwurf (*Plan General de Extensión*), der sich durch den neu eingebrachten Gedanken des diskontinuierlichen Wachstums von den rechtskräftigen Plänen absetzte. Sie wagten den Sprung in den regionalplanerischen Maßstab, den schon Soria vorgezeichnet hatte und der nun im Mittelpunkt des internationalen Diskurses stand: Sie schlugen die Gründung von Satellitenstädten im Umkreis Madrids vor, welche durch einen Eisenbahnring untereinander verbunden werden sollten. Zusammenfassend ist festzustellen, dass axial gerichtetes Wachstum, diskontinuierliche Erweiterung, Satellitensystem, radialkonzentrisches Verkehrsnetz und Zonierung die zentralen Konzepte waren, um die sich vor 1929 die verschiedenen Meinungen zur städtebaulichen Zukunft Madrids postiert hatten.[133]

---

[133] Für eine ausführliche Darstellung der städtebaulichen Debatten in Madrid siehe die diesbezüglichen Studien von Carlos Sambricio in: Carlos Sambricio, Lilia Maure Rubio: *Madrid, Urbanismo y Gestión Municipal 1920-1940*. Madrid 1984. Sambricio, Carlos: *Madrid: Ciudad-Región. De la ciudad ilustrada a la primera mitad del siglo XX*. Madrid 1999.

II. Großstadtmodelle

Was die Tätigkeit des städtebaulichen Autodidakten Secundino Zuazo im Vorfeld des Madrider Wettbewerbs anbetrifft, ist die Natur seines Pragmatismus hervorzuheben: Zuazos Verständnis des sachlich handelnden Städtebauers schloss nicht nur die Aufgabenfelder und Werkzeuge des Technikers, Wissenschaftlers oder gar Künstlers ein, wie bei Jansen, sondern zudem und vor allem, die des profitorientierten Unternehmers.[134] Es ist in diesem Sinne bezeichnend, dass die Zeitschrift *Der Städtebau* Zuazos Hochhausentwurf für Bilbao (1921) mit dem folgenden Hinweis 1927 zurückgewiesen hatte:

> Der Hochhaustaumel, der in Amerika so ernste Folgen gehabt hat und gegen den Raymond Unwin in der 9 Millionen-Stadt London mit Erfolg kämpft, hat sich nicht nur kleineren Städten wie Berlin und Köln, sondern auch ganz kleinen Städten wie Bilbao als unvermeidliche Krankheit mitgeteilt. Die Bevölkerung von Bilbao zählt 120 000, aber eine kräftige Unternehmergruppe hält es trotzdem für nötig, 16geschossige Hochhäuser zu bauen, und hat sich von dem Architekten Zuazo Ugalde einen großen Straßenverbesserungsplan entwerfen lassen, dessen Mitte ein riesiges Hochhaus mit engem Innenhof bildet. Das Projekt liegt in einer schönen Veröffentlichung (erschienen in Madrid bei Gráficas Reunidas) vor; einige Abbildungen sind hier mitgeteilt. Grundrisse des Hochhauses fehlen zwar in dem Buche, aber aus einem Schnitt kann man ersehen, dass die Höhe des Hauses die Tiefe des Innenhofes um mehr als das Doppelte übertrifft. Es sollen also die ungünstigsten Verhältnisse der 9 Millionen-Stadt New York in Bilbao mit seinen 120 000 Einwohnern nachgeahmt werden.[135]

Der unterschwellige Antiamerikanismus der deutschen Hochhauskritik wurde über Zuazos Entwurf gestülpt. Dieser unterstrich hingegen in seiner Entwurfserläuterung gerade die Vorzüge seines Vorschlages gegenüber amerikanischen Wolkenkratzern: Er erkannte sie darin, dass es sich um einen Solitär mit vergleichsweise günstigem Verhältnis von Grundfläche zu Höhe handle. Und wie er abschließend erklärte, trat sein Plan zum Umbau Bilbaos zudem ausdrücklich den Beweis an, dass man in Spanien in der Lage sei, ohne fremdländische Hilfe an Intelligenz, Arbeitskraft oder Kapital derartige öffentliche Baumaßnahmen durchzuführen.[136]

---

134 Diese Auslegung der Figur Zuazos ist in Sambricios Einführung zu den Memoiren des Architekten am präzisesten ausgesprochen worden. In: Zuazo Ugalde, Secundino: *Madrid y sus anhelos urbanísticos. Memorias 1919-1940.* (Hrsg. Carlos Sambricio) Madrid 2003.
135 *Städtebauliche Pläne für Bilbao.* In: Städtebau 22 (1927), S. 127-128.
136 Vgl.: Manuel C. y Mañas, Secundino Zuazo Ugalde: *Memoria Descriptiva del Proyecto de Reforma Viaria Parcial del Interior de Bilbao.* Madrid 1922. S. 60. Eine Erläuterung dieses Projekts findet sich in: Maure Rubio, Lilia: *Secundino Zuazo. Arquitecto.* Madrid 1987. S. 171-178.

Dieser Umstand war dem Ersten Weltkrieg zu verdanken gewesen. Die Neutralität hatte in Spanien – insbesondere im industriellen Baskenland – einen wirtschaftlichen Aufschwung hervorgerufen. Die hieraus erfolgte Kapitalbildung fand in der Nachkriegszeit in der Aufstellung großmaßstäblicher Planungen zum spekulativen Umbau und der Erweiterung von Städten ihren Niederschlag. In Bilbao, Sevilla (Bebauungsplan für *Triana*) und Madrid (zweiter Abschnitt der *Gran Vía*) war Zuazo Anfang der 20er Jahre an derartigen Operationen beteiligt gewesen, wobei er gemeinsam mit dem Madrider Rechtsanwalt und städtischen Wirtschaftsprüfer Manuel Cristóbal y Mañas gleichzeitig als Planer und Teilhaber einer Projektentwicklungsgesellschaft auftrat. Zuazos Entwürfe hatten ebenso die gemeinnützigen Wünsche der Stadtverwaltung und des Ministeriums zu bedienen, die über die Erteilung der entsprechenden Konzession zu entscheiden hatten, als auch die wirtschaftlichen Interessen der zu gewinnenden Investoren. In der Rolle des ‚liberalen Technikers' – als den er sich selber bezeichnet hat – sah Zuazo in der Mobilisierung des Kapitals eine der zentralen Aufgaben der Architektur und des Städtebaus.[137] Hiervon zeugt auch seine Teilnahme an Kongressen wie dem Londoner *National Housing and Town Planning Council* (1920) oder den bereits angesprochenen *Congreso Nacional de Urbanismo* (Madrid 1926), die er – wie Carlos Sambricio untersucht hat – nicht etwa als Vertreter der Verwaltung, des Berufverbandes oder einer akademischen Institution, sondern als Agent der privaten Initiative besuchte. Zuazos theoretische Ambitionen galten stets der Kenntnis der Mechanismen und Kriterien moderner Stadtproduktion in ihren unterschiedlichen Maßstäben und den jeweiligen Problemstellungen. Dieser Umstand erklärt nicht nur, warum sein Büro eine entscheidende Station in der beruflichen Laufbahn der Protagonisten der so genannten *Generación del 25* wurde, sondern lässt auch eine Kompatibilität mit dem von Jansen vertretenen Standpunkt erkennen. Beide lehnten ein utopisches oder allzu verallgemeinerndes Denken ab. Das Kennwort von Jansens preisgekrönten Wettbewerbsbeitrag für Groß-Berlin war gleichzeitig seine Grundsatzerklärung. Es lautete „In den Grenzen des Möglichen". Damit waren aber letztlich auch die Grenzen des Widerstandes gegenüber dem Druck des Mehrwerts gemeint. Jansen unterschied sich von Zuazo darin, dass er nicht dem Profit verpflichtet war. Erinnern wir uns: Jansens überge-

---

137 Zur rechtlichen Grundlage des liberalen Konzessionssystems nach dem Gesetz von 1895, siehe die Erläuterung in: Jürgens, Oskar: *Spanische Städte. Ihre bauliche Entwicklung und Ausgestaltung*. Hamburg 1926. S.308 ff. Auch Stübben hat in einem seiner Artikel zu Barcelona über diese Figur des spanischen Planungsrechts berichtet. Vgl.: Stübben, Joseph: *Städtebauliches aus Barcelona*. In: Zeitschrift für Bauwesen 65 (1915), H. 7-9, S. 379-404. Dokument im Anhang.

ordnetes Ziel lag in der Schaffung von *Gegenwerten* für eine hierarchisch gegliederte Großstadt der Neuzeit. Gegenwerte, die sich, wie bei Jansens wichtigstem Auslandsauftrag, der Hauptstadtplanung für Ankara (1927-1938), sowohl in der baulichen Repräsentation staatlicher Macht als auch in der Übertragung des Gartenstadtgedankens niederschlugen.[138] Sie war weitestgehend analog zum Madrider Vorschlag.

Die pragmatische Grundhaltung, die Zuazo und Jansen teilten, scheint die Überwindung der Diskrepanz ihrer Ziele ermöglicht zu haben. Ihre Arbeitsgemeinschaft setzte sich dadurch von den restlichen Teilnehmern ab, dass ihnen die in der Wettbewerbsausschreibung von 1929 als Desiderat enthaltene Verknüpfung der technischen, wirtschaftlichen und rechtlichen Realisierbarkeit konkreter Bebauungsvorschläge mit der Abstraktheit eines entwicklungsfähigen Strukturbildes der Stadt gelang.

Monumentalstadt und Trabantensystem: der Vorschlag Zuazo-Jansen

Der gemeinsame Wettbewerbsbeitrag basierte auf einem einfachen verkehrstechnischen Prinzip, das Hegemann als eine Konstante im Werk Jansens ausgemacht hatte: der Behandlung der großen Verkehrswege wie Eisenbahnen.[139] Den Ausgangspunkt bildete somit ein Achsenkreuz sich ergänzender Systeme von durchgehenden Eisenbahnlinien und möglichst einmündungsfreien Hauptverkehrsadern. Die hierbei vorgesehene neue unterirdische Nord-Süd Trasse entlang der *Castellana* setzte die Umgestaltung des Kopfbahnhofes *Atocha* zum Durchgangsbahnhof voraus. Zudem sollte ein System von Ring- und Umgehungsstraßen den Fernverkehr umleiten. Gleichzeitig verbanden sie die Satellitenstädte, die sich aus dem Ausbau bereits bestehender Ortschaften in der Umgebung Madrids ergaben oder die neugegründet werden sollten. Durch diese Entscheidung wurde zugleich die Grenze des Wachstums der Kernstadt („City") festgelegt, für die sie die Zahl von 1,4 Millionen Einwohner hochrechneten. Ein Netz trennender Grünflächen gliederte den Stadtorganismus, indem es die Grenzen unterschiedlicher Stadtteile definierte. So wurde auch die bestehende *Ciudad Lineal* als eigenständiges

---

138 Jansen erhielt den Auftrag für Ankara nachdem er sich bei einem eingeladenen Wettbewerb gegen Josef Brix und Leon Jaussely durchgesetzt hatte. Siehe hierzu: Nicolai, Bernd: *Moderne und Exil: Deutschsprachige Architekten in der Türkei 1925-1955*. Berlin 1998. S. 67-76.

139 Hegemann, Werner: *Hermann Jansen. Zu seinem sechzigsten Geburtstag*. In: Städtebau 24 (1929), H. 10, S. 270. Diese Grundsätze wurden dem Erläuterungsbericht von Zuazo und Jansen beigefügt: Vgl. Secundino Zuazo, Hermann Jansen: *Anteproyecto del trazado viario y urbanización de Madrid*, Madrid 1930. S.8-12.

2.26

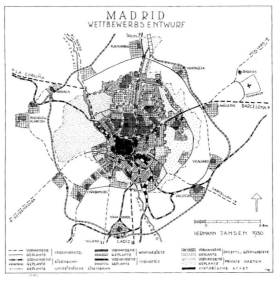

2.27

2.26 Hermann Jansen, *Stadterweiterungsvorschlag für Ankara* (1928). Verkehrs- und Flächenaufteilungsplan

2.27 Secundino Zuazo und Hermann Jansen, *Stadterweiterungsvorschlag für Madrid* (1930). Wettbewerbsentwurf, Gesamtplan

Wohngebiet räumlich gefasst und damit ebenfalls in ihrer Ausdehnung eingeschränkt. Die Zonung ging über die einfache Bestimmung der Nutzungen hinaus und reichte bis in die soziale Segregation durch Festlegung der Bebauungstypen in Abhängigkeit der jeweils anzusiedelnden Einkommensklassen. Es wurden zudem Vorschläge zur Platzierung und Gestaltung einzelner Bauwerke gemacht, wie beispielsweise für die Verlegung der Pferderennbahn, für Großmärkte, Sportanlagen, Schulen... Die markanteste aller von Jansen und Zuazo vorgesehenen Maßnahmen war aber zweifelsohne die Errichtung eines der Hauptstadt Spaniens angemessenen Repräsentationsviertels in der vieldiskutierten und in der Ausschreibung ausdrücklich geforderten Verlängerung der Castellana. Ihre Monumentalität war Ausdruck eines ungebrochenen Glaubens an die Möglichkeit der Großstadt als künstlerische Synthese.

Die Mitte dieser „Monumentalstadt" bestand aus einer zentralen Verkehrsader, die beidseitig von zwei jeweils 190 m breiten Grünstreifen mit Parkcharakter begleitet wurde. Orthogonal zu diesen wurden 34 Zeilenbauten (240 m lang, 20 m tief, elfgeschossig) angeordnet, die staatliche und private Büroflächen beherbergen sollten. Es wurde so das zu diesem Zeitpunkt von den exponiertesten Vertretern einer rationalisierten Massenproduktion in Deutschland (Gropius, Haesler, Hilberseimer, May ...) entwickelte Ideal auf Spanien übertragen. In einem gesonderten Plan wiesen Zuazo und Jansen allerdings auf die bei dieser Übertragung der Zeilenbebauung auf die klimatischen Bedingungen Madrids von ihnen vorgenommene Änderung der Ausrichtung um 90° hin.

Das Herz der Gruppe bildeten die wuchtigen Baukörper des Konzertsaales (*Gran Kursaal*) und des Ausstellungsgebäudes (*Salón de Exposiciones*), dessen Türme die höchsten Gebäude Madrids dargestellt hätten. Kulturelle Einrichtungen sollten diese monumentale Mitte in ihrer Nutzung als *Civic Center* definieren. Im nördlichen Teil dieses neuen *großstädtischen Forums* wurde die Mitte der Achse von der Wohnbebauung – ebenfalls Zeilen – eingenommen, während die Grünflächen nach außen rückten. Die Grenzen wurden durch die Bahnhöfe entlang der Castellana bestimmt. Den nördlichen Abschluss bildete der Bahnhof Chamartín, im Süden waren es zwei gewaltige Hotel-Blöcke, die als Tor fungierten.

Die Architektur der Vorschläge überrascht durch die resolute, ‚moderne' Formensprache. So wurden im Erläuterungsbericht Beispiele Tauts (Onkel Toms Hütte in Zehlendorf) und Elsaessers (Großmarkthalle in Frankfurt a. M.) herangezogen. Doch weder bei Jansens noch bei Zuazos früheren Arbeiten ist eine vergleichbare Architektur zu finden. Nicht zuletzt aus diesem Grund stellt sich die Frage nach den weiteren Mitgliedern der Arbeitgemeinschaft Zuazo-Jansen.

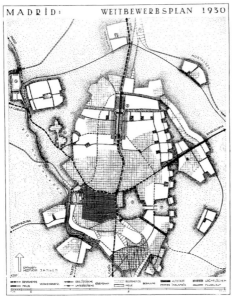 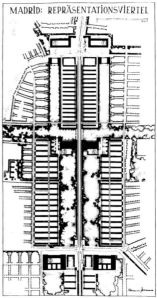

2.28 Secundino Zuazo und Hermann Jansen, *Stadterweiterungsvorschlag für Madrid* (1930). Bebauungsplan (1. Neuer Verschiebebahnhof, 2. Rennbahn und Flußbad, 3. Repräsentationsviertel, 4. Universtitätsstadt, 5. Schloss, 6. Retiro-Park, 7. Sportanlagen)

2.29 Secundino Zuazo und Hermann Jansen, *Stadterweiterungsvorschlag für Madrid* (1930). Repräsentationsviertel (2. Unterirdische Bahnhöfe, 3. *Gran Kursaal*, 4. Ausstellungspalast, 5. Hotels)

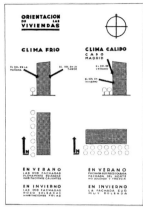

2.30 Secundino Zuazo und Hermann Jansen, *Stadterweiterungsvorschlag für Madrid* (1930). Zeilenausrichtung: kaltes *versus* heißes Klima

2.31-32 Secundino Zuazo und Hermann Jansen, *Stadterweiterungsvorschlag für Madrid* (1930). Repräsentationsviertel: Perspektiven des Kulturforums (*Gran Kursaal*, Ausstellungspalast) und der Zeilenbebauung.

Otto Blum, Ewald Liedecke und „Die Stadt von Morgen"

Als prominentester Mitarbeiter von Zuazo und Jansen ist zunächst der zu diesem Zeitpunkt führende deutsche Verkehrsplaner, Prof. Otto Blum, zu nennen, der schon im Berliner Wettbewerb von 1910 gemeinsam mit Bruno Schmitz durch die von ihnen vorgeschlagenen monumentalen Foren (der Arbeit und der Kunst) Aufsehen erregt hatte. Wie zuvor beim Wettbewerb für Ankara, wurde er von Jansen zur Lösung der äußerst komplexen eisenbahntechnischen Fragen Madrids engagiert.[140] Es war nicht Blums erste spanische Erfahrung: 1927 war er – gemeinsam mit seinem Hannoveraner Kollegen Prof. Franzius, der *Siemens-Bauunion* und der *Sociedad Metropolitana de Construcción* – am Wettbewerb für den Ausbau des Freihafens von Barcelona erfolgreich (2. Preis) beteiligt gewesen.[141] Im Gegensatz zu Jansen hat Blum sein städtebauliches und raumplanerisches Wissen als geschlossene Theorie formuliert. Sein Lehrbuch „Städtebau" erschien erstmals 1921 in der Reihe „Handbibliothek für Bauingenieure". Der von Blum vertretene Standpunkt ist sehr wohlwollend als „sozial-liberal" gekennzeichnet worden, wobei die völkischen Elemente seiner Rhetorik nicht zu übersehen sind.[142] Auch als Ingenieur kritisierte er den Schematismus der „Idealgrundrisse", die – wie er meinte – gelegentlich noch immer in den Köpfen der Romanen spukten.[143] Im stadtbaugeschichtlichen Abriss zu Beginn seines Buches bezeichnete er Sittes Beitrag als einen Markstein ...

> (...) durch das künstlerische Gewissen der Welt gegen die Verschandelung unserer Städte wachgerufen wurde. Mit dem Erscheinen dieses Buches ist die Schönheit zu ihrem Recht gekommen; es kommen aber trotzdem immer noch Verstöße vor, und zwar einerseits in jenen Bauwerken, die unter allen Umständen nach Form

---

140 Über Blums Beratung sprach Zuazo im bereits zitierten Interview in: Flores, Carlos: *Entrevista: Secundino Zuazo (un hombre para la historia de Madrid).* In: Hogar y Arquitectura 75 (1968). (Beilage) S. 127-128. Die eisenbahntechnische Problematik Madrids ist von Sambricio im Zusammenhang mit dem Vorschlag Zuazo-Jansen untersucht worden. Vgl.: Sambricio, Carlos: *De la Ciudad Ilustrada a la primera mitad del Siglo XX.* Madrid 1999. S. 135 ff.

141 Vgl.: Proetel, H.: *Vorschläge für den Ausbau des Freihafens in Barcelona nach den beim internationalen Wettbewerb 1927 preisgekrönten deutschen Entwürfen.* In: Jahrbuch der Hafenbautechnischen Gesellschaft 11 (1928/29), S. 339-367.

142 Vgl. Flörke, Florian: *Otto Leonhard Blum.* In: Akademie für Raumforschung und Landesplanung (Hrsg.), *Handwörterbuch für Raumforschung und Raumordnung* Bd I. Hannover 1970. S. 277.

143 Blum, Otto: *Städtebau.* Berlin 1937. (2. Auflage) S. 29. Vermutlich ist mit dieser Aussage Le Corbusier gemeint gewesen.

und Baustoff „modern" sein müssen, andererseits in Schöpfungen, bei denen „Romantik" gemacht wird.[144] Aber nicht nur in dieser Einschätzung der Bedeutung Sittes stimmte seine Haltung mit Jansens Positionen überein, sondern auch in dem darin implizierten Problemverständnis, das Blum wie folgt zusammenfasste:

> Wir haben vielmehr davon auszugehen, daß das Grundübel die zu weit gehende Verstädterung ist, daß also das gesunde Verhältnis zwischen städtischer und ländlicher Bevölkerung gestört ist und wieder hergestellt werden muss. Das zeigt klar die beiden Hauptrichtungen:
> „positiv": Stärkung des platten Landes, seiner Bauern und kleinen Gewerbetreibenden, in diesen Sinn auch Stärkung der Kleinstadt;
> „negativ": Verminderung der städtischen Bevölkerung, insbesondere Abbau der Riesenstadt und der Industriebezirke.[145]

Dieses Programm stimmte mit dem für Madrid vorgeschlagenen Satellitensystem überein. Ebenso wie Blums Forderung nach einem „elastischen Plan", der die Bestimmungen des Bebauungsplanes zugunsten derer des abstrakteren Flächennutzungsplans beziehungsweise des „Wirtschaftsplans" zurückdränge. Er lehnte die Starrheit des schematischen Städtebaus sowohl aus künstlerischen wie aus verkehrstechnischen Gründen ab, wobei er Sittes Kritik an jedweder „Systematik" differenzierte:

> Diese Kritik an den „Systemen" ist richtig. Unrichtig aber ist es, den Verkehr dafür verantwortlich zu machen, denn dem Verkehr ist das starre System genau so feindlich wie der Kunst. Es haben aber Unfähige den Verkehr vorgeschützt, um ihre blutleere Geometrie zu begründen.[146]

So beispielsweise in der für Blum indiskutablen Bandstadt, deren vorgeblichen verkehrstechnischen Vorzüge er an den Beispielen Bremens, Wernigerodes oder Wuppertals (wieder kein Wort über Madrid oder Arturo Soria) nicht zu erkennen vermochte. Selbst das unter seiner Mitarbeit von der Arbeitsgemeinschaft Zuazo-Jansen für Madrid vorgeschlagene Schema der Verknüpfung von Ring- und Radialbahn betrachtete er mit Skepsis: Allzu oft seien Ringlinien in ihrer verkehrstechnischen Bedeutung überschätzt worden.[147] Bei so viel Misstrauen, das Zuazo, Jansen und Blum aus verschiedenen Gründen den abstrakten städtebaulichen Strukturbildern entgegenbrachten, überrascht, dass dem Erläuterungsbericht unter der Überschrift „Poblados

---

144 Ebd., S. 30-31.
145 Ebd., S. 35.
146 Ebd., S.56. Wie wir später noch sehen werden, war diese Bemerkung an Le Corbusier adressiert.
147 Ebd.

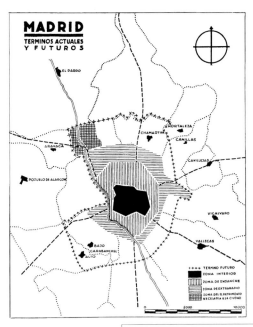

2.33

Poblados satélites.

Despues de haber urbanizado todos estos espacios, que podrá representar una capacidad de edificación para 1.400.000 habitantes aproximadamente, la ciudad tiene otras grandes posibilidades de expansión, por el ensanche de una cantidad de pueblos vecinos, poblados satélites o por creación de algunos nuevos.

2.34 Un buen ejemplo de ciudad ordenada y poblados satélites.

2.33 „Heutige und zukünftige Bezirke Madrids", in: Hermann Jansen, Secundino Zuazo: „Anteproyecto del trazado viario y urbanización de Madrid" (1930)

2.34 Erich Kotzer und Maximilian von Goldbeck, „Die Großstadt von Morgen" (1930): Vogelperspektive der „organisch gegliederten Stadt" – im Bericht Zuazo/Jansen als Beispiel für Satellitenstädte.

Satélites" (Satellitenstädte) das Luftbild einer unbestimmten und damit modellhaften „geordneten Stadt" beigefügt wurde.[148]

Es handelte sich um ein Fotogramm aus dem Film „Die Stadt von Morgen. Ein Film zum Städtebau" (1930) der Architekten Maximilian von Goldbeck (Nürnberg) und Erich Kotzer (Berlin). Der Film war nach Auskunft der Autoren gerade darauf bedacht, den verheerenden Einfluss des „systemlosen Städtebaus" auf das Leben des Einzelnen und auf die Wirtschaft vor Augen zu führen.

> Als Gegensatz dazu will er an einem idealen Stadtschema klar und eindeutig das Ziel neuzeitlichen Städtebaus aufzeigen: wie der bewußte Gestaltungswille ein organisches Stadtgebilde aufbauen könnte und wie in diesem die Interessen der Wirtschaft mit dem Leben des Einzelnen in Einklang gebracht sind.[149]

Zunächst beschrieben sie die Entwicklungsgeschichte von den kleinstädtischen Anfängen bis zum plan- und formlosen Großstadtklumpen. Dieser Vorgang war durch den Einsatz neuester Zeichentricktechnik an einer typischen Industriestadt aus der Vogelschau zu verfolgen: Wie die Grünflächen unaufhaltsam schwanden, wie die Zugänge zum Fluss verbaut wurden, wie rauchende Schlote zwischen den Wohnvierteln wie Pilze aus dem Boden schossen, wie die Kinder mitten im Verkehr spielten, wie die Ränder der Stadt sich auflösten ... Das Ergebnis war die verkommene industrielle Großstadt der Neuzeit. Dann aber wurde gezeigt, wie es anders hätte kommen können: Es wurde demonstriert, wie durch einen informierten und systematischen Planungsprozess ein „organisches Stadtgebilde" hätte entstehen können: statt Zusammenpferchung in unhygienischen Mietskasernen ein gesundes Familienleben in der naturnahen Vorstadt- oder Siedlungsidylle (Bruno Tauts Zehlendorf). Der nach dem Trabantensystem konzipierten Idealstadt der „Gegenwerte" wurde – trotz Schnellbahnsystem und Umgehungsstraße – von der Werkbundzeitschrift *Die Form* zu Recht Feindseligkeit gegenüber der Großstadt unterstellt.[150] Fernando García Mercadal hingegen charakterisierte sie – jenseits derartiger Werturteile – einfach als eine „ciudad teórica".[151]

---

148 Vgl. Secundino Zuazo, Hermann Jansen: *Anteproyecto del trazado viario y urbanización de Madrid*, Madrid 1930. S. 43.

149 Maximilian v. Goldbeck, Erich Kotzer: *Die Stadt von Morgen. Ein Film vom Städtebau*. In: Städtebau 25 (1930), H. 14, S. 238. Beide Autoren waren ehemalige Mitarbeiter Jansens. Von Goldbeck war mit Blum am preisgekrönten Wettbewerbsbeitrag für Ankara (1927) beteiligt gewesen.

150 Vgl. S., A.: *Ein Städtebau-Film*. In: Die Form 5 (1930), H. 7, S. 195.

151 García Mercadal, Fernando: *El urbanismo, nueva técnica del siglo XX*. In: Arquitectura 16 (1934), H. 5, S. 127.

Die Gemeinsamkeiten dieser Idealstadt mit den Madrider Planungen der Arbeitsgemeinschaft Zuazo-Jansen waren nicht zufällig. Im Vorspann wurden neben dem Preußischen Wohlfahrtsministerium und der Deutschen Reichsbahn Gesellschaft auch Jansen und Blum als Förderer des Filmes genannt. Damit nicht genug: Goldbeck und Kotzer waren ehemalige Mitarbeiter Jansens, und sie stellten den 25jährigen Architekten Ewald Liedecke als ihren Berater für den Film an. Eine Nebentätigkeit, die dieser mit der Arbeit im Büro Jansens alternierte, wo ihm die Projektleitung für Madrid anvertraut worden war.[152] So erklärt sich, dass in einer Sequenz des Filmes, welche die Vielfalt der für die mustergültige Planung erforderlichen Informationen darstellten sollte, in rascher Folge verschiedene Dokumente aus der vorbereitenden Studie „Informaciones sobre la Ciudad" zu sehen waren: Madrids Verkehrsspinne, der U-Bahn Plan, topographische Karten, verschiedene Statistiken. In anderen Worten: Die Planung für Madrid erfolgte parallel zur Erstellung des Filmes. Zuazo und Jansen bedienten sich also in ihrem Erläuterungsbericht nicht einfach nur des Filmes zur Illustration ihres Strukturbildes für die spanische Hauptstadt. Man müsste vielmehr von einer Wechselwirkung sprechen und damit auch vom Madrider Wettbewerbsbeitrag als idealtypische Planung. Ebenso über den Einfluss, den die in den „Informaciones sobre la Ciudad" (1929) enthaltenen Konzepte und Instrumente auf das im Film vermittelte Idealbild einer modernen weil organisch gegliederten Stadt ausübte.

Liedecke war kein Schüler Jansens. Er hatte zwischen 1924 und 1928 an der TH Stuttgart Architektur studiert, wo ihn vor allem Heinz Wetzel und Paul Schmitthenner prägten. Er war nicht der einzige Vertreter der Stuttgarter Schule, der als Mitglied der deutsch-spanischen Arbeitsgemeinschaft in den Madrider Wettbewerb involviert war, denn Michael Fleischer, der ebenfalls in Stuttgart studierte hatte, wurde – nach einer zweijährigen Assistenz bei Paul Bonatz – im Mai 1930 von Zuazo eingestellt, stieg also mitten in der Abgabephase ein.[153] Er befasste sich mit der Bearbeitung eines neuartigen, entschieden großstädtischen Wohnblocks, der eine ernst zu nehmende Alternative zu den Mietskasernen oder zu den suburbanen *Casas Baratas* (Billigstwohnungen) darstelle. Das Ergebnis war der vom Büro Zuazo entwickelte Bautyp der bekannten „Casa de las Flores" (Haus der Blumen), über das im weiteren Verlauf noch zu sprechen sein wird.

---

152 Eine weitere interessante Verflechtung entstand, als *Arquitectura* 1932 durch Vermittlung von Luis Pérez Mínguez den gemeinsamen Entwurf von Liedecke und Kotzer für den Generalregulierungsplan Zagrebs veröffentlichte. Vgl.: Liedecke, Ewald: *Para el Plano de Zagreb (Yugoeslavia)*. In: Arquitectura 14 (1932), H. 3, S. 91-94.

153 Die Abgabe war auf den 16. Juli angesetzt.

DIE STADT VON MORGEN

MANUSKRIPT, REGIE, PLANUNG:

M. V. GOLDBECK
STÄDTISCHER BAURAT, NÜRNBERG

ERICH KOTZER
REGIERUNGSBAUMEISTER A. D. BERLIN

UNTER MITARBEIT VON:

EWALD LIEDECKE
ARCHITEKT, BERLIN

FÖRDERER DES FILMS:

PREUSSISCHES WOHLFAHRTSMINISTERIUM,
DEUTSCHE REICHSBAHN GESELLSCHAFT,
UND ANDERE BEHÖRDEN.

PROFESSOR OTTO BLUM, HANNOVER,
PROFESSOR HERMANN JANSEN, BERLIN.

2.35-38

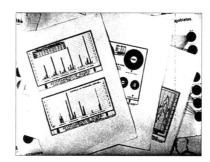

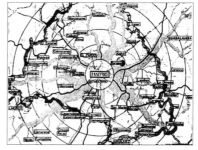

2.39-41

2.35-38 Erich Kotzer und Maximilian von Goldbeck, „Die Großstadt von Morgen" (1930). Fotogramme aus dem Vorspann

2.39-41 Erich Kotzer und Maximilian von Goldbeck, „Die Großstadt von Morgen" (1930). Ideale Planungsprämissen: die Madrider Wettbewerbsunterlagen

Mit Liedecke und Fleischer waren also zwei Vertreter der Stuttgarter Schule am Wettbewerb beteiligt. Ein Dritter sollte hinzustoßen. Denn die Gesamtheit der nichtspanischen Wettbewerbsteilnehmer wählte bei der Abgabe – wie in der Auslobung vorgesehen – einen ausländischen Spezialisten als Jurymitglied aus. Sie entschieden sich für Paul Bonatz.[154]

Paul Bonatz als Preisrichter in Madrid

Bonatz konnte trotz seiner Spanienreise von 1925 kaum besondere Kenntnisse über die städtebauliche Problematik Madrids vorweisen. In der einmonatigen Vorbereitungszeit, über die er bis zur Tagung des Preisgerichts im Oktober verfügte, studierte Bonatz die „Informaciones sobre la Ciudad". In Madrid angekommen, führte ihn Luis Lacasa zwei Wochen lang vor Ort in die Materie ein, wie er in seinen Memoiren festhielt:

> Mit diesem La Casas [sic] ging ich morgens zu den Entwürfen und nachmittags fuhren wir mit dem offenen Wagen die ganze Stadt ab, jeden Tag vom Zentrum, dem Platz der Sonne, aus, einen schmalen Sektor, ganz systematisch, so wie man einen Kuchen zerschneidet. Und nach vierzehn Tagen kannte ich Madrid, wie eben ein gewissenhafter Mann eine solche Aufgabe anpackt.[155]

Eine Gewissenhaftigkeit, die Bonatz nur einem weiteren Jurymitglied zugesprochen hat, dem Städtebauer und Architekten Gustavo Fernández Balbuena, den er als „nervösen genialen Mann von unerbittlicher Klarheit der Gedanken und des Urteils" kennen lernte.

Es wurden hohe Erwartungen an Bonatz gestellt. Er verfasste nicht nur den abschließenden Bericht, sondern musste gleich zu Beginn der Tagung des Preisgerichts vor den eingereichten Plänen und auf spanisch einen einführenden Vortrag halten.[156] Zur Darstellung der städtebaulichen Eigentümlichkeit Madrids ging er von der Gegebenheit eines allgemeingültigen Idealschemas aus, das sich wie eine späte Grundsatzerklärung der deutschen Stadtbaukunst lesen lässt: Bonatz bediente sich der Metapher einer wie ein Baum in Form konzentrischer „Jahresringe" uneingeschränkt wachsenden

---

154 Über diese Entscheidung berichtete das *Zentralblatt der Bauverwaltung* am 24. September 1930. Siehe: *Stadterweiterung und städtebauliche Ausgestaltung der Umgebung von Madrid*. In: Zentralblatt der Bauverwaltung 50 (1930), H. 38, S. 676.

155 Bonatz, Paul: *Leben und Bauen*. Stuttgart 1950. S. 133. Vgl. Dokument im Anhang.

156 Das von Bonatz verfasste Gutachten des Preisgerichts wurde von *Arquitectura* im Anschluss an den Wettbewerbsbeitrag Zuazo-Jansen veröffentlicht: Bonatz, Paul: *Informe del Sr. P. Bonatz, Miembro del Jurado en Representación de los Concursantes Extranjeros*. In: Arquitectura 12 (1930), H. 12, S. 404-407.

Stadt. Erst die Einwirkung unterschiedlichsten Faktoren führte zu morphologischen Abweichungen von ihrem „natürlichen" Schema. Die zum Teil durchaus wünschenswerten „Störungen" auszumachen, war – so Bonatz – der Schlüssel zur Lösung der Probleme einer Stadt. Nach diesem einfachen Muster leitete er auch für den Fall Madrids die besonderen Bedingungen und entscheidenden Fragen der Stadtentwicklung ab:

> Da ist das steil eingeschnittene Tal des Manzanares, im Süden flach verlaufend. Da steht das Schloß, nahe am Zentrum, dem Platz der Sonne. Und von Jahrhunderten her war bestimmt, dass der Nordwest-Sektor immer Reservat bleiben müsse, Jagdgebiet für den König! Der Linkspolitiker wird sagen: Unerhört! Nur damit jener mit seinem Schießgewehr von seinem Hause aus bequem auf die Jagd gehen kann, ist ein ganzes Viertel der Nutzung entzogen worden! Und der Städtebauer wird sagen: Danken wir allen diesen Königen für ihre Beharrlichkeit, denn nun hat Madrid für die Zukunft vom Zentrum aus den Anschluß an die offene freie Landschaft, es hat das ererbt, was alle anderen Städte als Ideal gerne möchten und nicht können. Ebenso einfach ließen sich alle andren Fragen darstellen; wo liegen organisch Eisenbahn, Industrie, Umgehung, Wohngebiete... und wie sieht in der nördlichen Verlängerung des Prado über das Hippodrom hinaus das Rückgrat Madrids später aus?[157]

Zu dieser letzten Frage formulierte der Entwurf Zuazo-Jansen – wie wir gesehen haben – eine kompromisslose Lösung. Nach Bonatz' Einschätzung, habe hier Jansen „einmal in seinem Leben den grandiosen Städtebau dargestellt", und dadurch unbestritten den ersten Preis erhalten. Diese Aussage ist jedoch nicht exakt. Genau genommen ging der Wettbewerb leer aus, da nach Beurteilung des Preisgerichts, keine der zwölf Arbeiten den gestellten Anforderungen entsprochen hatte. Aus diesem Grund wurden lediglich Entschädigungen erteilt: Zuazo und Jansen erhielten die höchste Auszeichnung, die mit 100 000 Peseten gerade mal die Hälfte des vorgesehenen ersten Preises betrug.

Bonatz' wohlwollende Beurteilung des Zuazo-Jansen-Vorschlags steht im Kontrast zu seinen Aussagen bezüglich der mit 25 000 Peseten an sechster Stelle anerkannten Leistung von Joseph Stübben und dem Madrider Städtebauprofessor César Cort. Zur Charakterisierung bereitete der Stuttgarter mit Hilfe Lacasas einen annähernd spanischen Satz vor: „Quando la mission de la urbanisazion es crear orden, esto projecto creava desorden" (sic!) – Wenn es die Aufgabe des Städtebaus ist, Ordnung zu schaffen, so hat dieser Plan Unordnung geschaffen:[158]

---

157 Ebd., S. 134-135.
158 Bonatz, Paul: *Leben und Bauen*. Stuttgart 1950. S. 135.

Der alte Stübben, der die schlechte Stadterweiterung Kölns 1880 auf dem Gewissen hat, hatte einen sehr wirren Plan gemacht, irgendeinen Bahnhof im Nordosten, von dem aus es unmöglich war, durch das Gewirr des Gewürms der Straßen zur Mitte zu finden.[159]

Der Vorschlag ging von einer gleichmäßigen konzentrischen Erweiterung der Stadt aus, wobei sich der neu zu bebauende Bereich des *extrarradio* auf dem Plan tatsächlich als ein wildes Konglomerat von städtebaulichen Bruchstücken aus dem Stübbenschen Formenkatalog vom orthogonalen Raster des *Ensanche* absetzte. Der Umgang mit der *Ciudad Lineal* war bezeichnend: Cort und Stübben versuchten, die Bandstadt an das von ihnen vorgesehene Straßennetz anzubinden und gleichzeitig die Unbegrenztheit ihres linearen Wachstums zu erhalten. Vielleicht hat aus diesem Grund der Diplomat und städtebauliche Autodidakt Hilarión González del Castillo, der sich nach dem Tode Sorias als Kopf der spanischen Bandstadtbewegung etabliert hatte, 1931 in der Zeitschrift *La Construcción Moderna* gerade dieses längst überholte Stadterweiterungskonzept zur Weiterbearbeitung empfohlen.[160] 21 Jahre nach dem Gross-Berliner Wettbewerb versuchte González noch, die damaligen Gedanken zur Grundlage eines zukünftigen „Gran Madrid" zu machen. Doch in der Internationalen Städtebauausstellung, die 1931 in Berlin stattfand, standen längst die Positionen einer neuen Generation von Städtebauern zur Debatte, deren Vertreter sich nicht länger als *Stadtbaumeister* verstanden, sondern als Großstadtplaner. So zum Beispiel Berlins Stadtbaurat Martin Wagner, der die Stadt als dynamisches System in fortwährender Veränderung verstand. Es galt die Parameter der Transformation zu lenken, nicht an irgendwelchen überkommenen „idealen Phantomen" festzuhalten. Es waren nun die wechselnden Bilder einer Weltstadt des Großkapitals zu steuern, die nicht einfach einem liberalen *laissez faire* überlassen werden konnten. Stübbens morphologischer Katalog erwies sich – in Meinung von Traditionalisten wie Bonatz oder von Modernen im Sinne Wagners – als unangemessenes Instrument zur Planung eines neuen Stadttyps: der Metropole der kapitalistischen Massengesellschaft.

---

159 Ebd.
160 González del Castillo, Hilarión: *La extensión de Madrid. I. El anteproyecto Cort-Stübben*. In: La Construcción Moderna 29 (1931), H. 5, S. 68-71. González del Castillo, Hilarión: *La extensión de Madrid. XI. El „Gran Madrid" y el „Grosser Berlin"*. In: La Construcción Moderna 29 (1931), S. 276-278. González del Castillo, Hilarión: *Urbanismo: Planes Regionales. II. El Plan regional de Madrid*. In: Revista del Cuerpo de Arquitectos Municipales de España 5 (1933), S. 140.

2.42

2.43

2.44

2.42 Joseph Stübben und César Cort, *Stadterweiterungsvorschlag für Madrid* (1930). Gesamtplan [*Arquitectura* 1930]

2.43 Otto Czekelius und Saturnino Ulargui, *Stadterweiterungsvorschlag für Madrid* (1930). Gesamtplan [*Arquitectura* 1930]

2.44 Reklame aus dem Jahre 1930 für die spanische Premiere von Fritz Langs Ufa-Film „Metropolis" (1927)

Eine Brücke zwischen diesen konträren Ansätzen schlug das mit der zweithöchsten Entschädigung (75 000 Peseten) ausgezeichnete Architektenduo Saturnino Ulargui und des vermutlich aus Österreich stammenden, jedenfalls deutschsprachigen Otto Czekelius, der durch eine rege publizistische Aktivität hervorgetreten war.[161] Nach der Übersetzung und Herausgabe von Otto Bünz' „Urbanismo y Plan Regional" – gemeinsam mit Mercadal – hatte Czekelius an der Erstellung der Studie „Informaciones sobre la Ciudad" mitgewirkt.[162] Sein Schwerpunkt lag in der Behandlung verschiedenster Fragen des zeitgenössischen Städte- und Wohnungsbaus in Spanien und Deutschland, die er ab 1932 regelmäßig in der von Teodoro Anasagasti gegründeten Bauzeitung *ANTA* erörterte.[163] Erstaunlich ist die Gleichzeitigkeit zweier Projekte, die 1932 vom Verlag *Editorial Ibérica* angekündigt wurden: Zum einen die späte Übersetzung – gemeinsam mit José Fonseca – von Stübbens Handbuch „Der Städtebau". Zum anderen die mit seinem Büropartner Ulargui vorbereitete Monographie „Arquitectura Contemporánea: Stadiums y Piscinas" (Zeitgenössische Architektur: Stadien und Schwimmbäder). Es handelte sich um die Erläuterung eines gemeinsamen Entwurfes für Madrid, das zwei exemplarische Aufgaben aus dem umfangreichen Programm zur Versorgung der Massen in der modernen Großstadt verknüpfte. In ihrer Praxis erarbeiteten sie Vorschläge, die sich vom städtebaulichen Maßstab (Sevilla, Badajoz, Zagreb …) bis hin zum Bau des Kinos „Actualidades" in der Madrider *Gran Via* (1933) erstreckten – einer Aufgabe der neuen Massenkultur, für die Ularguis Kontakte zu Deutschland entscheidend waren: Er war der Vertreter der UFA in Spanien, die 1930 Fritz Langs „Metropolis" (1927) in die Kinos brachte. Es war das Jahr, in dem auch Ortegas „Der Aufstand der Massen" erschien.

---

161 Saturnino Ulargui, Otto Czekelius: *Concurso urbanístico internacional de Madrid. Ideas generales de la Memoria*. In: *Arquitectura* 13 (1931), H. 1, S. 11 ff.

162 Czekelius genoss auf dem Gebiet der Stadtplanung großes Ansehen, wie der Umstand belegt, dass ihm nach dem Tod von Gustavo Fernández Balbuena die Würdigung von dessen Werk als Städtebauer im Sonderheft der Zeitschrift *Arquitectura* übertragen wurde: Czekelius, Otto: *Sobre su labor como urbanista*. In: Arquitectura 14 (1932), H. 1, S. 14-18. Czekelius gab im selben Jahr auch Balbuenas Buch „Trazado de Ciudades" (Madrid 1932) heraus. In *Arquitectura* veröffentlichte er zudem Auszüge aus seinen bauhistorischen Studien zur Geschichte der mittelalterlichen Synagogen Spaniens.[Czekelius, Otto: *Antiguas sinagogas en España*. In: Arquitectura 13 (1931), H. 10, S. 327 ff.]

163 Siehe z. B.: Czekelius, Otto: *La falta de cosas y el decreto de alquileres. Vivienda mínima*. In: ANTA 1 (1932), H. 1, S. 2. *Las arbitrariedades del Decreto de Alquileres*. In: ANTA 1 (1932), H. 4, S. 3. *Los concursos de arquitectura y su razón. Cifras y gráficos de los certámenes alemanes. Deducciones y sentimentalismo*. In: ANTA 1 (1932), H. 1, S. 2.

II. Großstadtmodelle 245

8. ‚ARCHITEKTUR DER MASSEN'
ENTWÜRFE FÜR EINE NEUE GESELLSCHAFT (1930-1934)

Ein unmittelbares Erlebnis ging Ortegas „Aufstand" voraus, nämlich die Erfahrung der Überfüllung der Städte:

> Die Städte sind überfüllt mit Menschen, die Häuser mit Mietern, die Hotels mit Gästen, die Züge mit Reisenden, die Cafés mit Besuchern; es gibt zu viele Passanten auf der Straße, zu viele Patienten in den Wartezimmern berühmter Ärzte; Theater und Kinos, wenn sie nicht ganz unzeitgemäß sind, wimmeln von Zuschauern, die Badeorte von Sommerfrischlern. Was früher kein Problem war, ist jetzt unausgesetzt: Einen Platz zu finden.[164]

Im Konsumrausch besetzte die ‚gemeine' Masse die früher den ‚edlen' Eliten – denen Ortega als Intellektueller selbstverständlich angehörte – vorbehaltenen Orte der Stadt. Wie Fritz Lang in „Metropolis", bewegte sich der spanische Philosoph zwischen der Faszination und den Ängsten, die von den Visionen der neuen Großstadt ausgingen. Doch selbst wenn Ortega aristokratisch die Ergreifung der sozialen Macht durch die Massenmenschen beklagte, fiel er nicht im gleichen Zug in die nostalgische Verklärung einer „vegetativen" ländlichen Gemeinschaft. Die Stadt verstand er vielmehr als „abstraktes und höheres Gebilde" und den Platz, beziehungsweise das Forum, als ihren bürgerlichen Kristallisationspunkt.[165] Aber in Abweichung von Sittes Stadtbaukunst bedeutete für Ortega die Existenz des saalartigen Raumes die urbane Überwindung der Sphären des Familiären und Natürlichen. Ein entscheidender Schritt, gegen dessen Vollzug sich Sitte schon um die Jahrhundertwende verwehrt hatte und ihn dazu veranlasste, offen gegen Stübbens Städtebau zu polemisieren: Denn während dieser die rationale (geometrische) Umlegung der Grundstücksgrenzen befürwortete und so gezielt in die gewachsenen Eigentumsverhältnisse der Stadt eingriff, hielt der Wiener mit vehementer Überlieferungsgläubigkeit an den malerischen Strukturen des ‚familiären' Bodenbesitzes fest, den er zum „naturgemäßen Plan" verklärte.[166]

Gemeinschaft und Masse

Im Gegensatz zu den konservativen Tendenzen der deutschen Soziologie (Tönnies, Riehl etc.), die sich auch im Deutschen Werkbund (vor allem Muthesius und Tessenow) breit gemacht hatten, hielt Ortega an der Zentral-

---
164 Ortega y Gasset, José: *Der Aufstand der Massen*. Berlin 1930. S. 8.
165 Ebd., S. 165.
166 Vgl.: Karnau, Oliver: *Hermann Josef Stübben. Städtebau 1876-1930*. Braunschweig 1996. S. 205 ff.

stadt als Schauplatz einer zeitgenössischen bürgerlichen Kultur fest – an einer Stadt als „Über-Haus". Als er 1930 dieses abstrakte Gebilde pries, stand er tief in Georg Simmels Schuld, dessen Soziologie der Großstadt und des Massenkonsums er nicht nur verinnerlichte, sondern auch in den zwanziger Jahren in der *Biblioteca de la Revista de Occidente* in Spanien veröffentlichte.[167] Ortegas Standpunkt gegenüber der Großstadt kann daher auch Martin Wagners Verständnis der neuen Rolle des Städtebauers näher bringen. Denn im Übergang von der ‚familiären' Gemeinwirtschaft des Kommunalliberalismus zum industriellen Monopolkapitalismus gab er keineswegs die Idee des saalartigen städtischen Raumes auf.[168] Man könnte von einer Trägheit der Formen sprechen, die sich vom konkreten sozialen Gefüge zwischen Öffentlichkeit und Privatheit weitgehend verselbständigten. Wagner schuf konkave Verkehrsplätze als Bühnen des modernen großstädtischen Lebens und ging in seinen Vorgaben – etwa bei den Wettbewerben zur Umgestaltung von Alexander- und Potsdamer Platz in Berlin – weit über die von ihm beanspruchte Rolle des Regisseurs einer nach betriebswirtschaftlichen Kriterien rationell und zweckmäßig organisierten Stadt hinaus: Er legte vielmehr nach stadträumlichen Kriterien die Platzwände fest. Für den Alexanderplatz griff er 1929 sogar auf die Jahre zuvor mit Bruno Taut in der Wohnsiedlung Britz erprobte Figur des Hufeisens zurück: Das Bild einer genossenschaftlichen Gemeinschaft als räumlich gefasste ‚Insel der Ordnung', für die sich unschwer stadtbaukünstlerische Vorläufer ausfindig machen lassen. Etwa im *Business Center* des von Hegemann und Peets bereits 1917-1921 geplanten „Wyomissing-Park".[169]

Die gelegentliche formale Kongruenz der Inszenierungen von ‚familiärer' Gemeinschaft und Weltstadtbürgertum im saalartigen ‚bürgerlichen Raum' ist kein Zufallsprodukt. Sie verdeutlicht den entscheidenden Beitrag, den die *City-Beautiful* und die Gartenstadtbewegung für den ‚modernen' Siedlungsbau und die Großstadtplanungen der Weimarer Republik geleistet haben. So ist auch die Kontinuität einiger Konzepte, die der Groß-Berliner Wettbewerb von 1910 hervorgebracht hatte, nicht zu übersehen: Selbst die Siedlung Britz kann als Wiederaufnahme des Moehringschen Themas der mehrfachen,

---

167 Simmel, Jorge (Georg): *Sociología. Estudios sobre las formas de socialización.* Madrid 1926.

168 Der marxistische Begriff des „Monopolkapitalismus" bezeichnete das höchste Stadium der kapitalistischen Wirtschaftsordnung, in der sich Produktion und Kapital zu internationalen Monopolen konzentrierten, d.h. zu Unternehmen von gewaltiger ökonomischer Macht, in denen Bank- und Industriekapital verschmolzen.

169 Vgl.: Hegemann, Werner und Peets, Elbert: *The American Vitruvius, an architect's handbook of civic art.* New York 1922.

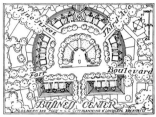

2.45

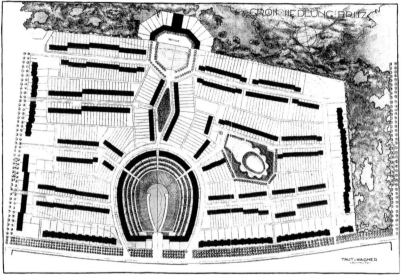

2.46

2.47

2.45 Werner Hegemann und Elbert Peets, *Geschäftszentrum von Wyomissing Park* (1917-1921)
2.46 Bruno Taut und Martin Wagner, *Hufeisensiedlung Berlin-Britz* (1925-1927)
2.47 Martin Wagner, *Wettbewerb zur Umgestaltung des Alexanderplatzes*, Berlin 1929

beschützenden Randbebauung mit kleinstädtisch-gemeinschaftlicher Mitte ausgelegt werden. Diesem Modell standen zu diesem Zeitpunkt allerdings nicht weniger symbolhaltige Ansätze entgegen, die durch die lineare Reproduktion typisierter Wohnzellen das Bild der großstädtischen Masse als atomisierter Gesellschaft beschworen: Die neue Lebensform eines anonymen – und nach Simmel „blasierten" – Individuums, das die Stadt nicht länger als entfremdende Bedrohung empfand. Die urbane Anonymität war vielmehr ein Freiheitsversprechen.

Im Jahre 1932, also zwei Jahre nach Ortegas „Der Aufstand der Massen", schrieb die Zeitschrift *La Construcción Moderna* der zeitgenössischen Architektur Deutschlands den Verdienst zu, mit ihren Stadien, Kinos, Cafes, Fabriken, etc. eine kohärente „Architektur der Massen" hervorgebracht zu haben: „Die Standardisierung des Lebens stellt Effizienzanforderungen, die der früheren Architektur unbekannt waren."[170] Die neue Stadt erfülle vor allem die Aufgabe der Beherbergung der Massen. Die angeführten Beispiele reichten von Mendelsohns Kinos und Kaufhäusern bis zum Siedlungsbau Ernst Mays, der als Schöpfer einer befreienden „Architektur der Massen" gepriesen wurde. Aber nicht etwa eine Abbildung von dessen radikaler Zeilenbau-Siedlung im Frankfurter Westhausen begleitete den Artikel, sondern ein Luftbild des Berliner Hufeisens. Waren die Modelle von Text und Illustration vereinbar? Es ließ sich jedenfalls keine scharfe Grenze ziehen. Hegemann hatte schon 1929 darauf hingewiesen, dass sich neuen Bestrebungen der Reichsforschungsgesellschaft für Wirtschaftlichkeit im Bau- und Wohnungswesen (Rfg) – die sich als die kompromissloseste Verteidigerinnen des rationalen, stets konvexen Zeilenbaus profilierte – durchaus mit denen eines Altmeisters wie Hermann Jansen deckten:

> Verschiedentlich hat Jansen städtebauliche Methoden, die später schlagwortartige Verbreitung fanden, lange vorher in stiller Arbeit in die Praxis umgesetzt. Z. B. dürfte es ich mit Genugtuung erfüllen, dass in den Unterlagen zum Wettbewerb Spandau-Haselhorst und bei den Verhandlungen auf den letzen „Technischen Tagung" der Reichsforschungsgesellschaft in Berlin als eine grundlegende Forderung für neuzeitliche Aufschließung die Trennung von Verkehr und Wohnen aufgestellt wurde.[171]

Dass von den gegliederten Großstadtmodellen mit ihren ‚Inseln der Ordnung' ohne allzu große Umwege ein Pfad zu den Siedlungen der goldenen Zwanziger führte, wurde auch in Spanien nicht verkannt. Der Jansen-Schüler Mer-

---

170 Assía, Augusto: *Nueva arquitectura alemana – „La arquitectura de masas"*. In: La Construcción Moderna 30 (1932), H. 13, S. 145-148. Übersetzung J. M. W.
171 Hegemann, Werner: *Hermann Jansen. Zu seinem sechzigsten Geburtstag*. In: Städtebau 24 (1929), H. 10, S. 269-270.

cadal musste selbst diese Entwicklung vollziehen und hat in verschiedenen seiner Aufsätze die Brücke zwischen den Generationen der Stadtbaumeister und der Stadtbauräte geschlagen. Ähnlich erging es seinem früheren Kommilitonen Luis Lacasa, der an der Vorbereitung des Ersten Nationalen Städtebaukongresses von 1926 mitwirkte und hierzu eine Entwicklungsgeschichte des deutschen Städtebaus verfasste.[172] Er hatte seine Studienreise nach Deutschland (1921-1923) nicht nur dazu genutzt, unter dem Dresdener Stadtbaurat Paul Wolf lediglich praktische Erfahrungen zu sammeln, wie er später in seinen Memoiren bekannte:

> Außerdem widmete ich mich vollends meiner neuen Disziplin, dem Städtebau. Dank dem niedrigen Wert der Mark, war ich dort verhältnismäßig reich und kaufte einen riesigen Koffer, den ich mit Büchern über Städtebau füllte. Diese bildeten meine erste kohärente theoretische Grundlage.[173]

Lacasa und der moderne deutsche Wohnungsbau

Nach Lacasas Rückkehr erhielten ab 1924 durch seine Tätigkeit als Redaktionsmitglied von *Arquitectura* die theoretischen Positionen einiger der etablierten Wortführer des deutschen Städtebau-Diskurses – wie Hermann Muthesius („Kleinhaus und Kleinsiedlung") oder Fritz Schumacher („Die Kleinwohnung") – in Spanien Einzug.[174] Doch parallel hierzu befasste sich Lacasa auch mit den ersten Schritten jüngerer Architekten, die einige Jahre später im Mittelpunkt des städtebaulichen und wohnungspolitischen Geschehens stehen sollten. Er besuchte zum Beispiel Bruno Tauts buntes Magde-

---

172 *Conferencia. La urbanización de Alemania.* In: La Construcción Moderna 23 (1925), H. 9, S. 143-144. 1933 sollte er erneut eine Zusammenfassung des deutschen Städtebaus vorgetragen. [Lacasa, Luis: *Tendencias actuales del urbanismo.* In: APAA 2/1933, S. 11-14] In diesem Fall bediente er sich der Darstellung Roman Heiligenthals in „Städtebaurecht und Städtebau" (Berlin 1931).

173 Lacasa, Luis: *Notas Autobiográficas.* In: *Luis Lacasa, Escritos 1922-1931.* (Hrsg. Carlos Sambricio). Madrid 1976. S. 78. Übersetzung J. M. W. *Arquitectura* brachte einen zuvor in *Wasmuths Monatshefte für Baukunst* erschienenen Artikel über Paul Wolfs Siedlung Laatzen bei Hannover. Siehe: *La colonia de Laatzen (Hannover).* In: Arquitectura 5 (1923), S. 360-365.

174 Lacasa, Luis: *Un libro alemán sobre casas baratas.* In: Arquitectura 6 (1924), H. 8, S. 231-236. [Besprechung von Muthesius' „Kleinhaus und Kleinsiedlung"] Schumacher, Fritz: *La anchura mínima de las calles de viviendas.* In: Arquitectura 7 (1924), H. 12, S. 339-343. [Übersetzung von Luis Lacasa] Der Auszug aus Schumachers „Die Kleinwohnung" gab die Haltung der bedeutendsten deutschen Städtebauer zur Frage der Dimensionierung von Straßenquerschnitten in Kleinstwohnungssiedlungen wieder. Unter ihnen befanden sich Theodor Goecke, Karl Henrici oder Rudolf Eberstadt.

burg und berichtete darüber in *Arquitectura* unter dem Titel „Camouflage in der Architektur".[175] Damals äußerte er sich gegenüber dem seiner Meinung nach in der Umsetzung oftmals zum fragwürdigen Tarnanstrich verkümmernden Konzept sehr kritisch. Lacasa verfolgte aber Tauts Entwicklung weiter und besprach 1926 – erneut in *Arquitectura* – dessen Buch „Die Neue Wohnung. Die Frau als Schöpferin". Diesmal fiel sein Urteil weitaus positiver aus. Die von Taut eingeforderte Klarheit und Einfachheit begrüßte er als solide Grundlagen für die erforderliche Neugestaltung des gesamten Lebens. Dabei machte er auf die „tiefe Menschlichkeit" hinter Tauts Ansatz aufmerksam, die er der polemischen Haltung des „Neureichen" Le Corbusier gegenüberstellte.[176] Der von Lacasa geahnte Unterschied sollte erst einige Jahre später in *Arquitectura* klar zum Ausdruck kommen: der „soziale Gedanke".

1929 verfasste der Deutschlandkorrespondent von *Arquitectura*, Paul Linder, der bei Taut und Hofmann in Berlin angestellt war, den Artikel „Arquitectos pensad y construid con sentido social" (Architekten, denkt und baut mit sozialem Sinn).[177] Darin stellte er die Siedlungen Britz und Zehlendorf als Prototypen eines zukünftigen sozialen Bauens dar. Eine Aufgabe, die er nicht zu einer untergeordneten „utilitären Kunst" degradiert gesehen haben wollte. Sie sei vielmehr ein kulturelles und moralisches Unterfangen ersten Ranges, an dem sich die Entwicklungsstufe einer Gesellschaft und eines Zeitalters messen lasse. Folglich begriff er den Wohnungsbau als kulturelles Anliegen, das nicht den spekulativen Launen der privaten Initiative überlassen werden konnte. Da er aber auch an der Begeisterungsfähigkeit des Staates und der Gemeinden für ein derart ehrgeiziges Projekt zweifelte, legte Linder die Verantwortung in die Hände der sozial engagierten modernen Architekten. In diesem politischen Sinne war die Aufforderung zu verstehen, die er an seine spanischen Kollegen richtete.

Lacasa gehörte zu denen, die diese Herausforderung längst angenommen hatten. In seinen Memoiren hat er geschildert, wie ihn das völlige Fehlen

---

175 Lacasa, Luis: *El „camouflage" en la Arquitectura*. In: Arquitectura 4 (1922), H. 5, S. 196 ff. Zur Rezeption von Tauts „bunte Stadt" siehe ebenso: Pérez, Dionisio: *La ciudad cubista*. In: Blanco y Negro 32 (1922), H. 1634.

176 Lacasa, Luis: *Die Neue Wohnung (la nueva vivienda), por Bruno Taut*. In: Arquitectura 8 (1926), H. 1, S. 32-33. Auch Mercadal hat Taut Schriften genau zur Kenntnis genommen. Er besprach beispielsweise Taut „Ein Wohnhaus" [García Mercadal, Fernando: *Ein Wohnhaus, por Bruno Taut*. In: Arquitectura 9 (1927), H. 5, S. 200] und druckte Auszüge aus "Bau und Wohnung" im monographischen Architekturheft von *La Gaceta Literaria* [*Dice Bruno Taut – Arquitecto alemán de vanguardia*. In: La Gaceta Literaria 2 (1928), H. 32, S. 1].

177 Linder, Paul: *Arquitectos pensad y construid con sentido social*. In: Arquitectura 12 (1929), H. 1, S. 12.

II. Großstadtmodelle 251

einer Berufsethik seitens einer durch und durch korrupten spanischen Architektenschaft bald nach seiner Rückkehr aus Deutschland unweigerlich zu einem politischen Verständnis der Ausübung des Berufes geführt habe:

> Damals begriff ich, dass eine Lösung des Problems nicht alleine unter den Architekten erzielt werden könnte, sondern erst durch die Einbeziehung der gesamten Gesellschaft. Es musste an eine Veränderung des sozioökonomischen Regimes gedacht werden. Es musste also an die Politik gedacht werden.[178]

1931 hat Lacasa die Inhalte dieses Imperativs im Vortrag „La vivienda higiénica en la ciudad" (Die hygienische Wohnung in der Stadt) erörtert, bei dem er Tauts alt-neu Gegenüberstellung eines Innenraumes aus „Die Neue Wohnung" vorangestellt hat.[179] Er versuchte darzulegen, wie sich neuerdings das Problem der Architekturform angesichts des Schwindens der materiellen und technischen Bedingtheit auf einen einzigen Faktor konzentriere: den des Ökonomischen. Diese These veranschaulichte er anhand einer marxistischen Interpretation der Stadtbaugeschichte: vom alten Rom bis in die Gegenwart. Am Ende dieses Exkurses stand für ihn der Grundsatz jeder modernen sozialen Organisation zweifelsfrei fest: Private Interessen müssten stets den öffentlichen Belangen untergeordnet werden. Dem Städtebauer stehe hierfür das Regelwerk der einschränkenden Bauordnung mit ihren Bestimmungen bezüglich der Struktur (Normierung von Konstruktion und Hygiene), des Volumens (Fluchtlinien) und der Nutzung (Zonung) zur Verfügung – Instrumente, die – wie er abschließend behauptete – in Spanien nicht bis ins Bewusstsein der zuständigen städtischen Ämter vorgedrungen seien. Erst dann könnte sich überhaupt die soziale Gesinnung des modernen Städtebauers auch auszahlen. Erst durch die neugewonnene moralische Kraft der städtischen Verwaltung würden vorbildliche Erfahrungen, wie die Wohnungsbaupolitik des sozialdemokratischen Wiens, auch in Spanien fruchten.

Lacasa erhielt bald eine Gelegenheit zur praktischen Überprüfung dieses Programms. Als er im Mai 1931 seinen Vortrag hielt, war er bereits als Mitarbeiter der kurz nach den ersten demokratischen Wahlen (April 1931) von der neuen sozialdemokratischen Machthabern Madrids ins Leben gerufenen *Oficina Técnica Municipal* (OTM, Städtisches Technisches Büro) angestellt. Gemeinsam mit seinen Kollegen Enrique Colás und Santiago Esteban de la Mora sowie dem Ingenieur José Luis Escario hatte er in nur vier Monaten einen neuen Vorschlag zur Stadterweiterung zu entwickeln. Allerdings

---

178 Lacasa, Luis: *Notas Autobiográficas.* In: *Luis Lacasa, Escritos 1922-1931.* (Hrsg. Carlos Sambricio). Madrid 1976. S. 91. Übersetzung J. M. W.

179 Lacasa, Luis: *La vivienda higiénica en la ciudad.* In: Arquitectura 13 (1931), H. 6, S. 219 ff. Lacasa hielt den Vortrag am 17. Juni 1931 in der *Escuela Nacional de Sanidad.*

nicht von Grund auf, sondern auf der Grundlage des Jansen-Zuazo Plans, den Lacasa später als eine „glückliche Verbindung von spanischer Intuition und deutscher Wissenschaft" bezeichnete.[180] Der Entwurf der OTM aus dem Jahre 1931 nahm jedoch substantielle Eingriffe vor: Zunächst, weil er die Idee der gegliederten Großstadt mit Satelliten zugunsten des Konzepts eines Regionalplanes nach englischem Muster zurücknahm. Carlos Sambricio hat beschrieben, wie der Vorschlag ein Kompromiss zwischen Befürwortern des englischen *regional planning* nach dem Vorbild von Raymond Unwins offene Struktur des *Council of Greater London* (Esteban de la Mora) und den Anhängern der deutschen Großstadtmodelle, wie etwa Paul Wolfs Zentralstadt (Lacasa, Colás) wurde.[181] Einigkeit herrschte lediglich bezüglich der Bautypologien im Kernstück des Plans: der Verlängerung der Castellana. Man versuchte, die im Brüsseler CIAM von 1930 vorgetragenen Konzepte zur „rationellen Bebauungsweise" zu reflektieren. Das Ergebnis war, dass das zentrale Bürgerforum („Repräsentationsviertel") aus dem Vorschlag Jansen-Zuazo seiner exzessiven Monumentalität entledigt wurde. An ihre Stelle trat nun die soziale Hygiene einer modernen Wohnsiedlung nach deutschem Muster; namentlich dem Vorbild der letzten Arbeiten von Walter Gropius folgend. So wurde es zumindest von den Kritikern des Entwurfes verstanden. Einige der Kontroversen, die der Vorschlag auslöste, wurden 1932 in Buchform unter dem Titel „El Futuro Madrid" (Das zukünftige Madrid) von Teodoro Anasagasti in die Öffentlichkeit getragen. Lacasas ehemaliger Lehrer beklagte die „verheerende Rigidität" des geometrischen Zeilenschemas: Wie Adolf Behne in Deutschland, der am stu014sturen Zeilenbau die ihm zugrunde liegende formalistische und diktatorische „Methode des Entweder-Oder" bekämpfte. „Kann man per Diktatur soziologisch sein?", fragte er sich 1930 angesichts der Karlsruher Dammerstock-Siedlung von Walter Gropius und Otto Haesler.[182] Anasagasti sprach seinerseits von einer „dressierten Uniformität"

---

180 Lacasa, Luis: *Notas Autobiográficas*. In: *Luis Lacasa, Escritos 1922-1931*. (Hrsg. Carlos Sambricio). Madrid 1976. S. 93. Übersetzung J. M. W.
181 Sambricio, Carlos: *El Plan de Extensión de 1931. El Informe Lorite y la Oficina Técnica Municipal*. In: Carlos Sambricio, Lilia Maure Rubio: *Madrid, Urbanismo y Gestión Municipal 1920-1940*. Madrid 1984. S. 81-94. Hierzu wäre zu bemerken, dass sich Wolf, bei dem ja Lacasa in Dresden gelernt hatte, Ende der zwanziger Jahre bei seinen Untersuchungen zur Gliederung der Großstadt deutlich für die Begrenzung des Wachstums und für eine dezentralisierte Besiedlung der Region ausgesprochen hat. Das Formproblem der Großstadt war auch für ihn längst eine Frage der Landesplanung. Allerdings verstand er diese als ein System von Zentralstädten. Vgl. Wolf, Paul: *Die Gliederung der Großstadt*. In: Stadt und Siedlung. Monatsheft zur Deutschen Bauzeitung 1928, H. 10, S. 129-134.
182 Behne, Adolf: *Dammerstock*. In: Die Form 5 (1930), H. 6, S. 163-166.

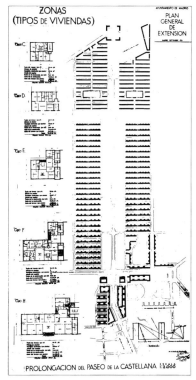

2.48 Oficina Técnica Municipal (OTM), *Bebauung entlang der geplanten Verlängerung der Castellana*, Madrid 1931. Lageplan
2.49 Walter Gropius, *Laubengang-Wohnhochhäuser* (1929-1930). Perspektive [*Arquitectura* 1931]

und verwies auf die ungebrochene Gültigkeit von Sittes Kritik am Städtebau statistisch soziologisierender und systematisierender Ingenieure wie Baumeister oder Cerdà:

„Die fade Symmetrie" – ruft der große Sitte aus – „droht alles zu besetzen: Bebauungspläne werden schablonenmäßig entworfen. Auf alle Schönheiten der Kunst und auf alle Errungenschaften der Vergangenheit wird hierbei verzichtet. Es ist nicht wahr, dass der moderne Verkehr uns dazu zwingt; es ist nicht wahr, dass uns moderne Anforderungen dazu nötigen. Es sind einfach Gedankenlosigkeit, Apathie, Bequemlichkeit und Mangel an gutem Willen welche uns moderne Stadtbewohner dazu verurteilen, lebenslänglich in formlosen Massenquartieren den geisttötenden Anblick ewig gleicher Miethausblöcke, ewig gleicher Straßenfluchten zu ertragen. Wie schmerzlich greift uns diese schale Routine an!"[183]

Ulargui und Czekelius griffen in ihrer Beanstandung des Projektes der OTM nicht so weit zurück. Sie beschränkten sich darauf, den Erläuterungsbericht zu analysieren und die zentralen Argumente zu hinterfragen. So kritisierten sie zum Beispiel die unreflektierte Übertragung nord- und mitteleuropäischer Modelle zur Lösung des Problems der Massenwohnungsnot, da nach ihrer Meinung in Spanien völlig andere Bedingungen herrschten: Im unzerstörten Madrid sei nicht der Wohnraummangel die entscheidende Frage. Das zentrale Problem sei vielmehr das der Miethöhe.[184] Ein grundlegender Unterschied, der an jeder Übernahme von Vorbildern zweifeln lassen müsse. Etwa, als die OTM über die Ergebnisse des dritten CIAM, über die von Gropius dort vor-

---

183 Anasagasti, Teodoro: *Libro primero. Amaestrada Uniformidad.* In: *El Futuro Madrid. Crítica del proyecto de extensión y extrarradio.* Madrid 1932. S. 42. Er handelte sich um eine Zusammenstellung von Auszügen aus dem letzten Absatz des Kapitels „Verbessertes Modernes System" in: Sitte, Camillo: *Der Städtebau nach seinen künstlerischen Grundsätzen.* Wien 1889.

184 Die Madrider Wohnmisere der Nachkriegszeit ist von Carlos Sambricio als eine Folge des wirtschaftlichen Aufschwungs beschrieben worden, den Spanien aufgrund der Neutralität im Ersten Weltkrieg erlebt hatte: Diese führte zur Industrialisierung des Landes und damit zur Störung des prekären sozialen Gleichgewichts: Es strömten die neuen Arbeitermassen vom Land in die Stadt, während die Grundbesitzer und die potentiellen Investoren der Aufgabe des Massenwohnungsbaus vorsätzlich den Rücken zuwandten: Durch die erhöhte Nachfrage hofften sie Rendite zu erwirtschaften, die mit denen der neugeschaffenen Industrien oder der Devisenspekulation den Vergleich hätten aufnehmen können. Diese Konstellation führte zur Stagnation der Bauindustrie, die sich vornehmlich dem Bau von Luxus-Wohnhäusern widmete und den allgemeinen Anstieg der Mieten förderte. Siehe: Sambricio, Carlos: *Madrid: la otra vanguardia.* In: *Madrid-Barcelona, 1930-1936. La tradición de lo nuevo.* Madrid 1997. S.73. Ebenso: Sambricio, Carlos: *La normalización de la arquitectura vernácula. Un debate en la España de los veinte.* Revista de Occidente 12/2000, H. 235, S. 23.

getragenen Vorzüge seiner neuen Wohnhochhaustypen (geringerer Bodenbedarf bei gleicher Siedlungsdichte und gleichen hygienischen Bedingungen) und über die Position Werner Hegemanns – als Befürworter der Flachbausiedlungen – diskutierte, um daraus den eigenen Bebauungsvorschlag abzuleiten. Ulargui und Czekelius lehnten die ihres Erachtens fahrlässige Vereinfachung von Gropius entschieden ab:

> (...) außerdem erscheint uns merkwürdig, dass uns die persönliche Meinung eines deutschen Architekten – übrigens eines zwar sehr bekannten aber auch eines der radikalsten – als die für Madrid maßgebliche aufgetischt wird.[185]

Gropius hatte knapp drei Wochen vor dem Brüsseler CIAM (27.-29. November 1930) seine „arquitectura funcional" (funktionelle Baukunst) in Madrid erläutert und bei der Gelegenheit die Siedlungen in Dessau-Törten und Karlsruhe-Dammerstock sowie seine Wohnhochhäuser vorgeführt.[186] Spätestens seitdem war Gropius in Spanien nicht länger eine inhaltlose Referenz der Bilderbücher der Moderne. Dennoch machten Ulargui und Czekelius auf die Kritiklosigkeit aufmerksam, mit der sich die OTM die Theorien ihres deutschen Kollegen angeeignet habe. Und sie machten es sich zur Aufgabe, dieses Versäumnis zu beheben. Zunächst merkten sie an, dass man beim Blättern der in den letzten Jahren unter anderem in Deutschland, Österreich und Dänemark so zahlreich erschienenen Bücher zum Neuen Bauen kaum auf Beispiele von Wohnzeilen mit mehr als fünf Geschossen stoße. Zur Veranschaulichung bildeten sie die Berliner Reichsforschungssiedlung Haselhorst von Paul Emmerich und Paul Mebes ab. Und sie fuhren fort, indem sie ein Foto einer der viergeschossigen Zeilen dieser Anlage mit einer Perspektive des OTM-Vorschlages konfrontierten:

> Vergleichen wir das Erscheinungsbild einer der für die modernen Siedlungen Berlins typischen Wohnzeilen und die neungeschossigen Scheiben, die uns die Technische Abteilung der Gemeinde für die Verlängerung der Castellana anbietet.[187]

---

185 Ulargui, Saturnino und Czekelius, Otto: *Libro segundo. Algunas consideraciones concretas sobre sus distintos aspectos.* In: *El Futuro Madrid. Crítica del proyecto de extensión y extrarradio.* Madrid 1932. S. 96. Zu dieser Kritik, siehe: Fernández Polanco, Aurora: *Urbanismo en Madrid durante la II. República, 1931-1939.* Madrid 1990. S. 126 ff.

186 Gropius, Walter: *Arquitectura Funcional.* In: Arquitectura 13 (1931), H. 2, S. 51-62. Auch sein Brüsseler Vortrag wurde in Spanien veröffentlicht: Gropius, Walter: *Casa baja, casa mediana, casa alta?* In: Arquitectura 13 (1931), H. 3, S. 75, 86, 109. Ebenso in: Revista del Cuerpo de Arquitectos Municipales de España 4 (1932), H. 43, S. 147-152.

187 Ulargui, Saturnino und Czekelius, Otto: *Libro segundo. Algunas consideraciones concretas sobre sus distintos aspectos.* In: *El Futuro Madrid. Crítica del proyecto de extensión y extrarradio.* Madrid 1932. S. 97

Es folgte eine letzte Konfrontation. Diesmal standen sich die Entwürfe von Gropius und der OTM gegenüber. Die Bildunterschriften lauteten:

– Perspektive der zehngeschossigen Wohnzeilen, die vom deutschen Architekten Walter Gropius als ideale Lösung des neuen Bauens vorgeschlagen worden sind.
– Perspektive der neungeschossigen Wohnzeilen, die von der Technischen Abteilung der Gemeinde Madrid vorgeschlagen worden sind und ein Plagiat der von Gropius darstellen.[188]

Außerdem gaben sie zu bedenken, dass die Arbeiten von Gropius in der Internationalen Bauausstellung (Berlin 1931) von der Mehrzahl der Fachleute abgelehnt worden seien.[189] Ihre Verurteilung wurde damit konkret und persönlich. Sie zielte auf die berechtigte Ablehnung *falscher* Übertragungen, die nicht auf die Besonderheiten des Madrider Kontextes eingingen. Gelegentlich schossen Ulargui und Czekelius jedoch über das Ziel hinaus: Beim Vergleich der Grundrisse der Siedlung Berlin-Spandau mit dem OTM-Vorschlag unterlief ihnen beispielsweise ein Fehler, als sie übersahen, dass die um 90° gedrehte Ausrichtung der Zeilen – wie bereits beim Vorschlag Jansen-Zuazo – gerade infolge der klimatischen Bedingungen Madrids vorgenommen worden war.[190] Dennoch: Ihre Einwände gegen die oberflächliche, formale und kontextfremde Übertragung von städtebaulichen Modellen blieben berechtigt.

Michael Fleischer und die Madrider Wohnmisere

Welcher aber war der *reale* Madrider Kontext von 1931? Werner Hegemann, der in diesem Jahr auf dem Weg nach Lateinamerika in der spanischen Hauptstadt Station machte, zeichnete in *Wasmuths Monatshefte für Baukunst und Städtebau* ein desolates Bild:

Unter der Leitung der Herren Zuazo Ugalde, seines Mitarbeiters Michael Fleischer (eines Bonatz-Schülers) und des Vertreters der städtischen Planungsstelle Luis Lacasa (der mit den deutschen städtebaulichen Ideen sehr vertraut ist) verschaffte ich mir einen Überblick über die bauliche Lage Madrids, soweit dies in der Eile von drei Tagen möglich ist, und bereicherte meine kleine Ausstellung durch Material, das in Südamerika viel Eindruck gemacht hat. (…) Ich habe übrigens keineswegs versucht, in meiner kleinen Ausstellung für Südamerika etwa auch die moderne Architektur Spaniens vorzuführen. Ich beschränkte mich vielmehr, soweit Material aus Madrid in Frage kam, ganz auf das Städtebauliche, d. h. also auf den unter deutscher Mitwirkung zustande gekommenen Entwurf für einen Generalbebauungsplan, sowie auf einige der neuesten Flachbausiedlungen und – um das

---

188 Ebd., S. 98.
189 Ebd., S. 98-99.
190 Ebd., S. 110.

II. Großstadtmodelle

> abschreckende Gegenbeispiel daneben zu stellen – auf einen Satz von Fotografien und Plänen der neuesten achtgeschossigen Kleinwohnungs-Kasernen Madrids. Diese riesigen Kästen mit ihren nur 2 m breiten Schlitzen als *einziger* Licht- und Luftquelle zahlreicher Wohnungen sind das Verantwortungsloseste, was ich je irgendwo gesehen habe. Von diesen grauenhaften Beispielen dessen, wozu die losgelassene Bestie Bauunternehmer unter mangelhaften Baugesetzen fähig ist, werden hier in einem späteren Hefte einige Proben veröffentlicht werden.[191]

Er hielt sein Versprechen und brachte in einem späteren Heft unter dem Titel „Spanischer Städtebau aus vorrevolutionärer Zeit" Beispiele von Mietskasernen, bei denen auf jeden der bis zu 6600 Einwohner lediglich 1,5 m² Grundfläche kamen. Angesichts dieser Übelstände stellte Hegemann die Meinung Zuazos in Frage, der die Bauordnung Madrids verantwortlich machte. Er revidierte damit auch die eigene in der Zeitschrift *Obras* ausgesprochene Verurteilung der rechtlichen Bestimmungen Madrids als alleinverantwortlicher Faktor.[192] Nein, technische Irrtümer reichten nicht aus, um die Ursachen für die niederschmetternde „Tragödie der spanischen Kleinwohnung" zu erklären. Vielmehr müssten zuerst unter anderem historische, verfassungspolitische, gesetzgeberische und ethische Gründe analytisch erfasst werden. Eben so, wie er es selber kurz zuvor in „Das Steinerne Berlin" (1930), Hegemanns Anklageschrift gegen die im Preußenstaat entstandene „größte Mietskasernenstadt der Welt", eindrucksvoll demonstriert hatte.
Auf der Suche nach einer Gesamtbetrachtung des nationalen Lebens Spaniens traf Hegemann auf Ilja Ehrenburgs Deutungsversuch „Spanien heute", der 1932 in Berlin erschienen war. Wie schon der von John Heartfield gestaltete Buchumschlag dem Leser deutlich machte, handelte es sich um eine vernichtende Kritik an der moralischen Verkommenheit der politischen und intellektuellen Führungsschichten des Landes. Die Republik habe daran nichts ändern können. Groteske Gegensätze prägten weiterhin das Leben: 21. Jahrhundert und Mittelalter; Luxus-Wagen und Esel; prachtvolle Wolkenkratzer und finstere Mietskasernen; auf höchstem europäischen Rang stehende urbane Intellektuelle und ganze Landstriche, die von Idioten bevölkert waren; erblich faulenzende *Señoritos* neben Beinlosen, Nasenlosen, Blinden, Paralytikern, Missgeburten ... Hegemann pflichtete Ehrenburgs Beschreibungen bei:

> Sie entsprechen den Eindrücken, die auch ich, bei früheren Besuchen, gewann, und helfen vielleicht ein wenig zur Erklärung der neuen unglaublichen spanischen

---

191 Hegemann, Werner: *Als Städtebauer in Südamerika*. In: Wasmuths Monatshefte für Baukunst und Städtebau 16 (1932), S. 142.

192 Hegemann, Werner: *Romanticismo y realismo en la arquitectura moderna*. In: Obras 2 (1932), H. 9, S. 143-148.

2.50

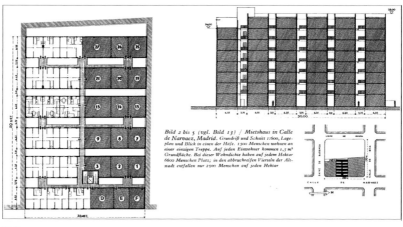

2.51

2.50 John Heartfield, Buchumschlag für Ilja Ehrenburgs „Spanien heute" (Berlin 1932)
2.51 Mietshaus in der Calle de Narvaez, Madrid. Grundriss, Schnitt, Lageplan [*Wasmuths Monatshefte für Baukunst und Städtebau*, 1932]

II. Großstadtmodelle

Wohnungsbauten. Die teuren spanischen Autostraßen, mit denen Primo de Rivera Beifall ausländischer Globetrotter erwarb, stehen zu der fast vorsintflutlichen Verkehrslosigkeit großer Landesteile in ebenso groteskem Gegensatz wie die Wolkenkratzer der luxuriösen Gran Via zu den abenteuerlichen Mietskasernen und den vernachlässigten Flachbau-Siedlungen.[193]

Über die Letztgenannten berichtete im selben Heft Michael Fleischer ausführlich unter dem Titel „Kleinhäuser und Mietskasernen in Spanien".[194] Er erläuterte die staatlichen Bestimmungen der „Ley de Casas Baratas" (Billigstwohnungsgesetz) unter anderem hinsichtlich der Bodenausnutzung und der Freiflächen, die denen der städtischen Baupolizei um einiges voraus waren. Fleischer sprach auch die vom Staat verliehenen günstigen Darlehen an, die den Bau von zahlreichen suburbanen Einfamilienhaussiedlungen) um Madrid ermöglicht habe.[195] Allerdings merkte er an, dass nach der Bewilligung des Darlehen durch das Arbeits-Ministerium (*Ministerio de Trabajo, Casas Baratas, Económicas y Rurales*) keine weiteren technischen Kontrollen erfolgten, wodurch sich oftmals hinter fingierten „Cooperativas" (Genossenschaften) lediglich skrupellose Bauunternehmer versteckten, die sich an den Subventionen bereicherten. Einige der peripheren „ciudades jardín" (Gartenstädte) Madrids erfreuten sich aber durchaus großer Beliebtheit:

> Trotz der verhältnismäßig ungünstigen Verkehrsmittel, die diese Siedlungen mit dem Stadtinneren verbinden, gibt es kaum unvermietete Häuser. Dagegen ist ein Teil der Häuser zufolge der mangelhaften Konstruktion und Pflege in schlechtem Zustand. So wie heute in Madrid der Kleinhausbau organisiert ist, wird er keine große Zukunft haben können. Bei den staatlichen Behörden neigt man deswegen heute mehr zum Kleinwohnungsbau in Miethausform.[196]

Das reformierte städtische Miethaus sollte also die zukünftige Formel zur Behebung der spanischen Massenwohnungsnot sein. Was aber die unglück-

---

193 Hegemann, Werner: *Spanischer Städtebau aus vorrevolutionärer Zeit.* In: Wasmuths Monatshefte für Baukunst und Städtebau 16 (1932), S. 499.

194 Fleischer, Michael: *Kleinhäuser und Mietskasernen in Spanien.* In: Wasmuths Monatshefte für Baukunst und Städtebau 16 (1932), S. 502-504. Siehe Dokument im Anhang.

195 Für Informationen zu diesen Siedlungen und deren Entstehung siehe: Barreiro, Paloma: *Casas Baratas. La vivienda social en Madrid, 1900-1939.* Madrid 1991. Auf deutsch siehe: Ferrer Aixalá, Amador und Sabaté Bel, Joaquín: *Zum spanischen Billigstwohnungsgesetz vom 12.Juni 1911. Entstehung des sozialen Wohnungsbaus in Spanien 1853-1929.* In: Rodriguez Lores, Juan und Fehl, Gerhard (Hrsg.): *Die Kleinstwohnungsfrage. Zu den Ursprüngen des sozialen Wohnungsbau in Europa.* S. 409-430.

196 Fleischer, Michael: *Kleinhäuser und Mietskasernen in Spanien.* In: Wasmuths Monatshefte für Baukunst und Städtebau 16 (1932), S. 503.

liche Verbindung von Spekulationsvermögen und Verantwortungslosigkeit aus der rechtskräftigen Bauordnung Madrids tatsächlich auf diesem Gebiet herausholte, führte Fleischer anhand eines Miethauses des *Ensanche* (Calle Narvaez) aus dem Jahre 1930 vor, eine „moderne" Mietskaserne übelster Bauart mit einer Wohndichte von 6600 Einwohnern pro Hektar. Durch die lakonische Beschreibung der Wohnverhältnisse erhob Fleischer eine sachliche Anklage, indem er abschließend festhielt:

> Der Bau des Hauses wurde im Dezember 1930 beendet. Schon im selben Monat wohnten 35 Familien in dem unfertigen Haus ohne Wasser und Licht. Die Verträge von weiteren 170 Familien waren bis Neujahr 1931 abgeschlossen, so daß das Haus einen Monat nach Fertigstellung fast bis auf den heutigen Stand vermietet war. Dieser große Erfolg hat den Besitzer veranlaßt, den gleichen Haustyp gleich in doppeltem Ausmaß mit zwei Treppen zu wiederholen. Auch dieser Bau steht vor dem Bezogenwerden.[197]

Eine Verurteilung gewissenloser Architekten und Unternehmer. War aber dieses drastische Bild der Madrider Wohnmisere nicht zu einseitig? Hätte er nicht auch einige der Beispiele für eine sozial verantwortliche private Initiative anbringen können? Fleischer selbst hatte doch für den Wettbewerbsbeitrag Zuazo-Jansen den Miethaustyp der „Casa de las Flores" als Studie zur Entwicklung der Madrider Parzellierung ausgearbeitet, die Zuazo im selben Jahr bei der Überarbeitung des Vorschlages für die Verlängerung der Castellana als zentrales Element der Nachverdichtung vorgesehen hatte.[198] Es blieb nicht auf dem Papier: 1932 wurde im Stadtteil Argüelles ein Prototyp fertiggestellt. Er kann als Weiterentwicklung der Ideen zur doppelten Blockrandbebauung mit zentraler Gartenanlage ausgelegt werden, mit dem Unterschied, dass hier die innenliegenden Riegel den äußeren Rand an Höhe übertrafen. Es sollte keine unwahrscheinliche Kleinstadtidylle vorgegaukelt, sondern unter verantwortbaren Wohnverhältnissen im Ensanche eine höchstmögliche innerstädtische Wohndichte erzielt werden. Nicht zuletzt, weil Zuazo gleichzeitig als Architekt, Entwickler und Immobilienhändler auftrat. Ein Umstand, der auch mögliche Gründe für Fleischers Auslassung erahnen lässt, denn der Block – mit Wohnungen zwischen 88 und 170 m² – wurde nicht etwa von minderbemittelten Arbeitern bezogen, sondern von der gehobenen

---

197 Ebd., S. 504.
198 Fleischers Beteiligung an der Planung der „Casa de las Flores" ist lange Zeit umstritten gewesen, obwohl Zuazo diese im bereits zitierten Interview mit Carlos Flores offen zugegeben hatte. Allerdings gab Zuazo an, dass der junge deutsche nur in Detailfragen einen Beitrag geleistet habe. Vgl. Flores, Carlos: *Entrevista: Secundino Zuazo (un hombre para la historia de Madrid)*. In: Hogar y Arquitectura 75 (1968). (Beilage) S. 122.

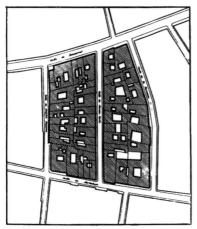
Parcelación en el interior.

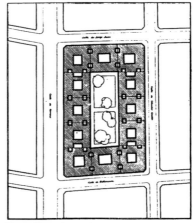
Parcelación en el ensanche.

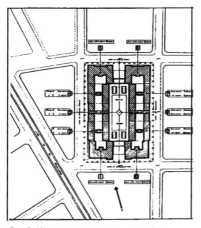
Parcelación que se propone para el ensanche.

Perspectiva del espacio libre.

2.52 Secundino Zuazo und Hermann Jansen, Entwicklung der innerstädtischen Parzellierung Madrids bis zum Vorschlag der „Casa de las Flores" (1930). Grundrisse und Perspektive

Mittelklasse. Selbst Angehörige der intellektuellen Elite, wie der chilenische Dichter Pablo Neruda, verlegten ihre Residenz dorthin. Die *Casa de las Flores* konnte kein Exempel für den spanischen Billigstwohnungsbau sein. Sie wurde als solche auch nicht angelegt, wenngleich der Wohnstandard und die Formensprache auf eine Vergleichbarkeit mit einigen mitteleuropäischen Erfahrungen auf diesem Gebiet (Wien, Amsterdam, Hamburg ...) schließen lassen könnte. Diesen Anspruch erfüllte eher der Vorschlag Zuazos zur Bebauung des Geländes der früheren Stierkampfarena mit „viviendas baratas y económicas" (1931): ein typologisches Gefüge von sechsgeschossiger Blockrandbebauung mit Hof, viergeschossiger Zeilenbebauung mit begrünten Zwischenräumen und elfgeschossiger Wohnhochhausscheibe mit vorgelagertem Marktplatz. Die Wohnungen reichten von großzügigen „Minimalzellen" von 66 m² bis hin zu wahrhaft luxuriösen Einheiten von 190 m². Als Kleinwohnungen konnten diese kaum gelten, aber zumindest wurde durch die Vermengung der unterschiedlichen Typen der Versuch der sozialen Integration zu einer heterogenen städtischen Gemeinschaft unternommen.[199]

Zuazo hat stets an die soziale Verantwortung der privaten Initiative appelliert. Gleichzeitig hat er aber auch Staat und Gemeinde zu gesetzgeberischen Eingriffen aufgefordert und der Madrider Architektenschaft – die er als Präsident der *Sociedad Central de Arquitectos* vertrat – einen sozialen Auftrag erteilt. Eine einzige gesellschaftliche Gruppe hat er von aller Schuld an der Wohnmisere freigesprochen: Die Madrider Arbeiterorganisationen, welche seines Erachtens, über ihre Ziele als Klasse hinaus, stets auf das Allgemeinwohl geachtet hätten.[200] Ein gutes Beispiel hierfür bot die Zeitschrift *El Hogar Propio* (Das Eigenheim), die als Organ der *Confederación Nacional de Cooperativas de Casas Baratas* (Nationale Vereinigung der Genossenschaften für den Billigstwohnungsbau) regelmäßig ein breites Publikum über die mittel- und nordeuropäischen Fortschritte auf den Gebieten der Gesetzgebung und der Finanzierungsmodelle für den Kleinstwohnungsbau informierte. Auch den Architekten wurden in dieser Publikation die sozialen Kriterien der Moderne nahe gebracht. So berichtete zum Beispiel 1930 Grete Schütte Lihotzky ausführlich über die Einrichtungen für Frau und Kind im zeitgenössischen deutschen Siedlungsbau und erläuterte die jüngsten Erfahrungen auf dem Gebiet der Rationalisierung und Typisierung der Grundrisse und der Möblierungen am Beispiel der eigenen Frankfurter Küche.[201]

---

199 Maure Rubio, Lilia: *Secundino Zuazo. Arquitecto.* Madrid 1987. S. 250-256.
200 Zuazo Ugalde, Secundino: *La crisis de la edificación en Madrid y el problema del paro obrero.* In: Arquitectura 13 (1931), S. 208-212.
201 Schütte Lihotzky, Grete: *Cómo debe construirse para la mujer y el niño en los bloques de viviendas y colonias?* In: El Hogar Propio 1 (1930), H. 9, S. 2-4.

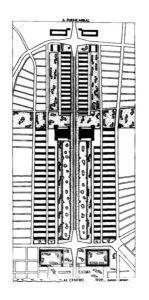
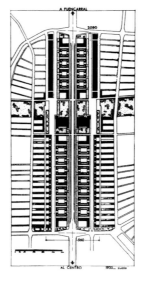

2.53

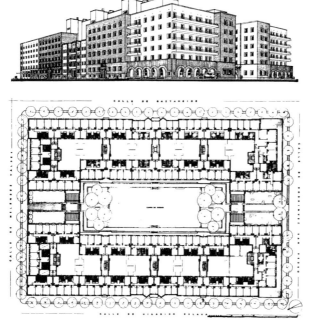

2.54

2.53 *Vorschläge zur Erweiterung der Castellana*: Jansen/Zuazo 1929 (links) – und Zuazo 1930 (rechts).

2.54 Secundino Zuazo, *Casa de las Flores* (1930). Perspektive und Grundriss

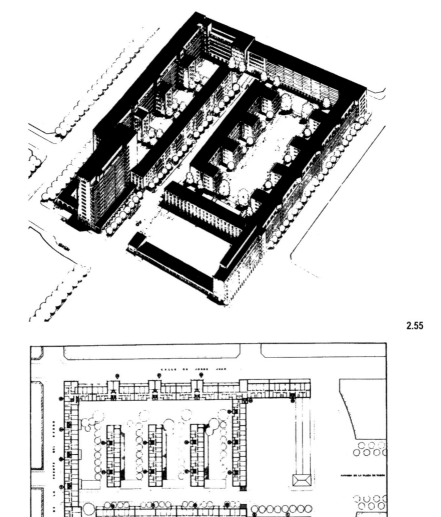

2.55-56 Secundino Zuazo, *Vorschlag zur Bebauung des Geländes der ehemaligen Stierkampfarena* (1931). Axonometrie und Bebauungsplan (Varianten)

II. Großstadtmodelle 265

Frankfurt 1929: spanische Wohnungen für das Existenzminimum

Die Konzepte des industrialisierten Bauens waren schon früh unter anderem von Architekten wie Mercadal und Lacasa in Spanien eingeführt worden. Aber erst gegen Ende der zwanziger Jahre wurde allgemein erkannt, dass die Wohnungsbaupolitik der *Casas Baratas* ohne eine grundlegende Neudefinition der Wohnung als „soziale Zelle" zum Scheitern verurteilt war. Es reichte nicht aus, den Staat (den Steuerzahler) als neuen Träger der Kosten für konventionelle Kleinhäuser auszumachen. Damit wurde lediglich das Problem zugunsten des bedürftigen Bewohners verlagert. Nun wurde ein gesamtwirtschaftlicher Ansatz verfolgt: Die Reform der subventionierten Wohnungstypen stand an. Und auch hierfür fand man in Deutschland geeignete Vorbilder. Etwa im Reichskuratorium für Wirtschaftlichkeit, über den der Architekt Jose María Muguruza 1929 in *Arquitectura* berichtete. Der eigentliche Gegenstand seines Artikels war zwar die Deutsche Industrie-Norm (DIN), er nutzte aber die Gelegenheit, um seinen Kollegen grundsätzliche Begriffe wie Rationalisierung, Standard, Typisierung und Normierung zu erklären.[202] Der Zeitpunkt der Veröffentlichung seines Aufsatzes verdient besondere Beachtung: Es war das Jahr des Frankfurter CIAM „Die Wohnung für das Existenzminimum". Blättert man im gleichnamigen Katalog zur Begleitausstellung, stößt man in der Sammlung mustergültiger Grundrisse auch auf vier Beiträge der spanischen Delegation, die allesamt aus Madrid stammten.

Mercadal hatte als Sekretär der *Sociedad Central de Arquitectos* und Delegierter des CIRPAC im Frühjahr 1929 einen Wettbewerb mit dem Ziel ausgeschrieben, im Frankfurter Treffen eine Auswahl spanischer Entwürfe präsentieren zu können.[203] Die Jury, die im Juli 1929 tagte (Luis Lacasa, Luis Blanco Soler, Luis Moya) stellte in ihrem Bericht die allgemeine Orientierungslosigkeit der Beiträge fest.[204] Ihre Kritik sprach ein zentrales Problem an, auf das Lacasa schon 1924 in seiner Rezension von Muthesius' Buch „Kleinhaus und Kleinsiedlung" hingewiesen hatte: Der Unterschied zwischen den Konzepten „Kleinhaus" und *casa barata* (Billighaus).[205] Damals hatte

---

202 Muguruza, José María: *La racionalización en la industria de la construcción. Los trabajos de la D.I.N. en Alemania.* In: Arquitectura 11 (1929), H. 9, S. 319-321. Muguruza veröffentlichte drei Jahre später einen Artikel über Kücheneinrichtungen, wo er auf Schütte-Lihotzkys Frankfurter Küche einging: Muguruza, José María: *Cocinas.* In: Obras 2 (1932), H. 11, S. 209-216.

203 *Preparación del segundo Congreso Internacional de Arquitectura Moderna.* In: Arquitectura 11 (1929), S. 108-110.

204 *Concurso de la vivienda mínima.* In: Arquitectura 11 (1929), S. 286 ff.

205 Lacasa, Luis: *Un libro alemán sobre casas baratas.* In: Arquitectura 6 (1924), H. 8, S. 231-236.

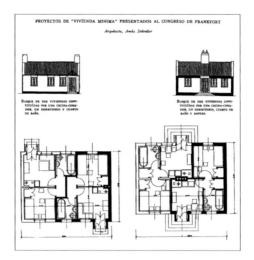

2.57

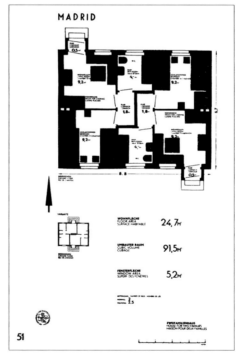

2.58

2.57 Amós Salvador: „Entwürfe von Wohnungen für das Existenzminimum, die im Frankfurter Kongress vorgestellt wurden." Ansichten und Grundrisse [aus: *Arquitectura*, 1929]

2.58 CIAM II: *Zweifamilienhäuser in Madrid*. Grundrisse [„Die Wohnung für das Existenzminimum" (Frankfurt 1930)]

II. Großstadtmodelle 267

Lacasa den deutschen Begriff als den umfangreicheren gepriesen, da dieser seines Erachtens – über das Ökonomische und Konstruktive hinausgehend – das Soziale und Ethische in den Mittelpunkt rückte.[206] Im Bericht von 1929 wurde dagegen unterstrichen, dass von den zwei preisgekrönten Entwürfen, die Arbeit von Felipe López Martín und Manuel Thomas (2. Preis) zwar mit der Hälfte der Fläche des Vorschlages von José María Rivas Eulate (1. Preis) auskam, letzterer aber aufgrund der Ausbildung des Grundrisses und der konstruktiven Details als die ökonomischere Lösung vorgezogen worden sei. Wie war der Begriff des Existenzminimums aufzufassen? Wie sollte die Schaffung sozialen Wohnraums angegangen werden? Im Sinne einer Reduktion der Dimensionen oder einer Verringerung der Kosten? Die Logik dieser letzten Scheinfrage erschließt sich, wenn man zur Kenntnis nimmt, dass die *Ley de Casas Baratas* keine Mindeststandards für die subventionierten Wohnungen vorgab. Ein Versäumnis, um das es wenig später dem Architekten Amós Salvador ging, als er in *Arquitectura* einen öffentlichen Brief an den Leiter der Abteilung für *Casas Baratas* im Arbeitsministerium, Salvador Crespo, richtete und darin u.a. die Aufstellung typischer Bedürfnis- und Raumprogramme forderte.[207] Mit diese Aufforderung übertrug er dem Ministerium die Beantwortung des Fragenkatalogs des CIRPAC zur Wohnung für das Existenzminimum, den Mercadal auch zur Grundlage des spanischen Wettbewerbs gemacht hatte. Interessanterweise war es Salvador, der mit Mercadal als spanischer Vertreter nach Frankfurt reiste. Und seine Vorschläge für kleine *und* billige Wohnungen, deren traditionalistische Fassaden keinem der äußeren Erscheinungsbilder der Avantgarde entsprachen, wurden im Katalog „Die Wohnung für das Existenzminimum" aufgenommen. Die im Wettbewerb preisgekrönten Entwürfe sucht man vergebens.[208]

Berlin 1931: spanischer Stadt- und Wohnungsbau für die Republik

Zwei Jahre nach dem Frankfurter CIAM erhielten die spanischen Architekten in der Berliner Internationalen Bauausstellung (1931) eine erneute Gelegenheit, in Deutschland ihre Leistungen zu präsentieren. Die junge Spanische Republik beteiligte sich mit einem eigenen Raum, in dem unter der Rubrik

---

206 Ebd., S. 231.
207 Salvador, Amòs: *Sobre el problema de la vivienda mínima*. In: Arquitectura 11 (1929), S. 300.
208 Veröffentlicht wurden neben den Entwürfen von Amós Salvador (Tafel 51) auch Vorschläge von Juan Arrate (150), Zarranz/Madariaga (18), und Vallejo (17). Vgl.: *Die Wohnung für das Existenzminimum*. Frankfurt 1930. Siehe auch: *Revista de Libros: Die Wohnung für das Existenzminimum*. In: Arquitectura 12 (1930), S. 92.

2.59

2.60

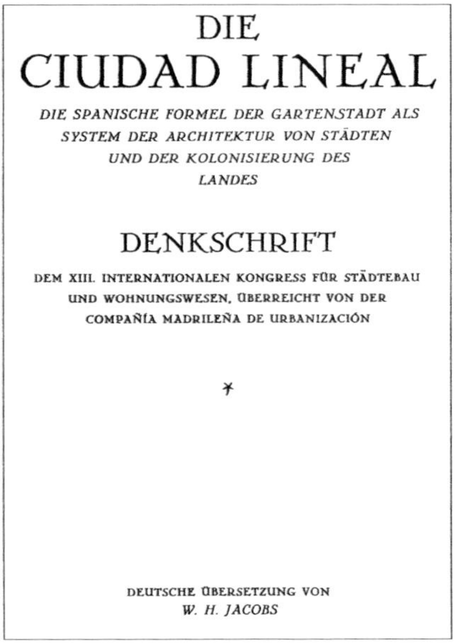

DIE
CIUDAD LINEAL

DIE SPANISCHE FORMEL DER GARTENSTADT ALS SYSTEM DER ARCHITEKTUR VON STÄDTEN UND DER KOLONISIERUNG DES LANDES

DENKSCHRIFT

DEM XIII. INTERNATIONALEN KONGRESS FÜR STÄDTEBAU UND WOHNUNGSWESEN, ÜBERREICHT VON DER COMPAÑÍA MADRILEÑA DE URBANIZACIÓN

DEUTSCHE ÜBERSETZUNG VON
W. H. JACOBS

2.61

2.59-60 Juan Bautista Subirana und Alfredo Rodríguez Orgaz, *Raum der II. Spanischen Republik in der Internationalen Bauausstellung*, Berlin 1931

2.61 CMU, „Die Ciudad Lineal“ (Berlin 1931). Titelblatt

II. Großstadtmodelle

„Neues Wohnen" unter anderem Zuazos Wohnanlage auf dem Gelände der früheren Stierkampfarena und die *Casa de las Flores* besichtigt werden konnten. Entgegen Paul Linders wohlwollender Behauptung in *Arquitectura*, wurden diese von der deutschen Kritik kaum beachtet.[209] In den gelegentlichen Fällen, in denen man die spanische Abteilung eines Kommentars würdig erachtete, wurde oftmals die spanische Eigenart der Entwürfe in Frage gestellt. So, als der prominente Städtebautheoretiker Roman Heiligenthal über den Madrider Wettbewerbsentwurf von „Blum, Jansen, Liedecke und Zuago" (sic) die Meinung äußerte, dass dieser kaum als spanischer Beitrag betrachtet werden könne. Er räumte jedoch ein:

> Umfangreiche gemeinnützige Arbeiten aus Barcelona und Madrid bekunden den Willen zu einer Auflockerung der Baudichte, die in den früheren Gepflogenheiten des Landes nicht zu finden war. Spanien sucht eine besondere Form der Gartenstadt in der sogenannten *Ciudad Lineal* zu entwickeln, welche charakterisiert ist durch den Aufbau entlang den großen Verkehrslinien des Landes. Abschließende Erfahrungen, welche ein Urteil ermöglichen, liegen noch nicht vor.[210]

Elf Jahre nach seinem Tod erfuhr Arturo Sorias Idealtyp durch die Veröffentlichung der Denkschrift der CMU „Die Ciudad Lineal – Die spanische Formel der Gartenstadt als System der Architektur von Städten und der Kolonisierung des Landes" (Berlin 1931) endlich auch in Deutschland als dezentrales Modell die ihr gebührende Anerkennung. Es hieß dort:

> Auch in Deutschland, das auf dem Gebiete des Baues neuer Städte, der Reform alter Städte und der Siedlungspläne an der Spitze der ganzen Menschheit marschiert, muß die Linienstadt – und sie wird es bestimmt – verwirklicht werden. Sie müßte besonders als natürliche und als beste Ergänzung zu den projektierten großen Automobilstraßen verwandt werden, welche die Nordsee mit dem Mittelmeer verbindend, durch die Schweiz bis Mailand, Genua, Venedig und Rom führen werden.[211]

Ironischerweise waren es aber erst die sozialistischen Bandstadtplanungen der sowjetischen Desurbanisten, welche die Aufmerksamkeit auf den liberalen Madrider Pionier lenkten. El Lissitzky hatte in seinem Buch „Russland: Architektur für eine Weltrevolution" (Wien 1930) Sorias Schema der linearen Verknüpfung zweier Städte abgebildet. Noch im selben Jahr erschien in

---

209 Linder, Paul: *La exposición berlinesa de la construcción*. In: Arquitectura 14 (1931), H. 9, S. 287.

210 Roman Heiligenthal, *Ausstellung für Städtebau- und Wohnungswesen: I. Internationale Abteilung. Frankreich, Italien und Spanien*. In: Zentralblatt der Bauverwaltung 51 (1931), H. 48, S. 691.

211 *Die Ciudad Lineal. Die spanische Formel der Gartenstadt als System der Architektur von Städten und der Kolonisierung des Landes*. Berlin 1931. S. 121.

Basel Nikolaj Miljutins „Sozgorod: die Planung der neuen Stadt". Mittlerweile waren auch deutsche Architekten wie Adolf Rading oder Josef Rings mit ihren eigenen Bandstadtmodellen in die Öffentlichkeit getreten.[212] Zur Gründung einer deutschen Bandstadtgesellschaft, wie sie unter anderem in Frankreich, Belgien, England, Chile, Japan, Indien oder den USA entstanden waren, kam es allerdings nicht. Aber selbst Martin Wagner hat sich nach der Städtebauausstellung von 1931 intensiv mit der im Bandstadtkonzept Sorias angelegten Überwindung des Stadt-Land Gegensatzes auseinandergesetzt.[213] Auf der Suche nach der neuen visionären Realität einer „Stadt des Landes" stellte er fest:

> Die neue Stadt-Land-Stadt wird äußerlich die Form einer langgestreckten „Band-Stadt" haben und in dieser Form sowohl von der mittelalterlichen Stadt wie von der Großstadt der Ich-Zeit grundsätzlich abweichen. Diese Bandstadt ist nicht ein willkürlich gewähltes „System", sondern eine logische und zwangsmäßige Folge der Entwicklung der Stadt zu einer vollkommenen Form für den Menschen, für die Maschine und für das Kapital. Wer Augen hat zu sehen, der sieht heute schon, wie sich ein Großstadt ganz zwangsläufig in viele „Bandstädte" auflöst, die der Verkehrsmaschine und den Verkehrswegen folgen, die Menschen, das Kapital und die Maschine an der größten und leistungsfähigsten Verkehrsstraße zur Ansiedlung bringen.[214]

Und als 1933 Martin Pfannschmidt in *Wasmuths Monatshefte für Baukunst und Städtebau* Grundsätzliches zur Bandstadtfrage klären zu müssen glaubte, machte er es in Hinblick auf die ins Gespräch gekommene Vorstellung einer „Bandstadt Groß-Berlin".[215] Er beschrieb Groß-Berlin als eine Stadt, in der, außerhalb des kleinen Verwaltungskerns der *City*, die Industrie- und Mischsiedlungen entlang der Verkehrsadern einen bandartiger Organismus heraus-

---

212 Zu Josef Rings (1878-1957) siehe: Rings, Werner: *„Die Wabenstadt"* – *Zur Geschichte der Ringschen Bandstadt*. In: Gerhard Fehl und Juan Rodríguez Lores (Hrsg.): *„Die Stadt wird in der Landschaft sein und die Landschaft in der Stadt"*. Basel 1997. S. 190-201.

213 Siehe: Wagner, Martin: *Städtebau als Wirtschaftsbau und Lebensbau*. In: Die neue Stadt 1 (1932), H. 8, S. 162-178.

214 Wagner, Martin: *Die neue Stadt im neuen Land*. Berlin 1934. Abgedruckt in: F. Bollerey, G. Fehl, K. Hartmann (Hrsg*.)*: *Im Grünen wohnen – im Blauen planen: ein Lesebuch zur Gartenstadt*. Hamburg 1990. S. 280.

215 Pfannschmidt, Martin: *Die Bandstadt Groß-Berlin. Grundsätzliches zur Bandstadtfrage*. In: Wasmuths Monatshefte für Baukunst und Städtebau 17 (1933), S. 186-188. Ebenso: Schoszberger, Hans: *Luftschutz und Städtebau*. In: Wasmuths Monatshefte für Baukunst und Städtebau 17 (1933), S. 476-479. Zur Nähe der Radialen einiger konzentrischen Stadtmodelle im Groß-Berliner Wettbewerb von 1910 zum Bandstadt-Konzept siehe: Kanraith, Wilhelm: *Die Bandstadt – Städtebauliche Vision oder reales Modell der Stadtentwicklung?* Wien 1997.

gebildet hätten. Auf „natürliche" Weise, „fast ohne Förderung durch eine einheitliche städtebauliche Entwicklung". Daraus folgerte er:

> An Stelle der Kampfrufe „Hie Marktstadt, hie Bandstadt" tritt damit eine Vereinigung linearer und zentraler Ordnungsprinzipien in Anpassung an natürliche und gesellschaftliche Standortbedingungen, deren Vernachlässigung leicht zu erheblichen Fehlinvestitionen führt.

Der Verbindung von Zentral- und Bandstadt würde nach Pfannschmidts Einschätzung die Zukunft gehören, für die man – nachdem die Weltwirtschaftskrise dem Siedlungsbau der goldenen Zwanziger ein jähes Ende bereitet hatte – emsig nach alternativen, wirtschaftlich tragbaren Modellen suchte. Eine Besinnung auf die elementarsten *individuellen* Bedürfnisse schien geboten. Damit zog die „Zentral-Bandstadt" ein neues, den Bedingungen der Gegenwart angemesseneres Siedlungsmodell nach sich, dass an Sorias Parole des Stadt-Land-Ausgleichs anknüpfte: „für jede Familie ein Haus; zu jedem Haus ein Gemüsebeet und ein Garten". Über die neuerliche Aktualität des Selbstversorgungsgedankens schrieb Pfannschmidt:

> Außer den Anlagen für Verkehr und Versorgung handelt es sich hierbei in erster Linie um den Bau von Nebenerwerbssiedlungen für die Berufstätigen in Industrie, Handel und Verkehr. Insbesondere können auch lohnempfindliche Betriebe in der Großstadt ihre Wettbewerbsfähigkeit weiterhin behaupten, wenn sie sich auf eine Arbeiterschaft stützen können, die infolge zusätzlichen Einkommens aus Nutzgärten keine wesentlichen höheren Arbeitslöhne zu beanspruchen braucht als in ländlichen und mittelstädtischen Gebieten außerhalb mit bisher billiger Lebensunterhaltung. Arbeitgeber, Arbeitnehmer und Stadtverwaltungen haben daher an einer schnellen Verbreitung der Nebenerwerbssiedlungen das denkbar größte Interesse. In organischer Vereinigung von Marktstadt und Bandstadt bildet der Bau derartiger Industriesiedlungen in Zukunft ein bevorzugtes Aufgaben gebiet von Wirtschaft, Verwaltung und Technik.[216]

Mann könnte Pfannschmidts Vorschlag der organischen Kreuzung von Groß- und Bandstadt als Verschmelzung zweier liberaler Wachstumsleitbilder deuten und in dieser neuen Einheit aufgrund der Herkunft der einzelnen Komponenten einen seltenen Fall deutsch-spanischen Dialogs vermuten. Weit gefehlt. Die Brisanz des Bandstadt-Leitbildes als eines zeitgemäßen regionalplanerischen Ansatzes wurde in Spanien zu diesem Zeitpunkt nicht wahrgenommen. Vielmehr geriet die Madrider Bandstadt in Schwierigkeiten: 1932 wurde das Erscheinen der städtebaulichen Pionier-Zeitschrift *La Ciudad Lineal* eingestellt; 1934 auch jede Bauaktivität der CMU.

---

216 Pfannschmidt, Martin: *Die Bandstadt Groß-Berlin. Grundsätzliches zur Bandstadtfrage.* In: Wasmuths Monatshefte für Baukunst und Städtebau 17 (1933), S. 188.

Wie die erhaltenen Anträge der Stipendiaten der JAE bezeugen, blieb zu Beginn der dreißiger Jahre Deutschland eine Pilgerstätte spanischer Architekturstudenten. Sie begaben sich dorthin, um sich die wissenschaftlichen Grundlagen eines Städtebaus der Großstadt anzueignen. In ihnen vermutete man den Schlüssel für den Erfolg der Weimarer Republik auf dem Gebiet des Massenwohnungsbaus. Beispielsweise trat Luis Pérez Mínguez, der spätere langjährige Madrider Städtebau-Professor (1942-1966), 1930 seine Berlin-Reise mit dem Ziel an, an der Technischen Hochschule Berlin-Charlottenburg die Kurse von Hermann Jansen und Bruno Taut zu besuchen und dabei ein theoretisches Wissen anzusammeln, das er nach seiner Rückkehr durch Veröffentlichungen unter anderem zur neuen Berliner Bauordnung oder zu Schumachers Regionalplan für Hamburg weitergeben sollte.[217] Gleichzeitig machte er als Praktikant unter anderem bei Jansen und Martin Wagner wertvolle berufliche Erfahrungen. Als jedoch Pérez Mínguez 1933 versuchte, dieses praktische Wissen bei Zuazo im Zuge der Weiterentwicklung der Pläne für die Erweiterung und den Umbau Madrids anzuwenden, kam es zum Eklat: Seine Vorschläge für eine soziale Lösung der Bodenfrage nach deutschem Muster, wurden von Zuazo abgelehnt, da sie mit seinen unternehmerischen Interessen kollidierten.

Pérez Mínguez stand mit dieser frustrierenden Begegnung mit der spanischen Realität nicht allein. Zum gemeinsamen Erfahrungsschatz der meisten Berliner JAE-Stipendiaten gehörten neben den in Spanien geschürten Erwartungen, mit denen einige der ehrgeizigsten spanischen Architekten unmittelbar nach ihrem Diplom nach Deutschland zogen, auch die Enttäuschungen, die sie nach ihrer Rückkehr beim Versuch der Übertragung der ihnen dort vermittelten Kenntnisse erlebten.

Konstruktion und Gesellschaft: Rodríguez Orgaz, Wachsmann und der moderne Schulbau

Im Zusammenhang mit den gescheiterten Transferversuchen von Konzepten und Praktiken sind die Berliner Erfahrungen von Alfredo Rodríguez Orgaz aus Madrid und Juan Bautista Subirana aus Barcelona bezeichnend.

Rodríguez Orgaz war unmittelbar nach dem Diplom dank der finanziellen Unterstützung der JAE nach Berlin gereist und hatte durch Vermittlung Zuazos ein Studienplatz an der TH Berlin-Charlottenburg ergattert, wo er Jan-

---

217 Pérez Mínguez, Luis: *La organización del Plan Regional. Estudio sobre el plan regional hamburgo-prusiano hecho a base del material facilitado por su director, doctor Fritz Schumacher.* In: Arquitectura 14 (1932), H. 11-12, S. 350-361. Pérez Mínguez, Luis: *Nuevas Ordenanzas Municipales de Berlin.* In: Arquitectura 14 (1932), S. 259. Pérez Mínguez, Luis: *Las Ordenanzas Municipales en la urbanización.* In: Nuevas Formas 1 (1934), H. 2, S. 353-358.

II. Großstadtmodelle

sens Städtebau-Seminar und Tauts Seminar für Wohnungswesen besuchte. Von seiner Beschäftigung mit Jansens Stadtmodell zeugt die Besprechung, die er über den Film „Die Stadt von Morgen" für *Arquitectura* verfasste.[218] Bald lernte er während eines Besuchs bei Paul Linder, der seine jungen spanischen Kollegen in die Berliner Szene einführte, Walter Gropius kennen, in dessen Büro er in der Folge einige Monate arbeitete. Seine sicherlich wichtigste Berliner Erfahrung war aber die Zusammenstellung der spanischen Abteilung in der Berliner Bauausstellung. Er erhielt hierfür den Auftrag der spanischen Architektenkammer gemeinsam mit Subirana, der sich auch nicht nur darauf beschränkte die Veranstaltungen von Jansen und Taut zu besuchen. Er befasste sich mit den Erfahrungen der Reichsforschungsgesellschaft für Wirtschaftlichkeit am Bau- und Wohnungswesen in der Siedlung Spandau-Haselhorst und mit den öffentlichen Bauten der Gemeinde Wien, die er im März 1931 besichtigte. Gleichzeitig belegte Subirana an der TH rein technische Fächer wie „Mathematische Elastizitätslehre" oder „Anwendungen der Statik und Festigkeitslehre" und nahm eine Stelle als Mitarbeiter der Berliner Baufirma Richter & Schädel an. Dieses konstruktive Interesse spiegelten auch die Berichte über die Bauausstellung, die durch Subirana und Rodríguez Orgaz im Organ der *Sociedad Central de Arquitectos* abgedruckt wurden, zum Beispiel als es zum zentralen Konzept der Trockenbauweise hieß:

> Eine der Bemühungen, die in der Ausstellung deutlich werden, ist die, des Verzichts auf Wasser in den Baustellen. Das Zeitalter der Mauerziegel und des Mörtels ist endgültig überwunden. Der deutsche Architekt *montiert* sein Haus auf dem Gelände und geht dabei von innen nach außen vor. Er verzichtet auf jedwede Vorstellung von *Fassade*.[219]

Angesicht experimenteller Montagehäuser, die in der Ausstellung zu sehen waren, wie etwa Gropius' „Kupferhaus", erscheint diese Bemerkung zutreffend. Die Weltwirtschaftskrise hatte die Aufmerksamkeit der zunehmend von der Arbeitslosigkeit betroffenen deutschen Architekten verstärkt auf das Forschungsthema der Industrialisierung des Bauens gelenkt. Nicht aber, wie in den goldenen Zwanziger, im Sinne der Rationalisierung von Großbaustellen – für die Wagner, May oder Gropius mit ihren Berliner, Frankfurter und Dessauer Siedlungen Pionierarbeit geleistet hatten –, sondern auf dem Gebiet

---

218 Rodríguez Orgaz, Alfredo: *La ciudad de mañana. Un film de Urbanización de Erich Kotzer, Berlin, y Maximilian v. Goldbeck, Nurnberg.* In: Arquitectura 13 (1931), S. 115-120. Im Kommentar hieß es, dass eine spanische Fassung des Streifens in Vorbereitung sei.
219 Boletín de la Sociedad Central de Arquitectos 15 (1931), H. 347-348, S. 16. Übersetzung J. M. W. Im Zusammenhang mit der Tätigkeit von Rodríguez Orgaz y Subirana im Auftrag der zentralen Architektenkammer Spaniens, siehe die Hefte 345-346 y 349-350 der selben Zeitschrift.

des vorstädtischen Eigenhauses. „Das billige und zeitgemäße Eigenheim" lautete der Titel eines Wettbewerbes, den 1930 die Berliner Zeitschrift *Bauwelt* ausschrieb. „Zeitgemäß" meinte nichts anderes als „ökonomisch bedingt". Es beteiligten sich 1903 Architekten aus ganz Deutschland. Unter den veröffentlichten Einsendungen befanden sich suburbane „Schutzhütten" von Angehörigen der jüngsten Architektengeneration wie Walter Segal, Egon Eiermann oder Konrad Wachsmann.[220] Wachsmann Teilnahme ist hervorzuheben. Aus seiner Tätigkeit zwischen 1926 und 1929 als Chefarchitekt der *Christoph & Unmack A. G.* in Niesky, der damals größten Holzbaufirma Europas, konnte er, trotz seines jungen Alters von gerade 30 Jahren, bereits auf einen beträchtlichen Erfahrungsschatz auf dem Gebiet der Planung und Entwicklung von industriell gefertigten Holzhäusern zurückgreifen. Ein experimentell angeeignetes Wissen, das ausschlaggebend war, um den begehrten Auftrag für den Bau eines Landhauses in Caputh bei Potsdam zu ergattern, mit dem die Stadt Berlin 1929 den Physiker Albert Einstein anlässlich dessen 50. Geburtstags großzügig ehrte. Das Sommerhaus machte seinen Architekten schlagartig bekannt. Die allgemeine Anerkennung der Fachkreise folgte im Jahr darauf mit der Veröffentlichung – auf Anregung des Verlages Ernst Wasmuth – des Buches „Holzhausbau. Technik und Gestaltung". Als Beispiele für die verschiedenen Bauweisen (ortsfeste Fachwerkbauweise, Tafel- oder Plattenbauweise, Blockbauweise) brachte er Bauten so unterschiedlicher Autoren wie Hans Poelzig, Ernst May, Henry van de Velde, Paul Schmitthenner oder Hans Scharoun und ignorierte damit die reaktionäre Besetzung des Holzes als vaterländisches Material. Davon unberührt, erhob Wachsmann pragmatisch Anspruch auf die Modernität dieses Baustoffes, ohne auf die Überlieferung einer jahrhundertealten Tradition der Holzbaukunst zu verzichten. Ausschlaggebend für die Qualität des zeitgenössischen Holzhausbaus waren nicht moderne Formalismen, sondern die dank neuartiger Methoden der industriellen Fertigung ermöglichte Konvergenz von konstruktiver und ökonomischer Logik. Darin bestand Wachsmanns Botschaft, mit der er im krisengeschüttelten Deutschland auf breite Zustimmung stieß.

Man kann davon ausgehen, dass Subirana und Rodríguez Orgaz während ihres Aufenthalts in Berlin Wachsmanns Buch zur Kenntnis genommen haben. Dieser Umstand ist insofern relevant, als Wachsmann in den Jahren 1933-1934 in Spanien Gelegenheit erhalten sollte, sein Programm zu überprüfen. Es besteht sogar eine direkte Verbindung: Der „Holzhausbau" hatte

---

220 *60 billige zeitgemässe Eigenhäuser. Das Ergebnis des Bauwelt-Wettbewerbes.* In: Bauwelt 22 (1931), H. 9, S. 256 ff. *Das zeitgemässe Eigenheim.* In: Wasmuths Monatshefte für Baukunst 15 (1931), S. 113 ff.

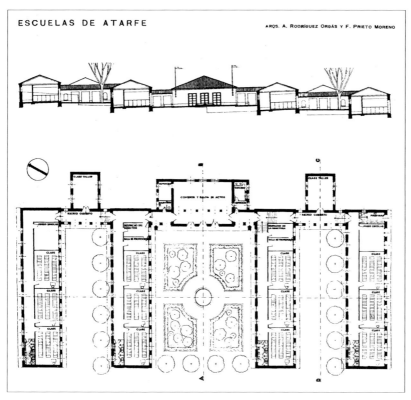

2.62

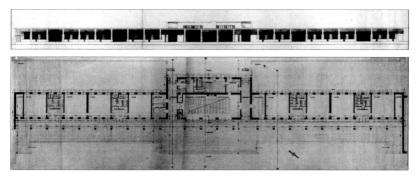

2.63-64

2.62 Alfredo Rodríguez Orgaz und Francisco Prieto Moreno, *Escuelas de Atarfe* (1932). Grundriss und Schnitt

2.63-64 Alfredo Rodríguez Orgaz und Konrad Wachsmann, *Colonia Escolar en la Playa de San Cristóbal*, Almuñecar 1933. Ansicht und Grundriss.

Wachsmann 1932 zu einem Stipendium der Preußischen Akademie der Künste an der Villa Massimo in Rom verholfen, wo er mit dem spanischen Maler Mariano Rodríguez Orgaz – Alfredos Bruder – Freundschaft schloss. Von seinem spanischen Freund angeregt, unternahm er eine Spanienreise, die ihn schließlich nach Granada führte, wo Alfredo Rodríguez Orgaz auf Vermittlung von Secundino Zuazo die Stelle des Stadtbaurats (*arquitecto municipal*) erhalten hatte. Als solcher stellte er seinen sechs Jahre älteren, prominenten Kollegen aus Deutschland als seinen Assistenten auf dem Gebiet des Schulbaus ein.[221] Die Projekte, die Wachsmann während seiner Zeit in Granada bearbeitete, zeugen vom Bestreben, die in Mitteleuropa geführten Debatten zur Reform des Schulbaus auf die andalusischen Verhältnisse zu übertragen. Allerdings hatte Rodríguez Orgaz bereits vor Wachsmanns Ankunft ähnliche Versuche unternommen. Gemeinsam mit Francisco Prieto Moreno – ein weiterer ehemaliger Berliner Stipendiat der JAE – hatte er 1932 eine vierflüglige Anlage für Atarfe, ein Ort in der Nähe Granadas, geplant, die prompt in *Arquitectura* veröffentlicht wurde.[222] Der Kommentar ließ kein Zweifel am modellhaften Charakter ihres Vorschlages:

> Die neue Schulanlage von Atarfe bedeutet ein Fortschritt im spanischen Schulbau, da sie ein Versuch darstellt, die neuen Flachbauschulen in unserem Land einzuführen. Sämtliche Klassenräume haben die beste Ausrichtung und man konnte von ihnen aus direkt in den Außenraum treten, der für den Freiluftunterricht angelegt ist. Bedauerlicherweise stört die Lage des Gartens diese Nutzung. Die Freiluft-

---

[221] Es sind Dokumente dieser Tätigkeit erhalten: Archiv der Akademie der Künste, Sammlung Baukunst. Nachlass K. Wachsmann. WV-2, Schulgebäude in Spanien. Siehe hierzu: Medina Warmburg, Joaquín: *Escuelas modernas: Konrad Wachsmann en Granada*. In: *Equipamientos e infraestructuras culturales (1925-1965)*. Barcelona 2002, S. 49-56. (Beitrag zum Symposion „Equipamientos e infraestructuras culturales (1925-1965), Tercer Seminario Do.co.mo.mo. Ibérico", Porto 15.-17. November 2001)

[222] Noch als Student an der Madrider Architekturfakultät beantragte Prieto Moreno ein Stipendium der JAE um im Sommer 1931 die Berliner Bauausstellung zu besuchen. Im Verlauf dieser Reise knüpfte er Kontakt zu Rodríguez Orgaz. Prieto Moreno stammte aus Granada, eine Stadt, über die er verschiedene Untersuchungen durchführte, die von *Arquitectura* veröffentlicht wurden. [*Estudio sobre el Albaicín*. Arquitectura 15 (1933), H. 166, S. 33-42; H. 167, S. 65-75] Diese waren entscheidend für die städtebaulichen Vorschläge von Rodríguez Orgaz als Stadtbaurat Granadas. Prieto Moreno – der acht Monate lang diese Stelle innehatte – stellte 1932 y 1933 Stipendiumsanträge um in Berlin bei Hermann Jansen Städtebau zu studieren. [Archivo Junta de Ampliación de Estudios – Residencia de Estudiantes, Expediente Francisco Prieto Moreno Pardo JAE 118-575]

Klassenräume sind mit Sonnendächern ausgestattet, die vor der übermäßigen Einstrahlung der Sonne Andalusiens Schutz bieten.[223]

Der letzte Satz führt auch die Problematik der Übertragung des reformerischen Freilichtideals (Luft-Licht-Sonne) vor Augen, das dem Projekt zugrunde lag. Obwohl das äußere Erscheinungsbild zunächst regionalistisch anmuten könnte, ist der Vergleich zu den deutschen Flachbauschulen – etwa eines Ernst May in Frankfurt – nicht fehl am Platze. Zur Bestätigung reicht es, die Ähnlichkeit mit den zwei Schulentwürfen, die Wachsmann für Rodríguez Orgaz bearbeitete, zu beobachten: Der Entwurf für den Küstenort Almuñecar bestand, wie zuvor in Atarfe, aus einem zentralen Körper – durch den die Mädchen und Jungen getrennt die Schule betraten – und acht Klassenräumen, die – in Zweiergruppen mit gemeinsamer Umkleide und Abortanlage – entlang einer Galerie linear angeordnet wurden. Diese einfache symmetrische Struktur ergab sich aus dem Wunsch, den Flur als Veranda auszubilden, über die man von den Aulen über die Terrasse direkten Zugang zum Strand hatte. Das zentrale Volumen enthielt den Speise- und Festsaal sowie die Zimmer des Schularztes. Die Höhe dieses Quaders übertraf die der Klassenräume und der Galerie, wodurch eine plastische Figur entstand, die auf eine Musterschule zurückging, die 1930 in der Internationalen Hygiene-Ausstellung in Dresden gezeigt worden war. Es handelte sich um einen Prototyp der Christoph & Unmack A. G., den Wachsmann im „Holzhausbau" aufgenommen hatte.[224]

Der zweite Entwurf, die Schule Miguel de Cervantes in Granada, setzte sich aus zwei klar von einander differenzierten Einheiten zusammen: zum einen eine zweigeschossige Kammstruktur mit einbündigen, pavillonartigen Flügeln, wie wir ihnen bereits im Vorschlag für Atarfe begegneten; zum anderen, ein sechs Stufen tiefer liegender Pausenhof, der durch die eingeschossigen Körper des Speisesaals, der Arztpraxis, der Hausmeisterwohnung und des Schwimmbads seitlich gefasst wurde. Die Verknüpfung der zwei Gebäudeteile erfolgte durch eine querliegende Galerie, die an den Kopfseiten die Zugänge zum oberen Geschoss barg.

Die Zuordnung der Bereiche entsprach der neuen Aufspaltung des Unterrichts in geistige und körperliche Erziehung. So sollten beispielsweise die

---

223 L. V., *Las escuelas de Atarfe, Arquitectos A. Rodríguez Orgaz y F. Prieto Moreno*. Arquitectura 15(1933), H.167, S.85. Übersetzung J. M. W. Zu diesem Entwurf siehe ebenso: Mosquera Adell, Eduardo und Pérez Cano, Maria Teresa: *La Vanguardia Imposible. Quince visiones de arquitectua contemporánea andaluza*. Sevilla 1990. S.175.

224 Wachsmann, Konrad: *Holzhausbau – Technik und Gestaltung*. Berlin 1930 (Basel/Boston/Berlin 1995). S. 126.

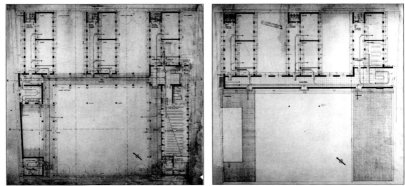

2.65 2.66

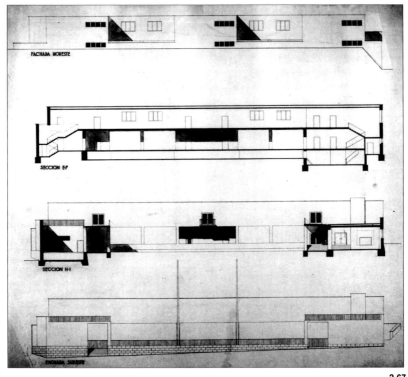

2.67

2.65-67 Alfredo Rodríguez Orgaz und Konrad Wachsmann, *Grupo Escolar Miguel de Cervantes en la calle Molinos*, Granada 1933. Grundrisse, Ansichten und Schnitte.

II. Großstadtmodelle 279

Dachterrassen der niedrigen Baukörper dazu dienen, den Forderungen der modernen Hygieniker nach Sonne, Luft und Licht nachzukommen. Die Schule Miguel de Cervantes hatte auf diesem Gebiet als Vorbild zu dienen. Ihr abstrakter Modellcharakter wird an der problematischen städtebaulichen Einfügung deutlich: Die orthogonale Struktur des Gebäudes entspricht nicht den schiefwinkligen Grundstücksgrenzen. Vielmehr wirkt der Bau – durch die punktuelle Störung seiner Orthogonalität und Symmetrie – gewaltsam hineingepresst. Selbst auf die Unebenheiten des Geländes nahmen die Architekten keine Rücksicht: Sie wurden durch eine steinerne Plattform neutralisiert. Es scheint, als hätten Rodríguez Orgaz und Wachsmann bewusst die rigide Autonomie einer Musterschule behaupten wollen. Ihre Architektur jedenfalls folgte einer ubiquitären Logik. In der Entwurfserläuterung vom August 1930 unterstrich Rodríguez Orgaz die Vorreiterrolle des Grupo Escolar Miguel de Cervantes: Es sollte die erste Umsetzung der zwei Monate zuvor verabschiedeten neuen technisch-hygienischen Bestimmungen der Republik für den Bau von Schulen gemäß den modernen pädagogischen Prinzipen der „escuela activa" sein.[225] Damit rechtfertigte Rodríguez Orgaz die erhebliche Verteuerung der Anlage. Dieser Umstand stellt einige der neuen Anforderungen, die an die Reformschule herangetragen wurden, grundsätzlich in Frage: So wäre zu hinterfragen, ob die von Wachsmann im „Holzhausbau" mit sachlichem *Ethos* geforderte Rationalität und Ökonomie, nicht doch primär als stilisierte Pathosformeln Anwendung fand. Gewiss. Aber man müsste präziser differenzieren und den überzogenen Hygiene-*Pathos* der Schule im Zusammenhang mit dem politischen Modernisierungsprogramm der Republik betrachten. Anderenfalls blieben auch die institutionellen Repräsentationsformeln auf dem Spielhof – ein Ehrenhof mit Anspracheballon zwischen Fahnenstangen – in ihrer Theatralik unverständlich.

Bald nach Ausrufung der Zweiten Spanischen Republik am 14. April 1931 hatte die aus den Wahlen hervorgehende republikanisch-sozialistische Koalitionsregierung ein tiefgreifendes Reformprogramm in Angriff genommen – man spricht vom *bienio de reformas* (1931-1933) –, das die Volkserziehung zu einer der Prioritäten des Landes erhob. Siegfried Giedion, der als CIAM-Sekretär im Frühjahr 1932 das republikanische Spanien besuchte, konstatierte für die *Frankfurter Zeitung*:

> Wir sind in Spanien. In uns allen lebt das Gefühl, daß die Dinge hier in Bewegung sind. Hier steht nicht das Wohnproblem an erster Stelle wie im Norden, sondern das *Schulproblem*. Schulen müßen gebaut werden. 400 Millionen sind dafür aus-

---

225 Die Pläne und die Entwurfserläuterung vom 30. August 1933, sind im Archivo General de la Administración (AGA) in Alcalá de Henares erhalten. Ich danke Salvador Guerrero für die Bereitstellung dieses Materials.

gesetzt. Die persönliche Berührung mit den Regierendenden lehrt uns, daß die Pläne nicht Papier bleiben werden.[226]

Tatsächlich hatte man zu diesem Zeitpunkt den vielversprechenden Absichtserklärungen bereits erste Taten folgen lassen: Durch bildungspolitische Maßnahmen wie großangelegte Alphabetisierungskampagnen oder Programme zum Bau von Notschulen erhoffte man sich entscheidende Impulse und erste Erfolge im übergeordneten Prozess der Modernisierung Spaniens. Weiter Giedion:

> Zu Beginn des jetzigen Umsturzes, wenn wir den sanften Wandel, der sich in Spanien vollzogen hat, so nennen dürfen, gab es ungefähr 35 000 Schulen. Die doppelte Zahl wäre nötig. 7000 hat die Republik im letzten Jahre erbaut.[227]

Die in den jungen republikanischen Institutionen tief verwurzelten reformpädagogischen Traditionen des *Krausismo* trafen mit dem Leitbild der Laienschule auf die Sehnsüchte einer Gruppe spanische Architekten nach kultureller Erneuerung. Sie hatten sich bereits 1930 zur GATEPAC (*Grupo de Arquitectos y Técnicos Españoles para el Progreso de la Arquitectura Contemporánea*) – die spanische Abteilung der CIRPAC (*Comité International pour la Réalisation des Problèmes Architecturaux Contemporains*) – zusammengeschlossen.[228] Als Vertreter ihrer Untergruppen Mitte (Madrid) und Ost (Katalonien) organisierten Fernando García Mercadal und der aus Berlin nach Barcelona zurückgekehrte Juan Bautista Subirana Ende 1932 im Madrider Ministerium für Volkserziehung und der Schönen Künste eine Internationale Ausstellung Moderner Schulbauten (*Exposición Internacional de*

---

226 Giedion, Siegfried: *Blick nach Spanien. IV: Tagung in Barcelona*. In: Frankfurter Zeitung (Wochenblatt) vom 16. September 1932. (Weitere Berichte Giedions erschienen in der *Frankfurter Zeitung* am 17. Juli, 5. und 24. August, 28. September sowie am 5. Oktober)

227 Giedion, Siegfried: *Blick nach Spanien. III*. In: Frankfurter Zeitung (Wochenblatt) vom 24. August 1932. Die Zahl von 7000 Notschulen ist auch von Oriol Bohigas als Zitat von Bernardo Giner de los Ríos für seine *Arquitectura Española de la Segunda República* (Barcelona 1970/1998) übernommen worden.

228 Es verblüfft festzustellen, wie sehr die hygienische, pädagogische und soziale Programmatik des Schulbaus der Moderne in Spanien schon um die Jahrhundertwende durch die Laienschulen der *Institución Libre de Enseñanza* vorweggenommen worden ist. So fanden etwa die modernen Ideale des „Luft-Licht Sonne", die Rodríguez Orgaz und Wachsmann in ihrer Schule Miguel de Cervantes in Granada gefrönt hatten, bereits in der Madrider Schule Cervantes von Antonio Flórez 1913-1916 eine konsequente Anwendung (Schwimmbad, Dachterrasse ...). Siehe: Guerrero, Salvador: *Arquitectura y pedagogía. Las construcciones escolares de Antonio Flórez*. In: Guerrero, Salvador (Hrsg.): *Antonio Flórez, arquitecto (1877-1941)*. Madrid 2002. S. 61-145.

Escuelas Modernas en el Ministerio de Instrucción Pública y Bellas Artes). Die Ausstellung war ursprünglich von der Schweizer CIRPAC-Gruppe unter der Leitung von Werner Moser zusammengestellt worden, wie den begleitenden Artikeln in der Zeitschrift *AC - Documentos de Actividad Contemporánea* – dem Organ der GATEPAC – entnommen werden konnte.[229] In der Ausstellung sollten vor allem den Entscheidungsgremien die Ideale des modernen Schulbaus nahe gebracht werden, wie sie von den mitteleuropäischen Kollegen des CIRPAC entwickelt worden waren: Hygiene, Funktionalität, Rationalität, Ökonomie und konstruktive Logik wurden als Pendants zur Reformpädagogik gepriesen. Ja, die neue Architektur war selbst zu den zeitgemäßen Lehrmitteln zu zählen. Zu den ausgewählten Vorbildern zählte Ernst Mays Pavillonschule am Bornheimer Hang (1927) ebenso wie die Dresdner Musterschule der Christoph & Unmack A. G.

Zu den interessantesten spanischen Versuchen Soziales, Pädagogisches und Konstruktives im neuzeitlichen Schulbau zu verknüpfen, gehören zwei Projekte, die Subirana 1933 in Barcelona realisieren konnte: eine Bibliothek und ein Kindergarten aus vorgefertigten Holztafeln, die eher den von Wachsmann im „Holzhausbau" geäußerten Ansprüchen gerecht wurden als dessen Entwürfe für Granada. Sie beweisen, dass der technologische und konzeptuelle Rückstand Spaniens gegenüber Mitteleuropa keineswegs unüberbrückbar war. Subirana hatte unmittelbar nach seiner Rückkehr erste Gegenbeweise geliefert und gleichzeitig die Herausforderung nach Aufhebung des Gefälles angenommen. Im Juni 1932 hielt er in Zusammenarbeit mit dem *Comité Hispano-Alemán* zwei Vorträge in der Deutschen Schule und der Architekturfakultät Barcelonas zum konstruktiven Thema „Die Entwicklung der Decke und der Wand" (*La evolución del techo y de la pared*), in denen er die in Deutschland auf dem Gebiet der Industrialisierung des Bauens erzielten Fortschritte erörterte. Als Beispiele zeigte er neueste Berliner Decken- und Wandaufbauten von unter anderem Mendelsohns Columbus-Haus und der Reichsforschungssiedlung Spandau-Haselhorst. Eine der Deckenkonstruktionen aus vorgefertigten Bimsbetonplatten, die er in Deutschland genauestens studiert hatte, meldete Subirana sogar im Dezember 1931 auf seinem Namen für Spanien zum Patent an.[230] Subiranas Hauptinteresse galt dem

---

229 Siehe: *Sección de noticias.* In: AC 2 (1932), H. 8, S. 39-40. Moser, Werner: *La escuela como construcción funcional.* In: AC 3 (1933), H. 9, S. 23-26. Moser, Werner: *La escuela en la ciudad.* In: AC 3 (1933), H. 10, S. 28-29. Der genaue Inhalt der ausgestellten Schautafeln ist den erhaltenen Unterlagen des GATCPAC zu entnehmen: Archivo histórico del COAC (Barcelona), Fondo GATCPAC: *Exposición sobre la escuela moderna* (C 21/144, C 14/83/8)

230 Boletín Oficial de la Propiedad Industrial, Nr. 1087, 16. Dezember 1931, S. 3560.

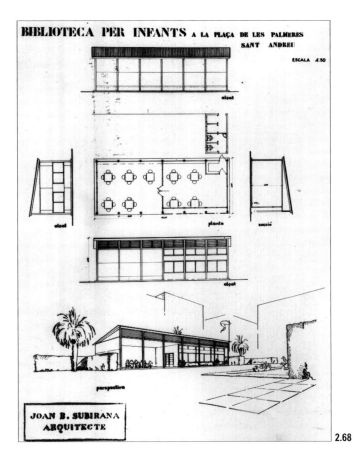

2.68-69 Juan Bautista Subirana, *Biblioteca per Infants*, Sant Andreu bei Barcelona 1933. Ansichten, Grundriss, Schnitt, Perspektive, Foto

Stahlskelettbau und seinen Anwendungen im Wohnungsbau, wie er sie durch ein Praktikum auf der Großbaustelle der Haselhorster Rfg-Siedlung hatte beobachten können.[231] Zur Veranschaulichung der deutschen Errungenschaften auf diesem Gebiet führte er in seinen Vorträgen zwei Filme der Firmen *Siemens-Schukert* („Das erste Fabrikhochhaus in Europa") und *Richter & Schädel* („Stahlskelettbau im Wohnungsbau") vor.

Konstruktion und Gesellschaft: Subirana, Gropius und das moderne Wochenendhaus

Subiranas Vorträge zum modernen deutschen Stahlskelettbau wurden auszugsweise im sechsten *AC*-Heft veröffentlicht.[232] In der darauf folgenden siebten Ausgabe der Zeitschrift, die dem Thema der organisierten Erholung der Massen gewidmet war („Es necesario organizar el reposo de las masas"), stellte die katalanische Sektion des GATEPAC – der GATCPAC – ihre experimentellen Holzbauten und ihren ersten konkreten regionalplanerischen Vorschlag vor: ein abbaubares Wochenendhaus (*Caseta Desmuntable*) in den Varianten Strand- oder Landtyp sowie eine zukünftige Erholungsstadt (*Ciudad del Reposo*) im Süden Barcelonas. Sigfried Giedion, der mit seinem Buch „Befreites Wohnen" 1929 das Bild des entspannten Körpers in einer Theorie des modernen Lebens eingebettet hatte (Luft, Licht, Bewegung!), fasste 1932 in der *Frankfurter Zeitung* die utopische Vision der *Ciudad del Reposo* von Barcelona wie folgt zusammen:

> Eine neue Badestadt für 30 000 Menschen. Fünfzehn Kilometer südlich von Barcelona, in der Fortsetzung einer breiten Straße, die heute noch am Stadtende unmittelbar im Feld abbricht. In fünfzehn Minuten soll das Badegelände durch die weiter zu bauende Untergrundbahn erreichbar werden. Unberührter Boden und Pinienwälder. Ausdehnungsmöglichkeiten. Es soll eine Badestadt für die arbeiten-

---

231 Zu Subiranas Tätigkeit während seines Berlin-Aufenthalts liegt bereits eine wertvolle Untersuchung vor: Floors, Burkhard: *Joan Bautista Subirana, Berlin-Barcelona*. Studienarbeit am Lehr- und Forschungsgebiet Architekturtheorie der RWTH Aachen, SS. 2001.

232 Subirana, Juan Bautista: La evolución del techo y de la pared. In: AC 2 (1932), H. 6, S. 48-49 und 53 (Noticias). Es ist anzunehmen, dass auch der im fünften AC-Heft veröffentlichte Baustellenbericht zu Mendelsohns Columbus-Haus [*„Columbus Haus". Edificio para despachos.- Berlin. Arquitecto: Erich Mendelsohn.* In: AC 2 (1932), H. 5, S. 33-35] von Subirana stammte. Er hatte durch Vermittlung der Alexander von Humboldt Stiftung im Juli 1931 von der Baugesellschaft *Dyckerhoff & Widmann* eine Genehmigung zum Besuch der Baustelle erhalten. Vgl. Floors, Burkhard: *Joan Baptista Subirana, Berlin-Barcelona*. Studienarbeit am Lehr- und Forschungsgebiet Architekturtheorie der RWTH Aachen, SS 2001. S. 83.

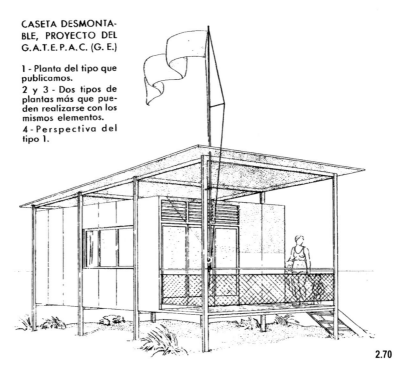

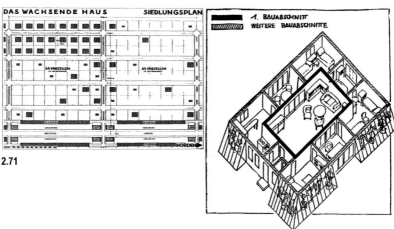

2.70 GATCPAC, *Caseta desmontable de fin de semana, tipo playa*, Barcelona (1932). Perspektive [AC, 1932]

2.71-72 Martin Wagner, *Das wachsende Haus* (1932). Siedlungsplan und Axonometrie

II. Großstadtmodelle

de Bevölkerung werden, denn Barcelona hat völlig ungenügende Badeangelegenheiten. Sie ist in einer Differenziertheit geplant, wie es sie heute noch nicht gibt. Ein Teil wäre für die Badenden bestimmt, die nur einige Stunden bleiben. Ein anderer mit Vorkehrungen für das Wochenende. Ein Teil für Arbeiter, die acht oder vierzehn Tage Ferien erhalten. Ein Teil für Sanatorien.[233]

Wie es in *AC* hieß, waren beide Entwürfe des GATCPAC (das ephemere Freizeit-Refugium und der proletarische Badeort) unmittelbare Folgen des Bedürfnisses der großstädtischen Massen nach einem Leben im Freien, nach ländlicher Ruhe und Harmonie. Es war aber nicht der einzige Weg, das Verlangen des Städters nach Luft, Licht und Sonne zu stillen: Ulargui beteiligte sich mit einem Artikel über städtische Bäder, den er mit Beispielen aus Berlin (Martin Wagner), Semmering (Ludwig Stigler), Nürnberg (Otto Ernst Schweizer) und Frankfurt am Main (Martin Elsaesser) illustrierte.[234] Noch im selben Heft folgten neben ersten spanischen Projekten weitere Schwimmbad-Anlagen in Leuna (Kurt Jahn) und Stuttgart (Paul Bonatz).

Die massive deutsche Präsenz im siebten *AC*-Heft war keineswegs zufällig. Die Wochenend-Infrastruktur hatte sich dort in der zweiten Hälfte der zwanziger Jahre als Experimentierfeld für verschiedene städtebauliche und architektonische Ansätze etabliert. Adolf Behne beschrieb 1931 in seiner Einleitung zum Bilderbuch „Wochenende – und was man dazu braucht" die Eigenart der deutschen Entwicklung: Moderne Transportmittel hätten es dem Städter ermöglicht, in der arbeitsfreien Zeit seine Liebe zur Natur auszuleben. In der Folge sei ein realer Ausgleich zwischen Stadt und Land eingetreten. Und die aus architektonischer Sicht folgenreichste Erscheinungsform des Wochenendlers war die der Anhänger der Mitte des 19. Jahrhunderts durch den Leipziger Arzt Dr. Schreber ins Leben gerufenen Kleingarten-Bewegung. Ihre Gartenlauben – so Behne – seien die Vorläufer des *modernen* Wochenendhauses – eine Aufgabe, die sich in Krisenzeiten ausgesprochen *zeitgemäß* erwies. Behne fasste die wesentlichen Eigenschaften zusammen:

> In Deutschland wohnt ein Teil der Laubenkolonisten im Sommer ständig in der Laube, und einige von ihnen verlassen sie auch im Winter nicht. So wird im Zeichen der Wohnungsnot die Laube zur Zuflucht der Wohnungssuche. Die Kleingärtner, die in ihren Feierabendstunden oft wichtige Kulturarbeit leisten, indem sie aus ödem Brachland blühende Gärten schaffen, sind meist nur Pächter ihres kleinen Grundstückes. Das Wochenendhaus ist keine „verkleinerte Villa", es hat seinen ganz besonderen Charakter, seine eigenen Voraussetzungen. Im Wochenendhaus werden wir weder größere Arbeiten vornehmen, noch viel Besuch empfangen. Arbeitsräume und Zimmer der Repräsentation fallen also fort. Am Wo-

---

233 Giedion, Siegfried: *Blick nach Spanien. II: Barcelona*. In: Frankfurter Zeitung (Wochenblatt) vom 5. August 1932.

234 Ulargui: *Los baños municipales*. In: A.C. 2 (1932), H. 7, S. 32-33.

chenende soll ganz besonders auch die Hausfrau ihre Erholung finden. Das bedingt den Wegfall alles Überflüssigen, es bedingt eine rationale Lage der Räume, die Wege und Kräfte spart, es bedingt auch schlichte, leicht zu reinigende Möbel. So ergibt sich bei der Anlage des Hauses ganz von selbst jene absolute Sachlichkeit, die ja überhaupt von modernen Menschen für das Wohnen erstrebt wird. In der Forderung nach Sachlichkeit und Vernunft begegnet sich der Bauherr des Wochenendhauses mit dem modernen Architekten.[235]

Kurzum: Das Wochenendhaus galt für Behne als Paradigma des modernen Wohnungsbaus. Wie kein zweiter Gebäudetyp erfüllte es die Anforderungen der seriellen, katalogmäßigen Fertigung von Massenartikeln. Ein bekanntes Beispiel: Der „Kleine Christoph" der Christoph & Unmack.

In Spanien hat Mercadal noch 1934 die deutsche Kleingartenbewegung zur Keimzelle sowohl des typisierten und seriell gefertigten Wochenendhauses als auch der Großsiedlung erklärt, ohne dabei auf die Gegensätzlichkeit dieser im Grunde alternativen Modelle einzugehen.[236] Wie wir aber bereits im Zusammenhang mit dem *Bauwelt*-Wettbewerb „Das billige zeitgemäße Eigenheim" erfahren haben, stand ab 1931 die Rationalisierung von Großbaustellen nicht länger zur Debatte. Nicht zuletzt, weil durch die Weltwirtschaftskrise das Modell der städtischen Siedlung – mit der man die Beherbergung der aus dem Umland in die Stadt strömenden Massen erfolgreich bewerkstelligt hatte –, grundsätzlich in Frage gestellt wurde. Wie sollte der hohe Aufwand an städtischer Infrastruktur zum Bau des gesellschaftlichen ‚Über-Hauses' weiterhin getragen werden? Lediglich die ‚antiurbane' Verländlichung schien dem demographischen Aderlass Einhalt gebieten zu können, unter dem die Großstädte seit dem globalen Zusammenbruch des ökonomischen Gefüges litten. Martin Wagner, von dem wir bereits wissen, dass er ein Aufleben der Bandstadtidee und des Prinzips der kleingärtnerischen Selbstversorgung als Ansätze gegen das „Sterben der Städte" favorisiert hat, hat von einem „Zwang zur Ökonomie im Städtebau" gesprochen. Wie hätte seines Erachtens unter diesem Vorzeichen ein zeitgemäßer Massenwohnungsbau auszusehen gehabt? Eine Antwort lieferte er mit der Ausstellung „Haus, Luft und Sonne für alle", die im Sommer 1932 in Berlin stattfand. Es konnten hier die Ergebnisse des im Vorjahr von Wagner in Zusammenarbeit mit dem Berliner Ausstellungs-, Messe- und Fremdenverkehrsamt ausgelobten

---

235 Behne, Adolf: *„Wochenende" – und was man dazu braucht*. Zürich 1931. S. 9-10.

236 García Mercadal, Fernando: *El urbanismo, nueva técnica del siglo XX*. In: Arquitectura 16 (1934), H. 5, S. 126-127. Schon früh war in *Arquitectura* die deutsche Wochenendhaus-Architektur rezipiert worden. Etwa in der Buchbesprechung: *Sommer- und Ferienhäuser, Wochenendhäuser, por el arquitecto Johannes Bartschat, Berlin*. Arquitectura 9 (1927), S. 370.

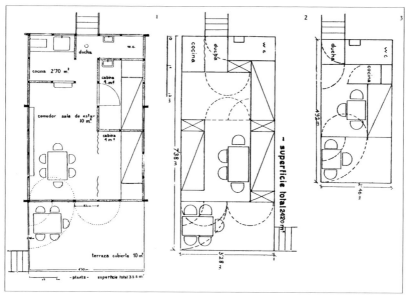

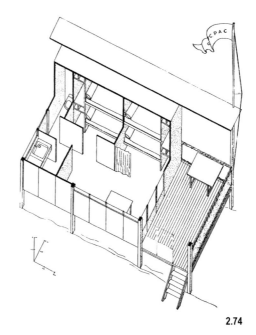

2.73-74 GATCPAC, *Caseta desmontable de fin de semana, tipo playa*, Barcelona 1932. Grundrisse und Axonometrie [*AC*, 1932]

Wettbewerbs „Das wachsende Haus" besichtigt werden. Wagners Programm gab ein in einer bandstadtähnlichen Vorortsiedlung gelegenes Gartenhaus vor, das aus einem Kernhaus für das Existenzminimum bestand. Es durfte höchstens 2 500 RM kosten und sollte je nach Bedarf und Vermögen der Familie von dieser eigenhändig ausgebaut werden können: Zurück zur Natur, zum Eigenheim, zur Familie, zur Selbstversorgung und sogar zum Selbstbau – aber ohne auf die Vorzüge der industriellen Produktion zu verzichten.

Unter den 1079 eingereichten Entwürfen befanden sich auch Vorschläge prominenter Vertreter der Moderne, die entscheidende praktische und theoretische Beiträge zum Siedlungsbau der Weimarer Republik geleistet hatten: etwa Otto Bartning, Hans Scharoun, Bruno Taut, Paul Mebes, Erwin Gutkind, Ludwig Hilberseimer, Hugo Häring, Erich Mendelsohn und andere. Es überrascht daher nicht, dass die in Berlin gezeigten Prototypen in Spanien die Aufmerksamkeit sowohl eines verwaltungstechnischen Fachblatts wie *Administración y Progreso* (Verwaltung und Fortschritt) als auch die eines Architekturmagazins wie *Viviendas* (Wohnungen) auf sich zog.[237]

Auch Walter Gropius beteiligte sich an der von Wagner parallel zum Wettbewerb ins Leben gerufene Arbeitsgemeinschaft „Das wachsende Haus". Entgegen der sich abzeichnenden zentralen Tendenz hin zum industriellen *Holzhausbau* – wie Ernst Neufert in einem Kommentar feststellte – nahm Gropius mit seinem Beitrag frühere Erfahrungen mit experimentellen Montage-Häuser aus Kupferplatten wieder auf, wie das ein Jahr zuvor in der Berliner Bauausstellung gezeigte Kupferhaus Hirsch.[238] Er hatte aber ebenso die konstruktiven Möglichkeiten anderer Materialien erforscht; zum Beispiel von Eternit- und Expansitkorkplatten in den Häusern auf dem Weißenhof (1927), wie Gropius in seinen spanischen Vorträgen erörterte.[239] Kork sollte auch der grundlegende Baustoff des vorgefertigten Wochenendhauses sein, mit dem 1932 Gropius vom katalanischen Unternehmer Alberto Rosa Balaciart beauftragt wurde. Die zwei Vorschläge, die Gropius ablieferte, wurden nicht realisiert; sie entstanden im November 1932, also zeitgleich mit dem Wochenendhausentwurf des GATCPAC. Der Vergleich drängt sich unweigerlich auf. Beiden lag als Tragwerk ein Holzgerüst zugrunde, das mit

---

237 *Sol, aire y casa para todos*. Administración y Progreso 1 (1932), H. 5, S. 19. Ingo Kaul, *La Casa Creciente en la exposición „Sol, aire y casa para todos"*, Berlin 1932. Viviendas 1(1932), H.2, S.14-15. *La Casa Creciente, Arquitectos Hnos Luckhart y Anker, Berlin*. Viviendas 1 (1932), H. 5, S. 6. *Una Casa Creciente, Arquitecto Rudolf Fraenkel, Berlin*. Viviendas 2 (1933), H. 13, S. 10.

238 Neufert, Ernst: *Wohnbauten der Berliner Sommerschau 1932. Das Anbauhaus.* In: Zentralblatt der Bauverwaltung 52 (1932), H. 32, S. 373.

239 Siehe: Gropius, Walter: *Arquitectura Funcional*. In: Arquitectura 13 (1931), H. 2, S. 57.

2.75

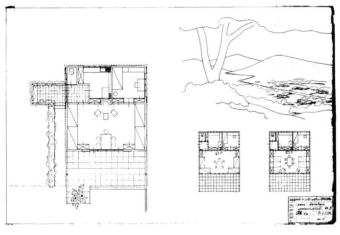

2.76

2.77

2.75-77 Walter Gropius, *Wochenendhäuser für Alberto Rosa Balaciart*, Barcelona 1932. Typ 1: Perspektiven, Grundrissvarianten, Ansichten

2.78

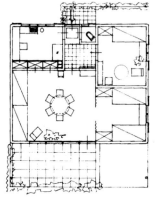
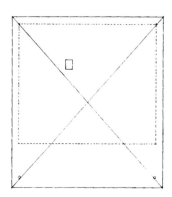

2.79

2.78-79 Walter Gropius, *Wochenendhäuser für Alberto Rosa Balaciart*, Barcelona 1932. Typ 2: Perspektive, Grundriss, Aufsicht.

isolierenden Korkplatten aufgefüllt wurde. Die Konstruktion des GATCPAC-Häuschens wies Gemeinsamkeiten mit Gropius' experimentellen Bauten in Stuttgart auf: Die vorgefertigten Wandtafeln (0,83 x 2,50 m) bestanden aus Holzrahmen mit Korkfüllung, deren äußere Verkleidung aus Asbestzementplatten (Eternit) und deren Innenseite hölzern ausgebildet wurden.[240] Das modulare Prinzip der Tafelbauweise wurde im spanischen Prototyp konsequent durchgespielt. So wurden das nach hinten geneigte Dach und die Punktfundamente vom aufgeständerten Wohnkörper konstruktiv getrennt. Durch diese Demonstration des tektonischen Gefüges wurde die Austauschbarkeit der einzelnen Tafeln gewahrt, während in den vom Bauatelier Gropius vorgeschlagenen Typen die Positionen der zwischen Betongrundplatte und Pultdach eingefassten Elemente der Ummantelung durch ihre unterschiedliche Höhe festgelegt waren. Die unterschiedliche Auslegung des modularen Prinzips hatte auch Folgen auf die Grundrisse: Während der GATCPAC ein „wachsendes Haus" entwickelte, das je nach Wohnflächenbedarf zwischen einer Größe von 3 x 6 Elementen (12,10 m²) beim Minimaltyp und 5 x 10 Elementen (mit Terrasse 35,5 m²) bei der größten Ausführung variieren konnte, unterschieden sich die zwei im Bauatelier Gropius entwickelten Typen lediglich in der veränderten inneren Disposition, die sich aus dem Versetzen des Einganges ergab. Und bezüglich der ausdrücklich erwünschten Ortsveränderlichkeit konnten Gropius' Vorschläge den Vergleich mit den nomadischen Schutzbauten seiner katalanischen Kollegen nicht aufnehmen. Möglicherweise kam aus diesem Grund das vorgefertigte Wochenendhaus für Alberto Rosa nicht über den Vorentwurf hinaus.[241] Jedenfalls kann festgehalten werden, dass der GATCPAC mit seinem Entwurf eines leichten, stabilen, einfach auf- und abzubauenden, preiswerten, hygienischen und komfortablen

---

240 Vgl.: *La casa para el fin de semana (week-end)*. In: AC 2 (1932), H. 7, S. 22-23. Die Konstruktionspläne der „caseta desmontable" befinden sich im GATCPAC-Archiv des COAC (Barcelona). [Archivo Histórico del COAC, Fondo GATEPAC: C34/213, H 1031/19/1-7] Ein weiteres Bespiel der Rezeption des Wochenendhausthemas in Katalonien: *Un hotelito fin de semana. Arquitecto Joaquín Sellés Codina*. Viviendas 4(1935), H.31, S.12-13.

241 Nach Angabe von Reginald Isaacs soll ein Prototyp in Barcelona hergestellt worden sein. Dies ist jedoch zu bezweifeln, da keinerlei Dokumente erhalten sind, die dies belegen würden. Dagegen hat Winfried Nerdinger in seinem Gropius-Werkverzeichnis die Meinung geäußert, das Projekt sei nicht über den Vorentwurf hinaus gekommen. [Vgl.: Isaacs, Reginald: *Walter Gropius. Der Mensch und sein Werk*. 2 Bde., Stuttgart 1983/1984. Bd. I, S. 636. Nerdinger, Winfried: *Walter Gropius*. Berlin 1987] Die Pläne zum Wochenendhaus für A. Rosa sind in den Gropius-Nachlässen des Bauhaus-Archivs in Berlin und des Busch-Reisinger Museums in Boston erhalten. [BHA, Nachlass Gropius, 6140/1-6. BRM, GA, 63.1/2]

Wochenendhauses für Barcelona sich enger an die Konzepte der Berliner Ausstellungen von 1931 und 1932 gehalten hat als der direkt involvierte Walter Gropius.

Der GATCPAC und Deutschland

Subiranas Part im GATCPAC als Übermittler der letzten deutschen Errungenschaften auf den Gebieten der Baukonstruktion und des Massenwohnungsbaus kann nicht hoch genug angerechnet werden. Verschiedene deutsche Broschüren aus seinem Nachlass zeugen beispielsweise von seinem Interesse an Wochenendhäusern aus Stahl und Kupfer.[242] Man darf jedoch nicht übersehen, dass es auch eine direkte deutsche Präsenz gegeben hat. Walter Gropius zum Beispiel reiste Ende März 1932 in die katalanische Hauptstadt, um dort als Vertreter Deutschlands an der vorbereitende Tagung des CIRPAC zum Moskauer CIAM teilzunehmen. Er nutzte den Aufenthalt in Barcelona, um in zwei Vorträgen – an der *Deutschen Schule* (*Comité Hispano-Alemán*) und im *Conferencia Club* – erneut sein Konzept einer „funktionellen Baukunst" zu erörtern, wie er es zwei Jahre zuvor in Madrid getan hatte.[243] Er verkündete darin neben den formalen Kriterien des Modernen (Ablösung der Fassade durch den Körper) vor allem den unaufhaltsamen Aufstieg der industriellen Standards (Rationalisierung-Mechanisierung-Vorfertigung) und lieferte mit seinen städtebaulichen Theorien (Gropius' „Flach-, Mittel- oder Hochbau?") einen wichtigen Beitrag zum zentralen Thema des CIRPAC-Treffens in Barcelona: Die „funktionelle Stadt".[244] Im fünften *AC*-Heft, das Bericht über den Verlauf der Tagung erstattete, gab der GATEPAC ein Programm für diese moderne Stadt vor: Eine geordnetes Ganzes, das nach den Funktionen der einzelnen Organe in drei Zonen eingeteilt werden sollte: Wohnen, Produktion und Erholung. Der Verkehr sorgte als viertes Element für ihre organische Verknüpfung.[245]

---

242 Floors, Burkhard: *Joan Bautista Subirana, Berlin-Barcelona*. Studienarbeit am Lehr- und Forschungsgebiet Architekturtheorie der RWTH Aachen, SS 2001. S. 100-101.

243 Siehe: *Conferencia del arquitecto vienés Walter Gropius*. In: La Construcción Moderna 30 (1932), H. 7, S. 75-77. *Normas modernas de urbanización. Walter Gropius, el eminente arquitecto alemán, expone teorías muy interesantes*. In: Revista del Cuerpo de Arquitectos Municipales de España 4 (1932), H. 36, S. 33-34.

244 *Congresos Internacionales de Arquitectura Moderna – Internationale Kongresse für Neues Bauen. Reunión preparatoria del congreso de urbanismo de Moscú. Barcelona 29, 30 y 31 de Marzo de 1932*. In: AC 2 (1932), H. 5, S. 38-41.

245 *La ciudad funcional*. In: AC 2 (1932), H. 5, S. 17. Anlässlich der Tagung des CIRPAC wurde die Brüsseler CIAM-Ausstellung „Die rationelle Bebauungs-

II. Großstadtmodelle

Mit dem Konzept eines funktional entflochtenen und in Zonen neu zusammengesetzten Organismus standen in Barcelona erneut Modelle deutscher Architekten und Städtebauer zur Debatte, die allerdings zum Teil in Deutschland bereits ausgedient hatten. Selbst die Orientierung von *AC* an *Das neue Frankfurt* kann in diesem Sinne ausgelegt werden, wie es Hegemann indirekt getan hat, als er 1932 über die spanische Zeitschrift schrieb:

> Durch diese erste moderne Bauzeitschrift im spanischen Sprachgebiet kann ihr Vorbild „Das neue Frankfurt", nachdem es in seiner deutschen Heimat bedauerlicherweise zu Grabe getragen wurde, jetzt in Madrid hoffnungsvoll weiterleben.[246]

Mit dieser Bemerkung legte der Berliner Kritiker die objektiv konstatierbare Verzögerung nicht zwingend und ausschließlich als Rückstand, also negativ aus, sondern vielmehr als Möglichkeit der Weiterentwicklung von Prozessen, die anderorts stagnierten. Und wie wir bei den zeitgleichen Wochenendhäusern von Gropius und dem GATCPAC festgestellt haben, konnten gelegentlich die „Wegbereiter" von den „Nachzüglern" übertroffen werden. Vor allem da, wo das Zusammenfließen unterschiedlichster Informationskanäle vielschichtige Ansätze hervorbrachte, wie es in Katalonien zu Beginn der dreißiger Jahre der Fall gewesen ist. Selbst innerhalb des GATCPAC ist festzustellen, dass trotz der wichtigen von Subirana erbrachten bautechnologischen und architekturtheoretischen Transferleistung der deutsche Einfluss lediglich einige fragmentarische Aspekte innerhalb eines weitaus komplexeren Beziehungsgeflechts zu erklären vermag. Etwa die Entscheidung zugunsten des Stahlskelettbaus als Konstruktion für den *Dispensario Antituberculoso* (Tuberkuloseklinik, 1933-1937) und der *Casa Bloc* (Wohnblock, 1933-36) in Barcelona, zwei der sozial und konstruktiv ambitioniertesten Bauten der spanischen Moderne. Beides waren Entwürfe der GATCPAC-Arbeitsgemein-

---

weise" vom 1. bis zum 10. April in den Räumen der Stadt unter der Plaza de Cataluña gezeigt. Die Ausstellung wanderte im Anschluss nach Madrid, wo sie Siegfried Giedion mit einem Vortrag in der *Residencia de Estudiantes* einführte.

246 Hegemann, Werner: *Als Städtebauer in Südamerika*. In: Wasmuths Monatshefte für Baukunst und Städtebau 16 (1932), S. 142. Das Erscheinen von *Das neue Frankfurt* wurde 1931 eingestellt. 1932 trat die Zeitschrift *Die neue Stadt* ihre Nachfolge an. Ihr Schriftleiter Joseph Gantner stellte 1932 unter dem Titel „Spanien – Anfänge des neuen Bauens" fest: „Die sehr aktive spanische Gruppe der Internationalen Kongresse für Neues Bauen hat sich eine Zeitschrift geschaffen, die „AC, Documentos de Actividad contemporánea" heißt und vierteljährlich in Barcelona, Madrid und San Sebastián erscheint. Sie ist äußerlich völlig in der Art des „Neuen Frankfurt" aufgemacht, dem sie auch in der typografischen Haltung wie aus dem Gesicht geschnitten ist." Vgl. Gantner, Joseph: *Chronik der Länder: Spanien. Anfänge des neuen Bauen*. In: Die neue Stadt 1 (1932), H. 2, S. 39.

schaft Subirana-Sert-Torres Clavé. Der Name Josep Lluís Serts lässt vermuten, welch wesentliche Rolle Le Corbusier als Impulsgeber bei diesen Bauten gespielt hat. Ein Kommentar in Giedions Reisebericht aus Barcelona lässt tief blicken. Über die jungen katalanischen Gastgeber schrieb er:

> Nur den jungen José Luis Sert kannte ich seit langem. Vor zwei Jahren noch saß er im Bureau Le Corbusiers in der Rue de Sèvres. Heute bereitet er sich langsam vor, der künftige Diktator der katalanischen Architektur zu werden.[247]

Er sollte es werden.[248] Sert hatte 1928 als Präsident der Studentenvereinigung der Architekturfakultät Barcelonas Le Corbusier in die katalanische Hauptstadt geholt, als dieser zum Vortrag an der *Residencia de Estudiantes* in Madrid gastierte. Im darauf folgenden Jahr schloss Sert sein Studium ab und reiste nach Paris, wo er in die Obhut des verehrten Meisters genommen wurde. Ihre langjährige Freundschaft trug nach dem CIRPAC-Treffen von 1932 erste Früchte, als Le Corbusier und der GATCPAC gemeinsam einen städtebaulichen Vorschlag für die Erweiterung Barcelonas ausarbeiteten, der in der Hoffnung auf institutionelle Beachtung mit dem Namen des Präsidenten Kataloniens betitelt wurde: Der Macià-Plan (1932-1934).[249] Es war ein Versuch, das Programm des CIRPAC zur „funktionellen Stadt" (Giedion) erstmals umzusetzen, wie in *Der Städtebau* (*Wasmuths Monatshefte für Baukunst*) festgehalten wurde:

> Der sehr großzügige und hoffentlich nicht zu weitläufige Vorschlag für Barcelona befaßt sich nun zunächst mit der allgemeinen Nutzgliederung des städtischen Le-

---

247 Giedion, Sigfried: *Blick nach Spanien. II: Barcelona.* In: Frankfurter Zeitung (Wochenblatt) vom 5. August 1932.

248 ... und das, ohne Rücksicht auf Verluste zu nehmen: Es wurde zum Beispiel auf Subiranas technisch-konstruktives *Know-how* verzichtet. Dieser wurde unter dem Vorwand, sich bei entscheidenden Verhandlungen mit dem Minister Indalecio Prieto in Madrid bezüglich der Enteignung des Baugeländes für die utopische *ciudad del reposo* unzureichend eingesetzt zu haben, aus dem GATCPAC ausgeschlossen. Subirana pflegte jedoch engere Kontakte zu den Madrider Kollegen des GATEPAC, insbesondere zu Mercadal. Sein Ausschluss regt daher zu Spekulationen über Interessenkonflikte unter den GATEPAC-Gruppen Mitte (Madrid) und Osten (Barcelona) infolge einer eher von Deutschland oder von Frankreich geprägten Zugehörigkeit zur Moderne. Über Subiranas Kampf um die Urheberschaft des *dispensario antituberculoso* und der *casa bloc* siehe: Pizza, Antonio: *Dispensario antituberculoso de Barcelona, 1933-1937. J. Ll. Sert, J. B. Subirana y J. Torres Clavé.* Almería 1993. Über Subiranas Ausschluss siehe den Bericht des GATCPAC: Archivo Histórico del COAC, Fondo GATEPAC: C2/12, Acta de la ponencia creada por „l'assumpte Subirana".

249 Zu Sert und zu seiner Auslegung der „funktionellen Stadt" siehe: Rovira, Josep M.: *José Luis Sert 1901-1983.* Mailand 2000.

2.80

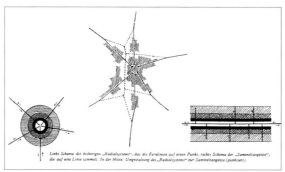

2.81

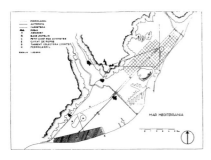

2.82   2.83

2.80 Empfang der Mitglieder des CIRPAC durch den Präsidenten Kataloniens Francesc Macià am 30. März 1932 in Barcelona. In der Mitte der vorderen Reihe sind v. l. n. r. García Mercadal (mit Hut), Sert, Le Corbusier, van Eesteren, Präsident Macià und Gropius zu erkennen. [AC, 1932]

2.81 Fritz Kneller, *Radialsystem und Sammeltangente*. Schemata [*Der Städtebau*, 1934]

2.82-83 GATCPAC und Le Corbusier, *Plan Macià* (1932-34). Zonenpläne [AC, 13/1934]

bensraumes in Wirtschaftsgebiete, Wohngebiete im weiteren Sinne und dem Verkehr als dem verbindenden Gliede.[250]

Die Besprechung des Entwurfes stammte vom Magdeburger Magistratsbaurat Fritz Kneller, mit dem Subirana 1931 korrespondiert hatte, im Jahr des Erscheinens der Studie „Die Sammeltangente, eine grundlegende aber latente Umgestaltung der bestehenden Großstadt, bei gleichzeitiger Lösung der Verkehrsfrage".[251] Darin hatte sich Kneller mit einer verkehrstechnischen Neuerung befasst, der Sammeltangente, die in seinen Augen auch dem Vorschlag des GATCPAC (Le Corbusier blieb unerwähnt) zugrunde lag. Ihr Vorzug gegenüber den üblichen Radialen bestand darin, dass sie durch ihre bandartige Struktur die zentrale Konzentration des Verkehrs vermied, wie sie selbst in Cerdàs Barcelona im Kreuzungspunkt der großen Diagonalen auftrat. Kneller:

> An Stelle des kritischen Verkehrspunkts jener Stadtform setzt die „Sammeltangente" eine Linie, eine Sammelschiene, welche möglichst viele Stadtteile „tangiert" und deren Verkehr vermittelnd „sammelt".[252]

Dagegen kam seines Erachtens Barcelona, „wie so viele andere Großstädte, mit seinem planlos zusammengebauten, dem Kraftwagenverkehr nicht gewachsenen Stadtgefüge nicht mehr aus". Die Begründung seines Urteils überrascht. Worin bestand die vermeintliche Planlosigkeit der Hauptstadt Kataloniens? Cerdàs gleichmäßiges Schachbrett war doch gerade aus verkehrstechnischen Erwägungen heraus geboren: Die strengen geometrischen Maßgaben des Straßennetzes aber standen im Kontrast zur Freiheit der Bebauung, die weitgehend – und zunehmend – dem freien Spiel der Kräfte überlassen wurde. Infolgedessen kam es zur charakteristischen Nutzungsmischung der Blöcke des *Eixample*, die Kneller als „enge und unordentliche

---

250 Kneller, Fritz: *Barcelona plant auf der Grundlage der Sammeltangente.* In: Wasmuths Monatshefte für Baukunst und Städtebau 18 (1934), S. 147.

251 Fritz Kneller (1892-1973) war 1924-1934 Assistent des Magdeburger Dezernenten für den Hochbau, Johannes Göderitz, unter dessen Ägide er am Entwurf zahlreicher kommunaler Bauten wirkte. Diesbezüglich und für weitere biographische Daten siehe: Gisbertz, Olaf: *Bruno Taut und Johannes Göderitz in Magdeburg. Architektur und Städtebau in der Weimarer Republik.* Berlin 2000. In Subiranas Archiv ist ein Brief Knellers vom 9. September 1931 bezüglich zu Themen der Hygiene und des Krankenhausbaus erhalten. Subirana hatte 1930 im Rahmen einer Exkursion des Taut-Seminars Magdeburg besucht. Siehe: Floors, Burkhard: *Joan Bautista Subirana, Berlin-Barcelona.* Studienarbeit am Lehr- und Forschungsgebiet Architekturtheorie der RWTH Aachen, SS. 2001. S. 10 ff., 126.

252 Kneller, Fritz: *Barcelona plant auf der Grundlage der Sammeltangente.* In: Wasmuths Monatshefte für Baukunst und Städtebau 18 (1934), S. 147.

Wohnviertel" bezeichnete. Der neue Plan aber sah die funktionale Entflechtung der Stadt vor. Die einzelnen Nutzungszonen – der neue Badeort im Süden (*ciudad del reposo*), die Geschäftsstadt, die Wohnstadt, die Industriegebiete, die Häfen, das Verwaltungszentrum – sollten klar gegliedert durch ein Verkehrsband erster Ordnung, das parallel zur Küstenlinie beziehungsweise tangential zur *City* verlaufen sollte, miteinander verknüpft werden: Barcelonas Umstrukturierung zur Bandstadt! Die in Nord-Süd-Richtung vorgesehene Sammeltangente (*Corts*) sollte als natürlicher Anschluss der Fernstrecken nach Frankreich und Valencia entstehen und eine Einheit von Fern- und Stadtverkehr – von Stadt und Region – schaffen. Dadurch wäre die Trennung von Wohn- und Verkehrsstraßen unumgänglich gewesen. Spätestens hier werden die grundlegenden Unterschiede der orthogonalen Geometrien von Cerdàs Erweiterung und dem Macià-Plan deutlich: Cerdàs Struktur ging vom Verkehr als Formprinzip aus, war durch die Diagonalen auf eine Mitte bezogen und doch gleichzeitig durch die Isotropie des Rasters unhierarchisch. Der Vorschlag des GATCPAC und Le Corbusiers dagegen stellte die Nutzungen in den Vordergrund und gliederte diese nach einem hierarchischen Prinzip.[253] Entscheidend war die *Zonung* Barcelonas.

Der *Pla Macià* erfüllte die alte Forderung nach einer „geordneten und monumentalen Stadt": Am Treffpunkt der großen Diagonalen (*Paralelo* und *Meridiana*) sollten innerhalb eines Küstenstreifens von 400 x 2000 Meter drei „kartesianische Hochhäuser" als administrativer und bürokratischer Kopf der Stadt errichtet werden. Zwischen diesen und der zu sanierenden Altstadt sollte ein *centro cívico* mit den gemeinschaftlichen Einrichtungen (Berufsschulen, Museen, Genossenschaftshaus, Gewerkschaftspalast, Bibliotheken ...) entstehen.[254] Die Monumentalität der Türme würde das Bild der zukünftigen Stadt prägen. Die neuen Wohngebiete knüpften unmittelbar an das Schachbrett des *Eixample* an. Aber nur jede dritte Korridorstraße wurde weitergeführt. Es entstanden so Großblöcke in einem Modul von 400 x 400 Meter, die den früheren Maßstab sprengten. Ihre Bebauung sollte nach zwei Mustern erfolgen: Für die aus dem Land in die Großstadt strömenden Massen wurde die Flachbau-Siedlung „Una casa, un árbol" (Ein Haus, ein Baum) als

---

253 Für einen ausführlicheren Vergleich der Prinzipien Cerdàs mit denen des GATCPAC siehe: García Vázquez, Carlos: *Estrategias de orden en la ciudad moderna: el Plan Macià*. In: *La habitación y la ciudad modernas: rupturas y continuidades 1925-1965. Primer Seminaro Docomomo Ibérico*. Barcelona 1998. S. 35-42.

254 *Barcelona: Esquemas para el proyecto de conjunto – Le Corbusier, P. Jeanneret y GATEPAC (G.E.)*. In: AC 4 (1934), H. 13, S. 21-23. Ebenso: *Le Corbusier y Barcelona*. Barcelona 1988.

Übergangsquartier konzipiert.[255] Durch ein kleinstädtisches, naturnahes Milieu sollte den Familien der Einwanderer die Integration in die Großstadt erleichtert werden. Für die bereits im Großstadtleben Bewanderten plante man lineare Großblöcke von bis zu 14 Geschossen, die sich über das Straßennetz hinwegsetzten, deren Zwischenräume zu parkähnlichen Grünschneisen ausgebildet wurden. Es waren Vexierräume, die zwischen Konkavität und Konvexität oszillierten.

Bei beiden Bebauungstypen wurde die innere Logik der gestapelten Wohnzelle allen anderen Erwägungen vorgezogen. Das Barcelona der Zukunft folgte der rationalen Kombinatorik von Le Corbusiers „Ville Radieuse" (1932): Eine mechanistische Logik von Analyse, Trennung und Addition, die der „künstlerischen" Anschauung der Stadt als ganzheitliches System saalartiger, konkaver Räume diametral entgegengesetzt war. Der GATCPAC hat nicht einfach nur blind die Ansätze des Schweizers übernommen. Vielmehr haben sie das städtebauliche Planungsinstrumentarium zur funktionellen Stadt der Moderne nachhaltig geprägt. Dabei gelangten sie mit ihren Konzepten zur statistischen Erfassung urbaner Zusammenhänge und Zustände als auch durch ihre rationalen Planungsleitbilder – wie etwa das der linearen Montage von der Wohnzelle zur Stadt – über Umwege zurück zu den städtebaulichen Modellen, die im 19. Jahrhundert von Cerdà und Soria formuliert worden waren. Der GATCPAC lehnte dezidiert die deutsche Entwicklungslinie der Stadtbaukunst ab. Die nostalgische Absicht, die Stadt als „künstlerische Synthese" vor dem kulturellen Verfall bewahren zu wollen, galt für sie im Zeitalter der Massengesellschaften als obsolete Rhetorik und reaktionäre Praxis. Vorerst zu Recht. Mit der Zeit würde sich jedoch diese Einschätzung als eine allzu pauschale Verurteilung herausstellen: Als Sert zwanzig Jahre später als Präsident der CIAM unter dem Schlagwort „The Heart of the City: Towards the humanisation of urban life" (1952) die Revision der eigenen städtebaulichen Prinzipien („Can our cities survive? An ABC of urban problems", „Charta von Athen" ...) einleitete, stellte er seinen Ausführungen einen längeren Auszug aus Ortegas „Aufstand der Massen" voran, der einer Rehabilitation der räumlichen Kriterien der alten Stadtbaukunst gleichkam:

> (...) will man *urbs* und *polis* definieren, so geschieht es am besten nach dem Muster jener Scherzdefinition für die Kanone: Man nehme ein Loch und umwickle es fest mit Draht, dann hat man eine Kanone. Auch die Stadt als Hohlraum, als Marktplatz, *forum*, *agora*; und alles weitere ist Vorwand, um dies Hohl zu sichern, seinen Umriß abzustecken. Die Polis ist ursprünglich nicht ein Haufen bewohnbarer Häuser, sondern ein Ort des bürgerlichen Zusammentreffens, ein abgegrenzter Traum zu öffentlichen Zwecken. Die Stadt ist nicht wie Hütte oder

---

255 Granell Trias, Enrique: *UNA casa: UN árbol*. In: Lahuerta, Juan José (Hrsg.): *Le Corbusier y España*. Barcelona 1997. S. 109-120.

Haus (*domus*) als Schutz gegen Witterungsunbilden und zum Kinderzeugen gebaut, welches persönliche und Familienangelegenheiten sind, sondern um die gemeinsame Sache zu besprechen. Man beachte, daß hiermit eine neue Gattung Raum konstruiert wurde, viel neuer als der Einsteinsche. Solange gab es nur einen Raum, das Land und man lebte darin mit allen Folgen, die ein solches Dasein für den Menschen hat. Der Landmann ist noch pflanzenhaft. Sein Leben bewahrt, wenn er denkt, fühlt, will, etwas von der bewußtlosen Dumpfheit des Vegetativen. Die großen asiatischen und afrikanischen Kulturen waren in diesem Sinn große anthropomorphe Pflanzenreiche. Aber der antike Mensch löst sich entschlossen vom Land, von der Natur, von dem geobotanischen Kosmos ab. Wie ist das möglich? Wie kann der Mensch das Land verlassen? Wohin soll er gehen, da doch das Land die ganze Erde, das Unbegrenzte ist? Sehr einfach: er hegt ein Stück Land vermittels einiger Mauern ein und stellt dem gestaltlosen, unendlichen Raum den umschlossenen, endlichen gegenüber. So entsteht der Platz. Er ist nicht wie das Haus ein nach oben hin geschossenes Innere, darin den Höhlen gleichend, die es auf dem Feld gibt; er ist schlechthin die Verneinung des Feldes. Dank den Mauern, die ihn umgeben, ist der Platz ein Stück Land, das dem Rest den Rücken dreht, von ihm absieht und sich ihm entgegensetzt. Dieses rebellische Kleinland, das sich von der großen Mutter abgeschnürt hat und seine Eigenrechte ihr gegenüber wahrt, ist qua Land aufgehoben und darum ein Raum *sui generis*, völlig neu, worin der Mensch, aus jeder Gemeinschaft mit Pflanz und Tier gelöst, ein in sich kreisendes, rein menschliches schafft: den bürgerlichen Raum.[256]

Katalonien: deutsche Stadtbaukunst als Widerstandsprogramm

Mit Le Corbusiers Einflussnahme erlangte zu Beginn der dreißiger Jahre unter den jungen Architekten Kataloniens auch die etwas in Vergessenheit geratene „alte" deutsche Stadtbaukunst erneute Aktualität – diesmal allerdings als Sündenbock von dem es sich abzugrenzen galt: Dem 13. *AC*-Heft – das den Macià-Plan vorstellte – wurden unter der Überschrift „Was an den Architekturfakultäten gelehrt wird" eine Reihe von Abbildungen aus Stübbens „Der Städtebau" angeprangert.[257] Sie wurden demonstrativ rot durchkreuzt. Die begleitende Anklageschrift lautete:

Zeichenbrett-Städtebau. In der Realität nicht wahrnehmbare geniale Arabeske.
1. Gartenstadt: Antiurbane Lösung. Große Entfernungen. Geringe Dichte. Erschwerung und Verteuerung der gemeinschaftlichen Dienstleistungen.

---

256 Vgl.: Sert, Josep Lluís: *Centers for Community Life*. In: J.L. Sert, E.N. Rogers, J. Tyrwhitt (Hrsg.): *The Heart of the city: Towards the humanisation of urban life*. London 1952. Hier zitiert nach der deutschen Übersetzung: Ortega y Gasset, José: *Der Aufstand der Massen*. Berlin 1930. S. 164-166.
257 Vgl. Stübben, Joseph: *Der Städtebau*. 3. Auflage, Leipzig 1924. S. 142, 162, 250, 365, 381, 520, 569.

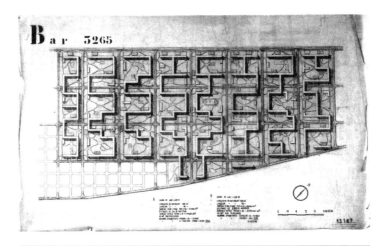

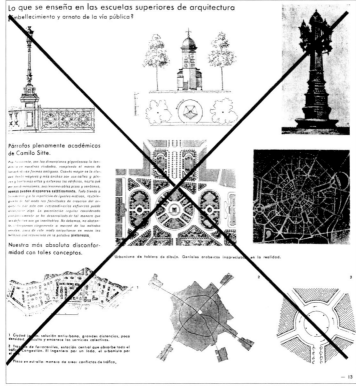

2.84 GATCPAC und Le Corbusier, *Plan Macià* (1932-34). Wohnbebauung
2.85 „Was an den Architekturfakultäten gelehrt wird". [*AC*, 13/1934]

II. Großstadtmodelle

2. Eisenbahntrasse: Hauptbahnhof, der den Gesamten Verkehr aufnimmt. Stau. Der Ingenieur auf der einen Seite, der Städtebauer auf der gegenüberliegenden.
3. Sternplatz: Ein Mittel zu Erzeugung von Verkehrsproblemen.[258]

Hinzu kam ein „vollkommen akademisches" Zitat aus Sittes „Der Städtebau nach seinen künstlerischen Grundsätzen", in dem von ästhetischer Disposition und von malerischen Werten die Rede war. Der GATCPAC erklärte die kategorische Ablehnung derartiger Konzepte. Dagegen wurde in direkter Übernahme der Rhetorik Le Corbusiers ein Städtebau für das Maschinenzeitalter eingefordert. Le Corbusiers Theorien konnten in Barcelona nicht unwidersprochen bleiben. Denn was in *AC* eigentlich angeprangert wurde, war die Überkommenheit der städtebaulichen Theorien und Instrumente einer verbeamteten Generation katalanischer Architekten, die weiterhin an der Überlieferung der durch Montoliu und Busquets aus Deutschland eingeführten Tradition des organischen Städtebaus festhielten. Die ästhetische Front der kulturellen Identitäten verlief zwischen den Generationen, in weitgehender Unabhängigkeit von ihren sozialen Zielsetzungen.

Zu den späten Vertretern des Modells einer als „künstlerische Totalität" gegliederten Stadt zählte zweifelsohne der Hochschullehrer Emilio Canosa, der im selben Jahr des Erscheinens von Jürgens' „Spanische Städte" eine ausgezeichnete Übersetzung von Sittes Buch vorgelegt hatte.[259] Eine Leistung, durch die er 1927 einen Sitz in der sechs Jahre zuvor gegründeten Freien Deutschen Akademie des Städtebaus erlangte. Canosa war jedoch nicht der erste Katalane in dieser Organisation: Zwei Jahre zuvor war bereits Ricard

---

258 *Lo que se enseña en las escuelas superiores de arquitectura*. In: AC 4 (1934), H. 13, S. 13. Übersetzung J. M. W.
259 Die Übersetzung wurde in den wichtigsten Fachblättern besprochen. Siehe: *Construcción de ciudades según principios artísticos, por Sitte*. In: Arquitectura 9 (1927), H. 8, S. 305. *Libros y revistas – „Construcción de ciudades según principios artísticos", por Camillo Sitte*. In: La Construcción Moderna 25 (1927), H. 22, S. 352. *Construcción de ciudades según principios artísticos*. In: Revista del Cuerpo de Arquitectos Municipales de España 1 (1929), H. 2, S. 33-34 (Wahrscheinlich eine Besprechung von Ricard Giralt Casadesús). Allerdings waren zuvor bereits einige Artikel erschienen, in denen Sittes Werk Erwähnung fand, wie z. B.: María Repullés, Eugenio: *Actualidades*. In: Arquitectura y Construcción (1903), S. 67 (Rezension der französischen Ausgabe). Martorell, Jeroni: *La urbe agradable*. In: Cívitas 3 (1916), H. 8, S. 24-25. Torres Balbás, Leopoldo: *El aislamiento de nuestras catedrales*. In: Arquitectura (1919), H. 12, S. 358 ff. (enthielt erste ins Spanische übersetzte Auszüge aus der französischen Ausgabe). Für eine allgemeine Rezeptionsgeschichte siehe: Pérez Escolano, Victor: *La Recepción española de Camillo Sitte*. In: Cuadernos de Arte de la Universidad de Granada 23 (1992), S. 483-462. Vom selben Autor: *Canosa e la versione spagnola*. In: G. Zucconi (Hrsg.): *Camillo Sitte e i suoi interpreti*. Mailand 1992. S. 24-28.

Giralt Casadesús als korrespondierendes Mitglied aufgenommen worden, dem es sogar gelang, in *Stadtbaukunst Alter und Neuer Zeit*, dem von Bruno Möhring und Cornelius Gurlitt herausgegebenen offiziellen Organ der Akademie, zwei Artikel unterzubringen. Giralt, der schon früh nach seinem Architekturstudium die Laufbahn des Stadtbaubeamten eingeschlagen hatte, berichtete hier über zwei Projekte: den Vorschlag des Architekten Francesc de Paula Nebot für den Umbau der *Plaza de Catalunya* – der zentrale Verkehrsknoten Barcelonas, den Giralt als den bedeutendsten Platz Spaniens anpries – und über den eigenen Vorschlag aus dem Jahre 1917 für die Stadterweiterung Lleidas, bei dem er nach eigener Aussage Möhrings Modell von 1910 – Verzahnung eines Radialstrassensystems mit ins Stadtinnere eindringenden Grünkeilen – wiederaufgenommen hatte.[260] Giralts konservative Grundhaltung könnte dazu verleiten, ihn vorschnell als Vertreter des Großstadtmodells der *Lliga* (die „geordnete und monumentale Stadt") einzuordnen. In der Tat ist seine frühe Nähe zum kulturellen Rahmen des *Noucentisme* unverkennbar. Wie aber Beatriz Colomina bemerkt hat, vollzog Giralts Haltung eine allmähliche Wendung zu boden- und wohnungspolitischen Ansätzen, die zum Teil eher den Vorstellungen der sozialdemokratischen *Esquerra Republicana de Catalunya* (Republikanische Linke Kataloniens) entgegenkamen.[261] Zwar beabsichtigte er weiterhin die hierarchische Zonung des Stadtorganismus, lehnte aber das Prinzip der sozialen Segregation entschieden ab. Eine Haltung, die er in einer Würdigung des Lebenswerkes von Bruno Möhring anlässlich dessen Todes zum Ausdruck brachte, als er die Idee der doppelten Blockrandbebauung erläuterte:

> In einem einzigen Block wäre aufgrund der zwischen Rand und Mitte abweichenden Bodenpreise das Zusammenleben unterschiedlicher sozialer Schichten möglich gewesen, was ein humaneres Konzept darstellt als das der von einigen Städtebauern bevorzugten „Arbeitersiedlungen", welche einer Gliederung der Stadt nach Klassen gleichkommt.[262]

Der Nachruf erschien 1929 in der von Giralt geleiteten *Revista del Cuerpo de Arquitectos Municipales de España*, der Zeitschrift des im Vorjahr gegründeten Verbands Spanischer Stadtbaubeamten (CAME). Hier wurde re-

---

260 Giralt Casadesús, Ricard: *Der Platz Cataluna in Barcelona*. In: Stadtbaukunst alter und neuer Zeit 6 (1925), H. 6, S. 81-82 und Bildbeilage. Giralt Casadesús, Ricard: *Die Stadterweiterung von Lerida*. In: Stadtbaukunst alter und neuer Zeit 6 (1925), H. 12, S. 177-178 und Bildbeilage.

261 Colomina, Beatriz: *Giralt Casadesús urbanista: un esquema interpretativo*. In: *Ricard Giralt Casadesús*. Girona 1982.

262 Giralt Casadesús, Ricard: *A la memoria del urbanista Bruno Möhring*. In: Revista del Cuerpo de Arquitectos Municipales de España 1 (1929), H. 4, S. 57-58. Übersetzung J. M. W. Vgl. Dokument im Anhang.

II. Großstadtmodelle 303

gelmäßig über die aktuellsten Entwicklungen und Debatten im deutschen Städtebau berichtet: über das Inkrafttreten neuer Bauordnungen ebenso wie über die letzten Großstadtarchitekturen und Verkehrsplätze Martin Wagners in Berlin oder Martin Elsaessers in Frankfurt am Main. Letztere hatte Giralt nicht nur im eingangs des Kapitels erwähnten Vortrag des deutschen Kollegen in Barcelona kennen gelernt, sondern hatte sie durch die Teilnahme am Frankfurter CIAM vor Ort besichtigen können.[263] Dass er sich dort neben den Vertretern der internationalen Moderne zeigte, muss als Zeichen einer undogmatischen, aber keineswegs entideologisierten Professionalität gewertet werden. Hiervon zeugt auch Giralts Entscheidung, im Juni 1930 Gurlitts Artikel „Le Corbusier und der Weg der Esel" in der *Revista del CAME* abzudrucken.[264]

Schon bald nach dem Erscheinen 1929 der deutschen Übersetzung von Le Corbusiers „Urbanisme" (1925) hatten sich in Deutschland an den visionären Vorschlägen und polemischen Thesen des Schweizers verschiedene Debatten entzündet. Zu diesen zählte Gurlitts Kritik an Le Corbusiers antagonischem Modell der „zwei Städte": einer Stadt der dumpfen Esel – die sich in Kurven entlang der Höhenlinien fortbewegten – und einer Stadt, deren geradlinige Geometrie den geistigen Bedürfnissen des modernen Menschen und seiner mechanischen Mobilität gerecht wurde. Wie es lange zuvor Soria getan hatte, bevorzugte Le Corbusier die „Würde der geraden Linie". Das angeblich neuerweckte Verlangen nach kartesianischer Rationalität ließ in seinen Augen den malerischen Städtebau eines Sitte oder Henrici endgültig überholt, ja sogar schädlich erscheinen:

Nun, eine moderne Stadt lebt, praktisch, von der Geraden: Hoch- und Tiefbau, Kanalisation, Straßen, Gehsteige usw. Der Verkehr fordert die Gerade. Die Gerade ist gesund auch für die Seele der Städte. Die Kurve ist verderblich, schwierig und gefährlich. Sie lähmt.[265]

Vor allem entlarvte er sie als Ausdruck „demokratischer Rücksichten" und von „Lässigkeit", „Schwäche", „Anarchie". Die Kurve war ein Ergebnis der

---

[263] Knapp ein Monat vor Martin Elsaessers Vortrag in Barcelona (22. Oktober) war dessen Großmarkthalle in Frankfurt a.M. im September in der Zeitschrift des C.A.M.E. veröffentlicht worden: Giralt Casadesús, Ricard: *La nueva arquitectura municipal. El mercado de Francfort*. In: Revista del Cuerpo de Arquitectos Municipales de España 1(1929), H. 6, S. 101-103. Das Frankfurter CIAM fand vom 24. bis zum 26. Oktober statt.

[264] Gurlitt, Cornelius: *Le Corbusier y el „Camino de los asnos"*. In: Revista del Cuerpo de Arquitectos Municipales de España 2 (1930), H. 15, S. 41-44. Ursprünglich erschienen in: Stadtbaukunst Alter und Neuer Zeit, 20. Januar 1929.

[265] Le Corbusier: *Städtebau*. Stuttgart 1929. S. 10.

Laune, des Erschlaffens, der Tiernatur. Im Gegensatz zum Antimonarchisten Arturo Soria, der die gerade Linie an eine republikanische Gesinnung knüpfte und sich von ihr sogar die Emanzipation der Frau erhoffte, verwies die erhabene Gerade bei Le Corbusier auf das Wirken eines absoluten Willens. Sein Buch enthielt daher abschließend eine Darstellung des Louis XIV., unter der zu lesen war:

> Ehre einem großen Städtebauer! Dieser Despot konzipierte Gewaltiges und verwirklichte es. Der Glanz seines Ruhms liegt über dem ganzen Lande, überall verstand er zu sagen: „Ich will" oder „So gefällt es mir."[266]

Angesichts dieser Radikalität fällt es schwer zu glauben, dass Le Corbusiers erste Berührung mit dem Städtebau ausgerechnet in der Beschäftigung mit den deutschsprachigen Theorien des künstlerischen Städtebaus bestand und dass diese zwischen 1910 und 1915 nicht nur einige „künstlerische" Bebauungspläne hervorbrachte – wie die *Cité-jardin Crétets* (1914) –, sondern auch sein erstes theoretisches Projekt, die Abhandlung „La Construction des Villes".[267] Sie enthielt die folgende Rechtfertigung seiner damaligen „schönheitlichen Rücksichten":

> Die Straße gehört jedem. Jeder zahlt für sie, jeder hat das Recht. Recht auf die Leichtigkeit der Strecke, Recht auf die Verkehrssicherheit, Recht auf Zustimmung, Recht auf Schönheit.[268]

Daraufhin pflichtete er Henricis Konzept der kurzweiligen „Städtebau-Promenaden" bei und nahm Gurlitts Kritik an der Systematik des Schachbrettmusters vorweg, indem er die praktische Erforderlichkeit von Diagonalen zur Verkürzung der Wege nachwies.[269] Doch später hat Le Corbusier, ein Kind

---

266 Ebd., S. 254.
267 Jeanneret, Charles-Edouard: *La Construction des Villes*. (Transkription von Marc E. Albert Emery) Lausanne 1992. Siehe hierzu: Schnoor, Christoph: *La construction des villes. Charles-Edouard Jeannerets erstes städtebauliches Traktat von 1910/11*. Dissertation, TU Berlin, 2003.
268 Ebd., S. 81. (Aus dem Kapitel „Des rues")
269 Jeanneret faßte damals zusammen: „Wir haben gesehen, daß die Notwendigkeiten des schnellen Handels die gewundene Strecke diktiert haben. Wir haben festgestellt, daß sie eine ganze Bandbreite anbietet, ein Höchstmaß an angenehmen Aspekten. Sobald ein unebenes Gelände auftritt, werden sie notwendig, weil der Straßenplaner nach dem günstigsten Gefälle suchen und es anstreben muß. Eine Studie voller Erkenntnisse ist diese Strecke durch ein unebenes Land, welche von Bauern gelegt wurde, die zur Stadt wollten. Diese Wege entsprechen üblicherweise am besten den Anforderungen an Neigung, Klima, Ökonomie und höchstmöglicher Geschwindigkeit. Doch die ländlichen Wege, die von den Bauern und nicht von den offiziellen Geometern gelegt wurden, sind nicht mit dem

II. Großstadtmodelle

der Rasterstadt La Chaux-de-Fonds, diese Studie – die er im Auftrag seines Lehrers L'Eplattenier anfertigte – als „idiotisch" abgetan.

Es erstaunt, mit welcher Überzeugung er nach seinem Umschwung das „Gesetz des rechten Winkels" postuliert hat. Denn bei aller Erhabenheit der „mathematischen Befriedigung" blieben seine früheren praktischen Gegenargumente – mit denen auch Cerdàs Stadterweiterungsplan für Barcelona in Deutschland beanstandet worden war – unverändert bestehen. So sah Gurlitt 1929 gerade im leichten Anstieg und den geschmeidigen Kurven der Eselspfade die für moderne Verkehrsmittel wie das Automobil oder die Straßenbahn ökonomischere und funktionalere Trassierung. Eine Entgegnung der Eseltheorie, der sich der alte Joseph Stübben noch im August 1929 in der *Deutschen Bauzeitung* anschloss. Im Artikel „Kraftverkehr und Stadtgestaltung" stellte er Le Corbusiers suggestiven Zukunftsvisionen weniger bekannte Vorschläge gegenüber, wie zum Beispiel den eigenen preisgekrönten Wettbewerbsbeitrag für Bilbao aus dem Jahre 1927, den er als erstes vollständig organisches Straßennetz pries.

Gurlitt beließ es bei seiner Kritik nicht auf der Ebene der verkehrstechnischen Angemessenheit. Er stieß sich vor allem an der Abgeschlossenheit der Planungen Le Corbusiers, in denen er eine despotische und unnatürliche Einschränkung des Wachstums vermutete, die bis in den Wohnbereich hinein reichte. Durch den Verzicht auf zukünftigen Wandel würden sich die Bürger vor allem der Le Corbusier so teuren „Modernität" beraubt sehen, einer Modernität, die Gurlitt somit als „Fortschrittsfähigkeit" auslegte.

Hier setzte auch die scharfe Kritik an, die seitens einiger Vertreter der Moderne aus Deutschland auf Le Corbusiers Städtebautheorien prasselte. An erster Stelle durch Hugo Häring, der ebenfalls 1929 in einer Besprechung der Übersetzung von „Urbanisme" seinem Kollegen die Kompetenz zur „Erfüllung von Leistungsaufgaben" abstritt und ihn daher nicht als modernen

---

Lineal gezogen. Deren Aufstiegslinie ist geschmeidig und erzielt in den Feldern immer einen dekorativen Effekt; diese Linien, die eine intime Beziehung zu den Hügeln und Tälern haben, die deren Verlauf geregelt haben, bringen oft der Landschaft diesen Schönheitseffekt ihres weißen Netzes, das die Gestaltung der Berge prägt, genauso wie eine feine goldene Kette die Rundungen des Halses unterstreicht. Und genau diese Wege sollten die vorliegenden Lebenslinien sein, um die der Städtebauer die Masche seiner Straßen webt. Das hat einen guten, belehrenden Sinn, für den es nicht an beispielhaften Städten mangelt, die von den Zerstörungen verschont geblieben sind, die im Namen des Fortschritts begangen werden, und so am Hang der Hügeln das reizende Charme ihrer lebendigen Linienführung ausbreiten. Die Gebäude können beliebig sein, ohne jeglichen Reichtum; diese Städte bewahren immer den Reiz einer natürlichen Schöpfung." Ebd., S. 87. (Aus dem Absatz „Rues courbes").

Städtebauer, sondern als akademischen Ästheten betrachtete.[270] Häring erinnerte an den geometrischen Dogmatismus, den der Schweizer bereits beim ersten CIAM-Treffen in La Sarraz an den Tag gelegt hatte und den er in den neuesten Werken Le Corbusiers, insbesondere im *Mundaneum*-Entwurf, bestätigt sah. Häring hat versucht, das antithetische Verhältnis zwischen den Konzepten des geometrischen Formalismus und des organischen Funktionalismus als Manifestation abweichender kultureller Determinationen im mediterranen beziehungsweise germanischen Raum zu erklären. Ein Modell, das die Unterschiede der zwei Städte als Folgen eines *nordischen* „Gestaltwillens des Individuums" beziehungsweise einer *südlichen* „Gestaltmacht der Geometrie" begründete.

Mit derartigen Abgrenzungskategorien war Le Corbusier, der sich als Jura-Schweizer selbst als dem Mittelmeer angehörig verstanden hat, sehr wohl vertraut. Und so entbrannte zwischen den mediterranen, germanischen und slawischen Kreisen der CIAM ein Disput um die Frage nach den an kulturelle Identitäten wesenhaft geknüpften Denk- und Vorgehensweisen. Eine Debatte, auf die erst im nächsten Kapitel gesondert eingegangen werden soll. Es sei lediglich vorangestellt, dass Le Corbusier seine Hoffnungen auf eine mediterrane Lobby im CIRPAC auf die Gruppe seiner jungen und begeisterten Anhänger aus Katalonien setzte. In diesem Zusammenhang sind die in *AC* anzutreffenden Streitschriften zu verstehen, mit denen sich Mitglieder des GATCPAC gegen „nordische" oder gar „germanische" Bevormundungen aus dem Kreis der CIRPAC auflehnten.

Wie wir aber bereits am Beispiel Giralts haben sehen können, stand dieser „mediterrane Einflussgruppe" eine ältere und mutmaßlich konservativere Architektengeneration kritisch gegenüber, die wichtige Positionen in der Architekturfakultät so wie im städtischen Planungs- und Verwaltungsapparates besetzte. Einer der prominentesten Skeptiker war der Direktor der öffentlichen Parkanlagen Barcelonas, Nicolau Maria Rubiò i Tudurí, der 1920 nach Montolius Weggang die Leitung von *Cívitas* – dem Organ der Gartenstadtgesellschaft – übernommen hatte und seitdem durch die intensive Beschäftigung mit den zeitgenössischen Theorien des Städtebaus zu einer anerkannten Autorität auf diesem Gebiet avanciert war, wodurch ihm 1931, also vor dem *Pla Macià*, die Aufstellung eines Regionalen Zonenplans für Katalonien (*Plá de distribució en zones del territori català – Regional Planning, 1931-32*) übertragen wurde. Tudurí, der mit futuristischen Visionen für Barcelona

---

270 Häring, Hugo: *Der überlebte Le Corbusier: Grundprobleme des neuzeitlichen Städtebaus.* In: Rheinisch-Westfälische Zeitung, 14. September 1929. Abgedruckt in: Schirren, Matthias: *Hugo Häring, Architekt des Neuen Bauens.* Berlin 2001. S. 342. Eine erste Erläuterung hatte Häring unter dem Titel „Zwei Städte" bereits 1926 in *Die Form* veröffentlicht.

II. Großstadtmodelle

("Barcelona Futura", 1929) oder für die Hauptstadt eines föderalen Spaniens ("Iberia", 1931) Aufsehen erregte, hat die Erfahrungen sowohl der englischen Gartenstädte als auch der deutschen Siedlungen genau gekannt. Von seinem ausgezeichneten Kenntnisstand über den modernen Städtebau Deutschlands zeugt sein Berlin-Aufenthalt des Jahres 1931, wo er im Auftrag der Stadtverwaltung Barcelonas die Bauausstellung besuchte. In seinem Reisebericht beschrieb er den Vollzug eines „radikalen Wandels der städtebaulichen Konzepte": Von der künstlerischen Disziplin der saalartigen Räume hin zur reinen Technik. Ja, der herkömmliche Begriff „Architektur" sei zum Fremdwort geworden. Ökonomie, Hygiene und Standardisierung prägten nun das Bauen. Und der Städtebau habe sich zu einer politischen Tätigkeit entwickelt, die auf eine Sozialisierung des Wohnungsbaus ziele. Ihre zentrale Frage sei – so Tudurí – die der öffentlichen Billigstwohnung: Alles andere sei entweder Archäologie oder Tollheit. [271] In Barcelona, wo sich die Einwanderer in Baracken am Stadtrand drängten, war diese neue Realität zwar vereinzelt zur Kenntnis genommen worden, hatte aber noch 1931 zu keiner angemessenen Wohnungsbaupolitik geführt.

Noch im selben Jahr erschien in Paris Tudurís Büchlein „ACTAR. Discrimination des formes de quiétude et des formes de mouvement dans la construction" (ACTAR. Unterscheidung der Formen der Ruhe und der Formen der Bewegung im Bauen, 1931): eine Kritik am absolutistischen Geltungsanspruch der Propheten der Moderne, insbesondere an Le Corbusiers Mechanisierungs-Dogma. Tudurí versuchte ihrer „dümmliche Sicherheit" mit einer einfachen Übung „philosophischer Bescheidenheit" zu entgegnen; sie rhetorisch zu unterlaufen: Er griff zu den Argumenten seiner Gegner und zog mit unerbittlicher Logik aus ihnen die Konsequenz der Aufspaltung des

---

271 Rubió i Tudurí, Nicolau María: *Memoria de la visita a l'Exposició Alemanya de la Construcció, a Berlin. Juny 1931.* Barcelona, 9. Juli 1931. Arxiu Municipal Administratiu, Barcelona: Serie urbanización y reforma, Expediente 205/19. (8 Seiten). Auch andere katalanische Vertreter von gemäßigten Positionen besuchten die Berliner Ausstellung, wie beispielsweise eine Delegation der Vereinigung Katalanischer Architekten (*Associació d'Arquitectes de Catalunya,* A.A.C.), die am Städtebaukongress teilnahm. Die Teilnehmer waren Ramon Puig-Gairalt, Jaume Mestres i Fossas, Francesc de P. Quintana, Robert Navarro, Francesc Monravà und Guillem Forteza. Zum Verlauf ihrer Reise siehe: *Puig Gairalt, Ramon und Mestre Fossas, Jaume: XIII Congrés Internacional de l'Habitació i d'Urbanisme, Berlin 1931.* In: Arquitectura i Urbanisme 1 (1931), H. 1, S. 2-11. Interessant ist Puig Gairalts Besuch der Ausstellung. Wie Subirana errichtete er 1932 als GATCPAC-Mitglied einen experimentellen Schulbau aus Holz, die *Escola de Mar* in Castelldefels. Siehe: Garnica, Julio: *Ramon Puig Gairalt (1886-T.1912-1937).* In: Pizza, Antonio und Rovira, Josep M.: *La tradición renovada. Barcelona años 30.* Barcelona 1999.

Bauens in zwei klar geschiedenen Disziplinen: zum einen die zeitlose *Baukunst* („Arquitectura") der aus ästhetischen Erwägungen entstandenen Formen der Ruhe, und zum anderen das moderne „*Actar*", welches die Formen der mechanischen Bewegung, der Montage und des ausschließlich Nützlichen in sich vereint. Durch diese überzogene Polarisierung versuchte er Le Corbusiers „elende Hybriden" zu entlarven und dessen „inkonsequenten" Standpunkt ironisch *ad absurdum* zu führen.[272]

Tudurís Kritik wurde in Deutschland beachtet. Aber nicht etwa von *Stadtbaukunst Alter und Neuer Zeit*, sondern von *Die neue Stadt*, der Nachfolge-Publikation von *Das neue Frankfurt*. 1932 fasste der Chefredakteur Joseph Gantner die „zwei Disziplinen" Tudurís wie folgt zusammen:

> Der Begriff Architektur, sagt Tudurí, reicht gar nicht mehr aus, um alle die technischen und maschinellen Prozesse zu umfassen, die seit einiger Zeit eingeströmt sind. Architektur ist Kunst, meint er, ist aus der Laune, dem Formtrieb des Künstlers entstanden, das andere aber ist kalte, nackte Mathematik, Technik, Wissenschaft, mit einem Wort – es ist „Actar". Und nun dieser neue Begriff kreiert ist, gibt Rubió in einem reizenden Plaidoyer kurze Gegenüberstellungen von Architektur und Actar. „Architektur ist immer für die Ewigkeit geschaffen, Actar nur für den Moment. Gute Architektur veraltet nie, Actar wird in der momentanen Form durch die kleinste Erfindung überholt ... etc.[273]

Bei aller Sympathie, die Gantner für die Art und Weise übrig hatte, wie der Katalane in seinem „liebenswürdigsten Pamphlet" mit „verbindlichsten Lächeln" seine Gegner auf ihre Fehler aufmerksam machte, verkniff er es sich nicht, Bedenken an Tudurís Unterscheidungsversuch zu äußern:

> Warum soll der Architektur ihre fundamentale uns großartige Schlüsselstellung zwischen Kunst und Technik genommen werden, aus welcher heraus sie beide Teile so entscheidend befruchtet hat? Warum soll einer historischen Überlegung zuliebe die Situation der Gegenwart so schief gestellt werden.[274]

Er kam also auf eben die Schlussfolgerung, die von Tudurí beabsichtigt worden war. Gantner hat offenbar den Zweck und die feine Ironie der überzogenen Argumentation verkannt. Die Radikalität der „Kampfschrift" scheint im Kontext der deutschen Kritik an Le Corbusiers Thesen so glaubwürdig gewesen zu sein, dass der Verdacht auf eine Zweideutigkeit der Aussagen gar nicht erst aufkam. Wie aber von Ignasi de Solà-Morales bemerkt worden ist,

---

272 Zur Rubiòs Ironie siehe: Isac, Angel: „*Eso no es arquitectura.*" *Le Corbusier y la crítica adversa en España*. In: Lahuerta, Juan José (Hrsg.): *Le Corbusier y España*. Barcelona 1997. S. 201 ff.

273 Gantner, Joseph: *Broschüren. „Actar" von Rubiò i Tudurí*. In: Die neue Stadt 1 (1932), H. 2, S. 43-44.

274 Ebd., S. 44.

hat sich Tudurí von seiner Aversion gegen dogmatische Theorien zum Theoretisieren verleiten lassen.[275] Eine starre Theorie, wie sie Gantner an Tudurí bemängelt hat, wäre mit dessen konservativem Eklektizismus unvereinbar gewesen. Er versuchte gerade gegen die rechthaberische Unnachgiebigkeit einer diktatorisch ausschließenden Moderne anzukämpfen, die sich dadurch vor allem selbst im Wege stand:

> Der Stolz der Logik und der letzten Worte ruft Gelächter hervor und täglich steigt die Zahl derer, die, sich mit gesunder Mäßigung zufrieden gebend, auf keinen exzessiven Besitzanspruch bestehen – nicht einmal darauf, Recht zu haben.[276]

So auch Tudurí, der in seinen Entwürfen die Vorzüge einer uneingeschränkten Wahlfreiheit der für jede einzelne Bauaufgabe angemessenen Mittel vorgeführt hat. Entwerfen bedeutete ein plurales Abwägen stets relativer Bedingungen, das heißt spezifischer Verbindlichkeiten an Stelle der allgemeinen Glaubensgewissheiten der vorherrschenden ideologischen Systeme der Moderne. Darin bestand Tudurís Modernität. Denn den verschiedenen, zum Teil konträren Ansätzen, welche die Moderne auf dem Gebiet des Städtebaus hervorgebracht hat, war eines gemein, dass sie allesamt aus dem Wunsch nach einer Zurückführung des Planens auf zwingende, zeitgemäße Grundlagen entsprangen. Neu zu berücksichtigen waren zum Beispiel die Produktions- und Verkehrstechniken des Maschinenzeitalters, der Wandel der sozialen und politischen Strukturen durch das Aufkommen der Massengesellschaften und die weltwirtschaftliche Vernetzung derselben. Dass diese Phänomene in Abhängigkeit der politischen und gestalterischen Ziele ihrer Interpreten unterschiedlich auslegbar waren und infolgedessen zu abweichenden städtebaulichen Modellen führten, haben wir mehrfach beobachten können.

Die Internationalisierung durchzog sämtliche Bereiche als eine übergeordnete Erscheinung. Selbst die Verbreitung zeitgemäßer Planungsmethoden erfolgte nicht erst durch die CIAM, wie aus Giralts Kritik am Anspruch der deutschen Stadtbaukunst auf Universalität geschlossen werden kann. An seinem Beispiel wird deutlich, dass ihr Erfolg nicht lediglich auf den wirtschaftlichen und kulturellen Expansionsdrang Deutschlands gründete. Man müsste eher von einem glücklichen Zusammentreffen komplementärer Interessen sprechen: Ohne die freiwillige Beteiligung spanischer Architekten und Städtebauer hätten weder die Institutionen des deutschen Städtebaus ihren nachhaltigen Einfluss ausüben können; noch wären ihre Handbücher und Zeit-

---

275 Solà-Morales, Ignasi: *Nicolau M. Rubió i Tudurí: ciutat i arquitectura.* In: *Nicolau Maria Rubió i Tudurí (1891-1981).* Barcelona 1989. S. 127-144.

276 Zitiert nach: Rubió i Tudurí, Nicolau Maria: *Actar. Discriminación entre las formas de quietud y las formas de movimiento en la construcción.* Murcia 1984. S. 18. Übersetzung J. M. W.

schriften zu Exportschlagern avanciert. Die gelegentlichen Zugeständnisse einer Abhängigkeit gegenüber Deutschland (Mercadal, Fernández Balbuena, Lacasa ...) waren – wie auch in den Debatten der zeitgenössischen Architekturtheorie – maßgeblich spanische ‚Leistungen', die nur aus dem spezifischen kulturpessimistischen Kontext des Landes heraus verstanden werden können. Ihr Ziel lautete die Gründung eines modernen spanischen Städtebaus.

Die Assimilation der aus Deutschland importierten Theorien und Techniken zum Städtebau hat ebenso konservative Abgrenzungsforderungen hervorgerufen, die gerade mit der kulturellen Eigenart Spaniens argumentierten. So kritisierte zum Beispiel Salvador Sellés, der Vorsitzende des CAME, 1933 den übermäßigen Nationalstolz mit dem sich Paul Wolf selbstgenügsam der Überlegenheit des deutschen Städtebaus rühmte. Anlässlich Giralts Übersetzung von Wolfs Handbuch „Städtebau. Das Formproblem der Stadt in Vergangenheit und Zukunft" (1919), die in einer kleinen Auflage unter den Mitgliedern des CAME in Umlauf gebracht worden war, sprach Sellés seinen Tadel aus. In einer Besprechung für die *Revista del CAME* kritisierte er Wolfs Verallgemeinerungen und seinen rigiden Dogmatismus, den Sellés allerdings nicht nur auf dessen Modernität schob, sondern vor allem auf die deutsche Eigenart:

> Es ist offenkundig, dass diese Nation bisher stets vom enormen Vorteil profitiert hat, über Millionen von Untertanen verfügen zu können, die jederzeit bereit waren, die verkündeten Gesetze willig einzuhalten. Das dort so ausgeprägte *Verbot* wurde von allen Deutschen mit blindem Gehorsam befolgt, was für den Spanier undenkbar ist. Die rigide Standardisierung der Menschen erlaubte es – das ist offensichtlich – Gebäude und Städte zu standardisieren. In unserem Land verhält es sich dagegen so, dass für ein Großteil der Spanier das höchste der Gefühle darin besteht, die Regeln erfolgreich hintergangen zu haben. In Deutschland brauchte die Obrigkeit, so viele Gesetze sie auch verkünden mochte, lediglich ihre *Verbote* zu erklären. Sie konnte sich sicher sein, nicht allzu viel für deren Einhaltung oder für gelegentliche Bestrafungen tun zu müssen. Hier aber besteht der *modus vivendi* der Obrigkeit gegenüber der sozialen Masse primär darin, die Anzahl der *Verbote* möglichst gering zu halten. Nicht nur um den Aufwand für ihre Einhaltung aus Gründen der Ökonomie zu begrenzen, sondern vor allem um der legalen Unmoralität der Tolerierung von Verstößen Einhalt zu gebieten.[277]

Es zeigt sich erneut, wie hervorragend nationale Stereotypen zur Abgrenzung von theoretischen Positionen mit politischen Zielen dienlich sein konnten. Hier zum Beispiel wurde die spanische Eigenart zwecks Zurückdrängung des Staates beziehungsweise der Kommunen bemüht. Der nach Meinung von

---

277 Sellés, Salvador: *A propósito de la traducción de „Städtebau" de Paul Wolf por Ricard Giralt Casadesús.* In: Revista del Cuerpo de Arquitectos Municipales de España 5 (1933), H. 49, S. 43. Übersetzung J. M. W.

II. Großstadtmodelle 311

Sellés über sämtliche gesellschaftlichen Schichten hinweg feststellbare Individualismus des Spaniers diente zur Legitimation eines bürgerlich-liberalen Städtebaus, der das freie Spiel der Kräfte bewahrte.[278] Zur psychologischen Konstitution trugen – so Sellés – Faktoren wie das Klima oder die Rasse entscheidend bei. Das Nordische und das Meridionale wurden zu kulturellen Prämissen erklärt, die verantwortungsbewusste Architekten und Städtebauer zwingend zu berücksichtigen hatten. Alles andere käme einer Degradierung ihrer künstlerischen Erzeugnisse zu kommerziellen Artikeln einer vulgären Bauindustrie gleich. Die Forderung von Sellés war daher die nach einer kulturellen Verbindlichkeit der Disziplin – also nach einem „Städtebau im spanischen Geist". Mit diesem Ziel vor Augen empfahl er – trotz aller zuvor geäußerten Bedenken – nicht nur die Lektüre von Paul Wolfs „Städtebau", sondern wies eindringlich auf die ungebrochene Gültigkeit von Camillo Sittes Gründungstext aus dem Jahre 1889: „Der Städtebau nach seinen künstlerischen Grundsätzen". In seinen Schriften hatte Sitte die Stadt als organisches Nationalkunstwerk beschworen, als wesenhafte und damit unübertragbare Synthese wirtschaftlicher, politischer, kultureller Faktoren. Wenn überhaupt, hätten demnach lediglich die Konzepte der Städtebautheorie als exportierbare Ware dienen können. Und eben diese waren die städtebaulichen Beiträge, die aus dem deutschsprachigen Raum nach Spanien gelangten: suggestive Theorien. Auch solche, in denen die familiäre ‚Pflanzenhaftigkeit' der Sitteschen Gebilde längst überwunden worden war und die es sich doch zur Aufgabe machten, die Stadt zu verländlichen so wie das Land zu verstädtern.

---

278 Die Gemeinsamkeit, die Sellés gegenüber dem Standpunkt von Paul Wolf einräumte, lässt tief blicken: Es war die Förderung des Einfamilienhauses als Siedlungsideal aus Gründen der moralischen Erbauung. Genau hier hatte Sellés kurz zuvor bei seiner Kritik an den von Gropius vorgeschlagenen Wohnhochhäusern angesetzt. Siehe: Sellés, Salvador: *Comentando a Gropius*. In: Revista del Cuerpo de Arquitectos Municipales de España 5 (1933), H. 47, S. 15-18.

III. INSELN

> Seht, die Zeit ist nahe, die Erfüllung wartet unser. Bald werden die Straßen der Städte wie weiße Mauern glänzen. Wie Zion, die heilige Stadt, die Hauptstadt des Himmels. Dann ist die Erfüllung da.
> Adolf Loos, *Ornament und Verbrechen* (1908)

> Im Glashaus zu leben ist eine revolutionäre Tugend par excellence. Auch das ist ein Rausch, ist ein moralischer Exhibitionismus, den wir sehr nötig haben. Die Diskretion in Sachen eigener Existenz ist aus einer aristokratischen Tugend mehr zu einer Angelegenheit arrivierter Kleinbürger geworden.
> Walter Benjamin, *Der Surrealismus* (1927)

Betrachten wir ein zweites Mal Franz Ranks Fassadenarchitektur des Palastes der Herzöge Bermejillo del Rey in Madrid. Es wäre ein Fehler, die ornamentale Maskerade allzu schnell als sinnentleert abzutun. Wie wir wissen, hat Adolf Behne 1927 in „Neues Wohnen – neues Bauen" die repräsentative „Panzerung" ideologiekritisch entlarvt: Wie bei einer afrikanischen Maske erkannte er im zeitgenössischen Ritterlichkeits-Fetisch nichts weiter als den Ausdruck einer atavistischen Furcht. Im Gegensatz zu Wilhelm Worringer, der ja den Abstraktionsdrang der Primitiven als instinktive Flucht aus einer bedrohlichen Außenwelt erklärt hatte, dokumentierten für Behne die „entpanzerten", das heißt nackten und sachlichen Körper der Moderne vielmehr eine Überwindung sozialer Ängste. Schon 1908 hatte Adolf Loos in „Ornament und Verbrechen" die tätowierten Papuas wegen ihrer Amoralität in Schutz genommen und ihre Hautbemalungen denen moderner Menschen entgegengestellt: Es handele sich bei letzteren entweder um „latente Verbrecher" oder um „degenerierte Aristokraten". In der ‚modernen' Argumentationslinie von Behne und Loos könnte man nun bezüglich des Bermejillo-Palastes urteilen, dass sich dort der degenerierte und gesellschaftlich ins

3.1

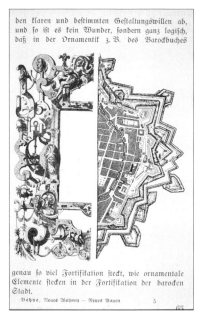

3.2

3.3

3.1-3 Adolf Behne, „Neues Bauen – neues Wohnen" (Leipzig 1927)

III. Inseln 315

Hintertreffen geratene „alt-spanische" Adel hinter einer ritterlich gepanzerten Fassade des Nationalgefühls verschanzte. Die historistische Stil-Maskerade war also mitnichten sinnentleert: Sie war reinstes ideologisches Konstrukt. Mit dem Verlust der letzten großen Kolonien und der daraus folgenden endgültigen Aufgabe der Hoffnungen auf eine erneute Weltmachtstellung war Spanien 1898 in eine tiefe Identitätskrise gestürzt. Der Kulturpessimismus, der auch die architekturtheoretischen Debatten der Jahrhundertwende prägte, rührt letzten Endes daher. Auch in der Architektur hielten spanisches Kastendenken und Ritterlichkeitsideal (*hidalguía*) Einzug. Das gebaute Manifest lieferte José Urioste 1900 in der Pariser Weltausstellung mit dem spanischen Pavillon, der mittels Fragmenten der Architektur der spanischen Blütezeit stolz die ‚ewige' Größe des Landes beschwor. Wir haben im ersten Kapitel beobachten können, wie die deutsche Übernahme des Edelmuts als spanischer Charakterzug während des Ersten Weltkrieges propagandistisch eingesetzt wurde. Die angebliche Ritterlichkeit des neutralen Spanien beschwor eine internationale Verwandtschaft. Vor allem aber belegte sie die kulturpolitische Funktion nationaler Stereotypen. Doch, wie Sigfried Giedion 1928 schreiben sollte, verlagerte sich die Front des National-Internationalen auf den Kampf um die „soziologische Struktur". Im Fall des Palacio Bermejillo wird deutlich, wie sehr die konservative Nostalgie ein verzweifelter Versuch war, die Tradition lediglich zur Erhaltung eines überlebten Wertesystems zu instrumentalisieren. Der Kunstkritiker und Schriftsteller Ernesto Giménez Caballero lieferte 1926 in *Der Querschnitt* eine beißende Beschreibung der Zustände eines neuerdings sogar gewerkschaftlich organisierten Adels:

> Als die großen spanischen Familien sahen, daß das edle, gesunde und immer geniale Volk von Spanien sie nicht ernst nahm, über sie, wie die Gespenster im *Tenorio*, von ganzem Herzen lachte, wenn es sie im *ABC* als *Comendadoren von Calatrava* angezogen sah, und als sie vor allen Dingen merkten, daß sie nichts anderes zu tun hatten, keine andere Mode nachzuäffen wußten als die sowjetische, und um nicht hinter der Kanaille Pöbel zurückzustehen, beschlossen sie eines schönen Tages, sich zu syndikalisieren und bestimmten einen Herzog mit weißen Gamaschen, ein Manifest auszuarbeiten, ohne die orthographischen Fehler und die seelische Unsicherheit zu übertreiben. Das Resultat war das „Centro de acción nobiliaria", eine Einrichtung, die sich zum Programm setzte, die ritterlichen Gesten und fabelhaften Trinkgelder, ohne daß sich das Parlament einmischen sollte, zu direkter Wirksamkeit zu führen; auch sollte, wer ihnen unangenehm war, ins Gefängnis kommen.[1]

---

1 Giménez Caballero, Ernesto: *Große spanische Familien*. In: Der Querschnitt 6 (1926), H. 4, S. 294-297.

Es liegt auf der Hand, dass der Grund für die aristokratische „Verteidigungspsychose" (Behne) in der bürgerlichen Aufhebung sozialer Privilegien lag. Die jungen Architekten, die sich die Überwindung dieser Situation zur Aufgabe gemacht hatten, sprachen spöttisch von einem *Estilo Remordimiento*, also vom Stil des schlechten Gewissens. Es wird daher interessant zu beobachten sein, welche Bedeutung Urioste dem Städtebau beigemessen hat: Er hatte 1901 anlässlich seiner Ernennung zum Mitglied der *Real Academia de Bellas Artes de San Fernando* den Vortrag „La calle bajo su aspecto artístico" (Die Straße unter künstlerischen Gesichtspunkt) gehalten und darin die repräsentative Funktion der Fassade bei der Wahrung des *Decorum,* der Schicklichkeit, unterstrichen. Er fragte sich:

> Wird die Kunst diese interessante Erscheinung des sozialen Lebens womöglich verwerfen? Werden die Völker etwa das instinktive Prinzip fallen lassen, überall dort Schönheit schaffen zu wollen, wo sich nur die Gelegenheit dazu bietet? Nein. Noch vor der Scham wird im Menschen stets das Bedürfnis wach, sein Verlangen nach Schönheit zu befriedigen. Es gibt noch heute nackte Völker, die in ihren heißen Gefilden Zeugnisse trauriger Wildheit sind. Und doch: Gravieren denn nicht auch sie unter Schmerzen Tätowierungen auf ihre Körper ein, um – noch bevor irgend ein Gewand ihre Nacktheit teilweise bedeckt – dank pflanzlicher Farbstoffe Linien auf ihr Gesicht und ihren Rücken zu zeichnen, mit denen sie die Tiere und Früchte darstellen, die sie bewundern?[2]

Offenbar sah er aber das elementare ‚soziale' Prinzip der dekorierten Hülle gefährdet. Der Grund hierfür war kein anderer als die Verwandlung der Städte, die mit den Industrialisierungsprozessen einherging. Es war die Aufgabe des Städtebauers und des Politikers, unter den Massen – die gerade ihre bürgerlichen Rechte eroberten – den Sinn für die „zeitlose Wahrheit der Kunst" zu verbreiten. Von der Kunst erhoffte sich Urioste nichts Geringeres als die Abwendung sozialer Disharmonien![3] Der gesamte von ihm beschriebene Repräsentationsvorgang sollte sich aber in der Fassade, auf der Grenze zwischen privatem Interieur und öffentlichem Straßenraum abspielen. Damit setzte sich Uriostes Theorie deutlich vom Verständnis des künstlerischen Städtebaus ab, das im deutschsprachigen Raum seit Camillo Sittes Gründungsschrift herrschte. Hier war der öffentliche Raum der Träger des Kunstwertes. Die Gesetzmäßigkeit der Platzanlagen als bürgerlicher Räume stand im Mittelpunkt des Interesses.

Franz Rank, der seit 1908 als Mitglied der Monumentalbaukommission der Stadt München fungierte, hat 1924 in der *Deutschen Bauzeitung* seine

---

2 Urioste y Velada, José: *La calle bajo su aspecto artístico. Discurso leido ante la Real Academia de Bellas Artes de San Fernando de Madrid el 21 de Abril de 1901.* Madrid 1901. S. 10-11.

3 Ebd., S. 8-9.

III. Inseln *317*

repräsentative Fassade für den Palast Bermejillo selbst als Beitrag zum spanischen Heimatschutzgedanken bezeichnet. Als fünf Jahre später Alfredo Baeschlin erstmals für die *Deutsche Bauzeitung* aus Spanien berichtete, stellte er fest, dass dort mit einiger Verspätung gegenüber Deutschland und der Schweiz nun doch die Ideale des Heimatschutzes allgemeine Anerkennung erfuhren. Wie wir im ersten Kapitel bereits erfahren haben, fand er hierfür in der Internationalen Ausstellung in Barcelona ein ausgezeichnetes Beispiel: Der *Pueblo Español* (1926-29) von Raventós und Folguera. Baeschlins Bewunderung galt nicht nur der präzisen Wiedergabe volkstümlicher Fassadentypen, sondern vor allem der gelungenen kleinstädtisch-vorindustriellen Raumbildung, die eine offenkundige Anwendung der drei Jahre zuvor von Emilio Canosa erstmals vollständig ins Spanische übertragenen Sitteschen Prinzipien darstellte.[4]

Zeitgleich zu seinen Berichten über die Weltausstellung in Barcelona lieferte Baeschlin der *Deutschen Bauzeitung* zwei Beiträge über nordspanischen Hausbau des 17. Jahrhunderts. Er analysierte das Patrizierhaus Mugártegui in Marquina (Vizcaya) und den Palast de la Maza in Treto (Santander).[5] Es handelte sich um zwei Prototypen: das baskische Bürgerhaus und den *montañesischen* Adelssitz, die sich in ihrer Disposition deutlich voneinander unterschieden. Ein gemeinsames Merkmal teilten sie jedoch: Beide bekleideten ihre Fassaden mit imposanten in Stein gehauenen Familienwappen. Im Palast bezeichneten sie den adeligen Ursprung der Familie; im Haus eignete sich der bäuerliche Edelmann eine höfische Mode an und erhob so Anspruch auf einen seinem Besitzstand angemessenen sozialen Rang.

Ebenfalls 1929 veröffentlichte Ortega y Gasset in *Der Querschnitt* – in einem Heft mit spanischen Beiträgen, das anlässlich der Internationalen

---

4 Auch als Oriol Bohigas Anfang der sechziger Jahre seinem Unbehagen mit dem Städtebau der Charta von Athen Ausdruck verlieh, bediente er sich des *Pueblo Español* als Beispiel eines künstlerischen Städtebaus. Siehe: Bohigas, Oriol: *Comentarios al „Pueblo Español" del Montjuich*. Arquitectura 3 (1961), H. 35, S. 15-23. Ebenso: Bohigas, Oriol: *El pueblo español*. Barcelona 1989, S. 11. Hier verweist Bohigas ausdrücklich auf Sitte. In diesem Zusammenhang wäre auch ein Hinweis von Kenneth Frampton ernst zu nehmen, der die unter Bohigas aufgestellten Planungen für das olympische Barcelona von 1992 als unmittelbare Umsetzung der von Joseph Stübben ein Jahrhundert zuvor in „Der Städtebau" (1890) erklärten Prinzipien bezeichnete. Vgl. Frampton, Kenneth: *Historia crítica de la arquitectura moderna*. Barcelona 1998. S. 342

5 Baeschlin, Alfredo: *Ein baskisches Patrizierhaus aus dem 17.Jahrhundert*. In: Deutsche Bauzeitung 63 (1929), H. 60, S. 521-524. Baeschlin, Alfredo: *Ein vornehmes Montañesisches Patrizierhaus Ende des XVII. Jahrhunderts*. In: Deutsche Bauzeitung 63 (1929), H. 101, S. 862-864.

PLANSKIZZE der SPANISCHEN KLEINSTADT
ABB. 5   LAGEPLAN DER SPANISCHEN KLEINSTADT (rd. 1 : 1500). Architekt Folguera y Raventos

3.4

3.5

3.4 Alfredo Baeschlin: „Planskizze der spanischen Kleinstadt" [*Deutsche Bauzeitung*, 1929]
3.5 Alfredo Baeschlin: „Baskische Wappen" [Alfredo Baeschlin, „La Arquitectura del Caserío Vasco" (Barcelona 1930)]

III. Inseln

Ausstellung in Barcelona erschien – seinen Aufsatz „Hypertrophie der Wappen".[6] Er behandelte darin das Phänomen der spezifisch antiurbanen Ideologie, die er im Typ der nordspanischen *casona* aufgedeckt zu haben meinte. Das primäre Attribut dieser Häuser war nach Ortegas Auffassung eine selbstgenügsame Prätention, die sie stets als Paläste wirken ließ. Zu diesem Eindruck trugen die kolossalen Wappen entscheidend bei:

> Es sind fabelhafte Blüten-Gebilde auf den nackten Wänden, seltsame Plastizitäts-Eruptionen, wie Geschwüre von Ruhmsucht, die an dem tugendhaften, asketischen Stein herauskommen. Zufrieden mit ihrer wohlerworbenen Existenz, haben sie sich von kühnen Unternehmen zurückgezogen und träumen dafür von alten Großtaten. Der Heldentraum dessen, der kein Held mehr ist, sickert durch die Mauern in Erlauchtester Phantasmagorie und bedeutete unerschöpfliches Ausschwitzen von heraldischer Fauna, baskischen Wölfen, guipuzcoanischen Walfischen, Bären von Asturien oder aber Helmbügeln mit hohen Federbüschen, Fäusten mit Schlachtschwertern seeklaren Bugs.[7]

Der Gleichklang mit Behnes sozial-psychologischen Parametern ist nicht zu verkennen. Ebenso wenig wie die Dissonanz bezüglich Uriostes Standpunkt. Vor allem als Ortega feststellte:

> Die Linie von Spanien, wo die Wappen zu wuchern beginnen, bezeichnet das Ende der Städte. (...) Die andalusische oder kastilische Stadt ist eine kompakte Skulptur, die kantabrische Stadt eher eine Landschaft, eine zentrifugale „urbs", wo jedes Gebäude ins Land hinausgestoßen worden ist.[8]

Er aber postulierte unmissverständlich:

> Die echte Stadt setzt die Vorherrschaft des Platzes voraus; des Marktplatzes, des Gerichtplatzes. (...) Dies will sagen, daß es nur eine „urbs" gibt, wo das Öffentliche über das Private vorherrscht, der Staat über die Familie.[9]

Die Fassade der *casona* belegte dagegen mit ihrem Wappengezier den Vorrang der Blutsgemeinschaft vor dem „politischen Instinkt" des Städters. Ortega wertete rückhaltlos: Die obsolet gewordene Repräsentation des privaten Stammes-Stolzes sollte durch den bürgerlichen Raum des Platzes abgelöst werden. Auch das eine Flucht aus der bedrohlichen Natur in die Abstraktion.

Wir kennen Ortegas These des städtischen Raumes als Überwindung des Pflanzenhaften bereits aus dem vorangehenden Kapitel. Nun müssen wir uns fragen: War zu diesem Zeitpunkt nicht auch die Vorstellung vom Platz als

---

6 Ortega y Gasset, José: *Hypertrophie der Wappen*. In: Der Querschnitt 9 (1929), H. 8, S. 539-541.
7 Ebd., S. 540.
8 Ebd.
9 Ebd., S. 541.

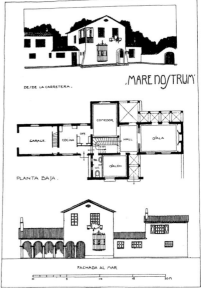

3.6-7 Alfredo Baeschlin: „La Barraca" und „Mare Nostrum". Perspektiven, Grundrisse, Ansicht
[Alfredo Baeschlin, „Casas de Campo Españolas" (Barcelona 1930)]

III. Inseln 321

politischem Raum längst ein urbanes Wunschbild, ein Fetisch der bürgerlichen Öffentlichkeit? Gewiss, im Platz mochten noch herkömmliche Mechanismen der sozialen Kontrolle wirksam sein, die Politik aber wurde längst woanders verhandelt. Im besten Fall konnte sie im öffentlichen Raum repräsentiert beziehungsweise demonstriert werden. Denken wir etwa an den Vorschlag von Oskar Jürgens aus dem Jahre 1910 für den Umbau des Vorplatzes des Madrider Parlaments zu einer *Plaza de la Constitución*. Als Parlamentarier und ‚Medienbürger', der den größten Teil seines Werkes in Form von Artikeln in Zeitungen und Zeitschriften direkt in die Öffentlichkeit getragen hat, dürfte Ortega dieser Umstand keineswegs verborgen geblieben sein. Forum und Agora sollten eher als *programmatische Bilder* verstanden werden: Auch ihm ging es um die Wiederherstellung der Sittlichkeit, der moralischen Bindungen – die er durch das Aufkommen des „amoralischen Massenmenschen" gefährdet sah. In „Der Aufstand der Massen" forderte er ihre Unterordnung und machte dafür eine legitime Führungselite ausfindig: die Geistesaristokratie. Die edle Kaste der Intellektuellen würde eine neue, für alle verbindliche Moral hervorbringen.

Wie stand nun Baeschlin als Architekt mit seinen Studien und Entwürfen zu alledem? Zum einen hatte er seine Begeisterung für die im kulissenhaften *Pueblo Español* inszenierte kleinstädtische Urbanität bekundet. Zum anderen hatte er sich aber als Heimatschützer der ersten Stunde der Bauernhausforschung gewidmet. Als Ergebnis seiner ethnographischen Forschungsarbeit im Baskenland erschien 1930 das Buch „La Arquitectura del Caserio Vasco" (Die Architektur des baskischen Hauses), das in Barcelona vom Verlag Canosa herausgebracht wurde – derselbe, der vier Jahre zuvor die Übersetzung von Sittes Werk veröffentlicht hatte.[10] Noch 1930 erschien bei Canosa ein weiteres Buch Baeschlins: „Casas de Campo Españolas" (Spanische Landhäuser).[11] Im Gegensatz zu seiner wissenschaftlichen Analyse des baskischen Hauses, handelte es sich in diesem Werk um eine künstlerische Umsetzung des Wissens, das er sich 1928 im Verlauf einer Reise entlang der gesamten iberischen Küste – von Bilbao bis Barcelona – über die Volksarchitektur der Halbinsel und der Balearen angeeignet hatte. Baeschlin entwarf eine Serie moderner Landhäuser, die er als Vorbilder für einen zeitgenössischen spanischen Regionalismus verstand. Nach einem Vorwort des Argentiniers Martín Noel – der Kopf des *Neocolonial* – erklärte Baeschlin seine Affinität nicht nur zu Leonardo Rucabados Architektur, sondern auch zu dessen Ablehnung exotischer Einflüsse und der „vereinheitlichenden Avantgarde". Es ging ihm um Heimatschutz im strengsten Sinne. Er warnte daher auch vor einem mo-

---

10 Baeschlin, Alfredo: *La arquitectura del caserío vasco*. Barcelona 1930.
11 Baeschlin, Alfredo: *Casas de campo españolas*. Barcelona 1930.

dischen, *falschen* Regionalismus, der sich über die elementaren Vorgaben des Klimas, der Landschaft, der lokalen Baustoffe oder Handwerkstraditionen hinwegsetze und etwa die montañesische Architektur Rucabados am Ufer des Guadalquivir ansiedele. Und doch musste Baeschlin in seinen Entwürfen die traditionellen Typen an die Erfordernisse des modernen Lebens anpassen. Das Raumprogramm seiner Landhäuser sah Zimmer für Bedienstete vor, Garagen, Wohnzimmer, Büros, Terrassen et cetera. Es waren suburbane Villen für ein aufstrebendes Bürgertum, das von einer landwirtschaftlichen Lebensführung weit entfernt war. Dennoch veröffentlichte Baeschlin einige seiner Landhaus-Entwürfe in der Zeitschrift *Agricultura* (Landwirtschaft).[12]

Antiurbane Ideologien sind ein urbanes Phänomen. Sie üben Kritik an den städtischen Lebensformen, ohne jedoch die Stadt als politisches, administratives, produktives, kommerzielles und kulturelles Zentrum aufgeben zu können. Dieser Konflikt tritt auch in Baeschlins Schriften zu Tage wie etwa, als er 1924 in der Zeitschrift *Urbanizaciones y Edificaciones* über das moderne Haus nachdachte und dabei die städtebauliche Formel der Gartenstadt pries. Denn trotz aller Vorzüge dieser reformierten Lebensumwelt musste er auch unleugbaren Einschränkungen einräumen, wie die Schwierigkeit, regelmäßig Bibliotheken, Gesellschaften oder Theater aufzusuchen.[13]

Baeschlin war zweifelsohne ein Städter, und als solcher sehnte er sich nach dem Land. Welchen Wert konnte das Studium der Volksarchitektur für ihn als Architekten haben? Um für diese Frage eine Antwort zu finden, brauchen wir nur die Entwicklung seiner Projekte zu verfolgen, in denen er sich – wie Patricia Molins festgestellt hat – allmählich den funktionalen, konstruktiven, ökonomischen, hygienischen und sozialen Kriterien der Moderne genähert hat.[14] Wir könnten aber eben so gut die Rezeption seiner Schriften in Spanien als Indikator bemühen: Es waren zunächst die konservativen Regiona-

---

12 Baeschlin, Alfredo: *Casas de campo españolas: La Barraca*. In: Agricultura 2 (1930), S. 364. Baeschlin, Alfredo: *Casas de campo españolas: Los Manueles*. In: Agricultura 2 (1930), S. 438. Baeschlin, Alfredo: *Casas de campo españolas: La Masía*. In: Agricultura 2 (1930), S. 672. Baeschlin, Alfredo: *Casas de campo españolas: Bista Ederra*. In: Agricultura 3(1931), S.30-31. Baeschlin veröffentlichte in *Agricultura* auch einige Entwürfe bäuerlicher Wirtschaftsbauten: Baeschlin, Alfredo: *Una granja moderna*. In: Agricultura 2 (1930), S. 505. Baeschlin, Alfredo: *Construcciones Rurales. La industria lechera en pequeña escala*. In: Agricultura 3 (1931), S. 540-541.

13 Baeschlin, Alfredo: *De la casa moderna*. In: Urbanizaciones y Edificaciones 3/1924.(Abgedruckt in: *La ciudad moderna. Arquitectura racionalista en Valencia*. Bd II. Valencia 1998. S.186-187.)

14 Molins, Patricia: *Interiores modernos: La caja y el caparazón*. In: *La ciudad moderna. Arquitectura racionalista en Valencia*. Bd II. Valencia 1998. S. 71 ff.

3.8

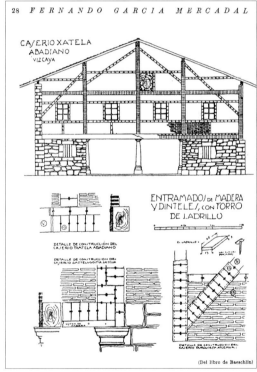

3.9

3.8 Fernando García Mercadal, „La casa popular en España" (Barcelona 1930). Titelblatt
3.9 Alfredo Baeschlin: „Caserío Xatela". Ansicht und Details [Fernando García Mercadal, „La casa popular en España" (Barcelona 1930)]

listen – insbesondere die des katalanischen *Noucentisme* –, die Baeschlins Werken Aufmerksamkeit schenkten.[15] Doch auch für die Gruppe der jüngeren Architekten, die sich der Erneuerung der spanischen Architektur verschrieben hatte, sollte der Schweizer wertvolle Beiträge leisten. Mercadal, zum Beispiel, hat 1930 in seinem Buch „La casa popular en España" (Das volkstümliche Haus in Spanien) einige Zeichnungen Baeschlins zum baskischen Haus übernommen. Dadurch wird eine der entscheidenden Eigentümlichkeiten der spanischen Moderne offenbar: die Traditionsverbundenheit.

Carlos Sambricio hat von einer Normalisierung des Volkstümlichen gesprochen („normalización de lo vernáculo"), um den praktischen Wert zu erklären, den die spanischen Modernisierer der zwanziger und dreißiger Jahre in den ‚anonymen' Bautraditionen ausmachten.[16] Es ging ihnen nicht länger um einen nationalen oder regionalen ‚Stil'. Das heißt jedoch nicht, dass die Idee der Kaste, die Ideologie des *casticismo* fallen gelassen worden sei. Vielmehr wurde jetzt zwischen *falschem* und *wahren casticismo* unterschieden. Torres Balbás hat hierfür in den Seiten *Arquitecturas* die theoretischen Grundsteine gelegt und gleichzeitig die Kategorien des Werkbunds in Spanien eingeführt. Und auch Anasagasti, der schon früh in Deutschland die Schönheit der industriellen Formen entdeckt hatte, widmete 1929 bei seiner Ernennung zum Mitglied der *Real Academia de Bellas Artes de San Fernando* seinen Antrittsvortrag der „Arquitectura Popular". Darin formulierte er den aufschlussreichen Gedanken, die *Wohnung* sei zwar nicht der einzige, aber doch der zentrale Gegenstand der Volkskunst.[17] Nicht weniger lehrreich waren die zahllosen tugendhaften Eigenschaften, die er der Volksarchitektur zuschrieb: Natürlichkeit, Erfindungsreichtum, Einfachheit, Bescheidenheit, Ruhe, Gewöhnlichkeit, Rationalität, Ehrlichkeit, Wahrhaftigkeit, Verfeinerung, Zeitlosigkeit, Wesenhaftigkeit et cetera.

Die Schönheit war – so Anasagasti – eine unbewusste Schöpfung des Volkes. Der romantische Volksgeist der *Institución Libre de Enseñanza* zog weite Kreise und befruchtete das spekulative Denken mehrerer Generationen Madrilenischer Architekten. *Arquitectura* druckte 1922 – damals noch unter der Schriftleitung von Torres Balbás – das Lob der Volkskunst („Elogio del Arte Popular", 1913) des Kritikers und Pädagogen Manuel Bartolomé Cossío ab, einer der prominentesten *institucionistas*.[18] Das Interesse brach mit der

---

15 Solà-Morales, Ignasi: *Noucentisme i Arquitectura*. In: *Noucentisme i Ciutat.* Barcelona 1994. S. 79-87.
16 Sambricio, Carlos: *La normalización de la arquitectura vernácula. Un debate en la España de los veinte*. In: Revista de Occidente 235, Dezember 2000. S. 21-44.
17 Anasagasti, Teodoro: *Arquitectura Popular*. Madrid 1929. S. 12.
18 Cossío, Manuel: *Elogio del Arte Popular*. In: Arquitectura 4 (1922), H. 1, S. 1 ff.

III. Inseln 325

Ablösung von Balbás durch Moreno Villa nicht ab. Im Gegenteil. Obwohl er ein Angehöriger derer war, die dezidiert die Internationalisierung der Debatten vorantrieben, blieb auch er der Tradition der *Institución* treu. Allerdings übte er Kritik an den Idealisierungen des Volkstümlichen. Im Artikel „Sobre arquitectura popular" (Über Volksarchitektur) beschrieb er beispielsweise, wie seines Erachtens sowohl die Volksarchitektur als auch die Bauten der Moderne dem Problem des Ökonomischen entsprangen. Jedoch mit Nuancen: Denn während im ersten Fall die nackte Armut zur Ornamentlosigkeit zwang, legten die Modernen den Luxus aus Gründen der Reinheit bewusst ab. Zu Recht äußerte er seine Zweifel daran, dass das Volk die Entfernung des Luxuriösen vorziehe. Das Gegenteil sei der Fall: Das Volk könne ihn sich nur nicht leisten![19]

Die Kritik, die Moreno Villas Differenzierung anhaftete, war nicht nur gegen die spanischen Klischees über das „weise" Volk gerichtet. Betrachten wir beispielsweise den Standpunkt, den Le Corbusier in seinem Vortrag „Une maison – un palais. A la recherche d'une unité architecturale" (Ein Haus – ein Palast. Auf der Suche nach einer architektonischen Einheit) 1928 in der *Residencia de Estudiantes* vertreten hat. Nach seiner Niederlage im Kampf gegen „die Akademie" um die Realisierung des Völkerbundpalastes in Genf präsentierte der Schweizer seine neugewonnene, moralische Erkenntnis, dass das Einfachste auch das Würdigste sei: „Wer ein Palast bauen wolle, dürfe die Hütte nicht vergessen."[20] Im Titelblatt der späteren Publikation seiner Vorträge in Zürich, Madrid und Barcelona stellte er eine Perspektive seines Wettbewerbsentwurfs für Genf einer Fischerhütte an der Atlantikküste bei Bordeaux gegenüber. Im Grunde handelte es sich um ein romantisches Argument, das die *Krausistas* in Spanien von jeher angeführt hatten. Schon 1883 war zum Beispiel in Francisco Giners Übersetzung von Krauses Kunstlehre im letzten Satz behauptet worden, dass selbst die kleinste, bescheidenste Hütte die *ideelle Freiheit* und den Sinn des Schönen in sich tragen könne, die Präsenz des Menschen verratend.[21]

Um eine „ideelle Freiheit" ging es auch Le Corbusier, als er in „Une maison – un palais" gleich zu Beginn die „Anormalität" der gewachsenen Stadt mit ihrer komplexen Bedingtheit anprangerte. Aus ihr sei eine Tradition der

---

19 Moreno Villa, José: *Sobre arquitectura popular*. In: Arquitectura 13 (1931), H. 146, S. 187 ff.
20 Le Corbusier: *Une maison – un palais. A la recherche d'une unité architecturale*. Paris 1928.
21 Krause, Christian Friedrich Karl: *Compendio de Estética*. Madrid 1883. (Nachdruck: Madrid 1995. S. 147). Erinnern wir uns: In Krauses Harmonielehre war die Baukunst lediglich ein Teil der übergeordneten Wissenschaft der Landverschönerkunst. (Vgl. Kapitel I)

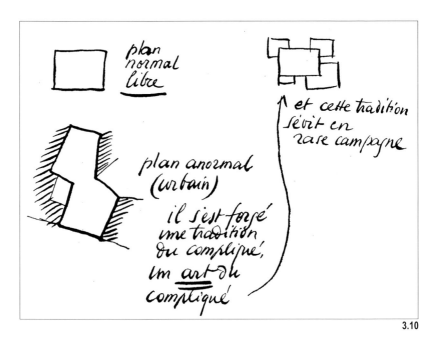

3.10 Le Corbusier: „Tradition du compliqué". Skizze [„Une maison – un palais" (Paris 1928)]
3.11 Le Corbusier: „Reiseskizze eines spanischen Bauernhauses", 1928.

III. Inseln

Kompliziertheit geboren. Le Corbusier aber wies den Weg zurück zu einer Freiheit der einfachen geometrischen Figuren, wie er sie auch während seiner Spanienreise in den „reinen" Bauernhäusern hatte beobachten können. Sie waren bildhafte Versprechen einer zukünftigen modernen Stadt. Le Corbusiers Feindseligkeit galt noch immer der Willkür und den Kompromissen der historischen Stadt, die dem von ihm ersehnten großen, geometrischen Wurf im Wege stand, für den er den aufgeklärten Despoten – mit seiner „autorité suprême" – schon in „Urbanisme" (1925) so sehr beneidet hatte. Als Städtebauer, Architekt und Intellektueller verstand sich Le Corbusier als edelmütiger Aristokrat.

Zurück zum Palacio Bermejillo: Es entbehrt nicht einer gewissen, an Donquichotterie grenzenden Komik, dass dieser als Hort der ewigen Ritterlichkeit eines alt-spanischen Adels gepanzerte Bau heute als Sitz des *Defensor del Pueblo* – des „Verteidigers des Volkes" – genutzt wird.[22] Möglicherweise ist aber nichts Ungewöhnliches daran, wie ein Aufsatz Ortegas zu veranschaulichen vermag, den dieser 1930 als Vorwort für den Bildband „Tipos y trajes de España" (Typen und Trachten Spaniens) des Photographen José Ortiz-Echagüe verfasste:[23] Auf der Suche nach einer „Wissenschaft der volkstümlichen Trachten" erinnerte er an den ironischen Fall der Madrider Volkserhebung des Jahres 1766, der so genannte *Motín de Esquilache*: Kurz nach seinem Regierungsantritt traf der aufgeklärte Despot Karl III. die Entscheidung zu einer Reihe von Maßnahmen, die das gut gemeinte Ziel hatten, die verkommene Hauptstadt zu verschönern. Für die Umsetzung übertrug der Monarch die Verantwortung seinem italienischen Minister Squillacce. Dieser verbot kurzerhand das Tragen von zwei typischen Kleidungsstücken, des *sombrero chambergo* (ein Hut mit weiter Krempe) und der *capa* (Mantel), die seines Erachtens von Kriminellen zur Vermummung missbraucht wurden und so ihre Verfolgung erschwerten. Als die wallonischen Garden des Königs den Auftrag erhielten, für die Einhaltung des Dekrets zu sorgen, tobte das Volk: Ein Fremder wagte es, den *chambergo*, den zeitlosen Fetisch der Madrilenischen Kaste, anzurühren! Es gab Tote. Erst als der König einlenkte und einigen Forderungen des Volkes zustimmte (Entlassung ausländischer

---

22 Die Figur des *Defensor del Pueblo* wurde durch die demokratische Verfassung von 1978 geschaffen. Es handelt sich um einen Ombudsmann, der sich für die Wahrung der bürgerlichen Grundrechte einsetzt und dafür das Recht besitzt, die Tätigkeit der Verwaltungsorgane zu überprüfen. Der *Defensor del Pueblo* ist eine unabhängige Institution, die keiner Autorität weisungsgebunden ist. Der Sitz im ehemaligen *Palacio Bermejillo* wurde am 19. Dezember 1983 eingeweiht.
23 Ortega y Gasset, José: *Para una ciencia del traje popular*. In: Ortiz-Echagüe, José: *Tipos y Trajes de España*. Madrid 1930. S. 7-11.

Beamter, Verbannung Squilacces, Entfernung der wallonischen Garden, Bekleidungsfreiheit etc.) beruhigte sich die Lage.

So weit die historische Darstellung des Geschehens. Ortega ging aber weiter: Er fragte sich nach dem Ursprung der Bezeichnung „*chambergo*" und, siehe da, er stellte fest, dass diese gerade mal ein Jahrhundert zuvor entstanden war. Es handelte sich um eine Abwandlung von „Schomberg", dem Name des Kommandanten der flämischen Garde des Königs Karl II., der sich mit einem extravagant ausladenden Hut zu schmücken pflegte. Nach der anfänglichen Antipathie, die das ausländische und höfische Kleidungsstück hervorrief, schaute das einfache Volk bewundernd auf und eignete es sich schließlich an. Innerhalb kürzester Zeit – in zwei Generationen – verklärte es den *chambergo* zu einem essentiellen Bestandteil der ewigen Kaste Madrids. Die Moral der Geschichte: Traditionen sind nicht autochthon, zeitlos, ursprünglich oder rein. Sie entstehen, werden überliefert und enden meist sinnentleert. Dieser Umstand ändert jedoch nichts daran, dass das Volkstümliche stets zeitlos *erscheint*, selbst da, wo es dem Diktat einer aristokratischen Neuheit folgt. Darin – so Ortega 1930 – liegt seine Suggestionskraft. Die einzigen wahrhaft volkstümlichen und zeitlosen Kleidungsstücke blieben aber stets die Lumpen.

III. Inseln 329

9. MITTELMEERBILDER.
   ZWISCHEN DAMPFERN UND BAUERNHÄUSERN (1928-1933)

Wie Le Corbusier reiste auch Theo van Doesburg nach Madrid, um dort am 7. Mai 1930 in der *Residencia de Estudiantes* über den „grundlegenden Geist der zeitgenössischen Architektur" („L'esprit fondamental de l'architecture contemporaine") zu referieren. Bereits ein Jahr zuvor hatte er die Iberische Halbinsel mit dem Ziel bereist, sich vor Ort ein Bild von der zeitgenössischen spanischen Architektur zu machen, das seine Darstellung der nationalen Spielformen der europäischen Moderne in *Het Bouwbedrijf* erweitern sollte. Zwischen September 1929 und Mai 1930 erschienen fünf Berichte, in denen er unter anderem über die mystische und melancholische Mentalität des Spaniers, über Gaudís „Betonromantik", über radikale Konzepte der neuen Architektur in Katalonien, über regionalistische Ansätze in den verbliebenen nordspanischen Kolonien oder über großstädtische Verkehrsarchitektur berichtete.[24] Obwohl van Doesburg den Spaniern in der Architektur jede Bedeutung als Vorläufer absprach – anders als in der abstrakten Malerei –, bescheinigte er den Entwürfen der jüngsten Architektengeneration eine seltene künstlerische Reife:

> Auch wenn bisher nur wenig gebaut wurde, so drücken die Projekte der spanischen Architekten eine innere Reife, eine Spannung aus, die wir bei den Deutschen (bis auf eine einzige Ausnahme) vermissen. Diese Reife zeigt sich nicht nur in den sehr guten Proportionen, sondern ebenso in der spielerischen Art, mit der man sich der neuen Mittel bedient. Es ist bemerkenswert, dass die lateinische Rasse immer wieder die Vitalität besitzt, sich zu erneuern, und sich darin auf positive Weise kulturell von den Germanen und Slawen unterscheidet. Sind die Germanen mehr materiell-praktisch, „funktionalistisch" orientiert, so ist es bei der lateinischen Rasse hauptsächlich der Geist, der ihrem Werk einen Akzent der Überlegenheit verleiht. Wie wir schon bei den Italienern sahen, gehen die lateinischen Künstler den geometrisch-konstruktiven Problemen nicht aus dem Weg. (...) Die Germanen und Slawen dagegen verlieren sich im Chaos, wie der slawisch-germanische Expressionismus beweist.[25]

Als 1931 im Werkbundorgan *Die Form* van Doesburgs Notiz „Die Neue Gestaltung in der Spanischen Architektur" postum erschien, wurden derartig polemische Abgrenzungen ausgelassen. Den deutschen Lesern präsentierte

---

24 Siehe: van Doeburg, Theo: *Über europäische Architektur: Gesammelte Aufsätze aus Het Bouwbedrijf 1924-1931.* Basel, Berlin Boston 1990. S. 255-281.

25 van Doesburg, Theo: *„Una gracia puramente arquitectural". Radikale Konzepte in der katalanischen Architektur.* In: van Doeburg, Theo: *Über europäische Architektur: Gesammelte Aufsätze aus Het Bouwbedrijf 1924-1931.* Basel, Berlin, Boston 1990. S. 262.

man dagegen ein Spanien, das als traditionsfestes lateinisches Land die moderne Befreiung des Individuums gehemmt habe:

> In Spanien und Italien ist das Handwerk eine Erbschaft wie die Religion, beide werden von der Tradition diktiert. Architektur und Kunst unterliegen einer schweren Zensur. Es gibt trotzdem auch in Spanien eine junge Generation und diese hat nur einen Wunsch: die Tradition zu sprengen. Aber wie? ... Morgen werden wir es wissen ...[26]

Als mutmaßliche Vorkämpfer gegen den spanischen Traditionskult nannte van Doesburg die Madrider Architekten Mercadal, Rafael Bergamín, und Luis Blanco Soler. Er ging gesondert auf Bergamins Vorschlag für den neuen Flugplatz Madrids ein, den er mit einem Flughafenentwurf von Sixto Illescas aus Barcelona verglich. Durch diese Gegenüberstellung konnte er ein allgemeines Problem der neuen Architektur ansprechen; denn Illescas' „Flugzeugarchitektur" entsprach dem von van Doesburg verhassten „*paquebot*-Stil":

> Es ist meiner Ansicht nach ein Irrtum, *Gestaltung* und *Form* einander gleichzusetzen. Weshalb soll ein Haus die Form eines „Paquebots", ein Flughafen die Form eines Flugzeugs haben? In der modernen Architektur ist die Form ganz nebensächlich, denn das Problem der Gestaltung liegt nicht in der äußeren Form, sondern in der Funktion. Es gibt heute also zwei scharf von einander zu trennende Gestaltungsbegriffe: den der *Formgestaltung* und den der *Funktionsgestaltung*. Bei diesem letzten handelt es sich hauptsächlich um eine organische Zusammenfassung des ganzen Betriebes, woraus sich die Form selbst, a posteriori, ergibt.[27]

Seine Argumentation leuchtet bis zu der Stelle ein, in der er Illescas zu Unrecht „ornamentalen Formalismus" vorwirft. Nein, als „ornamental" kann dessen Vorschlag nicht bezeichnet werden – vor allem nicht, wenn man sich die abstrakten geometrischen Strukturen van Doesburgs vor Augen führt. Dieser meinte mit seiner Schelte nicht die „überflüssige" Plastizität, sondern den „unsachlichen" Bildsinn. Es war die *Bildhaftigkeit* der besprochenen spanischen Arbeiten, die das Unbehagen des Holländers ausmachte. Sie bedienten sich eines fremden Mediums, das nicht dem konstruktiven und funktionalen Wesen der Architektur als elementarer Gestaltung entsprach. Ein modernes Tabu wurde dadurch gebrochen. Die Frage, die zu klären zu sein wird, ist, welcher Kontext dazu geführt hat, dass in Spanien eine Reihe moderner Architekten – die als Nachzügler zum Teil über die Ziele und Instrumente der mitteleuropäischen Vorreiter bestens informiert gewesen sind – den Bildern nicht misstrauten.

---

26 van Doesburg, Theo: Die Neue Gestaltung in der Spanischen Architektur. In: Die Form 6 (1931), H. 5, S. 182-186.
27 Ebd., S. 183.

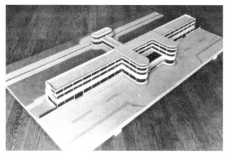

3.12

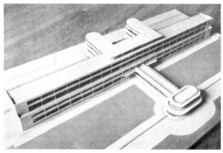

3.13

3.14

3.15

3.12-13 Sixte Illescas: *Flughafengebäude*, 1929. Modellfotos [*Die Form*, 1931]
3.14-15 José Manuel Aizpúrua, Joaquín Labayen: *Real Club Náutico*, San Sebastián 1928-1929. [*Der Baumeister*,1930]

Architektur und Metapher: *La Gaceta Literaria*

In Deutschland war die Kritik an der Bildhaftigkeit keineswegs neu. Bruno Taut hatte bereits mehrfach die moderne Maschinenromantik den sentimentalen Nachahmungen alter Bauformen gleichgesetzt. Den Verstoß gegen die Wahrhaftigkeit in der Zweckerfüllung verstand er als eine Missdeutung der sozialen Suggestionskraft der sachlichen neuen Baukunst.[28] Sowohl Taut als auch van Doesburg lagen richtig, wenn sie Le Corbusier als Urheber der international grassierenden Dampfermotive ausmachten. Dem Schweizer ging es allerdings nicht nur um eine zukunftsgläubige Verehrung der technischen Ikone als ästhetische Wegweisungen des Maschinenzeitalters: Mit ihren individuellen Kabinen, ihren zentralen Gemeinschaftseinrichtungen, ihrer strengen Klassenhierarchie und ihrer Kommandobrücke transportierten Le Corbusiers *paquebots* vor allem ein Gesellschaftsbild.[29] Ein solches findet man auch in der prominentesten *architecture parlante* der spanischen Moderne, dem *Real Club Náutico de San Sebastián* (1929) der Architekten José Manuel Aizpurua und Joaquín Labayen: Sie schufen das „zeitgemäße" Bühnenbild für die geschlossene Gesellschaft eines „Königlichen Segelklubs".

Als 1932 der *Club Náutico* in *Wasmuths Monatshefte für Baukunst* veröffentlicht wurde, fragte sich der anonyme Autor schon in der Überschrift: „Haus oder Schiff?". Die kurze Beschreibung des Gebäudes endete mit der lobenden Erwähnung des „erfreulichen Gegensatzes zu der Kasinoarchitektur, die sich als Wahrzeichen einer vergangenen Zeit im Hintergrund auftürmt".[30] Es folgte dann ein internationaler Vergleich, für den ausgerechnet zwei Beispiele aus Holland („ein anderes seetüchtiges Volk") herangezogen wurden. Auch diese strebten eine semantische Synthese zwischen Haus und Schiff an:

---

28 Siehe: Taut, Bruno: *Neue Baukunst in Europa und Amerika*. Stuttgart 1929. S. 3-7. Ebenso: Taut, Bruno: *Thesen zur Baukunst*. In: Innen-Dekoration 9 (1928), S. 427-428.

29 Siehe: Kähler, Gert: *Architektur als Symbolverfall. Das Dampfermotiv in der Baukunst*, Braunschweig 1981. Ramírez, Juan Antonio: *El transatlántico y la estética de la máquina en la arquitectura contemporánea*. In: El Croquis 5 (1986), H. 25, S. 7-22.

30 *Haus oder Schiff? Segelklubhaus in San Sebastián, Spanien*. In: Wasmuths Monatshefte für Baukunst und Städtebau 16 (1932), S. 234-236. Das Gebäude war bereits zwei Jahre zuvor in Deutschland bekannt gegeben worden – allerdings nur durch Bilderunterschriften kommentiert: *Vereinshaus des Kgl. Span. Marine-Klubs in San Sebastian. Architekten Labayen und Aizpurua*. In: Der Baumeister 28 (1930), H. 7, S. 278-82 und Tafel 49. Beide Artikel sind in der Monographie von José Angel Sanz Esquide abgedruckt: *Real Club Náutico de San Sebastián, 1928-1929*. Almeria 1995.

III. Inseln

Das Haus des Holländers de Klerk weist sogar einen Panzerturm auf, ist aber gleichfalls nur ein friedliches Klubhaus für Wassersportler. Eine besondere Überraschung bietet das Haus der holländischen Architektin Margarete Kropholler, da hier keine unmittelbare Beziehung zum Wasser besteht. In diesem schiffartigen Hause glaubt wohl ein Kapitän im Ruhestand am ehesten seine schmerzliche Verwandlung zur Landratte vergessen zu können und steht obendrein in bestem Einvernehmen mit Le Corbusier: „Das Haus der Landratten ist Ausdruck einer veralteten Welt von kleinem Ausmaß."[31]

Die Ironie des Kommentars beruhte auf den Verwechslungen von Realität und Illusion, von Gegenstand und Abbild, von Haus und Schiff. Sie sprach eine der beunruhigendsten Eigenschaften des Bildes an: die sozial und kulturell bedingte Auslegbarkeit. Seine Relativität störte die moralisch legitimierte Eindeutigkeit der konstruktiven und funktionalen Sachlichkeit. Auf die schwimmenden Segelklubs und die fliegenden Flughäfen trifft das nicht zu: Sie erschöpften sich in der naiven Eindeutigkeit der symbolischen Abbildung der Nutzungen, die sie beherbergten, anders als im mehrdeutigen poetischen Bild.

Bereits 1922 hat Enrique Colás im Artikel „Hacia la nueva estética. De arquitectura naval" (Zu einer neuen Ästhetik. Über Schiffsbau) die Faszination, die von den zeitgenössischen Ozeandampfern ausging, den Lesern von *Arquitectura* nahe gebracht. Der Schiffsbau – so Colás' Thesen – sei eine eminent soziale Kunst, die als industrielle Produktion stets unbestechliche Zeugnisse ihrer Zeit ablegt habe. Damit stand er Le Corbusiers Metaphern des *Esprit Nouveau* sehr nahe.[32] Vor allem als Colás über die sachlichen Argumente hinaus ging und ausrief:

> Sie sagen das moderne Gedicht richtig auf! Und sie sind die Summe der Anstrengungen unserer Zivilisation.[33]

---

31 *Haus oder Schiff? Segelklubhaus in San Sebastián, Spanien*. In: Wasmuths Monatshefte für Baukunst und Städtebau 16 (1932), S. 235.

32 Als Leopoldo Torres Ballbás 1923 Le Corbsuiers gesammelte Aufsätze aus *L'Esprit Nouveau* („Vers une architecture", Paris 1923) in *Arquitectura* besprach, wies er mit Genugtuung darauf hin, dass dem aufmerksamen Leser der Zeitschrift die Argumente des Schweizers bezüglich der Ozeandampfer, der Silos, der Fabriken, der Autos, der Flugzeuge etc. bereits bekannt sein dürften. Vgl.: Torres Balbás, Leopoldo: *Tras de una nueva arquitectura*. In: Arquitectura 4 (1923), S. 263-268.

33 Colás Hontan, Enrique: *Hacia la nueva estética. De arquitectura naval*. In: Arquitectura 4 (1922), H. 35, S. 89-93. Zitat: S. 92. Übersetzung J. M. W. Siehe auch: Fernández Rodríguez, Gustavo: *Arquitectura naval. Evolución del buque de combate hasta 1907*. In: Arquitectura 7 (1925). S. 257 ff.

Die neue Ästhetik begnügte sich demnach nicht nur mit dem bloßen Zweck oder der nüchternen Sprache: Die Ozeanriesen sagten ein modernes Gedicht auf! Kannte Colás etwa die Unterscheidung von stummen, sprechenden und singenden Architekturen, die Paul Valéry ein Jahr zuvor in seinem „Eupalinos oder Der Architekt" (1921) vorgenommen hatte? Es ist durchaus möglich. Die Schiffsbaukunst war dort eines der zentralen Themen des imaginären Architekturgesprächs zwischen Sokrates und Phaidros gewesen. So zitierte dieser den Schiffsbauer Triton mit den Worten: „Die Hauptsache ist, segeln zu können!"[34] Doch die ausschließliche Zweckerfüllung im Können war gewiss Valérys Sache nicht. Vielmehr forderte er die poetische Erhebung der geometrisch bestimmten Leistungsform durch die Einbildungskraft – wobei er die Architektur der Musik gleichsetzte und sie von den bildenden Künsten schied. Durch den Architekten Eupalinos ließ Valéry verlautbaren:

> Diejenigen von den Bauwerken, die weder sprechen noch singen, verdienen nichts als Verachtung; das sind tote Dinge, geringer im Range als jene Haufen von Bruchsteinen, die die Karren der Unternehmer ausspeien und die wenigstens durch die zufällige Verteilung, die sie im Falle annehmen, das neugierige Auge unterhalten.[35]

Eben diese Passage wurde 1928 im monographischen Architekturheft der *Gaceta Literaria* abgedruckt. Im Gegensatz zu *Arquitectura* handelte es sich bei dieser Publikation nicht um eine Fachzeitschrift. Sie erreichte ein allgemeines, kulturell interessiertes Publikum. *La Gaceta Literaria* war ein offenes Forum für die verschiedensten Tendenzen der kulturellen Erneuerung im spanischsprachigen Raum. Daher die programmatischen Untertitel „ibérica: americana: internacional" und „Letras – Arte – Ciencia". Die Reihenfolge lässt erahnen, welch übergeordnete Stellung die Schriftsteller im intendierten Erneuerungsprozess einnahmen. Falls man von einer spanischen Avantgarde sprechen kann, dann scheint dieser Begriff am ehesten auf dem Gebiet der Literatur zuzutreffen. Von ihr gingen entscheidende Impulse aus. Daher rührt die außerordentliche Bedeutung des von Mercadal koordinierten Architektur-Heftes der *Gaceta Literaria*. Trotz – oder vielleicht auch *wegen* seiner europäischen Erfahrungen stellte sich ihm die grundsätzliche Frage nach der ‚Literarizität' der Avantgarde. Hiervon zeugt Mercadals „Umfrage zur neuen Architektur", mit der er die drei wichtigsten Einflussgruppen und Entscheidungsgremien zu erreichen hoffte: Schriftsteller, Architekten und Damen.[36] Von insgesamt zehn Schriftstellern wollte er wissen:

---

34 Valéry, Paul: *Eupalinos oder Der Architekt*. Frankfurt am Main 1995. S. 103.
35 Ebd., S. 57.
36 García Mercadal, Fernando: *Escritores, Arquitectos, Damas. Encuesta sobre la nueva arquitectura*. In: La Gaceta Literaria 2 (1928), H. 32, S. 1-3, 6.

3.16 La Gaceta Literaria: „Nuevo Arte en el Mundo: Arquitectura, 1928." [*La Gaceta Literaria*, 1928]
3.17 Franz Roh: „Realismo Mágico. Post Expresionismo. Problemas de la pintura europea más reciente" (Madrid 1927). Titelblatt

Welche literarischen Werte erkennen Sie in der neuen Architektur?
Welchen Zusammenhang erkennen Sie zwischen neuer Architektur und neuer
Literatur?
Sind Sie mit Ihrem Haus zufrieden? Falls nicht, wie träumen Sie es?[37]

Die Antworten fielen sehr unterschiedlich aus. Der Dichter José Bergamín –
Bruder des Architekten Rafael Bergamín – wies Mercadals suggestive Fragestellung zurück und stritt jeden Zusammenhang zwischen Literatur und Architektur entschieden ab. Und zwar, weil er die neue Architektur aufgrund ihrer Rationalität befürwortete, wie er bei der Beantwortung der dritten Frage unterstrich:

> Geträumte Häuser werden stets zu Traumgegenständen ... eines Alptraums: Schlösser, die bedauerlicherweise nicht Luft bleiben. Ja, Spanien ist heute von der somnambulen Architektur bleibend verwirklichter Alpträume verseucht. Der *Bovarysmus* oder die *Donquichoterie* oder der *Sanchopanzismus* (alles das Gleiche), die in der Architektur nach dem Geheimnis des häuslichen oder bürgerlichen Glücks suchen, haben erbärmliche ästhetische Folgen. Und alles wegen des Träumens. Denn „der Schlaf der Vernunft gebiert Ungeheuer". Die Vernunft träumt nicht. Und die Architektur ist ausschließlich rational – beziehungsweise sie sollte es sein.[38]

Bergamín lehnte ganz im Sinne der rationalen Moderne – wie er selber abschließend unterstrich – jedwedes literarisches Traumbild ab. Architektur hatte seines Erachtens sachlich zu sein. Und die Bildersprache der architekturgewordenen Träume war es nicht. Er bestand auf der Eigenständigkeit der Künste, wie sie sich aus ihren jeweiligen Wesensbestimmungen ableiten ließen. Narratives und Fiktives sollten als ‚Außerarchitektonisches' ausgestoßen werden.

Moreno Villa – der Dichter, Maler, Kunstkritiker und Schriftleiter von *Arquitectura* – sah zum Zeitpunkt der Umfrage die Literatur als Anführerin der kulturellen Erneuerung, nachdem der erste Impuls von der Malerei ausgegangen war. Zur Untermauerung seines Arguments zog er die Beispiele des frühen Kubismus und des aufkommenden Surrealismus heran. Diese Zusammenhänge erschienen ihm aber allzu offenkundig, als dass er genauer auf sie hätte eingehen wollen. Daher schenkte er Mercadals dritter Frage seine Aufmerksamkeit: Moreno gestand, tatsächlich von einem Idealheim zu träumen. Es sollte aber seiner damaligen Wohnung, der *Residencia de Estudiantes* gleichen, mit der er sich rundum zufrieden erklärte. Und zwar deshalb, weil sie nicht auf seine persönlichen Bedürfnisse und Wünsche zugeschnitten war. Sein Traumhaus sollte daher im Inneren einem Rolls Royce gleichen: ohne Schmuck, ohne Gelehrsamkeit, ohne Geschichten. Einfach

---

37 Ebd., S. 1. Übersetzung J. M. W.
38 Ebd., S. 2 (Antwort von José Bergamín). Übersetzung J. M. W.

III. Inseln 337

die beste Maschine seiner Zeit, wie er meinte. Vermutlich stand dabei Le Corbusiers *Maison Citrohan* Pate.[39] Jedenfalls bestand eine Affinität: Auch Morenos „Maschinen-Haus" war ein Serienprodukt der technischen Entwicklung und ein Accessoire für den elitären Gebrauch. Es legte Überflüssiges ab. Diese Reinigung führte bis an den Kern der wesentlichen Eigenschaften des ‚nackten' Gegenstandes, in der die künstlerische Wahrhaftigkeit angesiedelt war. So erschließt sich Morenos paradoxe Forderung:

> Aus Liebe zur wahren Kunst müssen wir uns gegen das Künstlerische wenden.[40]

Für die Architektur seines Traumhauses stellte er unter anderen die abstrakten Anforderungen der Nützlichkeit, des Komforts, der Klarheit, der Einfachheit als die wesentlichen heraus. Und doch bediente er sich zur Veranschaulichung der Reduktion auf das Eigenste verschiedener Bilder: die Luxus-Limousine, ein Dunhill-Feuerzeug, eine muslimische Einsiedelei. Sie standen nicht zur figurativen Wiedergabe Modell, sondern entsprangen der assoziativen Interpretation einer gegebenen architektonischen Realität.

Über diese Wendung ist zu berichten, dass 1927 Franz Rohs „Nach-Expressionismus: Magischer Realismus. Probleme der neuesten europäischen Malerei" (Leipzig 1925) – ein grundlegendes Werk der Neuen Sachlichkeit – in Ortegas „Biblioteca de la Revista de Occidente" folgenreich erschienen war.[41] Roh behandelte das länderübergreifende Phänomen der Wiederkehr des Gegenständlichen in der Malerei unter dem Zeichen einer rätselhaften Nacktheit, wie sie etwa die Künstler der italienischen Gruppe *Valori Plastici* in Szene setzten. Auch in den Werken der Puristen Ozenfant und Le Corbusier (damals noch Ch. E. Jeanneret) erkannte er das Phänomen der Zurücknahme des Ausdruckswertes wieder.[42] Ihre Vorstellungen zur Architektur

---

39 Schon Moreno Villas Vorgänger in *Arquitectura*, Leopoldo Torres Ballbás, hatte in seiner Besprechung von Le Corbusiers „Vers une architecture" das Motto „ein Haus wie ein Auto" eingebracht. Vgl.: Torres Balbás, Leopoldo: *Tras de una nueva arquitectura*. In: Arquitectura 4 (1923), S. 263-268.

40 García Mercadal, Fernando: *Escritores, Arquitectos, Damas. Encuesta sobre la nueva arquitectura*. In: La Gaceta Literaria 2 (1928), H. 32, S. 2 (Antwort von José Moreno Villa). Übersetzung J. M. W.

41 Roh, Franz: *Realismo Mágico. Post Expresionismo. Problemas de la pintura europea más reciente*. Madrid 1927. Ein Nachdruck erschien 1997 anlässlich der Ausstellung „Realismo Mágico. Franz Roh y la pintura europea, 1917-1936" (Valencia, Madrid, Las Palmas de Gran Canaria). Zur spanischen Rezeption siehe: Bonet, Juan Manuel: *A propósito de algunos adeptos españoles del realismo mágico*. In: *Realismo Mágico. Franz Roh y la pintura europea, 1917-1936*. Valencia, Madrid, Las Palmas de Gran Canaria 1997. S. 65-73.

42 Vgl. Roh, Franz: *Realismo Mágico. Post Expresionismo. Problemas de la pintura europea más reciente*. Madrid 1927. S. 86 und 27.

prägten Rohs Blick bei dem Versuch, über die Grenzen der Malerei hinaus auch auf den Gebieten der Baukunst und der Literatur einen „neuen Klassizismus" nachzuweisen.[43] In eben diesem Sinne hatten in Frankreich Jean Cocteau zur Ordnung (*Le Rapell à l'Ordre*, 1923) und Paul Valéry (*Eupalinos*, 1921) zu einer singenden Architektur aufgerufen.

Die Bilder, die der neuen Architektur entsprangen, eröffneten vielfältige Deutungsmöglichkeiten. So hat der Dichter Antonio Espina – der 1927 Franz Rohs Buch in einer Besprechung für die *Revista de Occidente* begeistert aufgenommen hatte – in Antwort auf Mercadals Fragebogen in der *Gaceta Literaria* die Vorbildlichkeit der Gegenstände des Maschinenzeitalters weder im demonstrativen Verzicht, noch in der Besinnung auf das spezifisch Architektonische erkannt. Der modernen Ikone des weißen Ozeandampfers hat er im Gegenteil eine Überlagerung architektonischer, literarischer und malerischer Bedeutungsschichten zugesprochen:

> Läßt man den Kreis der sieben Farben rotieren, so entsteht als Synthese die Farbe Weiß.
> Das Rad der modernen Architektur besteht aus sieben gleichwertigen Figuren: Ein Panzerkreuzer, eine Höhle, eine Windmühle, eine Rutsche, eine Burg, eine Fabrik und ein Gefängnis. Bei schnellem Drehen verbindet sich der Kreis zu einer „Titanic".
> Ihre literarischen Werte sind neu-malerisch.[44]

Demnach gab es eine bereits in ihrer Entstehung figurative neue Architektur, die nicht primär auf Reinigung, Reduktion und Trennung bedacht war. Eine ähnliche Meinung vertrat in Mercadals Umfrage der Novellist Benjamín Jarnés, der nach dem gemeinsamen Urgrund der Kunstgattungen suchte und ihn in der Psychologie ausfindig machte. Die „literarischen Werte der neuen Architektur", auf die er dabei stieß, brachten ihn dazu, dieser sein Misstrauen auszusprechen. Denn es waren:

> Alle, die der Angst entspringen: Nüchternheit, Ehrlichkeit, Bescheidenheit, Jungfräulichkeit... Panik vor dem Liebesabenteuer. Die Kunst tauchte ihre Sündenlast in den Jordan. Doch seit dieser Taufe, zögert sie den Zeitpunkt ihrer erneuten Ankleidung hinaus. Vom erdrückenden Hemmnis der Jahrhunderte befreit, atmet sie in den Tagen ihrer Reinigung auf und kann sich nicht entschließen, wieder zu sündigen. Doch möglicherweise ist es nur in der Sünde möglich, original zu sein. Denn die Tugenden ziehen die Gemeinsamkeit vor. Heute trägt die Architektur das Kleid der Erstkommunion. Es ist ... eine weiße Mauer. Enthaltsamkeit. Auf die-

---

43 Ebd., S. 118 ff.
44 García Mercadal, Fernando: *Escritores, Arquitectos, Damas. Encuesta sobre la nueva arquitectura*. In: La Gaceta Literaria 2 (1928), H. 32, S. 2 (Antwort von Antonio Espina). Übersetzung J. M. W.

III. Inseln 339

sem Wege könnte man zur Negierung der Kunst gelangen. Zur höchsten Reinheit. Zur Nichtigkeit. Angst. Angst davor, die weiße Mauer zu beflecken.[45]

Damit ging er über die moralischen Argumente derer hinaus, die wie Behne in der Nacktheit der ‚entpanzerten' Körper lediglich ein ‚sachliches' Ablegen sozialer Ängste erkannten. Nicht nur weil er die Fragwürdigkeit ihres Puritanismus ansprach, sondern auch, weil er selbst in der weißen Mauer noch ein Bild erkennen konnte, mit dem die neue Architektur ihrem Pathos der Reinheit Ausdruck verlieh – einer Reinheit, die seines Erachtens eine Bedrohung für die Kunst darstellte.

Ortega, der das monographische Heft der *Gaceta Literaria* zur neuen Architektur mit einer Definition einleitete, wonach diese ein paradoxer Rückzug in die Äußerlichkeit darstellte, hatte schon drei Jahre zuvor in „La deshumanización del arte" (Die Vertreibung des Menschen aus der Kunst) auf die singuläre Bedeutung hingewiesen, die dem Sinnbild in der neuesten Kunst zukam, und dabei dargelegt, wie auch die Metapher aus einer Realitätsflucht heraus geboren sei. Er setzte noch immer Worringers These von der instinktiven Flucht des Primitiven aus der Natur in die Abstraktion voraus. In Ergänzung hierzu berief er sich auf den Psychologen Heinz Werner, der 1919 den Ursprung des Sinnbildes im Tabu ausgemacht hatte: Durch das Sinnbild wurde eine beängstigende Realität umgangen. Die Metapher konnte so einfach nur „dekorativer Schutz" sein. Indem sie aber die Realität unausgesprochen, also unberührt bewahrte, wurde diese geheiligt. Auf diesem Weg führte sie zur poetischen Erhebung der Realität. Doch als das radikalste ästhetische Instrument zur „Enthumanisierung der Kunst" (das Abstreifen des ‚Menschlichen' im Sinne einer als anthropomorphe Projektion verstandenen emotionalen Identifikation) wirkte die Metapher in der jüngsten Kunst – so Ortega – nicht länger auf eine externe Realität ein, sondern auf sich selbst; auf die Metapher, welche die poetische Realität konstituierte. Es wurde nun in einer Selbstaufhebung das reine Bild angestrebt. In anderen Worten: Auch über das Sinnbild führte der Weg der neuen Kunst zur Autonomie, wie Ortega festhielt: Die neue Kunst sei eine künstlerische Kunst.[46]

In Madrid berührten sich 1928 die Bildhaftigkeit der 25er Architektengeneration (*Generación del 25*) und der Metaphernkult der 27er Dichtergeneration (*Generación del 27*). Dass diese Begegnung möglich war, ist dem Umstand zu verdanken, dass die Architekten das moderne Dogma der absoluten Autonomie der Kunstgattungen nicht blind sanktioniert haben, wie schon Mercadal mit seiner suggestiven Fragestellung an die Schriftsteller illustriert.

---

45 Ebd., S. 1 (Antwort von Benjamín Jarnés). Übersetzung J. M. W.
46 Vgl. Ortega y Gasset, José: *Enthumanisierung der Kunst*. In: Die Aufgabe unserer Zeit. Zürich 1928. S. 139 ff.

Mit Ortega gesprochen, könnte man kritisch beanstanden, dass kaum einer von ihnen den Schritt in die zweite, abstrakte Sinnbildebene – in die „Meta-Metapher" – gewagt hat. Jedenfalls war *ihre* neue Architektur keine ausschließlich ‚architektonische Architektur'. Sie bot zahllose Beispiele für dekorative Architektur-Collagen technischer und volkstümlicher Motive, mit denen im besten Fall versucht wurde, das Bauen in eine Ebene des Poetischen zu heben. Als zugleich architektonisch, theatralisch, malerisch und literarisch ‚kontaminierte' Bilder hoben sie die selbstgenügsame Isolation auf, die van Doesburg zu Recht in diesen Bauten vermisste.

Eine Moderne im Eigenen: Giménez Caballero und Mercadal

Die Verschiebungen im herkömmlichen Grenzverlauf zwischen den Künsten beschäftigten auch Ernesto Giménez Caballero – den Gründer und Leiter der *Gaceta Literaria* –, der im monographischen Architektur-Heft Auszüge eines eigenen Vortrags über seine *carteles literarios* abdruckte.[47] Auf diesen „literarischen Plakaten" versuchte er seine Literaturkritik mit den Mitteln des industriellen Zeitalters einem breiten Publikum zugänglich zu machen. Hierfür entwickelte er eine hybride Figur, die visuelle Formen mit verbalem Diskurs verband: Wort-Bild-Collagen, in denen er unter anderem Autoren porträtierte oder die Beziehungskonstellationen unter denselben kartographierte. Das didaktische Bild sollte die Verständlichkeit der Kritik erleichtern. Es erfüllte eine Funktion und war dabei suggestiv: Giménez Caballero setzte das Plakat als ein heteronomes künstlerisches Medium ein, um Sehnsüchte und Bedürfnisse für den modernen Massenkonsum zu wecken. Das Bauhaus – über das Adolf Behne ein Jahr zuvor in *La Gaceta Literaria* berichtet hatte – druckte 1929 in der eigenen Zeitschrift Caballeros „Lob des Plakates" ab. Dort hieß es unter anderem:[48]

> der überseedampfer von augustin cooper, der ein rotgestreiftes blau durchquert und die aufschrift royal mail trägt und den wir an irgend einer straßenecke finden, wenn wir fast erstickt von kleinlichkeiten und enge aus dem büro kommen, oder die lokomotive eines casandre reizen uns auf zu träumen, zu plänen, zu fluchtsehnsucht, zur revolution unserer gefühlswelt. (...) ... und es wiederholt sich das schauspiel eines volkes, das von der stimme des moses durch die wüste geführt wird.[49]

---

47 Giménez Caballero, Ernesto: *Cartel de la nueva literatura.* In: La Gaceta Literaria 2 (1928), H. 32, S. 7.

48 Behne, Adolf: *El Bauhaus de Dessau.* In: La Gaceta Literaria 2 (1928), H. 32, S. 5. Siehe auch: Richert, Gertrudis: *El nuevo arte alemán.* In: La Gaceta Literaria 2 (1928), H. 33, S. 5.

49 Giménez Caballero, Ernesto: *Lob des Plakates.* In: Bauhaus 3 (1929), H. 3, S. 8-9. Caballeros Artikel erschien aus Anlass des in Berlin stattfindenden Welt-Reklame-Kongresses.

III. Inseln

In einem anonymen Kommentar wurde dem „frisch-fröhlich-freche Anarchismus" des „südländisch-temperamentvollen" Spaniers mit der Meinung derer entgegnet, die am Bauhaus die moderne Reklame als eine „angewandte Wissenschaft und Systematik mit ethischer Fundierung" postulierten:

> ich empfehle ihnen lieber caballero, diese lehre zu beherzigen. erste übung dazu: versuchen sie das wesen der margarine „rahmen-butterweich" oder „frihodi" willenrichtend zu erleben und es in eine werbsachgestaltende arbeit innerer reife darzulegen.[50]

Der Rat zu dieser ungewöhnlichen Wesensforschung war durchaus ernst gemeint. Und auch bezüglich der „Buchkritiken in Plakatform" hatte man für Caballero eine gut gemeinte Empfehlung übrig:

> wir registrieren diese bestrebung als etwas im grundsatz bemerkenswertes. die plakate selbst sind, nach ihren fotos zu urteilen, nicht sehr überzeugend. da haben die buchumschläge heartfields für den malikverlag eine ganz andere kraft. auch diese fotomontagen können als buchbesprechungen gelten. die geben einen extrakt des buchinhaltes von unerhörter verdichtung und einprägsamkeit.[51]

Dies war sicherlich eine fragwürdige Form der vergleichenden Kritik, die jedoch in der Sache – insbesondere bezüglich der mangelnden graphischen Qualität – recht behielt. In *La Gaceta Literaria* wurde die Beachtung von Caballeros Plakaten durch die prestigereiche *Bauhaus*-Zeitschrift („das exakteste und schwierigste Organ der neuen deutschen Kunst") registriert.[52] Die belehrenden Beanstandungen wurden verschwiegen. Mit Sicherheit hat aber dieser Affront zu Caballeros Abkehr von der neuen Architektur beigetragen. Selbst gegen seine Freunde Mercadal und Aizpurua – die Urheber der wichtigsten Architekturbeiträge in der *Gaceta Literaria* – sollte er bald in der Öffentlichkeit der Zeitschrift polemisieren. Sie wurden beide 1931 in Caballeros Artikel „Disgusto por la arquitectura nueva" (Verdruss an der neuen Architektur) genannt, wo er nun – als selbsterklärter Schiffbrüchiger in der intellektuellen Abgeschiedenheit einer einsamen (iberischen) Insel – unter dem Pseudonym „El Robinsón" seinem Unbehagen angesichts der „Torten in Schiffsform" und der „flugzeugähnlichen Sockenläden" Ausdruck verlieh. Seit seiner Einsicht über die Herkunft dieser Architekturen, konnte er ihnen nur noch Verachtung entgegenbringen:

> Die Architekten des Bauhauses fanden ihr Ideal in den kubischen Häusern Afrikas oder der griechisch-römischen Welt. So wie der aus Málaga stammende Picasso die neue Malerei geschaffen hat, haben die Häuser von Sevilla oder Tetuán diese rationalistische Architektur hervorgebracht, die unter dem Druck des nordi-

---

50 *Schön und gut.* In: Bauhaus 3 (1929), H. 3, S. 9.
51 *Das literarische Plakat.* In: Bauhaus 3 (1929), H. 3, S. 10.
52 *El cartel literario.* In: La Gaceta Literaria 3 (1929), H. 63, S. 2.

schen Klimas von Deutschen, Schweizern und Franzosen transformiert worden ist. Das heißt: Weniger Kalkmörtel und mehr Glas. Nun gut: In Spanien – wie im vorfaschistischen Italien – hat man diese Architektur nicht als Raub nationaler Kunstschätze betrachtet. Stattdessen gingen unsere jungen Architekten stolz nach Stuttgart um uns von dort die Hühner zu bringen – um uns diese Zuckerbäckerklötze zu bringen, diese Glasbüros, in denen ihre Madrider Nutzer bei lebendigem Leibe gebraten werden. Ich weiß nicht, ob aus Antirationalismus einerseits oder ob aus nationaler Würde andererseits: Die Sache ist, dass mir diese „neue Architektur" zunehmend älter erscheint als die Churrigueras.[53]

Die Argumente von Caballeros Stuttgart-Kritik deckten sich mit denen der deutschen Traditionalisten, die die Weißenhofsiedlung als Araberdorf bezeichneten. Selbst in den Zielen: Beide erkannten die Möglichkeit zur Diffamierung der „fremden" Moderne. Caballero jedoch kehrte das Argument insofern um, als er gerade Anspruch auf die Urheberschaft dieser Formen erhob. Was er kritisierte, war der falsch verstandene Reimport im Gewand einer mitteleuropäischen Neuheit. Die vielbeschworene Europäisierung Spaniens hat Caballero als notwendiges Übel verstanden, das in den außergewöhnlichen Umständen des „nationalen Desasters" von 1898 ihre Berechtigung fand. Es galt aber, diesen Zustand schnellstmöglichst zu überwinden und erneute Eigenständigkeit zu erlangen. Der Literatur war es seines Erachtens bereits gelungen, sich vom Einfluss des Nordens zu emanzipieren.[54] Der Architektur dagegen war diese Errungenschaft versagt geblieben.

In dieser Perspektive des nationalen Kultur-Pessimismus herrschte zunächst zwischen Caballero und den spanischen Vertretern der Moderne uneingeschränkte Übereinstimmung. Beispielsweise fragte Aizpurua ganz in diesem Sinne 1930 in den Seiten von Caballeros *Gaceta Literaria*: „Wann wird es Architektur geben?"[55] Er stellte fest: „In Spanien existiert keine Architektur; es gibt keine Architekten, nur Bäcker." Zu diesem Urteil gelangte er vor allem durch den Vergleich mit den Abbildungen in deutschsprachigen Architekturzeitschriften, die er sammelte und katalogisierte.[56]

Zwei Jahre nach Aizpuruas rhetorischer Frage, Anfang 1932, hatte Caballero einige Antworten gefunden. Und er gab sie im Artikel „Posibilidad de

---

53 Giménez Caballero, Ernesto: *El Robinsón y el Arte: Disgusto por la „arquitectura nueva"*. In: La Gaceta Literaria 5 (1931), H. 115, S. 12. Übersetzung J. M. W.
54 Giménez Caballero, Ernesto: *Cartel de la nueva literatura*. In: La Gaceta Literaria 2 (1928), H. 32, S. 7.
55 Aizpurua, José Manuel: *Cuando habrá arquitectura?* In: La Gaceta Literaria 4 (1930), H. 77, S. 9.
56 Medina Murua, José Angel: *La libreta de Labayen y Aizpurua. Un antecedente de la influencia alemana en la arquitectura española*. In: *Modelos alemanes e italianos para España en los años de la posguerra*. Pamplona 2004. S. 207-214.

III. Inseln 343

una arquitectura nuestra" (Möglichkeit einer unsrigen Architektur) – einem offenen Brief an Aizpurua – bekannt.[57] Er zeichnete ein Feindbild der Uniformität, der Rationalität, der Lutherschen Seele, allesamt „antispanische" Merkmale der Moderne. An ihrer Stelle postulierte Caballero eine Architektur der Mannigfaltigkeit, des Natürlichen, der jesuitischen Sinnlichkeit. Spanien habe lediglich zwei nationale Architekturen gekannt: zum einen die des kargen kubischen Archetyps des Mittelmeers („marokkanisch, negroid"), der den europäischen Rationalisten als Vorbild gedient habe; zum anderen die des „barocken Willens", den er – ehemals ein Jünger Ortegas – jedem Spanier zusprach. Es galt, diese zwei Komponenten in einer neuen Formel zu verbinden, und zwar, „ohne in Stuttgart zu betteln".

Als einen Schlüssel für eine zeitgenössische spanische Architektur nannte Caballero das Studium ländlicher Bauten. An Mercadals diesbezüglichen Unternehmungen beanstandete er jedoch, dieser lebe von der „Ausbeutung des Germanismus" und davon, die „europäische", „moderne", „rationale" Architektur in Spanien zu predigen. Dies war in der Tat so. Doch wie wir bereits mehrfach haben feststellen können, hat nicht jeder in der Traditionsbindung und der Internationalität gleich Gegensätze gesehen. In Mercadals Werk ergänzten sie sich vielmehr. So hatte er 1923-1926 das Stipendium an der spanischen Rom-Akademie nicht nur dazu genutzt, eine Brücke zu der ideologischen Avantgarde Mitteleuropas zu schlagen, sondern auch, um sich intensiv dem Studium der Volksarchitektur des Mittelmeers zu widmen. Aus dieser Zeit sind seine Reiseskizzen aus unter anderem Capri, Ischia, Amalfi, Boscoreale, Taormina, Trani, Sorrent und Positano erhalten.[58] Mit diesen Aufnahmen der ‚anonymen' Bauten an den süditalienischen Küsten – vor allem denen der Inseln – hat er die Suche nach Verbindlichkeiten in einer vorbildhaften Volksarchitektur wieder aufgenommen, von der schon das vielbeachtete Skizzenbuch gezeugt hatte, mit dem er 1922 an der *Exposición Nacional de Bellas Artes* (Nationale Ausstellung der Schönen Künste) vertreten gewesen war.[59] Mercadal notierte eifrig konstruktive Details, architektonische Elemente, dörfliche und urbane Raumbildungen, einfachste Bauernhöfe und Fischerhütten.

Noch während seiner *Grand Tour* legte Mercadal in der Ausstellung der Stipendiaten der Spanischen Rom-Akademie 1925 den Tätigkeitsbericht „La

---

57 Giménez Caballero, Ernesto: *Posibilidad de una arquitectura nueva.* In: La Gaceta Literaria 6 (1932), H. 121, S. 18. Darin entgegnete Caballero die Kritik, die Aizpurua in einem Brief an seinen Artikeln geäußert hatte.
58 García Mercadal, Fernando: *La casa mediterránea.* Madrid 1984.
59 Torres Balbás, Leopoldo: *Arquitectura española contemporánea: Glosas a un álbum de dibujos.* In: Arquitectura 4 (1922), S. 338.

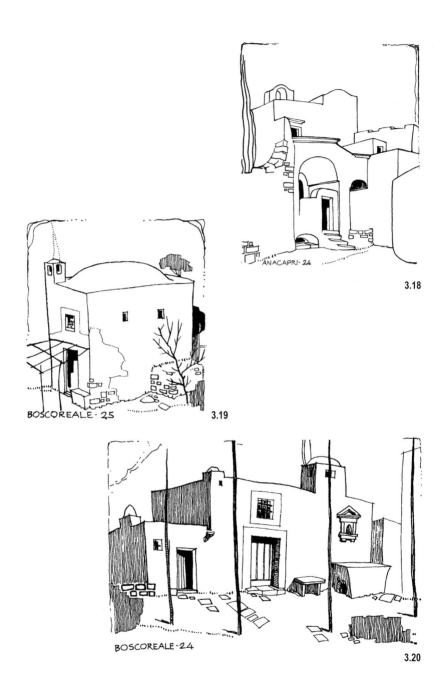

3.18-20 Fernando García Mercadal: *Italienische Reiseskizzen* (1924-1925)

Casa Mediterránea" vor.[60] Er zog darin erste entwerferische Rückschlüsse für die zeitgenössische Architektur der Mittelmeerländer, die ein Jahr später in *Arquitectura* unter der Rubrik „Arquitectura Mediterránea" veröffentlicht wurden.[61] In Modellen und Zeichnungen präsentierte er sieben Vorschläge, die verschiedene Motive der untersuchten Volksarchitektur in einer additiven Struktur wiedergaben: Außenliegende Aufgänge, Rundbögen, Säulen, Loggien, Terrassen, Jalousien, Markisen und Pergolen überlagerten die reine Geometrie blockhafter Baukörper und fügten sie zu einem suggestiven Zeichenmosaik – als bildhafte Darstellung einer mediterranen Lebensform. Denn Mercadals erzählerische Collagen hatten den kulturellen Tatbestand der „mediterraneidad" zu erfüllen, das heißt die Eigenschaft, dem Mittelmeerraum anzugehören, der – so die zentrale These – eine gemeinsame architektonische Ausprägung aufwies. Den Beweis lieferte das identische Erscheinungsbild der ländlichen, „wahrhaft volkstümlichen" Steinbauten Nordafrikas, der griechischen Inseln, der spanischen Levante oder Süditaliens. Sie alle zeichneten sich durch die Harmonie der landschaftlichen Anbindung aus. Mercadal begründete die *Identität* aus der Homogenität der natürlichen Determiniertheit durch Bodenbeschaffenheit, Klima, Naturprodukte oder Lebensbedingungen heraus. Darüber hinaus war das Mittelmeer für ihn auch eine Erinnerungslandschaft der großen abend- und morgenländischen Zivilisationen.

In Mercadals Entwürfen zeichnete sich das Programm eines *Mediterranismus* ab, das in die Thematisierung des Volkstümlichen mit dem herkömmlichen akademischen Verständnis brach: ein „klassizistischer Realismus", dessen Traditionsbindung jedoch nicht nur rückwärtsgewandt sein sollte. 1927 veröffentlichte *Arquitectura* zwei weitere seiner römischen Vorschläge, von denen uns der erste nun bekannt vorkommen dürfte: Er trug den Titel „Vorentwurf eines Segelklubs für eine Mediterrane Stadt".[62] Er wurde damit zum Vorreiter, denn auch Aizpurua und Labayen würden später bei der Beschreibung ihres *Club Náutico* die „mediterrane Freude der Farbgebung" unterstreichen.[63]

In der begleitenden Erläuterung erklärte zwar Mercadal zwar, dieser moderne Bau sei keineswegs als „schwimmende Konstruktion" gedacht. Und doch räumte er ein:

---

60 García Mercadal, Fernando: *Sobre el Mediterráneo, sus litorales, pueblos, culturas. Imágenes y recuerdos.* Madrid 1980/Zaragoza 1996. S. 35.
61 García Mercadal, Fernando: *Arquitectura mediterránea.* In: Arquitectura 8 (1926), S. 192-197.
62 García Mercadal, Fernando: *Arquitectura mediterránea.* In: Arquitectura 9 (1927), S. 190-193.
63 Vgl.: *El Club Náutico de San Sebastian.* In: AC 1 (1931), H. 3, S. 20.

3.21 3.22

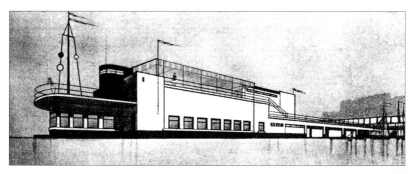

3.23

3.21-22 Fernando García Mercadal: „Arquitectura Mediterránea". Modellfoto und Perspektive eines Villenentwurfes [*Arquitectura*, 1926]
3.23 Fernando García Mercadal: „Club Naútico para una Ciudad Mediterránea", 1925. Perspektive [*Arquitectura*, 1927]

III. Inseln 347

Die unmittelbare Anlehnung an Formen aus dem Schiffsbau ist offensichtlich. Der Gesamtplan, die überdachten und freien Terrassen, die Anordnung und die Steigung der Leitern etc., tragen dazu bei, dass wir an die unbekannte Form eines neuartigen Schiffes denken.[64]

Stanislaus von Moos hat darauf hingewiesen, dass die von Le Corbusier bewunderte Aquitania zum Zeitpunkt ihrer Idealisierung in *L'Esprit Nouveau* längst am Ende der technischen Ära der turbinengetriebenen Vierschornsteinschiffe stand.[65] Im Grunde wurde auf die Vergangenheit zurückgegriffen, um den Aufbruch in die Zukunft zu symbolisieren. Rhetorisch geschickt umging Mercadal diese Paradoxie des Dampfermotivs, indem er das Befremden unterstrich, das die unbekannte Form nicht als architektonische, sondern als *nautische* Zukunftsvision auslösen würde. Dennoch: Die Wiedererkennbarkeit blieb das zentrale Problem seiner bildhaften „Arquitectura Mediterránea".

Le Corbusier und die Ideen einer mediterranen Moderne

Unter der Rubrik „Arquitectura Mediterránea" veröffentlichte *Arquitectura* 1928 ein Landhaus von José Cort i Botí in Alicante, das gänzlich Mercadals Formenrepertoire des Mediterranen entgegenkam.[66] Unmittelbar im Anschluss wurde der Wettbewerbsentwurf der beiden Studenten Josep Torres Clavé und Josep Lluís Sert für ein Strandhotel präsentiert.[67] Die Erläuterung beschränkte sich auf die technische Beschreibung. Es blieb unklar, ob noch immer von einer vorbildlich mediterranen Architektur die Rede war. Der Entwurf selbst gab keine eindeutige Auskunft darüber. Seine Formensprache war – insbesondere durch die horizontalen Fensterbänder und die Dachterrasse – unverwechselbar die des Corbusier.

Schon 1927 war Sert als Leser Le Corbusier begegnet. Bei einem Besuch in Paris hatte er dessen Schriften kennen und schätzen gelernt. Zurück in Barcelona gelang es ihm 1928, den Schweizer, der auf Einladung von Mercadal in Madrid gastierte, in die katalanische Hauptstadt zu bringen, wo dieser seine Vorträge zu „Une maison - un palais" am 15. und 16. Mai wiederholte. Wir haben bereits über die darin enthaltenen Thesen zur ‚unakademischen' Volksarchitektur gesprochen. Was bisher nur am Rande erwähnt wurde ist, dass Le Corbusier unter seinen jungen Bewunderern auf „mediterrane

---

64 García Mercadal, Fernando: *Arquitectura mediterránea*. In: Arquitectura 9 (1927), S. 191. Übersetzung J. M. W.
65 Vgl. Von Moos, Stanislaus (Hrsg.): *L'Esprit Nouveau. Le Corbusier und die Industrie 1920-1925*. Berlin 1987. S. 247.
66 *Arquitectura Mediterránea*. In: Arquitectura 10(1928), S. 318-319.
67 *Proyecto de hotel en la playa*. In: Arquitectura 10(1928), S. 319-321.

Verbündete" gehofft hat. Verbündete, die in den Kampf um die Durchsetzung des eigenen Verständnisses der Modernen Architektur gegen das der „Slawen und Germanen" einsteigen sollten.

Im ersten CIAM im schweizerischen La Sarraz (25.-29. Juni 1928) wurde Mercadal Zeuge des Zusammenstoßes zwischen Le Corbusier und Hugo Häring, der als Sekretär des *Ring* neben Ernst May Deutschland vertrat. In *La Gaceta Literaria* berichtete er über den gescheiterten Versuch, ein konkretes Programm aller Modernen zu verabschieden. Es habe lediglich zu einer gemeinsamen Erklärung gereicht. Mercadal:

> Die Gruppe der deutschen Architekten äußerte schon in den ersten Versammlungen ihre offene Opposition gegen das von Le Corbusier aufgestellte Programm, das sowohl in den ästhetischen wie in den konstruktiven Ideen ein rein persönliches war.[68]

Häring weigerte sich, auf Kosten des eigenen Standpunktes die *a priori* formulierten Positionen zu sanktionieren, nur um so nach Außen den Eindruck der internationalen Geschlossenheit zu wahren. Und er wagte es, sich der absoluten Autorität des Initiators der Zusammenkunft zu widersetzen.[69] So wurde zumindest in Deutschland die Machtkonstellation in den Internationalen Kongressen für Neues Bauen allgemein empfunden. Bruno Taut, der nie an einem CIAM teilgenommen hat, charakterisierte diese einige Jahre später als „Hof eines Königs, dessen Name Le Corbusier ist".[70]

Über die persönlichen Rivalitäten hinaus bestanden durchaus inhaltlich begründete Argumente für die Konfrontation. In verschiedenen Artikeln hatte Häring öffentlich Kritik an Le Corbusiers ästhetischen Prinzipien geübt. Am deutlichsten in „Wege zur Form" (1925), wo er sich gegen dessen „gewaltsame" Zurückführung der Dinge auf geometrische Grundfiguren wandte:

> Die Gestalt der Dinge kann identisch sein mit geometrischen Figuren – wie beim Kristall –, doch ist, in der Natur, die geometrische Figur niemals Inhalt und Ursprung der Gestalt. Wir sind also gegen die Prinzipien Corbusiers – (doch nicht gegen Corbusier).[71]

---

68 García Mercadal, Fernando: *El Congreso de Sarraz*. In: La Gaceta Literaria 2 (1928), H. 38, S. 4. Übersetzung J. M. W.

69 Siehe hierzu: Schirren, Mathias: *Hugo Häring. Architekt des Neuen Bauens*. Berlin 2001. S. 48-49. Zu Härings Widerstand wäre zu beachten, dass er ein Jahr zuvor ohne Erfolg die Gründung einer ähnlichen internationalen Vereinigung vorgeschlagen hatte.

70 Taut, Bruno: *„Rationelle Bebauungsweisen" und das Seminar für Wohnungsbau und Siedlungswesen auf der Technischen Hochschule Berlin*. In: Deutsche Bauzeitung 66 (1932), H. 14, S. 261.

71 Häring, Hugo: *Wege zur Form*. In: Die Form 1 (1925), S. 3-5.

3.24

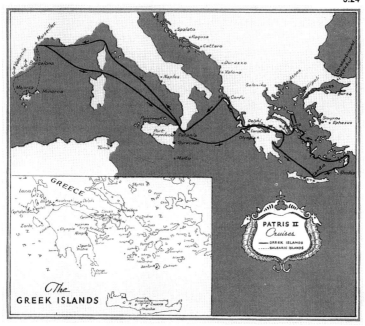

3.25

3.24 Gruppenfoto beim ersten CIAM 1928 in La Sarraz. In der Mitte sitzend: García Mercadal.
3.25 CIAM IV: Mittelmeerkreuzfahrt an Bord der *Patris II*: Marseille–Athen (29. Juli bis 13. August 1933)

Anstelle des rationalistischen Prinzips der Zuweisung vorgefasster, geometrischer Formvorstellungen, postulierte Häring einen Gestaltungsweg, der die „organhaften Formungen" der Zweck- beziehungsweise Lebenserfüllung als die wesentlichen vorzog. In diesem Funktionalismus erkannte er eine Befreiung von der Bevormundung durch die „geometrische Kultur" des Mittelmeers, wie er 1931 in aller Deutlichkeit behaupten sollte:

> Es muß gesagt werden, daß die den nordischen Rassen zugehörige Struktur die Wesenszüge des Organhaften schon in frühester Zeit trägt und daß sie in der Entfaltung des technischen Geistes sich ihr Gebiet wieder erobert hat. Die Völker des Mittelmeeres einschließlich der lateinischen Völker, im Verfall der geometrischen Strukturbegriffe lebend, stehen den Aufgaben des neuen Bauens fremd gegenüber. Le Corbusier, an der Grenze zweier geistiger Landschaften, versucht noch einmal die Herrschaft der Geometrie aufzurichten, indem er sie mit der Welt unserer heutigen technischen Mittel konfrontiert, aber dieser Versuch führt nicht hinüber zu organhaftem Bauen, sondern zurück zu ästhetischen Prinzipien. Es verdient unsere Aufmerksamkeit, daß nur die Völker der nordischen Landschaft von der tieferen Umwälzung der Probleme ergriffen erschienen und daß weiter die jungen slawischen Völker, deren Rassen wir ebenfalls den organhaften Strukturen zugehörig ansehen müssen, sich mit Heftigkeit auf diese Problematik stürzen.[72]

Nicht nur in der Rückführung der Form auf eine ideelle Wesenheit waren sich Häring und Le Corbusier einig. Auch in der statischen Abgrenzung der rationalistischen Formzuweisung als *mediterranes* und der funktionalistisch-organhaften Formfindung als *germanisches* Prinzip. Uneinigkeit bestand dagegen in der Frage nach der kulturellen Vorherrschaft des jeweils Eigenen. Ebenso im Streben nach Autonomie der Kulturkreise.

Le Corbusier hat stets seine mediterrane Zugehörigkeit unterstrichen. Ende der Zwanziger Jahre diente sie ihm zur architekturtheoretischen Standortbestimmung gegenüber den Positionen der mittel- und osteuropäischen Utilitaristen, Konstruktivisten und Funktionalisten. In der bekanntesten Polemik trat er dem tschechischen Dichter und Kunstkritiker Karel Teige gegenüber, der Le Corbusiers Mundaneum-Projekt (1929) wegen seiner unsachlichen, metaphysich-ästhetisch-spekulativen Architekturkonzepte abgelehnt hat: Der Entwurf – so Teiges Rüge - huldige den „traditionellen Vorurteilen" der Komposition und betreibe mit seinem Proportionssystem im Goldenen Schnitt reinste „Reißbrettornamentik".[73] In der Entgegnung dieser Vorwürfe charakterisierte Le Corbusier die Neue Sachlichkeit als polizeiliche Maßnahme, vor der es *die* Architektur als poetische Disziplin in Schutz zu nehmen gelte.

---

72 Häring, Hugo: *Kunst- und Strukturprobleme des Bauens*. In: Zentralblatt der Bauverwaltung 51 (1931), S. 432.

73 Teige, Karel: *Mundaneum*. In: Stavba 7.1929. (Englisch in: Oppositions 4, 1974. Enthalten im „Oppositions Reader", New York 1998. S. 589-597)

III. Inseln 351

Die Bedrohung gehe von denjenigen aus, die „Baukunst" und „Kunst" durch „Bauen" und „Leben" ersetzt hätten. Durch die Wahl dieser Begriffe war das „deutschsprachige" Neue Bauen eindeutig als Empfänger der Botschaft gekennzeichnet.[74]

Le Corbusiers Abneigung gegenüber Deutschland ist wohlbekannt.[75] Sie führt zurück in seine deutschen Lehrjahre, als er gründliche Studien zur deutschen Stadtbaukunst („La Construction des Villes", 1910-1915) und zum Deutschen Werkbund („Étude sur le Mouvement d'Art Décoratif en Allemagne", 1911-1912) anfertigte. Die damaligen Begegnungen mit der künstlerischen Elite der Industriekultur (u. a. Peter Behrens, Hermann Muthesius, Bruno Paul, Heinrich Tessenow, Richard Riemerschmid) haben seine Anschauungen nachhaltig geprägt. Denken wir etwa an die bekannte Anekdote des im ersten Heft von *L'Esprit Nouveau* retouchiert abgedruckten Fotos des Silos Bunge y Born in Buenos Aires, das einige Jahre zuvor Walter Gropius im Jahrbuch des Deutschen Werkbundes (1913) zur Unterlegung seiner Forderung nach Körperhaftigkeit des „Monumentalen Industriebaus" herangezogen hatte. Le Corbusier hat die Deutschen Errungenschaften aus erster Hand gekannt. Wie jedoch Paul Venable Turner analysiert hat, widmete sich der junge Schweizer bereits während seiner Deutschlandreise 1910-1911 der Lektüre des Buches „Les Entretiens de la Villa du Rouet. Essais dialogués sur les Arts plastiques en Suisse Romande" von Alexandre Cingria-Vaneyre, das die Geometrie des Mittelmeers als die für die Suisse-Romande geeignete Ausdrucksform postulierte.[76] Es macht Le Corbusiers späteren Hasstiraden gegen den „Pangermanismus" (*L'Esprit Nouveau* 1921) leichter verständlich. Denn die Behauptung der Zugehörigkeit zum klassischen Genius erfüllte den kulturpolitischen Sinn der schützenden Abgrenzung der Jurassier von den

---

74 Le Corbusier: *Defénse de l'architecture*. In: Stavba 2.1929 (ebenso 1933 in L'Architecture d'aujourd'hui). Für eine Übersetzung ins Englische siehe: Oppositions 4, 1974 (enthalten im „Oppositions Reader", New York 1998, S. 599-614. Die spanische Übersetzung einer ausführlicheren Fassung erschien 1983/1993 in Murcia unter dem Titel „En Defensa de la Arquitectura".

75 Siehe zum Beispiel: Nerdinger, Winfried: *Le Corbusier und Deutschland. Genesis und Wirkungsgeschichte eines Konflikts 1910-1933*. In: Arch+ 90/91 (1987), S. 80-97. Nerdinger, Winfried: *Standard und Typ: Le Corbusier und Deutschland 1920-1927*. In: Stanislaus von Moos (Hrsg.). *L'Esprit Nouveau. Le Corbusier und die Industrie 1920-25*. Berlin 1987. S. 44-53. Werner Oechslin, *Le Corbusier und Deutschland*. In: F.Oswald, W.Oechslin (Hrsg.): *Le Corbusier im Brennpunkt*, Zürich 1990. S. 28-47.

76 Turner, Paul Venable: *The Education of Le Corbusier*, New York 1977. S. 82-91. Siehe auch: Gresleri, Giuliano: *Le Corbusier. Reise nach dem Orient*. Zürich 1991.

deutschsprachigen Schweizern, die sich in diesen Jahren massiv in der Region niederließen. Cingria stellte mit nationalistischen Argumenten die Schaffung einer künstlerischen Identität in Aussicht: der Mediterranität.

Im Verlauf seines Deutschlandaufenthalts, traf Le Corbusier 1911 die Entscheidung, eine *Grand Tour* in den Süden anzutreten: Die Orientreise, die ihn durch den Balkan in die Türkei, nach Griechenland und nach Italien führte, wo er auf die Gesetze der Architektur der geometrischen Grundkörper traf. Sie hat auch Le Corbusiers Spanienbild nachhaltig geprägt. Dafür sorgte sein Reisegefährte der Kunsthistoriker August Klipstein, der – wie Giuliano Gresleri mutmaßt – mit seinen Erzählungen überhaupt erst Jeannerets Interesse für die Mittelmeerkulturen geweckt haben soll.[77] Eine zentrale Stellung nahm darin El Greco ein, über den Klipstein in München promovierte. Sie kannten Meier-Graefes „Spanische Reise" (1910) – mit dessen ‚Entdeckung' des ‚Impressionisten' El Greco – und zogen in Erwägung, die Iberische Halbinsel zu bereisen.[78] Le Corbusier sollte aber erst 1928 auf seiner Vortragsreise „Une maison – un palais" Spanien flüchtig kennen lernen. Trotzdem trifft man im Bericht der Orientreise auf Toledo und El Greco, denen er in Bukarest begegnete, wo Klipstein im Rahmen seiner Dissertation die Königliche Sammlung von Carmen Sylvia aufsuchte. Wie Meier-Graefe spielte auch Jeanneret den vergessenen Greco und die Gruppe Murillo-Zurbarán-Velázquez gegeneinander aus. Den wiedererweckten Greco betrachtete er als Vorboten einer Moderne, die der kongeniale Cézanne eingeläutet hatte. Diese Einschätzung hat er auch später (1920) in *L'Esprit Nouveau* aufrechterhalten und El Greco in die „Ahnengalerie des Purismus" aufgenommen.[79] Erwartungsgemäß wurden dessen Werke nicht „expressionistisch" interpretiert, sondern ganz im Sinne der klassizistischen Kunsttheorie Le Corbusiers ausgelegt, der sie wegen ihrer beispielhaften geometrischen Kompositionen feierte:

> Die Aufteilung seiner Bilder ist von geometrischer Reinheit. Die Zusammenhänge entwickeln sich methodisch. Die Volumen drücken sich durch das Licht und die intensiv eingesetzten Halbschatten aus. (...) Diese Methode, durch welche das Bild seine Dichte entfalten kann, ist es, was Cézanne sucht, und sie wird vom guten Kubismus immer noch angestrebt.[80]

---

77 Gresleri, Giuliano: *Le Corbusier. Reise nach dem Orient*. Zürich 1991. S. 35
78 Le Corbusier: *Les Voyage d'Allemagne. Carnets*, München 1994. Siehe insbesondere die Anmerkungen von Giuliano Gresleri zur Transkription S. 149.
79 Landert, Markus: *El Greco*. In: Stanislaus von Moos (Hrsg.). *L'Esprit Nouveau. Le Corbusier und die Industrie 1920-25*. Berlin 1987. S. 207.
80 *Gréco*. In: L'Esprit Nouveau 3/1920, S. 282. Zitiert nach der Übersetzung von: Landert, Markus: *El Greco*. In: Stanislaus von Moos (Hrsg.). *L'Esprit Nouveau. Le Corbusier und die Industrie 1920-25*. Berlin 1987. S. 207.

III. Inseln

Diese Merkmale sollte er – wiederum zehn Jahre später – auf die spanische Landschaft projizieren, als er im August 1931 die Mittelmeerküste der Iberischen Halbinsel bereiste. Er notierte in seinem *Carnet*:

> Weder Velazquez noch Murillo haben die Farbe Spaniens gesehen.
> Sie sind Idioten, Akademiker.
> Picasso ist – nach Goya – der Erste, der sie erlebt hat, und von ihr gelebt hat.
> In der Nähe von Almería finden wir den ersten Kubismus, mit seinen Prismen und Farben.
> Man beklagt sich, der Kubismus sei hoffnungslos intellektualisiert. Aber nein: Er ist erfüllt von der Sinnlichkeit der Erde, der Dinge und des Schauspiels.
> Er ist verwurzelt, rassig, leidenschaftlich empfunden.
> Er ist wahrhaftig, exakt. Aber der Geist hat gewirkt, erfunden, komponiert.[81]

Die Reise führte gemeinsam mit Fernand Léger, Bruder Albert und Cousin Pierre im *Voisin*-Wagen über Primo de Riveras Autobahnen gen Süden. Diese bewiesen – so hat es zumindest Le Corbusier verstanden – einmal mehr die Wohltat der Autorität eines Patriarchen. Während Hegemann nach seiner Spanienreise im selben Jahr auf den grotesken Gegensatz wies, in dem die teuren Autostraßen – „mit denen Primo de Rivera den Beifall ausländischer Globetrotter erwarb" – zu der „fast vorsintflutlicher Verkehrslosigkeit großer Landesteile" standen, pries er sie in der Zeitschrift *Plans* als die schönsten aller Straßen, als Glanzstück der „modernen Zeiten".[82] Natürlich sah auch er den Kontrast zwischen Fortschritt und Rückstand. Allerdings erbrachten für ihn die Esel auf der Autobahn den Beweis der Zweckerfüllung. Selbst die Bauern nutzten sie! Doch dieser moderne Weg der Esel erfüllte eine wesentlich höhere Aufgabe, als die eines bloßen Werkzeugs: Die Straße war zugleich ein „Fluß der Zivilisation", eine „route pure", ein landschaftliches Element von plastischer Schönheit. Bezüglich der „zivilisatorischen Aufgaben", richtete Le Corbusier einen Warnruf an die junge spanische Demokratie: Mit allen Mittel seien die *nordischen* Fehlentwicklungen (Deutschland und

---

81 Le Corbusier: *Espagne/Route 31b/B7*. In: Le Corbusier: *Carnets, Volume I, 1914-1948*. Lausanne 1981. Nr. 428-429. Übersetzung J. M. W. Ebenso: Le Corbusier: *Carnets, Espagne*. Mailand 2001.

82 Vgl. Hegemann, Werner: *Spanischer Städtebau aus vorrevolutionärer Zeit*. In: Wasmuths Monatshefte für Baukunst und Städtebau 16 (1932), S. 499-501. Dort heißt es: „Die teuren spanischen Autostraßen, stehen zu der fast vorsintflutlicher Verkehrslosigkeit großer Landesteile in ebenso groteskem Gegensatz wie die Wolkenkratzer der luxuriösen Gran Via (der neu durchgebrochenen Geschäftsstraße Madrids) zu den abenteuerlichen Mietskasernen und den vernachlässigten Flachbau-Siedlungen." (S. 499)

die USA) zu vermeiden: Die Romanen hätten ihrem eigenen Schicksal zu folgen: „*Klarheit*. Wir brauchen Klarheit!"[83]

Mediterrane Klarheit *versus* nordischen Nebel: ein abgedroschener Topos, den Ortega schon 1914 zurückgewiesen hatte. Neu war 1931 allerdings seine Formulierung als konkret umrissene politische Option des *Mediterranismus*. Denn *Plans* war keine beliebige Zeitschrift. Sie war 1931-1933 die Keimzelle des französischen Regionalsyndikalismus, einer antiparlamentarischen, populistischen Bewegung, die sich für eine grundlegende Neuordnung des wirtschaftlichen und politischen Gefüges in Europa einsetzte.[84] Sie bekämpfte das kapitalistische System und schlug eine dezentrale, gewerkschaftlich organisierte Gesellschaftsform auf der Grundlage sowohl der materiellen als auch der geistigen Bedürfnisse des „homme réel" – des Menschen in symbiotischer Beziehung zu Architektur und Landschaft vor. Diesen Sinn erfüllte die im Juli 1933 von der Zeitschrift *Prélude* – der Le Corbusier als Redaktionsmitglied angehörte – vorgeschlagene Aufteilung Europas nach geographischen und kulturellen Kriterien in drei übernationale Regionen: eine germanisch-mitteleuropäische Föderation, eine slawisch-osteuropäische Föderation und schließlich eine romanisch-mediterrane Föderation.[85] Diese wurde als *Quadrilatère* (Viereck) bezeichnet, um die geographische Konstellation der vorgesehenen Hauptstädte zu charakterisieren: Paris, Rom, Algier und Barcelona – allesamt Städte, für die Le Corbusier städtebauliche Vorschläge entwickelt hatte oder entwickeln würde.

Ebenfalls im Juli 1933 trafen sich im Hafen von Marseille die Teilnehmer des vierten CIAM, die gemeinsam aufbrachen, um an Bord des Dampfers *Patris II* über die Lösung der Probleme der zeitgenössischen Stadt zu debattieren. Unter der Leitung von Le Corbusier, Giedion und van Eesteren ent-

---

83 Le Corbusier: *Retours. Ou l'ensegnement du voyage. Coupe en travers. Espagne. Maroc. Algérie. Territoires du Sud*. In: Plans, Oktober 1931, S.93-95. In Spanien wurde Le Corbusiers lyrisches Loblied auf die spanische Autostraße („circuito nacional") 1932 stolz in den Zeitschriften *Revista de Obras Públicas* und *Valencia Atracción* bekannt. Eine Übersetzung ist abgedruckt in: *La ciudad moderna. Arquitectura racionalista en Valencia*. Bd II. Valencia 1998. S. 192-193. Zu Le Corbusiers Reise siehe: Monteys, Xavier: *Le Corbusier en Epaña: Los viajes por Levante y Mallorca*. In: Lahuerta, Juan José (Hrsg.): *Le Corbusier y España*. Barcelona 1997. S. 102-103. Lahuerta, Juan José: *Le Corbusiers Spanien*. In: Le Corbusier: *Carnets, Espagne*. Mailand 2001.
84 McLeod, Mary: *Le Corbusier and Algiers*. In: Oppositions 19/20, 1980. S. 55-85. (Das Heft enthält im bibliographischen Anhang die Inhalte der Zeitschrift *Plans*). Ebenso: Vigato, Jean Claude: *Le Choix du Sud*. In: *La Méditerranée de Le Corbusier*. Marseille 1991. S. 211-231.
85 *Plan d'Organisation Européen*. In: Prélude 6, Juni/Juli 1933, S. 1.

III. Inseln 355

wickelten sie das Modell der entflochtenen „Funktionellen Stadt", das erst mit einiger Verspätung von Sert („Can our cities survive?", 1942) und Le Corbusier („Charte d'Athènes", 1943) theoretisch zusammengefasst werden sollte. Man verglich hierfür 33 Städte, die im Vorfeld von den 16 nationalen CIRPAC-Gruppen nach gemeinsamen Kriterien analysiert worden waren. Man entschied sich also im Vorfeld, für eine rationale, deduktive Arbeitsmethode auf der Grundlage empirischer Datenermittlung. Doch trotz aller Rationalität *und* Sachlichkeit herrschte auch diesmal keine Einigkeit. Erneut waren es Deutsche und Tschechen, die protestierten, da sie unter anderen das Instrument der historischen Untersuchung vermissten oder weil ihnen die methodische Verselbstständigung des Funktionalen von den wirtschaftlichen und sozialen Bedingungen fragwürdig erschien.[86] Le Corbusiers Verbündete der „entente latin" sahen diese Probleme offenbar nicht.

Der vierte CIAM befasste sich nicht nur mit den rein technischen Fragen der funktionellen Stadt. Im Verlauf der zweiwöchigen Kreuzfahrt durch das nördliche Mittelmeer, die vom deutschen CIRPAC-Delegierten Marcel Breuer angeregt worden war, erhielten die Reisenden zudem Gelegenheit, den *zeitlosen* und *reinen* ‚mediterranen Geist' zu erleben, in dem die Stätten der Antike, die Volksarchitektur der griechischen Inseln und die Maschinerie der *Patris II* zusammenflossen; derselbe Geist, der sich 1911 dem jungen Jeanneret manifestiert hatte.[87] Und wie wir wissen, war schon damals sein harmonischer Rationalismus nicht frei von politischen Konnotationen. 1933 war es nicht anders – wobei der Rekurs auf das Mediterrane in Frankreich, Italien, Griechenland oder Spanien unterschiedliche Identitäten bediente.

Aus Italien sind die Bildgegenüberstellungen bekannt, mit denen Giovanni Michelucci 1932 in *Domus* die ‚wahre' Quelle der modernen italienischen Architektur aufdeckte: die eigene, zeitlose, reine Tradition. Zum Beweis zog Michelucci Fotografien zweier Bauernhäuser heran, die er mit einigen Änderungen (z. B. das ‚mediterrane' Flachdach) neu zeichnete. Er erhielt zwei vorbildlich moderne Bauten. Sie demonstrierten seines Erachtens, wie falsch all diejenigen lagen, die leichtsinnig von einer ‚nordischen' oder gar ‚deutschen' neuen Architektur sprachen. Miceluccis Argumentation wies eine notorische Nähe zur Legitimationsrhetorik des Faschismus vor, insbesondere zu dessen monumentalem Geschichtsverständnis, das Ursprung und Gegen-

---

86 Vgl.: van Eesteren, Cornelis: *Urbanismus zwischen de Stijl und CIAM*. (Hrsg.: Franziska Bollerey) Braunschweig 1999. S. 173 ff.
87 Siehe hierzu: Bosman, Jos: *Sur le Patris II, de Marseille a Athènes*. In: *Le Corbusier et la Méditerranée*. Marseille 1987. S. 73-79. Ebenso: Oechslin, Werner: *Klassisch und modern: um 1933*. In: *Die griechische Klassik. Idee oder Wirklichkeit*. Mainz 2002. S. 61-80.

wart im Ewigen vereinte. Man bediente sich hierzu überhistorischer Wertvorstellungen wie die der *mediterranità, italianità, latinità, romanità* oder *antichità*. Sie alle beschworen eine Kontinuität, beziehungsweise die Wiederkehr einer großen, klassischen Vergangenheit. Eine mythische Verbundenheit, mit der sie die Legitimität der absoluten Staatsmacht bildhaft untermauerten.[88]

Der Architekturkritiker Edoardo Persico hat 1934 – ebenfalls in *Domus* – eine harsche Kritik an der politischen Unterwürfigkeit des italienischen Moderne geübt.[89] Grundsätzlich beklagte er das Fehlen jedweden kritischen Apparats, wie die fixe Idee der Entdeckung von Vorwegnahmen der neuen Architektur bewies. Als Antifaschist polemisierte Persico dezidiert gegen die Obsession der ‚Mediterranität', die er in ihrem politischen Opportunismus entlarvte. Er brauchte lediglich ihre Entwicklungsgeschichte nachzuzeichnen. So konnte er im *razionalismo* einen radikalen ideologischen Wandel zwischen dem ursprünglich erklärten Europäertum von 1926 und den mediterranen Abgrenzungen der frühen dreißiger Jahre feststellen. Eine Bekehrung, die nicht erst durch die Einflussnahme von Le Corbusiers *Prélude*-Theorien eingesetzt hatte, sondern bereits 1931, als man die ‚rationalistischen' Programme zur Eroberung des faschistischen Staates aufstellte: Architektur als Staatskunst! Die italienische Moderne hatte – wie Persico meinte – sein Schicksal dem politischen Kampf untergeordnet und durch die innere Logik seiner Rhetorik, die sozialen Grundzüge der neuen Architektur verleugnet, die in der Traditionsbindung an die calvinistische Moral der Nächstenliebe wurzelten:

> Der Gehalt der neuen deutschen Architektur wird einzig und allein von diesem religiösen Motiv ausgedrückt. Und ebenso wird man bei Max Weber das Deutschland der Weimarer Republik erkennen, das der neuen Architektur Kraft verliehen hat, und das Leben dieses Landes in der Zeit vor Hitler kennenlernen.[90]

Was Persico nicht wissen konnte: Einige Monate vor seiner Grundsatzerklärung in *Domus* haben auch im nationalsozialistischen Deutschland Häring

---

88 Siehe hierzu: Danesi, Sivia: *Aporie dell'architettura italiana in periodo fascista – mediterraneità e purismo*. In: *Il razionalismo e l'architettura in Italia durante il fascimo*. Venedig 1976, 1996 S. 21-28. Talamona, Marida: *Modernité e fascisme: illusions croisées*. In: *Les années 30. L'architecture et les arts de l'espace entre industrie et nostalgie*. Paris 1997. S. 127-139. Gravagnuolo, Benedetto: *Il Mito mediterraneo nell'architettura contemporanea*. Neapel 1994.

89 Persico, Edoardo: *Punkt und Absatz für die Architektur*. In: Persico, Edoardo: *Die Freiheit des Geistes. Architekturkritik im faschistischen Italien*. (Hrsg. Giancarlo Polo) Basel/Berlin/Boston 1993. S. 63-83.

90 Ebd., S. 77. Gemeint ist Max Webers „Die protestantische Ethik und der „Geist" des Kapitalismus" (1904/1905).

III. Inseln 357

und Gropius versucht, die neuen Machthaber vom Deutschtum des Neuen Bauens zu überzeugen.[91] Häring trat den Diffamierungen der Ring-Architekten als „Baubolschewiken" entgegen, indem er ein Schreiben zur „Wiedererweckung einer deutschen Baukultur" verfasste, das darauf aufmerksam machte, dass im Ausland die Bezeichnung „stylo tedesco" zur Charakterisierung der neuen Architektur gängig sei: Ein Verdienst des Deutschen Werkbundes, wie Häring meinte, der gemäß den eigenen Theorien erklärte, das moderne Konzept der Leistungsform habe die deutsche Architektur von Bevormundungen durch fremde Traditionen befreit:

> Es war gelungen, was man seit 150 Jahren vergeblich versucht hatte, einen deutschen Stil zu schaffen und es war gelungen, weil man einen anderen Weg ging als den früheren, den Weg eines neuen Gestaltungsprinzips und nicht den Weg der Tradition, d. h. den einer Erneuerung der Mittelmeerwelt und ihren Gestaltungsprinzipien. (...) Die Bewegung des neuen Bauens will nicht nur „erwecken", sie will neu schaffen und will dies von Gestaltungsprinzipien aus, die sie für Wesenszüge deutscher Beschaffenheit und deutschen Kulturwillens hält.[92]

Und Gropius, der 1927 im Vorwort zur zweiten Auflage von „Internationale Architektur" die übereinstimmenden Merkmale der modernen Bauten in den germanischen, slawischen und lateinischen Ländern bestätigt hatte, sprach 1934 in seinem Vortrag „Bilanz des neuen Bauens" von der „Wurzelechtheit" einer zwar neuen, aber keineswegs traditionslosen oder zweckverherrlichenden Bewegung, an deren Entwicklung Deutschland unter allen beteiligten Ländern den Hauptanteil genommen habe.[93] Er trat so den widersprüchlichen und irreführenden Argumenten entgegen, mittels derer im Wandel der politischen Konjunktur und aus allzu durchsichtigen Beweggründen die neue Architektur gewaltsam zur kulturellen Grenzziehung zwischen europäischen Norden und Süden bemüht wurde.

---

91 Siehe: Schirren, Matthias: *Was ist „deutsche" Baukunst? Zur Auseinandersetzung um das Neue Bauen 1933/34.* In: *Bauhaus Berlin: Auflösung Dessau 1932; Schließung Berlin 1933; Bauhäusler und Drittes Reich.* Berlin 1985. S. 275-279. S. 253-270. Ebenso: Germer, Stefan: *Die italienische Hoffnung. Rolle und Rezeption der rationalistischen Architektur in Deutschland.* In: Germer, Preiß (Hrsg.): *Giuseppe Terragni 1904-1943. Moderne und Faschismus in Italien.* München 1991. S. 73-103.

92 Häring, Hugo: *Für Wiedererweckung einer deutschen Baukultur.* BHA, Nachlass Gropius 13/26-13/31. Abgedruckt in: *Bauhaus Berlin: Auflösung Dessau 1932; Schließung Berlin 1933; Bauhäusler und Drittes Reich.* Berlin 1985. S. 275-279.

93 Gropius, Walter: *Bilanz des neuen Bauens.* Vortragstyposkript, Budapest 5.2.1934. BHA Nachlaß Gropius.

10. ‚VERGESSENE INSELN'.
MODERNE UND ARCHAIK AUF DEN BALEAREN (1933-1936)

Ernesto Giménez Caballero, der als „Robinsón Literario" rapide zum Fürsprecher einer Staatskunst nach faschistischem Vorbild mutierte, sollte mit der Aussage recht behalten, dass sich bei Mercadal Mediterranismus und germanophiler Europäismus überlagerten. Dessen italienische Entdeckung des Mittelmeeres führte nicht zu einer anti-nordischen Abgrenzung. Im Gegenteil. Sein Artikel in *Arquitectura* aus dem Jahre 1928 über Alberto Sartoris, den er in La Sarraz getroffen hatte, ist hierbei bezeichnend: Durch dessen jugendliche Begeisterung – so Mercadal – werde es der aus Mitteleuropa stammenden Moderne, allen Widerständen der lateinischen Tradition zum Trotz, schließlich doch noch gelingen, in Italien Fuß zu fassen.[94] Eine unmissverständliche Aussage, die Sartoris' spätere Laufbahn als vehementer Anwalt des Mediterranen nicht erwarten ließ.[95] Für Mercadal waren Deutschland und das Mittelmeer zwei Seiten einer selben Münze.

Kommt man mit Fernand Braudel darüber ein, dass „die Mittelmeerszenerie eine aus Ungleichartigem zusammengesetzte Welt" ist, „die erst in unserer Vorstellung zu einem zusammenhängenden Bild sich fügt, wie in einem System, in dem das Unterschiedene zunächst vermengt und dann zu einer originalen Einheit neu verflochten wird", so scheint die Frage berechtigt, ob nicht ein Fehler begangen wird, wenn man auf der Suche nach diesem einschließenden Wesen des Mediterranen die nordischen Wunschbilder außer acht lässt.[96] Man müsste sich fragen, ob nicht etwa nur die gegebenen Umstände des „realen" Klimas, der ‚realen' Landschaft, der „realen" Architektur oder die „realen" Lebensformen, sondern auch die Sehnsüchte als essentielle Bestandteile einer Kultur berücksichtigt werden sollten: das ersehnte Klima, die geträumte Landschaft, die utopische Gemeinschaft. In anderen Worten, ob es nicht auch eine kulturelle Tradition der kollektiven Wunschbilder gibt. Ein Idealist der Jahrhundertwende hätte hier mit dem Begriff des objektiven

---

94 García Mercadal, Fernando: *La moderna arquitectura en Italia. Una obra reciente de Sartoris en Turín.* In: Arquitectura 10 (1928), S. 289-291.

95 Siehe: Sartoris, Alberto: *Gli elementi dell'architettura funzionale.* Mailand 1932; so wie: Sartoris, Alberto: *Encyclopédie de l'architecture nouvelle.* Bd.I: *Ordre et climat méditerranéens.* Mailand 1948; beide mit Einführungen von Le Corbusier. Vgl.: Navarro Segura, Maria Isabel: *Alberto Sartoris 1901-1998. La concepción poética de la arquitectura.* Valencia 2000.

96 Braudel, Fernand: *Mediterrane Welt.* In: Fernand Braudel, Georges Duby, Maurice Aymard: *Die Welt des Mittelmeeres. Zur Geschichte und Geographie kultureller Lebensformen.* Frankfurt am Main 1997.

III. Inseln 359

Kunstwollens operieren können. Und mit Ortegas Begrifflichkeit der zehner Jahre könnte man von der idealen Landschaft einer Kultur sprechen. Eine Vorstellung, die dazu dienen kann, die Idee der Autonomie der Kulturkreise – wie wir sie bei Häring und Le Corbusier als Forderungen haben beobachten können – zugunsten der einer Interdependenz aufzugeben.

Das mittelländische Binnenmeer ist spätestens seit der Aufklärung eine mythische Projektionsfläche nordischer Ideale – und die Inseln darin sind nordische Utopien. Als Karl Friedrich Schinkel 1803 nach Italien aufbrach und 120 Jahre vor Mercadal auf der Insel Capri landete, hielt er in einem Brief fest:

> Man steigt viele hundert in den Felsen gehauene Stufen zu diesem Lande hinan, welches, auf das lieblichste angebaut, unter dem Grün von Orangen und Wein mit den niedlichsten und reinlichsten Wohnungen der Landleute prangt.
> Überrascht steht man oben auf einer schönen fruchtbaren Ebene, in denen die lieblichsten Häuschen, die von schöner Form und Reinlichkeit alles übertreffen, was ich von ländlichen Anlagen jemals sah. Diese Wohnungen bestehn nur aus einer Küche und wenigen Zimmern zum schlafen. Das übrige ist auf Pfeilern überwölbter Raum und Lauben voll Wein, der über Säulenstellungen fortgerankt ist. Man putzt der Wirklichkeit wegen jedes Jahr die Häuschen weiß ab.
> Das Völkchen dieses Weinlandes ist wirklich das einfachste in Europa, es hat weder Richter noch Soldaten, weil alles in der größten Einigkeit lebt. Der beschwerliche Aufgang auf der langen Felsentreppe scheidet es von aller übrigen Welt ab und schützt seine einfachen Sitten gegen die Einwirkung fremder Nationen, daher sie auch diese verabscheuen und für Betrüger halten.
> Hier wohnt ein Völkchen, das vollkommen die Sitte der Unverdorbenheit trägt, was immer aus wenigen Familien, aber unvermischt mit andern sich erhält. Es gibt alte Leute hier, die nie die Felsentreppe hinuntertraten, die nie Neapel selbst, kein Schiff in der Nähe, nur von der Höhe des unermesslichen Felsens hinab sahn. Einfachheit, Biederkeit und Eintracht scheinen hier unzertrennlich vereint, und ich werde nie diesen Aufenthalt unter diesen Leuten vergessen.[97]

Konnte etwa diese romantische Vision eines abgeschiedenen Arkadiens zu Beginn der dreißiger Jahre des 20. Jahrhunderts noch ungebrochene Aktualität genießen? Durchaus. Man könnte sogar behaupten, dass in Schinkels Passage einige zentrale Konzepte des intellektuellen Apparats der Moderne vorweggenommen sind. Blättern wir z.B. in den Seiten der Zeitschrift *AC – Documentos de Actividad Contemporánea* (1931-1936), dem Organ des GATEPAC und damit des CIRPAC in Spanien, so stoßen wir schon im ersten Heft auf die Argumentationsfigur der Vorbildlichkeit einer unverdorbenen Volksarchitektur. In der Erläuterung einiger Fotografien einfachster Reihenhäusern in San Pol de Mar hieß es im Staccato:

---

97 Schinkel, Karl Friedrich: *Reisen nach Italien. Tagebücher, Briefe, Zeichnungen, Aquarelle.* Berlin 1979. S. 73-74.

SAN POL DE MAR 3.26

.....Aparece el Standard. Ausencia de toda preocupación estética: fantasía, originalidad, estilos históricos, «cultura escolástica», individualismo...

Las mismas necesidades, las mismas características, aprovechando las ventajas de la moderna técnica constructiva.

EN IBIZA NO EXISTEN LOS "ESTILOS HISTÓRICOS"...

3.27

3.26 „San Pol de Mar... Es erscheint der Standard" [AC 1, 1931]
3.27 „Auf Ibiza existieren nicht die ‚historischen Stile'..." [AC 6, 1932]

III. Inseln 361

> In den Dörfern der levantinischen Küste vor dem Aufkommen des Architekten: Gleichheit der Bedürfnisse, Gleichheit des Grundrisses, die sich in der Wiederholung der äußern Elemente abbildet, es gibt keine „Fassade"... KLARHEIT: ORDNUNG: ARCHITEKTUR. Das Problem ist mit äußerster Einfachheit gelöst, unter Berücksichtigung des Klimas und des Bewohners, um den einzelnen Elementen einen Maßstab zu geben: Türen, Fenster etc. ...[98]

Im Gegensatz hierzu zeigte man ein Beispiel der verheerenden Folgen des achtjährigen Architekturstudiums: historisierender Eklektizismus! Auf der gegenüberliegenden Seite wurden erneut traditionelle Reihenhäuser aus San Pol de Mar abgebildet. Diesmal stellte man aber J.J.P. Ouds Reihenhäuser der Stuttgarter Weißenhofsiedlung (1927) gegenüber. Es wurde ein gemeinsamer Standard gefeiert: „Die selben Bedürfnisse, die selben Merkmale unter Ausnutzung der Vorteile moderner konstruktiver Technik". Die „ästhetischen Sorgen" der „scholastischen Kultur" wurden verworfen.

Das Volkstümliche war ‚modern' – und zwar lange bevor es die Architekten waren. Diese Idee stand auch im Mittelpunkt einer Fotoreihe, die unter dem Titel „Ibiza, die Insel, die keine architektonische Erneuerung braucht" im *AC*-Heft 6 abgedruckt wurde.[99] Ibiza wurde zum Capri der spanischen Moderne. Ihre Architektur war – ohne Einwirkung irgendeines Architekten – logisch, rational, wohlkomponiert:

> Ibiza kennt keine „historischen Stile" ... Vom einfachen und ökonomischen Leben bestimmt, spiegeln die Bauten Ibizas die konstanten Merkmale der perfekten klimatischen Anpassung und des universellen Sinns. Ganz Ibiza ist ein Wunder der Farbe und der harten Kontraste von Licht und Schatten. Jeder Stein besitzt eigenen Charakter und die Bauten sind spontan wie die Natur selbst: Einfachheit, Klarheit, Ordnung, Reinlichkeit, völliges Fehlen des Wunsches nach Dekoration und Originalität; konstruktive Tradition auf der Grundlage glücklicher Lösungen. Ibiza besitzt all diese hohen Tugenden. Ihre Häuser sind organisch an den Ort gebunden und ergänzen die ruhige und bewegende Landschaft: ein ausgezeichnetes Beruhigungsmittel für unsere Zeiten der Kompliziertheit und der Geschwindigkeit. Ibiza ist für den modernen Architekten der ideale Ort zur Meditation und zur Erholung. Abseits vom Strom des offiziellen Tourismus – ein noch unveröffentlichtes Gedicht – ist sie heute Wohnort einiger weniger Kenner aus verschiedenen Ländern: ewig auf der Suche nach der Güte, der Wahrheit und der Schönheit in Menschen und Dingen.[100]

---

98 *San Pol de Mar*. In: AC 1 (1931), H. 1, S. 24-25. Übersetzung J. M. W.

99 *Ibiza, la isla que no necesita renovación arquitectónica*. In: AC 2 (1932), H. 6, S. 28-29.

100 *En Ibiza no existen los „estilos históricos"* ... In: AC 2 (1932), H. 6, S. 30. Übersetzung J. M. W.

Die Insel wurde in dieser Beschreibung zu einer archaischen Gegenwelt, in der – mit Schinkels Worten ausgedrückt – das Volk noch die „Sitte der Unverdorbenheit" trug. Als hätte man keinen Zweifel daran aufkommen lassen wollen, wurden im unmittelbaren Anschluss die katastrophalen Lebensbedingungen im *Barrio Chino* Barcelonas als einer beispielhaft verkommenen Großstadt erläutert. Der Gegensatz hätte nicht größer sein können. Ein bewusster Kontrast, mit dem auch die Delegierten des CIRPAC im Verlauf des vierten CIAM („Die funktionelle Stadt") konfrontiert wurden, wie der Bericht über die Mittelmeerkreuzfahrt im elften *AC*-Heft darlegte. Angesichts der „Ruhe des antiurbanen, sonnigen Umfeldes" – hieß es – erschienen das Chaos und die menschenunwürdigen Missstände in den untersuchten Städten umso tragischer.[101] Die Wahl des Mittelmeers habe zudem die Position der „lateinischen Gruppen" gestärkt und so den vierten Kongress von den drei vorangegangenen deutlich unterschieden: Mit der modernen Architektur seien die „reinen Formen" der mediterranen Tradition an die Küsten dieses Meeres zurückgekehrt. Mediterrane Formen also, die in letzter Zeit dank der neuen technischen Möglichkeiten in den nordischen Ländern Anwendung gefunden hätten. Die Volksarchitektur lieferte den Beweis:

> Die Architektur der griechischen Küste und der Inseln des Archipels ähnelt der Ibizas und Menorcas: mit Kalk weiß oder in blassen Tönen gestrichene Dörfer mit flachen oder gewölbten Dächern. Es ist eine Architektur, die wir sehr wohl als eine im Geiste moderne bezeichnen können; die Fortführung derselben Formen, die sich seit Jahrhunderten im Großteil der Küsten und in sämtlichen Inseln des lateinischen Meeres wiederholen.[102]

Zurück in Barcelona verfasste Sert, der mit seinen katalanischen Kollegen des GATCPAC Antonio Bonet, Josep Torres Clavé und Ribas Seva die spanische Delegation gebildet hatte, den Artikel „Arquitectura sense ‚estil' i sense ‚arquitecte'" (Architektur ohne ‚Stil' und ohne ‚Architekten'"), der 1934 in der Zeitschrift *D'aci i d'allá* (Heft 179) erschien: Ein Lob des „geometrischen und ordnenden Geistes der lateinischen Welt" – ganz nach dem Vorbild Le Corbusiers. Es war wieder von einer mediterranen Volksarchitektur die Rede, in der sich Uraltes und Neuzeitliches verbanden: die reinen Formen, die Einfachheit der Komposition, der menschliche Maßstab, die standardisierten Elemente ... Ein neues, „lyrisches" und „vergeistigtes" Zeitalter brach an und überwand den „alten Funktionalismus der Wohnmaschine", so wie zuvor die „alten Stile der Architekturfakultäten" über Bord ge-

---

101 *El IV congreso del C.I.R.P.A.C.*. In: AC 3 (1933), H. 11, S. 15.
102 *El IV congreso del C.I.R.P.A.C.*. In: AC 3 (1933), H. 11, S. 16-17. Übersetzung J. M. W.

III. Inseln 363

worfen worden waren. Vor allem deutsche Architekten und Theoretiker hätten – so Sert – den Funktionalismus ins Absurde gezogen.

Serts Misstrauen gegenüber der deutschen Moderne bildete das Pendant zum eigenen Mediterranismus. 1934 verlieh er in einem Vortrag vor der Vereinigung der Architekturstudenten Barcelonas seiner Abneigung unverhohlen Ausdruck und sprach von den deutschen Siedlungen als Werken eines „akademischen Funktionalismus", der so tot sei, wie der Akademismus der Architekturfakultäten selbst. Als „geistig elendige Konstruktionen" (*construcciones espiritualmente miserables*) exemplifizierten die Siedlungen die Gefahr, die von falsch verstandenen Theorien ausgehe. Sie lieferten zudem den Beweis dafür, dass Theorien allein noch keine großen Werke hervorgebracht hätten.[103] Diese undifferenzierte Kritik an der Ideologielastigkeit des sozialen Wohnungsbaus in Deutschland (Welche Theorien? Welcher Funktionalismus? Welche Siedlungen?) lädt nicht nur dazu ein, über die Hintergründe für Subiranas Ausschluss aus dem GATCPAC zu spekulieren, sondern macht vor allem auf eine grundlegende Diskrepanz im Verständnis des „Existenzminimums" aufmerksam. Schon im sechsten *AC*-Heft – in dem ja Ibiza erstmals thematisiert worden war – hatte man im Leitartikel den Begriff der Wohnung für das Existenzminimum erläutert und daraufhin erklärt, dass diese keineswegs nur die materiellen Bedürfnisse zu decken habe. Es sei ebenso der „geistige Komfort" in Betracht zu ziehen, und dieser sei nicht mit den mathematischen Mitteln einer „knauserigen Architektur" zu erlangen, die den Begriff der Wohnmaschine allzu eng gefasst habe und daher bekämpft werden müsse. In der begleitenden Illustration wurden demonstrativ zwei Grundrissdetails aus dem Katalog zum Frankfurter CIAM rot durchkreuzt.[104]

Serts Alternative zur minimierten Zelle folgte in Gestalt zweier „Kleinstwohnungstypen am Strand" von jeweils 36 und 72 m², die für Ibiza entwickelt wurden und daher das Vorbild der traditionellen Bauten der Insel aufnahmen, wie es 1932 in *AC* hieß.[105] Tatsächlich sollten sie als dreiseitig geschlossene Körper aus dem dort üblichen massiven Bruchsteinmauerwerk errichtet werden. Entlang der Mauern wurden die Schlafzimmer, Küche und Bad angeordnet, während sich das zentrale Wohnzimmer – zugleich Verteiler und Esszimmer – nach Süden in eine Loggia öffnete, der sich unmittelbar eine Terrasse anschloss. Der Entwurf wurde nicht verwirklicht. Aber sowohl die Wochenendhäuser bei Garraf von Sert und Torres Clavé (1934-35) als

---

103 *Conferencia de J. L. Sert, arquitecto del GATEPAC. Resumen de la conferencia.* In: AC 4 (1934), H. 16, S. 43-44.
104 *Lo que entendemos por vivienda mínima.* In: AC 2 (1932), H. 6, S. 21.
105 *Dos tipos de vivienda mínima para la playa. Proyecto de J. Luis Sert, Arq.* In: AC 2 (1932), H. 8, S. 21-22.

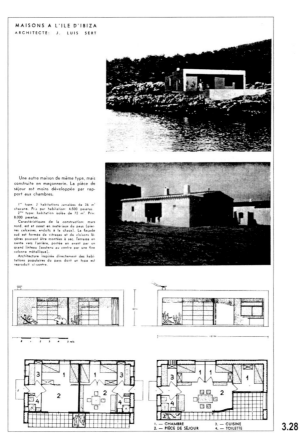

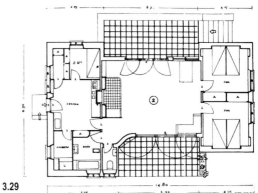

3.28 J.Ll. Sert: *Kleinstwohnungstypen am Strand auf Ibiza*, 1932 [*L'Architecture d'Aujord'hui*, 1936]

3.29 Germán Rodríguez Arias: *Ferienhaus in San Antonio auf Ibiza, 1935.* Grundriss [*AC 19*, 1935]

auch das Ferienhaus, das Germán Rodríguez Arias – der eigentliche Entdecker Ibizas – 1935 in San Antonio (Ibiza) errichtete, stellten Weiterentwicklungen des frühen „Kleinstwohnungstyps am Strand" dar.[106] Sie hielten an der Polarität zwischen zentralem Gemeinschaftsraum und peripher angeordneten Funktionszellen fest. Damit standen sie der von Le Corbusiers im Frankfurter CIAM gestellte Forderung nach größtmöglicher Freiheit des Grundrisses der Wohnung für das Existenzminimum nahe: Nicht der funktionale Determinismus variabler Typen (Gropius, May, Klein etc.) sondern der geometrisch bestimmte, aber flexible Standard schien das geeignetere Konzept darzustellen.[107]

Für die Veröffentlichung seines Gegenvorschlages zur Strandwohnung für das Existenzminimum in *L'Architecture d'Aujord'hui* (1936) wandte Sert eine rhetorische Figur an, die der ähnelte, von der Michelucci 1932 Gebrauch gemacht hatte: der direkte Vergleich des modernen Vorschlags mit den ortstypischen Bauten.[108] Das von Sert hierzu ausgewählte Beispiel stammte aus Ibizas Nachbarinsel Formentera und war ein Jahr zuvor, in einem monographischen *AC*-Heft (Nr.18) zur mediterranen Volksarchitektur gezeigt worden. Es hatte – neben weiteren Beispielen aus Ibiza, Formentera, Menorca und den griechischen Inseln – Serts manifestartigen Aufsatz „Raices mediterráneas de la arquitectura moderna" (mediterrane Wurzeln der modernen Architektur) illustriert, der schon durch die Titelwahl erneut Micheluccis Argumente paraphrasiert zu haben scheint. Denn es wurden wieder einmal die Konstanten des Mediterranen beschworen. Allen voran die Vorliebe für reine, primäre, nackte Formen. Diese sei an den Beispielen der historischen Stilarchitektur zu beobachten, wie etwa in der ägyptischen Geschlossenheit der Flächen oder in den prismatischen Formen der mediterranen Gotik – insbesondere der katalanischen. Am deutlichsten werde aber die Modernität des Mediterranen in der Architektur ohne Stil, ohne Architekten, ja sogar ohne Pläne: in der vorgeblich reinen, würdevollen, einfachen, ruhi-

---

106 Siehe: *Casa en San Antonio. Ibiza. Arquitecto G. Rodríguez Arias*. In: AC 5 (1935), H. 19, S. 30-31. *Pequeñas Casas para „fin de semana". Arquitectos: J. Luis Sert, J. Torres Clavé*. In: AC 5 (1935), H. 19, S. 32-42.

107 Vgl. Le Corbusier und Jeanneret, Pierre: *Analyse des éléments fondamentaux du problème de la „Maison Minimum"*. In: *Die Wohnung für das Existenzminimum*. Frankfurt 1930. S.24-33. Zur Dichotomie Standard-Typ siehe: Nerdinger, Winfried: *Standard und Typ: Le Corbusier und Deutschland 1920-1927*. In: Stanislaus von Moos (Hrsg.). *L'Esprit Nouveau. Le Corbusier und die Industrie 1920-25*. Berlin 1987. S. 44-53.

108 *Maisons a l'Ile d'Ibiza. Architecte*: J. Luis Sert. In: L'Architecture d'Aujourd'hui 7 (1936), H. 1, S. 29.

gen, optimistischen, polychromen, utilitären und seriellen Volksarchitektur des Mittelmeers. Folgerichtig fragte sich Sert:

> Warum ist die moderne Architektur *germanisch* bezeichnet worden? Der Geist und die konstanten Merkmale, die wir behandelt haben, sind nicht den germanischen Bauten eigen. Die technischen Mittel und das Klima, über die diese Völker verfügten, eigneten sich nicht für derartige Bauten, und sahen sich daher gezwungen, ihre Häuser mit Steildächern aus Schiefer oder anderen Materialien zu decken. Die hellen Farben und der Kalk vertragen nicht den Dauerregen. Die Fassaden der volkstümlichen Bauten der nordischen Länder zeigen sich uns von der ständigen Feuchtigkeit geschwärzt. Diese Leute wandten Baustoffe an, die von denen der lateinischen Völker abwichen. Materialien, die von einem anderem Klima und einer anderen Landschaft vorgegeben wurden. Außerdem wohnte diesen Bauten aus Gründen der Rasse ein anderer Geist inne.[109]

Erst dank der rasanten industriellen Entwicklung hätte sich in diesen Ländern – so Sert – vor gerade mal fünfzehn Jahren eine andere Bauweise durchsetzen können. Neue Konstruktionen und Baustoffe (Stahl, Beton, Bitumen) hätten einen Umbruch in der nordischen Architektur bewirkt, den er als eine Aneignung mediterraner Eigenschaften deutete:

> Zeitgleich mit dieser architektonischen Revolution – eine Folge der modernen Technik – setzt sich die Mode des Freiluftlebens durch; der Sport ist weiterhin im Aufschwung; die Mittelmeerküsten werden im Sommer von Sommerfrischlern bevölkert, die mehrheitlich aus dem Norden Europas stammen und anreisen, um hier der Sonne satt zu werden. Sie führen *Kakteen* in ihr Land ein und züchten sie zwischen großen Glasscheiben, durch eine Heizung geschützt ... Die moderne Architektur ist technisch gesehen maßgeblich eine Entdeckung der nordischen Länder, aber geistig ist es die stillose mediterrane Architektur, welche die neue Architektur prägt. Die moderne Architektur ist eine Rückkehr zu den reinen, traditionellen Formen des Mittelmeeres. Sie ist ein weiterer Sieg des lateinischen Meeres![110]

Greift man Serts sachlichere Abgrenzungsargumente auf, so dürfte man angesichts der angeführten Beispiele zum Schluss kommen, dass die moderne Architektur eine Folge der sehnsüchtigen Projektionen der Nordländer auf das Mittelmeer sei, beziehungsweise einer Prädisposition zur Aneignung, wie sie zum Beispiel die klimatischen Utopie der sonnendurchfluteten Bauten Le Corbusiers – etwa der im Stuttgarter „Araberdorf" – veranschaulicht. Auch

---

109 *Raices mediterráneas de la arquitectura moderna.* In: AC 5 (1935), H. 18, S. 31. Übersetzung J. M. W.
110 Ebd., S. 33. Übersetzung J. M. W. Zu Serts Mediterranismus siehe: Pizza, Antonio (Hrsg.): *J. Ll. Sert y el mediterráneo.* Barcelona 1997. Rovira, Josep M.: *Urbanización en Punta Martinet, Ibiza 1966-1971.* Almería 1996. Rovira, Josep M.: *José Luis Sert 1901-1983.* Mailand 2000.

3.30

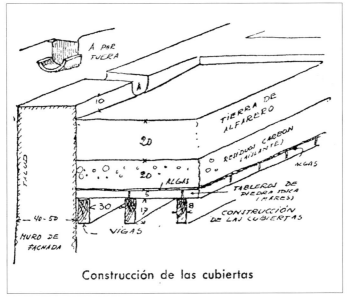

3.31

3.30-31 Alfredo Baeschlin: „Ibiza". (Valencia 1934). Titelblatt und Detailschnitt („Dachkonstruktion")

sie versenkten ihre Pilotis in eine „ideale Landschaft": nach Adolf Max Vogt die der *Romandie* des Jean Jacques Rousseau.[111]

Baeschlins „Ibiza" und der *Noucentisme*

Sert legte die Kampffront zwischen Norden und Süden mitten durch ein Feld gemeinsamer Wunschbilder. Es ist daher nicht müßig, darauf hin zu weisen, dass die Mehrzahl der Fotografien, die das *AC*-Heft zur mediterranen Volksarchitektur illustrierten, von der österreichischen Fotografin Margaret Michaelis stammten. Diese hatte sie 1935 im Verlauf einer gemeinsamen Reise mit Sert und den Maler Joan Miró nach Andalusien aufgenommen. Auch die zuvor in *AC* veröffentlichten Bilder des verkommenen Lebens in der Altstadt Barcelonas waren von Michaelis, die als Aktivistin der Freien Arbeiter-Union Deutschlands 1933 von Berlin nach Spanien geflüchtet war.[112] Auch die Fotos ihrer Reise durch Südspanien standen im krassen Gegensatz zu diesen urbanen Missständen. Sie zeigten die vorindustrielle Idylle der Wohnhöfe Córdobas, der Bauernhöfe in Cádiz und Almería, der Hofhäuser von Tarifa oder der weißen Haufendörfer bei Málaga. Sie wurden in kurzen Texten erläutert. Einige Aufzeichnungen – Grundrisse und Schnitte – halfen, dem Leser die Qualitäten dieser vorbildlichen Bauten näher zu bringen. Von besonderem Interesse war ein konstruktives Detail, das den traditionellen Dachaufbau der ibizenkischen Bauernhäuser offen legte.[113] Es stammte aus Baeschlins Buch „Ibiza", das ein Jahr zuvor (1934) in Valencia erschienen war.

Wie wir aus dem ersten Kapitel wissen, hatte der Schweizer 1929 aus Barcelona eher despektierlich über die jungen Architekten berichtet, die „im Kielwasser Le Corbusiers schwammen". Damals hatte er sie noch denjenigen gegenübergestellt, die der Heimatkunst huldigten – zu denen er sich selber zählte. Baeschlins Begeisterung für das *Pueblo Español* entsprach seinem Verständnis des Regionalismus als einer der uniformierenden Moderne entgegengesetzten Bewegung. Ignasi de Solà Morales hat gelegentlich auf Baeschlins Nähe zum volkstümlichen Traditionalismus des *Noucentisme* aufmerksam gemacht. Man denke etwa an Eugeni d'Ors' Urteil, wonach alles, was sich der Tradition entziehe, Plagiat sei; oder an Joan Mirós Gemälde „La Masía"(1921-22), das Franz Roh in seinen „Magischen Realismus" auf-

---

111 Vogt, Adolf Max: *Le Corbusier der edle Wilde. Zur Archäologie der Moderne.* Braunschweig 1996.
112 Vgl.: Mendelson, Jordana und Lahuerta, Juan José: *Margaret Michaelis. Fotografía, vanguardia y política en la Barcelona de la república.* Valencia 1999.
113 *Construcción de las cubiertas. Del libro de Alfredo Baeschlin „Ibiza".* In: AC 5 (1935), H. 18, S. 25.

3.32

3.33

3.32 Joan Miró: „La Masía" (1921-22)
3.33 Alfredo Baeschlin: „La Masía". Perspektive und Grundriss [Alfredo Baeschlin, „Casas de Campo Españolas" (Barcelona 1930)]

genommen hatte. Ihre ästhetischen Vorsätze deckten sich jedoch kaum. Insbesondere stand dem der Versuch des *Noucentisme* im Wege, in bukolischen Bildern eines antiken Arkadiens die Zeitlosigkeit der europäischen Zivilisation darzustellen. Baeschlin behauptete ja gerade die regionale Kontingenz des Malerischen (Realismus). Der katalanische *Noucentisme* dagegen, erhob den mediterranen Geist zu klassischer Universalität (Idealismus).[114] Vom Kosmopolitismus ihrer Anhänger zeugt der ideologische Ursprung der Bewegung im Frankreich des ausgehenden 19. Jahrhunderts. Konkret in den Werken der Dichter der *École romane française* (u. a. Jean Moréas oder Charles Maurras).[115] Von ihnen war die Wiederentdeckung des einfachen Lebens, der heimatlichen Landschaft, der Gemeinschaft, der Rasse und vor allem der griechisch-römischen Zivilisation – deren Eigentum man für sich in Anspruch nahm – ausgegangen. Die von ihnen geforderte Wiederherstellung der Ordnung hat selbst die Vorstellung der Überlegenheit des südlichen Seins der Romanen vorweggenommen. So scheint der GATCPAC mit seiner mediterranen Abgrenzung in einer frankophilen Traditionslinie gestanden zu haben.

Die nackten Formen Ibizas überbrücken die Differenzen zwischen den zuvor unversöhnlichen Standpunkten des Regionalisten Baeschlin und der katalanischen Jünger Le Corbusiers. So fragte sich der Schweizer Bauernhausforscher 1934 in den Erläuterungen zu den eigenen Skizzen der „weißen" Würfel" Ibizas:

> Ein phönizischer Tempel oder ein ultramodernes Landhaus? Einfach ein ibizenkisches Bauernhaus, bei dem man vor allem das perfekte Gleichgewicht der Massen bewundert.[116]

Er stieß auf der Insel auf die Vorläufer des „kubistischen Hauses" (*casa cubista*) und befand angesichts dieser, dass „die zum einfachsten Ausdruck reduzierte Architektur nicht der Schönheit entbehre".[117] Doch Baeschlin ging über derartige ästhetische Urteile hinaus und untersuchte erstmals die konstitutiven Elemente der ländlichen Bauten der Insel in ihrer funktionalen Struktur und ihrer klimatischen Bedingtheit. Dabei entdeckte er wesentliche

---

114 Vgl.: d'Ors, Carlos: *El Noucentisme. Presupuestos ideológicos, estéticos y artísticos*. Madrid 2000.

115 Siehe: Vallcorba, Jaume: *Noucentisme, mediterranisme i classicisme. Apunts per a la història d'una estètica*. Barcelona 1994. Ebenso: Bernauer, Markus: *Herrliche Klarheit. Klassizistische Programme in der Literatur*. In: G. Boehm, U. Mosch, K. Schmidt (Hrsg.): *Canto d'Amore. Klassizistische Moderne in Musik und bildender Kunst 1914-1935*. Basel 1996. S. 483-500.

116 Baeschlin, Alfredo: *Ibiza*. Valencia 1934. S. 57. Übersetzung J. M. W.

117 Ebd., S. 35 und 55.

DOS ALQUERÍAS DEL TÉRMINO DE SANT JORDI, INTERESANTES SOBRE TODO POR SU BELLA SILUETA

3.34

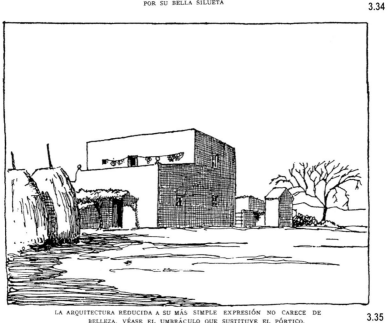

LA ARQUITECTURA REDUCIDA A SU MÁS SIMPLE EXPRESIÓN NO CARECE DE BELLEZA. VÉASE EL UMBRÁCULO QUE SUSTITUYE EL PÓRTICO.

3.35

3.34-35 Alfredo Baeschlin: *Ibizenkische Bauernhäuser* [Alfredo Baeschlin, „Ibiza" (Valencia 1934)]

Unterschiede zu den Landhäusern der französischen und deutschen Avantgarde: Diesen fehle die „Grazie" der ibizenkischen Bauten mit ihren leicht geböschten Mauern, der gebrochenen Silhouette ihrer Flachdächer und der ausgezeichneten Proportion von Wand und Öffnung. Zudem waren die Dächer auf Ibiza nur in den seltensten Fällen als Terrassen zugänglich. Vor allem aber merkte er an, dass sich der ibizenkische Bauer mit seinem Haus eher vor der Sonne schütze als vor der winterlichen Kälte. Daher die geringen Öffnungen im schweren Mauerwerk.[118] Wie es bei Baeschlin üblich war, setzte er auch diesmal die neugewonnenen Erkenntnisse entwerferisch um: In der Madrider Zeitschrift *Cortijos y Rascacielos* (Landhäuser und Wolkenkratzer) wurden 1935 Zeichnungen seines Projekts für ein modernes ibizenkisches Landhaus veröffentlicht.[119] Die Perspektiven zeigten eine mimetische Zusammenstellung traditioneller Bauelemente (Galerie, Ofen, Bögen, Wasserspeier, geböschte Körper), die Mercadals Collagen aus bildhaftdekorativen Figuren ähnelte. In den Grundrissen entpuppte sich die regionale Bildhülle als tragende Mauer, während die innere Aufteilung mittels leichter Trennwände bewerkstelligt wurde. Das Raumprogramm entsprach dem einer luxuriösen Ferienvilla – sogar mit Garage zur Unterbringung eines Schnellbootes samt Minimalwohnung für den dazugehörigen Mechaniker.

AC 21: deutsche Blicke auf Ibiza

War Baeschlins Vorschlag nun modern oder doch wieder regionalistisch – oder beides? Jedenfalls wich die innere Disposition deutlich von der des traditionellen Bauernhauses ab, das ja als volkstümliches Vorbild gedient hatte. Wie aber sind die Bauernhäuser aufgebaut? 1936 gab das 21. *AC* Heft – das der Architektur Ibizas gewidmet war – darüber Auskunft: Sie bilden ein Gefüge, bei dem sich die einzelnen Kammern peripher um den Kern eine zentralen Wohnhalle (*sala*) gruppieren, in der sich das soziale Leben abspielt. Ursprünglich ist dieser eine offene Vorhalle – der sogenannte *porxo* – gewesen, in der Gäste empfangen wurden, und erfüllte daher eine stark repräsentative Funktion, was sich auf seine besondere architektonische Ausbildung als Arkade oder Kolonnade auswirkte. Als sich der vorgelagerte *porxo* zur inneren *sala* schloss, verlor er seine Eigenständigkeit und blieb funktional mit der Küche verbunden, in der das Familienleben stattfand. Die geringen Möglichkeiten der Vermittlung des sozialen Rangs führten dazu, dass in einer weiteren Entwicklungsstufe erneut eine Arkade vorgelagert wurde: der *porxet*. Die Anzahl der kubischen Zellen passte sich der Größe

---

118 Ebd., S. 14-15.
119 *Proyecto de vivienda rural. Alquería ibicenca. Arquitecto Alfredo Baeschlin.* In: Cortijos y Rascacielos 6 (1935), H. 18, S. 15-16, 37.

3.36

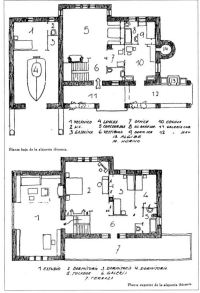

3.37

3.36-37 Alfredo Baeschlin: *Landhausentwurf „Alquería ibicenca"*, 1935. Perspektiven und Grundrisse [*Cortijos y Rascacielos*, 1935]

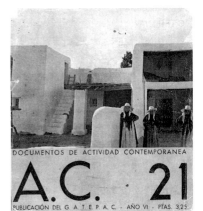

3.38

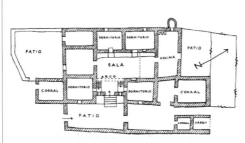

San Agustín. Ibiza (Baleares). "Can Mariano Rafal"

San Agustín. Ibiza (Baleares). "Can Mariano Rafal"

3.38 *AC* 21 (1936). Titelblatt
3.39 „Haus Mariano Rafal" auf Ibiza, Grundriss und Foto von Raoul Hausmann [*AC* 21 (1936)

III. Inseln

der Familie beziehungsweise ihrem Vermögen an. Es sind so offene, komplexe, gelegentlich sogar mehrgeschossige Konglomerate weißer Quader entstanden, die sich plastisch mit der Topographie verbinden.[120]

Die Feststellung in *AC*-21 dieser Bedingtheit des erweiterbaren Plans relativierte die vorgebliche Reinheit der Architektur des Mittelmeers. Nicht anders erging es der Idee ihrer Zeitlosigkeit. Denn der Artikel „Elemente der ländlichen Architektur der Insel Ibiza" legte erstmals eine historische Interpretation des Ursprungs des ibizenkischen Bauernhauses vor. Dieses sei aus den primitiven Höhlen der Ureinwohner unter Aneignung phönizischer Bautechniken zur Herstellung von Kalksteinmauerwerk hervorgegangen. Das Grundmuster sei also seit den Phöniziern ohne nennenswerte Transformationen überliefert. Die ältesten Hausgruppen schätzte der Autor des Artikels auf 500 bis 600 Jahre, wobei er jedoch einräumte, dass Teile davon mit aller Gewissheit aus „unvordenklicher Zeit" stammten.[121] Der Urheber dieser Interpretation war kein geringerer als Raoul Hausmann, der frühere Berliner „Dadasoph", der sich im März 1933 auf Ibiza niedergelassen hatte.[122] Auch er hatte die „zweite Natur" der Großstadt hinter sich gelassen und war der suggestiven Kraft der archaischen Gegenwelt der Mittelmeerinsel gefolgt. Doch der seit 1932 als „längere Sommerferien" geplante Ausstieg (wie er ihn seit 1926 auf der Nordseeinsel Sylt verbracht hatte) wurde zur Flucht vor dem Nationalsozialismus.[123] Eigenen Aussagen zufolge, verließ er unmittelbar nach dem Reichtagsbrand Berlin, um sich im März 1933 mit seiner jüdischen Ehefrau Hedwig Mankiewitz und seiner jüdischen Geliebten Vera Broïdo auf Ibiza nieder zu lassen. Für drei Jahre war die Insel die erste Station ihres Exils.[124]

Raoul Hausmanns Beitrag für *AC* stellte nicht seine erste Annäherung an das Thema. Seit 1933, als er über einen kanadischen Architekten namens Hazen Size vom schwimmenden Architektenkongress CIAM IV erfahren haben soll, befasste er sich intensiv mit dem Studium und der Dokumentation

---

120 Siehe: Muhle, Eric: *La arquitectura rural de Ibiza como forma de construcción aglutinada.* In: *Arquitectura y espacio rural en Ibiza.* Ibiza 1985. S. 44-87.
121 Hausmann, Raoul: *Elementos de la Arquitectura Rural en la Isla de Ibiza.* In: AC 6 (1936), H. 21, S. 11-14.
122 Zu Hausmanns Ibiza-Aufenthalt siehe: *Raoul Hausmann, Arquitecte. Eivissa 1933-36.* Ibiza 1991.
123 Siehe: Marí, Bartomeu und Nakov, Andréi B: *Interviews mit Vera Broido-Cohn.* In: *Der Deutsche Spießer ärgert sich. Raoul Hausmann 1886-1971.* Berlin 1994. S. 106
124 Vgl.: Hausmann, Raoul: *Die Emigrationsjahre.* In: Koch, Adelheid: *Ich bin immerhin der größte Experimentator Österreichs. Raoul Hausmann, Dada und Neodada.* Insbruck 1994. S. 18.

– in Fotografien und Bauaufnahmen – der ländlichen Bauten Ibizas.[125] Gemeinsam mit dem jungen Berliner Architekten Walter Segal – der Sohn seines Novembergruppen-Freundes Arthur Segal, der auf der Nachbarinsel Mallorca wohnte – hatte Hausmann bereits 1934 in der Schweizer Zeitschrift *Oeuvres* einen ersten Aufsatz zur Volksarchitektur der Insel veröffentlicht.[126] Es enthielt bereits den Entwurf einer typologischen Reihe des um die *sala* wachsenden Bauernhauses. Sie hoben hervor, dass die frappierende Ähnlichkeit des äußeren Erscheinungsbildes dieser traditionellen Bauten mit dem der modernen Architektur nicht darüber hinwegtäuschen dürfe, dass sie in ihrem inneren Aufbau deutlich von den zeitgenössischen Konzepten abwichen. Die Architektur der Fischer und Bauern Ibizas entsprach den überlieferten vorindustriellen Lebensformen, samt ihrer patriarchalischen Familienstruktur. Die zentrale *sala* war – so Segal und Hausmann – nicht nur Arbeits- und Aufenthaltsraum, sondern auch die Stelle, von der aus sämtliche Bewegungen der Familienmitglieder innerhalb des Hauses kontrolliert wurden.[127] Ein Jahr später sprach Hausmann in *L'architecture d'aujourd'hui* vom „Familienchef" als Bewacher.[128] Er vermied es dort ausdrücklich, von der seines Erachtens oberflächlichen Analogie zur modernen Architektur zu sprechen, und tatsächlich hat Hausmann in seinen Artikeln nicht die Rolle des Architekten eingenommen (als solcher sollte er in *AC* bezeichnet werden), sondern vielmehr die eines Ethnographen, der dem Ursprung des mediterranen Hauses auf der Spur war. So befasste er sich eingehend mit den Bräuchen und Sitten der Bewohner und kam zu dem Schluss, dass auf Ibiza – Hausmann nannte sie die „vergessene Insel" – aufgrund ihrer abgeschiedenen Lage am Rande der Verkehrswege ein archaischer Haustyp bestand habe, für den sich nicht eine einzelne Urform ausmachen lasse. Vielmehr sei er durch die Präsenz von Phöniziern, Griechen, Karthagern, Römern, Vandalen, Arabern und zuletzt Spaniern aus der Überlagerung unterschiedlichster Einflüsse hervorgegangen.[129] In der Unmöglichkeit, den ausschließlichen Ausdruck einer einzigen Rasse auszumachen, erkannte Hausmann nicht nur das Cha-

---

125 Marí, Bartomeu und Nakov, Andréi B: *Interviews mit Vera Broido-Cohn*. In: *Der Deutsche Spießer ärgert sich. Raoul Hausmann 1886-1971*. Berlin 1994. S. 109.

126 Zu Arthur Segal siehe: Herzogenrath, Wulf und Liška, Pavel (Hrsg.): *Arthur Segal 1875-1944*. Berlin 1987.

127 Hausmann, Raoul und Segal, Walter: *L'Architecture de l'ile d'Ibiza*. In: Oeuvres 9, 1934, S. 14-18.

128 Hausmann, Raoul und Schmidt, W.: *Ibiza, les origines de l'habitation Méditerranéene*. In: L'architecture d'aujourd'hui 6 (1935), H. 1, S.33.

129 Vgl.: Hausmann, Raoul: *Ibiza, eine Insel im Mittelmeer*. In: Camera 15 (1936), H. 6, S. 193-196.

rakteristikum der Volksarchitektur Ibizas, sondern das des mediterranen Hauses schlechthin.[130] Eignete sich dieses somit als Argument der kulturellen Abgrenzung?

Im selben Jahr seines Artikels in *AC* schrieb Hausmann für die katalanische Zeitschrift *D'ací i d'allà* einen Beitrag mit dem Titel „Ibiza und die Architektur ohne Architekten" (*Eivissa i l'arquitectura sense arquitecte*), wo er erneut dem ibizenkischen Haus den Charakter einer Höhle zusprach.[131] Eine Bemerkung, die bei Betrachtung einiger seiner düsteren Innenraumfotos – etwa der Küchen – nachvollzogen werden kann. Ist ein größerer Kontrast zu den modernen Wunschbildern eines „befreiten Wohnens" (Sigfried Giedion 1929) denkbar?

Raum für das Kostbare: Heilbronner, Benjamin, Hausmann

Worin konnte also die Modernität der Volksarchitektur Ibizas bestehen, wenn man nicht der „entente latin" der CIAM angehörte? Zur Deutung der deutschen Beiträge wäre es geeigneter, von unterschiedlichen Auslegungen des Archaischen auszugehen. Hausmann zum Beispiel meinte in *D'ací i d'allà* – wo seine 14 Jahre zuvor entstandene Assemblage „Mechanischer Kopf (Der Geist unserer Zeit)" 1934 vom GATCPAC veröffentlicht worden war[132] –, dass die traditionellen Bauten den Vergleich mit den errechneten Schöpfungen der Moderne nicht zu scheuen brauchten, schrieb ihnen aber einen intuitiven Ausdruck des Bauens zu.[133] In diesem Punkt stimmte er mit den Aussagen des Architekten Erwin Heilbronner überein, der ebenfalls im 21. *AC*-Heft über Ibiza berichtete. Denn auch dieser machte eine intuitive Fähigkeit der Bauern – meist Analphabeten – für die Fügung der Teile zu einem von Eitelkeit und Prahlerei freien harmonischen Ganzen verantwortlich. Dieser Umstand habe zur Erhaltung eines den äußeren Bedingungen vollends angepassten Typs beigetragen – ohne individuelle Traditionsbrüche,

---

130 Hausmann, Raoul und Schmidt, W.: *Ibiza, les origines de l'habitation Méditerranéene*. In: L'architecture d'aujourd'hui 6 (1935), H. 1, S. 34.
131 Vgl. Hausmann, Raoul: *Eivissa i l'arquitectura sense arquitecte*. In: D'Ací i d'Allà 1936, H. 184.
132 Foix, J. V.: *Dada*. In: D'Ací i d'Allà 1934, H. 179. Es handelte sich um ein Sonderheft zur neuen Kunst, das gemeinsam von GATCPAC und ADLAN zusammengestellt wurde. Es enthielt neben verschiedenen Artikeln zu zeitgenössischen Tendenzen der Kunst auch Serts Aufsatz zur „Architektur ohne Stil und ohne Architekt", von dem bereits die Rede war.
133 Vgl. Hausmann, Raoul: *Eivissa i l'arquitectura sense arquitecte*. In: D'Ací i d'Allà 1936, H. 184.

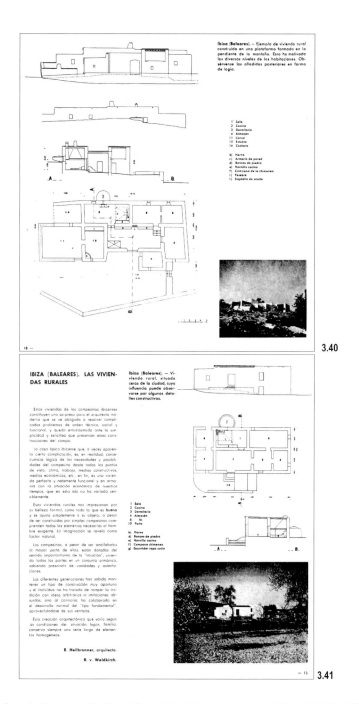

3.40-41 Erwin Heilbronner: „Ländliche Häuser Ibizas", Bauaufnahmen und Fotos [AC 21, 1936]

weder durch willkürliche Ideen noch durch absurde Nachahmungen.[134] Dieser alles andere als Aufgeschlossenheit gegenüber Neuheiten signalisierende Kommentar Heilbronners wird verständlicher, wenn man berücksichtigt, dass er von Haus aus keineswegs der Bauhäusler war, als den ihn Sert im Rückblick ausgeben sollte, sondern im Grunde ein Abkömmling der traditionalistischen Stuttgarter Schule.[135] Er hatte 1928 bis 1931 an der dortigen Technischen Hochschule Architektur studiert. Hier lehrten unter anderen Paul Schmitthenner und der Städtebauer Heinz Wetzel, der über den Traditionsbruch der Weißenhofsiedlung 1927 geschrieben hatte:

> Als ein Konglomerat von nüchternen Würfeln steht sie hart im Bilde der weichen und schmiegsamen Linien der Stuttgarter Landschaft. Reiseerinnerungen werden wach! Nicht an die märchenhaften kubischen Städte des Südens, hier fehlt ja alles, was diesen den magischen Zauber gibt: die Herbe des Baukörpers, die Herbe der Vegetation, der Landschaft, Felsen, Meer und vor allem die Sonne des Südens, die alles verschmelzende Glut des Lichts. Reiseerinnerungen an Amerika werden lebendig, an das Land im Besiedelungsstadium der Völkerwanderung. Dort ist alles improvisiert. Nichts ist mit Klima und Boden verwachsen, alles wirkt noch erborgt, zufällig und fremd.[136]

Nun scheint Heilbronner mit Wetzels Bewunderung der traditionellen „Araberdörfer" einer Meinung gewesen zu sein, ohne aber gleichzeitig dessen Ablehnung der „amerikanischen" Weißenhofsiedlung geteilt zu haben. Heilbronner, der aufgrund seiner jüdischen Abstammung und seiner kommunistischen Überzeugungen 1933 aus Deutschland floh, hatte dort bereits erste Bauten realisieren können: Einfache weiße Quader, mit denen er sich von den Präferenzen seiner Stuttgarter Lehrer absetze.[137] Sein früheres Kunststudium in München, Dresden und Stuttgart mag hier entscheidend gewesen sein. Jedenfalls zeugen die zwei Strandprojekte – eine Badeanstalt und vier Reihenhäuser –, die Heilbronner neben seinen wertvollen Bauaufnahmen und Fotografien von Bauernhäusern in der 21. *AC*-Ausgabe veröffentlichte, vom nachhaltigen Einfluss der Stuttgarter Bauten Le Corbusiers. Das zeigen insbesondere die „Reihenhäuser für einen Strand Ibizas", für die er offenkundig dessen Interpretation des traditionellen Pariser Studio-Haus-Typs als ungebundene Wohnform einer künstlerischen Boheme abwandelte: Ein dop-

---

134 Heilbronner, Erwin: *Ibiza (Baleares).Las Viviendas Rurales*. In: AC 6 (1936), H. 21, S. 15-23.
135 Nachruf von Josep Lluís Sert auf Bronner, Dezember 1973. Abgedruckt in: *Erwin Broner 1898-1971*. D'A 11-12 (1994). S. 25.
136 Wetzel, Heinz: *Die Werkbund-Siedlung auf dem Weißenhof bei Stuttgart*. In: Deutsche Bauzeitung 61 (1927), Nr. 76, S. 625.
137 Siehe: *Erwin Broner (1898-1971)*. In: D'A 11-12 (1994).

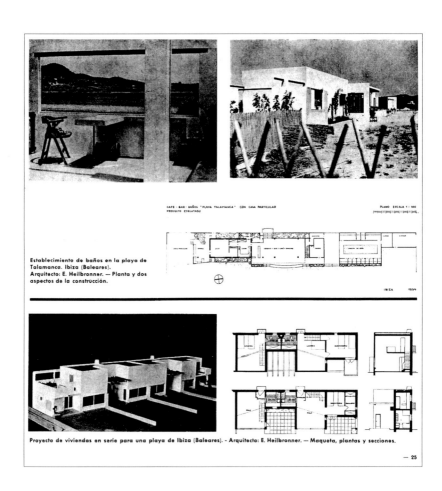

3.42 Erwin Heilbronner: *Badeanstalt am Strand von Talamanca* (oben) und *Reihenhäuser auf Ibiza* (unten), 1934. Grundrisse, Fotos, Modell [*AC* 21, 1936]

III. Inseln

pelgeschossiger Raum mit eingestellter, schräg abgeschnittener Schlafempore wird vom offenen Wohnraum des Erdgeschosses aus, über eine seitlich oder rückwärtig entlang der Wand geführte Treppe erreicht.[138]

Heilbronners Reihenhäuser waren eindeutig modern im Sinne der Auslegung Le Corbusiers. Sie spielten nicht mit der doppeldeutigen Bildhaftigkeit des Volkstümlich-Mediterranen. Und doch bestand zwischen den Reihenhäusern und den Bauernhäusern ein Bezug hinsichtlich der Wohnform. Walter Benjamin, der sich ebenfalls Anfang der dreißiger Jahre auf Ibiza aufhielt, lieferte hierzu wertvolle Beobachtungen.[139] Als Teil seiner „Ibizenkischen Folge" hat er im Frühjahr 1932 unter dem Titel „Raum für das Kostbare" die Vorzüge des bäuerlichen *porxo* gepriesen. Er nahm dabei die Positionierung der Stühle im weißen Interieur zum Anlass:

> Wie sie so dastehen, anspruchslos in der Form, aber mit auffallend schönem Geflecht, läßt sich manches von ihnen ablesen. Kein Sammler könnte Teppiche Ispahans oder Gemälde van Dycks mit größerem Selbstbewußtsein an den Wänden seines Vestibüls ausstellen als der Bauer diese Stühle in der kahlen Diele. Sie sind aber nicht nur Stühle. Wenn der Sombrero über der Lehne hängt, so haben sie im Nu ihre Funktion gewechselt. Und in der neuen Gruppe erscheint der Strohhut nicht weniger kostbar als der schlichte Stuhl. So mögen Fischernetz und Kupferkessel, Ruder und tönerne Amphora sich zusammenfinden und hundertmal am Tag sind sie beim Anstoß des Bedarfs bereit, den Platz zu wechseln, neu sich zu vereinen. Mehr oder minder sind sie alle kostbar. Und das Geheimnis ihres Wertes ist die Nüchternheit – jene Kargheit des Lebensraums, in dem sie nicht allein die Stelle, die sie gerade haben, sichtbar haben, sondern Raum, die immer neuen Stellen einzunehmen, an die sie gerufen werden. Im Hause, wo kein Bett ist, ist der Teppich, mit welchem der Bewohner nachts sich zudeckt, im Wagen, wo kein Polster ist, das Kissen kostbar, das man auf seinen harten Boden legt. In unseren wohlbestellten Häusern aber ist kein Raum für das Kostbare, weil kein Spielraum für seine Dienste.[140]

Benjamins Lob des Spielraums liest sich wie eine Entgegnung auf das Dogma des funktionalistischen Determinismus, den ja auch Le Corbusier – und mit ihm Sert – an seinen deutschen Kollegen getadelt hatte. Wir erinnern an ihre Alternative zum Existenzminimum: flexible Standards anstatt der star-

---

138 *Proyecto de viviendas en serie para una playa de Ibiza (Baleares). Arquitecto: E. Heilbronner.* In: AC 6 (1936), H. 21, S. 25. *Establecimiento de Baños en la Playa de Talamanca. Ibiza (Baleares). Arquitecto: E. Heilbronner.* In: AC 6 (1936), H. 21, S. 24-25.

139 Zu Benjamins Ibiza-Aufenthalt siehe: Valero, Vicente: *Experiencia y pobreza. Walter Benjamin en Ibiza, 1932-1933.* Barcelona 2001.

140 Benjamin, Walter: *Ibizenkische Folge. Raum für das Kostbare.* (April/Mai 1932) In: Benjamin, Walter: *Gesammelte Werke. Bd. IV(1).* Frankfurt a. M. 1972. S. 403-404. Für eine erste Fassung siehe: *Spanien 1932.* In: Bd. VI, S. 446-447.

3.43

3.44

3.45

3.46

3.43-46 Fotografien Raoul Hausmanns auf Ibiza 1933-1936: Stühle, Porxo, Pfeiler und Küche ibizenkischer Bauernhäuser.

ren oder bestenfalls variablen Typen einer „knauserigen Architektur" (Sert), wie sie etwa Mart Stam vertrat, als er 1929 in *Das neue Frankfurt* vom Übermaß als Zeichen der sozialen Gewissenlosigkeit des vorigen Jahrhunderts sprach.[141] Vier Jahre später sollte auch Benjamin seine Hoffnungen auf den Erfolg des Verzichtsethos der modernen Architektur setzen: Als Ausdruck einer Sehnsucht nach „Erfahrungsarmut"; nach durchsichtigen Wohnungen aus Glas und Stahl, in denen spurlos gewohnt wurde; nach entzauberten Interieurs, die das Geheimnis, die Aura der Dinge restlos vertrieben. Am Ende der bürgerlichen „Gewohnheiten" des 19. Jahrhunderts angelangt, versprach die reinigende Armut einen „anständigen" Neubeginn.[142] Auf der archaischen Insel Ibiza aber, im *porxo*, warf die Kargheit des Lebensraumes noch Rätsel auf. Die ibizenkischen Stühle waren – noch – keine entfremdeten Waren mit Fetischcharakter. Sie beschworen das Geheimnis der Kostbarkeit, und die bestand in der Ungebundenheit ihres *möglichen* Gebrauchs.

Auch Raoul Hausmann, der wie die meisten Exilanten auf Ibiza mit den Erfahrungen von Armut und „Existenzminimum" konfrontiert wurde, widmete eine Passage seines autobiographischen Romans „Hyle. Ein Traumsein in Spanien" den „kostbaren" Stühlen der ibizenkischen *sala*:

> Drei Stühle hat der Tischler in den Raum gestellt. In den Raum der hohen Sala. Verschieden lange Stücke Holz, schön vierkantig gehobelt, hat der Tischler in unterschieden kurze Teile zersägt. Er hat sie untereinander zu viereckigen Rispen einer hohlen Schachtel zusammengefügt, mit Sparren versehen und hat die eine Seite als Rücken gebildet. Die hölzernen Knochen des Hohlkörpers umgreifen nun den Gedanken Stuhl, der jetzt zur Form ward. Gute, sorgsame Arbeit hat der Arbeiter geleistet, langsam und lange hat er sich bemüht: hier ist aus Nichts ein Raumfeld zur Funktion gebunden.[143]

Der *hölzerne Stoff* (griechisch *hylé*) wird in Stuhlform verwirklicht. Erst durch die Formidee tritt die Materie in Erscheinung. Doch der Handwerker hinterlässt die greifbaren Gegenstände in der leeren *sala*, und auf einmal scheint das Phänomen „Stuhl" räumlich sinnstiftendes Eigenleben zu entwickeln:

---

141 Stam, Mart: *Das Maß, das richtige Maß, das Minimum-Maß*. In: Das Neue Frankfurt 3 (1929), S. 29-31.
142 Benjamin, Walter: *Kurze Schatten II. Spurlos wohnen (1933)*. In: Benjamin, Walter: *Gesammelte Werke. Bd. IV (1)*. Frankfurt a. M. 1972. S. 427-428. Benjamin, Walter: *Erfahrung und Armut (1933)*. In: Benjamin, Walter: *Gesammelte Werke. Bd. II (1)*. Frankfurt a. M. 1977. S. 211-219.
143 Hausmann, Raoul: *Hyle. Ein Traumsein in Spanien*. Frankfurt a. M. 1969. S. 45-46.

> Hier stehen, aus dunkelbraunem Holz gezimmert mit zopfartig geflochtenen Sitzen aus Hanfseil verfertigt: drei Stühle. In der hohen weißen Sala Raum. In enger Gruppe, als könnte man ihr Raumgitter nie trennen. Als hielten sie Wache vor der weitoffenen Eingangstür, als verschlössen sie sich abweisend gegenüber den sieben weißen Treppenstufen, die aufwärts zum hochgelegenen Zimmer führen. Oh welch Gewerke, Gefüge, Gesperre: drei Stühle hat der Tischler in den leeren Raum der hohen Sala gestellt. Aus Holz und Seilen. Eine Funktion nahm Form. ... so unänderbar, so ungewandelt wir sind, Europäer, an gewohnte Dinge gewohnt, dass das Haus, das aus Steinen und Balken, aus Mörtel und Kalken gefügte Geräume, uns Haus erst war, Haus erst wird, als dreier Stühle Geseinsgerüste darin sich entluden. Geladen ist nun die vorher leere Sala mit Bestimmung, der Plätze, wo unruhige Beine, Körper, Arme, Hände selbst ihren Ort finden, sich festzulegen. (...) Drei Stühle hat der Tischler in der weißen Hoch-Sala stehen lassen, hinterlassen. Drei Plätze für stets hat man ihnen gewiesen, den Tisch zu umstehen, Mitte um die man sich vereint zu vielem Geschäft, Essen, Reden, Rechenschaftgeben, Planen, Ruhen. Drei Stühle um des Tisches Viereck, Lebenszelle von Ca'n Mestre, das nun erst die Verflochtenheit seiner Räume zum Wohnort entfaltet. (...) Von Zentralort und Mittelpunkt, gebildet aus drei Stühlen um einen Tisch, in der steilen Schachtel der weißen Sala, begriff sich plötzlich das Gefügtsein, das Ineinandergreifen der sonst einzelnen Lokale, die nun, uns Europäern erst Se's Casas, diese einige Verschränktheit ausmachten, erfüllten; Ca'n Mestre. Bewußtsein dauernden Weilens ...[144]

Erst durch die Disposition der Stühle im *porxo* wird „für den Europäer" der Sinnzusammenhang, die Form des Hauses erkennbar. Hausmann verwehrt sich in „Hyle" die Betrachtung der Materie als leblose Masse, die erst durch die Formidee in Erscheinung trete. Er verwirft den Anthropomorphismus und kritisiert die „Einmischung des Menschen", der durch vorgestellte, vorgefasste, vorgeformte Ideen, Gestalten, Bilder das Fließen des Stoffes und der als Materialzustand verstandenen Dinge hemmt. Schon früher hatte er sich nach einer erweiterten, nicht vorrangig visuellen Wahrnehmung der Wirklichkeit gesehnt und über die Möglichkeit einer „exzentrischen Empfindung" und den „Präsentismus" spekuliert.[145] Auf Ibiza erlebte er nun die Realität als unwahrscheinliches „Traumsein". Hausmanns intuitives Gefühl für materielle Vorgänge führte ihn zu einer affektiven, gelegentlich sogar körperlich-rauschhaften Verbindung mit der Dingwelt. Er nahm aber ebenso gut die Haltung des phänomenologisch reflektierenden Betrachters ein. Durch diese distanzierte Anschauung entdeckte er eine vielschichtigere Gebunden-

---

144 Ebd., S. 46.
145 Cornelia Frenkel hat in ihrer Dissertation Hausmanns Romanprojekt „Hyle I" analysiert, das zwischen 1926 und 1933 entstand. Viele der von Hausmann darin verarbeiteten Themen werden im ibizenkischen „Hyle. Ein Traumsein in Spanien" wieder aufgenommen. Vgl.: Frenkel, Cornelia: *Raoul Hausmann. Künstler, Forscher, Philosoph*. St. Ingbert 1996.

III. Inseln 385

heit der Dinge. Er ging ihnen auf den Grund und überwand auf diesem Wege „gewohnte" Formideen. Auch sprachlich: etwa durch Bildcollagen, mit denen er – in Vers und Prosa – in eine geheimnisvolle Surrealität eindrang. Das ibizenkische Bauernhaus wurde so zum „Steinwürfel", zu „Hausgewürfle", „Weißgehäuse", „Wohnkuben", „Weißraum", „Lufthaus", „Lebschachtel", „Wohnhöhle", „Geburtskiste", „Steinvagina", „Sterbehöhle", „rußgeschwärzt Weißkristall um Menschenlieb", „Wohntier langer Bauerngenerationen", „Schalenhaus der geheimen Sexuswerkerei *de los muertos que mandan*" ...

Ibiza als Selbstkritik der Moderne

Am Ende seines ibizenkischen Wirklichkeitstraums wurde Hausmann 1936 – so der Schluss seines Romans – von den politischen Verhältnissen eingeholt: Der Spanische Bürgerkrieg war ausgebrochen und die Intellektuellen der Internationalen Brigaden beseitigten jeden, der nicht ihre Meinung teilte. So hat es zumindest Hausmann erfahren, der selbst unter Verdacht geriet: Das revolutionäre Komitee von Barcelona schickte einen Inspektor nach Ibiza, der erklärte, man habe in der Bibliothek ein Heft der von Hans Richter herausgegebenen Zeitschrift *G* gefunden, wo er über Herrenmode geschrieben habe. Dafür solle man ihn erschießen.[146] Kurz darauf wird Ibiza von italienischen Fliegern bombardiert und Hausmann verlässt die Insel in einem deutschen Torpedobootzerstörer:

Ibiza ist: Nichts. Nichts mehr. Nur Traum.[147]

Nicht ganz, denn Hausmanns Aufenthalt auf der Insel blieb nicht ohne Nachspiel. 1937 stellte er seine ibizenkischen Fotografien und Bauaufnahmen der Volksarchitektur in den Kunstgewerbemuseen in Zürich und Prag aus. In Brünn nahm er sogar an dem Treffen des CIRPAC zur Vorbereitung des fünften CIAM in Paris teil, in dem ja Sert zum Vizepräsidenten des CIRPAC gewählt wurde. Hausmann hat noch im selben Jahr Siegfried Giedions Pariser Tagungsbericht für die deutschsprachige Zeitschrift *Forum* (Bratislava) kommentiert.[148] Er kritisierte darin den Ästhetizismus der „Romantik in Glas" (konkret nannte er Le Corbusiers gescheiterte Glasfassade für das

---

146 Hausmann, Raoul: *Hyle. Ein Traumsein in Spanien*. Frankfurt a. M. 1969. S. 188. Vgl. Hausmann, Raoul: *Mode*. In: G – Zeitschrift für Elementare Gestaltung 2 (1924), H. 3, S. 60-62.
147 Hausmann, Raoul: *Hyle. Ein Traumsein in Spanien*. Frankfurt a. M. 1969. S. 196.
148 Hausmann, Raoul: „*Wohnen und Erholen*" oder „*Europäische Planung*"? In: Forum. Zeitschrift für Architektur, freie und angewandte Kunst 7 (1937), H. 10, S. 184-185.

Gebäude der Heilsarmee in Paris), der „Wohnmaschinen" und der „aufgelösten Kuben". Vor allem aber wollte Hausmann das in Paris unter dem Titel „Wohnen und Erholen" behandelte Thema der Landesplanung historisch verstanden wissen. Denn in der historischen Unkenntnis sah er die Ursache für die Lebensfremdheit der modernen Architektur:

> Am befremdlichsten wirkt jedoch das Erstaunen, das den Pariser Kongreß allem Anschein nach ergriff, als ein Bauer die primitiven Wohn- und Wirtschaftsverhältnisse auf dem Lande den Versammelten darlegte. Es ist überhaupt festzustellen, daß unsere Architekten nur auf wenige ästhetische Probleme eingeschworen sind, die sich zudem nur in der Großstadt ausführen lassen – von Paganismus wissen diese Urbanisten nichts! Ja es muß gesagt werden, daß die Architekten auf den Technischen Hochschulen außer der Kenntnis einiger griechischer Tempelformen und Renaissance- oder bestenfalls gotischer Kirchen und Paläste keinerlei historisches Wissen über den Wohnbau und das Siedlungswesen übermittelt erhalten – einer der Gründe, weshalb die moderne Architektur so lebensfremd blieb.[149]

Die Zeit der Stile und selbst die der Wohnmaschine gehöre unwiederbringlich der Vergangenheit an. Wollten sich die zeitgenössischen Architekten als Regionalplaner qualifizieren – wie in Paris von den Delegierten ausdrücklich gefordert worden war –, so müsse ihr Blick zurück bis in die jüngere Steinzeit reichen, in der sich erste archaische Wirtschaftsstrukturen herausgebildet hätten. Die Aneignung historisch-kritischer Grundlagen werde ihren Sinn für die elementare wirtschaftliche Bedingtheit des Bauens und Siedelns schärfen.

> Dieser Gedanke sollte von den Kunstgewerbemuseen der großen Städte aufgegriffen werden und im gegenseitigen Austausch als europäische Wanderausstellung den Städtebauern und dem Publikum zugänglich gemacht werden. Der Zweck und die Absicht dieser Ausstellung wäre folgendermaßen zu umreißen: die Grundfragen: wie entstand das Haus, welches waren die Bedingungen seiner ersten Formen, kam es aus der Erdhöhle, dem Grab, oder aus der Trockenstellage und dem Windschirm; hing es ausschließlich von den Erfordernissen der Jagd, des Hackbaues, der Kleintierzucht, oder der Pflugkultur ab... diese Fragen ermangeln bis heute einer zutreffenden Beantwortung.[150]

Abschließend nannte er das Ziel der von ihm im Sinne einer zukünftigen „Europäischen Planung" vorgeschlagenen Ausstellungen:

> (...) die Rückschau auf die Lehren der fortschreitend veränderten Hausplanung und Siedelungsart Europas von seinen frühesten Wirtschaftszuständen an [muß] vielfache Einblicke und Folgerungen bieten können. Eine derartige Ausstellung, die in umfassendster Art die frühhistorischen und historischen Wirtschaftsplanungen, unter Mitwirkung der Architekten, Ethnologen und Geologen etc. der euro-

---

149 Ebd., S. 185.
150 Ebd.

III. Inseln

päischen Länder in Diagrammen, Plänen und Modellen demonstrieren müßte, würde neue Einsichten gewähren, in die sich langsam wandelnde Gestalt einer europäischen Planung, die eines Tages als überstaatliche Forderung vor uns stehen wird. Denn die Gesundung aller unserer soziätaren Verhältnisse muß, als völlige Neuplanung wenigstens in Ihren Voraussetzungen ins Auge gefaßt werden.[151]

Es scheint, als rechtfertigte er eher den Sinn und Zweck seiner Ibiza-Ausstellungen. Jedenfalls thematisierte er das elementare Bauen – samt dem archaischen Wirtschaften – als historische Referenz für den zeitgenössischen Architekten und ging dabei auf subjektive Architekturerlebnisse ein, indem er von der „Entfaltung der Raumplastik als Körpererweiterung", den „Entsprechungen zwischen der Sprache und den geometrischen Grundformen" oder den „optischen und phonetischen Bindungen des Tektonischen" als Aufschlussgeber über die Grundelemente der architektonischen Formen schrieb.

Hausmanns ökonomischer Determinismus erlaubt einen Rückblick auf die gemeinsam mit Walter Segal auf Ibiza betriebenen Studien der Volksarchitektur. Dabei fällt sofort das Konzept des „wachsenden Hauses" ins Auge. Sie griffen ein geflügeltes Wort auf, das ja Martin Wagner 1932 in Umlauf gebracht hatte. Genauer gesagt hatte auch er es von seinen Mitstreitern Leberecht Migge und Bruno Taut übernommen, die bereits nach dem Krieg von dem Begriff Gebrauch gemacht hatten. Infolge der Weltwirtschaftskrise erlangt dieser – so verstand es Wagner – erneute Aktualität. Man hoffte dadurch, mit flexiblen und individuellen Mitteln auf die drückende wirtschaftliche Not reagieren zu können. Die Idee war bestechend einfach: Wagner suchte nach Lösungen für den Wohnungsbau, die durch den An- und Ausbau einer in sich bereits lebensfähigen Keimzelle in der Lage seien, sich sofort an sich ändernde Verhältnisse anzupassen, ohne dabei neue Planung in Anspruch zu nehmen. Die unmittelbare Auswirkung der Haushaltsverhältnisse auf den architektonischen Lebensraum bedeutete nichts anderes als eine angemessene Antwort des Bewohners – quasi im Selbstbau: Im Grunde war es „Architektur ohne Architekten" für Stadtmenschen einer Industrienation. Auch Wagner berief sich auf die Vorbildfunktion der Volkarchitektur und zeigte in seinem Buch „Das wachsende Haus" (1932) den Grundriss eines niedersächsischen Bauernhauses. Allerdings meinte er: „Den Luxus des Primitiven können wir uns nicht mehr leisten."[152] Wovor er damit zu warnen versuchte, ist ungewiss. Es sei aber darauf hingewiesen, dass 1931 auf der Deutschen Bau-Ausstellung in Berlin der junge Bernhard Rudofsky mit seiner Dissertation über die „primitive Betonbauweise auf den südlichen Kyk-

---

151 Ebd.
152 Wagner, Martin: *Das wachsende Haus*. Berlin 1932. S. 2.

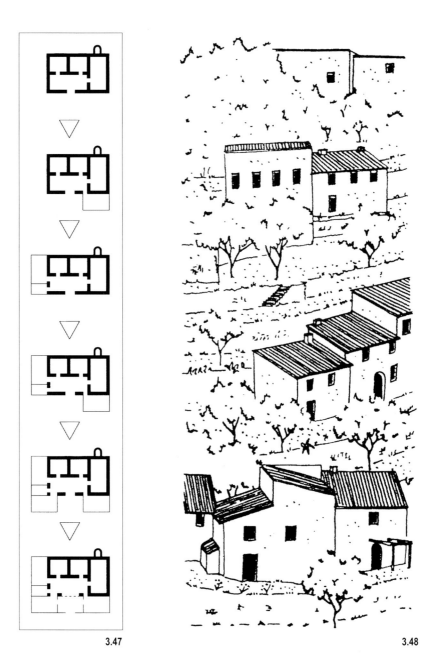

3.47 Walter Segal: *Typologie des ibizenkischen Bauernhauses* [Neuzeichnung nach *Oeuvres*, 1934]

3.48 Walter Segal: „Häusergruppen bei Deya auf Mallorca" (1934)

III. Inseln *389*

laden" (Wien 1931) große Aufmerksamkeit erhalten hatte.[153] Er hatte 1929 die traditionellen Tonnengewölbekonstruktionen auf Santorin analysiert und versucht, sie zu datieren – trotz der äußerst prekären Dokumentlage („alle Santorinfahrer, selbst die Meteorologen und Topographen, werden da zu Dichtern").[154]

‚Architektur ohne Architekten': Walter Segal und Hans Hartung

Walter Segal, der 1931 als Student an der vom Kollektiv für sozialistisches Bauen als Gegenveranstaltung zur Deutschen Bauausstellung organisierten Proletarischen Bauausstellung mitwirkte, und im selben Jahr einen ersten Erfolg im Kleinstwohnungswettbewerb der *Bauwelt* („Das zeitgemäße Eigenheim") feiern konnte, war gewiss auch mit dem Konzept des wachsenden Hauses befasst. Sein 1934 in *Oeuvre* veröffentlichtes Entwicklungsmuster des ibizenkischen Bauernhauses spiegelte einen solchen Wachstumsvorgang: Auch hier ermöglichte es die Flexibilität des zugrundeliegenden Prinzips den Bewohnern, unmittelbar und eigenmächtig auf Veränderungen der Haushaltsbedingungen zu reagieren. Die Idee des Selbstbaus sollte ihn Zeit seines Lebens beschäftigen. Die Erfahrungen, die der spätere ‚Selbstbaupapst' während seines Exils auf Ibizas Nachbarinsel Mallorca sammelte, sind hierfür entscheidend gewesen. Insbesondere der Bau des Hauses für ein befreundetes Ehepaar, über den er 1942 in England einen köstlichen Bericht abgelegt hat.[155] Segal beschrieb darin die zunächst primitiv erscheinenden Arbeitsbedingungen: Von Bauunternehmern, die sich über die Menge der Zeichnungen wunderten („You have made me as many drawings as one would expect for a cathedral") und Verträge ohne jedwede Spezifikation bezüglich der Bauausführung abschlossen; oder von Handwerkern, die kaum in der Lage waren, Pläne zu lesen. Das Bauen erfolgte auf der Grundlage empirischer Erfahrungswerte. Nicht einmal das metrische System fand Anwendung: die Spanne des Maurers war maßgebend. Doch bald hat Segal die traditionellen Fertigkeiten der Handwerker zu schätzen gelernt und schließlich stand für ihn fest:

> It was in Majorca that I had enjoyed more than ever before being an architect.[156]

---

153 Bocco-Guarneri, Andrea: *Bernard Rudofsky – Zum Wohle der Zivilisation.* In: Boeckel, Matthias (Hrsg.): *Visionäre und Vertriebene – Österreichische Spuren in der modernen amerikanischen Architektur.* Berlin 1995.

154 Rudofsky, Bernhard: *Eine primitive Betonbauweise auf den südlichen Kykladen, nebst dem Versuch einer Datierung derselben.* Wien 1931. S. 42.

155 Segal, Walter: *Building a house in Majorca.* In: Architect & Building News vom 19. Juni 1942, S. 160-162. Vgl. Dokument im Anhang.

156 Ebd.

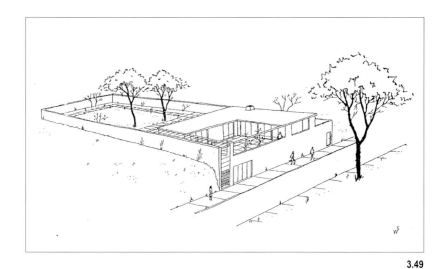

3.49

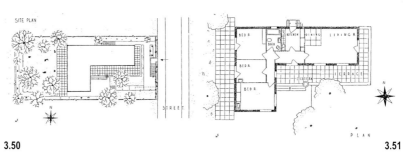

3.50 **3.51**

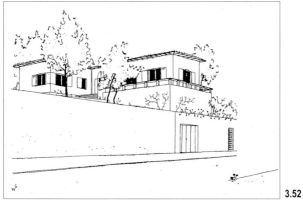

3.52

3.49 Walter Segal: *Kleines Haus auf Mallorca*, 1933-34. Perspektive des ersten Entwurfes
3.50-52 Walter Segal: *Kleines Haus auf Mallorca*, 1933-34. Lageplan, Grundriss, Perspektive des realisierten Projektes [*Architect & Building News*, 1942]

III. Inseln

Vor allem erfuhr er erstmals den Hausbau als soziales Ereignis, das nicht der eitlen Selbstverwirklichung des Architekten diente. Die Beteiligten führten nicht nur aus: Jeder leistete gemäß seinen Fähigkeiten einen schöpferischen Beitrag. Und tatsächlich entsprach der resultierende Bau auf Mallorca nur annähernd den Vorgaben des Entwurfes, den Segal vor seiner Ankunft auf der Insel angefertigt hatte. Unter dem Druck der örtlichen Gegebenheiten wurde aus einer modernistischen Hofhausvilla mit großflächigen Glaswänden und Flachdach ein unscheinbares Haus mit Mönch-und-Nonne-gedecktem Walmdach und hölzernen Fensterläden. Segals Studienfreund Julius Posener pries 1935 in *L'architecture d'aujourd'hui* die „petite maison mayorcaise" für die Einfachheit, mit der aus den lokalen Bedingungen heraus eine „solution type" geschaffen worden sei.[157]

Segals Erlebnisse auf den Balearen bestärkten ihn in seinem Zweifel am spekulativen Denken der Avantgarde. Schon als Kind hatte er in Ascona und Berlin mit ihren exponiertesten Vertretern verkehrt. Es gesellten sich gelegentlich auch Hilberseimer, Kandinsky, Moholy-Nagy oder Gropius zum Kreis der Novembergruppe, der sich bei Arthur Segal traf. So ist es verständlich, dass dessen Sohn Walter sich von ihnen abgrenzte und die Lehre in Delft und Berlin der am Bauhaus vorzog. Eine Ausnahme machte er jedoch bei Bruno Taut, mit dem er nach dem Besuch von dessen Seminar für Wohnungswesen an der TH Berlin-Charlottenburg freundschaftlich verbunden bleiben sollte. Segal nahm sogar Tauts Angebot an, für ihn in Moskau zu arbeiten. Es kam jedoch nicht dazu. 1933 emigrierte er nach Spanien während Taut nach Japan ging. Doch auch im Exil der dreißiger Jahre blieb ihr Kontakt bestehen. Taut erfuhr über die Forschungen seines ehemaligen Schülers zur Volksarchitektur der Balearen und ließ sie in sein Buch „Das japanische Haus und sein Leben" (1937) einfließen.

Taut und Segal befassten sich in ihren ethnographischen Studien mit grundlegend unterschiedlichen Inselarchitekturen, die aber eines gemein hatten: die Vorbildlichkeit in den Augen der Architekten der Moderne. So waren es nicht etwa Segals Analysen der mallorquinischen Häuser und Dörfer, mit ihren prismatischen Formen und steinernen Oberflächen, die Taut interessierten, sondern die kubische und weiße Architektur Ibizas. Und es war nicht die ökonomische Bedingtheit dieser wachsenden Häuser, die er thematisierte, sondern ihre klimatische Determiniertheit. Taut versuchte zu beweisen, dass es einfach das Klima gewesen sei, das das japanische Haus geformt habe und zog in seiner Argumentation die Architektur des Mittelmeers heran. Denn hier hätte die Logik des Menschen unter vollständig anderen klimatischen Bedingungen zu entgegengesetzten Ergebnissen geführt:

---

[157] Posener, Julius: *Villa à Palma di Mallorca. (Petite Maison à Majorque)*. In: L'architecture d'aujourd'hui 6 (1935), H. 1, S. 43.

Die Gegend dort liegt auf demselben Breitengrad wie Japan. Die Balearen nördlicher als Tokyo, und doch welch unerhörter Gegensatz der Häuser dort, auf der kleinsten Insel Ibiza z. B., deren Bevölkerung auch Fischfang treibt, die Felder bestellt (vorwiegend Mais) und eine vieljahrhunderte alte Tradition im Hausbau bewahrt! Alles ist total anders, obwohl man in der rustikalen Behandlung des Holzes an das japanische Bauernhaus erinnert wird. Mauern von einer Dicke bis zu 80 cm gegenüber dem völlig geöffneten japanischen Hause, innen weiße Kalktünche gegenüber den Naturtönen des Holzes, der Matten, des natürlichen Erdputzes; außen höchstens am Eingang ein Schattendach, sonst aber sind die Häuser weiße Würfel mit Lehmdecke als flachem Dach ohne den geringsten Vorsprung eines Daches, ohne jeden Sonnen- und Regenschutz. Gegenüber Japan sind es gebaute Höhlen. Die Bauern in Ibiza handelten aber ebenso logisch wie die Japaner und würden in Japan nicht anders leben und bauen als ihre dortigen Kollegen, ebenso wie umgekehrt die Japaner, wenn sie es mit dem Klima auf den Baleareninseln zu tun hätten: trockene, sehr hohe Hitze am Tage mit wahrscheinlich viel weniger Wind, kühlere Nächte gegenüber der kaum merklichen Abkühlung in den Sommernächten Japans – das ist die einfache Formel für die Erklärung beider Erscheinungen.[158]

Diese Ableitung der Form aus den anonymen Faktoren steht im Kontrast zur Bewunderung, die Taut der mythischen Figur des Künstlers und Fürsten Kobori Enshū als genialem Erbauer der Villa Katsura in Kioto entgegenbrachte. Der klimatische Determinismus schien dagegen eine bescheidene Zurücknahme des Schöpfertums des Architekten zu bedeuten, wie es bei Segal der Fall war. Jedenfalls übte Taut einmal mehr Kritik an der Willkür der internationalen Modernismen, über die er wenig später in seiner „Architekturlehre" (1936) schrieb:

Ein bekannter Architekt ging in seiner Begeisterung für einen solchen platten Internationalismus so weit, daß er die These verkündete: „in der Zukunft wird man im hohen Norden genau ebenso bauen wie am Mittelländischen Meer!" In wenigen Jahren hat sich seine Forderung erfüllt; die Architektur hat eine so schwere Niederlage erlitten, daß sie sich nur sehr langsam davon erholen kann. Wäre es nur ein ästhetischer Irrtum gewesen, so wäre es vielleicht noch nicht einmal so schlimm. Aber die Natur, in diesem Falle das Klima, wird mit ihrer Rache dafür, daß sie so sträflich vernachlässigt wurde, nicht lange auf sich warten lassen.[159]

Mit welcher Erbarmungslosigkeit die Natur zurückschlagen konnte, illustriert der tragikomische Fall des kleinen Hauses, das die Maler Hans Hartung und Anna Eva Bergman 1933 auf Menorca, bei Fornells, nach eigenen Plänen

---

158 Taut, Bruno: *Das japanische Haus und sein Leben (1935)*. Hrsg. Manfred Speidel. Berlin 1997. S. 67-68. Interessanterweise hat Sert 1962 Tauts Vergleich zwischen Ibiza und Japan aufgenommen, um das Verhältnis von Fenster und Wand zu erläutern. Siehe: Sert, Josep Lluís: *Fenster und Wände*. Abgedruckt in: Bastlund, Knud: *José Luis Sert*. Zürich 1967. S. 193-194.
159 Taut, Bruno: *Architekturlehre (1936)*. Hamburg 1977. S. 69.

errichten ließen. Auch sie waren dem Bild einer mediterranen Architektur verfallen, die sich ihnen zugleich zeitgenössisch und zeitlos darbot. Anna Eva Bergman entdeckte sogar die mehrstufigen Pultdächer der prismatischen Volksarchitektur Menorcas als Motiv für Ihre Bilder, während Hartung in der Abstraktion seine künstlerische Freiheit wiederfand. Den Versuch, die Architektur der Insel in ihrem Aufbau zu erfassen, unternahmen sie nicht, was sich beim Bau ihres eigenen Hauses bald als verhängnisvoll erweisen sollte. Denn gemäß Le Corbusiers Mediterranismus konzipierten sie ihr Refugium als ein in der Landschaft auf einem Hügel völlig freistehenden reinen Quader, der im Inneren den Pariser Künstlerateliers nachempfunden war: im Erdgeschoss eine freie Fläche, die als Küche, Arbeits- und Wohnraum diente; im Obergeschoss lediglich eine Schlafempore, die über eine bewegliche Leiter zu erreichen war. Bergman bezeichnete diese in ihrem autobiographischen Roman „Turid am Mittelmeer" (1942) als „Hemsethaltreppe" und meinte damit den traditionellen norwegischen Steigebaum.[160] In einem Brief an den Kunsthistoriker Will Grohmann beschrieb Hartung die Wohn- und Lebensbedingungen in ihrem Häuschen wie folgt:

> (...) unser Haus wirkt , fürchte ich, auf dem Foto entschieden größer und feudaler, als es ist. Das sogenannte „Gastzimmer" ist, wie auch die anderen, sehr klein. Ferner führt zu ihm nur eine sehr primitive Holztreppe. Das Wohnzimmer ist zugleich Küche, wo wir auch essen, wenn wir das nicht vor dem Haus tun. Das ganze Haus ist mehr oder weniger hüttenartig. Alle drei Tage kommt ein Mädchen aus Fornells mit Eßwaren und haust dann mit Kohlköpfen etc. im Wohnzimmer. Wir wollen im Sommer ein Zeltdach über der Zisterne aufspannen, wohin man sich flüchten kann, wenn man nicht das Dach vorzieht. Da wir weit weg von Dorf wohnen und nicht selbst einkaufen können, leben wir äußerst primitiv und einfach.[161]

Wie Segal auf Mallorca, hatten sich auch Hartung und Bergman damit abfinden müssen, dass die Handwerker nur mit Widerwillen auf ihre Zeichnungen eingingen. Als der Bau aber im Sommer 1933 schließlich fertiggestellt wurde, entsprach er – so Bergmann – weitestgehend ihren ursprünglichen Vorstellungen.[162] An diesen sollte sich zunächst die Anbindung an die Topographie als problematisch erweisen: In den erhaltenen Strichzeichnungen wurde sie völlig ausgeblendet. Die Pläne hören einfach an der Oberkante

---

160 Anna Eva Bergman, Hans Geelmuyden: *Turid i Middelhavet*. Oslo 1942. S. 96.
161 *Brief von Hans Hartung an Will Grohmann, Menorca 9.4.34*. In: Gutbrod, Karl (Hrsg.): *Lieber Freund. Künstler schreiben an Will Grohmann*. Köln 1968. S. 156. Für eine weitere Beschreibung des Hauses und des Bauverlaufs siehe den Brief, den Bergamnn am 12.5.33 an eine ihrer Tanten in Norwegen schrieb, in: Moe, Ole Henrik: *Anna-Eva Bergman. Vie et oeuvre*. Oslo 1990. S. 20-24.
162 Anna Eva Bergman, Hans Geelmuyden: *Turid i Middelhavet*. Oslo 1942. S. 99.

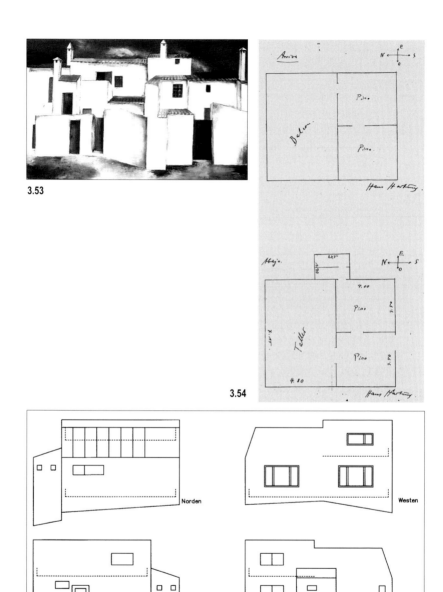

3.53 Anna Eva Bergman: „Häuser in Fornells" (1933-1934)
3.54-55 Hans Hartung: *Haus Hartung-Bergman*, Menorca 1933. Grundrisse und Ansichten

III. Inseln 395

des Fußbodens im Erdgeschoss auf. Eine der Folgen war, dass nach Beendigung der Bauarbeiten mitten im Atelier noch ein Felsbrocken aus dem Boden ragte. Auch die Belichtung des Ateliers mittels großer nach Norden orientierter Fensterflächen widersprach der traditionellen Bauweise: Denn die Ausrichtung der Häuser wird auf Menorca vom starken Nordwind bestimmt. Bereits im ersten Winter sah sich das Paar gezwungen, einen Ofen in Barcelona zu bestellen, um das Haus überhaupt bewohnbar zu machen. Ein Keller musste gebaut werden. Die Abzugsrohre ragten über das Dach hinaus und zeigten zum Meer. Der ursprünglich als typisch menorquinisch ersonnene Bau löste unter den Einheimischen ein solches Befremden aus, dass der Verdacht aufkam, er verberge eine deutsche U-Bootstation. Hartung:

> Meine Gemälde, die nicht im geringsten an die traditionellen Landschaftsbilder – Sonnenuntergang über dem Meer, Blick auf den Hafen oder Abfahrt eines Schiffes nach Mallorca – erinnerten, hatten die Einheimischen zunächst in Erstaunen versetzt. Schließlich erschienen sie ihnen verdächtig. Und dann war ich auch noch Deutscher. Wir lebten zurückgezogen, das war noch viel verdächtiger. Mißtrauen, Verdacht umgab uns. Und dann wurden Verdächtigungen und Gerüchte laut. Schließlich hatte man die Gewißheit: wir waren Spione. Unsere Ofenrohre auf der Zisterne wurden zu Kanonen, und unser Keller wurde zu einem unterirdischen Gang mit direkter Verbindung zum Meer, um als Unterschlupf für U-Boote zu dienen.[163]

Hartung und Bergman wurden daraufhin – bis zur Klärung der Spionageanschuldigungen – durch die unter General Francisco Francos Kommando stehende Militärkommandantur der Balearen aus ihrem Haus verwiesen. Wenig später, schon 1934, gaben sie den kurzen Traum von einem freien Leben in der Abgeschiedenheit einer Mittelmeerinsel auf. In seinen Memoiren sollte Hartung später als Grund hierfür angeben, die die ständige Überwachung sei ihnen auf die Nerven gegangen. 1934 gab er gegenüber Will Grohmann zu, dass das Klima ausschlaggebend gewesen sei: „Wir sind fortwährend abwechselnd krank gewesen ..."[164]

Vorboten des Massentourismus: Kurt Wolf, Heinz Möritz, Max Säume

Walter Benjamin hat in seinen ibizenkischen Schriften mehrfach Zweifel am Topos der ‚vergessenen Insel' geäußert. So in seinen autobiographischen Notizen „Spanien 1932", wo er zwar die archaische Wirtschaft der Insel beschrieb, es aber nicht versäumte, den Kontrast zwischen diesem Rückstand

---

163 Hartung, Hans: *Selbstportrait*. Berlin 1981. S. 77
164 *Brief von Hans Hartung an Will Grohmann, Menorca 29.10.34*. In: Gutbrod, Karl (Hrsg.): *Lieber Freund. Künstler schreiben an Will Grohmann*. Köln 1968. S. 157.

3.56

3.57

3.58

3.56-58 Hans Hartung, Anna Eva Bergman: *Haus Hartung-Bergman*, Menorca 1933

III. Inseln

und den ersten Hotelbauten mit fließendem Wasser zu bemerken, die bereits in der Hauptstadt Ibiza und in San Antonio entstanden:

> Die Zeit bis zu ihrer Fertigstellung ist kostbar geworden. Noch sind die Wege einsam: der Spaziergänger der vom Rascheln der Eidechsen, die Eidechsen die vom Schritt des Spaziergängers auffahren sind, für eine kurze Weile noch, unter sich. Aber gerade diese unscheinbaren Eidechsen sind es, mit denen das Neue hier anfing. Man erinnert sich auch der Terrarien, die vor einigen Jahren in der Kakteenecke der Boudoirs oder Wintergärten sich ansiedelten. Eidechsen begannen ein internationaler Modeartikel zu werden.[165]

Wie sehr Ibiza doch den Verkehrsnetzen des Welthandels längst angeschlossen war, veranschaulichte Benjamin mit der aufgrund der Weltwirtschaftskrise stagnierenden Konjunktur des kurz zuvor noch florierenden Eidechsenversands. Und so behielt die Insel mit ihren archaischen Lebensformen vorerst noch das letzte Wort. Doch die Entzauberung Ibizas durch den elitären Tourismus war nicht mehr aufzuhalten. Die zahlreichen Aussteiger und Flüchtlinge, die dort auf ein Traumleben hofften, trugen zur Erschließung der Insel bei. Denn obwohl die meisten von ihnen die Einsamkeit vorzogen, bildeten sich bald Gruppen von Künstlern und Intellektuellen, wie etwa die Kolonie in Santa Eulalia, die der nordamerikanische Schriftsteller Elliot Paul in seinem Buch „The Life and Death of a Spanisch Town" (New York 1937) portraitiert hat. Auch Heilbronners Badeanstalt am Strand von Salamanca war nichts anderes als ein mondäner Treffpunkt mit ‚Bar Americano'. Die Nutzung stand in völligem Widerspruch zu der von ihm untersuchten Überlieferung archaischer Lebensformen. Heilbronner war kein Robinson. Er war vielmehr – so hat es Rafael Pascuet befunden – ein zutiefst urbaner Mensch, der auf die Stadt als Rahmen seines sozialen und beruflichen Lebens angewiesen war: Er brauchte die zufälligen Begegnungen in den Cafés und jeden Morgen eine frische Zeitung.[166]

Heilbronner war nicht der einzige deutschsprachige Architekt, der in diesen Jahren auf den Balearen beruflich tätig gewesen ist. Von Segal wissen wir, dass er Projekte für Mallorca und Ibiza entwickelte. Es sind aber auch weniger bekannte Namen zu nennen. Etwa der des Deutschen Kurt Wolf, der in den zwanziger Jahren in Darmstadt ein erfolgreiches Büro mit Emanuel Josef Margold geführt hatte, bis ihn 1931 die Weltwirtschaftskrise zur Auflösung zwang. Anfang 1932 ließ er sich auf Mallorca nieder, wo er innerhalb von kürzester Zeit Fuß fassen konnte. Über seinen Wirkungskreis gibt ein

---

165 Benjamin, Walter: *Spanien 1932*. In: Benjamin, Walter: *Gesammelte Werke*. Bd. VI. Frankfurt a.M. 1985. S.448-450.

166 Pascuet, Rafael: *Apuntes biográficos*. In: *Erwin Broner. Ciudadano-arquitecto-pintor (1898). Ibiza 1934-1971*. Ibiza 1980. S.84-85.

Artikel Auskunft, der noch im selben Jahr in der Madrider Zeitschrift *Viviendas* erschienen ist, unter dem Titel: „Entwürfe für Häuser in einer Ausländerkolonie in Palma de Mallorca".[167] Darin wurde erklärt, dass trotz der Wirtschaftskrise der Besucherstrom aus aller Welt anhalte und ungeahnte Dimensionen angenommen habe: Da die Nachfrage bei weitem das Angebot an Unterkünften übersteige, sei es fast unmöglich geworden ein Zimmer zu finden. Außerdem entsprächen die vorhandenen Wohnungen aufgrund der Raumaufteilung, der Möblierung und der mangelnden Hygiene nicht den Bedürfnissen der Ausländer. Aus diesen Umständen heraus entschied man sich zum Bau einer neuen Ausländersiedlung bei Santa Ponsa, im Südwesten der Insel. Die Finanzierung wurde von derselben Gesellschaft getragen, die später auch die Anlage betreiben sollte. Die Entwurfserläuterung in *Viviendas* unterstrich die Individualität der drei bis zehn Zimmern zählenden Einfamilienhäuser, die im Preis zwischen 15 000 und 40 000 Peseten schwankten. Ihre Gemeinsamkeit wurde dagegen „im Stil, in der Nützlichkeit und in der Hygiene" gesucht. Die Formensprache war entschieden modern: kompakte kubische Körper mit horizontal weit vorkragenden Terrassen und Flachdächern, die als Schattenspender über den großen Fensteröffnungen eingesetzt wurden. Die Ausstattung sollte dem in nichts zurückstehen: Fließendes Wasser, Solarium und „arbeitssparende Küche". Bezüglich der Konstruktion wurde allerdings auf die Unwirtschaftlichkeit des modernen Stahlskelettbaus verwiesen, man pries die thermischen Vorzüge des vorgesehenen örtlichen Steins.

Viviendas veröffentlichte 1934 einen weiteren Entwurf Wolfs. Diesmal handelte es sich um ein Strandhotel auf Ibiza, das erstaunlicherweise dem Vorschlag glich, den der GATCPAC schon Ende 1932 für dieselbe Aufgabe ausgearbeitet hatte.[168] Beide sollten aus zwei Körpern bestehen: Der dreigeschossige Trakt der individuellen Zimmer und ein niedriger Pavillon mit gemeinschaftlichen Einrichtungen wie Rezeption und Restaurant. Die jungen Katalanen sprachen in ihrer Erläuterung von der Absicht ein „hotel tipo" zu schaffen.[169] Und auch Wolfs Vorschlag wurde in *Viviendas* als Standardlö-

---

167 *Proyecto de casas para una colonia de forasteros en Palma de Mallorca. Arquitecto Kurt Wolf, Palma.* In: Viviendas 1 (1932), H. 4, S. 5.
168 *Un hotel de playa en Ibiza. Arquitecto Kurt Wolf, Barcelona.* In: Viviendas 3 (1934), H. 24, S. 14-16.
169 *GATCPAC: Hoteles standard fácilmente ampliables. Un ejemplo de hotel para playa.* In: El Viajero 19 (1933), H. 11, S. 11-13. *GATCPAC: Proyecto de hotel para Ibiza.* In: El Viajero 21 (1935), H. 8, S. 35-38. Schon zuvor war im Umfeld des GATCPAC die Problematik des Tourismusindustrie behandelt worden. In El Mirador erschien ein Aufsatz über die Standardisierung des Hotelbaus erschienen. [*GATCPAC: Els hotels de turisme.* In: Mirador 4 (1932), H. 158, S. 9]

3.59-61 Kurt Wolf: *Entwurf für ein Strandhotel auf Ibiza*, 1933. Perspektiven und Grundriss des Erdgeschosses [*Viviendas*, 1934]

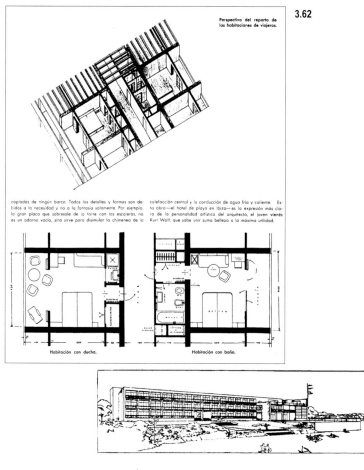

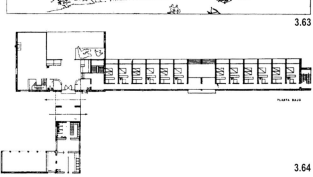

3.62 Kurt Wolf: *Entwurf für ein Strandhotel auf Ibiza*, 1933. Grundrisse und Axonometrie der Zimmer [*Viviendas*, 1934]

3.63-64 GATCPAC: *Strandhotel auf Ibiza*, 1933. Perspektive und Grundriss des Erdgeschosses [*El Viajero*, 1935]

III. Inseln *401*

sung gelobt: „Sämtliche Details und Formen folgen der Notwendigkeit und nicht nur der Fantasie", hieß es. Zwar räumte man ein, dass die betont horizontale Komposition einem Dampfer gleiche, da sie eine eigene Bewegung suggeriere, im Wesentlichen aber waren die Formen tatsächlich funktional begründet – insbesondere bei der Ausbildung der Zimmer. Selbst der vertikale Kontrapunkt enthielt das Treppenhaus und den Schornstein. Die Gestaltung – so betonte man – sei bei Wolf nie leeres Dekor. Gerade in diesem Punkt unterschied er sich von seinen wenigen auf Mallorca ansässigen spanischen Kollegen, die im besten Fall einen *Art-Déco*-Modernismus pflegten. Wolfs Verhältnis zu ihnen bedarf gesonderter Erwähnung, da es einen wesentlichen Faktor in den Mittelpunkt rückt, den wir bei der Betrachtung der Präsenz deutscher Architekten in Spanien bisher unberücksichtig gelassen haben: Für ihre Ausübung des Berufes entbehrte es jeder rechtlichen Grundlage.

Die Anerkennung, die Kurt Wolf für seine Arbeiten in *Viviendas* erfuhr, könnte zum vorschnellen Schluss führen, dass die Achtung, die seine spanischen Kollegen im Allgemeinen der neuen deutschen Architektur entgegenbrachten, für ihn beste Arbeitsbedingungen geschaffen hätte. Dem war nicht so. Insbesondere erschwerte die Ausübung des Berufs der Umstand, dass er auf einen spanischen Architekten angewiesen war, der als Strohmann – als so genannter *firmón* – die Pläne zwecks Genehmigung unterschrieb und hierfür oftmals die Hälfte des ohnehin sehr niedrigen Honorars abverlangte. Es scheint eine gängige Praxis gewesen zu sein. So schilderte es zumindest Wolf 1933 in einem Brief an die Deutsche Botschaft in Madrid, von der er sich Abhilfe erhoffte.[170] Diese wandte sich in dieser Angelegenheit an die Madrider Architektenkammer, die wiederum die Anfrage an die dortige Architekturfakultät weiterleitete. Schließlich ließ diese durch ihren Sekretär, Luis Mosteiro, den deutschen Kollegen wissen, dass zwischen den Studiengängen in Spanien und Deutschland keinerlei Entsprechung bestünde. Aus diesem Grund müssten deutsche Architekten, um die berufliche Zulassung für Spanien zu erlangen, nicht nur das gesamte Architekturstudium, sondern sogar das Abitur nachholen.[171] In anderen Worten: Offiziell hat es eine deut-

---

Im ersten AC-Heft hatten Churruca und Rodríguez Arias bereits im Vorjahr einen Artikel zur Einrichtung von Hotelzimmern veröffentlicht, das u. a. Beispiele von Hans Schumacher und Alfred Fischer enthielt. [Churruca, Rodriguez Arias: *Apuntes para un estudio sobre Hoteles*. In: AC 1 (1931), H. 1, S. 26-27]

170 *Brief von Kurt Wolf an die Deutsche Gesandtschaft Madrid vom 10. Juli 1933.* PAAA Bonn, Bestand Deutsche Botschaft Madrid, Nr.420/10-5, Baukunst (Architektenwesen)

171 *Brief der Deutschen Botschaft Madrid an Kurt Wolf vom 14. August 1933.* PAAA Bonn, Bestand Deutsche Botschaft Madrid, Nr.420/10-5, Baukunst (Ar-

sche Präsenz mit gebauten Folgen nicht geben dürfen. Gegeben hat es sie trotzdem. Als Beweismittel hierfür dienen hauptsächlich die Publikationen, wie eben im Falle von Kurt Wolfs Entwürfen.[172] Ob diese je zur Ausführung gekommen sind, lässt sich aber nicht ohne weiteres feststellen. Sicher ist nur, dass sich Wolf vom spanischen Protektionismus nicht hat abschrecken lassen. Kurz nach Mosteiros Antwort siedelte er nach Barcelona über, wo sich ihm schon aufgrund der weitaus höheren Zahl an zugelassenen Architekten größere berufliche Spielräume boten – sowohl wirtschaftlich als auch gestalterisch.

Wie wir wissen, hat zu diesem Zeitpunkt in Barcelona der GATCPAC die fortschrittlichsten Kräfte der katalanischen Architektur gebündelt. Den von dieser Gruppe vertretenen Standpunkt haben wir dank eines ihrer zentralen Feindbilder grob umreißen können: Als Mitstreiter Le Corbusiers lehnten sie den knauserigen Funktionalismus ihrer mittel- und osteuropäischen CIRPAC-Kollegen ab. Noch verhasster war ihnen jedoch die Haltung derer, die aus dem Vokabular der Moderne ein beliebig applizierbares, rein dekoratives Formenrepertoire machten. In Barcelona waren es nicht wenige der Architekten, die sich in den Ausläufern des *Modernisme* für die Option des *Art-Déco* beziehungsweise des Wienerischen Kunstgewerbes entschieden. Und es waren keineswegs die schlechtesten. Auch sie waren international auf dem Laufenden, wodurch es wenig überrascht zu erfahren, dass sich die heterogene Stuttgarter Zeitschrift *Moderne Bauformen* in jenen Jahren unter den katalanischen Vertretern einer moderaten Erneuerung außerordentlicher Beliebtheit erfreut hat. Daher dürfte auch Paolo Sustersic mit seiner Annahme Recht behalten, dass die Loossche Nacktheit des Entwurfs von Emil Volmar

---

chitektenwesen). Vgl. Dokument im Anhang. Über die Arbeitsbedingungen in Spanien war in Deutschland 1930 die Bauwelt und 1931 die Baugilde berichtet worden: *Vorrechte der Architekten in Spanien*. In: Bauwelt 21 (1930). H. 11, S. 384. March, Werner: *Architektengesetze im Ausland*. Die Baugilde 13 (1931), H. 21. Marchs Artikel enthielt jedoch einige nicht zutreffende Informationen, wie die Deutsche Botschaft in Madrid dem Auswärtigen Amt in Berlin in einem Brief vom 8. Februar 1932 wissen ließ. Vgl. PAAA Bonn, Bestand Deutsche Botschaft Madrid Nr.420, 10-5 Baukunst (Architektenwesen)

172 Das Fehlen von Publikationen, die als Belege einer beruflichen Tätigkeit dienen könnten, führt in einigen Fällen dazu, dass keine Gewissheit darüber besteht, ob tatsächlich eine solche stattgefunden hat. Der prominenteste Architekt, von den man diese nur vermuten kann, ist Alfred Gellhorn, der – wie auch andere Mitglieder der Novembergruppe – 1933-35 auf Mallorca lebte. Leider geben auch die Bestände der Archive – etwa der Akademie der Künste in Berlin – keinerlei Auskunft über mögliche Entwürfe Gellhorns in Spanien. Es ist nur bekannt, dass er sich von Mallorca aus mit Bauaufgaben in Großbritannien befasste, die auch zur Ausführung kamen.

III. Inseln 403

– ein Schüler Oskar Strnads an der Wiener Kunstgewerbeschule – für ein großstädtisches Geschäftshaus in Barcelona (*Casa Suiza*), das 1928 in *Moderne Bauformen* veröffentlicht wurde, als Vorbild für Francesc Folgueras monumentales *Casal de Sant Jordi* (1928-32) gedient habe.[173]

Der GATEPAC hat sich in mehreren *AC*-Heften entschieden gegen die luxuriösen Interieurs des modischen dekorativen Stils ausgesprochen. In der 19. *AC*-Ausgabe wurden zum Beispiel Bilder dieser dekadenten ‚Originalität' demonstrativ rot durchkreuzt, während gleich daneben die Aufnahmen einfachster Zimmer, die zum Teil mit volkstümlichen Standards eingerichtet waren, den Wert des Wahrhaftigen illustrierten.[174] In derselben Nummer wurde Rodríguez Arias' Ferienhaus auf Ibiza abgedruckt. Es steht im Kontrast zum Entwurf für ein Landhaus auf Mallorca, das 1931 in *Moderne Bauformen* abgebildet worden war.[175] Der Autor des letzteren war der Berliner Professors Fritz August Breuhaus de Groot, der vor allem als Ausstattungskünstler auf sich aufmerksam gemacht hatte. Selbst die eleganten spanischen Zeitschriften dieser Jahre – wie *Viviendas* oder *Nuevas Formas* – präsentierten seine Arbeiten.[176] Sie verkörpern wie keine anderen den „mondänsten Chic" (Behne), wie sein Vorschlag für den Cap Formentor im Norden Mallorcas bezeugt. Das Raumprogramm spricht für sich: Empfangssalon, Herrschaftstreppe, Großer Saal, Schwimmbad, Hafen et cetera ... Mit dem sozialen Gedanken des Neuen Bauens hatte dieser großbürgerliche Luxus nichts gemein. Und wie wir gesehen haben, kamen auch für den GATCPAC derar-

---

173 Sustersic, Paolo: *Francesc Folguera Grassi*. In: Antonio Pizza, Josep M. Rovira (Hrsg.): *La tradición renovada. Barcelona años 30*. Barcelona 1999. S. 99-101. Vgl.: *Schule Strnad, Wien. Emil Volmar. Modell für den Umbau eines Geschäftshauses in Barcelona*. In: Moderne Bauformen 27 (1928), S. 65. Es wäre hinzuzufügen, dass Moderne Formen ein Jahr später erneut ein Entwurf Volmars für Barcelona veröffentlichte. Diesmal handelte es sich um ein Kasino am Meer, das deutlich Schiffsmotive aufgriff. Vgl.: *Jubiläumsausstellung der Wiener Kunstgewerbeschule. Emil Volmar (Fachklasse Oskar Strnad). Modell für ein Kasino in Barcelona*. In: Moderne Bauformen 28 (1929), S. 395. So scheint die für die Entwicklung des katalanischen Modernisme entscheidende Achse Wien-Barcelona Ende der zwanziger Jahre noch bestanden zu haben.

174 *La evolución del Interior en los últimos 50 años (1880-1930)*. In: AC 5 (1935), H. 19, S. 13-29.

175 *Professor Fritz August de Groot, Berlin/Düsseldorf. Landhaus für Mallorca*. In: Moderne Bauformen 30 (1931), S. 420 + Bildtafel H. 2. Ein früherer Landhausentwurf von Breuhaus für Spanien (Haus Don César Dubler, Barcelona) wurde 1929 in dessen Monographie der Reihe „Neue Werkkunst" abgebildet (S. 64).

176 *La vivienda del arq. Prof. F.A. Breuhaus, Berlin*. In: Viviendas 1 (1932), H. 5, S. 22. *Interiores de F.A. Breuhaus, de Berlin*. In: Nuevas Formas 1 (1934), H. 2, S. 57.

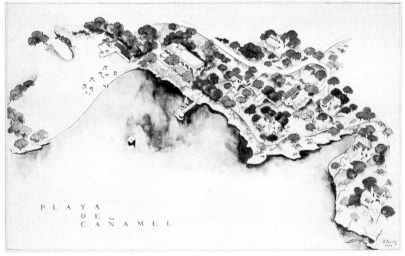

3.65 Fritz August Breuhaus de Groot: *Landhaus auf Mallorca*, 1931. Vogelschau [*Moderne Bauformen*, 1931]

3.66 Heinz Möritz: *Hotel und Bungalowsiedlung an der Playa de Canyamel auf Mallorca* (1933)

III. Inseln

tige Repräsentationsformen nicht in Frage. Vor allem dann nicht, wenn sich den dekorativen Modernismen auch noch regionalistische Formalismen hinzugesellten. Ihr Vorbild für ein wahrhaft modernes bürgerliches Wohnen machten sie vielmehr in der nicht weniger luxuriösen Villa Tugendhat von Mies van der Rohe in Brünn (1928-1930) aus.[177]

Die Gratwanderung zwischen modern gesinnter Ortsbindung und internationalem Regionalismus befasste 1933 auch den deutschen Architekten Heinz Möritz und seinen US-amerikanischen Partner Arthur Middlehurst bei der Planung eines Hotels mit angegliederter Ausländerkolonie in der Playa de Canyamel, im Osten Mallorcas. Im Gegensatz zu Wolf beschränkten sie sich nicht nur auf die Berücksichtigung örtlicher Konstruktionstechniken, sondern ließen sich bewusst auch auf die lokalen Bauformen ein. Ihre *Chalets* und *Bungalows*, die ab 10 000 Peseten zu erwerben waren, verbanden die geneigten Ziegeldächer Mallorcas mit den weiß verputzten kubischen Formen der Moderne. Die Entwürfe in ihrem Werbeprospekt, das auf eine internationale Klientel zielte, unterstrichen durch zusätzliche mediterrane Erkennungszeichen – wie hölzerne Fensterläden, Eisengitter, Rundbogenloggien, gestreifte Stoffmarkisen oder berankte Pergolen – bildhaft die Urlaubsidylle am Strand von Canyamel. Für die Gestaltung war zum einen Middlehursts Interesse am Regionalismus der neukolonialen Architektur Kaliforniens ausschlaggebend; zum anderen aber scheinen auch die Erfahrungen eine Rolle gespielt zu haben, die Möritz bei bedeutenden Vertretern der neuen Architektur wie Mebes und Emmerich in Berlin oder bei William Dunkel in Düsseldorf hatte sammeln können. Dieser hatte ihn nach Ausbruch der Weltwirtschaftskrise bei Sert in Barcelona als Mitarbeiter empfohlen. Aufgrund der schlechten Auftragslage hatte er seinen deutschen Kollegen auf die Ausländerkolonie Mallorcas als potentielles Betätigungsfeld verwiesen.

Mallorca wurde zu diesem Zeitpunkt von der internationalen Tourismusindustrie erschlossen. Offenbar schienen dabei moderne Illustrierte das geeignete Medium darzustellen, um auf der Insel eine moderne Freizeit- und Dienstleistungskultur zu etablieren. So könnte Herbert Bayers Titelblatt für die elegante *Die neue Linie* vom März 1932 gedeutet werden, in der die Silhouette Mallorcas vor dem blauen Hintergrund des Mittelmeeres zu erkennen war. Die ab April 1934 in Palma de Mallorca erscheinende Zeitschrift *Brisas* (Brisen) muss jedenfalls als Versuch des Transfers einer solchen Freizeitkultur verstanden werden. Ihre Inhalte waren in diesem Sinne unmissverständlich: Sport, Mode, Reisen, Literatur, Fotografie und Kino zeichneten das Bild

---

177 *GATCPAC: El que hauria d'esser un interior de casa moderna*. In: D'Aci i D'Alla 21(1933), Nr.173. *Villa a Brünn – Mies van der Rohe, arquitecto*. In: AC 4 (1934), H.14, S.30-33.

3.67

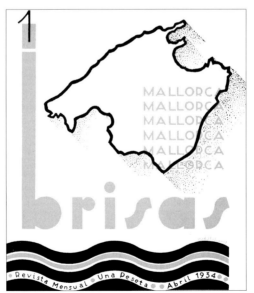

3.68

3.67 Herbert Bayer: Titelblatt von *Die neue Linie* im März 1932.
3.68 Arthur Middlehurst: Titelblatt des ersten Heftes von *Brisas* im April 1934.

3.69-70 Max Säume, Erich Mendelsohn: *Gartenstadt Santa Ponsa* auf Mallorca (1933), Gesamt- und Lageplan

eines neuen, modernen Lebensstils, für den auch die Architektur ein unverzichtbares Accessoire darstellte – wenngleich hier keine klare Linie verfolgt wurde. So fanden die Entwürfe des GATEPAC ebenso wie die regionalistischen Bauten und Projekte von Middlehurst in *Brisas* Beachtung. Letzterer hatte sich zunächst mit den ersten Titelblättern und dem Entwurf eines vorgefertigten Wochenendhauses aus Holz als ein durchaus modern gesinnter Architekt hervorgetan. Doch schon im siebten *Brisas*-Heft erklärte er seine regionalistische Überzeugung. Im Zuge der Erläuterung eines eigenen Ferienhauses auf Mallorca wandte er sich gegen das Ideal der „Wohnmaschine" und verteidigte den „*barroquismo*" der mallorquinischen Tradition:

> Die rationalisierten Modelle aus Deutschland passen sich weder unserem Geist noch unserem Klima an. Wofür diese großen nordischen Fenster in einem Land, wo es notwendig und wünschenswert ist, sich vor dem Licht zu schützen? (...) Was in Berlin logisch erscheint, wird auf den Balearen unlogisch sein.[178]

An der Grundsätzlichkeit der letzen Aussage muss gezweifelt werden. Vor allem, wenn man an dieser Stelle den Entwurf für die Gartenstadt von Santa Ponça heranzieht, die 1933 von Heinrich Mendelssohn und Max Säume entwickelt wurde. Auf Anfrage eines mallorquinischen Investors hatten sie eine neue Stadt für 10 000 Urlauber entworfen, die in ihren Merkmalen dem Modell einer in sich abgeschlossenen ‚organisch gegliederten Stadt' entsprach, wie sie von Hermann Jansen vertreten wurde. Selbst auf die axial angeordnete, repräsentative Mitte verzichtet sie nicht.[179] Diese Ähnlichkeit lässt sich durch den Werdegang Säumes als Städtebauer erklären, der nach seinem Studium an der TH Berlin-Charlottenburg zwischen 1926 und 1931 in Jansens Atelier beschäftigt gewesen war – also auch zum Zeitpunkt als dort der Madrider Wettbewerbsbeitrag entstand.

Auch die Person des Heinrich Mendelssohn verdient genauere Betrachtung. Er hatte sich im Verlauf der 20er Jahre zu einem der einflussreichsten ‚Baulöwen' Berlins entwickelt. Hiervon zeugen seine Beiträge in der von Martin Wagner und Adolf Behne herausgegebenen Zeitschrift *Das neue Berlin*, in denen er unter anderem mit Häring über die Pläne für den Platz

---

178 Middlehurst, Arthur: *Casita de vacaciones*. In: Brisas 1 (1934), H. 7. Übersetzung J. M. W.

179 Vgl. Heinrich Mendelssohn, Max Säume: *Santa Ponsa, La nueva ciudad de Mallorca – The new city of Mallorca*. Berlin 1933. Siehe hierzu: Seguí Aznar, Miquel: *La arquitectura del ocio en Baleares. La incidencia del turismo en la arquitectura y el urbanismo*. Palma de Mallorca 2001. S. 58-63. Medina Warmburg, Joaquín: *Gran Turismo. Sobre arquitectos alemanes, imaginería mediterránea y la dialéctica de ‚lo moderno'*. In: *Arquitectura moderna y turismo,1925-1965*, IV. Seminario Do.co.mo.mo. Ibérico. Barcelona 2004.

III. Inseln

der Republik polemisierte oder dezidiert für den Ausbau des Alexanderplatzes zu einem weltstädtischen Brennpunkt des Fremdenverkehrs, zu einer großstädtischen Sehenswürdigkeit.[180] Angesichts Mendelssohns großstädtischer Überzeugung drängt sich eine Deutung seiner Präsenz auf Mallorca auf: Wenn Ibiza in der ersten Hälfte der dreißiger Jahre für Segal, Benjamin, Hausmann oder Heilbronner noch als utopische Gegenwelt gelten konnte, auf die sie ihre romantischen Ideale im Sinne einer Kritik an der Moderne projizierten, so führt Mendelssohns Plan für Santa Ponça vor Augen, wie die Insel für die moderne Tourismusindustrie lediglich ein alternatives Angebot zur Großstadt als im Grunde austauschbarer Schauplatz der selben Dienstleistungs- und Freizeitkultur darstellte. Und letztlich erscheint - nach der Zerstörung der Aura des Ursprünglichen - auch der Antagonismus zwischen dem Zufluchtsort Ibiza und dem touristisch erschlossenen Mallorca nicht zwingend, wenn man ihn, wie Hans Magnus Enzensberger in seiner frühen „Theorie des Tourismus" (1958), auf seinen Kern zurückführt:

> Das Verlangen, aus dem sich der Tourismus speist, ist das nach dem Glück der Freiheit. Noch im Rummel von Capri und Ibiza bezeugt es seine ungebrochene Kraft. Die Bilder jenes Glücks, welche die Romantik aufgerichtet hat, behalten gegen alle Fälschung recht, solange wir nicht imstande sind, ihnen eigene entgegenzuhalten.[181]

---

180 Mendelssohn, Heinrich: *Die Stadt am Alexanderplatz*. In: Das neue Berlin 1 (1929), H. 5, S. 102-104. Mendelssohn, Heinrich: *Zum Platz der Republik*. In: Das neue Berlin 1 (1929), H. 7, S. 145-146.
181 Enzensberger, Hans Magnus: *Theorie des Tourismus* (1958). In: *Einzelheiten I. Bewußtseins-Industrie*. Frankfurt am Main 1962. S. 204-205.

11. IM WELTVERKEHR.
KANARISCHER INTERNATIONALISMUS (1932-1936)

Zu Beginn der dreißiger Jahre haben sich Werner Hegemann und Hans Josef Zechlin als Herausgeber und der Schriftleiter der *Wasmuths Monatshefte für Baukunst und Städtebau* verstärkt der Frage nach dem Verhältnis von Erneuerung und Tradition angenommen. Sie schufen aber in ihrer Zeitschrift keinen Raum für allzu vereinfachende Polemiken. Vielmehr schienen sie gerade die erstarrten Standpunkte relativieren zu wollen. Schon 1927 hatte Hegemann versucht, mit unbefangener Sachlichkeit über die Vor- und Nachteile des Flachdaches zu debattieren. Er entgegnete dabei Schultze-Naumburgs rassenpolitische Ablehnung des Flachdaches mit einer Maxime Nietzsches, der geschrieben hatte:

> Die Deutschen sind vielleicht nur in ein falsches Klima geraten! Es ist etwas in ihnen, das hellenisch sein könnte, – das erwacht bei der Berührung mit dem Süden – Winckelmann, Goethe, Mozart. Zuletzt: wir sind noch ganz jung ... Auch die Nahrung der Deutschen war ihr Verhängnis: die Philisterei.[182]

Noch im selben Jahrgang veröffentlichte Hegemann unter dem Titel „Streifzüge eines deutschen Baumeisters im modernen Hellas" einige Eindrücke des deutschen Direktors der Gewerbeschule in Lixouri (Griechenland) namens Roderich Coste, der in der Berliner Zeitschrift über die Bauten der „abgeschlossenen Inseln" als Ausdruck der Einfachheit, der Anspruchslosigkeit und der Zurückhaltung der Lebensform schrieb.[183] Hegemann kommentierte Costes Aufnahmen und Schilderungen in einem Vorwort, das einen Bezug zur zeitgenössischen Architektur der USA herstellte. Denn er verlieh seinem Staunen darüber Ausdruck, dass man in Griechenland ohne Mitwirkung akademisch gebildeter Baumeister ein künstlerisches Ziel erreicht habe, das was in Kalifornien nur unter der Führung von Architekten möglich gewesen sei, die erst durch das Studium der spanisch-kolonialen Baukunst Westamerikas dazu in die Lage versetzt worden waren. Für Hegemann bestand kein Zweifel: In beiden Fällen waren unter gewissenhafter Verwendung der überlieferten Architekturformen moderne Häuser gebaut worden.[184] Als 1930 Zechlin die unter Costes Leitung entstandenen Schülerarbeiten der Gewerbeschule

---

182 Hegemann, Werner: *Schräges oder Flaches Dach.* In: Wasmuths Monatshefte für Baukunst 11 (1927), S. 121.

183 Coste, Roderich: *Streifzüge eines deutschen Baumeisters im modernen Hellas.* In: Wasmuths Monatshefte für Baukunst 11 (1927), S. 472.

184 Hegemann, Werner: *Streifzüge eines deutschen Baumeisters im modernen Hellas.* In: Wasmuths Monatshefte für Baukunst 11 (1927), S. 467-472.

III. Inseln 411

Lixurions in *Wasmuths* kommentierte, versäumte er es nicht, an Hegemanns Argumente zu erinnern, und fügte zur Charakterisierung der Entwürfe hinzu:

> Sie stehen in lebendigem Zusammenhang mit dem, was die unverdorbene ländliche Bevölkerung seit Generationen erbaut, ohne dass sie etwas von dem Banalen haben, das dem Begriffe des Heimatschützlerischen anhaftet. Diese kleinen Häuser sind vielmehr von einer höchst gesunden Sachlichkeit und Einfachheit, wie sie das ganze Europa und auch Amerika anstrebt.[185]

Die begleitenden Aufnahmen eines griechischen Landhauses vom Athener Architekten Aristoteles Zachos trug die Unterschrift: „Nicht Corbusier, sondern Heimatkunst".

In der Folgezeit sollte in *Wasmuths Monatshefte für Baukunst und Städtebau* der „modernen" Volksarchitektur des Mittelmeers vermehrt Platz eingeräumt werden: Zum Beispiel schrieb Bernhard Rudofsky über Capris „Architektur der boshaften Leidenschaft" (nach Edwin Cerios „Dispettoarchitektur") und zeigte dabei eigene Projekte; der Bildhauer Wolf Demeter veröffentlichte seinen Reisebericht aus der „Betonstadt" Santorin; Konstantinos Doxiadis referierte über die „Lehre einer kleinen griechischen Stadt" auf Skyros.[186] Zechlin selbst hat noch 1930 zwei Exempel der Modernität des Volkstümlichen ausfindig gemacht - allerdings nicht im Mittelmeer, sondern auf den Kanarischen Inseln. Er schrieb:

> Bauernhäuser ohne Zuhilfenahmen von Architekten. Trotzdem sie also nur „Funktion" der ländlichen Bedürfnisse, der Ansprüche an Wohnen und Unterbringung von Vieh und Frucht, haben sie wie ihre Erbauer symmetrische Gestalt. Das eine Haus bringt die klare Form unter ein allseitig abgewalmtes Dach; das andere unterstreicht die Symmetrie durch eine Dachform die unter den „Dachausmittlungen" der Baubeflissenen kaum zu finden ist, die aber bei aller Überraschung durch ihre ausgeglichene Ruhe wohltut.[187]

Diesem Lob der „naiven" Erbauer schloss Zechlin einen Vergleich an:

> Dass Bruno Tauts Villen-Entwurf die gleiche Form der gegeneinander aufstrebenden Pultdächer zeigt, läßt in ihm den organisch schaffenden Künstler erkennen.

---

185 Zechlin, Hans Josef: *Griechische Baukunst*. In: Wasmuths Monatshefte für Baukunst 14 (1930), S. 90-94.

186 Rudofsky, Bernhard: *Capresisches, Anacapresisches*. In: Wasmuths Monatshefte für Baukunst und Städtebau 16 (1932), S. 22-24. Demeter, Wolf: *Der Bildhauer in der Betonstadt*. In: Wasmuths Monatshefte für Baukunst und Städtebau 16 (1932), S. 402-404. Doxiadis, C. A.: *Skyros. Die Lehre einer kleinen griechischen Stadt*. In: Wasmuths Monatshefte für Baukunst und Städtebau 20 (1936), S. 445-448.

187 Zechlin, Hans Josef: *Spanische Bauernhäuser auf den Kanarischen Inseln*. In: Wasmuths Monatshefte für Baukunst 14 (1930), S. 381.

Ist es da erstaunlich oder natürlich – was gewiß einander nicht ausschließt – daß er zur symmetrischen Form gelangte?[188]

Demnach war es Tauts Unbefangenheit gewesen, die ihn 1919 bei seinem Villenentwurf zur organischen Formgebung geführt habe. Durch seine Wortwahl scheint Zechlin dem Vertreter der organhaften Formfindung widersprechen gewollt zu haben. Sein Argument von der „Symmetrie ohne Architekten" spiegelte jedenfalls eine klassizistische Vorliebe für die abgeschlossene Form, der er in einer späteren Veröffentlichung der Kanarischen Bauernhäuser mittels einer Karikatur das Prinzip des naturhaften Wachstums gegenüberstellte: Darin wurde die Haltung eines Landschaftsmalers bloßgestellt, dessen künstlerisches Unvermögen zur Sprengung des Bildrahmens und zu einer asymmetrisch wachsenden Komposition geführt hatte, da er es ihm nur durch *ad hoc*-Anbauten gelungen war, Kuhschwanz, Rauchwolke, Baumkrone und Zaun nicht abzuschneiden.[189]

Wie wir sowohl in *AC* als auch in *Wasmuths* gesehen haben, hätten die deutschen Beiträge zum Mediterranismus zu einer Relativierung von Corbusiers Abgrenzungsrhetorik zwingen müssen. Wir haben ebenso beobachten können – insbesondere im Falle Ibizas –, dass bei der Thematisierung der „Architektur ohne Architekten" trotz aller Unterschiedlichkeit der Interpretationen stets ein gemeinsames Ziel verfolgt worden ist: die Erfassung des Modernitätsgehalts der vorbildhaften Volksarchitektur einer „vergessenen Insel". Die eigentliche, immer wiederkehrende Frage lautete: Was ist modern? Eben diese Frage hatte Zechlin zugunsten seines eigenen Verständnisses des Tautschen Standpunktes zu beantworten versucht.

Lokaler Internationalismus: *gaceta de arte*

Zechlins Entdeckung der Vorbildlichkeit der ländlichen Architektur der Kanarischen Inseln wirft die Frage auf, ob es dort zu Beginn der dreißiger Jahre eine mit *AC* vergleichbare programmatische Zeitschrift gab, die einen analogen Diskurs über die Modernität der Volksarchitektur hätte führen können.

AC selbst liefert uns hierzu die Antwort: Im 7. Heft (1932) wurden Auszüge der zwei ersten „Rationalistischen Manifeste" der kanarischen Zeitschrift *Gaceta de Arte* (*g.a.*, 1932-1936) abgedruckt. In den einleitenden Sätzen erklärten die Redakteure von *AC* ihre Bereitschaft, die darin enthal-

---

188 Ebd.
189 Zechlin, Hans Josef: *Landhäuser*. Tübingen 1951. S. 8-9. Zu Zechlins Laufbahn als Architekturkritiker siehe den 1977 in der Bauwelt erschienen Nachruf (H. 68, S. 1279).

3.71

3.72

3.71 Hans Josef Zechlin: „Spanische Bauernhäuser auf den Kanarischen Inseln" [*Wasmuths Monatshefte für Baukunst*, 1930]
3.72 *Gaceta de Arte*: Titelblatt von Heft 1, Santa Cruz de Tenerife 1932.

tenen Aussagen zu unterschreiben.[190] Tatsächlich standen sich beide Zeitschriften – trotz der über 2000 Kilometer, die Santa Cruz de Tenerife von Barcelona trennen – im Wesentlichen nahe. *Gaceta de arte.* forderte uneingeschränkte Zweckrationalität in Architektur und Städtebau und sprach sich für den Vollzug der sich hieraus ableitenden ästhetischen Einheit der Zeit, die von den Faktoren der Ökonomie und der Hygiene sowie von Werten wie Einfachheit und Komfort bestimmt wurde. Nur diese kamen den gesellschaftlichen Bedürfnissen nach. Sie prägten ein neues ästhetisches Dekorum der Stadt, das auch die Entwicklungslinien des aufkommenden Tourismus vorgeben sollte – nicht der falsche Regionalismus mit seinen monumentalen Repräsentationsformen und seinen ornamentalen Fassaden. Die Verfasser des *g.a.*-Manifestes *gingen* so weit, dass sie nicht nur die „unhygienischen", „unnützen" und „unwirtschaftlichen" Stilnachahmungen ablehnten, sondern gleich die historischen Vorbilder der Kolonialarchitektur in avantgardistischer Manier rot durchkreuzten. Ihr Kommentar:

> „Kanarische Architektur". Balkon kolonialer Herkunft. Der Rest des Gebäudes bietet aufgrund willkürlicher Umbauten keine Harmonie. Diese Balkonarchitektur gilt als repräsentativ für den Geist der Inseln. Gegen sie manifestiert sich *g.a.* auf rationale Weise.[191]

Abschließend wurde in *AC* aus dem zweiten *g.a.*-Manifest zitiert:

> Funktionale Architektur, rationalistische Architektur ist internationale Architektur. Diese hat nichts mit dem Urwüchsigen, mit dem Typischen, dem Regionalen zu tun.[192]

Der Internationalismus wurde von der kanarischen Zeitschrift als Universalismus ausgelegt und zum eigenen Programm erhoben. Damit setzte sie sich deutlich von *Arquitectura* ab, die sich ja stets nach der Traditionsbindung der Moderne gefragt hat. Aber auch mit dem polemischen Mediterranismus von *AC* hatte *g.a.* folgerichtig keine Fühlung, wenngleich sich beide Zeitschriften wohlwollend unterstützten und sich regelmäßig gegenseitig mit Beiträgen belieferten.[193] Es verband sie die durch die Ausrufung der Zweiten Republik ausgelöste Hoffnung auf eine tiefgreifende soziale und ökonomische Modernisierung Spaniens. Beide machten es sich zur Aufgabe, im Be-

---

190 *Manifiestos racionalistas publicados en la „Gaceta de Arte" de Santa Cruz de Tenerife.* In: AC 2 (1932), H. 7, S. 44, 47.

191 Ebd., S. 44. Übersetzung J. M. W.

192 Ebd., S. 47. Übersetzung J. M. W.

193 Zu den Kontakten zwischen AC und g.a. siehe: Granell, Enrique: *Torres de amor en medio del tráfico? Las relaciones de gaceta de arte con AC.* In: *gaceta de arte y su época. 1932-1936.* Las Palmas de Gran Canaria 1997.

reich der Architektur zur allgemeinen Verbreitung des formalen Vokabulars und der theoretischen Inhalte der Moderne beizutragen. Hatte sich *AC* typographisch und inhaltlich an *Das neue Frankfurt* orientiert, so hielt sich *g.a.* an die Dessauer Zeitschrift *Bauhaus* als Vorbild – von der sogar ihre durchgängige Kleinschreibung übernommen wurde. Diese unterschiedliche Ausrichtung entspricht den Abweichungen im Profil der beiden Zeitschriften, denn *Gaceta de Arte* war, wie eben auch *Bauhaus*, keine reine Architekturzeitschrift. Ihr erstes Heft erschien im Februar 1932 als „Zeitgenössischer Ausdruck der Literarischen Abteilung des Kunstvereins Teneriffas" und enthielt Beiträge zu Literatur, Philosophie, Malerei und Architektur. In den folgenden Heften sollte auch der Skulptur, dem Film, der Musik und dem Theater regelmäßig Platz eingeräumt werden. Mit dem 14. Heft (April 1933) emanzipierte sich *g.a.* und bezeichnete sich fortan als „Internationale Zeitschrift für Kultur".

g.a. war eine programmatische und doch heterogene Zeitschrift. Hierfür sorgten die sehr unterschiedlichen, zum Teil sogar konträren Interessen und Sehnsüchte der Dichter, Künstler und Politiker, die das Redaktionskomitee bildeten. Einer von ihnen, der Literaturkritiker Domingo Pérez Minik, charakterisierte im Rückblick die Redaktion als zusammengewürfelte Gruppe, in der neben Humanisten ebenso gut dialektische Materialisten oder sogar progressive Christen gleichberechtigt Platz fanden.[194] Die nicht minder uneinheitliche Liste der ausgezeichneten ausländischen Beiträge – unter anderen von Willi Baumeister, Alberto Sartoris, Amédée Ozenfant, Gertrude Stein, Tristan Tzara, André Breton, Paul Eluard, Franz Roh, Alfred Barr, Will Grohmann – lässt die internen Dispute erahnen. Der inhaltliche Schwerpunkt verlagerte sich von Heft zu Heft je nach Einflussnahme der Redakteure oder der externen Mitarbeiter. Bestand denn kein gemeinsames Projekt? Sie versuchten alle, eine moderne lokale Identität zu konstruieren. Der Punkt, an dem hierbei die unterschiedlichen Positionen konvergierten, war eine Auslegung der insularen Abgeschiedenheit, die den Topos der „vergessenen Insel" bewusst umkehrte, ja zu Kosmopolitismus sublimierte.

Die Standortbestimmung, die das erste *g.a.*-Heft einleitete, erteilt hierüber Auskunft: Teneriffa wurde dort den kleinen und großen Hauptstädten der zeitgenössischen Kunst Europas – Stuttgart, Dessau, Paris, Frankfurt am Main, Prag, Düsseldorf, Moskau, Brünn und Berlin – gegenübergestellt. Diesen sollten sich nun die Kanarischen Inseln mit dem Bestreben hinzugesellen, den großen Themen der Zeit unbefangen Ausdruck zu verleihen.[195]

---

194 Pérez Minik, Domingo: *Facción Española Surrealista de Tenerife*. Barcelona 1975, Madrid-Tenerife 1995. S. 30.
195 *Posición*. In: Gaceta de Arte 1 (1932), H. 1, S. 1.

Sublimierten die Mitglieder der *g.a.*-Redaktion die Einschränkungen ihrer peripheren geographischen Lage? Jedenfalls entzündeten sich die universalistischen Sehnsüchte am Bild der Inseln als exponierte Positionen im Weltverkehr. Folgerichtig erklärten sie die Absicht, sich stets zwischen den Nationen zu bewegen. Ein Wunsch, der keineswegs nur einem intellektuellen Kosmopolitismus entsprang. Er folgte dem realen Internationalisierungsprozess, den die Kanarischen Inseln als Stützhäfen auf den Handelsrouten nach Südamerika erlebt hatten. Die an den Häfen konkret erfahrene Weite des Welthandels war es, die das Weltbürgertum der *g.a.* prägte.

Im Mittelpunkt der ersten Hefte stand die internationale architektonische Erneuerung. Diese anfängliche Ausrichtung entsprach den Interessen des Initiators der Zeitschrift, dem Kunstkritiker und Dichter schwedischer Abstammung Eduardo Westerdahl Oramas. Er war der Verfasser der rationalistischen Manifeste von *g.a.*, in denen die Forderung nach einem geistigen Aufbruch des republikanischen Spaniens gestellt wurde. Die darin behandelten Themen reichten von der Internationalität des neuen Geistes über den modernen Schulbau und die Ästhetik der Republik bis hin zur „Funktion" der Pflanze in der Landschaft oder zum zeitgenössischen Theater. Es verband sie die Hoffnung auf einen gesellschaftlichen Konsens, der auch den Hintergrund für die in der Zeitschrift gefrönte Architekturästhetik der universellen Zweckrationalität bildete. Welche Architektur hierfür Modell stand, zeigt Westerdahls Artikel „Tendencias evasivas de la arquitectura" (Fluchttendenzen der Architektur) im ersten *g.a.*-Heft. Darin verband er Ortegas These zur architektonischen Abstraktion als paradoxe Flucht in die Äußerlichkeit mit der von Franz Roh diagnostizierten Überwindung des Expressionismus: Die einfache, rationale, demokratische, postexpressionistische Glasarchitektur stellte in Westerdahls Augen nicht ein isoliertes Phänomen dar, sondern war vielmehr *der* Schmelztiegel und Kulminationspunkt des Zeitgenössischen, um den alle anderen Künste – also auch die Literatur – kreisten.[196] Zur Illustration dienten ihm die gegensätzlichen Glasarchitekturen von Jan Duikers Freiluftschule in Amsterdam und Gropius' Bauhausgebäude in Dessau. Dieses hatte Westerdahl ein Jahr zuvor im Verlauf einer Reise nach Mitteleuropa besucht, die der Gründung von *g.a.* vorausging.

Auf Anregung seines deutschen Arbeitgebers und Förderers Jakob Ahlers – über den gleich noch zu sprechen sein wird – war er im Sommer 1931 mit der Absicht nach Hamburg gereist, dort seine Sprachkenntnisse zu vertiefen. Westerdahl nutzte aber die Gelegenheit, um in den Niederlanden, Frankreich, Deutschland und der Tschechoslowakei die mitteleuropäischen Stätten

---

196 Westerdahl, Eduardo: *Tendencias evasivas de la arquitectura*. In: Gaceta de Arte 1 (1932), H. 1, S. 1-2.

III. Inseln 417

des Zeitgenössischen zu besuchen, wie zum Beispiel das Dessauer Bauhaus. Von Prag aus sendete er im September 1931 einen Artikel über Adolf Loos und die tschechoslowakische Architektur an die Madrider *La Gaceta Literaria*, die ihn im November abdruckte, als sich Westerdahl bereits wieder in Santa Cruz de Tenerife befand.[197] Noch während seiner Europareise hatte er – im Alter von 29 Jahren – den Entschluss gefasst, von dort aus, einen publizistischen Beitrag zur internationalen Kulturdebatte anzuführen. Tatsächlich erfuhr *g.a.* innerhalb kürzester Zeit internationale Anerkennung. Die Zeitschrift *Die neue Stadt* begrüßte schon im Juni 1932 das Erscheinen eines neuen lebendigen Blattes auf den Kanarischen Inseln. Allerdings wurde im Kommentar auf die Verzögerung hingewiesen, mit der in *g.a.* Probleme, die in Zentraleuropa schon etwas abgeklungen waren, wieder mit frischem Elan behandelt wurden.[198]

Diese beiläufige Bemerkung in *Die neue Stadt* zu den veralteten Inhalten von *g.a.* dürfte Westerdahl tief getroffen haben, da – wie wir gesehen haben – die bedingungslose Zeitgenossenschaft einen der zentralen Punkte seiner Programmatik darstellte. Und auch bezüglich der Internationalität der Zeitschrift muss relativierend festgestellt werden, dass es sich um einen *lokalen* Internationalismus gehandelt hat. In diesem Sinne ist die Rolle Jacob Ahlers' von Interesse: Er hatte schon 1917 in den vom Hamburger Iberoamerikanischen Institut als Organ der deutsch-spanischen Gesellschaften zusammengestellten *Mitteilungen aus Spanien* – die wir von Oskar Jürgens' frühen Schriften her kennen – über die Wirtschaftslage der Kanarischen Inseln ausführlich berichtet.[199] Als deutscher Konsul und Vertreter verschiedener deutscher Reedereien und der transatlantischen Banken in Santa Cruz de Tenerife sprach Ahlers von den schweren Folgen des Krieges für das auf den internationalen Handel – insbesondere dem mit Agrarprodukten – angewiesene Archipel. Der Schiffsverkehr, an dem Deutschland durch die Woermann-Linie, die Deutsche Ost-Afrika-Linie, die Hamburg-Bremer Afrika-Linie, die Hamburg-Amerika-Linie, die Hamburg-Südamerikanische Dampfschifffahrts-Gesellschaft, die Deutsche Dampfschifffahrtsgesellschaft Kosmos und durch die Oldenburg-Portugiesische Dampfschiffs-Reederei maßgeblich beteiligt gewesen war, wurde von der U-Boot-Kriegsführung beträchtlich eingeschränkt.

---

197 Westerdahl, Eduardo: *Checoeslovaquia – Arquitectura. Ensayo sobre las lineas racionalistas europeas.* In: La Gaceta Literaria 5 (1931), H. 118, S. 10. Zu Westerdahls Europareise siehe: Westerdahl, Eduardo: *Viaje a Europa.* (Hrsg. Careño Corbella, Pilar). Canarias 1996.

198 Chronik der Länder: *Kanarische Inseln. Eine moderne Zeitschrift.* In: Die neue Stadt 1 (1932), H. 3, S. 66.

199 Ahlers, Jacob: *Die Wirtschaftslage der Kanarischen Inseln.* In: Mitteilungen aus Spanien 1 (1917), H. 4, S. 153-162.

 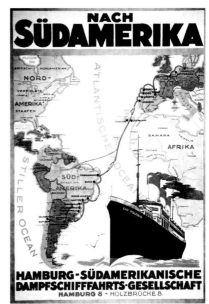

3.73 3.74

3.75

3.73 Jakob Ahlers: „Tenerife und die anderen Canarischen Inseln" (Hamburg 1925).
3.74 „Nach Südamerika", Werbeplakat der Hamburg-Südamerikanischen Dampfschifffahrts-Gesellschaft.
3.75 Ausstellung des zeitgenössischen deutschen Möbels im Círculo de Bellas Artes, Santa Cruz de Tenerife 1932

Das machte sich unmittelbar in der Zunahme der illegalen Auswanderung, etwa nach Kuba, bemerkbar. Für die Nachkriegszeit stellte Ahlers nur eine zögerliche Wiederherstellung der früheren Exporthandelsbeziehungen in Aussicht. Allerdings hat er bereits 1917 im Tourismus eine alternative Wohlstandsquelle ausgemacht, um deren Ausbau er sich in den zwanziger Jahren dezidiert eingesetzt hat. Zu seinen diesbezüglichen Unternehmungen zählt die Veröffentlichung eines Reiseführers zu den Kanarischen Inseln, der 1925 in Hamburg erschien.[200] Im selben Jahr also, indem sich der Deutsche Werkbund in Bremen zu seiner Jahrestagung traf, um unter anderem die Kulturaufgabe der neuen deutschen Handelsflotte in der nach-kolonialen Zeit zu eruieren. Es kehrten die Begriffe und Denkbilder zurück, die schon vor dem Krieg die Werkbund-Debatten um die Vorbildlichkeit des Schiffsbaus als künstlerische Aufgabe entzündet hatten. So forderte der Hamburger Oberbaudirektor, und das Werkbundgründungsmitglied Fritz Schumacher, 1926 in der Zeitschrift *Baukunst* die Überwindung des „internationalen Highlife des Geldes" als maßgeblichen Formgeber der deutschen Flotte und meinte:

> Wenn wir heute ein stilistisch wirklich ganz konsequentes Schiffbauen wollen, müssen wir den Mut und die Möglichkeit haben, den Kampf aufzunehmen mit jener, den Luxusgeschmack diktierenden internationalen Kulturmacht.[201]

Es sei vor allem aus wirtschaftlichen Gründen wichtig, dass sich der deutsche Architekt das Schiff als Aufgabenfeld erkämpfe. Nur so würde es Deutschland gelingen, die frühere Geschmacksgeltung auf dem Weltmarkt zurückzuerobern. Die Gestaltung der Flotte – so Schumacher – sei im Wettkampf der Nationen wichtiger als jede Ausstellung:

> Wenn ein Volk auf dem Gebiete des Gestaltens etwas zu sagen hat, so ist hier die wirkungsvollste Tribüne. Deshalb liegt ein so außerordentlich wichtiger Fortschritt schon darin, daß in unseren Schiffen ein gleichgültiger Allerweltsgeschmack abgelöst wurde von einem verfeinerten Geist wirklich kultivierter Ausbildung, und deshalb ist es so wichtig, daß von dieser Stufe aus auch das Letzte erreicht wird, was auf dieser Bahn an künstlerischen Möglichkeiten schlummert. Das Volk, das es erreicht, kann von hier aus leichter zum Führer werden, als von irgendeinem anderen Punkte unserer künstlerischen Arbeit.[202]

Im selben Heft erklärte Hermann Sörgel die Schiffsbauarchitektur zu einer „völkerverbindende Bauaufgabe" und rief auf: „Deutsche Werkform als Vorbild für die Welt!"[203] Damit scheint auch in der Weimarer Republik die

---

200 Ahlers, Jacob: *Tenerife und die anderen Canarischen Inseln*. Hamburg 1925.
201 Schumacher, Fritz: *Vom Schiffsbau*. In: Baukunst 2 (1926), H. 3, S. 86-91.
202 Ebd., S. 90-91.
203 Sörgel, Hermann: *Eine völkerverbindende Bauaufgabe. Schiffsbauarchitektur*. In: Baukunst 2 (1926), H. 3, S. 85.

Vorstellung eines von Deutschland geprägten „internationalen Stils" Aktualität genossen zu haben, die Hermann Muthesius 1914 auf der Kölner Werkbundtagung vorgetragen hatte. Seine damalige Forderung der Typenbildung enthielt den Appell an Auslandsdeutsche und Schifffahrtsgesellschaften, sich für die Interessen der nationalen Kunstindustrie einzusetzen.[204] Muthesius, der zudem für die Schau den Pavillon der Hamburg-Amerika-Linie entworfen hatte, profilierte sich so als Vertreter der deutschen Exportwirtschaft. Sein vielkritisierter „Händlergeist" ging mit dem seitens des hanseatischen Bildungs- und Handelsbürgertums geforderten gezielten Einsatz der Kulturpolitik konform. Wie Wolfgang Pöppinghaus untersucht hat, war es diese *Lobby*, von der der Impuls zu der aus wirtschaftlichen Erwägungen auf Spanien gerichteten Kulturoffensive ausging, die zur Gründung der ibero-amerikanischen Vereine und Institute in Hamburg führte. Auslandskunde und Kulturpropaganda sollten den Grund für ertragreiche Handelsbeziehungen zu Übersee legen.[205]

Kann Ahlers' Aktivität auf den Kanarischen Inseln in Verbindung mit diesen Zielsetzungen verstanden werden? Mit seinem Beitrag in *Mitteilungen aus Spanien* scheint er jedenfalls 1917 in den Kreis der im Ausland kulturpolitisch agierenden Hamburger Kaufleute aufgenommen worden zu sein. Und auch in den zwanziger Jahren, als die kanarischen Freihäfen nicht zuletzt durch den 1926 abgeschlossenen deutsch-spanischen Handelsvertrag einen deutlichen Aufschwung erfuhren, hat sich Ahlers für die deutsche Sache eingesetzt – doch fernab vom wilhelminischen Kulturimperialismus. Vielmehr sollte ein kultureller Dialog als Vehikel der deutschen Interessen dienen. Tatsächlich ging die deutsche Penetration weit über die reinen Handelsbeziehungen hinaus und ergriff sämtliche Bereiche des internationalisierten Insellebens. Hierzu trug der Umstand entschieden bei, dass die Siemens-Bauunion, beziehungsweise ihre spanische Tochtergesellschaft Compañía Metropolitana de Construcción, mit dem Ausbau der Häfen – dem Schlüssel für die kanarische Exportwirtschaft – beauftragt wurde.[206] Von der wachsenden Bedeutung der deutschen Präsenz auf den Inseln zeugt auch eine Dankesfeier, die 1928 zu Ehren Jakob Ahlers' von der örtlichen Obrigkeit ausgerichtet wurde. In einem Bericht der Tagespresse hieß es:

---

204 Muthesius, Hermann: *Die Werkbundarbeit der Zukunft (1914)*. In: *Zwischen Kunst und Industrie, der Deutsche Werkbund*. Stuttgart 1975. S. 94-95.

205 Pöppinghaus, Ernst-Wolfgang: *„Moralische Eroberungen"? Kultur und Politik in den deutsch-spanischen Beziehungen der Jahre 1919 bis 1933*. S. 90-101.

206 Vgl. *Molenbau im Hafen von Santa Cruz auf Teneriffa*. In: Siemens Bauunion 5 (1926), Nr. 6, S. 21-24.

III. Inseln *421*

Der gestrige Akt war vor allem eine Bekundung der Dankbarkeit, wenngleich er auch den Aspekt einer unverzichtbaren Zielsetzung in sich trug: Der ganzheitliche Anschluß der Insel, ihrer Kultur und ihres materiellen Fortschritts, muß durch den Zuwachs ihres Reichtums bestärkt werden. In diesem Sinne ist Teneriffa auf die wirtschaftliche und technische Unterstützung des Auslandes angewiesen, dessen Gewinn bei der Eröffnung neuer Wege und Horizonte sich zum Vorteil der Insel auswirkt, welche die neuen und wertvollen Beiträge in sich sammelt. (...) Ein weiterer Aspekt der Hommage war also der, die grundlose Tendenz schon im Keim zu ersticken, die uns zu einer unverständlichen Ausländerfeindlichkeit führen möchte.[207]

Der Kommentar macht deutlich, wie die Internationalisierung trotz einiger Widerstände im Allgemeinen mit Wohlwollen angenommen wurde und politische Haltungen hervorrief, die ihren Einfluss auf das soziale und kulturelle Umfeld des Archipels positiv auslegten. Im Sinne einer Beschreibung dieser erwünschten, lokal spezifischen Internationalität ist es nicht uninteressant, die konkreten Wechselbeziehungen zwischen der kleinen auf Teneriffa angesiedelten deutschen Kolonie und der mit universellem Anspruch dem kulturellen Fortschritt verschriebenen Zeitschrift *g.a.* festzustellen. Zum Beispiel lieferte Raymond Matthys – der Leiter der Deutschen Schule – einen Beitrag zum dritten *g.a.*-Heft, das aus Anlass des 100. Todestages Goethes („el universal") gewidmet war.[208] Matthys sollte allerdings nicht nur als Goethe-Kenner sondern vor allem als Reformpädagoge und als Psychologe unter den Redaktionsmitgliedern hohes Ansehen genießen, wie im 13. Heft erklärt wurde:

der professor r.m. gehört zu unseren besten pädagogen und er ist *g.a.* freundschaftlich verbunden. in verschiedenen vorträgen hat er die letzten wendungen der psychologie und der psychoanalyse bei freud und adler untersucht. er gehört zu den agilsten internationalen geistern im insularen raum.[209]

Von einer Zeitschrift, die heute vornehmlich für die Ausrichtung der II. Internationalen Ausstellung des Surrealismus (1935) bekannt ist, soll dieses Lob etwas heißen. Hier wird erneut die Heterogenität von *g.a.* deutlich: Wie sollte Westerdahls Rationalismus mit André Bretons „L'amour fou" (1937) vereinbar sein? Lange bevor dieser in Begleitung von Ehefrau Jacqueline und Benjamin Perret die Insel besuchte, hatte Jakob Ahlers zwischen Hildebrandt

---

207 *Homenaje de Tenerife a Don Jacobo Ahlers*. In: La Tarde 2 (1928), Nr. 160, 9 de abril de 1928, S. 1 u. 8. Übersetzung J. M. W.

208 Matthys, Raymond: *Posible influencia hispánica en la obra de Goethe*. In: Gaceta de Arte 1 (1932), H. 3, S. 1.

209 *Profesor Raymond Matthys*. In: Gaceta de Arte 2 (1933), H. 13, S. 4. Übersetzung J. M. W. Siehe auch: *Conferencia de Raymond Matthys*. In: Gaceta de Arte 2 (1933), H. 14, S. 2.

Gurlitt – dem Leiter des Hamburger Kunstvereins – und Westerdahl mit dem Ziel zu vermitteln versucht, 1933 eine Ausstellung moderner norddeutscher Künstler in Santa Cruz zu zeigen. Sie wurde von *g.a.* angekündigt. Aufgrund des politischen Wandels in Deutschland kam sie aber nie zustande.[210] Anders als die Ausstellung zum zeitgenössischen deutschen Möbel, in der die Stahlrohrsessel der Firma Thonet (u. a. von Marcel Breuer) gezeigt wurden. Deutschland wurde hier mit dem Bild des Zeitgenössischen assoziiert, das den *g.a.*-Redakteuren vorschwebte. Ähnliches geschah mit der Ausstellung (im *Círculo de Bellas Artes*) der Arbeiten des Pinneberger Architekten Klaus Groth, dessen Bruder zu den aktivsten Mitgliedern der deutschen Kolonie zählte. Im 14. Heft (April 1933) wurde unter seinen Arbeiten das Kreiskrankenhaus in Pinneberg hervorgehoben, das die zeitgenössischen Entwurfskriterien der neuen Architektur veranschaulichte. Die terrassierte Anlage, welche die Fassaden den Hauptgenesungsfaktoren Luft, Licht und Sonne unterordne, weise – so *g.a.* – den Architekten als einen der rationalen Zeitgenossenschaft aufgeschlossenen Techniker aus.[211] Was in der Ankündigung der Ausstellung und in der Besprechung des Kreiskrankenhauses verschwiegen wurde, war, dass Klaus Groth alles andere als ein radikaler Avantgardist war, wie die weiteren Bauten in der Ausstellung und vor allem seine Bauten auf Teneriffa bezeugen.[212] Vor allem die Bedeutung des lokalen Bezuges und des handwerklichen Anspruch der traditionellen norddeutschen Klinkerarchitektur wurden von *g.a.* bewusst ausgelassen. Dagegen wurde dem Leser das Bild einer internationalen, mit äußerster Konsequenz zweckrationalen Moderne vermittelt.

---

210 Die Ankündigung erfolgte im zehnten Heft: *g. a. y sus relaciones europeas: dr. gurlitt: kunstverein – hamburgo*. In: Gaceta de Arte 1 (1932), H. 10, S. 4. *Gurlitt, Hildebrandt: arte fascista en la nationalgalerie*. In: Gaceta de Arte 2 (1933), H. 17, S. 1. *G. A. y sus relaciones internacionales. Dr. Hildebrandt Gurlitt*. In: Gaceta de Arte 2 (1932), H. 20, S. 4.

211 *El arquitecto Klaus Groth*. In: Gaceta de Arte 2 (1933), H. 14, S. 3.

212 Klaus Groth entwarf für seinen Bruder Ernst – Ahlers' Prokurist – verschiedene Projekte auf Teneriffa: Ein Vorschlag zum Umbau des Wohnhauses in Santa Cruz (1929) und zwei Varianten für das Haus in Vistabella (1933-1934). Außerdem entwarf er für Ahlers verschiedene Holzschuppen, die im Hafen von Santa Cruz aufgerichtet werden sollten. Unterlagen zu diesen Projekten findet man im Schleswig-Holsteinischen Archiv für Architektur und Ingenieurbaukunst in Schleswig unter: AAI Bestand Klaus Groth 1184 Pl. Zu Groths Werk siehe: Ulrich Höhns: *Klaus Groth – Ein Architekt zwischen Konvention und Experiment*, in: Klaus Alberts, Ulrich Höhns (Hrsg.), *Architektur in Schleswig-Holstein 1990-1996*, Hamburg 1996.

3.76

3.77

3.78-3.79

3.76 „g.a. präsentiert klaus groth", Santa Cruz de Tenerife 1933. Faltblatt
3.77 Klaus Groth: *Kreiskrankenhaus Pinneberg*, 1931 [*Bauwelt*, 1931]
3.78-79 Klaus Groth: *Haus Ernst Groth*, Teneriffa 1933-34.

Bei dieser Diskrepanz hat es sich keineswegs um einen Einzelfall gehandelt. Sie entstand ebenso durch die erstaunliche Bebilderung vieler der Architekturartikel in *g.a.*: Texte von Le Corbusier („Architektur oder Revolution"), Ernst May („Neue Städte in der UdSSR") oder Hilberseimer („Internationale Neue Baukunst", „Die Wohnung für das Existenzminimum") wurden mit Fotografien der eher gemäßigten und ortsgebundenen Moderne Hamburgs illustriert – einer Stadt, die nicht einmal zu den fünf deutschen Brennpunkten des Zeitgenössischen gehörte, die *g.a.* in ihrer Standortbestimmung aufgezählt hatte. Hamburg war allerdings Europas größter Importhafen.

Die Bilder der neuen Hamburger Architektur waren größtenteils Aufnahmen Westerdahls, die unter anderen Arbeiten von Schumacher, den Gebrüdern Gerson und Fritz Höger zeigten. Die Hamburger Präsenz zeichnete *g.a.* aus. In keiner anderen spanischen Zeitschrift dieser Zeit fand die Hansestadt eine vergleichbare Beachtung. Es lassen sich lediglich vereinzelte Artikel ausmachen, wie Lacasas frühe Übersetzung von Schumachers Texten zum Städtebau in *Arquitectura* (1924) oder ein Artikel, den Linder 1930 in derselben Zeitschrift dem Werk Karl Schneiders widmete.[213] Dessen Ausstellungsgebäude für den Hamburger Kunstverein bildet eine Ausnahme: Im dritten *AC*-Heft wurde es in den höchsten Tönen gelobt: „Es fällt uns schwer zu glauben, dass so viel Schönheit und Nüchternheit möglich sein kann, und wir geben dieses Werk Karl Schneiders – der wohl nicht der Baukommission des Reiches angehört – als Musterbeispiel bekannt."[214] Wie mehrfach bemerkt worden ist, sollte Schneiders Gebäude tatsächlich verschiedenen spanischen Architekten – unter ihnen Aizpurua – beim Nationalen Architekturwettbewerb von 1935 als Vorbild dienen.[215] Der neue Sitz des Kunstvereins gab jedoch mit seinen glatten, weiß verputzten und gläsernen Flächen nicht gerade ein Bild der hamburgischen Eigentümlichkeit ab. Ein solches sollte erst Mitte der dreißiger Jahre durch das Aufkommen neuer Zeitschriften nach dem Vorbild von *Moderne Bauformen*, wie *Nuevas Formas*, *Viviendas* oder *Obras*, in Spanien Verbreitung finden – wenngleich die Präsenz der Hanse-

---

213 Siehe: Schumacher, Fritz: *La anchura mínima de las calles de viviendas*. In: Arquitectura 6 (1924), H. 12, S. 339-343. Linder, Paul: *Sobre especialistas, sobre arquitectura universal y sobre el arquitecto hamburgués Karl Schneider*. In: Arquitectura 12 (1930), H. 11, S. 333. Pérez Mínguez, Luis: *La organización del Plan Regional. Estudio sobre el plan regional hamburgo-prusiano hecho a base del material facilitado por su director, doctor Fritz Schumacher*. In: Arquitectura 14 (1932), H. 11-12, S. 350-361.

214 *El nuevo director de Bellas Artes*. In: AC 1 (1931), H. 3, S. 32. Übersetzung J. M. W.

215 Vgl. *VI Concurso Nacional de Arquitectura. Edificio destinado a Exposición permanente de Bellas Artes*. In: Arquitectura 19 (1936), S. 27-56

III. Inseln

stadt deutlich hinter der Berlins zurückblieb. Diese eleganten Hochglanzpublikationen entfernten sich vom theoretischen Programm der *g.a.* In einem Kommentar zu *Obras* war dort von einer Zeitschrift mit gravierenden ideologischen Mängeln die Rede: „gran deficiencia ideológica".[216] Eine Kritik, die sie auch in einem Kommentar zur Darmstädter Zeitschrift *Innen-Dekoration* anbrachten. Dieser fehlte es ihres Erachtens an „wahrem Propagandasinn". Ihr „grausames Durcheinander" sei ein Hort der bürgerlichen Eleganz, die den Funktionalismus als bequemes und reinliches Laster unserer Zeit erfüllte.[217]

Die ideologischen Bedenken prägten auch Westerdahls Sicht der neuen hanseatischen Klinkerarchitektur, die er ja auf seiner Europareise kennen gelernt hatte und mit der er sich gleich im zweiten *g.a.*-Heft befasste. Er stellte dabei Worringers Thesen zur Flucht in die Abstraktion voran und definierte die „Reaktion gegen die Kompliziertheit des Überflüssigen" so wie die „Aktion des ökonomischem Imperativs" als die zwei Hauptanliegen der „zentralen" zeitgenössischen Architektur, welche auch Deutschlands weiße Siedlungen hervorgebracht habe. Bremen und Hamburg stellten seines Erachtens „dezentrale" Erscheinungen der Zeit dar. Der Hamburger Sprinkenhof zum Beispiel wies nach Meinung Westerdahls im Inneren Elemente von äußerster Zweckrationalität auf. Seine zwar monotone, aber dekorierte Klinkerfassade dagegen stelle eine Rückkehr zum Detail, zur Schichtung, zur Musikalität, dar, die sich den zeitgenössischen gesellschaftlichen Bedürfnissen entziehe.[218]

Trotz Westerdahls Kritik erschienen in *g.a.* verschiedene Bilder der unter Schumacher in Hamburg errichteten Arbeitersiedlungen, die mit den Konzepten der Zweckrationalität und der Universalität verknüpft wurden. Zum Beispiel, als der sozialdemokratische Stadtverordnete und *g.a.*-Redakteur Pedro García Cabrera über den künstlerischen Wert der Arbeitersiedlung schrieb und dazu ein Foto der Jarrestadt zeigte.[219] Tatsächlich waren die Hamburger Siedlungen selbst im deutschen Vergleich vorbildlich, wie Martin Wagner angesichts des Erfolgs der Hamburger Teilnehmer am Rfg-Wettbewerb Berlin-Spandau einräumte.[220] Und so versteht sich, dass sich im Kon-

---

216 *Indice de revistas, Obras*. In: Gaceta de Arte 2 (1933), H. 14, S. 4.
217 *Indice de revistas, Innen Dekoration*. In: Gaceta de Arte 2 (1933), H. 14, S. 4.
218 Westerdahl, Eduardo: *Movimientos simples en la estética actual*. In: Gaceta de Arte 1 (1932), H. 2, S. 3.
219 García Cabrera, Pedro: *Casas para obreros*. In: Gaceta de Arte 1 (1932), H. 4, S. 3.
220 Wagner, Martin: *Die Reichsforschungssiedlung in Spandau*. In: Das neue Berlin 1 (1929), H. 2, S. 31-32.

text der republikanischen Aufbruchstimmung auch Cabreras Sehnsüchte nach einem soziokulturellen Konsens am Bild der „nackten Kunst" der Hamburger Siedlungen entzünden konnten. Nicht die Hamburger Luxusdampfer transportierten die Wunschbilder des Modernen, sondern Schumachers Kleinstwohnungsreform. An dieser Stelle klafft jedoch ein tiefer Spalt zwischen dem „universellen" Anspruch der „zweckrationalen Arbeitersiedlung" und der insularen Wirklichkeit. Denn Cabreras Versuche, auch in Santa Cruz eine Siedlung mit „casas baratas" zu realisieren, blieben zunächst ohne Erfolg.[221] Glaubt man einer Statistik des spanischen Arbeitsministeriums, die 1934 in der Madrider Zeitschrift für sozialdemokratische Studien *Tiempos Nuevos* (Neue Zeiten) veröffentlicht wurde, so war bis dahin auf den Inseln keine einzige Billigstwohnung errichtet worden.[222] Das scheint auch die vierjährige Berufstätigkeit des Hamburger Architekten Richard Ernst Oppel zu bestätigen, der in dieser Zeit mit der Problematik des Kleinstwohnungsbaus nicht in Berührung kam – und das, obwohl er gerade durch seine Beteiligung an den Siedlungen Jarrestadt und Dulsberg auf diesem Gebiet über wertvollste Erfahrungen verfügte.[223] Oppels Präsenz verrät, dass die wahre Bedeutung, die den konkreten Realisierungen der neuen Architektur auf den Kanarischen Inseln zukommt, keineswegs auf ihren sozialen Errungenschaften beruht. Sie lieferte dort primär Repräsentationsobjekte für ein kulturell ambitioniertes Handelsbürgertum, das sich die Produkte des neuen „internationalen Stils" und die mit ihm verbundenen Lebensweisen aneignete. In den vier Jahren seines ersten spanischen Aufenthalts sollte sich Oppel vor allem dem Bau moderner Villen widmen.

---

221 Wie Maisa Navarro festgestellt hat, sollten Cabreras Initiativen erst nach 1936 fruchten, als er selber längst seines Amtes enthoben worden war. Siehe: Navarro Segura, Maisa: *Racionalismo en Canarias*. Santa Cruz de Tenerife 1988. S. 122-127, 226.

222 Vgl.: Tiempos Nuevos, Heft 13 vom 25.10.1934, S. 43. Hierzu ist ein weiterer Artikel Westerdahls von Interesse, der in der Tagespresse die „Universalität der Wohnungsfrage" erklärte und dabei die Tatenlosigkeit der verantwortlichen Ämter auf den Inseln beklagte: Westerdahl, Eduardo: *La vivienda y sus crisis*. In: La Tarde 6 (1935), 31.5.1935, S. 1.

223 Zu Oppels Arbeiten in Hamburg siehe: Medina Warmburg, Joaquín: *Imágenes de la ciudad hanseática. R. E. Oppel, arquitecto entre Hamburgo y Canarias*. In: Basa 23, 2000. S. 121-137. Medina Warmburg, Joaquín: R. E. Oppel: *La casa Weidtman, Blankenese 1931*. In: Basa 20/21, 1997. S. 140-145.

III. Inseln

Richard Ernst Oppel: Landhausbau zwischen Hamburg und Las Palmas

Oppel war Anfang 1932 zunächst zum Urlaub nach Teneriffa gereist. Angesichts der desolaten Auftragslage in Deutschland und der regen Aktivität auf der Insel, fasste er den Entschluss, sich in Spanien als selbstständiger Architekt nieder zu lassen. So dokumentiert es das Mitgliederverzeichnis des BDA von 1933, wo er als freier Architekt mit eigenem Büro in Puerto de la Cruz geführt wurde.[224] Wie wir es aber von Kurt Wolfs Erfahrung her wissen, war auch Oppel auf einen spanischen Kollegen angewiesen. Nach ersten, fruchtlosen Anläufen (unter anderem mit Eladio Laredo, der noch heute als Autor des Palacio Bermejillo gilt) wandte er sich im Mai 1932, unmittelbar vor seiner vorgesehenen Rückreise, in einem letzten Versuch an den in Las Palmas angesiedelten Architekten Miguel Martín Fernández de la Torre und bot diesem seine Mitarbeit an. Martín, der ein florierendes Büro führte, nahm das Angebot des 46-jährigen an. Dabei mag eine Rolle gespielt haben, dass Martín durch die von ihm abonnierten Zeitschriften *Moderne Baufomen* und *Wasmuths Monatshefte für Baukunst* einige Arbeiten Oppels gekannt hat.[225] Es waren hauptsächlich diese Publikationen, die Miguel Martín über den Wandel in der europäischen Architektur informierten. Zwar hatte er 1919 mit seinen damaligen Madrider Kommilitonen Mercadal und Lacasa einen gemeinsamen Wettbewerbserfolg feiern können, im Gegensatz zu diesen war er aber – mit Ausnahme seiner Hochzeitsreise nach Deutschland und Österreich 1929 – nicht in den Genuss der mitteleuropäischen *grand tour* gekommen.[226] In anderen Worten: Er kannte die neue Architektur lediglich aus zweiter Hand. Dennoch hatte er sich schon 1927 – fünf Jahre vor Oppels Ankunft – geradezu militant für sie eingesetzt. Damit ist die Debatte um die neue Architektur gemeint, die er 1930 mit verschiedenen Vorschlägen für Wohn- und Geschäftshäusern in Santa Cruz auslöste. Seine Entwürfe waren aufgrund ihrer Schmucklosigkeit abgewiesen worden, was zu erregten Diskussionen im Stadtrat führte.[227] Einer der Befürworter von Martíns Arbeit zog in seiner Argumentation Hilberseimers „Internationale Neue Baukunst"

---

224 *BDA Handbuch. Offizielles Mitgliederverzeichnis des Bundes Deutscher Architekten*. Berlin 1933. (S. 99, Mitglieder im Auslande)

225 Miguel Martins Zeitschriftensammlung befindet sich heute in der Architektenkammer Las Palmas. Zu ihrem Bestand siehe: Martín Hernández, Manuel: *Desde la hemeroteca de Miguel Martín*. In: *El Cabildo Insular y la ciudad racionalista*. Las Palmas de Gran Canaria 1987/1989.

226 Torres Balbás, Leopoldo: *Los Monumentos Conmemorativos*. In: Arquitectura 3 (1920), H. 26, S. 166-172.

227 Navarro Segura, Maisa: *Racionalismo en Canarias*. Santa Cruz de Tenerife 1988. S. 308-309, 317-320.

3.80 3.81

3.82

3.80-81 Richard Ernst Oppel: *Block Bürgerbau in der Jarrestadt* (Hamburg 1927-1928).
3.82 Miguel Martín: *Tabakfabrik „La Belleza"* (Santa Cruz de Tenerife 1929).

heran, um die zuständigen Behörden in ihrer provinziellen Rückständigkeit und ihrer fachlichen Inkompetenz bloß zu stellen.[228] Auch *g.a.* nahm Martín mit ihrem „Zweiten Rationalisten Manifest" in Schutz.

Martin stand aufgrund seines Madrider Studiums und seiner beruflichen Erfahrung im Büro Secundino Zuazos in direkter Verbindung mit der so genannten *Generación del 25*. Demzufolge zeigt auch seine Architektur vor 1932 eine deutliche Neigung zur Bildhaftigkeit bzw. zur Zusammenstellung von regionalen oder technischen Elementen, die oft aufgrund ihrer Zeichenhaftigkeit und ihres ornamentalen Einsatzes von der plastischen und tektonischen Gesamtstruktur losgelöst bleiben. Erst durch Oppels Einfluss gelang es ihm, über das Prinzip der *Collage* und des streng symmetrischen Kompositionsschemas hinaus zu gehen. Es erstaunt daher, dass wiederholt versucht worden ist, Oppels Beitrag auf den eines besseren Bauzeichners zu beschränken. Dieser Darstellung muss entschieden widersprochen werden, was keineswegs auf eine Schmälerung von Martins Leistungen hinauslaufen darf. Denn er blieb der Kopf des äußerst effizient funktionierenden Büros.[229] Es

---

228 Navarro Segura, María Isabel: *Eduardo Westerdahl y la construcción de Canarias como identidad espacial*. In: *Gaceta de Arte y su época, 1932-36*. Las Palmas de Gran Canaria 1997. S. 48.

229 In seinem klassischen Essay „Spanische Architektur der 2. Republik" (Barcelona 1970) wies Oriol Bohigas darauf hin, dass der kulturelle Aufbruch im demokratischen Spanien der dreißiger Jahre neben Madrid, Barcelona und dem Baskenland einen weiteren Brennpunkt auf den Kanarischen Inseln besaß, und würdigte dabei den Deutschen R. E. Oppel als den für die baulichen Auswirkungen hauptverantwortlichen Architekten. Zudem charakterisierte er die Kanaren als „Oppels kulturelles Vizekönigreich" und sah eben in dieser Herrschaft einen der Gründe für die Kontinuität des Phänomens über die historisch-politischen Grenzen seiner Studie – die der 2. Spanischen Republik – hinaus. Bohigas' Urteile entfachten in Oppels angeblichem „Herrschaftsraum" eine Urheberschaftspolemik, im Zuge derer Gegendarstellungen entstanden, die nicht dem hohen Wert der Architektur und ihrer Bedeutung innerhalb des allgemeineren kulturellen Prozesses gerecht wurden. So auch die Arbeiten der Professoren Sergio Pérez Parrilla und José Luis Gago Vaquero. Zum Teil kam es bei der Monumentalisierung der Figur Miguel Martíns zum Helden einer „peripheren Avantgarde" zu einer systematischen Fälschung von Daten oder zu einer konsequenten Ausblendung seiner ungebrochenen regionalistischen Produktion. Lediglich Alberto Sartoris, Fernando Beautell und Maisa Navarro haben in ihren Studien Oppels Beitrag gewürdigt. Siehe: Bohigas, Oriol: *Arquitectura Española de la Segunda República*. Barcelona 1970 /1998. Beautell Stroud, Fernando: *Racionalismo en Canarias*. In: Jano. Arquitectura y Humanidades 22 (1974). Bohigas, Oriol: *Un racionalismo canario*. In: Arquitectura Bis 9 (1975). Pérez Parrilla, Sergio: *La arquitectura racionalista en Canarias*. Las Palmas de Gran Canaria 1977. Luis Gago, José: *Arquitecturas para la gran ciudad. In: Miguel Martín – Arquitecturas pa-*

ist aber auch Oppels Beitrag zu würdigen. Mit der Aufnahme des erfahrenen deutschen Kollegen erfolgte ein qualitativer Sprung der Produktion des *Estudio Miguel Martín*, die vier Jahre später – nach Oppels Weggang – wieder spürbar verflachte. Miguel Martín, der seit 1934 mit Oppel verschwägert war, hat selbst zur dieser Verkennung beigetragen, indem er Anfang der siebziger Jahre denjenigen, die sich für Oppels Werk interessierten, den Rat gab, es ausschließlich in Deutschland zu suchen.[230] Folgen wir seinem Hinweis.

Oppel hatte sich zu Beginn der zwanziger Jahre in Hamburg vor allem als Landhausarchitekt einen Namen machen können. Diese Aufgabe – schrieb er 1921 – stelle die allerhöchsten Ansprüche an den Architekten. In diesem Sinne erläuterte er seine Kriterien beim Entwurf des Landhauses am Himmelhorst (Haus Berlin) in Großhansdorf bei Hamburg:

> Die ganze architektonische Auffassung steht unter dem Zeichen der Sparsamkeit und der bewußten Beschränkung. Die Wirkung wird erreicht durch eine berechnete Kombination der inneren Raumgruppierung mit den aus Bauplatz und Gelände sich ergebenden ästhetischen Forderungen. Prinzipiell ist zu unterscheiden zwischen dem Gartenstadthaus und dem in freier Landschaft liegenden Landhaus. Letzteres stellt besonders an landschaftlich sehr exponierten Punkten die größten Anforderungen an den Architekten. Hier ist es nicht die Fassade, sondern die plastische Gruppe, nicht das Gesicht, sondern der Charakterkopf. Hier heißt es mit ökonomischer Haushaltung das mitunter knappe Material zu einer Gruppierung zu gestalten und im Landschaftsbild, in der richtigen Form, zu krönen. Ein Landhaus ist ein Organismus, an dem wie in einem Körper, bei Vermeidung äußerer Unebenheiten, alles in praktischer Form untergebracht werden muß. Man spricht von Formen, es gibt hier keine Formen a priori. Aus dem Bedürfnis wachsen die Möglichkeiten der Gestaltung, aber von diesen Möglichkeiten gibt dann Gelände, Sonne, Bäume, Zufahrt den Ausschlag, nachdem der eine oder andere dieser Faktoren bereits dem Innern die bezügliche Orientierung diktiert hat.[231]

Oppels Primat der ökonomischen und plastischen Ableitung einer funktionalen Form verweist auf den reformierten deutschen Landhausbau, für den Muthesius mit seinem Buch „Das Englische Haus" 1905 das Programm verfasst hatte. Die vorbildliche Landhausarchitektur der Insel führte vor, wie aus rationaler Beschränkung die Kultiviertheit des Gebrauchs erfolgte. Um eben diese ging es Oppel beim Bau „neuzeitlicher" Landhäuser – spätestens

---

ra la gran ciudad. Las Palmas de Gran Canaria 1995. Luis Gago, José: *Bohigas, 29 años negando a Miguel Martín*. In: La Provincia, 3.6.1999, S. 46.

230 Herrera Piqué, Alfredo: *Miguel Martín Fernández y la arquitectura racionalista en Canarias*. Diario de Las Palmas 27 de Marzo de 1974, S. 28-29.

231 *Neuzeitliche Landhaus-Entwürfe des Architekten Dipl.-Ing. R.E. Oppel, Hamburg*. In: Bau-Rundschau 12 (1921), H. 3, S. 35. Vgl. Dokument im Anhang.

3.83

3.84

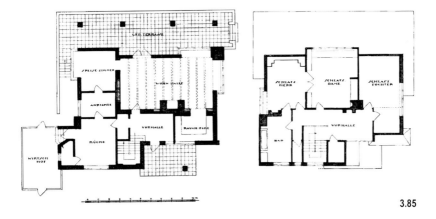

3.85

3.83-85 Richard Ernst Oppel: *Haus Berlin*, Groß-Hansdorf 1921. Foto [*Moderne Bauformen*, 1925] Skizze [*Bau-Rundschau*, 1921] und Grundrisse [*Moderne Bauformen*, 1925]

seit dem Entwurf für das Haus Schlierholz, bei dem es galt, „ohne erhebliche Aufwendungen den kultivierten Ansprüchen eines Ehepaars Rechnung zu tragen, bei dem sich durch längeren Aufenthalt in England eine gewisse Vorliebe für den Cottagecharakter herausgebildet hatte".[232] Auf diesen theoretischen Hintergrund wurde auch 1925 hingewiesen, als *Moderne Bauformen* den vier Jahre zuvor realisierten Entwurf veröffentlichte. Oppel – so wurde er zitiert – war der Ansicht, dass der englische Landhausbau hinsichtlich sowohl der zwanglosen Einfügung in das Gelände als auch der zweckmäßigen Disposition des Inneren noch viele Anregungen zu geben hatte.[233] Das Haus am Himmelhorst lieferte den Beweis. Es ordnete sich der Landschaft nicht unter, sondern verstand sich als exponierte Ergänzung an der höchsten Stelle eines im Süden sanft ansteigenden Hügels. Diese Neigung versuchte Oppel zur Gartenseite durch die tiefgezogene Dachfläche aufzunehmen. Das Haus zeigte sich hier als geschlossene Einheit. Ganz anders dagegen an der Nordseite, wo das Dach nicht nur steil abfiel, sondern zudem eine gebrochene Plastizität von Durchstößen und Schnittkanten entfaltete. Maßgebend war der innere Organismus, der sich nach außen abbildete. Er folgte dem Prinzip der Eigenständigkeit der einzelnen Funktionsräume, die nicht in eine vorgefasste Form oder Rahmung gezwungen werden sollten. Die Disposition der Grundrisse – insbesondere die der Wohnräume – kann trotz der geringen Dimensionen des Projektes als ein offenes Konglomerat von zweckbestimmten Raumzellen, Nischen oder Erkern gelesen werden.

Das nüchterne Erscheinungsbild des Hauses am Himmelhorst wird Oppels Begrifflichkeit der „bewussten Beschränkung" gerecht. Die Bilder des Hauses bringen aber ebenso Poseners Ausdruck von der „Familie als Kunstwerk" ins Gedächtnis, mit dem dieser die Wohnform des reformierten Landhauses seiner Berliner Kindheit charakterisierte.[234] Er bezeichnete damit das bürgerliche Wohnen der Lebensreformbewegungen mit ihrem moralisierenden Pathos, das der unwirtlichen Stadt den Rücken zeigte, um in den vorstädtischen Villenkolonien „wieder" ein natürliches, unverdorbenes, zwangloses Leben zu führen. Ein scheinbar informelles Familienleben, für das der schwedische Maler Carl Larsson mit seinem „Haus in der Sonne" (1899) die passenden Bildvorlagen geschaffen hatte. Auch bei der Betrachtung der Innenraumaufnahmen von Oppels Haus am Himmelhorst fällt es schwer, sich dem *déjà-vu* zu entziehen. Allerdings lässt sich bei ihm eine alternative Herkunft der Bilder ausmachen: Oppel hatte zu einer Zeit in Dresden Architektur studiert,

---

232 *Arbeiten des Dipl.-Ing. Oppel.* In: Bau-Rundschau 13 (1922), H. 10, S. 10.
233 Feddersen, Martin: *Zu dem Landhause von Richard Ernst Oppel.* In: Moderne Bauformen 24 (1925), S. 340.
234 Posener, Julius: *Fast so alt wie das Jahrhundert.* Basel 1993. S. 49 ff.

als dort die Deutschen Werkstätten mit Hellerau den Bau der ersten deutschen Gartenstadt in Angriff nahmen und die Dritte Deutsche Kunstgewerbeausstellung ausgerichtet wurde. Es war das Umfeld, das auch den Deutschen Werkbund hervorgebracht hat, zu dessen Gründung Oppels Lehrer Fritz Schumacher seine Rede von der „Wiedereroberung harmonischer Kultur" hielt.

Nach seinem Studium ist Oppel Schumacher von Dresden nach Hamburg gefolgt, wo er bis 1922 unter seiner Leitung am Hochbauamt tätig war. Dort wurde er mit der Bauleitung einiger der bekanntesten Bauten Schumachers für die Hansestadt betraut, wie der Volkslesehalle in der Moenckebergstraße. Auch in seiner Laufbahn als freischaffender Architekt in Hamburg entwickelte sich Oppels Werk eng an Schumachers Gedanken zur Baukunst und zur Stadt. So überrascht es nicht, dass sich Oppel durch entsprechende Wettbewerbserfolge zur Mitwirkung an Schumachers Kleinwohnungsreform – Jarrestadt und Dulsberg – auszeichnen konnte. Die Beteiligung am „Werden einer Wohnstadt" blieb aber nicht der einzige Beitrag, den Oppel für Schumachers „Kunstwerk Hamburg" leistete. Den auffälligsten hat er 1929 mit dem Umbau des Modehauses Hirsch & Co erbracht, als es ihm unmittelbar gegenüber der Alsterarkaden gelang, die Architektur der großstädtischen Geschäftsstraße – inklusive moderner Lichtarchitektur – mit dem Kunstwert von Schumachers *Piazzetta* zwischen Rathausmarkt und Binnenalster zu verbinden.[235] Oppels Erfahrungen im Umgang mit den Formen der neuen Architektur sollte allerdings wieder außerhalb der Stadt ihren vorläufigen Höhepunkt erreichen: 1929-1931 errichtete er in Blankenese das Haus Weidtman, eine luxuriöse Villa, in der er seine Landhausgedanken erstmals in einer dezidert modernen Formensprache umsetzten konnte. Oppels Vorstellungen waren diesmal keine Grenzen gesetzt. Selbst auf Kosten oder Bauherrenwünsche brauchte er keinerlei Rücksicht zu nehmen. Die zukünftigen Bewohner des Hauses, die Geschwister Max und Anni Weidtman, hatten von ihren 1922 verstorbenen Eltern ein Vermögen geerbt, das diese mit dem kolonialen Eisenbahnbau in Deutsch-Südwest-afrika gemacht hatten. Das Geld sollte nun, wo sie beide volljährig waren, zum Bau ihres Hauses dienen. Die Gelegenheit, ihre Wünsche bei der Planung einzubringen, wurde ihnen vom Testamentvollstrecker verweigert. Er gewährte Oppel freie Hand.[236]

---

235 Siehe: Medina Warmburg, Joaquín: *Imágenes de la ciudad hanseática. R. E. Oppel, arquitecto entre Hamburgo y Canarias*. In: Basa 23, 2000. S. 121-137.
236 Vgl.: Medina Warmburg, Joaquín: *R. E. Oppel: La casa Weidtman, Blankenese 1931*. In: Basa 20/21, 1997. S. 140-145.

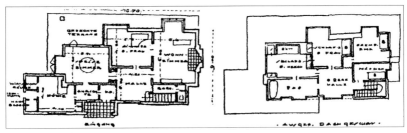

3.86

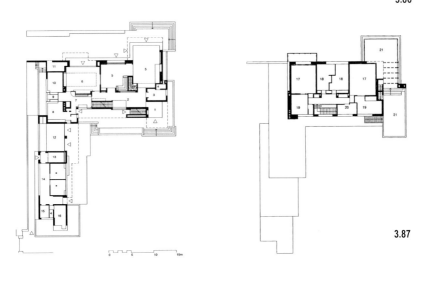

3.87

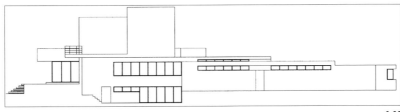

3.88

3.86 Richard Ernst Oppel: *Haus Schlierholz*. Grundrisse [*Bau-Rundschau*, 1922]

3.87-88 Richard Ernst Oppel: *Haus Weidtman*, Blankenese 1931. Grundrisse und Ansicht: 1. Eingang, 2. Diele, 3. Garderobe, 4. WC, 5. Wohnzimmer, 6. Speisezimmer, 7. Anrichte, 8. Küche, 9. Vorratskammer, 10. Mädchenzimmer, 11. Abstellkammer, 12. Garage, 13. Futter, 14. Pferdestall, 15. Sattelkammer, 16. Chauffeur, 17. Schlafzimmer, 18. Gästezimmer, 19. Bad, 20. Putzraum, 21. Terrassen.

Oppels realisierter Entwurf bestand aus einem zentralen Quader – der die Wohn- und Schlafzimmer enthielt –, um den sich eine Reihe von horizontalen Ebenen – Terrassen und Dächer – in spiralförmiger Abstufung anordneten. Nach Außen entstand so eine kubische Plastik im Dialog zwischen monolithischer Statik und artikulierter Bewegtheit. Im Inneren jedoch, entpuppte sich der vorgeblich geschlossene Körper als Teil einer porösen Struktur, welche die Raummatrix von Oppels Landhausentwürfen der frühen zwanziger Jahre wiederaufnahm. Selbst im Vergleich mit dem wesentlich kleineren Haus am Himmelhorst könnte man von der Wiederkehr eines Typs sprechen – wenngleich in einem weitaus höheren Standard. Die Wohnbereiche der kleinen Ausführung als Reformarchitektur werden im modernen Haus Weidtman zu eigenständigen Räumen. Die Gemeinsamkeit lässt sich vor allem in der Überlagerung von lokalen Symmetrien im Wohnbereich erkennen. In Blankenese nahm sie die Form eines Clusters an, bei dem die einzelnen Zellen zu einer durchlässigen, transparenten Raumstruktur zu verschmelzen scheinen. Beim Öffnen der Schiebetüren wird durch die verbindende Diagonale die dreiteilige Raumfolge (Esszimmer-Wohnzimmer-Bibliothek) zu einer Einheit gefügt. Die Wände wirken dann als funktionale Einbauten innerhalb eines einzigen Raumes: Bank, Bar, Anrichte, Kamin, Regal, Treppe. Selbst die Grenze zum Außenraum scheint jetzt mehrdeutig. Vor allem, wenn im Kaminzimmer durch das Versenken der Glaswand die Trennung zur Terrasse hin aufgelöst wird. Diese Offenheit der Wohnräume und die freie Beziehung zu Natur und Garten war schon Gegenstand von Muthesius' Landhausreform gewesen. Eine befreiende Flucht aus dem bürgerlichen Interieur? Wie Martin Neitzke bemerkt hat, konnte die Offenheit tatsächlich als Aufhebung der sozialen Abschirmung innerhalb der Familie und so als Hinweis auf ein vermindertes Scham- und Peinlichkeitsempfinden verstanden werden. Eben so gut kann die Transparenz als Zeichen einer aseptisch gefilterten und panoptisch kontrollierten Nähe ausgelegt werden.[237]

Man muss sich den Zeitpunkt der Errichtung des Hauses Weidtman vergegenwärtigen: Die Fertigstellung fiel 1931 mit dem Höhepunkt der Krise in der Bauwirtschaft zusammen. 1931 war aber auch das Jahr, in dem Mies van der Rohe die Konzeption der Berliner Ausstellung „Die Wohnung unserer Zeit" erstellte. Er löste mit ihr – vor allem aber mit der eigenen Weiterverfolgung des in Barcelona eingeschlagenen Weges – eine Kontroverse aus, die daher rührte, dass in der Meinung einiger Kritiker die Berliner Ausstellungshäuser den sozialen Gedanken des Neuen Bauen sträflich missachteten. Behne zum Beispiel sprach von einer stilistischen Erstarrung, die keinen

---

[237] Neitzke, Martin: *Gustav Wolf: Bauen für das Leben. Neues Wohnen zwischen Tradition und Moderne*. Tübingen 1993. S. 128.

3.89-92

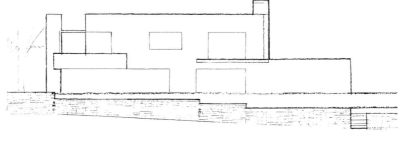

3.93

3.89-93 Richard Ernst Oppel: *Haus Weidtman*, Blankenese 1931. Fotos und Gartenansicht

Unterschied zwischen Stuttgart 1927, Breslau 1929 und Berlin 1931 erlaubte.[238] Es handelte sich daher nicht um „Wohnungen unserer Zeit" sondern vielmehr um solche von gestern oder gar vorgestern. In anderen Worten: Die Moderne zeigte sich in der Schau hoffnungslos unzeitgemäß. Für diese Weltfremdheit machte Adolf Behne in einer harschen Kritik die ‚moderne' Betrachtung der „Wohnung als ästhetisches Problem und als Installation" verantwortlich. Das Leben war in diesen Häusern blendend anzusehen; das moderne bürgerliche Wohnen verkam aber zu einer öffentlichen Zurschaustellung:

> Phantome, leblose Kombinationen, Beispiel einer Stildiktatur. Bilder mit architektonischen Mitteln, die Malerei der Elite. Und es ist nicht allzu verwunderlich, daß die Urheber dieser stereometrischen Bilder, dieser architektonischen Stilleben, das gemalte Bild nicht gern in ihren Wänden sahen. Denn das Bild des Malers ist Farbe. Die Welt der unbewohnten Wohnungen, dieser Wohnphantome aber war hellgrau, mittelgrau, dunkelgrau. Ein Blick von der Galerie sah nur graue Flächen, graue Mauern, graue Wände, vornehm und phlegmatisch. Nur die Warnstriche auf versenkbaren Glaswänden leuchteten rot: „Achtung! Glas!"[239]

Behnes Ärger und Enttäuschung sind verständlich. Schließlich beobachtete er, wie einige der überlebten Phantome, vor denen er in „Neues Bauen – Neues Wohnen" gewarnt hatte, von der neuen Architektur Besitz ergriffen: Die ewige Ritterlichkeit schien nun bloß von einem ästhetischen Snobismus abgelöst worden zu sein. War es aber von Behne nicht vermessen zu glauben, dass sich die entpanzerte Neuheit weniger zum Fetischismus eignen würde und die moderne Lebensführung frei von sozialer Abschirmung und Ostentation sein könne?

Zurück nach Spanien: Wie wir gesehen haben, hatte dort die soziale Utopie der Moderne in g.a. einen exponierten Vertreter gefunden, wenngleich es im unmittelbaren Umfeld der Zeitschrift zu keinen nennenswerten konkreten Umsetzungen ihrer politischen Ziele gekommen ist. Dabei hat in den dreißiger Jahren die Moderne auf den Kanarischen Inseln, wie in keiner anderen Region Spaniens Fuß fassen können. Dieses Phänomen ist im Zusammenhang mit den bereits angedeuteten Internationalisierungsprozessen zu verstehen, die sich aus dem Wirtschaftsmodell der Freihäfen ergaben. Und so liegt es nahe, auch den Warencharakter der neuen Architektur zu berücksichtigen. Hierbei darf nicht außer Acht gelassen werden, dass die importierten Repräsentationsobjekte des ‚internationalen Stils' vor allem eine neue Lebensform transportiert haben, deren Einführung nicht vorschnell als ober-

---

[238] Behne, Adolf: *Abteilung „Die Wohnung unserer Zeit"*. In: Zentralblatt der Bauverwaltung 51 (1931), H. 49/50, S. 733-734.
[239] Ebd., S. 734.

flächliche Mode abgetan werden sollte. Nicht nur weil das Phänomen der Mode für die Modernität einer Gesellschaft spricht, sondern vor allem weil die Aneignung einer neuen Wohnform ohne tiefgreifende Veränderungen in den elementarsten sozialen Strukturen – wie das Familienleben – nicht möglich gewesen wäre. Es wird daher von Interesse sein, ob Oppel bei seiner Tätigkeit als Mitglied des *Estudio Miguel Martín* Gelegenheit erhielt, seine Landhausgedanken einzubringen.

Als Standorte für modernen Villen kamen auf Gran Canaria entweder die damaligen Kurorte (heute Vororte) Tafira und Monte sowie die so genannte *Ciudad Jardín* von Las Palmas in Frage, die nach einem Bebauungsplan von Miguel Martín aus dem Jahre 1922 zwischen Stadt und Hafen (Puerto de La Luz) entstand. Mit Howards ursprünglichem Konzept hatte diese Gartenvorstadt wenig gemein. Ihr Plan entsprach eher den geometrischen Mustern der *beaux-arts* oder der *city beautyful*. Allerdings ging die *ciudad jardín* – wie auch die Ansiedlung in Tafira – sehr wohl auf ein englisches Vorbild zurück: Ihre Entstehung war letzten Endes von der britischen Kolonie ausgegangen, die sich dort mit den ihr eigenen suburbanen *cottages* mit Garten niedergelassen hatte. Die anglikanische Kirche, der *British Club*, die Sportanlagen (*Golf*, *Tennis*, *Croquet*) und die Hotels bildeten die Zentren des sozialen Lebens der Engländer, die es vorzogen, unter sich zu bleiben.[240] Unter den Einheimischen riefen die öffentlichen und privaten Geselligkeitsformen der Kolonie sowohl Befremden als auch Bewunderung hervor. So schrieb der Schriftsteller Alonso Quesada – selbst Angestellter einer britischen Firma – in seinen Erzählungen zur englischen Kolonie (z. B. „Smoking-room", 1919-1925) nicht ohne Ironie über die verwunderliche Eigenart der Briten: über ihren nüchternen Geschäftssinn, über ihre arbeitsselige Disziplin, über die kühle Eleganz ihrer häuslichen Rituale, über den grauen Komfort ihres *week-end*, über die zarte Reinheit der weißen Körper, über puritanische Scham und zivilisierte Eifersucht – kurzum: über die asketische Sittlichkeit ihrer Lebensführung in dieser fremden Umgebung. Es würde sich sicher lohnen, Max Webers These vom Geist des Kapitalismus in einer Fallstudie zu überprüfen. Für unsere Zwecke sollte jedoch die Feststellung reichen, dass das aufstrebende Bürgertum der kanarischen Hafenstädte die Aneignung der sozialen Modelle, welche die englische Kolonie vorgab, nicht gescheut hat. Davon zeugen sowohl die Anglizismen der Sprache als auch die Architektur der Einfamilienhäuser. Um die Jahrhundertwende ließen die Engländer noch die neugotischen Entwürfe für ihre Häuser meist in der Heimat anfertigen und dann von spanischen Architekten unterzeichnen. Viele folgten einfach

---

240 González Lemus, Nicolás: *Comunidad Británica y Sociedad en Canarias. La cultura inglesa y su impacto sociocultural en la sociedad isleña*. La Laguna 1997.

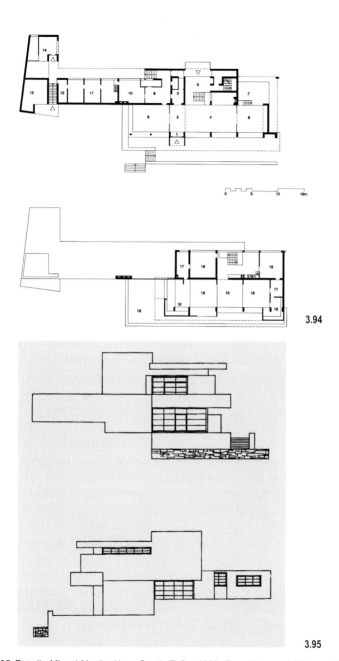

3.94-95 Estudio Miguel Martín, *Haus Speth*, Tafira 1932. Grundrisse und Seitenansichten: 1. Eingang, 2. Diele, 3. Garderobe, 4. Wohnzimmer, 5. Bar, 6. Bibliothek, 7. Büro, 8. Speisezimmer, 9. Anrichte, 10. Küche, 11. Mädchenzimmer, 12. WC, 13. Garage, 14. Chauffeur, 15. Wohnzimmer, 16. Schlafzimmer, 17. Bad, 18. Ankleide, 19. Terrasse.

den typisierten Maßgaben der *pattern books*.[241] Doch zunehmend gelang es auch den spanischen Architekten selbst, von englischen Kunden für den Bau von Einfamilienhäusern beauftragt zu werden. Miguel Martín, der schon 1920 nach Gran Canaria zurückgekehrt war, hat bereits vor Oppels Ankunft zahlreiche Entwürfe – hauptsächlich regionalistische *Chalets* – in der Gartenstadt von Las Palmas realisieren können. Ende der zwanziger Jahre baute er sogar im „modernen Stil". Und durch die Mitwirkung deutscher Kollegen gelang es ihm, auch die Ausländerkolonien als ertragreiche Kundschaft zu gewinnen.

Einer der ersten Entwürfe, mit denen Oppel betraut wurde, war das Haus für den deutschen Ingenieur Hans Speth, der am Ausbau des Hafens beschäftigt war, auf den man vom Grundstück aus – an der Cruz del Inglés in Tafira gelegen – freien Blick genoss. Es galt, diese Aussicht zu bewahren. Aus dem Spiel mit den Höhenversprüngen des Geländes wurden die verschiedenen Ebenen des Innenraums entwickelt. Auch nach außen entstand ein horizontal gegliedertes Gebilde. Hierbei deutete man zunächst durch eine vertikale Kante einen kubischen Körper an, dessen Seitenflächen durch Ausschneiden aufgelöst wurden und nahtlos in horizontale Elemente übergingen. Eine Mendelsohnsche Figur, die Julius Posener treffend als „Käseschnitt" bezeichnet hat. Sie erzeugte eine quer zur Aussicht gerichtete, sich diagonal aufgliedernde Komposition. Der dynamisch aufgebrochenen Quader weist auf eine Weiterentwicklung der formalen Themen des Hauses Weidtman, wie auch das Innere bestätigt. Die in Blankenese suggerierte räumliche Kontinuität des ‚durchlässigen' Wohnbereichs (Esszimmer-Wohnzimmer-Bibliothek) wird ein Jahr später in Tafira zu einer unmissverständlich offenen Wohnhalle. Es entstand ein gläserner Einraum mit Ess-, Wohn-, Lese- und Arbeitsbereichen, die durch Glaswände abgetrennt werden konnten.

In unmittelbarer Nachbarschaft zum Haus Speth entstand 1933 das Haus für den Unternehmer und späteren Bürgermeister von Las Palmas Diego Vega Sarmiento. Wir finden hier wieder den zentralen Quader, seine abgestufte Auflösung entlang der Diagonalen und die Offenheit der Wohnräume. Und wie die Häuser Speth und Vega, findet sich in Las Palmas und Tafira eine ungeahnte Vielzahl moderner Einfamilienhäuser aus dem Büro Martins, von denen die wertvollsten aus den Jahren von Oppels Mitwirkung zwischen 1932 und 1936 stammen. Zum Teil bildeten sie sogar suburbane Ensembles, wie es in Tafira und der Ciudad Jardín der Fall war, die nicht nur für Spanien in der Geschichte der Architektur der Moderne eine kostbare Seltenheit

---

[241] Hernández Gutiérrez, Sebastián: *Arquitectos e ingenieros ingleses en las Islas Canarias*. In: *Canarias e Inglaterra a través de la historia*. Las Palmas de Gran Canaria 1995.

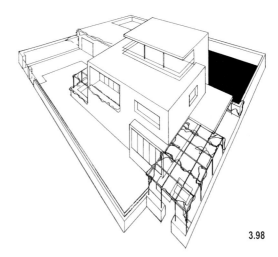

3.96 Estudio Miguel Martín, *Haus Speth*, Tafira 1932, aus dem Garten fotografiert
3.97 Estudio Miguel Martín, *Haus Bonny*, Tafira 1932. Perspektive
3.98 Estudio Miguel Martín, *Haus Domínguez*, Las Palmas (Ciudad Jardín) 1932. Perspektive

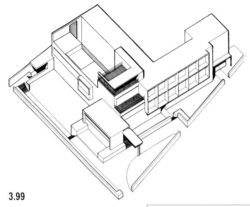

3.99

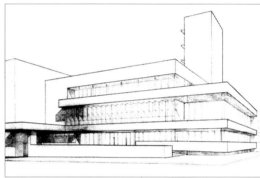

3.100

3.101

3.99 Estudio Miguel Martin: *Klinik Santa Catalina*, Las Palmas (Ciudad Jardín) 1935. Axonometrie
3.100 Estudio Miguel Martin: *Cabido Insular de Gran Canaria*, Las Palmas 1932. Vorstudie.
3.101 Estudio Miguel Martin, Eduardo Laforet: *Cabido Insular de Gran Canaria*, Las Palmas 1932-1942.

III. Inseln 443

darstellen. Vor allem deswegen, weil sie – insbesondere im Unterschied zu den vergleichbaren Gruppen in Deutschland – nicht als Ausstellungshäuser entstanden. Es verblüfft aber nicht nur das Ausmaß, sondern vor allem die unprogrammatische Selbstverständlichkeit, mit der die neue Architektur – weitgehend unabhängig von den Zielen der *g.a.* – auf den Kanaren Fuß fassen konnte. So muss die Aussage relativiert werden, dass sich die Moderne hier nicht durch ihre sozialen Errungenschaften ausgezeichnet habe. Denn sie ergriff – mit Ausnahme des sozialen Wohnungsbaus – sämtliche Bereiche eines neuen, modernen Lebens, die einer Repräsentation des Fortschrittlichen bedurften: Geschäftshäuser, Wohn- und Bürogebäude, Kinos, Sportanlagen, Promenaden, Parks, Krankenhäuser, Flughäfen, Hotels, Casinos, Fabriken, Schulen und sogar institutionelle Bauten.[242] In diese letzte Kategorie fällt der bekannteste Bau des sogenannten „racionalismo canario": der Sitz des *Cabildo Insular de Gran Canaria*, der Inselregierung.

Zeichen der Macht: Regierungspaläste und ‚deutsche Häuser'

Der Entwurf für die „Casa Palacio" des *Cabildo Insular* wurde gerade in Martins Büro bearbeitet, als Oppel hinzustieß. Und so sind auch hier Spuren seines Wirkens zu erkennen. Trotz des Maßstabsprunges ähnelt die Lösung seinen Landhausentwürfen. Aus der Ecksituation zweier nicht rechtwinklig aufeinander zulaufenden Straßen heraus entschied man sich für das Ineinandergreifen zweier sich als „Käseschnitt" aufgliedernden Körper. Anhand von Perspektiven wurde eine kontrapunktische Massenlösung erzielt, bei der ein dominanter, zentraler Quader ausgebildet wurde, den man aus Gründen der Repräsentation mit einem wuchtigen Turm bestückte. Der Vorschlag erinnert unweigerlich an Oppels städtebauliche Lösung bei seinem Vorschlag für den Jarrestadt-Wettbewerb 1927, die er mit dem Kennwort „Staffelecke" benannte. Bei seiner späten Realisierung durch Eduardo Laforet im Jahre 1941 erlitt der Entwurf für den *Cabildo Insular* schwere Veränderungen. Die ursprüngliche Offenheit des Grundrisses wurde zugunsten eines schweren und folkloristischen Interieurs restlos preisgegeben. Und der einst ausgewogenen plastischen Komposition wurden ein Geschoss sowie verschiedene heraldische Elemente und sogar eine Schweizer Turmuhr hinzugefügt. Dennoch zählt das Gebäude zu den bedeutendsten Bauten der Moderne in Spanien.

---

242 Siehe: Pérez Parrilla, Sergio: *La arquitectura racionalista en Canarias.* Las Palmas de Gran Canaria 1977. *El Cabildo Insular y la ciudad racionalista.* Las Palmas de Gran Canaria 1987 /1989. Navarro Segura, Maisa: *Racionalismo en Canarias.* Santa Cruz de Tenerife 1988. *Miguel Martín - Arquitecturas para la gran ciudad.* Las Palmas de Gran Canaria 1995.

Auch auf Teneriffa nahm die Inselregierung zu Beginn der dreißiger Jahre den Bau eines neuen repräsentativen Sitzes in Angriff und beauftragte 1934 den Architekten José Enrique Marrero Regalado mit dem Entwurf. Wie Martín hatte auch er in Madrid studiert und auf dem Festland erste berufliche Erfahrungen gesammelt, bevor er sich 1932 auf der Insel niederließ. Und auch er hatte sich früh der neuen Architektur genähert, die aus Mitteleuropa kam. Nicht nur die Zeitschriften hielten ihn auf dem Laufenden, sondern vor allem der Austausch mit deutschen Kollegen, die auch er in sein Büro aufnahm. Von der Intensität des Dialogs, den er mit ihnen führte, spricht die Episode des von Marrero ausgelobten internen Wettbewerbs für den *Cabildo de Tenerife*. Es wurde ein internationaler Wettbewerb, bei dem lediglich zwei Teilnehmer antraten: Er selbst und Rudolf Schneider, ein junger norddeutscher Kollege, der nach einer kurzen Zeit bei Miguel Martín zu Marrero gewechselt war, mit dem er bis 1939 arbeiten sollte. Das Erscheinungsbild der Vorschläge, die sie entwickelten, hätte unterschiedlicher nicht sein können. Während sich Marrero am Formenkanon des Klassizismus und Art-Déco orientierte, konnte sich Schneider nur für eine zeitgenössische Sprache entscheiden.[243] In seinem Bürotagebuch beschrieb Marrero die näheren Umstände:

> Wir sind zunächst beide die Aufgabe im modernen Stil angegangen, der damals herrschte. Der Deutsche ging als Sieger hervor. Letzten Endes trug er ihn im Blut und hatte ihn im Studium vollends verinnerlicht. Doch ich konnte mich mit dieser Niederlage nicht abfinden und so schlug ich einen neuen Wettbewerb vor, diesmal auf der Grundlage der klassischen Kunst. Schneider gab noch vor Beginn auf. Er kannte nur dürftig die fünf Ordnungen aus den Büchern. Nie hatte er mit ihnen entworfen. Also machte ich mich im Alleingang an die Aufgabe und als ich sie abgeschlossen hatte, räumten wir alle die Überlegenheit meiner Lösung ein. Dennoch habe ich dem *Cabildo* alle drei Vorschläge vorgelegt. Der damalige Präsident, Herr Acea, der über Talent und Verstand verfügte, nahm meine Meinung als die Autorisierteste und fachlich Kompetenteste an, so dass eigentlich ich die Verantwortung der Wahl trug. Obwohl das deutsche Bauen damals den Gipfel erreichte und die modernsten Zeitschriften keinen anderen Stil zeigten als diesen, behielt ich den Durchblick bezüglich der Zukunft und erkannte, dass trotz alledem noch keine Kunst erfunden worden sei, welche die Klassik in Würde und Eleganz übertroffen habe. Sie wird nie aus der Mode kommen. Die Geschichte bestätigt dies.[244]

---

243 Vgl.: José Enrique Marrero Regalado : *La arquitectura como escenografía (1897-1956)*. Tenerife 1992.

244 Navarro Segura, Maisa: *Racionalismo en Canarias*. Santa Cruz de Tenerife 1988. S. 391. Übersetzung J. M. W.

3.102

3.103

3.102 José Enrique Marrero Regalado: *Cabildo Insular de Tenerife*, Santa Cruz 1933. Perspektive der Lösung 1 (Marrero)

3.103 José Enrique Marrero Regalado: *Cabildo Insular de Tenerife*, Santa Cruz 1933. Perspektive der Lösung 2 (Rudolf Schneider)

Ob Marreros realisierter Entwurf Schneiders Vorschlag tatsächlich so weit überlegen gewesen ist, sei dahingestellt. Für uns ist an Marreros Schilderung eher seine Auslegung der neuen Architektur als deutscher Stil von Bedeutung. Offenbar waren die Initiativen der Mitglieder der deutschen Kolonie, das Neue Bauen als eine kulturelle Leistung Deutschland beziehungsweise als ein Exportprodukt der deutschen Bauindustrie darzustellen, nicht fehlgeschlagen. Im Zuge ihrer propagandistischen Offensive, die zur Steigerung von Ansehen und Absatz führen sollte, war es nur folgerichtig, dass für den Bau der neuen Deutschen Schule und Haus der Deutschen ein moderner deutscher Architekt herangezogen wurde. Klaus Groth, hat unmittelbar nach seiner *g.a.*-Ausstellung erste Vorschläge in zwei Varianten – als Hofhaus oder Zeile – angefertigt.[245] Warum diese vom Deutschen Schulverein nicht weiter verfolgt wurden, ist ungewiss. Fest stand nur, dass ein deutscher Architekt beauftragt werden sollte. Man hielt sich an die „Richtlinien für die Heranziehung deutscher Architekten zu Bauaufgaben im Ausland", die der BDA schon 1931 mit Hilfe des Auswärtigen Amtes und der Madrider Botschaft den Auslandsdeutschen in Spanien hatte zukommen lassen.[246] Wie Maisa Navarro berichtet, soll Rudolf Schneider 1933 im Auftrag des Deutschen Schulvereins nach Santa Cruz gereist sein.[247] Dagegen spricht allerdings, dass Schneider zunächst in Las Palmas tätig war, sowie der Umstand, dass er den Entwurf erst Ende 1934, und zwar kostenlos vorgelegt hat, wie aus dem Bericht des Schulvereins hervorgeht.[248] Aus der darin enthaltenen Danksagung ist zu entnehmen, dass die Bauleitung dem Schweizer Bauunternehmer Leopold Davy oblag. Bei den Architekten José Blasco Robles und Domingo Pisaca, deren Kinder die Schule besuchten, bedankte man sich für ihre Vermittlung gegenüber den Behörden.

Die Bilder der Einweihung des Gebäudes Deutsche Schule/Haus der Deutschen im Oktober 1935 führen den Wandel vor Augen, dem die deutschspanischen Beziehungen nach 1933 selbst in der Abgeschiedenheit der Kanaren unterlagen: Über der neuen Architektur wehten nun die Fahnen der NSDAP. Die weißen Flächen rahmten die Hakenkreuzbanner. Kurz darauf erschien in der Heimat ein Zeitungsbericht über die NSDAP-Ortsgruppe

---

245 Deutsche Schule Teneriffa, Santa Cruz 6.4.33 (Hofhaus) 13.4.33 (Zeile). AAI Schleswig, Nachlass Klaus Groth, 965 Pl.

246 *Brief vom Auswärtigen Amt an die Deutsche Botschaft Madrid vom 1. Oktober 1931.* PAAA Bonn, Bestand Deutsche Botschaft Madrid, Nr. 420, S. 10-5, Baukunst (Architektenwesen)

247 Navarro Segura, Maisa: *Racionalismo en Canarias.* Santa Cruz de Tenerife 1988. S. 492.

248 Lardschneider, Viktor: *Bericht des Vorstandes.* In: *Deutsche Schule Santa Cruz de Tenerife, Bericht 1934-1936.* Santa Cruz de Tenerife 1936. S. 4.

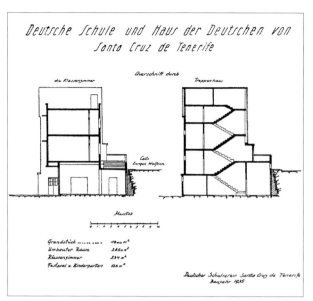

3.104-105 Rudolf Schneider: *Deutsche Schule und Deutsches Haus*, Santa Cruz de Tenerife 1935. Grundrisse, Schnitte

Kanarische Inseln, der den starken Eindruck beschrieb, den die weißen KdF-Dampfer als Sinnbilder deutscher Volksgemeinschaft unter den Bewohnern der Inseln hinterließen. Sie mehrten offenbar nicht nur das deutsche Ansehen, sondern auch den Absatz:

> Wenn deutsche Schiffe nach den kanarischen Inseln zu Besuch kommen, dann will die Bevölkerung einfach nichts anderes als deutsche Waren kaufen, und so findet die in den jüngsten Monaten erkennbare Ausfuhrsteigerung deutscher Waren aller Art nach Teneriffa ihre Erklärung.[249]

Die Selbstdarstellung des nationalsozialistischen Regimes stieß aber auch auf heftige Ablehnung. So erfuhr man im selben Zeitungsbericht, dass kurz nach Fertigstellung des Rohbaus die „kommunistische Zerstörungswut" ohne Erfolg versucht hatte, durch einen Bombenanschlag die Errichtung des Gebäudes zu verhindern. Auch die Gleichschaltung der früheren Vereinigungen der deutschen Kolonie mit der neuen Ortsgruppe der NSDAP erfolgte nicht ohne Widerstand. Schon im Mai 1933 richtete Ahlers einen Brief an den Leiter der Schulabteilung des Auswärtigen Amtes in Berlin, um gegen die Politisierung der Schule zu protestieren: Raymond Matthys schied aus, weil er während seines Unterrichts zum Ärger einiger nationalsozialistischer Lehrer ein Führerportrait abgenommen hatte, das von diesen aufgehängt worden war.[250] Vor allem protestierte er gegen eine Gleichschaltung, die keine Rücksicht auf die über Jahre gewachsenen örtlichen Verhältnisse nahm. Die Situation wiederholte sich auf der Nachbarinsel: Oppel, der 1933 den Neubau der Deutschen Schule in Las Palmas entworfen hatte, unterzeichnete 1935 gemeinsam mit 91 weiteren Mitgliedern der Kolonie einen Brief an den Reichsminister des Äußeren Freiherr von Neurath, in dem diese gegen die Versuche des Leiters der Ortsgruppe der NSDAP protestierten, das Amt des Konsuls zu übernehmen.

Nach 1933 konnten Deutschtum und Modernität nicht mehr als Synonyme gelten. In *g.a.* wurde am Exempel des Bauhauses berichtet: „Die nationale Politik Deutschlands hat den universellen Fall ‚Bauhaus' beendet."[251] Dennoch verlor man die deutschen Protagonisten der internationalen Avantgarde nicht aus den Augen. So brachte zum Beispiel der *g.a.*-Verlag noch Monographien von Will Grohman über Kandinsky oder Westerdahl zu Baumeisters

---

249 *NSDAP-Ortsgruppe „Kanarische Inseln"*. In: Geraer Stadt-Zeitung Nr. 271, vom 19. November 1935.

250 *Brief von Jakob Ahlers an Geheimrat Boehme in der Schulabteilung des Auswärtigen Amtes Berlin, vom 30. Mai 1933.* PAAA Bonn, Bestand Deutsche Botschaft Madrid, Konsulat Santa Cruz 1923-1936, Nr. 466, Akt. 99-3

251 *El caso Bauhaus en Alemania y su cierre en 1932*. In: Gaceta de Arte 3 (1934), H. 30, S. 3.

3.106

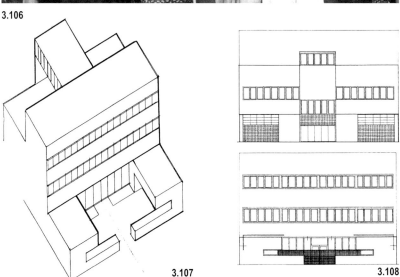

3.107   3.108

3.106 Rudolf Schneider: *Deutsche Schule und Deutsches Haus,* Santa Cruz de Tenerife 1935. Rückansicht am Tage der Eröffnung.

3.107-108 Estudio Miguel Martín: *Deutsche Schule*, Las Palmas 1933. Axonometrie und Ansichten des ersten Vorschlags.

Werk heraus. Die Kontakte zu dieser Stuttgarter Gruppe führten auch zu einem Artikel Westerdahls mit dem Titel „Deutsche Architektur: Richard Döcker". Einmal mehr sprach er von einer Architektur der universellen Imperative des Zeitgeistes – Hygiene, Ökonomie und Moral –, die er in Döckers Terrassentypen erfüllt sah. Eine universelle Ästhetik, die nun von einer „nationalen Raserei" vernichtet zu werden drohte.[252]

Auch auf den Kanaren drohten der Moderne Gefahren. Etwa die Rückkehr eines der Phantome aus vergangenen Epochen, gegen die *g.a.* von Beginn an gekämpft hatte: Der Regionalismus, dem sich selbst Miguel Martín zuwenden sollte, nachdem 1934 dessen Bruder Néstor, einer der einflussreichsten Maler des spanischen Symbolismus, sein Pariser Atelier aufgegeben hatte und nach Las Palmas zurückkehrt war, wo er alsbald einen persönlichen Kreuzzug zur „Rettung Gran Canarias" startete. Er entwarf lyrische Regressionsphantasien eines vorindustriellen Gesamtkunstwerkes, die seine Vision des Tourismus als volkstümliche Kulturindustrie wiedergaben. Zum Beispiel die von Miguel Martin nach Nestors Tod verwirklichte Anlage *Pueblo Canario*: Eine lokale Version des *Pueblo Español* von Barcelona (1929), wo die Kanarischen Inseln als einzige Region Spaniens nicht vertreten gewesen waren. Auch der von Néstor in der *Ciudad Jardín* von Las Palmas inszenierte bürgerliche Raum diente der Unterhaltung mondäner Städter. Nestors volkstümelnde Maskeraden (*Tipismo*) übten jedoch eine durchaus ernst gemeinte Kritik an den modernen Internationalisierungs- und Industrialisierungsprozessen. Er beschwor den Wert des Eigenen und versuchte allenthalben ins Bewusstsein zu rufen, dass die traditionellen Erzeugnisse den importierten Waren in nichts nachständen.

War sich Oppel der Gegensätzlichkeit der Positionen von Internationalisten und Regionalisten bewusst? Auch er hat an den kanarischen Maskenbällen seines Schwagers Néstor teilgenommen, die dazu beitrugen, das regionalistische *chalet* wieder in Mode zu bringen. Ob es letztlich dieser Umstand war, der zum Zerwürfnis mit Miguel Martín und in der Folge zu seiner Rückkehr nach Hamburg im Frühling 1936 führte, bleibt ungewiss. Festzustellen ist aber, dass sich um 1936 die prekäre wirtschaftliche und kulturpolitische Konstellation in Auflösung befand, die für kurze Zeit auf den Kanarischen Inseln eine Reihe wertvoller internationaler Dialoge ermöglicht hatte. Oppel erlebte bei der Wiederaufnahme seiner Tätigkeit für das Hamburger Hochbauamt, aus dem Schumacher schon 1933 entfernt worden war, ein böses Erwachen: Eine der ersten Aufgaben, mit denen Oppel 1937 betraut wurde, war die Erstellung vorbereitender Studien zum Bau der Hanseatischen

---

252 Westerdahl, Eduardo: *Arquitectura Alemana: Richard Döcker*. In: Gaceta de Arte 3 (1934), H. 27, S. 1-2.

3.109

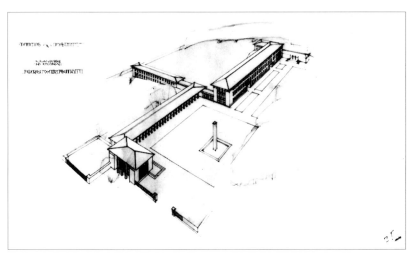

3.110

3.109 Néstor: „Pueblo Canario" (1937)
3.110 Richard Ernst Oppel: *Reichsinstitut für Ausländische und Koloniale Forstwirtschaft der Hansischen Universität*. Perspektive des ersten Vorschlags (1939)

Universität. Seine Vorschläge zeugen nicht nur von der Überwindung der formalen Postulate des Neuen Bauen, sondern vor allem von der vorläufigen Abkehr Deutschlands von den auslandspolitischen Modellen der Weimarer Republik: Oppel entwarf Institutsgebäude für eine Kolonialuniversität. Der Nationalsozialismus setzte auf die Wiedergewinnung eines kolonialen Weltreiches.[253]

---

253 Lafrenz, Jürgen: *Die Universität in Planungen von der Weimarer Republik bis in das Dritte Reich.* In: Ulrich Höhns (Hrsg.): *Das ungebaute Hamburg: Visionen einer anderen Stadt in architektonischen Entwürfen der letzten hundertfünfzig Jahre.* Hamburg 1991. S. 163-166. Siehe auch die Bestände des Hamburger Staatarchivs: Staa HH 321–2 Baudeputation B915; Staa HH 364–5 Hamburgische Universität; Staa HH Gutschow A365 (Plankammer).

IV. AUSBLICK (1936-1945)

> Die Entinnerlichung wurde Hohlheit, die südliche Lust zur Außenwelt wurde, beim gegenwärtigen Anblick der kapitalistischen Außenwelt, kein Glück. Denn nichts Gutes geschieht hier auf der Strasse, an der Sonne; die offene Tür, die riesig geöffneten Fenster sind im Zeitalter der Faschisierung bedrohlich, das Haus mag wieder zur Festung werden, wo nicht zur Katakombe. Das breite Fenster voll lauter Außenwelt braucht ein Draußen voll anziehender Fremdlinge, nicht voll Nazis; die Glastüre bis zum Boden setzt wirklich Sonnenschein voraus, der hereinblickt und eindringt, keine Gestapo.
> Ernst Bloch, *Das Prinzip Hoffnung* (1938-1947)

Im Sommersemester 1936 meldete sich der Architekturstudent Rudolf Büchner – der spätere Karlsruher Professor – in Stuttgart bei Paul Bonatz mit einer selbstgestellten Aufgabe zum Diplom an: dem Entwurf für den Deutschen Club in Bilbao, wo bereits zwei Jahre zuvor der Architekt Thomas Schocken einen an Tessenows abstrakten Klassizismus erinnernden Erweiterungsbau der Deutschen Schule (Kindergarten und Sporthalle) errichtet hatte.[1] Das Raumprogramm für den Club enthielt drei Jahre nach dem Wahlsieg der NSDAP alles, was für ein solches Haus des Auslandsdeutschtums unabdingbar erschien, als da wären: Räume für die Ortsgruppe, für den Frauenclub, für die Hitlerjugend. Büchner hatte sich in der Hoffnung auf eine größere gestalterische Freiheit zu einer Aufgabe im Ausland entschieden, und wie die erhaltene Lösung des damaligen Studenten dokumentiert, scheint selbst in der

---

1 Vgl.: B. N. B.: *El progreso urbano de Vizcaya. Tanteos en busca de paraíso infantil – Un „kindergarten" y un gimnasio en el Colegio Alemán.* In: Propiedad y Construcción 13 (1935), H. 143, S. 6-7. Wie aus diesem Artikel hervorgeht, wurden die Pläne zu diesem Bau offiziell vom Stadtarchitekten Segurola unterzeichnet.

traditionsverbundenen Stuttgarter Schule die Modernität des Neuen Bauen zum Zweck der deutschen Repräsentation im Ausland noch für durchaus angemessen gehalten worden zu sein. Oder auch nicht? Büchner hat im Rückblick geschildert, wie sich anlässlich der Benotung seiner Pläne eine Diskussion entzündete, aus der sich Bonatz – der zunächst die Auszeichnung des Entwurfes befürwortet haben soll – zurückzog, als Schmitthenner die Zurückweisung der Arbeit forderte. Erst als Heinz Wetzel vermittelnd in die Debatte einstieg, wurde der Entwurf schließlich angenommen. Sein Urteil: „also, meine herre, so ebbes derf m'r heit nemme mache! – aber s'isch guet!"[2]

Die Stuttgarter Anekdote führt vor allem eines vor Augen: Die Zeiten hatten sich für die Architekten in Deutschland gewandelt. Spätestens ein Jahr darauf, in der Pariser *Exposition International des Artes et Techniques dans la Vie Moderne* (1937), dürfte dieser Wandel für jeden offenkundig gewesen sein. Hier standen sich die Repräsentationsbauten des Dritten Reichs und der Sowjetunion rivalisierend, fast drohend, gegenüber. Die Wucht der dynamischen Massen von Jofans Bau fand sein erstarrtes Pendant in der eisigen Klarheit des Speerschen Klassizismus. Im Schatten dieser grandios inszenierten Machtdemonstrationen wurde der Bau des demokratischen Spanien errichtet. Knapp 50 Meter vom selbstherrlichen deutschen Pavillon entfernt, entstand eine gebaute Anklage der Zweiten Republik – der einzigen damals völkerrechtlich anerkannten spanischen Regierung – gegen die von den aufständischen „Nacionales" unter Mitwirkung des Dritten Reiches auf spanischem Boden verübten Kriegsverbrechen: ein moderner Pavillon als Bildträger und Ausstellungsraum für Kunstwerke mit politischen Inhalten wie Alexander Calders Quecksilberbrunnen, der auf die Interessen des Dritten Reiches an den Vorkommen dieses wertvollen Minerals in Almadén wies. Unmissverständlich wurde dieses Werk gegenüber von Pablo Picassos „Guernica" aufgestellt, das die Bombardierung der gleichnamigen baskischen Stadt (Gernika) durch die deutschen Flieger der Legion Condor am 26. April 1937, der 1500 Zivilisten zum Opfer fielen, in ihrer menschenverachtenden Brutalität vor Augen führte.[3] Der in Spanien als Bürgerkrieg 1936-1939 ausgetragene Konflikt überschritt die Grenzen des Nationalen – zum einen wegen der aktiven Rolle, die der Faschismus und der Nationalsozialismus bei der Unterstützung des Militärputsches einnahmen, aber ebenso aufgrund der Entscheidung der demokratischen Staaten (Frankreich, England, USA), nicht zu intervenieren. Lediglich die Freiwilligen der Internationalen Brigaden setzten ihre Solidarität für die Republik in die Tat um, eine

---

2 Siehe: *Ergebnisse eines Architekturstudiums 1933-1938 an der Technischen Hochschule Stuttgart des Cand. Arch. Rudolf Büchner.* Karlsruhe 1985. S. 63-74.
3 *Pabellón Español, Exposición Internacional de París 1937.* Madrid 1987.

4.1 Luis Lacasa, Josep Lluís Sert: *Spanischer Pavillon*, Paris 1937. (Rechts Alberto Sánchez' Skulptur „Das Spanische Volk hat ein Weg, der zu einem Stern führt" (1937).
4.2 Mies van der Rohe, *Museum für eine kleine Stadt* (1942). Ausschnitt. Fotomontage unter Verwendung von Pablo Picassos „Guernica" (1937) und Aristide Maillols "Die Nacht" (1905).
4.3 John Heartfield, „Brauner Künstlertraum" (1938). Fotomontage

Solidarität, zu der der Pavillon der Zweiten Spanischen Republik in Paris aufrufen sollte. Folgerichtig wurde Luis Lacasa als Funktionär der republikanischen *Agit-Prop* Abteilung mit der Erstellung des Entwurfes betraut. Er sollte allerdings unter maßgeblicher Mitwirkung von Josep Lluís Sert entstehen. Dieser hatte das revolutionäre Barcelona verlassen und sich nach Paris abgesetzt. Die ideologischen Differenzen zwischen dem Madrilenen, der nach seiner Begegnung mit der deutschen Moderne stets an das soziale Gewissen der Architekten appelliert hatte, und dem Katalanen, der sich als Le Corbusiers Schüler wiederholt gegen die Architektur der deutschen Siedlungen gewandt hatte, sollten bei diesem Bau in den Hintergrund treten. Dass hier zwei so unterschiedliche Charaktere gemeinsame Sache machten, dokumentiert die Priorität der mit dem Gebäude verfolgten politischen Ziele.

Lacasas und Serts Architektur wurde ihrer Zweckbestimmung als Behältnis gerecht: ein aufgeständerter Stahlskelett- und Montagebau, durch den die Besucher über Treppen und Rampen in einem Rundgang entlang politisch motivierter Gemälde, Skulpturen, Schautafeln und Filmprojektionen geleitet wurden. Im Ergebnis brachte die republikanische Selbstdarstellung einen der besten Bauten der spanischen Moderne hervor, der den Vergleich mit den Pavillons von Japan (Sakakura), Finnland (Aalto) oder der Tschechoslowakei (Krejcar) aufnehmen konnte. Spanien präsentierte sich verbindlichst modern. Doch war es – wie Bohigas es ausgedrückt hat – ein Schwanengesang, denn die neue Architektur sollte in Spanien mit dem Sieg des reaktionären Lagers vorerst ins Hintertreffen geraten. Das heißt aber nicht, dass damit auch der deutsche Einfluss und die konkrete deutsche Präsenz, die uns ja hier beschäftigen, nach 1937 zum Abbruch gekommen wären. Vielmehr hat sich dieser gewandelt. Eine neue Architektur sollte bald aus Deutschland auf die Iberische Halbinsel gelangen: Speers „Neue Deutsche Baukunst".

Vorzeichen des Wandels: Architektur und Propaganda

Bereits 1934 hatten spanische Fachzeitschriften über den in Deutschland auf dem Gebiet der Architektur vollzogenen Wandel berichtet. So schrieb zum Beispiel die in Madrid erscheinende *La Construcción Moderna* über die Kampagnen, mit denen sich die neuen Machthaber gegen den „konstruktiven und künstlerischen Internationalismus" wandten.[4] Der anonyme Artikel nannte einige der ideologischen Grundsätze der nationalsozialistischen Weltanschauung (gegen „Geldherrschaft", „Utilitarismus" und „gleichmacherische Freiheit"; für „Hierarchie", „Aufopferung", „Authentizität") und gab die

---

4 *La transformación de la arquitectura moderna alemana impuesta por el nuevo Gobierno – Campaña contra el internacionalismo constructivo y artístico.* In: La Construcción Moderna 32 (1934), S. 3.

IV. Ausblick (1936-1945)

Argumente wieder, mit denen die Arbeiten des Bauhauses, insbesondere die seines Direktors Walter Gropius, als „entartete Kunst" und „Baubolschewismus" diffamiert wurden. Abschließend wurde die Tatkraft des Nationalsozialismus hervorgehoben, die sich sowohl im Monumentalbau wie im Siedlungsbau auswirkte. Die Zeitschrift vermied jede kritische Stellungnahme.

Doch auch in Spanien konnte sich solch eine scheinbar sachliche Berichterstattung nicht der politischen Brisanz der neuerdings in Deutschland herrschenden Verhältnisse entziehen. Und auch die deutsche Architektur war nicht dazu in der Lage, vor allem dann nicht, wenn es sich um Bauten der nationalen Repräsentation handelte, wie am Beispiel des 1934 in der Madrider *Calle de Alcalá* eingerichteten Büros der Reichsbahnzentrale für den Deutschen Reiseverkehr illustriert werden kann. Es galt als spanischer Hauptsitz des Reichsausschusses für Fremdenverkehr, dessen Vorsitz Joseph Goebbels als Reichsminister für Volksaufklärung und Propaganda innehatte. Das Madrider Büro war also gleichzeitig Geschäftslokal und offizielle Vertretung des Dritten Reiches für die Öffentlichkeit. So leuchten die gestalterischen Mittel ein, die an der Fassade zum Einsatz kamen: eine einfache Schaufensterfront, über der lediglich das Schriftband „Alemania" angebracht wurde. Ein Zusatz wurde erlaubt: an Feiertagen durften alte und neue Reichsflaggen gehisst werden. Diese Zeichen nationaler Repräsentation führten dazu, dass das Büro zur Zielscheibe antifaschistischer Demonstrationen wurde. Nachdem es zu Anschlägen gekommen war, sah sich die Deutsche Botschaft schließlich gezwungen, den Schutz der spanischen Sicherheitsbehörden anzufordern.[5] Von alledem war 1935 in der Veröffentlichung der Geschäftsräume in *Nuevas Formas* nichts zu erfahren.[6] Im Gegenteil: Die „neuen Formen" des gediegenen Interieurs suggerierten eine friedliche Kontinuität. Die für Entwurf und Ausführung verantwortliche Firma *Hermann Heydt – Materiales Modernos de Construcción, Muebles y Decoración* gehörte sogar zum Kreis der industriellen Förderer des GATEPAC. Offenbar sah Heydt, der 1934 der Auslandorganisation der NSDAP angehörte und sich in Madrid für die Einrichtung eines Deutschen Hauses einsetzte, nicht die Notwendigkeit, mit dem modernen deutschen Stil zu brechen, dem er schließlich den Erfolg seines Unternehmens verdankte.

1934 berichtete *La Construcción Moderna* in einem weiteren Artikel über die Gründung der Reichskulturkammer. Diese – so hieß es – habe sich zum Ziel gesetzt, einen neuen nationalen Architekturstil hervorzubringen, der sich

---

5 Siehe: PAAA Bonn, Bestand Deutsche Botschaft Madrid. Fremdenverkehrswerbung Nr. 420, 10/1929-5/1939, Akte 20-10.
6 *Tienda de información y propaganda turística de los ferrocarriles alemanes.* In: Nuevas Formas 2 (1935), H. 3, S. 154-156.

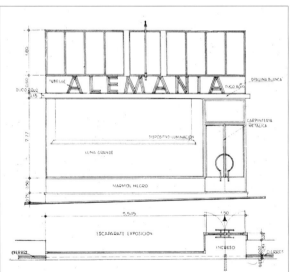

4.4-5 Hermann Heydt: *Büro der Reichsbahnzentrale für den Deutschen Reiseverkehr*, Madrid 1934 [*Nuevas Formas*, 1935]

deutlich von dem der Weimarer Republik absetze. Dieser habe eher dem Ingenieurwesen angehört als der Architektur: Goebbels Absicht sei es aber, letzterer wieder die ihr zustehende Führungsrolle als Mutter aller Künste zurückzugeben.[7] Gegen dessen Kritik am angeblichen Materialismus des Neuen Bauen wies der anonyme Autor des Artikels allerdings auf die moderne Eleganz der bewundernswerten Arbeitersiedlungen hin, die während der Wiemarer Jahre in allen deutschen Städten entstanden waren. Diese Architekturplastiken seien allemal denen des Wilhelminischen Zeitalters vorzuziehen. Nun aber – so *La Construcción Moderna* abschließend – trete das Dritte Reich mit dem Willen zu einem eigenen Stil hervor. Wie hatte dieser auszusehen? Vielfach wurde noch auf eine Etablierung der Moderne als „deutsche Kunst" gehofft, wie es Italien vorgemacht hatte. So auch Mies van der Rohe, als er 1934 seinen Vorschlag für den Deutschen Pavillon auf der Brüsseler Weltausstellung zeichnete. War denn etwa die Ästhetik des Deutschen Pavillons in Barcelona mit den Repräsentationsbedürfnissen des Dritten Reiches unvereinbar gewesen? Keineswegs. Denken wir etwa an die Installationen von Mies und Lilly Reich für die Ausstellung „Deutsches Volk, deutsche Arbeit" (Berlin 1934) und die „Reichsausstellung der deutschen Textil- und Bekleidungswirtschaft" (Berlin 1937). Oder bedenken wir, dass Kolbe 1938 nach Burgos reiste – der Hauptstadt Nationalspaniens –, um dort im Auftrag der deutsch-spanischen Wirtschaftsorganisation HISMA General Franco zu portraitieren.[8]

Michael Fleischer und die Kontinuität des Klassischen

Welche der in Frage kommenden traditionalistischen oder modernen Tendenzen sich schließlich als Staatsarchitektur des Nationalsozialismus durchsetzen würde, ließ sich zum Zeitpunkt des Berichts in *La Construcción Moderna* noch nicht feststellen; erst recht nicht von Spanien aus, wo vielfach der Wunsch nach Modernität und die Beschäftigung mit der Tradition unmittelbar zusammenhingen. Denken wir etwa an Lacasas Bewunderung gegenüber Tessenows bescheidener Alltags-Architektur und an Bonatz' Gastspiel in Madrid als Vertreter eines modernen Städtebaus. Oder führen wir

---

7 *Alemania aspira a crear un nuevo estilo arquitectónico nacional, en contraposición al de Weimar*. In: La Construcción Moderna 32 (1934), S. 321.

8 Die HISMA (Compañía Hispano-Marroquí de Transportes) wurde zu Beginn des Spanischen Bürgerkriegs mit der Absicht gegründet, den Transport der Soldaten Francos von Marroko aus mit dem Flugzeug auf die Iberische Halbinsel zu unterstützen. Später würde sie die Abwicklung der Handelsbeziehungen zwischen Nationalspanien und Deutschland erledigen. Vgl. Berger, Ursel: *Georg Kolbe. Leben und Werk*. Berlin 1990. S. 367-368.

uns die historisierende Formensprache derer vor Augen, die in Spanien als Vertreter der neuen Architektur galten. Zum Beispiel in der Madrider *Ciudad Universitaria*, die mit ihrem nüchternen Klassizismus so offensichtlich dem Vorbild der nordamerikanischen Campus-Universitäten nacheiferte. Als Prestigeprojekt der Diktatur Primo de Riveras aus einer Initiative des Monarchen Alfonso XIII hervorgegangen, wurde sie in der Republik weitergeführt. Es scheint also ein Irrtum zu glauben, dass die Staatsform unmittelbare und zwingende Folgen auf die Architektursprache habe. Damit wäre Behnes These aus dem ersten Kapitel über die formale Entsprechung zwischen Staat und Architektur widerlegt. Jedenfalls greift seine Theorie nicht auf dem Gebiet der Staatarchitektur. Den Gegenbeweis könnten die *Nuevos Ministerios* (Neuen Ministerien) antreten, die Zuazo ab 1932 im Auftrag des sozialistischen Ministers Indalecio Prieto plante und in einer ersten Phase auch realisieren konnte. Die Grundlage für dieses Vorhaben bildete der Stadterweiterungsvorschlag von Zuazo und Jansen, der bereits die Ansiedlung von Ministerien in der Verlängerung der Castellana als Repräsentationsviertel vorgesehen hatte. 1930, also noch unter Primo de Riveras Diktatur, sollten die Ministerien noch in einer modernen Zeilenbebauung nach deutschem Muster untergebracht werden, deren einzige Konzession an die örtlichen Verhältnisse in der klimatisch bedingten Ost-West Ausrichtung der Baukörper bestand. Zwei Jahre später löste das Problem einer republikanischen Repräsentation in Zuazo eine Reflexion über den Wert der Tradition aus, die ihn schließlich dazu führte, im Gebäude auf die vorbildhaft spanische Architektur Herreras, insbesondere der des Klosters El Escorial zurück zu greifen.[9] Mit dem strengen Klassizismus der steinernen Baumassen und der leeren, entlang der Castellana vorgelagerten Plätze des Volkes und der Republik (*Plaza del Pueblo*, *Plaza de la República*) nahm er Elemente der Architektur Herreras auf. Aus der Verbindung beider ging eine Monumentalität hervor, die sich ohne Scheu die Mittel absolutistischer Machtinszenierung zu Eigen machte.

Besinnen wir uns auf den Vorschlag zurück, den Oskar Jürgens 1910 für den Bau eines Monumentalplatzes in der Madrider Innenstadt (*Plaza de la Constitución*) machte. Dieser hatte mit der Legitimität einer Monumentalität argumentiert, die in den Dienst des konstitutionellen Staates und der Zivilgesellschaft gestellt wurde. Dieser Gedanke ist auf Zuazos Neue Ministerien übertragbar, deren Monumentalität zunächst im Zeichen der repräsentativen Demokratie stand. Tatsächlich sind die Vorschläge von Jürgens und Zuazo –

---

9 Zu Zuazos Escorial-Gedanke und ihre Verbindung zu Ortegas „Meditaciones" siehe Sambricios Vorwort zu: Maure Rubio, Lilia: *Zuazo*. Madrid 1987. S. XIII-XVIII.

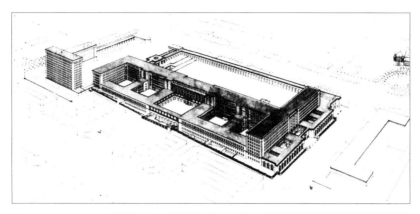

4.6

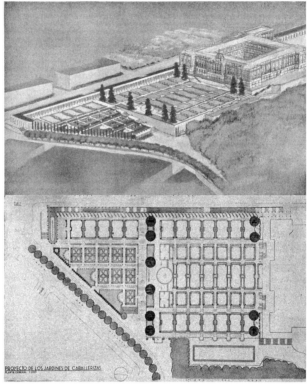

4.7

4.6 Secundino Zuazo: *Nuevos Ministerios*, Madrid 1932-1937
4.7 Michael Fleischer, Jacinto Ortiz: *Vorschlag für die Gärten auf dem Gelände der ehemaligen Stallungen am Königlichen Schloss*, 1932 [*Arquitectura*, 1933]

trotz der 23 Jahre, die sie trennten – durchaus vergleichbar. Sie weisen gemeinsame Merkmale auf. Zum Beispiel, versuchten beide, durch Arkadenumgänge die räumliche Geschlossenheit ihrer „Foren" zu wahren. Bei Jürgens hatten wir hierbei von den Parallelen zu den Plänen Sachettis für den *Palacio Real* gesprochen, auch bei Zuazos Entwurf war ein Vorschlag für den Umbau des Königlichen Schlosses im Spiel; aber nicht das Projekt des Italieners aus dem 18. Jahrhundert diente als Vorbild, sondern ein Entwurf seines Mitarbeiters Michael Fleischer. Dieser hatte 1932 an dem Wettbewerb zur Gestaltung der Gartenanlage an der Nordseite des Königlichen Schlosses teilgenommen. Gemeinsam mit Jacinto Ortiz – auch er ein Mitarbeiter Zuazos – reichte Fleischer einen Vorschlag ein, der die Errichtung eines kolossalen Arkadenumgangs vorsah. Dieser hatte zum Ziel, die Gärten zur Stadt hin abzuschließen, und nahm dafür die Höhe des Sockelgeschosses des Schlosses auf.[10] Ihr Vorschlag hat offenbar Zuazo überzeugt, denn er übernahm ihn bei den Studien für den Umbau der Madrider Innenstadt, der parallel zu den Neuen Ministerien von seinem Büro bearbeitet wurde.[11] Und so überrascht es auch nicht, dass auch bei diesem Entwurf das Element des Arkadenumgangs zur Einfassung der Gartenanlagen zum Einsatz kam.

Über Fleischers Rolle in Zuazos Büro ist viel spekuliert worden. So wurde er gelegentlich sogar zum eigentlichen Schöpfer der *Casa de las Flores* erklärt. Er selber hat diese Urheberschaft niemals beansprucht. Es wäre zu bedenken, dass Fleischer 1930 als noch unerfahrener Architekt bei Zuazo aufgenommen worden war. Doch scheint er sich dort innerhalb kürzester Zeit durchgesetzt zu haben, wie von ihm im Rückblick beschrieben worden ist:

> Im Jahre 1930, als die Entwicklung in Deutschland der Krise zusteuerte – wirtschaftlich und politisch – folgte ich dem Rufe des Madrider Architekten Zuazo-Ugalde, um an dem Internationalen Wettbewerb für den Generalbebauungsplan von Madrid mitzuarbeiten. Schon nach den Beobachtungen des ersten Jahres stand mein Entschluß, nicht mehr nach Deutschland zurückzukehren, fest. Ich übernahm die Leitung des Büros von Architekt Zuazo-Ugalde, der in Verfolg des bei dem Wettbewerb erzielten 1. Preises eine Reihe großer Projekte zur Bearbeitung erhielt. Die das Büro tragenden Aufträge waren Staatsaufträge der damaligen sozialistischen Republik (Min. Präsident Azaña, Arbeitsminister Prieto) betreffend die Neuordnung des Eisenbahnwesens, Neubau von Ministerien etc. Nur dank dem Umstand, daß ich – meiner Veranlagung entsprechend – mich nicht nur politisch neutral verhielt, sondern auch mit der NSDAP in keiner Weise Fühlung

---

10 Siehe: *Concurso para jardines en las antiguas caballerizas*. In: Arquitectura 15 (1933), H. 2, S. 47. Soroa, José María: *En favor de la jardinería. Un concurso del Municipio madrileño*. In: Agricultura 5 (1933), H. 51, S. 162-166.

11 Siehe: *Un Plan de Reforma Interior de Madrid, Arquitecto S. de Zuazo Ugalde*. In: Nuevas Formas 1(1934), H. 2, S. 368-369.

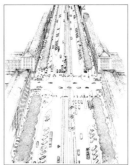
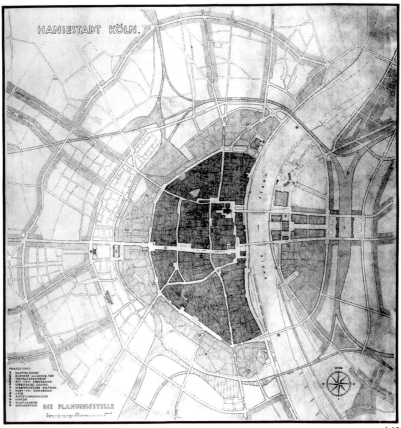

4.8 Planungsstelle der Hansestadt Köln: *Internationale Verkehrsausstellung Köln 1940* (1938). Modellfoto
4.9 Planungsstelle der Hansestadt Köln: *Neugestaltung der Stadt Köln, Ausbau der Ost-West Achse*, 1938. Perspektive
4.10 Planungsstelle der Hansestadt Köln: *Neugestaltung der Stadt Köln, Gesamtplan*, 1938-39

hatte, war es möglich, daß ich als Deutscher in einem rein spanischen Büro unangefochten blieb. Als ich 1930 nach Madrid kam, gab es keine Naziregierung und als es sie in Deutschland gab, hatte ich im Ausland den Lebenskreis gefunden, um ohne Krückenstellungen irgendwelcher Art meine beruflichen Ideale leben zu können. Der Wunsch – nach den Beobachtungen der Jahre nach 1933 wieder zurückzukehren – wurde immer kleiner. Genährt wurden diese Eindrücke durch Schilderungen von Emigranten, die mich besuchten und denen ich, soweit das nötig war und in meiner Kraft lag, zu einer Existenz verholfen habe.[12]

Interessanterweise stammt diese Erklärung von 1946, als sich Fleischer genötigt sah, über seine Zugehörigkeit zur NSDAP – der er 1937 beigetreten war – Auskunft zu erteilen. Die Redaktion der Tageszeitung *Kölner Volksstimme* hatte unter dem Titel „Wer soll Köln wieder aufbauen?" nicht nur einen offenen Brief des Architekten Johannes Schüller an die Kölner Stadtverwaltung abgedruckt, in dem dieser neben einer radikalen Entnazifizierung der Bauverwaltung auch für transparentere Methoden bei der Vergabe von Bauaufgaben plädierte, sondern kommentierte dieses Schreiben mit einem persönlichen Angriff gegen Fleischer. Unter anderem wurde über dessen Beteiligung an einer während des Bürgerkrieges erfolgten Neuplanung Madrids spekuliert, von der man vermutete, dass sie im Einverständnis mit der Naziregierung zustande gekommen sei.[13] Der Hintergrund für derart absurd erscheinende Beschuldigungen war der, dass Fleischer – der 1946 auf Anfrage Konrad Adenauers die Stelle des Leiters der Wiederaufbaugesellschaft in Köln annahm – neun Jahre zuvor (1937) nach seiner Rückkehr aus Spanien zum Leiter der Planungsstelle der Hansestadt Köln ernannt worden war. Hier hatte Fleischer in der Folgezeit Vorschläge zum Umbau Kölns entwickelt und zudem die Anlage für die Internationale Verkehrs-Ausstellung (IVA) entworfen, die 1940 hätte stattfinden sollen. Seine Vorschläge entsprachen in allen Belangen den Vorstellungen des nationalsozialistischen Stadtumbaus. Allerdings wäre dabei zu beachten, dass auch Hermann Jansens „Stadtforen"

---

12 Fleischer, Michael: *Berichtigung*. Köln 3. Juni 1946. HAStK Bestand 953/5 Wiederaufbau-GmbH 1946-1949, Bl. 118-120. Die hier enthaltene Selbsteinschätzung der führenden Rolle in Zuazos Büro wird durch den Umstand bestätigt, dass Fleischer der am besten bezahlte Angestellte war. Wie aus der Lohnabrechnung des Büros hervorgeht, erhielt Fleischer monatlich 1750 Peseten, während Arniches und Domínguez 1500, Moreno gar nur 550 Peseten bekamen. Aus derselben Abrechnung ist zu entnehmen, dass zur gleichen Zeit ein weiterer Deutscher namens Jansen als Mitarbeiter (1000 Peseten) angestellt gewesen ist. Das Dokument, auf dessen Existenz bereits Sambricio hingewiesen hat, ist im Zuazo-Nachlass der Biblioteca Nacional zu finden. Ich danke Lilie Maure für die Bereitstellung einer Kopie.

13 Schüller, Johannes: *Wer soll Köln wieder aufbauen?* In: Kölner Volksstimme vom 3.6.1946, Nr. 27, S. 6.

IV. *Ausblick (1936-1945)*

nach 1933 ohne größere Veränderungen zu „Gauforen" umbenannt werden konnten, und dass sein Modell von einer „organisch gegliederten Stadt" reibungslos in die Planungsterminologie dieser Jahre Einzug hielt. Es erscheint im nachhinein nur schlüssig, dass gerade Hans Bernhard Reichow einer der Wenigen gewesen war, die schon zu Beginn der dreißiger Jahre über Jansens und Zuazos Vorschlag für die Madrider Stadterweiterung geschrieben hatte.[14] Und es ist nicht weniger bemerkenswert, dass dieser Entwurf nun mehrfach in *Die Kunst im Dritten Reich* wiederholt veröffentlicht wurde.[15] Betrachten wir die 1938 von Fleischer für die IVA vorgeschlagenen Bauten, so besteht kein Zweifel, dass hier die zentralen Achse, um die er die Ausstellungshallen anordnete, diese zu einem monumentalen Ausdruck bündelte, der dem der *Nuevos Ministerios* in nichts nachstand. In den Kategorien eines deutschspanischen Vergleichs könnte man behaupten, dass Zuazos Büro mit den *Nuevos Ministerios* die Symbolkraft der klassizistischen Staatsarchitektur vorweggenommen hat, die 1942 in Madrid als „Neue deutsche Baukunst" präsentiert wurde.

„Neue deutsche Baukunst" in Spanien: Einfluss und Polemik

Madrid war nach Lissabon, Kopenhagen, Paris und Bukarest die vorerst letzte Station der Ausstellung „Neue deutsche Baukunst" des Generalbauinspektors Albert Speer. Auch in der spanischen Hauptstadt war sie ein Publikumserfolg. Drei Jahre nach Francos Sieg, also im dritten Jahr des spanischen Wiederaufbaus, zog die Schau zu den Werken von Speer, Ludwig Troost und Wilhelm Kreis in nur zwei Wochen (9.-24. Mai) 10 000 Besucher an. Zur Eröffnung, bei der der *Caudillo* anwesend war, reiste Kreis als Vertreter des Reiches nach Madrid und hielt im neu eingerichteten Deutschen Kulturinstitut einen Vortrag zur „modernen" deutschen Baukunst.[16] In einem Epilog zur Ausstellung, versuchte F. Lindscheidt in der Zeitschrift *Reconstruc-*

---

14 Siehe: Reichow, Hans: *Dualismus im Städtebau*. In: Städtebau-Baupolitik 5 (1931), S. 548-550.

15 Vgl.: Stephan, Hans: *Hermann Jansen*. In: Die Kunst im Dritten Reich 3 (1939), F. 6, Ausgabe B, S. 265-268. Stephan, Hans: *Hermann Jansen*. In: Die Kunst im Deutschen Reich 8 (1944), F. 5, Ausgabe B, S. 91-98. (Hans Stephan hatte zusammen mit Speer und Rudolf Wolters in Berlin bei Tessenow und Jansen studiert. Er arbeite am Berliner Stadtbauamt und leitete eine der vier Abteilungen von Speers Planungsstelle für Berlin.) Siehe auch: *Deutschland. Aus dem Schaffen eines internationalen Städtebauers*. In: Habitation et Urbanisme. Zeitschrift des Internationalen Verbandes für Wohnungswesen und Städtebau 2 (1939), H. 1/2, S. 55-60.

16 Vgl. Manzanares, Carlos: *La moderna arquitectura alemana*. In: Investigación y Progreso 13 (1942), H. 5-6, S. 138-145.

ción – dem Organ der Generaldirektion für verwüstete Regionen und Wiederaufbau – eine Erklärung für den Erfolg zu formulieren. Seiner Beschreibung nach lösten die Exponate eher Erstaunen als Verständnis aus. Es werde eine politische Kunst gezeigt, die auf die Traditionen der monumentalen Machtdarstellung zurückgriff. Diese seien Ausdruck des Rechts und der Kraft einer höchsten Autorität, die Formen der Volksgemeinschaft als Totalität der Lebensäußerungen zu bestimmen. In Hitlers Deutschland war – so Lindscheidt – die Harmonie von monumentaler Architektur und ordnendem Geist spürbar. Oberstes Gebot des neuen Stils war es, die „Atomisierung der Massen" zu verhindern. Wie Lindscheidt unterstrich, handelte es sich hierbei keineswegs um ein ausschließlich deutsches Problem: Einem spanischen Philosophen sei es zu verdanken gewesen, die tiefgründigste Analyse zur Gefahr eines „Aufstandes der Massen" abgelegt zu haben. Die Abwendung dieser Krise der europäischen Zivilisation habe den neuen deutschen Stil hervorgebracht. Daher diese politische Architektur für die Massen.[17]

Ob Lindscheidts fragwürdige Hinweise auf Ortega als intellektuellen Impulsgeber für den neuen deutschen Stil im Spanien dieser Jahre auf Zustimmung stießen, darf bezweifelt werden: Als ehemaliger Initiator der Vereinigung von Intellektuellen im Dienste der Republik (1931) weilte der Philosoph zu diesem Zeitpunkt noch im Exil. Zudem ist offensichtlich, dass Ortega mit seiner Idealisierung des städtischen Platzes als politischem Raum etwas Grundverschiedenes gemeint hatte, als die Münchener, Nürnberger und Berliner Massenkundgebungsanlagen, die nun im Ausstellungspalast des Retiro-Parks gezeigt wurden. Im „Aufstand der Massen" hatte er gerade die Ausschaltung der „erlesenen Individualität" beklagt.

Lindscheidts Versuch, einen deutsch-spanischen Austausch zu konstruieren, hätte nicht dieser rhetorischen Klimmzüge bedurft. Auf den Gebieten der Architektur und des Städtebaus war ohnehin der internationale Dialog wiederaufgenommen worden. Dafür sorgte auf institutioneller Ebene das 1939 unterschriebene „Abkommen über geistige und kulturelle Zusammenarbeit Reich-Spanien". Unter anderem hatte es zur Folge, dass in Madrid eine Abteilung des Deutschen Archäologischen Instituts gegründet wurde. Der Österreicher Robert Kramreiter, der als Architekt der Deutschen Botschaft fungierte, entwarf den Sitz des am 27. Mai 1941 eröffneten Deutschen Kulturinstituts: der Umbau einer Villa an der Avenida del Generalísimo (wie der Paseo de la Castellana damals hieß) im „nationalsozialistischen Stil", wie spanische Medien kolportierten.[18] Anlässlich der Eröffnungsfeier hielt der

---

17 Lindscheidt, F.: *Epílogo a la Exposición „Nueva Arquitectura alemana"*. In: Reconstrucción 3 (1942), H. 26, S. 337 ff.

18 Vgl.: Truyol Serra, Antonio: *El nuevo Instituto Alemán de Cultura*. In: Investigación y Progreso 12 (1941), H. 6, S. 225-230. Robert Kramreiter (1905-1965)

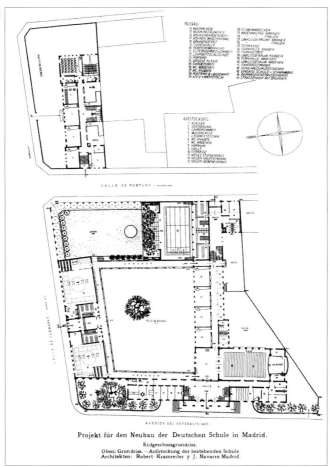

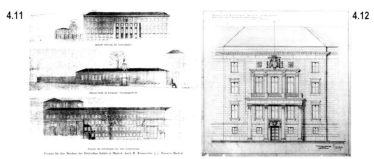

4.11 R. Kramreiter, J. Navarro: *Entwurf für den Neubau und Aufstockung der Deutschen Schule Madrid*, 1940. Grundrisse und Ansichten

4.12 Walter und Johannes Krüger: *Spanische Botschaft in Berlin*, 1938-43. Ansicht der Eingangsfassade

spanische Bildungsminister Ibáñez Martín eine Rede zur „Vereinigung der deutschen und der spanischen Kultur" (*La confluencia de las culturas germana e hispana*).[19] Wenig später wurde die ebenfalls von Kramreiter und Navarro an der Avenida del Generalísimo geplante Erweiterung der Deutschen Schule im Sinne der „Neuen Deutschen Baukunst" bekannt. Wie der damalige Schulleiter festhielt, stellte das spanische Bildungsministerium diesmal angesichts der in Tageszeitungen publizierten „pomphaft, klassizistischen, nürnbergischen" Pläne lakonisch zwei Fragen:

1. Hat denn Deutschland den Krieg überhaupt schon gewonnen? Und
2. glauben denn die Deutschen, sie seien hier in China?[20]

Der dreistöckige Portikus der strengen Hauptfront ließ es in der Tat gegenüber den Gastgebern an diplomatischem Feingefühl missen. Die Selbstdarstellung des Deutschtums zeugte weniger von einer Dialogbereitschaft im Kulturaustausch als von arrogantem Herrenbewusstsein, wie Ulrich Engel kritisiert hat.[21] Davon zeugt auch der Vergleich mit dem Bau der spanischen Botschaft, der in den Jahren 1938-43 nach Entwürfen der Geschwister Walter und Johannes Krüger unter beratender Beteiligung von Pedro Muguruza in Berlin entstand. Das vom Deutschen Reich überlassene trapezförmige Grund-

---

hatte an der Akademie der bildenden Künste in Wien als Meisterschüler für Architektur bei Peter Behrens studiert und nach seinem Diplom (1928) bei Dominikus Böhm in Köln gearbeitet, wo er in die Bahn seiner späteren Haupttätigkeit als Kirchenbaumeister gelenkt wurde. 1939 veröffentlichte er gemeinsam mit Pius Parsch das Buch „Neue Kirchenkunst im Geist der Liturgie". Zwei Jahre später siedelte er ins nationalkatholische Spanien über, wo er in Madrid ein gemeinsames Büro mit J. Navarro unterhielt. Die beiden wurden mit dem Umbau der Madrider Deutschen Schule beauftragt. Es folgten deutsche Schulbauten in Valencia und Cádiz. Sie realisierten zudem zahlreiche Kirchen, Industrieanlagen, Stadtvillen und Landhäuser in Madrid, Navacerrada und Escorial. Von Kramreiter stammen auch Entwürfe für institutionelle Bauten wie das Deutsche Kulturinstitut in Madrid (1941) und die Spanische Botschaft in Wien. Nach seiner Rückkehr nach Österreich (1950) wurde er zum Korrespondenten der Madrider Revista Nacional de Arquitectura. 1961 wurde er mit dem spanischen Verdienstkreuz (Orden al Mérito Civil) ausgezeichnet.

19 Der Vortrag wurde wenig später veröffentlicht. Siehe: Ibáñez Martín: *La confluencia de las culturas germana e hispana*. In: Revista Nacional de Educación 1 (1941), H. 6, S. 7-13.

20 Schulz, Willy: *Aus dem Leben der Deutschen Oberrealschule in Madrid zwischen den Weltkriegen*. In: Schmidt, Franz (Hrsg.): *Deutsche Bildungsarbeit im Ausland nach dem ersten und zweiten Weltkriege*. Braunschweig 1956. S. 204.

21 Engel, Ulrich: *Zur Geschichte der Deutschen Schule Madrid*. In: *100 Jahre Deutsche Schule Madrid – Centenario del Colegio Alemán de Madrid 1896-1996*. Madrid 1998. S. 106.

stück im Diplomantenviertel – am Rande des Tiergartens – wurde mit einem repräsentativen Kopfbau besetzt. Es entstand eine zweiflügelige Anlage mit zentralem Haupteingang an der kürzesten Seite und vorgelagertem zweigeschossigem Portikus mit vier korinthischen Säulen.[22] Der Klassizismus der Spanischen Botschaft fiel gegenüber Kramreiters Madrider Planungen vergleichsweise zurückhaltend, geradezu lieblich aus.

Die spanische Kritik an Kramreiters Vorschlag für die Deutsche Schule, der bis 1945 nur in Teilen realisiert werden konnte, macht erneut eine Diskrepanz zwischen deutscher Präsenz und deutschem Einfluss deutlich. Denn letzterer war durchaus erwünscht. Gerade in der monumentalen Architektursprache bestand eine gemeinsame Grundlage, die man 1941 in Spanien durch die Ausrichtung einer Internationalen Architekturausstellung als letztlich politische Übereinkunft zu sanktionieren beabsichtigte. Neben Spanien und Deutschland hätten auch Italien, Portugal und Japan vertreten sein sollen. Obwohl diese Ausstellung nicht stattfand, blieben die spanischen Architekten über die letzten Entwicklungen in Deutschland informiert. Einer der hierbei wohl wichtigsten Beiträge war der ausführliche Bericht von Pedro Bidagor über den politisch motivierten Stadtumbau Berlins.[23] Sein Artikel ist aus verschiedenen Gründen von Interesse. Er gehörte zur Gruppe der Architekten gehörte, die als Studenten dank eines Stipendiums der JAE nach Deutschland hatten reisen können und sich nun durch diese Erfahrung profilierten.[24] Sie sollten sowohl die städtebaulichen Debatten als auch die Praxis dieser Jahre maßgeblich prägen. Zum Beispiel war Luis Pérez Mínguez anlässlich der Ersten Nationalen Architektenversammlung (*I. Asamblea Nacional de Arquitectos*) bereits 1939 – also knapp sieben Jahre nachdem er in Berlin Kontakte zu Martin Wagner, Rudolf Roedel, Hermann Jansen, Bruno Taut, Fritz Schumacher, Peter Koller und Ewald Liedecke geknüpft hatte – mit dem Vortrag „Madrid, Capital Imperial" als einer der Ideologen des modernen und repräsentativen Wiederaufbaus Madrids hervorgetreten.[25] Er gehörte der

---

22 In diesem Zusammenhang sei auf die Untersuchungen von María de Ocón Fernández zur Geschichte der spanischen Botschaft in Berlin hingewiesen. Siehe: Ocón Fernández, María: *Vom Beiwerk zum Bauwerk – Betrachtungen zur Botschaft Spaniens in Berlin*. In: Evers, Bernd (Hrsg.): *Walter Krüger, Johannes Krüger – Architekten*. Berlin 2004. S. 53-65.

23 Bidagor, Pedro: *Reformas urbanas de carácter político en Berlín*. In: Revista Nacional de Arquitectura 1 (1941), H. 5, S. 2-25.

24 Bidagor wies noch 1982 auf die kulturelle Abhängigkeit gegenüber Deutschland, die im Madrid der 20er und frühen 30er geherrscht habe. Diese führte auch ihn damals nach Berlin, wo er unter anderem Kontakt mit Erich Mendelsohn knüpfte. Vgl. Terán, Fernando: *Pedro Bidagor*. In: Quaderns 157/1982, S. 131-133.

25 Siehe: Pérez Mínguez, Luis: *Madrid, Capital Imperial*. In: Informaciones 15 (1939), vom 29.6.1939, S. 5. Pérez Mínguez, Luis: *Madrid, Capital Imperial*. In: Asamblea Nacional de Arquitectos. Madrid 1939.

Junta de Reconstrucción de Madrid (Rat für den Wiederaufbau Madrids) an, die sich ab 1939 unter der Leitung von Pedro Bidagor mit der Erstellung eines Generalbebauungsplans für die Hauptstadt befasste. Daher die besondere Bedeutung, die Bidagors Kommentaren von 1941 zu den politischen Planungen Berlins zukommt. Im selben Jahr legte er den Madrider Generalplan vor. Seine Wiederaufbauvorschläge spiegelten nicht nur die – wie er meinte – natürliche und legitime Abbildung der politischen Strukturen einer Nation im Städtebau, sondern auch das Modell eines organischen Wachstums der Stadt, für das er sich ausdrücklich auf Paul Bonatz berief, und zwar auf dessen Bericht zum Stadterweiterungswettbewerb von 1930, wie Bidagor noch 1991 unterstrichen hat: Als dann Bonatz 1943, kurz nach dem Inkrafttreten des Plans, die spanische Hauptstadt besuchte, habe er ihm diesen vorgelegt. Mit Genugtuung soll der geschätzte deutsche Kollege zur Kenntnis genommen haben, dass seine Ergänzungsvorschläge berücksichtigt worden waren.[26]

Vereinnahmte Traditionen: Paul Bonatz in Madrid

Bonatz' dritte und letzte Spanienreise erfolgte auf Initiative des bereits erwähnten Pedro Muguruza, dem Leiter der *Dirección General de Arquitectura* (Generaldirektion für Architektur), und der *Junta de Relaciones Culturales* (Rat für Kulturelle Beziehungen), die ihn zu zwei Vorträgen einluden. Die von Bonatz dargelegten Meinungen trafen unter den spanischen Kollegen auf breite Zustimmung: Seine Reden trugen die Titel „Tradición y Modernismo" (Tradition und Modernismus) und „La colaboración de ingenieros y arquitectos en la construcción de puentes" (Die Brücke als gemeinsames Werk von Ingenieur und Architekt).[27] Die Übersetzungen besorgte Fernando Moreno Barberá, ein junger spanischer Architekt, der zuvor in Berlin-Charlottenburg sowie an der Technischen Hochschule Stuttgart studiert hatte und nun bei Bonatz arbeitete.[28] Auch sein Aufenthalt in Deutschland war,

---

26 Bidagor, Pedro: *Comentarios a las circunstancias que concurrieron en la formulación y puesta en marcha del Plan General de Ordenación Urbana de Madrid.* In: Diéguez Patao, Sofía: *Un nuevo orden urbano: „El Gran Madrid" (1939-1951).* Madrid 1991. S. XXI.

27 Bonatz, Paul: *Tradición y Modernismo.* In: Revista Nacional de Arquitectura 3 (1943), H. 23, S. 390-397. Bonatz, Paul: *Sobre la Construcción de Puentes.* In: Revista Nacional de Arquitectura 3 (1943), H. 23, S. 390-397. *Vida Intelectual: En la Academia de Bellas Artes disertará el profesor Bonatz sobre Arquitectura.* In: Arriba Nr. 1312 vom 16. Juni 1943, S. 2. *Vida Intelectual: El profesor Bonatz habla sobre „Tradición y modernismo en la Arquitectura".* In: Arriba Nr. 1313, vom 17. Juni 1943, S. 2.

28 Zu Fernando Moreno Barberá siehe: Pozo, José Manuel (Hrsg.): *Los brillantes 50. 35 proyectos.* Pamplona 2006. S. 247.

IV. Ausblick (1936-1945)

wie vor dem Krieg üblich, durch ein Stipendium der JAE ermöglicht worden. Einmal mehr lässt sich die institutionelle Kontinuität in den deutsch-spanischen Beziehungen feststellen, wie der Umstand bestätigt, dass Luis Pérez Mínguez die Madrider Vorträge von Paul Bonatz für die faschistische Zeitung *Arriba* kommentierte.[29]

Bonatz sprach in seiner ersten Rede darüber, wie nur unter der Führung einer starken Polis, welche die „störenden" individuellen Rechte unterordne, der Städtebau überhaupt möglich sei. So erklärte er die zentrale Bedeutung, die in der neuen Zeit den Staatsbauten zukam. Die Zeiten des Individualismus – so Bonatz – seien in der Architektur endgültig vorüber. Der neue Stil folge nicht der Willkür, sondern der Evolution:

> Der Ausgangspunkt kann kein anderer sein als die Tradition. (...) Nach ein oder zwei Jahrzehnten, in denen der internationale Modernismus die Architektur allzu vereinheitlichte, sie zu einer Formel reduzierte, die alle Unterschiede zwischen Ländern, Völkern und Klimaten negierte, sucht man heute allerorts wieder die Wurzeln des Nationalen.[30]

Bonatz stützte sein Argument auf Aussagen Muguruzas, der einen neuen Traditionskult als eine Rückbesinnung auf das Wesentliche eingefordert hätte. Dabei galt es – so Bonatz – deutlich die monumentalen und die technischen Aufgaben der Architektur voneinander zu unterscheiden. In diesem Sinne verstand er die vorgeblich zweckrationale Stahl-Glas-Beton-Architektur als neue Romantik, die zu Recht als Baubolschewismus bezeichnet worden sei, da sie versucht habe, die Gesetze der Baukunst aufzuheben: Man hätte dabei die dritte Dimension verdrängt und nur noch mit Linien und Oberflächen gearbeitet

Der Umstand, dass sich die von Bonatz beschriebenen formalen Grundsätze der „entarteten Architektur" ausgerechnet mit den von Gropius 1908 beobachteten Merkmalen des spanischen Kunstwollens deckten (zu einem Zeitpunkt, als die Burg Coca in *Die Kunst im Deutschen Reich* wieder zum Paradebeispiel monumentaler Wehrhaftigkeit erhoben wurde), relativiert die revisionistischen Argumente des Stuttgarters. Diese erwiesen sich allerdings als folgenreich für Spanien – vor allem seine Deutung des neuen Klassizismus als ein „Wille zur Dauerhaftigkeit" („voluntad de perduración"), der keinesfalls ein Abkupfern von griechischen, römischen oder deutschen Formen bedeute. So hat sich Bonatz für die Neuinterpretation des ‚ureigenen' spanischen Klassizismus des Escorial ausgesprochen. Er tat dies nicht in seinen

---

29 Pérez Mínguez, Luis: *El arquitecto Paul Bonatz, en Madrid*. In: Arriba Nr. 1314, vom 18. Juni 1943, S. 6.

30 Bonatz, Paul: *Tradición y Modernismo*. In: Revista Nacional de Arquitectura 3 (1943), H. 23, S. 391. Übersetzung J. M. W.

Vorträgen, sondern im Büro des Architekten Luis Gutiérrez Soto, der seit 1939 das neue Luftfahrtministerium in Madrid (*Minsiterio del Aire*) plante. Er war hierzu nach Deutschland und Italien gereist, wo er vergleichbare Einrichtungen besuchte – wie etwa Ernst Sagebiels Reichsluftfahrtministerium in Berlin (1936) –, die als Orientierung dienen sollten. Tatsächlich zog er 1941 unter den verschiedenen Fassadenlösungen, die er entwickelte, auch eine in ‚deutschem Klassizismus' in Betracht, die unmissverständlich mit Hakenkreuzen gekennzeichnet war und Kramreiters Entwurfs für den Neubau der Deutschen Schule Madrid (1940) ähnelte: Eine klassizistische Option, die auch Modesto López Otero, der Architekt der Madrider Universitätsstadt, thematisierte, als er im selben Jahr in der *Revista Nacional de Arquitectura* – sozusagen aus aktuellem Anlass – über Schinkel schrieb. Er zitierte dabei aus Rudolf Wolters' Prolog zu „La Nueva Arquitectura Alemana" (Neue deutsche Baukunst), wonach der neue Stil als soziale Kunst wieder Ausdruck des Nationalen sei. Zu Recht fragte sich Otero – gewiss ohne das Bauhaus zu meinen –, ob denn nicht eher die mittelalterliche Baukunst als Ausdruck einer deutschen Volksgemeinschaft angebracht gewesen wäre. In Beantwortung dieser Frage unterschied er zwischen dieser *lokalen* Kollektivbildung vergangener Zeiten und der idealen Gemeinschaft der Gegenwart, wie sie eben die Wertvorstellungen beschworen, die seines Erachtens dem modernen dorischen Klassizismus zugrunde lagen: Ordnung, Klarheit, Harmonie, Ehrlichkeit, Nüchternheit, Wahrhaftigkeit, Permanenz ...[31] Nach Bonatz' Verständnis galt es, zur Erfüllung dieser Werte in der eigenen Tradition ein angemessenes Vorbild ausfindig zu machen. Und in eben diesem Sinne hat Gutiérrez Soto für das Luftfahrtministerium erneut das Kloster El Escorial als Idealbild des Ureigenen bemüht, wodurch der resultierende Bau bald als „Monasterio del Aire" verspottet wurde. Wie er später schildern sollte, war Bonatz an der Entscheidung zugunsten der Escorial-Variante maßgeblich beteiligt:

> Vor Jahren kam der renommierte deutsche Architekt Bonatz nach Spanien, der von diesem Projekt derart besessen war, dass er Stunden in meinem Büro verbrachte und unablässig über den Plänen des Ministeriums skizzierte. Von den sechs oder sieben Lösungen, die ich für das Portal hatte, sagte Bonatz: „Sie müssen ein Portal mit nur vier wichtigen Säulen machen." Mein Gefühl und die Meinung einer so anerkannten Kapazität wie der renommierte deutsche Architekt führten dazu, dass ich mich für diese Lösung entschied.[32]

---

31 López Otero, Modesto: *Schinkel*. In: Revista Nacional de Arquitectura 1 (1941), H. 12, S. 2-8. Auch Lopez Otero gehörte zu denen, die dank der JAE in Deutschland studiert hatten.

32 Gutiérrez Soto, Luis: *Intervención*. In: *Sesiones de Crítica de Arquitectura: El Ministerio del Aire*. In: Revista Nacional de Arquitectura 11 (1951), S. 41. Übersetzung J. M. W.

4.13

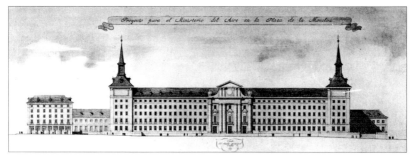

4.14

4.13-14 Luis Gutiérrez Soto: *Ministerio del Aire*, Madrid 1940-1951: verworfener „deutscher" Fassadenvorschlag (oben, mit Hakenkreuzen) und realisierte Escorial-Variante.

Dieses Geständnis legte Gutiérrez Soto erst 1950 im Rahmen einer kritischen Gesprächsrunden der *Revista Nacional de Arquitectura* über das Luftfahrtministerium ab, das – wie Miguel Angel Baldellou schreibt – zum gebauten Paradigma des genuin Spanischen avancierte.[33] An der Debatte nahm auch der Architekt und Historiker Fernando Chueca Goitia teil, der 1947 in seinem programmatischen Buch „Invariantes Castizos de la Arquitectura Española" an Ortegas „Meditaciones de El Escorial" erinnert hatte. Auch Chueca hatte 1943 das von Bonatz in Madrid postulierte Programm für eine neue monumentale Architektur beherzigt. Wie er in einem Kommentar zu den Vorträgen des großen deutschen Baumeisters („ein alter Bekannter für uns, die zwischen 1920 und 1935 in Madrid Architektur studierten") schrieb, hatte dieser zur Rückbesinnung auf die wesentlichen, einfachen und zeitlosen Formen eines „clasicismo primitivo" (ursprünglichen Klassizismus) aufgerufen.[34] Und eben diese ästhetischen Ideale der Einfachheit und Klarheit sah Chueca 1950 wie in El Escorial auch bei Gutiérrez Sotos Ministerium – vor allem im Grundrissschema – erfolgreich umgesetzt.[35] Folgt man Speers Beschreibung seines Spanienaufenthalts im Jahre 1941, so hatten seine spanischen Kollegen eine glücklichere Hand bei der Wahl der Vorbilder für ihre Architektur der nationalen Verherrlichung. Er schilderte seinen eigenen Besuch des Escorial als eine Offenbarung:

> Ich sah alte Städte wie Burgos, Segovia, Toledo, Salamanca und besichtigte den Eskorial, eine in den Ausmaßen nur mit Hitlers Führerpalast zu vergleichende Anlage, aber eben von anderer, geistlicher Zielsetzung: Philipp II. hatte seinen Palastkern mit einem Kloster umgeben. Welch ein Unterschied zu Hitlers Bauideen: hier außerordentliche Knappheit und Klarheit, herrliche Innenräume von unübertrefflich gebändigter Form, dort Prunk und überdimensionierte Repräsentation. Zweifellos war diese fast schwermütige Schöpfung des Architekten Juan de Herrera der sinistren Lage, in der wir uns unterdes befanden, eher angemessen als Hitlers triumphale Programmkunst. In dieser Stunde einsamer Betrachtung dämmerte mir erstmals, dass ich mich mit meinen Architektur-Idealen auf einen Irrweg begeben hatte.[36]

---

33 Vgl.: Baldellou, Miguel Angel: *Luis Gutiérrez Soto*. Madrid 1997. S. 239.

34 Chueca Goitia, Fernando: *El arquitecto Paul Bonatz en Madrid*. In: Revista de Ideas Estéticas 1 (1943), H. 2, S. 119-123. Im selben Heft schrieb er über „Los Arquitectos neoclásicos y sus ideas estéticas" (S. 19-50).

35 Chueca Goitia, Fernando: *El Ministerio del Aire*. In: *Sesiones de Crítica de Arquitectura: El Ministerio del Aire*. In: Revista Nacional de Arquitectura 11 (1951), S. 29-39.

36 Speer, Albert: *Erinnerungen*. Frankfurt am Main/Berlin/Wien 1969. S. 199. Albert Speer war zur Ausstellungseröffnung von „Neue deutsche Baukunst" am 8. November 1941 mit dem Auto nach Lissabon gereist und nutzte die Gelegenheit, um einige Stationen in Spanien zu machen. Die Vorbereitungen der Madrider

IV. Ausblick (1936-1945)

Wie aus einem Dankesbrief von Speer an Muguruza hervorgeht, hat dieser seinem deutschen Kollegen nach dessen Besuch in Spanien eine Herrera-Monografie zukommen lassen. Sie dürfte zu Speers vorgebliche Selbstkritik beigetragen haben.[37]

Tatsächlich bestand der zentrale Unterschied zwischen der deutschen und der spanischen Staatsarchitektur dieser Jahre darin, dass es dem Nationalsozialismus gelungen war, eine Programmkunst hervorzubringen. Doch wie Carlos Sambricio mehrfach dargelegt hat, führte die Unfähigkeit des totalitären Regimes in Spanien, seine Herrschaft in einer eigenen Ideologie zu begründen, zu einem Verständnis von ‚faschistischer Architektur' in unmittelbarer Abhängigkeit von italienischen und deutschen Vorbildern.[38] Im Falle der deutschen Einflussnahme könnte man von der Weiterführung und Vereinnahmung einer Tradition sprechen, die ihre Wurzeln im Neuen Bauen der zwanziger Jahre hatte. Diese Kontinuität erklärt, warum der vorgebliche Bruch, der mit dem Schlachtruf der „Neuen deutschen Baukunst" beschworen wurde, in Spanien vielfach auf Unverständnis traf. Fernando Chueca zum Beispiel, der sich selber zu denen zählte, die als Studenten dank Zeitschriften wie *Bauwelt, Moderne Bauformen* oder *Baukunst* ihre Vorbilder bei so unterschiedlichen Persönlichkeiten wie Behrens, Tessenow, Poelzig, Gropius oder Taut gefunden hatten, warf 1943 all jenen Ungerechtigkeit vor, die opportunistisch dieser jüngsten Vergangenheit abschworen. Seine Kritik zielte offen auf Bonatz ab.[39] Dessen Rückkehr zum Traditionalismus darf jedoch nicht vorschnell mit einer uneingeschränkten Billigung der „Neuen deutschen Baukunst" und der durch sie legitimierte Politik gleichgesetzt werden. Bonatz, der ab 1943 als Berater des Kulturministeriums in Ankara fungierte, verließ 1944 Deutschland und ließ sich für zehn Jahre in der Türkei nieder. Nach eigener Aussage, um dem megalomanen Wahnsinn seiner eigenen Planungen unter Speers und Hitlers Vormundschaft (Marineoberkommando Berlin, Hauptbahnhof München, Elbhochbrücke Hamburg) zu entkommen.[40]

Ausstellung übernahm Rudolf Wolters, der sich zu diesem Zweck vom 22.8. bis zum 1.9.1941 in Spanien aufhielt. Zur Eröffnung der Ausstellung am 9.5.1942 reiste Wilhelm Kreis nach Madrid.

37 *Brief von Albert Speer an Pedro Muguruza, Berlin 10.2.1942.* Bundesarchiv Berlin, Signatur: R. 4606 Generalinspektor für die Reichshauptstadt, Ausstellungen und Sammlungen: 536 „Neue Deutsche Baukunst".

38 Vgl.: Sambricio, Carlos: *Die faschistische Alternative. Spanische Architektur 1936-1945.* In: Frank, Hartmut (Hrsg.): *Faschistische Architekturen.* Hamburg 1985. S. 158-190.

39 Chueca Goitia, Fernando: *El arquitecto Paul Bonatz en Madrid.* In: Revista de Ideas Estéticas 1 (1943), H. 2, S. 122.

40 Vgl. Bonatz, Paul: *Leben und Bauen.* Stuttgart 1950. S. 176.

Typisierung und Tradition: Ernst Neufert und der rationale Wohnungsbau

Wie wir heute wissen, gab es im Dritten Reich jenseits der monumentalen Repräsentationsbauten des Staates Bereiche wie den Industriebau, in denen das Neue Bauen als ‚moderner Stil' sehr wohl noch zum Einsatz kam. Es war auch nicht alles nur monumentale Staatsbaukunst, was in diesen Jahren aus Deutschland nach Spanien gelangte. 1942 erschien beispielsweise Ernst Neuferts „Bauentwurfslehre" (BEL) – das erfolgreichste Architekturbuch aller Zeiten – erstmals ins Spanische übertragen. Sechs Jahre nach dem Erscheinen in Berlin, wurde die spanische Ausgabe des „el Neufert" nicht einfach nur als ein Planungshandbuch für Architekten begrüßt, wozu sicherlich die Wahl des Titels „Arte de proyectar en Arquitectura" (Die Kunst, Architektur zu entwerfen) beitrug. Die Rezension der Zeitschrift *Reconstrucción* feierte sogar Neuferts Werk als ein vollwertiges Architekturtraktat: Zwanzig Jahre nach dessen Studien zur Gotik Kataloniens besprach der Architekt Miguel Apraiz die BEL im Vergleich mit den Abhandlungen des Rodrigo Gil de Hontañón (1510-1577), die – wie es hieß – zu den seltenen Dokumenten zählten, die über die Kunsttheorie der gotischen Bauhütten unterrichteten.[41] Jener hatte eine Verknüpfung von geometrischen und anthropometrischen Proportionen unternommen, der Apraiz in Neuferts Buch nachspürte: Beide hätten das Wesen des Maßes erfasst, das den Fortschritt der Entwurfstechnik ausmache. Neuferts Bauentwurfslehre sei der zeitgenössische Ausdruck, der von Gil de Hontañón initiierten Methode der Erhebung von menschlichen Maßen als Entwurfsprämisse. Die Analogie ging aber über das materiell Messbare hinaus: Denn wie für den spanischen Baumeister des 16. Jahrhunderts berührte die Architektur auch nach Neuferts Verständnis die geistige Sphäre der Proportion, des Ästhetischen, des Zeitstiles – wenngleich Apraiz in der Theorie des Deutschen eine deutliche Unverhältnismäßigkeit zugunsten technischer Aspekte feststellte. Auf diesem Gebiet allerdings sei man Neufert sehr zu Dank verpflichtet: Er habe ein wirksames Werkzeug zur Verfügung gestellt.

Tatsächlich hat Neufert, der 1938 von Speer zum Beauftragten für Typisierung, Normung und Rationalisierung des Berliner Wohnungsbaus ernannt wurde, ein außerordentlich nützliches Instrument hervorgebracht, von dem auch die Architekten der spanischen Nachkriegszeit Gebrauch machten – gerade in Fragen der Rationalisierung und Typisierung des Wohnungsbaus,

---

41 Apraiz, Miguel: *De Rodrigo Gil de Ontañón a Ernesto Neufert*. In: Reconstrucción 4(1943), H. 35, S. 271-278. Siehe ebenso: *Bibliografía: Arte de proyectar en Arquitectura – Profesor Ernst Neufert*. In: Revista Nacional de Arquitectura 2 (1942), H. 9, S. 60.

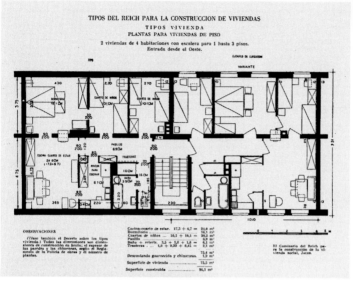

4.15

4.16

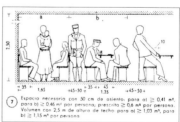

4.17

4-15 Reichstypen für den Wohnungsbau (Zwei Vierraumwohnungen an einer Treppe). [*Revista Nacional de Arquitectura*, 1943]

4.16-17 Ernst Neufert, „Arte de Proyectar en Arquitectura" (Bauentwurfslehre), Barcelona 1942. Titelblatt und Auszug aus den Hinweisen zur Dimensionierung von Luftschutzbunkern.

in denen Deutschland die führende Stellung behielt, die es durch das Neue Bauen in Spanien eingenommen hatte. Die *Revista Nacional de Arquitectura* berichtete 1943 über den deutschen Standpunkt zur Wohnungsfrage im Wiederaufbau und stellte die Reichstypen für den Wohnungsbau durch Hans Spiegel und Johannes Jacob vor.[42] Diese sollten als Struktur-Grundrisse für die Ausführung der Wohnungsbauten im ganzen Reichsgebiet verpflichtend sein. Auf der Grundlage dieser Einheits-Typen sollten die konkreten Modelle unter Berücksichtigung der spezifischen Bedingungen in den verschiedenen Gauen ausgebildet werden. Ergänzende Reichs- und Landschaftsnormen erfüllten die Funktion, die Anpassung der Konstruktion und der Bauformen an die örtlichen Werkstoffvorkommen und an die lokalen Handwerkstraditionen sicher zu stellen.[43] Beispiele für eine solche Abwandlung allgemeingültiger Typen hatte die *Revista Nacional der Arquitectura* bereits veröffentlicht, als sie über eine Stuttgarter Ausstellung zum Württembergischen sozialen Wohnungsbau berichtete.[44]

Das Konzept der Verbindung von allgemeingültigen und rationalisierten Typen mit lokal angepassten Baunormen kam der Realität des spanischen Wiederaufbaus entgegen, denn es ließ Alternativen zur ausschließlich industriell organisierten Wohnungsproduktion zu, die durch das Fehlen entsprechender ökonomischer Strukturen kurzfristig nicht auf das brachliegende Spanien übertragbar schien. Es wurde beim Wiederaufbau vielmehr konsequent eine Politik der Re-Agrarisierung verfolgt, die vom Glauben an die Möglichkeit einer politischen, ökonomischen und kulturellen Autarkie des Landes getragen war.[45] Auf dem Gebiet des Wohnungsbaus zwangen der Baustoffmangel und die geringe Qualifikation der nach dem Krieg verbliebenen Arbeitskräfte zur Anwendung archaischen Bautechniken, von deren Beibehaltung man sich unter anderem ein wirksames Mittel gegen die hohe

---

42 *Punto de vista alemán sobre el problema de la construcción de viviendas en la posguerra.* In: Revista Nacional de Arquitectura 3 (1943), H. 14. Jacob, Johannes: *Tipos de Prueba.* In: Revista Nacional de Arquitectura 3 (1943), H. 14, S. 91-100, 103. Spiegel, Hans: *Tipos y Normas.* In: Revista Nacional de Arquitectura 3 (1943), H. 14, S. 91-100, 103. Hans Spiegel und Johannes Jacob waren die Leiter des Hauptreferats Gebäudeplanung beim Reichskommissar für den sozialen Wohnungsbau.

43 Vgl. Spiegel, Hans: *Typung und Normung.* In: Der Soziale Wohnungsbau in Deutschland 1 (1941), H. 9, S. 289. Abgedruckt in: Tilman Harlander, Gerhard Fehl (Hrsg.): *Hitlers Sozialer Wohnungsbau 1940-1945.* Hamburg 1986. S. 197-198.

44 Kaufman, Egon: *Una exposición de la la vivienda en Stuttgart y otras ciudades de Württemberg.* In: Revista Nacional de Arquitectura 3 (1943), H. 14, S. 89-90.

45 Siehe hierzu: *Arquitectura en Regiones Devastadas.* Madrid 1987.

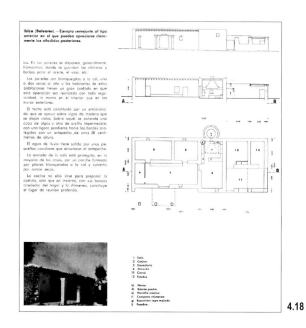

4.18

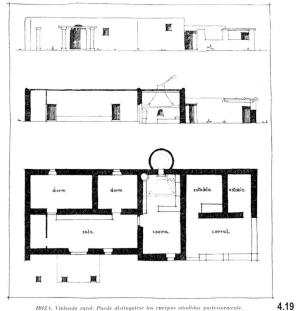

4.19

4.18 Erwin Heilbronner: *Bauaufnahme eines Ibizenkischen Bauernhauses* [AC 21, 1936]
4.19 *Ibizenkisches Bauernhaus* [*Reconstrucción*, 1944]

Arbeitslosigkeit versprach. Im Grunde versuchte man noch immer, das Volkstümliche zu rationalisieren. Die Architekten, die nach dem Krieg für die *Dirección General der Regiones Devastadas* (Generaldirektion für verwüstete Regionen) und ab 1943 für das *Instituto Nacional de Colonización* (Nationales Institut für Kolonisierung) arbeiteten, konnten mit ihren Entwürfen nahtlos an die Tradition der Idealisierung der Volksarchitektur anknüpfen, die seit den zwanziger Jahren die Debatten zur Modernisierung der spanischen Architektur begleitet hatte. So zeigte *Reconstrucción* zum Teil dieselben vorbildhaften Architekturen, die schon in den zwanziger und dreißiger Jahren unter den Erneuerern Aufsehen erregt hatten – wie etwa die Bauernhäuser Ibizas, über deren Aufbau in einem Artikel genauestens Auskunft erteilt wurde. Man vergaß dabei allerdings zu erwähnen, dass die begleitenden Bauaufnahmen ausnahmslos aus dem 21. *AC*-Heft stammten; dass sie von Raoul Hausmann und Erwin Heilbronner gezeichnet worden waren.[46] Diese Auslassung ist bezeichnend, denn obwohl Hausmann im selben Jahr seinen ehrgeizigsten Aufsatz über den Ursprung des ibizenkischen Hauses in der *Revista de Dialectología y Tradiciones Populares* veröffentlichen konnte, gab es im Gegensatz zu den frühen 30er Jahren in der Nachkriegszeit keine bedeutende deutschsprachige Beteiligung an den spanischen Debatten zur Volksarchitektur.[47]

Die meisten Architekten, die aus wirtschaftlichen oder politischen Gründen nach Spanien ausgewandert waren, hatten das Land längst wieder verlassen müssen. Auch Alfredo Baeschlin, der mit seinen ethnographischen Studien und seinen Programmen für einen modernen Regionalismus erneut einen wichtigen Beitrag hätte leisten können, wurde 1942 aufgrund seiner politischen Militanz während des Krieges abgeschoben. Dennoch gab es auch zu Beginn der vierziger Jahre eine konkrete Präsenz deutscher Architekten, die sich jenseits des Anwendungsbereichs der monumentalen „Neuen deutschen Baukunst" nicht den in Spanien herrschenden Verhältnissen und der daraus folgenden „Nachkriegsbauweise" verschlossen.

Tradition im Industriebau: Egon Eiermann in Flix

Fünf Jahre nach seiner umstrittenen, eingangs erwähnten „spanischen" Diplomarbeit widmete sich Rudolf Büchner 1941 als Mitarbeiter von Egon Eiermann der Aufgabe, bei Flix am Ebro (Tarragona) für die *Sociedad Electroquímica de Flix* (SEQF) – eine Tochtergesellschaft der IG Farben –

---

46 Vgl.: Rodríguez Mijares, José: *Arquitectura popular en Ibiza*. In: Reconstrucción 5 (1944), H. 40, S. 53-60.
47 Vgl. Hausmann, Raoul: *Recherches sur l'origine de la maison rurale a Eivissa*. In: Revista de Dialectología y Tradiciones Populares 1944, S. 231-255.

eine Werksiedlung mit Sozialanlagen zu planen. Im Bürgerkrieg war ein Großteil der zuvor bestehenden Einrichtungen zerstört worden. Von Berlin aus entwickelten Eiermann und Büchner – der den Auftrag an Land gezogen hatte – eine Anlage, die 60 Wohnhäuser, zwei Wohnheime, Kantine, Kindergärten, Zentralwäscherei, Läden, Kasino, Gästehaus, Sportplätze, Schwimmbad und verschiedene Werksbauten umfasste. Sie wurden nach Funktionen gruppiert und in die Topographie eingefügt. Die Struktur der Siedlung mutet als eine an die Landschaft angepasste Kategorisierung isolierter Einheiten an. Eiermann und Büchner entschieden sich für eine durchgängig offene Bebauung und vermieden die Bildung einer eindeutigen städtebaulichen Mitte. Überhaupt scheinen sie eher eine parkähnliche Landschaftsgestaltung angestrebt zu haben als eine stadträumliche Gliederung – schon gar nicht im Sinne der Sitteschen Lehre. Lediglich die mit einer Pergola überdeckte Promenade an der Hauptstraße kann als vages urbanes Element gewertet werden. Selbst die größeren Gebäude (Kasino und Arbeiterwohnheim) setzten eher landschaftliche Akzente, so dass Sonja Hildebrands Hinweis auf den Einfluss von Heinz Wetzels Lehre auf Büchner berechtigt erscheint.[48]

Durch die Anpassung an die Topographie und an den Straßenverlauf ging also die vorgeschlagene Siedlungsstruktur auf die örtlichen Gegebenheiten zurück. Galt dieser Realismus auch der Ausführung der einzelnen Bauten? Ohne Frage hätte eine Bauart wie die der von Eiermann während des Dritten Reiches praktizierte Industriearchitektur eine Technologie vorausgesetzt, die zu diesem Zeitpunkt nicht auf Spanien übertragbar war. Schon die Beschaffung der Baumaterialien hätte größte Schwierigkeiten bereitet. Da weder Eiermann noch Büchner nach Spanien reisten, muss angenommen werden, dass sie von der IG Farben über die örtlichen Verhältnisse in Kenntnis gesetzt wurden. Jedenfalls scheinen sie darüber informiert gewesen zu sein. Denn wenngleich – wie Sonja Hildebrand beschrieben hat – Eiermann und Büchner mit Elementen wie dem flach geneigten Satteldach, an die eigene Berliner Einfamilienhaus-Architektur anschlossen und sich damit für eine moderne Formensprache entschieden, so planten sie diese in ortsüblichen Materialien wie Ziegel und Bruchstein, die zudem in traditioneller Mauerwerkstechnik zur Ausführung hätten kommen sollen.[49]

---

48 Hildebrand, Sonja: *Egon Eiermann. Die Berliner Zeit. Das Architektonische Werk bis 1945*. Braunschweig 1999. S. 206-210, 307-308.
49 Schirmer, Wulf (Hrsg.): *Egon Eiermann 1904-1970. Bauten und Projekte*. Stuttgart 1984. S. 54.

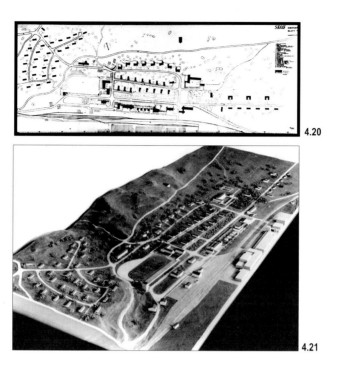

4.20

4.21

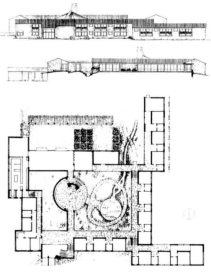

4.22

4.20-22 Egon Eiermann, Rudolf Büchner: *Werksiedlung für die Sociedad Electroquímica de Flix*, Flix del Ebro 1941. Lageplan, Modellfoto der Gesamtanlage und Pläne des Gästehauses.

Kulturpolitik und Diaspora: Otto Bartning in Barcelona

In Gegensatz zu Eiermanns und Büchners Projekt für Flix, das anscheinend aus wirtschaftlichen Gründen Ende 1942 aufgegeben wurde, gelang es Robert Kramreiter nicht nur durch Bauten wie das Deutsche Kulturinstitut am Paseo de la Castellana in Madrid als Architekt der Deutschen Botschaft in Erscheinung zu treten, sondern vor allem durch eine rege Tätigkeit als Industriearchitekt für die spanischen Niederlassungen von Firmen wie Siemens, Telefunken und AEG. Ursprünglich jedoch war er auf Grund seiner Erfahrungen als Kirchenbaumeister ins ‚nationalkatholische' Spanien gereist, wo er eingeladen wurde, am Wiederaufbau einiger im Bürgerkrieg zerstörter Heiligtümer mitzuarbeiten.[50]

Der Umstand, dass Kramreiter gerade in seiner Eigenschaft als Vertreter einer reformierten Kirchenbaus in der Tradition von Dominikus Böhm, im nationalkatholischen Spanien der unmittelbaren Nachkriegszeit der Deutschen Gesandtschaft eine genehme Person gewesen ist und als Architekt der Madrider Botschaft mit Bauaufgaben der nationalen Repräsentation betraut wurde, steht im Kontrast mit dem Fall Otto Bartnings. Auch er konnte 1941-1942 einen Kirchenbau im nationalkatholischen Spanien verwirklichen. Doch dieser entsprach keineswegs den spanischen Erwartungen: Es handelte sich um die neue Kirche der Deutschen Evangelischen Gemeinde Barcelonas. Diese hatte bis dahin als ‚Hinterhofkapelle' neben der Deutschen Schule ihren Sitz gehabt. Nun sollte die Trennung von Schule und Kapelle erfolgen, um Raum für eine Erweiterung der Schule zu schaffen. So lautete zumindest die offizielle Begründung. In Wahrheit jedoch waren es vorrangig kulturpolitische Interessen, die zur Verlegung zwangen: Deutschland war bemüht, Spanien zur Teilnahme am Zweiten Weltkrieg zu bewegen, und mit dieser Absicht sollte die „Deutsche Propagandaschule" in Barcelona eine möglichst hohe Zahl spanischer Kinder aufnehmen. Es galt daher, die kulturpolitisch unvorteilhaften Assoziationen abzuwenden, die von der evangelischen Kapelle ausgingen. Man versuchte also, „die für eine Propagandaschule nicht zweckmäßige Zurverfügungstellung der Aula für den evangelischen Gottesdienst hinfällig zu machen" – wie der Schulvorstand in einem Brief gegenüber dem Auswärtigen Amt rechtfertigte.[51] Es darf in diesem Zusammenhang nicht vergessen werden, dass der Protestantismus seit General Francos Sieg in Spanien staatlich verfolgt wurde. Überhaupt scheint die Duldung der deut-

---

50 Vgl. Lothar Schreyer, Robert Kramreiter: *Salzburg Hernau. Für Gott und die Menschen*. Wien 1963, S. 121-122.

51 *Brief des Deutschen Schulvereins Barcelona an das Auswärtige Amt Berlin vom 9. September 1942*. PAAA Bonn, Bestand Deutsche Botschaft Madrid, Nr. 336, K 2-1: Deutsche Evangelische Gemeinde in Barcelona.

4.23-26

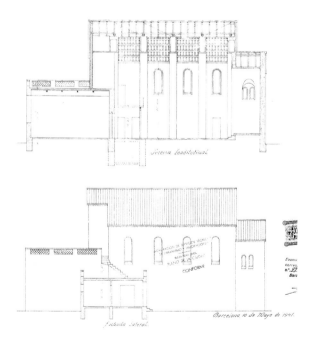

4.27

4.23-27 Otto Bartning: *Gemeindesaal und Pfarrhaus der Evangelischen Gemeinde Barcelona*, 1941-42. Fotos, Schnitt und Ansicht.

schen evangelischen Gemeinden eines äußerst diffizile kultur- und kirchenpolitische Gratwanderung gewesen zu sein. Wie Jesús de la Hera Martínez untersucht hat, war es letztlich der von der katholischen Kirche Spaniens ausgeübte Druck, der die Ratifizierung des Deutsch-Spanischen Kulturabkommens von 1939 verhinderte.[52] In diesem Kontext muss der Beschluss zur Errichtung eines Kirchenneubaus verstanden werden, an dem sich das Auswärtige Amt und das Kirchliche Außenamt mit jeweils 50 000 RM beteiligten. Das Geld wurde auf dem Wege der Verrechnung über eine der spanischen Tochtergesellschaften der IG Farben transferiert.[53]

Erwartungsgemäß kam in Barcelona nicht die neue Kirchenbaukunst zum Zuge, die Bartning in den Weimarer Jahren maßgeblich geprägt hatte. Weder die expressiven Plastiken und Raumschöpfungen der frühen zwanziger Jahre noch Bartnings Bestrebungen einer Neuordnung der liturgischen Orte findet man in Barcelona wieder. Vielmehr schloss auch er sich mit seiner Verbindung von nüchterner Stofflichkeit und elementarer Tektonik (Hülle aus Bruchsteinmauerwerk, verputzte Bögen, offene Holzdecke) dem spanischen Nachkriegstraditionalismus an. Am überzeugendsten aber kann die Kapelle in Barcelona aus heutiger Sicht aufgrund ihrer konstruktiven Elementierung als Vorwegnahme von Bartnings Notkirchen (ab 1948) gelesen werden: Denn die Aufgabe bestand in Barcelona darin, die seit 1903 bestehende Kapelle zu verlegen und dabei möglichst das gesamte Abbruchmaterial wieder zu verwenden. So übernahm Bartning das offene Holzdach und hielt entsprechend auch die vorgegebenen Abstände der Träger und Bögen bei.[54] Nur die Strebepfeiler kehrte er nach innen. Der dadurch nach außen vermittelte Eindruck von geschlossener Körperlichkeit unterstrich den angestrebten Gestus der Wehrhaftigkeit. Die Verkleidung mit Bruchsteinmauer-

---

52 Hera Martínez, Jesús de la: *La política cultural de Alemania en España en el período de entreguerras*. Madrid 2002. S. 422 ff.

53 Zu den politischen Hintergründen von Bartnings Bau siehe: Jürgen Krüger, Christiane Tichy: *Kirchenbau und Politik. Deutsche Evangelische Kirchen auf der Iberischen Halbinsel, 1900-1945*. Petersberg 2003.

54 Schule und Kapelle waren 1903 nach Plänen des Architekten Georg Paul (Pablo) Müller errichtet worden. Wie Jürgen Krüger berichtet, war dieser als Mitarbeiter der AEG nach Barcelona gekommen. Als bauvorlageberechtigter Architekt fungierte José Sabadell Giol. Vgl. Jürgen Krüger, Christiane Tichy: *Kirchenbau und Politik. Deutsche Evangelische Kirchen auf der Iberischen Halbinsel, 1900-1945*. Petersberg 2003. S. 187 ff. Pablo Müller gehört zur Gruppe der zahlreichen in Barcelona ansässigen deutschen Architekten, die vor allem in den Kreisen der deutschen Kolonie tätig waren. Zu Müllers weiteren Arbeiten gehört der 1933 veröffentlichte Entwurf für das Deutsche Krankenhaus Barcelonas. Siehe: Müller, Pablo: *Verein Deutsches Krankenhaus*. In: Deutsche Warte, 17. Juni 1933.

werk beschwor zudem symbolisch das Bild einer ‚Trümmerkirche'. Folgt man Bartnings eigenen Ausführungen, so beabsichtigte der schwermütige Bau primär die Wiedergabe eines Urbildes christlicher Gemeinden, das nach eigener Aussage allen von ihm realisierten Auslandskirchen in der Diaspora (u. a. in Lissabon, Heerlen, Beirut, Sofia, Belgrad, Paris und Brüssel) zugrunde gelegen habe. Ein gebautes Bild, das gezielt die Absetzung suchte:

> (...) die Aufgabe, diesen Auslands- und Vorpostengemeinden künstlerische Gestalt zu geben, d.h. also die Aufgabe, in der Diaspora zu bauen, [ist] für den Bestand der Diaspora-Gemeinde wichtig und wesentlich. Denn die geschlossene Gestalt, der Ausdruck der Festigkeit, der mannhaften Überzeugung, dabei der selbstsicheren Bescheidenheit, der ehrlichen Armut, ist hier notwendiges Dokument. Wenn der Kirchbau in der Diaspora diese Grundhaltung deutlich wiedergibt, so wirkt er damit nicht nur nach außen und verschafft der Gemeinde die nötige Achtung innerhalb der gleichgültigen oder auch feindlichen Umwelt, sondern der künstlerische Ausdruck dieser Grundhaltung gibt zugleich nach innen die natürlichste Bestätigung und Bestärkung für die Gemeinde. Diese evangelische Eigenart muß daher gerade hier, wo sie sich durch ihre Unterscheidung zu behaupten hat, mit aller Einfalt und Würde sich darstellen. Daraus ergibt sich, dass der Kirchbau der Diaspora, der Auslandskirche, die wichtigste, die schönste, die lebendigste und künstlerische verantwortlichste Aufgabe für Christentum und Deutschtum ist.[55]

Diesem Gedanken folgend entsprach die Kirche in Barcelona einen feststehenden Bauplan, den Bartning schon für seine ersten Diaspora-Kirchen entwickelt hatte: Eine kleine Kirche sollte „mit Gemeindesaal, mit einer deutschen Büchersammlung, einem umfriedeten Versammlungsplatz und einem angebauten Pfarrhaus mit Garten einen eigenen, in sich abgeschlossenen, für den Notfall auch geschützten und wehrhaften Bezirk und unbestrittenes Heim der kleinen Gemeinde darstellen".[56] Doch obwohl auch die Anlage in Barcelona eine wehrhafte Geschlossenheit vorwies, ließ sich an ihrer Architektur Bartnings Widerstands-Pathos - wonach sie die Eigenart der evangelischen Diaspora-Gemeinde hätte vermitteln müssen - kaum nachvollziehen. Die archaische Sprache der Kapelle schien aber an die vorromanischen Formen der ersten christlichen Baukunst auf der Iberischen Halbinsel angelehnt. Statt sich also von der „feindlichen" katholischen Umwelt abzugrenzen, hätten die schweren und kargen Bauformen ebenso eine Affinität signalisieren können.

Tatsächlich findet die düstere Atmosphäre des höhlenartigen Gemeindesaals in Barcelona eine Entsprechung in Bartnings Spanienbild. Bereits vor

---

55 Bartning, Otto: *Auslandskirche. Kirche in der Diaspora*. Bartning-Nachlass der TU Darmstadt, Inventar-Nr. 5/S 2 (Mappe Spanienreisen 1941-1942).
56 Ebd.

IV. Ausblick (1936-1945)

der Reise, die ihn im Januar und Februar 1941 nach San Sebastián, Zaragoza, Barcelona, Madrid und Toledo führte, hatte er sich dem Studium des Landes gewidmet.[57] Das auch aus der spanischen Perspektive: In seinen vorbereitenden Aufzeichnungen stößt man auf die Namen Unamunos und Ortegas. Auf ihre Gedanken zum spanischen Selbstverständnis gestützt, hoffte er eine *Hispanidad* anzutreffen, die auf geheimnisvolle Weise beim Fremden das wahrhaft Eigene zu enthüllen vermochte. Er schrieb:

> Wenn man früher, sei es über die Barre der Pyrenäen von Frankreich her, sei es von Meere her den steilen, scheinbar unbewohnten Felsküsten sich näherte, immer befand man sich einem Geheimnis gegenüber. Dunkel, fremd, finster, fast drohend war das Geheimnis und, solange man europäische Helle und europäische Hast im Blute hatte, unbegreiflich. Langsam glaubte man einzudringen, mehr noch von unsichtbaren Armen ins Geheimnis hineingezogen zu werden. Die äußere Haltung der Landschaft, der Mauern und der Menschen blieb streng und verschlossen, aber das Geheimnis lockte. (...) Wenn man in das Geheimnis Spanien über die Barre der Pyrenäen oder an den Felsenküsten eindrang, und je tiefer man eindrang, desto gefährlicher, lockender, dunkel beglückender wurde es: denn man gelangte in die letzte Schlucht des eigenen Ich, dorthin wo der stolze Geist sich zurückgezogen hat vor dem geschäftigen, händlerischen, eiligen, fleißigen und hoffnungslosen Treiben Europas. So war Spanien, einzig in Europa, einzig in der Welt das schroffe, drohende, unnahbare Montsalvat der europäischen Seele. Der eigenen Seele.[58]

Bartnings beschreib Spanien als ein mythisches, geradezu wagnerianisches Land, das von der Moderne unberührt geblieben war. Erst mit dem abschließenden Satz kehrte Bartning auf den nüchternen Boden der Tatsachen zurück, die von den außenpolitischen Bündnissen bestimmt wurden. Die Okkupation Frankreichs ließ ihn – wohl im Ausdruck von Unerwartetem – ausrufen:

> Daß ich dies Spanien einmal über die Brücke von Irún zwischen einem deutschen und einem spanischen Zollposten betreten würde![59]

Abhängigkeit und Dialog

Selten zuvor hatten sich Deutschland und Spanien so nahe gestanden – geographisch und kulturpolitisch – wie zu Beginn der 40er Jahre. Im Umfeld der beiderseits wohlwollenden Beziehungen entstand 1939-1943 Hugo Keh-

---

57 Die Ausführung des Baus in Barcelona führte Bartning im April-Mai 1942 erneut nach Spanien, wo er diesmal die andalusischen Städte Sevilla, Cádiz, Jerez und Córdoba besuchte.

58 Bartning, Otto: *Zur Spanienreise*. Bartning-Nachlass der TU Darmstadt, Mappe Spanienreisen 1941-1942, Tagebuch.

59 Ebd.

rers kunst- und kulturhistorische Studie „Deutschland in Spanien: Beziehung, Einfluss und Abhängigkeit", die den Zeitraum zwischen der Einwanderung der Westgoten und dem ersten Drittel des 20. Jahrhundert abzudecken beanspruchte. Kehrer trug 1942 – also auf dem Höhepunkt der kulturpolitischen Zusammenarbeit zwischen Nationalspanien und Drittem Reich – erste Ergebnisse seiner Recherchen vor, die opportunerweise in der Feststellung einer inneren und geistigen Gemeinschaft beider Völker gipfelten. Allerdings erschien Kehrers Buch erst elf Jahre später (1953), zum Zeitpunkt der Wiederaufnahme bilateraler Beziehungen – nach dem Abbruch 1945 – und mutierte zu einer gezielten Wiederentdeckung eines vermeintlich unbelasteten gemeinsamen Erbes.[60] 1953 war aber auch das Jahr, in dem sich eine Gruppe einflussreicher spanischer Architekten – unter ihnen Bidagor und der zurückgekehrte Zuazo – in Granada traf, um das Manifest der Alhambra zu unterzeichnen: einen Aufruf zur Rückbesinnung auf die Invarianten der spanischen Architektur – im Sinne der architektonischen Wesensbestimmungen, die Fernando Chueca wenige Jahre zuvor veröffentlicht hatte. Mit diesen hatte er sich offen gegen solche Interpretationen der spanischen Baugeschichte gewandt, die sie zum bloßen Schmelztiegel ausländischer Einflüsse erklärten. In seinen „Invariantes Castizos de la Arquitectura Española" (1947) plädierte er für eine Berücksichtigung der Eigenart der Architektur, wie sie dem spezifisch spanischen Temperament entsprang: Etwa in den Proportionen, im atektonischen Dekor oder im Raumverständnis stellte er die Eigentümlichkeit und die Einzigartigkeit, ja sogar die Selbstgenügsamkeit der spanischen Architektur fest. In der Tradition von Unamunos „intrahistoria" stehend, bestritten seine bauhistorischen Interpretationsmodelle die externe Beeinflussung als bestimmendes Merkmal.[61] Wie Kehrers Studie führen auch Chuecas Theorien des Ureigenen vor allem die kulturpolitische Dimension der Geschichtsschreibung vor Augen; denn sein Aufruf zur Befreiung aus der Fremdbestimmung fiel mit der Programmatik der politischen Autarkie zusammen, die das frühe Franco-Regime nach der Auflösung älterer Bündnisse prägte. Chuecas „Invariantes" und das Alhambra-Manifest waren weitaus mehr als ausschließlich analytische bauhistorische Studien, welche die moderne Qualität historischer Bauten aufspürten. Sie unternahmen den Versuch, trotz der ideologischen Armut Nationalspaniens das Programm einer

---

60 Kehrer, Hugo: *Deutschland in Spanien: Beziehung, Einfluß und Abhängigkeit.* München 1953. Das Erscheinen von Kehrers Studie war der Förderung durch verschiedene in Spanien ansässige Firmen zu verdanken, zu denen auch die der Gebrüder Rank gehörte.

61 Chueca Goitia, Fernando: *Invariantes Castizos de la Arquitectura Española.* Madrid 1947.

IV. Ausblick (1936-1945)

unabhängigen, zukünftigen nationalen Architektur zu formulieren, deren Eigenschaften sie historisch untermauerten.[62]

Die spanische Ausgabe von Kehrers Buch ließ dreizehn Jahre auf sich warten und wurde 1966 mit einer – wie von Michael Scholz-Hänsel bemerkt worden ist – bezeichnenden Korrektur des Titels veröffentlicht: „Alemania en España: influjos y contactos a través de los siglos" (Deutschland und Spanien: Einflüsse und Kontakte durch die Jahrhunderte).[63] Es entfiel also die – von spanischer Seite zu diesem Zeitpunkt offenkundig als entbehrliche Polemik empfundene – Deutung der Beziehung als Abhängigkeitsverhältnis. Diese Deutung war vor allem unbequem, weil sie auf die Gegenwart nicht länger zutraf.

Zu Beginn der fünfziger Jahre gab es noch punktuelle Kontakte wie etwa, als 1951 eine Gruppe spanischer Architekten die *Constructa 51* in Hannover besuchte, und sie in ihren Berichten – zum Beispiel von Alejandro de la Sota – die ungebrochene Bewunderung für Paul Bonatz zum Ausdruck brachten.[64] Es ist aber bezeichnend, dass Ortega y Gasset im selben Jahr in dem von Bartning organisierten Darmstädter Gespräch „Mensch und Raum" vor der versammelten deutschen Architektenschaft – von Bonatz bis Scharoun – sprach. 1956 gastierte zwar in Madrid die BDA-Ausstellung „La Arquitectura Alemana, hoy", aber man darf nicht übersehen, dass im Gegenzug 1962 eine Ausstellung zur zeitgenössischen spanischen Architektur („30 Jahre spanische Architektur, 1930-1960") im Spanischen Kulturinstitut Münchens gezeigt wurde.[65] War nun ein Dialog unter gleichen möglich? Die spanischen Erwartungen an die deutsche Architektur waren nicht vergleichbar mit denen der Ära 1918-1936, wie auch die Wenigen feststellen mussten, die Anfang der fünfziger Jahre wieder ihr Glück in Spanien versuchten: Ludwig Rank in Sevilla, Michael Fleischer in Madrid, Kramreiter in Barcelona, Erwin Broner

---

62 *Manifiesto de la Alhambra*. Granada 1953.
63 Kehrer, Hugo: *Alemania en España: influjos y contactos a través de los siglos*. Madrid 1966. Scholz-Hänsel, Michael: *El historiador de arte como mediador en el discurso intercultural: la recepción de El Escorial en Alemania y su influencia en el debate español*. In: Departamento de Historia del Arte „Diego Velázquez", Centro de Estudios Históricos (Hrsg.): *VII Jornadas de Arte: Historiografía del Arte Español en los siglos XIX y XX*. Madrid 1995.
64 Insbesondere die von Paul Bonatz in seinen Madrider Vorträgen von 1943 vorgestellten Autobahnprojekte wurde wieder gewürdigt. Siehe z. B.: De Miguel, Carlos: *Notas de un viaje al margen de la Constructa*. In: Revista Nacional de Arquitectura (12) 1952, H. 123, S. 26-28. De la Sota, Alejandro: *La arquitectura y el paisaje*. In: Revista Nacional de Arquitectura 12 (1952), H. 128, S. 42-44.
65 Vgl.: *Exposición de Arquitectura Alemana en Madrid*. In: Revista Nacional de Arquitectura 172, 1956. *Exposición de Arquitectura Española en Múnich*. In: Arquitectura 39, 1962.

auf Ibiza oder Richard Ernst Oppel auf Gran Canaria. Eine spanische Abhängigkeit beziehungsweise eine deutsche Hegemonie bestand längst nicht mehr. Vor allem US-amerikanische und italienische Referenzen traten nun in den Vordergrund und bestimmten das Werden der spanischen Architektur mit.

LEBENSLÄUFE
BIBLIOGRAPHIE
DOKUMENTE

Im Folgenden werden Kurzbiographien deutscher Architekten, Städtebauer, Ingenieure und bildender Künstler ausgeführt, die entweder Projekte für Spanien entwickelten und zum Teil realisierten oder die Untersuchungen zur spanischen Architektur vorgenommen haben. Ergänzend sind die bedeutendsten spanischen Wegbereiter für den deutschen Einfluss dargestellt. Bei der Zusammenstellung ihrer Lebensläufe ist der Schwerpunkt auf die deutsch-spanischen Zusammenhänge gelegt worden. Gleiches gilt für die anschließenden Literaturangaben, bei denen lediglich die für diese Arbeit relevanten Quellen berücksichtigt worden sind. Unter der Rubrik ‚Schriften' werden Titel von Texten angeführt, die vom jeweiligen Protagonisten der Lebensbeschreibung selbst verfasst worden sind. Die jeweils folgende ‚Bibliographie' nennt sowohl die zeitgenössische Rezeption als auch die wichtigste Sekundärliteratur zu den in dieser Studie behandelten Themen. Die Auswahl der Dokumente versucht vorrangig die biographischen Verflechtungen zu veranschaulichen, beachtet aber zudem die Zugänglichkeit der Quellen: Es sind vornehmlich wenig bekannte Artikel aus seltenen Zeitschriften oder unveröffentlichte Texte aus privaten Archiven vorgezogen worden. Ferner wurde versucht, eine möglichst hohe Anzahl spanischer Aufsätze erstmals ins Deutsche zu übertragen. Englische Texte sind im Original belassen.

Alfredo Baeschlin (1883-1964)	1. „Barcelona und seine Weltausstellung" (1929)	494 496
Otto Leonhard Blum (1876-1944)		502
Paul Bonatz (1877-1956)	2. „Wieder Spanien" (1950)	503 504
Alfred Breslauer (1866-1954)	3. „Wohnhaus K. Kocherthaler, Madrid" (1927)	508 508
Erwin Broner (1898-1971)	4. „Ibiza. Die ländlichen Wohnhäuser" (1936)	510 511
Otto Bünz (1881-1954)	5. „Bebauungsplan für Bilbao" (1927)	513 513
Guillem Busquets i Vautravers (1877-1955)	6. „Tod eines großen Städtebauers" (1938)	515 516
Carl Fieger (1893-1960)		519
Michael Fleischer (1903-1983)	7. „Kleinhäuser und Mietskasernen in Spanien" (1932)	520 521
Fernando García Mercadal (1896-1984)	8. „Die Städtebaulehre" (1926)	525 527
Ricard Giralt Casadesús (1884-1970)	9. „Zum Gedenken an den Städtebauer Bruno Möhring" (1929)	530 531
Walter Gropius (1883-1969)	10. „Betrachtungen über die Architektur des spanischen Castells Coca bei Segovia" (1908) 11. „Behauptungen über die Architektur des spanischen Castells Coca, bei Segovia"	533 535 538
Klaus Groth (1893-1979)	12. „Der Architekt Klaus Groth" (1933)	541 542
Hans Hartung (1904-1989)	13. Zum Haus auf Menorca (1981)	543 543
Karl Albrecht Haupt (1852-1932)	14. „Spanische Architekturstudien. I." (1917)	547 548
Raoul Hausmann (1886-1971)	15. „Ibiza und die Architektur ohne Architekten" (1936) 16. „Hyle. Ein Traumsein in Spanien" (1933-1969)	550 552 553
Werner Hegemann (1881-1936)	17. „Spanischer Städtebau aus vorrevolutionärer Zeit" (1932)	555 556
Hermann Jansen (1869-1945)	18. „Die Großstadt der Neuzeit" (1917/1926)	559 561

Lebensläufe, Bibliographie, Dokumente 493

Oskar Jürgens (1875-1923)	 566
	19. „Bearbeitung eines städtebaulichen Entwurfes für Madrid" (1920) 568
Luis Lacasa Navarro (1899-1966)	 572
	20. „Ein expressionistischer Raum" (1924) 573
Ewald Liedecke (1905-1967)	 575
Paul Linder (1897-1968)	 576
	21. „Katalanische Gotik" (1923) 578
Erich Mendelsohn (1887-1953)	 581
	22. Brief an Caturla Kocherthaler (1930) 582
	23. Brief an Ortega y Gasset (1933) 583
Ludwig Mies van der Rohe (1886-1969)	 584
	24. „Der Architekt van der Roch, Schöpfer des Deutschen Pavillons" (1929) 586
Heinz Möritz (1904-1993)	 588
	25. „Canyamel Beach Hotel" (1933) 589
Ernst Neufert (1900-1986)	 590
Richard Ernst Oppel (1886-1960)	 592
	26. „Neuzeitliche Landhaus-Entwürfe des Architekten Dipl.-Ing. R.E.Oppel, Hamburg" (1921) .. 594
Luis Pérez Mínguez y Villota (1905)	 595
Gebrüder Rank (1868-1956)	 596
	27. Josef Rank, „Die Geschichte der Firma Luis Rank, Sevilla-Madrid" (1934) 597
Alfredo Rodríguez Orgaz (1907-1994)	 600
	28. Stipendiumsantrag (1931) 601
Wilhelm Max Säume (1901-1965)	 603
	29. „The Advantages of the Isle of Mallorca" (1933) 603
Otto Schubert (1878-1968)	 608
	30. Luis Lacasa, „Zeitgenössische Architektur des Auslandes: Otto Schubert" (1922) 609
Walter Segal (1907-1985)	 612
	31. „Building a House in Majorca" (1942) 613
Hermann Joseph Stübben (1845-1936)	 617
	32. „Städtebauliches aus Barcelona" (1915) 619
Juan Bautista Subirana (1904-1978)	 626
	33. Empfehlungsschreiben an Bruno Taut (1930).... 627
	34. Filmvorstellung (1932) 628
Konrad Wachsmann (1901-1980)	 629
	35. Michael Grüning, „Als Architekt in Granada" (1986) 630
Kurt Wolf (1903)	 633
	36. Brief der Deutschen Botschaft Madrid (1933) .. 633

Alfredo Baeschlin
Architekt und Bauernhausforscher
★ Schaffhausen 28. April 1883, ♱ Schaffhausen 29. Januar 1964

Nach Abschluss des Studiums an der ETH Zürich nimmt Baeschlin zunächst in Deutschland die Tätigkeit als Architekt auf. Kurz darauf wendet er sich der Lehre an der Kantonalen Bernischen Gewerbeschule zu und beginnt in verschiedenen deutschen und schweizerischen Fachzeitschriften zu veröffentlichen. **1905:** Baeschlin gehört zu den Gründungsmitgliedern der Schweizerischen Vereinigung für Heimatschutz. **1912-14:** Ernennung zum Zentralsekretär und Schriftleiter des Bundes Schweizer Architekten (BSA) als Nachfolger von C. H. Baer. Infolge seiner Betätigung im Bereich der Bauernhausforschung unternimmt Baeschlin Studienreisen durch Deutschland, Holland, Schweden, Frankreich und Spanien. Als Architekt befasst er sich mit dem Bau von Landhäusern u. a. in Paris. **1918: Baeschlin versucht nach Argentinien auszuwandern, lässt sich aber bereits in Barcelona nieder, wo in der Folgezeit eine Vielzahl regionalistischer Landhäuser nach seinen Plänen errichtet werden.** Er nimmt seine Studien zur spanischen Volksarchitektur auf. **Anfang der zwanziger Jahre bereist Baeschlin mehrmals Mallorca, wo er 1922 am Wettbewerb für ein Hotel in der Gartenstadt von Palma teilnimmt. 1926: Bau der Schweizer Schule in Barcelona. 1927: Heirat mit der Katalanin Maria Vilanova Collelldevall in Biarritz, wo er zu diesem Zeitpunkt lebt. 1928: Im Auftrag der Tageszeitung** *La Tarde* **(Bilbao) umfährt Baeschlin die iberische Halbinsel (von Bilbao nach Barcelona) und verfasst Artikel, in denen er über den Verlauf der Reise berichtet. 1930: Bei Canosa in Barcelona erscheinen seine Studien zur Volksarchitektur des Baskenlandes („La Arquitectura del Caserío Vasco") und eine Sammlung seiner Entwürfe für eine regionalistische Landhausarchitektur („Casas de Campo Españolas"). Umsiedlung nach Valencia. 1931: Baeschlins Antrag auf die spanische Staatangehörigkeit wird abgelehnt. 1932: Bau des eigenen Hauses in Godella. Zusammenarbeit mit den Architekten Lanco Nebot und Antonio Gómez Davó. 1934: Veröffentlichung des Skizzenbuches „Ibiza". Es bleibt die einzige Veröffentlichung einer ursprünglich fünfbändig geplanten Reihe zur Volksarchitektur Spaniens. 1935: Baeschlin erhält einen Kredit des Eidgenössischen Departements des Innern zur „Unterstützung schuldlos in Not geratener tüchtiger Künstler". 1936: Nach Ausbruch des spanischen Bürgerkriegs wird er Mitarbeiter des Ministeriums für Propaganda in Barcelona, wo er hauptsächlich als Übersetzer tätig ist. 1941-42: Nach seiner Festnahme in Barcelona und der Verurteilung in Valencia wird Baeschlin bis zu seiner Abschiebung in die Schweiz im Ausländerkonzentrationslager in Miranda de Ebro interniert. Die Familie bleibt zurück. Zurück in Schaffhausen entwickelt sich Baeschlins Wohnung zu einem Treffpunkt der Mitglieder der republikanischen Exilregierung. 1945-48:** Leitung des Archivs für Bauernhausforschung der Gesellschaft für Schweizer Volkskunde. Trotz der fortschreitender Erblindung – die ihn zum Rücktritt zwingt – gründet Baeschlin in Schaffhausen das Übersetzungsbüro Veritas. In der Folgezeit übersetzt er zahlreiche Werke spanischer Schriftsteller ins Deutsche. **1953:** Anlässlich Baeschlins 70. Geburtstags erscheint das Bändchen „Ein Künstler erlebt Mallorca", mit Erinnerungen an seine Reisen zu Beginn der zwanziger Jahre. Baeschlins Jugendfreund Hermann Hesse schreibt hierzu ein Geleitwort.

Schriften

De la casa moderna. In: Urbanizaciones y Edificaciones 3/1924 (Abgedruckt in: *La ciudad moderna. Arquitectura racionalista en Valencia.* Bd II. Valencia 1998. S. 186-187)

Barcelona und seine Weltausstellung (I). In: Deutsche Bauzeitung 63 (1929), H. 57, S. 497-504

Ein baskisches Patrizierhaus aus dem 17.Jahrhundert. In: Deutsche Bauzeitung 63 (1929), H. 60, S. 521-524

Barcelona und seine Weltausstellung (II). In: Deutsche Bauzeitung 63 (1929), H. 77, S. 657-662

Ein vornehmes Montañesisches Patrizierhaus Ende des XVII. Jahrhunderts. In: Deutsche Bauzeitung 63 (1929), H. 101, S. 862-4

La Guardia (Mappe mit sechs Lithographien)

La arquitectura del caserío vasco. Barcelona 1930

Casas de campo españolas. Barcelona 1930

Casas de campo españolas: La Barraca. In: Agricultura 2 (1930), S. 364

Casas de campo españolas: Los Manueles. In: Agricultura 2 (1930), S. 438

Una granja moderna. In: Agricultura 2 (1930), S. 505

Casas de campo españolas: La Masía. In: Agricultura 2 (1930), S. 672

Casas de campo españolas: Bista Ederra. In: Agricultura 3 (1931), S. 30-31

Construcciones Rurales. La industria lechera en pequeña escala. In: Agricultura 3 (1931), S. 540-541

Landhaus Los Olivos bei Valencia, Spanien. Architekt: Antonio Gómez Davó, Valencia. In: Deutsche Bauzeitung 65 (1931), H. 91-92, S. 562-564

Arquitectura Popular: Las barriadas de cuevas. In: Cortijos y Rascacielos 3 (1932), H. 9, S. 2-3

La casa de campo „La Atalaya" en Rocafort. Arquitecto Antonio Gómez Davó, Valencia. In: Viviendas 1 (1932), Nr. 5, S. 5-8

Ein modernes Landhaus in Spanien. Architekt Gómez Davó, Valencia. In: Das Ideale Heim (1933), H. 4

Arquitectura rural de la Marina (I). In: El Camí 2 (1933), H. 78, S. 3

Arquitectura rural del Pais Valencià. L'Alqueria. In: El Camí 2 (1933), H. 92, S. 5

Arquitectura rural de la Marina (I). In: El Camí 2 (1933), H. 78, S. 3

Arquitectura rural del Pais Valencià. L'Alqueria. In: El Camí 2 (1933), H. 92, S. 5

Empressions del Mestrat (I). In: El Camí 2 (1933), H. 94, S. 1

Empressions del Mestrat (II). In: El Camí 2 (1933), H. 95, S. 1

Apunts d'Eivissa. In: El Camí 3 (1934), H. 96, S. 2

Cuadernos de arquitectura popular: Ibiza. Valencia 1934

Zwei „Patio"-Reihenhäuser für sehr tiefe Grundstücke. Architekt Alfredo Baeschlin, Godella, Spanien. In: Der Baumeister 32 (1934), H. 12, S. 430-431, T. 129

Un poco de arquitectura rural. In: Nueva Cultura 3 (1937), H. 6-7-8, S. 422, 435-38

Wegleitung für die Aufnahmen der bäuerlichen Hausformen und Siedlungen in der Schweiz. Basel 1948. (mit Alfred Bübler und Max Gschwend)

Ein Künstler erlebt Mallorca. Schaffhausen 1953

Bibliographie

Francis Leonel, *Charlas: Alfredo Baeschlin, dibujante suizo que nos muestra Valencia*. In: Valencia Atracción 6 (1931), H. 54, S. 20

Una casita entre medianeras en Godella. Arquitecto Alfredo Baeschlin, Valencia. In: Viviendas 2 (1933), H. 7, S. 12-13

„*Le Repaire*" *en Hendaya. Arquitecto Alfredo Baeschlin*. In: Cortijos y Rascacielos 3 (1932), H. 9, S. 17

Libros: Quaderns d'arquitectura popular. In: El Camí 3 (1934), H. 101, S. 3

Arquitectura popular. Una casa de campo. In: El Camí 3 (1934), H. 127, S. 5

Construcciones de las cubiertas. – Del libro de Alfredo Baeschlin „Ibiza". In: AC 5 (1935), H. 18, S. 25

Buchbesprechung: *A.Baeschlin, La Arquitectura del Caserio Vasco*. In: Der Baumeister 32 (1934), Beilage, S. 7

Guido Harbers, *Buchbesprechung: Ibiza, Von Alfredo Baeschlin*. In: Der Baumeister 33 (1935), Beilage, S. 162

Proyecto de vivienda rural. Alquería ibicenca. Arquitecto Alfredo Baeschlin. In: Cortijos y Rascacielos 6 (1935), H. 18, S. 15-16, 37

Casa de campo en Ibiza. Arquitecto Alfredo Baeschlin. In: Cortijos y Rascacielos 43, 1947, S. 7

Linus Birchier, *Architekt BSA Alfredo Baeschlin*. In: Werk, Bauen+Wohnen 5/1964, S. 101

Ignasi Solà-Morales: *Noucentisme i Arquitectura*. In: *Noucentisme i Ciutat*. Barcelona 1994. S. 79-87

Empar Ranch, *Alfred Baeschlin*. In: L'Espill 20, 1985, S. 175-179

Patricia Molins, *Interiores modernos: La caja y el caparazón*. In: *La ciudad moderna. Arquitectura racionalista en Valencia*. Bd II. Valencia 1998. S. 71 ff.

Joaquín Medina Warmburg, *La fábrica, la casa y el palacio: Franz Rank y Alfredo Baeschlin, dos „Heimatschützer" en España*. In: *Arquitectura, ciudad e ideología antiurbana*. Pamplona 2002. S. 133-138

Dokument 1
Barcelona und seine Weltausstellung
Von Architekt Alfredo Baeschlin, Barcelona

I.

Ohne den Weltkrieg hätte Barcelona seine Ausstellung längst hinter sich. Keine Weltausstellung, sondern eine Sonderschau der elektrischen Industrien. Erst später drang die Idee durch, etwas ganz Großzügiges, Niedagewesenes zu schaffen, weshalb die Eröffnung der Schau, in der seit mehr denn 15 Jahren gearbeitet worden ist, erst dieses Jahr zustande gekommen ist. Als in Spanien die Diktatur ins Ruder griff, war der Hauptplan in seinen großen Linien bereits festgesetzt. Die spanische Abteilung, nach dem Entwurfe des auch im Ausland sehr bekannten Architekten Puig y Cadafalch, war bereits in Bau begriffen, und nach den Plänen und den bereits erstellten Palästen (Pal. Alfons XIII. und Victoria Eugenia) konnte man den Schluß ziehen, daß etwas wirklich Gutes entstanden wäre, das die Aufmerksamkeit des Auslandes – vom künstlerischen Standpunkte betrachtet – unbedingt auf sich gezogen hätte.

Es wäre eine Schöpfung aus einem Gusse gewesen, denn die Erfahrung hat sich bis jetzt immer bestätigt, daß derartig großzügige Werke unbedingt in einer einzigen leitenden Hand vereinigt werden müssen, um wirklich Reifes, Gediegenes hinzustellen.

Das primitive Projekt sah in erster Linie diese spanische Abteilung in reinem spanischen Renaissancestil vor als eine

Achsialdisposition mit starkem Gefälle, die die Möglichkeit bot, neue, bisher in Ausstellungen auf flachem Gelände noch nicht gesehene Perspektiven zu schaffen. Links und rechts von der Hauptachse mit ihren durch das starke Gefälle diktierten Terrassen, Treppenanlagen und Kaskaden ordneten sich die verschiedenen Paläste an, und zu oberst, als energischer, schöner Abschluß der Hauptachse, der Nationalpalast. Dieser wäre nach dem Entwurfe Puig y Cadafalch ein reifes, durchdachtes Werk geworden.

Leider, leider aber ist dieser Baukünstler aus Gründen politischer Natur, die wir hier nicht zu erörtern haben, seiner großen Aufgabe enthoben worden, ehe ihm vergönnt war, sie zu beendigen.

Es besteht kein Zweifel, daß durch diese Maßnahme die Ausstellung künstlerisch ungeheuren Verlust erlitten hat. Anstatt der von Puig geplanten Paläste – obschon die Gesamtanlage nicht mehr geändert werden konnte – sehen wir heute Schöpfungen, die bei weitem nicht die künstlerische Reife besitzen und auch in keiner Hinsicht in die gut durchdachte Gesamtanlage hineinpassen.

Die künstlerische Oberleitung hat meiner Ansicht nach gänzlich versagt, und an architektonischen Anregungen bietet die Ausstellung im Verhältnis zum aufgewandten Kapital bitter wenig.

Es will damit nicht gesagt sein, daß Spanien keine befähigten Kräfte besitzt, die an derartige Werke mit Erfolg herangehen können. Diese sind offenbar nicht so zu Worte gekommen, wie es hätte sein sollen.

Die ganze spanische Abteilung, die im primitiven Entwurf streng symmetrische An- und Unterordnung der verschiedenen Paläste ins Ganze vorsah, ist durch eine Anzahl von Einzelpavillons verschandelt worden.

Die schönsten Ausblicke auf einzelne Plätze und Paläste – ich möchte hier den von Canosa und Roig entworfenen Lichtpalast nennen, der aus unerklärlichen Gründen zum Palast der Textilindustrie umgestempelt wurde – sind durch kleine Pavillons verdeckt worden.

Der Haupteingang der Ausstellung ist ganz und gar verfehlt. Es ist schlechterdings unbegreiflich, daß die künstlerische Oberleitung die beiden geschmacklosen Türme genehmigt hat, die den Eingang flankieren. Hingegen hat es besagte Oberleitung für richtig befunden, die vier großen ionischen Säulen wieder abzutragen, die seit vielen Jahren bereits standen und derartig in die Gesamtsilhouette der Stadt eingewachsen waren, daß sie sogar auf dem Titelbild des Bandes „Barcelona", der bekannten Publikation „Das Antlitz der Städte", figurieren.

Vom jetzigen Hauptpalast will ich lieber gar nicht reden. Ich muß den Schöpfern dieses Werkes unbedingt die Befähigung abstreiten, an eine derartige Monumentalaufgabe mit Erfolg zu treten.

Vom Innern der verschiedenen Paläste, das in den meisten Fällen annehmbar ausgefallen ist, obschon nur selten Originalität und Richtung zum Ausdruck kommt, muß gesagt werden, daß der ganze Effekt durch die willkürliche Anlage der Stände verlorengegangen ist. Offenbar herrschte in der „künstlerischen" Oberleitung die Ansicht, daß der Schöpfer eines Palastes nichts zu tun hätte mit dieser meiner Meinung nach sehr wichtigen Frage. Ich weiß aus guter Quelle, daß die Verfasser der Entwürfe nicht um ihre Meinung befragt worden sind; die Aussteller konnten nach Gutdünken im Innern der Paläste schalten und walten, ohne jede Rücksicht auf den künstlerischen Gesamteindruck des Innern.

Es ist dies ganz entschieden ein grober Fehler, der dem Besucher sofort ins Auge fällt.

Man erklärt sich nicht, weshalb mit vielem Aufwand wirkungsvolle Innenräume geschaffen worden sind, um sie dann als „no mans land" der Horde der einzelnen Aussteller zu überlassen, die mit der Entrichtung der Platzgebühren zugleich das Recht erworben zu haben scheinen, das Werk des leitenden Architekten zu zerstören.

Ich muß hier die rühmliche Ausnahme zu Ehren der deutschen Aussteller machen, die ihre Stände mit vorbildlicher Zurückhaltung in die Paläste eingepaßt haben, die ihnen zur Verfügung gestellt worden sind. Es sind auch die einzigen Räume, die für einen künstlerisch gebildeten Besucher genießbar sind.

Wie ich schon bemerkte, ist der einzige Palast, der sich mit einer Art diskreten Respekts in die von Puig y Cadafalch erdachte Gesamtanlage einpaßt, der von den Arch. Canosa und Roig erbaute Palast der Textilindustrie, ursprünglich Lichtpalast.

Seine ursprüngliche Bestimmung kommt im schlanken Leuchtturm zum Ausdruck. Ich hoffe, in einer späteren Abhandlung Ansichten von diesem Palaste zu zeigen. Es ist bedauerlicherweise einer der Paläste, der am meisten von seiner Wirkung durch vorgestellte Pavillons und in seinem Innern durch die Einrichtungen einzelner Aussteller eingebüßt hat.

Fragen wir uns nun, ob die Ausstellung ein Niederschlag der augenblicklich in Spanien vorherrschenden Architekturströmung ist, lautet die Antwort selbstredend verneinend. Viel eher darf angenommen werden, daß die Entwerfer der meisten Ausstellungsbauten der spanischen Abteilung den Baustil gewählt haben, der den Mitgliedern des Preisgerichtes genehm war – insgesamt Vertreter veralteter Anschauungen –, die die Entscheide unterfertigt haben.

Das ist menschlich und erklärlich. Wenn die Teilnehmer auch nur die geringste Aussicht auf Erfolg haben wollten, mußten sie bei der Wahl des Baustils diesen Umstand in Betracht ziehen.

Die Sache krankte somit schon ab ovo, weshalb den Architekten der Ausstellungsbauten kein Vorwurf gemacht werden kann. Man muß auch in Betracht ziehen, daß die Pressezensur keinen Rügen und öffentlichen Erörterungen Raum gab.

Deshalb ist die Ausstellung – so traurig es ist, dies feststellen zu müssen – künstlerisch ein vollständiger Mißerfolg und sagt uns gar nichts über die gegenwärtige Richtung der Baukunst in Spanien.

Es untersteht gar keinem Zweifel, daß trotz der erwähnten schweren Mängel die Schau einen großen Publikumserfolg hat. Insbesondere bei Nacht, mit dem riesigen Aufwand an künstlicher indirekter Beleuchtung, mit den hypermodernen Leuchtkörpern, die allerdings gar nicht zu den klassischen Palästen passen, mit den beleuchteten Kaskaden und Springbrunnen, und vor allem durch die unvergleichlich schöne Lage des ansteigenden Geländes wirkt das Ganze sehr großartig und bietet in dieser Beziehung viel Nachahmenswertes für spätere Ausstellungen.

Es tut deshalb doppelt leid, daß nichts Einheitliches, Reifes zustande gebracht worden ist.

In Spanien schwimmen eine ganze Anzahl junger Architekten im Kielwasser Corbusiers, dessen eigenartige Vorträge einen Samen gestreut haben, der trotz des schlecht vorbereiteten Bodens aufzugehen beginnt. Meiner Ansicht nach wäre der Moment jetzt nicht schlecht gewählt, die Ausstellung zu beginnen. Die Ausstellung wäre dann gewiß ein Niederschlag der herrschenden Strömung.

Allerdings huldigt die Mehrzahl der Architekten noch der „Heimatkunst", und man kann heute in Spanien denselben Prozeß verfolgen, den die Schweiz und Deutschland um die Wende des Jahrhunderts durchgemacht haben. Die Parole ist Heimatschutz, und man baut hier zur Zeit sehr vernünftig und stützt sich dabei auf die Überlieferung.

Der Niederschlag dieser Strömung ist das spanische Städtchen, das unbedingt das Beste ist, was in dieser Ausstellung an Baukunst gezeigt wird.

Ich glaube nicht zu weit zu gehen, wenn ich behaupte, daß dieser Teil der Schau die Sünden wieder gut macht, die im andern begangen wurden. Die Reichhaltigkeit der bürgerlichen Baukunst Spaniens in vergangenen Jahrhunderten kommt im spanischen Städtchen vortrefflich zum Ausdruck. Dieses ist keine Attraktion im strengen Sinne des Wortes, wie etwa das Village Suisse der Genfer Ausstellung oder die Avenue des Regions in der Exposition des Arts décoratifs in Paris (1925).

Es ist viel mehr. Es ist eine Geschichte der bürgerlichen Baukunst, die ihresgleichen suchen dürfte, und wer ohne Reisebeschwerlichkeiten und in kurzer Zeit die verschiedenen regionalen Baustile der Halbinsel studieren will, darf sich füglich in diese Architekturgeschichte vertiefen. Sie wird ihm ein sicherer Führer sein.

Trotzdem in den verschiedenen Archiven zur Genüge Material vorhanden war, um ein spanisches Städtchen zu „komponieren", begnügte sich der Arch. Folguera, dem die Oberleitung anvertraut war, nicht damit. Viele Monate lang hat er mit einigen Assistenten eine Unzahl von Kleinstädten an Ort und Stelle studiert, eine Unzahl Aufnahmen gemacht, um schließlich an die Verwirklichung dieses schönen Gedankens zu treten.

Was die Schöpfung vor allem auszeichnet, ist das zwanglose Ineinandergreifen der verschiedenen Regionen. Es sind eben nicht allein typische Häuser wiedergegeben und aneinandergereiht worden, sondern ganze Platzgestaltungen, malerische Winkel, Treppenaufgänge, Straßen in getreuer Wiedergabe mit all ihren Krümmungen und Höhenverschiedenheiten. Das unregelmäßige Gelände, das dem Architekten zur Verfügung stand, hat er vortrefflich auszunutzen gewußt. Jeder Besucher der Schau wird gepackt von der Schönheit dieses idealen Städtchens, in dem der Geist aller spanischen Lyriker waltet. Auch Diejenigen, deren künstlerisches Glaubensbekenntnis die traditionelle Bauweise in die Rumpelkammer werfen läßt, wandeln nicht ungern durch die engen Gassen, die den Besucher wie durch Zauber von Galizien nach Andalusien versetzen und vom Baskenland an die Küste des Mittelmeeres verpflanzen. Und dieses Städtchen ist zugleich Publikumserfolg geworden. Es ist ungemein viel Liebe zum Althergebrachten darin verbaut worden. Aus jeder Einzelheit, aus dem Kleinsten spricht diese Liebe, von der die ganze Schöpfung durchdrungen ist. Alles ist vom Architekten glücklich vermieden worden, was rein theatralisch, kulissenhaft, zurechtgestutzt erscheinen könnte, was uns z. B. Viollet-le Ducs restauriertes Carcassonne wenig genießbar macht. Das Baumaterial ist Beton und Kunststein. Die Wiedergabe der Fassaden ist von einer fast übertriebenen Treue, so daß es recht schwierig ist, zu erkennen, ob das Ganze Wahrheit oder Fiktion ist.

Es ist auch nichts unterlassen worden, was zum Gesamteindruck beitragen kann. Sogar das Straßenpflaster ist genau wiedergegeben und die Beleuchtung in einer Form durchgeführt, die musterhaft genannt werden darf.

In einer späteren Abhandlung werden die Paläste berücksichtigt werden können, die zur Zeit noch nicht fertiggestellt sind, und die Bauten der ausländischen Abteilungen, unter denen der Pavillon Deutschlands hervorragt.

II.

Im ersten Teil meiner des verfügbaren Raumes wegen etwas kurzen Beschreibung dieser in mancher hinsicht interessanten Schau ist festgestellt worden, daß diese keinerlei Schlüsse ermöglicht auf die zur Zeit herrschende Architekturströmung in Spanien.

Die Ausstellung läßt sich am besten mit einem Automobil vergleichen, das mit den modernsten Errungenschaften der Technik ausgestattet ist, dessen Karosserie aber die Form einer altmodischen Kutsche nachahmt.

Wo, wie im ursprünglichen Projekte von Puig Cadafalch, spanischer Stil gewollt ist, versteht man die Absicht und wird nicht verstimmt, und gerne würde man alle die Paläste der spanischen Ausstellung betrachten, wären alle so ausgefallen, wie z. B. der von Canosa und Roig projektierte, von dem leider nur ein Nachtbild erträglich ist, wegen der durch kleine Reklame-pavillons total verdorbenen Perspektiven.

Diese beiden Architekten haben eine Arbeit geschaffen, die eines besseren Loses würdig ist. Leider ist aber auch das Innere dieses Palastes vollständig verunstaltet worden durch die Einbauten der Einzelaussteller.

Deutschland hat sich vortrefflich präsentiert, besonders in seinen Sonderausstellungen, die in verschiedenen Palästen untergebracht sind, die, wie schon gesagt, durch ihre diskrete, moderne Dekoration angenehm auffallen. Die Raumgestaltungen rühren von Arch. Mies van der Rohe und Lilly Reich her.

Was nun den Einzelpavillon betrifft, der Deutschland sozusagen offiziell vertritt und ebenfalls von Arch. Mies van der Rohe geschaffen worden ist, gehen die Ansichten allerdings auseinander. Ich selbst sehe diese rein flächige Nutzarchitektur, an der nur edles oder interessantes Baumaterial zur Wirkung gelangt, nicht ungern.

Der Pavillon enthält keinerlei Ausstellungsgut und soll nur als eine Art Zusammenkunftshaus der deutschen Kolonie in Barcelona und der deutschen Ausstellungsbesucher gelten. Mit neuartigem, originellem Material sind interessante Wirkungen erzielt worden, obschon leider eine Idee nicht zum Ausdruck gelangt. Der Besucher steht vor diesem Pavillon perplex und ist im Zweifel, ob er einem erst im Werden begriffenen Bau gegenübersteht.

Sehr beeinträchtigt wird dieser Pavillon außerdem von der Nachbarschaft eines der Paläste Puig Cadafalchs, der ihn vollkommen erdrückt. Ich hätte für diesen Pavillon eine andere Lage vorgezogen, z. B. im Revier, in dem auch andere Länder ihre Sonderpavillons aufgestellt haben.

Die Struktur des Pavillons ist aus Aluminium und die Wände sind aus dunkelgefärbtem Spiegelglas, das den Blick ins Innere von außen nicht ermöglicht. Vom Innern aus sieht aber der Besucher, wie von einem zarten Schleier verhüllt, die Gärten und Paläste, die den Pavillon umgeben. Ein Wasserbecken, vollständig geradlinig, ohne jeglichen Schmuck, wirkt hart. Ein zweites Wasserbecken erhält durch eine in braunem Ton wiedergegebene nackte Figur eine außerordentlich schöne Wirkung, besonders in der mannigfachen Spiegelung.

Im gesamten ist es ein interessanter Versuch unter Anwendung ganz von konventionellen Stilen losgelösten Formen, als Ausstellungspavillon, der eine Nation wie Deutschland vertritt, aber nicht recht überzeugend.

Drei Paläste, verwandt in ihrer Gesamtanlage, vertreten drei ziemlich verschiedene Schulen: Sagnier, der Gotiker, teilt seinen Palast der spanischen Provinzen in aufstrebende Glieder auf und löst die gestellte Aufgabe mit dem ihm eigenen Stil, dem eine gewisse Persönlichkeit nicht abzustreiten ist. Darder hat den Palast für neue Kunst ziemlich modern aufgefaßt, was die Massenverteilung betrifft, und der Bau wirkt in seinen Umrissen nicht übel, solange die obligaten Statuen nicht auf das Dach kommen, die ich in Projektskizzen gesehen habe. Es sind wahrhaftig genug Kopien berühmter klassischer Statuen in der ganzen Ausstellung zu sehen, was nicht gerade für den guten Geschmack der Oberleitung spricht.

Im Pavillon der Stadt Barcelona trifft Goday, der in Barcelona eine Reihe wirklich schöner Schulhausgruppen erstellt hat, den richtigen Ton. Sein Palast ist Architektur des Mittelmeers, und die schöne Flächenaufteilung, der karge Schmuck wirken überaus angenehm nach allem, was der Ausstellungsbesucher über sich ergehen lassen mußte.

Wenn es mir traurig zumute wird ob all' den protzigen Bauten unverdauter Architektur, lenke ich meine Schritte immer wieder zum spanischen Städtchen, das mich mit seinem reichen Schatz schöner Motive entschädigt.

Ganz besonders schön wiedergegeben ist der in farbigen Ziegeln erbaute Kirchturm von Utebo, dessen anmutige Silhouette jedem Reisenden auffällt, der von Barcelona nach Bilbao fährt. Überdies ist der Turm mit großem Geschick in das Stadtbild hineinkomponiert worden und gestattet von allen Gassen aus, die auf den Kirchplatz münden, außerordentlich schöne Perspektiven.

Wenn schon die Auswahl der wiedergegebenen Häuser nicht immer ganz glücklich genannt werden kann, d. h. es ist meiner Ansicht nach nicht immer das wirklich Typische, sonder oft nur das rein malerische Moment in Betracht gezogen worden, darf das spanische Kleinstädtchen ruhig als Brennpunkt der ganzen Ausstellung angesprochen werden.

Ich verstehe nicht, daß wo ein derartiges Werk – aus einem Guß – zustande gekommen ist, der übrige Teil der Schau, was die Architektur betrifft, so zerrissen ist und so arm an Anregungen, so karg an Belehrendem.

Hingegen lassen die originellen Beleuchtungsanlagen und neuartigen Wasserspiele einen vorteilhaften Schluß ziehen auf den Stand der Technik in Spanien. Ist die Ausstellung architektonisch ein Mißgriff, was Technik anbetrifft, darf sie als das Beste betrachtet werden, was bisher in dieser Hinsicht auf den verschiedenen Weltausstellungen gezeigt worden ist.

[Alfredo Baeschlin, *Barcelona und seine Weltausstellung* (I+II). In: Deutsche Bauzeitung 63 (1929), H. 57, S. 497-504; H. 77, S. 657-662]

Otto Leonhard Blum
Verkehrsplaner und Städtebauer
★Neunkirchen 1. September 1876, ✝ Hannover 26. Oktober 1944

1899: Regierungsbauführer des Eisenbahnfaches. Als solcher im Dienst der preußischen Eisenbahnverwaltung. Schinkelpreis für den Entwurf einer Gebirgsbahn. **1902:** Regierungsbaumeister. **1903:** Promotion zum Dr.-Ing. in Berlin. Ab 1904 dort als Assistent für Eisenbahnbau. **1907:** Professor für Eisenbahnbau und Eisenbahnbetrieb an der TH Hannover – ab 1908 für Verkehrspolitik, 1913 für Städtebau, 1919 für Trassierung. Er entwickelt sich zum führenden Verkehrswissenschaftler Deutschlands. **1910:** vierter Preis im Groß-Berlin Wettbewerb in Zusammenarbeit mit Bruno Schmitz. **1922:** Erster Preis beim internationalen Wettbewerb für den Ausbau des Hafens Trelleborg (mit der Siemens-Bauunion und Otto Franzius). Gemeinsamer Vorschlag mit Ernst Vetterlein beim Wettbewerb für den Bebauungsplan Breslaus und seiner Vororte. **1927: Teilnahme am Wettbewerb für den Ausbau des Freihafens von Barcelona, an den er mit Prof. Franzius, der *Siemens-Bauunion* und der *Sociedad Metropolitana de Construcción* beteiligt ist. Der erste Preis geht an Christian B. Petersen (Dänemark). Einen zweiten Preis erhalten neben Blums Arbeitsgemeinschaft auch Thierry-Bastianelli (Berlin-Rom) und Albertazzi-Gatto (Italien).** **1929:** Rektor der TH Hannover. Mitarbeiter von Hermann Jansen beim Wettbewerb für den Bebauungsplan für Ankara (1. Preis). Zu den weiteren gemeinsamen Arbeiten zählen u.a. die Planungen für Bamberg und Dortmund. **1930:** Beteiligung am Stadterweiterungswettbewerb für Madrid als Verkehrsplaner in der Arbeitsgemeinschaft Jansen-Zuazo.

Bibliographie

H. Proetel, *Vorschläge für den Ausbau des Freihafens in Barcelona nach den beim internationalen Wettbewerb 1927 preisgekrönten deutschen Entwürfen*. In: Jahrbuch der Hafenbautechnischen Gesellschaft 11 (1928/29), S. 339-367

Friedrich Flörke, *Otto Leonhard Blum*. In: Akademie für Raumforschung und Landesplanung, *Handwörterbuch für Raumforschung und Raumordnung*. Bd I. Hannover 1970. S. 274-279

Carlos Flores, *Secundino Zuazo. Un nombre para la historia de Madrid*. In: Hogar y Arquitectura 75, 1968, Beilage S. 122-129

Julius Posener, *Berlin auf dem Wege zu einer neuen Architektur*. München 1979

Heidede Becker, *Geschichte der Architektur- und Städtebauwettbewerbe*. Stuttgart 1992

Paul Bonatz
Architekt und Stadtplaner
★Solgne (Lothringen) 6. Dezember 1877, ✠ Stuttgart 20. Dezember 1956

1896-1900: Architekturstudium an der Technischen Hochschule München. **1902-06:** Wissenschaftlicher Assistent bei Theodor Fischer in Stuttgart. **1908:** Professor für Entwerfen und Städtebau an der TH Stuttgart als Nachfolger Fischers. **1909-43:** Bürogemeinschaft mit F. E. Scholer. Zu ihren bekanntesten Bauten zählen der Stuttgarter Bahnhof (1914-28) und das Stummhaus in Düsseldorf (1922-24). **1922:** Teilnahme neben Hermann Jansen und Fritz Schumacher am engeren Wettbewerb zur Bebauung des ehemaligen Festungsrayons in Köln. **1925: Im Herbst unternimmt Bonatz seine erste Spanienreise mit den Stationen Barcelona, Alicante, Málaga, Cádiz, Algeciras, Ronda, Granada, Toledo, Madrid und El Escorial. 1928:** Gründung mit u. a. Schmitthenner und Schultze-Naumburg der traditionalistischen Architektenvereinigung *Block* als Gegenpart zum Berliner *Ring*. **1929-31:** Zeppelinbau am Bahnhofplatz in Stuttgart. **1930: Als ausländisches Mitglied der Jury des Madrider Stadterweiterungswettbewerbs in Spanien. Begegnungen mit u. a. Luis Lacasa und Gustavo Fernández Balbuena. 1934:** Aufnahme der Tätigkeit als Gestalter von Hoch- und Brückenbauten der Reichsautobahn unter Fritz Todt. **1942:** Goethe-Medaille für Kunst und Wissenschaft. **1943: Vortragsreise nach Madrid auf Einladung von Pedro Muguruza, dem Leiter der *Dirección General de Arquitectura*, in Zusammenarbeit mit der *Junta de Relaciones Culturales*. Bonatz spricht am 15. Juni über „*Tradición y Modernismo*"** (Tradition und Modernismus) **und wenige Tage später zu „*La colaboración de ingenieros y arquitectos en la construcción de puentes*"** (Die Brücke als gemeinsames Werk von Ingenieur und Architekt). **Besuche in El Escorial und Salamanca. Beratung bei der Fassadengestaltung des Madrider Luftfahrtsministeriums (Architekt Luis Gutiérrez Soto). 1943-53:** Umsiedlung in die Türkei. Dort zunächst in Ankara als Berater des Kultusministeriums (1943-46), danach Professor an der TH in Istanbul (1946-53). **1954:** Rückkehr nach Deutschland.

Schriften
Informe del Sr. P. Bonatz, Miembro del Jurado en Representación de los Concursantes Extranjeros. In: Arquitectura 12 (1930), H. 12, S. 404-407

Tradición y Modernismo. In: Revista Nacional de Arquitectura 3 (1943), H. 23, S. 390-397

Sobre la Construcción de Puentes. In: Revista Nacional de Arquitectura 3 (1943), H. 23, S. 390-397

Leben und Bauen. Stuttgart 1950

Bibliographie
Arquitectura Moderna Alemana. In: La Construcción Moderna 25 (1927), H. 17, S. 269

La Escuela Superior de Stuttgart. In: ANTA 1 (1932), H. 4, S. 14

La arquitectura de una época responde al espíritu de la misma ... Espíritu que se traduce en todas las manifestaciones del individuo. In: AC 2 (1932), H. 7, S. 40-41

Friedrich Tamms (Hrsg.), *Paul Bonatz. Arbeiten aus den Jahren 1907 bis 1937.* Stuttgart 1937

Fernando Chueca, *El arquitecto Paul Bonatz en Madrid.* In: Revista de Ideas Estéticas 1 (1943), H. 2, S. 119-123

Vida Intelectual: En la Academia de Bellas Artes disertará el profesor Bonatz sobre Arquitectura. In: Arriba Nr. 1312, vom 16. Juni 1943, S. 2

Vida Intelectual: El profesor Bonatz habla sobre „Tradición y modernismo en la Arquitectura". In: Arriba Nr. 1313, vom 17. Juni 1943, S. 2

Luis Pérez-Mínguez, *El arquitecto Paul Bonatz, en Madrid.* In: Arriba Nr. 1314, vom 18. Juni 1943, S. 6

Carlos de Miguel, *Notas de un viaje al margen de la Constructa.* In: Revista Nacional de Arquitectura 12 (1952), H. 123, S. 26-28

Alejandro de la Sota, *La arquitectura y el paisaje.* In: Revista Nacional de Arquitectura 12 (1952), H. 128, S. 42-44

Carlos Sambricio, *Madrid 1941: Tercer Año de la Victoria.* In: MOPU (Hrsg.), *Arquitectura en Regiones Devastadas.* Madrid 1987.

Dokument 2

Wieder Spanien

Meine interessanteste Reise nach Spanien war wohl die zweite, Herbst 1930. Anlaß dazu war die Jury im internationalen Wettbewerb für Groß-Madrid. Madrid hatte damals achthunderttausend Einwohner und man wollte einen Stadtplan haben für das Wachstum auf eine Million fünfhunderttausend Einwohner. Neun Mitglieder der Jury waren genannt: alle hohen Behörden Madrids, der Alcalde, der Gouverneur, der Präsident der Akademie der schönen Künste, der Präsident der Baudirektion, des Betonvereins usw. Der zehnte und elfte Preisrichter sollten durch Wahl bestimmt werden, und zwar sollten die spanischen Teilnehmer den zehnten wählen und die Teilnehmer aus anderen Ländern den elften Preisrichter. Der Zufall wollte es, daß ich dieser elfte Preisrichter wurde, also der einzige Fremde.

Wunderbarer Anreiz, aber schwer! In einem Monat sollte ich schon in Madrid sein. Das Programm war ein sehr dickes sorgfältig ausgearbeitetes Buch mit viel gutem Planmaterial und guten statistischen Angaben. Ich kaufte „Tausend Worte Spanisch" von Ullstein, die wie alle diese Tausend-Worte-Fremdsprachenbücher von Ullstein eine ganz köstliche und vortreffliche Anleitung sind. Der spanische Konsul in Stuttgart vermittelte mir zwei junge Spanier, die mich vierzehn Tage jeden Abend auf eine gute Stunde besuchten, damit ich den Laut ins Ohr bekäme.

Ich reiste über Paris, vom Schlafwagen in den Pullman-Salonwagen, der schwach besetzt war. Ich hatte also gleich an der Türe den Tisch rechts und den Tisch links mit den bequemen Sesseln für mich allein: rechts Programmbuch, Pläne, Wörterbuch, links in angemessenen Pausen eine Mahlzeit oder Zwischenmahlzeit, zwischenhinein die Blicke aus den Fenstern auf den Gottesgarten Frankreich.

An der Grenze muß man den Zug wechseln, weil die spanische Eisenbahn eine andere Spurweite hat. In San Sebastian machte ich zunächst einmal halt und fand von da aus den wunderbaren kleinen Platz Zarauz an der Nordküste, wo ich zehn Tage blieb, um Mut zu fassen, mich vorzubereiten.

Ein spanischer junger Bankbeamter, der Französisch sprach, ging von fünf bis sieben Uhr nachmittags mit mir spazieren, um mit mir spanische Sprache zu exerzieren. Den übrigen Teil des Tages hatte ich frei, zu baden, zu aquarellieren, zu wandern.

Aber dann half es nichts mehr, ich mußte nach Madrid. Und fing dort mit meinen Besuchen an: beim Alcalden,

Marques de Hoyos, einem früheren Artillerie-Oberst und Großgrundbesitzer, beim Vorstand des Bauwesens –, aber all die vortrefflichen Vorbereiter des Wettbewerbs, die Verfasser des dicken Buches, waren verschwunden. Es würde nochmals vierzehn Tage dauern, bis die Jury zusammenträte.

Ich bat, man möge für meine schwierige Lage als Fremder Verständnis haben, man möge mir einen Adjutanten als Führer geben, der Deutsch oder Französisch spräche, auch ein Auto, und mir Gelegenheit geben, vormittags die Pläne zu studieren. So geschah es. Der Adjutant war ein lieber Kamerad, La Casas, hatte in Dresden studiert, kämpfte sechs Jahre später im Bürgerkrieg auf der roten Seite. Das bedeutet nun nicht, daß er durchaus Kommunist gewesen wäre – nein, die Nuancen, ob man sich für diese oder jene Seite entscheiden würde, lagen zunächst sehr nahe beieinander und es konnte vorkommen, daß ein Freundespaar sich am Abend unterhielt: Was tun wir morgen? Auf welche Seite? Daß jeder seine Gründe sagte, sie sich dann trennten, und dann versteifte es sich und alles wurde bitter.

Mit diesem La Casas ging ich morgens zu den Entwürfen und nachmittags fuhren wir mit dem offenen Wagen die ganze Stadt ab, jeden Tag vom Zentrum, dem Platz der Sonne, aus, einen schmalen Sektor, ganz systematisch, so wie man einen Kuchen zerschneidet. Und nach vierzehn Tagen kannte ich Madrid, wie eben ein gewissenhafter Mann eine solche Aufgabe anpackt.

Bei den Plänen traf ich einmal den Vorstand des Bauwesens und fragte ihn: für mich wäre es interessant zu wissen, ob er bei diesem oder jenem Plan meine Meinung teile – aber er wich aus und da merkte ich zu meinem Schrecken, daß auch der einzige Preisrichter, der auf Grund seines Amtes hier urteilen mußte, dem Gegenstand ziemlich fremd gegenüberstand.

Nur einer war da, neben dem Alcalden, der während dieser Tage neu eingesetzte Sekretär des Alcalden, Balbuena, ein nervöser genialer Mann von unerbittlicher Klarheit der Gedanken und des Urteils. Er war Fachmann und Freund La Casas'. Wir trafen uns vor den Plänen und nach einer Viertelstunde war es klar, daß wir so übereinstimmten, daß wir uns über die Entwürfe gar nicht weiter unterhalten mußten.

Er hatte La Casas und mich zum Kaffee in seine Wohnung eingeladen. Ich hörte Kinderstimmen. Beim Fortgehen fragte ich La Casas: „Wie ist seine Frau?" Zu meiner Überraschung sagte er, der nahe Freund Balbuenas: „Ich kenne sie nicht. Es ist bei uns nicht üblich, den Freunden seine Frau zu zeigen." So haben sich in diesem katholischen Lande maurische Sitten erhalten.

Dieser Balbuena, hager und leidenschaftlich, konnte sich während der Jury nicht enthalten, einem Preisrichter heftig zu widersprechen, obwohl er als Sekretär nicht das Recht dazu hatte. Bei dieser Auseinandersetzung erregte er sich so, daß ihm die Bleistifte zwischen den Fingern zersplitterten. Er litt derart an Kopfschmerzen, daß er sich bald darauf auf einer Fahrt nach den Balearen ins Meer stürzte und ertrank.

Die Jury ging eigentümlich an. Der Alcalde war durch Balbuena über die Kräfteverteilung ins Bild gesetzt und so forderte er mich als „Spezialisten" auf, das Preisgericht in einem Vortrag vor den Plänen in die Aufgabe einzuführen, weil er wisse, daß ich sie gründlich studiert hätte. Jeder der Anwesenden verstand Französisch. Mein Vokabularium war damals wesentlich bescheidener, als es sich in der Türkei mittlerweile entwickelt hat. In Spanisch wußte ich durch das ausführliche Studium der Bedingungen alle Fachausdrücke. Also fing ich äußerst einfach an, mit dem kleinen Wortschatz konnte es nicht anders sein als so, daß jedes kleine Mädchen die Gedanken verstanden hätte – aber im Grund ist es immer meine Methode gewesen, die Dinge einfach zu sagen:

„Der Städtebau wäre eine sehr leichte Aufgabe, wenn eine Stadt so gleichmäßig wachsen würde, wie ein Baum wächst, indem er jedes Jahr einen neuen schmalen Ring ansetzt. Wir müssen untersuchen, welche Gründe dieses gleichmäßige Wachsen verhindern. Wir werden dabei finden, daß das ungleichmäßige Wachsen, hervorgerufen aus verschiedensten Bedingungen, ein Glück ist und den Charakter der Stadt bestimmt.

Da ist das steil eingeschnittene Tal des Manzanares, im Süden flach verlaufend. Da steht das Schloß, nahe am Zentrum, dem Platz der Sonne. Und von Jahrhunderten her war bestimmt, daß der Nordwest-Sektor immer Reservat bleiben müsse, Jagdgebiet für den König! Der Linkspolitiker wird sagen: Unerhört! Nur damit jener mit seinem Schießgewehr von seinem Hause aus bequem auf die Jagd gehen kann, ist ein ganzes Viertel der Nutzung entzogen worden! Und der Städtebauer wird sagen: Danken wir allen diesen Königen für ihre Beharrlichkeit, denn nun hat Madrid für die Zukunft vom Zentrum aus den Anschluß an die offene freie Landschaft, es hat das ererbt, was alle anderen Städte als Ideal gerne möchten und nicht können. Ebenso einfach ließen sich alle andren Fragen darstellen; wo liegen organisch Eisenbahn, Industrie, Umgehung, Wohngebiete ... und wie sieht in der nördlichen Verlängerung des Prado über das Hippodrom hinaus das Rückgrat Madrids später aus?"

Hermann Jansen, Berlin, der in der Türkei viele nützliche, organisch vernünftige Stadterweiterungspläne gemacht hat, vor allem für Ankara, hat für Madrid, zusammen mit dem Spanier Zuazo, mit der großen Achse nach Norden einmal in seinem Leben den grandiosen Städtebau dargestellt, unübertrefflich, und bekam den unbestrittenen ersten Preis. Die Franzosen waren sehr in ornamentaler Geometrie befangen. Der alte Stübben, der die schlechte Stadterweiterung Kölns 1880 auf dem Gewissen hat, hatte einen sehr wirren Plan gemacht, irgendeinen Bahnhof im Nordosten, von dem aus es unmöglich war, durch das Gewirr des Gewürms der Straßen zur Mitte zu finden. Für diesen hatte ich mit La Casas' Hilfe den schönen spanischen Satz vorbereitet: „Quando la mission de la urbanisazion es crear orden, esto projecto creava desorden." („Wenn es die Aufgabe des Städtebaus ist, Ordnung zu schaffen, so hat dieser Plan Unordnung geschaffen.")

Obwohl der Wettbewerb international war und obwohl die Preissumme sehr hoch war, waren nur siebenunddreißig Entwürfe eingegangen, und zwar aus dem Grunde, weil der sonst sehr tüchtige Programmbearbeiter eine völlig sinnlose Bestimmung in das Programm eingefügt hatte. Er verlangte für die Ausführung aller Straßen, Plätze, Trottoirs, Pflaster, Randsteine, Beleuchtung, große und kleine Leitungen unter der Straße, Kanal, Wasser, Gas, Elektrizität eine genaue Kostenberechnung! Das war völlig verrückt; eine wahnsinnige Arbeit und niemand schaute sie an. Nur bei einem Bewerber sah ich die schönen sechs Rotlederbände mit Goldaufdruck des „Presupuesto", des Kostenanschlags, aus Neugier etwas näher an, weil das so fabelhaft aufgemacht war: ein Mahagonischränkchen mit Rolladenverschluß, auf bronzenen Löwen-füßen stehend, edles Papier. Er hatte herausgerechnet: 653 427 238 Pesetas, 23 Centimos, also haargenau, wenn man es glauben wollte. Aber die kleinste Münze im damaligen Verkehr waren 5 Centimos. Zur Darstellung der 3 Centimos hätte es besonderer Maßnahmen bedurft.

Mit dem Artilleristen und Marques habe ich mich gut vertragen und ich durfte beim Abschlußdiner an einem großen kreisrunden Tisch im Hotel Ritz an seiner Seite sitzen und so war auch diese Unternehmung, die zuallererst wie ein Unüberwindliches vor mir stand, zu einem guten Ende gekommen. Ich fuhr noch nach Avila, Segovia und hatte Spanien noch einmal mehr liebgewonnen.

Auch der König Alfons XIII. kam eines Tages zur Jury, charmant, aber oberflächlich, kokettierte vor den andern, wie gut er mit mir Deutsch sprach, leicht österreichisch gefärbt, – dann sagte er lachend – die Sache selbst interessierte ihn wenig –: „Habe ich nun alles das gesagt, was man so als König in einer solchen Sache zu sagen hat?" Das war 1930. Im Jahre darauf wurde er abgesetzt und außer Landes verwiesen.

[Auszug aus: Paul Bonatz, *Leben und Bauen*. Stuttgart 1950. S. 129-134]

Alfred Breslauer
Architekt
★ Berlin 23. Juni 1866, ✝ St. Gallen 19. März 1954

Architekturstudium an der Technischen Hochschule Berlin-Charlottenburg. **1882-1897:** Studienreisen nach Italien, Griechenland, Türkei, Syrien, Palästina, Russland, Persien, Indien. Regierungs-Baumeister im Preußischen Ministerium für öffentliche Arbeiten. **1897:** Mitarbeiter im Büro von Alfred Messel in Berlin, wo er an Bauten wie dem Kaufhaus Wertheim oder dem Hessischen Landes-Museum in Darmstadt beteiligt ist. **1901:** Gründung der Firma Breslauer & Salinger mit Paul Salinger. Gemeinsam realisieren sie zahlreiche Geschäfts- und Wohnhäuser. Vor allem aber als Architekten für vornehme Landhäuser in der Umgebung Berlins (Nicolassee und Wannsee) erfahren sie breite Anerkennung. **1920: Bau des Hauses des deutschen Unternehmers Kocherthaler in Madrid. 1924:** Ernennung zum Mitglied der Akademie der Bildenden Künste zu Berlin. **1933:** Aufgrund seiner jüdischen Abstammung sieht er sich zur Umsiedlung in die Schweiz gezwungen.

Schriften
Alfred Breslauer, *Ausgeführte Bauten 1897-1927*. Berlin 1927. S. 36 ff.

Bibliographie
Hegemann, Werner: *Bücherschau*. In: Wasmuth Monatshefte für Baukunst 11 (1927), S. 464

Dokument 3

Wohnhaus K. Kocherthaler, Madrid

Als Bauplatz für das Haus K. war ein Grundstück im Winkel zweier Straßen im Madrider Westen in nächster Nähe der Castellana bestimmt worden. Die Vor- und Planierungsarbeiten auf der Baustelle nahmen einen beträchtlichen Raum ein. Bei einer Niveau-Differenz von 7,50 m von Grenzpunkt zu Grenzpunkt einer Straßenflucht ergab sich sowohl eine starke Aufschüttung des Grundstückes für die späteren Gartenanlagen, wie die Aufführung einer 7 m hohen Futtermauer im Umfang der Straßenbegrenzung.

Anfahrt zum Haus und Vorplatz wurden an die höchste Stelle des Grundstückes gelegt. Die Ausbildung des Grundrisses mußte die Bedingungen berücksichtigen, die sich aus den Madrider klimatischen Verhältnissen ergaben. Dahin gehört z. B. die Orientierung der Schlaf- und Wohnräume nach Süden und Westen. Den persönlichen Wünschen des Bauherrn folgend, beschränkt sich der Erdgeschoßplan auf einige wenige große Räume. Für ihre Ausgestaltung war hinwiederum der Gesichtspunkt maßgebend, den im Besitz des Bauherrn befindlichen Werken mittelalterlicher und Renaissance-Kunst einen würdigen Hintergrund zu schaffen.

Mit den wichtigsten Räumen öffnet sich das Haus nach seiner bevorzugten Seite, dem Garten, der an seinen Grenzen durch Anpflanzen hoher Bäume gegen den nachbarlichen Einblick gesichert werden konnte.

Die Architektur bewegt sich, gleichfalls den Wünschen des Bauherrn nachkommend, in der einfachen, schmucklosen Formgebung Herrerascher Bauten. Den ausgezeichneten Kalkstein für die tragenden Architekturgliederungen lieferte die nahe Sierra Moderana, während für die Flächenverblendung Alicantiner Kalkstein verwandt wurde. Das Dachdeckungsmaterial ist spanischer Schiefer.

[Alfred Breslauer, *Ausgeführte Bauten 1897-1927*. Berlin 1927. S. 36 –38]

Erwin Broner (Heilbronner)
Architekt und Künstler
★München 16. November 1898, ♱ Bad Kreuth (Bayern) 15. Oktober 1971

1916-18: Kriegsdienst. **1919-24:** Studium bei Hans Hofmann in München, an der Kunstakademie Stuttgart und an der Dresdner Staatshochschule für Bildende Kunst unter Kokoschka. **1924-27:** Erste Berufserfahrungen als selbständiger Maler in Hanweiler bei Stuttgart, wo er 1927 nach eigenen Plänen ein Atelier in der Formensprache der Moderne errichtet. **1928-31:** Mittlerweile dreißigjährig nimmt Heilbronner das Architekturstudium an der traditionalistischen Technischen Hochschule Stuttgart bei Paul Schmitthenner auf. **1930-33:** Anstellung beim Stuttgarter Architekten Schuh. 1931 realisiert Heilbronner ein modernes Einfamilienhaus in Nauen bei Ulm. Kurz darauf lässt er sich als selbstständiger Architekt nieder. **1933-37: Wegen seiner jüdischen Herkunft und seiner kommunistischen Gesinnung flüchtet Heilbronner im März 1933 mit seiner Familie (Ehefrau und Tochter) über die Schweiz nach Spanien, das er im Oktober erreicht. Über Barcelona gelangt er nach Ibiza, wo er sich zunächst als Musiker der *Orquesta Ibiza* durchschlägt, die u. a. in einer Badeanstalt am Strand von Talamanca auftritt. Für die tschechischen Eigentümer des Lokals entwirft er 1934 ein neues Gebäude, das zwei Jahre später gemeinsam mit vier nicht realisierten Reihenhäusern (1936) in *AC* veröffentlicht wird. Im selben *AC*-Heft erscheinen seine Studien zur Volksarchitektur der Insel, für die er mit seinem Freund Richard v. Waldkirch Fotografien macht und Bauaufnahmen erstellt. 1938:** Der spanische Bürgerkrieg zwingt ihn erneut zur Flucht – diesmal über Paris in die USA, wo er als Ausstellungsbauer und Bühnenbildner an der New Yorker Weltausstellung arbeitet. **1939-51:** Umsiedlung nach Los Angeles. Er findet Anstellung bei verschiedenen Architekten und in der Zeichentrickfilmindustrie. 1944 erhält er als *Erwin Broner* die US-amerikanische Staatsangehörigkeit. 1950 entwirft und realisiert er das Haus Nauen bei New York. **1952: Rückkehr nach Ibiza, wo er wieder als Maler und Architekt arbeitet. 1956-58:** Rückkehr nach Los Angeles, um die amerikanische Staatsbürgerschaft nicht zu verlieren. **1958-59:** Leitung eines Londoner Zeichentrickfilmstudios. **1959: Es gelingt Broner endgültig, auf Ibiza Fuß zu fassen. Es folgen die fruchtbarsten Jahre seines Lebens, in denen ein beachtliches malerisches und architektonisches Werk – zwischen Avantgarde und Heimatschutz – entsteht. Er gehört zu den Mitbegründern der Künstlergruppe Ibiza 59. Broners zahlreiche Wohnhäuser dieser Zeit verbinden Elemente der Volksarchitektur mit der Sprache der „weißen Moderne". Er setzt sich vehement gegen die landschaftliche und architektonische Zerstörung der Insel durch den aufkommenden Massentourismus ein.**

Schriften
Ibiza (Baleares). Las Viviendas Rurales. In: AC 6 (1936), H. 21, S. 15-23

Bibliographie
Establecimiento de Baños en la Playa de Talamanca. Ibiza (Baleares). Arquitecto: E. Heilbronner. In: AC 6 (1936), H. 21, S. 24-25
Proyecto de viviendas en serie para una playa de Ibiza (Baleares). Arquitecto: E. Heilbronner. In: AC 6 (1936), H. 21, S. 25

Lebensläufe, Bibliographie, Dokumente 511

Erwin Broner. Ciudadano-arquitecto-pintor (1898). Ibiza 1934-1971. Ibiza 1980
Erwin Broner a Eivissa. In: Quaderns 153, 1982. S. 8-21
Künstlerschicksale im Dritten Reich in Württemberg und Baden. (Hrsg. Verband Bildender Künstler Württemberg) Stuttgart 1987
Erwin Broner (1898-1971). In: D'A 11-12, 1994
Casa Broner, Ibiza. In: A & V Monografías 60, 1996. S. 14-15
Joaquín Medina Warmburg, Erwin Broner (1898-1971) und die Volksarchitektur Ibizas. In: Deutsches Architektenblatt 2/1998, S. 150-151

Dokument 4

Ibiza (Balearen). Die ländlichen Wohnhäuser
Erwin Heilbronner, Architekt

Die Wohnungen der ibizenkischen Bauern überraschen jeden modernen Architekten, der mit der Lösung komplexer Probleme technischer, sozialer und funktionaler Art befasst ist. Er ist begeistert von der Einfachheit und Schlichtheit dieser ländlichen Bauten.

Das typisch ibizenkische Haus, das gelegentlich den Anschein von Kompliziertheit weckt, ist vielmehr in jeder Hinsicht die logische Folge der Bedürfnisse und Möglichkeiten des Bauern: Klima, Arbeit, konstruktive und ökonomische Mittel etc. Letzten Endes eine perfekte und vollends funktionale Wohnung, die mit den auf Ibiza kaum veränderten wirtschaftlichen Bedingungen unserer Zeit harmoniert.

Diese ländlichen Wohnungen beeindrucken durch ihre formale Schönheit – wie alles was *gut* ist und einfach seiner Bestimmung folgt. Obwohl von einfachen Bauern erbaut, antworten sie auch auf die Bedürfnisse anspruchsvollster Menschen.

Die Erfindungsgabe erweist sich als natürlicher Faktor. Die Bauern, die mehrheitlich Analphabeten sind, verfügen über den entscheidenden Sinn der „Intuition", der es ihnen ermöglicht, ohne Eitelkeit und Prahlerei die einzelnen Teile zu einem harmonischen Ganzen zu fügen.

Den verschiedenen Generationen ist es gelungen, einen vollends angemessenen Bautyp zu erhalten. Das Individuum hat nicht versucht, durch willkürliche Ideen und absurde Nachahmungen mit der Tradition zu brechen, sondern hat im Gegenteil zur Entwicklung des Grundtyps beigetragen und von dessen Vorteilen profitiert.

Diese architektonische Schöpfung, die sich in Abhängigkeit von den örtlichen Bedingungen und den familiären Verhältnissen verändert, weist eine Reihe gleichbleibender Elemente auf.

Im Allgemeinen besteht die ländliche Wohnung Ibizas aus Wohnraum, Küche und Schlafräumen. Unmittelbar benachbart befinden sich überdachte und offene Ställe, Höfe mit Zisternen und Brunnen sowie ein kleiner, durch Pfeiler und weißgekalkte Mauern umfriedeter Garten. Sie bilden Gruppen kleiner, hinzugefügter Körper.

Die *Sala*, mit dem großen Portal – das nach Süden orientiert ist oder nur leicht von dieser Ausrichtung abweicht – bildet den von der Familie im Tagesverlauf meistgenutzten Raum.

Die restlichen Öffnungen des Hauses, wie beispielsweise die Fenster der Schlafräume, sind klein.

Entlang der Wände der Sala befinden sich Steinbänke, die von Familienangehörigen und Gästen bei ihren Zusammenkünften genutzt werden.

Die Gesamtheit des Mobiliars folgt, ebenso wie die Arbeitsgeräte, dem Gedanken der Einfachheit und der reinen Funktionalität. Die Möbel sind auf einen Tisch, mehrere Stühle und einen Wandschrank beschränkt. Von der Decke hängen Vorrichtungen zur Trocknung von Früchten. In den Wänden werden im allgemeinen Wandnischen angelegt, in denen Krüge für Öl, Wein, etc. aufbewahrt werden.

Die Wände werden ein- bis zweimal im Jahr mit Kalk geweißt. Bei diesem Vorgang achten die Bewohner dieser Behausungen genauestens darauf, dass er im Inneren ebenso wie bei den äußeren Mauern fehlerlos durchgeführt wird.

Das Dach besteht aus einem Brettergerüst, das auf sichtbaren Holzbalken aufliegt. Auf dem Gerüst werden zunächst Algen und über diesen eine Schicht wasserdichten Lehms ausgebreitet – mit einer leichten Neigung zu den mit einer Attika von 30 cm geschützten Rändern hin. Das Regenwasser wird über kleine Ablaufrinnen abgeführt, die die Randaufmauerung durchstoßen.

Der Eingang zur Sala ist in den meisten Fällen durch eine Vorhalle geschützt, die aus weiß gekalkte Pfeiler und einer Überdachung aus trockenen Ästen besteht.

Die Küche dient nicht nur der Zubereitung der Speisen, sondern wird im Winter durch Bänke um Herd und Kamin zum beliebtesten Versammlungsplatz.

[Quelle: Erwin Heilbronner, *Ibiza (Baleares). Las Viviendas Rurales*. In: AC 6 (1936), H. 21, S. 15-23. Rückübersetzung J. M. W.]

Lebensläufe, Bibliographie, Dokumente 513

Otto Bünz
Architekt und Städtebauer
★ Berlin 2. März 1881, ✟ Berlin-Schöneberg 2. November 1954

Studium der Architektur und des Städtebaus an den Technischen Hochschulen Darmstadt und München. **1924:** Assistent von Prof. Hermann Jansen am Städtebau-Seminar der TH Berlin-Charlottenburg. Erfolge in Wettbewerben wie dem der Gustav Adolf-Kirche in Berlin. Studien zum Städtebau Roms. **1926: Teilnahme am Wettbewerb zur Erlangung von Vorentwürfen zur Stadterweiterung von Bilbao in Zusammenarbeit mit Fernando García, der das Berliner Städtebau-Seminar besucht. Sie gehen leer aus, während Stübben den ersten Preis erhält. 1930: Mercadal und Otto Czekelius übersetzen Otto Bünz' Buch „Städtebau und Landesplanung" ins Spanische (***Urbansimo y Plan Regional***). 1941:** Planungen für Berlin-Hönow unter Albert Speer.

Schriften

Bebauungsplan für Bilbao. Architekt Otto Bünz – Berlin, Mitarbeiter Architekt Mercadal – Madrid. In: Städtebau 22 (1927), S. 112

Städtebau und Landesplanung. Wegweiser für Fortgeschrittene und Praktiker. Berlin 1928

Urbanización y Plan Regional. Madrid 1930

Bibliographie

Hermann Jansen, *Wettbewerb für die Gustav-Adolf-Kirche in Charlottenburg.* In: Der Neubau 7 (1925), H. 4, S. 51-53

Fernando García Mercadal, *La Arquitectura en Alemania: El arquitecto Otto Bünz.* In: Arquitectura 8/1926, S. 318-326

Urbanización. Plan Regional, por Otto Bünz. In: La Construcción Moderna 29 (1931), H. 10, S. 157

Dokument 5

Bebauungsplan für Bilbao

Architekt Otto Bünz – Berlin,
Mitarbeiter Architekt Mercadal – Madrid

Es ist erfreulich, daß die Stadtverwaltung der etwa 150 000 Einwohner zählenden Stadt auch ausländische Städtebauer zu dem engeren Wettbewerb für einen Bebauungsplan von Bilbao heranzog. Den ersten Preis erhielt Geheimer Oberbaurat Dr. Stübben in Münster, den zweiten die Architekten Segurola und Agüero in Bilbao.

Die vorliegende Arbeit wurde geschaffen im Vertrauen auf eine fortgeschrittene Einstellung der spanischen Preisrichter.

Am Flusse Nervión, nahe dem Atlantischen Ozean, nicht weit von der französischen Grenze, liegt die Stadt (etwa 150 000 Einwohner) eng begrenzt vom Gebirge. Die Flußufer sind belegt von alten, zukunftsreichen Industrien. Das langgestreckte, leicht bewegte Gelände für eine groß gedachte Stadterweiterung wurde gewonnen durch die Eingemeindung der Orte Deusto, Begona und Erandio.

Die Neuregelung des Bahnverkehrs durch Vereinfachung und Zusammenlegung der Bahnhöfe war notwendig, ebenso die Anlage großer Umgehungsstraßen für den stark wachsenden Durchgangsverkehr zur Entlastung der inneren Stadt.

Für Grünflächen, Sport und Spiel, einschließlich Waldflächen war 10 qm auf den Kopf zu rechnen.

Die Erschließung der neuen, 3-4-geschossigen geschlossenen Bebauung war auf das ziemlich ebene Gebiet zwischen Bahn, Fluß und Gebirge zu beschränken, während die offene Bauweise für Siedlungen und Ackerbürger hauptsächlich am Fuße der Berge zu verteilen war.

Aus der gestrichelten und schraffierten Darstellung im nebenstehenden Plan ist die vorhandene Bebauung ersichtlich. Die starken Linien zeigen Vorschläge für die neue Bebauung. Neue öffentliche Gebäude und Geschäftszentren sind besonders stark hervorgehoben. Grünflächen, welche z. T. mit vorhandenen vereinigt wurden, sind mit Punkten gefüllt. Eine neue Bauordnung wurde vorgeschlagen.

Otto Bünz, Berlin

[Otto Bünz, *Bebauungsplan für Bilbao. Architekt Otto Bünz – Berlin, Mitarbeiter Architekt Mercadal – Madrid*. In: Der Städtebau 22 (1927), S. 112]

Guillem Busquets i Vautravers
Architekt und Stadtplaner
★ Barcelona 1877, ✝ Barcelona 1955

1896-1902: Architekturstudium in Barcelona. **1905-07:** Nach Mitarbeit an Leon Jausselys Beitrag zum *Plan de Enlaces* für Barcelona fasst er den Entschluss, sich dem Städtebau zu widmen. Zunächst wird er von Charles Buls in Brüssel angeleitet und macht dabei vorwiegend von deutscher Fachliteratur Gebrauch macht. **1909-10:** Vorträge zur „Geschichte des Städtebaus" in der *Asociación de Arquitectos de Catalunya* sowie zum „Modernen Städtebau" an der *Asociación de Arquitectos* und dem *Centro Excursionista de Catalunya*. **1911:** Busquets erhält den Architekturpreis der Stadt Barcelona, bei der er mittlerweile als Stadtverordneter tätig ist. **1912:** Beratender Architekt der *Sociedad de Construcción Cívica La Ciudad Jardín* (Gartenstadtgesellschaft). **1913: Auf Anregung von Oskar Jürgens und im Auftrag der Stadt unternimmt Busquets Reisen nach Mitteleuropa mit dem Ziel, die letzten Neuerungen im Gebiet des Städtebaus zu erkunden. In Posen lernt er Stübben kennen. Dieser empfiehlt ihm das Studium am Berliner Städtebau-Seminar, das er dank eines Stipendiums der *Junta de Ampliación de Estudios* aufnehmen kann. 1914 Einladung Stübbens zu Vorträgen in Barcelona. 1914-36:** Professor für Städtebau (*Conocimiento de los Servicios Municipales de Carácter Técnico*) an der *Escuela de Funcionarios de Administración Local*, Barcelona. Als *Concejal de Urbanismo* arbeitet Busquets an einem Generalplan für die Stadt Barcelona auf der Grundlage des *Plan de Enlaces* von Jaussely (1907). **1915:** Mitarbeiter seines Freundes Puig i Cadafalchs bei den Planungen für die nationale Abteilung auf dem Ausstellungsareal der *Exposición Internacional de Industrias Eléctricas y General Española* in Barcelona. **1927-29:** Preis beim Ideenwettbewerb für den Umbau der Altstadt Barcelonas. **1936:** Flucht nach Rom nach Ausbruch des Bürgerkrieges. **1937:** Rückkehr nach Spanien über Bilbao, wo er 1938 Pläne für die Bebauung des Valle de Asúa (Sondica) aufstellt. **1939:** Zurück in Barcelona verfasst er die Studie „Ensanche y Reforma de la ciudad de Barcelona", die **1942** veröffentlicht wird.

Schriften

XIV Congrés Internacional de l'Habitació i Acondicionament de las Ciutats. Londres Juliol 1935. In: Arquitectura i Urbanisme 1935, H. 9, S. 14-15

Morte di un grande urbanista. In: Architettura 17 (1938), S. 59-60

Bibliographie

Joseph Stübben, *Aus der Hauptstadt Cataloniens.* In: Vossische Zeitung, Beilage für Reise und Wanderung Nr. 379, 29.7.1914

Joseph Stübben, *Städtebauliches aus Barcelona.* In: Zeitschrift für Bauwesen 65 (1915), H. 7-9, S. 379-404

Joseph Stübben, *Die Entwicklung der deutschen Städtebaukunst und ihr Einfluß auf das Ausland.* In: Zentralblatt der Bauverwaltung 40 (1920), H. 39, S. 253-256. Ebenfalls in: Stadtbaukunst alter und neuer Zeit 1 (1920), H. 8, S. 113-116; H. 9, S. 129-130; H. 10, S. 151-154

Oskar Jürgens, *Beginnende Beeinflussung des Städtebaues Spaniens durch Deutschland.* In: Zentralblatt der Bauverwaltung 40 (1920), H. 63, S. 402-403

Oskar Jürgens, *Spanische Städte. Ihre bauliche Entwicklung und Ausgestaltung*. Hamburg 1926 (Oskar Jürgens. *Ciudades españolas. Su desarrollo y configuración urbanística*. Madrid 1992)

Gerd Albers, *Zur Entwicklung der Stadtplanung in Europa. Begegnungen, Einflüsse, Verflechtungen*. Braunschweig 1997

Dokument 6

Tod eines großen Städtebauers

Im Alter von fast 92 Jahren ist in Frankfurt am Main der Doktor der Ingenieurwissenschaften und Philosophie, Professor Hermann Joseph Stübben, der große deutsche Städtebauer, verstorben.

Sein umfangreiches Werk als Entwerfer und seine Veröffentlichungen – insbesondere das Buch „Der Städtebau", in der Reihe „Handbuch der Architektur" – machten seinen Namen weltbekannt. Diese Publikation erschien 1890, als Stübben Stadtbaurat in Köln war, und es ist von ihm für die nachfolgenden Auflagen neubearbeitet worden. Es gilt zweifelsohne als das vollständigste Handbuch seiner Zeit auf diesem Gebiet: Bis heute hat es nichts an Bedeutung eingebüßt.

Das Erscheinen dieser Veröffentlichung fiel mit der Grundsteinlegung des modernen deutschen Städtebaus zusammen. Die Gründung des Deutschen Kaiserreiches läutete eine blühenden Periode ein, in der die Städte schnell wuchsen. Die Gründe für das Wachstum der bestehenden Städte und für die Herausbildung neuer Zentren lagen in der Entwicklung der Industrie, des Handels und des Transportwesens, sowie im wissenschaftlichen Fortschritt der verschiedensten Zweige – letzten Endes in der Intensivierung jeglicher Aktivität. Es bestand die Notwendigkeit, den Wandel in der bestmöglichen Weise zu vollbringen. Deshalb wurde der moderne „Städtebau" erfunden. Ein Begriff, der zunächst im klassischen Sinne lediglich eine städtische Aktivität bezeichnete, alsbald aber Probleme regionaler oder gar nationaler Bedeutung einbezog, gemäß unserem heutigen Verständnis der Stadtplanung.

Die verschiedenen Aspekte des bürgerlichen Bauwesens wurden mit Sorgfalt studiert. Im folgenden werden wir an einige berühmte, heute fast alle verstorbene Vorgänger erinnern, ohne auf die zeitgenössischen Vertreter der Zunft einzugehen:

Der Wiener Camillo Sitte, sammelte liebhaberisch Lektionen aus der Vergangenheit, die er auf die neue Gesinnung übertragbar glaubte.

Carl Henrici, aus Aachen, untersuchte die geistige Reaktion des Fußgängers auf die sich verändernde Erscheinung der Straße. Er war an der dynamischen Schönheit interessiert. Daher befasste er sich mit den Gründen, die eine Wegeführung kurz- oder langwierig ausfallen ließen. In seinem preisgekrönten aber bedauerlicherweise nicht ausgeführten Entwurf für München sah er für jedes Quartier eine Zusammenstellung öffentlicher Gebäude in Verbindung mit vollends deutschen Plätzen vor. Diese Ausbildung förderte das ganzheitliche Verständnis. Er deutete sogar die Form einiger Bauten an. Beispielsweise sollte ein länglicher Platz den Uhrturm des zukünftigen Rathauses betonen. Und in einem Winkel sah er einen ruhigen, typischen, blumengeschmückten Springbrunnen vor. Man fühlt sich an Märtens' Regeln erinnert, die den Abstand des Beschauers zu den Gebäuden in Abhängigkeit der zu erzielenden Wirkungen festlegten. Auch der Dresdner Cornelius Gurlitt hat die Schönheit der Straße analysiert. Und Prof. Pützer aus Darmstadt untersuchte die Anlage von Villenquartieren.

Die Liebhaber des 17. und des 18. Jahrhunderts – wie Brinckmann –, oder

Lebensläufe, Bibliographie, Dokumente 517

die Freunde des Rhythmus – wie Wolf – und viele andere Künstler und Techniker von nicht geringerer Verdienst, erforschten rechtliche, soziale, hygienische Probleme und bereiteten den Weg, der zur Modernisierung der deutschen Stadt führen sollte.

Eine zweite Gruppe der Arbeiten befasste sich mit Untersuchungen zu Regulierungsplänen im Umfeld der Großstadt – der Region. Für Berlin und Düsseldorf wurden sie vor über 25 Jahren aufgestellt. Ein sehr interessanter Fall war der Ruhrkohleverband, den Robert Schmidt aus Essen – auch ein großer Städtebauer – untersuchte.

In diesem kurzen Gesamtüberblick ist auch an die 1907 erfolgte Gründung des Städtebau-Seminars der Technischen Hochschule in Berlin-Charlottenburg zu erinnern, die noch 1913 unter der Leitung des Hygienikers Prof. Joseph Brix und des Architekten und Bauhistorikers Felix Genzmer stand.

Stübben – ein wahrer Pionier – gehörte von seiner Ausbildung her hauptsächlich jener ersten Gruppe an. Als überragende Figur unter den Vorreitern, nimmt er aber auch in der Folge einen Ehrenplatz ein. In seinem Buch ging er den städtebaulichen Problemen in ihren wesentlichen Aspekten auf den Grund. Es bietet eine Zusammenfassung des städtebaulichen Wissens, das mit zahlreichen grafischen Beispielen illustriert ist.

Er war an zahlreichen Kongressen beteiligt und zog dort mit seinen Vorträgen die Aufmerksamkeit vieler auf sich. Während des Studienjahres 1913 arbeitete er im genannten Seminar mit zahlreichen auf bestimmten Gebieten spezialisierten Professoren gemeinsam mit den Seminarleitern am theoretischen Teil der Lehre. Die Vorlesungen bildeten die Reihe „Städtebauliche Vorträge". Auch Prof. Stübben war dazu eingeladen worden: An den Tagen seiner Vorträge war im Saal eine deutlich höhere Zuhörerzahl festzustellen. Unter ihnen befanden sich die Bürgermeister von Berlin und Charlottenburg.

Mehrfach erhielt Stübben von Stadtverwaltungen Aufträge zur Lösung von Aufgaben, für die er als Pflicht-Mitglied der Jury eines Städtebau-Wettbewerbs zuvor selbst einen anderen lobenswerten Entwurf mit dem ersten Preis ausgezeichnet hatte.

Eines der ersten Projekte mit denen er auf sich aufmerksam machte, war die Erweiterung der Stadt Köln. Es war die Zeit, als die Öffentlichkeit – der banalen Entwürfe überdrüssig – den glänzenden Erfolg Hausmanns in Paris feierte. Es war ihm gelungen, die Intelligenz seines Landes auf seine Seite zu ziehen.

In dieser Zeit versäumte man es, die Monotonie der gleichbleibenden Querschnittsprofile der Straßen, die sich im Sinne der großen Boulevards von Paris oder des Wiener Rings erweitern wollten, vorzubeugen – etwa durch die günstige perspektivische Wirkung großer Gebäude, seien sie frontal oder übereck gestellt. Stübben ist es mit seinem Kölner Ring gelungen, dieses Problem zu lösen. Man könnte seinen Ring als große Straße von einfühlsamer Trassierung und angenehmer Wegeführung beschreiben. Sie wurde entlang der alten Bastionen angelegt, wobei man einige interessante Festungstore erhielt, die den Verkehr nicht stören. Die einzelnen Teilstücke bzw. Seiten des dadurch entstandenen Polygons erhielten eigene Querschnittsprofile, deren Breiten von der eines Boulevards bis hin zu der eines Pfades reichen. Einige Plätze und zahlreiche Gärten mit Springbrunnen ergänzen die Anlage.

Die ersten Erfolge Stübbens haben ihm das Vertrauen der Regierung seines Landes eingebracht, die ihn mit besonderem Lob ehrte und wichtige Arbeiten in Auftrag gab.

Wir lernten ihn 1913 in Polen als Leiter der Planungen zur Erweiterung der Stadt Posen kennen.

[...] Sein städtebauliches Werk ist außergewöhnlich. Während einer Vortragsreihe, die er 1915 in Barcelona hielt, vertraute er uns an, fast hundert Projekte für Regulierungspläne im In- und Ausland angefertigt zu haben. Eines der bedeutendsten war sein 1899 beim internationalen Wettbewerb zur Stadterweiterung Wiens mit dem ersten Preis ausgezeichneter Vorschlag.

Die letzte uns bekannte große Arbeit war der Plan für den internationalen Wettbewerb zur Erweiterung und den Umbau Madrids, den er 1930 gemeinsam mit einer illustren ortsansässigen Persönlichkeit aufstellte.

„Wenn Sie ihn im Sommer in Madrid bei der Arbeit gesehen hätten, singend und lachend wie ein Student, wären Sie niemals auf sein Alter gekommen", erinnerte sich eine Enkelin des Professors, die ihn auf den Rückweg in die Heimat begleitete. Er hatte die Absicht, die Ausstellung in Barcelona zu besuchen: Er war 85 Jahre alt.

Sein Mitarbeiter in Madrid, Professor Cort, äußerte später seine Bewunderung für die außergewöhnlichen Fähigkeiten des betagten Kollegen und seinen schnellen Blick für die logischste städtebauliche Lösung.

Die Erfolge des Prof. Stübben waren Ergebnisse von Gelehrsamkeit, Arbeit und gesundem Menschenverstand. Er besaß das im Städtebau seltene Gespür für die Proportion: Er vermochte es, die beste künstlerische Lösung mit den praktischen Gegebenheiten ohne Kleinlichkeit harmonisch zu verbinden.

Wir haben ihn in Frankfurt am Main ein letztes Mal begrüßen können. Er empfing uns wie immer ausgesprochen herzlich. Wir erinnerten uns auch an unsere Begegnung in Posen. Doch bald wurde er krank und verlor seinen gewohnten guten Humor.

So ist das Leben dieses großen Kämpfers erloschen. Seine Freunde und Schüler werden ihn in guter Erinnerung behalten. Sein Name wird von allen wahren Städtebauern stets mit Respekt ausgesprochen werden.

Guillermo Busquets Vautravers

[Guillem Busquets i Vautravers, *Morte di un grande urbanista*. In: Architettura 17 (1938), S. 59-60. Übersetzung Alexander Markschies, J. M. W.]

Carl Fieger
Architekt
★Mainz 15. Juni 1893, ✝ Dessau 21. November 1960

1911: Während des Studiums des Hochbaus und der Innenarchitektur an der Kunst- und Gewerbeschule Mainz nimmt Fieger bereits seine Tätigkeit als Mitarbeiter des Büros von Peter Behrens in Neubabelsberg auf. **1914:** Wechsel zu Gropius und Meyer, die er noch bei Behrens kennen gelernt hatte. **1915-18:** Kriegsdienst. **1919:** Wiederaufnahme der Mitarbeit im Bauatelier Peter Behrens. **1922:** Teilnahme am Chicago Tribune Wettbewerb. **1921-34:** Erneut für Gropius in Weimar, Dessau und Berlin tätig. Zudem lehrt Fieger ab 1921 als nebenamtlicher Dozent Architekturzeichnen am Weimarer Bauhaus. Auch später in Dessau unterrichtet er dieses Fach bis 1930. **1926: Als eine der ersten Arbeiten des selbständigen Architekten entsteht der Entwurf des Clubhauses für den Deutschen Verein in Barcelona, eine Überarbeitung des drei Jahre zuvor im Büro Gropius-Meyer für Berlin entwickelten Hauses Rauth.** **1927-30:** Bau seines eigenen Wohnhauses (1927) und des Elbrestaurants „Kornhaus" (1930) in Dessau. **1931:** Auszeichnung für seinen Beitrag zur Deutschen Bauausstellung in der Abteilung „Die Wohnung unserer Zeit". **1934-45:** Nach dem Erhalt des Berufsverbots arbeitet Fieger – bis zu seiner Rückkehr nach Dessau nach Kriegsende – in Berlin anonym weiter. **1945:** Wiederaufbaupläne für Dessau und Versuche, das dortige Bauhaus wiederzubeleben. **1952:** Berufung als wissenschaftlicher Mitarbeiter an die Deutsche Bauakademie in Berlin.

Bibliographie
Tennisclub des Deutschen Vereins in Barcelona. In: Die Baugilde 9 (1927), H. 4, S. 180

Paul Linder, *Tres ensayos sobre la nueva arquitectura alemana (II): los tectónicos.* In: Arquitectura 9 (1926), H. 6, S. 235-241

Klaus-Jürgen Winkler, *Die Architektur am Bauhaus in Weimar.* Berlin/München 1993

Annemarie Jaeggi, *Adolf Meyer. Der zweite Mann. Ein Architekt im Schatten von Walter Gropius.* Berlin 1994

Michael Fleischer
Architekt und Stadtplaner
★ Bistritz (Rumänien) 15. Januar 1903, ✝ 3. April 1983 in Bielefeld

1921-27: Architekturstudium an der TH Stuttgart. **1925-30:** Im Büro von Prof. Paul Bonatz tätig. Nach dem Diplom 1927 zudem sein wissenschaftlicher Assistent am Lehrstuhl für Entwerfen der TH Stuttgart. **1930-36: Anstellung bei Secundino Zuazo Ugalde in Madrid ab Mai 1930 zur Mitarbeit am Madrider Stadterweiterungswettbewerb. Als Mitglied der Arbeitsgemeinschaft Zuazo-Jansen bearbeitet er den Block *Casa de las Flores*. Das Projekt wird 1932 realisiert. Gleichzeitig führt er ein Büro mit Jacinto Ortiz Suárez, der ebenfalls bei Zuazo angestellt ist. Sie realisieren gemeinsam u. a. den Umbau des Café Negresco in Madrid. Nach Ausbruch des Bürgerkrieges im Juli 1936 kehrt Fleischer nach Deutschland zurück.** **1937:** Wissenschaftlicher Assistent bei Prof. Mehrtens am Lehrstuhl für Entwerfen von Hoch- und Industriebauten der RWTH Aachen. **1937-39:** Als Leiter der Planungsstelle der Hansestadt Köln entwickelt Fleischer hauptsächlich Vorschläge zum Umbau Kölns und entwirft die Anlage für die Internationale Verkehrs-Ausstellung (IVA), die 1940 stattfinden sollte. **1940-45:** Als Beigeordneter und Stadtbaurat in Danzigs plant er das Gauforum und befasst sich mit Aufgaben des Siedlungsbaus. **1942:** Vertretung am Lehrstuhl für Entwerfen der TH Danzig. **Vorträge in Spanien im Auftrag des Reichs anlässlich der Ausstellung „Neue Deutsche Baukunst".** **1945:** Auf Anfrage Konrad Adenauers nimmt Fleischer die Stelle des Leiters der Wiederaufbaugesellschaft in Köln an. Noch im selben Jahr wird er jedoch nach Protesten der Kölner Architektenschaft abgelöst. **1945-49:** In Krefeld und Aachen tätig. **1949-55: Als freischaffender Architekt in Spanien: Er ist hauptsächlich im Bereich des Industriebaus tätig und plant unter anderem Bauten für Klöckner-Humboldt-Deutz in Madrid.** **1955:** Rückkehr nach Deutschland. Dozent an der Staatsbauschule Trier. **1956:** Ab September Stadtbaurat in Bielefeld (Beigeordneter für das Bauwesen). Des weiteren: Beigeordnetes Mitglied des Bauausschusses des Deutschen Städtetages und Vorsitzender des Ingenieur- und Architektenvereins, Bezirk Ostwestfalen-Lippe. **1968:** Verabschiedung vom Amt am 31. Januar. Im Oktober wird Fleischer mit dem Bundesverdienstkreuz Erster Klasse ausgezeichnet. In der Begründung wird sein Erfolg beim Stadterweiterungswettbewerb von Madrid aufgeführt.

Schriften

Kleinsthäuser und Mietskasernen in Spanien. In: Wasmuths Monatshefte für Baukunst und Städtebau 16 (1932), S. 502-504

Die Groß-Siedlung Danzig-Stolzenberg. In: Der Soziale Wohnungsbau in Deutschland 1 (1941), Heft 16

Bibliographie

Gerhard Graubner (Hrsg.), *Paul Bonatz und seine Schüler.* Stuttgart 1931

Werner Hegemann, *Spanischer Städtebau aus vorrevolutionärer Zeit.* In: Wasmuths Monatshefte für Baukunst und Städtebau 16 (1932), S. 499 ff.

Concurso para jardines en las antiguas caballerizas. In: Arquitectura 15 (1933), H. 2, S. 47

Lebensläufe, Bibliographie, Dokumente 521

José María de Soroa, *En favor de la jardinería. Un concurso del Municipio madrileño.* In: Agricultura 5 (1933), H. 51, S. 162-166

Un Plan de Reforma Interior de Madrid, Arquitecto S. de Zuazo Ugalde. In: Nuevas Formas 1 (1934), H. 2, S. 359-372

Jacinto Ortiz, *Reforma y ampliación del „Negresco".* In: Arquitectura 16 (1934), H. 9, S. 235 ff.

Jacinto Ortiz Suarez, *Reforma y decoración del „Negresco".* In: Nuevas Formas 1 (1934), H. 2, S. 393-420

Intenationale Verkehrs-Ausstellung Köln. Grundsteinlegung des Hauses der Reichsbahn. In: Bauwelt 30 (1939), H. 7, S. 151

Persönliches. In: Deutsche Bauzeitschrift 11 (1963), S. 43

Carlos Sambricio, Lilia Maure Rubio: *Madrid, Urbanismo y Gestión Municipal 1920-1940.* Madrid 1984

Tilman Harlander, Gerhard Fehl: *Hitlers sozialer Wohnungsbau 1940-45.* Hamburg 1986

Lilia Maure Rubio, *Secundino Zuazo. Arquitecto.* Madrid 1987

Dirk Kämper, *Die Stadtplanung in Köln im Dritten Reich.* Unveröffentlichte Magisterarbeit, Köln 1988

Lilia Maure Rubio, *Secundino Zuazo Ugalde.* In: Urbanismo 9/1991, S. 84-91

Niels Gutschow, Barbara Klein, *Vernichtung und Utopie. Stadtplanung Warschau 1939-1945.* Hamburg 1994

H. Kier, K. Liesenfeld, H. Matzerath: *Architektur der 30er/40er Jahre in Köln. Materialien zur Baugeschichte im Nationalsozialismus.* Köln 1999

Carlos Sambricio, *Madrid: Ciudad-Región. De la ciudad ilustrada a la primera mitad del siglo XX.* Madrid 1999

Joaquín Medina Warmburg, *Irredentos y conversos. Presencias e influencias alemanas: de la neutralidad a la posguerra españolas (1914-1943).* In: *Modelos alemanes e italianos para España en los años de la postguerra*, Pamplona 2004. S. 21-37

Dokument 7

Kleinhäuser und Mietskasernen in Spanien

Von Michael Fleischer, Madrid

Bis zum Jahre 1931 ist in ganz Spanien für 22 300 billige Wohnungen Wohnungserlaubnis erteilt worden. Es leben in Madrid ungefähr 3 000 Familien in den mit staatlicher Unterstützung zustande gekommenen billigen Wohnungen. Die meisten davon sind in Siedlungen mit 2 Stockwerken untergebracht, nur ein kleiner Rest in Miethäusern. Ein Beispiel dieser staatlichen Mietblöcke ist das Häuserviertel am „Paseo de las Delicias" in Madrid. Für sie war das staatliche „Ley de Casas Baratas" (Gesetz der billigen Wohnungen) bestimmend, welches hinsichtlich Bodenausnutzung, Freiflächen usw. fortschrittlicher ist, als die städtischen Baupolizeibestimmungen. Der neueste Versuch mit Kleinstwohnungen in Miethausform in Madrid sind die Zeilen der „Casas Ultrabaratas" im Süden der Stadt. Sie liegen eine Viertelstunde Gehzeit vorn der Straßenbahnhaltestelle entfernt. Die Mieten dieser kleinsten aber durchaus besser angelegten Wohnungen (3 Schlafkammern, kleiner Wohnküche und Abort) sollen 15 bis 20 Peseten im Monat betragen. (Eine Peseta kostete Anfang September 1932 34 Pfennige.) Die billigen Mieten konnten nur durch zu kleine Räume (2,20 m) und außerordentlich geringe Bodenpreise zustande kommen. Sie stehen in Widerspruch mit den Baugesetzen, weshalb die Wohnerlaubnis noch nicht erteilt wurde. Diese „Casas Ultrabaratas" aber sind es vor allem, die in Madrid besonders fehlen. Ein großer Teil der Madrider armen Bevölkerung lebt heute entweder notgedrungen in den Häusern der Altstadt oder in selbstaufgestellten Baracken unter unglaublichsten Verhältnissen. In der Altstadt gibt es Häuser noch aus dem 17. Jahrhundert, in denen einzelne Familien an einem Gang nur einen Raum für Schlafen, Essen und Wohnen um 10 Peseten monatlich mieten können; Küche und Abort sind für das ganze Haus gemeinsam.

Um so mehr hat sich die Wohnungspolitik um die Klasse der Bevölkerung in Madrid gekümmert, die Mieten von 50 bis 100 Peseten tragen kann. Es sind um Madrid herum voneinander unabhängige Siedlungen von Einfamilienhäusern entstanden, die meisten in den Jahren 1925 bis 1931. In den meisten Fällen war es eine private Gesellschaft, die mit dem Zweck der Durchführung einer Siedlung gegründet wurde und sich um ein günstiges Darlehen an den Staat wandte. Die aus ganz Spanien einlaufenden Gesuche werden von zwei Architekten des Arbeitsministeriums geprüft, nach Bewilligung des Darlehens erfolgt jedoch keine weitere technische Kontrolle der im Bau befindlichen Siedlungen. Es liegt nahe, daß hinter diesen zuweilen fingierten „Cooperativas" Bauunternehmer standen, die bei der Durchführung hemmungslos billig und schlecht konstruierten und sich nach beendetem Bauen ganz zurückzogen. So gibt es Fälle, wo sich die Bewohner der Siedlungen als Mitglieder einer Genossenschaft in den mißlichsten Verhältnissen zurückgelassen fanden und der Staat dann die Siedlung übernahm.

Ein Beispiel einer gut erhaltenen Siedlung ist die der „Ciudad Jardín" bei der „Prosperidad" angehörende „Colonia de la Casa del Pueblo" (1927 bis 1929). Die Gesamtfläche dieser Siedlung beträgt 13,177 m². In durchwegs zweigeschossigen Reihenhäusern sind 85 Wohnungen untergebracht. Der kleinere der beiden ausgeführten Typen mit 69 m² Wohnfläche steht auf einem 1,15 Ar messenden Grundstück. Die Miete dieses Hauses (gedeckter Eingang, Halle, Eßzimmer, Küche, WC im Erdgeschoß und 3 Schlafzimmer mit Schrankraum im Obergeschoß) beträgt monatlich nur 35 Peseten. Die Baukosten des Hauses sind 15 032 Peseten. Gesamtwert mit Grundstück 17 000 Peseten. Nach 30 Jahren sind Haus und Garten Eigentum des Mieters. Der große Typ mit 92 m² Wohn- und 2,5 bis 3 Ar Grundstücksfläche kostet monatlich 50 bis 85 Peseten. Die Baukosten dieses Hauses (Erdgeschoß: gedeckter Eingang, Halle, Wohnzimmer, Eßzimmer, Schlafzimmer, Küche, WC und Obergeschoß: 4 Schlafzimmer mit Bad) betragen 222 161 Peseten, der Gesamtwert mit Grundstück 26 000 Peseten. Die Siedlung wurde, vorn Staat finanziert mit 70 v. H.iger Anleihe, 20 v. H. „Prima" zu 3 v. H. Verzinsung.

Trotz der verhältnismäßig ungünstigen Verkehrsmittel, die diese Siedlungen mit dem Stadtinneren verbinden, gibt es kaum unvermietete Häuser. Dagegen ist ein Teil der Häuser zufolge der mangelhaften Konstruktion und Pflege in schlechtem Zustand. So wie heute in Madrid der Kleinhausbau organisiert ist, wird er keine große Zukunft haben können. Bei den staatlichen Behörden neigt man deswegen heute mehr zum Kleinwohnungsbau in Miethausform. Als nächstes sollen 3 000 billige Wohnungen nach Art des Miethausblocks am „Paseo de las Delicias" gebaut werden. Sie stehen augenblicklich bei der Stadt Madrid zur Verhandlung.

Das Miethaus in Spanien entstand auf einem mit Ausmaßen von 90 bis 140 m in Quadrat- oder Rechteckform ungüns-

Lebensläufe, Bibliographie, Dokumente 523

tig dimensionierten Baugelände, umringt von vier meist gleichwertigen Straßen. Es konnte geschehen, daß an dem Rand des Baugeländes herum ein geschlossener, 30 m breiter Baustreifen mit hineingestreuten Lichthöfen entstand, der im Zentrum einen größeren, ringsum geschlossenen Hof freiließ. Dieser Hof blieb entweder Garten oder wurde mit niedrigen gewerblichen Bauten überzogen. Diesen Fall findet man fast ausschließlich in dem Erweiterungsgebiet von Barcelona nach dem Plan von Cerdá. Oder der Baugrund bestand aus unregelmäßigen Bauparzellen, die ganz unabhängig und ohne Rücksicht aufeinander vollständig zugebaut wurden unter Aufteilung der baupolizeilich geforderten Hoffläche in viele enge Höfe. Dieser Fall ist in Madrid häufig.

Die Baupolizeibestimmungen von Madrid aus dem Jahre 1892 – die seither nicht wesentlich geändert worden sind – schreiben für ein Grundstück mit einer Straßenfassade 15 v. H. Hoffläche vor bei Bauten von mehr als 15 m Höhe. Diese Hoffläche kann unter Wahrung folgender Bedingungen aufgeteilt werden: in kleine Höfe von mindestens 12 m², an denen Schlafräume liegen, in Lichthöfe von 8 m², an denen Küchen, und in solche von 4 m², an denen Aborte, Gänge oder Vestibüle liegen. Die Ausmaße dieser Lichthöfe dürfen das Maß von 2 m in einer Richtung nicht unterschreiten. Was Spekulationsvermögen und Verantwortungslosigkeit aus einer solchen Bauordnung herausholen können, zeigt das für Madrid typische Beispiel einer Mietkaserne für Kleinwohnungen in der Calle de Santa Engracia (Bild 2 bis 8). Der Besitzer, zugleich Bauunternehmer, kaufte das Haus vor 4 Jahren als im Erdgeschoß liegengebliebenen Rohbau. Wie er versichert, mußte er den mit vier Hilfen angefangenen Bau erst auf den heutigen Stand verbessern. An zwei Treppen mit Fahrstühlen liegen auf jedem Stockwerk 3 Straßenwohnungen und 18 Innenwohnungen, also in dem Haus insgesamt 146 Wohneinheiten. Die Straßenwohnung besteht aus je 2 bis 3 Wohnschlafräumen straßenwärts, alle übrigen Räume liegen im dunklen Inneren des Baues. Die Innenwohnungen beziehen Licht und Luft von den 2 auf 4 m großen und 25 m hohen Lichtschächten, soweit sie nicht das Glück haben, an den noch von den Nachbarn nicht zugemauerten, einseitig offenen Lichthöfen des Parzellenrandes zu liegen. Diese offenen Schächte haben zusammen mit den großen Brandmauern, die sie unterbrechen, der Stadt Madrid ihr neues Gesicht gegeben. Die kleinste der Wohnungen (Wohnschlafzimmer, Küche, WC) mit 37 m² Nutzfläche kostet 40 Peseten Miete im Monat. Ein Straßenbahnschaffner verdient in Madrid 270 Peseten monatlich. Nach Größe und Lichtwert dieser Wohnungen steigt dann ihre Miete bis zu 65 Peseten (2 Schlafkammern, Eßraum, Küche, WC) Die Straßenwohnungen kosten 120 und 130 Peseten monatliche Miete. Es leben ungefähr 600 Menschen in diesem Haus. Bis auf vier Wohnungen ist das Haus dauernd voll vermietet. (Straßenbahn und Metrostation vor der Haustüre) Nach Abzug sämtlicher Unkosten und Steuern verzinst sich das in dem Haus angelegte Kapital mit 8 v. H.

Das Mietshaus in der Calle de Narvaez (erbaut 1930) ist der modernisierte und weniger geläufige Typ für Massen-Kleinwohnungen in Madrid. Der Bau steht in guter Wohnlage (Nähe des Parks Retiro, 4 Minuten zu Metrostation und Straßenbahn) neben Mietshäusern mittlerer bis höherer Wohnklassen. Der Versuch, auf diesem teuren Boden Arbeiterkleinwohnungen von billigster Miete aufstellen zu wollen, führte zu dieser unglaublichen Intensität der Ausnützung des Bodens. Anstatt der üblichen schornsteinartigen Lichtschächte 2 m breite, auf die ganze Breite des Grundstückes durchgehende, beiderseits offene Hofschlitze. Zugang zu den Wohnungen durch einen Straßeneingang über eine Treppe mit Fahrstuhl. (Was geschieht im Brandfall?) Von dieser Treppe führt ein mittlerer, immer offener Galeriegang mit seitlichen offenen Stichgängen zu den einzelnen Wohnungen. In dem Hause haben 247 Familien Platz. Im Erdgeschoß können weitere 30 Wohnungen eingebaut werden, so daß also nach endgültiger Fertigstellung in dem Hause 277 Familien wohnen können. Auf jedem Stockwerk liegen 36 Wohnungen: 6 Straßenwohnungen (A-F) und 30 Innenwohnungen (1-30 Hausnummern). Die Bewohner sind Arbeiter und niedere Beamte mit kinderreichen Familien. Die ganze Verwaltung und Aufsicht dieses Dorfes hat als Bürgermeister ein Portier inne, der, trotzdem er als solcher die schlechteste Wohnung des Hauses hat, dieses sehr lobt. Ihm zufolge leben hier nur Familien mit mindestens 5 Köpfen. Oft leben zwei Familien zusammen, sich in die Miete teilend. Die größte Familie zählt eine Witwe mit 10 Kindern. Es gibt Familien, die nicht nur in der Küche, sondern auch in dem als Eßzimmer dienenden Vorplatz schlafen. Die kleinste Wohnung besteht aus Vorplatz – zugleich Eßraum –, 2 Schlafkammern, WC und kleiner Küche. Nutzfläche: 26,4 m². Die Schlafkammern erfüllen den für ein Bett geforderten Kubikraum von mindestens 18 m3, jedoch schlafen 2 und mehr Menschen in dem Raum. Die Miete dieser Wohnung beträgt 50 Peseten monatlich. Das Einkommen eines Maurers im Monat beträgt 10 Peseten. Die größte Wohnung, bestehend aus kleinem Vorplatz, Eßraum, 3 Schlafkammern, kleiner Küche und Bad kostet 80 Peseten monatlich. Der vierte Teil der Wohnungen hat Bad. Die Wohnungen werden mit Abnahme des Licht- und Luftwertes in den inneren Trakten und besonders nach den unteren Stockwerken zu billiger. Die dunkelste der kleinen Wohnungen kostet 35 Peseten im Monat. Im Erdgeschoß hat eine in demselben Hause wohnende Privatlehrerin zwei primitive Klassenzimmer eingerichtet – was in Spanien nichts Seltenes ist – und erteilt an 100 von den etwa 600 teils auswärts in die Schule gehenden Kindern des Hauses Unterricht für 5 bis 7 Peseten je Kind im Monat.

Die Freiflächen der Höfe gehen mit 21 v. H. nicht bis an die unterste Grenze der geforderten 15 v. H. Daß dieses Haus mit 2 500 Einwohnern und 1,5 m² Grundfläche pro Einwohner das vorhergehende Beispiel an Bevölkerungsdichte doch überragt, liegt an dem weiteren Stockwerk der inneren Trakte und an der größeren Zahl kleinerer Wohneinheiten. Der Bau des Hauses wurde im Dezember 1930 beendet. Schon im selben Monat wohnten 35 Familien in dem unfertigen Haus ohne Wasser und Licht. Die Verträge von weiteren 170 Familien waren bis Neujahr 1931 abgeschlossen, so daß das Haus einen Monat nach Fertigstellung fast bis auf den heutigen Stand vermietet war. Dieser große Erfolg hat den Besitzer veranlaßt, den gleichen Haustyp gleich in doppeltem Ausmaß mit zwei Treppen zu wiederholen. Auch dieser Bau steht vor dem Bezogenwerden.

[Michael Fleischer, *Kleinsthäuser und Mietskasernen in Spanien*. In: Wasmuths Monatshefte für Baukunst und Städtebau 16 (1932), S. 502-504]

Fernando García Mercadal
Architekt
★ Zaragoza 5. April 1896, ✝ Madrid 1984

1921: Abschluss des Architekturstudiums in Madrid, wo er vor allem von Teodoro Anasagasti beeinflusst wird. 1919 hatte er gemeinsam mit Lacasa, Martín Fernández und Arnal beim Wettbewerb für den Elcano-Denkmal in Guetaría den ersten Preis erhalten. Mercadal schließt das Studium als Jahrgangsbester ab. Im Anschluss unternimmt er eine Studienreise, die ihn u. a. nach München führt. **1923-26: Stipendium der spanischen Rom-Akademie.** Mercadal nutzt die Gelegenheit, um eine Europareise mit u. a. den Stationen Capri, Wien, Berlin und Paris zu unternehmen, die seine erste Begegnung mit der Architekturavantgarde und mit dem Städtebau als eigenständige Disziplin bedeutet. Aus Wien schreibt er Berichte über die dortigen Ansätze im Wohnungsbau, die in der Madrider Tageszeitung *El Sol* unter der Rubrik „Eigenheim" veröffentlicht werden. In Berlin-Charlottenburg besucht er Veranstaltungen von Hans Poelzig und Hermann Jansens Städtebau-Seminar. Noch während des Berlin-Aufenthalts nimmt er mit Jansens Assistent Otto Bünz am Stadterweiterungswettbewerb für Bilbao teil, den Joseph Stübben gewinnt. In einem Beitrag zum *I. Congreso Nacional de Urbanismo* (1926) behandelt er die Notwendigkeit der Einführung einer praxisbezogenen Vermittlung städtebaulicher Kenntnisse und Instrumente, wie er sie bei Jansen und Bünz erfahren hatte („La enseñanza del urbanismo"). **1927:** Rückkehr nach Spanien. Bau des Ausstellungspavillons „*Rincón Goya*" in Zaragoza, das zu den ersten Realisierungen der klassischen Moderne in Spanien zählt. Mercadal trägt mit seinen Artikeln für die Zeitschrift *Gaceta Literaria*, zur Verbreitung der in Mitteleuropa stattfindenden Erneuerung der Architektur in den intellektuellen Kreisen Spaniens bei. **1928:** Als Sekretär der spanischen Architektenkammer *(Sociedad Central de Arquitectos*, 1927-29) nimmt er am ersten CIAM in La Sarraz teil. **1929: Teilnahme am Frankfurter CIAM.** Im Vorfeld schreibt er einen Wettbewerb zur Erlangung der spanischen Beiträge zur Ausstellung „Die Wohnung für das Existenzminimum" aus. Mit Fernández Quintanilla verfasst er die Studie „Informaciones sobre la Ciudad", eine vorbereitende Untersuchung für den Madrider Stadterweiterungswettbewerb. Auf Anfrage seines früheren Lehrers Hermann Jansen, stellt er den Kontakt zu Zuazo her, bei dem er zu diesem Zeitpunkt Mitarbeiter ist. Als freischaffender Architekt entwickelt er Bebauungspläne für **Burgos, El Ferrol und Logroño. 1930:** Auch beim Brüsseler CIAM anwesend. Gründung des GATEPAC (*Grupo de Arquitectos y Técnicos Españoles por el Progreso de la Arquitectura Contemporánea*) in Zaragoza. Vorschlag für den Bau einer öffentlichen Badeanstalt am Jarama (*Playas populares del Jarama*). Seine publizistische Aktivität setzt er mit der Herausgabe und Übersetzung von Otto Bünz' Lehrbuch „Städtebau und Landesplanung" („*Urbanismo y Plan Regional*") fort. Unter dem Titel „*Arquitectura Popular en España*" erscheinen Mercadals Studien zur Volksarchitektur Spaniens. **1931:** Teilnahme am vorbereitenden CIRPAC-Treffen in Barcelona. Erster Preis beim Wettbewerb für die Neugestaltung der Sabatini-Gärten am königlichen Schloss in Madrid. Die Ausführung wird erst 1940 abgeschlossen. **1932-40:** Mercadal nimmt seine Tätigkeit für die Madrider Bauverwaltung auf: zunächst als Leiter der Park- und Gartenbauabteilung, später der *Oficina de Urbanismo*. Als Abschluss dieser Aktivität verfasst er die Schrift „Plan Regional de Madrid". **1941:** Entwicklung von ländlichen Wohnungstypen für das *Instituto Nacional de la Vivienda* (Nationales Institut für Wohnungsbau). Aufnahme der Tätigkeit im Bereich des Krankenhausbaus für das *Instituto Nacional de Previsión* und der *Seguro Obligatorio de Enfermedad* (Pflichtversicherung), die einer völligen Aufgabe der früheren exponierten Stellung in der Öffentlichkeit gleichkommt. **1979:** Ernennung zum Mitglied der *Real Academia de Bellas Artes de San Fernando*.

Schriften
Notas de un cuaderno de viaje (Munich). In: Arquitectura 4 (1921), H. 12,S. 340-343

Desde Viena: La nueva Arquitectura. In: Arquitectura 5 (1923), H. 10, S. 335-337

La Arquitectura en Alemania: El arquitecto Otto Bünz. In: Arquitectura 8 (1926), H. 8, S. 318-326

La última obra de Poelzig: Capitol. In: Arquitectura 8 (1926), H. 9, S. 353

La enseñanza del urbanismo. In: *XI Congreso Nacional de Arquitectura, primero de Urbanismo*, Madrid 1926

Ein Wohnhaus, por Bruno Taut. In: Arquitectura 9 (1927), H. 5, S. 200

La Exposición de Stuttgart. In: Arquitectura 9 (1927), H. 8, S. 295

La nueva arquitectura en el País Vasco. Aizpurúa-Labayen-Vallejo. In: Arquitectura 10 (1928), S. 358

La moderna arquitectura en Italia. Una obra reciente de Sartoris en Turín. In: Arquitectura 10 (1928), S. 289-291

Escritores, Arquitectos, Damas. Encuesta sobre la nueva arquitectura. In: La Gaceta Literaria 2 (1928), H. 32, S. 1-3, 6

De la importancia del Libro en Arquitectura. In: La Gaceta Literaria 2 (1928), H. 33, S.7

El balaustre y elementos barrocos y vacíos de la vieja arquitectura actual. In: La Gaceta Literaria 2 (1928), H. 34, S.4

Le Corbusier en Madrid. In: La Gaceta Literaria 2 (1928), H. 34, S. 4

El Congreso de Sarraz. In: La Gaceta Literaria 2 (1928), H. 38, S. 4

Informaciones sobre la ciudad. Madrid 1929/ Barcelona 1981. (mit Eugenio Fernández Quintanilla)

La casa popular en España. Madrid 1930

El urbanismo, nueva técnica del siglo XX. In: Arquitectura 16 (1934), H. 5, S. 119

Plan Regional de Madrid. Madrid 1940

Camino de Grecia. Notas del primer viaje (Febrero 1924). In: Boletín de la Real Academia de Bellas Artes de San Fernando. Separata Academia, H. 51, segundo semestre 1980

Sobre el Mediterráneo, sus litorales, pueblos, culturas. Imágenes y recuerdos. Madrid 1980/ Zaragoza 1996

La vivienda en Europa y otras cuestiones. Zaragoza 1998

Bibliographie
Otto Bünz, *Bebauungsplan für Bilbao. Architekt Otto Bünz – Berlin, Mitarbeiter Architekt Mercadal – Madrid*. In: Städtebau 22 (1927), S. 112

Ernesto Giménez Caballero, *El arquitecto Mercadal*. In: La Gaceta Literaria 2 (1928), H. 32, S. 5

Preparación del Segundo Congreso Internacional de Arquitectura Moderna. In: Arquitectura 11 (1929), S. 108 ff.

Carlos Flores, *1927: primera arquitectura moderna española*. In: Hogar y Arquitectura 70, 1967
Fernando García Mercadal. In: Nueva Forma 69, 10/1971
Carlos Sambricio, *Cuando se quiso resucitar la arquitectura*. Murcia 1983
Carlos Sambricio, *Fernando García Mercadal*. In: Urbanismo 1/1993, S. 86-90
Sofía Diéguez Patao, *La Generación del 25. Primera arquitectura moderna en Madrid*. Madrid 1997

Dokument 8

Die Städtebaulehre

Der Zeitpunkt des Ersten Nationalen Kongresses für Städtebau und die Verabschiedung des wesentlichen Impulsgebers für die Entwicklung unseres nationalen Städtebaus, dem *Estatuto Municipal* (8.März 1924), scheinen in ihrer Abfolge vertauscht und voreilig terminiert. Es wäre logischer gewesen, unsere Tagung noch vor der Inkraftsetzung des *Estatuto* abgehalten zu haben, und nicht jetzt, wo bereits die Hälfte der Frist abgelaufen ist, die den Gemeinden zur Aufstellung von Erweiterungs- und Umbauplänen gesetzt worden ist.

Es gehört nicht viel dazu, vorauszusagen, dass kaum eine Gemeinde diese Frist einhalten können wird. Der Grund hierfür wird kein anderer sein als das Fehlen entsprechender Fachleute, was auf die mangelhafte Berufsausbildung zurückzuführen ist. Denn obwohl der Städtebau vor einigen Jahren in den Studienordnungen unserer Architekturfakultäten Einzug gehalten hat, glauben wir nicht, dass die dort gelehrte Vertiefung irgendeinen Kollegen dazu befähigt, auch nur die kleinste Stadtumbaumaßnahme – geschweige denn eine Stadterweiterung – sachkundig zu meistern. Daher steht unter all den Themen, die in diesem ersten Kongress für Städtebau der Behandlung bedürfen, an erster Stelle mit Recht die Lehre.

Die Lehre des Städtebaus wird durch das Fehlen vorausgehender Ausbildung zusätzlich erschwert, wie beispielsweise durch die Vernachlässigung der heute lebenswichtigen Sprachkenntnisse in unseren Architekturfakultäten.

Die Unkenntnis der englischen oder der deutschen Sprache, in denen die Mehrzahl und die relevantesten Publikationen über Städtebau verfasst sind, behindert über die Maßen das Fortschreiten unserer Berufsausbildung. Insbesondere im Städtebau, da bei uns auf diesem Gebiet keine übersetzten Werke vorliegen. Dabei können die französischen Publikationen vernachlässigt werden, da sie in geringerer Zahl vorhanden und von zweifelhaftem Wert sind. Ohne eine ermüdende und allzu umfangreiche Literaturliste englischer und deutscher Titel hier aufzuführen, müssen wir uns die Frage stellen, wie viele spanische Architekten diese Sprachen beherrschen. Wie viele sind überhaupt in der Lage, diese Texte in angemessener Zeit zu lesen? Wie viele haben die bedeutendsten Schriften studiert?

Eine Statistik wäre sehr aufschlussreich und würde uns auf den fruchtbaren Boden der Realität bringen. Und zwar mit der Gewissheit, dass auf diesem Gebiet in Spanien noch alles bevorsteht; dass die ersten Seiten der Geschichte des spanischen Städtebaus noch unbeschrieben sind.

Von dem, was die wenigen beachtenswerten spanischen Städtebauer wissen, können wir behaupten, dass es außerhalb der Akademien auf ihre eigene

Initiative zurückzuführen ist. Es leuchtet ein, dass uns im Falle der Gründung eines nationalen Städtebaus die Einsicht über die Vorgehensweisen der Länder sehr hilfreich sein kann, die bereits vor 30 Jahren mit unseren heutigen Problemen konfrontiert wurden, diese seitdem meistern und die Fehler der ersten Versuche wieder gutmachen.

Wir müssen das Wissen der anderen für uns nutzen, um bei den ersten Schritten Fehler, Zögern, Irrwege zu vermeiden; um auf sicherem und praktischerem Wege die Herausbildung eines nationalen Städtebaus zu erreichen. Dieser wird – wenn auch in einigen Aspekten notwendigerweise einem nationalen Charakter verpflichtet – international sein, da die Probleme und Entwicklungsbedingungen denen anderer Länder gleichen.

Vorausgesetzt, dass angesichts der heutigen Verfassung des spanischen Städtebaus die Frage der Lehre die wesentliche ist, müssen wir zusehen, dass die Ausbildung möglichst fruchtbar ausfällt. Je praktischer, umso fruchtbarer: Ein elementarer Grundsatz der Pädagogik. Zum Glück befinden wir uns in einer Epoche, in der der Lehrer nicht länger der alltägliche Repetitor eines bereits vorliegenden Buches zu sein braucht. Dieses wird sich der notwendigerweise verantwortungsbewusste Student selbständig aneignen. Der Lehrer dient lediglich dazu, ihm die Überwindung der allgemein klaffenden Lücke zwischen Theorie und Praxis zu erleichtern – diesen schroffen Übergang vermeidend und lindernd.

Die Lehre des Städtebaus soll eine eminent praktische sein. Wir sprechen aus eigener Erfahrung, die wir kürzlich – im Sommersemester 1926 – beim Besuch des Seminars für Städtebau der Technischen Hochschule Berlin-Charlottenburg sammeln konnten, wo der bekannte Professor Herman Jansen – ein Vorreiter des modernen Städtebaus – und sein Assistent Prof. Otto Bünz seit einigen Jahren den Städtebau mittels einer vornehmlich praktischen Methode lehren, wie das äußerst interessante Archiv der dort durchgeführten Arbeiten bezeugt.

Im oben genannten Seminar wird die Theorie außen vorbehalten und die Übungen sind selten aus der Luft gegriffen. Sie können dort auf die Theorie verzichten, weil es meistens ausreicht, dem Studenten auf das Buch, die Bücher oder die Kapitel derselben hinzuweisen, die er zu lesen hat.

Als Lehrmittel verfügen sie dort über eine Vielzahl von Aufgabenvorschlägen auf der konkreten Grundlage der Pläne von Orten, die der Student aufsuchen kann. Am Rande des Planes ist die Aufgabenstellung angegeben. Andere Arbeiten befassen sich mit dem Umbau von Stadtteilen oder mit der Korrektur von Stadtgrundrissen, die für veraltet erachtet werden.

Abgesehen von der Arbeit oder Studie, die jeder einzelne Schüler anfertigt, gibt es auch einen Wettbewerbsentwurf, der bei der Abgabe ausgestellt und anschließend vom Professor – der häufig vor der Beurteilung einen kurzen Vortrag zum Thema anfügt – öffentlich kritisiert wird. Dieser ist zweifellos der einzige Weg zu positiven Ergebnissen. Es besteht ein grundsätzlicher Unterschied zwischen dem Lesen eines Dutzends Bücher und der Konfrontation mit der Erstellung eines Planes, mit einem definierten Problem. In städtischen Fragen kann nicht verallgemeinert werden, was dazu führen kann, dass man selbst bei der Aufstellung einer einfachen Parzellierung das Fehlen geeigneter Kriterien feststellt, obwohl man sich zuvor noch für gut informiert gehalten hatte.

Der Städtebau ist eine viel zu komplexe Angelegenheit, als dass er in einem einzigen Fach gelehrt werden könnte. Selbst eine grobe Kenntnis verlangt bereits nach Spezialisierung. Wir können daher nicht den Anspruch auf Beherrschung des Städtebaus seitens sämtlicher Architekten erheben. Auch nicht darauf, dass in unseren Architekturfakultäten Spezialisten ausgebildet werden. Angesichts der Schwierigkeit bei der Einführung der erforderlichen neuen Städtebau-Kurse schlagen wir die einfache Transformation der heutigen Lehre vor, indem man sie durch eine praktische Veranstaltung ergänzt und in der eigenen Fakultät ein Seminar für städtebauliche Studien ansiedelt, wo die an diesen Fragen interessierten Studenten oder Architekten arbeiten können: Eine Institution, die gleichzeitig den Kommunen als Beratungsstelle bei der Bewältigung ihrer städtischen Fragen unterstützen könnte.

Von großer Bedeutung wäre die Übersetzung der aufschlussreichsten Bücher zum Städtebau ins Spanische, wobei die Veröffentlichungen, die wirksam zur Entwicklung der Berufsausbildung und des nationalen Städtebaus beitragen würden, vom Staat oder den Architekturfakultäten gefördert werden sollten.

Die Fakultät oder das angegliederte Seminar müssten ein Archiv der Dokumente (Pläne und Fotografien) aufbauen, das die Merkmale unserer Städte und Dörfer erfasst: Ein unverzichtbares Hilfsinstrument für jede spätere Studie.

Da städtebauliche Fragen vor allem für die Kommunen von Interesse sind, wäre die Gründung eines Zentrums für städtische Studien unter der Leitung des Städtetages, der Stadt Madrid oder des Ministeriums in Betracht zu ziehen.

Bei der Gründung solcher Zentren, würden wir weiterhin die Erschwernis des Fachkräftemangels vorfinden und es wäre erforderlich, zur Ausbildung zukünftiger spanischer Spezialisten ausländische Mitarbeiter anzuwerben. Diese Maßnahme erachten wir zur Einführung unseres nationalen Städtebaus als befruchtend und unabdingbar.

Fernando García Mercadal, Architekt
Rom, Oktober 1926

[Fernando García Mercadal, *La enseñanza del urbanismo*. In: *XI Congreso Nacional de Arquitectura, primero de Urbanismo*, Madrid 1926. Übersetzung J. M. W.]

Ricard Giralt Casadesús
Architekt und Stadtplaner
★Barcelona 15. Dezember 1884, ✝ Barcelona 28. April 1970

1906-11: Studium an der Architekturfakultät Barcelona. Erste Veröffentlichungen. **1913:** Promotion mit dem Projekt eines Nationalen Pantheons für Karl V. **1915:** *Arquitecte Municipal* von Figueres. **1916:** Reisen nach England, Deutschland, Frankreich, der Schweiz und den USA, um vor Ort die Gartenstadtbewegung näher kennen zu lernen. **1918: Deutschlandreise: Giralt besucht u. a. Frankfurt, Hamburg und Berlin und knüpft Kontakte mit bedeutenden Fachgenossen.** Zurück in Barcelona übersetzt er Paul Wolfs „Städtebau" und verschiedene Schriften von Cornelius Gurlitt und Bruno Möhring. **1922:** *Arquitecte Municipal* in Girona. **1925:** Korrespondierendes Mitglied der drei Jahre zuvor gegründeten *Freien Deutschen Akademie des Städtebaues*, der ebenfalls Emilio Canosa (Sitte-Übersetzung 1926) ab 1927 angehört. Giralt veröffentlicht in diesem Jahr in der von Cornelius Gurlitt und Bruno Möhring herausgegebenen Zeitschrift *Stadtbaukunst alter und neuer Zeit* Artikel über Nebots Entwurf für die *Plaza de Cataluña* in Barcelona und den eigenen Vorschlag zur Stadterweiterung Lleidas. **1927:** Preis beim von der Stadtverwaltung ausgeschriebenen Wettbewerb für den Umbau Barcelonas. **1929: Teilnahme am Frankfurter CIAM.** Gründung der *Revista del Cuerpo de Arquitectos Municipales de España* (CAME), die er bis 1936 leitet und die das offizielle Organ der ein Jahr zuvor konstituierten Vereinigung spanischer Stadtbauräte ist. **1932:** Teilnahme am CIRPAC-Treffen in Barcelona. **1933:** Es werden Auszüge von Giralts Übersetzung von Paul Wolfs „Städtebau" vom CAME veröffentlicht. **1939-41:** Giralt sieht sich gezwungen seine Stellen in Figueres und Girona aus politischen Gründen aufzugeben. Er bleibt weiterhin für den CAME tätig. **1945:** Mitarbeiter der *Dirección General de Arquitectura*, für die er sich mit Fragen des Wohnungsbaus befasst. **1950:** Veröffentlichung einer Studie zum Billigstwohnungsbau in Spanien („Estudio sobre la Vivienda Económica en España"), ein Thema, das sich in der Folgezeit zum Schwerpunkt seiner Tätigkeit entwickelt.

Schriften

Der Platz Cataluna in Barcelona. In: Stadtbaukunst alter und neuer Zeit 6 (1925), H. 6, S. 81-82 + Bildbeilage

Die Stadterweiterung von Lerida. In: Stadtbaukunst alter und neuer Zeit 6 (1925), H. 12, S. 177-178 + Bildbeilage

Las nuevas Ordenanzas Municipales en Berlin. In: Revista del Cuerpo de Arquitectos Municipales de España 1 (1929), H. 2, S. 22-24

A la memoria del urbanista Bruno Möhring. In: Revista del Cuerpo de Arquitectos Municipales de España 1 (1929), H. 4, S. 57-58

La nueva arquitectura municipal. El mercado de Francfort. In: Revista del Cuerpo de Arquitectos Municipales de España 1 (1929), H. 6, S. 101-103

El matadero de Elberfeld. In: Revista del Cuerpo de Arquitectos Municipales de España 2 (1930), H. 13, S. 15-21

La urbanización de Madrid. In: Revista del Cuerpo de Arquitectos Municipales de España 3 (1931), H. 25, S. 70

Lebensläufe, Bibliographie, Dokumente 531

Los problemas actuales de la Urbanización. In: Revista del Cuerpo de Arquitectos Municipales de España 5 (1933), H. 53, S. 103-105

La política de la habitación de la ciudad de Viena. In: Revista del Cuerpo de Arquitectos Municipales de España 5 (1933), H. 56, S. 153-158

Bibliographie

Salvador Sellés, *A propósito de la traducción de „Städtebau" de Paul Wolf por Ricard Giralt Casadesús.* In: Revista del Cuerpo de Arquitectos Municipales de España 5 (1933), H. 49, S. 43-49

Ricard Giralt Casadesús. Girona 1982

Biblioteca Ricard Giralt. Girona 1982

Dokument 9

Zum Gedenken an den Städtebauer Bruno Möhring

Einer der bedeutendsten Architekten Deutschlands, Bruno Möhring, der durch seine städtebaulichen Studien zu den führenden Städtebauern seines Landes gehörte, ist in Berlin verstorben.

Neben der Ausführung zahlreicher privater Bauten spezialisierte er sich in jungen Jahren auf das Gebiet der Ausstellungsarchitektur und war der Schöpfer des deutschen Restaurants in der Pariser Ausstellung von 1900. Er war ebenso an der von St. Louis (in den Vereinigten Staaten), sowie in Turin und St. Petersburg beteiligt.

Nachdem sein Name durch Bauten wie der Rheinbrücke bei Bonn, der Moselbrücke bei Traben-Trarbach oder dem Bahnhof Bülowstraße weltweite Bekanntheit erlangt hatte, widmete er – zum Zeitpunkt als Sitte die städtebaulichen Studien begründete – seine künstlerische Schöpferkraft der zivilen Kunst und ging neue Wege im Städtebau. Seinen ersten großen Erfolg feierte er gemeinsam mit Rudolf Eberstadt und Richard Petersen durch den zweiten Preis im Wettbewerb „Groß-Berlin". Für diesen ersten großen Entwurf schlug er die Verbindung eines konzentrischen Systems großer Ringe mit dem eines Systems von Radialen und grünen Keilen vor. Durch letztere hätte die frische Luft aus dem Umland bis ins Herz der Stadt gelangen können. Sie hätten zudem eine harmonische Verbindung sämtlicher Freiräume geschaffen.

Möhring hat den Städtebau nicht nur aus künstlerischen und hygienischen Gesichtspunkten verstanden, sondern auch als soziale Aufgabe, die sich der unterschiedlichen Gesellschaftsgruppen annehmen muss. Daher rührt die besondere Bedeutung, die er in seinen Projekten der so genannten „Bodenpolitik" beigemessen hat.

Um eine bessere Verteilung des städtischen Bodens zu erreichen und um die Entstehung von Verkehrsproblemen zu vermeiden, schlug er bereits 1910 in seinem Projekt für Groß-Berlin die Erbauung großer Blöcke oder Siedlungen vor, die von einer hohen Randbebauung umgeben waren, während sich in ihrem Inneren eine ein- und zweigeschossige Bebauung ausgebreitete. In der Mitte sollte ein öffentliches Gebäude Platz finden. Damit hätte man die Flächen für Straßen und die Ausgaben für deren Instandhaltung gering gehalten, die Gefährdung durch Verkehr vermieden und für günstigere hygienische Verhältnisse im Häuserblock gesorgt. In einem einzigen Block wäre aufgrund der zwischen Rand und Mitte abweichenden Bodenpreise das Zusammenleben unterschiedlicher sozialer Schichten möglich gewesen. Es wäre so ein humaneres Konzept zum Zuge gekommen als das der von einigen Städtebauern bevorzugten „Arbeitersiedlungen", welches einer Gliederung der Stadt nach Klassen gleichkommt. Die Figur 1 zeigt die theoretische Lösung einer dieser großen Siedlungen. Ihre Dimension beträgt 250 x 175 m. Die Höhe der Häuser beträgt 20 m bei den viergeschossigen und 8 m bei den zweigeschossigen, die das Blockinnere bilden. Die inneren Straßen sind 8 m breit, wobei die Breite der Straßen, welche die Siedlung umgeben, den Erfordernissen des Verkehrs entsprechen müssen.

Die Figuren 2 und 3, stellen die Perspektive und die Positionierung im Lageplan des Opernplatzes dar. Die Figur 4 zeigt die Perspektive eines für Ausstellungen vorgesehenen großen Parks.

1921 gründete er gemeinsam mit Cornelius Gurlitt die Akademie für Städtebau, dessen offizielles Organ die Zeitschrift „Stadtbaukunst" ist.

Im Wettbewerb für die Bebauung des Südens des Stadtteils Schöneberg erhielt er den ersten Preis, wie auch bei dem für Groß-Düsseldorf. Seine Tätigkeit als Städtebauer brachte ihm zahlreiche Aufträge für weitere deutsche Städte ein, unter denen Lichterfelde, Hohenheim bei Erfurt, Bitterfeld, Neustettin u. a. zu nennen wären.

Ich schulde Bruno Möhring den Ausdruck tiefster Dankbarkeit für die unverdiente Aufmerksamkeit, die er mir während einer Studienreise durch Deutschland schenkte. Ich werde mich stets bewegt daran erinnern, wie wir zum letzten Mal mit Cornelius Gurlitt und einem hohen Beamten der Stadtverwaltung Berlins an einen Tisch saßen. Nach dem Krieg rutschte die Reichsmark aufs Fantastischste ihrer Wertlosigkeit entgegen. Die Professoren und Techniker, die allerlei Entbehrungen auf sich nehmen mussten – da der Lohn nicht zur Deckung ihrer Bedürfnisse reichte – arbeiteten dennoch weiter für den Fortschritt und rühmten so ihren Beruf. Und Bruno Möhring interessierte sich für die städtebauliche Bewegung in Spanien und träumte davon, unser Land und unseren typischen Städtebau kennen zu lernen, über den er eine Studie anzufertigen beabsichtigte.

Mögen diese Zeilen der Bewunderung und der Anerkennung der Verdienste dieses großen Architekten den schuldigen Tribut zollen. Mögen sie der Berliner Städtebau-Akademie unser Beileid für den Verlust eines Kollegen aussprechen, der seine Fähigkeiten einem so edlen Beruf widmete, wie es der des Architekten ist, der alle Fachleute im höchsten Ideal der Arbeit für den Fortschritt und für die Schönheit der Städte und Völker der Welt vereint.

R. Giralt Casadesús
von der
Freien Deutschen Akademie
des Städtebaues

[Ricard Giralt Casadesús, *A la memoria del urbanista Bruno Möhring*. In: Revista del Cuerpo de Arquitectos Municipales de España 1 (1929), H. 4, S. 57-58. Übersetzung J. M. W.]

Walter Gropius
Architekt
★ Berlin 18. Mai 1883, ✞ Boston 5. Juli 1969

1903: Besuch der Technischen Hochschule in München. **1904-05:** Absolvierung des Militärdienstes. **1905-07:** Fünf Semester lang studiert Gropius Architektur an der Technischen Hochschule Berlin-Charlottenburg. **1907-08: Spanienreise in Begleitung von Hellmut Grisebach. Er widmet sich dem Studium der Volkskunst, insbesondere der Fliesenkeramik. Diese Beschäftigung führt zu Begegnungen mit Persönlichkeiten wie Puig i Cadafalch in Barcelona oder dem Hagener Karl Ernst Osthaus, der Gropius' Sammlung spanischer Keramik ankauft und ihn zu Peter Behrens nach Berlin vermittelt. 1908-10:** Zu seinen Kollegen während der Zeit bei Behrens zählen Mies van der Rohe und Adolf Meyer, den er für die Gründung eines gemeinsamen Büros gewinnen kann. **1911:** Bau des Fagus-Werks in Alfeld a. d. Leine: Gropius' Haupttätigkeitsfeld liegt zu diesem Zeitpunkt im Bereich der Industriebaukunst. **1912-14:** Herausgeber der Werkbund-Jahrbücher „Die Durchgeistung Deutscher Arbeit"(1912), „Die Kunst in Industrie und Handel"(1913) und „Der Verkehr"(1914). In der Kölner Werkbundausstellung entsteht nach seinen Plänen eine Musterfabrik. **1914-18:** Teilnahme am Ersten Weltkrieg, aus dem er als Kriegsheld zurückkehrt. **1918:** Leiter des Arbeitrates für Kunst. **1919:** Mitglied der Gläsernen Kette, Direktor der Kunstgewerbeschule und der Hochschule für bildende Kunst in Weimar, die zum Staatlichen Bauhaus Weimar zusammengeschlossen werden. Gropius gelingt es in der Folgezeit, diese Institution zu einem Brennpunkt der europäischen Avantgarde der Zwischenkriegszeit zu entwickeln. **1923:** Im Rahmen der Bauhausausstellung organisiert Gropius in Weimar eine „Internationale Architekturausstellung", ein Konzept, das zum seinem Buch „Internationale Architektur" (1925) führen sollte. **1926:** Übersiedlung des Bauhauses nach Dessau, wofür ein neues Gebäude sowie eine Reihe von Meisterhäusern nach Entwürfen des Büros Gropius-Meyer realisiert worden waren. **1927:** Beteiligung an der Stuttgarter Weissenhofsiedlung. **1928:** Rücktritt als Direktor des Bauhauses und Übersiedlung nach Berlin. Teilnahme in La Sarraz am ersten der CIAM, die er 1929-1957 als Vizepräsident begleitet. **1929:** Teilnahme am Frankfurter CIAM „Die Wohnung für das Existenzminimum". Im selben Jahr wird bei Karlsruhe die Siedlung Dammerstock errichtet. **1930: CIAM in Brüssel. Versuche der Industrialisierung beim Bau von Großsiedlungen (Siemensstadt, Haselhorst) und vorgefertigten Häuser. Am 5. November hält Gropius auf Einladung** der Sociedad de Cursos y Conferencias den Vortrag „Arquitectura Funcional" an der Residencia de Estudiantes **in Madrid und einige Tage später im Hotel Carlton in Bilbao. In der Folge führte Gropius Verhandlungen zum Bau des Deutschen Studentenhauses in der in Entstehung befindlichen** Ciudad Universitaria. **1932: Teilnahme am vorbereitenden CIRPAC-Treffen in Barcelona (29.-31. März): Vorträge („Arquitectura Funcional") im** Conferencia Club **sowie im Rahmen der Veranstaltungen des** Comité Hispano-Alemán **in der Deutschen Schule Barcelonas. Im Auftrag des Bauunternehmers Alberto Rosa Balaciart, den er während seines Aufenthalts kennen lernt, wird im November ein vorfabriziertes Wochenendhaus für Barcelona entwickelt, das jedoch nicht über den Entwurf hinaus kommt. 1934:** Emigration nach Großbritannien. Projekte mit Maxwell Fry. **1937:** Übersiedlung in die USA, wo er bis 1952 in Harvard als Professor tätig ist. **1937-42:** Bürogemeinschaft mit Marcel

Breuer. Aus ihren regionalistischen Ansätzen geht auch Gropius' eigenes Haus in Lincoln hervor. **1941-48:** Partnerschaft mit Konrad Wachsmann: Sie entwickeln das „General-Panel-System" und das „Package House System". **1946-69:** Gründungspartner von *The Architects Collaborative* (TAC), einer Bürogemeinschaft nach Gropius' Prinzipien der Gruppenarbeit und der diskursiven Entwurfsmethodik. **Auf Anregung seines Freundes Sert besucht er im September 1961 gemeinsam mit Ehefrau Ise die Insel Ibiza und trifft dort u. a. Erwin Broner.**

Schriften

Behauptungen über die Architektur des spanischen Castells Coca, bei Segovia. Unveröffentlichtes, undatiertes Manuskript. [Gropius-Nachlaß: Aufsatz- und Vortragsmanuskripte 1, BHA Berlin]

Betrachtungen über die Architektur des spanischen Castells Coca, bei Segovia. Unveröffentlichtes Manuskript, 1908. [Alfredo Linder, Lima]

Monumentale Kunst und Industriebau. Vortrag in Hagen/Westfalen im Folkwang-Museum am 29.1.1911. In: Probst, Schädlich: Walter Gropius, Band III, Schriften. Berlin 1987

Internationale Architektur. Dessau 1925

Arquitectura Funcional. In: Arquitectura 13 (1931), H. 2, S. 51-62. Deutsches Original: *Funktionelle Baukunst.* Vortragsmanuskript Madrid-Bilbao-San Sebastián, November 1930. [Gropius-Nachlaß, BHA Berlin]

Casa baja, casa mediana, casa alta? In: Arquitectura 13 (1931), H. 3, S. 75, 86, 109

Casa baja, casa mediana, casa alta? In: Revista del Cuerpo de Arquitectos Municipales de España 4 (1932), H. 43, S. 147-152

De la construcció moderna de teatres. In: Mirador 4 (1932), H. 183, S. 7

Bibliographie

Karl Ernst Osthaus, *Spanische Fliesenkeramik.* In: Orientalisches Archiv 1 (1911), H. 2, S. 74-79

Paul Linder, *El nuevo Bauhaus en Dessau.* In: Arquitectura 9 (1927), H. 3, S. 110-112

Adolf Behne: *El Bauhaus de Dessau.* In: La Gaceta Literaria 2 (1928), H. 32, S. 5

Paul Linder, *Walter Gropius.* In: Arquitectura 12 (1930), H. 8, S. 245-254

Vida Cultural: El arquitecto Walter Gropius en la Residencia de Estudiantes. In: La Epoca 82 (1930), Nr. 28348, 6. November 1930, S. 4

Conferencia del arquitecto vienés Walter Gropius. In: La Construcción Moderna 30 (1932), H. 7, S. 75-77

Normas modernas de urbanización. Walter Gropius, el eminente arquitecto alemán, expone teorías muy interesantes. In: Revista del Cuerpo de Arquitectos Municipales de España 4 (1932), H. 36, S. 33-34

Congresos Internacionales de Arquitectura Moderna – Internationale Kongresse für Neues Bauen. In: AC 2 (1932), H. 5, S. 38-41

La casa para el fin de semana (Week-End). In: AC 2 (1932), H. 7, S. 18-23, 47

Salvador Sellés, *Comentando a Gropius.* In: Revista del Cuerpo de Arquitectos Municipales de España 5 (1933), H. 47, S. 15-18

Adolf Behne, *Walter Gropius.* In: Obras 3(1933), H. 20, S. 205-214

Exposición de las obras de Walter Gropius en Londres. In: AC 4 (1934), H. 13, S. 41

Reginald Isaacs, *Walter Gropius. Der Mensch und sein Werk.* 2 Bde, Stuttgart 1983/1984

Lebensläufe, Bibliographie, Dokumente 535

Siegfried Giedion, *Walter Gropius. Mensch und Werk*. Stuttgart 1954
Karin Wilhelm, *Walter Gropius. Industriearchitekt*. Braunschweig/Wiesbaden 1983
Horst Claussen, *Walter Gropius. Grundzüge seines Denkens*. Hildesheim/Zürich/New York 1986
Winfried Nerdinger, *Walter Gropius*. Berlin 1987
Winfried Nerdinger, *The Walter Gropius Archive*. Cambridge Mass. 1990
Anne Marie Jaeggi, *Fagus. Industriekultur zwischen Werkbund und Bauhaus*. Berlin 1998
Annette Hagedorn, *Walter Gropius, Karl Ernst Osthaus und Hans Wendland – Die Ankäufe maurischer Keramik für das Deutsche Museum in Hagen im Jahr 1908*. In: Heimatbuch Hagen + Mark 43 (2002), S. 103-115
Joaquín Medina Warmburg, *Superficie y Profundidad. Walter Gropius, sus viajes a España y la moderna aspiración de objetividad*. In: Arquitectos 166, 2/2003. S. 53-60
Joaquín Medina Warmburg, *Gaudí am Bauhaus. Gropius, Linder, Neufert und das gotische Ideal*. In: Reiner Stamm, Daniel Schreiber (Hrsg.), *Antoni Gaudí. Lyrik des Raums*. Köln 2004, S. 30-43

Dokument 10

Betrachtungen über die Architektur des spanischen Castells Coca bei Segovia

Sehr treffend sagt Gautier in seinem Tagebuch über Spanien, Europa höre mit den Pyrenäen auf. In der Tat trägt noch heute der Grundton im Leben und Empfinden der Spanier maurischen Charakter und auch die sichtbaren Zeichen ihrer vergangenen Kultur zeigen zum großen Teil den Einfluß der maurischen Eindringlinge, die nahezu acht Jahrhunderte lang die Geschichte des Landes beherrschten. Sie wurden zu Lehrmeistern der Spanier in allen Wissenschaften und Künsten und legten mit ihrer geistvollen Erziehung den Grund zum Weltreich Karls V., in dem die Sonne nicht unterging. Ihre Vertreibung von der Halbinsel war eine wahnsinnige Grausamkeit der Weltgeschichte, sie brachte Siegern und Besiegten den Verfall, denn ihre Wesen waren schon untrennbar verwachsen.

Die Spanier haben, für monumentale Kunst selbst unbegabt, die großen Aufgaben der Architektur fast ausnahmslos fremdem Schöpfergeist überlassen. Sie verstanden es, die Künstler der Nachbarländer in ihre Heimat zu verpflanzen. Die mittelalterlichen Kunstströmungen schlugen von allen Seiten hier zusammen. Maurische, italienische, französische, niederländische und deutsche Kunstwerke stehen heut in buntem Durcheinander. Die Mauren wahrten dem Abendland gegenüber ihre stärkere Eigenart. Nur die unverantwortliche Indifferenz der modernen Spanier erklärt, daß fast allgemein die Kenntnis von maurischen Bauten auf der Halbinsel mit der Alhambra schließt. Sie verteilen sich über das ganze Land bis in den Norden hinauf. Großartige Werke späterer Zeit, für christliche Bauherren geschaffen und eigenartige Zeugen jener orientalisch-europäischen Mischkultur sind der Kunstgeschichte wenig bekannt.

Ein Juwel dieser Zeit ist das Castell von Coca in Alt Castilien in der öden Umgegend von Segovia. Dem Fremden wird selten das Glück zuteil, es zu sehen, denn die Reise ist recht beschwerlich. Die Eisenbahn hält nur in der Nacht auf dem einsamen Bahnhof von Coca. Man wandert auf elender Straße gen Morgen zu beiden Seiten von düstern Pinienwäldern begleitet. In einem Hohlweg biegt der Weg stark nach links, dann bricht der Wald jäh ab und giebt dem Auge Raum für einen Anblick, der erschüttert. Eine schwere Steinbrücke legt sich über das trockene Bett der Voltoya. Jenseits dehnt sich öde und baumlos bis zum sanft gewellten Horizont unfruchtbare Steppe. Hart am Flusse zur Linken steigen die ungeheuren Backsteinruinen der Burg Coca schroff aus dem Boden. Ein Anblick, der erschauern läßt, wie die Werke ganz großer Kunst; die Tat eines Genialen, dessen Form gewordener Wille fortdauert, sich Anerkennung herrisch erzwingt. *Der* ward nicht auf den Knien geboren.

Das Bett der Voltoya vereint sich wenige Schritte flußauf mit dem Ererma. Ihr Delta bot seit altersher einen strategischen Punkt. Hier lag Canva, die Hauptstadt des iberischen Stammes der Vokkäer. Die Römer zogen von Fluß zu Fluß eine gewaltige Mauer, die alle Jahrhunderte überdauerte. An ihren westlichen Arm lehnt sich das Castell. Der Grundriß gibt die typische Anordnung einer christlichen mittelalterlichen Burg des Abendlandes. Der Mittelkörper enthält den Complex der Wohnräume; an einer Ecke steigt der kolossale Wachtturm auf. Ein breiter Gürtel von Brustwehren schließt rings den Laufgang auf und außen schlingt sich breit und tief der Festungsgraben herum. Die polygonalen Ausbauten der Türme verleihen ihm einen zentrifugalen Zug, ein dämonisches Drängen nach außen, das den Feind verzagt machen will. Die Burg ward etwa um 1400 im Zeitalter der Gotik für das spanische Geschlecht der Fonsecas erbaut. Der unbekannte maurische Meister sah rings im Lande die gotischen Kirchen abendländischer Künstler entstehen. Sein Genie fand Mittel, die antipodischen Begriffe des Orients und Occidents in einem Werk zu verschmelzen.

Die Kunst des gesamten Orients basiert auf dem Prinzip der Antike; auch die maurische Kunst wuchs auf diesem Boden. Während die Idee der raumschließenden Architektur, einer Kunst des *Concaven* erst im Abendland entstand, vermied die Antike geradezu Wirkungen allseitig geschlossener Räume und verband mit der Architektur den Begriff einer körperbildenden Kunst des *Convexen*. Ihr Bestreben, *mit kleinsten Mitteln große Wirkungen zu erreichen* bedingte auch eine Beschränkung in den Dimensionen, die wieder ihrer Auffassung von Architektur zu Hilfe kam; d. h.: sie bevorzugte die Wirkungen bündiger, schattenloser Flächen in bewußter Erkenntnis einer natürlichen Tatsache: Im menschlichen Auge projiziert sich die dingliche Welt als Flächenbild auf der Netzhaut. Also entspricht zunächst seiner optischen Natur das Abbild einer ebenen Fläche, nicht der eines Körpers. Er begreift mühelos die zweidimensionale Ausdehnung. Liegen aber auf der betrachteten Ebene Erhöhungen und Vertiefungen, so entstehen Schatten dreidimensionärer Körper. Damit beginnen Schwierigkeiten für das Auge; es muß den Tastsinn ersetzen und aus dem Schatz seiner Erfahrungen die Tiefen der reliefierten Fläche beurteilen, sie „begreifen". Die Schwierigkeit wächst mit der größeren Entfernung des Standpunktes. Die Baukunst der Antike kam also den natürlichen Fähigkeiten des Auges bewußt entgegen, wenn sie die komplizierte Abschätzung der 3. Dimension auf die große Körperform des ganzen Bauwerks, auf die größten vorhandenen Tiefen konzentrierte und sich im übrigen die architektonischen Wirkungen in der Fläche abspielen ließ. Dem Auge wurden bündige schattenlose Ebenen entgegengestellt, deren Gliederung sich in Farbkontrasten an Stelle von Schatten vollzog. Mehrere solcher bündigen Flächen im Winkel aneinandergestellt formten den großen Körper.

All dessen war sich der Erbauer von Coca bewußt und blieb den entgegengesetzten Anschauungen der Abendländer gegenüber unbeirrt. Aber er übernahm die gotische Idee des sehnsüchtigen Emporstrebens, des Aufbegehrens gegen das Gesetz der Schwere. Mit strenger Consequenz, die keinen Zweifel an seiner Absicht duldet, führte er diesen Gedanken aus. Durch polygonale Grundrißfiguren entstanden im Aufriß ganze Reihen vertikaler Rauten, deren Tempo nach oben zunimmt. Sie haben nicht die Bestimmung, die Flächen zu gliedern, wie Pilaster und Risalite, sie dienen lediglich der Idee des vertikalen Auftriebs in bewußtem Angehen gegen die Schwere der Horizontalen. Dieser starke Gedanke steht sieghaft über dem ganzen Werk und gibt ihm den großen Stil. Jegliche Einzelform lebt demselben Zweck, wie die Gesamtheit. Es stehen ausschließlich diese beiden Richtungen im Kontrast: Die Waagerechte des Materials (antik) und die Senkrechte der Bauformen (Occident, Gotik). Schicht lastet auf Schicht, getrennt durch helle Lagerfugen, die fast die Stärke der flachen Ziegelplatten erreichen. Ab und zu unterstützt ein breiteres, ebenes Querband aus Putz noch mehr den Eindruck der Gelagerten, der Horizontalen. Dagegen sind Schatten in der Horizontale durchaus vermieden und concentrieren sich ausnahmslos auf den Ausdruck des vertikalen Auftriebes, der die Massen emporreißt. Trotzdem bleibt das antike Prinzip der bündigen Flächen gewahrt. Da die polygonale Gestaltung des Grundrisses *Eigen*schatten nicht *Schlag*schatten erzeugt, besitzt jede ebene Fläche in ihrer ganzen Ausdehnungen einen ununterbrochenen Lokalton. Öffnungen sind ängstlich vermieden, sie würden den gewollten Eindruck der vollen Masse stören. Wieder die antike Auffassung der körperbildenden Kunst des Convexen, die Idee der ägyptischen Pyramide und des antiken Tempels, die auch im maurischen Wohnhause wiederkehrt: Es bieten außen glatte, kaum durchbrochene Flächen dem Auge Halt; im Inneren münden ununterbrochene Reihen von Öffnungen auf einen zentralen, offenen Hof. Hier kann das Gefühl, eines umschlossenen Raumes nicht aufkommen; er wird geflissentlich zerstört. Jede Fläche wird zerschnitten, durchbohrt, in körperliche Stützen und Gebälke zerlegt, die die Tiefen umrahmen. Die beschränkten Dimensionen des Hofes bürgen dafür, daß das Auge diese Tiefen von jedem Standpunkt aus erfassen kann. In Coca kam noch dem Wunsch nach undurchbrochenen Wänden der wehrhafte Charakter der Burg entgegen. Den spärlichen Durchbrechungen ist durchaus kein architektonischer Wert beigemessen, sie sind willkürlich verstreut. Im Innern lassen nur trostlose Schuttreste den einstigen Reichtum an Säulengalerien und Ajimezfenstern erahnen.

Die gleiche Consequenz in der prinzipiell verschiedenen Behandlung des Äußeren und Inneren blieb im Detail gewahrt. Der Schmuck der glatten Frontflächen beschränkt sich auf die Kontrastwirkungen der Farben. Formsteine sind vollständig vermieden. Segmentförmig beschnittene Ziegel, die lediglich dem Ausdruck der Vertikale dienen, bilden die einzige Abweichung von den rechteckigen Platten. Die weißen und roten Bänder der Backsteinschichten und ihrer Fugen geben schon in regellosen Verbande ein starke ornamentale Wirkung. Wichtigere Flächen sind durch geregelten Verband wechselnder Art betont, nur wenigen, die dem Auge bequem erreichbar sind, ist ein delikaterer Schmuck gewährt. (Überall waltet jenes weise Gesetz von der Beschränkung in den Mitteln.) Die unteren Teile der Schanztürmungen in der Form umgestülpter Pyramiden oder Kegel sind mit dreifarbigem Sgraffito in schwarz, weiß und rot bedeckt. Rein geometrische Ornamente, in unendlichem Rapport entstanden, im antiken Sinne durch Aussparen kleiner dunkler Flecke im Putz entstanden, umhüllen ohne einrahmende Begrenzung wie Brokat den ganzen Körper und geben ihm so den Eindruck der gebogenen oder gebrochenen Ebene, über die das Auge unbehindert hingleiten kann. All dem zum Trotz im klaren Gegensatz zur bündigen Fläche, waren im Innern die Wände einst mit reichem, plastischen Stuck überzogen, die Decken in zerrissene Stalaktitengewölbe aufgelöst, die jegliches Gefühl des Hohlraumes von vornherein zerstören sollten. Der Geist der Antike behielt so das Recht.

Die zarte Pracht der Gemächer vertilgten Krieg und Elemente fast restlos, nur die getürmten Massen der Mauern widerstanden allen Gewalten. Die öde Verlassenheit verstärkt ihren warnenden Eindruck und weist den Schwingen der Phantasie ein weites Feld. Ergriffen trennt sich der Fremde von dieser Stätte.

Weihnachten 1908

[Walter Gropius, *Betrachtungen über die Architektur des spanischen Castells Coca, bei Segovia*. Unveröffentlichtes Manuskript, Weihnachten 1908. Archiv Alfredo Linder, Lima.]

Dokument 11

Behauptungen über die Architektur des spanischen Castells Coca, bei Segovia

Die Geschichte kennt nur einen einzigen, deshalb so interessanten Fall einer innigen Verschmelzung morgen- und abendländischer Kultur; von allen Völkern des Orients, die schon in den fernen Jahrhunderten unserer geschichtlichen Zeitrechnung einem unwiderstehlichen Expansionstrieb folgend nach Westen drängten, gelang es nur den Mauren erfolgreich über die Peripherie Europas nach der Ibeischen Halbinsel überzufluten und ihren abendländischen Bewohnern gewaltsam die fremden Ideale ihrer Kultur aufzupfropfen. Wohl waren auch auf direktem Wege (von Osten her) im Laufe der Jahrhunderte Ideen und Anschauungen der höheren orientalischen Kultur allmählich nach dem Westen hinübergesickert wobei schon aus geographischen Gründen den Griechen und Römern die freiwillige Vermittlerrolle zufiel, es bedurfte aber einer besonders glücklichen Konstellation wenn die grundverschiedenen Kulturen des Orients und Occidents bei einem so jähen Zusammenstoß wie der Einfall der Mauren in Spanien, nicht voneinander abprallen sondern eng miteinander verwachsen, so daß das Land noch heute nach Jahrhunderten das eigentümliche Gepräge jener Rassenmischung trägt. In dem Kampfe der beiden Rassen hatte die ausgereifte orientalische Bildung der maurischen Eindringlinge einen überlegenen Sieg errungen, und ihre minder kultivierten abendländischen Gastgeber in Wissenschaften und Künsten schnell unter ihre geistige Suprematie gezwungen. In dieser Rolle von Erziehern schufen sie eine Basis gemeinsamer Kulturinteressen und in notwendiger Konsequenz, verwuchsen die Wesen der beiden Rassen allmählich so untrennbar, daß die plötzliche grausame Vertreibung der Mauren von der Halbinsel politisch geradezu ein Akt des Wahnsinns nach ihrer acht Jahrhunderte langen Herrschaft den Siegern und Besiegten zugleich den Verfall bringen mußte. Wie nachhaltig der gewaltige Einfluß der Mauren gewirkt hat, lehrt das moderne Spanien der bekannte Ausspruch Th. Gautiers, Europa höre mit den Pyrenäen auf.

In der Tat zeigt noch heute Sprache, Physiognomie und Lebensweise der Bewohner Spaniens, durchaus den maurischen Einschlag und noch deutlicher bezeugen das die erhaltenen Werke der bildenden Kunst, namentlich der Architektur, denn in diesen prägt sich ja der soziale Wille und die geistige Potenz eines Volkes für dauernde Zeit in sichtbaren Form dar. Die mittelalterlichen Bauwerke Spaniens stellen eine lebendige Chronik der Entwicklungsgeschichte jener spanisch-maurischen Mischkultur dar und zeigen wie mit der Verbrüderung der Rassen die ursprünglich völlig entgegengesetzten Kunstanschauungen des Abend- und Morgenlandes, die hier im gotischen Dome und dort im ägyptischen Tempel ihren vollendeten Ausdruck fanden, allmählich einem Ausgleich zustreben. Zu welchen Resultaten die Synthese dieser beiden Richtungen in der Kunstgeschichte Spaniens geführt hat soll später untersucht werden, zunächst gilt es die typischen Unterschiede dieses entgegengesetzten „Kunstwollens"* im Orient und Occident zu erkennen.

Das Wesen der Kunst scheint auf einem dualistischen Prinzip zu beruhen, auf dem Bestehen zweier Richtungspole, die nach Vereinigung, nach Ausgleich streben. Der Gedanke an die Leben zeugende Zweiheit des männlichen und des weiblichen Prinzips liegt nahe. Die geschichtlichen Kunstepochen zeigen ein Auf- und Niederschwanken zweier Kräfte, bald das überwiegen eines antik-orientalischen, bald eines barock-indogermanischen Kunstprinzips. Der tiefere Grund zu diesem Dualismus wurzelt in einem urzeitlichen Kontrast der Raseninstinkte. Die altorientalischen Völker müssen von einer inneren Abneigung gegen das Subjektive im Kunstwerk geleitet, instinktmäßig das rein sinnlich wahrnehmbare flächenhafte zweidimensionäre in der bildenden Kunst betont haben, während die indogermanischen Völker des Occidents gerade das Individuelle moralisch einfühlende [unleserlich] im Kunstwerk als wesentlich empfanden und darum der dreidimensionalen, schattenerzeugenden Körperlichkeit, die mehr als die Fläche das subjektive Auffassungsvermögen beschäftigt, den Vorzug gaben. Eine Erklärung und Bestätigung gibt der physiologisch-optische Vorgang des Sehens: Im menschlichen Auge projiziert sich die dingliche Welt als Flächenbild auf der Netzhaut, der aber das Flächenbild, das sog. Gesichtsfeld, für die Vorstellung unbestimmbar begrenzt ist, kaum das Auge die wahren Dimensionen, vor allen Dingen aber die Tiefenausdehnung und Entfernung der Objekte erst auf Grund vergleichender Rückschlüsse, namentlich aus der Erfahrung des Tastsinnes beurteilen. „Der Tastsinn", sagt Riegl, „gibt uns vom Vorhandensein von Tiefenveränderungen die erste sichere Kunde, weil seine vielverzweigten Organe das Einsetzen der Prüfung auf verschiedenen Punkten zu gleicher Zeit ermöglicht. Aber schon die Erkenntnis von Tiefenveränderungen an der Oberfläche und vollends diejenige des Zusammenschlusses in der vollen dreidimensionalen Rundform erfordert eine weitausgiebigere Zuhilfenahme des Denkvermögens, als die Konstruierung der Flächenvorstellung aus den Einzelwahrnehmungen punktueller Reize". Die Tatsache also, daß komplizierte Wahrnehmung des dreidimensionalen Körpers oder Raumes meist größere Anforderungen an das subjektive Denken des Individuums stellt, als die mehr sinnlich objektive der zweidimensionalen Fläche ergibt als Folgeerscheinung der verschiedenen Raseninstinkte, das wesentliche Unterscheidungsmerkmal der beiden Kunstpole.

Während also die Idee Hohlraum vor Vollkörper der raumeinschließenden Architektur, eine Ästhetik des *Konkaven*, im Abendland entstand und die Baukunst des gesamten Westens beherrscht (die kontinuierliche Conkavität des Pantheons stellt das Ideal des abendländischen Raumproblems dar), verband die antikorientalische Kunst mit der Architektur den Begriff einer körperbildenden Kunst, mit der Kunst des *Convexen* und vermied geradezu Wirkungen, allseitig geschlossener vom unendlichen Weltraum isolierter Einzelräume. Das bedeutet natürlich nicht ein Ausschalten der Raumidee überhaupt, denn diese macht im Gegenteil von jeher das Wesen der Architektur aus, deren rhythmische Wirkungen an räumliche Begrenzung gebunden sind. Der Unterschied liegt in der Art der Raumwirkung. Der occidentale Baumeister erreicht sie im kubisch messbaren, allseitig eingeschlossenen Hohlraum, mit dem das Individuum in subjektive Beziehung tritt, der Orientale mit der nur teilweisen Begrenzung des ideellen, unmeßbaren Raumes der im Zusammenhang mit dem unendlichen Freiraum bleibt, er betont aber in einer instinktiven „Raumsehen" immer den tastbar undurchdringlichen Einzelkörper, das Objekt außerhalb des Ichs, und bleibt seiner konkret körperlichen Auffassung auch der praktischen Raumerforderniss gegenüber treu, die dem architektonischen Empfinden der Abendländer gerade entgegenkommt. Das Fehlen des isolierten Raumes ist also nicht auf eine primitive technische Unkenntnis zurückzuführen sondern war die notwendige Folge eben jenes bewußten auf sinnliche Aufnahme gerichteten Kunstwollens. Denn die optische Wahrnehmung des stofflichen Körpers stellt weniger Anforderungen an das subjektive Denkvermögen, als die des negativen Raumkörpers, dessen begrenzende Flächen nur zum Teil innerhalb des Gesichtfelds liegen, so daß an Stelle der sinnliche Wahrnehmung die Illusion treten muß. Dieser Illusion geht aber das antik-orientalische Kunstempfinden geflissentlich aus dem Wege, indem es die den Innenraum (Hof) begrenzenden Flächen in körperliche Stützen und Gebälke auflöst, deren richtiges optisches Erfassen die beschränkten Abmessungen des Raumes (Hofes) von jedem Standpunkt aus verbürgen. Dieser innere Organismus des Bauwerks wird aber im Äußeren verneint; es soll das Ganze ebenso wie seine einzelnen Teile den Charakter des stofflichen, mit einem Blick zu erfassenden Einzelkörpers wahren, der von undurchbrochenen bündigen Ebenen begrenzt, den Eindruck der vollen Masse erweckt. Abgesehen von dieser großen, dreidimensionalen Hauptform spielen sich deshalb die architektonischen Wirkungen nur in der Ebene ab. An Stelle von Schlagschatten werden die Frontflächen mit Farbkrontasten, die dasselbe ornamentale Projektionsbild ergeben aufgegliedert. Eine plastische dreidimensionale Gliederung würde dagegen das optische Erfassen des großen Einzelkörpers komplizieren und die einzelnen plastischen Fassadenteile würden bei der Unbestimmbarkeit der Grenzen ihrer Bildgrößen im Gesichtsfels mit zunehmender Entfernung und abnehmender Sehschärfe optisch nicht mehr eindeutig verständlich sein. Dagegen bleibt die körperliche Hauptform in ihrer Silhouettenwirkung unabhängig von der Entfernung, bis sie dem Gesichtskreis entschwindet, optisch bestimmt. Auch die rhythmischen Beziehungen des Körpers zu anderen Einzelbauten des Nachbarbereiches (Städtebau) bewahren, wie die einzelnen Bauglieder im Gebäudeinneren untereinander, unabhängig von der Entfernung des Standpunktes konstante Gesetzmäßigkeit. (...)

(*) Alois Riegl, der zuerst das behandelte Thema in seinem genialen Werk: Spätrömische Kunstindustrie, Wien 1901, das selbst in Fachkreisen trotz seiner epochemachende Bedeutung leider noch wenig bekannt zu sein scheint, geradezu glänzend behandelt hat, erblickt im Kunstwerk „Das Resultat eines bestimmten zweckbewußten Kunstwollens, das sich im Kampfe mit Gebrauchszweck, Rohstoff und Technik durchsetzt, im Gegensatz zu der bisherigen sogenannten Gottfried Semperschen Theorie, die das Kunstwerk als mechanisches Produkt aus diesen drei Faktoren auffaßte.

[Auszug aus: Walter Gropius, *Behauptungen über die Architektur des spanischen Castells Coca, bei Segovia*. Unveröffentlichtes, undatiertes Manuskript aus dem Gropius-Nachlass im Bauhaus-Archiv Berlin]

Klaus Groth
Architekt
★Pinneberg 1. Juli 1893, ✝ Pinneberg 19. Februar 1979

1909-13: Nach Abschluss einer Zimmermannslehre besucht Groth die Bauschule in Eckernförde und die Kunstgewerbeschule in Altona. **1914-18:** Architekturstudium an der Technischen Hochschule Darmstadt mit einer Unterbrechung durch den Kriegsdienst, bei dem er schwer verwundet wird. Groth erhält die Berechtigung zur Führung der Berufsbezeichnung Architekt. **1919:** Bereits seine ersten Bauten dokumentieren die Nähe zum Heimatschutzgedanken und sein Bemühen um handwerklichen Anspruch. **1923:** Unter dem Firmennamen Hamburger Holzhäuserbau versucht Groth auf dem Markt der zerlegbaren Häuser für Übersee Fuß zu fassen. Er entwickelt u. a. einen zerlegbaren Krankenpavillon für Woermann. **1928:** Entwurf und Ausführung der Ortskrankenkasse Uetersen. **1929: Umbau des Hauses seines Bruders Ernst, der als Prokurist des deutschen Konsuls Jacob Ahlers auf Teneriffa tätig ist.** **1929-32:** Nach der Fertigstellung des Kreiskrankenhauses in Pinneberg hegt er angesichts der Wirtschaftkrise Auswanderungspläne, die jedoch nicht zur Umsetzung gelangen. **1933-35: Die Zeitschrift** *gaceta de arte* **veranstaltet vom 24. Februar bis zum 5. März 1933 eine Ausstellung der Arbeiten Groths im Círculo de Bellas Artes de Tenerife (Kunstverein). Die Ausstellung wird mit lobender Erwähnung der Zweckrationalität des Pinneberger Krankenhauses im 14. g.a.-Heft (April) besprochen. Bereits im Mai 1933 tritt Groth der NSDAP bei. Im Auftrag seines Bruders entwickelt Groth von Deutschland aus Entwürfe für das Landhaus** *Vistabella* **auf Teneriffa. Die Bauleitung übernimmt der Schweizer Leopold Davi. Außerdem entstehen Holzhäuser im Hafen von Santa Cruz für Jakob Ahlers und Woerman. Er führt ebenfalls Vorstudien zur Errichtung der neuen Deutsche Schule in Santa Cruz durch.** **1930-40er** Wohnungen für Wehrmachtsangehörige, Siedlungen in Glückstadt, Uetersen und Hamburg-Osdorf. In den fünfziger Jahren realisiert er zahlreiche Wohn-, Schul- und Kirchenbauten. **1962: Bau eines eigenen Ferienhauses auf Teneriffa.**

Bibliographie

Zum Bundestag des BDA 1927 in Hamburg. In: Die Baugilde 9 (1927), H. 16., S. 915, 920

K. Groth, Pinneberg – H.Rohwer, Rendsberg. *Kreiskrankenhaus in Pinneberg.* In: Bauwelt 22 (1931), H. 24, S. 927-930

El arquitecto Klaus Groth. In: Gaceta de Arte 2 (1933), H. 14, S. 3

Ulrich Höhns, *Der Nachlaß Klaus Groth.* In: Deutsches Architektenblatt 2/1996, Ausgabe HS, S. 30-33

Ulrich Höhns, *Klaus Groth – Ein Architekt zwischen Konvention und Experiment.* In: Klaus Alberts, Ulrich Höhns: Architektur in Schleswig-Holstein 1990-96. S. 135-147

Ulrich Höhns (Hrsg.), *Moderne Architektur in Schleswig-Holstein 1920-1937. Eine Spurensuche.* Schleswig 2001

Dokument 12

der architekt klaus groth

vom 24. februar bis zum 5. märz war die von *g.a.* präsentierte ausstellung des deutschen architekten klaus groth im *círculo de bellas artes de tenerife* zu besuchen. unter den ausgestellten werken – landhäuser, schulen, fabriken etc. – stach eines wegen seiner authentizität innerhalb des zeitgenössischen hervor: das kreiskrankenhaus in pinneberg.

dieser bau ist im ausstellungskatalog unter drei grundlegenden aspekten betrachtet worden: hygiene, wirtschaftlichkeit und gebrauch. die fassaden werden den hauptgenesungsfaktoren luft, licht und sonne untergeordnet. es entsteht so eine terrassiert gestaffelte anlage, bei der die anordnung der einzelnen krankenzimmer das versetzen von betten erleichtert. durch die unterbringung der küche im obersten geschoß, verhindert klaus groth in diesem bau weite horizontale wege. der einsatz von fahrstühlen führt zu kurzen vertikalen verbindungen und ermöglicht die errichtung der fünf geschosse des gebäudes auf einer gleichen grundfläche.

durch die schlichtheit der dekoration ist klaus groth mit diesem werk eine vorzügliche architekturgruppe von äußerster rationaler reinheit gelungen. sie weist ihn als einen gegenüber dem zeitgenössischen aufgeschlossenen techniker aus.

[*El arquitecto Klaus Groth.* In: Gaceta de Arte 2 (1933), H. 14, S. 3. Übersetzung J. M. W.]

Hans Hartung
Künstler
★ Leipzig 21. September 1904, ✝ Antibes 7. Dezember 1989

1924-30: Studium der Malerei, Kunstgeschichte, Philosophie und Psychologie an der Leipziger Universität. Reisen nach Italien, den Niederlanden, Belgien und Frankreich. **1929:** Heirat mit der norwegischen Künstlerin Anna-Eva Bergman. **1931:** Erste Ausstellung in der Galerie Heinrich Kühl, Dresden. **1932-34: Umsiedlung nach Menorca (Balearen), wo Hartung und Bergman ab 1933 bei Fornells – im Norden der Insel – nach eigenen Plänen ein kleines Haus errichten lassen. 1935:** Rückkehr nach Deutschland und Flucht. 1938 Scheidung von Bergmann. **1939:** Heirat mit Roberta González, Tochter des mit Hartung befreundeten spanischen Bildhauers Julio González. Noch im selben Jahr meldet sich Hartung freiwillig zur französischen Fremdenlegion. **1943:** Flucht nach Spanien, wo er für sieben Monate interniert wird. Nach der Gefangenschaft schließt er sich erneut der Fremdenlegion Nordafrikas an. **1944:** Schwere Verwundung, die zur Amputation eines Beines führt. **1945:** Rückkehr nach Paris und Wiederaufnahme der Malerei nach sechs Jahren. **1946:** Französischer Staatsbürger. **1949:** Ausstellungen in Paris, Brüssel, München und Basel. **1957:** Erneute Vermählung mit A.-E. Bergman. **1960:** Internationaler Durchbruch durch die Auszeichnung mit dem Grand Prix International de Peinture auf der Biennale in Venedig. In den Folgejahren entwickelt sich Hartung zu einem führenden Vertreter einer abstrakten Ausdrucksmalerei. Retrospektiven u. a. im Musée National d'Art Moderne (Paris 1969), dem Metropolitan Museum (New York 1975), der Staatsgalerie Moderner Kunst (München 1982).

Schriften
Selbstportrait. Berlin 1981

Bibliographie
Anna Eva Bergman und Hans Geelmuyden, *Turid i Middelhavet.* Oslo 1942
Karl Gutbrod (Hrsg.), *Lieber Freund. Künstler schreiben an Will Grohmann.* Köln 1968
Pierre Descargues, *Hartung.* Barcelona 1983.
Ole Henrik Moe, *Anna-Eva Bergman. Vie et oeuvre.* Oslo 1990

Dokument 13

Zum Haus auf Menorca

(...) Meine Schwiegermutter schlug uns vor, nach Spanien auf die Balearen zu gehen. Das Leben schien dort äußerst billig zu sein. Dieser Gedanke begeisterte uns. Eine Woche später waren wir in Barcelona und am folgenden Tag auf Mallorca. Anna-Eva und ich suchten vor allem Abgeschiedenheit und Ruhe, um malen zu können. Wir wollten nicht inmitten von Touristen leben.

Im Fremdenverkehrsbüro auf Mallorca, wo ich mich erkundigen wollte, fiel mir eine Beschreibung der Insel Menorca in die Hände. Man sah darauf eine große Mühle mit wunderbaren Flügeln, ganz schlichte Häuser aus weißen Mauern, Häuser von Fischern und Bauern, an denen die Zeit nicht spurlos vorübergegangen war. Mein Herz schlug höher.

Man riet uns heftig davon ab, auf Menorca zu leben, dieser kargen Insel im

Norden, ohne Wälder und Schönheit, wo ständig der Wind weht.

Ich sagte schon, ich bin stur. Wir nahmen das Schiff nach Menorca. Noch bevor wir angelegt hatten, wußte ich, als ich den Hafen erblickte, daß ich Recht gehabt hatte. Der Hafen war von einem traumhaften Weiß. Der Leiter des Fremdenverkehrsbüros empfing uns mit offenen Armen. Wir waren die ersten und einzigen Touristen in jenem Jahr.

In seiner Hilfsbereitschaft ging er so weit, uns als Fremdenführer zu dienen und uns die Insel zu zeigen. Er fuhr mit uns nach Fornells, einem kleinen Fischerdorf. Und wir entdeckten die Cala de Tirán. Das war ein sehr langer Strand, eine richtige Bucht, die was für die Mittelmeerregion ein erstaunliches Phänomen ist auslangen Dünen bestand, die sich ins Landesinnere erstreckten. Dieser Ort war wild, abgeschlossen, verlassen: wir waren hingerissen.

Die Cala de Tirán gehörte einem Großgrundbesitzer, einem jener spanischen Großgrundbesitzer, die auf ihren Ländereien wie mittelalterliche Fürsten herrschten. Als wir ein Stück Land von ihm pachten wollten – wir hatten nämlich beschlossen, uns ein kleines Haus zu bauen – stellte er uns die gleichen Bedingungen wie seinen Bauern. Wir durften nicht mehr als drei Personen auf einmal zu Besuch haben, hatten nicht das Recht, einen Hund zu halten, noch durften wir im Meer baden – außer man hielt sich streng an die sittlichen Vorschriften – die Frauen möglichst im Kleid.

Wer diese Regeln verletzte, wurde sofort des Landes verwiesen, sein Haus beschlagnahmt. Nach langwierigen und mühseligen Diskussionen hatten wir dank der Unterstützung des Señor Gomila, dem Leiter des Fremdenverkehrsbüros, weniger drakonische Bedingungen aushandeln können.

Mit der Hilfe von Anna-Eva zeichnete ich die Pläne für das Haus. Es war ein großer, weißer Block, sehr schlicht, an der Höhe eines Hügels gebaut, mit weiter Sicht über Meer und Insel.

Wir hatten für alle Mauern Öffnungen vorgesehen, die in die Breite gingen. Aber es war uns unmöglich, die Maurer davon zu überzeugen, für uns waagerechte Fensteröffnungen wie bei ihren eigenen Häusern einzubauen. Wir waren Fremde, Touristen, wir brauchten hohe Fenster, die unserem hohen Stand entsprachen! Zum Schluß ist es uns doch noch gelungen, ihnen unsere Ansichten aufzudrängen.

Man muß auch berücksichtigen, daß unsere Diskussionen mit den Maurern oft einem Dialog Taubstummer glichen. Weder Anna-Eva noch ich sprach spanisch. Wir behalfen uns mit einem Taschenwörterbuch. Und unsere Maurer sprachen auch kaum spanisch, sondern einen Dialekt, der sich vom Katalanischen herleitet. Auch hier half uns sehr der Señor Gomila.

Schließlich konnten wir einziehen. Im Haus fehlte jeglicher Komfort – fließend Wasser, Heizung, Strom, aber wir hatten ein Zuhause und waren allein.

Wir beschlossen, uns einen Hund anzuschaffen. Als er mit dem Schiff bei uns ankam, war er nur eine kleine, kläffende Kugel, die eher rollte, als daß sie lief. Wir nannten ihn Pan, nach jenem Halbgott mit der Zauberflöte. Dieser Name löste überall Heiterkeit aus. Denn Pan bedeutet auf spanisch Brot. Wir mußten wirklich Ausländer sein, daß wir einen Hund „Brot" nannten! Auf Menorca gab es nur eine einzige Rasse von Hunden, Windhunde mit gelblichem Fell. Die Einheimischen sind stolz auf sie. Sie sagen, daß sie von den ägyptischen Windhunden abstammen. Unser Pan war eigentlich ein deutscher Schäferhund. Aber von dieser Rasse hatte er nur den Namen geerbt. Seine Ohren knickten ständig um, was Anna-Eva gar nicht gefiel. Um sie wieder aufzurichten, machten wir mit Pan lange Spaziergänge gegen den Wind ... doch der Erfolg war nur von kurzer Dauer.

Lebensläufe, Bibliographie, Dokumente

Pan hatte nur einen Fehler, aber der war riesengroß. Er ließ sich nicht davon abbringen, uns aus den Wellen retten zu wollen. Wir konnten nicht baden, ohne daß er uns zu Hilfe gerannt kam. Er warf sich ins Wasser, holte uns ein, packte uns bei den Haaren oder am Nacken und betrachtete es als seine Pflicht, uns ans Ufer zu schleppen.

Wir lebten ärmlich, doch begann das Glück von neuem zu strahlen. Meine Nerven beruhigten sich, ich fand wieder Gefallen an der Malerei.

Obgleich ich fortfuhr, den Goldenen Schnitt zu erforschen und anzuwenden, beeinflußt von dem, was mir von der Klarheit des Kubismus geblieben war, lastete auf mir ein Gefühl des Mangels an Inspiration und einer zu großen Starre. Ich fühlte mich gelähmt. Ich hatte genug. Eines schönen Tages schickte ich alles zum Teufel, holte meine alten Zeichnungen hervor, kehrte zu meinen Flecken aus den Jahren von 1922-1924 zurück; ich fing an, zu zeichnen und zu malen, nicht mehr „nach Art von", nicht mehr nach den Regeln des Kubismus oder irgendeines anderen „ismus". – Sondern nach mir selbst, nach meiner Art. Und ich fand meine alte Freiheit wieder, auf ganz andere Art und Weise zu malen und zu zeichnen.

Das war ein großer Augenblick.
(...)
Im Winter wurde es kalt auf Menorca. Aber niemand auf der Insel hatte eine richtige Heizung. Die Bauern und Fischer begnügten sich mit einem „Brasero", den sie unter den Tisch stellten.

Da unser Haus durch seine Lage auf dem Hügel allen Winden ausgesetzt war, war zu erwarten, daß es darin ziemlich eisig werden würde. Für den Winter hatten wir einen großen Ofen in Barcelona bestellt. Zwar war er uns sehr schnell geliefert worden, doch ließ sich der Installateur damit Zeit.

Um unser kleines Haus währenddessen nicht vollzustellen, legten wir die Abzugsrohre draußen auf das Dach unserer Zisterne. Zu allem Unglück zeigten die Rohre auf das Meer.

Außerdem hatten wir uns einen kleinen Keller einbauen lassen, was für die Insel völlig ungewöhnlich war. Kein einziges Haus auf Menorca besaß einen Keller.

Meine Gemälde, die nicht im geringsten an die traditionellen Landschaftsbilder – Sonnenuntergang über dem Meer, Blick auf den Hafen oder Abfahrt eines Schiffes nach Mallorca – erinnerten, hatten die Einheimischen zunächst in Erstaunen versetzt. Schließlich erschienen sie ihnen verdächtig. Und dann war ich auch noch Deutscher. Wir lebten zurückgezogen, das war noch viel verdächtiger. Mißtrauen, Verdacht umgab uns. Und dann wurden Verdächtigungen und Gerüchte laut. Schließlich hatte man die Gewißheit: wir waren Spione. Unsere Ofenrohre auf der Zisterne wurden zu Kanonen, und unser Keller wurde zu einem unterirdischen Gang mit direkter Verbindung zum Meer, um als Unterschlupf für U-Boote zu dienen.

Zu allem Unglück hatten wir uns durch das Wasser, das wir tranken, welches entweder aus unserer Zisterne oder den Brunnen der Umgebung stammte, alle beide einen Paratyphus geholt. Und gerade da kamen eines Morgens Polizisten zu uns und überbrachten eine Order, die uns aus dem Haus verwies.

Von Fieber geschüttelt, mußten wir in einem Hotel in Mahón Zuflucht suchen. Glücklicherweise hatten wir den deutschen Konsul benachrichtigen können. Ersetzte sich für uns beim Gouverneur der Balearen, damals Francisco Franco, ein. Er muß wohl die uns unterstellten Spionageaktivitäten kaum ernst genommen haben, denn wir durften wieder in unser Haus zurückkehren. Doch zuvor wurde es durchsucht, und wir mußten detaillierte Pläne davon abliefern. Als wir nach Hause kamen, sahen wir uns zu unserer Überraschung von „Carabineros" umringt. Sie ließen uns nicht mehr aus den Augen, bewachten ständig unser Haus. Ich muß sagen, allmählich fiel es uns auf die Nerven.

In Deutschland war Hitler inzwischen Reichsführer geworden. Er hatte schon eine Unterscheidung zwischen Inlandsdeutschen und Auslandsdeutschen eingeführt, zwischen jenen, die im Lande lebten, und jenen, die sich im Ausland aufhielten. Wir waren Auslandsdeutsche geworden, und konnten aus Deutschland nur eine begrenzte Summe Geld erhalten. Plötzlich beschloß Hitler, die zugelassene Summe noch zu kürzen. Wir hatten nur noch auf 10 oder 20 Mark pro Monat Anspruch. Das Leben auf Menorca konnte noch so billig und unsere Ausgaben mochten noch so gering sein, von so wenig konnten wir nicht leben. Wir mußten Spanien verlassen.

[Auszüge aus: Hans Hartung, *Selbstportrait*. Berlin 1981. S. 70-78]

Karl Albrecht Haupt
Architekt und Bauhistoriker
★ Büdingen 1852, ✠ Hannover 1932

1869-79: Architekturstudium an der Gießener Universität. Unterbrechung durch seine Kriegsteilnahme 1870-71. Wiederaufnahme des Studiums in Karlsruhe und Hannover, wo er sich zum Privatdozenten für Deutsche Renaissance habilitiert. **1880:** Freischaffender Architekt in Hannover. **1893:** Promotion in Leipzig zum Dr. phil. **1894:** Honorarprofessor in Hannover. **1903-08:** Vorsitzender des von ihm mitbegründeten Bundes Deutscher Architekten (BDA). **1907-09: Vorlesungsreihe in Hannover unter dem Titel „Älteste Kunst der Germanen und über spanische und portugiesische Architektur der Renaissance". Haupt hatte die Iberische Halbinsel in den Jahren 1886, 1901 und 1906 bereist. 1909: Es erscheint das Buch „Die älteste Kunst insbesondere die Baukunst der Germanen von der Völkerwanderung bis zu Karl dem Großen"** (Neuauflagen 1923 und 1935 bei *Wasmuth*) **als Ergebnis seiner Forschung über den Einfluss germanischer Völker auf die Baukunst der von ihnen eroberten Länder. 1917-20: In der Deutschen Bauzeitung wird in elf Folgen Haupts Reihe „Spanische Architekturstudien" abgedruckt. 1920: Berufung zum Ordentlichen Professor für Deutsche Renaissance in Hannover. 1927: Es erscheint seine „Geschichte der Renaissance in Spanien und Portugal" als zehnte Folge der von Cornelius Gurlitt herausgegebenen Reihe „Geschichte der Neueren Baukunst", in der bereits 1908 Schuberts „Geschichte des Barock in Spanien" veröffentlicht worden war.**

Schriften

Die älteste Kunst insbesondere die Baukunst der Germanen von der Völkerwanderung bis zu Karl dem Großen. Leipzig 1909

Die kranke deutsche Kunst. Auch von einem Deutschen. Nachträgliches zu Rembrandt als Erzieher. Leipzig 1911

Spanische Architekturstudien. I. In: Deutsche Bauzeitung 51 (1917), H. 36, S. 178-180; H. 38, S. 185-186

Spanische Architekturstudien. II. In: Deutsche Bauzeitung 52 (1918), H. 23, S. 102-103; H. 24, S. 105-107; H. 26, S. 113-115; H. 27, S. 117

Spanische Architekturstudien. III. In: Deutsche Bauzeitung 53 (1919), H. 69, S. 409-412; H. 70, S. 417-420; H. 72, S.427-430

Spanische Architekturstudien IV. In: Deutsche Bauzeitung 54 (1920), H. 56, S. 293-295; H. 57, S. 297-299

Rasse und Baukunst. In: Deutsche Bauhütte 30(1926), H. 9, S. 112; H. 10, S. 134-135

Geschichte der Renaissance in Spanien und Portugal. Stuttgart 1927

Bibliographie

José Camón, *Revista de Libros: Geschichte der Renaissance in Spanien und Portugal.* In: Arquitectura 10 (1928), H. 8, S. 270-71

Emil Lorenz, *Albrecht Haupt.* In: Die Baugilde 14 (1932), S. 1155-1157

Katalog der Sammlung Haupt. Universitätsbibliothek der Technischen Universität Hannover (Hrsg.). Hannover 1970

Dokument 14

Spanische Architekturstudien. I.
Von Geh. Baurat
Prof. Dr. Albrecht Haupt in Hannover.

Der Weltkrieg hat die Völker in zwei Lager geschieden: die demokratischen und die aristokratischen. Dort die Herrschaft der niedrigen Massen und des Geldes, hier die Achtung vor der Aufrechterhaltung nicht nur der gesetzmäßigen Obrigkeit und des Staatsgefüges, sondern auch der Errungenschaften des Geistes und seiner Arbeit, anderseits der natürlichen Abstufung der Schichten und dem erprobten wertvollen Herkommen aus den Jahrtausenden gewaltigster Menschheits-Entwicklung. So ist es nicht rein zufällig, daß wir Spanien (so gut als die auf uralter Überlieferung ruhende aristokratische Republik der Schweizer) in dem sturmgepeitschten Meer des Weltkampfes noch nicht im Hafen der Feindesküste finden. Man sieht dort Deutschland, den letzten Hort des aristokratischen und wahrhaft konstitutionellen Wesens, noch immer aufrecht stehen, umheult von der Wut der demokratisch-plutokratischen Menschheit, und weiß, daß mit ihm und seinen Verbündeten die letzten Menschheits-Ideale stürzen würden. Denn bis ins Tiefste ist der Spanier von jeher adeligen Sinnes gewesen und bis heute geblieben – abgesehen von einigen demokratisierenden Gegenden. Es ist von stärkster Bedeutung, daß jeder sich dort *caballero*, Ritter, nennen läßt und sich bemüht, diesen Ehrennamen auch mit Ehren zu führen; am meisten in den Provinzen, deren Bevölkerung heute noch die unverwischten Spuren germanischer Blutmischung aufweist, so in Asturien und Neu-Kastilien, deren älteste Familien ihre Herkunft herkömmlich auf die alten Goten zurückführen.

Wir Architekten spüren das Walten dieses germanischen Geistes nicht nur in den noch nicht ganz seltenen Bauwerken aus westgotischer Zeit, über die ich an anderen Stellen ausführlich berichtet habe*), wir fühlen es auch in der Folge der Entwicklung bis zu den Tagen, da das Land allzusehr italienisch-französischem Einfluß unterlag, bis ins 17. Jahrhundert hinein. Ich glaube nicht, daß andere Völker sich durch die spanische Baukunst in gleichem Maß angezogen fühlen können, wie gerade die germanischen, insbesondere das deutsche. Trotz des Hineinflutens des ja geheimnisvollen und märchenhaften orientalisch-maurischen Kunststromes ist immer noch ein bestimmter Teil der Baukunst nordisch-malerischem Wesen nah geblieben und übt auf uns eine eigene Anziehung aus, die ohne jeden Zweifel auf der inneren Verwandtschaft der Völkerseelen beruht. So macht man auch die Bemerkung, daß die spanische Gotik in mancher Hinsicht trotz ihrer zauberhaften Pracht der unserigen näher steht, als der französischen. Die wundervolle Kathedrale zu Burgos ist gerade uns durchaus nahe vertraut; selbst ihre prachtvollen durchbrochenen Turmhelme gehören unserer Art zu, wie auch der Prachtturm zu Oviedo dem Freiburger nicht allzu fern steht. Ähnliches sehen wir zu Leon und selbst zu Toledo.

Insbesondere aber gilt das von dem ungeheuren malerischen Reiz der Baukunst unter den katholischen Königen, dem Plateresken- oder Goldschmiedestil in seiner gotischen und Renaissance-Färbung. Diese Kunst ermangelt der Absicht der strengen Regelrichtigkeit, die für Italien und später für Frankreich das Ziel bildete – in älteren Werken strebt sie fast der Art der Dürerschen Kunst zu, in ihren jüngeren arbeitet sie mit den Mitteln unserer frühen Renaissance zu reizvollen Wirkungen zierliche Skulpturen auf ruhigster Fläche durch den lediglich malerischen Gegensatz bei freiester Gesamt-

Erfindung. Altnürnberg hat mich da manchesmal an Salamanca und Brieg an Valladolid gemahnt; auch manche sächsische Werke klingen stark an spanische an. So war es oft berauschende Freude, dieser glänzenden Zeit in ihren reichsten Werken, erquicklich und süß aber, in stilleren Winkeln den kleineren Köstlichkeiten nachzugehen, die adelige und patrizische Baukunst in den stolzen, heute so ruhsamen Städten sich vor vier Jahrhunderten errichtete. Freilich eigenartig genug und echt spanisch erscheinen diese Wohnstätten doch; ihre ernst abwehrende Geschlossenheit weist unpassende Vertraulichkeit fast hochmütig zurück; mächtige Quaderwände öffnen sich nur wenig in Fenstern, deren dichte Gitterkörbe keinen Blick eindringen lassen; stolz verkündet von der Hausecke das frei hängende Steinwappen der Familie altes Herkommen und ihre Stellung. Aber wir wissen, daß die schweren Steinwände, die gewaltigen eisenbeschlagenen Tore einst unentbehrlicher Schutz sein mußten in den mancherlei Unruhen, die die Straßen durchtobten, in den Zwistigkeiten, bei denen die scharfe Toledaner – Klinge allzu rasch aus der Scheide fuhr. Heiß rollte das Blut durch die Adern; manche Tragödie glühender Liebe und Hasses haben jene Stätten gesehen.

Auch wissen wir, daß hinter den gewaltigen Tor-Flügeln schöne Höfe mit Hallen ringsum sich bergen, in denen kühle Brunnen rauschen und Palmen fächeln; stolze Säle mit herrlich geschnitzten Holzdecken in der berühmten Artesonado-Weise, mit funkelnden Fliesenwänden empfangen den zugelassenen Gastfreund und der stolze Hausherr sagt ihm: „Treten Sie ein in Ihr Haus." Aber die Tore öffnen sich schwer, denn der Spanier hütet sein Haus mit Strenge und verteidigt es, wenn es not tut, wie seine Stadt bis zum letzten Blutstropfen. Astorga, Gerona, Zaragoza und andere Namen sind unvergeßliche, Denkmäler unsterblicher Heldentaten im Kampf gegen die räuberisch eingebrochenen gallischen Nachbarn.

Das sagen uns die Häuser; freilich mag noch orientalische Gepflogenheit der Mauren mitgewirkt haben, die den Eintritt in ihr Eigenheim dem Fremdling gänzlich wehrten. Immerhin finden wir auch bei uns in älterer Zeit wohl manches Ähnliche, im alten Regensburg oder Ulm; in Köln waren die Patrizierburgen mit hohen Zufluchttürmen kaum weniger zahlreich, als in Bologna; in Braunschweig stand hinter dem hölzernen Vorderhaus die steinerne Kemenate als eigentlicher Familienschutz; ähnlich war es in Osnabrück.

*) *Die älteste Kunst der Germanen, insbesondere die Baukunst.* Leipzig 1909

[Albrecht Haupt, *Spanische Architekturstudien. I.* In: Deutsche Bauzeitung 51 (1917), H. 36, S. 178-180]

Raoul Hausmann
Maler, Schriftsteller, Tänzer, Fotograf, Erfinder, Ethnograph
★ Wien 12. Juli 1886, ✝ Limoges 1. Februar 1971

Hausmann, der **1900** als Jugendlicher nach Berlin kommt und dort früh die Künstlerkreise der Avantgarde frequentiert, schreibt ab **1912** Kunstkritiken und literarische Beiträge für renommierte Zeitschriften wie *Der Sturm, Die Aktion* oder *Die Freie Straße*. **1918:** Hausmanns Kontakte zur Zürcher Dada-Bewegung führen zur Gründung des Berliner Dada. Er wird zum Theoretiker der Gruppe – der „Dadasoph". Es entstehen Hausmanns erste Lautgedichte. Mit Hannah Höch erfindet er die Technik beziehungsweise das Prinzip der Fotomontage. Hausmann gehört der Novembergruppe an. In diesem Kreis schließt er u.a. Bekanntschaft mit Arthur Segal, Adolf Behne, Ludwig Hilberseimer oder László Moholy-Nagy. **1919:** Erste Dada-Ausstellung in Berlin. Hausmann gibt mit Johannes Baader die Zeitschrift *Der Dada* heraus. **1920:** Es entsteht Hausmanns bekanntestes Werk: die Assemblage „Mechanischer Kopf (Der Geist unserer Zeit)". In Berlin findet die „Erste Internationale Dada Messe" statt. **1921:** Die niederländische Zeitschrift *De Stijl* veröffentlicht den von Hausmann mit Iwan Puni, Hans Arp, und László Moholy-Nagy verfassten „Aufruf zur elementaren Kunst". Gemeinsame Auftritte mit Kurt Schwitters. **1922:** Teilnahme am Kongress der Union internationaler fortschrittlicher Künstler in Düsseldorf und am konstruktivistischen Dada-Kongress in Weimar. **1923:** Hausmann veröffentlicht Artikel in Hans Richters Zeitschrift *G – Elementare Gestaltung*. **1926-32:** Auf der Insel Sylt, wo er die Sommermonate verbringt, beginnt Hausmann an seinem Roman-Projekt „Hyle" zu schreiben. Er widmet sich dort der Photographie. Seine Bewerbung, auf diesem Gebiet am Bauhaus Dessau zu lehren, wird 1931 von Mies van der Rohe abgelehnt. Hausmann befasst sich mit der Volksarchitektur Pommerns. **1933-36: Ab März 1933 lebt Hausmann mit seiner Geliebten Vera Broïdo und seiner Ehefrau Hedwig Mankiewitz auf Ibiza (Balearen). Er betreibt dort ethnographische Studien und untersucht dabei die Volksarchitektur der Insel. Zu diesen Arbeiten verfasst er zahlreiche Artikel – einige von ihnen in Zusammenarbeit mit Walter Segal und Werner Schmidt –, die in Frankreich, Spanien, der Tschechoslowakei und der Schweiz veröffentlicht werden. 1935 lebt Hausmann von Januar bis September in Paris, kehrt aber dann nach Ibiza zurück. Im September 1936 verlässt er nach Ausbruch des spanischen Bürgerkrieges die Insel und flüchtet über Italien in die Schweiz. Im Januar 1937 werden Hausmanns Fotos der Volksarchitektur Ibizas im Züricher Kunstgewerbemuseum ausgestellt. Kurz darauf wird er des Landes verwiesen, worauf er sich in der Nähe von Prag niederlässt. Auch hier erhält er Gelegenheit, seine ibizenkischen Arbeiten auszustellen. Er nimmt in Brünn an dem Treffen des CIRPAC zur Vorbereitung des fünften CIAM in Paris („Wohnen und Erholen"), über dessen Verlauf er noch im selben Jahr in der deutschsprachigen Zeitschrift *Forum* (Pressburg) berichtet. 1938:** Flucht vor den nationalsozialistischen Truppen über Zürich nach Frankreich, wo er sich ab 1939 in Peyrat-le-Château illegal aufhält. Es erscheinen weitere Artikel zur Volksarchitektur Ibizas aus einer anthropologischen Sicht. **1944:** Umsiedlung nach Limoges, wo er auch nach Ende des Krieges sein Wohnsitz hat. **1969 erscheint sein „morphologischer" Roman „Hyle. Ein Traumsein in Spanien", der autobiographisch über Hausmanns Erlebnisse während seines Ibiza-Aufenthalts 1933-36 berichtet.**

Schriften

L'Architecture de l'île d'Ibiza. In: Oeuvres 9, 1934, S. 14-18 (mit Walter Segal)

Ibiza, les origines de l'habitation Méditerranéene. In: L'architecture d'aujourd'hui 6 (1935), H. 1, S. 33-35 (mit W.Schmidt)

Eivissa i l'arquitectura sense arquitecte. In: D'Ací i d'Allà 1936, H. 184

Elementos de la Arquitectura Rural en la Isla de Ibiza. In: AC 6 (1936), H. 21, S. 11-14

Ibiza, eine Insel im Mittelmeer. In: Camera 15 (1936), H. 6, S. 193-196

„Wohnen und Erholen" oder „Europäische Planung"? In: Forum. Zeitschrift für Architektur, freie und angewandte Kunst 7 (1937), H. 10, S. 184-185

Recherches Ethno-Anthropologiques sur les Pityuses. In: Revue Anthropologique 48 (1938), H. 4-6, S. 122-145

Recherches sur l'origine de la maison rurale a Eivissa. In: Revista de Dialectología y Tradiciones Populares 1944, S. 231-255

Le Penseur de l'Espace vécu: Ortega y Gasset. In: Méduse 1946, H. 3, S. 48-53

Hyle. Ein Traumsein in Spanien. Frankfurt am Main 1969

Die Emigrationsjahre. In: Koch, Adelheid: *Ich bin immerhin der größte Experimentator Österreichs. Raoul Hausmann, Dada und Neodada.* Insbruck 1994. S. 18-20

Unveröffentlichte Aufzeichnungen [aus dem Hausmann-Nachlass von Marthe Prévot]

Studien zum Ursprung des ibizenkischen Landhauses. (Verschiedene Versionen)

Die optische-phonetische Formwelt der Architektur. (*Une critique des théories idéomorphologiques allemandes*). [Zürich 1936]

Notes on Pre-Historical Ibiza. [1936]

The Fishbone Towers of Ibiza and the Pulaguera-Technique

Note on Ancient and Primitive Cultures

Ibiza: Eine vergessene Insel

Natural Conditions: The Enviroment of Ibiza [Prag 1937]

On a Contemporary Rural Urbanism: Notes on Ancient and Primitive Architecture

The Relationship between the Greek Megaron and the ibizan Peasent House [Peyrat-le-Château 1939]

Bibliographie

Raoul Hausmann, *Arquitecte. Eivissa 1933-36.* Ibiza 1991

Marí, Bartomeu und Nakov, Andréi B, *Interviews mit Vera Broïdo-Cohn.* In: *Der Deutsche Spießer ärgert sich. Raoul Hausmann 1886-1971.* Berlin 1994

Adelheid Koch, *Ich bin immerhin der größte Experimentator Österreichs. Raoul Hausmann, Dada und Neodada.* Insbruck 1994

Cornelia Frenkel, *Raoul Hausmann. Künstler, Forscher, Philosoph.* St.Ingbert 1996

Josep M. Rovira, *Urbanización en Punta Martinet, Ibiza 1966-1971.* Almería 1996

Heinz Mack, *Ibiza: Insel im Licht.* Köln 1996

Antonio Pizza (Hrsg.), *J. Ll. Sert y el mediterráneo.* Barcelona 1997

Eva Züchner (Hrsg.), *Scharfrichter der bürgerlichen Seele. Raoul Hausmann in Berlin 1900-1933.* Ostfildern 1998

Vicente Valero, *Experiencia y pobreza. Walter Benjamin en Ibiza, 1932-1933.* Barcelona 2001

Dokument 15

Ibiza und die Architektur ohne Architekten

Ibiza ist das Land der Architektur ohne Architekten schlechthin. Die dort von den Bauern errichteten Häuser weisen eine derartige Reinheit des Stils und solch harmonischen Ausdruck auf, dass sie den Vergleich mit den erdachten und errechneten Werken der modernen Architektur aufnehmen können.

So flüchtet aus der Stadt und drängt hinein in die Insel. Wandelt von Überraschung zu Überraschung: allenthalben die selbe plastische Perfektion, die selben würdevollen Formen der Bauten. Auf den ersten Blick erinnern sie an die Häuser Algiers und der griechischen Inseln. Doch alsbald bemerkt man, dass man es hier mit einem reineren, intuitiveren Ausdruck der Baukunst zu tun hat. Der Großteil dieser Häuser ist am Hang errichtet, zwischen Terrassen, in denen die Bewohner Ibizas ihre Ernten anbauen. Je näher ihr einem dieser Häuser kommt, umso weniger seht ihr es: Sie werden von den Agaven verdeckt. Fast unvermittelt steht ihr in einem kleinen Hof zwischen zwei oder drei kubischen Türmen, die sich nach oben verjüngen und oft ein Balkon oder eine leichte Galerie tragen. Tretet ihr in den Gemeinschaftsraum, werdet ihr angenehm überrascht von dem weichen, gefiltert anmutendem Licht, das alles umspült und von der frischen Luft, die im Kontrast zur Schwüle steht, die ihr gerade hinter euch gelassen habt. Die Bauern sind in einer fast rituellen Art höflich, was ihrer Gastfreundschaft nichts abtut.

Sämtliche ibizenkischen Häuser sind nach einem immergleichen Plan erbaut, der uralt sein muss. Die Anlage bildet ein Rechteck. In der Mitte, der Wohnraum. Es folgt die Küche. Oft bleibt es aus Geldmangel dabei ... Im Allgemeinen werden aber dem von Wohnsaal und Küche gebildeten Winkel die Schlafzimmer hinzugefügt. Dann nimmt es seine klassische und endgültige Form an. Die tragenden Mauern – aus zwei Wänden bestehend, deren Zwischenraum mit Stöcken und Sand ausgefüllt ist – werden aus großen Kalksteinen hergestellt, die man mit Zement verbindet. Die Dicke der Mauer schwankt zwischen 60 und 80 Zentimetern. Die eigenständige Decke eines jeden Zimmers wird durch einen Quer- und einen Längsträger gehalten. Darüber, dünne Stämme oder dicke Äste, die mit Gestrüpp bedeckt werden. Schließlich wird als oberste Schicht Erde aufgetragen. Diese Flachdächer sind natürlich nicht sehr dicht. Daher kann man, wenn der Regen kommt, dem lustigen Spektakel beiwohnen, wie die Ibizenker unter einem Regenschirm essen, und wie sie, nachdem sich der Regen gelegt hat, ihren gesamten Haushalt zum trocknen in die Sonne legen. Das Innere des ibizenkischen Hauses besitzt den Charakter einer Höhle: Der Boden wird nur grob geebnet; die Zimmer befinden sich nicht auf derselben Höhe wie die Küche. Diese haben kaum Fenster und Türen, zudem nur kleine. Sie sind durch eine Steinbank zweigeteilt: In der einen Hälfte findet man die Kochstelle, die nur aus zwei im Boden eingelassenen Kegeln besteht, in deren Mitte Eichenkohle gelegt wird. Die Frauen kochen auf Bänken sitzend.

Es sind wachsende Häuser ... Nimmt die Familie zu, so wird eine Ebene hinzugefügt indem man den Stall und die Scheune turmförmig aufstockt. Die Treppen sind meist nur Rampen, die vom Wohnsaal in die höheren Ebenen führen. In diesen Häusern leben gute Bauern und geschickte Handwerker; und arbeitende Frauen, die oft schön und noch öfter fruchtbar sind.

Raoul Hausmann

[Raoul Hausmann, *Eivissa i l'arquitectura sense arquitecte*. In: D'Ací i d'Allà 1936, H. 184. Übersetzung Victor Portabella, J. M. W.]

Dokument 16

Seitwärts entlang Pujol-Hügel
Zugehend: Haus. Weit – Meer
Luft – Glanz – Raum.

Ankommen Ca'n Palerm
Eingelagert Erdreichwange
Vertiefter Gang, Hof, Weißmauer,
Wandwürfel, Flachdach. Auf Säule
tragend Schutz, ruht balconcillo.

Fels spricht:
Ausbrach man Steine
aus meinem hartgesteilten
Rücken.
Ich gab gern, meine
Schollen den Bäumen
zu bücken.
Mensch, wohn im Würfel.

Man schnitt mich, Träger
Dachhalter, daß ich wäre
Wald in Casa Palerm.

Cortado el dia ocho del
agosto 1837

Ich flüstere mit den vielen
kleinen Stämmen: Wald.

Vertraue mir, ich Bund:
Stein, Holz!
Hier wirst du leben.
Hier du gehen.
Stehn.
Traumwünschen.
Hier: bergeraum.

Der Garten. Drin klingt Haus:
Geboren bin ich Haus vom Stein.
Bin geboren aus kalkern Bruchstein
genommen aus Grund,
geschichtet auf von Hand
des mestre,

hochgeführt,
belegt jeder Kubus mit Sabina-
stämmen, drauf Alge, Asche,
Lehm, der genannt arcilla,
la torre cuadrada del piso

vorgelagert der sala, die,
viereckiger Schlund, weit
öffnet la puerta, Dir.

Ses casas stehn gesammelt
dehnen sich gehäuft
Feuertaten die rauchern auswettern
in blanker Weiße in den
Raum, Um-Ort der Terrassen.

Eintritt ins Haus. Mildlicht
schirmt mit Dämmern dich
vor Miriadensonnenlanzen.
Wohlgehohlte Kiste: Sala.
Fels, kaum geglättet dein
Rücken, fußbodnet sich
hin, Grund zu geben
Menschen, Dingen
Hoch duckt sich braun
Waldesdecke. Las vigas,
tan oscuras.

Öffnen sich Türen.
Zur Linken, zur
Rechten hinsieh:

kleinräumt Rechteckschachtel
sich kelternd, Fenster mit
Wein besponnen, nebenan
viele Körbe, Geflecht, hier
wirst du wohnen, steig
hinab in meinem Gebäuch,
das ist die cocina, Grundhöhle

Schutz biet ich dir
Ich Casa Palerm
beglüht von Sonne
weißschattig
Würfelfieder
Deines Geborgenseins.
Umwindet Nachts
der lautlosen Stille
stemmend entgegen
meine Wandkuben
überglanzt vom Mond-
Rotlicht
Hingebreitet, accurucando
meine Dachrücken
unter dem Regen –

Ausgemundet Stein
aus Kalkfels-Rücken
Dein Ort,
in dem Meer wächst –
(noch aus unvordenklicher
Zeit, Pinienwald
rauscht seit Alter)
Dein Ort,
Stein-Ort
Sicher-Höhle
Kiste von Ca'n Palerm

Finstre Mutterhöhle
geschwärzt von Manns-
durch meinen chemineu . . .

Gelinde Mutterhöhle
wärmend leñabrand – Kreis
im Bankviereck, steinern,
Höhle des überwintern
Rauchhaus, das man
drehte, wendete um
sich selbst, zugleich
Megaron und Atrium
ich entlaß dich über
Steinstufen auf den porchet
den weiße Säule stolzt
sieh:

dämmerweißen Pisos
Leb – Schachtel aufgebaut.

nun klingen wir zusammen
hingelagert aufgebaut Haus
Se's Gasas y los jardins
Ca'n Palerm
Feigenbaum lehnt an meiner Schulter
higos chumbos glänzen meinen
Rücken entlang,
nach der Mistralseite grünt Terrasse
es forn kuppelt aus der Wand,
Weingarten breitet im mi-jorn
Hier wirst du wohnen
in der Oberhaut des Felsen
Kalksteinfelsen, meergebildet
in dunkel-lichter Stein-Pflanzenhöhle
Geburtskiste, Nachttagkiste
die Denkquallen
quellen ließen breit
aus Pujolhügels Bauch,
Dunkeltraum der Erde
rußgeschwärzt Weißkalkkristall
um Menschenleib

[Auszug aus: Raoul Hausmann, *Hyle. Ein Traumsein in Spanien*. Frankfurt a. M. 1969. S. 100-103]

Werner Hegemann
Architekt, Städtebauer, Publizist
★Mannheim 15. Juni 1881, ✟ New York 12. April 1936

Werner Hegemann studierte Architektur, Städtebau und Kunstgeschichte in Berlin, Paris, Philadelphia und München, wo er 1908 in den Fächern Politikwissenschaften und Ökonomie promovierte. **1911:** Leitung der Berliner und Düsseldorfer Städtebauausstellungen. **1913-1921:** Erneuter USA-Aufenthalt, wo er gemeinsame Büros mit Elbert Peets in Milwaukee und Joseph Hudnut in New York unterhält. Der größte Teil der Arbeiten sind Gartenstädte. **1922:** Mit der Veröffentlichung in New York des Buches „The American Vitruvius: An Architect's Handbook of Civic Art", das er mit seinem amerikanischen Partner Elbert Peets verfasst hatte, schließt Hegemann diese US-amerikanische Etappe ab. Ihr Werk steht in der Tradition der stadtbaukünstlerischen Handbücher (Stübben, Gurlitt, Wolf ...). Zurück in Berlin wird er zum Herausgeber der Berliner Zeitschrift *Wasmuths Monatshefte für Baukunst* und von *Der Städtebau*. Aus dieser Position entwickelt sich Hegemann in der Folgezeit zu einem der einflussreichsten Architekturkritiker der Weimarer Republik. **1930:** Es erscheint Hegemanns bekanntestes Werk, die Studie „Das steinerne Berlin", in der er die Entstehung der Berliner Wohnmisere im Preußenstaat beschrieb. **1931: Auf dem Weg nach Südamerika macht Hegemann in Madrid Station, wo er mit Zuazo, Fleischer, Lacasa und Mitgliedern des GATEPAC Kontakt aufnimmt. Er nutzt den Aufenthalt, um Material über Spanien zu sammeln, das er für eine von ihm vorbereitete Ausstellung in Buenos Aires zu verwenden beabsichtigt: Einige vorbildliche Flachbausiedlungen und den Stadterweiterungsvorschlag von Zuazo-Jansen. In der Folgezeit – nach seiner Rückkehr aus Lateinamerika – erscheinen in** *Wasmuths Monatsheften für Baukunst und Städtebau* **vermehrt Artikel zur zeitgenössischen Architektur Spaniens. 1934: Hegemann schreibt für die Madrider Zeitschrift** *Obras*. Einige seiner Bücher fallen der Bücherverbrennung zum Opfer, woraufhin Hegemann in die USA flüchtet. Dort verstirbt er 55-jährig.

Schriften

Der Städtebau nach den Ergebnissen der Allgemeinen Städtebauausstellung in Berlin. Berlin 1911

The American Vitruvius, an architect's handbook of civic art. New York 1922. (mit Elbert Peets)

Segen und Fluch der Überlieferung im Kirchenbau. In: Wasmuths Monatehefte für Baukunst und Städtebau 11 (1927), S. 160-162

Bücherschau – Alfred Breslauer. In: Wasmuth Monatshefte für Baukunst 11 (1927), S. 464

Hermann Jansen. Zu seinem sechzigsten Geburtstag. In: Städtebau 24 (1929), H. 10, S. 270-271

Romanticismo y realismo en la arquitectura moderna. In: Obras 2 (1932), H. 9, S. 143-148

Als Städtebauer in Südamerika. In: Wasmuths Monatshefte für Baukunst und Städtebau 16 (1932), S. 141-148

Spanischer Städtebau aus vorrevolutionärer Zeit. In: Wasmuths Monatshefte für Baukunst und Städtebau 16 (1932), S. 499-501

Arquitecturas de hoy. Suiza. In: Obras 4 (1934), H. 27, S. 43 ff.

Bibliographie

Cebrià Montoliu, *Las Modernas Ciudades y sus Problemas a la luz de la Exposición de Construcción Cívica de Berlin 1910*. Barcelona 1913

Luis Lacasa, *Wasmuth*. In: Arquitectura 7 (1925), S. 78

Dokument 17

Spanischer Städtebau aus vorrevolutionärer Zeit

In den spanischen Städten scheitern die modernen Bestrebungen für Kleinhausbau and Flachbau-Siedlung an dem unlauteren Wettbewerb, der ihnen durch neue Mietkasernen der übelsten Art gemacht wird. Hier hieß es im Märzheft: „Die neuesten achtgeschossigen Kleinwohnungs-Kasernen Madrids mit ihren nur 2 m breiten Schlitzen als einziger Licht- and Luftquelle zahlreicher Wohnungen sind das Verantwortungsloseste, was ich je irgendwo gesehen habe. Von diesen grauenhaften Beispielen dessen, wozu die losgelassene Bestie Bauunternehmer unter mangelhaften Baugesetzen fähig ist, sollen hier einige Proben veröffentlicht werden. In Buenos Aires, das doch dreimal volkreicher ist als Madrid und weiß Gott eine sehr mangelhafte Bauordnung hat, fand ich, daß die groteske Fehlleistung des verantwortungslosen Mutterlandes im Koloniallande an Minderwertigkeit nicht überboten, ja nicht einmal ganz erreicht wird. Man hätte das Gegenteil erwarten dürfen, da man doch von Nordamerika her gelernt hat, im Koloniallande größere Hemmungslosigkeiten zu finden als im Mutterland."

Der verdienstvolle madrilenische Architekt Zuazo-Ugalde (der 1931 zusammen mit Hermann Jansen den ersten Preis im Wettbewerb um einen Bebauungsplan für Groß-Madrid gewann) hat in zahlreichen Aufsätzen and Vorträgen auf die Wohnungsnöte seiner Vaterstadt hingewiesen und erklärt: „Noch heute ist die Bauordnung Madrids recht eigentlich Lieferantin von Menschenfleisch für die Hospitäler." Die Tragödie der spanischen Kleinwohnung ist so niederschmetternd, daß man ratlos nach einer Erklärung der furchtbaren Übelstände sucht. Die Erklärung ist in Madrid, genau wie in anderen Großstädten, natürlich nicht ausschließlich in technischen Irrtümern zu suchen. Wie das scheußliche Mietkasernenwesen des wilhelminischen Berlin z. T. aus historischen, verfassungspolitischen, gesetzgeberischen, ethischen usw. Ursachen erklärt werden muß, genau so kann auch in Madrid die bedrückende Lage nur aus einer Gesamtbetrachtung des nationalen Lebens verstanden werden, ein Versuch, zu dem hier kein Raum vorhanden ist. Erwähnt sei hier nur der neue Deutungsversuch, den kürzlich Ilja Ehrenburg gemacht hat. Sein sehr packendes Buch „Spanien heute" (Malik-Verlag, Berlin, 1932) liefert zu schweres Anklagematerial gegen die zur Führung verpflichtete Volksschicht, als daß ihm ohne sehr sorgfältige Prüfung geglaubt werden dürfte. Das Buch enthält aber auch die nachfolgend mitgeteilten Abschnitte: sie entsprechen den Eindrücken, die auch ich, bei früheren Besuchen gewann, und helfen vielleicht ein wenig zur Erklärung der neuen unglaublichen spanischen Wohnungsbauten. Die teuren spanischen Autostraßen, mit denen Primo de Rivera den Beifall ausländischer Globetrotter erwarb, stehen zu der fast vorsintflutlichen Verkehrslosigkeit großer Landesteile in ebenso groteskem Gegensatz wie die Wolkenkratzer der luxuriösen Gran Via (der neu durchgebrochenen Geschäftsstraße Madrids) zu den abenteuerlichen Mietkasernen und den vernachlässigten Flachbau-Siedlungen. Ehrenburg schreibt:

„Interessiert man sich in Spanien nicht bloß für Kathedralen, sondern auch für das Leben der Lebenden, dann erblickt man bald Chaos, Wirrwarr, eine Schaustellung von Widersprüchen. Eine herrliche Chaussee, auf ihr ein Hispano-Suiza – werden doch die elegantesten Automobile Europas, der Traum der ausgehaltenen Frauen von Paris, in Spanien hergestellt. – Dem Hispano-Suiza entgegen kommt ein Esel, auf dem Esel eine Bäuerin im Kopftuch. Der Esel ist nicht ihr eigen, ihr gehört nur ein Viertel des Esels: ihre Mitgift. Der Esel bildet den Besitz von vier Familien, und heute ist der Tag der Bäuerin ... Madrid taucht auf wie ein schlechter Theatereffekt. Wo kommen plötzlich inmitten einer Wüste diese Wolkenkratzer her? ... Die Gran Via. New York. Die Gebäude der Banken zählen bis zu fünfzehn Stockwerke. Auf den Dächern stehen Statuen: nackte Männer, sich bäumende Rosse. Elektrische Lettern jagen an den Fassaden hin. Grell erleuchtete Tafeln ... In der Tiefe wimmeln sämtliche Beinlosen, Blinden, Nasenlosen, Paralytiker and Mißgeburten Spaniens. Wem eine Hand geblieben ist, der sitzt stundenlang reglos mit geöffnetem Handteller, wer keine mehr hat, hält sein Bein hin. Die Blindern stöhnen, die Stummen schütteln sich ... Droben in der Höhe aber zügeln die nackten Männer stolz ihre bronzenen Hengste. Auf der Gran Via ist es hell and geräuschvoll. Hunderte von Händlern rufen die Namen ihrer Zeitungen aus, hochpoetische Namen wie ‚Die Sonne' und ‚Die Freiheit'. In den Zeitungen schreiben fortschrittliche Federn über Keyserlings Philosophie, über Valerys Gedichte, über die amerikanische Krise and über die Sowjetfilme. Wer weiß, wieviel des Lesens und Schreibens gänzlich Unkundige es unter diesen Händlern gibt? Wieviel mühsam Buchstabierende unter dem glänzenden Publikum? Nirgends sah ich solch dandyhafte Männer ... nirgends soviel barfüßige Kinder wie in Spanien ... Doch auf der Gran Via sind keine Barfüßigen. Die Gran Via ist New York. Es ist eine breite, lange Straße. Rechts und links von ihr sind dumpfige Ritzen, finstere Höfe und die langgezogenen Schreie der Kater und der Kinder. Das kleinste Städtchen Spaniens ist bevölkert von einer Armee von Stiefelputzern – ein unbeschreiblicher Glanz. Ein Bad aber fehlt. Das ist nicht Liebe zum Schmutz, die Spanier sind ein reinliches Volk, nein, das ist eine Folge jenes Wirrwarrs: die alten Lebensformen haben sich zersetzt, neue sind noch nicht gefunden. Smarte Jungens haben, unbekannt zu welchem Zweck, soundso viele Wolkenkratzer hingesetzt, aber in den gewöhnlichen Wohnhäusern gibt es keine Wannen: daran hat niemand gedacht. Im Reiseführer verblüfft der Reichtum an Zügen: Außer Schnell- und Expreßzügen gibt es noch Luxuszüge und sogar ‚Luxus-Luxus'-Züge. Aber ... Badajoz and Cáceres, die beiden wichtigsten Städte der Estremadura: hundert Kilometer, ein Zug am Tag, acht Stunden Fahrt. Bei Zamora wird das Elektrizitätswerk ‚Saltos del Duero' gebaut. Es soll das stärkste Kraftwerk Europas werden. Auf den felsigen Ufern des Duero ist über Nacht eine amerikanische Stadt entstanden: Dollars, deutsche Ingenieure, Guardia Civil, Streiks, Grundriße, Zahlen, anderthalb Millionen Kubikmeter, Strom für das Ausland, neue Aktienemission, Lichter, Dröhnen, Zementfabriken, phantastische Brücken – nicht zwanzigstes, nein, einundzwanzigstes Jahrhundert. Und hundert Kilometer von diesem Kraftwerk entfernt kann man Dörfer finden, wo die Leute nicht nur nie im Leben eine Glühlampe gesehen, sondern nicht einmal eine Vorstellung von einem gewöhnlichen Rauchfang haben. Die Menschen drängen sich in einem dermaßen prähistorischen Qualm, daß man leicht überhaupt jedes Gefühl für den Gang der Zeit verliert ... In Spanien gibt es eine Menge fortschrittlicher Geister. Sie kennen alles: das Programm des Charkower Schriftstellerkongresses, die Pariser ‚Populisten', den letzten Eisenstein-Film.

Nur eines kennen sie nicht: ihr eigenes Land. Sie wissen nicht, daß sich vor ihrer Nase nicht Surrealismus, nicht proletarische Literatur, nicht Pariser Moden befinden, sondern eine wilde and finstere Wüste, Dörfer, wo die verhungernden Bauern Eicheln stehlen, ganze Landkreise, die von Idioten bevölkert sind, Typhus, Malaria, schwarze Nächte, Erschießungen, Gefängnisse, die an altertümliche Folterkammern erinnern, die ganze legendäre Tragödie eines geduldigen und in seiner Geduld zweifach schrecklichen Volkes."

Soweit Ilja Ehrenburg. Die folgenden Ausführungen stammen von dem Architekten Michael Fleischer (einem Schüler von Paul Bonatz), dem Mitarbeiter des bereits erwähnten Architekten Ugalde. Von Herrn Fleischer sind auch alle hier mitgeteilten Bilder and Pläne gesammelt worden. Von dem Siedlungs-Typ „Lineal-Stadt" der in Madrid zuerst versucht worden ist, muß ein anderes Mal berichtet werden.

Werner Hegemann

[Werner Hegemann, *Spanischer Städtebau aus vorrevolutionärer Zeit*. In: Wasmuths Monatshefte für Baukunst und Städtebau 16 (1932), S. 499-501]

Hermann Jansen
Architekt und Stadtplaner
★Aachen 28. Mai 1869, ✝ Berlin 20. Februar 1945

1888-93: Studium der Architektur und Städtebaukunst an der RWTH Aachen unter Karl Henrici. **1894-96:** In einem Aachener Architekturbüro tätig. Militärdienst. **1897:** Am Hochbauamt der Stadt Berlin unter der Leitung von Ludwig Hoffmann. **1898:** Gründung mit William Müller des Architekturbüros Jansen & Müller in Berlin. **1903:** Jansen und Müller werden die Herausgeber der Münchner Zeitschrift *Der Baumeister*. In Aachen beteiligen sie sich erstmalig an einem städtebaulichen Wettbewerb. **1906:** Jansen wird von der Vereinigung Berliner Architekten, der er angehört, in den Ausschuss für Groß-Berlin gewählt. Dort ist er am Vorhaben der Ausrichtung eines Wettbewerbs über einen Grundplan für die bauliche Entwicklung von Groß-Berlin involviert. **1908-09:** Im Dezember 1908 werden die Pläne aus den Unterlagen des am 15. Oktober ausgeschriebenen Wettbewerbs von Jansen vorgestellt. Sein Beitrag gehört zu den 27 bis zum 15.12.1909 eingereichten Arbeiten. Mitglieder des Preisgerichts sind u. a. Joseph Stübben, Theodor Goecke und Otto March. **1910:** Jansens Vorschlag (Motto: „In den Grenzen des Möglichen") wird mit dem ersten Preis ausgezeichnet. Ein weiterer erster Preis geht an Josef Brix und Felix Genzmer („Denk künftig"), den Gründern des Berliner Städtebau-Seminars. Weitere preisgekrönte Entwürfe: 3. Preis an Rudolf Eberstadt, Richard Petersen und Bruno Möhring; 4. Preis an Bruno Schmitz und Otto Blum mit der Firma Havenstadt & Contag. Die Ergebnisse werden in der von Werner Hegemann organisierten Berliner Städtebau-Ausstellung gezeigt. **1918:** Mitglied der Preußischen Akademie der Künste. **1919:** Ehrendoktor der TH Stuttgart. **1920:** Honorarprofessor an der TH Berlin-Charlottenburg, wo er 1923 zum Nachfolger von Genzmer am Städtebau-Seminar ernannt wird. Von der Universität Berlin wird Jansen 1930 auf den Lehrstuhl für Städtebaukunst berufen. **1920-40:** Planungen für u. a. Köln (1919-20), Bergen (1920), Prag (1921-24), Stockholm (1922-23), Nürnberg-Fürth (1923-27), Wiesbaden (1929-31) und Bamberg (1929-1932). Eine besondere Stelle nimmt der Generalbebauungsplan für Ankara (1929-39) ein, aus dem sich eine Vielzahl von Aufträgen für Bebauungspläne in der Türkei (1929-40) ergibt. **1929-30: Durch Vermittlung seines Schülers Fernando García Mercadal beteiligt sich Jansen gemeinsam mit Secundino Zuazo Ugalde am Madrider Stadterweiterungswettbewerb. Mitarbeiter an diesem Projekt sind in Berlin Ewald Liedecke (Projektleitung), Otto Blum (Verkehrsplanung) und Michael Fleischer vom Büro Zuazo in Madrid. Die Jury, an der Paul Bonatz als von den ausländischen Beteiligten gewählter Preisrichter vertreten ist, erklärt die Ziele der Ausschreibung für nicht erfüllt, vergibt jedoch die höchste der sechs Entschädigungen an die Arbeitsgemeinschaft Jansen-Zuazo. 1931: Ihr Plan wird im Rahmen der Deutschen Bauausstellung in Berlin in den Räumen der Spanischen Republik vorgestellt. Der Entwurf ist ebenfalls anlässlich der Ausstellung „Hermann Jansen und seine Schule" in der Technischen Hochschule zu sehen. 1933:** Verkehrsstraßenplan für Stockholm. **1939:** Ernennung zum Ehrensenator der TH Berlin-Charlottenburg, Auszeichnung mit der Goethe-Medaille für Kunst und Wissenschaft. **1941:** Jansen entwickelt weiterhin städtebauliche Vorschläge für Berlin; auch im Rahmen der Neugestaltungspläne seines ehemaligen Schülers Albert Speer. Über 90 Städte in Deutschland verfügen über Bebauungspläne von Hermann Jansen.

Schriften

Der Wettbewerb von Groß-Berlin. In: Der Baumeister 7 (1908), H. 2, S. 13-23

Groß-Berlin. In: Der Baumeister 7 (1908), H. 4, S. 38-40

Vorschlag zu einem Grundplan für Groß-Berlin. München 1910

Die Großstadt der Neuzeit. Konstantinopel 1917

Stadtbaukunst der Neuzeit. In: Österreichs Bau- und Werkkunst 1 (1924-25), S. 33-42

Stübben, Der Städtebau. In: Städtebau 20 (1925), S. 26

La metrópoli moderna. In: Arquitectura 8 (1926), S. 427-442

Fürth, Nürnberg, Wiesbaden, Bergen, Bielitz, Angora. In: Städtebau 24 (1929), H. 10, S. 273-284

Anteproyecto del trazado viario y urbanización de Madrid, Madrid 1930 (mit Secundino Zuazo) [Reprint: Madrid 1986]

Camillo Sitte. In: Zentralblatt der Bauverwaltung 63 (1943), H. 11/13, S. 129-131

Bibliographie

Cipriano Montoliu, Las Modernas Ciudades y sus Problemas a la luz del Exposición de Construcción Cívica de Berlin (1910), Barcelona 1913

Walter Curt Behrendt, Der Meister des Bebauungsplanes. Hermann Jansen zum fünfzigsten Geburtstag am 28.Mai 1919. In: Die Volkswohnung 1 (1919), H. 10, S. 132-134

M. Hane, Hermann Jansen und seine Schule. In: Der Städtebau 19 (1922), H. 1/2, S. 7-9, Tafeln 5-8

Werner Hegemann, Hermann Jansen. Zu seinem sechzigsten Geburtstag. In: Städtebau 24 (1929), H. 10, S. 269-273

J. R., Hermann Jansen, constructor de ciudades. In: Arquitectura 11 (1929), S. 180

Ewald Figge, Hermann Jansen. Zu seinem 60. Geburtstage am 28.Mai 1929. In: Deutsche Bauzeitung 63 (1929), Beilage Stadt und Siedlung, H. 5, S. 49-57

Paul Bonatz, Informe del Sr. P. Bonatz, Miembro del Jurado en Representación de los Concursantes Extranjeros. In: Arquitectura 12 (1930), H. 12, S. 404-407

Wettbewerbe: Stadterweiterung und städtebauliche Ausgestaltung der Umgebung von Madrid. In: Zentralblatt der Bauverwaltung 50 (1930), H. 46, S. 806

Preisverteilungen: Madrid. Stadtplan. In: Bauwelt 21 (1930), H. 45, S. 1482

Nachrichten: Madrid. Bebauungsplan. In: Bauwelt 21 (1930), H. 46, S. 1522

Roman Heiligenthal, Ausstellung für Städtebau- und Wohnungswesen: I. Internationale Abteilung. Frankreich, Italien und Spanien. In: Zentralblatt der Bauverwaltung 51 (1931), H. 48, S. 690-6391

Hans Reichow, Dualismus im Städtebau. In: Städtebau-Baupolitik 5 (1931), S. 548-550

Carlos Schwarz, Un constructor de ciudades. In: La Vanguardia L (1931), Nr. 20881, S. 8 (ebenfalls in: El Noticiario Sevillano)

Urbanización del Madrid futuro. In: AC 1 (1931), H. 2, S. 24-25

Ricard Giralt Casadesús, La urbanización de Madrid. In: Revista del Cuerpo de Arquitectos Municipales de España 3 (1931), H. 25, S. 70

Deutschland. Aus dem Schaffen eines internationalen Städtebauers. In: Habitation et Urbanisme. Zeitschrift des Internationalen Verbandes für Wohnungswesen und Städtebau 2 (1939), H. 1/2, S. 55-60

Hans Stephan, Hermann Jansen. In: Die Kunst im Dritten Reich 3 (1939), F. 6, Ausgabe B, S. 265-268

Lebensläufe, Bibliographie, Dokumente 561

Hans Stephan, *Hermann Jansen*. In: Die Kunst im Deutschen Reich 8 (1944), F. 5, Ausgabe B, S. 91-98

Wolfgang Bangert, *Hermann Jansen. Leben und Werk*. In: Mitteilungen der Deutschen Akademie für Städtebau und Landesplanung 14 (1970), S. 115-137

Wolfgang Bangert, *Hermann Jansen*. In: Akademie für Raumforschung und Landesplanung (Hrsg.), *Handwörterbuch der Raumforschung und Raumordnung*. Bd II, Hannover 1970. S. 1426-1431

Julius Posener, *Berlin auf dem Wege zu einer neuen Architektur*. München 1979

Wolfgang Hofmann, *Hermann Jansen*. In: Wolfgang Ribbe, Wolfgang Schäche (Hrsg.), *Baumeister-Architekten-Stadtplaner. Biographien zur baulichen Entwicklung Berlins*. Berlin 1987

Heidede Becker, *Geschichte der Architektur- und Städtebauwettbewerbe*. Stuttgart 1992

Carlos Sambricio, *Hermann Jansen y el concurso de Madrid de 1929*. In: Arquitectura 303, 1995, S. 8-15

Bernd Nicolai, *Moderne und Exil: Deutschsprachige Architekten in der Türkei 1925-1955*. Berlin 1998

Karl Schwarz (Hrsg.), *Von der Bauakademie zur Technischen Universität Berlin, 1799-1999. Geschichte und Zukunft*. Berlin 2000

Carlos Sambricio (Hrsg.), *Madrid y sus anhelos urbanísticos. Memórias inéditas de Secundino Zuazo*. Madrid 2003

Joaquín Medina Warmburg, *Reflejos y autocolonizaciones. Arquitectos alemanes en Madrid*. In: Carlos Sambricio (Hrsg.), *Manuel Sánchez Arcos, Arquitecto*. Madrid 2003, S. 50-63

Dokument 18

Die Großstadt der Neuzeit
von Architekt Hermann Jansen, Berlin

Fast allgemein begegnen wir heute der Ansicht, dass das *Hauptziel des modernen Städtebaues*, der Stadterweiterung, dahingeht, das wertvolle Alte einer Stadt zu erhalten und schönes Neues zu schaffen, also das *ästhetische* Moment in den Vordergrund zu rücken. Das ist nicht richtig bzw. nur teilweise richtig. Ebenso wie das einzelne Haus nicht nur *schön* sein muss, um unserem Interesse zu begegnen, sondern auch den Anforderungen der Gesundheit wie denen der praktischen Nutzbarkeit gleichmassig genügen muss, ferner nicht unwirtschaftlich sein darf, d. h. zu teuer in der Herstellung und Unterhaltung, ebenso muss dieses von einer Summe von Häusern, von *der Stadt als Ganzem* verlangt werden. Der im guten Sinne moderne Städtebau muß 4 Forderungen Rechnung tragen, nämlich der des *Verkehrs, der Gesundheit, der Wirtschaftlichkeit und der Schönheit*. Die Rangordnung dieser 4 Forderungen kann nicht derart festgelegt werden, dass gesagt wird, zuerst kommt der Verkehr und zuletzt die bauliche Gestaltung und Ausschmückung der Stadt – für letzteres holen wir einen Architekten – sondern es ergibt sich nach Maßgabe der jeweiligen Verhältnisse der zu erweiternden Stadt, ja sie kann sogar innerhalb des Bebauungsplanes verschieden bleiben.

Eins steht jedoch fest: *Das Endziel*, die baukünstlerische *Gesamt*erscheinung bei Durchführung einer jeden dieser Arbeiten muss dauernd vor den Augen des Entwerfenden stehen und da die baulichen Voraussetzungen, die Baugesinnung wie die Bauordnung stetig wechseln und sich bessern, so ist aus einem Werden und Wachsen heraus das künftige Bild zu schauen.

Von den 4 genannten Forderungen des neuzeitlichen Städtebaues besprechen wir zunächst die

Wirtschaftlichkeit

Es ist der Erfolg der letzten Jahre hier neue Wege weisen zu können. Auf kaum einem Gebiet moderner Kulturarbeit lassen sich schneller und sicherer Hunderttausende, Millionen Mark *in allen Städten*, in den großen wie in den kleinen, ersparen, als auf dem des Städtebaues. Dieses ist umso wertvoller als keine Zeit mehr ur Sparsamkeit zwang, als die unsrige, der der Krieg ungeahnt schwere Lasten auferlegt. An einigen Beispielen im Bilde lässt sich dieses später kurz nachweisen. Hier näher darauf einzugehen, würde über den Rahmen eines allgemeinen Vortrages hinausgehen.

Unwirtschaftlich sind die meisten Bebauungspläne, da das ganze System der Strassen falsch ist. Das System leidet unter einem *Zuviel an Strassen*; statt einer klaren Disposition des Ganzen in Hauptteile und Nebenteile mit wenigen Hauptstrassen, diese aber in wirklich großzügiger Weise vorzusehen, begegnen wir einem Tasten und Suchen, jedweder Verkehrsforderung gerecht zu werden. Ein unübersehbares Chaos ist die Folge. Ein gemeinsames Vorgehen der nachbarlichen Gemeinden, oder der Hauptverkehrsstrassen erleichtert deren Schaffung. Nicht jede der vielen Vorortgemeinden braucht solch teure Verkehrsstrasse meist genügt eine Ausstrahlung vom Stadtkern aus nach 3 oder 4 Richtungen.

Unwirtschaftlich war die Art, *wie die einzelnen Gelände* für Industrie und Wohnzwecke *erschlossen* werden. Hier dürfen die für Erschließung aufzuwendenden Kosten nicht im Missverhältnis stehen zur Ertragsfähigkeit des fertigen Baulandes. Je niedriger die Erschließungskosten unter Ausschaltung des Systems der „Prachtrassen", je billiger die Ansiedlungsmöglichkeit, umso mehr Menschen können in mustergültiger Weise angesiedelt werden und sich *ein eignes Heim* schaffen. Hiermit tritt erstmalig beim weiteren Ausbau unserer Städte als Neuerscheinung das soziale Moment auf; ohne dieses kann von einer wirklichen Kulturarbeit keine Rede sein.

Eine weitere Hauptforderung ist die des

Verkehrs

sowohl des Durchgangs – wie des lokalen Verkehrs, sowohl der Eisenbahnen wie der Schnell- u. Straßenbahnen und endlich der großen Hauptstrassen. Ein Riesennetz von Strassen und Eisenbahnen überspannt heute Stadt und Land. Der Verkehr nahm in den meisten Großstädten seit 30-40 Jahren ungeahnten Umfang an wachsend mit der Größe der Stadt und mit der Entwickelung der Industrie.

Die Menschenmassen dieser Großstädte bedingten umso geeignetere Verkehrsmöglichkeiten, je mehr die Arbeits- u. Wohnstätten von einander getrennt wurden. Die heutige Zeit geht glücklicherweise in dieser Trennung immer weiter; sie zieht die störende Industrie ganz aus den Städten, besonders den Wohnquartieren heraus und legt sie in die Vororte oder noch besser ganz aufs flache Land. Die Raumausdehnung bildet in unserem Zeitalter der aufgehobenen Entfernungen kein Hindernis mehr. Fernleitungen von Kraft, Licht, Meldungen auf Tausende von Kilometern sind das Zeichen unserer Zeit.

Ein ganz neues Eisenbahnnetz anzulegen ist keine Möglichkeit mehr; auch eine Großstadt neu herzustellen, findet sich kaum mehr Gelegenheit, ausgenommen vielleicht Australien, das vor einigen Jahren einen Idealplan für seine neue Bundesstadt aufstellte. Darin liegt das Tragische unserer modernen Stadtbaukunst, dass sie nur Flickarbeit ist und

Lebensläufe, Bibliographie, Dokumente

nicht mehr aus dem *Vollen Einheitlichen* schaffen kann. Zur gründlichen Arbeit ist es meist zu spät, die von der Natur gegebenen günstigen Vorbedingungen wurden nicht erkannt und berücksichtigt; man baute und disponierte nach dem Bedarf des Tages und nicht nach großen Gesichtspunkten.

Dieser Riesenverkehr, das glänzende Ergebnis weniger Jahrzehnte, wird fast allgemein dem Organismus einer Stadt zugemutet, der auf den winzigen Verkehr früherer Jahrhunderte zugeschnitten war. Jahrelang behalf man sich hier so gut es ging. Energische Schnitte wurden nötig. Aber es geschah kaum etwas durchgreifendes, wenn nicht irgend ein größeres Ereignis, etwa eine Brandkatastrophe, Veranlassung dazu gab. Man versuchte sein Heil mit nebensächlichen Durchbrüchen. Aber statt durch 2 oder 3 starke Einschnitte dem *Gesamtverkehr*, der ganzen Stadt freie Bahn zu schaffen riß man zahlreiche Straßenwandungen ein und überflutete ganze, Stadtquartiere mit dem Durchgangsverkehr, statt ihn dort herauszuziehen und zu konzentrieren.

Die 3. städtebauliche Forderung ist die der

Gesundheit

ist die Schaffung einer gesunden Bauweise durch vernünftige Bauordnungen und richtige Anlage der einzelnen Bauquartiere, sowie die Schaffung genügend großer Grünflächen.

Die Grünflächen scheiden sich in rein dekorative, also mehr zur Belebung des Stadt u. Straßenbildes bestimmte und gesundheitliche, also mehr dem Gedeihen der Bewohner dienend. Den Hunderttausenden, die in den großstädtischen Massenquartieren meist eng zusammengedrängt wohnen und arbeiten, mutet man zu, sieh auf den staubigen engen Plätzen der Altstadt zu erholen.

Auch die Schaffung dieser Erholungsplätze darf nicht dem Zufall überlassen, sie muss nach großen Gesichtspunkten behandelt werden. Ihre Größe ist zu berechnen nach der Kopfzahl und Unterbringung der umwohnenden Menschen. Es sind Plätze zu schaffen für Jung und Alt, in nächster Nähe der Wohnungen, d. h. in einem Abstand von höchstens 5-600 m, oder wie es neuerdings heißt, in „Kinderwagenentfernung". Die Erwachsenen verlangen dort Ruhe, die Jungen, vor allem die halbwüchsige braucht Plätze für Kampf und Spiel, sie muss sich austoben können. Wir brauchen ein gesundes Geschlecht von Kraft und Willen – ein gesundes Volk ist ein starkes und zufriedenes Volk. An die künftigen Generationen werden ganz andere Ansprüche gestellt, wie an früheren, sowohl körperlich wie geistig; ihr Verbrauch ist ein viel schnellerer gegen früher, als noch nicht die Maschine das Tempo ihrer Arbeit bestimmte. *Dabei* sind wir die erste Generation, die in die moderne Großstadt zieht. Unser Nachwuchs vom Lande wird auch nicht besser, da das Land seine besten Kräfte bereits an die Stadt abgab. Eine Wiedergesundung der Massen in der Großstadt wird also immer dringender und bleibt eins der wichtigsten Probleme.

Ein Erholungsplatz muss abseits von dem Lärm und der Gefahr der Straße liegen. *Erholung in der Bewegung*, nicht im Sitzen, ist bei Neuanlagen von Plätzen als maßgebender Grundsatz aufzustellen. Also nicht ein Erholen auf wenigen Bänken der im Verhältnis zur großen Zahl der Umwohner zu kleinen Plätze, sondern ein Erholen beim Wandeln durch grüne, kilometerlange Anlagen, die sich die prächtigsten Teile der Stadt zu schön gelegenen Punkten der Umgebung hinziehen. Es entstehen so die radialen Grünstreifen, die das Zentrum der Stadt mit der Peripherie verbinden; an *diese* sind in zweckmäßiger Weise Kinderhorte, Schulen, Krankenhäuser, Krieger- u. Altersheime anzulegen, also Anstalten, denen die unmittelbare Nähe ruhiger, gesunder Grünanlagen, dringend nötig ist.

Die bisherige Art der Planung betonte lediglich die *Führung der Straßen,* die heutige beachtet vor allem auch das, *was zwischen ihnen liegt,* was von ihnen begrenzt wird, die *Bauparzellen,* das sind die Flächen für Haus und Garten des Ansiedlers. Die Ansprüche an diese nach der wirtschaftlichen und gesundheitlichen Richtung hin sind bekannt.

Im Gegensatz zu den grünen Plätzen stehen die Monumentalplätze, also die von architektonischen Gebäuden ringsum eingerahmten Plätze und damit kommen wir zu der 4. Forderung, der

ästhetischen.

Gerade sie ist bei den Neuschöpfungen der letzten 40 Jahre stark vernachlässigt, worden, nicht zuletzt aus dem Grunde, weil das Interesse für die Baukunst, vor allem die Stadtbaukunst, gemessen an dem für die anderen bildenden Künste, wie Malerei, Bildnerei oder gar Musik in weiten Kreisen des Volkes selbst bei Behörden heute ein sehr geringes ist. Die prächtigen Leistungen früherer Jahrhunderte deuten das Gegenteil an. Nichts ist auffälliger als der starke Gegensatz zwischen der Harmonie und Schönheit unserer historischen Städte und dem unbefriedigenden Schematismus der neuen. Dort herrschte der gute Geschmack einer kulturell hochentwickelten Zeit, der Wille, Schönes zu schaffen – hier vorwiegend die auf Erwerb gestellte Massenherstellung meist durch unberufene, ungeschulte Kräfte. Paragraph und Modelaune geben die Richtung an. Dabei ist nichts so sehr der äußerliche Gradmesser unserer Kultur, als die bauliche Erscheinung unserer städtischen und ländlichen Siedlungen.

Der große Monumentalbau wie das bescheidene Haus des kleinen Mannes bleiben der jedermann dauernd verständliche Ausdruck von Geschmack und Sitte eines Volkes.

Und was von *der ganzen Stadt* gilt, das gilt von ihren *einzelnen Teilen,* von ihren Plätzen und Straßen. Sie alle üben ihren Reiz aus, ohne dass der Laie das Rätsel des Warum lösen kann, ähnlich wie ein architektonischer Raum ihn behaglich oder festlich stimmt, die Gründe ihm aber verborgen bleiben. Die Gründe sind aber die festen, durch die Jahrtausende von den Meistern erprobten Gesetze der Baukunst; Unberufene mussten unbarmherzig an ihnen scheitern.

Was ist die Straße, der Platz, die ganze Stadt anders als ein *Raum?* Sich dessen wieder bewusst zu werden lässt uns viele der üblichen Fehler im Ausbau der Städte vermeiden.

Der Platz ist der *bewusst* geschaffene Raum und nicht ein unbrauchbares Überbleibsel im Stadtkörper, das gerade oder schiefwinklig geleitete Straßen verschulden. Der Platz ist auch nicht ein Kreuzungspunkt verkehrsreicher Straßen, oder irgend ein unbebaut gelassener Baublock. Er ist der geschlossene Raum, um den je nach seinem Zwecke entweder der Verkehr herumgeleitet ist oder über den der Verkehr in der Richtung seiner Wandungen – niemals diagonal – in geordneten Bahnen zu führen ist.

Die Stimmung der Plätze muss sich auf die *Straßen* übertragen. Der Verkehr ist hier das treibende Moment; auf den Plätzen des Beharren, in den Straßen die Bewegung.

In früheren Zeiten war die Strasse noch der Aufenthalt ihrer Bewohner; unsere heutigen Verkehrstraßen, zumal der Großstadt, sind nichts anderes mehr als Eisenbahnkörper für Fahrzeuge mit und ohne Schienen geworden. Zum Teil sind sie noch schlimmer als diese; denn über jene läuft nur alle 5 oder 10 Minuten ein Zug auf festen Gleisen – Lärm ist seine einzige Belästigung – über diese jagt eine ununterbrochene Kette von Wagen kreuz und quer. Für den Fußgänger bieten sie kaum mehr Raum, erst recht nicht für den, dem die Bewegung in frischer Luft zwischen Arbeits- u. Wohnstätte

noch das unentbehrliche Mittel zur Erhaltung der Gesundheit geblieben ist.
Abseits des Verkehrs liegen die *Wohnstrassen*. Sie können die auffallende Aufmachung der Verkehrstrasse entbehren. Denn sie sind nichts als die schlichte Wandung einer Summe von Häusern, die alle gleichen Zwecken dienen. Wenige, aber künstlerisch eindringliche Nuancen genügen zur Belebung derselben. Ein geschärftes Auge wird das Merkmal schon finden.

Die Einheit der Massen, nicht die Masse der Einheiten ist das Wesentliche. Die schnell wechselnde Mode lässt auch hier stilistische Wandlungen bald erleben.

Bisher waren wir gewöhnt das *einzelne Haus* zu sehen, in Zukunft schauen wir mehr die *Straße* als Einheit an. Von der Straße als Einheit kommen wir *zur Stadt als der Summe solcher Einheiten*, als einem auf Grund städtebaulicher Erfahrungen entstandener Organismus.

Das sind in kurzen Umrissen einige allgemeine beim Ausbau einer modernen Grosstadt maßgebende Richtlinien Sie ändern sich nach Land und Volk. Durchaus falsch wäre es, in ihnen mehr als dieses zu sehen, etwa ein Universalrezept.

Sie werden nicht von mir erwartet haben, dass ich eine Großstadt des westlichen Europas, gleichviel ob London, Berlin oder Wien, hier als Vorbild empfehle. Im Gegenteil müssen alle, die ihr Haupt in Ehrfurcht neigen vor der mehr als 1000-jährigen Kultur dieser berühmten Stätte, den Wunsch hegen, sie möglichst in ihrem sichtbaren Höchstwert pietätvoll erhalten zu sehen bleibt sie doch eine ewige Fundgrube der Anregung, Belehrung und Stimmung für jedes empfängliche Herz. Aber je respektvoller wir vor dieser so glänzend gelegenen Stadt stehen, je mehr haben wir den Wunsch, der alten Ruhmstätte einen Rahmen zu geben, der das gute Alte *mit den starken Anforderungen der Neuzeit in Einklang bringt*.

Kennen wir diese Forderungen und behalten wir sie dauernd im Auge, so wird es möglich sein, den Ausbau der Stadt so zu gestalten, dass er auch den Ansprüchen einer künftigen Zeit genügen wird.

[Auszüge aus: Hermann Jansen, *Die Großstadt der Neuzeit* (Konstantinopel 1917). Veröffentlicht in *Arquitectura* nach der Übersetzung von García Mercadal]

Oskar Jürgens
Architekt und Städtebauer
★Halberstadt 30. Juni 1875, ✟ San Lorenzo del Escorial 15. Oktober 1923

1894: Architekturstudium an den Technischen Hochschulen in Berlin und Karlsruhe. **1900:** Nach bestandener Bauführerprüfung erhält Jürgens eine Anstellung beim Stadtbaurat Ludwig Hoffmann im Berliner Staatlichen Hochbauamt. **1904-07:** Zweite Staatsprüfung: In der Folgezeit beschäftigt sich Jürgens als Regierungsbaumeister mit dem Umbau des königlichen Schauspielhauses in Berlin und wird für die Bauabteilung des Ministeriums der öffentlichen Arbeiten und für das Kultusministerium tätig. Zudem arbeitet er als Assistent bei Prof. Laske (Ornamentzeichnen) und Prof. Genzmer (farbige Dekoration und künstlerischer Städtebau), der ab 1908 das Städtebau-Seminar der TH Berlin-Charlottenburg leitet. Für Joseph Stübben bearbeitet Jürgens verschiedene Städtebauaufgaben. **1907-09: Auftrag zur Ausführung der Deutschen Evangelischen Kirche in Madrid (Entwurf Richard Schultze, Berlin). Jürgens nutzt den Aufenthalt, um mit den Studien zum spanischen Städtebau zu beginnen.** Zurück in Deutschland übernimmt er die Leitung des staatlichen Hochbauamts Allenstein. **1910-11:** Eine Beurlaubung vom Amt ermöglicht es ihm, die Untersuchungen in Spanien wieder aufzunehmen und zu vervollständigen. Es entsteht zudem ein Vorschlag für die Umgestaltung des Parlamentgebäudes samt seines Vorplatzes als Gutachten zu den städtebaulichen Umbauplänen für Madrid, die der Marqués de Zafra 1907 vorgelegt hatte. Jürgens' Planung wird erst 1920 in Deutschland und 1922 in Spanien veröffentlicht. In beiden Fällen fügt er der Erläuterung des Entwurfes abschließend die Empfehlung bei, zur Lösung dieser städtebaulichen Fragen einen internationalen Wettbewerb auszuschreiben. **1911-12:** Erneute Leitung des Hochbauamts Allenstein. Ab 1912 für Altona. **1916:** Kriegsteilnahme als künstlerischer Berater der Kriegergräberfürsorge. **1919:** Hochbautechnischer Dezernent der Regierung in Allenstein bis zum Wechsel 1922 nach Potsdam. **1922: Promotion bei Prof. Genzmer mit der Dissertation „Das Königliche Schloß in Madrid und die Ausbildung seiner Umgebung – Ein Beitrag zur Geschichte der Städtebaukunst". 1923: Mit dem Auftrag der Aufstellung der städtebaulichen Plans einer Siedlung in El Romeral für die Baugesellschaft** *Abantos* **– deren technischer Leiter er wird – reist Jürgens erneut nach Spanien. Er entwickelt ebenfalls Pläne für das Hotel Alfonso XIII (Hostería Real), in Las Damas. Nach nur wenigen Monaten erliegt er jedoch in San Lorenzo del Escorial einer Typhus-Erkrankung. Seine Studien zum Städtebau Spaniens erscheinen drei Jahre später (1926) in Hamburg unter dem Titel „Spanische Städte. Ihre bauliche Entwicklung und Ausgestaltung".**

Schriften

Die Kapelle und das Pfarrhaus der deutschen evangelischen Gemeinde in Madrid und einiges über das Bauen in Spanien. In: Zentralblatt der Bauverwaltung 32 (1912), H. 1, S. 2-6

Das arabische Haus in Spanien. In: Zeitschrift des Ibero-Amerikanischen Instituts Hamburg 2 (1918), Mitteilungen aus Spanien, S. 136-148

G. B. Sacchettis Umgestaltungspläne für die Umgebung des königlichen Schlosses in Madrid. In: Zeitschrift des Ibero-Amerikanischen Instituts Hamburg 2 (1918), Mitteilungen aus Spanien, H. 11/12, S. 321-337

Lebensläufe, Bibliographie, Dokumente 567

Beginnende Beeinflussung des Städtebaues Spaniens durch Deutschland. In: Zentralblatt der Bauverwaltung 40 (1920), H. 63, S. 402-403

Zur Stadtbaukunde Spaniens I. In: Zentralblatt der Bauverwaltung 40 (1920), H. 73, S. 462-463

Zur Stadtbaukunde Spaniens II. In: Zentralblatt der Bauverwaltung 40 (1920), H. 75, S. 475-476

Die Madrider Untergrundbahn. In: Zentralblatt der Bauverwaltung 40 (1920), H. 78, S. 493-495

Bearbeitung eines städtebaulichen Entwurfes für Madrid. In: Stadtbaukunst alter und neuer Zeit 1 (1920), S. 347-350

Der Bau vielgeschossiger Häuser in Spanien. In: Zentralblatt der Bauverwaltung 41 (1921), H. 31, S. 195-196

Die Landhaussiedlung La Ciudad Lineal bei Madrid. In: Zentralblatt der Bauverwaltung 41 (1921), H. 47, S. 289-291

Die Stadt Madrid steht vor durchgreifenden Umgestaltungen. In: Zentralblatt der Bauverwaltung 41 (1921), H. 70, S. 433

Umgestaltungspläne für die Altstadt von Madrid. In: Der Städtebau 18 (1921), H. 7/8, S. 82-85

Die Plaza Mayor in Madrid. In: Stadtbaukunst alter und neuer Zeit 3 (1922), H. 1, S. 1-6

Das königliche Schloß in Madrid und die Ausbildung seiner Umgebung. Ein Beitrag zur Geschichte der Städtebaukunst. (Dissertation) Berlin 1922

Proyecto de un grupo monumental y nuevo edificio de Parlamento. In: Arquitectura 6 (1922), H. 8, S. 327-330

Die Plaza Mayor von Salamanca. In: Der Städtebau 19 (1922), H. 9/10, S. 96-99

Zur Städtebaukunde Spaniens. Plätze mit architektonisch behandelter Fläche. In: Zeitschrift für Bauwesen 70 (1923) H. 4-6, S. 106-113

Künstlerische Lehren aus dem Wiederaufbau in Ostpreußen. In: Zentralblatt der Bauverwaltung 43 (1923), S. 50

Spanische Städte. Ihre bauliche Entwicklung und Ausgestaltung. Hamburg 1926 (Oskar Jürgens. *Ciudades españolas. Su desarrollo y configuración urbanística.* Madrid 1992)

Bibliographie

Otto Schubert, *Das Spanisch-Maurische Wohnhaus. Oskar Jürgens.* In: Deutsche Bauzeitung 52 (1918), H. 55, S. 240

Otto Schubert, *Sachettis Pläne für die Umgestaltung der Umgebung des Madrider Schlosses.* In: Deutsche Bauzeitung 53 (1919), H. 34, S. 177-179

Joseph Stübben, *Giovanni Battista Sacchettis Entwürfe zum Neubau des Königlichen Schlosses in Madrid.* In: Zentralblatt der Bauverwaltung 39 (1919), S. 148

Deutsche Städtebaukunst in Spanien, In: Deutsche Bauzeitung 54 (1920), H. 65, S. 331-332

Die Architekturabteilung der Akademie des Bauwesens. In: Der Städtebau 17 (1920), H. 7/8, S. 78

Joseph Stübben, *Die Entwicklung der deutschen Städtebaukunst und ihr Einfluß auf das Ausland.* In: Zentralblatt der Bauverwaltung 40 (1920), H. 39, S. 253-256

Werner Hegemann, Elbert Peets, The *American Vitruvius*, an architect's handbook of civic art. New York 1922

Walter Lehwess, *Bücherbesprechungen: Oskar Jürgens, Das Königliche Schloß in Madrid und die Ausbildung seiner Umgebung.* In Stadtbaukunst alter und neuer Zeit 4 (1923), H. 1, S. 15

Luis María Cabello Lapiedra, *El arquitecto Oscar Jürgens*. In: Arquitectura 5 (1923), H. 10, S. 333-334

Nonn, *Oskar Jürgens ✝*. In: Zentralblatt der Bauverwaltung 43 (1923), H. 93-94, S. 562-563

Joseph Stübben, *Oskar Jürgens. Spanische Städte*. In: Zentralblatt der Bauverwaltung 47 (1927), S. 136

Máximo José Kahn, *Oskar Jürgens: Spanische Städte*. In: La Gaceta Literaria 2 (1928), H. 26, S. 4

Hans Praesent, *Oskar Jürgens: Spanische Städte*. In: Arquitectura 10 (1928), H. 113, S. 301-302

Antonio Bonet Correa, *Oskar Jürgens, arquitecto prusiano y primer estudioso del urbanismo español*. Vorwort zu: *Oskar Jürgens, Ciudades españolas. Su desarrollo y configuración urbanística*. Madrid 1992

Francisco Javier Monclús, *Arte urbano y estudios histórico-urbanísticos: tradiciones, ciclos y recuperaciones*. In: 3ZU Revista de Arquitectura 4, 1995, S. 98 ff.

Joaquín Medina Warmburg, *Reflejos y autocolonizaciones. Arquitectos alemanes en Madrid*. In: Carlos Sambricio (Hrsg.), *Manuel Sánchez Arcos, Arquitecto*. Madrid 2003, S. 50-63

Jürgen Krüger, Christiane Tichy, *Kirchenbau und Politik. Deutsche Evangelische Kirchen auf der Iberischen Halbinsel, 1900-1945*. Petersberg 2003

Dokument 19

Bearbeitung eines städtebaulichen Entwurfes für Madrid
Von O. Jürgens

Stets sind wir Deutsche mit Eifer bestrebt gewesen, vom Ausland zu lernen. Und gerade heute, da bei uns selbst auf absehbare Zeit hinaus nennenswerte bauliche Unternehmungen ausgeschlossen sein dürften, liegt es hier nahe noch aufmerksamer als bisher Arbeiten auf diesem Gebiete zu verfolgen. Vergessen wir aber dabei in aller Bescheidenheit nicht, daß, vor allem was den Städtebau anlangt, auch von Deutschland immer noch manches gelernt werden kann. Das wird, wenn erst das augenblicklich hochgespannte Selbstgefühl der Völker wieder unparteilicherem Urteil Platz gemacht haben wird, wohl auch den Neutralen und den verständigeren Teile unserer jetzigen Feinde wieder einsehen werden, und es wird vielleicht nicht allzulange mehr dauern, daß uns friedliche Zusammenarbeit auf diesem Betätigungsfeld wieder näherbringt. Sorgen wir durch geeignete Veröffentlichungen dafür, daß dieses vor dem Kriege in immer steigendem Maße sich erschließende Absatzgebiet für deutsches Wissen und Können möglichst bald wiedergewonnen werde.

In neuerer Zeit hatte namentlich auch Spanien begonnen, sich in Städtebaufragen mit Vorliebe an Deutschland zu wenden, allerdings nicht in Absicht von hier fertige Pläne zu beziehen, sondern in unseren Städten, auf unseren Hochschulen und Ausstellungen, im Schriftum oder durch Vorträge und Gutachten deutscher Sachverständiger Rat und Belehrung suchend, um allmählich auf den Weg geleitet zu werden, selbständig seine diesbezüglichen Aufgaben zu lösen.

Wie es sehr wohl möglich ist, dabei auch von unserer Seite aus bestimmend mitzuwirken, kann unter anderem das folgende Beispiel zeigen.

Ein Mitglied des Madrider Städtebauausschusses, Dr. Marqués de Zafra, war im Jahre 1902 auf der Kunst- und Gewerbeausstellung in Madrid mit einem allgemeinen Umgestaltungsplan für die innere Stadt hervorgetreten, der in seinen großen Zügen manche gute Eigenschaft, in seiner Einzelbehandlung aber die beim neuzeitlichen Städtebau Spaniens überall zu beobachtenden Schwächen aufwies. In diesem Plane war als neue Hauptverkehrsader eine annähernd in nordsüdlicher Richtung die Stadt durchquerende, 40 m breite Durchbruchstraße vorgesehen, die in nicht weiter Entfernung bei dem Palaste der Deputiertenkammer vorbeiführen würde. Es war vorgeschlagen worden, an dieser Stelle einen Neubau für den bisher in etwas entlegener Stadtgegend in einer ehemaligen Klosterschule untergebrachten Senat zu errichten, um so beide Häuser des spanischen Parlamentes in unmittelbarer Nachbarschaft zueinander zu bringen. In dem Wunsche, diesen Hauptpunkt seines Planes nach neuzeitlichen Regeln der Städtebaukunst auszugestalten, trat der Herr Marqués vor etwa zehn Jahren an den Schreiber dieser Zeilen heran, der dafür eine Grundrißlösung in größerem Maßstabe ausarbeitete und eine in allen Einzelheiten eingehende Erläuterung beifügte als eigentlichen Hauptbestandteil seiner Arbeit, in der die Grundsätze für die vorgeschlagene Behandlung dieser Aufgabe ausführlich dargelegt waren. Zur leichteren Beurteilung der im Entwurf für das Senatsgebäude und die geplante Erweiterung des Deputiertengebäudes vorgesehenen Anordnungen und Abmessungen war eine maßstäblich verkleinerte Zusammenstellung von Grundrissen verschiedener Parlamentsgebäude beigefügt. Von der Beigabe von Aufrissen war vorläufig abgesehen worden, um zunächst einmal eine weitere Klärung dieser mit vielen anderen Fragen zusammenhängenden Angelegenheit abzuwarten.

Wie bisher alle großzügig angelegten Umgestaltungspläne für Madrid aus ständigem Geldmangel stets wieder zurückgestellt werden mußten, so ist auch dieser Plan damals als völlig unausführbar von den maßgebenden Stellen nicht weiter erörtert worden. Nunmehr soll aber als Folgeerscheinung des wirtschaftlichen Aufschwunges, den Spanien während des Krieges genommen, einer durchgreifenden Neugestaltung der Landeshauptstadt nähergetreten werden, uns so dürfte ein Hinweis auf den in Rede stehenden Entwurf gerade im jetzigen Augenblick wohl nicht unangebracht sein. Er sei deshalb hier mitgeteilt nebst der dazu gehörigen Beschreibung, die im Folgenden auszugsweise und auf deutsch, sonst aber in der gleichen Fassung, in der sie seiner Zeit den spanischen Behörden vorgelegt wurde, wiedergegeben sein mag.

Gegenüber der Hauptfront des Deputiertenhauses, durch einen regelmäßigrechteckigen Tiefenplatz getrennt, ist als symmetrisches Gegenstück dazu, aber ohne ängstliche Übereinstimmung, das neue Senatsgebäude geplant. Seine Flächenausdehnung ist derart bemessen, daß alle erforderlichen Räume in genügender Größe darin Platz finden würden. Das in den Jahren 1843-50 erbaute Deputiertengebäude, das heutigen Bedürfnissen nicht mehr ganz entspricht, ist in seinem hinteren Teile durch einen Anbau erweitert gedacht, in dem ein für alle Fälle ausreichender neuer Sitzungssaal mit seinen Nebenräumen untergebracht ist. Durch eine solche Erweiterung und den an der Stelle des jetzigen Saales vorgeschlagenen Umbau würde auch dieses Gebäude heutigen und absehbaren Bedürfnissen völlig genügen. Eine unmittelbare Verbindung beider Häuser für den inneren Verkehr ist durch einen unterirdischen, in den Eintrittshallen ausmündenden Gang hergestellt.

Künstlerisch zu einer gemeinsamen Architekturgruppe sind beide Gebäude durch den zwischen ihnen angelegten Platz zusammengefaßt, dessen Langseiten gleichmäßig zu bebauen wären. Die architektonische Einheitlichkeit der seitlichen Platzwandungen könnte durch Laubenvorbauten noch besonders hervorgehoben werden. Diese in früheren Jahrhunderten gerade im Süden so beliebten Bürgersteigüberbauten sind in unserer Zeit der gesteigerten Anspruch in bezug auf Verkehrsfreiheit und Beleuchtung der dahinter liegenden Räume etwas in Verruf geraten. Um nun die für Aufnahme der oberen Stockwerke erforderliche, tatsächlich störende enge Stellung und größere Stärke der tragenden Stützen zu vermeiden, ist die Fassadenflucht der Obergeschosse um die Tiefe der Lauben zurückgerückt. So könnten die Stützen als weitauseinanderstehende schlanke Säulen ausgebildet werden, da sie lediglich eine terrassenartige Plattform zu tragen haben, die zur Anlage von Gärten ausgenutzt werden könnte, die in der Hauptstadt Spaniens, des Landes der Blumenpflege, so selten geworden sind, und deren Farbenpracht eine heitere Note in den strengen Ernst des Platzes bringen würde. Diese Laubengänge sind zu besserem Abschluß des Platzbildes auch über die Einmündung der Straße hinweggezogen, die den als freistehendes Einzelgebäude, aber in übereinstimmender Architektur gedachten Palast für den Ministerpräsidenten von der übrigen Bebauung trennt, sowie sich mit den unter den Vorbauten des Senatsgebäudes geplanten Hallen vereinigen. An der Carrera de San Jerónimo sind sie um die Blockecken herumgeführt, um so auch das Deputiertengebäude in möglichst nahe Beziehung zu dem Platze zu bringen, ohne die Straßenbreite zu verringern. Die waagerecht eingeebnete Platzfläche ist gegen die mit einigem Gefälle verlaufende Straße durch eine Treppenanlage mit Kettenpfosten und vier hohen Fahnenmasten geschieden.

Bei ungezwungen symmetrischer Einteilung und Ausschmückung des Platzes in der im Plane dargestellten Weise könnte, ähnlich wie bei den alten römischen Forumanlagen, auf verhältnismäßig engem Raum eine ganze Anzahl verschiedener Bildwerke ihrer Eigenart entsprechend aufgestellt werden. Am Rande des in seinem Mittelteil freigehaltenen Platzes würden helle Marmorwerke, Standbilder, Hermen und Brunnenanlagen wirkungsvoll vor dem dunklen Schatten der Säulenhallen stehen, während zwei, einen besonderen Vorplatz vor dem Eingang zum Senatspalast bildende bronzene Reiterstandbilder auf hohem Sockel in Art des Colleoni-Denkmals in Venedig, aus der Nähe betrachtet, über die umgehenden Gebäude hinausragend, sich kräftig vom strahlenden Madrider Himmel abheben würden. In solcher Anordnung würden alle hier untergebrachten Kunstwerke unter Wahrung der Übersichtlichkeit des Platzbildes, sich gegenseitig in ihrer Wirkung steigernd, zu mächtigem Akkord zusammenklingen. Wie sinngemäß die Denkmäler der Meister spanischer Malkunst um das Pradomuseum herum aufgestellt sind, so würde sich hier die willkommenste Gelegenheit bieten, dem Andenken derjenigen, die sich im öffentlichen Leben Spaniens verdient gemacht, in entsprechender Weise Bildwerke zu errichten und damit einen solchen Platz über seine engere Bedeutung für die Verschönerung Madrids hinaus zu einer Weihestätte des ganzen Volkes zu erheben, dessen Vaterlandsliebe, Kulturstand und der Kunst gezollte Achtung hier stolzesten Ausdruck finden würde. In inniger Beziehung zu den Stätten der Staatsbürgervertretung würde hier an Stelle der bestehenden, unbedeutenden, schiefwinkligen *Plaza de las Cortes* ein die Kraft des öffentlichen Lebens, die Mitarbeit des Volkes an den Aufgaben der Regierung sinnbildlich verkörpernder Monumentalplatz entstehen, eine *Plaza de la Constitución* im wahren Sinne des Wortes.

Im Gegensatz zu der Abgeschlossenheit dieses, in Art der altspanischen *Plaza Mayor* einen Festsaal unter freiem Himmel bildenden Prunkplatzes, ist der am Anschnitt des Senatsplatzes an die auf seiner anderen Seite schräg vorbeiführende neue Durchbruchstraße vorgesehene Platz in der Hauptsache als Verkehrsplatz ausgebildet. Die glatte Durchführung des Straßenzuges, strenge Ordnung des Fahr- und Fußgängerverkehrs und eine möglichst zweckmäßige Verteilung der an solchen Verkehrsknotenpunkten erforderlichen Anlagen, wie Untergrundbahnhof, Wartehäuser für Straßenbahn, Verkaufsbuden und unterirdische Abortanlagen sind hier als Haupterfordernisse beachtet worden. Dabei ist auch die künstlerische Ausgestaltung nicht außer Acht gelassen. Der Senatsplatz und ein als freies Gegenstück dazu gedachtes anderes öffentliches Gebäude bilden in ihrer Schrägstellung die weithin sichtbaren Hauptbauten dieses Platzes. Die aus den gegenüberliegenden Baublockecken ausgeschnittenen Rechteckplätzen sind mit gärtnerischen Anlagen in sich abgeschlossen behandelt, als einladende Ruhepunkte mitten im Getriebe der großstädtischen Verkehrsstraße. Hier bietet sich eine ausgezeichneter Platz zur Aufstellung zweier Einzeldenkmäler.

Eine völlig symmetrische Gestaltung dieses zweiten Platzes ist deshalb vermieden worden, weil die an Kreuzungen breiter Verkehrsstraßen so oft vorkommenden kreisrunden oder gleichseitigen Plätze sich eigentlich niemals künstlerisch befriedigend ausgestalten lassen. Solange sie nicht derart groß bemessen sind, daß die Breite der Straßeneinmündungen den Zusammenhang der Gesamterscheinung nicht beeinträchtigt, entsteht selbst bei übereinstimmender Einzelbehandlung stets ein zerrissenes Platzbild, dessen Teilstücke auch durch eine besondere Betonung seines Mittelpunktes nicht in überzeugende Beziehungen zueinander zu bringen sind. In den meisten Fällen sind sie außerdem ohne Rücksicht auf ihre einheitliche Grundrißform mit ungleichartigen Gebäuden umgeben, wodurch sich ein besonders unbefriedigendes Bild ergibt. Ein weiterer Nachteil solcher Art von Plätzen besteht darin, daß ein dort angeordnetes Schmuckstück stets im geometrischen Mittelpunkt, in der Achse der den Platz kreuzenden Straßenzüge angeordnet wird, wo es ein Verkehrshindernis bildet, eines zu seiner ungestörten Betrachtung geeigneten Standpunktes entbehrt und, falls es sich um ein figürliches Bildwerk handelt, infolge seiner Einfrontigkeit in einem Widerspruch zu der mehrseitigen Gleichwertigkeit seines Standortes steht. Alle diese Mängel können bei den in Madrid so beliebten *Glorietas* oder glorietaartigen Platzanlagen beobachtet werden.

Im Übrigen ist das ganze unklare Gewirre der schmalen, zum Teil nicht durchlaufenden Gassen verbessert worden. Das bisher in enger Seitenstraße recht ungünstig gelegene Operettentheater ist an die platzartige Straßenverbreitung in unmittelbarer Nachbarschaft des Erweiterungsbaues der Deputiertenkammer gerückt. Andere Bauwerke von irgendwelchen Wert, auf die Rücksicht zu nehmen wäre, sind in dem von dem Entwurf berührten Stadtgebiet nicht vorhanden.

Eine weitere Verarbeitung der hier gegebenen Grundlagen muß den eingehenden Studien der für die Aufstellung des amtlichen Bebauungsplanes Berufenen vorbehalten bleiben, wobei übrigens wohl erwogen werden sollte, ob bei der großen Bedeutung dieser Aufgabe nicht auf dem Wege eines öffentlichen oder, vielleicht besser noch, eines beschränkten Wettbewerbs zu suchen wäre. Zur Teilnahme an einem solchen Wettbewerb oder zur Beurteilung der eingehenden Entwürfe sollten auch Fachleute aus dem Ausland zugelassen beziehungsweise zugezogen werden, wie dies bereits in anderen Ländern mit dem Erfolge, manche brauchbaren Beiträge oder wertvollen Anregungen zu erhalten, geschehen ist.

Bei der endgültigen Gestaltung muß natürlich der örtliche Charakter stets gewahrt bleiben, der bei aller Anlehnung an allgemein anerkannte Regeln des Städtebaues der Hauptstadt eines so charaktervollen Landes, wie Spanien es ist, nicht verloren gehen darf.

[Oskar Jürgens, *Bearbeitung eines städtebaulichen Entwurfes für Madrid*. In: Stadtbaukunst alter und neuer Zeit 1(1920), S. 347-350]

Luis Lacasa Navarro
Architekt, Stadtplaner, Schriftsteller
★Ribadesella 15. September 1899, ✝ Moskau 30. März 1966

1914-21: Architekturstudium in Barcelona und Madrid, bei Teodoro Anasagasti, wo er auf Mercadal, Arnal und Colás trifft. **1921-23: Studienreise nach Deutschland, mit der Absicht, sich auf dem Gebiet des Stahlbetonbaus zu spezialisieren. Tatsächlich befasst sich aber Lacasa mit den Deutschen Städtebaudebatten, besucht u. a. Magdeburg, München, Dessau und wird Mitarbeiter von Paul Wolf in Dresden. Regelmäßig berichtet er über seine Erfahrungen in der Zeitschrift** *Arquitectura*. **1924: Zurück in Madrid wird Lacasa Redaktionsmitglied von** *Arquitectura*. **Er bespricht u.a. Hermann Muthesius' Buch „Kleinhaus und Kleinsiedlung" (1922) und übersetzt Auszüge aus Schumachers „Die Kleinwohnung" (1919). 1925: Beteiligung an der Vorbereitung des** *I. Congreso Nacional de Urbanismo* **(1926) mit Vorträgen zur historischen Entwicklung des deutschen Städtebaus. 1927-28:** An der *Oficina Técnica de la Ciudad Universitaria*, Madrid, unter López Otero. 1. Preis beim Wettbewerb für die *Fundación Rockefeller*. **1930-31: Beim Stadterweiterungswettbewerb für Madrid führt Lacasa den als Preisrichter beteiligten Paul Bonatz in die städtebauliche Problematik der spanischen Hauptstadt ein. 1931 gehört Lacasa der** *Oficina Técnica Municipal* **(Städtisches Technisches Büro) an, die mit dem Ziel der Umsetzung der Ergebnisse des Wettbewerbes gegründet wird. Mit seinen Kollegen Colás und Esteban de la Mora entwickelt er auf der Grundlage des Jansen-Zuazo Plans einen neuen Vorschlag zur Stadterweiterung entlang der Castellana. 1933:** Projekt für den Umbau Madrids. Aufbau der *Oficina de Información Urbanística*. **1934-35:** 1. Preis im Wettbewerb für die Kolonisierung der Ufer des Guadalquivir, mit Esteban de la Mora und Eduardo Torroja. 1. Preis beim Stadterweiterungswettbewerb für Logroño. **1936:** Nach Ausbruch des Bürgerkrieges wird Lacasa für die republikanische *Agit-Prop* - Abteilung tätig. Umsiedlung nach Valencia. **1937:** Auftrag zum Bau des Pavillons der Spanischen Republik auf der Pariser Weltausstellung, den er in Zusammenarbeit mit dem mittlerweile dort niedergelassenen J.Ll. Sert realisiert. **1939:** Flucht über Frankreich – wo er im Konzentrationslager Argeles interniert wird – in die Sowjetunion. **1940-54:** Als Architekt an der Akademie der Architektur der UdSSR. **1954-60:** China-Aufenthalt, wo er die Leitung der Spanisch-Abteilung des dortigen Verlags für ausländische Sprachen übernimmt. Von dort aus reist er 1960 nach Spanien. Nach einem Monat wird er des Landes verwiesen und kehrt nach Moskau zurück. **1961-66:** Am Institut für Kunstgeschichte der Wissenschaftsakademie. Lacasa verfasst verschiedene Arbeiten zu Themen der zeitgenössischen Architektur.

Schriften

El „camouflage" en la Arquitectura. In: Arquitectura 4 (1922), H. 5, S. 196 ff.

Otto Schubert. In: Arquitectura 5 (1923), H. 3, S. 72-76

Un interior expresionista. In: Arquitectura 6 (1924), H. 5, S. 174-176

Un libro alemán sobre casas baratas. In: Arquitectura 6 (1924), H. 8, S. 231-236

Wasmuth. In: Arquitectura 7 (1925), S. 78

Die Neue Wohnung (la nueva vivienda), por Bruno Taut. In: Arquitectura 8 (1926), H. 1, S. 32-33

Lebensläufe, Bibliographie, Dokumente 573

Europa y América: bajo y sobre el racionalismo de la Arquitectura. In: Arquitectura 11 (1929), H. 1, S. 31 ff..

Arquitectura impopular. In: Arquitectura 12 (1930), H. 1, S. 9 ff.

La vivienda higiénica en la ciudad. In: Arquitectura 13 (1931), H. 6, S. 219 ff.

Tendencias actuales del urbanismo. In: APAA 2/1933, S. 11-14

Luis Lacasa, *Escritos 1922-1931.* (Hrsg. Carlos Sambricio). Madrid 1976

Bibliographie

Fritz Schumacher, *La anchura mínima de las calles de viviendas.* In: Arquitectura 7 (1924), H. 12, S. 339-343 [Übersetzung von Luis Lacasa]

Conferencia. La urbanización de Alemania. In: La Construcción Moderna 23 (1925), H. 9, S. 143-144

Encuesta sobre la nueva arquitectura. Luis Lacasa. In: La Gaceta Literaria 2 (1928), H. 32, S. 2

Teodoro Anasagasti u. a., *El Futuro Madrid. Crítica del Proyecto de Extensión y Extraradio.* Madrid 1932

Carlos Sambricio, *Cuando se quiso resucitar la arquitectura.* Murcia 1983

Pabellón Español. Exposición Internacional de Paris 1937. Madrid 1987

Carlos Sambricio, Lilia Maure Rubio: *Madrid, Urbanismo y Gestión Municipal 1920-1940.* Madrid 1984

Aurora Fernández Polanco, *Urbanismo en Madrid durante la II. República, 1931-1939.* Madrid 1990

Sofía Diéguez Patao, *La Generación del 25. Primera arquitectura moderna en Madrid.* Madrid 1997

Carlos Sambricio, *Madrid, de la Ciudad Ilustrada a la mitad del siglo XX.* Madrid 1999

Dokument 20

Ein expressionistischer Raum

Expressionismus

„Expression" bedeutet Leidenschaft; „-ismus" ebenso; also steht „Expressionismus" für zweifache Leidenschaft.

Wir könnten den Expressionismus als „Lobpreisung der Charakteristik" definieren.

Andererseits steht der Expressionismus in unmittelbarem Gegensatz zum Impressionismus. Dieser ist ein optimistischer Objektivismus, während der erste einen pessimistischen Subjektivismus darstellt.

Diese künstlerische Tendenz steht uns zu nahe, als dass wir ihre wahre Reichweite ermessen könnten. Außerdem ist sie einer so unruhigen Atmosphäre entsprungen wie der heutigen, was uns zu der Vermutung veranlasst, dass sie zunächst an Kraft und vielleicht an Freude gewinnen muss, bevor sie fortwährende Wirkung erlangt.

Denn in jedem expressionistischen Werk sehen wir viel Berechnung und viel Verbitterung und nicht die Hingabe einer „Kunst um der Kunst willen" glücklicherer Zeiten.

Bei uns Spaniern weckt diese Kunst ein marginales Interesse. Der Rückstand unseres Umfeldes ist so groß, dass es nicht allzu optimistisch wäre, vorauszusagen, dass erst um 1940 die „expressionistische Manier" hier versucht werde, denn der zu vollziehende Sprung vom Neumonterrey und Neubarock zu den Problemen, die sich heute in Deutschland stellen, ist beträchtlich.

Vielleicht unterläuft den Deutschen der entgegengesetzte Irrtum, denn sie geben sich der neuesten Idee hin, setzen sie mit Kühnheit um, versagen aber auch häufig.

Das ziehen wir gewiss vor, denn selbst solche Luftgebilde bedeuten Leben, während wir zwischen Haufen von Gemeinplätzen dahinsiechen und womöglich demnächst dem Mangel an Idealen zum Opfer fallen werden.

Peter Roehl, Maler

Wir haben ihn in den ruhigen Straßen von Weimar gesehen, ohne Hut, mit blauem Pullover und seiner Pfeife: matrosenhaft. Er dachte mit Wehmut an den Himmel des Südens und an die Sonne.

Wir gingen in sein Atelier, wo er uns seine neuesten Gemälde vorführte. Eine rechteckige Fläche auf der sich Rechtecke unterschiedlicher Ausmaße und Proportionen überlagern. Die Farben satt und gewaltsam. Er war unzufrieden, denn das letzte eingesetzte Gelb dominierte zu sehr. Die Disharmonie beunruhigte ihn, und er war der Mann auf der Suche nach dem eigenen Gelb.

Danach zeigte er uns seine Studien geometrischer Harmonien: Auf einer Pappe zeichnet er ein gelbes Quadrat und einen schwarzen Kreis. Eine Linie, ohne die ein Ungleichgewicht aufkommen würde, durchquert die Zeichnung.

Es ist die abstrakte Malerei: Elementare geometrische Figuren, Vielfalt der Proportion und der Farbe – vibrierend oder blass; auch Abtönungen in weiß, grau, sepia.

(Nach Picasso, dem Intellektuellen, erweist sich Peter Roehl als Heide der Geometrie.)

Außerdem sahen wir das Projekt der Dekoration eines Stahlbetonskeletts: Stets sich überlagernde Rechtecke mit Variationen in Proportion und Farbe. Das Gerüst tritt zuweilen hervor und ordnet sich dann wieder ein. Im Stahlbeton zeigen sich Geraden und Flächen, elementare Formen, die Peter Roehl mit Liebe zuordnet.

Wir gehen auf die Straße und treffen seine Kameraden: Jugend ... Vertrauen in die Zukunft ... Wie weit entfernt befinden wir uns doch von Spanien!

Interieur

Paul Linder besitzt ein Zimmer in München. Wir werden es betreten. Niedrige Decke, drei Fenster. Die Hauptelemente sind: Bett *(C)*, Tisch *(M)* und Heizkörper *(E)*. Die Innenraumgestaltung geht von diesen Grundelementen aus: *C, M* und *E*.

Hinter der Heizung (schwarz) ein Rechteck mit ebenfalls rechteckigen Auswüchsen und einer verbindenden und die Härte mildernden Aureole.

Das Quadrat des Tisches wird auf die Decke projiziert und bildet ein weiteres Grundmotiv.

Um das Bett verschiedene längliche (Horizontalität) und helle (Licht, Heiterkeit des Sonnenaufgangs) Rechtecke.

Gegenüber dem Bett die Wand *(P)* mit einem dekorativen Paneel warmer Farbtöne, die eine Spanienreise evozieren. Es sind abstrakte Formen, die stellenweise konkret werden: ein Dach, Eisenbahnräder, eine kalkgetünchte Wand ...

Über dem Fenster verlängern blaue Rechtecke ideell den Himmel.

Von der Ecke *C* (Helligkeit) gelangt man zum Paneel *P* (Fantasie), über dem Schwarz der Heizung. Rechtecke überschneiden sich ohne feste Regeln, mit sich verändernden und stets neuen Harmonien: Die Farbtöne verbinden sich mit anderen, die zum Quadrat *M* der Decke hin dunkler und zum Fenster hellerwerden, um dort im leuchtenden Blau des geistigen Himmels aufzugehen.

Wie weit entfernt befinden wir uns von Stuckbändern, Gebälken ... Rahmungen ... Gemeinplätzen ... geistiger Faulheit! Jugend ... Vertrauen in die Zukunft!

München, Sommer 1923
Luis Lacasa, Architekt

[Luis Lacasa, *Un interior expresionista*. In: Arquitetura 7 (1924), H. 5, S. 174-176. Übersetzung J. M. W.]

Ewald Liedecke
Architekt und Stadtplaner
★Stuttgart 25.11.1905, ✝ Stuttgart 9.2.1967

1924-28: Architekturstudium an der TH Stuttgart, v.a. bei Wetzel und Schmitthenner. **1929-31: Mitarbeiter von Hermann Jansen bei Planungen für u. a. Wiesbaden, Ankara und Madrid, wo er die Rolle des Projektleiters einnimmt. Parallel hierzu ist er als Mitarbeiter von Maximilian von Goldbeck und Erich Kotzer an der Erstellung des Städtebau-Filmes „Die Großstadt von morgen" beteiligt. 1931-34: Nach Meinungsverschiedenheiten mit Jansen anlässlich des Madrider Wettbewerbs verlässt er das Berliner Büro, um in Stuttgart als freier Architekt tätig zu sein.** Wie auch Bonatz und Blum, beteiligt sich Liedecke gemeinsam mit Peter Koller am Stadterweiterungswettbewerb für Zagreb. Durch Vermittlung von Luis Pérez Mínguez wird ihr Vorschlag im März 1932 in *Arquitectura* veröffentlicht. Im Frühjahr 1934 nimmt er die Stelle als Planungsdezernent im Regierungspräsidium in Königsberg. **1935-40:** Landesplaner an der Stadthalterei in Danzig. Ernennung zum Reichsstatthalter von Danzig-Westpreusen. Dozent in Königsberg (1935-1938) und an der Technischen Hochschule Danzig (1937-43). **1941:** Entwurf der Städte Leipe (Lipno) und Dobrin (Dobrzyn) im Süden Westpreußens. **1943-45:** Professor für Raumordnung, Ostkolonisation und ländliches Siedlungswesen an der TH Danzig. **1946-59:** Freier Planer in Tübingen. **1961-65:** Regionalplan für Mainz.

Bibliographie

Ewald Liedecke, *Para el Plano de Zagreb (Yugoeslavia)*. In: Arquitectura 14 (1932), H. 3, S. 91-94

H. G. Burkhardt, H. Frank, U. Höhns, K.Stieghorst (Hrsg.): *Stadtgestalt und Heimatgefühl. Der Wiederaufbau von Freudenstadt 1945-1954.* Hamburg 1998

Niels Gutschow, *Ordnungswahn: Architekten planen im „eingedeutschten Osten" 1939-1945.* Gütersloh 2001. S. 203-205

Paul Linder
Architekt, Architekturkritiker, Lehrer
★Lennep, Rheinland 10. Juli 1897, ✝ Haar, München 16. Oktober 1968

1916-18: Kriegsdienst als Luftbildfotograf. Immatrikulation an der RWTH Aachen. **1919-20:** Studium am Staatlichen Bauhaus in Weimar. Wie Ernst Neufert gehört auch Linder der ersten Studentengruppe an, die den von Paul Klopfer an der Baugewerkschule Weimar veranstalteten Architekturkurs besucht. Parallel hierzu ist er Mitarbeiter von Adolf Meyer. **1921-22: Spanienreise mit seinen Studienfreunden Ernst Neufert und Kurt Löwengard. Durch Vermittlung von Eberhard Vogel – Lektor für Spanisch in Aachen und Korrespondierendes Mitglied der *Real Academia de Buenas Letras* in Barcelona – sind sie am *Institut d' Estudis Catalans* (IEC) für Puig i Cadafalch tätig, wo sie Bauaufnahmen katalanischer Kirchen aus dem 14. und 15. Jahrhundert erstellen. Beim Leiter der Abteilung für Denkmalschutz der *Mancomunitat de Catalunya*, Jeroni Martorell i Terrats, ist Linder am Entwurf für eine Kirche in Súria beteiligt. Im Auftrag des IEC bereisen sie Spanien und führen weitere Bauaufnahmen für die Abteilung „España Monumental" der geplanten Ausstellung der Stadt Barcelona durch. In Madrid arbeitet Linder als Theatermaler am *Teatro Eslava*; in Sevilla ist er beim Architekten Pedro Sánchez Núñez angestellt und beteiligt sich an Planungen für Wohnbauten, Hotels und Garagen. 1922-24:** Studium an der TH München, wo Linder Veranstaltungen von Theodor Fischer und German Bestelmeyer besucht. Abschluss als Diplom-Ingenieur. **1923-33: Luis Lacasa besucht Linder in München und schreibt über ihn in der Madrider Zeitschrift *Arquitectura*, für die dieser in der Folgezeit als Korrespondent aus Deutschland berichtet. Neben allgemeineren Darstellungen der zeitgenössischen deutschen Architektur verfasst Linder monographische Artikel über das Werk von Bruno und Max Taut, Walter Gropius, Karl Schneider und Wilhelm Riphahn. Zu Beginn der 30er Jahre wird Linder zum Vermittler und Betreuer der spanischen Architekturstudenten in Berlin (u. a. Subirana, Rodriguez Orgaz, Pérez-Mínguez, Prieto Moreno ...). 1925:** Sechsmonatige Italienreise mit dem Bauhäusler Werner Gilles. **1926:** Anstellung bei Alfred Breslauer in Berlin, dessen Tochter Ruth er 1929 heiratet. **1927-29:** Im Büro Bruno Taut-Franz Hoffmann ist Linder u. a. an den Planungen für die Siedlungen Britz und Zehlendorf beteiligt. In einem Artikel in der Bauwelt macht er von Tauts Methode der Gegenüberstellung „früher-später" beziehungsweise „richtig-falsch" („Die neue Wohnung", 1924) Gebrauch, um die Verwandlung einer Mietwohnung zu illustrieren. **1929-38:** Niederlassung als selbständiger Architekt in Berlin: Ein wichtiges Arbeitsfeld wird der Bau von Ateliers für befreundete Künstler, wie Georg Kolbe oder Gerhard Marcks. Linder ist aber vor allem im Bereich des Kirchen- und Landhausbaus tätig. Studienreisen nach Italien, England, Frankreich, den Niederlanden und den USA. **1938:** Emigration über Chile nach Perú, wo er durch Vermittlung von Luis Ortiz de Zevallos Kontakte knüpft und sich daraufhin niederlässt. Zunächst gemeinsam mit Héctor Velarde für die Ursulinen als Architekt tätig. Später realisiert er selbständig zahlreiche Bauten von zum Teil außerordentlicher Qualität. Als Architekturkritiker betätigt sich Linder u.a. in der Zeitschrift *El Arquitecto Peruano*. **1942-66:** Professor für Kunstgeschichte an der *Pontífica Universidad Católica del Perú*, Lima. **1945-61:** Professor an der *Escuela Nacional de Ingenieros* in Lima für die Fächer *Estética de la Arquitectura* und *Filosofía del Arte*. **1961:** Auszeichnung mit einer Honorarprofessur der *Escuela Nacional de Ingenieros*.

Lebensläufe, Bibliographie, Dokumente 577

Schriften

La construcción de rascacielos en Alemania. In: Arquitectura 7 (1924), H. 11, S. 310-313

Sonderbares aus der spanischen Baukonstruktion. In: Bauwelt 16 (1925), H. 9, S. 216-217

Tres ensayos sobre la nueva arquitectura alemana (I). In: Arquitectura 9 (1926), H. 1, S. 20-22

Tres ensayos sobre la nueva arquitectura alemana (II): los tectónicos. In: Arquitectura 9 (1926), H. 6, S. 235-241

El nuevo Bauhaus en Dessau. In: Arquitectura 10 (1927), H. 3, S. 110-112

La exposición Werkbund Ausstellung en Stuttgart. In: Arquitectura 10 (1927), H. 11, S. 383

Arquitectos pensad y construid con sentido social. In: Arquitectura 12 (1929), H. 1, S. 12

El arquitecto Max Taut, Berlin. In: Arquitectura 12 (1929), H. 12, S. 422

El arquitecto Wilhelm Riphahn. In: Arquitectura 13 (1930), H. 3, S. 75

Walter Gropius. In: Arquitectura 13 (1930), H. 8, S. 245-254

Sobre especialistas, sobre arquitectura universal y sobre el arquitecto hamburgués Karl Schneider. In: Arquitectura 13 (1930), H. 11, S. 333

La exposición berlinesa de la construcción. In: Arquitectura 14 (1931), H. 9, S. 287

Acerca de la plástica en arquitectura. Obras de Georg Kolbe. In: Arquitectura 15 (1933), H. 3, S. 80

Encuentros con Antonio Gaudí. In: Mar del Sur 4 (1950), März-April

Unveröffentlichte Aufzeichnungen

Estudios de la Catedral de Gerona, Iglesia de Santa Maria del Mar e Iglesia parroquial del Pino (Zeichnungen, 1921-22)

Estudios de la Catedral de Gerona, Iglesia de Santa Maria del Mar e Iglesia parroquial del Pino (Zeichnungen, 1921-22)

Sobre los Jardines Del Real Alcasar (sic) De Sevilla. Undatiertes Manuskript einer Studie im Auftrag des Institut d'Estudis Catalans. Archiv Alfredo Linder, Lima

Notas sobre el Barroco (undatiert)

Katalanische Gotik. München 1923. Archiv Alfredo Linder, Lima

Spanischer Barock in Peru (undatiert)

Bibliographie

Luis Lacasa, *Un interior expresionista.* In: Arquitectura 7 (1924), H. 8, S. 174-176

Ernst Neufert, *Das Jahr in Spanien.* Darmstadt 1969 (*Un año en España*. Barcelona 1970)

Alfredo Linder, *Las Iglesias de Paul Linder.* In: Habitar. Revista del Colegio de Arquitectos del Perú 1/1980, S. 3-10

Maria Cecilia Ludowieg Telge, *Paul Linder. Su Obra.* Universidad Nacional de Ingeniería, Lima 1984 (unveröffentlichte Studienarbeit)

Annemarie Jaeggi, *Adolf Meyer. Der zweite Mann. Ein Architekt im Schatten von Walter Gropius.* Berlin 1994

Klaus-Jürgen Winkler, *Die Architektur am Bauhaus in Weimar.* Berlin/München 1993

Carlos de San Antonio Gómez, *20 años de Arquitectura en Madrid.* Madrid 1996

Ursel Berger, Josephine Gabler (Hrsg.): *Georg Kolbe. Wohn- und Atelierhaus. Architektur und Geschichte.* Berlin 2000

Carlos de San Antonio Gómez (Hrsg.), *Revista Arquitectura (1918-1936).* Madrid 2001

Joaquín Medina Warmburg, *Paul Linder: arquitecto, crítico, educador. Del Bauhaus a la Escuela Nacional de Ingenieros del Perú*. In: Ra – Revista de Arquitectura, H. 6, 2004

Joaquín Medina Warmburg, *Gaudí am Bauhaus. Gropius, Linder, Neufert und das gotische Ideal*. In: Reiner Stamm, Daniel Schreiber (Hrsg.), *Antoni Gaudí. Lyrik des Raums*. Köln 2004, S. 30-43

Dokument 21

Katalanische Gotik

Die Pyrenäen fühlten sich jahrhundertelang als das Bollwerk ihrer Halbinsel gegen alle nördlichen Einflüsse. Indes das Meer gleich gern die Wellen östlicher und südlicher Kultur an die spanischen Küsten führte, wie es später die eigenen Regungen und Sehnsüchte des Landes aufnahm und der Neuen Welt entgegen trug. So hatte in der Tat jenes *Bonmot* eine gewisse Berechtigung das vor zweihundert Jahren ein großer Franzose prägte, das die Pyrenäen als die Südgrenze Europas erklärte. Dieses Wort, mit seinem Ton der Überheblichkeit trug nicht nur jenem großen Franzosen den lebhaften Unwillen seiner spanischen Zeitgenossen ein, nein, es spielt auch heute noch eine gewisse effektvolle Rolle, wenn ein spanischer Biedermann die anmaßende Lächerlichkeit seiner lieben Nachbarn jenseits der Pyrenäenberge demonstrieren will. Seines Esprits und Sinnes beraubt findet man dieses Wort heute in den Schilderungen überschwänglicher Spanienfahrer wieder, die damit keineswegs zu einer wünschenswerten Klärung unserer romantischen Begriffe beitragen, die das Wort Spanien unwillkürlich bei uns auslöst.

Ohne die nachhaltigen Einwirkungen einschränken zu wollen, die nach sechs Jahrhunderten die geistig und künstlerisch hochstehende maurische Lebensart bei einem beweglichen und aufnahmefrohen Volke hinterlassen musste, sollte man sich gleichermaßen um die Aufdeckung der frühen Verbindungskanäle zum übrigen Europa bemühen.

Katalonien, das furchtbare und eigenartige Land, das sich von Barcelona, seiner Hauptstadt am Mittelmeer, aus nach Norden zu den Schneebergen der Pyrenäen erstreckt, bietet eine gleich fruchtbare und eigenartige Gotik, die man als eine eminent europäische Äußerung werten muss.

Es ist von Wichtigkeit zu wissen, dass Katalonien sich infolge besonderer Eigenart seiner Landschaft und Menschen im Verlaufe seiner Entwicklung in gewissem Gegensatz stets zum übrigen Spanien befand, der sich heute zu einer offenen politischen Unabhängigkeitsbewegung verdichtet hat. Diese Eigenart, die der eleganten Bewegung und spielerischen Lebendigkeit Kastiliens und Andalusiens eine gewisse Nüchternheit und Mäßigung entgegensetzt, ermöglicht es, die katalonische Gotik als ein Ganzes aus der gleichzeitigen spanischen Entwicklung herauszuheben.

Als der neue Stil von Frankreich her über die Pyrenäen drang, stiess er in den Katalonischen Landstrichen auf eine festwurzelnde romanische Baugesinnung, die die ruhelos flackernde, sich übersteigernde Seele der französischen Gotik mit einer wohltuenden Sachlichkeit zähmte. Ihre Intensität und architektonische Kraft bleiben ungemindert. Was ihre Harmonie an Überschwang verliert, gewinnt sie an vollem Ton und nachhaltiger Wirkung. Ein breiter Rhythmus tritt an die Stelle des Aufwärtsstrebendem. Die entzückende Fertigkeit ihrer kastilischen Schwestern, die sieghafte Leichtigkeit ihrer französischen Mutter scheint der katalonischen Gotik nicht in die Wiege gelegt.

Sie schöpft ihre Kraft aus den Quellen ihrer spröden Landschaft, ihrer sachlichen Menschen und so spiegelt ihr Wesen gleichzeitig die blaue Stetigkeit des Mittelmeers und die Gewalt und Herbheit der Pyrenäentäler und Montserratfelsens.

Wenn der Spanienfahrer von Süden kommend, befangen noch von der Größe und Pracht der Kathedralen von Sevilla, Toledo, Leon und Burgos, den katalonischen Bauten des 13. - 15. Jahrhunderts entgegentritt, so wird er geneigt sein, ihnen Unrecht zu tun, indem er ihren inneren Wert mit äußeren Maßstäben misst. Aber so er nur geblendet und nicht blind ist, wird er bald aus ihren Maßen einen neuen Klang vernehmen, eine Stimme größerer Willensstärke und Fertigkeit. Er wird die stereotome einheitliche Konzeption erkennen, die keiner schwärmerischen Inbrunst, sondern einfacher gottfroher Gläubigkeit entwuchs. Das Wesen des katalonischen-gotischen Bauwerks ist die stets wiederholte Großzügigkeit des offenen, wenig geteilten Raumkörpers. Die Gewölbejoche spannen sich über Schiffsbreiten von erstaunlichem Ausmaß. Und es ist bezeichnend, dass die Kathedrale von Gerona, jener fast unbekannten Provinzstadt, ihr massives Gewölbe über eine lichte Weite von mehr als 22 m spannt und damit den Weltrekord der Gewölbebreiten in gotischen Kathedralen hält. Zwei weitere Charakteristika der Anlage tragen den Gedanken der großzügigen, aber zusammenfassenden Raumkomposition weiter: Die Höhe von Haupt und Seitenschiffen ist durchweg die gleiche oder fast gleiche und der Grundriss stellt im sogen. Salon-Typ eine nicht von Querschiffen geschnittene oblonge Fläche dar. Hierdurch besitzen die für den Raum so empfindlichen Begrenzungen des Bodens und der Decke eine straffe Übersichtlichkeit.

Barcelona beherbergt drei der wundervollsten gotischen Kirchen. Da ist die schwere dunkle Fülle der Kathedrale, die mit ihren glatten Gewölben und den wieder zum Halbrund zurückkehrenden Gurten und Archivolten den Kampf der gotischen gegen die romanische Welt, der in Katalonien mit ausnehmender Zähigkeit in beiden Lagern geführt wurde, zu Stein erstarren ließ. Diese Kathedrale mit ihrem vergitterten Kreuzgang mitten im Treiben kleiner geschäftiger Straßen ist die formgewordene Gottessehnsucht des ganzen einst mächtigen Principado de Cataluña. Die zweite ist Santa Maria del Mar, die Kirche der Schiffer & Seefahrer. Ihr Äußeres trägt das bezeichnende Gesicht katal. Kirchenbauten. Erstanden unter den glücklichsten klimatischen Verhältnissen bedarf sie des Daches als Witterungsschutz nicht. Ihre Gewölbe liegen offen dar. Regenwasser fließt in den Gewölbezwickeln zusammen und wird durch die Widerlager zum Wasserspeier geführt. Die Horizontale beherrscht durch die glatte Mauerabdeckung Seitenansicht und Apsis. An der Westfassade einen sich Portale und Fensterrose zu dem einzigen vertikalen Aufstrich, in der Tendenz von zwei schönen Flankentürmen begleitet. Ihr Äußeres hat durch die Wohlabgewogenheit ihrer Gesimse und Mauerflächen, durch den sparsamen plastischen Schmuck ihrer Fenster und Portale den Ausdruck eines vornehm-bescheidenen Antlitzes, das in würdevoller Ruhe eine große Seele birgt. Das Innere dieser Kirche ist von einer Gewalt, die in Katalonien nicht wieder erreicht wurde. Santa Maria del Pino ist die Kirche des sterbenden Tages. Ihr Grundriss ist ein einzelnes Schiff, von einem Kranz kleiner Kapellen begleitet. Ihr Aufbau ein schmal-tiefer, Raum, dessen West-Ost Richtung durch den hellen Altarchor und die gewaltige Fensterrose erstrebt wird, die die ganze Fläche der Westfassade ausmacht. Wenn durch dieses Fenster der sinkende Tag seine letzte Sonnenkraft schickt, so wandeln die alten tieffarbenen blauen und roten Gläser die Kirche in einen Zaubersaal, in dessen Glut kein kritischer Gedanke mehr Macht hat.

Eine bauliche und geschichtliche Kuriosität ist die Geroneser Kathedrale. Im 13. Jahrhundert als dreischiffiger Bau begonnen, zeigte sich, nachdem der Chor mit seinem Umgang fertig dastand, ein Mißverhältnis zwischen dem hohen Mittelschiff und den gedrückten und zu schmalen Seitenschiffen. Über die Verhandlungen, die der mutige Bischof Damacio de Mur mit 11 der berühmtesten spanischen und französischen Kirchenbaumeistern zur Klärung der erwachsenen Schwierigkeiten führte, geben uns die im Dom-Archiv aufbewahrten Bauakten ein interessantes Bild. Damacio richtete 3 Fragen an die Versammlung der Architekten, in denen von jedem ein exaktes Gutachten gefordert wurde über den ästhetischen Wert oder Unwert des jetzigen Verhältnisses von Haupt- zu Seitenschiff und über die technische und künstlerische Möglichkeit, die Kirche einschiffig in der Breite der vorhandenen 3 Schiffe zu vollenden. Die noch vorhandenen 33 Antworten der Sachverständigen entrollen ein lustiges Bild der verschiedenartigen Meinungen dieser zeitgenössischen Fachleute und der noch seltsameren Begründungen wobei Steinmaterial, Mörtel, Winddruck, Erdbebengefahr, Geld und Zeitaufwand für und gegeneinander in ein lustiges Gefecht geführt werden. 7 von 11 hielten die Konstruktion eines über 22 m. breiten Steingewölbes für technisch unmöglich. Wenn Damacio de Mur sich doch für die Ansicht der Minorität entschied mit der Begründung, dass ihm die Ansicht von 4 im Kirchenbau erprobten Meistern für die statische Sicherheit genüge, so scheint uns Heutigen das geeignete ihn als einen idealen Bauherrn anzusehen, zumal er Recht behalten hat und das gewaltige 36 m hohe Schiff heute noch unversehrt dasteht.

Die Kathedralen von Tarragona, Palma, Lerida und Manresa, die Kirchen von Barcelona und Gerona haben den gleichen Rhythmus. Für sie alle ist die seltene Einfachheit Grundgesetz die „ungotische" Horizontale und die schützende und beschützende Lage oberhalb der Stadt. Fällt doch die Entstehung der großen katalanischen Kirchen als Krone der Landschaft und Festung ihres Weichbildes mit der Zeit großer kriegerischer Wirrnisse und Unruhen im benachbarten Languedoc zusammen. Von dort her kamen im Gefolge der Albigenser Kriege auch die mannigfachen Anregungen, da Kat. politisch und kirchlich längere Zeit mit dem Rosellon vereint war. Niederschlag maurischer Beeinflussung, die teils friedfertig, teils gewalttätig vor sich ging, verrät vor allem die profane Gotik. So ist der katalanische Hof ein orientalisches Rudiment und als besonders reizendes Geschenk nahm man die zierlichen Monolithsäulen der maurischen Baukunst auf, die sich in Fenstern und Hofarkaden stets wiederfinden. Trotzdem ist die Bestimmung der künstlerischen Charakterentwicklung stets eigen gewesen. Fremdländische Elemente haben sich dieser Eigenart beugen müssen und es ist wohlberechtigt, wenn man im Gegensatz zu kastilianischer und französischer von katalanischer Gotik spricht. Ein ganz besonderes Merkmal unterscheidet sie von ihren Nachbarn. Sie ist weder dem „Flamboyant" noch dem „estilo florido" jenen gleichzeitigen franz. und span. Verfallserscheinungen zum Opfer gefallen. Die elementare Kraft der Romanik, die sich Katalonien bewahrte, die dem neuen Stil stets wieder frisches Blut zuführte, verscheuchte diese Zeichen der Dekadenz. Die Gotik ist in Katalonien, ohne gealtert zu sein, gestorben.

[Paul Linder, *Katalanische Gotik*. (Erste Fassung) Undatiertes Typskript. Nachlass Paul Linder, Archiv Alfredo Linder, Lima.]

Erich Mendelsohn
Architekt
★Allenstein 21. März 1887, ✝ San Francisco 15. September 1953

1908-10: Architekturstudium an der Technischen Hochschule Berlin-Charlottenburg. **1910-12:** Wechsel zu Theodor Fischer an die Technische Hochschule München. **1915-18** Kriegsdienst. Skizzen imaginärer Industriebauten. **1918:** Freischaffender Architekt in Berlin. Mitglied der Novembergruppe und des Arbeitsrats für Kunst. **1920-24:** Errichtung des Einsteinturms in Potsdam. **1921-23:** Bau des Mosse-Hauses in Berlin und der Hutfabrik in Luckenwalde. **1924-25:** Reisen in die USA – wo er Frank Lloyd Wright begegnet – und in die UdSSR. **1928:** Fertigstellung des Berliner Kinos Universum. **1928-30:** Bau der eigenen Villa am Rupenhorn, Berlin. Kaufhaus Schocken, Chemnitz. **1929:** Spanienreise. **Am 15. November hält Mendelsohn in der** *Residencia de Estudiantes* **den Vortrag „Rußland-Europa-Amerika. Ein architektonischer Querschnitt" mit den Thesen seines gleichnamigen Buches. 1930 Entwürfe für die Villa des Herzogs von Alba in der Sierra de Guadarrama. Mendelsohn verhandelt zudem über den Auftrag zur Errichtung des Deutschen Studentenhauses in der in Bau befindlichen** *Ciudad Universitaria* **in Madrid. In einem Brief an die Kulturabteilung des Auswärtigen Amts in Berlin gibt er am 17. Oktober zu verstehen, dass der Entwurf bereits angefertigt worden sei. 1931-32:** Errichtung des Columbus-Hauses in Berlin. Der junge Juan Batista Subirama berichtet darüber in der Zeitschrift *AC*. **1932-33:** Gemeinsame Pläne mit Ozenfant und Wijdeveld zur Gründung einer Mittelmeer-Akademie (*Académie-Européene-Méditerranée*), die in Süd-Frankreich bei Cavalaire angesiedelt werden sollte. Zu den Mitgliedern der Akademie gehört der spanische Bildhauer Pablo Gargallo. Im Februar 1933 versucht Mendelsohn auch den Philosophen Ortega y Gasset für eine Ehrenmitgliedschaft zu gewinnen. **1933:** Emigration nach England. Partnerschaft mit Serge Chermayeff. **1935:** Gründung eines Architekturbüros in Jerusalem. **1939:** Emigration nach Palästina nach Ausbruch des 2. Weltkrieges. **1941:** Auflösung des Büros und Emigration in die USA: Studienreisen, Ausstellungen und Vorlesungen. **1945:** Gründung eines eigenen Büros in San Francisco.

Bibliographie
Blanco Soler, *Erich Mendelsohn*. In: Arquitectura 7 (1924), H. 6, S. 318 ff.

El cine „Universum" en Berlin. In: Arquitectura 12 (1929), H. 2, S. 67 ff.

„Columbus Haus". Edificio para despachos.- Berlin. Arquitecto: Erich Mendelsohn. In: AC 2 (1932), H. 5, S. 33-35

Juan Bautista Subirana, *Evolución del techo y de la pared*. In: AC 2 (1932), H. 6, S. 48-49

E. Rüdt, *Die neue Universitätsstadt von Madrid*. In: Wasmuths Monatshefte für Baukunst und Städtebau 16 (1932), S. 406-408

Ernst-Wolfgang Pöppinghaus, *„Moralische Eroberungen?" Kultur und Politik in den deutsch-spanischen Beziehungen der Jahre 1919 bis 1933*. Frankfurt a. M. 1999

Dokument 22

ARCHITEKT DIPL.ING. ERICH MENDELSOHN

CHARLOTTENBURG 9 – NUSSBAUMALLEE 2/4 – C3 WESTEND 4343 u. 4344

M/A.   Den 25. August 1930

Frau Maria Luisa de Caturla-Kocherthaler,
z.Zt. Park-Hotel Luitpold,
O b e r s d o r f i/Allgäu.

Liebe verehrte Frau Maria Luisa,

Ich habe gerade gestern bei der ersten Gesellschaft, die wir in unserm Hause gegeben haben, gehört, dass am 29. August der Conte Aguilar aus Madrid in Berlin ist, um über folgende Angelegenheit mit den amtlichen Stellen hier zu verhandeln.

Es soll in Madrid bei der Universität ein deutsches Institut errichtet werden, und zwar mit Geldern, die die Prinzessin de la Paz (die geborene Wittelsbacherin) aufgebracht haben soll. Es soll infolgedessen bereits eine Münchener Baufirma, also eine Bauunternehmerfirma, damit befasst worden sein. Nun wünschen die amtlichen massgebenden Kreise in Deutschland, dass dieses Institut auch in seiner architektonischen Haltung dem neuen deutschen Geiste entspricht. Aber es wird notwendig sein, dass dieser Wunsch auch von spanischer Seite Unterstützt wird.

Ich schreibe Ihnen das, um von Ihnen zu erfahren, welche Kreise in Madrid Einfluß darauf haben, sei es der Direktor der Universität, sei es Jiménez oder sei es der Herzog von Alba in seiner Stellung als Aussenminister oder als einer der geistigen Führer Spaniens.

Für Sie selbst, d.h. der Name darf nicht genannt werden, hat mir davon Herr Geheimrat Sievers, der Leiter der Kulturabteilung des Auswärtigen Amtes, erzählt, der alles daran setzen möchte, dass ich dieses Institut baue. Die Schwierigkeiten sind Ihnen wie mir bekannt, aber ich glaube, es muss alles versucht werden.

Ich bitte Sie in aller Freundschaft, zu tun was Sie können und vertraue Ihnen ganz.

Ihr
Mendelsohn

[Fundación José Ortega y Gasset, Madrid. Archivo Microfilmado. C-6/31]

Dokument 23

ARCHITEKT DIPL.ING. ERICH MENDELSOHN
ORDENTLICHES MITGLIED DER PREUSSISCHEN AKADEMIE DER KÜNSTE

BERLIN W9 * POTSDAMER PLATZ 1– COLUMBUSHAUS – B1 KURFÜRST 100

M/A.   Den 6. Februar 1933

Herrn Professor Ortega y Gasset,
Ferrano 47,
M a d r i d.

Sehr verehrter Herr Professor,

Mme. Maria Luisa de Caturla hatte es in freundschaftlicher Weise übernommen, Ihnen meine Briefe zuzustellen, die die Bitte enthielten, sich bereit zu erklären, dem Ehrenkomitee der von meinen Freunden und mit zu gründenden Académie Européene Mediterranée beizutreten,

Da ich bisher ohne Ihre Zusage bin, möchte ich Sie noch einmal auf dem direkten Wege bitten, unseren Wunsch zu erfüllen, weil wir auf Ihre Anwesenheit im Ehrenkomitee den grössten Wert legen und Ihre Persönlichkeit auf keinen Fall missen möchten.

Da der Prospekt in Druck gegeben werden muss, bitte ich Sie um die Liebenswürdigkeit, mir umgehend Bescheid zu geben.

Mit den besten Empfehlungen
Ihr
Erich Mendelsohn

[Fundación José Ortega y Gasset, Madrid. Archivo Microfilmado. C-114/37]

Ludwig Mies van der Rohe
Architekt
★Aachen 27. März 1886, ✝ 17. August 1969 in Chicago

1900-05: Nach einer Berufsausbildung zum Entwerfer von Stuckornament in seiner Heimatstadt Aachen siedelt Mies 19-jährig nach Berlin über. **1906-07:** Lehre im Architekturbüro Bruno Pauls, wo er erste Möbelentwürfe realisiert. Die erste eigenständige architektonische Arbeit ist das Haus Riehl in Neubabelsberg bei Potsdam. **1908-12:** Bei Peter Behrens, wo er Walter Gropius und 1911 Le Corbusier begegnet. Zu den letzten Projekten, die er bei Behrens betreut, gehören die Deutsche Botschaft in St. Petersburg (1911-12) und das Haus Kröller-Müller in Den Haag (1912), das zum Zerwürfnis und schließlich zu seiner Entlassung führt. **1912-38:** Freischaffender Architekt in Berlin. Erste Arbeiten: Haus Urbig (1914), experimentelle Entwürfe wie das Hochhaus Friedrichstraße (1921), das Bürohaus in Stahlbeton (1922) und die Landhäuser in Stahlbeton (1923) und Backstein (1924). **1922:** Mitglied der Novembergruppe und der Redaktion der Zeitschrift *G.* **1924:** Mitbegründer der Berliner Architektenvereinigung *Der Ring.* **1926-32:** Ernennung zum Zweiten Vorsitzenden des Deutschen Werkbunds, nachdem er erst zwei Jahre zuvor Mitglied geworden ist. Ihm unterliegt in der Folge die künstlerische Oberleitung der Stuttgarter Werkbund-Ausstellung „Die Wohnung" (1927). Die in diesem Rahmen entstehende experimentelle Weißenhofsiedlung wird eines der ersten Zusammentreffen der modernen Architekten Mitteleuropas und bezeugt ihre scheinbare formale Übereinkunft. **1929: Im Juli 1928 erhält Mies van der Rohe den Auftrag, die künstlerische Oberleitung der Deutschen Abteilung auf der *Exposición Internacional de Barcelona* zu übernehmen: Der Repräsentationspavillon des Deutschen Reiches wird am 19. Mai 1929 eröffnet. Der Pavillon der Deutschen Elektrizitätswirtschaft – unter Mitwirkung von Wilhelm Niemann und Fritz Schüler bei der inneren Ausgestaltung – und die verschiedenen Stände der thematischen Pavillons der Ausstellung – in Zusammenarbeit mit Lilly Reich – folgen kurz darauf.** **1930-33:** Auf Drängen von Walter Gropius wird Mies Leiter am Bauhaus in Dessau und Berlin bis zur Schließung der Lehranstalt. **1938:** Auswanderung in die USA: Bürogründung in Chicago. Direktor bis 1959 der Architekturfakultät am *Illinois Institute of Technology* (IIT). Ab **1940** entwickelt er verschiedene Entwürfe zur Neugestaltung des *IIT-Campus*, die teilweise zur Realisierung gelangen. **1944:** Staatsbürger der USA. In diesem Land entstehen in der Folgezeit Bauten wie das *Farnsworth House* in Plano, Illinois (1945-50), das *Seagram-Building*, New York (in Zusammenarbeit mit Philip Johnson, 1954-58). Erst mit seinem letzten Bau, der Nationalgalerie in Berlin (1962-67), ist Mies wieder in Deutschland präsent.

Bibliographie
Dice Mier Van de Rohe [sic]. In: La Gaceta Literaria 2 (1928), H. 32, S. 5

Solemne Inauguración de los pabellones de Alemania. In: ABC, vom 28. Mai 1929

Hans Theodor Joel, *Spaniens Reconquista.* In: Berliner Tageblatt vom 31. Mai 1929

El Arquitecto Van der Roch creador del Pabellón de Alemania. In: Diario Oficial de la Exposición, H. 12, 2. Juni 1929, S. 25

Heinrich Simon, *Barcelonas Weltausstellung 1929.* In: Frankfurter Zeitung, Morgenblatt vom 2., 5., 7., und 11. Juni 1929

Hans Bernoulli, *Der Pavillon des Deutschen Reiches in der Internationalen Ausstellung*. In: Das Werk 16 (1929), H. 11, S. 350 ff.

Walther Genzmer, *Die Internationale Ausstellung in Barcelona*. In: Zentralblatt der Bauverwaltung 49(1929), S.541-546.

Walther Genzmer, *Der deutsche Reichspavillon auf der Internationalen Ausstellung*. In: Die Baugilde 11 (1929), S. 1654-1657

Guido Harbers, *Deutscher Reichspavillon in Barcelona auf der Internationalen Ausstellung 1929*. In: Der Baumeister 27 (1929), S. 421-427

Alfred Baeschlin, *Barcelona und seine Weltausstellung* (I). In: Deutsche Bauzeitung 63 (1929), H. 57, S. 497-504

Alfred Baeschlin, *Barcelona und seine Weltausstellung* (II). In: Deutsche Bauzeitung 63 (1929), H. 77, S. 657-662

Justus Bier, *Mies van der Rohes Reichpavillon in Barcelona*. In: Die Form 4 (1929), H. 16, S. 423-430

L. S. M. (Lilly von Schnitzler), *Die Weltausstellung Barcelona 1929*. In: Der Querschnitt 9 (1929), H. 8, S. 582-584

L. S. M. (Lilly von Schnitzler), *Weltausstellung Barcelona*. In: Europäische Revue 1929, H. 4

Deutschland in Barcelona 1929. Das neue Berlin 1 (1929), H. 9, S. 188

Otto Völckers, *Der Pavillon des Deutschen Reiches auf der Ausstellung in Barcelona*. In: Stein Holz Eisen 43 (1929), vom 26. September, S. 609

Richard von Kühlmann, *Blick von Barcelona auf Deutschland*. In: Berliner Tageblatt, Nr. 567, Morgenausgabe vom 1. Dezember 1929

William Franklin Paris, *The Barcelona Exposition. A splendid but costly effort of the Catalan People*. In: The Architectural Forum 51 (1929), H. 5, S. 481-496

Nicolau Maria Rubió i Tudurí, *Le Pavillon de l'Allemagne à l'Exposition de Barcelone*. In: Cahiers d'art 4 (1929), S. 408-409

Gertrude Richert, *El Pabellón Alemán de la Esposición nternacional de Barcelona*. In: Investigación y Progreso 3 (1929), H. 11, S. 103-104

Willy Lesser, *Der deutsche Anteil an der Weltausstellung in Barcelona*. In: Technische Rundschau H. 30, 1929, S. 315-317

Internationale Ausstellung Barcelona 1929. Deutsche Abteilung. 1929

K.W. Johansson, *Illuminating the Barcelona Exposition*. In: The Architectural Forum 52 (1930), H. 1, S. 135-139

Francisco Marroquín, *Hacia una nueva arquitectura. El Pabellón de Alemania en la Exposición de Barcelona*. In: ABC, Bildbeilage vom 26. Januar 1930

Georg Kolbe, *Neues Bauen gegen Plastik?* In: Wasmuths Monatshefte für Baukunst und Städtebau 16 (1932), S. 381

La evolución del rascacielos. In: AC 2 (1932), H. 6, S. 36-38

GATCPAC, *El que hauria d'esser un interior de casa moderna*. In: D'Aci i D'Alla 21 (1933), Nr. 173

Villa a Brünn – Mies van der Rohe, arquitecto. In: AC 4 (1934), H. 14, S. 30-33

La labor actual de Mies van der Rohe. In: AC 4 (1934), H. 14, S. 34

Sekundärliteratur

Wolf Tegethoff, *Mies van der Rohe. Die Villen und Landhausprojekte.* Essen 1981

Arthur Drexler (Hrsg.), *The Mies van der Rohe Archive.* New York/London 1986. Bd. 2, S. 216-245 (German Pavillon), S. 246-281 (Barcelona Exhibits); Bd. 5, S. 165-172

Fritz Neumeyer, *Mies van der Rohe. Das kunstlose Wort. Gedanken zur Baukunst.* Berlin 1986

El Pavelló Alemany de Barcelona de Mies van der Rohe, 1929-1986. Barcelona 1987

José Quetglas, *Pérdida de la síntesis: el Pabellón de Mies.* In: Carrer de la Ciutat 11, 1980, S. 17-27

José Quetglas, *Der gläserne Schrecken. Imágenes del Pabellón de Alemania.* Montreal 1991 (Basel 2001)

Ignasi de Solà-Morales, Cristian Cirici, Fernando Ramos: *Mies van der Rohe. El Pabellón de Alemania.* Barcelona 1993

Beatriz Colomina, *Mies Not.* In: Detlef Mertins (Hrsg.), *The Presence of Mies.* Princeton 1994. S. 193-221

Paul Sigel, *Exponiert. Deutsche Pavillons auf Weltausstellungen.* Berlin 2000

Mechthild Heuser, *Die Kunst der Fuge: von der AEG-Turbinenfabrik zum Illinois Institute of Technology. Das Stahlskelett als ästhetische Kategorie.* Diss. 1998

Miller, Wallis: *Mies van der Rohe und die Ausstellungen.* In: Terence Riley, Barry Bergdoll (Hrsg.): *Mies in Berlin.* München, London, New York 2001. S. 338-349

Dokument 24

Der Architekt Van der Roch, Schöpfer des Deutschen Pavillons

Der Deutsche Pavillon der Internationalen Ausstellung in Barcelona zieht die Aufmerksamkeit der Besucher auf sich. Unter dem Zeichen eines kultivierten Geschmacks und in Anlehnung an den neuen deutschen Stil erbaut – mit ebenen Flächen und kubischen Körpern – gehört er zu den Höhepunkten unserer Veranstaltung.

Das Wasser, das farbige und weiße Glas und der Marmor bilden die Hauptelemente des Bauwerks. Mit ihnen, in geraden Linien und gelungener Anordnung der Ebenen, ist dem Architekten H. Mils Van der Roch ein Meisterwerk gelungen, das genauere Betrachtung verdient.

Wir hatten Gelegenheit mit Van der Roch zu sprechen. Er ahnte nicht, dass ihm ein Journalist gegenüberstand, und so äußerte er seine Meinungen bezüglich der modernen Kunst.

„*Das Leben hat sich in den letzten Jahren gewandelt. Heute wird anders gewohnt und was uns früher beglückte, lässt uns heute unberührt. Wir haben andere Bedürfnisse und es ist nur verständlich, dass die Architektur sich angesichts dieser Wandlung der Lebensform ebenfalls verändert.*

Das Leben verlangt heute nach Einfachheit und Knappheit. Die Kompliziertheit der Vergangenheit findet heute keine Berechtigung mehr. Es versteht sich daher von selbst, dass unsere Gebäude, unsere Möbel, das Innere unserer Wohnung dieser neuen und täglich bestimmteren Form des Lebens entsprechen.

Die Gefahr an dieser in Entstehung befindlichen Architektur beruht in der möglichen Ausschließung des Künstlerischen. Die moderne Architektur, die in Deutschland solch große Akzeptanz erfährt, neigt dazu, Kunst und Schlichtheit zu verbinden.

Es kann und es muss Kunst in der neuen Architektur geben. Mittels gerader und einfacher Linien, ebener Flächen, kann die Aufgabe des Bauens ohne Einbußen im Ästhetischen gelöst werden. Hierfür müssen wertvolle Materialien verwendet werden. Marmor in unterschiedlichen Tönungen, Bronze und Glas sind obligate Accessoires des modernen Stils.

Um den Deutschen Pavillon auf der Internationalen Ausstellung in Barcelona zu errichten, ist mir völlige Handlungsfreiheit gewährt worden. Nur so kann ein Architekt sein Werk vollbringen.

Die Möbel sind nach meiner Auffassung eine Komponente der Architektur. Ich habe neue Möbel konzipiert, bei deren Herstellung bisher nicht verwendete Materialen zum Einsatz kamen. Sie haben sich als bequem erwiesen und stehen im Einklang mit dem Gebäude."

So sprach der deutsche Architekt zu uns: überzeugt und sich seiner Kunst sicher, die heute in Deutschland herrscht. Wir erinnern uns an die Leipziger Messe, an die der Musik, an Frankfurt, an den neuen Bahnhof in Stuttgart ...

Der Deutsche Pavillon der Ausstellung in Barcelona ist es Wert, besucht zu werden. Es ist eine ausgezeichnete Demonstration der neuen deutschen Kunst des Bauens.

[*El Arquitecto Van der Roch* [sic] *creador del Pabellón de Alemania*. In: Diario Oficial de la Exposición H. 12, 2. Juni 1929, S. 25. Übersetzung J. M. W.]

Heinz Möritz
Architekt
★Leipzig 1. November 1904, ✝ Freudenstadt 16. November 1993

1923-27: Handwerkliche Berufsausbildung in der Fachschule für Gestaltung auf Burg Giebichenstein. Dort besucht Möritz die Meisterklasse für Architektur bei Prof. Thiersch. **1927-29:** Erste Praxiserfahrungen in Berlin zunächst bei Heinrich Straumer, später bei Mebes und Emmerich. **1929-31** Mitarbeiter von Prof. William Dunkel in Düsseldorf. **1931-36: Nach Dunkels Weggang in die Schweiz, wo Möritz die Arbeitserlaubnis verweigert wird, bewirbt sich dieser vergeblich bei Josep Lluís Sert in Barcelona. Sert verweist ihn an die Ausländerkolonie Mallorcas. Dort entwickelt Möritz zusammen mit dem kalifornischen Architekten Arthur Middlehurst bis 1936 verschiedene Bebauungspläne und Projekte für Hotels und Land- und Apartmenthäuser sowohl auf der Insel wie auf dem spanischen Festland.** **1936:** Rückkehr nach Deutschland nach Ausbruch des spanischen Bürgerkrieges. Möritz lässt sich als selbständiger Architekt in Grainau nieder. **1939-43:** Architekt beim Gauheimstättenamt Innsbruck unter der Leitung von Helmut Erdle. Projekte mit u. a. Ludwig Schweizer in Tirol und Voralberg. **1943-45:** Kriegsteilnahme. **1945-49:** Erneut als selbständiger Architekt in Grainau und Garmisch tätig. Zusammenarbeit mit Ludwig Schweizer bei der Wiederaufbauplanung für Crailsheim. **1949-56:** Erster Mitarbeiter und Stellvertreter von Schweizer beim Wiederaufbau von Freudenstadt. **1956-70:** Selbständig in Freudenstadt tätig.

Bibliographie
H. G. Burkhardt, H. Frank, U. Höhns, K. Stieghorst (Hrsg.): *Stadtgestalt und Heimatgefühl. Der Wiederaufbau von Freudenstadt 1945-1954.* Hamburg 1988

Ulrich Höhns, *Grenzenloser Heimatschutz 1941. Neues, altes Bauen in der „Ostmark" und der „Westmark".* In: V. Magnano Lampugnani, R. Schneider (Hrsg.): *Moderne Architektur in Deutschland 1900 bis 1950. Reform und Tradition.* Stuttgart 1992. S. 283-301

Joaquín Medina Warmburg, *Gran Turismo. Sobre arquitectos alemanes, imagenería mediterránea y la dialéctica de ›lo moderna‹.* In: *Arquitectura morderna y turismo. 1925-1965. IV. Seminario Do.co.mo.mo.* Barcelona 2005

Dokument 25

Canyamel Beach Hotel Ltd.

Canyamel Beach
Nestling under lovely pine trees at the end of the magnificent Valley of Artá. A veritable sanctuary for birds and animals of all kinds. Bathing on finest sand. Excellent fishing, boating and riding. Lovely walks, interesting excursions. Visit to ancient Talayots. Interesting prehistoric remains recently discovered during excavations for Hotel.

Canyamel Hotel
Amongst the pinescented woods and not a stone's throw from the beach an up-to-date Hotel, built in Mallorcan style, is in course of construction and will soon be able to offer you its hospitality.

The Best Investment: A House at Canyamel
In these times of depression the best investment is to build your own house in Majorca, the land of peace, tranquility and unexampled prosperity. Land is still cheap, building is still reasonable. You can build your own bungalow for £ 250. Our architect's plans will enchant you, our estimates will convince you.

Canyamel Beach
Canyamel – within easy reach of Palma by rail or road and of all parts of the Island. Daily steamer service between Majorca and Barcelona and twice weekly with Marseilles. Delightful climate: Warm in winter, cool in summer.

[Bildunterschriften des Werbeprospekts der Hotel y Playas de Canyamel, S.A. aus dem Jahre 1934. Erhalten im Südwestdeutschen Archiv für Architektur und Ingenieurbau an der Universität Karlsruhe, Bestand Heinz Möritz]

Ernst Neufert
Architekt
★Freyburg/Unstrut 15. März 1900, ✝ 25. Februar 1986 in Burneaux-sur-Rolle

1917: Abschluss der Lehre als Maurer, Zimmerer, Einschaler und Betonierer. **1918:** Besuch der Baugewerkschule Weimar. Paul Klopfer wird zu seinem Mentor. **1919:** Neufert gehört zur ersten Studentengruppe an der Architekturabteilung des Staatlichen Bauhauses in Weimar. Gleichzeitig ist er Mitarbeiter im Bauatelier von Walter Gropius und Adolf Meyer. **1921-22: Auf Anregung von Walter Gropius reist Neufert mit seinen Studienfreunden Paul Linder und Kurt Löwengard nach Spanien. Für das *Institut d'Estudis Catalans* realisieren sie Bauaufnahmen romanischer Kirchen im Umland Barcelonas. In Sevilla arbeitet er im Büro des Architekten Ricardo Magdalena u.a. an den Entwürfen der Spanischen Bank in Sevilla, der Ölfabrik in Alcalá de la Real und des Stadttheaters von Huelva.** **1922:** Erneut im Büro Gropius-Meyer. Dort übernimmt er u. a. die Bauleitung beim Umbau des Stadttheaters Jena. **1925:** Büroleiter im Büro von Walter Gropius in Dessau. **1926-30:** Professor an der Staatlichen Bauhochschule Weimar, unter der Leitung von Otto Bartning, als Leiter der Bauabteilung. **1930-33:** Leitung der Bauabteilung an der Berliner Itten-Schule. **1934-36:** Ausarbeitung der „Bauentwurfslehre" (BEL), die 1936 im Bauwelt-Verlag erscheint – bis heute eines der einflussreichsten Handbücher zur Architektur (zur Zeit in der 35. deutschen und 14. spanischen Auflage). **1936:** USA-Reise. **1938:** Ernennung durch Albert Speer zum Beauftragten für Normungsfragen des Generalbauinspektors. Ausarbeitung von Normen für den Wohnungsbau. **1942: In Spanien wird die „BEL" übersetzt und herausgegeben, die in Deutschland mittlerweile die zehnte Auflage erreicht hat.** **1943:** Neuferts „Bauordnungslehre"(BOL) erscheint in Berlin. **1945:** Professor für Baukunst an der TH Darmstadt. Neufert bleibt insbesondere im Bereich des Industriebaus tätig. **1950: Entwurf für ein Seebad bei Barcelona. Ernennung zum Korrespondierenden Ehrenmitglied der *Real Academia de Ciencias y Artes* in Barcelona. 1953: Bau des Hauses Wünschmann, in den katalanischen Pyrenäen.**

Schriften

Bauentwurfslehre – BEL. Berlin 1936. (*Arte de proyectar en Arquitectura.* Barcelona 1942, 1945, 1958, 1961, 1964, 1967, 1969, 1982, 1995)

Bauordnungslehre – BOL. Berlin 1943.(*Industrialización de las Construcciones.* Barcelona 1965)

Das Maßgebende. 1965 (Barcelona 1965)

Well-Eternit Handbuch. 1957 (Barcelona 1967)

Styropor-Handbuch. 1964 (Barcelona 1970)

Das Jahr in Spanien. Darmstadt 1969. (*Un año en España.* Barcelona 1970)

Bibliographie

Bibliografía: Arte de proyectar en Arquitectura – Profesor Ernst Neufert. In: Revista Nacional de Arquitectura 2 (1942), H. 9, S. 60

Miguel Apraiz, *De Rodrigo Gil de Ontañón a Ernesto Neufert.* In: Reconstrucción 4 (1943), H. 35, S. 271-278

Fritz Gotthelf, *Ernst Neufert. Ein Architekt unserer Zeit.* Frankfurt/Berlin 1960

Lebensläufe, Bibliographie, Dokumente

J. P. Heymann-Berg, R. Renate Netter, H. Netter (Hrsg.): *Ernst Neufert. Industriebauten.* Hannover 1973

Wolfgang Voigt, „Triumph der Gleichform und des Zusammenpassens", Ernst Neufert und die Normung in der Architektur. In: Winfried Nerdinger (Hrsg.), *Bauhausmoderne unterm Hakenkreuz.* München 1993

Dörte Nicolaisen (Hrsg.),*Das andere Bauhaus. Otto Bartning und die Staatliche Bauhochschule Weimar 1926-1930.* Berlin 1998

Walter Prigge (Hrsg.), *Ernst Neufert. Normierte Baukultur im 20.Jahrhundert.* Frankfurt 1999

Joaquín Medina Warmburg, *Gaudí am Bauhaus. Gropius, Linder, Neufert und das gotische Ideal.* In: Reiner Stamm, Daniel Schreiber (Hrsg.), *Antoni Gaudí. Lyrik des Raums.* Köln 2004, S. 30-43

Richard Ernst Oppel
Architekt
★Bremen 13. Januar 1886, ✞ Las Palmas de Gran Canaria 8. März 1960

1904-10: Architekturstudium an der Königlichen Sächsischen Hochschule Dresden bei Fritz Schumacher und Cornellius Gurlitt. **1910-22:** Bei Schumacher an der 5. Hochbauabteilung des Hamburger Hochbauamts beginnt Oppel seine berufliche Laufbahn. Dort wird er u. a. mit der Bauleitung einiger der bekanntesten Bauten Schumachers für die Hansestadt betraut, wie der Volkslesehalle in der Moenckebergstraße. Kriegsteilnahme als Leutnant der Reserve (1915). Als freischaffender Architekt entwickelt er gleichzeitig verschiedene städtebauliche Vorschläge für Hamburg, erlangt aber vor allem als Landhausarchitekt Anerkennung. **1927-28:** Mitwirkung an Schumachers Kleinwohnungsreform: Jarrestadt, Dulsberg. **1929:** Umbau des Modehauses Hirsch & Co. **1932: Reise nach Teneriffa, wo er ohne Erfolg versucht, sich als freischaffender Architekt zu etablieren: Zur Genehmigung seiner Arbeiten ist Oppel auf die Vermittlung spanischer Kollegen angewiesen. Anstellung im Büro des Architekten Miguel Martín-Fernández de la Torre in Las Palmas de Gran Canaria im September 1932. 1934: Heirat mit Miguel Martins Schwester Sofía. Im folgenden Jahr wird die Tochter Gloria geboren. 1936: Im Oktober läuft Oppels Arbeitsvertrag bei Martín aus. Die berufliche und persönliche Rivalität zwischen den Architekten macht eine Erneuerung des Arbeitsverhältnisses unmöglich. Da Oppel weiterhin nicht bauvorlageberechtigt ist, sieht er sich zur Rückkehr nach Hamburg gezwungen. 1938:** Erneut für das Hochbauamt tätig, aus dem Fritz Schumacher entlassen worden ist und das nun von Alfred Daiber geleitet wird. **1943:** Oppel überlebt die Luftangriffe auf Hamburg. Wohnung und Büro fallen einer Brandbombe zum Opfer: Das gesamte Archiv geht verloren. Das Rote Kreuz verhilft Sofía und Gloria Oppel zurück nach Spanien. **1947:** In Hamburg erscheint „Hamburgs Altes Fachwerk", eine Mappe mit Oppels Zeichnungen der Ruinen der Neustadt nach den Zerstörungen der 30er und 40er Jahre. **1948: Rückkehr nach Spanien: Seine Versuche, die Tätigkeit als Architekt wiederaufzunehmen, werden von einigen Kollegen boykottiert. Lediglich Marrero Regalado bietet ihm eine Mitarbeit an. Vom Arbeitsministerium wird ihm eine Arbeitserlaubnis ausgestellt, in der er lediglich als freischaffender Bautechniker (*Técnico de Construcciones*) geführt wird, nicht als Architekt. Oppel versucht daraufhin auch als Zeichner Fuß zu fassen. Es gelingt ihm aber noch einige Bauten zu realisieren, wie die Clínica Cajal und das Haus del Rio. Eine Anerkennung seines Schaffens erfuhr Oppel zu Lebzeiten lediglich durch den Italiener Alberto Sartoris.**

Schriften
Neuzeitliche Landhaus-Entwürfe des Architekten Dipl.-Ing. R. E. Oppel, Hamburg. In: Bau-Rundschau 12 (1921), H. 3, S. 35

Hamburgs Altes Fachwerk. Hamburg 1947

Bibliographie
Arbeiten des Dipl.-Ing. Oppel. In: Bau-Rundschau 13 (1922), H. 10, S. 10 ff.

Martin Feddersen, *Zu dem Landhause von Richard Ernst Oppel.* In: Moderne Bauformen 24 (1925), S. 340 ff.

Lebensläufe, Bibliographie, Dokumente 593

Herbert Hoffmann, *Schöne Räume*. Stuttgart 1929
Fritz Schumacher, *Das Werden einer Wohnstadt*. Hamburg 1932/1984
Alberto Sartoris, *Encyclopédie de l'Architecture Nouvelle* – Band I: *Ordre et Climat Mediterranéens*. Mailand 1947
Oriol Bohigas, *Arquitectura Española de la Segunda República*. Barcelona 1970/1998
Fernando Beautell Stroud, *Racionalismo en Canarias*. In: Jano. Arquitectura y Humanidades 22 (1974)
Oriol Bohigas, *Un racionalismo canario*. In: Arquitectura Bis 9, 1975
Sergio Pérez Parrilla, *La arquitectura racionalista en Canarias*. Las Palmas de Gran Canaria 1977
Alberto Sartoris, *Pasado, presente y futuro de la arquitectura canaria*. In: Basa 2, 1984
El Cabildo Insular y la ciudad racionalista. Las Palmas de Gran Canaria 1987/1989
Maria Isabel Navarro Segura, *Racionalismo en Canarias*. Santa Cruz de Tenerife 1988
José Luis Gago, *Arquitecturas para la gran ciudad*. In: *Miguel Martín – Arquitecturas para la gran ciudad*. Las Palmas de Gran Canaria 1995
Joaquín Medina Warmburg, *Richard Ernst Oppel (Bremen 1886-Las Palmas 1960) und der Kanarische Rationalismus der 30'er Jahre*. In: Deutsches Architektenblatt 28 (1996), H. 10, S. 1633-1635
Joaquín Medina Warmburg, *R. E. Oppel: La casa Weidtman, Blankenese 1931*. In: Basa 20/21, 1997, S. 140-145
Enrique Solana Suárez, *La arquitectura de Las Palmas en la década de los cincuenta. De la crisis nacional a la crisis de la modernidad*. Las Palmas de Gran Canaria 1997
Joaquín Medina Warmburg, *Imágenes de la ciudad hanseática*. In: Basa 23, 2000, S. 120-137
Joaquín Medina Warmburg, *Internationalität und Archaik. Beiträge deutscher Emigranten zur Moderne in Spanien, 1932-1936*. In: Bernd Nicolai (Hrsg.), *Architektur und Exil. Kulturtransfer und architektonische Emigration 1930 bis 1950*. Trier 2003. S. 169-181
Joaquín Medina Warmburg, *Variationen über ein Thema: R. E. Oppel und die Internationalität der Hamburger Moderne*. In: *Architektur in Hamburg, Jahrbuch 2004*. Hamburg 2004. S. 136-144

Dokument 26

Neuzeitliche Landhaus-Entwürfe des Architekten Dipl.-Ing. R. E. Oppel, Hamburg

Aus den neuesten Arbeiten Oppels bringen wir heute einige Landhaus-Entwürfe zur Veröffentlichung. Wegen Raummangels mußten die Grundrisse leider zurückgestellt werden, sodaß sich ein weiteres Eingehen hierauf verbietet. Wenn trotzdem, wie in diesem Falle die Zeichnungen eine beredte Sprache führen, haben wir allemal Arbeiten vor uns, die aus der Konzentration einer geistvollen Künstlerseele entstanden sind.

Diese Entwürfe sind größtenteils im Geiste durch räumliches Denken modelliert und nicht auf dem Zeichentisch entstanden. Für Oppel gibt es keine Fassade mehr im eigentlichen Sinne, er zählt zu den Architekten, denen ein Bau nur vollplastisches Gebilde sein kann und die in starker Selbstzucht im Dreidimensionalen aus ihren Gedanken einen Körper schaffen.

Die Entwürfe behandeln vorwiegend das dankbare Objekt des freiliegenden Landhauses; es ist wünschenswert, daß auch das Gartenstadthaus, welches noch oft durch Bodenspekulation und Unverstand zum Stiefkind wird, das höchste Interesse von seiten aller erkenntnisreichen Landhausbauer findet. Bei den schmalen Grundrissen droht hier ganz besonders die Gefahr der Fassadenarchitektur und ihrer Kulissenarbeit.

Es gilt, auch hier Wege zu ebnen, die von der platten, zur Straße gekehrten Wandfläche und dem fensterlosen Zwischenraum der Häuser, zur Ausdruckskraft eines Raumgebildes überleiten.

C. M. C.

Nachstehende Worte, die Arch. Dipl.-Ing. R. E. Oppel uns selbst über seine Arbeiten zu sagen hat, mögen noch zum Verständnis beitragen:

Die ganze architektonische Auffassung steht unter dem Zeichen der Sparsamkeit und der bewußten Beschränkung. Die Wirkung wird erreicht durch eine berechnete Kombination der inneren Raumgruppierung mit den aus Bauplatz und Gelände sich ergebenden ästhetischen Forderungen. Prinzipiell ist zu unterscheiden zwischen dem Gartenstadthaus und dem in freier Landschaft liegenden Landhaus. Letzteres stellt besonders an landschaftlich sehr exponierten Punkten die größten Anforderungen an den Architekten.

Hier ist es nicht die Fassade, sondern die plastische Gruppe, nicht das Gesicht, sondern der Charakterkopf. Hier heißt es mit ökonomischer Haushaltung das mitunter knappe Material zu einer Gruppierung zu gestalten und im Landschaftsbild, in der richtigen Form, zu krönen. Ein Landhaus ist ein Organismus, an dem wie in einem Körper, bei Vermeidung äußerer Unebenheiten, alles in praktischer Form untergebracht werden muß.

Man spricht von Formen, es gibt hier keine Formen a priori. Aus dem Bedürfnis wachsen die Möglichkeiten der Gestaltung, aber von diesen Möglichkeiten gibt dann Gelände, Sonne, Bäume, Zufahrt den Ausschlag, nachdem der eine oder andere dieser Faktoren bereits dem Innern die bezügliche Orientierung diktiert hat.

Im Übrigen gehört eben Liebe zum Objekt, zur Arbeit, wenn ein Haus und besonders ein Landhaus gelingen soll.

[*Neuzeitliche Landhaus-Entwürfe des Architekten Dipl.-Ing. R. E. Oppel, Hamburg*. In: Bau-Rundschau 12 (1921), H. 3, S. 35]

Luis Pérez Mínguez y Villota
Stadtplaner
★ Madrid 23. Juli 1905

1924-30: Architekturstudium in Madrid. **1930-32:** Besuch der Lehrveranstaltungen von Bruno Taut und Hermann Jansen an der TH Berlin-Charlottenburg. Dort trifft er Rodríguez Orgaz – mit dem er in November 1930 nach Moskau reist – und Prieto Moreno, die ebenfalls ein Stipendium der *Junta de Ampliación de Estudios* (J.A.E.) erhalten haben. Berufliche Erfahrung sammelt Pérez Mínguez dank eines Empfehlungsschreibens von Zuazo zunächst bei Jansen, wo er an den Planungen für Wiesbaden, Bamberg und Hagen mitwirkt, anschließend bei Martin Wagner am Berliner Stadtplanungsamt und schließlich im Bereich der Verkehrsplanung bei Regierungsbaumeister Rudolf Roedel. Pérez Mínguez ist gleichzeitig in Spanien präsent: Er nimmt am Stadterweiterungswettbewerb für Badajoz teil (mit Roedel als Partner), und die Zeitschrift *Arquitectura* veröffentlicht seine Artikel zur Berliner Bauordnung und zum Hamburg-Preußischen Regionalplan von Fritz Schumacher. Durch seine Vermittlung werden auch die Planungen für Zagreb von Ewald Liedecke und Peter Koller veröffentlicht, mit denen er während der Tätigkeit bei Jansen Freundschaft geschlossen hatte. **1933:** Bei Zuazo in Madrid befasst er sich mit der Weiterentwicklung der Pläne für die Erweiterung und den Umbau Madrids. Nach deutschem Muster verfasst er dabei Vorschläge zur sozialen Lösung der Bodenfrage, die jedoch von Zuazo abgelehnt werden, da sie mit seinen eigenen spekulativen Interessen kollidieren. **1934:** Stipendium der *Junta de Ampliación de Estudios* (JAE) für England. Im Planungsbüro des *London County Council* tätig. Mit Ortiz Suárez und Michael Fleischer tritt er beim Wettbewerb für die neuen Siedlungen am Guadalquivir bei Sevilla an. **1936-39:** Der Ausbruch des Krieges verhindert einen geplanten USA-Aufenthalt. Kriegsteilnahme auf Seite der Nationalen. **1939-41:** Architekt der *Junta de Reconstrucción de Madrid* (Rat für den Wiederaufbau Madrids), die sich unter der Leitung von Pedro Bidagor mit der Erstellung eines Generalbebauungsplans für die Hauptstadt befasst. Anlässlich der *I. Asamblea Nacional de Arquitectos* (Erste Nationale Architektenversammlung) hält Pérez Mínguez den Vortrag „Madrid, Capital Imperial". Im Rahmen des spanischen Wiederaufbaus kommt es zu einem regen Austausch mit Deutschland. Pérez Mínguez wird hierbei zum Kontaktmann von Pedro Muguruza, dem Leiter der *Dirección General de Arquitectura y Urbanismo*. **1942-66:** Professor für Städtebau an der *Escuela Técnica Superior de Arquitectura de Madrid* als Nachfolger von Pedro Muguruza. **1942-75:** Als *Arquitecto Municipal* in der Stadtverwaltung Madrids tätig.

Schriften

La organización del Plan Regional. Estudio sobre el plan regional hamburgo-prusiano hecho a base del material facilitado por su director, doctor Fritz Schumacher. In : Arquitectura 14 (1932), H. 11-12, S. 350-361

Nuevas Ordenanzas Municipales de Berlin. In : Arquitectura 14 (1932), S. 259

Las Ordenanzas Municipales en la urbanización. In: Nuevas Formas 1 (1934), H. 2, S. 353-358

Madrid, Capital Imperial. In: *Asamblea Nacional de Arquitectos.* Madrid 1939

Madrid, Capital Imperial. In: Informaciones 15 (1939), vom 29.6.1939, S. 5

Ordenación de los suburbios de Madrid. In: Arriba vom 13.3.1943, S. 5

El arquitecto Paul Bonatz, en Madrid. In: Arriba Nr.1314, vom 18. Juni 1943, S. 6

Gebrüder Rank
Architekten und Bauunternehmer

1899: Josef (9.5.1868-27.8.1956), Franz (7.4.1870-27.12.1949) und Ludwig Rank (4.2.1873-10.2.1932) übernehmen nach ihrer Ausbildung an der Baugewerkschule und der Hochschule in München den Betrieb ihres Vaters und schließen sich zur Baugesellschaft Gebrüder Rank zusammen. In der internen Arbeitsteilung übernehmen Josef den technischen Aspekt und Ludwig die kaufmännischen Angelegenheiten, während Franz sich den künstlerischen Aufgaben widmet. **1901:** Josef Rank erfährt durch Fachzeitschriften vom Aufkommen des Eisenbetons in Frankreich und setzt sich dort zwecks Erlangung der erforderlichen Konzession mit François Hennebique in Verbindung. Infolge des erfolgreichen Abschlusses der Verhandlungen ist die Münchener Firma maßgeblich an der Einführung des Stahlbetons in Deutschland, insbesondere auf dem Gebiet des Industriebaus, beteiligt. **1911-14: Auftrag zur Errichtung eines Gaswerks in Sevilla, das bis 1912 ausgeführt wird. Aus diesem Anlass gründet Ludwig Rank die spanische Niederlassung *Rank Hermanos* in der andalusischen Hauptstadt. Der Ausbruch des Ersten Weltkrieges zwingt 1914 zur Stilllegung der spanischen Niederlassung. Der letzte realisierte Bau dieser Periode ist das von Franz Rank entworfene Haus Bermejillo, heutiger Sitz des *Defensor del Pueblo*, in Madrid. 1917: Mit Prinz Adalbert von Bayern y Borbón gründet er in München eine *Deutsch-Spanische Gesellschaft*, von der er zunächst zweiter, später erster Vorsitzender ist. Ludwig Rank wird Mitglied des Hauptausschusses der *Arbeitsgemeinschaft Deutschland-Spanien*. 1920: Neugründung der spanischen Firma als *Luis Rank* mit Hauptsitz in Sevilla und Niederlassungen in Barcelona, Bilbao und Madrid. 1927: Ludwig Rank erhält die spanische Staatsangehörigkeit. 1929: Beteiligung am Wettbewerb für den Bau des Flughafens in Madrid. 1931: Entwurf und Bau des Deutschen Krankenhauses in Madrid. 1936-39: Der Spanische Bürgerkrieg zwingt zur Unterbrechung des Präsenz in Spanien. 1940-70: Wiederaufnahme des Geschäfts bis zur Auflösung der Firma Luis Rank.**

Bibliographie

Teodoro Anasagasti, *El arte en las construcciones industriales*. In: Arquitectura y Construcción 18 (1914), Nr. 264, S. 150-155

Mitteilungen der Arbeitsgemeinschaft „Deutschland-Spanien. In: Mitteilungen aus Spanien 1 (1917), S. 44-46

Palacio Bermejillo del Rey. In: La Construcción Moderna 15 (1917), H. 1, S. 1-3; H. 6, S. 72

Luis María Cabello Lapiedra, *La casa española. Consideraciones acerca de una arquitectura nacional*. Madrid 1920. S. 106-110

Franz Rank, *Haus Bermejillo in Madrid*. In: Deutsche Bauzeitung 58 (1924), H. 58, S. 353-357

Donación de libros para la biblioteca de la Academia de Ingenieros de Guadalajara. In: Alemania Ilustrada – Gaceta de Múnich, 7. Februar 1925. H. 6, S. 6

Luis Rank (Hrsg.), *Luis Rank, Empresa Constructora 1911-1961*, Sevilla 1961

Baugesellschaft Gebr. Rank & Co (Hrsg.), *100 Jahre Rank*. München 1962

Pedro Navascués Palacio, *Del neoclasicismo al modernismo*. Madrid 1979

José Ramón Alonso Pereira, *Madrid 1898-1931. De corte a metrópoli*. Madrid 1985

Lebensläufe, Bibliographie, Dokumente 597

Baugesellschaft Gebr. Rank & Co (Hrsg.), *125 Jahre Rank*. München 1987
Pedro Navascués Palacio, *Arquitectura Española (1808-1914)*. Madrid 1993
Ramón Guerra de la Vega, *Palacios de Madrid*. Bd I. Madrid 1999
Joaquín Medina Warmburg, *La fábrica, la casa y el palacio: Franz Rank y Alfredo Baeschlin, dos „Heimatschützer" en España*. In: *Arquitectura, ciudad e ideología antiurbana*. Pamplona 2002. S. 133-138
Joaquín Medina Warmburg, *Reflejos y autocolonizaciones. Arquitectos alemanes en Madrid*. In: Carlos Sambricio (Hrsg.): *Manuel Sánchez Arcas, Arquitecto*. Madrid 2003. S. 50-63

Wichtigste Bauten und Projekte in Spanien

Rank Hermanos (1912-1914):
Gaswerk Sevilla (1912-14); Palacio Bermejillo in Madrid (1913-14); Lüftungssilo in Barcelona (1914); Elektrizitätswerk San Adrián, Barcelona (1914).

Luis Rank (1920-1936):
Projekt für einen Wohnblock in Bilbao (1921); Wasserbehälter in Bilbao (1922); Sperrmauer des Pantano Montejaque, Ronda (1922-23); Flugzeughallen und Kasernen in Sevilla (1921-22), Getafe (1923-25) und Logroño (1925-26); Erweiterungen der Marinestützpunkte in Cartagena und El Ferrol; Zementfabrik in Villaluenga, Toledo (1924-25); Fabrikanlagen in Bilbao, Málaga und Sevilla; Cortijo des Marqués de Villamorta, (1926); Straßenbrücke bei Granada (1926); verschiedene Bauten für die Ibero-amerikanische Ausstellung, Sevilla (1929); Deutsches Krankenheim Madrid (1931).

Dokument 27

Die Geschichte der Firma Luis Rank, Sevilla – Madrid

Im Mai 1911 – ich war gerade mit Stockbauer in Konstantinopel – kam von Bamag eine Anfrage auf Errichtung eines Kohleschuppens für das neu zu erbauende Gaswerk in Sevilla. Das Projekt wurde angefertigt, aber um die örtlichen Verhältnisse zu erkunden, war ein Besuch in Sevilla notwendig, den Bruder Ludwig sogleich unternahm und in sehr geschickter Weise, trotz seiner Sprachunkenntnis, auch sogleich die Verhandlungen mit dem Auftraggeber, Mansana in Barcelona, einleitete. Als ich von Konstantinopel zurückkam, stand ich bereits vor gegebenen Tatsachen. Die Verhandlungen in Barcelona wurden wesentlich unterstützt durch Direktor Studer, einem Schweizer, dem technischen Ratgeber Mansanas und Direktor des Gaswerks „Usin a gaz" in Barcelona.

Nach kurzer Zeit kam dann der Auftrag auf Ausführung des angefragten Objektes. Um eine gewisse Sicherheit zu haben, meldeten wir unser deutsches Patent in Spanien an, erhielten aber die Mitteilung, dass dieses schon vor kurzem angemeldet worden sei von einer Madrider Baufirma, eben jener, mit welcher Ludwig in Verbindung getreten war wegen gemeinsamer Ausführung der Arbeit. Diese Unverfrorenheit veranlaßte uns, von einer Zusammenarbeit abzusehen und die Arbeiten allein zur Durchführung zu bringen. Der Auftrag war da und verlangte beschleunigte Ausführung. Dipl.-Ing. Viktor Schmitt wurde Bauleiter, Johann Hahn zum 1. Polier bestimmt und zahlreiche junge Arbeiter als Stammarbeiter angefordert. Die gesamte Ausrüstung der Baustelle, das gesamte Rüst- und Schalholz, das ganze Eisen und der Zement wurden über Rotterdam nach Spanien verschifft.

(...) Inzwischen waren dann die Arbeiten des Gaswerkbaues, die einer spanischen Firma übertragen worden waren, so langsam vorangeschritten, dass Mansana sich entschloss, uns auch die Ausbauarbeiten des Gaswerks zu übertragen. Und wir erreichten die vollste Zufriedenheit des Auftraggebers. Wir fertigten neue Pläne für die einzelnen Gebäude an, die dem südspanischen Charakter der Bauwerke Rechnung trugen und das fabrikartige Aussehen des Ganzen vermieden.

(...) Wie einfach damals die Verhältnisse in Spanien lagen, möge folgendes ersehen lassen: Als unsere Arbeiten begannen, da lagerten schon morgens 5 Uhr die Arbeiter zu Hunderten vor dem Tor und warteten auf Einstellung. Wir bezahlten 2 Pts 80ct. für den 11-Stundentag. Beim Erdaushub waren 1400 Tragesel, immer in Reihen von 10 Eseln mit einem Treiber geordnet, tätig. Jedem Esel wurden zwei Säcke zu 50 kg. aufgeladen, sodass ein Eselzug stets 1 ts.= 0,6 cbm beförderte. Die Arbeiter kannten noch keine Schubkarren; sie trugen die ausgehobene Erde in kleinen flachen Körben zur Abladestelle. Kein Wunder, dass wir mit unserer modernen Baustelleneinrichtung größtes Aufsehen erregten, besonders als unsere Arbeiten sehr rasch und ohne Unfall fortschritten.

Dagegen konnten sich unsere Leute nicht genug darüber wundern, mit welch einfachen Mitteln die Spanier Gerüste, auch für höchste Bauten, erstellten und wie sie dazu mit einer einzigen Holzdimension 0,06/0,22 m, allerdings in verschiedenen Längen, auskamen. Sie fertigten damit ihre Ständer durch Zusammenschrauben mehrerer solcher Dielen, ebenso die horizontalen Gerüstbalken und belegten die Gerüstgeschosse mit der gleichen Bohlendimension. Nach Abrüstung hatten sie fast keinen Holzverlust. Und ebenso erstaunlich wurde die Kunstfertigkeit der Maurer empfunden, welche mit ihren nur 3 cm starken Tonziegeln die schönsten Gewölbe durch Aneinanderfügen und Übereinanderkleben derselben anfertigten. Auch die Betonschalungen wurden von ihnen auf diese Weise gefertigt und ebenso konnte man 2 m hohe Zäune beobachten, welche nur aus diesen 3 cm starken Ziegeln hochgestellt, also 3 cm stark angefertigt, ihren Zweck der Eigentumsabgrenzung erfüllten.

(...) Bruder Ludwig benützte seine Anwesenheit in Spanien dazu, das Land und besonders die Sprache kennen zu lernen und bereiste daher Spanien nach allen Richtungen, immer wieder dazwischen rechtzeitig Baubesuche in Sevilla und Besprechungen in Barcelona mit dem Bauherrn einschiebend. Auf einer dieser Reisen lernte Ludwig die Herzogin Yturbe kennen, die ihn einlud, sie in ihrem Schloss in Ronda aufzusuchen, um dort seinen Rat in baulichen Angelegenheiten in Anspruch nehmen zu können. Dort lernte Ludwig Frau Bermejillo aus Madrid kennen, welche die Absicht hatte, sich in Madrid ein modernes, palastartiges Wohnhaus zu errichten. Ludwigs gesellschaftliches Talent fasste die gegebene Anregung sogleich auf, besprach mit Frau Bermejillo die grundlegenden Entwürfe, besichtigte den Bauplatz in Madrid und eilte nachhause, um mit Bruder Franz die Anfertigung der Entwürfe in die Wege zu leiten. Als dann Frau Bermejillo einige Wochen später auf der Rückreise von Wien, uns in München besuchte, lagen die Entwürfe, erläutert durch große Schaubilder, fertig vor und der endgültige Auftrag auf Errichtung des Bauwerks wurde erteilt.

(...) Bruder Franz, dem die architektonische Bearbeitung des interessanten Bauwerks oblag, musste wiederholt nach Madrid reisen, um dort Verhandlungen mit Frau Bermejillo zu pflegen und den Fortschritt der Bauarbeiten zu überwachen. Dabei wurden auch die Entwürfe besprochen und die feinfühlende Dame empfand noch manche Einzelheiten des Gebäudeäußern als zu wenig dem Lande, in dem gebaut wurde, entsprechend.

Franz besuchte darauf Granada und die Alhambra und beim Anblick des jenseits des Tales liegenden Generalife kam ihn plötzlich die Idee für die Ausgestaltung des Gebäudeäußern des Madrider Wohnhauses. Er setzte sich sofort hin, fertigte Skizzen und als er auf der Rückreise nochmals Madrid berührte, zeigte er Frau Bermejillo die Entwürfe, die sogleich die freudige Zustimmung der Dame erhielten.

(...) Im Frühjahr 1914 tauchte das Projekt einer elektrischen Zentrale in Barceloneta, die durch die Wasserkräfte des Ebro gespeist werden sollte, auf. Der Veranlasser des Projektes war wieder Mansana. Wir fertigten die Pläne und Kostenanschläge. Alles hatte die Zustimmung Mansanas (Kostensumme ca.

3 000 000 Pts.) und Ludwig reiste *mit dem erteilten Auftrag in der Tasche* etwa am 20. Juli 1914 nachhause. Am 22. Juli war er in Paris und hatte da während seines eintätigen Aufenthaltes schon den Eindruck des nahe bevorstehenden Krieges, denn Kinos und Zeitungen, auch die Bevölkerung war voll davon. Am 1. August war der Krieg erklärt – der Auftrag verloren. Die Arbeiten fielen an Maillard in Zürich. (...)

München, den 26. Januar 1934
Dr. Josef Rank

[Auszüge aus: Josef Rank, *Die Geschichte der Firma Luis Rank, Sevilla – Madrid*. München 1936. Familienarchiv Rank, München]

Alfredo Rodríguez Orgaz
Architekt und Städtebauer
★Madrid 2. Februar 1907, ✝ Madrid 28. Januar 1994

1924-30: Architekturstudium in Madrid. Ab 1928 ist er Mitarbeiter des Architekten Secundino Zuazo. **1930-31: Nach Abschluss des Studiums zieht Rodríguez Orgaz nach Berlin. An der TH Berlin-Charlottenburg besucht er Jansens Städtebau-Seminar und Tauts Seminar für Wohnungswesen. Während eines gemeinsamen Besuchs mit Luis Pérez Mínguez bei Paul Linder lernt er Walter Gropius kennen, für den er einige Monate tätig ist. Im Auftrag der spanischen Architektenkammer stellt er gemeinsam mit Juan Bautista Subirana die spanische Abteilung in der Berliner Bauausstellung zusammen.** 1931-34: Nach seiner Rückkehr im August 1931 erhält er auf Vermittlung Zuazos die Stelle des Stadtbaurats (Arquitecto Municipal) von Granada und entwickelt in der Folgezeit städtebauliche Pläne für diese andalusische Stadt. **1934: Begegnung mit Konrad Wachsmann, der für kurze Zeit sein Mitarbeiter wird. Nach dem Wahlerfolg des *CEDA* (Spanischer Bund Autonomer Rechtsparteien) verlässt Rodríguez Orgaz die städtische Bauverwaltung.** 1934-36: Ernennung im Sommer 1934 zum *Arquitecto Escolar* für Granada. Die Aufgabe des Schulbaus war zuvor den Kommunen entzogen und von der zentralen Regierung übernommen worden. **1936-38:** Beim Ausbruch des Bürgerkriegs sieht er sich gezwungen, Granada zu verlassen. Er setzt sich in verschiedenen Ämtern für die Republik ein. Zuletzt in Belgrad als Diplomat bis zur Anerkennung der Regierung Nationalspaniens durch Jugoslawien. **1938-48:** Flucht nach Frankreich, wo er mit dem ebenfalls exilierten Zuazo Kontakt aufnimmt. Dieser hatte eine offizielle Einladung der kolumbianischen Regierung erhalten, die Rodríguez Orgaz an Stelle Zuazos annimmt. In Kolumbien arbeitet er u.a. für die Bank der Republik und als Architekt des Erzbischofs von Bogotá. **1948-50:** Für verschiedene New Yorker Architekturbüros tätig. **1951:** In Paris ansässig, wo ihm der Entwurf eines neuen UNESCO-Hauptquartiers in Auftrag gegeben wird. **1953-62:** Erneut in Kolumbien, wo er verschiedene Aufträge der Bank der Republik erhält. **1963:** Rückkehr nach Spanien.

Schriften
La ciudad de mañana. Un film de Urbanización de Erich Kotzer, Berlin, y Maximilian v. Goldbeck, Nurnberg. In: Arquitectura 13 (1931), S. 115-120

El gran Prado: ampliación subterránea y enlace con el Casón. Madrid 1993

Bibliographie
Boletín de la Sociedad Central de Arquitectos 15 (1931), H. 345-346, S. 6; H. 347-348, S. 16; H. 349-350, S. 12

L.V., *Las escuelas de Atarfe, Arquitectos A. Rodríguez Orgaz y F. Prieto Moreno.* In: Arquitectura 15 (1933), H. 167, S. 85

Luisa Bulnes Alvarez, *Mariano y Alfredo Rodríguez Orgaz, Arquitectos.* 2 Bde, (Dissertation) Madrid 1997

Joaquín Medina Warmburg, *Escuelas monderas: Konrad Wachsmann en Granada.* In: *Epiquamientos e infraestructuras culturales (1925-1965). Tercer Seminario Do.co.momo.* Barcelona 2002. S. 49-56

Dokument 28

Herr Präsident der Junta de Ampliación de Estudios,

der hier unterzeichnende Alfredo Rodriguez Orgaz, Architekt, 24 Jahre alt, ledig, wohnhaft in Madrid, calle de Goya 55, beantragt hiermit ein Stipendium der *Junta de Ampliación de Estudios*, um in Deutschland das Studium des Städtebaus sowie des Entwerfens und Baus von Wohnungen fortzusetzen, das im August 1930 aufgenommen worden ist, und macht zur Begründung die *Junta* auf folgende Betrachtungen aufmerksam:

Der Wohnungsbau hat die bisher üblichen, in Spanien leider noch begangenen Wege verlassen. Aus zwei Gründen: Der erste war die Notwendigkeit, aufgrund des technischen Wandels und der tiefen wirtschaftlichen Krise der Nachkriegszeit die Produktion zu rationalisieren. Der zweite Grund war die Lösung des schweren Problems der zunehmenden Wohnungsnot infolge der Landflucht während und nach dem Krieg. Wir sehen uns heute in der Pflicht, großen Bevölkerungsgruppen preiswert und auf höherem hygienischen Standard Wohnungen anzubieten – und dies nicht wie bisher nur mit den geringen Mitteln, die von privaten Initiativen eingebracht wurden. Das Problem muss als Ganzes erfasst werden: vom Städtebau bis zur Fertigstellung der Gebäude. Diese Aufgabe kann nur von großen Baugesellschaften, besser aber von der Stadtverwaltung oder sogar vom Staat erfüllt werden, wie es die deutsche Regierung bei der Beschäftigung von Arbeitslosen und bei der Wohnraumbeschaffung versucht.

Ein weiterer interessanter Aspekt ist die Bedeutung, die dem Städtebau bei der Erhaltung des künstlerischen Werts unserer historischen Städte zukommt: Sowohl dort, wo sie bedroht sind, durch absurde Reformen zerstört zu werden, als auch an Stellen, wo im Gegenteil unter dem Vorwand einer künstlerischen Rücksicht Baumaßnahmen behindert werden, die für die Gewährleistung der Gesundheit und des Wohlbefindens der Bevölkerung dringend erforderlich wären.

Dieses Studium ist heute in Spanien nicht möglich, da keine der wirksamen und notwendigen Maßnahmen zur Lösung der Wohnungsfrage (nach dem Beispiel Deutschlands, Österreichs oder Russlands) ergriffen worden sind. In den Studienordnungen der Architekturfakultäten sind keine Fächer vertreten, die sich – analog zum Seminar des Prof. Taut an der TH Charlottenburg (Wohnungswesen) – mit der Wohnung befassen würden. Der Städtebau ist auf einen einjährigen, hauptsächlich theoretischen Grundkurs beschränkt. Aufgrund der mangelnden Beachtung, die diese Studien bisher gefunden haben, ist die Zahl der für diese Aufgaben gerüsteten Spanier gering geblieben, wie die Tatsache beweist, dass nur Architekturwettbewerbe eine rege Beteiligung erfahren (z. B. der des Ateneo de Valencia mit 50 Arbeiten), während städtebauliche Konkurrenzen entweder leer ausgehen (wie in Ceuta erstmals geschehen), nur zwei Beiträge erhalten (im Fall Sevillas) oder wie in Madrid – aufgrund der Bedeutung der Aufgabe und der internationalen Ausschreibung – über die Hälfte der elf eingereichten Entwürfe von Ausländern stammt, oder aus der Zusammenarbeit mit ihnen, wie es bei den beiden Preisträgern der Fall gewesen ist.

Mit dem Ziel, mich auf diesem Gebiet zu spezialisieren, halte ich mich zur Zeit in Berlin auf, wo ich an der TH Charlottenburg Kurse von Prof. Jansen (Seminar für Städtebau) und Prof. Taut (Seminar für Bauwesen) besuche. Ich möchte zudem die Organisation und die Arbeiten der Reichsforschungsgesellschaft für Wirtschaftlichkeit im Bau- und Wohnungswesen sowie des Komitees für Normierung studieren und werde im Sommer Exkursionen unternehmen, um die Siedlungen in Frankfurt, Stuttgart, Dessau, usw. und die modernen Höfe der Wiener Stadtverwaltung kennen zu lernen. Zur Durchführung sind mindestens zwei Jahre anzusetzen, und sie wird nicht möglich sein, sollte ich weiterhin auf eigene Mittel angewiesen sein. Ich beantrage deshalb bei der Junta ein Stipendium, das mir erlaubt, im nächsten Jahr hier zu bleiben. Was die Höhe der Beihilfe angeht, habe ich ein Betrag von 400 Peseten geschätzt, etwa zwei Drittel von dem, was man hier braucht, um ein bescheidenes Leben führen zu können. Ich hoffe, den Rest selbst aufbringen zu können. (...)

Berlin, 10. Februar 1931
Alfredo Rodríguez Orgaz

[Archiv der Residencia de Estudiantes, Madrid. Expedientes de la Junta de Ampliación de Estudios y Investigaciones Científicas, Akte Alfredo Rodriguez Orgaz Nr. 126-386. Übersetzung: J. M. W.]

Wilhelm Max Säume
Architekt, Stadtplaner
★ Berlin 5. Juni 1901, ✝ 1965

1920-24 Architekturstudium an der TH Berlin-Charlottenburg u. a. bei Poelzig, Jansen und dem Kunsthistoriker Bock, der ihn zur anschließenden Promotion anregt. Diese kommt 1926 zum Abschluß. Noch im selben Jahr wird die Dissertation „Hinrich Brunsberg, ein spätgotischer Baumeister" (Stettin 1926) veröffentlicht. **1926-31** ist Säume im Atelier Hermann Jansens beschäftigt als dort u. a. der Wettbewerbsbeitrag für Madrid (1929-30) erstellt wird. Seit Anfang 1932 unterhält er in Berlin ein gemeinsames Büro mit Günther Hafemann. Sie erhalten von Martin Wagner die Einladung zur Mitarbeit in der Arbeitsgemeinschaft ‚Das wachsende Haus'. 1933 wandern Säume und Hafemann nach Spanien aus. Dort entsteht der Entwurf für die neue Urlaubsstadt von Santa Ponça, im Süden von Mallorca, die der Berliner Bauunternehmer Heinrich Mendelsohn auf der Insel entwickelt. **1934** sind sie in der Türkei tätig, wo sie bis zu ihrer Rückkehr nach Deutschland eine Werksiedlung in Zonguldak in Anatolien entwickeln. In den dreißiger und vierziger Jahren ist Säume Mitarbeiter im Büro Albert Speers. Ab **1945** wieder mit Hafemann tätig, diesmal in Bremen. Zu ihren bedeutendsten Werken zählen die Großsiedlung Neue Vahr (1957-62 mit Ernst May und Hans Bernhard Reichow) und die Stadthalle Bremen (1955-64 mit Roland Rainer).

Bibliographie

Heinrich Mendelsohn, Max Säume: *Santa Ponsa, La nueva ciudad de Mallorca – The new city of Mallorca*. Berlin 1933 [Werbeprospekt, erhalten in der Bibliothek des COAIB, Palma de Mallorca]

Wilhelm Wortmann, *Bremer Baumeister des 19. und 20. Jahrhunderts*. Bremen 1988

Jerzy Ilkosz, Beate Störtkuhl: *Hochhäuser für Breslau 1914-1932*. Delmenhorst 1997. S. 197

Miquel Seguí Aznar, *La arquitectura del ocio en Baleares. La incidencia del turismo en la arquitectura y el urbanismo*. Palma de Mallorca 2001. S. 58-63

Joaquín Medina Warmburg, *Gran Turismo. Sobre arquitectos alemanes, imagenería mediterránea y la dialéctica de ›lo moderna‹*. In: *Arquitectura moderna y turismo. 1925-1965. IV. Seminario Do.co.mo.mo*. Barcelona 2005

Dokument 29

The Advantages of the Isle of Mallorca

The Isle of Mallorca the „Larger" of the Balearic Islands is situated so to speak in the suburban traffic of the world.

It takes only one night to get from there to Barcelona on an excellent boat, a few hours more to Valencia, Marseille, Toulon, Nice, Genoa, or Algiers, only a short refreshing sea trip without the trouble of a railway-journey, however is Mallorca quiet and peaceful, just the right place for people longing for splendid isolation.

The evidence of being always able to reach the large cities will satisfy a good many, for whatever they may offer on a large scale, Palma, the capital of Mallorca (90 000 inhabitants) grants it on a small one. It is so fascinating that English and American people as well as all other nation will soon easily eliminate the large cities as object of their desires. They will notice in a short time that the Balearic Islands offer a lovely natural scenery which is not to be surpassed. The sea, the mountains, a sky permanently blue, beaming sunshine, an agreeable sociability, always revived by a never abating influx of visitors from all countries, and a cheap and pleasant life.

Mallorca, „The golden Island" owes its famous repute to the permanent mild climate, the refreshing breeze of the Mediterranean and the charming meridional exuberant vegetation. All conspicuous and fascinating beauties of sea and mountains are combined here. It must be mentioned the remarkable amiability of the inhabitants towards the foreigners and their unlimited readiness to help.

Hate and haste are unknown on Mallorca. It might be called „The Island of rest" because it is far from all political occurrences. No wonder that people begin to appreciate the Island as a place of recreation and as a silent paradise.

Life is extremely cheap on Mallorca, for this happy Island produces all sustenances to such an extent that not only the present population of 400 000 inhabitants but a manifold greater number could find here their food by the home produce. Therefore a household may be carried on with the fraction of the amount which ought to be spent in many other countries.

Besides a lot of clothing and household utensils get superfluous by the mild climate. But that must not cause the misunderstanding that Mallorca is an Island untouched by culture. Mallorca has a rich history and old monuments are tokens of former force and power. Modern houses and dwellings are to be found everywhere. Mallorca excites admiration as well of the artist as of the friend of the typical.

The Plan of Santa Ponsa

Santa Ponsa is situated at the beautiful but by the tourists relatively seldom used highroad to Andraitx, at the well known North-West coast of Mallorca, only 18 km. far from the capital Palma. Already the transition from Palma (beginning at km. 6) here and there interrupted by a drive along the sea shore, leads through a fascinating always changing landscape of the Island. Santa Ponsa's situation comparable with that of Formentor, has besides the great advantage of being connected with Palma not only by the shortest way but to be already the drive in permanent ascension to the bay of Santa Ponsa. A wonderful outset. – The territory begins at this exceedingly beautiful bay of Santa Ponsa with finest sands, still more attractive by the bordering pine woods, and extends partly a vast fertile valley skirted by an original woody chain of mountains with the country seats of Santa Ponsa and San Pillo partly along the Mediterranean in an extension of 14 km.

It was the task of the projectors to study profoundly the local conditions of the territory – 5750 Morgen – of Santa Ponsa in order to start with the designing of the map a hard work on account of the variety of the formation.

To solve this plan for erecting dwellings on a building site the proprietor of Santa Ponsa has interested the Berlin architect HEINRICH MENDELSSOHN well known to him to start this work. Heinrich Mendelssohn renown as a specialist in the architecture seemed to him just the right personality to perform this task on account of his very successful activity in Berlin during the last 30 year. To erect the town the Berlin architect DR.-ING. MAX SÄUME was called, who has already carried out repeatedly international projects, while from the Spanish part ING. AGR. ARNESTO MESTRE ARTIGAS was fetched. The result of their joint work are the sketched plans of Santa Ponsa dated September 20th 1933.

Up to now the parcelling of the Island was entirely left to chance, partly for want of far-sightedness partly for want of perspicacity. The projectors have therefore determined to prepare carefully a basis for the organic development of the ground of Santa Ponsa (14 500 000 qm) which is now in hand of one holder.

An example of a not sufficiently foreseen development gives the Riviera with an inconvenience that is getting more and more bothersome.

The Riviera looses a good deal by the traffic, as there are railway, motor-cars and goods-traffic chiefly running along the coast dwelling at the sea shore, but without noise and disturbance, the desire of many people is therefore just at the Riviera very seldom to be found.

The modern method to build towns has acknowledged that by the permanent rising of the motor-car-traffic this question has become more and more urgent. It is absolutely necessary to lead the traffic in a different direction and not to build villas on places where the owners in course of time are compelled to give them up as they cannot find rest in there own house. In the foreseen plan of Santa Ponsa is of course taken into consideration the serviceable leading of the traffic only trough streets aside the dwelling places, merely interrupted by the necessary turnings.

The evolution of the plan for erecting dwellings on a building site according to these traffic requirements and to the conditions of the grounds as well as the consideration to the tradition and climate and the exploitation of the possibilities of future development caused to propose to fully separate settlement organisms: The garden town Santa Ponsa on first class cultivable soil and the town Santa Ponsa situated in the mountains above the Mediterranean.

The Garden-Town Santa Ponsa

Only a few towns are in the position, as the gardentown Santa Ponsa, to possess for the evolution a territory predestined to total colonization and where the natural bounding is given. If the beautiful and valuable parts of the grounds as valleys; summits a. s. o. are not colonized and if these natural open spaces remain untitled and get amalgamated to an unbroken green-system, then there will be unconstrainedly the systematic formation of the town. It is a matter of course that the open spaces are to be arranged within the built up parts into the system of the large natural open spaces.

A chain of evergreen mountains (on an average 200 m high) frames the town, the backbone of which form the axial grounds that reach from the strand with hotels, restaurants, club houses a. s. o. to the centre of the garden-town at the high-road Palma-Andraitx and on to the summits of the Puig de la Creu and Puig del Rey.

Public buildings and private institutes may be united here to a grand representative and interesting place. The situation of the square in the centre with the view from the centre to the sea gives the best chance for a fascinating solution. It must be noticed that with limited means the old mill in the centre could be rebuilt to a look-out.

On the main green lines between the two towns are the large sporting and playgrounds. On the other open places playgrounds for children, respectively homes for children, are, systematically distributed, to be erected. Above all especial care is to be taken, that the rising generation grows up under healthy conditions.

The open spaces are divided into several independent settlements with their own business-centres and markets and schools at the middle greens.

The arrangements of the greens in the direction of the wind provides at the same time airing of the single quarters of the settlement.

The central points of the settlements are communicated by a central thoroughfare, that passes each marked and park. Provided that later on a greater traffic will develop, an inner motor-car line, running in a circle can be arranged. This line starting at the central place would at the same time meet the line of communication to Palma.

The parcelling and the covering with buildings of each settlement's quarter is to be set about according to requirement one after the other at the central place as well as near the shore.

The practical achievement demands of course still a thorough detailed work, which would surpass the general projecting. Exact dates concerning elevation and natural scenery, which are necessary, were not put before us at the general projecting.

The Strand of Santa Ponsa

The loveliest part of the territory of Santa Ponsa is the idyllic strand with the finest sands in a length of 400 m. respectively 600 m. Further 400 m. opportunity for bathing could be won on the South-side of the bay by altering the shape of the cliffs – alike to Eden-Roc „Cap d'Antibes".

The promenade of Santa Ponsa where in the evenings, alike to Paseo Borne at Palma, a great display of live and traffic will develop, opens at the strand to a large promenade-square which by enlargement the axis won about 140 m. The promenade can be bordered with open lobbies. A special attractiveness gets the strand, as mentioned above, by the pine-woods with remarkably beautiful clumps of trees which must be taken into consideration when the promenade along the shore will be laid out. Hotels, restaurants, casinos, bars a. s. o. must be combined with the strandrestaurant to an architectonic and a symmetrical construction.

Santa Ponsa at the Sea

Contrary to the garden-town Santa Ponsa which forms a completely connected settlement territory consisting of private houses with small gardens which produce all, that is necessary to live upon, the town Santa Ponsa at the sea side represents a loose organism of several settlements, serving different purposes.

At the planning of the town Santa Ponsa at the sea side all modern accommodations were taken into consideration according to the experience made with similar settlements. Only allotments for buildings with an outlook to the sea or to interesting domeshaped mountains were considered. All other free spaces are not built upon, they are bridle path, golf link, natural park a. s. o. Thus the town at the sea, bordered with greens, gets also the character of a garden-town.

The junction of the different settlements is a high-way in a length of ca. 7 km. offering marvellous views to the precipitous rocks at the coast, the Mediterranean, the different settlements and the garden-town Santa Ponsa. The high way, beginning on the strand and crossing a small bay, comes to a favoured place, the grounds for an aquatic sport club with a natural calm and sheltered yacht harbour (extending ca. 3,5 ha) connected directly with the sea. Consequently there is a chance, to establish in a rather short time a sporting club in the centre of the town.

At the West-side of the yacht harbour the high road ascends by and by, leading alongside the sea shore, with its steep descents. The elevation corresponds at the entrance into the garden-town to that of the high road from Palma to Santa Ponsa, Thence the road lowers gradually to the harbour of Santa Ponsa. By a construction of a sheltered port a the West-side of the island and by a connection with the isles lying in front, this harbour will offer a unique and fascinating sight. A serpentine road at the South-side of the harbour connects the beautiful mountain-road with the quai.

Then the highway leads to a strip of coast, an ideal hotel ground. Indeed there could not be found a better site for a hotel, no limited lookout but a free view on the coast with its groups of islands in front and the Mediterranean, besides a wonderful natural-garden and terraces with bathing-place at the sea. The situation of the casinos on a peninsula, reaching far into the sea, gives the advantage of undisturbed recreation.

The high-way then leaves the coast, crosses the golf-link and returns to the strand after a mountains, climbing, that offers an excellent look on the whole town Santa Ponsa at the sea.

The strip of coast along the South-side of the Bay Ses Penjas Rotjas is also a first class settlement territory.

To consider already today the further sketching of the inner-territory, an entirely level ground, and to deprive it thus of its farming purposes would be inopportune. If in the length of time the development would require the cultivation of the inner-territory, it would be advisable to amalgamate this part with the territory „La Porrasa" and to work out a symmetrical project about the whole territory.

It is evident that the proposals made in the plans for erecting dwellings on a building site do not require an immediate execution. Therefore it is of great importance to limit exactly what has to be carried out first of all.

The development of Santa Ponsa is highly favoured by the facts, that great parts are situated by the already built up high-road Palma-Andraitx and that there will be further on a chance to start with small investments with the total opening of the most important and most conspicuous places i. e. the Central-Place and the grounds close by the strand, and in such a way that to a certain degree by the realization of the plots of land in this part, the means will be won to continue the colonization permanently.

H.M.   M.S.
SEPTIEMBRE 1933
PALMA DE MALLORCA
ESTUDIO SANTA PONSA

[Auszug aus: Heinrich Mendelssohn, Max Säume: *Santa Ponsa, La nueva ciudad de Mallorca – The new city of Mallorca*. Berlin 1933 Bibliothek des COAIB, Palma de Mallorca)]

Otto Schubert
Architekt und Bauhistoriker
★Dresden 23. Februar 1878, † 28. September 1968 in Dresden

1897-02: Architekturstudium an der Technischen Hochschule Dresden. Regierungsbauführer. **1903: Erste Spanienreise. 1905: Ernennung zum Regierungsbaumeister. Zweite Spanienreise. 1906: Promotion bei Cornelius Gurlitt mit der Dissertation „Herrera und seine Zeit". 1908: Die Weiterführung der Studien zur Architektur Spaniens führt zur Veröffentlichung seiner „Geschichte des Barock in Spanien" in der von Gurlitt herausgegebenen Reihe „Geschichte der Neueren Baukunst".** 1910: Schubert gibt die Beamtenlaufbahn auf und lässt sich als freischaffender Architekt in Dresden nieder. Zudem nimmt er eine Stelle als wissenschaftlicher Assistent an der TH Dresden an. **1911: Vorträge im Sächsischen Ingenieur- und Architektenverein über „Das nationale Element in der spanischen Architektur".** 1915-18: Kriegsdienst. **1919:** Privatdozent am Lehrgebiet Kunst der Straße, der TH Dresden. **1921-22:** 4. Preis im Ideenwettbewerb Hochhaus am Bahnhof Friedrichstraße, Berlin. **1924: Im Jahr seiner Ernennung zum außerplanmäßigen Professor in Dresden erhält Schubert anlässlich des Erscheinens der „Historia del Barroco en España", die Ehrenmitgliedschaft der** Sociedad Central de Arquitectos. **1926-29:** Vorsitzender der Dresdner Gruppe des BDA. **1940:** Schuberts Weigerung in die NSDAP einzutreten, führt zu seiner Entlassung aus dem Hochschuldienst. **1945:** Professor für Baukunst an der TH Dresden. **1946:** Lehrstuhl für Entwerfen von Hochbauten. **1947-53:** Direktor des Instituts für Bauformenlehre und Entwerfen. Auch nach der Emeritierung 1953 bleibt er in der Lehre tätig.

Schriften

Herrera und seine Zeit. Stuttgart 1906

Geschichte des Barock in Spanien. Esslingen 1908. (*Historia del Barroco en España*. Madrid 1924)

Das Spanisch-Maurische Wohnhaus. Oskar Jürgens. In: Deutsche Bauzeitung 52 (1918), H. 55, S. 240

Sachettis Pläne für die Umgestaltung der Umgebung des Madrider Schlosses. Oskar Jürgens. In: Deutsche Bauzeitung 53 (1919), H. 34, S. 177-179

Der Wettbewerb um das Deutsche Hygiene-Museum in Dresden. Erstes Sonderheft von Stadtbaukunst alter und neuer Zeit. Berlin 1921

Architektur und Weltanschauung. Berlin 1931

Bibliographie

Dr.-Ing. Schubert über das nationale Element in der spanischen Architektur. In: Deutsche Bauzeitung 46 (1912), H. 26, S. 248

Luis Lacasa, *Arquitectura Extranjera Contemporánea: Otto Schubert*. In: Arquitectura 5 (1923), H. 3, S. 72-76

Cornelius Gurlitt, *Zur Kritik der Zeitkunst*. In: Deutsche Bauhütte 35 (1931), H. 12, S. 198

E. Hempel, E. Kentzler: *Otto Schubert 75 Jahre alt*. In: Wissenschaftliche Zeitschrift der Technischen Hochschule Dresden 3 (1953-54) H.3, S.337-340

Hugo Kehrer, *Deutschland in Spanien*. München 1953

Florian Zimmermann (Hrsg.). *Der Schrei nach dem Turmhaus. Ideenwettbewerb Hochhaus am Bahnhof Friedrichstraße, Berlin 1921-22.* Berlin 1988

Michael Scholz-Hänsel, *El historiador del arte como mediador en el discurso intercultural: la recepción de El Escorial en Alemania y su influencia en el debate español.* In: *VII Jornadas de Arte. Historiografía del arte español en los siglos XIX y XX,* hrsg. vom Departamento de Historia del Arte „Diego Velázquez", C.S.I.C. Madrid 1995, S. 111-122

Christoph Rodiek (Hrsg.), *Spanien und Dresden.* Frankfurt a. M. 2000

Dokument 30

Zeitgenössische Architektur des Auslandes: Otto Schubert

Etwas über das Leben und die Persönlichkeit von Otto Schubert zu erfahren, sollte für spanische Architekten stets von höchstem Interesse sein – vielmehr eine Pflicht: Nämlich die, das Werk desjenigen Architekten kennen zu lernen, der zu uns kam, um die Werke unserer Vorfahren zu studieren.

Beim Blättern der „Geschichte des Barock in Spanien", Otto Schuberts genau unterrichteter Monographie, glaubt man aufgrund der Reife und Sicherheit des Gedankengangs, des geordneten Aufbaus der Argumentation und der Genauigkeit der Dokumente, vor dem Ergebnis einer Anstrengung im Ausklang eines Lebens zu stehen, wo die Flammen der Leidenschaft erlöschen und nur noch die Intelligenz bleibt. Und doch ist Schuberts Buch ein Werk der Jugend gewesen, ein Erstlingswerk, das auf eine ertragreiche Zukunft hoffen ließ.

Mögen diese Zeilen als Ausdruck der Dankbarkeit an den jungen Deutschen dienen, der für seine erste Unternehmung sich unseres vergessenen Spaniens erinnerte, zu uns kam, unsere Denkmäler aufnahm, unsere Atmosphäre atmete und sich schließlich dem Studium und der Verbreitung einer Sparte der spanischen Kunst widmete, die wir guten Gewissens als *nationale Kunst* bezeichnen können.

Wir hatten uns Otto Schubert am Rande des architektonischen Geschehens der Zeit vorgestellt, verliebt in alte Steine, Archäologie und Geschichte. Nichts liegt der Wahrheit ferner: Für sein Buch über Spanien hat Schubert lediglich die überschüssigen Energien zum Einsatz gebracht, denn er ist innerhalb der zeitgenössischen Architektur Deutschlands eine bedeutende Figur, ein Mann intensiver Arbeit und scharf konturierter Persönlichkeit.

Schubert lebt in Dresden, in einem Heim, wo er sich damit begnügt, mit seiner Schwester eine ebenso zuvorkommende wie deutsche Gastfreundschaft zu teilen: Wie in Renans Heim, ist das ruhige und intelligente Ambiente eine anregende Gabe.

Dresden ist eine Stadt mit einer charakteristisch künstlerischen Atmosphäre, die sich den *Moden* verweigert, die andere Städte Deutschlands tyrannisieren. In Dresden wird das Primat der Klarheit niemals vergessen, und im Ganzen gibt die Erscheinung der Stadt den Eindruck des oft zu Feinen, jedoch stets Exquisiten wieder. Es ist notwendig diese Stimmung erfasst zu haben, um Schubert zu verstehen, denn er ist ihr repräsentativster, unverfälschtester Künstler.

Ein weiterer Aspekt seines Werks ist die Realitätsnähe, die bei Männern von derart erlesener Empfindsamkeit selten ist. Eine Realität, die Deutschland heute so sehr bedrückt, dass sie bei den deutschen Technikern den Eindruck geweckt hat, die Zukunft des Volkes liege in ihren Händen.

Otto Schubert ist 40 Jahre alt, obwohl er jünger anmutet: Schlank, dunkelhaarig und glattrasiert, entspricht sein Äußeres eher dem eines Engländers als dem eines Deutschen. Wie bei allen, die über angeborene Fähigkeiten in sämtlichen Bereichen der Kunst verfügen, ist die Eleganz seiner Gebärden ein Spiegelbild seiner Gedanken.

Einige Details aus seinem Alltag: Er beherrscht mit Leichtigkeit eine Vielzahl von künstlerischen Techniken und Vorgehensweisen. Eines Tages sah er einen Bildhauer bei der Arbeit und versuchte daraufhin, eine Büste zu erstellen, die – das Zögern der Lehrzeit überspringend – ein vollkommenes Stück wurde.

Bei einer anderen Gelegenheit, als er die Restaurierung des Dominikanerklosters in Pirna studierte, glaubte er den exakten Ausdruck seiner Empfindungen, die er in seinen Gedanken vor sich hatte, nur mit den Mitteln der Radierung fassen zu können. Er eignete sich auch diese Kunst derart geschwind an, dass sein erster Versuch gleich der endgültige war.

Seine Arbeiten sind auf bewundernswerte Weise dargestellt; meistens als Temperamalerei, aber auch in Kohle und Tusche.

Er war im Krieg. An der Front baute er nach eigenen Zeichnungen einen Schuppen, und es gelang ihm, der trivialen, hastigen und ephemeren Aufgabe einen Ausdruck von Ruhe und Frieden zu verleihen.

Vom Feldzug zurück, in der Befürchtung seine zeichnerischen Fertigkeiten verloren zu haben, machte er begierig eine Zeichnung, die ihm bewies, dass seine Fähigkeiten unangetastet geblieben waren und dass der brutale Kampf keine Schäden in seinem Temperament hinterlassen hat – anders als bei einigen Gleichgesinnten.

Während seiner Kindheit hörte er zuhause mit Liebe über unser Land sprechen. Später, während des Studiums, wurde er Zeuge von Wallots Lobreden auf unsere Architektur. Von Cornelius Gurlitt erhielt er den Rat, sich dem Studium der barocken spanischen Kunst zu widmen.

Er besuchte unser Land zum ersten Mal in Begleitung seiner Familie. Im Jahr darauf kehrte er zurück, um die Daten zu sammeln, die für sein Unterfangen unerlässlich waren. Alleine schon seine Bauaufnahmen stellten ein bedeutsames Werk dar. Schubert hatte damals noch nicht das 30. Lebensjahr erreicht.

Er spricht korrektes Spanisch – immer mit Liebe für das Land. Von seiner Reise sind ihm angenehme Erinnerungen geblieben. Im Gespräch zeichnet er ein sehr persönliches und charakteristisches Spanienbild, wobei sich in seinen Bemerkungen – in ihrer ganzen wahrhaftigen Bedeutung – Nuancen und Aspekte unseres Landes auftun, die wir nicht bemerkten, weil sie uns selbstverständlich erschienen.

Unsere braune und graue Landschaft, mit ihren bläulichen Schatten, hat er sich derart zu Eigen gemacht, dass ihn in seiner Heimat das längst in Vergessenheit geratene Grün der deutschen Lande befremdet.

Das nationale Wesen empfindet er als edelmütig und ritterlich, wenn auch etwas bedrückt nach der jüngst geschehenen Katastrophe der Antillen.

Einige Typen haben sich ihm eingeprägt: aussätzige Bettler auf den Straßen von Toledo, ein Zahnklempner, der von der Kutsche aus seine Dienste anbietet. In Andalusien findet er die hohe Zahl untätiger Menschen sonderbar, wobei er hinzufügt, dass ein Land nicht aufgrund seines Straßenbildes zu beurteilen sei. In der Puerta del Sol mutet ihm die Mischung von Reichtum und Armut merkwürdig an.

Von seiner Ankunft in Toledo in einer Vollmondnacht ist ihm das großartige Spektakel der toten Stadt mit ihrem einzigartigen maurischen und kastilischen Charakter in unauslöschlicher Erinnerung geblieben.

Er hält das Kloster des Escorial – mit seiner Ornamentlosigkeit und schlichten

Herrlichkeit – für das repräsentativste Monument Spaniens. Er meint, in diesem Fall habe der Künstler dem Bauherrn ein Denkmal gesetzt, statt sich selbst. Bei seinem Besuch des Escorial wurde er derart aufgewühlt, dass er in dieser Nacht keinen Schlaf fand.

Ebenfalls unvergesslich ist ihm das Kloster von Montserrat: Wie sich ihm dort eines Nachmittags, nach einem Sturm, beim Hören der Glocken und des Gesangs, die Bilder des Mont Salvat und des *Parsifal* aufdrängten.

So ist er, aus der Nähe betrachtet, der Mann, der die *Geschichte des Barock in Spanien* schrieb. Ein Mann, der unsere Kunst *wahrhaftig* studiert hat und der dafür unsere Dankbarkeit verdient. Denn es sind nur wenige, die sich *gewissenhaft* mit uns befasst haben!

Luis Lacasa, Architekt
Dresden 1922

[Luis Lacasa, *Arquitectura Extranjera Contemporánea: Otto Schubert.* In: Arquitectura 5 (1923), H. 3, S. 72-76. Übersetzung J. M. W.]

Walter Segal
Architekt
★ 1907 in Ascona, ✟ 1985 in London

1914-27: Segal verbringt die ersten Jahre seiner Kindheit in Ascona, unweit der Aussteiger-Kolonie *Monte Veritá*. **1920-27:** Umsiedlung nach Berlin. Als Sohn des Malers Arthur Segal erlebt er unmittelbar die Berliner Avantgardekreise der zwanziger Jahre: Die Wohnung der Familie Segal als Sitz der Novembergruppe wird zum regelmäßigen Treffpunkt von Persönlichkeiten wie Mies van der Rohe, Adolf Behne, Ludwig Hilberseimer, Raoul Hausmann, Kurt Schwitters oder Alfred Gellhorn. **1927:** Aufnahme des Architekturstudiums in Delft. Die Lehre am Bauhaus interessiert ihn nicht. **1928:** Wechsel an die TH Berlin zu Poelzig, wo er Freundschaft mit Julius Posener schließt. **1931:** Segal besucht Bruno Tauts Seminar für Wohnungswesen an der TH Berlin-Charlottenburg und beteiligt sich an der Proletarischen Bauausstellung in Berlin, die vom Kollektiv für sozialistisches Bauen als Gegenveranstaltung zur Deutschen Bauausstellung organisiert wird. Er nimmt erfolgreich am Bauwelt-Wettbewerb „Das zeitgemäße Eigenheim" teil. **1932:** Im Jahr seines Diploms realisiert Segal bereits sein erstes Werk: die *„Casa Piccola"* in Ascona, die den starken Einfluss der Lektüre von Wachsmanns Buch „Holzhausbau" dokumentiert. **1933-34: Exil auf den Balearen. Neben gemeinsamen Studien mit Raoul Hausmann zur Volksarchitektur der Inseln führt er eigene Entwürfe auf Mallorca aus, wie das Haus für ein befreundetes niederländisches Ehepaar in Palma oder ein Restaurant auf Ibiza. Seine Bauerfahrungen in Spanien prägen entscheidend Segals spätere empirische Vorgehensweise. In *L'architecture d'aujourd'hui* kündigt Posener ein Buch Segals über die Architektur Ibizas an, das jedoch bisher unveröffentlicht geblieben ist. Er erscheinen allerdings einige Studien zur Architektur Mallorcas und Ibizas in Form von Zeitschriftenartikel. Durch Segals Vermittlung erscheinen in Tauts Buch „Das japanische Haus und sein Leben" einige der Fotos, die Hausmanns von den Bauernhäusern Ibizas gemacht hatte.** **1935:** Archäologische Arbeiten in Ägypten, wo er ebenfalls die Volksarchitektur des Landes untersucht. **1936:** Umsiedlung nach London. **1937:** Der von Segal verehrte Bruno Taut bietet ihm eine Assistentenstelle in Istanbul an, die er jedoch nicht annimmt. **1939** erhält er die britische Staatsangehörigkeit. **1940:** Dozent an der *Associated School of Architecture* in London. Im Auftrag des Wirtschaftsministeriums plant er Wohnheime für verschiedene englische Städte. **1948** erscheint Segals Buch „Home and Environment". In den Fünzigern widmet er sich vorrangig dem Bau von Einfamilienhäusern. **1968:** Durch den Bau mehrerer experimenteller Wohnhäuser kommt er seinem Interesse für einfache und kostengünstige Holzkonstruktionen nach. In den Siebzigern entstehen seine bekanntesten Selbstbauprojekte, wie die in Lewisham (London). Er arbeitet für die *Self-build Housing Association* in London und ruft den *Walter Segal Self Build Trust* ins Leben.

Schriften

L'Architecture de l'île d'Ibiza. In: Oeuvres 9, 1934, S. 15-18 (mit Raoul Hausmann)
L'Habitation Rurale a Mallorca. In: Chantiers 10, 1936, S. 521-525. Ebenfalls erschienen in: Oeuvres 37, 1936, S. 8-11
The Domestic Architecture of Ibiza. (Unveröffentlichtes Typoskript)
Building a house in Majorca. In: Architect & Building News vom 19. Juni 1942, S. 160-162

Bibliographie

Julius Posener, *Villa à Palma di Mallorca. (Petite Maison à Majorque)*. In: L'architecture d'aujourd'hui 6 (1935), H. 1, S. 42-43

John McKean, *Lernen von Segal. Walter Segals Leben, Werk und Wirkung*. Basel-Boston-Berlin 1989

W. Herzogenrath, P. Liska (Hrsg.), *Arthur Segal 1875-1944*. Berlin 1987

Philip Christou, *Inasertivo, óptimo, típico*. In: bau 17, 1999, S. 49-59

Joaquín Medina Warmburg, *Gran Turismo. Sobre arquitectos alemanes, imagenería mediterránea y la dialéctica de ›lo moderna‹*. In: *Arquitectura morderna y turismo. 1925-1965. IV. Seminario Do.co.mo.mo*. Barcelona 2005

Dokument 31

Building a House in Majorca
by Walter Segal

This is a story of bygone days; and happened in a world that now would seem almost unreal. The place: an island in the western Mediterranean, centre of a great tradition from the days of Carthage and Greece to the times of the Moors. Though Spanish since the 13th century, Majorca is still Moorish in many a sense, but it would appear very unwise to dwell on this fact in conversation with the islanders. To them everything Moorish is just the worst that can be, and they make liberal use of the word „Moorish" in semi-contemptuous references to a number of certain objects. Thus an instrument which serves you to scratch your back is called a „Moorish hand" (mano Moro) and in similar fashion they would call a soak-away „Moorish fountain" (pozo Moro).

Don Antonio, my builder, had the surname Mesquida, and once I dared to mention to him how much this reminded me of mosque (mesquita) ... But this is another story. It all started with a letter from that island arriving one morning in my little studio near Lugano, and it contained a suggestion by some Dutch friends to help them to build a house near Palma, Majorca's capital.

I had heard a little about Majorca, and to me this meant a place full of sun, dust palm and pine trees, with a population speaking a sort of Spanish, a place that had almost become an English seaside resort. All this did not sound too bad, and as the letter contained a sketch layout of the site and a programme, a very sound effort on my client's part, I settled down to work.

I knew my house would overlook the sea and command a fine view over Palma. The site was about 13 feet above street level, and rising towards the rear. They wrote that it was nicely wooded, but they did not exactly mention which trees it contained and where they were. However, being modern clients, they did not forget the orientation.

After a few days of work I counted about 20 schemes or so – all possible, but much too many. They were nicely redrawn and accompanied by little perspectives. In complete foolishness a careful report was prepared weighing the merits of each scheme against the other, and the whole lot went to Palma and created utter confusion.

A week later I left our impossible Italian steamer at Barcelona, paid amazed homage to Antonio Gaudi's cathedral, „La Sagrada Familia", and to other works of the Catalan school of architecture, and boarded a steamer for Majorca. In Barcelona I had noticed that there seemed to be more men of the Sancho Panza type than Don Quixotes in Catalonia, and found it a comforting idea.

After breakfast, for which I ordered bread and ass (the Italian word for butter meaning „ass" in Spanish) we anchored in yellow-grey dusty Palma, and I went to see my clients. I had definitely made too many plans, and they seemed to like just those which I thought to be the less successful ones. It was a good lesson and not too heavily paid for with two days of severe battling for my favourite scheme.

Site and a short survey of the standard of building technique decided me to rely on local materials and construction, and to modify them where I thought it necessary. Main compromise with Mediterranean tradition: a very low pitch replaced the flat roof. Roman tiles of natural clay colour were suggested as covering material, a large overhang added to protect the walls of local sandstone (very hygroscopic) from the torrential rains of the winter. A cistern was included for additional water supply, the windows reduced in size and fitted with shutters to provide that delicious halftone light during the hot summer months, and finally, a ventilated space between roof and ceiling was introduced as heat insulation. All these departures from the strictly modern standards were most pleasant sinning.

Then the job went to tender to three contractors. Drawings and specifications were carefully prepared. I had heard something about the ominous Spanish word „mañana" (to-morrow) and so I was rather surprised when one of the contractors called the day after he had taken the plans. „I regret, Sir" he said, „I am not used to working out so many details. *Demasiado trabajo*. (Too much work)". He would not be persuaded.

First shock. I began to fear the next „mañana". But some weeks later I was in the precious possession of two estimates. They ran: „*El Señor X*, contractor, proposes to undertake to build a house for *El Señor Don YZ*. for the sum of ... pesetas", and contained no further details.

This was very stimulating and informative, but eventually I succeeded in getting down to brass tacks with one of the two contractors. Don Antonio got the job. He was an ardent admirer of Catalonian architecture, and in particular of the work of Antonio Gaudi, and I am indebted to him for the following story, which I relate as he told me. Gaudi once did a decoration scheme in Palma, including a room of considerable dimensions. According to Don Antonio, the architect tackled the problem in a somewhat unusual but most inspiring manner. He sent to the market for a considerable number of fresh eggs, and when they arrived he took up position in the centre of the freshly plastered room, and hurled the eggs one after another against the walls, hereby undoubtedly following a carefully premeditated plan. The yolks ran gaily clown the walls, and were left to dry. A coat of varnish finished the work, and it was, as Don Antonio put it, „a very original and a very cheap decoration scheme."

Of my plans Don Antonio had a less favorable opinion. „You have made me as many drawings as one would expect for a cathedral", he said. When I suggested they should form part of the contract and be signed by him, he agreed, but declared there was little sense in it, and suggested that I must have had bad experiences with bad people in bad countries. „Not in Majorca, Señor", he said. „And besides," he added, „you would not stand much of a chance in court against me." And so we started. Don Antonio warmly recommended his foreman, Miguel, to me, and on the first day I explained to him at some length the various work I wanted to see started upon. I showed him the working drawings, and found him most attentive and sympathetic. His continuous „Very good, Sir," suggested that he had followed me from A to Z, and so I finished by handing him the plans. He then gave me a sad look, and finally said: „This is all very well, but what shall I do now?" In short, Miguel, as well as the other workmen, was not too good at reading or writing, and he found it apparently rather difficult to follow the information on the plans. All this, however, did not prevent him from being one of the finest foremen I ever met, and himself a craftsman of considerable skill.

With Don Antonio's help the building was then set out, but when I checked up I found it was 3 in. too short. In mentioning this to the builder, I thought it wise to exaggerate, but this did not make the slightest impression on him. „Hombre," he said, rather pityingly, „what are 9 in. compared with 54 feet?" making me feel quite happy not to have mentioned the actual size of his error.

All went, however, very well, and actually the walls, built of sandstone blocks 3 ft. x 2 ft. x 1 ft., which allowed each to be handled by two men, went up with amazing speed. It was very pleasant working with these men, perfect craftsmen as they were. Individually their standards were perhaps higher than elsewhere, in spite of their bad schooling.

Thus the work proceeded, and eventually the question of the windows and doors was brought up and Miguel was very anxious to set them out. „Would you please tell me, Señor", he said one day, „Cuantos palmos (how many palms) you want the windows to measure in height and width." And we proceeded to mark them out with charcoal to Miguel's entire satisfaction.

One morning I went to the beach for an early swim, and found two people from the job in bathing costumes, waving their hands at me. „Huelga general" (general strike) they announced, so we all had a nice time that day. I must here refer to my experience with the blacksmith who made the entrance gate to the site. His smithy was a gay place immediately on the border of the sea. It took him altogether three months to make the gate, of which two and a half were used

to console me every morning with the solemn promise that he would start „mañana por la mañana" (to-morrow morning, first thing). We spent much time in discussing his craft in general, but I had almost given up the idea of getting the gate. Then one morning – certainly not because he had grown tired of my anxiety – he made a really big start. The job was soon done. Incidentally, it was not other work which prevented him from doing it before, he just did not feel like it.

Eventually the roof was finished. In spite of its low pitch the trusses were beautifully triangulated and Don Antonio took much pride in making it a first-class job. The roof was first covered with *bovedillas* (sandstone slabs) as heat insulation, and then finished with those fine cream-coloured Roman tiles in which they specialise in Majorca.

This occasion obviously called for some sort of celebration in keeping with traditional customs, and so Don Antonio asked me to arrange with my client for the usual big meal for all the people connected with the job. This meal replaces in Majorca the practice of handing out beer and cigars in other countries, and in our case it was taken at the *fonda* (restaurant), „Las Palmeras", behind the colonnades surrounding a bright flower, fruit and vegetable market.

There we all met one Saturday at noon, and sat around a big table, all the 15 or 20 of us, with the client, the builder, and the architect. Miguel was host, and I must confess I have never eaten as much in all my life as on that day.

First of all we had a big dish of excellent rice, cooked with all sorts of vegetables and contributions from all available animals on the land and in the sea, from mutton to mussels. It was served from an enormous pan, which was so laden that in the beginning it hid Miguel, in front of whom it was placed, almost completely.

I must say, however, that he soon reappeared behind the rice mountain, which was rapidly losing height. We used deep plates, which were filled up, and all the others had a second helping, while my refusal made me suspect of not quite having enjoyed the dish. There was white and red wine, but nobody drank a lot, most people diluting the wine with water, as is the habit in the South since the days of Homer.

It was a Saturday, and nobody was worried. The *mujeres* (women) had been told, and the next bull-fight was still a week ahead. So we had four hours of good time until everything was eaten, all the stories told, and everybody was ready for a good rest ...

There is little to add. The work was brought to an end in the same way as it had been started. There were no troubles, no problems, no extras to mention, and no difficulties in settling the final accounts. And so Antonio was right when he reminded me after all had been completed to general satisfaction of our first conversation. „Not in Majorca", he had said. But it was in Majorca that I had enjoyed more than ever before being an architect.

[Quelle: Walter Segal, *Building a House in Majorca*. In: The Architect and Building News 19.6.1942, S. 160-162]

Hermann Joseph Stübben
Baumeister und Städtebauer
★Hülchrath 10. Februar 1845, ✝ Frankfurt am Main 8. Dezember 1936

1864: Aufnahme des Studiums an der Bauakademie in Berlin wo Hobrechts Stadterweiterungsplan (1858-61) diskutiert wird. **1871:** Baumeister-Examen in Berlin. Erste berufliche Tätigkeit für die Eisenbahnverwaltung. **1876-81:** Stadtbaumeister in Aachen zum Zeitpunkt der Entstehung des Städtebaus als Aufgabe und eigenständiger Disziplin. Für Aachen entwickelt Stübben Entwürfe zur Entwicklung der gesamten Stadt und führt weite Abschnitte des Alleenrings aus. **1881:** Nach dem Erfolg mit Karl Henrici im Kölner Stadterweiterungswettbewerb (1880), wechselt Stübben zur dortigen Bauverwaltung und wird zunächst Stadtbaumeister und Ingenieur der Stadtverwaltung, später Stadtbaurat und Beigeordneter der Stadt Köln. Seine Haupttätigkeit liegt im Ausbau der Neustadt, er übernimmt aber auch die Realisierung einiger repräsentativer Bauten. **1890:** Es erscheint „Der Städtebau". **1892:** Beim Wettbewerb für den General-Regulierungsplan für Wien teilt Stübben den ersten Preis mit Otto Wagner. **1893: Spanienreise: Besuch von Barcelona, Valencia, Córdoba, Granada und Cádiz, Madrid, Salamanca, Segovia, Burgos, Bilbao. In Vorträgen und Artikeln (Kölnischen Zeitung) berichtet Stübben über Reiseerlebnisse und gewonnene Erkenntnisse.** **1904:** Umzug nach Berlin. Ehrendoktor der TH Karlsruhe, an der Reinhard Baumeister tätig ist. Im neugegründeten Seminar für Städtebau der TH Berlin wird Stübben von Brix und Genzmer zu Vorträgen eingeladen (Städtebauliche Vorträge, Berlin 1908-1915). In der Folgezeit entwickelt er u. a. Stadterweiterungspläne für Posen und Antwerpen. **1910:** Neben u.a. Otto March, Rudolf Eberstadt und Hermann Jansen gehört er als Mitglied dem Arbeitsausschuss der Allgemeinen Städtebauausstellung in Berlin an. **1914: Als Gutachter zu Vorträgen in Barcelona. Die Themen: „La Construcción Cívica en Francia y Alemania"** (30.3.1914) und **„Intervención del Municipio en el problema de la habitación"** (31.3.1914). Im Rückblick veröffentlicht er 1915 eine Einschätzung der Lage des Städtebaus in Spanien und seine Haltung gegenüber den Stadterweiterungsplänen von Cerdá und Jeaussely für die katalanische Hauptstadt. **1925:** Teilnahme am Internationalen Städtebau-Kongress in New York. **1926:** Erster Preis im Wettbewerb zur Erlangung von Vorentwürfen zur Erweiterung Bilbaos. Der Plan kommt nicht zur Ausführung, dient aber Ricardo de Bastida als Grundlage für den Stadterweiterungsplan von 1927. Erneute Spanienreise. **1930:** Für den eingereichten Beitrag zum Madrider Stadterweiterungswettbewerb erhält die Arbeitsgemeinschaft Cort-Stübben lediglich den sechsten Preis. **1932:** In einem aus dem Jahr 1929 stammenden Vorwort zu César Corts „Murcia. Un ejemplo sencillo de trazado urbano" bemängelt Stübben die unzureichende Verbreitung städtebaulicher Fachliteratur in Spanien. Die spanische Ausgabe von „Der Städtebau" in Übersetzung von Otto Czekelius und José Fonseca wird im selben Jahr angekündigt, kommt jedoch nicht zustande. **1934** dienen dem GATEPAC (*AC*, Heft 13) Aussagen Sittes und Abbildungen aus Stübbens Handbuch als Beispiele einer überholten akademischen Auffassung der Stadtbaukunst.

Schriften

Der Städtebau. Darmstadt 1890. (Stuttgart 1907, Leipzig 1924, Braunschweig 1980 und 1996)

Reiseberichte aus Spanien (Klein-Köln am Mittelmeer; Valencia del Cid; Von der Alhambra; Córdoba; Seeräuber an der Straße von Gibraltar; Ein Tag in Salamanca; Burgos und seine Bauten; Das Spanische Dortmund). Erschienen 1894 in der Kölnischen Zeitung. Vgl.: HAStK Bestand 1114, Nachlaß Stübben; Nr. 4, Reiseberichte aus Spanien.

Aus der Hauptstadt Cataloniens. In: Vossische Zeitung, Beilage für Reise und Wanderung Nr. 379, vom 29.7.1914

Städtebauliches aus Barcelona. In: Zeitschrift für Bauwesen 65 (1915), H. 7-9, S. 379-404

Giovanni Sachettis Entwürfe zum Neubau des Königlichen Schlosses in Madrid. In: Zentralblatt der Bauverwaltung 39 (1919), S. 148 ff. (Jürgens)

Aus der Hauptstadt Cataloniens. In: Vossische Zeitung, Beilage für Reise und Wanderung Nr. 379, vom 29.7.1914

Städtebauliches aus Barcelona. In: Zeitschrift für Bauwesen 65 (1915), H. 7-9, S. 379-404

Der Einfluß des deutschen Städtebaues im Ausland. In: Deutsche Bauzeitung 54 (1920), H. 38, S. 222-223

Die Entwicklung der deutschen Städtebaukunst und ihr Einfluß auf das Ausland. In: Zentralblatt der Bauverwaltung 40 (1920), H. 39, S. 253-256. Ebenfalls in: Stadtbaukunst alter und neuer Zeit 1 (1920), H.8, S.113-116; H. 9, S.129-130; H. 10, S. 151-154

Oskar Jürgens. Spanische Städte. In: Zentralblatt der Bauverwaltung 47 (1927), S. 136

Spanische Städte von heute I. In: Deutsche Bauzeitung 61 (1927), H. 5, Beilage Stadt und Siedlung Nr. 1, S. 7-8

Spanische Städte von heute II. In: Deutsche Bauzeitung 61 (1927), H. 9, Beilage Stadt und Siedlung Nr. 2, S. 10-16

Kraftwagenverkehr und Stadtgestaltung. In: Deutsche Bauzeitung 63 (1929), Beilage Stadt und Siedlung Nr. 8, S. 82-88

Concurso urbanístico internacional de Madrid. In: Arquitectura 14 (1931), H. 3, S. 84. (mit César Cort)

Vorwort zu: César Cort, *Murcia. Un ejemplo sencillo de trazado urbano.* Madrid 1932. S. 3-4

Bibliographie

Altes und Neues aus Spanien. In: Deutsche Bauzeitung 28(1894), H.20, S.127

Les construccions urbanes modernes. Conferencies del Sr. Stübben. In: La Veu de Catalunya 1.4.1914

Lúrbanització de les ciutats. In: La Veu de Catalunya vom 4.4.1914

Conferencias de J.J.Stübben. In: Cívitas 1 (1914), H. 2, S. 62

Ultimas noticias. Una conferencia. In: Las Noticias, 1. April 1914

Hermann Jansen, *Stübben. Der Städtebau.* In: Städtebau 20 (1925), S. 26

Joaquín de Zuazagoitia, *Ciudades Españolas. La Belleza de la Urbanización.* In: El Sol 10 (1926), Nr. 2895, 15.11.1926, S. 1

Damián Roda, *Concurso de Anteproyectos para la extensión de Bilbao. Un triunfo de Segurola y Agüero.* In: Propiedad y Construcción 4 (1926), H. 45, S. 3-4

Damián Roda, *Temas actuales. Sobre el desarrollo y expansión de las ciudades.* In: Propiedad y Construcción 4 (1926), H. 46, S. 3-4

Damián Roda, *La extensión de Bilbao. Comentarios a un dictamen.* In: Propiedad y Construcción 4 (1926), H. 46, S. 13-14

González del Castillo, *La extensión de Madrid (I): El anteproyecto Cort-Stübben*. In: La Construcción Moderna 29 (1931), S. 68-71

Gonzalez del Castillo, Hilarión: *La extensión de Madrid (XI): El „Gran Madrid" y el „Grosser Berlin"*. In: La Construcción Moderna 29 (1931), S. 276-278

Proyecto Cort-Stübben para el Concurso Urbanístico Internacional de Madrid. In: Arquitectura 13 (1931), S. 84-85

Gonzalez del Castillo, Hilarión: *Urbanismo: Planes Regionales (II): El Plan regional de Madrid*. In: Revista del Cuerpo de Arquitectos Municipales de España 5 (1933), S. 140

Lo que se enseña en las escuelas superiores de arquitectura. In: AC 4 (1934), H. 13, S. 13

Guillem Busquets i Vautravers, *Morte di un grande urbanista*. In: Architettura 17 (1938), S. 59-60

Paul Bonatz. *Leben und Bauen*. Stuttgart 1950

Oliver Karnau, *Hermann Josef Stübben. Städtebau 1876-1930*. Braunschweig 1996

Dokument 32

Städtebauliches aus Barcelona
Von Dr.-Ing. J. Stübben.

Barcelona ist die bedeutendste Industrie- und Handelsstadt im Süden Europas. Zwar ist die eigentliche Stadt ziemlich frei von Fabriken. Aber in den äußeren Stadtteilen, in den Dörfern und Tälern, an Eisenbahnen und Bäche, raucht es und schnurrt es, hämmert und schwirrt es wie in unserm Bergischen Lande. Der Katalonier ist gleich dem Remscheider und Solinger der geborene Industrielle. Mühlenwerke und Dynamos klappern und surren an Flüssen und Flüßchen. Webereien und Spinnereien, elektrotechnische Werke und Maschinenbauanstalten schaffen für ganz Spanien und versenden ihre Erzeugnisse ins Ausland. Papier, Seife, Eisenwaren aller Art werden in Groß- und Kleinbetrieben hergestellt von dem katalonischen Volke, dessen Vertreter uns in der roten Zipfelmütze, in farbiger Leibbinde, in Sandalen oder weißen Zeugschuhen überall begegnen, sobald man von Perpignan her den Fuß über die spanische Grenze gesetzt hat. Zugleich ist das Land um Gerona und Barcelona fruchtbar in allen nährenden uns schmückenden Naturerzeugnisssen, besonders die vom Llobregat bewässerte „Campiña" südlich von der großen Stadt: Wein, Feigen, Nüsse, Johannisbrot, Zitronen, Agaven, Kakteen, Dattelpalmen wie in Algier und ein Blumenreichtum wie an der Riviera. Barcelona liegt auf demselben Breitengrad wie Rom. Aber der Pflanzenwuchs hat eine weit mehr südliche Art wegen der geschützteren Lage. Das Klima ist mild. Frosttage sind eine Seltenheit.

In seiner Bedeutung als Hafenstadt steht Barcelona zwischen Marseille und Genua und bildet mit diesen maritimen Schwestern das Dreigestirn des Großhandels im westlichen Mittelmeer. An Einwohnerzahl wetteifert es mit der Hauptstadt des Landes, Madrid. Man schätzt mit Einschluß der einverleibten Vororte zwischen 7 und 800 000 Seelen. Auf Schätzung ist man angewiesen, weil eine genaue Statistik fehlt. Unter den Sterbenden befindet sich ein beträchtlicher Anteil solcher Personen, die in keiner standesamtlichen oder polizeilichen Liste verzeichnet sind; geboren sind doch aber auch diese.

Der auf dem Hauptbahnhof, der Estación de Francia ankommende Fremde fährt über die mit prächtigen Marmorbrunnen geschmückte Plaza de Palacio, wo das Regierungsgebäude und die Börse sich erheben, in der Palmenallee des 50 m breiten Paseo de Colón gerade auf das 60 m hohe Kolumbusdenkmal zu. Auf einem von acht Löwen umgebenen, mit Bronzereliefs geschmückten Unterbau steht eine Kolossalsäule, die über einer vergoldeten Erdkugel das 7 m hohe Standbild des Seefahrers trägt. Als Schöpfer des aus den 1880er Jahren stammenden Werkes werden der Architekt Buhigas und der Bildhauer Atché genannt.

Vom Kolumbusdenkmal in scharfen Winkel nach rechts wendet sich die Hauptstraße der Stadt, die berühmte Rambla, ein mit herrlicher Platanen-Promenade ausgestatteter Straßenzug, der in unregelmäßiger, zwischen 32 und 50 m wechselnder Breite und 1200 m Länge unter verschiedenen Namen von Südost nach Nordwest verläuft und die alte Stadt in zwei Hälften teilt. Die linke wird Arrabal (Vorstadt) genannt und reicht bis an den Fuß des in der politischen Geschichte des Landes berüchtigten Montjuich. Die rechte heißt Ribera (Ufer) und erstreckt sich bis zum Stadtpark und Hauptbahnhof. Der Verkehr und die Volksmenge auf der Rambla erinnern an die belebtesten Strecken der Pariser Boulevards; sie ist aber auch die einzige breite Straße der alten Stadt. Läden, Gasthöfe, Kaffeehäuser, Theater bilden die beiderseitigen Häuserreihen. Der Arrabal enthält u. a. die alte, romanische Kirche San Pablo del Camp mit schönem Kreuzgang, ist aber in der Hauptsache ein Gewirr von Gassen und Gäßchen mit fünf- und sechsgeschossigen, wenig einladenden Häusern für die unteren Klassen der Bevölkerung: meist schmutzig, mitunter malerisch, vielfach verwahrlost. Höher steht als Wohn- und Geschäftsstadt die etwas umfangreichere Ribera. Sie umschließt den karthagisch-römischen Kern der Stadt, einen ovalen Hügel von ungefähr 300 m Breite und 450 m Länge, der bis auf 16 m über Seehöhe aufsteigt. Auf diesem „Monte Taber" erheben sich u. a. die Kathedrale, die Kirche San Justo, das Rathaus (Casa Consistorial) und das Provinzialständehaus (Casa de la Diputación Provincial). Die letzteren beiden Bauwerke stehen sich gegenüber an dem Verfassungsplatze, der Plaza de la Constitución. Von der Rambla steigt die nicht breite, aber durch lebhaften Verkehr ausgezeichnete Ferdinandstraße (Calle de Fernando VII) zum Verfassungsplatze hinauf, um dann als Jakobsstraße (Calle de Jaime I) zur Plaza del Angel und als Prinzessin-Straße wieter zum Stadtpark zu fallen.

Der Bau der Kathedrale Santa Cruz und ihres Kreuzganges entstammt im wesentlichen dem 14. und 15. Jahrhundert; ihre bedeutendsten Architekten waren die Meister Jaime und Roque. Die Westfront ist leider in jüngster Zeit völlig erneuert worden. Im Inneren überraschen den Besucher, nachdem seine Augen sich an das herrschende Dunkel gewöhnt haben, Langsschiff und Chor (Capilla mayor) mit Umgang durch große Verhältnisse, farbenprächtige Glasmalereien, reichen architektonischen und bildnerischen Schmuck. Ein Kleinod ist die Sakramentkapelle am rechten Seitenschiff, und lauschig-stimmungsvoll ist der an drei Seiten von Kapellen umgebene Kreuzgang mit seiner Pflanzenpracht und dem plätschernden Geriesel des von Gänsen belebten Wasserbeckens (Fuente de las ocas). Es ist zwar nicht die Absicht, auf die Darstellung der Bauwerke hier näher einzugehen. Ein Grundriss der Kathedrale, ein Blick in den Chor, die Abbildung eines Alabasteraltars, zwei Ansichten des Gestühls, der Kanzel und der Kanzelstiege, sowie ein Blick in den Kreuzgang seien indes in den Abb. 6, 7, 9 bis 11 u. 13 beigefügt. Das Rathaus ist ein modernisiertes mittelalterliches Gebäude mit schönem Innenhof, aus welchem eine breite Freitreppe zu den Sälen emporsteigt. Die bemerkenswertesten davon sind der gotische Saal der Hundert (Salón de Ciento) und mehrere reich ausgestattete Beratungssäle aus dem 18. Jahrhundert. Bedeutender ist der Provinzialpalast, der gegenwärtig durch den hervorragenden Architekten Josef Puig y Cadafalch in ausgezeichneter Weise wiederhergestellt wird. Außer mehreren Sitzungssälen sind drei Höfe und die überaus reiche spätgotische St. Georgs-Kapelle die Prachtstücke des Gebäudes. Vom „Hofe der Diputación" gelangt man durch ein schönes Abschlußgitter in den „Hof der Audiencia", der in drei Geschossen mit zierlichen gotischen Hallen umgeben ist. Eine Freitreppe führt von hier zu dem im ersten Stock gelegenen Patio de los naranjos, der seinen Namen von den ihn schmückenden Orangenbäumen führt.

In der Ribera außerhalb des Monte Taber findet sich nach eine ganze Anzahl bemerkenswerter alter Kirchen, darunter besonders wertvoll die romanische Kirche S. Ana, die hochgotische S. Maria del Mar und die spätgotische S. Maria del Pino am Platze del beato Oriol mit einschiffigem, weiträumigen Innenraum. Von städtebaulicher Bedeutung ist die im 18. Jahrhundert angelegte Plaza Real, der jüngste unter den zahlreichen in die mittelalterlichen Städte Spaniens eingebrochenen Renaissanceplätze (Plazas Mayores in Madrid, Salamanca, Burgos, Bilbao). Ein mit Palmen bepflanzter, durch einen Springbrunnen geschmückter freier Raum, 56 zu 84 m groß, wird umschlossen von viergeschossigen Gebäuden in einheitlicher Architektur, deren Erdgeschosse in Bogenhallen aufgelöst sind.

Das Meeresufer an der Ribera, am Arrabal und Montjuich nimmt der Hafen ein. Er besteht aus dem geschützten Außenhafen und aus dem in eine Reihe von Becken zerlegten Binnenhafen, die Wasserfläche beträgt etwa 250 ha, die Kailänge 11 km. An den Binnenhafen stößt die dreieckige Halbinsel, auf welcher der Stadtteil Barceloneta erbaut ist, der Hauptort der mit dem Hafenbetrieb verknüpften Gewerbe und Arbeiterwohnungen. Eine Ansicht der Stadt von der Hafenseite zeigt die Text-Abb. 1.

Die etwa 210 ha große Fläche der Altstadt ist auf der Landseite umgeben von einer durchschnittlich 32 m breiten Ringstraße, die unter den Namen Ronda de S. Pablo, Ronda de S. Antonio, Ronda Universidad und Ronda de S. Pedro (Pauls-, Antons-, Universitäts- und Petersring) auf dem Gelände der ehemaligen Umwallung in den 1860er Jahren angelegt worden ist. Der Ring wird vollendet durch den Salón de S. Juan und den Paseo de la Industria am Stadtpark, dem schon erwähnten Paseo de Colón parallel dem Hafen und der Granvia del Marqués del Duero am Fuße des Montjuich. Bei kriegerischen Aufständen früherer Zeit handelte es sich mehrfach gerade um die Schleifung des Festungsgürtels, der als Zeichen einer Zwingherrschaft vorhaßt war. Nachdem er gefallen ist, hat die Stadt ihren bedeutenden wirtschaftlichen Aufschwung genommen und eine überaus rasche bauliche Ausdehnung erfahren. Die Stadterweiterung (*Ensanche* genannt) umfaßt die ehemalige Festungszone, zahlreiche Vororte wie Sans, Las Corts, Sarriá, Gracia, S. Martin, Horta und das zwischen denselben liegende Gelände, im ganzen eine Fläche von etwa 2000 Hektaren. Über dieses ausgedehnte Gebiet erstreckt sich ein in den 1860er Jahren aufgestellter Bebauungsplan von merkwürdiger Einfachheit. Er besteht, abgesehen von den bereits angebauten Vororten, an die er sich ziemlich unvermittelt anlehnt, aus rechtwinklig sich schneidenden Längs- und Querstraßen, welche lauter achteckige Baublöcke, nämlich an den Ecken stark abgekantete Quadrate von etwa 110 m Seitenlänge, umfassen. Auf vorhandene Wasserläufe Wege und Eisenbahnen nimmt dieser verblüffend einfache Plan keine Rücksicht. Ein einziges mächtiges Diagonalenkreuz durchschneidet die Achtecke mit heroischer Starrheit. Als Verfasser wird der Ingenieur Ildefonso

Cerdá genannt. Die Ausführung ist ziemlich weit vorgeschritten (Bl. 45). Die Häuser haben zumeist fünf Geschosse, die Straßenbreite beträgt 20 bis 75 m. An Einförmigkeit und Nüchternheit der Erscheinung ist selbstredend kein Mangel. Und doch sind einzeln Hauptstraßen und Plätze mit ihren Platanen- und Palmenreihen, Denkmälern und öffentlichen Bauten nicht ohne großzügigen Reiz. Für ausgedehntere Bauanlagen, z. B. für die Universität, sind zwei oder mehrere Blöcke zusammengefaßt, so daß auch einige monumentale Straßenblicke entstehen. Der Salón de San Juan ist am Gerichtsgebäude sogar mit einem Triumphbogen abgeschlossen, jedoch von einem saalartigen Eindruck noch weit entfernt.

Das aufwandvolle Wasserschloß im Stadtpark entspricht dem prachtliebenden Sinne des Südländers.

Der verkehrsreiche Schnittpunkt der beiden je 50 m breiten Straßen de San Juan und de las Cortes heißt zwar Plaza Tetuan; das wenige aber, was hier an räumlieber Platzwirkung zu erreichen gewesen wäre, ist durch die konvexe Rundung der Gebäudefronten vereitelt. Die schwierigste Stelle ist die Kreuzungsfläche der beiden Diagonalen die durch drei Eisenbahnen in der Erdgleiche und mehrere einmündende Längs- und Querstraßen geschnitten wird. Die verschiedenen, diese unglückliche Stelle behandelnden Einzelentwürfe beweisen, daß die an der Örtlichkeit haftenden Mängel kaum besiegbar sind; ohne wesentliche Änderungen des Grundplanes wird eine befriedigende Lösung nicht erreichbar sein.

Eine sehr rühmenswerte Anordnung der „Ensanche" ist, daß das Innere der Baublöcke durch die Beschränkung der Gebäudetiefe auf 20 bis 25 m freigehalten ist und bei den beträchtlichen Blockabmessungen erfreuliche Innengärten darbietet. So ist in der Vorschrift „rückwärtiger Baulinien" Barcelona uns um mehrere Jahrzehnte voraus. All das kann aber nicht, über das traurig-einförmige Schema hinwegtrösten in welches die Stadterweiterung gepresst ist. Deshalb hat im Jahre 1904 das Ayuntamiento zur Abänderung und Ergänzung des Stadterweiterungsplanes einen internationalen Wettbewerb ausgeschrieben bei welchem der pariserisch gedachte Entwurf des französischen Architekten Jaussely als Sieger durchs Ziel gegangen ist.

Jausselys Entwurf ist von entscheidender Großzügigkeit. Die in ihm vorgesehenen neuen Stadtteile sind dem bisher ausgeführten Achteck-Schachbrett erheblich überlegen. Die eingefügten neuen Diagonalen, Plätze und Straßenblicke, öffentlichen Gebäude und Parkanlagen bedeuten einen wesentlichen Fortschritt. Aber an behaglichen Wohnvierteln und an Platzanlagen von ruhiger Stimmung fehlt es. Die Schwierigkeiten der zahlreichen Verkehrsplätze können kaum als gelöst betrachtet werden, und die Lösung der überaus wichtigen, die Grundlagen der Planung beherrschenden Eisenbahnfragen ist gar nicht versucht. Von den vier in die Stadt Barcelona eintretenden Bahnlinien: von Madrid-Zaragossa, von Valencia-Tarragona, von Perpignan (Frankreich) und aus den Pyrenäentälern (Nordbahn), hat nur ein im Einschnitt liegender Teil der Tarragona-Linie schienenfreie Straßenkreuzungen; alle anderen und die drei Endbahnhöfe de Villanova, de Francia und del Norte liegen in der Straßenebene. Besonders der mehrere Baublöcke einnehmende, straßensperrende Nordbahnhof ist unhaltbar. So liegt die Wichtigkeit der Eisenbahnfragen für eine endgültige Gestaltung des Bebauungsplanes auf der Hand. Aber auch für geeignete Wohnviertel, für eine passende Staffelbauordnung zurückgezogene Grünplätze und Freiflächen, kurz für eine Planung mit zweckmäßiger Bau- und Bodenpolitik im deutschen Sinne muß gesorgt werden. Paris ist auf diesem Gebiete auch für Spanien nicht mehr vorbildlich. Man erwartet mehr von Deutschland. So kam es, daß kurz vor dem Kriege ein deutscher Architekt in der Person des Verfassers dieser Zeilen zur Beratung in den städtebaulichen Fragen berufen wurde. Aber auch in der Altstadt harren wichtige Aufgaben der Lösung. Die eine derselben ist die Regelung der ausgedehnten, etwa 180 zu 200 m großen, jetzt ziemlich öden Flache der Plaza de Cataluña, die den nördlichen Abschluß der Rambla bildet. Sie soll neu bepflanzt und künstlerisch verschönt werden. Man nennt das Urbanización. Die hohen Kosten hofft man dadurch zum beträchtlichen Teil zurückzugewinnen, daß den Eigentümern der den Platz umgebenden, hauptsächlich Geschäftszwecken dienenden Grundstücken gegen Entgelt gestattet wird, ihre Häuser unter geeigneten hygienischen Bedingungen um zwei Geschosse höher aufzuführen als es bisher erlaubt war. Man wird dieser Maßnahme aus wirtschaftlichen und zugleich aus künstlerischen Gründen beipflichten müssen, vorausgesetzt, daß auf die architektonische Gestaltung, rhythmische Gliederung und einheitliche Stimmung der bis zu 30 m hoch werdenden Fassaden eine entscheidende Einwirkung ausgeübt wird. Die Abneigung gegen die amerikanischen Wolkenkratzer in ihrer ungezügelten Übertreibung, ihrer regellosen Verbreitung und rücksichtslosen Benachteiligung der Nachbarschaft – im wirtschaftlichen, gesundheitlichen und künstlerischen Sinne – ist vollauf berechtigt. Das einzelne Turmhaus aber, kann sehr schön sein und, an richtiger Stelle stehend, außerordentlich vorteilhaft das künstlerische Stadtbild beeinflussen. Ebenso kann eine Gruppe solcher Bauten von außergewöhnlicher Höhe eine überaus wirksame Betonung einer vornehmen, weiträumigen Stelle des Großstadt-Organismus sein.

Der Grundsatz der Staffelbauordnung kann, wie nach unten bis zum niedrigen Erdgeschoßbau, so auch nach oben zum Turmhause Anwendung finden, wennschon viel die Willkür zu bekämpfen und die Regelung im Rahmen der Bauordnung nicht leicht ist.

Ein anderes, beide Hälften der eigentlichen Altstadt betreffendes Unternehmen ist von noch weit größerer Wichtigkeit. Für den Verkehr und das Erwerbsleben ist es gleich nachteilig, daß die Rambla als einzige breite Straße die Altstadt durchzieht. Deshalb trat, schon im Jahre 1879 der Ingenieur Angel J. Baixeras mit einem Entwurf zur Umgestaltung des Stadtinnern hervor, der mit gewissen Änderungen nach Begutachtung durch die Real Academia de San Fernando (eine Art Akademie des Bauwesens) im Jahre 1889 die Genehmigung der Stadt und der Regierung erfuhr. Das Wesentliche des Entwurfs sind die drei aus Abb. 2 Bl.46 zu ersehenden Durchbruchstraßen A, B und C. A u. B durchqueren die Ribera und den Arrabal ungefähr gleichlaufend mit der Rambla, C durchschneidet die Stadt in der Längsrichtung. Jede der drei neuen Straßen soll eine Breite von 20 m erhalten, A und C außerdem beiderseitige Laubengänge von 5 m Weite. 1990 Häuser im geschätzten Werte von 178 Millionen Peseten sollen freihändig oder im Wege des Zonenenteignungsgesetzes von 1904 erworben werden. Dazu kommen die Kosten der Bauarbeiten, der Verzinsung und Verwaltung, so daß sich nach Abzug der Einnahmen, die hauptsächlich aus dem Verkauf der Restgrundstücke gewonnen werden sollen, ein Fehlbetrag von 76 Millionen Peseten errechnet. Die Ausführung geschieht nach der in romanischen Länder herrschenden Gepflogenheit nicht unmittelbar durch Organe der Gemeindeverwaltung sondern durch einen „Concessionar", d. h. einen Unternehmer oder eine unternehmende Gesellschaft, die in bezug auf den Grunderwerb und den Verkauf in Vollmacht der Stadt handelt, die Bauausführung auf Grund von Einheitspreisen übernimmt, den ganzen Gelddienst besorgt und an dem die geschätzten Einnahmen etwa übersteigenden Gewinn beteiligt ist. Erster Konzessionsträger wurde nach vergeblichen Ausbietungen im Jahre 1891

Baixeras selbst, der seine Rechte auf den „Banco Universal" übertrug; allein Konzession und Übertragung wurden nach heftigen Kämpfen schon im folgenden Jahre durch die Staatsregierung aufgehoben. Im Jahre 1907 kam dann mit dem Banco Hispano Colonial ein neuer Konzessionsvertrag zustande, der gegenwärtig in Ausführung begriffen ist. Die Unternehmung ist, wie aus Abb. 2 Bl. 46 ersichtlich, in zwölf Abschnitte geteilt, deren Ausführungszeitfolge und Dauer vereinbart ist. Verwirklicht ist nahezu die „Granvia A" von der Plaza de Antonio Lopez (oder San Sebastian) zur Piazza de Urquinaona. Als Beispiel für den Umfang der Enteignungen, deren Ausdehnung durch stärkere Schraffierung kenntlich gemacht ist, mögen die Text-Abb. 23 u. 24 dienen. Sie geben auch über die beabsichtigten Anschlüsse an das fast orientalische alte Gassengewirr einigen Aufschluß. Text-Abb. 24 zeigt zugleich die geplante Erweiterung des Vorplatzes an der Kathedrale mit seiner breiten Freitreppe. Es verdient hervorgehoben zu werden, daß die Stadtverwaltung alle architektonisch wertvollen Punkte, die von dem neuen Straßenkreuz der Ribera berührt werden, gegenwärtig einer besonderen Prüfung und Bearbeitung unterziehen läßt, um alte Stadtbilder nach Möglichkeit zu schonen und Härten zu vermeiden oder zu mildern. In den ausgeführten Querschnitt der Straße A ist, außer den in Text-Abb. 18 angegebenen Kanalgängen der Doppeltunnel einer zukünftigen Untergrundbahn eingebaut.

Es wäre gewagt, die wirtschaftlichen und schönheitlichen Wirkungen der neuen Straßendurchbrüche vorhersagen zu wollen. Deutschem Empfinden entsprechen derartige geradlinige, ungegliederte Straßen von 1 bis 2 Kilometer Länge nicht. Eine Gliederung des Ganzen und eine künstlerische Hervorhebung einzelner Stellen durch Platzgestaltungen und architektonische Abschlüsse wäre verhältnismäßig leicht, wenn auch mit einigen Mehrkosten verknüpft gewesen. Die Stadtverwaltung ist aber bisher über die Absicht der Fassadenregelung nach französischer Sitte nicht hinausgegangen. Immerhin kann auch diese nach Art von Orléans oder Tours durchgeführte Art, wenn mehr Wert auf angemessenen Rhythmus als auf Gleichförmigkeit gelegt wird, annehmbare Ergebnisse zeitigen. Wer es erleben wird, wird es sehen.

Man darf wohl sagen, daß die Baukunst Barcelonas sich gegenwärtig in einem Zustand der Unruhe befindet, deren baldige Überwindung im Hinblick auf die großen Aufgaben der nahen Zukunft lebhaft gewünscht werden muß. Einige neuere Werke der namhaften Architekten mögen in den Text-Abb. 25 bis 29 in etwa veranschaulicht werden. Das katalonische Konzerthaus von Domenech y Montaner zeigt eine solche Überladung mit Gliederungen und Schmuck, sein neues Krankenhaus St. Paul namentlich in den Innenräumen einen so verschwenderischen Formenreichtum, daß es zu einer Beruhigung dieser überquellenden Phantasie die höchste Zeit ist. Von Antonio Gaudis Haus des Grafen Asalto, besonders von den Portalen desselben gilt ähnliches; dagegen ist die von demselben Künstler entworfene Kirche der heiligen Familie, die seit längeren Jahren in der Ensanche im Bau begriffen ist und gegenwärtig als malerische Ruine still liegt, als ein sehr bemerkenswertes Werk hervorzuheben. Der bedeutendste unter den katalonischen Baukünstlern ist der schon genannte Puig y Cadafalch, von welchem eine Fassade, und ein Treppenhaus in den Text-Abb. 25 u. 28 Kunde geben. Einen Zug ins Phantastische zeigt die zum Bau von Landhäusern bestimmte Aufschließung eines dem Grafen Güell zugehörigen Berggeländes beim Vororte Vallcarca mittels gewundener, teilweise durch merkwürdige Pfeiler- und Gewölbebauten unterstützter Straßen, wie sie ungefähr aus Text-Abb. 30 teilweise zu erkennen ist. Die vornehme Ruhe des schönen Parks des Marqués de Alfarrás im Vororte Horta möchte man dem gegenüberstellen.

Nicht alle Außenteile der Stadt sind schön, manches ist geradezu verwahrlost. Aber an den sanften Berghängen, wo Hunderte von kleinen und großen Landhäusern (sogenannten Torres) mit üppigen Gärten und herrlichen Aussichten das Herz erfreuen (Abb. 33, Landhaus des Architekten E. Sagnier), möchte man schon wohnen. Fährt man weiter hinauf ins Gebirge bis auf den 532 m holten Tibidabo, wo man prächtige Landsitze, eine Sternwarte und ein umfangreiches Restaurant mit ausgedehnten Terrassen findet, so sieht man zu seinen Füßen ausgebreitet die Herrlichkeiten einer arbeitsamen Großstadt, einen von Schiffsmasten und Segeln buntbelebten Hafen, das weite unendliche Meer. Landwärts aber grüßen der zackige, sagenreiche Montserrat, der Gebirgsstock des Montseny und die Schneehäupter der Pyrenäen. So gehört Barcelona zu denjenigen Städten, wie Rom und Wien, deren plastisches Bild sich dem Geiste lebhaft einprägt, während in der Erinnerung an Städte, die sich in der Ebene ausbreiten, wie Madrid oder Berlin, die körperliche Vorstellung verblaßt.

Obwohl seit dem 15. Jahrhundert mit Kastilien und dadurch mit Spanien vereinigt, sind die Katalonier von einem starken Stammesgefühl beseelt. Sie pflegen die katalonische Mundart in Sprache und Schrifttum, huldigen besonders der Musik und stellen mit „Europa" in engerer Verbindung als das übrige Spanien. Das Ayuntamiento, d. h. die städtische Verwaltung und Vertretung, ist durch junge Kräfte aufgefrischt und strebt nach Fortschritten auf allen Gebieten; es besteht aus 50 gewählten Stadtverordneten, den aus ihnen gewählten Beigeordneten (tenente) und dem vom König ernannten Alcalde. Bemerkenswert ist, daß der jugendliche Vorstand des städtischen Finanzwesens, Dr. Vidal y Guardiola, an den Universitäten Berlin und Bonn studiert und bei der Verwaltung der Stadt Köln den Betrieb der Finanzbureaus in längerer Tätigkeit eingehend kennen gelernt hat. Die katalonische Jugend sucht gern einen Teil ihrer wissenschaftlichen und geschäftlichen Ausbildung im Auslande in letzter Zeit auch in Deutschland, zu erlangen. Überhaupt scheint der Einfluß deutscher Kultur beträchtlich zu sein. Wenigstens war das so vor dem Kriege. Der Architekt und Stadtverordnete Busquets y Vautravers verbrachte ein halbes Jahr in deutschen Städten und am Städtebauseminar in Charlottenburg zum Studium unseres Städtebaues. C. Montoliu verfaßte eine inhaltreiche Denkschrift in spanischer Sprache über die Berliner Städtebauausstellung des Jahres 1910, und die Wochenschrift „Civitas" brachte einen ausführlichen Bericht über die 1913er Baufachausstellung in Leipzig. Die Gartenstadtbewegung beginnt sich, nicht im englischen, sondern im deutschen Sinne, zu regen. Die deutsche Kolonie in Barcelona, vorwiegend aus Industriellen und Kaufleuten bestehend, umfaßt etwa 1500 Köpfe. Eine deutsche Realschule mit Einjährigen-Berechtigung, eine deutsche Kirche, ein deutscher Klub, ein deutsches Bierhaus mit Skat-Tisch sind Wahrzeichen einer zweiten Heimat. Und auch die Deutschen Barcelonas nehmen sichtbaren Anteil an dem Aufschwunge der arbeitsfrohen, strebsamen und gastfreien Hauptstadt des katalonischen Landes.

[Joseph Stübben, *Städtebauliches aus Barcelona*. In: Zeitschrift für Bauwesen 65 (1915), H. 7-9, S. 379-404]

Juan Bautista Subirana Subirana
Architekt
★Rosario de Santa Fé (Argentina) 1904, ✝ Barcelona 1978

1930-31: Subirana erhält nach Abschluss seines Architekturstudiums in Madrid und Barcelona Stipendien der Humboldt-Stiftung und der *Junta de Ampliación de Estudios* zum Studium an der TH Berlin-Charlottenburg. Neben Kursen wie „Mathematische Elastizitätslehre" oder „Anwendungen der Statik und Festigkeitslehre", besucht er dort auch die Veranstaltungen von Bruno Taut und befasst sich mit den Erfahrungen der Reichsforschungsgesellschaft für Wirtschaftlichkeit am Bau- und Wohnungswesen in der Siedlung Spandau-Haselhorst (Gropius) so wie mit den Arbeiten der Gemeinde Wien im Bereich des Wohnungsbaus. Mitarbeiter der Berliner Baufirma Richter & Schädel. Im Auftrag der spanischen Architektenkammer (Sociedad Central de Arquitectos) stellt er gemeinsam mit Alfredo Rodríguez Orgaz die spanische Abteilung in der Berliner Bauausstellung zusammen. **1932:** Zurück in Barcelona schließt er sich dem GATCPAC an und berichtet – in Zusammenarbeit mit dem *Comité Hispano-Alemán* – in Vorträgen an der Deutschen Schule Barcelona und der Madrider Architektenkammer über die neuesten bautechnischen Entwicklungen in Deutschland. Dabei führt er Filme der Firmen Siemens-Schukert und Richter & Schädel vor. Im Dezember meldet er eine der Deckenkonstruktionen, die er in Deutschland studiert hatte, zum Patent für Spanien an. Durch die *Exposición Internacional de Escuelas Modernas* (Internationale Ausstellung Moderner Schulen), die er gemeinsam mit Fernando García Mercadal organisiert, und in Entwürfen – wie dem für die *casa desmontable para la playa* – versucht Subirana die in Deutschland erworbenen Kenntnisse einzusetzen. **1933-36:** Subiranas Entwurf für den *Dispensario Antituberculoso* in Barcelona wird von Sert und Torres Clavé ausgeführt. Sie entwickeln auch gemeinsame Projekte, wie die *Casa Bloc* oder den Plan für die *Ciutat de Repós y de Vacances* (Erholungs- und Urlaubsstadt, 1934). Nach Streit mit Sert, der Subirana mangelnden Einsatz bei den entscheidenden Verhandlungen in Madrid um die Durchsetzung eines Gesetzes zur Enteignung der Grundstücke für die *Ciutat del Repós* vorwirft, kommt es zum Ausschluss Subiranas aus dem GATCPAC.

Schriften
La evolución del techo y de la pared. In: AC 2 (1932), H. 6, S. 48-49, 53

Bibliographie
Boletín de la Sociedad Central de Arquitectos 15 (1931), H. 345-346, S. 6; H. 347-348, S. 16; H. 349-350, S. 12
Noticias. In: AC 2 (1932), H. 6, S. 53 (Vorträge und Filmvorführungen)
Boletín Oficial de la Propiedad Industrial, Nr. 1087, 16. Dezember 1931, S. 3560
Antonio Pizza, *Dispensario antituberculoso de Barcelona, 1933-1937*. Almeria 1993
Burkhard Floors, *Joan Bautista Subirana, Berlin-Barcelona*. Studienarbeit am Lehr- und Forschungsgebiet Architekturtheorie der RWTH Aachen, SS. 2001

Lebensläufe, Bibliographie, Dokumente 627

Joaquín Medina Warmburg, *Escuelas modernas: Konrad Wachsmann en Granada.* In: *Equipamientos e infraestructuras culturales (1925-1965), Tercer Seminario Do.co.mo.mo.* Barcelona 2002. S. 49-56

Dokument 33

Alexander von Humboldt-Stiftung
Akte: B.336

Herrn
Professor Bruno Taut
Berlin W. 35
Potsdamerstr. 129
Berlin 24.11.1930
Sehr geehrter Herr Professor!

Der Überbringer dieses Schreibens ist der spanische Architekt Juan Bautista Subirana, dem auf Grund besonderer wissenschaftlicher Leistungen in seiner Heimat auf Empfehlung der deutschen Vertretungen in Spanien und der wissenschaftlichen Behörden des Landes ein Stipendium der Alexander von Humboldt-Stiftung verliehen worden ist. Herr Subirana möchte mit Hilfe des Stipendiums an der Technischen Hochschule einige Spezialstudien auf seinem Fachgebiet treiben. Er ist daneben noch informatorisch in der Baufirma Richter & Schädel tätig und hat den ganz besonderen Wunsch, auch unter ihrer Leitung zu arbeiten. Wie uns Herr Subirana mitteilt, stehen gewisse Schwierigkeiten dagegen, insofern als Sie neue Schüler nicht anzunehmen in der Lage sind. Die Humboldt-Stiftung möchte sich jedoch die Anfrage erlauben, ob es in diesem Falle nicht möglich ist, eine Ausnahme zu machen und Herrn Subirana zuzulassen. Die Humboldt-Stiftung ist eine vom Auswärtigen Amt ins Leben gerufene und aus Reichsmitteln finanzierte Einrichtung, die den Zweck hat, geeignete junge Ausländer mit hoher wissenschaftlicher Qualifikation zu einem Gaststudium in Deutschland einzuladen in der Erwartung, dass sie später zu Trägern einer geistigen Verständigung zwischen ihrer Heimat und Deutschland werden. Die Auswahl der Stipendiaten erfolgt insbesondere auch nach diesem Gesichtspunkt. Mit Rücksicht auf den wissenschaftlichen und politischen Zweck des Stipendiums ist es dringend erwünscht, dass unseren Schützlingen die Möglichkeit geboten wird, ihren fachlichen Zielen in Deutschland möglichst nahe zu kommen, da der in diesem Jahr empfangene Eindruck bestimmend für das ganze weitere Verhältnis zu Deutschland zu sein pflegt.

Unter Berücksichtigung dieser Umstände ist es Ihnen, sehr geehrter Professor, vielleicht möglich, der Bitte des Herrn Subirana zu entsprechen und ihn gegebenenfalls auch einmal persönlich zu beraten.

Indem ich Ihnen für das freundliche Entgegenkommen im voraus bestens danke, bin ich

mit dem Ausdruck der vorzüglichen Hochachtung

Ihr sehr ergebener

(unleserlich)

Geschäftsführer

[*Brief der Alexander von Humboldt-Stiftung an Bruno Taut vom 24.11.1930.* Arxiu J.B. Subirana, Barcelona]

Dokument 34

Meine Damen und Herren!

Ich bitte um Nachsicht, wenn ich mir erlaube, zunächst in deutscher Sprache einige Worte zur Einleitung des heutigen Abends zu sagen und Sie werden verzeihen, wenn ich mich in der deutschen Sprache nicht sehr gut ausdrücken kann. Zunächst möchte ich an dieser Stelle der großen Wertschätzung Ausdruck geben, die alle Spanier, die in Deutschland studiert haben, für die deutsche Kultur und Technik empfinden. Wir Architekten von der GATEPAC, das bedeutet von der *Grupo de Arquitectos y Técnicos Españoles para el Progreso de la Arquitectura Contemporánea*, haben besonderen Anlaß, dem Deutsch-Spanischen Komitee unsere Dankbarkeit zu bezeugen, denn das Komitee hat unsere Pläne, die Bestrebungen des neuen Bauens in Deutschland hier bekannt zu machen, bereitwillig unterstützt. Nach der Einladung von Prof. Gropius, der hier einen Vortrag gehalten hat, können wir Ihnen heute zum ersten Male zwei deutsche Filme zeigen und wir hoffen, daß es nicht die letzte Veranstaltung dieser Art sein wird. Unser Dank gilt auch der Deutschen Schule und der Firma Siemens, die freundlichst Entgegenkommen gezeigt haben.

Nun mehr wende ich mich dem Thema des heutigen Abends zu und wenn ich anfangs über den Stahlskelettbau in der modernen Baukonstruktion spreche, muß ich sogleich der großen Leistungen der deutschen Technik auf diesem Gebiet gedenken: Deutschland ist in Europa das führende Land für den Stahlskelettbau und in einigen Punkten überhaupt richtungsweisend. Man muß bedenken, daß die schwierige wirtschaftliche Lage in Deutschland die Durchführung so mancher technischer Projekte nicht erlaubt hat, während zum Beispiel in Nordamerika diese Hindernisse fortfallen.

Nach meiner Meinung liegen die Verdienste der deutschen Technik auf dem Gebiet des Stahlskelettbaues besonders in der statischen Berechnung. Ich erinnere an den Namen des bekannten Professor Müller-Breslau. Ferner an die Verbesserungen in der Stahlerzeugung, wo neue Verfahren angewandt wurden. Die Techniker unter Ihnen wissen, welche Bedeutung die neuen Stahlarten St 48 & St 52 haben. Besonders die sogenannten breitflanschigen Profile und die Leichtprofile. Außerdem nenne ich Ihnen die verbesserten Verfahren zur Verlängerung der Lebensdauer des Stahles durch verschiedene Mantellungen und Legierungen zum Beispiel: den Krupp'schen nie rostenden Stahl, genannt „Nirosta". Auch zu erwähnen sind die Dresdner Versuche der Deutschen Reichsbahngesellschaft und des Deutschen Stahlverbandes mit geschweißten Stahlkonstruktionsverbindungen. Die deutsche Technik hat eine ungeheure Menge Füllbau und Isolierstoffe für den Stahlskelettbau geschaffen.

Über die angedeuteten Fragen möchte ich Ihnen, bevor wir die beiden Filme sehen, noch einige Diapositive zeigen, die uns auch wieder Einblick geben in die Leistungen der deutschen Technik. Einige Bilder beziehen sich auf andere Länder. Bevor ich jedoch dazu übergehe, erlauben Sie mir bitte, daß ich meinen Landsleuten, soweit sie kein Deutsch verstehen, einige Worte auf Katalanisch sage. (...)

[Auszug aus: Juan Bautista Subirana, *Rede anlässlich der Vorführung von Filmen der Firmen Richter & Schädel und Siemens-Schuckert in der Deutschen Schule Barcelona im Juni 1932*. Arxiu J.B. Subirana, Barcelona]

Lebensläufe, Bibliographie, Dokumente 629

Konrad Wachsmann
Schreiner, Architekt und Erfinder
★Frankfurt/Oder 16. Mai 1901, ✠ Los Angeles 25. November 1980

1917-23: Tischler- und Zimmermannslehre. Besuch der Kunstgewerbeschule in Berlin, sowie der Akademie der Bildenden Künste in Dresden unter Heinrich Tessenow. **1924:** Meisterschüler von Hans Poelzig an der Berliner Preußischen Akademie der Bildenden Künste. Zu seinen Studienkollegen zählen Julius Posener, Egon Eiermann und Richard Paulick. Von Poelzig wird Wachsmann in die Kreise der Berliner und der internationalen Avantgarde eingeführt. Sein Interesse an der Standardisierung und Industrialisierung des Bauens, bewegt ihn jedoch dazu, die privilegierte Stellung bei Poelzig aufzugeben. **1926-29:** Nach gescheiterten Versuchen, bei Oud und Le Corbusier zu arbeiten, findet Wachsmann – auf Vermittlung Poelzigs – Anstellung in Niesky bei der *Christoph und Unmack A. G.*, der damals größten Holzbaufirma Europas. Die Bündelung der Aufgabenfelder von Planung, Forschung und Entwicklung kommt Wachsmanns Interessen sehr entgegen. Innerhalb kürzester Zeit avanciert er zum Chefarchitekten. **1929-30:** Es gelingt ihm, mit dem Bau eines Landhauses beauftragt zu werden, das die Stadt Berlin dem Physiker Albert Einstein anlässlich seines 50. Geburtstags schenken möchte. Die durch die Realisierung des Projekts erlangte Bekanntheit ermuntert Wachsmann, sich als selbständiger Architekt in Berlin niederzulassen. Wegen der Weltwirtschaftskrise bleiben jedoch die erhofften Aufträge aus, was ihn dazu veranlasst, auf Anregung des Verlages Ernst Wasmuth das Buch „Holzhausbau – Technik und Gestaltung" zu verfassen. **1932-34:** Als Preisträger der Preußischen Akademie der Künste hält er sich 1932 in Rom auf, wo er mit dem spanischen Maler Mariano Rodríguez Orgaz Freundschaft schließt. Gemeinsam mit ihm unternimmt Wachsmann eine Spanienreise. In Granada ist er bei Marianos Bruder Alfredo Rodríguez Orgaz tätig, der dort Stadtbaurat ist. Es entstehen gemeinsame Entwürfe für Schulbauten in Granada (*Grupo Escolar Miguel de Cervantes*, c/ de los Molinos) und Almuñecar. Nach den Unruhen infolge der Regierungsumbildung flüchtet er 1934 auf abenteuerliche Weise aus Spanien und kehrt nach Rom zurück. **1934-38:** Als freischaffender Architekt und als Mitarbeiter Mario Ridolfis realisiert er in Rom und Capri unter anderem Villen (Haus Malatesta) und mehrgeschossige Stahlwohnhäuser. **1938-41:** Ausreise nach Frankreich, von wo ihm dank der Hilfe von Walter Gropius die Auswanderung in die USA gelingt. **1941-48:** Partnerschaft mit Walter Gropius. Sie entwickeln das *General-Panel-System*, ein universelles, modulares Plattenbausystem mit Hakenverschlüssen und gründen 1942 in New York die *General-Panel-Corporation*. Das *General-Panel-House* besteht aus vorfabrizierten Bauelementen, die von 5 ungelernten Arbeitern innerhalb von 8 Stunden zu einem beziehbaren Haus montiert werden können. 1946 wird er US-Staatsbürger. **1949-55:** Professor am *Institute of Design des Illinois Institute of Technology*, Chicago, wo er an verschiedenen Aufgaben mit Mies van der Rohe zusammenarbeitet. So z. B. an Forschungen und Planungen u. a. für die *Federal Housing Agency* und der *US Air Force*. Direktor des *Department of Advanced Building Research*. **1955-56:** Vortragsreisen im Auftrag des *State Department* – u. a. auch nach Deutschland -, durch die er an der Verbreitung der aus den USA stammenden Leitbilder der Nachkriegsarchitektur maßgeblich beteiligt ist. **1956:** Durch seine Lehrtätigkeit, Ausstellungen und Vortragsreisen wird Wachsmann zum Propagandisten eines konstruktiven, die reine Zweckerfüllung transzendierenden industriellen Bauens. Zwar ist sein realisiertes Werk gering, er verzeichnete aber über 100 Patentansprüche für u. a. Verbindungsknoten, Raumfachwerke oder Vorfertigungssysteme.

Schriften

Holzhausbau – Technik und Gestaltung. Berlin 1930/Basel-Boston-Berlin 1995
Wendepunkt im Bauen. Wiesbaden 1959/Stuttgart 1988 (Italien: 1960, USA: 1961)

Bibliographie

Walter Gropius, *Apollo in der Demokratie.* Mainz 1967
Gilbert Herbert, *The Dream of the Factory-Made House: Walter Gropius and Konrad Wachsmann.* Cambridge/Ma 1984
Michael Grüning, *Der Architekt Konrad Wachsmann. Erinnerungen und Selbstauskünfte.* Wien, Berlin Ost [*Der Wachsmann-Report*] 1986, Basel 2001
Vom Sinn des Details. Zum Gesamtwerk von Konrad Wachsmann, Arcus 3, 1988
Michael Grüning, Rowena Lanfermann: *Entwerfen und Bauen in Rom. Konrad Wachsmanns italienische Jahre.* In: *Zuflucht und Widerruf. Deutsche Künstler und Wissenschaftler in Italien 1933-1945.* Mailand 1995, S. 241 ff.
Joaquín Medina Warmburg, *Escuelas modernas: Konrad Wachsmann en Granada.* In: *Equipamientos e infraestructuras culturales (1925-1965), Tercer Seminario Do.co.mo.mo.* Barcelona 2002. S. 49-56

Dokument 35

Als Architekt in Granada

(...) Ortega y Orgaz erwartete mich am Bahnhof. Ich erkannte ihn sofort. Nicht nur weil Mariano mir seinen Bruder genau beschrieben hatte – der Mann fiel einfach durch die Würde auf, die er selbst in der hektischen Bahnhofsatmosphäre ausstrahlte. Bevor mich der Stadtbaumeister unter den Reisenden entdecke, beobachtete ich ihn einige Augenblicke. Wie ein Fels stand er zwischen den Menschen, verfolgte interessiert Begrüßungsszenen, lächelte eine schöne Frau an. Alles an ihm wirkte natürlich, trotzdem spürte man, daß er etwas Besonderes an sich hatte. Dann entdeckte mich Ortega und kam mir mit ausgestreckter Hand entgegen. Konrad Wachsmann, fragte er, schien aber ganz sicher zu sein, daß ich es war. Willkommen in Granada, Herr Wachsmann!

Von dieser Stunde an galt das eherne Gesetz der Gastfreundschaft. Ich durfte mich um nichts kümmern. Selbst die Entlohnung des Gepäckträgers übernahm Ortega. Vor dem Bahnhof hatte der Spanier sein Auto geparkt, ein Chrysler-Cabriolet, das er fast immer selbst schoffierte, obwohl zum Personal seines Hauses auch Fahrer gehörten.

Wer Granada je gesehen hat, wird diese Stadt als eine der schönsten der Welt in Erinnerung behalten. Und nicht nur die Architektur, ebenso auch die Farbigkeit der Menschen und die unglaubliche Lautfülle. Da schreien Esel, quietschen Straßenbahnen, klappern Kastagnetten, da hört man Gitarren, feilschende Händler, schwatzende Frauen, sich mit lautem Geschrei anbietende Schuhputzer. Außerdem ist Granada eine Stadt, die man mit der Nase entdecken muß. Eine Orgie betörender Gerüche zieht durch die von

Lebensläufe, Bibliographie, Dokumente 631

Händlern gesäumten Straßen und Plätze. In Granada prallen zwei Kulturen aufeinander und formulieren mit all ihren sinnlichen Genüssen eine Sprache, die auf dieser Welt vielleicht einzigartig ist.

Die größte Überraschung bereitete mir Ortegas Haus. In meiner Erinnerung betrachtete ich es noch heute als die wohl gelungenste Synthese moderner Lebensauffassung und tiefsten Traditionsbewußtseins. Auf geradezu vollendete Weise hatte er maurische Architekturelemente mit der Formensprache der neuen Zeit verbunden. Und das galt auch für die Innenausstattung. Noch bevor wir Zeit für ein längeres Gespräch hatten, führte mich Ortega in das Gästezimmer, das einige Wochen mein Domizil sein sollte. Und dann zeigte er mir das Haus, in dem es uralte spanische Möbel und Stühle von Marcel Breuer gab. Schließlich setzten wir uns in sein Arbeitszimmer. Ortega breitete auf seinem Schreibtisch einen Plan von Granada aus, um wir einige der Probleme zu erläutern, vor die er als Stadtbaumeister gestellt war. Er bat mich, einen Stuhl zu holen und neben ihm Platz zu nehmen. Als ich auf den Schreibtisch sah, glaubte ich meinen Augen nicht zu trauen. Direkt vor mir stand in einem schlichten Rahmen die Fotografie meines Elternhauses.

(...) Der feinfühlige Ortega hatte sofort gespürt, daß mich der Anblick der Fotografie ungeheuer betroffen machte. Vielleicht war ich auch blaß geworden. Jedenfalls holte er mir einen Kognak, nahm dann das Bild, betrachtete es aufmerksam und fragte behutsam: Hat dieses Haus für Sie irgendeine Bedeutung? Ich zeigte auf die Etage, in der sich der ehemalige Thronsaal befand. Hier, hinter diesem Fenster bin ich geboren, sagte ich leise. (...) Jetzt war auch Ortega sprachlos. Mein Gott, flüsterte er. Ich verstehe ... Dann erzählte mir der Graf seine Geschichte und damit auch die Geschichte dieser Fotografie. Ortega hatte in Madrid Architektur studiert und sich dann auf eine Europareise begeben. Einige Monate lebte er in Paris, suchte dort Kontakte zu Le Corbusier, lernte Picasso kennen, verkehrte im Salon Gertrude Steins, fuhr weiter nach Holland, um Oud und Doesburg zu sehen. Schließlich führte ihn seine Reise nach Deutschland. Er besuchte Gropius und war einige Wochen am Bauhaus, lebte auch kurze Zeit in Berlin und lernte dort Behrens, Mies van der Rohe, Tessenow und Hans Poelzig kennen. Von Berlin fuhr er weiter nach Warschau und von dort in die Sowjetunion. Auf seiner Rückreise nach Deutschland machte er in Frankfurt an der Oder Station. Ich wollte eine alte brandenburgisch-preußische Stadt sehen, erzählte er lächelnd. Und deshalb bin ich in Frankfurt ausgestiegen. Vor allem aber, weil ich Kleist liebe. Bei meinen Spaziergängen durch die Stadt fiel mir immer wieder das wunderschöne alte Gebäude neben dem Rathaus auf. Da habe ich es eben fotografiert.

So kam das Bild auf den Schreibtisch in Granada. (...) Von dieser Sekunde an fühlte ich mich meinem Gastgeber auf fast brüderliche Weise verbunden. Wir hatten unglaublich viele gemeinsame Bekannte, unsere Auffassungen waren sehr ähnlich, und es gab von der Literatur bis zur Architektur eine fast identische Wellenlänge.

Obwohl die Nachrichten aus Deutschland immer beängstigender wurden, begann für mich eine sehr glückliche Zeit. Ich hatte zu arbeiten, niemand bedrohte mich, redete in meine Konzeptionen. Ärgerlich und betroffen war ich nur darüber, daß kein Mensch, nicht einmal Ortega, die Katastrophe in Deutschland ernst nahm. Hitler hat in einem Jahr abgewirtschaftet, hieß es überall. Aber ich war anderer Meinung. Nicht, weil ich es besser zu wissen glaubte, sondern weil mir der Jubel verdächtig vorkam, von dem alle Reisenden aus Deutschland berichteten. Ein Jubel, über den sich viele mokierten. Da liegt sich der Pöbel in den Armen, sagten einige meiner Landsleute, schon deshalb wird es nicht lange dauern. Daß dieser „Pöbel" die Masse der Arbeiterklasse war, verkannten die meisten. Und das war tragisch, denn die NSDAP wuchs, und ihre neuen Mitglieder waren Kleinbürger, gewiß, aber auch ehemalige Sozialdemokraten, sogar Kommunisten. Bald konnte sich Hitler auf Mehrheiten berufen, die nicht einfach mit der Hand vom Tisch zu fegen waren. Und mußte man diese Menschen nicht sogar verstehen? Da war einer gekommen, der ihnen Brot und Arbeit versprach und nationale Würde und soziale Gerechtigkeit und ... und ... Also brüllte man Heil! und ahnte nicht das Unheil. Davon aber merkte ich in Spanien wenig. Meine Absicht war, mir zuallererst eine Existenz aufzubauen, die Chancen für die Zukunft hatte. Und Ortega bot mir dafür alle Voraussetzungen.

Zunächst regelte er meine Anstellung. Ich wurde als sein Assistent beschäftigt und bekam den Auftrag, in Granada und Motril Schulen zu bauen. Damit war ich finanziell in einer sehr glücklichen Lage, denn man zahlte mir für diesen Job eine Menge Geld. Ortega entwickelte damals verschiedene Konzeptionen für einen sozialen Wohnungsbau. Außerdem wollte er die engen Gassen auf dem Albaicín und in der Umgebung der Universität behutsam entflechten, ohne den historischen Charakter dieser alten Viertel zu zerstören. Es gab genug zu tun.

[Auszüge aus: Michael Grüning, *Der Architekt Konrad Wachsmann. Erinnerungen und Selbstauskünfte*. Wien 1986. S. 335 ff. Mit freundlicher Genehmigung von Birkhäuser – Verlag für Arhitektur, Basel, Schweiz]

Lebensläufe, Bibliographie, Dokumente 633

Kurt Wolf
Architekt
★Hruschau (ehem. Österreich-Schlesien) 15. Januar 1903

1919: Architekturstudium an der Technischen Hochschule und der Kunstgewerbeschule in Karlsruhe. **1924**: Erwerb der deutschen Staatsangehörigkeit. **1925**: Gemeinsames Büro in Darmstadt mit Josef Emanuel Margold. **1926-32**: Architekturbüros mit Karl Kolmel in Karlsruhe, Rastatt und Achern bis zur Auflösung der Firma infolge der Wirtschaftskrise. **1932-36: Freischaffender Architekt zunächst auf Mallorca, ab 1934 in Barcelona: Wolf entwirft hauptsächlich für die dort angesiedelten Ausländerkolonien und für den Tourismus. Zwei seiner Arbeiten werden in der Zeitschrift *Viviendas* veröffentlicht.**

Bibliographie

Proyecto de casas para una colonia de forasteros en Palma de Mallorca. Arquitecto Kurt Wolf, Palma. In: Viviendas 1 (1932), H. 4, S. 5

Un hotel de playa en Ibiza. Arquitecto Kurt Wolf, Barcelona . In: Viviendas 3 (1934), H. 24, S. 14-16

Joaquín Medina Warmburg, *Gran Turismo. Sobre arquitectos alemanes, imagenería mediterránea y la dialéctica de ›lo moderna‹.* In: *Arquitectura morderna y turismo. 1925-1965. IV. Seminario Do.co.mo.mo.* Barcelona 2005

Dokument 36

Herrn
Dipl.-Ing. Kurt Wolf,
<u>Palma de Mallorca</u>

Ihr an die Deutsche Botschaft gerichtetes Schreiben wurde mir zur Erledigung übergeben. Um in Ihrer Angelegenheit eine authentische Auskunft zu bekommen, habe ich mich an das Colegio de Arquitectos de Madrid gewandt, das mir erst jetzt antwortet. Den Wortlaut des Briefes des Architektenverbandes teile ich Ihnen nachstehend mit:

„Als diese Architektenkammer am vergangenen 17. Juli Ihren aufmerksamen Brief erhielt, wurde dieser, samt den von Ihnen formulierten Fragen, an den Sekretär der Architekturfakultät Madrids weitergeleitet. Mit heutigem Datum ist der Brief von Herrn Luis Mosteiro, Sekretär der genannten Architekturfakultät, eingetroffen, den ich Ihnen wörtlich übermittle:

,*Verehrter Freund: Ich habe das Vergnügen, auf Ihre freundliche Anfrage zu antworten ... und teile Ihnen mit: Ein Ausländer, der mit dem Ziel der Ausübung des Berufes des Architekten in Spanien das Architekturdiplom erhalten möchte, muß, nachdem er zuvor die Reifeprüfung abgelegt und die vorbereitenden Kurse der Universität bestanden hat, das gesamte Architekturstudium nachholen, da zwischen beiden Ländern keine Reziprozität der Studiengänge besteht; unberührt des nach gültigen Bestimmungen erforderlichen Naturalisierungsantrages. Sollte es sich um ein Diplom ohne akademische Folgen handeln, d. h. nicht zur Berufsausübung in Spanien, ist ein Bericht über die Anerkennung des im Heimatland abgeschlossenen Studiums erforderlich. Dieser Bericht wird vom Nationalen Kultur-Rat verfaßt, der sich dabei auf Urteile der Abteilung des Ministeriums und der Architekturfakultät*

Madrids stützt. Sollte dieser Bericht positiv ausfallen, muß der Kandidat eine Übung durchführen, die der Diplomprüfung des Studiums entspricht und darin besteht, ein gemäß den Bestimmungen des Staatlichen Reglements für Zivile Bauwerke vollständiges Projekt zu verfassen, und der Prüfungskommission – der gesamten Professorenschaft – Rede und Antwort zu stehen. Diese Übung muß in der Architekturfakultät Madrids durchgeführt werden.'

Ich glaube hiermit Ihre Zweifel beseitigt zu haben"

In vorzüglicher Hochachtung
Ergebenst
(...)

[*Brief der Deutschen Botschaft Madrid an Kurt Wolf vom 14. August 1933.* PAAA Bonn, Bestand Deutsche Botschaft Madrid, Nr.420/10-5, Baukunst (Architektenwesen). Teilübersetzung J. M. W.]

REZEPTION IN FACHZEITSCHRIFTEN (1917-1936)

Hier wird die wechselseitige Rezeption in Fachzeitschriften zwischen 1917 und 1936 dargelegt. Die in Spanien und Deutschland während dieses Zeitraums erschienenen Artikel sind chronologisch und nach Ländern geordnet. Es handelt sich dabei keineswegs um den Versuch einer präzisen statistischen Erhebung mit Anspruch auf Vollständigkeit. Es soll eher ein Bild vom Wandel der Intensität des Austausches vermittelt werden: von den vorsichtigen Annäherungen der Nachkriegszeit bis hin zum Höhepunkt der Jahre 1932-1933. Bemerkenswert ist das Fehlen von Asymmetrien im wechselseitigen Transfer. Die zwar abrupt einsetzende aber nur vorläufige Unterbrechung der Beziehungen wird durch das Schweigen des Jahres 1936 dokumentiert.

1917

Anasagasti, Teodoro: *Las tumbas de Wagner y Beethoven. Una lección de Arquitectura.* In: La Construcción Moderna 15 (1917), S. 101-102

Hofmann, Albert: *Spanien.* In: Deutsche Bauzeitung 51 (1917), H. 263, S. 126-130; H. 30, S. 146-148; H. 31, S. 153-156; H. 35, S. 176, H. 36, S. 180, H. 38, S. 186-192

Haupt, Albrecht: *Spanische Architekturstudien I.* In: Deutsche Bauzeitung 51 (1917), H. 36, S. 178-180; H. 38, S. 185-186

1918

Haupt, Albrecht: *Spanische Architekturstudien II.* In: Deutsche Bauzeitung 52 (1918), H. 23, S. 102-103; H. 24, S. 105-107; H. 26, S. 113-115; H. 27, S.117

Jürgens, Oskar: *Das arabische Haus in Spanien.* In: Mitteilungen aus Spanien. Zeitschrift des Ibero-Amerikanischen Instituts Hamburg 2 (1918), S. 136-148

Jürgens, Oskar: *G. B. Sacchettis Umgestaltungspläne für die Umgebung des königlichen Schlosses in Madrid.* In: Mitteilungen aus Spanien. Zeitschrift des Ibero-Amerikanischen Instituts Hamburg 2 (1918), H. 11/12, S. 321-337

Schubert, Otto: *Das Spanisch-Maurische Wohnhaus.* In: Deutsche Bauzeitung 52 (1918), H. 55, S. 240 (Jürgens)

1919

Schubert, Otto: *Sachettis Pläne für die Umgestaltung der Umgebung des Madrider Schlosses.* In: Deutsche Bauzeitung 53 (1919), H. 34, S. 177-179 (Jürgens)

Stübben, Joseph: *Giovanni Battista Sacchettis Entwürfe zum Neubau des Königlichen Schlosses in Madrid.* In: Zentralblatt der Bauverwaltung vom 2.3.1919, S. 148 (Jürgens)

Haupt, Albrecht: *Spanische Architekturstudien III.* In: Deutsche Bauzeitung 53 (1919), H. 69, S. 409-412; H. 70, S. 417-420; H. 72, S. 427-430

1920

Torres Balbás, Leopoldo: *Los monumentos conmemorativos.* In: Arquitectura 3 (1920), Nr. 26, S. 166-172

Haupt, Albrecht: *Spanische Architekturstudien IV.* In: Deutsche Bauzeitung 54 (1920), H. 56, S. 293-295; H. 57, S. 297-299

Jürgens, Oskar: *Beginnende Beeinflussung des Städtebaues Spaniens durch Deutschland.* In: Zentralblatt der Bauverwaltung 40 (1920), H. 63, S. 402-403

Jürgens, Oskar: *Zur Stadtbaukunde Spaniens I.* In: Zentralblatt der Bauverwaltung 40 (1920), H. 73, S. 462-463

Jürgens, Oskar: *Zur Stadtbaukunde Spaniens II.* In: Zentralblatt der Bauverwaltung 40 (1920), H. 75, S. 475-476

Jürgens, Oskar: *Die Madrider Untergrundbahn.* In: Zentralblatt der Bauverwaltung 40 (1920), H. 78, S. 493-495

Jürgens, Oskar: *Bearbeitung eines städtebaulichen Entwurfes für Madrid.* In: Stadtbaukunst alter und neuer Zeit 1 (1920), S. 347-350

Stübben, Joseph: *Die Entwicklung des deutschen Städtebaus und ihr Einfluß auf den Ausland.* In: Stadtbaukunst alter und neuer Zeit 1 (1920), H. 8, S. 113-116, H. 9, S. 129-13, H. 10 S. 151-154. Ebenfalls in: Zentralblatt der Bauverwaltung 40 (1920), H. 39, S. 253-256; Deutsche Bauzeitung 54 (1920), H. 38, S. 222-223

Deutsche Städtebaukunst in Spanien. In: Deutsche Bauzeitung 54 (1920), H. 65, S. 331-332

1921

García Mercadal, Fernando: *Notas de un cuaderno de viaje (Munich).* In: Arquitectura 4 (1921), H. 12, S. 340-343

Jürgens, Oskar: *Der Bau vielgeschossiger Häuser in Spanien.* In: Zentralblatt der Bauverwaltung 41 (1921), H. 31, S. 195-196

Jürgens, Oskar: *Die Landhaussiedlung La Ciudad Lineal bei Madrid.* In: Zentralblatt der Bauverwaltung 41 (1921), H. 47, S. 289-291

Jürgens, Oskar: *Die Stadt Madrid steht vor durchgreifenden Umgestaltungen.* In: Zentralblatt der Bauverwaltung 41 (1921), H. 70, S. 433

Jürgens, Oskar: *Umgestaltungspläne für die Altstadt von Madrid.* In: Der Städtebau 18 (1921), H. 7/8, S. 82-85

Lehwess, Walter: *Platzentwurf für Madrid.* In: Stadtbaukunst alter und neuer Zeit 2 (1921), H. 14, S. 222-223

1922

Jürgens, Oskar: *Proyecto de un grupo monumental y nuevo edificio de Parlamento.* In: Arquitectura 4 (1922), H. 8, S. 327 ff.

Lacasa, Luis: *El „camouflage" en la Arquitectura.* In: Arquitectura 4 (1922), H. 5, S. 196 ff.

Jürgens, Oskar: *Die Plaza Mayor in Madrid.* In: Stadtbaukunst alter und neuer Zeit 3 (1922), H. 1, S. 1-6

Lehwess, Walter: *Hochhäuser in Spanien.* In: Stadtbaukunst alter und neuer Zeit 3 (1922), H. 11, S. 170-172

Neuere Baukunst aus Spanien. Antonio Gaudi. In: Frühlicht 2 (1922), H. 3, S. 86

1923

Lacasa, Luis: *Arquitectura Extranjera Contemparánea: Otto Schubert.* In: Arquitectura 5 (1923), H. 3, S. 72-76

La colonia de Laatzen (Hannover). In: Arquitectura 5 (1923), S. 360-365

Jürgens, Oskar: *Zur Städtebaukunde Spaniens. Plätze mit architektonisch behandelter Fläche.* In: Zeitschrift für Bauwesen 70 (1923), H. 4-6, S. 106-113

Jürgens, Oskar: *Die Plaza Mayor von Salamanca.* In: Der Städtebau 20 (1923), H. 9-10

Das neue spanische Wohnungsgesetz. In: Die Volkswohnung 5 (1923), H. 10, S. 135

1924

Soler, Blanco: *Erich Mendelsohn.* In: Arquitectura 6 (1924), H. 6, S. 318 ff.

Dres, Ludwig E.: *La ciudad jardín Werderau, en Nuremberg.* In: Arquitectura 6 (1924), S. 297-301

Linder, Paul: *La construcción de rascacielos en Alemania.* In: Arquitectura 6 (1924), H. 11, S. 310-313

Lacasa, Luis: *Un interior expresionista.* In: Arquitectura 6 (1924), H. 5, S. 174-176 (Linder)

Lacasa, Luis: *Un libro alemán sobre casas baratas.* In: Arquitectura 6 (1924), H. 8, S. 231-236 (Muthesius)

Schumacher, Fritz: *La anchura mínima de las calles de viviendas.* In: Arquitectura 6(1924), H. 12, S. 339-343

Lambert, André: *Briefe aus Spanien an die Deutsche Bauzeitung. I.* In: Deutsche Bauzeitung 58 (1924), H. 103/104, S. 684-690

Rank, Franz: *Haus Bermejillo in Madrid.* In: Deutsche Bauzeitung 58(1924), H. 58, S.353 ff.

1925

Lacasa, Luis: *Wasmuth.* In: Arquitectura 7 (1925), S. 78

Schlueter, Hans: *Para nuestro Hogar. Cocina-comedor en viviendas modernas en Alemania.* In: El Constructor 3 (1925), H. 25, S. 830-831

Schlueter, Hans: *La Exposición „Wohnung und Siedlung" (vivienda y colonización) en Dresde (Alemania).* In: El Constructor 3 (1925), H. 26, S. 906-907

Conferencia. La urbanización de Alemania. In: La Construcción Moderna 23 (1925), H. 9, S. 143-144

La Casa Barata en Alemania. In: El Constructor 3 (1925), H. 16, S. 137; H. 18, S. 303; H. 19, S. 386

Giralt Casadesús, Ricard: *Der Platz Cataluna in Barcelona.* In: Stadtbaukunst alter und neuer Zeit 6 (1925), H. 6, S. 81-82 + Bildbeilage

Giralt Casadesús, Ricard: *Die Stadterweiterung von Lerida.* In: Stadtbaukunst alter und neuer Zeit 6 (1925), H. 12, S. 177-178 + Bildbeilage

Krauß, Konrad: *Fliesenkeramik in Spanien und Portugal.* In: Deutsche Bauzeitung 59 (1925), H. 76, S. 602-604

Lambert, André: *Briefe aus Spanien an die Deutsche Bauzeitung. II.* In: Deutsche Bauzeitung 59 (1925), H. 4, S. 25-30

Linder, Paul: *Sonderbares aus der spanischen Baukonstruktion.* In: Bauwelt 16 (1925), H. 9, S. 216-217

1926

García Mercadal, Fernando: *La Arquitectura en Alemania: El arquitecto Otto Bünz.* In: Arquitectura 8 (1926), H. 8, S. 318-326

García Mercadal, Fernando: *La última obra de Poelzig: Capitol.* In: Arquitectura 8 (1926), H. 9, S. 353

Jansen, Hermann: *La metrópoli moderna.* In: Arquitectura 8 (1926), S. 427-442

Lacasa, Luis: *Die Neue Wohnung (la nueva vivienda), por Bruno Taut.* In: Arquitectura 8 (1926), H. 1, S. 32-33

Linder, Paul: *Tres ensayos sobre la nueva arquitectura alemana (I).* In: Arquitectura 8 (1926), H. 1, S. 20-22

Linder, Paul: *Tres ensayos sobre la nueva arquitectura alemana (II)*: los tectónicos. In: Arquitectura 8 (1926), H. 6, S. 235-241

Stroph, E.: *Viviendas campestres y casas de colonias urbanas.* In: El Constructor 4 (1926), H. 30, S. 265-266

Revista de libros. Sommer- und Ferienhäuser, Wochenendhäuser, por el arquitecto Johannes Bartschat. In: Arquitectura 8 (1926), S. 370

Lambert, André: *Die Kirche „Sagrada Familia" in Barcelona. Ein Werk von Antonio Gaudi, Architekt in Barcelona.* In: Deutsche Bauzeitung 60 (1926), H. 39, S. 321-327

1927

García Mercadal, Fernando: *Ein Wohnhaus, por Bruno Taut*. In: Arquitectura 9 (1927), H. 5, S. 200

García Mercadal, Fernando: *La Exposición de Stuttgart*. In: Arquitectura 9 (1927), H. 8, S. 295

Linder, Paul: *El nuevo Bauhaus en Dessau*. In: Arquitectura 9 (1927), H. 3, S. 110-112

Linder, Paul: *La exposición Werkbund Ausstellung en Stuttgart*. In: Arquitectura 9 (1927), H. 11, S. 383

Construcción de ciudades según principios artísticos, por Sitte. In: Arquitectura 9 (1927), H. 8, S. 305

Libros y revistas – „Construcción de ciudades según principios artísticos", por Camillo Sitte. In: La Construcción Moderna 25 (1927), H. 22, S. 352

Revista de Libros – Sommer– und Ferienhäuser, Wochenendhäuser, por el arquitecto Johannes Bartschat, Berlin. Arquitectura 9 (1927), S. 370

Hegemann, Werner: *Segen und Fluch der Überlieferung im Kirchenbau*. In: Wasmuths Monatshefte für Baukunst und Städtebau 11 (1927), S. 160-162

Hegemann, Werner: *Bücherschau*. In: Wasmuth Monatshefte für Baukunst 11 (1927), S. 464

Stübben, Josef: *Oskar Jürgens. Spanische Städte*. In: Zentralblatt der Bauverwaltung 47 (1927), S. 136

Stübben, Josef: *Spanische Städte von heute I*. In: Deutsche Bauzeitung 61 (1927), H. 5, Beilage Stadt und Siedlung Nr. 1, S. 7-8

Stübben, Josef: *Spanische Städte von heute II*. In: Deutsche Bauzeitung 61 (1927), H. 9, Beilage Stadt und Siedlung Nr. 2, S. 10-16

Bebauungsplan für Bilbao. Architekt Otto Bünz – Berlin, Mitarbeiter Architekt Mercadal – Madrid. In: Städtebau 22 (1927), S. 112

Städtebauliche Pläne für Bilbao. In: Städtebau 22 (1927), S. 127-128

Tennisclub des Deutschen Vereins in Barcelona. Die Baugilde 9 (1927), H. 4, S. 180

1928

Behne, Adolf: *El Bauhaus de Dessau*. In: La Gaceta Literaria 2 (1928), H. 32, S. 5

Behne, Adolf: *La Escuela de la Asociación General de Obreros en Bernau (Alemania)*. In: Arquitectura 10 (1928), H. 8, S. 254

Behrendt, Walter Curt: *Victoria del Nuevo Estilo*. In: Arquitectura 10 (1928), H. 6, S. 187-190, H. 8, S. 270; H. 9, S. 295-296

García Mercadal, Fernando: *De la importancia del Libro en Arquitectura*. In: La Gaceta Literaria 2 (1928), H. 33, S. 7 (Hoffmann)

Moreno Villa, José: *La arquitectura en Alemania. La pequeña vivienda en la exposición „Heim und Technik" de Munich 1928*. In: Arquitectura 10 (1928), H. 12, S. 384 ff.

Dice Bruno Taut – Arquitecto alemán de vanguardia. In: La Gaceta Literaria 2 (1928), H. 32, S. 1

Dice Mier Van de Rohe. In: La Gaceta Literaria 2 (1928), H. 32, S. 5

Lambert, André: *Der Güellpark in Barcelona*. In: Deutsche Bauzeitung 62 (1928), H. 27, S. 233-239

Lambert, André: *Der Garten des Don Julio Cruañes in Lluco bei Benitachel in Spanien*. In: Deutsche Bauzeitung 62 (1928), H. 56, S. 483-488

Lambert, André: *Ein Orangengarten in Südspanien.* In: Deutsche Bauzeitung 62 (1928), Beilage Stadt und Siedlung H. 3, S. 38-43

Proetel, H.: *Vorschläge für den Ausbau des Freihafens in Barcelona nach den beim internationalen Wettbewerb 1927 preisgekrönten deutschen Entwürfen.* In: Jahrbuch der Hafenbautechnischen Gesellschaft 11 (1928/29), S. 339-367

Eine neue Kirche in Madrid. In: Bauwelt 19 (1928), H. 49, S. 1156

Schule Strnad, Wien. Emil Volmar. Modell für den Umbau eines Geschäftshauses in Barcelona. In: Moderne Bauformen 27 (1928), S. 65

1929

Giralt Casadesús, Ricard: *Las nuevas Ordenanzas Municipales en Berlin.* In: Revista del Cuerpo de Arquitectos Municipales de España 1 (1929), H. 2, S. 22-24

Giralt Casadesús, Ricard: *A la memoria del urbanista Bruno Möhring.* In: Revista del Cuerpo de Arquitectos Municipales de España 1 (1929), H. 4, S. 57-58

Giralt Casadesús, Ricard: *La nueva arquitectura municipal. El mercado de Francfort.* In: Revista del Cuerpo de Arquitectos Municipales de España 1 (1929), H. 6, S. 101-103 (Elsaesser)

Linder, Paul: *Arquitectos pensad y construid con sentido social.* In: Arquitectura 11 (1929), H. 1, S. 12

Linder, Paul: *El arquitecto Max Taut, Berlin.* In: Arquitectura 11 (1929), H. 12, S. 422

Muguruza, José María: *La racionalización en la industria de la construcción. Los trabajos de la D.I.N. en Alemania.* In: Arquitectura 11 (1929), H. 9, S. 319

R., J.: *Hermann Jansen, constructor de ciudades.* In: Arquitectura 11 (1929), S. 180

La nueva arquitectura. In: Boletín de la Sociedad Central de Arquitectos 13 (1929), Nr. 293-294. S. 7 (Pfleiderer)

El cine „Universum" en Berlin. In: Arquitectura 12 (1929), H. 2, S.67 ff.

Construcción de ciudades según principios artísticos. In: Revista del Cuerpo de Arquitectos Municipales de España 1 (1929), H. 2, S. 33-34

De todas partes: Berlin. In: Revista del Cuerpo de Arquitectos Municipales de España 1 (1929), H. 6, S. 106 (Behne)

Baeschlin, Alfredo: *Barcelona und seine Weltausstellung* (I). In: Deutsche Bauzeitung 63 (1929), H. 57, S. 497-504

Baeschlin, Alfredo: *Ein baskisches Patrizierhaus aus dem 17. Jahrhundert.* In: Deutsche Bauzeitung 63 (1929), H. 60, S. 521-524

Baeschlin, Alfredo: *Barcelona und seine Weltausstellung* (II). In: Deutsche Bauzeitung 63 (1929), H. 77, S. 657-662

Baeschlin, Alfredo: *Ein vornehmes Montañesisches Patrizierhaus Ende des XVII. Jahrhunderts.* In: Deutsche Bauzeitung 63 (1929), H. 101, S. 862-4

Neue Architektur-Zeitbilder. Europa baut im Orient, der Orient in Europa. Formwanderung und Formverwüstung. In: Deutsche Bauhütte 33 (1929), S. 69

Jubiläumsausstellung der Wiener Kunstgewerbeschule. Emil Volmar (Fachklasse Oskar Strnad). Modell für ein Kasino in Barcelona. In: Moderne Bauformen 28 (1929), S. 395

1930

Bonatz, Paul: *Informe del Sr. P.Bonatz, Miembro del Jurado en Representación de los Concursantes Extranjeros.* In: Arquitectura 12 (1930), H. 12, S. 404-407

Fernández Casado, Carlos: *Las cúpulas del nuevo mercado de Leipzig*. In: Ingeniería y Construcción 8 (1930), H. 89, S. 251-253

Giralt Casadesús, Ricard: *El matadero de Elberfeld*. In: Revista del Cuerpo de Arquitectos Municipales de España 2 (1930), H. 13, S. 15-21

Gurlitt, Cornelius: *Le Corbusier y el „Camino de los asnos"*. In. Revista del Cuerpo de Arquitectos Municipales de España 2 (1930), H. 15, S. 41-44

Linder, Paul: *El arquitecto Wilhelm Riphahn*. In: Arquitectura 12 (1930), H. 3, S. 75

Linder, Paul: *Walter Gropius*. In: Arquitectura 12 (1930), H. 8, S. 245-254

Linder, Paul: *Sobre especialistas, sobre arquitectura universal y sobre el arquitecto hamburgués Karl Schneider*. In: Arquitectura 12 (1930), H. 11, S. 333

Schütte Lihotzky, Grete: *Cómo debe construirse para la mujer y el niño en los bloques de viviendas y colonias?* In: El Hogar Propio 1 (1930), H. 9, S. 2-4

Revistas. Das neue Frankfurt. In: Arquitectura 12 (1930), S. 164

Ebhardt, Bodo: *Kraftwagenfahrt durch Spanien. Ein Besuch Almerias*. In: Deutsche Bauzeitung 64 (1930), Beilage Stadt und Siedlung H. 15, S. 105-108

Zechlin, Hans Josef: *Weltfriedens- und Karnevalsperspektiven*. In: Wasmuths Monatshefte für Baukunst und Städtebau 14 (1930), S. 139-144

Aber in Spanien ... In: Das Neue Frankfurt 5 (1930), H. 4/5, S. 135

Vereinshaus des Kgl. Span. Marine-Klubs im San Sebastian. Architekten Labayen und Aizpurua. In: Der Baumeister 28 (1930), H. 7, S. 278-82 und Tafel 49

Vorrechte der Architekten in Spanien. In: Bauwelt 21 (1930), H. 11, S. 384

1931

Braun, A.: *La moderna arquitectura religiosa en Alemania*. In: La Construcción Moderna 29 (1931), S. 3

Gropius, Walter: *Arquitectura Funcional*. In: Arquitectura 13 (1931), H. 2, S. 51 ff.

Gropius, Walter: *Casa baja, casa mediana, casa alta?* In: Arquitectura 13 (1931), H. 3, S. 75, 86, 109

Kisch, Locwitsch, Neuzil: *Ideas al Proyecto „El mejor Berlin"*. In: Arquitectura 13 (1931), S. 342-350

Linder, Paul: *La Exposición Berlinesa de la Construcción*. In: Arquitectura 13 (1931), H. 9, S. 287

May, Ernst: *Las nuevas ciudades en la U.R.S.S.(I)*. In: AC 1 (1931), H. 4, S. 32-34

Moritz, Segismundo: *La Exposición de arquitectura de Berlín*. In: Revista del Cuerpo de Arquitectos Municipales de España 3 (1931), H. 27, S. 121

Rodríguez Orgaz, Alfredo: *La ciudad de mañana. Un film de Urbanización de Erich Kotzer, Berlin y Maximilian v. Goldbeck, Nurnberg*. In: Arquitectura 13 (1931), S. 115-120

Wasser: *La moda en el arte cívico*. In: Revista del Cuerpo de Arquitectos Municipales de España 3 (1931), H. 28, S. 144

Wasser: *El eterno problema*. In: Revista del Cuerpo de Arquitectos Municipales de España 3 (1931), H. 29, S. 150-151

Wasser: *Crónicas minúsculas*. In: Revista del Cuerpo de Arquitectos Municipales de España 3 (1931), H. 33, S. 227

Exposición Alemana de la Edificación y Construción y la Internacional de Urbanismo y Habitación. In: AC 1 (1931), H. 2, S. 35-36

S. Giedion dice en su libro Befreites Wohnen. In: AC 1 (1931), H. 3, S. 15

El nuevo director de Bellas Artes. In: AC 1 (1931), H. 3, S. 32 (Schneider)

Acuerdos del tercer Congreso Internacional de la Habitación, celebrado en Berlin los dias 1 al 15 de Junio. In: AC 1 (1931), H. 3, S. 36

XIII Congreso Internacional de la habitación y urbanismo. In: Revista del Cuerpo de Arquitectos Municipales de España 3 (1931), H. 24, S. 54-55 (Berlin)

Puig-Gairalt, Ramon und Mestre Fossas, Jaume : XIII Congrés Internacional de l'Habitació i d'Urbanisme, Berlin 1931. In: Arquitectura i Urbanisme 1 (1931), H. 1, S. 2-11

Baeschlin, Alfredo: *Landhaus Los Olivos bei Valencia, Spanien. Architekt: Antonio Gómez Davó, Valencia.* In: Deutsche Bauzeitung 65 (1931), H. 91-92, S. 562-564

March, Werner: *Architektengesetze im Ausland.* In: Die Baugilde 13 (1931), H. 21

Städtebau Madrid. In: Bauwelt 22 (1931), H. 14, S. 481

Gebäude der im Bau befindlichen Universitätsstadt Madrid. In: Bauwelt 22 (1931), H. 11, S. 364

1932

Assía, Augusto: *Nueva arquitectura alemana – „La arquitectura de masas".* In: La Construcción Moderna 30 (1932), H. 13, S. 145-148

Behne, Adolf: *La arquitectura contemporánea en Alemania.* In: Obras 2 (1932), H. 4, S. 3-10

Giedion, Sigfried: *El arquitecto Marcel Breuer.* In: Arquitectura 14 (1932), S. 82-87

Gropius, Walter: *Casa baja, casa mediana, casa alta?* In: Revista del Cuerpo de Arquitectos Municipales de España 4 (1932), H. 43, S. 147-152

Gropius, Walter: *De la construcció moderna de teatres.* In: Mirador 4 (1932), H. 183, S. 7

Hegemann, Werner: *Romanticismo y realismo en la arquitectura moderna.* In: Obras 2 (1932), H. 9, S. 143-148

Hilberseimer, Ludwig: *nueva arquitectura internacional.* In: gaceta de arte 1 (1932), H. 4, S. 2

Hilberseimer, Ludwig: *la vivienda mínima – dimensiones. trazado. disposiciones municipales de edificación.* In: gaceta de arte 1 (1932), H. 5 , S. 4

Kaul, Ingo: *La „casa creciente" en la exposición „sol, aire y casa para todos". Berlin 1932.* In: Viviendas 1 (1932), H. 2, S. 14-15

May, Ernst: *las nuevas ciudades en la u.r.s.s..* In: gaceta de arte 1 (1932), H. 4, S. 3

May, Ernst: *Las nuevas ciudades en la U.R.S.S.(II).* In: AC 2 (1932), H. 5, S. 43-45

Muguruza, José María: *Cocinas.* In: Obras 2 (1932), H. 11, S. 209-216

Pérez Mínguez, Luis: *La organización del Plan Regional. Estudio sobre el plan regional hamburgo-prusiano hecho a base del material facilitado por su director, doctor Fritz Schumacher.* In: Arquitectura 14 (1932), H. 11-12, S. 350-361

Rothschild, Richard: *Exposición Internacional „Werkbundsiedlung" en Viena.* In: AC 2 (1932), H. 8, S. 33-35

Conferencia del arquitecto vienés Walter Gropius. In: La Construcción Moderna 30 (1932), H. 7, S. 75-77

Normas modernas de urbanización. Walter Gropius, el eminente arquitecto alemán, expone teorías muy interesantes. In: Revista del Cuerpo de Arquitectos Municipales de España 4 (1932), H. 36, S. 33-34

„Columbus Haus". Edificio para despachos.- Berlin. Arquitecto: Erich Mendelsohn. In: AC 2 (1932), H. 5, S. 33-35

La evolución del rascacielos. In: AC 2 (1932), H. 6, S. 36-38

Nuevas Ordenanzas Municipales de Berlin. In: Arquitectura 14 (1932), S. 259-260

La Escuela Superior de Stuttgart. In: ANTA 1 (1932), H. 4, S. 14

La exposición "Wohnbedarf", Stuttgart 1932. In: Viviendas 1 (1932), H. 2, S. 16

Casa para una familia en Wohlsdorf. Arq. Prof. Karl Schneider, Hamburgo. In: Viviendas 1 (1932), H. 4, S. 8

La vivienda del arq. Prof. F.A. Breuhaus, Berlin. In: Viviendas 1 (1932), H. 5, S. 22

La casa creciente. Arqs Hnos Luckhardt y Anker, Berlin. In: Viviendas 1 (1932), H. 6, S. 6

Sol, aire y casa para todos. In: Administración y Progreso 1 (1932), H. 5, S. 19

Doesburg, Theo van: *Die neue Gestaltung in der spanischen Architektur.* In: Die Form 6 (1932), H. 5, S. 182-186

Fleischer, Michael: *Kleinhäuser und Mietskasernen in Spanien.* In: Wasmuths Monatshefte für Baukunst und Städtebau 16 (1932), S. 502-504

Gantner, Joseph: *Chronik der Länder: Spanien. Anfänge des neuen Bauen.* In: Die neue Stadt 1 (1932), H. 2, S. 39

Gantner, Joseph: *Broschüren: "Actar" von Rubió i Tudurí.* In: Die neue Stadt 1 (1932), H. 2, S. 43-44

Hegemann, Werner: *Als Städtebauer in Südamerika.* In: Wasmuths Monatshefte für Baukunst und Städtebau 16 (1932), S. 141-148

Hegemann, Werner: *Spanischer Städtebau aus vorrevolutionärer Zeit.* In: Wasmuths Monatshefte für Baukunst und Städtebau 16 (1932), S. 499-501

Rüdt, E.: *Die neue Universitätsstadt von Madrid.* In: Wasmuths Monatshefte für Baukunst und Städtebau 16 (1932), S. 406-408

Zechlin, Hans Josef: *Neues Bauen in Spanien. Architekt: J.Luis Sert. Barcelona.* In: Wasmuths Monatshefte für Baukunst und Städtebau 16 (1932), S. 85-88

Haus oder Schiff? Segelklubhaus in San Sebastián, Spanien. In: Wasmuths Monatshefte für Baukunst und Städtebau 16 (1932), S. 234-236

Chronik der Länder: Spanien. Tagung für neues Bauen. In: Die neue Stadt 1 (1932), H. 1, S. 15

Chronik der Länder: Kanarische Inseln. Eine moderne Zeitschrift. In: Die neue Stadt 1 (1932), H. 3, S. 66

1933

Behne, Adolf: *Walter Gropius.* In: Obras 3 (1933), H. 20, S. 205-214

GATCPAC: *El que hauria d'esser un interior de casa moderna.* In: D'Aci i D'Alla 21 (1933), Nr. 173

Giralt Casadesús, Ricard: *Los problemas actuales de la urbanización.* In: Revista del Cuerpo de Arquitectos Municipales de España 5 (1933), H. 53, S. 103-105

Giralt Casadesús, Ricard: *La política de la habitación de la ciudad de Viena.* In: Revista del Cuerpo de Arquitectos Municipales de España 5 (1933), H. 56, S. 153-158

Lacasa, Luis: *Tendencias actuales del urbanismo.* In: APAA 2/1933, S. 11-14

Linder, Paul: *Acerca de la plástica en arquitectura. Obras de Georg Kolbe.* In: Arquitectura 15 (1933), H. 3, S. 80

Sellés, Salvador: *Comentando a Gropius.* In: Revista del Cuerpo de Arquitectos Municipales de España 5 (1933), H. 47, S. 15-18

Sellés, Salvador: *A propósito de la traducción de „Städtebau" de Paul Wolf por Ricard Giralt Casadesús*. In: Revista del Cuerpo de Arquitectos Municipales de España 5 (1933), H. 49, S. 43-49

Escuela de Wandsbeck-Jenfeld, arquitecto Dr. Kroncke. In: Arquitectura 15 (1933), H. 10, S. 293-295

Una casa creciente. Arq. Rudolf Fraenkel, Berlin. In: Viviendas 2 (1933), H. 13, S. 10

Tres colonias de casas y algunos muebles de acero proyectados por los arquitectos Hermanos Luckhardt. In: Viviendas 2 (1933), H. 15, S. 6

Pfannschmidt, Martin: *Die Bandstadt Gross-Berlin. Grundsätzliches zur Bandstadtfrage*. In: Wasmuths Monatshefte für Baukunst und Städtebau 17 (1933), S. 186-188

Pless, Otto: *Die neue Schule in Spanien. Architekten Arniches und Dominguez, Madrid*. In: Wasmuths Monatshefte für Baukunst und Städtebau 17 (1933), S. 269-279

Schoszberger, Hans: *Luftschutz und Städtebau*. In: Wasmuths Monatshefte für Baukunst und Städtebau 17 (1933), S. 476-479

1934

Hegemann, Werner: *Arquitecturas de hoy. Suiza*. In: Obras 4 (1934), H. 27, S. 43 ff.

Leitl, Alfons: *Arquitecturas de hoy. Austria*. In: Obras 4 (1934), H. 26, S. 1-10

Leitl, Alfons: *Arquitecturas de hoy. Alemania*. In: Obras 4 (1934), H. 34, S. 321 ff.

Pérez Mínguez, Luis: *Las ordenanzas Municipales en la urbanización*. In: Nuevas Formas 1 (1934), H. 2, S. 353-358

Schumacher, Fritz: *Los tres capitulos de la urbanización de una ciudad*. In: Nuevas Formas 1 (1934), H. 2, S. 350-352

Westerdahl, Eduardo: *arquitectura alemana: richard döcker*. In: gaceta de arte 3 (1934), H. 27, S. 1

Las Escuelas Waldörfer, cerca de Hamburgo. Arq. Fritz Schumacher. In: Nuevas Formas 1 (1934), H. 1, S. 11

Edificios de la previsión popular, en Hamburgo. Arq. Hermann Distel. In: Nuevas Formas 1 (1934), H. 1, S. 21

Interiores de F. A. Breuhaus, de Berlin. In: Nuevas Formas 1 (1934), H. 2, S. 57

Una notable instalación alemana de modas. Arqs H. Distel y A. Grubitz, Hamburgo. In: Nuevas Formas 1 (1934), H. 2, S. 483

Edificaciones del correo alemán. In: Nuevas Formas 1 (1934), H. 2, S. 518-535

Conclusiones del IV Congreso Internacional de CIRPAC sobre la ciudad funcional, Berlin. In: AC 4 (1934), H. 13, S. 29-32

Villa a Brünn – Mies van der Rohe, arquitecto. In: AC 4 (1934), H. 14, S. 30-33

La labor actual de Mies van der Rohe. In: AC 4 (1934), H. 14, S. 34

La transformación de la arquitectura moderna alemana impuesta por el nuevo Gobierno – Campaña contra el internacionalismo constructivo y artístico. In: La Construcción Moderna 32 (1934), S. 3

Alemania aspira a crear un nuevo estilo arquitectónico nacional, en contraposición al de Weimar. In: La Construcción Moderna 32 (1934), S. 321

Kneller, Fritz: *Barcelona plant auf der Grundlage der Sammeltangente*. In: Wasmuths Monatshefte für Baukunst und Städtebau 18 (1934), S. 147-148

Baeschlin, Alfredo: *Zwei „Patio"-Reihenhäuser für sehr tiefe Grundstücke.* In: Der Baumeister 32 (1934), H. 12, S. 430-431, T. 129

Maasz, Harry: *Seltsames aus spanischen Friedhöfen.* In: Die Form 9 (1934), H. 2/3, S. 62-66

1935

Behne, Adolf: *Arquitectura alemana: La obra de Hans Scharoun.* In: Obras 5 (1935), H. 42, S. 225-234

Groebler: *Urbanismo y vivienda en Berlín.* In: Revista del Cuerpo de Arquitectos Municipales de España 7 (1935), H. 80, S. 164-165

Zeitler, Ralf: *La Unión de Municipios Alemanes.* In: Revista del Cuerpo de Arquitectos Municipales de España 7 (1935), H. 81, S. 187-191

La construcción de viviendas en Alemania. In: Revista del Cuerpo de Arquitectos Municipales de España 7 (1935), H. 80, S. 165-166

La nueva ley municipal alemana. In: Revista del Cuerpo de Arquitectos Municipales de España 7 (1935), H. 80, S. 165-168

Tienda de información y propaganda turística de los ferrocarriles alemanes. In: Nuevas Formas 2 (1935), H. 3, S. 154-156

Perrig, A.: *Konstruktion und Ausführung: Stauwerk Jándula.* In: Zentralblatt der Bauverwaltung 55 (1935), S. 287-288

1936

Meyer, *Die Eisenbetonhalle des Flughafens von Sevilla.* In: Zentralblatt der Bauverwaltung 56 (1936), S. 812-813

ABBILDUNGSVERZEICHNIS

Titelblatt
0. Georg Kolbes Skulptur „Morgen" (1925) im Hof des 1986 rekonstruierten *Repräsentationspavillon des Deutschen Reiches auf der Internationalen Ausstellung Barcelona* (1929) von Mies van der Rohe [Foto J. M. W, 2003]

Einleitung
1. Keimsche Mineralfarben [*Wasmuths Monatshefte für Baukunst*, 1931]
2. Inyecciones Automáticas Agromán [*Obras*, 1932]
3. Bauwelt-Musterschau [*Bauwelt*, 1930]
4. „Eine neue Kirche in Madrid" [*Bauwelt*, 1928]
5. „Madrid. Das Haus der schönen Künste"[*Deutsche Bauhütte*, 1929]
6. „Aber in Spanien... Das neue Stadion in Madrid" [*Das Neue Frankfurt*, 1930]
7. Spanienreise von Paul Bonatz im Herbst 1925. Reisestationen [Zeichnung J. M. W]
8. Paul Bonatz: *Cádiz* (1925) [Peter Dübbers, Stuttgart]

I. Nationales und Internationales
1. „Elementarisme" nach einer Anzeige in der Zeitschrift *De Stijl* [*De Stijl*, 1928]
2. Walter Curt Behrendt: „Der Kampf um den neuen Stil in Architektur und Kunstgewerbe" (1920). Titelblatt
3. Walter Curt Behrendt: „Der Sieg des Neuen Baustils" (1927). Umschlag
4. Balkenbrücke bei Griethausen [Walter Gropius: „*Monumentale Kunst und Industriebau*" (1911). BHA Berlin]
5. Burg Coca bei Segovia [Walter Gropius: „*Monumentale Kunst und Industriebau*" (1911). BHA Berlin]
6. Walter Gropius: „Burg Coca" (1908). Skizze des Grundrisses [Walter Gropius: „*Betrachtungen zur Architektur des spanischen Castells Coca bei Segovia*" (1908). Familienarchiv Linder, Lima]
7. Walter Gropius: „Gesetz der Enveloppe" (1910). Skizze [Walter Gropius: „Über das Wesen des verschiedenen Kunstwollens in Orient und Occident" (1910). BHA Berlin]
8. Walter Gropius und Adolf Meyer, *Fagus-Werk in Alfeld a.d. Leine* (1911-14). Eckansicht des Hauptgebäudes [aus: Anne Marie Jaeggi, *Fagus. Industriekultur zwischen Werkbund und Bauhaus*. Berlin 1998]
9. Walter Gropius und Adolf Meyer, *Fagus-Werk in Alfeld a.d. Leine* (1911-14). Grundriss des Bürotraktes [aus: Karin Wilhelm, *Walter Gropius, Industriearchitekt*. Braunschweig 1983]

Abbildungsverzeichnis 647

10. 1907: Walter Gropius in Spanien [aus: Reginald Isaacs, *Walter Gropius. Der Mensch und sein Werk*. Stuttgart 1983/1984]
11. 1907: Ortega y Gasset vor der *Neuen Galerie* in Kassel [Fundación Ortega y Gasset]
12. Franz Rank, *Haus Bermejillo in Madrid* (1913-14). Ansicht [Firmenarchiv Rank, München],
13. Franz Rank, *Haus Bermejillo in Madrid* (1913-14). Grundrisse und Schnitt [*Deutsche Bauzeitung*, 1924]
14. Franz Rank, *Skizze des Palacio de Caicedo in Granada*, 11. Mai 1913 [aus: *125 Jahre Rank*. München 1987]
15. Werbeprospekt der Baufirma *Rank – Construcciones Industriales*, Bilbao-Sevilla. Titelblatt [Firmenarchiv Rank, München]
16. Gebrüder Rank, *Gasfabrik Sevilla* (1912-14). Seitenansicht [Firmenarchiv Rank, München]
17.-19. Alfred Breslauer, *Haus Kocherthaler in Madrid* (1920). Straßenansicht, Grundrisse, Perspektive der Halle [*Alfred Breslauer, Ausgeführte Bauten 1897-1927*. Berlin 1927]
20. Spanienreise Gropius-Grisenbach, 1907-1908. Reisestationen [Zeichnung J. M. W]
21. Spanienreise Neufert-Linder-Löwengarth, 1920-1921. Reisestationen [Zeichnung J. M. W]
22. Lyonel Feininger: „Kathedrale" (1919) [BHA Berlin]
23. Paul Linder, *Kathedrale von Tarragona*. Skizze (1921) [Familienarchiv Linder, Lima]
24. Paul Linder, Ernst Neufert: *Details des Portals der Torre Llovena in Horta*. Bauaufnahme (1920) [Familienarchiv Linder, Lima]
25. Paul Linder: Gaudís *Casa Milà* (1906-1912) genannt „La Pedrera", Skizze (1921) [Familienarchiv Linder, Lima]
26.-27. Paul Linder, *Münchner Studentenbude*. Ansicht des Innenraums, Grundriss [*Arquitectura* 1924]
28. Otto Schubert, *Sabatinis Nonnenkonvent Santa Ana in Valladolid*. Perspektive [Otto Schubert: *Geschichte des Barock in Spanien*. Esslingen 1908]
29. Otto Schubert, *Entwurf für das neue Kurhaus in Karlsbad*. Perspektive [*Arquitectura* 1922]
30. Johannes Radke, *Deutsches Haus,* und José Urioste *Spanischer Pavillon* auf der Weltausstellung in Paris (1900) [Julius Meier-Graefe, *Die Weltausstellung in Paris 1900*. Paris-Leipzig 1900]
31. Adolf Behne: Die Entritterlichung des Hauses: von Grunewald nach Dessau. [Adolf Behne, *Neues Wohnen – Neues Bauen*. Leipzig 1927]
32. Gelände der *Internationalen Ausstellung Barcelona 1929*. Vogelperspektive [Werkbundarchiv Berlin]
33. Lageplan der *Exposición Internacional de Barcelona* (1929) mit Kennzeichnung der Deutschen Abteilungen. [*Internationale Ausstellung Barcelona. Deutsche Abteilung*. Barcelona 1929]
34. Ludwig Mies van der Rohe, *Repräsentationspavillon des Deutschen Reiches* (1929), Außenansicht (im Hintergrund die Festungsmauer des „Spanischen Dorfes") [*Die Form*, 1929]
35. Ludwig Mies van der Rohe, *Repräsentationspavillon des Deutschen Reiches* (1929), Grundriss [*Zentralblatt der Bauverwaltung*, 1929]
36. Ludwig Mies van der Rohe, *Repräsentationspavillon des Deutschen Reiches* (1929). Innenraum [*Die Form*, 1929]

37. Ludwig Mies van der Rohe, Wilhelm Niemann, Fritz Schüler: *Pavillon der Deutschen Elektrizitätswirtschaft* (1929). Innenraum [*Zentralblatt der Bauverwaltung*, 1929]
38. Ludwig Mies van der Rohe, *Pavillon der Deutschen Elektrizitätswirtschaft in Barcelona* (1929). Außenansicht [*Zentralblatt der Bauverwaltung*, 1929]
39. Peter Behrens, *Werftschuppen der Vulcano im Hafen Barcelonas* (1924). Perspektiven [aus: Paul Joseph Cremers, *Peter Behrens. Sein Werk von 1909 bis zur Gegenwart*. Essen 1928]
40. Carl Fieger, *Clubhaus des Deutschen Vereins Barcelona* (1926). Perspektive und Grundriss [*Die Baugilde* 1927]
41. Walter Gropius und Adolf Meyer, *Haus Rauth in Berlin* (1922). Perspektive und Grundriss [*Wasmuths Monatshefte für Baukunst* 1922/23]
42. Fernando García Mercadal und Luis Lacasa unmittelbar vor einer Deutschlandreise [aus: Fernando García Mercadal, *La casa mediterránea*. Madrid 1984]
43. Fernando García Mercadal: Der „Hoffmann-Baluster" [*La Gaceta Literaria*, 1928]
44. Titelblatt der Zeitschrift *Tiempos Nuevos*, Heft 39, 1932.
45. Ankündigung von Erich Mendelsohns Vortrag „Rußland-Europa-Amerika. Ein architektonischer Querschnitt" an der Madrider *Residencia de Estudiantes* am 15. November 1929 [Archiv der Residencia de Estudiantes, Madrid]
46. Erich Mendelsohn, *Villa für den Herzog von Alba in der Sierra de Guadarrama bei Madrid* (1930). Skizze [Staatliche Museen zu Berlin, Kunstbibliothek]
47. Ankündigung von Walter Gropius' Vortrag „Arquitectura Funcional" an der Madrider *Residencia de Estudiantes* am 5. November 1930 [Archiv der Residencia de Estudiantes, Madrid]
48. Walter Gropius, *Bauhausgebäude Dessau* (1925/26). Außenansicht der Werkstätten [Lucia Moholy, BHA]

II. Großstadtmodelle

1. Verkehrsplätze [Joseph Stübben, *Der Städtebau*. Leipzig 1923]
2. Joseph Stübben, *Die Kölner Ringstraße*. Lageplan und Querschnittsprofile [*Der Städtebau*. Leipzig 1923]
3.-6. Stadtplan Valencias, Stadtplan Córdobas, Salamancas, Bilbaos [Oskar Jürgens, *Spanische Städte*. Hamburg 1926]
7. Ildefonso Cerdá, *Stadterweiterungsplan für Barcelona* (1859). Gesamtplan
8. CMU, *Werbebroschüre der Ciudad Lineal*, Madrid 1894. Gesamtplan
9. Werner Hegemann, „Der Städtebau nach den Ergebnissen der Allgemeinen Städtebauausstellung in Berlin" (1911). Titelblatt
10. Léon Jaussely, *Verbindungsplan (Plan de Enlaces) für Barcelona* (1905). Gesamtplan [Académie d'Architecture, Paris]
11. Cebrià de Montoliu, „Las Modernas Ciudades y sus Problemas a la luz de la Exposición de Construcción Cívica de Berlin 1910" (Barcelona 1913). Titelblatt
12. Hermann Jansen, *Vorschläge für Groß-Berlin: Vogelschau des Bebauungsplans Tempelhofer Feld* (1910) [Josef Paul Kleihues, Paul Kahlfeldt (Hrsg.), *Stadt der Architektur – Architektur der Stadt , Berlin 1900-200*. Berlin 2000]
13. Hermann Jansen, *Vorschläge für Groß-Berlin: Gesamtplan* (1909) [Germanisches Nationalmuseum Nürnberg, Nachlass Hermann Jansen]
14.-15. Möhring, Eberstadt, Petersen: *Doppelte Blockrandbebauung für Groß-Berlin* (1910). Vogelperspektive, Lageplan [*Deutsche Bauzeitung*, 1910]

Abbildungsverzeichnis 649

16. Jeroni Martorell, *Bebauungsplan für die Rentenkasse in der Art einer Gartenstadt,* Sant Martí de Provensals (Barcelona) 1915. Vogelperspektive [*D'Ací i d'Allà*, 1915]
17. Einladung zu den Vorträgen des Geheimen Oberbaurats Joseph Stübben im Rathaus Barcelonas am 30. und 31. März 1914 [Historisches Archiv der Stadt Köln]
18. José Luis de Oriol, *Vorschlag für die Umgestaltung der Altstadt Madrids* (1921). Gesamtplan [*Der Städtebau,* 1921]
19. José Luis de Oriol, *Vorschlag für die Umgestaltung der Plaza Mayor* (1921) [nach Jürgens in: *Stadtbaukunst Alter und Neuer Zeit,* 1922]
20. Oskar Jürgens, *Verfassungsplatz in der Innenstadt Madrids* (1910). Lageplan [*Arquitectura,* 1922]
21. Giovanni Battista Sacchetti, *Neubau des Königlichen Schlosses in Madrid* (1738). Lageplan [nach Jürgens, *Spanische Städte.* Hamburg 1926]
22. Oskar Jürgens, „Spanische Städte" (1926). Titelblatt
23. Otto Bünz und Fernando García Mercadal, *Stadterweiterungsvorschlag für Bilbao* (1927). Lageplan [*Der Städtebau,* 1927]
24. Otto Bünz, „Städtebau und Landesplanung" (Berlin 1928). Titelblatt
25. Otto Bünz, „Urbanización y Plan regional" (Madrid 1930). Titelblatt
26. Hermann Jansen, *Stadterweiterungsvorschlag für Ankara* (1928). Verkehrs- und Flächenaufteilungsplan [*Der Städtebau,* 1929]
27.-28. Secundino Zuazo und Hermann Jansen, *Stadterweiterungsvorschlag für Madrid* (1930). Wettbewerbsentwurf, Gesamtplan, Bebauungsplan [Plansammlung der TU Berlin]
29. Secundino Zuazo und Hermann Jansen, *Stadterweiterungsvorschlag für Madrid* (1930). Repräsentationsviertel [Germanisches Nationalmuseum Nürnberg, Jansen-Nachlass]
30. Secundino Zuazo und Hermann Jansen, *Stadterweiterungsvorschlag für Madrid* (1930). Zeilenausrichtung: kaltes *versus* heißes Klima [Plansammlung der TU Berlin]
31.-33. Secundino Zuazo und Hermann Jansen, *Stadterweiterungsvorschlag für Madrid* (1930). Repräsentationsviertel: *Gran Kursaal* und Ausstellungspalast, Zeilenbebauung, „Heutige und zukünftige Bezirke Madrids" [Hermann Jansen, Secundino Zuazo: *Anteproyecto del trazado viario y urbanización de Madrid.* Madrid 1930]
34. Erich Kotzer und Maximilian von Goldbeck, „Die Großstadt von Morgen" (1930): Vogelperspektive der „organisch gegliederten Stadt" – im Bericht Zuazo/Jansen als Beispiel für moderne Satellitenstädte [Hermann Jansen, Secundino Zuazo: *Anteproyecto del trazado viario y urbanización de Madrid.* Madrid 1930]
35.-38. Erich Kotzer und Maximilian von Goldbeck, „Die Großstadt von Morgen" (1930). Fotogramme aus dem Vorspann: Titel, Regie und Planung, Mitarbeiter, Förderer [Landesbildstelle Berlin, Filmarchiv]
39.-41. Erich Kotzer und Maximilian von Goldbeck, „Die Großstadt von Morgen" (1930). Planungsprämissen: Statistik, Plan, Verkehr [Landesbildstelle Berlin, Filmarchiv]
42. Joseph Stübben und César Cort, *Stadterweiterungsvorschlag für Madrid* (1930). Gesamtplan [*Arquitectura* 1930]
43. Otto Czekelius und Saturnino Ulargui, *Stadterweiterungsvorschlag für Madrid* (1930). Gesamtplan [*Arquitectura* 1930]
44. Reklame aus dem Jahre 1930 für die spanische Premiere von Fritz Langs Ufa-Film „Metropolis" (1927) [Carlos Sambricio, Lilia Maure Rubio: *Madrid, Urbanismo y Gestión Municipal 1920-1940.* Madrid 1984]
45. Werner Hegemann und Elbert Peets, *Geschäftszentrum von Wyomissing Park* (1917-1921). Perspektive und Lageplan [Werner Hegemann, Elbert Peets: *The American Vitruvius, an architect's handbook of civic art.* New York 1922]

46. Bruno Taut und Martin Wagner, *Hufeisensiedlung Berlin-Britz* (1925-1927). Bebauungsplan [Josef Paul Kleihues, Paul Kahlfeldt (Hrsg.), *Stadt der Architektur – Architektur der Stadt, Berlin 1900-200*. Berlin 2000]
47. Martin Wagner, *Wettbewerb zur Umgestaltung des Alexanderplatzes*, Berlin 1929. Generalplan [*Das neue Berlin*, 1929]
48. Oficina Técnica Municipal (OTM), *Bebauung entlang der geplanten Verlängerung der Castellana*, Madrid 1931. Lageplan [Carlos Sambricio, Lilia Maure Rubio: *Madrid, Urbanismo y Gestión Municipal 1920-1940*. Madrid 1984]
49. Walter Gropius, *Laubengang-Wohnhochhäuser* (1929-1930). Perspektive [*Arquitectura*, 1931]
50. John Heartfield, Buchumschlag für Ilja Ehrenburgs „Spanien heute" (Berlin 1932)
51. *Mietshaus in der Calle de Narvaez*, Madrid. Grundriss, Schnitt, Lageplan [*Wasmuths Monatshefte für Baukunst und Städtebau*, 1932]
52. Secundino Zuazo und Hermann Jansen, *Entwicklung der innerstädtischen Parzellierung Madrids bis zum Vorschlag der „Casa de las Flores"* (1930). Grundrisse und Perspektive [Secundino Zuazo, Hermann Jansen: *Anteproyecto del trazado viario y urbanización de Madrid*, Madrid 1930. (Reprint: Madrid 1986)]
53. Hermann Jansen, Secundino Zuazo, *Vorschläge zur Erweiterung der Castellana*, Madrid 1929/1930. Lagepläne [Carlos Sambricio, Lilia Maure Rubio: *Madrid, Urbanismo y Gestión Municipal 1920-1940*. Madrid 1984]
54. Secundino Zuazo, *Casa de las Flores* (1930). Perspektive und Grundriss [*Quaderns d'Arquitectura i Urbanisme*, 1982. *Arquitectura*, 1933]
55. Secundino Zuazo, *Vorschlag zur Bebauung des Geländes der ehemaligen Stierkampfarena* (1931). Axonometrie [Lilia Maure Rubio, *Secundino Zuazo. Arquitecto*. Madrid 1987]
56. Secundino Zuazo, *Vorschlag zur Bebauung des Geländes der ehemaligen Stierkampfarena* (1931). Bebauungsplan [Lilia Maure Rubio, *Secundino Zuazo. Arquitecto*. Madrid 1987]
57. Amós Salvador: „Entwürfe von Wohnungen für das Existenzminimum, die im Frankfurter Kongress vorgestellt wurden." Ansichten und Grundrisse [*Arquitectura*, 1929]
58. CIAM II: Zweifamilienhäuser in Madrid. Grundrisse [*Die Wohnung für das Existenzminimum*. Frankfurt 1930]
59. Juan Bautista Subirana und Alfredo Rodríguez Orgaz, *Raum der II. Spanischen Republik in der Internationalen Bauausstellung*, Berlin 1931. Innenraumaufnahme [*AC*, 1931]
60. Juan Bautista Subirana und Alfredo Rodríguez Orgaz, *Raum der II. Spanischen Republik in der Internationalen Bauausstellung*, Berlin 1931. Innenraumaufnahme [*Arquitectura*, 1931]
61. CMU, „Die Ciudad Lineal" (Berlin 1931). Titelblatt [Archiv Juan Rodríguez Lores]
62. Alfredo Rodríguez Orgaz und Francisco Prieto Moreno, *Escuelas de Atarfe* (1932). Grundriss und Schnitt [*Arquitectura*, 1933]
63.-64. Alfredo Rodríguez Orgaz und Konrad Wachsmann, *Colonia Escolar en la Playa de San Cristóbal*, Almuñecar 1933. Ansicht, Grundriss [Akademie der Künste Berlin. Sammlung für Baukunst]
65.-67. Alfredo Rodríguez Orgaz und Konrad Wachsmann, *Grupo Escolar Miguel de Cervantes en la calle Molinos*, Granada 1933. Grundriß Erdgeschoss, Grundriß Obergeschoß, Ansichten, Schnitte [Akademie der Künste Berlin. Sammlung für Baukunst]
68.-69. Juan Bautista Subirana, *Biblioteca per Infants*, Sant Andreu 1933. Ansichten, Grundriss, Schnitt, Perspektive, Foto [Familienarchiv Subirana, Barcelona]
70. GATCPAC, *Caseta desmontable de fin de semana, tipo playa*, Barcelona 1932. Perspektive [*AC*, 1932]

Abbildungsverzeichnis 651

71. Martin Wagner, *Das wachsende Haus*, 1932. Siedlungsplan [Martin Wagner, *Das wachsende Haus*. Berlin 1932]
72. Martin Wagner, *Das wachsende Haus*, 1932. Axonometrie [*Die Umschau*, 1932]
73.-74. GATCPAC, *Caseta desmontable de fin de semana, tipo playa*, Barcelona 1932. Grundrisse, Axonometrie [*AC*, 1932]
75.-77. Walter Gropius, *Wochenendhäuser für Alberto Rosa Balaciart*, Barcelona 1932. Typ 1: Perspektive, Grundrissvarianten, Ansichten. [BHA Berlin, Nachlass Gropius]
78.-79. Walter Gropius, *Wochenendhäuser für Alberto Rosa Balaciart*, Barcelona 1932. Typ 2: Perspektive, Grundriss, Aufsicht. [BHA Berlin, Nachlass Gropius]
80. Empfang der Mitglieder des CIRPAC durch den Präsidenten Kataloniens Francesc Macià am 30. März 1932 in Barcelona. In der Mitte der vorderen Reihe sind v. l. n. r.: García Mercadal (mit Hut), Sert, Le Corbusier, van Eesteren, Macià und Gropius zu erkennen. [*AC*, 1932]
81. Fritz Kneller, *Radialsystem und Sammeltangente*. Schemata [*Der Städtebau*, 1934]
82.-83. GATCPAC. und Le Corbusier, *Plan Macià* (1932-34). Zonenpläne [*AC*, 13/1934]
84. GATCPAC. und Le Corbusier, *Plan Macià* (1932-34). Neue Wohnbebauung [*Le Corbusier y Barcelona*. Barcelona 1988]
85. „Was an den Architekturfakultäten gelehrt wird". [*AC*, 13/1934]

III. Inseln

1.-3. Adolf Behne, „Neues Bauen – neues Wohnen" (Leipzig 1927)
4. Alfredo Baeschlin:„Planskizze der spanischen Kleinstadt" [*Deutsche Bauzeitung*, 1929]
5. Alfredo Baeschlin:„Baskische Wappen" [Alfredo Baeschlin, *La Arquitectura del Caserío Vasco*. Barcelona 1930]
6. Alfredo Baeschlin: „La Barraca". Perspektive und Grundriss [Alfredo Baeschlin, *Casas de Campo Españolas*. Barcelona 1930]
7. Alfredo Baeschlin: „Mare Nostrum". Perspektive, Ansicht und Grundriss [Alfredo Baeschlin, *Casas de Campo Españolas*. Barcelona 1930]
8. Fernando García Mercadal, „La casa popular en España" (Barcelona 1930). Titelblatt
9. Alfredo Baeschlin: „Caserío Xatela". Ansicht und Details [Fernando García Mercadal, *La casa popular en España*. Barcelona 1930]
10. Le Corbusier: „Tradition du compliqué". Skizze [Le Corbusier, *Une maison – un palais*. Paris 1928]
11. Le Corbusier: Reiseskizze eines spanischen Bauernhauses, 1928. [Le Corbusier, *Carnets I, 1914-1948*. Mailand 1981]
12.-13. Sixte Illescas: *Flughafengebäude*, 1929. Modellfoto [*Die Form*, 1931]
14.-15. José Manuel Aizpúrua, Joaquín Labayen: Real Club Náutico, San Sebastián 1928-1929. Foto [*Der Baumeister*,1930]
16. La Gaceta Literaria: „Nuevo Arte en el Mundo: Arquitectura, 1928." [*La Gaceta Literaria*, 1932]
17. Franz Roh: „Realismo Mágico. Post Expresionismo. Problemas de la pintura europea más reciente" (Madrid 1927). Titelblatt
18.-20. Fernando García Mercadal: Italienische Reiseskizzen, Anacapri 1924, Boscoreale 1924, Boscoreale 1924. [Fernándo García Mercadal, *Sobre el Mediterráneo*. Zaragoza 1996]
21.-22. Fernando García Mercadal: „Arquitectura Mediterránea". Modellfoto eines Villenentwurfes, Perspektive eines Villenentwurfes [*Arquitectura*, 1926]

23. Fernando García Mercadal: „Club Naútico para una Ciudad Mediterránea", 1925. Perspektive [*Arquitectura*, 1927]
24. Gruppenfoto der Teilnehmer am ersten CIAM 1928 in La Sarraz [Peter Gössel, Gabriele Leuthäuser: *Architektur des 20. Jahrhunderts*. Köln 1990]
25. CIAM IV: Mittelmeerkreuzfahrt an Bord der *Patris II*: Marseille–Athen (29. Juli bis 13. August 1933)
26. „San Pol de Mar... Es erscheint der Standard" [*AC* 1, 1931]
27. „Auf Ibiza existieren nicht die „historischen Stile"..." [*AC* 6, 1932]
28. J. Ll. Sert: *Kleinstwohnungstypen am Strand auf Ibiza*, 1932 [*L'Architecture d'Aujourd'hui*, 1936]
29. Germán Rodríguez Arias: *Ferienhaus in San Antonio auf Ibiza, 1935*. Grundriss [*AC* 18, 1935]
30.-31. Alfredo Baeschlin: „Ibiza" (Valencia 1934), Titelblatt, Dachkonstruktion (Detailschnitt).
32. Joan Miró: „La Masía" (1921-22) [National Gallery of Art, Washington]
33. Alfredo Baeschlin: „La Masía". Perspektive und Grundriss [Alfredo Baeschlin, *Casas de Campo Españolas*. Barcelona 1930]
34.-35. Alfredo Baeschlin: Ibizenkische Bauernhäuser [Alfredo Baeschlin, *Ibiza*. Valencia 1934]
36.-37. Alfredo Baeschlin: Landhausentwurf „Alquería ibicenca", 1935. Perspektiven, Grundrisse [*Cortijos y Rascacielos*, 1935]
38. *AC* 21 (1936). Titelblatt
39. Raoul Hausmann: „Haus Mariano Rafal", Grundriss und Foto [*AC* 21, 1936, S.14]
40.-41. Erwin Heilbronner: „Ländliche Häuser Ibizas", Bauaufnahmen und Fotos [*AC* 21, 1936, S. 15 + S. 18]
42. Erwin Heilbronner: *Badeanstalt am Strand von Talamanca* (oben) und *Reihenhäuser auf Ibiza* (unten), 1934. Grundrisse, Fotos, Modell [*AC* 21, 1936, S.25]
43.-46. Fotografien Raoul Hausmanns auf Ibiza 1933-1936: Stühle, Porxo, Pfeiler, Küche [*Raoul Hausmann, Arquitecte. Eivissa 1933-36*. Ibiza 1991]
47. Walter Segal: *Typologie des ibizenkischen Bauernhauses* [Neuzeichnung J. M. W. nach *Oeuvres*, 1934]
48. Walter Segal: „Häusergruppen bei Deya auf Mallorca" (1934) [John McKean, *Lernen von Segal. Walter Segals Leben, Werk und Wirkung*. Basel-Boston-Berlin 1989]
49.-52. Walter Segal: *Kleines Haus auf Mallorca*, 1933-34. Perspektive des ursprünglichen Entwurfes, Lageplan, Grundriss, Perspektive [*Architect & Building News*, 1942]
53. Anna Eva Bergman: „Häuser in Fornells" (1933-1934) [Fondation Hartung-Bergman, Antibes]
54.-58. Hans Hartung: *Haus Hartung-Bergman*, Menorca 1933. Grundrisse, Ansichten, Fotos Menorca 1933 [Fondation Hartung-Bergman, Antibes]
59.-62. Kurt Wolf: *Entwurf für ein Strandhotel auf Ibiza*, 1933. Perspektive, Grundriss des Erdgeschosses, Grundrisse und Axonometrie der Zimmer [*Viviendas*, 1934]
63.-64. GATCPAC: *Strandhotel auf Ibiza*, 1933. Perspektive, Grundriss des Erdgeschosses [*El Viajero*, 1935]
65. Fritz August Breuhaus de Groot: *Landhaus auf Mallorca*, 1931. Grundrisse, Vogelschau [*Moderne Bauformen*, 1931]
66. Heinz Möritz: *Hotel und Bungalowsiedlung an der Playa de Canyamel auf Mallorca*, 1933. Vogelschau [Südwestdeutsches Archiv für Architektur und Ingenieurbau]

67. Herbert Bayer: Titelblatt von *Die neue Li*nie, März 1932.
68. Arthur Middlehurst: Titelblatt des ersten Heftes von *Brisas* im April 1934.
69.-70. Max Säume, Erich Mendelsohn: *Gartenstadt Santa Ponsa auf Mallorca* (1933). Gesamtplan, Lageplan [Archiv COAIB, Mallorca]
71. Hans Josef Zechlin: „Spanische Bauernhäuser auf den Kanarischen Inseln" [*Wasmuths Monatshefte für Baukunst*, 1930]
72. *Gaceta de Arte*: Titelblatt von Heft 1, Santa Cruz de Tenerife 1932.
73. Jakob Ahlers: „Tenerife und die anderen Canarischen Inseln" (Hamburg 1925). Titelblatt
74. „Nach Südamerika" [Plakat der Hamburg-Südamerikanischen Dampfschifffahrts-Gesellschaft]
75. *Ausstellung des zeitgenössischen deutschen Möbels im Círculo de Bellas Artes*, Santa Cruz de Tenerife 1932. [Archivo Histórico Provincial, Santa Cruz de Tenerife]
76. „g.a. präsentiert klaus groth", Santa Cruz de Tenerife 1933. Faltblatt [AAI, Schleswig]
77. Klaus Groth: *Kreiskrankenhaus Pinneberg*, 1931 [Bauwelt, 1931]
78.-79. Klaus Groth: *Haus Ernst Groth*, Teneriffa 1933-34 [Familienarchiv Groth, La Laguna]
80.-81. Richard Ernst Oppel: *Block Bürgerbau in der Jarrestadt* (1927-1928) [Landesmedienzentrum Hamburg]
82. Miguel Martín: *Tabakfabrik „La Belleza"*, Santa Cruz de Tenerife 1929 [Adalberto Benítez, Santa Cruz de Tenerife]
83. Richard Ernst Oppel: *Haus Berlin*, Groß-Hansdorf 1921. Foto [*Moderne Bauformen*, 1925]
84. Richard Ernst Oppel: *Haus Berlin*, Groß-Hansdorf 1921. Skizze [*Bau-Rundschau*, 1921]
85. Richard Ernst Oppel: *Haus Berlin*, Groß-Hansdorf 1921. Grundrisse [*Moderne Bauformen*, 1925]
86. Richard Ernst Oppel: *Haus Schlierholz*. Grundrisse [*Bau-Rundschau*, 1922]
87.-88. Richard Ernst Oppel: *Haus Weidtman*, Blankenese 1931. Grundrisse [Neuzeichnung J. M. W.]
89.-92. Richard Ernst Oppel: *Haus Weidtman*, Blankenese 1931. Foto [Familienarchiv Weidtman]
93. Richard Ernst Oppel: *Haus Weidtman*, Blankenese 1931. Gartenansicht [Bauordnungsamt Blankenese]
94.-95. Estudio Miguel Martin, *Haus Speth*, Tafira 1932. Grundrisse, Ansichten [Neuzeichnung J. M. W.]
96. Estudio Miguel Martin, *Haus Speth*, Tafira 1932, aus der Gartenseite gesehen [Familienarchiv Oppel]
97. Estudio Miguel Martin: *Haus Bonny*, Tafira 1932. Perspektive [Familienarchiv Oppel]
98. Estudio Miguel Martin: *Haus Domínguez*, Las Palmas (Ciudad Jardín) 1932. Perspektive [Archivo Histórico Provincial, Las Palmas de Gran Canaria]
99. Estudio Miguel Martin: *Klinik Santa Catalina*, Las Palmas (Ciudad Jardín) 1935. Axonometrie [Archivo Histórico Provincial, Las Palmas de Gran Canaria]
100. Estudio Miguel Martin: *Cabildo Insular de Gran Canaria*, Las Palmas 1932. Vorstudie [*El Cabildo Insular y la ciudad racionalista*. Las Palmas de Gran Canaria 1987 /1989]
101. Estudio Miguel Martin, Eduardo Laforet: *Cabildo Insular de Gran Canaria*, Las Palmas 1932-1942. Foto [Alberto Sartoris, *Encyclopédie de l'Architecture Nouvelle* – Band I: *Ordre et Climat Mediterranéens*. Mailand 1947]
102.-103. José Enrique Marrero Regalado: *Cabildo Insular de Tenerife*, Santa Cruz 1933. Perspektive der Lösung 1 (Marrero), Perspektive der Lösung 2 (Rudolf Schneider) [*José En-*

rique Marrero Regalado. *La arquitectura como escenografía (1897-1956).* Tenerife 1992]

104.-105. Rudolf Schneider: *Deutsche Schule und Deutsches Haus,* Santa Cruz de Tenerife 1935. Schnitte, Grundrisse [Bericht des Deutschen Schulvereins Teneriffa 1934-1936]

106. Rudolf Schneider: *Deutsche Schule und Deutsches Haus,* Santa Cruz de Tenerife 1935. Rückansicht am Tag der Eröffnung [Adalberto Benítez, Santa Cruz de Tenerife]

107.-108. Estudio Miguel Martín: *Deutsche Schule,* Las Palmas 1933. Axonometrie des ersten Vorschlags [Archivo Histórico Provincial de las Palmas]

109. Néstor: „Pueblo Canario" (1937) [Pedro García Almeida, *Néstor: Tipismo y Regionalismo.* Las Palmas de Gran Canaria 1993]

110. Richard Ernst Oppel: *Reichsinstitut für Ausländische und Koloniale Forstwirtschaft der Hansischen Universität.* Perspektive des ersten Vorschlags (1939) [Staatsarchiv Hamburg]

Ausblick

1. Luis Lacasa, Josep Lluís Sert: *Spanischer Pavillon,* Paris 1937. [*Pabellón Español, Exposición Internacional de París 1937.* Madrid 1987]
2. Mies van der Rohe, *Museum für eine kleine Stadt* (1942). [Ausschnitt] Fotomontage unter Verwendung von u.a. Pablo Picassos „Guernica" (1937) und Aristide Maillols „Die Nacht" (1905) [MoMA, New York]
3. John Heartfield, „Brauner Künstlertraum" (1938). Fotomontage [Ursel Berger, *Georg Kolbe. Leben und Werk.* Berlin 1990]
4.-5. Hermann Heydt: *Büro der Reichsbahnzentrale für den Deutschen Reiseverkehr,* Madrid 1934. Foto, Ansicht [*Nuevas Formas,* 1935]
6. Secundino Zuazo: *Nuevos Ministerios,* Madrid 1932-1937 [Lilia Maure Rubio, *Secundino Zuazo. Arquitecto.* Madrid 1987]
7. Michael Fleischer, Jacinto Ortiz: *Vorschlag für die Gärten auf dem Gelände der ehemaligen Stallungen am Königlichen Schloss,* Madrid 1932 [*Arquitectura,* 1933]
8. Planungsstelle der Hansestadt Köln: *Gelände der Internationalen Verkehrsausstellung Köln 1940* (1938). Modellfoto [Archiv Wim Cox, Köln]
9. Planungsstelle der Hansestadt Köln: *Neugestaltung der Stadt Köln, Ausbau der Ost-West Achse* 1938. Vogelschau [Archiv Wim Cox, Köln]
10. Planungsstelle der Hansestadt Köln: *Neugestaltung der Stadt Köln, Gesamtplan* 1938-39 [Archiv Wim Cox, Köln]
11. Robert Kramreiter, J. Navarro: *Entwurf für den Neubau der Deutschen Schule Madrid* (1940). Ansichten und Grundrisse [Deutsche Oberschule Madrid (Hrsg.), *Bericht über das Schuljahr 1942/43.* Madrid 1944]
12. Walter und Johannes Krüger: *Spanische Botschaft in Berlin* (1938-43). Ansicht der Eingangsfassade [Staatliche Museen zu Berlin, Kunstbibliothek]
13.-14. Luis Gutiérrez Soto: *Ministerio del Aire,* Madrid 1940-1951: verworfener „deutscher" Fassadenvorschlag, realisierte Escorial-Variante. [Miguel Angel Baldellou, *Gutiérrez Soto.* Madrid 1997]
15. *Reichstypen für den Wohnungsbau (Zwei Vierraumwohnungen an einer Treppe)* [*Revista Nacional de Arquitectura,* 1943]
16.-17. Ernst Neufert, „Arte de Proyectar en Arquitectura" (Bauentwurfslehre), Barcelona 1942. Titelblatt, Zur Dimensionierung von Luftschutzbunkern
18. Erwin Heilbronner: *Bauaufnahmen Ibizenkischer Bauernhäuser* [*AC* 21, 1936]

Abbildungsverzeichnis

19. Ibizenkisches Bauernhaus [*Reconstrucción*, 1944]
20.-21. Egon Eiermann, Rudolf Büchner: *Werksiedlung für die Sociedad Electroquímica de Flix*, Flix del Ebro 1941. Lageplan, Modellfoto [Südwestdeutsches Archiv für Architektur und Ingenieurbau]
22. Egon Eiermann, Rudolf Büchner: *Werksiedlung für die Sociedad Electroquímica de Flix*, Flix del Ebro 1941. Grundriß und Ansichten des Gästehauses. [Wulf Schirmer (Hrsg.), *Egon Eiermann 1904-1970. Bauten und Projekte.* Stuttgart 1984]
23. Otto Bartning: *Gemeindesaal und Pfarrhaus der Evangelischen Gemeinde Barcelona*, 1941-42. Foto Straßenansicht [Archiv der Deutschen Evangelischen Gemeinde Barcelona]
24. Otto Bartning: *Gemeindesaal und Pfarrhaus der Evangelischen Gemeinde Barcelona*, 1941-42. Foto Einfahrt [Otto Bartning-Nachlass der TU Darmstadt]
25. Otto Bartning: *Gemeindesaal und Pfarrhaus der Evangelischen Gemeinde Barcelona*, 1941-42. Foto Altar [Archiv der Deutschen Evangelischen Gemeinde Barcelona]
26. Otto Bartning: *Gemeindesaal und Pfarrhaus der Evangelischen Gemeinde Barcelona*, 1941-42. Foto Empore [Otto Bartning-Nachlass der TU Darmstadt]
27. Otto Bartning: *Gemeindesaal und Pfarrhaus der Evangelischen Gemeinde Barcelona*, 1941-42. Schnitt und Ansicht [Arxiu Municipal de Barcelona]